도판 1 애덤 스미스, 1787. 제임스 태시가 제작한 '고대인 모습'의 원형 양각
(Scottish National Portrait Gallery, Edinburgh).

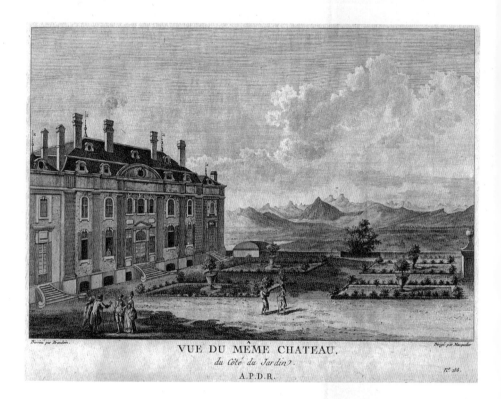

VUE DU MÊME CHATEAU.
du Côté du Jardin.
A.P.D.R.

Dessiné par Brandoin. *Dirigé par Marquelier.* *N.º 288.*

도판 2 페르네를 찾아온 방문객들을 맞이하는 볼테르와 그의 조카 드니 부인
(Collection of Professor Emeritus S. B. Taylor, St Andrews, Fife).

도판 3 데이비드 흄, 1754. From a portrait by Allan Ramsay
(National Gallery of Scotland: Private owner).

도판 4 버클루 공작 3세 헨리(1746~1812)와 그의 동생들인 캠벨 스콧 경(1747~1766),
프랜시스 스콧 부인(1750~1817)의 초상화. By Sir Joshua Reynolds, 1758
(Old Westbury Gardens, Long Island, New York).

도판 5 팬뮤어하우스, 외관, 2009.
(EK: JN Architects—Ed Kelly, partner in charge; Rachel Simon,
architect: commissioned by Edinburgh Business School, Heriot-Watt University).

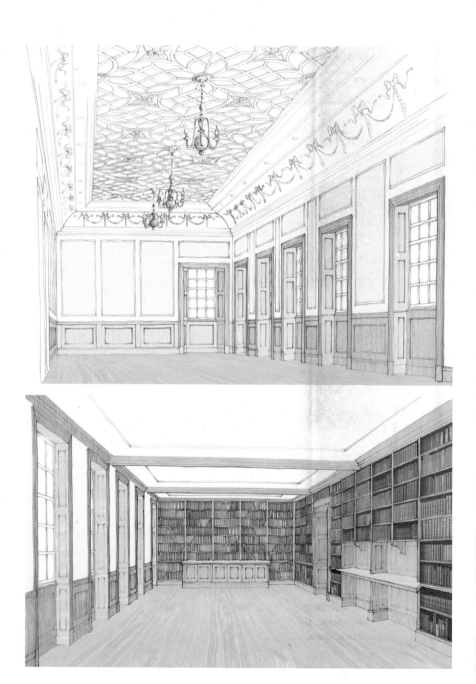

도판 6 팬뮤어하우스, Adam Smith Library & Scholars' Reading Room, 2009
(sketch by Rachel Simon, EK: JN Architects).

도판 7 마거릿 더글러스 스미스, portrait attributed to Conrad Martin Metz, 1778
(2007: conserved by Sally Cheyne, London, frame restored by Susan Heys; lent to Kirkcaldy Museum & Art Gallery by Rory Cunningham, descendant of Adam Smith's heir, David Douglas, Lord Reston).

도판 8 애덤 스미스 조각상, by Alexander Stoddart, 2008,
High Street of Edinburgh—author at the plinth(photograph by Ingrid Ross, 2009).

애덤 스미스 평전

애덤 스미스 평전

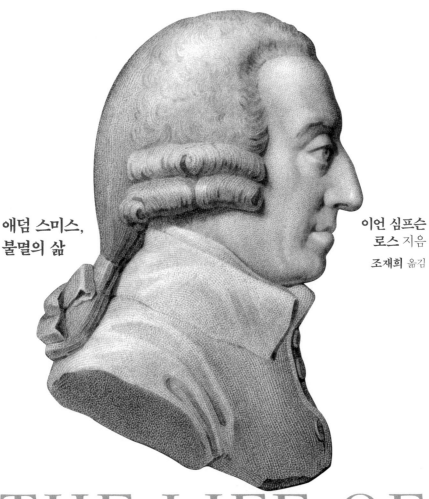

애덤 스미스,
불멸의 삶

이언 심프슨
로스 지음

조재희 옮김

THE LIFE OF
ADAM SMITH

글항아리

캐럴린 모스너와 어니스트 모스너를 기리며

1. 애덤 스미스의 저작에 대한 참고문헌

Corr.   『서간집*Correspondence*』, ed. E. C. Mossner and I. S. Ross (2nd edn., 1987).

EPS   『철학적 주제들에 관한 소론*Essays on Philosophical Subjects*』, ed. W. P. D. Wightman, J. C. Bryce, and I. S. Ross; general eds. D. D. Raphael and A. S. Skinner (1980).

Ed. Wightman:

'Ancient Logics': 「고대 논리학과 형이상학의 역사The History of the Ancient Logics and Metaphysics」.

'Ancient Physics': 「고대 물리학의 역사The History of the Ancient Physics」.

'Astronomy': 「천문학의 역사The History of Astronomy」.

'External Senses': 「외부 감각에 대하여Of the External Senses」.

'Imitative Arts': 「모방 예술이라 불리는 것에서 일어나는 모방의 성격에 대하여Of the Nature of that Imitation which takes place in what are called "The Imitative Arts"」.

'Music': 「음악, 춤, 시의 관련성에 대하여Of the Affinity between Music, Dancing, and Poetry」.

Ed. Bryce:

'English and Italian Verses': 「몇몇 영어 운문과 이탈리아어 운문의 관련성에 대하여Of the Affinity between certain English and Italian Verses」.

Review of Johnson's Dictionary: 「새뮤얼 존슨의 영어 사전A Dictionary of the English Language by Samuel Johnson」(*Edinburgh Review*, 1755).

'Letter': 「에든버러 리뷰의 편집자들에게 보내는 편지A Letter to the Authors of the Edinburgh Review」 (1755~1756).

Preface to Hamilton's Poems: 윌리엄 해밀턴의 『여러 경우에 대한 시』(1748)에 부친 서문과 헌사.

Ed. Ross:

Stewart, Dugald Stewart, 「법학박사 애덤 스미스의 삶과 저작에 대한 이야기Account of the Life and Writings of Adam Smith, L.L.D.」.

TMS	『도덕감정론*The Theory of Moral Sentiments*』, ed. D. D. Raphael and A. L. Macfie (1976).
WN	『국부론*An Inquiry into the Nature and Causes of the Wealth of Nations*』, ed. R. H. Campbell and A. S. Skinner; textual editor W. B. Todd (1976).
LJ	『법학 강의*Lectures on Jurisprudence*』, ed. R. L. Meek, D. D.

Raphael, and P. G. Stein (1978).

(A) Report of 1762~1763.

(B) Report of 1766.

ED: Early Draft of *WN*. 『국부론』 초기 원고.

Fragment A (FA): 분업에 대한 첫 번째 단편 원고.

Fragment B (FB): 분업에 대한 두 번째 단편 원고.

LRBL　　　　　『수사학과 문학에 대한 강의*Lectures on Rhetoric and Belles Lettres*』, ed. J. C. Bryce (1983).

『언어: 언어의 최초 형성에 관한 고찰*Languages: Considerations Concerning the First Formation of Languages*』.

'Smith Anecdotes': 「고 스미스 박사의 일화들Anecdotes of the late Dr Smith」 (*The Bee*, 3, 1791년 5월 11일).

Corr.를 인용할 때는 서신 번호를 제시한다. *LJ*와 *LRBL*은 인용된 판본의 권수와 쪽수를 통해 원고의 출처를 제시한다. *TMS*와 *WN*은 book, section, paragraph의 번호를 제시한다. *EPS*는 section, paragraph의 번호를 제시한다. 이탤릭체로 된 숫자들은 이 출판물들의 서문을 지시한다.

2. 기타 자주 인용된 저작과 자료

AUL　　　　　Aberdeen University Library.

BL　　　　　British Library, London.

BLJ　　　　　*Boswell's Life of Johnson, Together with Boswell's Journal of a Tour to the Hebrides and Johnson's Diary of a Journey into North Wales*, ed. G. B. Hill, rev. L. F. Powell (6 vols., Oxford: Clarendon Press, 1934~50; v~vi rev. 1964).

BP	*Private Papers of James Boswell from Malahide Castle*, ed. G. Scott and F. A. Pottle (18 vols., New York: privately printed, 1928~34).
Corr.	*Correspondence.*
DSB	*Dictionary of Scientific Biography*, eds. In chief Charles Coulston Gillispie and Frederic L. Holmes (18 vols., New York: Scribner's 1970~90).
ED	Early Draft of part of *WN*.
ER	*Edinburgh Review.*
EUL	Edinburgh University Library.
GUA	Glasgow University Archives.
GUL	Glasgow University Library.
HLRO	House of Lords Record Office, London.
HMSO	Her Majesty's Stationery office.
HP	*The History of Parliament: The House of Commons 1754~1790*, ed. Sir Lewis Namier and John Brooke (3 vols., HMSO, 1964).
Hume, *Essays*	*Essays Moral, Political, and Literary*, ed. Eugene F. Miller (rev. edn., Indianapolis: Liberty Classics, 1987).
Dialogues	*Dialogues concerning Natural Religion*, ed. Norma Kemp Smith (Oxford: Clarendon Press, 1935).
Enquiries	1748: *Philosophical Essays concerning Human Understanding*; from 1758, *An Inquiry concerning Human Understanding*: see ed. Tom L. Beauchamp

약어표

	(Oxford: Clarendon Press, 2000); and *An Enquiry concerning the Principles of Morals*, ed. Tom L. Beauchamp (Oxford: Clarendon Press, 1998).
History of England	1778, *The History of England*, 6 v., foreword: William B. Todd (Indianapolis: Liberty Fund, 1983).
HL	*The Letters of David Hume*, ed. J. Y. T. Greig (2 vols., 1932, Oxford: Clarendon Press, repr. 1969).
Index	*Index to the Works of Adam Smith*. Compiled by K. Haakonssen and A. S. Skinner (2001).
JHI	*Journal of the History of Ideas*.
Letters to Hume	*Letters of Eminent Persons addressed to David Hume*, ed. J. Hill Burton (Edinburgh: Blackwood, 1849).
Mizuta	*Adam Smith's Library: A Catalogue*, ed. Hiroshi Mizuta (typescript, 1994).
NHL	*New Letters of David Hume*, ed. Raymond Klibansky and Ernest C. Mossner (1954, Oxford: Clarendon Press, repr. 1969).
NLS	National Library of Scotland.
NRA(S)	National Register of Archives of Scotland, SRO, Edinburgh.
ODNB–O	Lawrence Goldman (ed.) (2004~) Oxford Dictionary of National Biography—Online. Oxford Univ. Press.
Phil. Wks.	*The Philosophical Works*, ed. T. H. Green and T. H. Grose (4 vols., London: Longmans, Green, 1874–5).

Political Essays	*Hume: Political Essays*, ed. Knud Haakonssen (Cambridge University Press, 1994).
PRO	Public Record Office, Kew, London.
RCHM	Royal Commission on Historical Monuments in England (1939). *An Inventory of the Historical Monuments in the City of Oxford.* London. HMSO.
RSE	Royal Society of Edinburgh.
RSL	Royal Society of London.
S	W. R. Scott, *Adam Smith as Student and Professor* (Glasgow: Jackson, 1937).
SRO	Scottish Record Office, Edinburgh.
SVEC	*Studies on Voltaire and the Eighteenth Century.*
T	*A Treatise of Human Nature, and Abstract*, ed. David Fate Norton and Mary J. Norton, intro. David Fate Norton (Oxford: Oxford Univ. Press, 2000).
Writings on Economics	*Writings on Economics*, ed. Eugene Rotwein (Madison: University Wisconsin Press, 1955).

애덤 스미스 평전의 개정판 작업을 해야겠다는 생각을 하게 만든 것은 스미스가 1788년 3월 15일에 쓴 어떤 문장이었다. 스미스는 노년의 불확실성에 직면해 다음과 같이 썼다. "내가 할 수 있는 최고의 일은 내가 지금까지 출간한 책들을 가장 훌륭하고 가장 완벽한 상태로 남기고 가는 일인 것 같다." 그런 정신에서, 물론 스미스의 것과 같은 업적에 비하면 한참 모자라지만, 나는 이 책에서 그의 삶과 그라는 사람에 대한 설명을 한층 더 정확하고 공감이 가게 만들고자 했으며, 또한 그의 사상의 발전과 그의 저작들 속에 담긴 그 사상의 표현들을 한층 더 주의 깊게 기록하고자 했다.

우정, 호의, 그리고 가족의 지지가 스미스의 삶의 주목할 만한 특징인데, 그것들은 또한 나의 것이기도 했다. 이 프로젝트의 완수를 위해 조사와 집필로 보낸 최근 몇 년 동안 특히 그랬다. 이와 관련해 나는 다음 몇 분에게 특별한 감사를 표한다. 스미스에 대해 글을 쓴 도덕철학자들 중 원로인 데이비드 래피얼은 이 평전에 지속적인 관심을 가져주었다. 데이비드 레이너는 18세기의 사상과 역사에 대한 지칠 줄 모르는 연구 성과들을 신속히 공유해주었다. 네븐 레디는 제네바 트롱생 가문의 서신들에서 발견한 것을 통해 알게 된 내용을 내가 이용할 수 있도록 관대함을 베풀어주었고, 그 덕분에 나는 스미스가 애착을 가졌던 역할인 교사로서의 스미스에 대해 새로이 조명해볼 수 있었다. 또한 애덤 스미스의 상속자 데이비드 더글러스의 직계 후손인 로리 G. 커닝엄은 자기 가문의 역사에 관심이 많았는데, 가계와 관련해 궁금해할 만한 것들에 대해 도움을 주겠다며 2005년에 내게 연락을 취해왔고, 이후 대단히 유용한 가계도 및 스미스 관련 물품들의 소장처에 대한 정보도 제공해주었다. 그는 스미스의 강인한 어머니 마거릿 더글러스의 초상화를 최근에 성공적으로 보존하는 일에도 역할을 했는데, 1778년 콘래드 메츠가 실물을 보고 그린 이 초상화는 지금은 커콜디 아트 갤러리에 전시되어 있으며, 커닝엄 씨의 허락을 받아 이 책에도 실려 있다.

2007년 봄부터 2009년 여름까지 나는 옥스퍼드대 출판사의 세라 캐로로부터 굉장한 지원과 격려를 받았다. 그녀는 익명의 두 매개자로부터 유용한 이야기를 확보했고, 나는 그중 한 사람의 제안을 받아들여서 스미스의 학문적 평전을 집필 중이던 에든버러대학의 니컬러스 필립슨 박사와 접촉했다. 필립슨 박사는 친절하게도 수사학, 법학, 도덕에 대한 스미스의 초기 사상을 다루는 2개 장章의 초고를 내게 보내주었다. 그의 원고는 매우 독창적이었고, 나는 나 자신의 독특한 접근법을 밀고 나가도 되겠다는 확신을 가질 수 있었다. 또한 나는 스미스가 어떤 도덕철학 학파에 기울어 있었는지의 문제를 다시 생각해보라는 제안을 받았다. 이에 나는 스미스가 신스토아 철학을 받아들였다는 널리 인정되는 견해에서 벗어날 수 있었고, 지금은 스미스를 그의 스승 허치슨과 똑같은 근대의 절충주의적 윤리학자로 보고 있다. 즉, 스미스가 스토아 철학의 주요 요소들을 간직하고 있지만 고대 그리스 철학과 과학적 경험주의의 요소들, 그리고 그 자신이 다듬어 근대의 윤리적 문제들을 다루는 데 동원될 수 있게 한 흄의 공감 이론의 요소들도 받아들이고 있다고 보는 것이다.

최근에 나는 '18세기 스코틀랜드 연구회' 콘퍼런스에 다시 참석하기 시작했고, 그곳에서 스미스의 사상에 대해, 루소나 퍼거슨 같은 그의 동시대인들의 사상에 대해, 그리고 근대 상업사회의 여러 문제에 대한 그들의 날카로운 의식에 대해 활발하게 의견을 나누면서 얼마나 많은 것을 알게 되었는지를 기쁘게 인정한다. 또한 몇몇 나라에서 공부하고 강의할 기회를 얻은 것도 내게 큰 행운이었는데, 이 기회를 통해 독일, 이탈리아, 일본의 연구자들로부터 스미스의 사회철학에 대한 새로운 관점들을 배울 수 있었기 때문이다.

인터넷 시대를 살고 있는 만큼, 온라인 자료에서도 큰 도움을 받았음을 언급해야겠다. 데이비드 레이너는 온라인 자료 이용에 대한 유용한 조언을 해주었고, 방대한 자료를 추출해 내가 숙독할 수 있게 해주었다. 그 자료 대부분은 17세기 초와 18세기의 신문을 모아놓은 '버니 컬렉션Burney Collection'에서 얻은 것이다. 또한 나의 가까운 친구 크리스 테일러는 컴퓨터와 프린터나 이것들을 집필에 활용하는 법에 대해 잘 알아서 내게 가장 적합한 모델들을 골라주었고, 작동이 잘되는지도 봐주었으며, 내가 곤경에 처해 도움을 청할 때마다 곧바로 문제를 해결해주었다. 내가 옥스퍼드로부터 이메일로 받은 교정쇄를 열지 못해 난감했을 때 인쇄업자 허버트 코크는 하루 만에 이것을 디스크에 담긴 접근 가능한 형태의 책으로 만들어주었다. 또 에든버러 하이스트리트에 있는 스미스 동상의 모습이 담긴 유용한 삽화가 그의 인쇄점 덕분에 좀더 밝아졌다. 그의 전문가적 도움에 감사한다.

스미스의 생애와 사상에 관심을 가진 사람이라면, 2007년부터 세계의 주요 금융, 상업 중심지들에서 일어난 놀라운 일들과 관련해 그의 이름으로 누가 악당이고 누가 구원자인지 가려내는 데 무척 관심이 있었을 것이다. 경기침체가 전 세계적으로 확산되면서 미국·영국·스페인을 비롯한 여러 나라에서 주택 가격 거품이 꺼지고, 월가의 투자은행들이 무너지고, 서방과 동방 모두에서 주가가 폭락하고, 신용이 경색되고, 제조업 중심지들에서 대량 실업이 발생하는 등의 일들 말이다.

스미스가 근대 세계를 만들어낸 사람 중 한 명이라면, 그는 우리에게 어떤 악몽을 가져다주었을까? 달리 말해서, 그가 부富의 기원 및 부가 어떻게 이루어지는지를 제대로 포착했다면, 어째서 그의 메시지가 그토록 잘못 이해되고 잘못 적용되는 것일까? 스미스의 생애와 저작들을 살펴보면 그는 시장근본주의의 낙관적 옹호자가 결코 아니었음을 알 수 있다. 그는 '우울과 해악을 예감하는 마음'을 가졌다고 자신을 비난했으며, 어리석음과 간계가 뒤섞인 책략으로 다른 사람들을 희생시키며 자신의 부를 추구하는 '낭비자와 기획자들'을 비난했다. 그는 정부를 의심했고, 시장 독점이나 다른 부정행위들을 통해서 대중을 속이려드는 상인과 제조업자들 또한 의심했다. 시장에서의 공정하고 합법적인 경쟁이 생산자들을 위한 공정한 보상과 소비자들을 위한 공정한 가격으로 이어질 것이라고, 다른 사람들을 희생시켜 이익을 얻는 영역들에서만이 아니라 세상 모든 곳에서 그럴 것이라고 그는 믿었다.

내가 보기에는, 제2차 세계대전 이후 루트비히 에르하르트 같은 사람들이 생각해낸 것, 즉 자유롭고 공정한 경쟁에 기반한 사회 시장을 지지하고 의료, 연금, 실업보험을 위한 사회 안전망 제공의 책무에 동의하는 국가와 관련된 것들에 애덤 스미스도 기꺼운 마음으로 찬성했을 것 같다.

애덤 스미스는 노예제, 특히 아프리카에서 벌어지는 노예제에 분노했다. 오늘날이라면 그는 아프리카 대륙이 질병, 기아, 내전, 환경 훼손 등으로 고통받는 것에 대해, 그리고 이 고통을 극복할 최선의 방법에 대해 큰 관심을 가졌을 것이다. 또한, 국제 원조에 대한 최근의 논쟁에서—예컨대 담비사 모요의 도전적인 책 『죽은 원조』(2009)가 대표적이다—그 자신이 가진 생각, 즉 자선은 사회·경제·정치가 제대로 작동하지 못하는 것에 대한 답이 될 수 없다는 생각이나 곤궁한 국가에 대규모 자금이 유입되는 일은 정부의 책임성이 축소된 것과 관련 있어 보인다는 생각이 표명되는 양상을 알아봤을 것이다. 모요 박사는, 개발 자금은 금융 시장에서 채권 발행을 통해 조성되어야 하며, 이때 정부는 투자자들에 대해서, 그리고 채권에 대한 이자를 청산할 수 있도록 세금을 납부할 시민들에 대해서 책임을 져야 한다고 주장한다. 하지만 이것은 매우 복잡한 상황을 지나치게 단순화한 것일 수 있고, 스미스라면 발전 촉진을 위해 제안된 다른 방법들, 즉 '평화 유지, 안전 보장, 무역 특혜, 거버넌스'를 통한 지원(Paul Collier, 'Review of Dead Aid', *The Independent*, 2009년 1월 30일)에 관심을 가졌을 것이다.

스미스의 글들에서 그런 생각들을 살펴보고 그 기원을 탐색할 수 있다는 것, 또한 그런 생각이 어느 지점에서 그의 경험이나 독서와, 그리고 그의 시대의 것일 뿐 아니라 우리 시대의 것이기도 한 걱정거리나 문제와 연결되는지 따져볼 수 있다는 것은 큰 특전이었다. 나의 조사와 집필에 꼭 필요한 온갖 문서와 책을 기꺼이 내준 여러 도서관과 기록보관소 담당자들, 그리고 토론과 서신을 통해 내 의견을 끝까지 들어주고 관대하게도 자신의 의견과 생각을 들려준 친구들, 특히 브리티시컬럼비아 빅토리아대학의 조앤 노블과 존 노블에게 더할 수 없이 고마움을 느낀다. 끝으로, 애덤 스미스를 이해하고 그에 대한 책을 쓰려는 나의 열정을 인정해준 가족에게 고마움을 표하고 싶다. 나의 아이들 일라, 베티나, 앤드루, 데이비드, 매리언, 나의 형제 앵거스, 그리고 이 책이 나오기까지 늘 유능하고 사랑스러운 동료였던 아내 잉그리드에게 깊이 감사한다.

이 글을 쓰고 있는 지금, 애덤 스미스 연구의 밝은 미래를 예감케 하는 소식이 들린다. 스미스가 말년을 보낸 곳인 에든버러의 팬뮤어하우스를 에든버러대학 비즈니스스쿨(해리엇-와트대학)이 매입했으며, 홀리루드하우스 궁전과 스코틀랜드 의사당 부근에 위치한 이 팬뮤어하우스가 앞으로 그의 동포뿐 아니라 세계 모든 나라를 위해서 애덤 스미스의 생애와 사상을 연구하는 곳으로 자리매김되리라는 소식이다.

이언 심프슨 로스
브리티시컬럼비아 밴쿠버에서
2010년 6월 30일

차례

THE LIFE OF

ADAM SMITH

위인이 처했던 환경과 위인이 한 일은
사소한 것이라도 세세히 탐구해야 한다

도덕과 경제에 대한 애덤 스미스의 저작들은 200년이 넘도록 대중에게 꾸준히 읽혀왔으며, 줄곧 논쟁을 불러일으켰다. 스미스의 사상 체계의 의미와 그 체계를 사회에 응용하는 것에 대한 논쟁은 여전히 활발히 진행 중이다. 이성보다 감정에 근거해 좋고 나쁨을 판단하는 것은 위험하지 않은가? 일반적으로 수용되는 것보다 더 높은 도덕 기준에 어떻게 도달할 수 있는가? 모든 사람이 물질적 이득을 얻기 위해서 교환하거나 팔거나 흥정하려 하는 것인가? 시민들은 정부가 시민사회의 중요한 한 부분인 시장을 자유롭게 놔두어야 한다고 주장해야 하는가? 시민사회에 부합하는 개인의 자유는 소중한 것이지만, 오늘날의 시장-국가(Bobbitt, 2008)는 살아남기 위해서 시장의 가치 이상의 것을 필요로 한다. 시장-국가는 자유로울 뿐만 아니라 공정해야 하며(Trentmann, 2008), 스미스가 잘 이해하고 있었던 것처럼, 시민의 다양한 정치적·도덕적·종교적 헌신을 이끌어내야 한다(Dutt and

Jameson, 2001). 더욱이 어니스트 겔너(Gellner, 1996)와 최근 롤런드 패리스(Paris, rpt. 2006)가 상기시켰듯이, 자유로운 혹은 비교적 자유로운 시장을 품는 시민사회 환경은 쉽게 만들어지지 않는다. 아미타이 에치오니(Etzioni, 1994, 2001)나 자아의 개념에 대해 다른 철학적 관점을 지닌 찰스 테일러(Taylor, 1989)처럼 공동체주의적 이익과 필요를 지지하는 사람들은 시장에 걸맞은 것인 사적 이익 추구에는 한계가 있어야 한다고 주장한다. 특히, 그 한계는 가족과 시민 생활의 애정 어린 관계와 의무의 본질이 달라지지 않게 하는 것이어야 한다.

이 스미스 평전은 1895년 존 레이에 의한 평전이 출판된 이후 처음 시도된 본격적 평전으로, 스미스의 이름이 언급되는 현재 진행형 논쟁들과 관련해 두 가지를 기본적으로 고려했다. 첫째, 우리는 스미스처럼 큰 영향력을 가진 저자의 삶에 대해 당연히 궁금해한다는 것이다. 둘째, 텍스트의 폭넓은 의미를 명확히 하고 구체화하기 위해서는 쓰기와 읽기를 모두 살펴봐야 한다는 것이다. 역사적 관점에서 스미스의 담론들의 의미를 설득력 있게 재구성하는 것은 삶의 이야기가 보태질 때 맥락을 잘 갖출 수 있다. 합리적이고 상호 텍스트적인 해석들은 스미스의 업적이 기여한 학문 분야에서의 유효한 해설에 비추어 제공될 수 있다. 이 책의 목표는 스미스라는 저자의 생각을 엄격하게 정의해 의미를 가두려는 것이 아니며, 이는 가능하지도 않다. 오히려 도덕과 경제학을 훨씬 더 넘어서는—놀랍게도—다양한 주제에 관해 글을 쓴 저자로서의 그에게서 진면목이 드러날 수 있다. 또한 이 평전은 동시대 독자와 초기 번역가들이 스미스와 그의 담론에 대해 어떻게 생각했는지, 그리고 그가 그들의 반응에 대해 어떻게 생각했는지를 객관적으로 기록할 수 있다.

본문에 들어가서는, 1723년에 포스만灣을 사이에 두고 에든버러와 마주한 항구 도시 커콜디에서 비교적 부유한 가정의 유복자로 태어난 병약한 아기에 관해 이야기할 것이다. 아기가 태어나기 전에 죽은 아버지는 그곳의 세관원이었다. 그의 조국의 최근 과거는 정치적 패권과 종교를 놓고 싸운 피비린내 나는 전쟁으로 얼룩져 있었지만, 그의 부계는 전쟁에서 이긴 신교도 휘그당 편이었다. 스미스는 '우리 조상은 교황과 왕위 요구자를 물리치고 개인의 판단의 권리라는 소중한 권리를 지켜냈다'는 말로 이 싸움을 정리했다(*Corr*. No. 50). 스미스가 모든 사람이 '자연적 자유'를 누려야 한다고 여기며 그 자유를 지지한 역사적 근거 중 하나는 여기에 있다. 하지만 이 '자유'는 자제를 통해서 책임 있게 행사되어야 했고, 아마도 스미스는 이러한 가르침을 어머니 마거릿 더글러스에게서 처음 배웠을 것이다. 그녀는 확고한 종교적 가치관을 지닌 여성으로, 어린 시절 내내 병치레한 스미스를 양육했으며, 뛰어난 학자가 되도록 그를 격려했다. 그녀는 평생토록 그에게 안정된 가정을 만들어주었다.

이 책은 스미스가 초기 교육에서 운이 좋았음을 강조한다. 첫째는 공식적인 교육으로, 그는 커콜디 자치도시 학교에 다니며 영어 작문 및 로마 역사를 접하게 해준 고전 공부에서 기초를 확실히 다졌다. 둘째는 비공식적인 교육으로, 그는 파이프 내륙 지역에서 지역 산업과 농업 발전 상태를 관찰하면서 현실적인 것을 많이 배웠다. 후견인이 되어준 부친의 친구들은 스코틀랜드 계몽 운동의 초기 단계에 참여했다. 계몽 운동은 좀더 효과적인 의사소통, 인성의 감정적 기초에 대한 인식, 동기와 가치에 대한 명확함, 과학적 사고의 계발, 그리고 사회적·경제적 문제들에의 과학적 사고의 적용을 이루어냄으로써 인간의 삶을 개선하려는 세계주의적 관점의 운동이었다. 이 책은 이런 점들에서 스미스가 계몽주의에 공헌한 바를 추적한다.

글래스고대학에 다닐 때(1737~1740) 스미스는 이 운동을 이끈 스코틀랜드 인물들을 만났고, 뉴턴의 물리학과 수학, 그리고 삶의 규율로서 자제를 강조하는 스토아 철학에 큰 관심을 갖게 되었다. 그에게 주로 영향을 미친 사람은 '잊지 못할' 프랜시스 허치슨 교수였는데, 그의 가르침은 경제학 체계를 포함해 스미스의 도덕철학의 기초가 되었다. 허치슨이 베이컨, 뉴턴, 흐로티위스, 컴벌랜드, 푸펜도르프, 로크 같은 다양한 근대 절충주의자들의 철학을 가르치고 싶어했다는 것도 드러나며, 그의 제자인 스미스 역시 마찬가지였다. 또한 글래스고라는 곳은 커콜디의 쇠락하는 경제와 대조되는 성장하는 경제의 본보기를 제공한다는 점에서 스미스에게 교육적인 현장이었다. 북해 횡단 무역이 감소해온 반면, 서해안에서는 북아메리카나 카리브해 연안과의 대서양 횡단 무역에 따른 시장 팽창으로 부가 창출되는 것을 그는 확인할 수 있었다. 경제 보호는 글래스고의 상인과 제조업자들에게 유리한 것이었지만, 영국제국 너머까지 확장되는 자유 무역이란 그들을 매혹하는 발상이었다. 하지만 신세계 대농장에서 생산된 농작물의 교역으로 글래스고가 누리게 된 번영에는 어두운 면이 있었으니, 그 대농장들에서 노예들에 의해 경작이 이루어진다는 것이었고, 이는 나중에 스미스를 분노케 했다.

글래스고에서의 고무적인 경험들에 뒤이은 옥스퍼드대학생 시절(1740~1746)은 가르치는 일에는 거의 관심이 없는 부자 교수들 탓에 지적 발전이 곤두박질쳤다. 그럼에도 그는 일시적 신경쇠약으로 여겨지는 증상을 겪어가면서 독자적으로 폭넓고 주의 깊은 독서에 매진했고, 그 덕분에 고전에 더욱 통달하고 근대 언어로 된 문헌을 많이 접할 수 있었다. 시간이 가면서 그는 이러한 독서를 바탕으로 자신이 특히 좋아한 연구, 즉 정치사와 경제사의 상호 작용에 대한 연구를 예증했다. 훗날 스미스는 옥스퍼드 교육 체계의 비효율성이 대학 구성원들이 안락한 생활을 할 수 있는 부유한 대학에서의 학문적 경쟁과 동기 부족에 기인했다고 진단했다. 이런 이해는 일반 시장이 최대의 효용성을 유지하는 데 있어서 경쟁이 동력을 불어넣고 규제력을 발휘하는 역할을 한다는 그의 말을 보완해주는 것이었다.

가르치는 일을 시작한 스미스는 에든버러에서 자유계약직 강사로 대단히 생산적인 3년(1748~1751)을 보냈다. 스코틀랜드의 수도인 이 도시에서 그는 '단연코 당대의 가장 걸출한 철학자이자 역사가'인 데이비드 흄을 만났고, 이후 계속 친구로 지내게 된다(WN V.I.g.3). 세부 정보가 부족해 추측에 많이 의존할 수밖에 없지만, 이 평전은 스미스의 생애에서 이 창조적인 시기가 갖는 중요성을 강조한다. 당시는 축출된 스튜어트 왕가의 가톨릭 군주 제임스 3세를 다시 영국 왕위에 올리려 했던—꼭 교황의 지배권을 회복하려던 것은 아니었지만—1745년의 재커바이트Jacobite(1688년 명예혁명으로 왕위에서 축출된 스튜어트 왕가의 제임스 2세 및 그의 후손을 추종하는 사람들—옮긴이) 봉기가 실패한 이후의 스코틀랜드의 재건기였다. 스코틀랜드 지도자들은 주로 영문학 중심으로 수사학과 비평을 가르치게 하기 위해 스미스를 에든버러로 데려왔다. 한 가지 목표는, 그의 수업을 듣는 젊은 전문직 종사자들이 남부 영어를 자유자재로 구사할 수 있게 함으로써, 하노버 왕가의 영국에 의해, 그리고 런던의 통치를 받는 제국에 의해 제공되지만 많은 곳에서 스코틀랜드 사람들이 좇고 있는 경제적 기회 및 다른 여러 기회를 그들이 공유할 수 있게 하려는 것이었다(Devine, 2003). 이것이 잉글랜드와의 통합을 유지하고 스코틀랜드를 정치적 폭력으로부터 보호하는 데 도움이 되리라는 희망에서였다. 이런 맥락의 스미스의 강의들 중에는 의사소통 이론에 대한 것도 있었다. 여기서 스미스는 담론 유형을 두 가지로 구분했는데, 특히 논리적 주장으로 납득시키려는 교훈적 또는 과학적 유형과 감정을 움직여 설득하려는 수사적 유형이었다. 대체로 그는 자신의 교훈적인 글들에서 자기 생각을 효율적으로 전달하기 위한 수단으로 간명한 언어를 사용함으로써, 자신이 가르친 것을 직접 실행했다. 또한 그는 독자의 마음을 움직이기 위해 비유적 언어를 비롯한 수사적 방법도 사용했는데, 이 덕분에 그의 글은 속도 조절과 다양성을 갖추어 읽는 즐거움을 준다.

또한 에든버러에서 스미스는 천문학의 역사로 대표되는, 철학 또는 과학의 역사에 대한 강의를 했다. 여기서 핵심은 이론화에 대한 스미스의 이론으로, 흄의 철학에도 근원을 두고 있다. 이론화는 경이, 놀라움, 감탄이라는 감정들의 상호 작용, 그리고 우리의 일련의 생각에 질서를 부여하는 상상의 창의적 역할에서 비롯된다고 스미스는 설명한다. 이 질서는 하나의 체계의 형태로 표현되며, 이 체계는 현상들의 원인과 결과의 일관성 있는 패턴을 제공하기 위해 발명된 일종의 '상상의 기계'로 정의된다. 체계는 체계가 갖는 예측력에 의해서 평가되는 것이 아니라, 체계가 상상을 만족시키고, 일관성을 확보하고, 체계의 대상이 되는 것들에 대한 우리의 반응을 끌어낼 수 있는가에 의해서 평가되어야 한다고 스미스는 말한다. 이것이 '철학사의 미로'를 통과하도록 우리를 안내하는 핵심이라고 그는 생각했다.

이런 유형의 역사 탐구는 18세기의 스코틀랜드에서 철학 저자들이 선호하는 도구가 되었다. 스미스의 젊은 친구이자 최초의 스미스 전기 작가인 더걸드 스튜어트는 스미스의 모든 저술에서 '도덕적인, 정치적인, 문학적인' 것이 발견된다고 말했다(Stewart II.44). 이 책에서도 논하겠지만, 그의 저술들에서는 체계라는 것이 어떤 연결 원칙—특히 윤리학에서의 상상적 공감과 경제학에서의 노동 분업—을 제시함으로써 전혀 다른 현상들을 하나로 묶어 설명 가능한 것으로 만들어내는 것으로 소개된다. '철학사'에 대해 말하자면, 그것은 목격자의 실제 기록과 보고가 부족한 상황에서 자연의 원인이나 원칙에 의거해 믿음, 관행, 이론, 제도의 발전을 설명하는 것과 관련 있었다.

스미스는 에든버러에서 '만민법의 기초가 되어야 하는 일반 원칙들'을 다룬 것으로 보이는 '민법' 또는 법학—더 포괄적으로 말해서—에 대한 비공개 강의를 하면서 다시 '철학사'로 눈을 돌렸다. 이 강좌는 사냥·낚시, 목축, 농사, 상업이라는 네 가지 사회경제적 단계를 통한 인류의 '발전' 끝에 '시민사회' 제도들이 출현했음을 다룬 것으로 보인다. 이런 맥락에서 스미스가 발전시킨 주제는 번영하는 시민사회를 만들기 위해서는 경제적 자유가 중요하다는 것이었다. 스미스는 '평화, 편안한 세금, 적절한 법 집행' 말고는 한 국가를 '야만 상태'에서 '풍요'로 이동시키는 데 필요한 것이 거의 없다고 주장했다. 여기서도 그는 간섭주의적인 정부를 '자연적이지 않'고 부득이 '억압적이며 압제적'이게 되는 정부라고 비난했다(Stewart IV.25). 이 과정에서 그는 『국부론』에서 궁극적으로 제시되는 시장경제의 자유-기업 모델을 미리 보여주었다. 또한 그는 국가가 한정된 공공재의 제공자 역할을 해야 한다는 『국부론』의 내용을 미리 보여주었다.

에든버러에서의 법 강의가 매우 성공적이어서 1751년에 스미스는 모교인 글래스고대학의 교수로 선임되었다. 처음에 그는 논리학 교수직을 맡았고, 영어로 수사학과 비평을 가르치는 강좌를 진행했다. 이것은 '인간 정신의 다양한 힘을 설명하고 보여주는 최고의 방법'으로 이해되었다(Stewart I.16). 기초 대학 과정에 대한 스미스의 혁신적 접근은 상당한 영향을 미쳐, 스코틀랜드에서뿐 아니라 스코틀랜드 교육의 영향을 받은 북아메리카의 프린스턴 같은 대학들에서도 모방되었다.

도덕철학 교수의 병고로 스미스는 그 교수가 맡고 있던 강좌의 법학과 정치학 부문을 가르쳤는데, 거기에는 가치와 가격에 대한 허치슨의 가르침에서 유래한 경제학도 포함되어 있었다. 1752년에 동료 교수가 사망하자 스미스는 그가 맡았던 교수직으로 옮겨갔다. 스미스의 제자이자 이후 동료가 된 존 밀러에 따르면, 그가 맡은 도덕철학 공개 강의는 네 부분으로 구성되었다. 첫 번째 부분은 자연종교를 다루었는데, 이는 궁극적으로 스토아 철학에서 유래한 스미스의 이신론적 신념 체계를 드러냈고, 스코틀랜드의 정통 칼뱅파 기독교와는 거리가 멀었으며, 신에 의해 정해지고 조화롭게 작동하는 자연의 법칙들에 설 자리를 마련해주는, 공리주의적 성격의 그의 도덕철학에 분명 반영되었다. 두 번째 부분은 윤리학을, 특히 도덕적 삶을 공감에 달려 있는 것으로 설명하는 책 『도덕감정론』에 담기게 되는 원칙들을 다루었다. 세 번째 부분은 정의를 다루었는데, '시민의 역사' 속에서 진화한 법 제도의 발전을 살펴보고, 경제학과 정부 간의 상호 작용을 추적했다. 마지막 부분은 '편의성'에 초점을 맞추어 정치경제를 이해했고, 『국부론』을 낳은, '국가의 부, 힘, 번영을 증가시키기 위해 고안된 (…) 정치적 규제들'을 이해했다(Stewart I.18~19). 이 평전은 스미스의 강의들에서 『도덕감정론』과 『국부론』이라는 책에 이르기까지 스미스의 생각의 발전을 따라가본다.

스미스의 인성은 13년에 걸친 그의 교수 시기(1751~1764)에 대한 기록에서도 드러난다. 인생 말년에 그는 이 시기를 자신의 경력에서 '단연코 가장 유익한 시기, 따라서 단연코 가장 행복하고 가장 명예로운 시기'로 기억했다(Corr. No. 274). 그가 가르친 과목들은 글래스고에서 인기가 있었고, 그가 아메리카 식민지와의 교역과 은행 문제 등 당시의 경제 문제들에 대해 잘 아는 상인이나 제조업자들과 의견을 나눈 곳들, 즉 코크런 시장의 정치경제 클럽을 비롯한 여러 클럽과 모임에서 그의 견해는 논쟁거리가 되었다. 그가 발표한 첫 번째 중요한 글이 비록 익명으로 되어 있기는 했지만 바로 이 시기에 나왔다. 그것은 원조 『에든버러 리뷰』의 편집자들에게 보내는 편지(1756)였는데, 여기서 그는 스코틀랜드뿐 아니라 프랑스와 잉글랜드의 신간 서적들에 대한 비평도 제공해줄 것을 촉구했다. 프랑스와 잉글랜드의 저자들을 비교하고 예가 될 만한 특정 작품들을 소개하면서, 그는 저작 활동에서 경쟁과 경쟁 의식이라는 자극제가 필요하다는 것을 크게 강조했다. 그는 동포 스코틀랜드인들이 경쟁력이 있으며, 프랑스인들의 판단력·심미안·정연함과 잉글랜드인들의 천재성·창의성을 결합하면 작가로서 탁월해질 수 있다고 은근히 암시했다. 그는 자신이 젊은 시절에 쓰고자 계획한 '대작들'을 위한 비책을 제시하고 있으며, 이에 힘입어 결국 훗날 『도덕감정론』과 『국부론』을 출간했다(Ross, 2004a). 스미스는 혼자 멍하게 딴생각에 빠져 있는 교수의 전형이었다지만 대학으로부터 까다로운 행정 업무들을 위임받아 능숙하게 처리했고, 그럼에도 공감 덕분에 그의 '따뜻함'은 결코 식지 않았다. 그는 윤리학 강의들에서, 공감이라는 기제는 어떤 주체가 타인의 좀더 억제된 감정에 동조함으로써 작동할 수도 있고, 타인의 이해 가능한 분노나 기쁨을 목격하는 관찰자의 감정이 자극됨으로써 작동할 수도 있다고 밝혔다.

스미스는 1759년에 자신의 윤리학 강의들을 새로운 틀에 넣어 『도덕감정론』으로 출판하면서 저술가로서 첫 성공을 거두었고, 유럽 계몽주의 기여자로서 유명해졌다. 이 매혹적인 저작 『도덕감정론』은 여러 목소리의 상호 작용을 보여준다는 점에서 현대 비평가 바흐친(Bakhtin, 1975/1981)이 일찍이 개척한 구별에 따라 '대화적' 작품으로 분류되고, 이 점에서 '독백적'인 『국부론』과는 다른데(V. Brown, 1994), 이 평전은 이러한 『도덕감정론』의 형성을 먼저 살펴본다. 이어서 이 저작의 첫 독자들, 즉 흄과 토머스 리드나 애덤 퍼거슨 같은 스코틀랜드 계몽주의의 또 다른 인물들의 비평을 살펴본다.

스미스의 책은, 홉스와 맨더빌에 의해 개진되고, 시기상 더 가깝게는 루소에 의해 개진된, 인간의 본질적 이기심의 이론들에 대한 직접적 도전이다. 덕이 무엇이고 우리가 왜 덕 있게 행동해야 하는지를 규정하는 데 스미스는 흄과 허치슨의 논증을 정교하게 확장해, 우리의 도덕적·미학적 판단과 명령은 감정에 바탕을 두고 있다는 결과로 나아간다. 전개되는 체계의 주된 구성 요소는 인간의 교류에서의 공감의 역할이다. 공감을 통해서 우리는 자연스럽게 다른 사람들의 행동과 성격을, 그리고 우리 자신의 행동과 성격을 판단한다는 것이다. 독자들이 보기에, 수사학에 대한 강의와 천문학의 역사에 대한 강의의 사상에 따라 체계를 세워나가는 데 있어 스미스는 '도덕의 뉴턴주의'라 할 만한 것을 제시하고 있었다. 한 독자는 이렇게 썼다. '[『도덕감정론』은] 공감에 바탕을 두고 있으며, 중력이라는 자연계의 일반 원칙과도 같은 이 일반 원칙으로 도덕계의 주요 현상을 설명하려는 매우 독창적인 시도다'(제임스 우드로, 1808년 6월: Mitchell Lib., Glasgow, Buchan MSS, Baillie 32225, fos. 47~51). 이 평전에서는 또한 『도덕감정론』의 여러 판본을 쭉 따라가면서 스미스가 자신의 체계의 또 한 가지 주된 구성 요소인 공정한 관찰자라는 면모를 어떻게 발전시켜가는지를 살펴본다. 공정한 관찰자란 우리 자신에 대한 우리의 규범적 판단을 설명하기 위해 도입된 개념이다. 공정한 관찰자는 그의 법학 강의에도 등장해, 관찰자에게 합당해 보이는 기대에 대한 증거가 청구인에 의해 제공될 수 있다는 근거에서 어떻게 획득 권리들에 대한 주장이 옹호될 수 있는지를 설명해준다. (LF(A) i.16~17) (LF(A) i.16-17)

스미스의 도덕적 경제와 미시 경제에 대한 검토에서 다루어지는 또 다른 중요한 점은, 그가 도덕 규범의 기원에 대한 한 가지 설명으로서의 효용성을 거부한다는 것이다. 그러나 우리의 설명은 스미스가 효용성이라는 판단 기준, 즉 허치슨이 관행·조직·제도(경제와 관련된 관행·조직·제도를 포함해)를 평가하면서 '최대 다수의 최대 행복'(『미와 덕의 관념의 기원에 대한 연구』, 1725, ii. 164, in Hutcheson, 1969: i)을 가져오는 것이라고 표현한 바로 그 효용성이라는 판단 기준을 채택하고 있음을 강조한다. 이런 식으로 다룸으로써 이 평전은 스미스가 단지 실효적 공리주의자가 아니라 관조적 공리주의자라는 주장으로 나아간다. 이런 관점에서 봐야 우리는 '자연의 이법'의 한 면을 의미하는, 『도덕감정론』에서의 '보이지 않는 손'(『국부론』에서 경제학과 관련해 더 나아간)을 제대로 이해할 수 있다. 특별히 시장의 작동을 겨냥해 '보이지 않는 손'이라는 은유를 사용하게 된 것은 20세기에 벌어진 일로 보이며, 아마도 시카고대학에서 몇 년 동안 교단에 섰던 폴란드 경제학자 오스카어 랑게에 의해 1946년에 시작된 일로 보인다. 어떻게 해서 이기적인 부자들이 자신의 목적을 추구하는 가운데 '생활 필수품'의 분배를 돕게 되고 인간 복지를 증진시키게 되는지를 성찰을 통해 우리가 이해할 수 있다는 것이 스미스의 요점인 것 같다(*TMS* IV.1.10). 스미스는 이기심을 지지하거나 옹호하는 것이 아니다. 만약 우리가 어떤 이기적 행동을 멀찍이 떨어져 바라본다면 그 행동이 초래한 의도치 않은 결과를 볼 수 있으리라고 말하는 것이다.

　이 평전에서는 흄이 실제로 『도덕감정론』을 어떻게 읽었는지, 그리고 그 책에 대한 비평을 통해 스미스가 자신의 도덕 체계를 더 다듬도록 자극하는 데 있어서나 스미스의 경력에 도움이 될 만한 영향력 있는 사람들에게 그 책을 증정하는 데 있어서나 흄이 얼마나 적극적이었는지를 볼 수 있다. 책을 받은 사람 중 한 명은 명석하지만 별난 정치인이자 젊은 버클루 공작 3세의 계부인 찰스 톤젠드였다.『도덕감정론』에 매우 감명받은 톤젠드는 버클루 공작의 가정교사로서 그의 해외 여행에 동반해달라고 1764년에 스미스를 설득했고, 결국 스미스의 수락을 얻어냈다. 향후 2년여에 걸친 이 임무를 통해 스미스는 파리에 잠깐 머물렀다가 '더럽고, 성스럽고, 학문이 발달한' 툴루즈로 가서 18개월을 지냈고, 이어서 제네바에서 2개월, 파리에서 다시 10개월을 머물렀다. 이 책은 이 경력을 통해 스미스가 무엇을 얻었는지를 보여준다. 그는 다양한 지역의 경제 운용을 보았고, 두 가지 다른 정치 체제, 즉 프랑스의 전제군주제와 스위스의 공화과두제를 보았다. 식민지를 놓고 영국과 벌인 7년전쟁과 유럽에서의 힘의 균형의 여파로 프랑스는 재정 위기를 겪고 있었고, 프랑스 중앙 정부는 세금 제도를 두고 툴루즈를 포함해 지방 도시들의 고등법원과 크게 대립하고 있었다. 스미스는 자신이 본 것을『국부론』에 농축시켰다.

또한 스미스는 파리 주재 영국 대사관에서 비서로 일하던 흄을 통해 달랑베르, 디드로, 돌바크, 엘베시우스 같은 계몽사상가이자 유럽 최고의 지식인들을 만났고, 그들은 자신들에게 감명을 준『도덕감정론』의 저자로서 스미스를 환영했다. 스미스는 몇몇 프랑스 최고의 여성이 이끌거나 드나드는 파리의 살롱들에도 참석했는데, 그 여성들은 그의 큰 치아와 형편없는 프랑스어 실력에도 불구하고 그를 싫어하지 않고 그의 소박한 마음과 박학을 칭송했으며, 그의 공감 철학에 동조했다. 그 여성 중 한 명인 어떤 후작 부인이 스미스를 사랑하게 되었다는 얘기도 있고 스미스가 한 영국 여성을 사랑하게 되었다는 애기도 있는데, 안타깝게도 우리는 부플레 백작 부인과 흄의 관계에 대한 흥미로운 이야기와 달리 스미스의 사연에 대해서는 자세한 전개를 알 수 없다.

제네바 근처에서 스미스는 자신의 '영웅' 볼테르를 만났는데, 그는 툴루즈에서 벌어진 끔찍한 칼라스 사건 이후 종교의 관용을 위한 투쟁을 이끌고 있었다. 이는 1762년에 칼라스라는 한 칼뱅교도가 가톨릭으로 개종한 자기 아들을 살해했다는 죄를 뒤집어쓰고 수레바퀴에 매달려 으스러진 뒤 불태워진 사건으로, 아들이 가톨릭으로 개종했다가 밀려드는 가책 속에 자살한 것이었음에도 불구하고 그가 아들 살해범으로 지목된 것이었다. 볼테르는 1765년에 재심을 청구했고, 결국 칼라스는 무죄 판결을 받았다(Bejaoui, 1994). 당시 스미스는 툴루즈에 있었고 『도덕감정론』 마지막 판인 제6판에서 이 사건을 언급한다(*TMS* 1790: III.2.11).

스미스는 프랑스에서 경제학 공부를 했고, 파리에서는 프랑스 경제학자들의 주요 '학파'인 중농학파에게 환영받았다. 그들은 땅이 부를 낳고 농업만이 부를 증대시킬 수 있다고 주장했다. 그리고 제조업과 상업이 경제에서 가장 무익한 분야이며, 과학적 농업과 농산물에 대한 공정한 가격 유지를 통해서만 경제 발전을 이룰 수 있다고 보았다. 이 '학파'는 무역에서의 자유방임적 완전한 자유가 경제를 자연스럽게 회복시키는 데 필수라고 주장했다. 스미스는 이 '학파'의 지도자인 케네를 존경했으며, 이 학파로부터 얻은 중요한 교훈들은 『국부론』에, 특히 자본의 순환이나 생산적 분야와 비생산적인 분야 간 균형과 같은 주제들에 흘러들었다. 하지만 그는 그 '학파'가 농업을 지향하고 산업과 무역에 반대하는 편향성을 띤다는 점에서 대체로 공론적이라고 생각했다. 스미스는 또 다른 프랑스 경제학자인 튀르고의 특별한 친구였다. 스미스가 파리에 있던 시기에 진행 중이던 화폐, 자본 축적, 경쟁, 시장 조정에 대한 튀르고의 저술은 『시민 책력, 1766~1769』이라는 간행물에 발표되었고, 이는 스미스의 장서 중 하나가 되었다(Mizuta).

케네는 궁정 의사였고, 툴루즈에서부터 함께 생활하던 버클루 공작의 동생이 파리 체류 중 치명적인 병을 앓았을 때 스미스는 케네의 도움을 구했다. 그 젊은이가 죽자 스미스는 1766년에 서둘러 영국으로 돌아왔고, 그의 시신을 집으로 인도하는 슬픈 임무를 수행했다. 이 평전은 스미스가 이후 1년 동안 런던에 남아 있으면서 어떤 일을 했는지에 대해서도 상세히 이야기하는데, 그는 영국 재무장관이던 톤젠드를 위한 공공 재정에 대한 연구를 포함해 정부를 위한 연구 과제들에 참여했다. 그러고 나서 그는 커콜디로 돌아가, 여전히 자기 존재의 버팀목이던 어머니와 함께 살았다. 1773년까지 그는 『국부론』을 집필하며 원고를 정리하는 복잡한 일에 깊이 빠져 있었고, 이러한 작업을 위해 최근에야 신원이 밝혀진 로버트 리드라는 필사자의 도움을 받았는데, 리드는 커콜디 방직공으로 일을 시작해 뉴브런즈윅 노섬벌랜드 카운티의 주장관으로 경력을 마친 인물이다.

이 평전은 자신의 글래스고 법학 강의에서 가르쳤던 경제학 체계를 가다듬고 예시적 자료를 추가하는 스미스, 곡물 무역의 자유화와 같은 주제들에 대한 자신의 진행 중인 연구의 필요에 따라 자유기업 이론을 수정하는 스미스, 스코틀랜드 은행 위기의 진상을 규명하는 스미스를 보여주는 새로운 설명을 제공한다. 그는 소액 어음을 마구 발행하는 빈약한 은행가와 부실한 담보로 대출을 받으려는 고객들의 압력에 굴복하며 이익 추구를 소홀히 하는 대형 은행가들을 통제하기 위해 정부가 화폐 시장을 규제하는 것은 당연하다고 인정해야 했다(*WN* II.ii.73, 90, 94).

스미스의 삶의 다음 국면은 1773년부터 1776년까지 런던에서 『국부론』 마무리 작업을 하고 『국부론』의 인쇄를 지켜보는 그를 보여준다. 이 시기에 의회는 아메리카 식민지들의 소요와 무장 반란 진압 대책에 점점 더 골몰하고 있었다. 스미스가 하원 양측 의원들과의 친분 덕분에 하원 토론을 몇 차례 참관했음은 증거를 통해 알 수 있다. 『국부론』 출간이 의회의 관심을 끌기에, 그리고 아메리카 갈등의 평화적 해결을 지지하도록 의원들에게 영향을 미치기에 시기상 적절했다는 의견이 지지를 받고 있다. 아메리카는 자유 시장 이론을 적용할 만한 주요 지점이 되어주었고, 스미스가 지지자들을 확보할 수 있다면 경제적 제한과 금지를 포함해 구식민지 체제를 지키려는 노력에서 초래된 폭력의 고리를 끊는 일이 어느 정도 가능했을 것이다. 스미스는 이후 아메리카에서 벗어나도록 정부에 구체적인 정책 조언을 했다(*Corr.* app. B).

흄은 스미스가 '아메리카 사태에 대해 너무 열심'이라고 들었다며 1776년 2월 에든버러에서 편지를 보내왔고, 스미스의 책 출간이 지연되는 것에 대한 염려를 드러냈다(*Corr.* No. 149). 3월에 『국부론』이 흄에게 도착하면서 이 염려는 사라졌고, 그는 이 책을 아낌없이 칭찬했다. '이 책은 깊이 있고 탄탄하고 예리하며, 흥미로운 사실을 위낙 많이 담고 있어서 기펄코 대중의 관심을 끌고야 말 것입니다'(Corr. No. 150).

또 다른 초기 독자인 하원의원 토머스 포널은 매사추세츠만灣의 총독을 지내고 이제는 아메리카 사람들과의 평화적 화해를 추구하고 있었는데, 식민지 무역의 독점에 반대하는 스미스의 이론을 포함해 그의 책의 많은 요소에 대해 강도 높게 비판했다. 그렇지만 포널은 이 책의 체계에서 드러나는 방법론과 설명의 포괄성에는 크게 감명받았다. 이 책이 인간 사회에 대한 분석이라는 차원에서는 천체역학의 작동을 설명한 뉴턴의 『프린키피아』에 견줄 만하다고 언급할 정도였다. 따라서 포널은 『국부론』이 정치경제학의 기초 작업이 될 수 있다고(실제로 그렇게 되었듯이) 판단했다. 바로 이 점에서 『국부론』은 정치경제학의 정전이 되었다.

이 평전은 스미스의 가족 배경, 경험과 교육, 우정과 결연, 기질과 사고방식, 학문으로 이루어진 그의 학설의 기반을 살펴본 뒤 두 부분으로 구별되는 『국부론』의 구성에 대해 설명한다. 『국부론』 제1권과 제2권은 사회가 시장 거래를 통해 구현되는 상업 단계에 도달할 수 있도록 자연스럽게 경제 성장을 가져오는 원칙들이 무엇인지를 밝히고 설명한다. 제3권에서 제5권까지는 입법자가 성장을 촉진하기 위해 해야 할 것과 하지 말아야 할 것이 무엇인지를 다룬다.

스미스는 시장 사회가 돌아가는 방식의 모델을 제시하며, 그는 '천부의 자유라는 분명하고 단순한 체계'의 형태로(WN IV.ix.51) 그 방식에 대한 확장된 해설을 제시한 최초의 저자들 중 한 명이다(Swedberg, 1994). 이 체계에 대한 그의 설명이 『국부론』에서 중심 역할을 한다. 그 모델의 주요 특성들, 그리고 그 모델의 자유 경쟁적이고 자율적인 시장 개념은 오늘날까지 매우 매력적인 것으로 입증되었다. 그래서 1989년 이후 공산권 국가들의 계획 경제라는 대안-모델에 대한 믿음이 무너진 후, 서방 국가들은 새로운 정권들을 향해 당장 자유-시장 모델로 전환하라는 권고를 많이 했으며, 그런 입장을 뒷받침하는 데 애덤 스미스의 권위가 발동되었다.

『국부론』 제3권에서 스미스는 로마제국의 몰락부터 16세기까지의 유럽 시민의 역사를 다루면서 봉건 제도의 성쇠를 따라가고, 도시의 발생과 발전으로 촉진된 상업 시대의 도래를 다룬다. 제4권에서는 '대영제국의 상업 체계 전반에 대해 (…) 매우 격하게 공격'하면서 (*Corr*. No. 208), 즉 성장 촉진을 겨냥한 모든 정부 규제와 무역 독점에 대해 공격하면서 중상주의 및 식민지를 통한 중상주의 확대를 검토한다. 스미스는 이런 규제들을 '단순한 체계'의 순리를 거스르며 경제 활동을 방해하는 것으로 설명한다. 또한 그는 중농주의자들의 '농업 체계'도 비판하는데, 제조와 무역에 종사하는 사람들은 한 국가의 경제 성장에 기여하지 못한다고 이해하는 것이 중농주의자들의 중대한 오류라고 그는 결론 내린다. 하지만 그는 '국부를 이루는 것은 소비할 수 없는 많은 화폐가 아니라, 사회의 노동력에 의해 매년 다시 생산되는 소비 가능한 재화'라고 본 중농주의자들의 시각과, 이런 맥락에서 부를 극대화해주는 것은 '완벽한 [경제적] 자유'라는 중농주의자들의 처방—비록 그는 이것이 유토피아적 조건이라고 생각하지만—을 가치 있게 여긴다(*WN* IV.ix.38). 스미스는 상업적이고 진정 시민적인 사회에 기본적으로 필요한 것들—이를테면 제5권에서 밝히고 있듯이 국방, 정의, 공공사업, 교육—을 위해 과세를 통해 재원을 마련하려는 차원에서 개인의 경제적 자유를 제한하는 정도는 받아들인다.

『국부론』 제5권의 마지막 장은 '국채'에 초점을 두고 있는데, 이것은 우리 시대만큼이나 그의 시대에도 매우 중요하고 많이 논의되는 주제였다. 스미스는 1776년의 영국에 주는 설득력 있는 권고로 논의를 끝맺는다. 영국이 아메리카 식민지들을 대영제국의 유지에 도움이 되는 것으로 만들 수 없다면 영국은 '미래 전망과 설계를 영국의 평범한 현실 상황에 맞추도록 노력'해야 한다는 조언이다. 이 문장은 스미스 생전에 출간된 『국부론』의 모든 판에, 심지어 1782~1783년의 파리 조약 체결 이후에 출간된 판에도 들어가 있다. 파리 조약 협상에 참여한 사람들 중에는 스미스의 친구들인 미국 측의 프랭클린과 영국 측의 상인 리처드 오즈월드도 있었고, 스미스의 경제 이론으로의 전향자임을 자처한 셸번 총리는 자신의 많지 않은 인기를 희생시켜가며 이 조약을 지지했다(*EPS Stewart*, n. 1). 『국부론』에 이 문장이 계속 보존된 것은 무엇보다, 국가와 통치자들이 제국의 금빛 꿈에서 깨어나, 혹은 자신들이 감당할 수 없는 어떤 다른 '계획'에서 깨어나 시민의 역사라는 것을 이어가야 한다는 이 경제학자이자 도덕철학자의 생각 깊은 충고로 간주될 수 있을 것이다.

이 평전에서는 『국부론』에 대한 스코틀랜드 계몽주의 지도자들의 반응도 다루고, 친구 흄이 죽기 전 몇 달 동안의 흄과 스미스의 이야기도 다룬다. 이 기간에 스미스는 흄의 『자연종교에 관한 대화』의 출판을 맡아 진행하기를 꺼림으로써 친구에게 약간의 고통을 안겨주었다. 스미스는 이 신중한 결정이 자신의 '평온'을 위한 것이라고 언급했다. 하지만 일이 틀어져, 스미스는 흄의 죽음에 대해 이야기한 공개 서한에서 흄을 '인간의 허약함이라는 본성이 허락하는 한 완벽하게 지혜롭고 덕성스러운 사람의 개념에 거의 근접해 있다'고 묘사한 것 때문에(*Corr.* No. 178) 기독교인들에게 거친 비난을 받았다.

이 시기에 스미스는 커콜디에 틀어박혀 지내면서 '모방 예술'에 대한 책을 쓰고 있었다. 그가 모방 예술에 포함시킨 것은 그림, 조각, 춤, 시, 그리고 (조건부로) 음악이었다. 하지만 이 책은 완성되지 못했다. 1778년에 스코틀랜드의 관세 위원으로 임명된 그는 에든버러로 이사해, 어머니, 살림을 맡은 사촌 제인 더글러스, 그리고 자신의 상속자가 되는 조카의 아들 데이비드 더글러스와 함께 팬뮤어 하우스에서 살았다. 그는 공무에 매달리느라 새로운 책의 집필에 집중할 여가가 없었다. 이상하게 들리겠지만, 이 자유 무역의 사도는 자신이 『국부론』에서 매우 강하게 공격했던, 규제와 금지, 경제적 장려(보조금)로 이루어진 체계를 꽤 열심히 집행하는 사람으로서 말년을 보냈다.

하지만 이 평전이 상기시키는바, 세관원이 되는 것은 일종의 집안 전통이었고, 스미스는 공공 정책 관련 문제들에 깊은 지적 관심을 갖고 있었다. 나아가, 그 직책에 요구되는 규칙적인 생활을 은퇴 후 더 심해진 듯한 건강염려증에 대한 하나의 해결책으로서 그가 반겼을 수도 있다. 또한 그는 전면적인 자유방임주의 옹호자가 아니었고, 예컨대 국방처럼, 무역에 대한 규제를 요구하는 국가 차원의 이유들이 있다고 믿었다(*WN* IV.ii.24). 그는 자유로운 시장에서 자신의 노동, 농산물, 수입품을 팔 수 있는 개인의 천부적 자유에 제한이 가해지는 것을 정당화해주는 경제적 고려 사항들이 있다고 주장하기도 했다. 하지만 그의 기본 입장은, 국가 통치를 위한 타당한 용도로 쓰일 세입을 증대하기 위해서 수입과 수출에 '적정한 관세'를 부과하는 것 이외의 모든 무역 장벽의 제거를 지지하는 것이었다. '높은 관세'는 그 관세가 부과된 상품의 공정한 무역을 어렵게 만들고, '절대 금지와 마찬가지로 밀수를 부추길 것'이라고 그는 생각했다(Corr. No. 203). 세관 근무 시절의 스미스를 다루는 장들에서는 스미스가 속한 관세위원회가 스코틀랜드에 만연한 밀수를 퇴치하기 위해 했던 현실적 노력, 이런 일과 관련해 그가 정부에 제시한 정책 조언, 무역 장벽을 없애려는 혹은 적어도 덜 성가시게 만들려는 그의 노력이 이야기된다. 여기에는 큐 공문서보관소에서 찾은 새로운 자료가 사용되었다.

스미스는 직무 때문에 저작 활동이 방해받는 것을 아쉬워했고, 1785년에 두 권의 '대작'을 '준비 중'이었다(Corr. No. 248). 하나는 '모방 예술'에 대한 책과 관련된 것임이 분명한데, 그가 '문학, 철학, 시, 웅변'이라는 다양한 분야를 망라한 철학사'라고 서술했기 때문이다. 다른 하나는 방대하게 수집되어 어느 정도 '잘 정리'된 자료를 담은 '법과 정부의 이론과 역사'였는데, 이는 '법학 이론'에 대한 책을 내겠다는 『도덕감정론』 끝부분에서의 스미스의 약속과 관련된 것일 수 있다.

하지만 1785년에 이르러 스미스는 '노년의 게으름'이 빠르게 자리 잡고 있다고 고백했으며, 자신이 이 두 계획을 끝낼 수 있을지 '확실치 않다'고 느꼈다. 이 평전은 쇠해가는 기력, 어머니와 제인 더글러스와의 사별의 고통 속에서 이미 출간된 저서들을 '가장 훌륭하고 가장 완벽한 상태로' 남겨두려(Corr. No. 276) 애쓴 스미스의 노력을 보여준다. 그래서 그는 표준판이 된 『국부론』 제3판(1784)을 준비했고, 이를 위한 추가와 수정 작업을 완수했다. 당시는 정치적 혼란기였다. 셸번 정권하에서 미국독립전쟁이 종식되었고, 그다음 정권인 폭스- 노스 연립 정권은 동인도회사(『국부론』 제3판에서 심하게 비판받은 조직) 개혁을 시도했다가 파국을 맞았고, 그다음에는 『국부론』을 관심 있게 읽고 그것의 정책 조언에 주의를 기울인 인물인 '아들 피트'의 내각이 출범했다.

스미스는 『도덕감정론』의 최종판인 제6판(1790)도 준비했는데, 여기서는 공정한 관찰자 개념에 대한 설명이 덧붙여지고 제6부가 새로 작성되는 등 중요한 첨가가 이루어졌다. 제6부는 체제 재편성 같은 현실적인 문제들에 적용할 수 있는 도덕 이론에 초점을 맞추었다. 이런 문제들은 그의 시대와 관련성이 매우 깊었는데, 당시는 연방제를 취한 미국이라는 나라가 막 탄생하고, 황제 요제프 2세가 위로부터 부과한 개혁으로 인해 오스트리아령 네덜란드에서 혁명이 시작되고, 프랑스 혁명—경제학자이자 튀르고의 친구인 뒤퐁 드 느무르에 따르면 스미스로 인해 놀랄 만큼 '촉진된'—의 초기 단계가 진행되던 때였기 때문이다. 스미스는 또한 장 하나를 추가해, 부자와 권력자를 숭배하는 우리의 성향은 '사회 질서'를 유지하는 데 필요하지만, 다른 한편으로 그것은 '우리의 도덕 감정을 타락시키는 크고 가장 보편적인 원인'이라는 논의를 담았다(*TMS* edn. 6, I.iii.3.1). 결론적으로 그의 도덕 철학은 절충적이며, 그는 스토아학파에 대한 전면적 지지에서 물러나, 덕에 대한 설명에서 아리스토텔레스 철학에, 신중함에 대한 설명에서 에피쿠로스 철학에 열려 있지만, 에피쿠로스의 체계를 설명한 뒤,

제1판에서 그랬듯이, 그 체계가 자신이 『도덕감정론』에서 수립하고자 하는 체계와 완전히 불일치함을 강조한다(*TMS* VII.ii.2.13).

스미스는 자신의 느린 집필 속도에 매우 비판적이었고, 말년에 자신이 더 많은 것을 성취하지 못한 것에 대해 실망을 드러냈으며, 유저遺著 관리자가 자신의 원고들을 불태워버려야 하리라고 주장하기도 했다. 그러니 우리로서는, 심지어 『철학적 주제들에 관한 소론』을 생각하더라도, 그가 무엇을 더 해낼 수 있었을지 가늠하기 어렵다. 그가 사망했을 때 그의 명성을 크게 떠벌려대는 식의 호들갑은 없었는데, 아마도 이런 것이 더할 수 없이 겸손한 사람이었던 그가 바라는 바였을 것이다. 스미스의 정치경제 사상을 그 어느 매체보다 비판적으로 보도한 『에든버러 리뷰』—스미스가 생전에 참여한 그 간행물이 아니라 스미스 사후에 새로 창간된 간행물—의 기고자 프랜시스 호너는 이 분야에서 체계를 세우려는 스미스의 시도가 미숙했다고 감히 말했다(Fontana, 1985: 52).

그럼에도 여전히 우리는 경제 현상의 상호 의존성을 다루는 스미스의 탁월한 방식, 즉 '몇 가지 공통 원칙으로 연결되는 다양한 관찰 사실들을 체계적으로 정리하는 것의 아름다움'(*WN* v.i.f.25)으로 유명한 방식이 지적으로 인상적이고 도발적이라고 여기는 것 같다. 이 평전이 우리에게 시사하는 바는, 스미스가 이론적 설득력과 미학적 설득력을 두루 갖춘 '체계적 정리'에 능한 경제학자일 뿐만 아니라 인문학에 대한 매우 독창적인 이론가이기도 하고, 또한 무엇보다 독자들에게 인간의 본성과 시민사회에 대한 지혜를 전해줄 수 있는 현실적 도덕철학자이기도 하다는 것이다.

역사적으로 평전은 어떤 저자가 의미했던 바에 대한 논란을 해결하는 데 도움이 되는 도구로 여겨져왔다. 집안 배경, 사회적 교류, 인성 형성, 성취나 좌절의 전개, 대인관계, 교육, 지적 맥락, 직업, 무르익은 성향, 사고방식, 목표, 신념, 정치, 글쓰기, 출판, 다른 사람들에 대한 영향, 동시대인들의 비판, 반응 등에 대한 증거는 한 저자의 의사와 주장에 대한 단서를, 그리하여 결국 그 저자의 글이 의미하는 바에 대한 단서를, 심지어 그 의사와 주장이 생활 양식이나 제도적 장치에 적용되는 경우 어떤 식으로 실행될 수 있다고 저자가 생각했는지에 대한 단서를 제공한다고 여겨져왔다. 전기적 기록과 연계된 해석은 사상의 요체를 확인하게 해주는 안내자이며, 우리가 스미스를 읽고 논할 준비가 되어 있는 한 스미스를 그의 저작들 속에서 계속 살아 있게 할 수 있다는 것, 이것이 바로 이 책이 취하고 있는 입장이다. "죽은 자의 말은 산 자들의 입김으로 수정된다"(W. H. 오든).

1장

커콜디

·

내 고향 스코틀랜드의
작은 마을

에든버러에서 포스만을 가로질러 10마일 정도 떨어져 있는 커콜디는 파이프주의 항구도시로, 애덤 스미스는 1723년 6월 5일에 커콜디의 세인트브라이스라는 오래된 교구 교회에서 세례를 받았다. 스미스의 친한 친구 데이비드 흄의 경우와 마찬가지로(Mossner, 1980: 6), 그 커콜디 교회의 '세례 명부'(Bonar, 1932: 208)에 '이날 출생'했다는 언급은 없지만 아마 이날이 스미스의 출생일이었을 것이다. 갓난아기 스미스는 '허약하고 부실'했다(Stewart I.2)고 전해지며, 유아 사망률과 구원에 대한 당시의 통상적인 불안이 세례를 재촉했던 것인지도 모른다(Flinn, 1977: 284).

　스미스의 출생 시기는 스코틀랜드에서 한 시대를 지적으로 두드러지게 만드는 데 크게 공헌한 지식인 무리 속에 그를 배치한다. 흄은 열두 살에 이미 에든버러대학에서 공부를 시작했고, 학문에서의 계속된 '성공'으로 당대의 선두적인 학자가 되기에 충분했다. 1710년생인 토머스 리드는 흄의 회의론을 논박한 철학자로, 이미 애버딘 매리 셜 칼리지의 학생이었다. 그 시대의 또 다른 유명한 지식인들로는 비평가 휴 블레어(1718년생), 사학자 윌리엄 로버트슨(1721년생), 선구적 사회학자 애덤 퍼거슨(1724년생), 지질학자 제임스 허턴(1726년생), 건축가 로버트 애덤, 화학자 조지프 블랙, 해부학자 존 헌터(1728년생)가 있었다.

스코틀랜드 밖에서는 뉴턴이 삶의 막바지에 이르러 있었고, 1727년에 사망했다. 스위프트는 1724년에 『드래피어의 편지』를 출간해 영국의 정치·경제 통제를 공격함으로써 아일랜드의 국가 영웅이 되었다. 정부로부터 재커바이트에게 동조했다는 의심을 받은 포프는 1723년에 호메로스의 작품을 번역하고 셰익스피어를 편집하고 있었다. 같은 해에 새뮤얼 존슨은 리치필드 문법 학교에 다니고 있었고, 버클리와 프랜시스 허치슨은 둘 다 더블린에서 교직생활을 하고 있었다. 버클리는 1713년의 『세 대화』 이후 철학 저작을 출간하지 않았지만, 허치슨은 흄과 스미스에게 영감을 준 『미와 덕의 관념의 기원에 대한 연구』(1725)에 제시된 도덕철학을 수립하고 있었다. 스미스의 친구였던 정치 이론가 버크는 1729년 더블린에서 태어났다. 유럽 대륙에서는 라이프니츠가 1716년에 사망했고, 1724년에 칸트가 태어났다. 토마지우스(1728년 사망)는 1723년 할레에서 경력의 끝에 다다라 있었고, 같은 시기에 볼프는 추방되어 마르부르크에서 학생들을 가르치는 일을 시작했다. 볼테르는 1723년에 서사시 『앙리아드』를 출간했고, 루소는 당시 제네바에서 아직 조각가의 도제로 일하고 있었다. 아직은 경제학자가 아니었던 케네는 그해에 외과의 자격을 취득했고,

파리 근처 망트에서 개원을 했다. 훗날의 계몽사상가인 디드로(1713년생)와 달랑베르(1717년생)는 학생이었다. 역시 훗날의 계몽사상가인 돌바크는 스미스와 같은 해에 태어났고, 경제학자 튀르고는 4년 후에 태어났다. 1723년에 바흐는 라이프치히 토마스 교회에서 성가대 선창자가 되었고, 「요한 수난곡」을 작곡했다. 한편 헨델은 그때 잠시 할레를 떠나 런던에서 이탈리아 오페라를 작곡하고 있었다. 영국의 아메리카 식민지에서는 열일곱 살의 프랭클린이 1723년에 보스턴에서 필라델피아로 이사해 이미 전문 인쇄업자라는 직업을 얻었다. 조지 워싱턴의 아버지는 버지니아의 웨스트모얼랜드 카운티에서 대농장을 경영하고 있었고, 1732년에 그곳에서 조지가 태어났다. 토머스 제퍼슨의 아버지는 측량 기사 교육을 받고 있었고, 버지니아 서부 정착지의 변경 지역인 구칠랜드 카운티로 이사했으며, 1743년에 그곳에서 토머스가 태어났다.

그 시대에는 어떤 의심도 제재받지 않았고, 업적을 이룰 기회를 가졌던 기억할 만한 동시대인들처럼 애덤 스미스 역시 재커바이트의 마지막 항거 기간에 20대를 보냈으며, 옥스퍼드에서 학업을 마쳤다. 항거를 주도한 왕위 요구자 찰스 에드워드 스튜어트는 스미스보다 세 살 위였다. 스미스는 미국 혁명의 국면에서 경제학에 관한 대작을 출간했고, 브라반트 혁명으로 황제 요제프 2세가 개혁을 포기하지 않을 수 없게 되고 프랑스 혁명이 가속화되고 있던 때인 생의 마지막 해에는 도덕·정치 철학에 대한 자신의 최종 생각을 정리했다.

스미스가 태어나기 5개월 전인 1723년 1월 9일(GUL MS Gen. 1035/55)에 그의 아버지가 사망한 만큼 스미스의 인생은 그리 좋게 시작된 것이 아니었다. 아버지의 사인에 대해서는 알려진 바가 없다. 아기의 양육은 비범한 어머니 마거릿 더글러스의 손에 맡겨졌고, 아버지의 유언장에 따라 지명된 '교사와 후견인들'의 도움을 받았다. 그들 중 두 사람이 세례의 증인이 되었다. 커콜디의 저명인사이자 아버지의 친한 친구였던 제임스 오즈월드, 그리고 어머니의 큰언니 이저벨 더글러스와 결혼한 포린의 헨리 밀러였다. 후견인들의 도움을 받은 젊은 과부는 양육의 임무를 감당해낼 수 있음을 증명해 보였다. 확실히 그녀는 중세와 종교개혁기 스코틀랜드의 성취와 불안에 큰 영향을 미친 유력 가문인 더글러스 집안의 사람이었다. 직계 조상은 1567년부터 1568년까지 로클리벤 성에 감금되었던 스코틀랜드 메리 여왕의 옥졸이었던 윌리엄 더글러스 경(나중의 모턴 백작 5세)이었다. 윌리엄 경의 남동생은 여왕과 결혼하겠다는 희망에서, '예쁜 조디'로 변장한 채 고아 조카인 '어린 윌리' 더글러스의 도움을 받아 메리를 용케 탈출시켰다(Fraser, 1970: 400~401, 423~424). 바로 이런 사람들이 마거릿 더글러스의 조상이었다.

그녀는 스트래센드리 성의 로버트 더글러스 대령과 그의 두 번째 아내 수재나 밸푸어(벌리의 밸푸어 경 3세의 딸) 사이의 다섯 번째 아이로 1694년(9월 17일 세례를 받음)에 태어났다. 밸푸어 가문은 스코틀랜드 역사에서, 특히 이스트 파이프의 많은 남성이 죽임을 당한 17세기 내전 기간에 파이프의 또 다른 걸출한 가문으로 자리 잡았다. 전쟁의 피해와 더불어 그 인명 손실은 커콜디 같은 자치도시들에 한 세대에 걸친 경제적 쇠락을 불러왔다(Anderson, 1863: i.210; 1975: 19).

애덤 스미스의 외할아버지는 스트래센드리의 상속녀인 헬렌 포레스터와 첫 번째 결혼을 했는데, 그 결혼에서 아이가 없었던 탓에 스트래센드리가 그에게 상속되었다. 로버트 시볼드'가 쓴 파이프의 동시대 역사(Sibbald, 1710: Mizuta)를 보면 로버트 더글러스가 그 주의 주요 '상속자들'(지주들) 중 한 명으로 등재되었음을 알 수 있다. 그는 1689년에 한 민병 연대의 대령으로 복무했으며, 1703년부터 1706년 4월 25일 사망할 때까지 스코틀랜드 의회에서 파이프를 대표하는 하원의원으로 활동했다. 애덤 스미스의 더글러스 삼촌과 사촌들은 계속 군과 관련된 시골 지주로서의 그의 외조부의 생활 방식을 이어갔으며, 스미스는 그들과의 관계를 통해서 그 자신의 저서에 반영돼 있는 군인들에 대한 경의뿐 아니라 신사의 태도에 대해서도 배웠을 것이다.² 제임스 보즈웰은 1763년 4월 25일자 '런던 일기'에서 '글래스고의 스미스 씨가 한번은 내게, 자신이 군인이 되지 못하게 하려고 친구들이 살벌하게 말렸다고 이야기한 바 있다'라고 기록했다. 저널리스트 보즈웰은 군인이 되려 했던 애덤 스미스의 생각이 '매우 우스꽝스럽다'고 여겼는데, 왜냐하면 '그는 학식이 높고 명확하며 방심하는 사람이기 때문'이었다(Boswell, 1950). 마거릿 더글러스 같은 분별력 있는 부모라면 자기 아들의 본성을 들여다봤을 테고, 자식을 그에게 적합한 학자의 삶으로 이끌었을 것이다.

1720년에 그녀는 연상인 애덤 스미스라는 남자와 결혼했는데(약혼일은 11월 17일로 되어 있다. NAS 02023 GD446-46-8-00001), 당시 그는 휴라는 열한 살짜리 아들을 둔 홀아비였다. 이 애덤 스미스는 1679년 5월 6일에 세례를 받았고, 존 스미스(1712년 4월 4일 사망: GUL MS Gen. 1035/23)의 작은아들들 중 하나였고, 올드 애버딘 근처 돈강 만곡부의 토지인 시턴의 임차인 아니면 임대인이었다(Scott, 1937: 395~408). 그 가족은 애버딘에서 동북쪽으로 20마일쯤 떨어진 채플 오브기어리 교구에 위치한 사유지 로시버스덴과 인버램지의 스미스 일가들 중 젊은 축에 들었던 한 가계에 속하는 것으로 파악된다. 하지만 스미스라는 성씨를 다루는 것은 최고로 헌신적인 계보학자라 할지라도 건초 더미에서 바늘 찾는 일이 될 것이다. 건초를 제대로 짚었다 해도, 인버램지의 스미스 일가들이 18세기 스코틀랜드의 분란에서 재커바이트의 대의를 지지한 반면에 시턴의 스미스 일가들은 하노버 왕가를 지지했다는 점에 주목해야 한다. 이러한 충성은 아버지 애덤 스미스의 경력에서 뚜렷이 드러난다.

아버지 애덤 스미스는 애버딘 킹스 칼리지의 부학장으로 있던 사촌 윌리엄 워커의 지도하에(당시 워커는 더 나중에 설립된 매리셜대학과 경쟁하며 '대학University'이라는 명칭을 쓸 것을 주장했다) 수학한 후 법률가 자격을 취득하기 위해 에든버러로 갔다. 교육 과정을 마친 그는 1698년 10월에 보르도행 배를 탔고, 악천후 속에 항해한 끝에 난파를 겪었다(GUL MS Gen. 1035/2). 그가 얼마 동안 프랑스에 머물렀는지는 알 수 없지만, 잔존하는 어떤 재산 목록에 올라 있는 그의 책들은 프랑스 문화에 대한 약간의 관심을 반영하는 것이었다(GUL MS Gen. 1035/61, 20 Feb. 1723). 그 목록에는 프랑스어 문법책과 사전과 성경, 역사책과 소설책, 몰리에르의 희극 한 편, 그리고 아들의 이상적 교육에 초점을 둔, 호메로스의 전승과 신고전주의 감수성과 도덕적 교훈주의를 기교적으로 혼합한 페늘롱의 작품 『텔레마코스의 모험』 (1699)이 포함되어 있었다. 미래에 아들 애덤 스미스는 옥스퍼드대 학

창 시절부터 프랑스적 사고, 수사법, 경험에 상당한 수용력을 보였다.[3]

아버지 애덤 스미스의 자취는 1705년부터 다시 이어진다. 그는 그해 6월 5일에 스코틀랜드의 두 국무장관 중 한 명으로 임명된 라우든 백작 3세 휴 캠벨의 보좌관이었던 것으로 확인된다(Barker, rev. Birkeland, *ODNB-O*, 2004). 다른 한 명의 국무장관은 마 백작이었다(Scott, 1937: 6~7). 이때는 잉글랜드와 스코틀랜드의 의회 통합을 이루려는 움직임이 일어난 격동의 시기였는데, 라우든은 자기 가문의 수장인 아가일 공작 2세 존 캠벨과 정치적으로 협력하며 이를 강력하게 지지했다(A. Murdoch, *ODNB-O*, 2006). 아가일은 최근 스코틀랜드 의회의 고등판무관으로 임명되어, 돈과 잉글랜드 귀족 신분에 대한 보답으로 그 통합을 추진했다(Ferguson, 1968: 46; Murdoch, *ODNB*, 2004~2009). 통합에 반대한 애국적 인물인 칸워스의 레어드 2세 조지 록하트는 라우든을 호의적으로 평가해, 라우든이 1699년부터 스코틀랜드의 최고민사법원장으로 있으면서 '왕국의 법과 헌법을 이해하고 그에 따라 판결하려 함으로써 모든 사람이 만족할 만하게 행동'했지만 '운이 나빠 쉽게 궁정의 조치에 빠졌다'고, 즉 통합을 추진하게 되었다고 보았다(Lockhart ed. Szechi. 1995: 60). 라우든은 아버지 애덤 스미스에게 돈을 빌렸는데, 이는 그의 가족에게 잘된 일이 아니었다.

아버지 애덤 스미스는 형제 알렉산더 덕분에 그 일자리를 얻은 것일지도 모른다. 알렉산더는 에든버러에서 서기(사무 변호사)로 일했고, 그다음에는 스코틀랜드 총징세관(1699년부터)과 체신장관 같은 관직을 역임했다. 보좌관으로서의 아버지 애덤 스미스의 업무에는 라우든의 서신(공적 서신이든 그의 재산 관리와 관계된 서신이든)을 관리하는 일도 있었고, 정치적 정보를 확보하고 면담과 방문 일정을 관리하는 일도 있었다. 그는 런던 출장을 다녀왔고, 라우든의 수행원으로서 그 밖의 다른 곳도 여행했다. 예컨대 1707년 3월에는 글래스고에 갔는데, 당시 수행원들 중 그 도시의 시민으로 승인받은 11명의 명단에서는 그의 이름이 제일 먼저 나온다(Scott, 1937: 10). 이는 그의 가족이 아들 애덤 스미스를 글래스고대학으로 보내기로 결정했을 때 고려 사항이 되었을 것이다. 글래스고대학은 그의 출세를 위해 캠벨과의 돈독한 이해관계를 이용할 수 있을 만한 곳이었다.

남아 있는 아버지 스미스의 서신에서는 그가 사우시스크 백작과 스테어 백작 부인부터 스코틀랜드 재무부의 회계감사관 로버트 아버스넛에 이르기까지 경제적으로나 가정적으로나 다양하게 그를 후원한 여러 친구와 지인에게서 신뢰를 받고 있었음이 드러난다(GUL MS Gen. 1035/21, 22, 31, 68). 스미스의 커콜디 집 동쪽 방과 서쪽 방에는 퀸즈베리 공작 2세 제임스 더글러스와 공작부인의 초상화가 걸려 있었는데, 이로 미루어 스미스는 어떤 식으로든 그들을 위해 일했거나 아니면 그들에게 특별한 존경심을 가졌던 것으로 보인다(GUL MS Gen. 1035/62). 퀸즈베리는 통합 조약의 조건에 대한 논의를 위해 1706년 4월 웨스트민스터에 파견된 스코틀랜드위원회를 이끈 거물이었다.

스미스는 라우든이나 통합론자의 대의를 위해 일한 대가로 1707년 4월 18일 앤 여왕으로부터 임명장을 받았다. '우리의 옛 스코틀랜드 왕국 내 모든 병력에 대한 군사법원 또는 전쟁위원회의 서기'

로 임명하는 임명장이었다(Scott, 1937: 129). 하지만 그는 5월 1일 잉글랜드와 스코틀랜드 의회 통합 조약과 법이 발효된 후 '임시 휴면자 명단'에 올랐다. 마지막 스코틀랜드 의회는 통합 조약의 여러 조항에 대한 투표와 조약 비준을 마친 후, 1707년 4월 28일 국왕의 선포로 해산되었다. 시필드 대법관은 이것이 '옛 노래의 끝'이라며 냉소적으로 언급했다고 한다(Ferguson, 1968: 51~52).

이 무렵 아버지 스미스는 법정외 변호사로 인정받았는데, 이는 최고민사법원에서 일하며 자산 관리의 법적 문제들을 다룰 자격을 갖춘 사무 변호사를 뜻한다. 사무 변호사들은 스코틀랜드에서 '큰 금전 알선업자'였으며, 이 시기에 만들어진 농업·제조업·상업 발전 계획에 자금줄이 되어준 신흥 자금 시장에서 중요한 역할을 담당했다(Haldane, 1970: 35~38; Durie, 1978: 21~22).

여러 기록으로 미루어 아버지 스미스는 신중한 돈 관리인이었으며, 이러한 면모는 그의 아들에게서도 드러나게 된다. 이 점은 그가 유리한 결혼을 하여 에든버러의 올드프로보스츠클로즈에 가정을 꾸리는 데도 도움이 되었다. 그는 1714년까지 그곳에서 살았다. 그의 첫 번째 아내(결혼 계약, 혼례 후, 1710년 11월 13일: GUL MS Gen. 1035/51)는 라일리어스로, 1683년 에든버러의 시장이었고 스코틀랜드 의회에서 일한 밀냅의 조지 드러먼드 경의 장녀였다. 같은 성을 가진 더 유명한 친족은 1725~1762년에 여섯 번이나 에든버러 시장을 지내고 그 과정에서 대학, 특히 의과대학을 육성하고 도시를 발전시키고 뉴타운을 구상하는 데 열정적인 지도력을 보여준 인물이었다(Chitnis, 1982: 86~97).

스미스가 라일리어스('릴리') 드러먼드에게 보낸 편지들이 남아 있는데, 거기서는 그녀의 집안일에 대한 관심, 그녀의 건강과 어린 아들 휴(1709년 9월 2일에 세례)에 대한 배려가 드러난다(Huntington Lib. Loudon Papers LO 9412; GUL MS Gen. 1035/33). 릴리는 1716년과 1718년 사이에 사망했다. 아들 휴는 이복형제 애덤과 마찬가지로 어릴 때 건강이 나빴지만, 퍼스 기숙학교에서 그를 가르친 교사 존 마틴은 그가 '책에서 많은 것을 얻었다'고 1724년에 기록했다. 그는 1750년 12월 2일이나 그 직전에 사망했고(NAS GD 446-46-8-00001), 그달 15일에 동생 애덤이 상속자로 신고되었다(GUL MS Gen. 1035/69, 70: Scott, 1937: 135). 휴는 커콜디의 세관원이었다고 이야기되는데, 그것은 분명 가족의 영향력에 힘입어 얻은 자리였을 것이다. 그의 아버지가 1714년에 그곳 세관의 감사관이었고, 그다음에는 아버지 스미스의 조카인 또 다른 애덤 스미스가 그 자리를 맡았기 때문이다. 이 애덤 스미스 또한 감사관이 되었고, 이어서 커콜디 세관의 징수관이 되었다.

아버지 애덤 스미스가 스코틀랜드의 군사법원에서 일하게 되었을 때, 그에게 기대된 역할은 군사 재판이 제대로 된 절차에 따라 진행되고 있는지 살피고, 있을 수 있는 법률적 논점에 대해 조언하거나 고려되지 않은 논점을 보고하고, 죄수들의 변호를 돕고, 모든 증거가 기록되었는지 확인하는 것이었다. 그는 1709~1710년에 스코틀랜드에 자신의 대리인을 두고 싶어한 군법무감의 위협적 침해에 맞서 자신의 임명장을 지켜내야 했고, 1715년 재커바이트 반란이 일어난 후에야 임명장 집행이 확실해졌다. 이 일을 지휘한 사람은 동요하는 모습을 보여 '흔들리는 존'이라는 별명을 갖게 된 마 백작이었다. 그는 자신의 정치적 충성을 변경했던 것이다. 스코틀랜드의 하노버 왕가 쪽 병력은 아가일 공작(*Iain Ruadh nan Cath*, Red John of the Battles)의 명령을 받았다. 1715년 11월 팽팽했던 셰리프무어 전투에서 보여준 아가일의 끈기로 조지 1세는 승리를 거두었다.

1716년에 아버지 스미스는 스털링의 군 주둔지에서 셰리프뮤어 전투의 여파로 아가일이 발부한 군사법원 소환장들을 처리하느라 바빴다. 오랜 세월이 지난 후, 아들 스미스는 자신의 인쇄업자이자 출판업자인 윌리엄 스트레이핸에게 '개인의 판단이라는 소중한 권리'를 위해서 자신들의 '조상이 교황과 왕위를 노리는 자를 쫓아냈다'고 농담했다(*Corr.* No. 50). 이 투쟁에서 그의 아버지는 승리한 쪽 군대들의 기강을 유지하는 데 필요한 일에 개입해야 했다. 군사법원 서기로서의 아버지 스미스의 활동에 대한 기록은 불완전하지만, 우리는 그가 사형을 부과하는 데 참여했음을 알고 있다(GUL MS Gen. 1035/115, 119, 120, 123). 또다시 세월이 흐른 뒤 아들 스미스는 법학 강의에서 '군법의 가혹한 처벌'에 대한 역사적 분석에 참여했고, 이런 처벌을 내리는 데 따른 감정에 대한 견해를 도덕 강의에서 제시했다.[4] 스미스의 어머니는 그의 자연스러운 호기심을 충족시켜주기 위해 아버지의 직업 중 흥미로운 부분에 대한 이야기를 그에게 전해주었을 것이다.

아버지와 그가 얼굴을 보지 못하고 죽은 저명한 아들 사이의 공통점은 둘 다 관세 업무 관리로서 일생을 마쳤다는 것이다. 아버지 스미스는 라우든의 영향력 덕분에 1714년 3월 11일에 커콜디 세관의 감사관으로 임명되었는데, 당시 스코틀랜드에서는 세금 징수의 비효율성과 복잡한 문제 때문에 세관의 재조직과 개혁이 이루어지지 않으면 안 되었다. 통합 이전 스코틀랜드의 관세 수입은 비교적 관리가 단순한 세 분야로 구성되어 있었고, 평화 시에는 3만 4000파운드, 프랑스와의 전쟁 시기에는 2만 8500파운드 정도 되었다. 아들 스미스는 주로 프랑스 경험에 비추어 세금 징수 제도에 대해 부정적으로 논평했고, 급여를 기본으로 하는 영국의 세금 제도를 다음과 같이 칭찬했다. '전반적으로 우리는 영국인들이 유럽 최고의 금융업자이며 그들의 세금은 다른 어떤 나라의 세금보다 더 적절하게 부과되었음을 알 수 있을 것이다'(LJ(B) 318; cf. WN V.ii.k.73).

통합 이후, 24개 부문에서 징수되던 잉글랜드의 세입 체계는 스코틀랜드로 확장되었고, 대세를 이루고 있던 중상주의의 일부인 수출 보조금이나 공제 같은 복잡한 장치들도 함께 확장되었다. 그 결과, 영국 재무상 고돌핀의 주도하에 새로운 스코틀랜드 관세 기구가 만들어져야 했다. 다섯 명의 위원으로 구성되고 직원들을 둔 관세위원회가 에든버러에 설립되었는데, 그 기구가 하는 일은 징수관·감사관·조사관의 일 처리와 많은 하역 감시인(물건의 하역을 감독하고 조사하는 관리)과 뱃사람의 도움을 기반으로 각 수출항에서 운영되는 일들을 감독하는 것이었다. 징수관은 항구의 상급 관리였고 회계 장부를 기재했다. 감사관은 징수관에 대한 점검 차원에서 마찬가지로 회계 장부를 기재했다. 두 관리는 관세위원회에 보고하지 않을 수 없는 포괄적인 문제들에 직면했다.

경험 부족, 인사 실패, 일부 세관원의 부정부패, 스코틀랜드에서 광범위하게 일어난 새로운 세금 제도에 대한 저항, 많은 하역 장소가 스코틀랜드 해안의 울퉁불퉁한 곳에 위치한 탓에 밀수에 유리한 자연환경, 또한 그러한 자연환경 자체 등이 원인이 되어 상당한 재원 누수가 있었다(Riley, 1964: chs. 3, 4, 9, 13). 우리의 애덤 스미스는 관세위원회의 한 위원으로서 에든버러 관세위원회에서 근무했으며, 1778년부터 죽을 때까지 그런 유의 문제들에 대해 이야기를 들었다.

아버지 스미스가 1714년에 커콜디의 감사 업무를 맡게 된 것은 스코틀랜드 관세 편제 재구성의 일환이었다. 라우든에게 보낸 1714년 3월 20일자 편지를 보면, 그가 새로운 자리를 차지하려는 쟁탈전 속에서 더 나은 자리를 희망하고 있었다는 것, 그리고 관세위원회에 있는 마의 피후견인 윌리엄 클릴랜드는 선박과 압수품 등록 담당자 같은 더 바람직하고 안정적인 요직을 줄곧 맡아왔다고 그가 믿고 있었다는 것을 알 수 있다. 그가 1717년 5월 3일에 라우든에게 보낸 또 다른 편지를 보면, 그는 스코틀랜드 소금세위원회의 자리를 간청했다. 100파운드의 급여가 그의 커콜디 일자리의 급여보다 그리 나을 것은 없었지만, 그는 에든버러로 옮겨가는 게 이로우리라고 생각했다(Huntington Lib. Loudon Papers LO 9409-11). 그는 또한 자신이 라우든을 섬기기 위해서도 더 좋은 자리에 있어야 한다고 주장했는데, 이는 그가 비슷한 종류의 1720년 9월 6일자 편지에서도 반복한 주장이었다. 이 편지에서 그는 에든버러 관세위원회의 안전 검사원으로 임명해줄 것을 요청했다[NRA(S) 631, Bute (Loudon Papers), Bundle A/1319]. 이런 간청 가운데 어떤 것도 받아들여지지 않아서 그는 커콜디에 남았고, 그곳에서 그의 유복자가 태어났다.

커콜디는 아주 오래된 정착지였다. 그 이름의 어원은 웨일스어

caer(요새)와 caled(단단한), 게일어 dun(언덕 요새)까지 거슬러 올라가는 것으로 '단단한 언덕 위의 요새'를 의미하는데, 이는 커콜디만을 굽어보는 방어 지역으로서의 레이븐스크레이그의 중요성을 인정하는 것이다(Dorward, 1979: 29; Walker and Ritchie, 1987: 100, 105). 1334년 커콜디는 왕국 자치도시로 형성되어 왕실의 보호 아래 시장의 조성과 사용료 징수—시장이 있던 사회의 긴 역사의 일부—를 허용했다. 당시 던펌린 근처 수도원장의 관할권 아래 이루어진 일이었다. 그곳은 1450년경에 자유로운 칙허 자치도시가 되었지만, 남아 있는 가장 이른 헌장은 1644년에 찰스 1세가 발부한 것이다. 그 헌장은 시장이 해군 제독 직책을 맡아야 하며, 21명으로 구성되는 협의회에는 교역 회사 측 선원, 상인, 장인이 포함되어야 한다는 항목들을 포함해 자치도시 정부의 형태를 만들어주는 것이었다. 하지만 1658년까지는 시장이 선출되지 않았는데, 이 직책이 '이 도시를 영원한 노예로 만드는' 상황으로 몰고 가는 일을 한다고 시민들이 생각했기 때문이다. 그들은 1588년 4월 22일의 결의안에서 이런 우려를 표명했다(House, 1975: 41). 이 결의안 뒤에는 시장직이 인근 유력자들의 통제를 받아 이 자치도시의 생계에 피해를 주는 권력 싸움을 이끌 것이고, 도시민의 천부의 자유—아들 애덤 스미스가 항상 중히 여긴 필생의 소망—를 제한하려 할 것이라는 두려움이 자리 잡고 있었다.

커콜디의 생계는 석탄과 소금의 수출에 기반을 두고 있었고, 16세기 후반의 활기 넘치는 이 무역이 파이프주의 해안 자치도시들에 번영을 가져다주었다. 그 자치도시들과 그에 비해 가난했던 내륙 지역 간의 차이에 대해 제임스 6세가 했던 말을 애덤 스미스는 경제학을 다룬 초기 단편들 중 하나에서 인용했는데, 파이프는 '황금 레이스를 두른 거친 울코트와 같다'는 취지의 말이었다(FB 2, *LJ* 585). 17세기의 내전 시기는 커콜디의 선박들에 상당한 손실을 입혔고, 1660년 찰스 2세의 왕정복고에 뒤이은 적절한 수준의 복구가 윌리엄과 메리의 통치기까지 이어졌다. 윌리엄과 메리의 치세에는 프랑스와의 전쟁이 스코틀랜드 동해안의 해운 무역에 피해를 입혔고, 1697년과 1699년 두 차례의 흉작이 기근과 높은 사망률로 이어지면서, 1691년에 아궁이세가 부과된 아궁이의 개수 1008개(마을과 교구)로 대표되었던 수준의 인구를 감소시켰다. 17세기 말에는 스코틀랜드의 경제 중심지가 서쪽으로 이동하고 있었다. 글래스고(아궁이세에 따른 이 자치도시 자체의 아궁이 개수 3885개에다가, 인접한 하위 행정 단위 네 곳의 아궁이 개수 524개)가 특히 담배와 관련된 대서양 무역의 기회에 호응하고 있었기 때문이다. 1707년의 통합은 커콜디가 리넨, 석탄, 소금 수출을 통해 참여하고 있던 프랑스, 네덜란드, 발트해 연안 국가들과의 무역을 즉각 침체시켰다(Hamilton, 1963: 249~254; Devine, 1975; Flinn, 1977: 191, 197~200). 1760년에 우리의 애덤 스미스는 자신의 출판업자인 윌리엄 스트레이핸에게 보낸 편지에서 이런 악영향을 언급하면서, 처음 두 가지가 '거의 전멸'했다고 주장했다(*Corr.* No. 50).

결과적으로, 아버지 스미스가 커콜디의 관세직에 대해 우려한 데는 이유가 있었다. 감사관으로서의 그의 급여와는 별개인 그의 실제 수입은 항구의 무역량에 달려 있었다. 상급 세관원들은 세금이 붙는 물품들에 대한 관세 관련 인증서인 '통관증'과 '연안운송허가증'을 발행하는 데 비공식적인 요금을 징수했다. 커콜디의 무역이 추락하고 있었을 뿐 아니라, 관세 업무가 그런 상황에 처한 무역에 참견하는 것에 대한 저항감도 있었다. 1708년에 징수관 존 브루스는 '우리가 임무를 수행하는 과정에서 자주 부딪히는 큰 반대와 저항'(Riley, 1964: 135)에 대해 불평했다. 스미스의 친구들이 주로 에든버러에 살고 있었기에 그로서는 그곳을 떠나는 일이 고통스러웠을 것이며, 처음에는 파이프의 지주들은 말할 것도 없고 파이프의 상인 집단도 자신의 이익에 그리 쓸모 있어 보이지 않았을 것이다. 그들은 속담에서 '빌어먹을 땅, 부채 덩어리, 비둘기장, 법률 주장'으로 특징 지어졌으며, 풍자에서는 '늘 무분별하고 늘 취해 있는 존재 (…) 욕심이 많다는 의미에서 늘 결핍돼 있는 존재'로 묘사되었다(Mackay, 1896: 266~267).

그렇지만 1723년 과부 마거릿 더글러스가 배서한 그의 집 물품 목록뿐 아니라 두 개의 유언장과 스미스의 장부들은 스미스 일가붙이들이 커콜디의 관세 업무에서 그와 이어져 있었다는 것, 그리고 그가 거기서 일단의 친구들을 새로 사귀었고 경제적으로 성공했으며 꽤 안락하게 살았다는 것을 증언해준다. 물론 1720년에 스트래센드리의 더글러스 집안의 딸과 두 번째 결혼을 한 것은 그가 파이프에서 상당한 땅을 가진 집안에 받아들여졌다는 표지였다. 감사관으로서 그의 급여는 연 30파운드에서 시작해 1722년에는 40파운드로 올라갔다. 친척이면서 알로아의 관세와 소금세 징수관이던(각 직책의 급여가 연 30파운드) 또 다른 애덤 스미스는 1754년에 자신의 징수관 자리가 '연간 200파운드 이상'의 가치가 있다고 밝혔다(*Corr.* No. 16). 이는 징수관과 감사관이 챙길 수 있었던 수수료와 프리미엄 덕분에 그들의 실제 수입이 급여의 두 배 이상에 달했음을 암시하며, 우리는

1717년에 스미스가 자신의 직책에 대해 연간 거의 100파운드의 가치가 있는 자리라고 언급한 자료를 가지고 있다. 군사법원 서기로서의 수당과 더불어—수당이 주어졌다면—이 금액을 받았다면, 그는 정부로부터 연간 236파운드 17실링 6페니의 수입을 가져갔을 것이다. 그가 수입의 일부를 자기 직원에게 지급했을 테지만, 아마 그는 수당과 부수입 덕분에 대략 연간 275파운드를 벌었을 것이다. 당시에 이 정도 금액이면 구매력이 상당히 컸고, 최고민사법원 판사의 급여인 300파운드와 거의 같은 수준이었다. 게다가 스미스는 이자를 받고 돈을 빌려주었으며, 1722년 그의 업무에 대한 어떤 진술은 그가 그해에 사채 이자로 137파운드 19실링 5.5페니를 벌었다고 밝히고 있다. 대체로 감사관 스미스는 약간의 자산뿐 아니라 그의 연배의 사람이 마음대로 쓸 정도의 꽤 많은 돈을 소유했기에 그의 사후에도 아내와 아이들은 보살핌을 잘 받았을 것이다(MS GUL Gen. 1035/44, 48, 50, 124, 125; Scott, 1937: 17~19, 408).

대니얼 디포는 1724년경에 쓴 어떤 글에서 애덤 스미스가 출생한 곳이자 그의 아버지가 사망한 곳인 커콜디의 매력과 장점을 언급한 바 있다. 디포는 '스코틀랜드에 대한 설명과 묘사'인 그 글에서 자신이 지지하는 통합이 동해안 항구들 전반의 '쇠락과 부패'의 원인임을 인정했지만, 커콜디가 파이프의 해안을 따라 형성돼 있는 다른 도시들보다 '더 크고 더 인구가 많고 더 잘 지어졌다'고 말했다. 그는 그 도시를 해안을 감싸며 동쪽에서 서쪽으로 1마일 정도 뻗어 있는 거리가 존재하는 곳으로 묘사했다. 이 거리와 거기 인접한 길과 골목들은 그에게는 깨끗하고 포장이 잘 되어 있는 것처럼 보였다. 그는 왕성한 경제 활동의 증거를 찾는 데 항상 민감했기에—이 때문에 통합 이면의 뇌물과 속임수에 대해 그의 양심이 잠잠했던 것일까?—, '몇 척의 좋은 배'로 '양질의 옥수수와 리넨'을 잉글랜드와 네덜란드로 실어 보내고 돌아올 때는 필요한 외국 물품들을 실어 오게 하는 커콜디의 '많은 상인들'의 모습을 묘사했다. 그는 인근에서 채탄장들을 봤다고 보고했고, 그중 하나는 그 도시의 서쪽 끝에 있는데 조수로 인해 위험에 처할 수 있을 만큼 해안에 너무 가깝다고 생각했다. 또한 그는 동쪽 끝에서 조선소를 보았고, 그 너머에서는 염전을 보았다.

당대의 스웨덴 산업 스파이 헨리크 칼메테르는 다섯 개의 염전이 커콜디에서 운영되고 있다고 1719~1720년에 밝힌 바 있다. 염전 사업은 파이프에서, 그리고 포스만의 반대편 해안 지역들에서 수익을 창출했는데, 이는 주식으로 먹는 귀리에 간을 하기 위해서뿐만 아니라, 특히 긴 겨울철 동안 먹을 생선과 소고기를 염장하기 위해서도 스코틀랜드에서는 소금 수요가 꾸준했기 때문이다. 파이프의 소금 생산자들은 더 양질의 소금을 만들어내는 잉글랜드 북동부와 체셔 지역의 생산자들보다 세금을 덜 냈다. 이런 식의 보호는 1823년에 끝났는데, 당시 우리의 애덤 스미스의 자유 무역 주장이 영국에서 소금세를 완전히 없애자는 지지자들을 충분히 모을 수 있었고, 자유 시장은 파이프의 소금 생산에 종말을 가져왔다(Smout, 1978: 40~41; Whatley, 1984; 1986: 4~17).

그렇지만 1720년대의 커콜디는 스코틀랜드와 해외의 소금 수요를 충족시키는 데 어느 정도 성공했던 것으로 보인다. 디포는 커콜디를 인근의 다이저트와 대비시켰는데, 그는 다이저트를 '완전히 퇴락한 곳'으로 여겨지만 그곳에서 '못과 철물 제조'가 활발하다는 것을 알아보았다. 사실 대장장이, 목수, 석공의 일은 파이프의 해안을 따라 자리 잡은 탄광과 염전들이 필요로 하는 탓에 활성화되었다(Defoe, 1927: ii.781). 이 지역에서 광산업, 제조업, 수공업, 무역업이 활발히 이루어진 데 따른 한 결과는 지역사회들을 연결하며 도시 개발이 이루어진 것이었는데, 이는 미국 동부 광역 도시권의 경우처럼 근대 산업 국가들의 해안 지역에서 나타난 전형적인 모습이었다. 『로브 로이』에서 월터 스콧은 앤드루 페어서비스의 입을 빌려 1715년경 파이프의 이런 모습을 생생하게 설명했고, 커콜디를 가파른 경사면 어귀의 융기 해변 부지를 따라 건물들이 들어서면서 생겨난 '길쭉한 도시'로 설명했다(14장).

커콜디 공회당은 시장 사용료를 징수하고 그 도시의 도량형과 공문서와 도시 방어용 무기를 보관하던 곳이자 그 도시의 의회와 법원이 모여 있던 곳으로, 현재는 남아 있지 않지만, 앞 계단을 갖춘 그 건물을 본뜬 건물들과 1714년경 건축가 윌리엄 애덤이 도입한 독특한 붉은색의 '네덜란드풍 둥근 기와'가 인버키딩, 웨스트웸스, 다이저트의 해안을 따라 남아 있다. 쿠퍼 근처 세리스의 17세기 화물 계량소에 있는 파이프 민속 박물관과 안스트루더의 한 중세 건물에 있는 어업 박물관은 우리의 애덤 스미스의 어린 시절의 배경인 옛날 파이프 지역의 생활상, 어업 활동, 선박들을 아주 잘 환기해준다(Walker and Ritchie, 1987: 31~32, 62; Gifford, 1989: 73~74).

지역에서 전해지는 이야기에 따르면 그는 로즈스트리트와 하이스트리트가 만나는 곳에 위치한 집에서 출생했고, 이후 그 집에서

(1834년에 철거됨) 어머니와 함께 살았다. 그 집이 있었던 자리는 '클라이즈데일&노스 오브 스코틀랜드 은행'의 벽에 붙어 있는 '220번지'라는 명판으로 표시되어 있다(Fay, 1956: 41~42). 과부가 된 임신 중의 마거릿 더글러스가 1723년 2월 20일에 서명한 물품 목록을 보면 이 첫 번째 집의 세간과 공간 구성을 어느 정도 가늠해볼 수 있다. 그 목록에서는 식당과 부엌 외에 서쪽 방, 서쪽 뒷방, 동쪽 방이 언급된다. 식당에는 커다란 타원형 웨인스코트 테이블과 15개의 골풀 의자가 있었고, 식당 벽에는 종교적 주제—성모 마리아와 동방 박사들—의 그림과 세속적 주제—제임스 6세, 로버트 더 브루스, 아가일 공작(추측건대 당대에 살고 있던 아가일 공작 2세 존)—의 그림이 걸려 있었다. 서쪽 방에는 파란색 커튼과 파란색 커버를 갖춘 큰 침대가 있었는데, 아마 우리의 애덤 스미스가 잉태된 부부 침대일 것이다. 서쪽 뒷방에는 주인 남자의 승마 장비—두 개의 안장, 장화, 박차—가 있었고, 또한 세관원의 운명이 꼭 행복한 것은 아니었음을 우리에게 상기시켜주듯이 그의 무기들—총 한 자루와 권총집에 들어 있는 권총 한 쌍—도 있었다.

부엌의 물건들은 스미스 집안의 생활 수준을 보여주며, 식구들의 일상 활동에 대해서, 그리고 마거릿 더글러스가 죽을 때까지 아들을 위해 살림을 하며 유지한 가정 관리 체제에 대해서 얼마간 알려준다. 요리는 큰 벽난로에서 했다. 이 벽난로의 굴뚝 양 끝에는 받침대가 있었다. 음료의 양은 파인트pint, 초핀chopin, 머치킨mutchkin에 해당되는 큰 병이나 큰 잔으로 측정했다. 삼발이와 함께 찻주전자가 언급된 것은 차를 마시는 좀더 새로운 습관이 위스키나 맥주를 마시는 더 오래된 습관을 대체했음을 암시한다. 술을 만드는 데는 '맥아즙 스탠드' '맥아즙 통'(16갤런들이), '발효통'이 사용되었다. 나이프나 포크 등의 식사 도구는 대부분 은으로 되어 있어서 은의 양이 상당했다. 두 개의 물레와 하나의 얼레도 포함되어 있어서 직조 도구가 가정에도 갖추어져 있었음을 보여준다. 부엌에는 '종교개혁가 칼뱅'의 그림이 있었는데, 이는 어쩌면 식당에 있던 성모 마리아와 동방 박사들의 가톨릭적 그림에 대한 일종의 장로파적 해독제였는지도 모른다.

물품 목록에는 아버지 스미스의 옷도 있었다. 파란색 망토와 자주색 망토, 실크 가운, 흰색 정장 한 벌이었다. 그의 책은 '약 80권'이라고 되어 있었다. 물품 목록의 마지막에는 '7개의 방울이 달린 어린이용 은제 호루라기 한 개, 은 목걸이 세 개, 붉은 산호 한 개'가 적혀 있었는데, 아마 고인 자신의 어린 시절 물건이거나, 그의 첫아들 휴의 물건이거나, 아들 애덤 스미스가 태어나면 주려고 준비해놓은 물건이었을 것이다(GUL MS Gen. 1035/62).

물품 목록은 서기 애덤 스미스가 작성했지만, 아마 그는 마거릿 더글러스가 부르는 대로 받아 적었을 것이고, 목록에는 꽤 많은 스코틀랜드식 어휘가(그리고 통을 vat이 아닌 'fat'으로, 16갤런들이 통을 kilderkin이 아닌 'kinnen'으로 썼듯이, 아마도 파이프식 발음대로 쓴 철자가) 등장한다. 이러한 말들을 포함하는 스코틀랜드 말이 애덤 스미스의 모국어였지만, 그는 장학생으로 옥스퍼드에 가서 살면서 스코틀랜드 지식인들이 부러워하는 잉글랜드식 발음을 습득했다고 한다(Rae, 1965: 28).

아버지 애덤 스미스의 두 개의 유언장—1718년 8월 30일 것은 철회되었고 1722년 11월 13일 것은 집행되었다—은 그의 가족 관계, 친구, 채권자에 대해 많은 것을 말해주며, 그들 중 그 유언장의 내용이 뜻하는 바를 호의적으로 받아들였을 몇몇 사람은 커콜디의 자유주의적인 집안 사람들이었다(GUL MS Gen. 1035/43, 47; Scott, 1937: 129~133). 한 귀족을 제외하고 그의 유언에서 언급된 이들은 중위 지주 계층, 전문직 계층, 상인 계층이었다. 애덤 스미스의 저작들에서 드러나는 이런 계층에 대한 그의 태도는 그가 살면서 관찰하고 경험한 데 따른 결과이기도 했겠지만, 일찍이 이런 사람들과 관련을 맺고 있었던 집안 내력에서도 영향을 받았을 것이다. 당시의 이 아버지의 세계는 동시대 상인들의 진보 정신에 대해 아들이 보인 존경, 새로운 생각과 실천을 공유하는 시골 대지주와 농민들의 포용력에 대한 인정, 그리고 이윤보다는 지위에 대한 갈망이 전문가가 되려는 원동력이라는 깨달음의 한 원천이었다.[5]

두 번째 유언장에서 '교사와 후견인들'로 언급된 사람들 중 시골 대지주에 속하는 이들로는 우리의 애덤 스미스의 삼촌들인 스트래센드리의 로버트 더글러스와 존 더글러스, 더글러스 집안 사람과 결혼한 피틀러의 데이비드 스킨, 그리고 앞서 스미스의 세례 증인 중 한 명으로 언급된 인물이자 커콜디 자치도시 학교에서 애덤 스미스의 뛰어난 교사였던 데이비드 밀러와 관계 있는 인물인 포린의 헨리 밀러가 있었다. 이들은 이전 세기에 시작된 농업 발전에 대한 스미스의 초기 지식을 제공해준 사람들이었다.

발전하는 상인에 대한 스미스의 묘사에 걸맞은 한 인물은 유언장에 후견인 중 한 명으로 올라 있고 앞서 역시 세례 증인으로 언급되었던 더니키어의 제임스 오즈월드 선장이었다. 부유한 상인인 그는 커콜디의 조합장(그 자치도시 내의 건물들을 감독하는 책임이 있는 치안판사)을 지냈고(1702~1707), 스코틀랜드 하원의원(1702~1707)을 지내며 당시 통합에 대해 일관되게 반대표를 행사했고, 영국 하원의원 (1710~1715)을 지낸 데다 커콜디 시장까지 지냈다(1713~1715). 1702년에 더니키어의 토지를 구입한 그는 그 지역의 주요 지주들 중 한 명이었고, 자기 사유지에 자리 잡은 패스헤드 마을의 못 제조소 주인이었으며, 아버지 애덤 스미스의 채권자이기도 했다. 그의 큰아들 제임스 (1715~1769)는 아들 애덤 스미스의 친구였고, 이 애덤 스미스와 함께 경제 문제를 토론했던 것으로 여겨진다. 후견인 중 또 다른 상인은 유언자의 조카인 윌리엄 워커였다. 그는 '애버딘의 염색업자'로 되어 있는데, 그 도시에서 시장과 대학 학장들의 가족과 인맥을 맺고 있었다.

후견인으로 이름이 오른 전문직 사람들 중에는 삼촌인 유언자의 뒤를 이어 라우든의 보좌관이 된 윌리엄 스미스가 있었다. 당시 윌리엄 스미스는 아가일 공작 2세의 집사가 되어 옥스퍼드 근처 애더베리에 있는 공작의 토지를 때때로 감독했고, 우리의 애덤 스미스가 베일리얼 칼리지의 학생일 때 그를 초대할 수 있었다. 또 다른 전문직 사람으로는 유언자의 사촌이자 커콜디 세관의 징수관이었던 허큘리스 스미스가 있었다. 사촌 윌리엄 스미스는 애버딘 매리셜 칼리지의 연구지도교수regent로 있다가 1717년에 재커바이트 성향 때문에 해직되었다. 포소치의 윌리엄 캐들은 법정외 변호사였고, 아치볼드 아넛은 커콜디의 외과 의사였다. 캠노크 교구의 목사인 존 스테일은 첫 번째 결혼으로 유언자의 처남이 되었다. 목록에는 또한 다산의 명석한 집안인 페니퀵의 클러크 집안 사람 두 명이 포함되어 있었다. 준남작 지위를 물려받은 변호사 존 클러크와, 그의 사촌이자 첫 번째 결혼으로 유언자와 관계를 맺게 된 또 다른 후견인인 리스턴실스의 내과 의사 존 클러크였다(Scott, 1937: 131~132).

후견인 명단에 오른 두 클러크의 존재는 특히 흥미롭다. 첫째, 이는 아버지 스미스가 스코틀랜드 계몽주의의 초기 지지자 세대와 관계를 맺고 있었음을 보여주기 때문이다. 복합적인 지적 동향으로서의 스코틀랜드 계몽주의는 18세기에 스코틀랜드를 아주 많은 점에서 변화시켰고, 아들 스미스 또한 이에 혁혁한 공헌을 했다. 둘째, 두각을 나타내게 된 클러크 집안이 스미스가 자신의 사회과학 체계를 설명하는 원칙들로서 예시한 행동 특성들을 보였기 때문이다. 다시 말해, 기업가 계층과 전문직 종사자 계층에서 두드러지는 진보 정신, 장기적 이익을 위해 즉각적인 만족을 포기하려는 그들의 검소함과 의지, 사회적 지위에 대한 갈망, 그리고 향상된 생산성과 적절한 이윤 추구가 인류의 안녕을 증진한다는 견해를 보였기 때문이다. 스미스는 나중에 높은 이윤이 인색함을 없앤다고 주장하게 된다(WN I.ix.24; IV.vii.c.61).

클러크 집안 재산의 토대를 일군 사람은 할아버지 존(1611~1674)이었다. 그는 파리에서 잡화점을 성공적으로 운영한 몬트로즈 출신 상인이었고, 렘브란트의 그림이나 브뤼헐 집안 화가들의 그림을 포함해 귀한 것들을 스코틀랜드에 수출했다. 그는 지주의 딸과 결혼했고, 에든버러에서 9마일 떨어진 페니퀵의 토지를 매입했다. 그의 아들 존(1649~1722)은 재산을 불려서 매우 유능한 탄광주가 되었고, 찰스

2세로부터 준남작 지위를 샀다. 그는 이익을 발생시키고 그리하여 다시 노동자를 발생시키고자 한 열띤 칼뱅주의자였다. 막스 베버가 알아본 개신교와 자본주의 간의 역설적 어울림을 예증해주는 사람이 있다면, 존이 바로 그일 것이다(Weber, 1958; Marshall 1980: 235~247).

아버지 애덤 스미스의 친구였던 3세대인 페니퀵의 존 클러크 경 2세(1674~1755)는 글래스고대학에서, 그다음에는 네덜란드의 레이던대학에서 법을 공부했다. 네덜란드 민법이 스코틀랜드와 같은 로마법 전통을 따르고 있었기 때문이다. 그는 고전주의 유적과 음악에 대한 관심을 좇아 이탈리아와 빈을 여행했다. 스코틀랜드로 돌아와 1700년에 변호사 자격을 얻었고, 통합 후 설립된 스코틀랜드 재무재판소의 재판관이 되었다. 그리 힘들지 않은 직무 덕분에 그는 (인클로저와 윤작을 통한) 농업 발전, 광산학, 건축학, 고고학, 역사 쓰기, 시 쓰기 같은 실용적·과학적·문화적인 분야에 다양하게 관심을 쏟았다(Fleming 1962: 14~44; I. G. Brown 1987: 33~49). 1710년에 그는 에든버러의 프리메이슨단에 들어갔고, 거기서 계몽주의의 철학적 정치적 이념에 대해 토론했다. 프리메이슨단으로 인해 그는 적어도 1658년부터 집회소가 있었던 커콜디와 연관을 갖게 되었다(Stevenson, 1988: 8, 199; Jacob, 1991). 1723년경 그는 역시 프리메이슨단원인 커콜디의 도급업자이자 건축가 윌리엄 애덤의 도움을 받아 미들로디언의 메이비스뱅크에 팔라디오 양식의 저택을 짓기 시작했다. 그는 페니퀵의 집에서 모임을 열어 로마 저택들 근방의 발굴 작업에 대한 열띤 관심을 구성원들과 공유했으며, 자신들을 고전 문명의 진정한 상속자로 여겼다. 이런 생각은 애덤 스미스가 받은 교육과 그가 행한 교육의 면면에 영향을 미쳤고, 고전 윤리학자들과 그들의 문화에 어느 정도 초점을 맞추었다.

변호사 존 클러크는 휴 스미스의 후견인이 되어달라는 요청을 받고서, 따져봐야 할 세부적인 내용이 있고 필요한 그 의무를 떠맡음으로써 불편해질 수도 있다고 언급하며 법적 신중함을 보였지만, '고인이 된 친구의 아들을 돕는 데 동참'하려는 의지를 보였다(GUL MS Gen. 1035/55). 그의 사촌인 의사 존 클러크는(1689~1757) 더 솔직하게, 자신은 병원 일 때문에 에든버러에 머물러야 하는 데 반해 휴는 포스만의 반대편 지역에서 교육받아야 한다는 이유를 들어 후견인이 되는 것을 거절했다(GUL MS Gen. 1035/56). 하지만 밝혀졌듯이 1724년 어린 휴가 매우 위독했을 때 클러크 의사는 그를 돌봐주었다.

클러크는 레이던의 헤르만 부르하버 밑에서 의학 공부를 했고, 신체 활동을 수압 펌프 같은 것으로 간주한 그의 기계론적 이론을 받아들였다. 그는 또한 포부가 큰 의사라면 임상 경험이 중요하다는 부르하버의 주장으로부터 영향을 받았고, 에든버러의 동료들과 이러한 생각을 공유했다(GUL Cullen MSS III: 3). 그는 1711년에 세인트앤드루스대학에서 시험도 치르지 않고 의학박사 학위를 받았는데, 1774년에 애덤 스미스는 이 일에 대해 의학박사 학위 매수라는 스코틀랜드의 '추잡한 관행'의 한 예라고 말했다(Corr. No. 143). 그렇기는 해도 클러크는 공중 보건에 대해 올바른 생각을 갖고 있었고, 당시 콜레라, 천연두, 장티푸스, 발진티푸스로 곧잘 심각한 피해를 입었던 에든버러의 위생에 대해 보고서를 썼다. 또한 그는 에든버러 병원의 공동 설립자였고, 이 병원은 1729년부터 대학의 의과 수업에서 점점 더 중요한 역할을 했다. 게다가 그는 아이디어를 교환하고 연구를 자극하며 발전을 촉진하기 위해 구성된 에든버러의 다양한 조직과 모임에도 참여했다(Roche, 1987). 한 예로 철학회가 있었는데, 1731년에 조직되고 1752년에 재조직된 이 철학회에서 흄은 서기로, 스미스는 회원으로 활동했다(Emerson, 1979a, 1981: 143, 168 n.48).

스미스는 에든버러와 글래스고의 지식인들 사이에 자리를 잡았을 때, 클러크 의사와 비슷하게 고전 문학부터 과학에 이르기까지 폭넓은 분야에 관심을 갖고 있었다. 물론 그는 의학 쪽에는 전혀 관심이 없었고, 의학적 설명에 대해서는 매우 회의적이었다(*Corr.* No. 161). 그는 둘 다 존 클러크 의사의 피후견인이었던(Donovan, 1975: 47, 174) 자신의 내과의사 윌리엄 컬런, 그리고 자신의 유저 관리자이자 의학자 조지프 블랙과 평생 친밀한 우정을 나누었지만, 존 클러크가 (그리고 부르하버가) 생각한 의학의 기계론적 측면에 대해서는 의구심을 가졌다.

사람에 대해서는 그의 친구뿐만 아니라 그의 책으로도 알 수 있다. 그래서 아버지 스미스 개인의 문화에 대해 알아보기 위해 이번에는 그의 장서 목록을 살펴보려 한다(GUL MS Gen. 1035/61). 목록에 적힌 80권의 책 중에는 법을 배우는 사람이나 법 관련 직업을 가진 사람을 위한 법률서가 매우 적다. 이런 종류의 책 6권에다가, 남아 있는 어떤 서신으로 알 수 있는 다른 한 권을 추가할 수 있다. 토머스 크레이그 경의 『봉건법』(1603년경 저술, 1655년 출간)인데, 스미스가 1714년에 자신이 모시던 라우든에게 보낸 것이다. 상당한 역사적 안목과 폭넓은 비교 자료를 담은 이 법률 논문은 17세기 말엽 위트레흐트와 레이던에서의 강의 주제였다. 스코틀랜드와 잉글랜드의 통합을 지지하고 잉글랜드 법과 스코틀랜드 법의 차이를 최소화하고자 한 저자의 이 책은 라우든의 모임에서 관심을 끌었을 것이다(Huntington Lib. Loudon Papers LO 9047; MacKechnie, 1936: 62~63, 202~204, 234).

공교롭게도 장서 목록에서 가장 큰 부분을 차지하는 것, 다시 말해 아마도 장서 주인의 가장 큰 관심사를 드러내주는 것은 종교 서적이다. 이 범주에 들어가는 32권의 책 중에는 '영어 성경'이 있는데, 이는 제임스 왓슨이 1722년 에든버러에서 인쇄한 고상한 2절판 성경책으로 아들의 장서로 남게 된다(Simpson, 1979: 187~199; ASL Mizuta). 아버지로부터 아들에게로 넘어간 또 다른 책은 험프리 프리도가 쓴 우주의 역사에 관한 것으로, 18세기의 더 엄격한 신교도들이 아주 좋아했던 『유대인과 이웃 국가들의 역사와 연관된 구약과 신약, 1716-18』이다(Mizuta; Bailyn, 1992: 33). 동시대인들이 전하는 바에 따르면, 마거릿 더글러스는 기독교도라는 의미에서 매우 종교적이었으며, 이 점이 남편과의 유대를 형성하는 데 도움이 되었을 수 있다(TMS app. ii; Scott, 1937: 20; Rae, 1965: 427~430). 하지만 그녀의 아들은 기독교에서 멀어졌고, 한번은 '하느님의 뜻에 복종하는 체하면서 죽은 그 흐느끼는 기독교인'을 맘껏 조롱하기도 했다. 물론 사적인 편지에서 그렇게 한 것이었고(Corr. No. 163), 그의 출판된 글을 비롯한 다른 곳에서는 그는 아마도 초기 가정 환경의 산물인 유신론적 사고 방식을 드러낸다.

아버지는 성스러운 사랑이나 '진정한 기독교적 사랑'에 대한 책만 가지고 있지 않았고, 다양한 세속적인 내용의 책들도 가지고 있었다. 예를 들면, '프랑스어로 쓴 사랑의 편지' '도나 올림피아의 생애', 그리고 오비디우스의 '사랑의 기술' 같은 것이다. 성애적인 이야기를 포함해 총 24권은 순수 문학 혹은 고전에 속하는 책들이다. 이 중 몇 권을 읽는 데 필요해서였는지 프랑스어 문법책이 한 권 있었는데, 이는 훗날 아들 애덤 스미스의 장서에서 발견된 랑슬로와 아르노의 『일반 기초 문법』(암스테르담, 1703) 복제본일지도 모른다(EUL JA 1564; Mizuta). 아버지의 취향은 개화된 스코틀랜드의 온건하고 교화적인 분위기를 조성하는 데 매우 중요했던 애디슨과 스틸의 『스펙테이터』뿐만 아니라 위트 있고 난잡한 풍자가인 톰 브라운의 작품도 포함할 만큼 폭넓었다. 놀랍게도 스위프트나 포프의 작품은 없었는데, 어쩌면 그들이 지지하는 토리당 정치 때문에 그들에 대한 감정이 좋지 않았는지도 모른다. 역사서 성격을 띠는 책은 모두 10권이고 그중 하나가 '두 권으로 된 영국사'였는데, 이는 애덤 스미스의 장서 중에 있던 화이트 케닛의 책(1706)일 수도 있다(Mizuta). 또한 장서 목록에 '라케다이모니아 내전'이라고 적혀 있는 책은 아들 스미스의 장서에서 발견되는 닐스 크래그의 『라케다이모니아 공화국』(1670)이었을 것이다(Mizuta). 아버지의 장서 중 남은 8권은 잡다한 성격을 띤 것들로, 그중에는 과학책(물리학과 지리학) 두 권, 주술서(손금 보기) 한 권, 절차에 대한 안내서인 '관례의 보조자' 한 권, 경제학 책인 '교역에 대한 담론'—세관원에게 어울리고 누구나 아들의 직업에 대해 생각하게 해주는 책—한 권이 있었다. 철학에 대한 책인 또 한 권은 아들에게 넘어간 뒤아멜의 『옛것과 새로운 것의 철학』인 것 같다(1685, 1700:

Mizuta). 그리고 의학 지침서 두 권이 있었는데, 이 중 하나인 『컬페퍼의 산파 증보판』은 라일리어스 드러먼드 스미스의 유품일 수도 있고, 아버지 스미스가 결국 보지 못하게 되는 아들의 출산에 즈음해 준비되었던 것일 수도 있다. 그렇지만 그것은 인기가 많아 중판을 찍은 책으로, 예컨대 애디슨이 작성한 리어노라의 장서 목록에도 들어가 있었다(*Spectator* No. 37). 대체로 장서 목록은, 보르도와 런던을 여행했던 다재다능한 사람이자 비록 몸이 좀 약한 아들이지만 그 아들에게 인상적인 재정적·정신적 자원을 줄 수 있는 사람으로서의 아버지 애덤 스미스의 면모에 지적인 교양인의 면모를 더해준다.

아버지와 관련해 이야기해볼 만한 마지막 자료는 그의 장례 비용에 대한 것이다. 마거릿 더글러스가 1724년 4월 24일 더니키어의 제임스 오즈월드로부터 받은 총액 '스코틀랜드화 80파운드 16실링 6펜스'에 대한 영수증이다(GUL MS Gen. 1097/11; Rae, 1965: 3). '그 도시와 그 지방의 전역에' 보내지고 있던, 또한 에든버러에 속달로 보내진 '애도의 편지들'이 자세한 이야기를 해준다. 그 편지들은 장례를 주관하는 회사, 맥주와 와인, 그리고 그에 곁들이는 빵, 비스킷, 씨앗 케이크 같은 간단한 먹을거리 따위를 언급한다. '휴의 상복용 신발 한 켤레'를 구입했다는 가슴 뭉클한 언급도 보인다. 커콜디 세관의 감사관의 전도유망한 삶을 43세의 나이로 마감하는 슬픈 상황에서 '파이프와 담배'를 피워대는 사람이 많았다는 이야기도 있었을 법하다. 두 번이나 고아가 된 휴를 위한 위로가 있었을 것이며, 아버지를 한 번도 보지 못하게 된 유복자를 임신 중인 젊은 과부에 대한 연민도 있었을 것이다.

2장

소년기

·

자제를 배우는 큰 학교

남편의 서재에 있던 『컬페퍼의 산파 증보판』은 커콜디의 하이스트리트에서 갈라져 머캣이 시작되는 지점에 위치한 가정집(오래전에 철거됨)에서 출산해야 하는 마거릿 더글러스에게 그다지 신뢰할 만한 지침서는 아니었을 것이다. 그 책은 아마도 동시대의 출산 관행을 설명했을 테고, 이는 그녀의 아기가 어떻게 다루어졌는지를 다소 짐작게 한다.

> 산파로 하여금 아기를 부드럽게 다루게 한다. 부드러운 천으로 아기를 감싸 요람에 누이고, 처음에는 따뜻한 포도주로 아기를 씻어준다. 아기가 젖을 빨기 전에 꿀을 조금 주거나 새로 짠 아몬드 기름을 조금 준다. 만약 자궁에서 아기의 위장으로 어떤 오염 물질이 들어갔다면 그런 식으로 씻어낼 수 있다. (Culpeper, 1671: ii.229)

앞서 말했듯이 유아기의 애덤 스미스는 병치레가 잦았다. 그는 『도덕감정론』에서 어린 시절 고통의 원인이자 일생 동안 자신을 괴롭혀온 배앓이에 대해서 '이보다 더 예리한 고통은 없다'고 언급한 바 있는데, 여기서 유아기의 병치레와 이후의 나쁜 건강의 역사를 인식하고 있었던 것일 수 있다(TMS I.ii.1.11). 그의 건강 상태는 어머니의 많은 보살핌을 필요로 했으며, 그녀는 아이에게 '한없이 오냐오냐 한다'고 비난받았던 것 같다(Stewart I.2). 컬페퍼는 아이들이 걸릴 만한 무서운 질병의 목록을 제시했으며, 적어도 런던에서는 20명의 여성 중 수유가 가능할 만큼 건강한 이는 한 명뿐이라고 생각했고, 어머니들이 아이를 '응석받이'로 키우는 경향이 있다고 주장했다. 당시의 높은 유아 사망률과 미심쩍은 전통적 의학 조언에도 불구하고, 1723~1724년에 애덤 스미스는 이스턴롤런즈에서 이질에 걸리고도 살아남았다(Flinn, 1977: 212). 커콜디 거주가 일반적으로 수명을 연장시킨다고 이야기되긴 하지만, 커콜디는 류머티즘과 흉부 질환이 있는 아이나 어른의 건강에 좋지 않은 장소로 유명했다. 애덤의 이복형 휴의 후견인인 윌리엄 워커는 1724년 6월 3일 오즈월드 선장에게 보낸 편지에서, 그 도시는 '바다 공기에 너무 노출되어 있어서 그와 같은 병이 있는 사람에게 적합한 장소가 아니'며, 그 아이를 시골로 보내야 한다고 썼다(GUL MS Gen. 1035/70; Fleming, 1791: ix.741). 마거릿 더글러스도 자기 아이에 대해서 그렇게 느꼈는지 모른다. 그녀가 파이프의 지주와 결혼한 자매들—그중 한 명이 피틀러의 데이비드 스킨의 아내가 된 진—을 방문할 때 그를 데려갔기 때문이다. 그녀는 옛날에 살았던 스트래센드리의 집도 방문했다. 스트래센드리는 레슬리와 로클리벤 사이에 위치한, 웨스트 파이프의 언덕들 사이의 7마일에 걸친 오지였고, 그녀의 형제인 존이 그곳의 지주였다. 애덤 스미스가 이런 어머니의 보살핌에 대해 어머니를 깊이 사랑하고 그녀를 기쁘게 하려 애쓰는 것으로, 특히 교수와 저술가로서 탁월한 성취를 이루는 것으로 보답했음을 보여주는 암시는 많이 있다.

그가 아이였을 때 그의 금전에 관한 사안은 오즈월드 선장과 아치볼드 아넛이 담당했다. 이들은 1723년 2월 20일 그의 부친의 토지 관리인이 된 사람들이었다. 오즈월드는 2년 후에 사망한 것으로 여겨지는 만큼 이 의무에서 일찍 벗어난 셈이다. 아버지의 직원이었던 애덤 스미스가 그를 이어서 토지관리인이 되었다.[1] 이 스미스와 아넛은 마거릿 더글러스가 과부로서 겪는 문제들을 해결해주어야 했던 것 같다. 그녀는 아마도 그 토지관리인들 중 한 사람에 의해 작성되었을 1730년 6월 29일자 라우든 경에게 보내는 편지에 서명했는데, 그 편지는 라우든 경이 어린 애덤 스미스에게 6년간의 채권 이자를 빚지고 있음을 상기시키며, '전에 알려드렸듯이 제가 매우매우 궁핍한 처지인지라 [단어 빠짐]와 수확제祭[8월 1일] 사이에 제가 돈을 받을 수 있도록 처리해주시기를 바란다'고 덧붙이고 있었다(Huntington Lib. Loudon Papers, LO 8612). 라우든은 사우스시South Sea 컴퍼니에 투자했다가 1720년 거품이 꺼지면서 큰돈을 잃었고, 저당 잡힌 부동산을 남긴 채 1731년 11월 20일에 사망했다(Barker, rev. Birkeland, 2005: ODNB). 또한 더글러스 집안의 친척들은 스미스의 어머니가 받아야 할 돈을 더 이상 마련하지 못하고 있었는데, 그녀의 지참금과 친정아버지로부터 받게 되어 있는 유산이 1750년 12월 22일까지 지불되지 않았던 것이다(NAS 02023 GD 446-46-8-00001).

1740년에 커콜디 세관의 징수관이던 토지관리인 애덤 스미스는 상속자를 도와 허큘리스 스미스와 아버지 스미스가 커콜디의 세관에서 함께 일하던 시기에 그들 사이에 있었던 일을 마무리하도록 요청받았다. 허큘리스 스미스의 상속자들에게 7파운드를 지불하는 것으로 합의가 이루어졌다(Scott, 1937: 134). 또한 1740년에 징수관 애덤 스미스는 스코틀랜드의 외항감찰관으로 승진했다. 그의 삶은 그리 평범하지는 않았을 텐데, 1742년 그의 하녀인 크리스티안 스키너가 커콜디의 장로 회의에서 '간통으로 그의 아이를 낳았다'는 고백을 했기 때문이다. 회의 의장은 이 고발과 관련해 징수관 스미스에게 서신을 보냈지만 어떤 답도 받지 못했으며, 이듬해에 그녀는 '간통 스캔들을 속죄하고 용서받았다'(NLS MS Acc. 4811, 26 Nov., 7 Dec., 21 Dec. 1742; 14 June 1743).

스미스의 유년기에 대한 흥미로운 이야기가 있다. 그가 세 살이었을 때 땜장이들이 그를 데려갔다. 그 땜장이들은 지금으로 치면 스코틀랜드의 집시·유랑자 무리, 즉 독특한 구전 문화를 보유해 이곳저곳으로 옮겨다니면서 인가받은 야영지에서 생활하는 무리였다(Scottish Government Pubs., 2008a, b). 당시에는 이 무리의 몇몇이 솥이나 팬을 수리하는 것으로 생계를 꾸려나갔기 때문에 땜장이라고 불렀다(Clark and Kenrick, 1999). 커콜디 근처의 집시 야영지는 존마셜즈론이었던 것으로 파악되며, 그곳에서부터 스트래센드리 근처의 한 언덕을 넘어 북쪽까지 집시의 길이 나 있었다. 애덤 스미스는 16세기의 성인 스트래센드리 성 근처의 큰 돌이 있는 곳에서 땜장이 여자에게 납치되었다고 한다. 붙잡힌 장소와 관련해 현지에서 떠도는 이야기는 두 가지다. 하나는 스트래센드리 성이 뒤쪽이라는 설이고, 다른 하나는 지금의 스트래센드리 저택 정원의 주목 아래 있는 큰 돌이라는 설이다. 이 저택은 1824년에 대대적으로 재건축되어, 17세기 말로 거슬러 올라가는 이전의 저택을 대체했다.[2]

아이를 찾은 이야기는 다양하다. 한 이야기는 아이가 실종되자마자 그의 삼촌이 지나가는 부랑자들에 대한 정보를 수집했고, 결국 그들을 앞질러 레슬리 숲에서 기다리고 있다가 아이를 구했다고 전한다. 또 다른 이야기는 땜장이들이 집시의 길을 따라 먼 거리를 이동한 후 어린 애덤이 발견되었다고 전한다(Stewart I.3; Scott, 1937: 22~25). 19세기의 스미스 전기 작가 존 레이는 한 신사가 심하게 우는 아이를 데리고 가는 어떤 집시 여자를 만난 것에 대한 생생한 이야기를 전한다. 수색대가 찾아오자 그녀는 아이를 두고 레슬리 숲으로 도망쳤다고 한다. 존 레이는 이 문제에 과도하게 무심했던 많은 언론 탓에 애덤 스미스가 '자칫하면 불쌍한 집시가 될 뻔했다'면서 아찔해했다(22~25).

하지만 그는 훌륭한 학자가 되었다. 이는 어린 시절에 아픈 그를 보살펴준 신실하고 이해심 많은 어머니의 노력, 그의 뛰어난 기억력과 타고난 학구열 덕분이기도 했다. 또한 그의 학자로서의 성공은 커콜디가 국가의 교육 제도를 공유한 덕분이기도 했다(Ross, 1984c; Houston, 1989: 43~61).『국부론』에서 스미스가 설명한 바에 따르면, 그 제도는 '평범한 거의 모든 사람이 글을 읽을 수 있고 그중 많은 이가 글도 쓰고 계산할 수 있게끔' 가르치는 데 성공해온 '작은 학교들'

의 설립을 최우선으로 했다. 스미스는 읽기 교육을 위해 사용되는 책들은 '어느 정도 유익'할 수 있다고 생각했지만, 변변찮은 라틴어가 '기하학과 기계학의 기본 분야'보다 선호되는 것에는 비판적이었다 (*WN* V.i.f.55).

스미스는 커콜디 시의회가 1723년에 지어 1843년까지 교육 목적으로 사용한, 힐스트리트의 교실 두 개짜리 튼튼한 자치도시 학교 건물에서 학교 생활을 했다. 이 '작은 학교'를 거친 후, 그는 데이비드 밀러의 지도 아래 1731년부터 1737년까지 문법학교 교육을 받은 것으로 보인다. 밀러는 1724년 쿠퍼에서 옮겨와 시의회로부터 높은 보수를 받고 있던 꽤 명성 있는 교사였고, 커콜디의 교육에 상당한 영향을 미쳤다(Kirkcaldy Town House, Council Records 1718-46, 1/1/3: 154, 158, 169).

스미스의 흔적이 있는 자치도시 학교 교재가 두 권 남아 있는데, 하나는 『에우트로피우스의 로마 역사 개론』(에든버러, 1725)으로 여기에는 그가 직접 쓴 '1733년 5월 4일'이라는 날짜가 적혀 있다 (Kirkcaldy Museum; Mizuta). 같은 해 2월 5일 커콜디 의회 기록에는 '교육 방식과 규율이 이 도시에서 준수되어야 한다'는 내용이 적혀 있다. 이 기록은 교실이 두 개인 커콜디 학교의 현실보다는 오히려 밀러의 포부를 나타내고 있기에, 예컨대 에든버러 고등학교의 커리큘럼에 견줄 만한 것으로 보이는 그의 커리큘럼의 세부가 되어준다. 그 기록은 그의 교육 방식에 대한 통찰을 제공하기도 한다. 상위 4개 학년, 즉 1~4학년은 라틴어 쓰기를 배웠고, 5학년은 '기초'나 문법을 다루면서 라틴어 읽기를 배웠고, 6학년은 영어 읽기·쓰기와 산수를 익히는 데 전념했다(Kirkcaldy Council Records 1/1/3: 299~300; Law, 1965: 74~75). 이런 체계의 선구적 형태들은 1696년의 스코틀랜드 교육법, 그리고 수사학 교육을 위한 이탈리아 인문주의자들의 프로그램을 16세기 프로테스탄트 개혁자들이 수정한 것에 있었다. 커콜디의 문법 학교는 종교개혁 시대까지 거슬러 올라가며, 1582년에 생겼다(Ross, 1984b; Gifford, 1989: 191).

밀러는 최고 학년인 1학년 학생들을 위해서는 밤에 할 숙제를 내 주는 데 집중했는데, 바로 글 한 구절을 번역하는 것이었다. 이는 학생 들의 '판단력을 단련하는 가운데 점점 올바른 철자법을 익히도록 가 르칠 수 있었고, 결국 좋은 글씨, 좋은 감각, 좋은 언어로 글을 쓰도록 이끌 수 있었다'. 번역문은 아침 조례 후에 검사를 받아야 했고, 1학 년 학생들은 '[라틴어] 단어들의 자연스러운 구성 질서'에 따라 영문 을 다시 라틴어로 번역해야 했다. 이어서 오전에 1학년과 2학년은 주 제에 대한 글쓰기를 해야 했다. 애덤 스미스는 글씨 쓰기를 힘들어 하 는 것마냥 평생 어린 학생 같은 큼직한 필체를 갖고 있었고, 작문 자 체는 그에게 늘 문제인 것처럼 보였다(Corr. No. 136, 276). 늦은 오전 시간에 3학년과 4학년은 라틴어 문법을 배워야 했고, 5학년은 영어 읽기를 해야 했고, 6학년은 영어 읽기와 쓰기를 하고 산수를 배워야 했다. 또한 오전 수업 중에 5학년과 6학년은 교리문답에 답해야 했 다. 그 교육 제도는 영어 읽기와 쓰기 능력뿐 아니라 개인주의적 경건 함도 심어주려는 의도가 있었다. 학교에서 탁월한 라틴어 문체를 습 득해야 한다는 16세기의 압박감이 스코틀랜드에서는 덜했는데, 이는 라틴어가 더 이상 공식 언어가 아니기 때문이었다. 고전을 배우는 데 어느 정도의 라틴어가 필요하긴 했지만, 수사학 교육은 영어 표현력을 겨냥한 것이었다. 스미스는 5학년과 4학년에서 에우트로피우스를 공부했을 텐데, 앞서 언급한 『에우트로피우스의 로마 역사 개론』이라는 교재를 통해서 라틴어 기초를 정복하고 어휘를 늘리는 동시에 로마 도시 건립에서 서기 364년 요비아누스 황제의 죽음에 이르기까지 로마 역사를 개략적으로 배웠을 것이다.

스미스의 학교 생활과 관련해 남아 있는 두 번째 교재는 아우구스투스 시대의 저자인 폼페이우스 트로구스의 『필리포스 역사』를 서기 3세기에 유스티누스가 요약한 것이었는데, 『필리포스 역사』는 로마뿐 아니라 고대 오리엔트와 그리스까지 포함하는 더 폭넓은 역사를 담은 책이자 알렉산드로스 대왕의 생애와 그 시대에 대한 주요 자료였다(Mizuta; Simpson, 1979: 191; Yardley 1997). 이 교재들은 수사적 사용을 위한—'도덕을 지적하거나 이야기를 꾸미기 위한'—에피소드와 일화의 저장고를 만들었으며, 교사들도 그런 점에 의미를 두고 있었다. 애덤 스미스는 그 책들에서 많은 것을 얻었을 텐데, 평생 계속된 역사에 대한 관심도 그중 하나였다. 역사에 대한 관심은 사회과학에 대한 그의 이론적 연구에 깊이를 더해주었다.

현대 학문은 에우트로피우스에게서 '공정함'과 '올바른 판단력'이라는 자질을 발견한다(McDonald, 1978). 스미스 시대에는 널리 읽힌 그 책에 대한 시각이 꽤 달랐다. '[그것은] 전반적으로 수많은 고유명사와 연대기적 날짜가 가득해서 라틴어 공부에 입문하는 아이들을 낙담시키기 십상인, 로마사의 매우 지루한 요약[을 제공했다]'(Rollin, 1759: i.169). 그래서 고전학자이자 사학자인 샤를 롤랭은 파리대학 수사학 교수로서의 자신의 경험과 프랑스 학교들의 커리큘럼에 대한 지식에 기초해『문학을 가르치고 배우는 법』이라는 일련의 논문을 썼다 (Paris, 1726~1728; English trans. 1734, 5th edn. Edinburgh, 1759; Law, 1984: 56~71). 롤랭은 커콜디의 밀러의 커리큘럼과 매우 비슷한 '라틴어 정복'을 위한 커리큘럼을 두었는데, '저자에 관해 설명하기, 연습하기, 번역'을 포함하는 것이었다. 유스티누스는 카이사르의 회고록, 테렌티우스의 희극, 키케로의 논문 및 편지 일부와 함께 4학년을 위한 저자들의 목록에 올라 있었다(Rollin, 1759: i.182). 1730년대에 애버딘 문법학교에서는 4학년과 5학년이 베르길리우스, 테렌티우스, 리비우스, 살루스티우스, 카이사르를 읽고 있었는데, 일주일에 세 번 번역하고, 긴 라틴어 시들을 외워야 했다(Scotland, 1969: i.82).

대표로 뽑힌 이 저자들은 학생 스미스에게 친숙했을 테고, 이런 맥락에서 테렌티우스를 거론한 것은 자신의 가르침에 생기를 불어넣기 위해 드라마 혹은 적어도 웅변을 포함시킨 밀러의 독창성을 보여준다. 일찍이 17세기의 교육 개혁가 코메니우스는『놀이 학교』(1656)에서 이를 지지했다. 밀러는「왕실자문위원회, 혹은 다른 모든 발전의 기초인 소년의 정규 교육」이라는 포괄적인 제목의 극을 한 편 쓰고 1734년에 상연했다. 관객에게 큰 만족감을 안겨주었다는 이 작품에서 '그 위원회는 의장과 12명의 회원으로 구성되어 상원의원처럼 테이블 주위에 점잖고 근엄하게 앉아 있었고, 다른 소년들은 좀 떨어져 군중 속에 자리 잡고서 자문을 구하기 위해 이 회의에 참석하려는 사람들의 역할을 하고 있었다'. 군중 속에서 '상인, 농부, 대지주, 귀족, 두 명의 교사 등등'이 차례로 들어오고, 마지막으로 한 젠틀맨이 위원회의 고귀한 계획과 가치 있는 성과를 치하했다'(Grant, 1876: 414). 만약 열한 살의 스미스에게도 역할이 주어졌다면 그것이 어떤 역할이었을지, 교장이었을지 혹은 군중 속 신사였을지 사람들은 알고 싶어한다. 하지만 밀러의 이러저러한 노력은 영어 표현, 탄탄한 라틴어 기초, 그리고 글래스고대학에서의 공부를 가속화하기 위한 그리스어 기초(우리로서는 자세한 내용은 모르지만)를 단련시키는 것을 포함해 학생들에게 쓸 만한 교육을 제공했다.

1816~1818년에 커콜디에서 고전 교사로 일했던 토머스 칼라일은 『의상 철학』(1831년 완성; 1833~1834년 연속 출간)에서 전통적인 교실에서 어린아이들을 비인간적으로 다루는 것에 대해 다음과 같이 묘사했다. '그들은 우리에게 셀 수 없이 많은 죽은 단어를 쑤셔넣었고, 그것을 마음의 양식이라 불렀다'(3장). 하지만 애덤 스미스는 매우 다른 경험을 한 것 같다. 그러한 경험을 통해 그는 고전에 대한 사랑, 산수 능력, 역사에 관한 지속적인 관심, 그리고 생각을 적절한 형식을 갖춰 표현하려는 욕구를 갖게 되었다.

커콜디의 학창 시절에 스미스는 운이 좋았고, 인생 초기의 친구나 지인과 관련해서는 갑절로 운이 좋았다. 인생 말년에 두드러졌던 '혼자 있으면서 혼잣말을 하고 사람들과 어울리지 않는' 그의 별난 성격은 괴롭힘과 학대의 이유가 되기보다는 오히려 호기심 어린 관심의 대상이 되었다. 책에 대한 그의 열정은 뛰어난 기억력과 함께 존경받았고, 그의 따뜻하고 친근하고 너그러운 기질은 진실한 애정을 불러일으켰다(Stewart I.5).

성인이 된 후 스미스는 학창 시절을 성격 형성의 결정적인 시기로 보았다. 그는 유아기를 압도적인 감정의 시기로 묘사했고, 이 시기에는 자제력을 잃지 않으려 애쓰는 관대한 유모나 부모조차 반드시 아이에게 폭력적인 감정의 흔적을 남긴다고 여겼다. 예컨대 골을 내며 반항하는 것에 대한 야단치는 소리나 위협으로 인해 아이가 느끼는 두려움 같은 것 말이다. 스미스는 학교에는 그런 '너그러운 편애'가 없다고 믿었다. 그는 소년들이 친구들로부터 배려받고 무시나 미움은 받지 않기를 바란다고 생각했다. 자기방어라는 기본 동인은 소년들에게 동급생들로부터 인정받기까지는 자신의 분노나 그 외 격한 감정들을 통제함으로써 자신의 바람을 이룰 것을 가르쳐준다. 그러므로 소년들은 '자제를 배우는 큰 학교'에 입학해 자기감정을 통제하는 법을 배우며, 달성되기만 한다면 그러한 감정 통제는 다른 모든 덕목을 빛내주는 중요한 덕목이 된다(*TMS* III.3.22; VI.iii.11). 커콜디에서의 학교 경험은 스미스에게 경쟁과 자립의 중요성을 깨닫게 해주었다. 월터 스콧은 이를 어린 시절에 심어지는 '스코틀랜드의 오래된 가정 훈육 체계'로 여겼지만, 이것은 스토아학파 윤리학자들의 관점이기도 하다.[3] 커콜디 교실에서 배운 라틴어와 기초적인 그리스어는 그가 글래스고 대학에서 배운 그들의 철학을 이해하는 데 열쇠가 되었고, 그 철학은 결국 커콜디 교정의 감정의 소용돌이를 이해하게 해주었다. 자제에 대한 도덕적 가르침에 더하여, 커콜디의 교실에서 그는 도덕 감정에 대한 자신의 설명에서 많이 언급하게 되는 공감이라는 진정鎭靜의 메커니즘이 작동하는 것을 심리적으로 경험했다(*TMS* I.i.4. 7~10).

또한 스미스의 커콜디 친구들과 그 자치도시 학교에서 접한 동년배들 중에는 다양한 분야에서 지적으로 두각을 나타내게 되는 이들이 있었다. 앞서 언급한 아들 제임스 오즈월드는 1738년에 변호사 시험을 통과했고, 1741년에는 아버지의 뒤를 이어 파이프의 하원의원이 되었으며, 정부의 고위직에 올라 무역위원회(1751~1759)와 재무위원회(1759~1763)에서 일했다(*HP* ii.237~240). 그 자치도시 제2교구 목사의 집안에서는 존 드라이스데일 같은 능력 있는 아들이 나왔는데, 그는 스코틀랜드교회에서 유력한 온건파의 지도자가 되었다(Dalzel, 1794). 건축가 윌리엄 애덤의 집안에서는 아들 셋이 아버지의 뒤를 따랐는데 장남 존, 막내 제임스, 그리고 애덤 스미스의 친구이면서 셋 중 가장 명석한 로버트가 있었다.[4] 이 친구들 덕분에 애덤 스미스는 전문적이고 상업적인 세계와 관련을 맺을 수 있었는데, 이는 열심히 사회를 탐구하는 학자가 된 그에게는 매우 중요한 점이었다.

학교 담 너머에는 다른 방식의 교육이 있었다. 칼라일은 1817년 2월 12일에 쓴 한 편지에서 커콜디를 '이 길쭉하고 지저분한 도시'라고 아마도 소화불량 상태에서 묘사했지만, 회고록에서는(1866:i. 101~102) 이곳 해안 풍경의 첫인상에 대해 '창문 밖에서는 파도가 춤을 추며 반짝이고, 아름다운 기다란 모래 해변 위에서 콧노래와 자장가를 흥얼거린다'라고 흡족해하며 썼다. 회고록의 다른 곳에서도 그는 그 해변을 여름의 해 질 녘이면 떠올리게 되는 장소로 묘사했다.

> 1마일에 걸친 더없이 부드러운 모래밭, 긴 파도가 부드럽게 끊임없이 그곳으로 밀려와, 서서히 폭발하며 오롯이 당신의 손에서 무해한 부드러운 흰색으로 부서진다. 부서지는 파도는 포말의 갈기처럼 세차게 흘러가고, 아름다운 소리를 내며 전진한다. (…) 웨스트번에서 커콜디

항구까지 내내.

이런 인근 환경이 유년기의 스미스에게 미적 즐거움을, 풍경에 의해 고양된 즐거움을 주었으리라 상상할 수 있다. 해안을 따라 올라가면 북동쪽에 등대가 있는 메이섬이 나타났다. 내포의 반짝이는 바다 건너편에는 길게 뻗은 로디언 해안이 있었고, 배스록섬과 동쪽으로 돌출한 노스베릭로의 윤곽이 보였다. 거의 정남쪽에는 에든버러에 올드리키라는 별명을 붙여준 뚜렷한 석탄 화력의 얼룩이 있었다.

세관원이라는 가족적 배경으로 미루어, 항구를 방문한 스미스는 들어오고 나가는 석탄, 소금, 옥수수, 리넨, 못, 고철 화물의 가치를 가늠해보는 데도 관심이 있었을 것이다. 그렇지만 통합 이후 동해안 무역이 감소하고 프랑스와의 전쟁기에 사략선들이 해운 선박들을 공격하면서 커콜디가 항구로서의 중요성을 잃어가고 있었다는 것은 빈 배들을 보면 분명히 알 수 있었다. 글래스고는 대서양 횡단 무역에 참여해 대조적으로 회복력이 좋았는데, 이런 상황은 스미스가 글래스고 대학에 입학하기 위해 서쪽으로 갔을 때 그에게 인상을 남겼을 것이다. 물론 커콜디의 항구에도 나름대로 소동이 벌어지는 때가 있었을 것이다. 예를 들어, 신고되지 않은 브랜디 통이나 다른 밀수품의 연안 무역에 가담하고 있는 네덜란드 '쌍돛대 어선들' '브레멘 어선들' '캣형型' 선박들을 수색한다는 정보를 세관원의 친척으로부터 입수한 사람들이 그 항구를 방문하는 때처럼 말이다(Falconer, 1789; Beaglehole, 1974; Kemp, 1979). 세일러스워크에서는 북해와 발트해 쪽의 말로 떠들어대는 소리가 들렸고(커콜디에는 17세기에 라트비아 영사가 주재했다),

또한 생선, 수지, 젖은 목재, 밧줄과 돛천, 소금기 있는 물, 해초의 자극적인 냄새들로 콧구멍이 벌름거렸다. 이런 환경에서는 선원생활과 상업세계의 위험 같은 것, 그리고 18세기 사회에서 그리 멀지 않은 격동 같은 것을 알아챌 수 있었을 것이다.

1736년 1월에는 '자유무역주의자' 앤드루 윌슨의 체포로 소동이 일었다. 그는 인근 피튼윔의 한 물품세 징수원을 털어 자신의 밀수 손실을 만회하려 했다. 그 후 그는 에든버러 공회당의 감옥에서 탈주하려다 실패했고, 공회당 교회의 아침 예배 중 다시 탈주를 시도했는데, 스미스의 친구인 알렉산더 칼라일이 이를 목격했다. 윌슨의 사형 집행 때 에든버러 도시경비대의 포티어스 대장은 부하들에게 군중을 향한 발포 명령을 내렸다. 포티어스가 이 범죄에 대해 정부로부터 사면받자, 1736년 9월 7일 밤에 파이프에서 온 많은 남자를 포함한 통솔된 군중이 도시경비대장을 붙잡아 윌슨이 죽은 곳에서 교수형에 처한 후, 윌슨이 맞서 싸웠던 세금 제도에 대한 자신들의 반감과 공권력에 대한 자신들의 반항을 보여주었다(Scott, 1818: ch.vii; Carlyle, 1973: 18~20; Roughead, 1909). 『국부론』에서 스미스는 공감과 이해심을 가지고 그 밀수업자의 운명에 대해 생각했다. '조국의 법을 위반한 것은 의심의 여지 없이 크게 비난받을 만하지만, 자연 정의의 법들을 위반할 줄은 모르며, 또한 조국의 법이 그것을 자연이 결코 의도하지 않은 하나의 범죄로 만들지만 않았다면 모든 면에서 훌륭한 시민이 되었을 사람'이라며 스미스는 그를 변호했다. 우리는 윌슨의 운명이 스미스가 밀수업자의 전형으로 묘사한 바와 정확하게 맞아떨어진다고 생각할 수 있다. 그는 밀수업자를 '처음에는 범죄자라기보다는 아마도 경솔한 사람이었을 테지만 (…) 결국은 가장 확고하고 가장 결연한 사회법 위반자들 가운데 한 명이 되는 경우가 많은' 사람으로 묘사했다(WN V.ii.k.64).

과거의 학교 친구들 말에 따르면 스미스는 좋지 않은 건강 탓에 활동적인 놀이, 예를 들어 거리에서 하는 신티(하키와 비슷한 게임—옮긴이) 같은 것에는 참여하지 못했다. 또한 도덕적 반감 때문에 그는 참회 화요일의 전통적인 수탉 싸움 같은 것 역시 하지 않았을 것이다. 『국부론』에서 그는 '수탉 싸움에 대한 열광이 많은 사람을 망쳤다'라고 쓴 바 있다(WN V.iii.1). 하지만 부활절은 링크스 시장에 나가는 기회가 되었을 것이다. 링크스 시장은 매년 열리는, 1마일에 걸친 거리 시장으로 1304년에 시작된 유서 깊은 것이었는데, 18세기에 이미 유랑극단, 기괴한 쇼, 연기하는 동물, 나선형 미끄럼틀, 조랑말에 의해 돌아가는 회전목마로 사람들이 북적였다(McNeill, 2004; Kirkcaldy Links Market-History, 2008a; Kirkcaldy Links Market, 2008b).

일상의 산책은 공부로부터의 즐거운 기분전환이었을 것이고, 관찰하고 논평할 거리를 많이 제공했을 것이다. 제임스 오즈월드와 함께 커콜디의 집으로부터 더니키어 사유지까지 가다보면 두 소년은 항구로부터 가파른 언덕을 올라가 밀수업자 윌슨의 출생지인 패스헤드 마을을 지나갔을 것이다. 그 마을에서 20명이 안 되는 유능한 일꾼들이 품질 좋은 못을 만드는 것을 볼 수 있었는데, 이는 매우 다양한 주물 관련 일을 해야 했던 대장장이들에 비해 그들이 그 일에 관해 전문성을 가지고 있어서였다(WN I.i.6). 패스헤드에서나 다이저트 사유지에 자리한 인근 싱클레어타운에서나 못은 빵집과 선술집에서 현금처럼 사용되었다(I.iv.3). 이런 곳들로의 산책은 스미스에게 노동 구분의 현장들을 보여주었을 텐데, 스코틀랜드 광부나 염전 노동자에 대한 비하처럼 계급과 지위의 차이를 드러내는 두드러진 예들이 있었다. 그들은 노예보다 그리 나을 것 없는 법적 지위를 가진 농노 같은 존재였는데, 그들이 자신들의 작업장과 함께 팔리기 때문이었다(ED 44; *LJ*(A) iii.126~127, (B) 138). 이런 준노예는 이득이 되지 않았는데 고용주가 노동자들을 속박된 상태로 유지하기 위해 더 많은 돈을 지급해야 했기 때문이다. 광부들은 더 낮은 임금을 받더라도 자유를 누리기 위해 뉴캐슬로 도망치려 했다(*WN* 121, n. 15; Viner, 1965: 103~116; Whatley, 1984: ch. 3).

친구 집에서 스미스는 오즈월드가의 여성 가장인 '레이디 더니키어'가 지역사회의 정점이며, 지역사회의 온갖 질투와 야망의 중심에 있음을 알게 되었을 것이다. 이는 그가 『도덕감정론』에서 분석한 개념인 '장소'의 중요성을 잘 설명해주는 것이었다(*TMS* I.iii.2.8). 더니키어에서 멀지 않은 곳에 커콜디만을 내려다볼 수 있는 전망 좋고 탁 트인 절벽 위에 들어선 래븐스크레이그 성이 있었다. 1651년에 멍크 장군 휘하의 잉글랜드연방 군대가 이곳을 폐허로 만들었고, 이곳의 봉건 정치 흔적은 커콜디의 공회당이나 에든버러의 의사당, 그리고 (결국) 웨스트민스터에서 오즈월드 집안 사람들에 의해 행해진 일들과는 매우 다른 것이었다. 오즈월드 집안 사람들은 그들과 같은 부류의 스코틀랜드 사람들과 함께, 전쟁에 의한 봉건 귀족 권력의 붕괴 및 '해외 무역과 제조업의 조용하고 감지되지 않는 운영'의 장기적 수혜자들이었다(*WN* III.iv.10; cf. *LJ*(A) iv.157).

그 같은 '감지되지 않는 운영'은 스미스가 더니키어 사유지를 방문했을 때나 스트래센드리의 삼촌 존 더글러스의 사유지에 갔을 때 소년으로서 본 농업 양식들과 파이프 풍경을 바꾸고 있었다. 물론 스코틀랜드 농업의 구식 체계는 많은 곳에 남아 있었다. 농가 건물들—대부분의 가축을 수용하는 곳—을 둘러싸고 있는 비교적 작은 안쪽 땅과 큰 바깥쪽 땅으로 땅이 분리되어 있는 식이었다. 안쪽 땅에는 충분한 거름을 주어, 귀리 수확량이 적은 경작지라면 일정량을 유지할 수 있게 하고, 또는 주곡, 맥주나 위스키 제조에 쓰이는 보리의 일종인 비어, 약간의 밀, 완두콩, 콩 같은 것을 생산할 수 있게 했다.

성인이 된 스미스는 '반쯤 굶주린 채 허우적거리는 소 몇 마리를 살려두기에나 충분한 정도의 빈약한 목초지 외에는 아무것도 되어주지 못한다'며 바깥쪽 땅에 대한 경멸을 드러냈다. '이런 참담한 몰골'의 목초지로 6~7년을 보낸 뒤 그 '불모지'는 경작되어 '흉작을 거두거나 질 나쁜 귀리 조금, 혹은 다른 거친 곡류 조금을 산출할 것이고, 그런 다음 완전히 고갈되어, 먼저 휴경을 하거나 다시 방목지로 사용된 다음에야' 또다시 경작될 수 있었다(I.xi.1.3). 쟁기질은 전통적으로 공동 농장에 정착한 농부들이 했다. 쟁기질을 통해 200~500야드 길이의 S자형 밭이랑인 런릭runrig이 만들어졌고, 이런 밭이랑들은 때때로 목초지로 사용되는 잡초 무성한 움푹한 골들에 의해 서로서로 분리되었다. 이런 런릭 체제가 남긴 지형은 스트래센드리 남서쪽으로 약 3마일 떨어진 로코어 인근에서 여전히 볼 수 있다(Handley, 1953: 57~58; Dodgshon, 1980: 69~92; Walker and Ritchie, 1987: 22).

하지만 파이프에서는 발전된 농업의 새로운 체제의 징표도 볼 수 있었다. 스콧의 언급(Scott 1937: 23)과 지역에서 전해지는 이야기에 따르면 스미스의 조부가 스트래센드리에서 그랬던 것처럼, 지주가 가족의 성으로부터 근처의 무방비 저택으로 거처를 옮길 때 그 새로운 체제가 확립되었다. 두 건물 사이의 땅에 나무가 심어졌고, 보통 그런 나무 심기는 정원과 텃밭과 담을 두른 큰 뜰로 이루어지는 형태를 가리기 위해서 확장되었다. 저택의 먹거리는 지주의 자작 농장이나 주요 농지에 의해 공급되었다. 텃밭에 심어본 콩과 무 같은 농작물은 (Reid, 1683) 큰 뜰의 윤작에 도입되었다. 스미스 아버지의 친구인 존 클러크 경은 페니퀵에서 이러한 방향으로 움직였고, 그의 시대 한참 전부터 스트래센드리로부터 약 16마일 떨어진 세리스 근처의 홉스오브크레이그홀 성은 농장 경영 체제를 개선하는 데 이미 돈을 쓰고 있었다(Di Foloco, 1978). 1760년대에 이러한 방향의 개선은 스코틀랜드 저지대에서 추진력을 얻었고, 이는 후에 농업 혁명으로 일컬어졌다 (Smout and Fenton, 1965; Murison, 1982: 79; Whyte and Whyte, 1991: 127~129, 132, 135~150; Devine, 1995: 17, 65, 117, 119, 127).

사람들이 적극적으로 농사에 참여했던 그 시절, 자신의 소년기가 포함된 그 시절을 회고하면서 스미스는 최고의 개선가는 '자신의 작은 땅에 대해 속속들이 알고, 자신의 소유지, 특히 작은 소유지가 불러일으키는 애착을 가지고 그 땅을 대하는 사람인 소小자영농'이라고 생각했다. 그런 사람은 자신의 땅을 개선하는 것뿐 아니라 가꾸는 것에서도 즐거움을 느끼며—스미스는 미적인 면을 절대 간과하지 않는다—, 모든 개선가 중에서 '가장 부지런하고, 가장 지적이고, 가장 성공하는 인물이다'(WN III.iv.19). 시골 생활에 대한 스미스의 애정은

'평범한 농민'에 대한 칭찬에서 가장 잘 드러난다. 평범한 농민은 이해가 잘 안 되는 방언을 쓰고, 흔히 어리석고 무지한 사람으로 여겨지지만, 사실 '이해력에 전혀 문제가 없는' 사람이고, 도시의 상인들보다 '분별력과 판단력'이 더 뛰어나다고 그는 칭찬했다(I.x.c.24). 우리는 스트래센드리 근처의 들판에 서서 6~10마리의 말이나 황소를 한꺼번에 몰며 옥수수밭을 따라 무거운 쟁기를 끌고 가는—그리하여 파이프의 부를 창출하는—농민의 솜씨를 보며 경이로워하고 있는 한 소년을 그려볼 수 있다.

흙을 관리하는 일에서 영혼을 관리하는 일로 넘어가자면, 우리는 스미스가 드라이스데일 집안 사람들이 맡고 있던 스코틀랜드 교회에 다녔다는 이야기를 접할 수 있다. 아버지 존 드라이스데일은 1712년부터 1726년 2월까지 커콜디 제2교구의 목사였고, 이어서 제1교구로 옮겨갔지만 그해 5월에 갑자기 사망했다. 커콜디 시장의 딸인 어머니 메리 퍼거슨은 홀로된 뒤 가족 모두를 챙길 만큼 강인했으며, 아마도 이는 스미스의 어머니와 맺은 유대관계의 원천이었을 것이다. 셋째 아들 존(1718~1788)은 학교에서 스미스의 친구가 되었는데, 학교에서 밀러의 지도 아래 훌륭한 고전 학도의 면모를 드러냈다. 또 다른 아들 조지도 스미스의 친구였는데, 그는 커콜디의 상인이자 시장이 되었고, 커콜디 세관의 징수관이 되었다(Dalzel, 1794: 53). 존 드라이스데일은 도덕의 기초에 관한 스미스의 관심—아마도 키케로에 대한 초기의 공부에 의해 생겨난—을 공유하고 있었다. 스미스의 사상이 배양되는 데 수정 칼뱅주의가 일조했고, 그와 스미스는 안식일을 지키는 식단뿐 아니라 학교의 종교 행사들을 통해서도 감수성 예민한 소년기에 수정 칼뱅주의에 노출되었는데, 그의 설교에는 그러한 이즘이 반영되어 있었다. 분명 스미스의 어머니와 드라이스데일의 어머니는 그 소년들이 교구 교회에 다니는 것, 그리고 목사의 가정 방문에 대비하는 것을 봤을 것이다. 목사의 가정 방문은 장로파 교회의 칼뱅주의 신학에 기초해 틀을 갖추도록 12세 이상의 '시험 치를 사람들'에게 문답식으로 교리를 가르치기 위한 것이었다(Graham, 1899: ii.17).

그 소년들에게 노출된 칼뱅주의 신학의 윤리적·사회적 성향은 십계명의 여덟 번째 계명이 요구하는 의무에 대한 칼뱅주의 대교리 문답의 설명에서 잘 나타난다.

> 계약 및 사람과 사람 간 상거래에서의 진실, 성실, 정의. 각자에게 각자가 마땅히 받아야 할 것을 주기. 정당한 소유자로부터 불법적으로 억류한 물품들을 반환하기. 우리 능력과 타인의 필요에 따라 공짜로 주고 빌려주기. 세속적인 물품들에 대한 우리의 절도 있는 판단, 의지, 애착. 우리의 본성 유지에 필요하고 편리하며 우리의 조건에 알맞은 것들을 얻고 유지하고 사용하고 처분하는 것에 대한 신중한 주의와 연구. 합법적인 직업. 그 직업에서의 근면함. 검약. 불필요한 송사 피하기. 보증 또는 그 외 유사한 약속. 우리 자신의 것뿐 아니라 타인의 부와 물질적 재산도 확보하고 관리하고 증가시키기 위해 정당하고 합법적인 방법으로 노력함……. (신앙고백, 1671: 16~18)

스미스는 목사라는 직업을 거부했지만, 드라이스데일은 1732년부터 에든버러대학에서 공부하며 아버지와 마찬가지로 목사가 될 준비를 했다. 1740년에 그는 목사로 임명받았고, 그 뒤에는 메리 애덤과 결혼했다. 그는 이 결혼을 통해서 건축가 집안과 연을 맺게 되었고, 그 집안의 건축가들을 통해서 스코틀랜드교회 온건파의 또 다른 두드러진 인물인 역사가 윌리엄 로버트슨과도 관계를 맺게 되었다. 커클리스턴 교구에서 비교적 무명이었던 드라이스데일은 1762년에 온건파에 의해서 에든버러의 한 교구인 레이디예스터스채플 교구로 오게 되었다. 이는 경쟁관계에 있던 주류의 격렬한 반대 속에서 이루어진 일이었다(Sher, 1982). 제임스 오즈월드나 애덤 집안과의 지역적 인연이라든가 그 무렵 에든버러대학 학장이었던 로버트슨과의 우정은 분명 그의 승진과 관계가 있었겠지만, 그는 설교와 목사로서의 돌봄을 통해서 교구민들에게 사랑을 받았고, 정치적 능력 덕분에 총회 목사(명목상으로는 1778년부터지만 실제로는 10년 전부터)이자 의장(1773, 1784)으로서 스코틀랜드교회에서 두각을 나타냈다. 『국부론』에 표현된 온건 장로교에 대한 스미스의 호의적인 견해는 스미스가 드라이스데일과 나눈 초기 우정, 그리고 드라이스데일을 통해 그와 같은 신념을 가진 다른 목사들과 나눈 우정에서 유래했다(WN V.i.g.37).

합법적인 직업에서의 근면성이라든가 정당하고 적법한 방법으로 부를 얻으려는 노력은 애덤 집안의 눈에 띄는 자질이었다. 아버지 윌리엄(1748년 사망)은 건축가가 되어 부친의 직업을 이었지만, 건축과 관계없는 많은 사업에서도 매우 적극적이었다. 1728년 존 클러크 경은 커콜디를 방문했을 때의 인상을 다음과 같이 기록했다.

나는 시간을 내어 건축가 애덤 씨 소유의 벽돌을 살펴봤다. 나는 이 것이 벽돌의 본질이 요구하는 것만큼이나 값비싼 일거리임을 알게 되 었으며, 당시 약 스무 가지의 다양한 일을 직접 운영하고 있던 그 사 업가의 진취적인 기질에 감탄하지 않을 수 없었다. 보리 제분소, 제재 소, 석탄 일, 염전, 대리석 일, 도로, 농장, 자신의 집이나 수가 많지는 않아도 다른 사람들의 집을 짓는 일 등이었다. (Fleming, 1962: 7)

이 무렵 윌리엄 애덤은 '비트루비우스 스코티쿠스'라는 제목으 로 자신의 건축 설계도들을 출판하기 위해 구독 예약자를 모집하고 있었다(Adam, 1980). 실질적인 면에서 그는 여러 채의 시골집을 건축 하거나 건축하는 데 기여했으며, 이 점에서 애덤 스미스의 동시대인 들은 시골 저택에 대한 고전적 취향을 만족시킬 수 있었다. 그러한 예 중에는 존 클러크 경의 집인 메이비스뱅크, 스미스에게 잘 알려진 던 다스라는 법조계 명문가의 집인 미들로디언의 아니스턴, 그리고 퀸스 페리 근처의 호프타운—만약 그곳의 백작이 스미스에게 자기 아들 호프 경의 가정교사 일을 맡겼다면 스미스는 여기에 거주했을지도 모 른다—이 있었다.

1728년에 애덤은 스코틀랜드의 왕립 공장의 서기와 관리자라 는 수익성 좋은 직책에 임명되었고, 2년 후에는 북北브리튼 군수위원 회의 석공장이라는 직책에 임명되었다. 개인 재산이 늘어나자 그는 1728년 에든버러의 토지를 매입했고, 그해에 그의 가족은 그곳으로 이사했다. 하지만 1741년에 그는 에든버러가 '내게 최고의 기쁨을 누 리게 해주는 곳은 아니다'라고 인정했다. 1730년대에 그는 블레어 애덤 사유지로 킨로스의 땅을 매입하기 시작했으며, 던디의 타운하우스, 애버딘의 로버트 고든 병원, 그리고 애덤 스미스에게 친숙한 곳이 되는 글래스고대학 도서관을 짓기 위한 공공 기관들에서 일을 맡았다(Gifford, 1989).

커콜디의 본가에는 가족들의 활기찬 풍경이 있었다. 윌리엄 애덤의 아내이자 에든버러 올드그레이프라이어스의 목사의 누이이고 역사가 윌리엄 로버트슨의 이모인 메리 로버트슨은 자녀를 많이 낳았는데, 그중 아들 넷과 딸 여섯만 살아남았다. 상속자 존(1721년 출생)은 애덤 스미스의 가장 가까운 동년배였는데, 아마도 커콜디에 있을 때 스미스와 함께 학교에 다녔을 것이고, 이후 달키스 문법학교에 다녔다. 차남 로버트(1728년 출생)는 커콜디에서 출생했지만 아기일 때 가족과 함께 에든버러로 갔으며, 그곳에서 라틴어를 배우기 위해 1734년 고등학교에 입학했고, 매우 열심히 노력해 학급에서 1, 2등을 유지했다. 그의 고대에 대한 배경 지식은 그가 스팔라트로(스플리트)에 있는 디오클레티아누스 황제의 궁전을 세심하게 연구하는 데 도움이 되었다. 이 연구는 1754년부터 1757년까지의 대人여행 중에 이어진 그의 다른 탐구들과 함께 그가 아버지가 이룬 것보다 더 높은 권력까지 올라가 건축학적 사고를 펼치는 데 도움을 주었으며, 그가 건물과 실내 장식의 특징적인 스타일로 유럽에서 명성을 얻도록 해주었다(Saunders, 1992). 애덤 스미스를 포함해, 존 애덤과 로버트 애덤의 어린 친구들은 그 집안 사람들에게 환영받았다. 한 사촌의 로버트 애덤 전기에 따르면, 오래도록 그 집안은 '그 시대를 빛낸 천재와 저술가들이 몰려드는 곳이었다'(SRO Clerk of Penicuik MSS; Fleming, 1962:

5). 애덤 스미스는 애덤 집안과 우정을 맺고 커콜디의 애덤 집안 사업 장들을 가까이서 접하면서, 자신의 유년기의 스코틀랜드의 다양한 경제 활동에 대해, 활발한 발전 정신과 지적 모험에 대해, 그리고 중간 계층의 활동에서 뚜렷한 신칼뱅주의의 힘과 고전의 영향에 대해 인식했을 것이다.

애덤 스미스의 집안 배경, 소년기, 경험을 살펴보면 아버지의 부재를 메워주는 것들이 있었음을 알 수 있다. 어머니의 강인함, 밀접한 친족 관계, 의좋은 가족적 유대가 소년 시절에 그에게 감정적인 안심과 안정감을 주었다. 또한 그는 대학생이 되기 위한 지적인 준비를 잘 해나갔고, 조국의 역사상 고무적인 시대—농업 및 다른 경제 분야들에서의 발전된 업적을 위한 확고한 추진력으로 특징지어지는—에 도덕철학자와 저술가로서의 진로를 발견해가고 있었다. 무엇보다 중요한 것은 라틴 고전의 기초 교육과 장로파 유산으로 형성된 그의 기본 틀이었는데, 이러한 틀이 그에게 검소한 생활 방식, 스토아학파적 특징인 자기 수양, 직업에서의 근면성, 그리고 그의 행동과 가르침의 특징인 이타심에 의해 완화된, 타인에 대한 엄격한 정의를 불어넣어주었을 것이다. 그렇지만 천사이드에서 흄이 그랬던 것처럼, 스미스가 커콜디에서 마주한 종교 문화에는 억압적이고 구속적일 수 있는 요소들이 있었음을 인정해야 한다(Streminger, 1994: 71~80). 시간이 지나면서 흄처럼 스미스도 이에 반항했고, 인간의 원초적 타락을 막기 위해 칼뱅주의 교회의 엄격한 통제를 포용하기보다는, 인간의 선의와 천부적 자유를 누리려는 의지를 중시했다.

3장

글래스고

·

에든버러보다 글래스고를 더 좋아한다는
당신의 의견에 동의합니다.

애덤 스미스의 가족이 글래스고를 그의 대학 교육을 위한 곳으로 선택함에 있어 뚜렷한 이유가 있었던 것 같지는 않다. 파이프 내에는 단지 20마일 떨어진 곳에 오래된 세인트앤드루스대학이 있었다. 하지만 이 학교는 18세기 들어 쇠퇴하고 있었다. 존슨 박사는 1773년 보즈웰과 그곳을 방문했을 때 이를 보고 안타까워했으며, 2년 후 출판한 책 『스코틀랜드 서쪽 섬들로의 여행』에서 그런 내용을 서술했다(Johnson, 1985). 애버딘에는 가족적 연고가 있는 두 대학(혹은 칼리지)인 킹스와 매리셜이 있었지만, 그 연고의 주인공들이 재커바이트파라는 오명을 입은 것으로 보이며(Scott, 1937: 398), 1715년 봉기의 여파로 재커바이트파가 숙청된 이후에도 교수진에서 가문과 정치를 둘러싼 다툼이 있었다(Emerson, 1992: 59~63). 에든버러에 대해 말하자면, 아버지 스미스는 분명 커콜디에서 그곳으로 돌아오려 애썼고, 또한 그곳의 대학은 일반 교양 과정에 이어지는 법학, 의학, 목회학 과

정으로 명성이 높았다. 그러나 아들의 눈에 비친 수도 에든버러는 방탕과 범죄의 장소였고, 적어도 글래스고의 일반적인 상황과는 대조되는 곳이었다. 이는 그의 서신에서도 언급되었고, 『법학 강의』와 『국부론』에서도 다루어졌다.[1]

말년에 스미스는 자신의 상속자인 데이비드 더글러스를 글래스고로 공부하러 보냈고, 거기서 제자인 존 밀러 교수의 집에서 하숙하게 했다. 그리고 에든버러보다 글래스고를 더 좋아한다는 또 다른 제자 포체스터 경 헨리 허버트의 생각에 동의하며, 그에게도 아들을 글래스고로 공부하러 보내라고 조언했다(Corr., app. E, p). 그의 아버지가 1707년에 글래스고 시민 자격을 얻었으니, 아들 또한 시민으로 받아들여질 수도 있었다. 아버지의 후원자였던 라우든 경 역시 글래스고에서 학창 시절을 보냈다. 1725~1742년과 1746~1765년에 라우든 경 휴 캠벨은 그곳에서 지배적인 영향력을 갖고 있었고, 많은 임용에서 영향력을 행사했다(Emerson, 1992: 6; 2008).

1737년, 애덤 스미스는 열네 살의 나이에 글래스고대학에 갔고 ―당시에는 이것이 지극히 정상적인 일이었다―, 그해 11월 14일에 존 라우든 교수 담당의 '3학년'에 들어갔다(Addison, 1913: 18; Scott, 1937: 364). 하지만 그의 교육 과정을 추적하기에 앞서, 인상적인 그의 대학생활의 배경이 된 글래스고라는 도시에 대해 살펴볼 필요가 있다. 또한 글래스고대학의 제도들에 대해서도 이야기해야 한다. 스미스가 입학하기 10년 전에 위원회가 협의를 거쳐 이루어낸 그 제도들은 글래스고가 어떻게 스코틀랜드 계몽주의의 동력실 중 하나가 되었고, 어떻게 스미스의 지적 성장을 그토록 자극했는가를 설명하는 데 도움이 된다.

소년 스미스는 글래스고에서 커콜디보다 훨씬 더 큰 규모의 도시생활에 노출되었으며, 그곳은 분명 그에게 도덕, 지역 정치, 급성장하는 경제 활동에 대한 교육의 장이 되었을 것이다(Devine and Jackson, 1995).[2] 도시 이름은 켈트어 glas와 cau에서 왔고, '초록색으로 움푹 파인'이라는 뜻을 담고 있었다(Nicolaisen, 1976: 172). 스미스 시대에 이곳은 일반적으로 아름답다고 여겨지는 도시에 걸맞은 곳이었고, 클라이드강으로 흘러드는 몰린디나와 캄래치 같은 물줄기들에 에워싸인 채 클라이드강을 향해 남쪽으로 비스듬한 강기슭에 자리 잡고 있었다. 560년에 세인트멍고 혹은 켄티건이 건립했다고 알려진 고대의 기독교 중심지인 이곳은 17세기와 18세기에 클라이데스데일 지역까지 아우르는 시장과 유통을 통해서, 그리고 아일랜드, 대서양 건너 카리브해와 아메리카의 식민지들, 유럽의 남쪽과 북쪽을 아우르는 과감한 무역을 통해서 번영하기 시작했다. 1656년 토머스 터커가 스코틀랜드의 관세와 물품세 체제를 조사했을 때, 그는 글래스고가 '스코틀랜드의 가장 중요한 자치도시들 중 하나로, 무역을 위해서도 그렇다. 주민들(이곳 대학의 학생들을 빼고 모두)은 상인과 중개인이다'라고 언급했다(Hamilton, 1963: 249에서 인용됨). 디포는 1725년 글래스고를 방문한 후, 그곳이 국내 무역과 국외 무역 모두에서 뚜렷하게 성장하고 있는 스코틀랜드 유일의 도시이며, 그렇게 될 수 있었던 것은 통합 덕분에 스코틀랜드 사람들에게 아메리카 식민지로 들어가는 문이 열렸고 글래스고의 상인들이 기회를 잡았기 때문이라고 논평했다. 그는 또한 그 지역에서 대절하는 선박들이 잉글랜드의 경쟁 선박들보다 항해 시간이나 적의 공격을 받지 않는 점 등에서 유리하다고 언급했다.

> 글래스고 선박들은 금방 클라이드만을 벗어나는데, 북서쪽으로 뻗어나가 이내 사략선들의 항로를 벗어나며, 런던 선박들이 영국해협을 빠져나가기도 전에 버지니아의 곶에 가 있기 일쑤다.(1927: ii.748~751)

커콜디에서 글래스고까지의 여행은 분명 스미스에게 놀라운 경험이었을 것이다. 그 여행의 첫 단계는 에든버러까지 배를 타고 가는 여행이었을 테고, 린리스고까지는 말을 타고 갔을 것이다. 1425~1620년의 스튜어트 왕가를 위해 건축된 그곳의 인상적인 왕궁은 여전히 주거 가능하고 완전했는데, 이러한 상태는 1746년에 컴벌랜드 공작 군대의 부주의로 발생한 화재 탓에 끝이 났다(McWilliam, 1978: 293). 그 길은 인근 스텐하우스뮤어에서 4~11월에 열리는 장터로 유명했던 폴커크까지 이어졌는데, 그 시기가 되면 하일랜드와 섬을 포함해 스코틀랜드 전역으로부터 엄청난 소, 양, 조랑말이 시장으로 몰려들었고, 팔린 후에는 가축이 다니는 길을 따라 남쪽으로 갔다(Haldane, 1952). 1707년의 통합 조약 이후 잉글랜드의 중개인들이 폴커크로 점점 더 많이 왔고, 물론 국경을 넘는 자유 무역도 있었다. 스미스는 이 무역의 이윤이 저지대의 농업 발전 비용을 부담했다고 믿었다(WN I.xi.3). 통합 반대론자들은, 북쪽으로부터 도착한 후줄근한 송아지들을 살찌우는 잉글랜드 중개인들에 비해 스코틀랜드 사람들은 소를 거래하는 데서 거의 이윤을 얻지 못하며, 아일랜드 사람들처럼 스코틀랜드에서 소를 살찌워 통조림 소고기를 수출하는 게 더 수지가 맞을 것이라고 주장했었다(Lenman, 1977: 57).

폴커크 근처와 그 너머의 풍경에서 나타나는 눈에 띄는 특징은 서기 2세기에 시작된 로마 지배의 흔적으로, 고전을 공부한 스미스의 관심을 끌었을 것이다. 좀더 후에 친구가 된 인버레스크의 알렉산더 칼라일은 글래스고에서 신학 공부를 할 수 있는 장학금을 받기 위해서 1742년에 아버지와 함께 에든버러에서 출발해 말을 타고 이 여정에 올랐으며, 안토니누스 방벽이 있고 로마 시대의 요새가 있는 캐슬케어리에 머물렀던 것을 기억하고 있었다. 글래스고에서 에든버러로 돌아가는 데는 '가장 빠른 길'로 가도 16시간이나 걸렸는데, 이를 통해 우리는 스미스 또한 친척이나 하인을 동반하고서 그 정도 속도로 나아갔으리라 짐작할 수 있다(Carlyle, 1973: 33). 폴커크를 지나 삭막한 황무지를 지나고 킬사이드힐스와 캠시펠스의 거친 지역을 지난 후 스미스는 켈빈강 유역으로 서서히 내려가 글래스고에 이르기까지 상쾌함을 느꼈다. 그는 1736년에 그 도시에 대해 '곡물 경작지, 텃밭, 꽃밭, 온갖 과일이 가득한 아름다운 과수원으로 둘러싸여 있고, 넓고 탁 트인 거리들 덕분에 기분 좋고 향기로운 냄새가 난다'고 묘사했다(M'Ure, 1736: 122).

동쪽에서 그 도시로 진입하려면 오래된 통행료 징수소를 통과해야 했다. 여행자들은 주로 갤로게이트 거리를 따라 울타리 없는 대학 구내, 염색공들 때문에 좀 오염된 몰렌디나 개울, 방직공들의 집을 지나 글래스고 생활의 중심지인 크로스로 갔다. 이곳은 스미스 시대에 긴 갤로게이트 거리, 서쪽의 짧은 트론게이트 거리, 남쪽의 클라이드강까지 이어지는 솔트마켓 거리, 그리고 스미스의 목적지인 글래스고대학 방향인 북쪽의 하이스트리트가 한데 모여 형성된 곳이었다.

벨오더브레이 쪽으로 하이스트리트를 걸어 올라가면 주로 13세기 말과 15세기 사이에 건축된 웅장한 건물인 성당이 있었는데, 직인 길드의 활동 덕분에 종교개혁기에 파괴되지 않고 남아 있었다. 중세의 삶은 성당을 중심으로 돌아갔고, 교황 니콜라우스 5세가 1451년 1월 7일 글래스고에 대학을 건립하기 위한 교서를 반포하자 '올드 페더고지Auld Pedagogy'에서 최초의 대학 수업이 이루어졌다. 올드 페더고지는 인근 로튼로—게일어로 rat-an-righ, '왕의 길'이라는 뜻—거리의 한 참사회 학교였던 것으로 여겨진다(House, 1964; Hetherington, 1985: 9~10). 이 거리와 반대편의 드라이게이트 거리는 스미스 시대에 부유층 동네였지만, 상업 시대의 시작은 그 도시의 생활을 트론게이트 거리에서 뻗어나간 웨스트엔드로 이끌었다.

그 도시의 정치와 종교적 관점은 스미스가 학생으로서 재학했고 후에는 학생들을 가르친 바로 그 대학의 분위기에 영향을 미쳤다. 오랫동안 신교도 도시였던 글래스고의 주민들은 1688년에 오라녜 공 윌리엄과 그의 배우자이자 제임스 2세의 딸인 메리 스튜어트가 영국의 왕위 계승자로 선포되었을 때 기뻐했다. 그해 11월 30일에 젊은 라우든 백작과 다른 글래스고대학생들은 로마의 교황, 스코틀랜드 성공회교도들의 지도자인 세인트앤드루스와 글래스고의 대주교들의 형상을 불태워버렸다. 그들은 제임스 2세와 스튜어트 왕가의 계승자들을 지지한 인물들이었다. 혁명 2년 후에 글래스고는 그곳 대주교 관할하의 남작 자치도시에서 칙허 자치도시로 바뀌었고, 그곳 시 의회는 국왕과 의회에 대해서만 책임이 있었다.

1711년, 글래스고의 '헌법'은 1명의 시장, 3명의 집행관, 상인 계층에 속하는 13명의 의원, 그리고 무역 계층에 속하는 12명의 의원이 지역 행정을 담당하도록 규정했다. 의원으로 확인되는 다른 공적인 직책으로는 길드의 장, 조합장, 회계원, 공장장이 있었다. 물러나는 시의회가 다음 시장과 집행관들을 선출했고, 이들은 지난 2년간의 시장들·집행관들, 그리고 12명으로 구성되는 다른 사람들과 함께 새로운 의원들을 선출했다. 의심의 여지 없이 자기영속적이고 과두정치적이었던 그 제도는 그럼에도 잘 돌아갔다. 능력 있는 외부인들이 뚫고 들어올 수 있었고, 1740년 이전에 길드 제한이 없어졌기 때문이다(Eyre-Todd, 1934: iii.1~9, 78~79).

의회는 크로스의 북서쪽 모퉁이에 자리한 공회당에서 열렸다. 1625~1627년에 세워진 공회당 7층 첨탑은 지금도 남아 있는데 애덤 스미스에게 매우 익숙한 모습이었을 것이고, 인근의 다른 두 첨탑―역시 지금도 남아 있는, 전체적으로 고딕 양식이지만 르네상스 시대의 느낌이 있는―도 그랬을 것이다(Williamson et al., 1990: 39, 158, 194~195). 그 두 첨탑은 트론 교회의 첨탑(1592년경, 꼭대기 부분은 1630~1636년)과 옛 머천트하우스의 첨탑(1665)이었다. 공회당 첨탑의 왕관형 부분 아래 있던 편종의 선율도 익숙했을 것이다. 스미스가 그곳에 가기 몇 년 전, 18세기의 가장 위대한 게일어 시인인 알래스데어 맥 마이스터 알래스데어(알렉산더 맥도널드)는 대학생들만큼이나 그 선율을 좋아해 그것을 언급하는 시도 지었다. '뿔잔에서 나는 [위스키의] 즐거운 종소리가/글래스고의 종소리보다 더 달콤하다'고 쓰긴 했지만 말이다(Thomson, 1983: 184 인용; 번역 Joan Noble, Victoria, BC).

크로스에서 뻗어나가는 주요 도로들을 따라 이루어진 도시 개발은 합리적으로 진행되었는데, 의회가 좋은 건축 기준들을 준수하는 사람들에게 세금을 경감해줌으로써 그 기준들이 지켜지게끔 했기 때문이다. 스미스가 대학생이 되기 10년 전, 한 잉글랜드 공병 장교는 글래스고가 자신이 본 도시 중 '가장 균일하고 가장 산뜻한' 도시이며, 내리닫이 창을 갖추고 마름돌로 이루어진 '단일 모델의' 집들과 집들 양편에 솟아 있어 '건물들에 좋은 공기를 공급하는' 포치가 눈에 띈다고 썼다(Burt, 1815: i.22). 이 건물들은 '소유지' 또는 공동 주택으로, 층마다 다른 세대가 입주해 살거나, 아니면 솔트마켓 거리와 갤로게이트 거리가 만나는 모퉁이에 있던 트레이즐랜드의 경우처럼 사회적 목적이나 사업 목적에 쓰였다. 이 건물들은 1695년에 의회의 보조를 받아 지어졌다. 트론게이트 거리 모퉁이에, 솔트마켓 거리 맞은편에 머천트하우스가 있었는데, 이 건물 안에는 글래스고 최초의 환전소로 운영된 것으로 보이는 커피하우스가 있었다. 애덤 스미스가 글래스고에 온 이듬해에 공회당 옆에 시청과 커피하우스가 문을 열기 이전에는 통용되는 소식지의 비용을 시 의회가 댔다(Eyre-Todd, 1934: iii.51).

그 18세기 초의 도시에서 도시 계획의 정신은 무역 성공을 위한 추진력과 관련 있었다. 1720년대에 완전히 새롭고 멋진 주요 도로였던 킹스트리트는 트론게이트 거리와 브리게이트 거리를 연결해 만들어졌고, 새로운 세인트데이비드 교회(1719~1724)가 들어설 수 있게 해주었다. 이 교회는 지금은 캔들릭스 거리 위쪽의 램즈혼 교회

(1824~1826)로 바뀌어 있다. 스미스는 '도시는 시골 사람들이 자신들의 농산물을 공산품과 교환하기 위해 의지하는 장터'(WN III.i.4)라고 언급했는데, 킹스트리트는 그러한 언급의 좋은 예였다. 그 길을 따라서 지붕 덮인 시장이 들어섰는데, 이는 혼란스럽고 불결하고 시의 통제에서 벗어나기 쉬운, 거리에서 자유롭게 이루어지는 행상을 대체하기 위해서였다. 그 길의 동편에는 고기 가판대가 있었고, 서편에는 생선, 양고기, 치즈 가판대가 있었다(Gibson, 1777: 149; Eyre-Todd, 1934: iii.1440).

인버레스크의 칼라일은 글래스고에서의 첫해인 1743~1744년에 해부학 교수인 로버트 해밀턴의 집에서 하숙했는데, 그 집은 킹스트리트의 고기 파는 곳 맞은편에 있었다. 그의 말에 따르면, 해밀턴 교수는 하숙생들과 함께 하인을 두었는데, 글래스고 상인들의 가정에서는 거의 하인을 두지 않았다. 스미스는 하인이 많지 않은 것이 도시의 질서에 도움이 된다고 봤던 반면(WN 336, n. 18), 칼라일은 '이 시대에도 생활 방식은 조악하고 저속'하며 에든버러에는 고상한 오락이 거의 없다고 주장했다. 하지만 그 역시 '주요 상인들'과의 대화에서 얻는 게 있다고 보았고, 이는 분명 스미스가 글래스고의 교수로 있던 때의 경험의 특징이었다. 게다가 칼라일은 상인의 아들들이 대학에 다니는 것은 흔한 일이며(1973: 39, 45, 51), 대학이 그들의 경험을 넓혀주는 것으로 간주된다고 말했다. 애덤 스미스가 글래스고에 갔을 때, 대학에서 학생들은 편협하고 편견이 심했을 많은 지역 성직자들의 '구파' 칼뱅주의에 대립하는, 프랜시스 허치슨의 가르침에 의한 '신파' 신학과 도덕철학을 접했다.[3] 학생들은 로버트 심슨과 로버트 딕의 가르침을 통해서 수학과 과학도 배웠는데, 이는 상업과 기술의 근대 사회에 대한 대비가 되었다.

근대성을 향한 발걸음은 킹스트리트 남쪽으로 이어졌고, 거기서는 브리게이트 거리가 올드 글래스고 다리에 가까운 스톡웰스트리트와 연결되었다. 8개의 아치로 이루어진 그 다리의 구조는 1345년 레이 주교 시대에 만들어진 것이었다. 당시의 인쇄물들을 보면 이 지점에서 여전히 클라이드강을 걸어서 건널 수 있었음을 알 수 있지만, 1736년 무렵에는 바지선과 거룻배들이 세관이 있던 곳인, 그 상인 도시 근처의 브루밀로 부두까지 올 수 있었다. 이 입구를 통해서, 그리고 더 서쪽의 클라이드강 하구 남안에 있는, 해운을 위한 더 깊은 정박지를 제공하는 포트글래스고를 통해서, 신세계로부터 온 설탕, 담배, 선박 늑재가 들어왔다. 밖으로 내보내는 철물, 직물 및 관련 선박 정비 물자와 함께, 이런 상품들을 위한 시장이 스미스 시대 글래스고의 큰 부를 형성했다.

하지만 글래스고의 경제 성장과 가장 성공한 상인 및 제조업자들의 두드러진 번영은 식민지에 있던 그들의 파트너들에게는 불리하게 작용했다. 해외의 주산물—특히 담배—공급자들의 이익과 판매나 재수출을 위해 해외의 주산물을 국내에 들여오거나 또는 해외에 팔 상품들을 생산하는 글래스고 기업가들의 이익 사이에 불균형이 있었다. 담배 재배와 수확에의 집중은 부의 경로를 좁힘으로써, 결국 도시의 성장을 저해함으로써, 식민지 상인들의 기회와 지역 산업을 억누름으로써 버지니아와 메릴랜드의 체서피크만 지역의 발전을 제한했다. 담배라는 자원을 취급하는 데 도시는 필요 없었고, 따라서 농산물과 가공품의 교환을 위한 시장이 만들어지지 않았다. 스미스가 예상했던 고전적 경제 성장 과정(WN III.i.1)은 생겨나지 않은 것이다. 소득이 불균등해서, 가난한 농민들은 스코틀랜드인 소유의 가게들에서 외상 구매를 해 생활한 반면, 소수의 부유한 농장주들은 버지니아에 들어온—항해법에 따라 주로 스코틀랜드 선적의 배들에 의해—가공품들을 구매할 여유가 있었다. 체서피크만 지역의 담배 무역은 스코틀랜드 중개 상인들에게 지배되고 있는 것처럼 보였고 농장주, 직인, 식민지 상인들은 그들을 싫어하게 되었다(Andrew, 2005). 글래스고가 아메리카 식민지 사람들의 희생을 발판으로 체서피크만 지역과의 담배 무역에서의 현저한 성공을 거둔 것은 대영제국의 제도에 대한 불만이 조성되는 데 일조했다. 결국 나중에 스미스는 글래스고 사람들에게 오랫동안 혜택을 안겨준 그 제도의 경제적인 면을 '인류의 가장 신성한 권리들에 대한 분명한 침해'라고 확실히 비난하게 된다(WN IV.vii.b.44).

그러나 스미스가 계몽주의를 배우고 주입받은 이 도시의 상업에는 더 어두운 면이 있었다. 2장에서 설명했듯이 그의 고향 커콜디에서는 염전과 광산의 노동자들이 그들의 작업장과 함께 매매되었는데, 글래스고의 어두운 측면이란 이보다 더 심각한 것이었다. 설탕과 담배, 이어서 목화가 신세계로부터 글래스고로 들어와 가공되고 재수출되었으며, 이를 통해 스미스가 잘 아는 달도위의 보글이나 두걸스타운의 글래스퍼드 같은 집안이 막대한 돈을 벌었다. 한데 그런 설탕, 담배, 목화는 아프리카 흑인들의 강제 노동의 산물이었다. 그 흑인들은 기니 해안이나 내륙의 고향으로부터 대서양을 건너 영국 식민지의 대농장들에 끔찍한 상태로 끌려왔다. 글래스고의 투기적 상인들에 의해 단 두 척의 배가 노예 수송선으로 개조되었던 것으로 보이며, 두 척 다 1719년에 포트글래스고에서 출발했다. 그중 한 척은 기니 해안에서 해적의 공격을 받아 약탈당하고 건강한 선원들을 빼앗긴 채 엉망진창으로 귀환했다. 다른 한 척은 올드칼라바르(현재의 나이지리아)로부터 134명의 아프리카인을 수송했는데, 바베이도스까지의 악명 높은 '중간 항로'에서 그중 4분의 1을 잃었고, 세인트키츠에서 생존자 대부분을 경매했다. 귀항했을 때 그 배의 상거래 책임자인 화물관리인은 화물주들에 의해 과실과 사기 혐의로 고발되었으나, 큰 대가가 따르는 재판을 통해서 무죄 판결을 받았다(E. J. Graham, 2002, 2003; Brehrendt and Graham, 2003). 이런 사건들 이후 글래스고 사람들은 직접적인 노예 사업을 포기했지만, 많은 도시 상인이 리버풀에 등록된 노예선들의 소액 출자자로서 돈을 벌었다. 이런 비도덕적인 무역의 주도권이 런던과 브리스틀로부터 리버풀로 넘어갔고, 리버풀은 1807년 폐지될 때까지 그 무역을 계속했다. 당시 스미스의 스승인 프랜시스 허치슨, 스미스 자신, 그리고 그의 도덕철학 교수직을 이어받은 토머스 레이를 비롯해 저명한 시민들이 노예 무역에 강하게 저항했다. 스미스는 윤리학자로서 노예제를 비난했음은 물론, 정치경제학자로서 그것의 비효용에 대한 이론을 제시했다.

글래스고에서는 주로 담배로 중계 무역이 이루어졌으며, 리넨 생산과 제분을 비롯한 지역 산업들과 '설탕, 밧줄, 비누, 유리 관련'(자세한 내용은 M'Ure, 1736)이라는 표현으로 요약되는 산업들이 활기차게 돌아가고 있었고, 킹스트리트 개발로 알 수 있듯이 식품 시장이 성공적으로 구축되었는데, 이러한 국면의 한 결과는 인구 증가였다. 1737년경의 인구가 2만 명 정도로 추정된 바 있는데, 이는 커콜디 인구의 최소 10배 수준이었고, 더 크게 증가하리라는 기대가 가능했다(Eyre-Todd, 1934: iii.59; Hamilton, 1963: 18). 스미스는 이런 인구 팽창이 진행되는 가운데 성장했으며, 훗날 교수이자 저술가로서 그런 변화와 그 이면의 역사적 혁명에 대해 돌아보았다. 예컨대 글래스고의 치안판사들이 대서양 무역에 뛰어드는 모험적 상인들을 위해 포트글래스고 항구를 건설하고자 1668년에 뉴어크캐슬과 그 주변의 땅을 매입한 것과 같은 혁명적인 일이 일어났던 것이다(Stevenson, 1985: 57). 이런 새로운 발전들은 스미스가 커콜디와 글래스고에서 읽기 시작한 고대 역사 및 그곳 항구들에서 직접 본 것에 기초해 일반화한 한 이론의 예시가 되었다. 그 이론은 '문예와 산업의 (…) 최초의 발전은 언제나, 편리한 수상 운송으로 온갖 종류의 노동의 산물에 가장 대규모 시장을 열어줄 수 있는 곳에서 이루어졌다'는 것이었다(*LJ*: 585).

스미스가 교수와 저술가로서 명성을 얻는 데 토대가 된 것은 글래스고 성당 아래쪽 하이스트리트에 있었던 글래스고 '올드 칼리지'에서의 대학 시절이었다. 그 학교는 약 26에이커의 부지를 차지하고 있었는데, 그 부지는 동쪽으로 몰렌디나 거리까지 완만하게 내리막을 이루다가 그곳을 넘어 다우힐까지는 오르막을 이루고 있었다. 걷다보면 약초 재배원과 다른 경작 구역들이 나왔고, 목초지로 쓰이는 탁 트인 땅도 나왔다(Hetherington, 1985: 13; Brown and Moss, 2001). 1708년 교수직에 선정된 두 번째 신학 교수 존 심슨은 조용하고 고립된 생활을 하면서 스미스의 학생 시절에 그곳에서 소를 한 마리 키웠고, 자신의 대학 숙소 옆에 외양간을 짓도록 허락받았다. 그렇지만 그는 자기 학생들을 신학에 대한 합리주의 사상에 노출시키고, 진행 중인 연구와 논쟁에 비추어 자신의 주제를 계속 재평가하는 본보기를 보인 탓에 스코틀랜드교회에서 격한 감정을 불러일으켰다. 그를 고발한 이들은 그가 지옥에 떨어질 만한 잘못된 생각을 가르쳐 학생들의 영혼을 위험에 빠뜨렸다고 말했다. 신의 구원의 은총과는 아주 거리가 먼 타락한 인류가 이성, 자유 의지, 자연스러운 감정을 간직하고 있다고 그가 주장했다는 이유에서였다. 이러한 생각은 17세기에 자연법 철학자 흐로티위스가 옹호한 아르미니우스주의라는 이단의 한 형태로 간주되었다. 또한 심슨은, 하느님은 신성하고 예수는 재림으로 불멸의 존재가 되기 이전에는 인간이었다고 주장한 것 때문에 고발되기도 했다. 이는 16세기의 소키누스주의라는 이단의 한 형태로, 칼뱅이 1553년 제네바에서 미카엘 세르베투스를 화형대로 보낸 것도 이때문이었다. 이런 교리들은 정통 장로파 칼뱅주의에 어긋나는 것이었고, 이 칼뱅주의의 옹호자들을 몹시 불쾌하게 했다. 두 차례 재판을 받은 후, 능숙하게 자신을 방어한 심슨은 이단을 가르쳤다는 이유로 스코틀랜드교회 총회로부터 1729년에 징계를 받았고, 이후 가르치거나 설교하는 것을 금지당했지만, 1740년 사망할 때까지 교수직은 유지했다. 학장 닐 캠벨이 신학생들을 직접 가르쳐야 했다. 심슨에게 제재가 가해졌음에도 불구하고, 그의 가르침에 관한 논쟁의 결과로 그의 사상이 보급되어 스코틀랜드교회는 신학에서의 자유로운 가르침에 더 관용적으로 되지 않을 수 없었다. 심슨의 가장 뛰어난 학생은 철학자 프랜시스 허치슨이었고, 그가 바로 애덤 스미스의 스승이었다. 인간의 본성에 대한 그들의 사상이 종교적 정설과 편견에 대한 존 심슨의 열렬한 합리주의적 도전에 빚지고 있다고 말하는 것은 타당하다(Coutts, 1909: 210~212; Murray, 1927: 376; Skoczylas, 2001).

존 슬레저는 『스코틀랜드 극장』(1693)에서 대학 건물을 '도시의 주요 장식물'로 묘사했다. 대학 건물들은 1632~1661년에 공식 모금 과정을 거쳐 설립되었다. 주요 기부자는 재커리 보이드였는데, 그는 바러니 교구의 목사이면서 총장, 학과장, 부총장으로서 대학 일에 적극적으로 참여했다. 애덤 스미스는 안쪽 사각형 안뜰의 아치형 통로를 지날 때 보이드의 대리석 흉상 아래로 걸어갔을 것이다. 그것은 보이드의 기부를 나타내기 위해 1658년에 세워진 흉상이었다. 지금은 글래스고대학의 헌티리언 박물관에서 이 흉상을 볼 수 있다.

17세기의 건축 계획은 크롬웰의 피후견인인 패트릭 길레스피 학장이 열심히 관리했다. 그는 1656년에 안쪽 사각형 안뜰의 남쪽 면과 서쪽 면의 완공을 감독했고, 1658년에는 탑과 앞쪽 사각형 안뜰의 북쪽 면과 남쪽 면, 그리고 1661년에는 하이스트리트에 면한 정면을 포함해 나머지 대부분의 완공을 감독했다. 이 대학 건물로 들어가려면 못들이 점점이 박힌 육중한 오크 문이 달려 있는 출입구를 통과해야 했다. 그 출입구 위쪽에는 왕실의 문장과 찰스 2세를 가리키는 머리글자인 'C.R.2'가 새겨져 있었다. 닐 캠벨 학장의 집은 그 출입구 남쪽에 있었고, 존 심슨 교수의 집은 북쪽에 있었다. 1736년경에 교수용 안뜰의 두 면이 지어져, 예전에 연구지도교수regent들에게 할당되었던 대학 건물 내의 방들을 대체하는 집을 제공하게 되었다

(Hetherington, 1985: 14~27).

스미스가 대학 시절에 글래스고의 어디에서 살았는지는 모르지만, 만약 대학 안에서 살았다면 비용이 연 1파운드 정도로 매우 적게 들었을 것이다. 1737년에 그의 지인인 인버레스크의 알렉산더 칼라일은 대학 안에 있는 달랑 벽뿐인 가로 20피트 세로 17피트 크기의 방으로 이사했는데, 킹스트리트의 하숙방에서 살았던 지난 1년 동안 그를 괴롭혔던 기침에서 벗어났다. 대학의 하인이 그의 방에 불을 지피고 잠자리를 봐주었으며, 방을 제공한 여주인 밑에서 일하는 하녀가 2주에 한 번씩 침구를 교환해주러 왔던 것이다. 비非국교도로 추정되는 두 명의 잉글랜드 신학생이 칼라일의 방 아래층에 살았지만, 위층에는 아무도 없었다. 가장 가난한 학생들은 대략 연 5파운드에 상당하는, 귀리나 완두콩으로 구성되는 기본 식단으로 생활했다. 수업 시간을 최대로 상정했을 때 수업료는 연 3파운드 10실링이어서, 글래스고의 대학 교육은 연 10파운드로 가능했다. 스미스의 가족은 여유가 있어서, 일반적인 선택지인 친척 집이나 '공동 하숙집'이나 교수의 집에 거주하는 데 드는 30 내지 40파운드 정도는 지원할 수 있었다(Campbell and Skinner, 1982b: 16~17).

애덤 스미스와 그를 가르치는 교수를 위한 제도적 틀은 대체로 1726년 8월 31일에 임명된 참관위원회에 의해 결정되어 이듬해 9월 19일에 보고된 것이었다. 표면적으로 이 위원회는 1690년에 시작된 글래스고대학의 혁명 정착 작업을 완수할 목적으로 만들어졌지만, 이 위원회의 개입 뒤에는 스코틀랜드 정치권력의 변화도 있었고, 글래스고대학생과 그들의 동조자 내에서의 정치적 불만에 대한 정부의 우려도 있었다. 1701~1727년에 글래스고 학장이었던 능수능란한 인물 존 스털링은 록스버러 공작 1세 존 커가 이끄는 스쿼드론당 소속이었다. 1725년 6월에 존 커는 월폴 정부의 맥아세 부과로 글래스고에서 일어난 폭동을 제압하지 못해 스코틀랜드의 국무장관에서 해임되었다. 월폴은 스코틀랜드 통치를 위해 아가일 공작 2세에게 의지했으며, 아가일은 스코틀랜드의 중요한 정치적 인물이 된 자신의 형제 일레이 경 아치볼드 캠벨에게 의지했다(A. Murdoch, *ODNB-O*, 2006; Emerson, 2007). 그는 아가텔리언스로 알려진 일단의 지지자를 통해서 일했는데, 그들은 대학과 기타 기관들에서 힘을 발휘하고 임용권을 행사함으로써 스코틀랜드의 질서를 회복하고 경제 발전을 도모하는 데 나섰다.[4] 글래스고의 개혁은 이런 목표를 위한 도구였다.

우선, 위원회는 스털링이 정상적인 절차라고 주장되는 것을 무시하고 자신의 결정과 지지자들의 승진을 주장해 몇몇 동료와 학생들의 반감을 불러일으킨 데 따른 문제들을 바로잡을 필요가 있다고 보았다. 대표적인 사례가 총장 선거였다. 총장rector이란 많은 유럽 국가와 마찬가지로 스코틀랜드에서도 대학의 명목상의 수장이었다. 학장 스털링은 선거 기구에서 학생들을 배제했는데, 이런 조치가 불만의 핵심이 되었다. 글래스고의 학생들은 대부분 10대 초반의 소년이었지만, 좀더 나이 들고 좀더 정치적 행동에 준비가 되어 있는 아일랜드 장로파 대학생과 대학원생도 꽤 많았다. 고향 아일랜드에서 시민적 자유와 종교의 자유를 확보하기 위한 국교 반대자들의 투쟁에 눈뜬 덕분이었다. 스털링에게 반대하는 교수들의 격려에 힘입어 그들은 그를 폭군으로 묘사하고, 자신들의 명분을 권리 옹호로 묘사했다.[5] 이런 노력은 천부의 자유에 관한 스미스의 입장에 영향을 미치게 되는 어떤 정치 논의의 전통에 닿아 있었다. 글래스고에서 일어난 학생들의 소란은 프랜시스 허치슨의 가르침과 그의 독자적인 독서뿐 아니라, 스미스의 관점에도 영향을 미쳤을 것이다.

1722년에 스미스의 선배들인 글래스고대학 학생들 한 무리가 아일랜드 귀족인 몰즈워스 자작 1세 로버트가 총선거의 결과로 웨스트민스터의 하원의원이 되었다는 잘못된 소식을 축하하기 위해 교문 맞은편에서 모닥불을 피우는 일이 있었다. 아일랜드 올드휘그당의 대표이자 로크, 섀프츠베리, 스위프트의 친구, 그리고 당시 더블린의 한 장로파 학교에서 교편을 잡고 있던 허치슨의 친구였던 몰즈워스는 글래스고의 그 과격한 학생들에게 공감해서 그들과 서신 교환을 했다. 고참 연구지도교수 거숌 카마이클은 모닥불을 끄려다가 그 지도부 학생들 중 한 명인 글래스고의 아일랜드인 신학생 존 스미스에게 공격을 받았다. 그는 퇴학당했지만, 그해 후반에 『글래스고대학 학생들의 후속 처리에 대한 짧은 설명』(Stewart, 1987b)이라는 당시의 일을 다룬 팸플릿을 더블린에서 출판했다. 그 학생들은 최고민사법원에 제소했고, 몰즈워스가 자신들의 옹호자임을 확신하면서 총장 선거에서 자신들의 투표권을 되찾기 위해 하원에 탄원하기로 계획했다. 흐로티위스, 푸펜도르프와 관련 있는 자연법 전통의 선생으로서 스코틀랜드의 철학 발전에서 역할한 인물인 카마이클은 1717년에 '자유를 찬양하며 (…) 고귀한 투쟁'(Smith, 1722: 10)이라는 말로 학생들을 선동하기도 했지만, 총장 스털링이 자기 아들을 지지해주는 대가로 학생들의 대의를 저버렸다. 1725년, 반항하던 학생들은 스털링의 조종으로 취임한 총장인 하트필드의 휴 몽고메리 경의 집을 공격했다. 장로파 역사가인 로버트 우드로는 입학에 미친 영향에 대해 다음과 같이 밝혔다. '글래스고대학은 이번 학기에 학생 수가 매우 적은데, 선생들이 스스로를 질책해야 한다. 그들의 분열과 위반이 사회의 평판을 떨어뜨렸고, 많은 사람이 에든버러로 간다'(Wodrow, 1843: iii.240; Mackie, 1954: 177). 하지만 1726~1727년의 참관위원회 위원들의 활동과 인문학(라틴어) 교수 앤드루 로스를 비롯한 그 대학 교수들의 회유 덕분에 학생들의 흥분은 진정되었다.

　그 위원회의 구성원들을 보면 아가텔리언스가 글래스고 문제의 해결을 중시한다는 것이 드러났다. 스코틀랜드교회와 법률 기관의 뜻이 잘 대변될 수 있었고, 축출된 스쿼드론당은 최고법원 차장인 그레인지의 제임스 어스킨을 통해 목소리를 냈다. 일레이 경은 스코틀랜드에서 자신의 차관인 밀턴의 앤드루 플레처의 지원을 받아, 학문의 번성을 실현하고 싶어하는 그 학자풍 위원회에 적극 참여했다. 그의 소장 도서는 서유럽에서 개인이 소유한 것으로는 가장 규모가 큰 축에 속했고(1758년 파울리스 출판사에서 발행된 카탈로그), 그는 정원과 숲 가꾸기를 위한 응용 식물학을 포함해 언어, 수학, 과학에 대한 관심을 표명한 바 있었다. 그는 대학의 돌아가는 사정을 잘 알고 있었고, 임용권을 행사해 교수가 될 만한 능력 있는 이들을 확보하고자 했는데 훗날 애덤 스미스도 그중 한 명이 된다.[6] 밀턴의 플레처는 솔타운의 앤드루 플레처의 조카였다. 솔타운의 플레처는 철학적 공화주의자이자 잉글랜드-스코틀랜드 통합의 분명한 반대자였고, 애덤 스미스에게서 발견되는 시민적 휴머니즘이라는 사조의 근원 중 하나였다

(Robertson, 1983). 밀턴의 플레처는 이러한 삼촌과의 정치적 공감대
는 없었지만 문학과 철학에 취미가 있다는 점에서 그와 비슷했고, 농
업 진흥, 제조업, 무역의 철저한 옹호자였다(Shaw, 1983: 7). 언급된 이
러한 인물들이 책임을 맡은 위원회는 글래스고와 에든버러에서 여러
차례 모임을 가졌고, 그 대학의 행정과 정책에 대한 정보를 접했고, 대
학 헌장을 비롯한 관련 서류들을 검토했고, 오래된 관례와 최근의 관
행을 살펴보았고, 학장과 교수들에게서 나온 증언을 들었다. 1727년
이 위원회가 발표한 법령은 1858년의 (스코틀랜드) 대학법이 통과될
때까지 글래스고대학의 관행과 규칙을 지배했고, 따라서 스미스의 대
학 시절과 교수 시절에도 마찬가지였다.

총장직 문제를 다루면서 위원회는 학생들이 소속 지역별로 치러
지는 선거에 참여해야 한다고 규정했다. 중세의 파리대학에서 학생들
의 소속 지역을 표시하는 것이 무질서했던 것과 매우 다르게 글래스
고대학에서는 출생지에 따라 소속 지역이 정해졌다. 글래스고와 그
주변 출신의 학생들은 클라이데스데일로, 헤브리디스제도와 아일랜
드를 포함하는 서부 출신의 학생들은 로스시로, 포스만의 북쪽과 해
외 지역 출신의 학생들은 올버니로, 포스만의 남쪽과 잉글랜드 및 영
국 식민지 출신의 학생들은 테비어트데일로 구분하는 식이었다. 매
년 11월 15일에(15일이 일요일이면 16일에) 총장 선거를 실시한다는 규
정이 마련되었지만, 1737년도의 입학 등록부에는 14일이 선거일로 되
어 있다. 따라서 대학에 입학하면서 애덤 스미스는 11월 14일에 후
한 도서관 후원자이자 글래스고의 상인인 배로필드의 존 오어를 총
장으로 선출하기 위해 올버니 지역 소속으로 투표할 자격을 얻었을

것이다(Coutts, 1909: 204~209, 255; Addison, 1913: 17; Mackie, 1954: 178~181; Durkan and Kirk, 1977: 42). 스미스는 1768년에 총장 후보가 되는 데는 실패했지만, 대학에 입학한 지 50년 후인 1787년에 마침내 총장으로 선출되었다(Murray, 1927: 327).

학문적인 면에서 위원회는 주로 동시대의 사고와 조화를 이루려고 노력했다. 스코틀랜드의 대학들은 설립 때부터 1년 단위로 임명되는 한 명의 스승 밑에서 4년간 교양 과정을 공부하는 연구지도교수 제도를 따르고 있었다. 종교개혁기부터 스코틀랜드에서 특정 과목들에 스승 또는 연구지도교수를 '고정'하려는 노력이 시작되었고, 1708년에 윌리엄 카스테어스 학장은 교수직 배정을 통해 에든버러에서 이러한 변화를 이루어냈다.

글래스고는 1642년경 신학에서 교수직 두 개를 만들어내는 것으로 시작했으며, 1661년에는 한 왕실 위원회가 인문학, 의학, 민법과 교회법, 수학에도 교수직을 둘 것을 권고했다. 문제는 이런 야심찬 계획을 뒷받침할 자금이 충분하지 않았던 것이다. 그렇지만 1688~1689년 혁명 이후에는 더 많은 자금을 사용할 수 있게 되었고, 스미스 시대에 존재한 교수직들을 위해, 즉 수학(1691), 그리스어(1704), 식물학과 해부학(1704), 인문학(1706), 동양어(1709), 법학(1713), 의학(1713), 교회사(1716) 교수직을 위해 계속 자금이 공급되었다(Mackie, 1954: 99, 122, 154, 165, 169, 170; Emerson, 1992: app.v).

1727년 세 명의 철학 연구지도교수가 연령순으로 교수직을 선택할 것을 요구받았는데, 거숌 카마이클은 윤리학을 선택했고(후에 도덕철학 교수로 유명해졌다), 존 라우든은 논리학과 형이상학을, 로버트 딕은 자연철학, 즉 물리학을 선택했다(Murray, 1927: 22). 세인트앤드루스대학은 1747년에 에든버러와 글래스고의 본보기를 따라 연구지도교수를 완전히 폐지했고, 애버딘의 매리셜 칼리지는 1753년에, 킹스 칼리지는 1799년에 이를 따랐다(Cant, 1992: 108~109, n. 1).

글래스고대학의 1727년 규정은 석사학위를 받는 데 필수인 일련의 교수 강좌를 제시했는데, 라틴어 능력 달성 후 첫해에 그리스어, 그다음에 논리학과 형이상학, 그다음에 학생 스스로 정한 순서에 따라 도덕철학과 자연철학을 수강해야 했다. 그리고 고대 언어와 세 가지 철학 과목에서 학위 시험을 통과해야 했다.

이런 규정들이 통과되고 나서 열흘쯤 후에 스털링 학장이 사망했고, 렌푸르의 목사인 닐 캠벨이 후임으로 왔다. 캠벨은 행정가로서 학습되거나 우수한 사람은 아니었지만, 서로 적대적인 교수 파벌들 사이에서 평화를 지키며 그들의 능력이 발휘될 수 있게 했으며, 또한 학생들이 총장 선출이라는 특권을 행사하는 것을 평온하게 수용했다. 로버트 우드로는 이 일을 다음과 같이 비관적으로 보았다. '마지막 참관자Visitor들은 학생들에게 그 무의미하고 거짓된 특권을 회복시켜줌으로써 [약간의] 오명을 뒤집어썼다. 내가 생각하기에 그 특권은 그들에게 해롭기 때문이다'(Wodrow, 1843: iii.333; Mackie, 1954: 183).

하지만 반대로 생각할 수도 있다. 총장을 선출하는 특권 내지 권리의 행사는 글래스고대학에 다니는 특별한 경험의 가치 있는 일부분이었다. 애덤 스미스는 자신의 대학이 옥스퍼드대학을 보고 생각했던 것과 달리 학문이 엉망이 된 듯한 폐쇄적인 지도교수 조합이 아니라는 것을 알게 되었을 것이다. 그는 대영제국이 발전하면서 세계로 뻗어나가게 된 다양하고 급성장하는 경제 생활이 펼쳐지는 도시에서 학문을 위한 조직의 일원이 된 것이었다. 그는 그 조직에 시민과도 같은 충성심을 바칠 수 있었고, 그곳의 선생들은 그에게 흥미롭고 새로운 사상의 장을 열어주었다.

4장

잊지 못할 허치슨 선생님

·

덕이 곧 이타심인 사상 체계의
가장 냉철하고도 현명한 후원자

글래스고에서 1737년 10월 10일 아침 10시 45분에 바깥쪽 사각형 안뜰의 서편에 위치한 교수실 혹은 포어홀에서 인문학, 그리스어, 논리학, 도덕철학, 자연철학 교수들을 맞이하는 것은 닐 캠벨 학장의 의무였다. 이것이 애덤 스미스의 첫 학기를 연 전통적 의례였다. 11시에 안쪽의 사각형 안뜰에 있는 140피트 높이의 탑에서 작은 종 또는 학과 종이 울렸고, 석사 과정에 속하는 5개 강좌의 학생들이 지정된 교실로 갔다. 교실에서 교수는 감독자 한 명을 지정했고, 수업 시간과 지정된 책에 대해 말해주었다. 11시 15분에 큰 종 혹은 대학 종이 울렸고, 붉은색 가운을 입은 400~500명의 학생과 검은색 가운을 입은 교수들은 안쪽 사각형 안뜰의 동편에 있는 커먼홀로 가 기도를 올린 뒤 대학 규율에 대한 설명을 들었다(Scott, 1937: 32~33; Murray, 1927: 58~60).

당시 스코틀랜드 대학들의 이런 교수 강좌들, 이른바 '가운' 강좌들은 다음과 같은 체제로 이수되었다. 가장 낮은 학년은 라틴어에 집중하는 1년간의 대학 예비 과정이었다. 그다음은 'bajan'(신입생)이라는 별칭을 가진 1학년이었고, 그리스어에 집중했다. 애덤 스미스는 1737년에 'semi'(반半)라는 별칭을 가진 2학년(반학사 혹은 반신입생 학년)으로 시작했다. 그가 커콜디 자치도시 학교에서 습득한 라틴어가 예비 과정을 거칠 필요를 없애주었고, 그의 그리스어는 명백히 1학년을 건너뛸 만한 수준이었기 때문이다. 스미스 위로는 'tertian'(세 번째) 또는 'bachelor'(학사)라는 별칭을 가진 3학년과 'magistrand'(석사)라는 별칭을 가진 4학년이 있었다(Cant, 1992: 21~22).

어떤 동시대 자료는 2학년 학생들의 커리큘럼에 대해 다음과 같은 정보를 준다. '그들은 매일 논리학, 형이상학, 기학氣學을 이 철학 분과 각각의 교수와 함께 두 시간 동안 읽고, 올해 기하학을 시작해 수학 교수에게 매일 한 시간씩 수업을 받으며, 또한 그리스어 강의도 들을 수 있다'(Chamberlayne, 1737: ii.iii.12~13).[1] 스미스는 그리스어 강의를 들은 것으로 보이는데, 그가 당시에는 소크라테스의 친구인 케베스의 작품으로 여겨졌던 『타불라』를 가지고 있었기 때문이다. 글래스고의 알렉산더 던롭 교수가 이 책을 교재로 사용했는데, 이는 프로테스탄트 인문주의자들이 이 책을 교육에 활용했던 것의 유산이었다(Bolgar, 1977: 354). 서기 1세기경에 편찬된 것으로 추정되는 이 책은 피타고라스의 배경 안에서 플라톤, 아리스토텔레스, 스토아학파의 가르침을 소개한다. 흔히 그랬듯이, 스미스가 가진 『타불라』는 훨씬 더 가치 있는 저작인 에픽테토스의 『엥케이리디온』(편람)과 함께 엮인 책으로 1670년에 나온 런던과 케임브리지 판이었는데, 여기에는 성인 남성의 장서표가 붙어 있지만 대학 입학 명부에서 볼 수 있는 '어린 학생 같은 둥그스름한 필체'의 스미스의 서명도 남아 있다. 책 여백에는 빨간색 연필로 별들이 그려져 있었는데 던롭이 정해준 읽기 범위를 표시한 것인 듯하며, 본문의 두 단어는 교정이 필요하다는 듯 줄이 그어져 있지만, 교정 내용은 적혀 있지 않다(GUL; Mizuta; Scott, 1937: 33~34, 365). 『타불라』에는 약간의 철학적 관심이 결부되어 있었는데, 이 책이 근대 도덕 체계와 과학 체계의 선구자로 간주된 피타고라스 사상의 한 원천으로 간주되었기 때문이다. 또한 쉬운 그리스어로 자기 개발을 가르친다고 여겨진 두 책을 한꺼번에 인쇄했다는 실용적인 목적도 있었다(Seddon, 2005; rev. Trapp, 2006).[2]

　『엥케이리디온』과 관련해서 짚어볼 문제는 이 책의 가르침과 스토아학파의 다른 텍스트들의 가르침이 스미스의 지적 체계 형성에 얼마나 큰 영향을 미쳤는가 하는 것이다. 저자 에픽테토스는 로마의 황제들인 네로와 도미티아누스의 신하였던 에파프로디투스의 절름발이 노예였지만 나중에 자유의 몸이 되었고, 가난한데도 불구하고 로마에서 철학을 공부하고 가르칠 만큼 수완이 좋았다. 도미티아누스에 의해 로마에서 추방당했을 때도 그는 평정심을 잃지 않았고, 에피루스의 니코폴리스에서 영향력 있는 학파를 세웠다. 이 이야기가 스미스에게 말년까지 얼마나 매력적이었는지는 『도덕감정론』 6판에서도 그 이야기가 매우 윤색된 형태로 유지되었다는 데서 가늠해볼 수 있다(ed. Haakonssen, 2002: 339). 그는 스미스에게 롤모델 같은 존재였을 것이고, 스미스가 자신의 칼뱅파 훈육에서 접했을 자제에 대한 가르침을 세속적으로 구현하고 있는 인물이었을 것이다. 분명 '독립적이고 기백이 넘치지만 종종 거칠었던 에픽테토스'는 『도덕감정론』의 모든 판에서(*TMS*, VII.ii.1.35) 열정의 억제를 가르치는 설득력 있는 선생으로 묘사되었다(ed. Long, 2002, rev. Stephens, 2002). 또한 우리는 3학년과 4학년 때 스미스에게 도덕철학을 가르쳤고 스토아학파를 매우 높이 평가한 프랜시스 허치슨이 철학을 절충적으로 다루는 것에 대해 설득력 있는 본보기가 되어주었고, 한 학파에만 헌신적으로 접근하기를 거부했다는 사실을 떠올려야 한다. 허치슨의 사상에 대한 현대 최초의 연구 논문을 쓴 W. R. 스콧은 이를 '고대의 절충주의와 겹쳐지는, 근대 철학의 절충적 논의'로 정리했다(W.R. Scott, 1900: 26).

스미스의 그리스어 선생인 알렉산더 던롭은 글래스고대학 학장 윌리엄 던롭의 아들인 데다가 에든버러대학 학장 윌리엄 카스테어스와 친척관계여서 학계와 굳게 연결되어 있었다. 그는 시험을 치른 후 1704년에 그리스어 교수가 되었는데, 그 시험에서 호메로스의 시 11행을 분석한 것으로 스털링 학장과 동료들을 만족시켰다(Coutts, 1909: 187; M.A. Stewart, 1990b). 42년 동안 그는 훌륭하게 소임을 다했다. 1736년에 그는 1755년의 『에든버러 리뷰』가 '정확성'과 '간결함'을 들어 칭찬한(*Edinburgh Review* 1: 47) 표준 그리스어 문법책을 출간했다. 인버레스크의 칼라일은 그의 위트와 활기에 경의를 표했으며, 던롭이 분별력과 업무 능력이 '특출했고, 통솔력 있는 사람으로서 아마도 [프랜시스] 허치슨의 도움을 받아 대학의 일을 총감독하고 관리할 수 있었다'고 언급했다. 던롭의 그리스 비극 번역과 비평은 그의 가르침에서 크게 인정받는 부분이었다(Carlyle, 1973: 37). 스미스는 고전 희곡을 중시했고, 던롭으로부터 그리스 문학에 대한 애정뿐 아니라 자세한 그리스어 문법에 대한 애정도 배운 듯하다. 노년의 스미스를 알았던 에든버러의 그리스어 교수 앤드루 달젤은 스미스가 그리스어를 세세히 기억하는 것을 보고 감동받았다(Stewart I.10).

2학년 때 스미스에게 논리학, 형이상학, 기학을 가르친 존 라우든은 던롭보다 더 오래 교수직에 있었다. 그는 1690년에 글래스고의 연구지도교수 자리를 놓쳤지만, 세인트앤드루스대학에서 자리를 얻었다(Coutts, 1909: 169, 173, 208). 그가 그 대학에 재직하던 때부터의 논리학 수업 내용이 일부 남아 있다. 이는 그가 1699년 글래스고의 연구지도교수가 되고 1727년에 위원회 추천을 받아 교수가 된 이후의 것으로 파악되는 수업 내용과 유사하다. 이런 기록들은 오래된 교수법의 핵심을 보여준다. 그것들은 교사가 학생들에게 수업 내용을 천천히 읽어주고 학생들은 그것을 그대로 받아 적은 데 따른 것이기 때문이다. 이 과정에다가 학생들 간의 논쟁, 구술 시험, 교사의 논평과 비평이 추가되었다. 그의 교과 과정의 첫 부분이자 기초 부분인 논리학 개요에서 라우든은 논리학을 가르치는 데 있어서 아리스토텔레스의 전통을 따라, 모호한 용어와 구체적인 용어와 추상적인 용어를 정의한 다음 단순 명제와 복합 명제를 정의하고, 그다음에는 논증의 다양한 공식, 특히 삼단논법과 관련된 공식들을 정의했으며, 주요 오류들을 다루는 것으로 마무리했다. 그다음에는 논리학 1부로 넘어갔고, 여기서 라우든이 사용한 주교재는 앙투안 아르노와 피에르 니콜의 『사고의 기술』(1662년 초판 발행, 1674년 왕립학회가 영어 번역 승인, 1717년 존 오젤의 번역판이 발행되고 이후 여러 차례 재인쇄됨)이었다. 라우든은 영적인 실체에 대한 우리 생각이 감각이나 상상력에서 비롯되는 것이 아니라 신으로부터 직접 영감받은 순수한 지성에서 비롯된 다는 주장과 관련해, 생각의 논리에 대한 설명을 이 책으로부터 취했다. 이런 식으로 라우든은 합리주의적 근거에서 정통의 종교적 관점을 옹호할 수 있었다.[3]

하지만 라우든은 로크가 인간의 오성에 대한 논문(1690)에서 생각의 기원을 설명하는 데 경험적으로 접근한 것을 참고해 이 주장을 보완했으며, 자신의 칼뱅주의 신학으로 뒷받침된, 합리주의적 요소와 경험적 요소가 균형을 이루는 철학적 관점을 갖고 있었음이 분명하다. 스미스와 같은 시기에 글래스고대학을 다닌 소설가 토비아스 스몰렛은 라우든이 환원주의적으로 가르치는 것을 보고, '논리의 기술이 소년들이 삼단논법을 쓸 줄 알게 해주는 일종의 술책으로 변형되었다'고 말했다(Knapp, 1949: 16, n. 50). 우리는 스미스가 라우든에 대해 이와 비슷한 부정적인 생각을 했으리라 추정할 수 있는데, 그가 1751년 글래스고대학의 논리학 교수가 되었을 때 완전히 새로운 접근 방식을 취했기 때문이다.

유감스럽게도, 라우든이 형이상학과 기학 수업으로 넘어갈 때 학생들의 의욕을 불러일으켰다고 할 수는 없다. 글래스고에서 영어로 강의해 환영받은 허치슨의 혁신을 무시하고 그는 단호히 라틴어를 고수했다. 스미스의 동년배였던 새뮤얼 켄릭은 만년에 '격식 있고 존경할 만한 (…) 존 라우든이 자신의 애매한 [논리학] 개요와 더 브리스의 더욱더 형이상학적인 미묘한 내용을 근엄하게 돌아다니며 설명했던' 것을 회상했다(Glasgow, Mitchell Lib., Baillie MSS 32225, fos. 53, 55; Sher, 1990a: 97, n. 26). 여기서 더 브리스는 위트레흐트대학의 신학 교수이자 『존재론의 영물학 결정』(1687, 1690; 에든버러 중판, 1712) 이라는 교과서의 저자인 헤라르트 더 브리스를 말한다. 신의 본질을 다루는 세 번째 부분은 정통적이지 않은 것으로 여겨졌고, 아마도 라 우든은 켄릭이나 애덤 스미스 같은 젊은 수강생들을 어리둥절하거나 불편하게 만들었을 것이다. 그는 신이 무한함이나 전지전능 같은 '공유할 수 없는' 고유한 속성과 앎이나 의지 같은 '공유할 수 있는' 속성을 가지고 있음을 스코틀랜드교회에 수용 가능한 방식으로 입증하기 위해서 더 브리스의 교재에 제네바 신학자들의 학문적 논쟁을 추가 했기 때문이다. 앎이나 의지는 신과 인간에게 공통적인 것으로 주장 되었고, 인간들이 그리스도의 매개를 받아들여 원죄로부터 구원받은 한 '공유할 수 있다'고 간주되었다. 라우든의 가르침에 반영된 정신은 아우구스티누스의 정신으로 밝혀졌는데, 이는 죄에 물든 인간의 열정·정치와 은총 가득한 신의 질서 사이에 벌어져 있는 큰 틈을 과장하는 것이었다(Moore, 1990: 44~45). 이는 '구파' 칼뱅주의의 본질이었다. 비록 허치슨이 우리의 유한성에 대한 칼뱅파의 경멸에 때때로 공감할 수 있었더라도, 허치슨의 도덕철학과 자연신학은 그 구파 칼뱅주의에 도전했다(Sher, 1990a: 96). 스미스 또한 도덕철학자로서 신이 '무한하고 완벽한 존재'여서 그의 분노가 인간이라는 '너무나 사악한 벌레'에 벌을 내리는 것은 당연하다는 식으로 쓸 수 있었지만, 그는 결국 이런 언어를 포기했다(TMS II.ii.3.12 1~5판에는 쓰여 있지만 1790년의 6판에는 없다).

그렇지만 라우든의 가르침의 한 특징은 글래스고에서 스미스의 지적 형성에 긍정적으로 작용했는데, 그것은 학생들에 대한 그의 전문가적 헌신이었다. 그가 데카르트 이후 시대의 새로운 철학을 인정하게 된 것도 이런 점 덕분이었다. 그의 학생들이 이 점을 어떻게 이용했는지를, 석사학위를 위한 수업의 일환으로서 공개적으로 반박된 철학 명제들을 수록하고 있는 1708년의 한 출판물에 근거해 짐작해볼 수 있다.[4] 여기에는 데카르트의 원칙인 '나는 생각한다, 고로 존재한다', 그리고 궁극적으로 아리스토텔레스에게서 유래한 경험적 원칙인 '먼저 감각 속에 있는 것이 아니라면 그 어떤 것도 이성 속에 있을 수 없다'(De anima, 3.8.432a) 같은 것도 언급되어 있다. 뉴턴과 로크의 관점과 관련 있는, 관찰과 실험을 강조하는 새로운 과학에 대한 라우든의 관심은, 1711~1712년에 그와 거숌 카마이클이나 로버트 딕 같은 다른 철학 연구지도교수들을 위해 '도구들'이 구입되었고, 그리하여 그들이 학생들에게 실험철학을 가르칠 수 있었다는 사실에서 드러난다. 이러한 편성은 1727년 이후 그 과목의 교수로서 딕이 담당한 자연철학 수업으로 대체되었다(Emerson, 1986: 256). 스미스가 10년쯤 후 에든버러에서 자유계약직 강사가 되었을 때 '철학의 역사'에 대한 강의를 했다고 볼 근거가 있으며, 이를 위해 아마도 그는 글래스고에서 라우든의 강의에 의해 접한 연구 계통을 추적했을 테지만, 우리가 『철학적 주제들에 관한 소론』에서 찾은 단편들은 라우든에게서 관찰되는 종교적 도그마의 구속에서 벗어나 있으며, 신선하고 세속적인 울림을 준다.

기학에 대한 스미스의 시각은 3학년 때 그를 가르친 프랜시스 허치슨의 신학 쪽 강의와 관련된 것일 수 있다. 때때로 성령론으로 언급되는 이 과목은 일반 형이상학이나 존재론과는 구별되는 특별한 형이상학 분과로 받아들여졌다. 그것의 더 오래된 의미는 '영靈이나 영적 존재에 관한 과학이나 학설, 혹은 이론'이었다(*OED*).[5] 하지만 '공기 또는 기타 탄성 있는 유체나 기체의 (밀도, 탄성, 압력 등과 같은) 역학적 특성을 다루는 물리학 분과'를 의미하는, '새로운 기체역학'으로 구별되는 또 다른 과목이 있었다(*OED*). 성령론의 더 오래된 전통은 도덕철학 교수로서의 임무의 일환으로 자연신학의 형태로 그것을 가르친 거숌 카마이클에 의해 글래스고에 자리 잡았다(Moor and Silverthorne, 1983: 76; 2002: 239~244, 257~269, 346~350). 이 관행은 그의 후임자인 허치슨에 의해 이어졌고, 허치슨은 '최고선'의 본질, 그리고 인간의 열정, 의지, 오성을 자신의 도덕철학 체계의 일부로서 논했다. 그가 성령론 또는 자연신학을 어떤 식으로 다루었는지에 대해서는 그의 제자이자 친구이며 회고록 저자인 윌리엄 리치먼의 언급을 통해 알 수 있다.

> [허치슨은] 많은 이가 신의 존재, 단일성, 완벽함을 증명하고자 시도했던 그 모든 형이상학적 논쟁의 타당성과 힘에 대해 매우 의심스러워했다. (…) 그런 시도들은 우리를 절대적 확실성의 제시로 이끄는 것이 아니라, 절대적 회의로 이어질 의심과 불확실성의 상태에 머물게 한다. (Leechman, 1755: p. iv~v)

따라서 허치슨은 주로 자비로운 창조자의 존재를 암시하는 명백한 우주 만물 설계에 기초해 개연성을 확보하는 유신론적 논쟁에 만족했다.

훗날 스미스가 쓴 '유럽의 대학들'에 대한 비평에서 '기학' 수업의 전통적 내용을 불신하는 허치슨의 태도에 관한 스미스의 반응을 볼 수 있다. 스미스는 철학을 신학에 종속시키는 것, 그리고 신의 본질이나 인간의 마음에 대해 결론 내려지거나 추측된 것을 부조리할 정도로 세분화하는 것이 대학 교육이 범한 지적 실수였다는 계몽주의 입장을 취했다. 그 결과는 '알려질 수 있는 것이 거의 없는 정신에 대한 학설이 알려질 수 있는 것이 매우 많은 육체에 대한 학설만큼이나 큰 부분을 차지하게 되었다'는 것이다. 형이상학 또는 기학은 물리학에 대립되는 것으로 자리매김되었고, 더 숭고하고 성직자를 위해 더 유용한 과학으로 구축되었다. '그토록 많은 유용한 발견'을 가져온 관찰과 실험의 과학인 물리학은 무시되었다(WN V.i.f.28). 그러나 글래스고에서는 그렇지 않았다. 그곳에서는 교수들이 커리큘럼을 현대화해야 했다. 결과적으로, 허치슨은 기학 수업에서 자연신학의 '단순하고 거의 확실한 극히 적은 진리'를 보여주었고, 로버트 딕은 자연철학(물리학) 수업에서 '육체에 대한 학설'을 다루었으며, 로버트 심슨은 기하학의 기초를 갖추어주었다. 더걸드 스튜어트가 기록한 바에 따르면, 글래스고대학 시절의 한때에 스미스는 심슨과 딕이 가르치는 과목을 제일 좋아했다.

헤이그의 매클레인 박사[모스하임의 『기독교의 역사』(1765년 출판, 1825년까지 계속 재인쇄됨)의 번역자로 알려진]는 글래스고에서 스미스 씨의 학우였는데, [스미스가] 대학 재학 시절에 좋아한 과목이 수학과 자연철학이었다고 몇 년 전 내게 말해주었다. 또한 나는 나의 아버지 [매슈] 스튜어트가 상당히 어려운 어떤 기하학 문제를 그에게 언급하던 것을 들은 기억이 있다. 그것은 그들의 친분이 시작된 시기에 그가 몰두하고 있었던 문제로, 유명한 [심슨] 박사가 연습용으로 그에게 낸 것이었다. (Stewart I.7)

로버트 심슨은 '이단을 정통으로 가르친 일'로 1729년에 설교를 금지당한 신학 교수 존 심슨의 조카였고, 한때 그의 비서이기도 했다 (Coutts, 1909: 210~211). 그는 1702년 글래스고대학에 입학해 8년 동안 학생으로 지냈고, 고전과 동양 언어에서 뛰어난 면모를 보였다. 그의 아버지는 그가 장로교 목사가 되기를 바랐지만, 그는 신학적 논증이 설득력 없다고 생각했고, 수학적 증명은 명확하다는 이유에서 수학을 진지하게 공부하기로 결정했다. 1710년에 그는 수학 교수직을 제안받았지만 즉시 이를 거절했고, 최고로 뛰어난 영국 수학자들을 만나러 런던에 갈 수 있도록 허락을 구했다. 이것이 이루어져 그는 천문학자이자 수학자인 에드먼드 홀과 함께 얼마간 시간을 보냈다. 홀은 1684년부터 뉴턴의 우월한 수학적 천재성을 알아보았고, 1687년의 『자연철학의 수학적 원리』의 출판을 주도적으로 지휘한 인물이다. 핼리는 뉴턴이 자신의 증명 대부분을 기하학 논증으로 제시했고 고대의 고전 기하학을 『자연철학의 수학적 원리』의 근원으로 여겼음을 염두에 두고서(Guicciardini, 1999), 심슨에게 유클리드나 페르게의 아폴로니오스 같은 초기 그리스 기하학자들의 연구를 면밀히 살펴보라고 권유했다. 이들의 책은 알렉산드리아의 파푸스 같은 후대의 기하학자들이 요약해 설명한 것으로만 남아 있다. 스코틀랜드 젊은이 심슨은 그러한 권유를 자신의 연구 임무로 받아들였고, 고대 기하학의 복구자로서 유럽에서 명성을 얻으려는 마음으로 글래스고로 돌아왔다. 그는 1711년 3월에 글래스고 수학 교수직에 추천되어 그해 11월 19일에 승인을 받았고, 50년 동안 재임하며 우수한 교수로서 명성을 얻었다. 그의 주목할 만한 제자들로는 스미스 외에 에든버러대학의 수학 교수인 콜린 매클로린과 매슈 스튜어트, 그리고 자연철학 교수인 존 로빈슨이 있다.[6] 심슨이 대수학과 미적분학의 새로운 발전에 뒤처지지 않았다는 것을 인정해야 하지만, 사실 그는 자신의 논증과 증명에서 기하학적 표현을 선호했다(Rankin, 1995; Carlyle, revised. Tweddle, *ODNB*, 2004~2008). 스미스는 유클리드에 대한 심슨의 가르침에 적극적으로 반응해, 사회과학 체계를 세우는 데 뚜렷한 지적 지향성을 얻었다. 더걸드 스튜어트는 이 점에 대해 다음과 같이 주장했다. '내가 대단히 잘못 알고 있는 것이 아니라면, [스미스의] 초기 그리스 기하학 취미는 그가 자신의 정치적 추론을 이야기할 때 자주 보인 기본적인 분명함과 충실함—때로 장황함에 가까워지는—에 영향을 미쳤다'(Stewart I.8). 스미스는 분명 인생 말년까지 심슨에 대해 큰 존경심을 갖고 있었을 것이다. 그가 『도덕감정론』 6판에서 자신의 옛 스승과 매슈 스튜어트를 자기 시대의 가장 위대한 수학자 2인이라고 주장했고, 또한 해당 분야의 학자들은 자신들의 발견의 중요성을 확신하며 대중이 그것을 알아주지 않더라도 개의치 않는다는 그 자신의 논지를 뒷받침하기 위해 그 두 사람의 태도를 거론하기도 했기 때문이다(*TMS* III.2.20). 스미스가 달랑베르 역시 직접 알고 있었던 만큼, 이는 심슨과 스튜어트에 대한 큰 찬사였다.

아마도 스미스는 친목의 맥락에서 교실 밖의 심슨도 알게 되었을 것이다. 심슨은 토요일을 제외하고는 대학 바깥으로 거의 벗어나지 않았고, 토요일에는 1마일을 걸어가 앤더스턴 마을에서 친구들과 식사를 했다. 그의 교제는 우호적이었는데, 그가 '온유한 기질과 호감 가는 태도를 지닌 데다가 온갖 지식에 능통했고 (…) 쉬운 구어체로, 아이처럼 단순하게, 자만심이나 오만함이라고는 전혀 없이 이야기했기' 때문이다. 그의 온화하고 인자한 분위기는 피터 드 눈이 그린 초상화 뒤에 나온, 윌리엄 코크런이 그린 1746년의 초상화에서 잘 전해진다. 심슨이 '가장 좋아한 학생'은 애덤 스미스의 친구이자 당시 '글래스고대학 학회에서 높은 평가를 받은' 매슈 스튜어트였다(Carlyle, 1973: 41~42). 스튜어트와 스미스가 자신들이 찬양하는 수학 선생님과 즐겁게 어울리고, 그 선생님이 그리스 시에 당대의 선율을 붙여 노래하거나 '신성한 기하학자'에 대한 라틴어 찬가를 부르는 것을 듣고 있는 모습을 떠올려보는 것은 즐거운 일이다(Graham, 1908: 156).

스미스에게 더 중대한 일은 2학년 기말 시험이었을 것이다. 관례상 그는 바깥쪽 사각형 안뜰과 안쪽 사각형 안뜰을 연결하는 아치형 통로에서 시험장으로 안내되었을 것이다. 시험장은 검은 대리석 판이 박힌 매우 장식적인 의자가 있어서 블랙스톤 방이라고 알려져 있었다. 중세 때부터 존재해온 이 의자는 응시자들을 위한 좌석의 일부였다. 응시자들은 차례로 한 명씩 자신이 들었던 수업, 그리고 다음에 듣고자 하는 수업의 담당 교수로부터 질문을 받았고, 교수의 질문은 각 학생이 고른 책들에 대한 것이었다(Murray, 1927: 79~92). 대략 이런 식이었다면, 애덤 스미스는 1738년 6월에 논리학과 형이상학 교수인 존 라우든, 그리고 다음 학년에서 자신을 가르치게 될 도덕철학 교수 프랜시스 허치슨에게 질문을 받았을 것이다.

스미스에게 미친 심슨의 영향이 대단했다 할 수 있지만, 허치슨의 영향이 이를 넘어서게 된다. 이는 1787년 스미스가 총장직을 수락하며 허친슨에게 경의를 표한 데서 잘 드러났다. 그는 '잊을 수 없는 허치슨 박사의 능력과 미덕'이 이 도덕철학 교수를 '최고의 본보기로 만들어주었다'고 언급했다(*Corr.* No. 274). 1743~1744년에 허치슨의 강의를 들은 알렉산더 칼라일의 인상이 몇 년 앞서 그 강의를 들었던 애덤 스미스의 인상과 비슷하다는 것을 알 수 있다.

[허치슨은] 호감 가는 수려한 외모의 소유자였다. 그는 강의실에서 앞뒤로 왔다 갔다 하며 노트 없이 강의를 했다. 그는 발성이 좋고 목소리와 말투가 유쾌해서 항상 수강생들의 높은 관심을 샀고, 도덕적 덕목과 의무를 설명하고 강화해야 하는 부분에서 듣는 이들을 압도하는 열렬하고도 설득력 있는 웅변을 보여주었다. 주중의 강의 외에 그는 일요일마다 6시에 원하는 사람은 누구나 자신의 강의를 들을 수 있도록 교실을 개방했고, 호로티위스의 『기독교의 진실성』에 대해 일련의 강의를 했다. 이 박학하고 재간 있는 사람은 듣는 이들의 지적 능력에 맞게 강의를 했다. 그는 일요일 저녁에는 학생뿐 아니라 그 도시의 주민들도 많이 참석하기를 바랐고, 그 기대대로 되었기 때문이다. 이 무료 강의에는 항상 참가자가 많았던 것이다. (Carlyle, 1973: 36~37)

허치슨의 매력적인 성격과 고전과 철학에 관한 관심은 앨런 램지가 그의 사후에 그린, 키케로의 『최고선악론』을 들고 있는 모습의 초상화에 고스란히 반영되어 있다. 인성에 있어서나 가르침에 있어서나 그는, 여러 차례 재인쇄된 섀프츠베리의 저작들을 통해 18세기에 큰 철학적·문화적 매력과 인기를 누린 공손함이라는 이상의 표본이었다(Klein, 1994).

에어셔의 한 목사의 손자인 허치슨은 얼스터의 다운 카운티 내 세인트필드 근처의 드루멀릭 타운십에서 태어났다(Moore, *ODNB-O*, 2008). 1710년에 열여섯 살의 나이로 그는 고향의 많은 장로교도 남자들처럼 교육을 완수하기 위해 글래스고대학에 갔다. 그는 라우든의 프로테스탄트 스콜라주의를 철저히 거부하고 거숌 카마이클의 계몽적인 자연법학 이론에 더 공감했던 것 같다. 스미스의 말에 따르면, 이것은 '모든 국가의 법을 관통하고 모든 국가의 법의 기초가 되어야 하는 일반 원칙들에 대한 이론'이다(*TMS* VII.iv.37). 카마이클은 자무엘 푸펜도르프의 책 『인간의 의무』(1673)에 대한 고찰로부터 자신의 생각을 발전시켰다. 『인간의 의무』는 푸펜도르프가 휘호 흐로티위스의 『전쟁과 평화의 법』(1625)에 응해서 쓴 더 복잡하고 백과사전적인 책 『자연법과 만민법』(1672)의 요약본이다. 허치슨은 1712년에 존 심슨 아래서 신학 공부를 시작했고, 심슨의 자유주의 신학에도 매료되었다. 또한 그는 신학 공부를 시작하기 전 1년 동안은 특히 고대 시인들과 키케로를 중심으로 라틴어와 그리스어를 대단히 즐겁게 공부했다. 그는 자신의 자연신학 개념을 포함하는 훗날의 자신의 핵심 철학과 덕을 이루는 것은 이타심이라는 중심 사상—스미스가 홍미를 가졌지만 최종적으로는 지지하지 않은—을 글래스고에서 받은 교육 덕으로 돌렸다. 또한 허치슨은 스털링 학장의 침해에 맞서 스스로의 권리를 지키려는 글래스고 학생들의 투쟁에도 합세했다.

1718년에 아일랜드로 돌아간 허치슨은 얼스터에서 앞서 아버지가 그랬던 것처럼 장로교 목사로서 잠시 봉직했지만, 아버지와 달리 얼스터의 온건하고 독립적인 장로교 목사들 편에 섰다. 이들은 신학적 관점이 자유주의적이라는 점에서 '신파'로 일컬어졌고, 인간의 본성이 기본적으로 자비롭다는 섀프츠베리의 이론을 선호했다. 허치슨은 1720년경 더블린으로 가서 국교 반대자의 아들들을 위한 '신파' 학교의 우두머리가 되었고, 몰즈워스 경을 중심으로 한 지식인 집단에 참여했다. 그 지식인들은 종교적 관용의 중요성을 강조했고, 섀프츠베리에 의해 시작된 이타심의 철학에 대한 연구를 장려했다(Moore, 1990: 43~45; Stewart, 1992: 4~6).

허치슨은 이러한 자극에 부응해 1725년 런던에서 책을 냈는데, 이는 영국에서 명백히 미학을 다루는 책으로서는 처음 나온 것이라고 흔히 일컬어졌다.

『미와 덕의 관념의 기원에 대한 연구, 두 편의 논문』. 이 책은『꿀벌의 우화』의 저자에게 맞서 고 섀프츠베리 백작의 원칙을 설명하고 옹호한다. 그리고 도덕적 선과 악의 개념을 고대 윤리학자들의 감정에 따라 구축하며, 도덕의 문제들에 수학적 계산을 도입하려는 시도를 보여준다.

이 지나친 제목은 인간의 본성이 본질적으로 이기적이라고 주장하는 토머스 홉스(『리바이어던』, 1650)와 버나드 맨더빌(『꿀벌의 우화』, 1714)과는 반대되는 방향의 절충적 성격을 띠는 그의 주장을 드러낸다. 허치슨은 교육에 널리 사용된 고대 스토아학파 텍스트인 키케로의 『의무론』에 기초를 두었는데, 이것은 도덕이 아름답다고 주장하는 책이다. 허치슨에게 영향을 미친 또 다른 것은 로크의 매우 영향력 있는 책 『인간오성론』(1st edn. 1690; 4th edn. 1700)에 담긴 경험 심리학이었다. 또한 허치슨은 이타심과 즐거움을 원칙으로 하는 섀프츠베리의 철학의 이론, 또는 보편적 쾌락주의의 이론도 자신의 책에 포함시켰다. 나아가, 애디슨의 신문 『스펙테이터』에 실린 '상상의 즐거움'에 기초한 글들의 '공손한 교화'도 그 책의 한 원천이었다(No. 411~421). 허치슨은 이런 원천들로부터 깨달은 것들을 결합해, 우리가 미에 대한 내적 감각을, 그리고 유사한 도덕 감각을 갖고 있다고 주장한다. 전자는 관조 대상의 '규칙성, 질서, 조화'에 반응하는 것이고, 후자는 '우리가 덕 있다고 일컫는 이성적 행위자들의 감정이나 행동이나 품성'에 의해 활성화되는 것이다. '우리가 그것을 추구하도록 자극하기 위해, 덕을 사랑스러운 형태로 만들어준 '자연의 창조자'를 명확히 함으로써, 미학을 도덕과 연결시키는 일련의 논쟁에 신학적 요소가 추가되며, 바로 그 신학적 요소가 각각의 덕 있는 행위의 원동력이 될 만한 강한 감정들을 우리에게 주어왔다'(『미와 덕의 관념의 기원에 대한 연구』 서문). 도덕적으로 행동하게끔 자극하는 강한 긍정적 감정들을 인간에게 준 이 자비로운 '자연의 창조자'라는 개념은 18세기의 많은 작가에게 굉장한 호소력을 발휘하게 되었다. 헨리 필딩은 이 이론으로부터 사랑스럽고 덕 있는 소피아(천국의 지혜)를 원하는 정력적인 인물 톰 존스의 이야기를 만들어낸다. 그리고 허치슨의 가장 똑똑한 제자 애덤 스미스는 『도덕감정론』에서 자신이 이 이론에 얼마나 깊은 영향을 받았는지를 밝힌다(cf. *TMS* III.5.7).

허치슨은 미가 곧 다양성 속의 통일성이라는 그의 주요 미학 개념을 스위스 철학자 장-피에르 드 크루사즈의 『미론』에서 도용했다는 이유로 유럽에서 비난받았다(Raynor, 1987b; Moore, 1990: 50~51). 하지만 영국에서는 철학에 독창적인 공헌을 한 것으로 평가받았다. 그는 도덕 감각의 존재에 대한 섀프츠베리의 암시를, 행복 증진의 경향과 관련해 동기와 행동에 대해 승인하거나 승인하지 않는 자연적 감정들로부터 우리의 도덕적 판단들이 생겨난다고 설명하는 참된 이론으로 바꾸었다고 인정받았다. 그 이론은 공리주의의 한 형태가 되었고, '최대 다수의 최대 행복을 가져오는 행동이 최선이다'와 같은 유명한 말로 요약된다(『미와 덕의 관념의 기원에 대한 연구』, 1725: ii.164). 그런 흥미로운 슬로건은 1738년 『미와 덕의 관념의 기원에 대한 연구』의 네 번째 개정판에 실리면서 널리 알려졌다(Shackleton, 1972; Raphael, 1992b). 이 책은 스미스가 글래스고대학 2학년일 때 나왔는데, 당시 그는 허치슨의 학생이었고, 더걸드 스튜어트의 주장처럼, '인간의 행복에 가장 중요한 주제들'이라는 방향으로 자신의 학문을 정립하도록 젊은 시절부터 영감을 받았다(Stewart III.20).

허치슨은 두 번째 책 『도덕 감각을 예증하는, 열정과 애정의 본질과 행동에 관한 시론』(1728)을 출간하면서 철학자로서의 명성이 더 높아졌다. 이 책은 두 편의 논문을 담고 있는데, 첫 번째 논문은 우리의 가치 판단의 감정적 기초를 다루었다. 두 번째 논문이 더 중요한데, 이것은 도덕에 대한 합리주의자들의 이론을 반박하는 데 있어서 큰 독창성을 보여주었기 때문이다. 여기서는 흄의 『인성론』(1739~1740)과 『도덕 원리 탐구』(1751)에서, 그리고 스미스의 『도덕감정론』(1759)에서 이어진 도덕심리학과 관련된 주된 논의를 찾아볼 수 있다.

저서들의 성공과 고전 학자로서의 입지 덕분에, 그리고 그 이전의 글래스고와의 관계 덕분에 허치슨은 1729년에 거숌 카마이클의 후임 도덕철학 교수로 선정되었고, 1746년 52세라는 이른 나이로 더블린에서 사망할 때까지 재임했다. 이 교수직을 맡기 전에 그는 논리학, 윤리학, 물리학 시험을 치렀고, 과목별로 교수진에게 한 가지 주제를 가지고 강연했다(Coutts, 1909: 218~219). 이는 그가 1727년의 위원회에 의해 수립된 이 세 철학 분과 중 어떤 것이든 가르칠 능력이 있다고 여겨졌음을 시사하지만, 논리학과 자연철학에서는 라우든과 딕이 계속 자리를 지키고 있었다. 허치슨은 도덕철학을 맡게 되었고, 많은 학생이 그의 수업을 듣기 위해 글래스고로 왔는데, 특히 그의 고향인 아일랜드에서 많이 왔다.

그의 취임 강연에는 '자연스러운 인류애에 대해서'라는 제목이 붙었다(이것은 1755년에 글래스고의 파울리스 출판사에서 중판되어, 스미스의 교수 재직 기간에 그것이 줄곧 관련이 있었음을 보여주었다). 이 강연에서 허치슨은 흐로티위스와 푸펜도르프에 의해 17세기에 되살아난, 인간의 사회성 분석 및 자연법학 이론 설명과 관련한 고전 스토아학파의 전통을 자기 수업의 주요 주제로 설정함에 있어서 전임자 거숌의 전통을 유지하고자 하는 뜻을 분명히 했다. 로버트 우드로는 그것이 '매우 빠르고 큰 소리로' 이야기되었고, '제대로 전달되지 않았다'고 기록했다(Wodrow, 1843: iv.98). 이것은 조심스러운 행동으로 간주되곤 한다. 그 강연은 무엇보다, 푸펜도르프가 인간의 본성이 오직 시민사회나 정치사회에 의해서만 통제될 수 있는 이기심을 보여준다고 강조함으로써 홉스에게 기울어 있다는 점을 들어 그를 공격하는 것이기 때문이다. 그 연장선상에 인간의 타락을 강조한 '구파' 칼뱅주의에 대한 공격이 있다. 허치슨은 카마이클과 그 밖의 다른 작가들, 무엇보다 인간의 자연적 상태는 신체적·감정적·정신적 힘의 건설적 사용을 북돋워주는 상태라고 주장함으로써 홉스와 푸펜도르프를 반박한 섀프츠베리에게 동조했다. 그 강연은 젊은이들에게 수도자의 억압과 절망을 버리고 자연과 섭리의 가르침을 구하며 즐겁게 살라고 호소하는 것으로 끝났다. 허치슨은 인류가 자연 상태에서 사회성이 있음을 자신이 증명해 보였기를 바란다는 희망을 피력했고, 시민 정부의 발흥에 대한 설명은 다른 기회로 미루어두겠다고 말했다(Hutcheson, 2006: 198~201, 215~216).

대체로 대학 시절의 스미스는 허치슨의 수업과 당시 혹은 이후에 자신이 읽은 책으로부터 이런 메시지를 받았던 것 같다. 흄의 '인간학'에서 얻은 정교함과 더 많은 통찰력으로, 또한 어떤 점에서는 흄과의 명백한 의견 불일치가 존재하는 가운데(T, intro.; Campbell and Ross, 1981: 74), 스미스는 그 메시지를 인간의 본성에 대한 자신의 생각과 자신의 저술 계획의 기초로 삼았다. 물론 폴 우드(Wood, 1993: 47~49)는 스미스 시대의 스코틀랜드 대학들에서 자연법 사상가들과

새프츠베리에게서 나온 이 철학적 추출물을 공급한 사람이 허치슨만
은 아니었다고 주장했지만, 허치슨이 글래스고대학 학생들에게 큰 영
향을 미쳤음은 의심의 여지가 없다.

　　그러나 허치슨이 더블린에서 교사로 일할 때 썼던 교재들로 여
겨지는 새 출판물들이 그의 글래스고 교수 시기와 사후에 그의 이
름으로 출간된 것은 문제가 있다. 그 출판물들은 칼뱅주의의 전제들
을 많이 따르는 것인 만큼 그 취임 강연 및 이전의 논문들에 딱 부
합하는 것은 아니었다(Haakonssen, 1990; Moore, 1990; Hutcheson,
2006). 그 교재들은『도덕』개론서(1742; 2nd edn. 1745),『형이상학』개
론서(1742; 2nd edn. 1744),『논리학』개론서(1756)이고, 모두 라틴어로
쓰여 있다. 허치슨은 개인 서신에서『형이상학』개요를 폄하했는데,
어쩌면 그는 1720년대에 쓴 자신의 논문들은 성인 독자를 위한 것인
반면 이 라틴어 책들은 장로교 교육 기관들의 나이 어린 학생들에게
적합한 교육 자료라고 생각했을지도 모른다. 1740년대에 그는『도덕철
학의 체계』에 담긴 두 가지 글을 통합하는 데 착수했다. 이 책은 허치
슨 사후인 1755년에 로버트 파울리스와 앤드루 파울리스 형제가 글
래스고에서, 그리고 앤드루 밀러가 런던에서 출판했다. 앤드루 밀러
는 허치슨의 후임으로 글래스고대학 교수가 된 가장 유명한 두 사람
인 애덤 스미스와 토머스 리드를 포함해 많은 저자를 확보한 출판업
자였다. 이 책에 쏟은 허치슨의 노력은 성공적이지 못했고, 그는 이 책
을 '혼란스러운 책 (…) 잡동사니'라고 묘사했다(Moore, 1990: 55~59;
Sher, 1990: 94~98).[7]

　　스미스가 허치슨 교수의 강의에서 무엇을 들었는지에 대해 알

려주는 가장 좋은 정보는 1747년에 사후 출판된(중판은 1753, 1764, 1772) 허치슨 번역의 『도덕』 개론서 번역판 『도덕철학에 대한 짧은 소개』에서 찾을 수 있을 것이다. '대학생들에게'라는 서문에서 허치슨은 자신이 도덕철학이라는 전통적 분야를 두 가지 윤리학으로 나누는 것을 수락했음을 밝혔다. 첫 번째는 '덕의 본질을 가르치고 내적 성향을 규제하는 데' 목적을 둔 것으로, 이 윤리학 분과의 강의에서 허치슨은 맨더빌의 『꿀벌의 우화』에 담긴 인간 이기심의 이론을 공격하곤 했다. 이것이 맨더빌의 주장이 가진 힘을 스미스에게 일깨워주고, 결국 『도덕감정론』과 『국부론』에서 그가 그 주장을 부분적으로 수용하고 인정하게 했을 가능성이 있다(Macfie, 1967: 114~115).

허치슨이 가르친 두 번째 윤리학 분과는 '자연법에 대한 이해'였다. 이는 세 가지로 구분된다.

1. 사적 권리들의 원칙, 또는 천부적 자유에 의해 주어지는 법.
2. 경제학, 또는 가족 구성원들의 법과 권리.
3. 시민 정부의 다양한 계획과 국가들의 서로에 대한 권리를 보여주는 정치.

뒤에서 스미스의 글래스고 강의 및 『국부론』 집필과 관련해 이야기될 그의 경제학 체계를 낳은 것이 그의 법학 강의인데, 그 법학 강의의 근원이 바로 허치슨의 '자연법'에 대한 가르침이다.

허치슨은 『도덕철학에 대한 짧은 소개』를 알고 있었고, 그것의 기초가 된 교육 방식도 분명히 알고 있었다. 그 방식은 몇 가지 주제를 다룬 위대한 저자들에게, 즉 고대의 플라톤, 아리스토텔레스, 크세노폰, 키케로와 근대의 흐로티위스, 리처드 컴벌랜드, 푸펜도르프, 제임스 해링턴에게로 학생들을 안내하는 것이었다.

해링턴을 제외한 이 모든 저자가 애덤 스미스의 장서(Mizuta)에서 발견되며, 스미스의 저서에서 언급된다. 허치슨에게 해링턴의 정치 저서(예컨대 『오세아나Oceana』, 1656)는 공화주의 또는 '올드 휘그' 이론, 특히 토지 소유가 시민 자유의 전제 조건이라는 이론의 중요한 출처였다. 하지만 흄에 이어 스미스는, 예컨대 글래스고의 무역 공동체 같은 상업사회에의 참여가 시민이 자유를 누리는 데 토지 소유만큼 많은, 혹은 토지 소유보다 더 많은 기회를 제공한다고 주장하게 된다(Moore and Silverthorne, 1983: 86). 해링턴의 사상을 자연법학 전통과 연결시키는 것은 허치슨 사상의 정제된 면이었지만, 그는 자신의 스승 거숌 카마이클이 푸펜도르프를 언급하며 제시한 것을 중심 진술로 간주했다(Moore and Silvethorne, 2002: p. xv).

이제 대학 3학년 때의 스미스의 경험을 추적해보자면, 체임벌린의 『대영제국의 이념』(1737: ii.iii.13)에 드러나 있는바, 3학년 학생들은 '그리스어나 라틴어로 고대 혹은 근대의 **윤리학 책이나 정치학 책**을 읽는 도덕철학 교수에게 매일 두 시간씩 수업을 받아야 했으며, 3학년 때 학생들은 기학 수업에도 계속 들어가고 아마 인문학 수업에도 계속' 들어갔다. 특히, 스미스는 허치슨의 '공개' 수업에서 기학과 두 윤리학 분과—덕에 초점을 둔 분과와 자연법에 초점을 둔 분과—에 대한 강의를 듣곤 했다. 이 강의들은 오전 7시 30분부터 8시 30분까지 이뤄졌고, 아마 그 학년의 세 학기—성 마틴 축일, 성촉절聖燭節, 성령강림절―에 걸쳐 진행되었을 것이다. 늦은 오전에 허치슨은 강의 주제에 대한 시험을 실시했고, 그다음에는 철학이나 고전 문학에 대한 비공식적 교육을 위한 자신의 '비공개' 수업을 진행했다. 4학년 때인 1739~1740년에 스미스는 '자연법과 국가법 공부'에서 다시금 허치슨의 '비공개' 수업으로 득을 보았다. 아마도 이 수업은 카마이클의 비판적 관점에서 자연법학에 대한 푸펜도르프의 견해를 더 깊이 검토했을 것이고, 스미스의 관심을 결코 끌지 못한, 시민사회가 사회계약에서 비롯되었다는 이론을 옹호했을 것이다. 푸펜도르프가 합법적인 것으로 인정한 노예 제도를 카마이클이 강력히 부정한 것에 대해 허치슨이 지지하는 것을 스미스가 듣고 찬성했을 가능성이 있다(Moore and Silverthorne, 2002: p. xii~xvi, 138~145, 146~156).

그의 학생 중 한 명인 제임스 우드로 목사(1730~1810)는 역사학자 로버트 우드로의 아홉 번째 아들로, 허치슨의 독특한 강의 스타일에 대한 설명을 남겼다. 스미스가 비록 완전히 성공적이지는 않았지만 나름 모방하려 한 스타일이었다. 우드로의 언급에 따르면, 허치슨은 영어로 즉석 강의를 했고, 활기 있게 이리저리 걸어다니면서 강의해 수업을 대단히 활기차게 만들었다. 라틴어를 구사할 때면 그는 더 차분하고 찬찬히 말해야 했지만, 너무나 유창하고 막힘이 없었다. 그의 오전 수업은 그가 더욱 크게 관여하고 있는 학생들과의 대화에 전적으로 할애되었다.

우리는 몇몇 다른 책, 혹은 『신론De natura Deorum』『최고선악론』『투스쿨룸 대화Tusculan Questions』 등과 같은 키케로 철학서들의 부분을 읽었다. 그리고 그 학년이 끝날 무렵에는[5월 중순 또는 6월 10일에 끝남] 키케로의 가장 소중한 실용적 논문 『의무론』 전체를 읽었다. 학생들이 번갈아가며 영어로 한두 문장씩 읽었고, 언어와 관련해서든 감상과 관련해서든 몇몇 쉬운 질문에 답했다. 이는 교수로 하여금 그 과목 속으로 더 깊이 들어가게 했고, 저자가 언급한 그리스 철학자들에 대해서뿐만 아니라 로마 공화정의 주요 인물들의 재미있는 일화에 대해서도 설명하게 했다. (Glasgow: Mitchell Lib., Baillie's Institution, No. 32225, James Wodrow to Lord Buchan, 28 May 1808, ff. 53r~54r)

또 다른 이전 대학생이 전하는 바에 따르면, 그 오전 시간 동안 허치슨은 '아리아누스, 안토니누스 및 그 외 그리스 철학자들의 저서'에 대해 설명했다(Richardson, 1803: 514). 이러한 언급은 스토아 철학의 핵심 텍스트들, 즉 로마 군인이자 에픽테토스의 제자인 아리아누스가 보존한 에픽테토스 어록, 그리고 허치슨이 논리학 교수인 제임스 무어의 도움을 받아 번역해 파울리스 출판사에서 익명으로 출판한 마르쿠스 아우렐리우스 안토니누스 황제의 명상록(eds. Moore and Silvethorne, 2008)에 대한 논의가 이루어졌음을 암시한다. 훗날 스미스는 자연의 법칙에 따라 조화롭게 돌아가는 우주의 '거대한 연결 체계'에 대한 자신의 이해를 스토아학파로부터 끌어냈고(TMS VII. ii.1.37), 인간의 도덕 규범의 확립과 마치 어떤 '보이지 않는 손'이 작동하는 것처럼 경제 활동을 규제하는 시장을 그러한 틀 안에서 상상할 수 있었다(Macfie, 1967: 103~105, 1971; TMS 7). 허치슨은 스토아학파에 대해 강의할 때 그들에 대한 열의를 드러내긴 했지만 일반적으로는 도덕철학에 대한 편견 없는 폭넓은 접근을 좋아했고, 그가 다른 학설들을 배제하고 한 학설에만 관심을 집중해서는 안 된다는 것을 학생들에게 보여주었으리라 추측해볼 수 있다. 그는 고대와 당대의 모든 학파에서 최고의 것을 구하는 데 목표를 두었고, 그 자신의 절충적 도덕철학을 발전시키고 싶어했다.[8]

허치슨이 도덕철학 수업의 일환으로 정치학을 가르친 것에 대해 말하자면, 스미스에게 영향을 미친 부분은 허치슨이 인간의 행복을 위한 시민적·종교적 자유의 중요성이라는 '올드 휘그'적이고 시민 인민주의적인 주제를 강조한 데 있을 것이다.

> 자유에 대한 온정과 자유를 증진하려는 담대한 열정이 그의 가슴속에서 원칙들을 지배하고 있었기에, 그는 항상 길게, 그리고 더할 수없이 강력한 논증과 진지한 설득으로 자유를 주장했다. 그리고 그는이 중요한 부분에서 대단히 성공적이어서, 그의 제자들이 처음에 어떤 반대되는 편견을 갖고 있었든 간에, 그가 지지하고 옹호한 그 문제와 관련해 수긍하게 되지 않는 제자는 설령 있더라도 매우 드물었다. (Leechman, 1755: p. xxxv~xxxvi)

앞으로 보게 되겠지만, 스미스는 경제적·정치적 자유에 대한 스승 허치슨의 주장에 몰입한 듯하긴 하나 허치슨만큼 그 주장을 밀어붙이지는 않았다. 그래서 흐로티위스의 자연법 이론을 반박하는 허치슨에게서 두드러진 점인 정부의 기원으로서의 계약에 대한 강조를 스미스에게서는 찾아볼 수 없으며, 또한 아메리카 식민지의 혁명과 사람들로부터 인정과 지지를 받은, 불의한 정부에 대한 자기방어권과 저항권이라는 기본적 권리에 관한 호소도 찾아볼 수 없다(Norton, 1976: 1992). 스미스는 신중한 기질로 인해 정치적 저항에 대한 허치슨의 가르침을 열성적으로 수용하지는 않았지만, 도덕심리학과 사회적 상호 작용에 대한 허치슨의 통찰은 자연법의 유형을 따르는 것으로 간주해 전적으로 활용했다고 할 수 있다. 하지만 그는 허치슨을 넘어서, 인간 본성에 대한 포괄적 분석을 사회 제도와 경제 제도에서 나타나는 인간 행동의 질서에 관한 설득력 있는 설명과 연결시킨 윤리학 체계와 정치경제 체계를 만들어냈다.

스미스가 도덕에서 이런 체계를 만들고자 한 것은 글래스고대학 3학년 때 접한 뉴턴 물리학에 자극받은 것일 수 있다. 이 시기에 다음과 같은 규정이 시행되었다. 아이작 뉴턴에 의해 과학이 발전한 만큼 [학생들은] 자연철학 교수의 강의를 최소한 두 시간 들으며, 실험 수업에도 일주일에 두 시간 들어간다. 일부 학생은 수학 과목을 계속 수강한다……'(Chamberlayne, 1737: ii.iii.13). 자연철학 교수 로버트 딕은 수학자 로버트 심슨만큼 두드러지지는 않더라도 매우 능력 있고 온화한 교수였고, 일주일에 두 번 있는 그의 실험철학 수업은 학생들에게 좋은 평가를 받았다. 글래스고대학에서는 실험에 의한 증명의 전통이 있었다. 적어도 17세기 후반까지 거슬러 올라가는 전통이었다. 이 때문에 '공기 펌프, 기압계, 마그데부르크 반구, 저울' 같은 필요 도구나 기구에 대한 정기적인 지출이 있었다. 이 도구들은 1711~1712년에 (현대적 의미에서의) 유체정역학이나 기체역학의 원리를 증명하기 위해 에든버러대학의 로버트 스튜어트 박사가 사용한 것이었다. 글래스고대학의 학생들은 자연철학 수업의 '실험 비용을 위한 기금으로' 학기마다 3실링을 부담했다(Emerson, 1986: 256).

자연철학이나 물리학 강의와 실험은 스미스의 표현을 따르자면 '알려질 수 있는 것이 매우 많은 육체에 대한 학설'을 해명하는 방향으로 진행되었다. 이는, '형이상학이나 기학 학파의 대부분'과 '존재론이라는 이 거미줄 같은 과학 전체'를 구성하는 '미묘함과 궤변'으로 만들어졌다는 점에서 '알려질 수 있는 게 거의 없는 정신에 대한 학설'과 대조되는 것이었다(WN V.i.f.28~29). 훗날 스미스는 뉴턴의 업적과 관련된 철학의 발전이 옥스퍼드대학—스미스가 글래스고대학 이후 스넬 장학생으로서 입학하게 된—처럼 '최고로 부유하고 최고로 많은 기부를 받는 대학들'보다는 글래스고대학처럼 가난한 대학들로 더 쉽게 도입되었다는 점에 주목했다. 가난한 대학에서는 교수들의 수입이 그들의 명성에 좌우된 만큼, 교수들이 '세상의 여론에 더 많은 주의를 기울일' 필요가 있었기 때문이다(WN V.i.f.34).

스미스 시대의 여론은 물리적 세계에서의 물체의 움직에 대한 뉴턴의 대단히 성공적인 설명 방식에 매우 감명받고 있었는데, 딕이 가르친 것이 바로 이것이었다. 나중에 스미스가 자신의 수사학 강의에서 그 방식에 대해 진술한 것, 그리고 그 방식을 아리스토텔레스의 방식과 대조시킨 것은 그의 글래스고대학 시절의 자연철학 수업과 같은 원천들에 힘입은 계몽주의 운동의 일부였다.

우리는 아리스토텔레스처럼 각기 다른 가지들이 우리에게 던져진 순서대로 그 가지들을 검토해 보통 하나의 원칙을 모든 현상을 위한 새로운 원칙으로 제시할 수도 있고, 뉴턴처럼 몇몇 현상을 하나로 연결해 설명하게 해주는, 알려지거나 입증된 어떤 원칙들을 애초에 정할 수도 있다. 후자는 (…) 의심할 바 없이 가장 철학적인 것이며, 도덕이나 자연철학 등등의 모든 학문에서 전자보다 훨씬 더 독창적이고, 따라서 더 매력적이다. 우리가 가장 불가해하다고 여겼던 현상들이 어떤 원칙(보통 잘 알려진 원칙)으로부터 추론되고 하나로 연결되는 것을 보는 일은 즐겁다. (*LRBL* ii.133~134)

스미스로 하여금 뉴턴의 방식에 대해 그런 관점을 취하게 한 그의 초기 수학과 물리학 공부에 대해서는 자세히 알 수 없다. 하지만 우리에게는 패트릭 머독이 1748년에 전해준, 콜린 매클로린의 '삶과 저술에 대한 이야기'가 있다. 매클로린은 1725년부터 1746년 사망할 때까지 에든버러대학의 수학 교수였고, 당대의 두드러진 뉴턴 과학 옹호자였다. 그의 강의 구성은 글래스고대학과 비슷했을 것이다. 글래스고에서는 그 강의를 담당하는 사람이 심슨과 딕으로 나뉘어 있기는 했지만 말이다. 물론 매클로린이 뉴턴에 관한 이해에서 글래스고의 교수들보다 월등했음은 강조되어야 할 것이다.

매클로린은 1학년에게는 유클리드의 『원론』의 첫 여섯 권, 평면 삼각법, 실용 기하학, 축성학 원리(그는 이것들을 활용해 1745년 재커바이트에 맞서 에든버러를 지키는 것을 도왔다), 그리고 대수학 입문을 가르쳤다. 2학년은 대수학, 유클리드 『원론』의 12권과 13권, 구면삼각법, 원뿔 곡선(심슨의 특별한 관심사), 일반 천문학 원리를 공부했다. 3학년은 천문학과 원근법으로 들어가 뉴턴의 『자연철학의 수학적 원리』 일부를 읽었고, 이를 실증하기 위한 실험 과정을 거쳤다. 이후 매클로린이 강의를 했고, 뉴턴의 미적분학인 유율법을 학생들에게 증명해 보였다. 4학년 학생들은 버클리 주교가 『분석』(1734)에서 제기한 뉴턴에 대한 형이상학적 반론에 대응할 수 있도록 유율법 체계를 공부해야 했고, 또한 우연론과 『자연철학의 수학적 원리』의 나머지 부분도 공부했다(Maclaurin, 1968—Murdoch's 1748 intro.: p. v, vii; Barfoot, 1990).

뉴턴은 『광학』(3rd edn., 1730)의 결론에서 빛에 관한 분석과 종합이라는 자신의 방법에 대한 설명을 덧붙였고, 이어서 '만약 모든 부문의 자연철학이 이 방식을 따름으로써 마침내 완벽해진다면 도덕철학의 경계도 확장될 것이다'라고 말했다. 허치슨은 많은 동시대인과 함께 이 도전에 참여했으며, 아마도 스미스는 그가 다음과 같은 취지로 이야기하는 것을 들었을 것이다.

우리가 동물의 몸이나 식물이나 태양계의 구조에 대해 탐구하는 것과 같은 방식에 의한, 인간의 다양한 자연적 원리나 자연적 성향에 대한 더욱 엄격한 철학적 탐구를 통해서, 지금껏 나타났던 것보다 더 정확한 도덕 이론이, 모든 공정한 관찰자를 만족시킬 만큼 분명하고 견고한 기초 위에 세워진 이론이 형성될 수 있다고 기대할 근거가 있었다. (Leechman, 1755: p. xiii~xv)

아마 이 구절은 뉴턴 과학이라는 변화 그 자체보다는 엘리 알레비가 글을 쓴 바 있는(1955) '도덕적 뉴턴주의'에 관한 열정을 드러내는 내용일 것이다. 그렇지만 뉴턴 과학이 가져다준 자신감은 글래스고대학이 애덤 스미스에게 줄 수 있었던 지적 형성을 완성했다.

스미스가 글래스고대학에서 동료들과 어떻게 어울렸는지도 살펴볼 수 있을까? 당시 글래스고대학 학생들은 상인이나 전문가나 상류층의 아들들이었는데, 그중 대부분은 스코틀랜드 서부에서 왔지만 아일랜드에서 온 학생도 꽤 많았고, 잉글랜드와 아메리카 식민지에서 온 학생도 조금 있었다. 몇몇은 소박하게나마 역사에 끼어들었는데, 예컨대 얼스터의 앤트림 카운티 출신인 클롯워디 업턴은 웨일스의 과부 공작부인의 감사관이 되었다. 또 다른 몇몇은 더 유명해졌다. 예컨대 개빈 해밀턴은 로마에서 활동하는 유명한 화가가 되었다. 그리고 파이프의 모니메일 출신인 로버트 멜빌은 훗날 장군이 되었고, 7년전쟁으로 프랑스로부터 획득한 서인도제도 식민지들의 총독을 지냈고, 함포 발명에 일조했고, 유물 연구가로서도 저명했다(Preble, 1859; Addison, 1913: 17~25). 스미스는 이 친구들과 함께 강의실에 들어갔고, 분명 그들로부터 인생에 대해 뭔가를 배웠을 것이며, 당시의 학생 클럽들에서 그들과 어울렸을 수도 있다. 예컨대 정치적 자유의 옹호자들이 좋아한 작품인 애디슨의 비극 「카토」의 상연을 계획한, 알렉산더 칼라일이 가입해 있던 클럽이나 책들에 대해 논평한 문학협회 같은 곳들 말이다. 문학협회의 주도적인 인물은 나중에 고번의 목사가 된 윌리엄 톰이었는데, 훗날 그는 학생들을 졸립게 한다며 스미스를 포함한 글래스고대학 교수들을 혹평했다(Carlyle, 1973: 52).

스미스가 글래스고대학에서 교수와 동료 학생들로부터 지적 자극을 받았다고 볼 이유는 충분하다. 그의 능력과 장래성은 옥스퍼드의 베일리얼 칼리지에서 공부를 더 할 수 있도록 그에게 스넬 장학금을 안겨주었다. 알렉산더 던롭은 에든버러대학의 세계 역사와 스코틀랜드 역사 교수이자 자기 전공 분야에서 매우 성공한 교수인 친척 찰스 매키에게 보낸 1739년 2월 15일자 편지에서(Sharpe, 1962) 그의 아들의 학업 진척에 대한 실망스러운 소식을 전했는데, 거기에는 다음과 같은 정보가 딸려 있다.

내가 아는 한 틀림없이 서티 부인의 아들이 옥스퍼드의 다음번 후보자로 지명될 것이라고 당신은 그녀에게 알려도 됩니다. 내년에 두 명이 함께할 텐데, 내가 알기로 서티 부인의 아들과 또 스미스 외에 다른 후보는 없습니다. 스미스는 우리의 여느 학생과 마찬가지로 대단히 훌륭한 학생입니다. (NLS MS 16577, fo. 221)

이 그리스어 교수가 예측했듯이, 발고니의 제임스 서티 경과 최고민사법원장 휴 댈림플 경의 딸 매리언 사이의 삼남인 찰스 서티와 애덤 스미스가 1740년 3월 4일에 글래스고대학에 의해 스넬 장학생으로 지명되었다(Addision, 1901: 43~44). 이 장학 기금은 잉글랜드 교회의 목사 안수를 준비하는 학생들, 말하자면 스코틀랜드의 성공회 교회에 몸담으며 스코틀랜드에 잉글랜드교회의 교리와 규율을 전파하게 될 학생들을 후원하기 위한 것이었고, 이 장학금을 받는 학생들은 자신에게 투입될 500파운드에 대해 증서를 써줘야 했다(Stones, 1984: 190). 이 큰 금액이 스미스의 이름 아래 배정되었다면, 스미스가 영국 성공회의 목사가 될 준비가 되었다고 그의 보증인들이 믿었다는 의미일 것이다(Scott, 1937: 42). 하지만 옥스퍼드로 간 후 스미스는 성공회 교회 목사가 될 생각이 전혀 없었던 것 같다(Stewart I.11). 다음 장에서 살펴보게 될 그의 옥스퍼드대학 생활과 그곳에서의 독서가 그에게 어떤 영향을 미쳤든 간에, 성공회 교회에 대한 그의 극도의 반감은 그의 대학 시절 동안 글래스고의 종교적 감정 상태에서 배양되었을 것이다.

앞서 살펴보았듯이 글래스고대학의 철학이나 다른 학문들에서는 글래스고에서 스코틀랜드 계몽주의가 발전하고 있다는 징후가 있었는데, 여러모로 프랜시스 허치슨이 그 발전의 '아버지'였다(Scott, 1900: 261~269). 그럼에도 시골 사람들뿐 아니라 그 도시의 잘나가는 상인이나 무역상들은 대체로 종교에서 칼뱅주의 전통을 포기하지 않았고, 허치슨은 신학에서의 자유주의적 견해 때문에 지역 목사들의 강한 반감에 부딪혔다.

1743년에 허치슨의 지지를 받으며 신학 교수로 선정된 윌리엄 리치먼은 교수가 된 지 몇 달 만에 이단 재판을 받았고, 글래스고대학에서 허치슨의 학우였던 한 비국교파 목사에게 다음과 같이 썼다.

당신과 같은 위치에 있는 사람은 이 나라에, 특히 이곳에 종교상의 어떤 심한 편견과 어리석음이 만연해 있음을 상상할 수 없을 것이다. 글래스고 장로회에는 내가 자유롭게 종교에 관한 이야기를 나눌 만한 사람이나 현 사건[이단 재판]에서 우정을 기대할 만한 사람이 그들 나머지로부터 크게 무시당하는 단 한 명의 친한 동료를 제외하고는 아무도 없다. 이러한 나의 현 상황으로 미루어, 당신은 순수하고 진정한 기독교를 가르치는 동시에 편협한 사람들의 분노에 노출되지 않는 것이 얼마나 힘든 일인지를 쉽게 납득할 수 있을 것이다. 내가 하는 말 한마디 한마디가 극도로 세심한 주의의 대상이 된다. 광신자들은 항상 학생들 중 몇몇 첩자를 만들어놓고서, 모든 과목의 수업 내용에 관해 적절한 정보를 제공하게 한다. (Manchester, John Rylands Lib., Benson Coll.)

스미스 같은 젊은 지성인에게는 고통스러울 정도로 분명했을 이런 분위기를 고려할 때, 목사라는 직업이 과연 매력적이었을지 의문이다. 그러나 글래스고대학은 스미스에게 탁월한 과학적·철학적 능력을 자극해준 곳이었다. 그곳에서 이제 던롭이 말한 '우리의 어느 학생이나 마찬가지로 대단히 훌륭한 학생'에게 장학금이 손짓했고, 또한 허치슨이 그린 덕 있는 삶에의 열망이 손짓했다. 우리는 1740년에 여름 방학을 위해 커콜디로 돌아오는 스미스, 그리고 옥스퍼드로 떠날 준비를 하는 스미스를 그려볼 수 있다.

5장
옥스퍼드

.

옥스퍼드대학에서 대부분의 일반 교수는
이 수년 동안 심지어 가르치는 척하는 것조차
완전히 포기했다.

애덤 스미스는 1740년에 말을 타고 스코틀랜드로부터 옥스퍼드로 와
서 6월 6일 스넬 장학금을 처음 지급받았는데, 당시 옥스퍼드가 남쪽
으로 대단히 멀리 떨어져 있다고 생각되었을 것이다(Battel Books, 23,
1). 그 여정은 에든버러에서부터 6~8일이 소요되었다. 스코틀랜드 경
계 지역의 토탄 지대, 습지, 이끼 지대를 거쳐 모팻에 이르고, 이어서
그레트나그린에서 에스크강을 건너고, 이어서 칼라일, 리치필드, 워릭
을 거쳐 그 대학 도시에 당도하는 여정이었다.[1]

칼라일에 도착한 스미스는 스코틀랜드 쪽 접경 지대의 극심한
빈곤과는 다른 모습을 목격했다(Clayden, 1887: 92~93). 다른 여행자
들도 비슷한 차이를 느꼈고, 1744년에 군인 제임스 울프는 칼라일에
게 쓴 편지에서 다음과 같이 언급했다.

영국과 스코틀랜드를 가르는 강의 이쪽 편으로 1마일 지점에 이르면

노동과 산업이 시골의 모습에 만들어놓을 수 있는 차이가 감지되기 시작한다. 북쪽이나 남쪽이나 일부 지역의 토양은 동일하지만, 울타리나 인클로저나 농사는 전혀 같지 않다. 잉글랜드 사람들은 깔끔하고 부지런하며, 스코틀랜드 사람들은 너무나 게으르고 더럽다. 접경 지대로부터 멀리 떨어진 곳에서 볼 수 있는 정도보다는 덜하지만 말이다. (Findlay, 1928: 299)

나중에 스미스는 그러한 대조의 원인으로 먹는 음식의 차이를 들게 된다. '오트밀을 먹는 스코틀랜드 평민들은 밀로 만든 빵을 먹는 잉글랜드 평민들만큼 일반적으로 튼튼하지도 않고 잘생기지도 않았다. 그들은 일을 잘하지도 않고 건강해 보이지도 않는다'(WN 1.xi.b.41). 같은 문단에서 또한 스미스는 '런던의 가마꾼, 짐꾼, 석탄 운반부, 그리고 사창가에서 일하는 불운한 여성들, 아마 영국령에서 가장 힘이 센 그 남성들과 가장 아름다운 그 여성들은' 감자를 주로 먹고 사는 '아일랜드 최하층' 출신으로 이야기된다고 썼다. 공교롭게도 1740년은 스코틀랜드가 곡물 기근을 겪은 해였다. 하지만 감자 재배가 에든버러 인근의 이스트로디언에 도입되고 있었고, 그해에 킨타이어로부터 감자 비축분이 들어와 글래스고에서 팔림으로써 식량 공급을 보충했는데, 이는 앞서 언급했듯이 스미스의 소년기 파이프에서 관찰되었던 스코틀랜드 농업의 완만한 변화의 일환이었다. 농업 변화는 스미스가 처음 여행하고 있던 잉글랜드에서 더 앞서 있었지만, 1740~1742년에 농업 경제의 손상이 뚜렷했을 테고, 당시 곡물 가격은 발진 티푸스 유행과 맞물려 매우 비쌌다.[2]

그럼에도 옥스퍼드로 가는 길에 그는 '본래 비옥하고 경작에 유리한 내륙 지역'으로 들어섰다. 이 지역은 적어도 운하가 개발되기 전에는 육로 운송은 비싸고 하천 항행은 불편한 곳이었지만, 제조업과 농경이 각 영역의 발전에 서로 자극을 주고 있었다. 부의 증가에 대해 스미스가 설명한 바에 따르면, 잉글랜드 북부와 중부는 제조업자들이 잉여 생산물을 경작자들에게 '유용하고 알맞은' 상품으로 만들 수 있는, 그리고 이런 잉여 생산물의 판매로 그들의 토지를 개선할 수 있는 장소로 적합했다. 경작자들의 증가한 농작물이 지역 시장에 나오면, 낮아진 가격 덕분에 제조업자들은 더 많은 상품을 싸게 생산해, 생산품을 더 먼 시장들까지 보내는 데 드는 운송 비용을 충당할 수 있었다.

1740년부터 시작된 스미스의 잉글랜드 여행은 그의 지식이나 지식인들과의 대화에 덧붙여졌을 것이고, 리즈·핼리팩스의 양모 제조업자들도, 셰필드·버밍엄·울버햄프턴의 금속 마무리공들도 모두 국내 활동의 고도화를 대표하는 존재이며 '농업의 소산'임을 그가 충분히 인식하도록 이끌어주었을 것이다(WN III.iii.20). 여행과 관찰, 그리고 여행에 대한 반추는 버밍엄이 그곳의 단추와 양철로 '멋과 유행'의 요구를 충족시키는 제조업자를 전문화했다면 셰필드는 그곳의 칼과 가위로 '사용과 필요'의 요구를 충족시켰다는 스미스의 판단을 낳게 된다(WN I.x.b.42; Wilson, 1971: 295, 302~303; Mathias, 1983: 114, 247~248; Rule, 1992: 140~156). 스미스가 어린 시절을 보낸 커콜디에서 어느 정도 그랬고, 그가 최근에 떠나온 글래스고에서 좀더 많이 그랬던 것처럼, 1740년 여름에 그가 여행한 잉글랜드 중부에는 더욱 만족스러운 생활 수준을 만들어낼 수 있는 손 빠른 사람들과 머리 회전이 빠른 사람들 사이에 경쟁 정신이 싹텄다는 증거가 있었다 (Uglow, 2002, chs. 2, 3, 5, 6). 하지만 그가 접한 옥스퍼드에서는 무비판적 자존심과 사회적 특권의 정체가 지배적인 것처럼 보였다.

리치필드 사람들이 게으르다고 제임스 보즈웰이 비난했을 때 존슨 박사는 다음과 같이 응수했다. '우리 도시는 철학자들의 도시다. 우리는 머리로 일하고, 버밍엄의 얼간이들이 손으로 우리 대신 일하게 만든다'(BLJ ii.464). 던스 스코터스와 오컴의 윌리엄까지 거슬러 올라가고 머잖은 과거에 존 월리스와 로버트 보일의 모임에서 과학적·언어적 업적에 의해 촉진된 옥스퍼드의 학문 전통 때문에, 분명 스미스는 옥스퍼드를 철학자들의 도시로 기대했을 것이다. 그 모임에는 1704년 옥스퍼드의 새빌좌座 기하학 교수로 종신 임명된 에드먼드 핼리(1656~1742)가 오래 몸담았다. 그는 혜성의 회귀 시간을 계산하는 것으로 유명했는데, 스미스는 「천문학의 역사」를 완성할 때 분명 이것을 알고 있었다. 1710~1711년에 핼리가 런던에서 스미스의 스승인 로버트 심슨을 만나게 되어 그에게 고대 그리스 수학을 공부하라고 권한 적이 있으므로, 심슨이 능력 있는 제자를 소개하는 것도 있을 수 있는 일이었다. 그러나 핼리는 노인이었고, 1720년에 왕립 천문학자가 되면서 그리니치 왕립 천문대에 틀어박혀 달 관찰에 몰두하는 일이 많았으며, 결국 그곳에서 사망했다.

더걸드 스튜어트의 기록에 따르면 글래스고대학에서 스미스가 좋아한 과목은 수학과 자연철학(물리학)이었고, 그가 옥스퍼드에서 이런 과목들을 계속 공부하고 싶어했으리라고 생각해볼 수 있겠지만,

그가 옥스퍼드의 베일리얼 칼리지에서 정말 그렇게 할 수 있었을까? 언뜻 보면 베일리얼 칼리지와 관련된, 과학에 관심 있는 사람들이 있었던 것 같다(Jones, 2005: 148~150). 우리는 핼리의 뒤를 이어 제임스 브래들리가 왕립 천문학자가 되었다는 것을 알고 있는데(Williams, ODNB-O, 2004), 그는 1711년에 특별 자비생自費生으로 베일리얼 칼리지에 입학했고, 1721년에 새빌좌 천문학 교수로 선정되었다. 브래들리는 옥스퍼드에서 멀리 떨어진 곳에서 수행된 관측을 통해 불변의 중요성을 띤 탁월한 실지천문학 성과를 얻었고, 광행차와 시차 변위에 대한 뛰어난 이론적 진척을 이루었는데, 이런 업적과 관련해 그에게 자극을 준 것은 그 칼리지가 아니라 핼리의 친구이자 잉글랜드의 주요 아마추어 천문학자 중 한 명인, 삼촌 제임스 파운드 목사였다. 브래들리는 1729년부터 1760년까지 애슈몰린 박물관에서 실험철학에 대해 강의했으나, 그곳의 어떤 기록에는 단 72명의 베일리얼 칼리지 학생만이 그의 강의를 들었고 강의 시기는 스미스의 재학 시절 이후인 1746~1760년인 것으로 되어 있다(DSB 1970, ii.387~389; Turner, 1986: 672~673). 스미스는 브래들리를 개인적으로 안다고 언급하고 있진 않지만, 그의 업적에 대해서는 알고 있었다. 이에 대한 스미스의 평가는 당시 옥스퍼드의 학문 상황에 관한 그의 일반적 비판에서 드러난다. 1756년에 스미스는 만약 브래들리와 케임브리지의 광학·화성학 연구자인 토머스 스미스에게 '더 많은 경쟁자와 비평가'가 있었다면 그들은 과학에서 더 발전했을 것이라고 『에든버러 리뷰』에 썼다('Letter', para. 5).

브래들리의 베일리얼 동료 교수 중에는 저명한 수학자가 한 명 있었다. 제임스 스털링인데, 1710년에 스넬 장학금을 받아 에든버러대학에서 옥스퍼드로 왔고, 이듬해에는 워너 장학금도 받았다. 1715년, 라이프니츠가 잉글랜드 수학자들에게 도전하기 위해 보낸 어려운 문제를 학부생 스털링이 풀었다는 소식이 뉴턴에게 전해졌고, 다음 해에 그는 런던 왕립학회 회의에 참석하는 것을 허락받았다. 그의 옥스퍼드 경력은 1716년으로 끝났고, 그는 영원히 베일리얼을 떠났다. 그가 장학금을 계속 받는 데 필요한 조지 1세에 대한 충성 맹세를 거부하며 여봐란듯이 재커바이트임을 드러낸 탓이었다. 다른 사람들은 정치적 충성에 대해서는 침묵했을 것이다. 스털링은 베네치아로 갔고, 거기서 파도바의 수학자 니콜라스 베르누이의 친구가 되었다. 이후 그는 런던에서 수학과 물리학을 가르쳤고, 3차 곡선에 관한 뉴턴의 연구를 이어갈 왕립학회 펠로로 선출되었다. 수학에 대한 스털링의 주된 공헌은 무한급수에 관한 연구인 『미분법』(London, 1730)이었다. 1735년부터의 다음 단계 경력에서 그는 라나크셔에서 성공적인 광산 경영자가 되었고, 스미스는 1750년대에 그와 알고 지냈거나 그의 존재를 알았을 수도 있다. 그 시기에 스털링은 글래스고대학에서 프랑스어와 부기나 항해 같은 실용 과목들을 가르쳤고 스미스는 그 대학의 교수였기 때문이다. 재커바이트라는 배경은 1746년이 되어서도 스털링을 따라다녀, 에든버러의 수학 교수 콜린 매클로린의 후임자를 뽑는 최종 심사에서 결국 탈락했다(Tweedie, 1922; Dougall, 1937: 33; *DSB* 1976, xiii.67~70; O'Connor and Robertson, 1998; Tweddle, 2003).

스털링이 라이프니츠의 문제를 풀었다는 것을 알려준 사람은 존 킬인데(Henry, 2004, *ODNB*-O), 그 역시 베일리얼과 관련 있는 스코틀랜드 사람이었다(Hall and Trilling, 1976: vi.282; Hall, 1980). 그는 1692년에 데이비드 그레고리와 함께 옥스퍼드에 갔는데, 당시 그레고리는 장로교 신앙고백에 동의하는 대신 에든버러의 수학 교수직을 포기했다. 둘 다 베일리얼에 최고 학년 자비생으로 옥스퍼드에 받아들여졌다. 킬 역시 스미스가 옥스퍼드 시절에 받은 장학금인 워너 장학금을 받았다. 아마 그레고리와 킬은 과학적 업적보다는 재커바이트에 동조한 것 때문에 베일리얼에 받아들여졌을 것이다. 그레고리는 에든버러에서 했던 뉴턴 과학에 관한 강의를 옥스퍼드에서도 그대로 반복했으며, 천문학은 『천문학, 자연학, 기하학의 요소』(1702)의 내용을 본보기로 삼았다. 또한 그는 클래런딘 출판사를 위해 유클리드 전집을 완성했으며(1703), 완성하지 못한 아폴로니오스 전집을 핼리와 함께 계획했다(DSB 1972, v.520~522). 이 기획들은 앞서 언급한 바 있는 스미스의 글래스고대학 스승이자 훗날의 동료인 로버트 심슨에 의해 계속 진행되었다.

실험철학이 베일리얼보다는 하트홀에서 이루어졌지만, 킬은 옥스퍼드 최초로 실험철학을 강의한 사람이 되었으며, 1699년부터 크라이스트처치 칼리지와 제휴했다. 킬은 출판물들에서 소용돌이에 대한 데카르트의 이론을 반박했고, 미적분학을 누가 먼저 발견했는지에 대한 라이프니츠와의 논쟁에서 뉴턴의 주장을 지지했다. 그는 물리학(1701)과 천문학(1718)에 대한 널리 사용된 두 권의 입문용 교과서를 쓰기도 했다(DSB 1973, vii.275~277). 핼리와 마찬가지로 스미스는 킬의 첫 번째 책에 대해서는 비판적이었지만('Letter', para.5), 두 번째 책에 담긴 천문학의 역사에 관한 개략적 서술은 스미스가 『철학적 주제들에 관한 소론』에서 그 주제에 다른 식으로 접근하도록 영향을 미쳤을 수 있다. 1773년에 스미스는 흄에게 이 책을 '청소년을 염두에 둔 작업의 일부'라고 설명했는데(Corr. No. 137), 그가 그리스어를 유지하고 있었다는 점에서 아마 이 책은 옥스퍼드에서 시작되었을 것이다.³ 어쨌든 스미스는 베일리얼 재학 시절에 그곳의 어떤 과학 전통도 언급하지 않으며, 1737년에 펠로가 되어 논리학과 수학을 강의하고 1746년에 영국 왕립학회의 펠로가 된 윌리엄 파커에 대해서도 전혀 언급하지 않는다. 파커는 토머스 모건, 코니어스 미들턴, 볼링브로크 같은 이신론자들의 공격에 맞서 정통 기독교를 옹호한 신학자로 유명했고, 왕실 사제직으로 수고를 보상받았다(Aston, ODNB, 2004~2007). 혹여 스미스가 옥스퍼드 재학 시절에 그레고리, 킬, 스털링, 브래들리의 책을 읽었다면 독자적으로 한 일이었을 것이고, 그가 이런 과학자들에게 끌린 것은 글래스고에서 심슨과 딕에게 받은 교육 때문이었을 것이다.

스미스가 6년 동안 공부한 베일리얼 칼리지는 브로드스트리트의 모퉁이에, 세인트메리맥덜린 교회의 동쪽 거리에 자리 잡고 있었고, 당시에는 옥스퍼드셔에서 나는 돌들로 지어지고 지붕은 슬레이트로 된 15세기 건물들로 주로 이루어져 있었다. 스미스의 눈에 비친 그 대학의 모습은 데이비드 로건이 자신의 작품집 『옥소니아 일루스트라타』에 수록한 1675년작 판화에 가장 잘 묘사되어 있을 것이다. 앞쪽 사각형 안뜰의 북쪽에 자리한 건물이 도서관인데, 앤서니 우드에 의하면 그곳의 장서는 옥스퍼드에서 최고 수준이었다. 서쪽에 있는 건물은 대식당으로, 스미스가 첫 저녁 식사 때 상념에 잠겼던 곳이다. 한 하인이 그를 방해해, 스코틀랜드 사람들의 가난에 대한 이야기를 꺼내며 스미스가 대화에 참여하도록 부추겼는데, 스미스는 스코틀랜드에서 그런 상황을 본 적이 없었던 것이다. 『먼슬리 리뷰』의 한 필자에 따르면 스미스는 이 일화를 이야기하기를 좋아했다(Rae, 1965: 18). 대식당 옆에는 도서관이 딸린 휴게실이 있었고, 그곳 오른쪽에는 스미스가 다니게 되는 예배당이 있었다. 1520~1530년에 지어진 그 예배당에는 그 시기에 만들어진 스테인드글라스 창문도 있었고 다음 세기에 만들어진 스테인드글라스 창문도 있었는데, 후자는 에이브러햄 밴 링의 작품으로 알려져 있다(RCHM, 1939: 20~23; Davis, 1963: 304~312: 1857년에 교체됨). 이 칼리지를 위한 스미스 시대의 야심찬 건축 계획은 남쪽에서 볼 때의 베일리얼의 모습에 반영되어 있는데, 그 모습이 조지 버추에 의해 판화로 만들어져 1742년의 옥스퍼드 『연감』에 실렸다. 트리니티 칼리지 옆의 남쪽 전면의 동쪽 구역과 세 구획만이 1738~1743년에 1867파운드 3실링 2페니의 비용으로 지어졌다. 버추는 유산 기증으로 스미스가 받은 장학금을 만든 '[존] 스넬 박사'를 비롯해 베일리얼의 주요 설립자와 후원자들을 묘사하는 것으로 자신의 판화를 장식했다(Peter, 1974: 62~63; Jones, 2005: 167).

당대 사람들은 베일리얼 칼리지가 872년에 앨프리드 왕이 세운 것으로 여겨지는 유니버시티 칼리지 다음으로 오래된 건물이라고 보았다(Chamberlayne, 1741: 11.iii.193). 이름은 존 드 베일리얼에게서 따왔는데, 그는 피카르디의 바유윌-앙-비모에서 시작되어 프랑스, 잉글랜드, 스코틀랜드의 광활한 땅을 소유하고 있던 가문 출신의 권세 있는 백작이었다. 하지만 여기서 더 중요한 역할을 한 사람은 그의 아내인 갤러웨이의 더보길라로, 그녀는 스코틀랜드 왕 데이비드 1세의 후손이었고 많은 땅을 소유하고 있었다. 1260년경 더럼 주교의 요청에 따라 존 드 베일리얼 남작은 선행 차원에서 옥스퍼드 외곽의 집을 하나 빌려 가난한 학생 몇 명을 수용했다. 전통적으로 이 칼리지의 설립 시기는 1263년으로 이야기되지만, 베일리얼에 의해 설립된 교육 기관의 존재에 대한 명확한 증거는 1266년 6월의 한 왕실 문서에 나타나 있으며, 그 문서는 그 협회의 후원자로 그의 이름을 밝히고 있다. 1269년경 그가 사망한 후, 더보길라 부인은 자산의 상당 부분을 끌어모아 칼리지 하나를 기부했고, 1282년에 학칙이 제정되는 것을 보았다.[4]

1355년의 성 스콜라스티카 축일 폭동은 상인들의 도시였던 옥스퍼드의 굴욕과 이 도시에 대한 대학의 통제권 주장으로 끝났는데, 이 폭동 즈음에 베일리얼은 이 칼리지의 중세 때의 가장 유명한 학장인 존 위클리프를 선출했다. 그가 한 많은 일 가운데 두 가지, 즉 교회의 지배와 관련된 것과 시민의 지배에 관련된 것은 1370년대에 잉글랜드에서 교회와 국가의 개혁의 필요성을 분명히 보여주었으며, 유럽 종교개혁의 길을 준비하는 데 일조했다. 다음 세대의 위클리프 추종자들, 이른바 롤라드파는 위클리프가 계획했던 일을 수행했다. 성경을 영어로 번역해 로마가톨릭교회의 절대 권력에 맞설 강력한 무기를 제공하는 일이었다. 이 학장의 급진적 가르침과 유산이 무엇이든, 또한 스미스가 기여하게 되는 인간의 자유의 역사에서 그가 차지하는 위상이 어떤 것이든, 스미스 시대의 베일리얼 칼리지는 영국국교회와 군주제의 권위를 유지하는 데 굳게 이바지했다.

15세기에 이 칼리지는 잉글랜드 르네상스를 이끈 인물들의 근거
지였다. 요크 대주교이자 '킹 메이커' 워릭의 형제인 조지 네빌, 최초
의 전문적인 잉글랜드 인문주의자 존 프리, 일리 주교 윌리엄 그레이
(1478년 사망)가 그러한 인물이었다. 그레이가 남긴 200권의 필사본이
베일리얼 도서관에 소장되었는데, 그중 대부분은 스미스 시대에도 남
아 있었고 오늘날까지도 남아 있다. 이곳의 학칙은 1507년에 윈체스
터의 리처드 폭스 주교에 의해 개정되어, 분쟁의 중재를 담당하는 참
관자Visitor의 선출을 포함해 자치권을 허용하게 되었다(Jones, 2005:
42). 1571년, 자비생들이 개인 지도 교사로 임명되어 장학생처럼 돈을
받으며 공부할 수 있게끔 규칙이 만들어짐으로써 개인지도교수법이
제도화되었다. 1610년에는 펠로급 자비생에게 더 많은 보수를 지급하
는 것이 승인되었다.

베일리얼은 1601년 이전에는 지역적 연고가 거의 없었으나,
1601년에 런던의 부유한 의류상 피터 블런델의 제안을 받아들여, 그
가 데번의 티버턴에 세운 학교 출신의 청구자에 한해서 받을 수 있는
한 건의 장학금과 한 건의 펠로직을 그의 기부금으로 마련했다. 블런
델 장학생은 펠로직을 계승할 권리가 있었고, 10년 동안 펠로직을 유
지할 수 있었다. 1615년에는, 만약 블런델 장학생이 문학사 학위를 받
았는데 새로 마련된 펠로직을 받을 수 없다면 구재단의 다음 공석을
얻게 된다는 내용으로 조정되었다. 더욱이 내전으로 피폐해진 1676년
에는, 또 다른 블런델 장학금과 펠로직이 제도화되고 구재단의 펠로
직은 폐지된다는 조건으로 칼리지가 블런델 유산 관리인으로부터
600파운드를 받았다. 시간이 가면서 블런델 관련자들의 지배가 우세

해졌는데, 스미스가 입학하기 8년 전만 하더라도 14명의 펠로 중 7명이 블런델 학교 출신이었다. 목사인 존 돌벤 준남작은 이 시기의 참관자였는데, 이 제도의 나쁜 점에 대해서는 솔직하지 않았지만, 티버턴 사람들이 '선행과 학식이라는 더 중요한 문제들과 관계없이 습관적으로 동향 사람들에게 투표했다. 베일리얼은 (…) 시골 대학으로 급속히 퇴락하고 있다'라고 생각했다(Davis, 1963: 158).

1671년, 베일리얼이 맥덜린 칼리지 입학을 거부당한, 워너 재단의 지원을 받는 스코틀랜드 학생 네 명을 받아들이면서 베일리얼이라는 공동체의 범위를 확대하려는 움직임이 이는 것처럼 보였다. 그리고 1699년에는 다시 스코틀랜드 학생 네 명이 스넬 장학생으로서는 처음으로 선발되었다. 결과적으로는, 스넬 장학 기금의 배정에 대한 시샘, 그 장학 기금이 제대로 관리되고 있지 않다는 의심, 그리고 원래 옥스퍼드대학에 다니는 스코틀랜드 학생들에게 성공회 성직자가 되는 교육을 제공함으로써 그들을 통해 스코틀랜드에서 성공회를 강화하는 데 목적을 두었던 이 자선에 대한 소송이 있었다.[5] 스미스가 베일리얼로 가기 2년 전인 1738년에 글래스고대학은 스넬의 유산이 연 600파운드의 가치가 있다고 평가하고 이 금액의 분배에 대해 이의를 제기했고, 베일리얼이 그 칼리지를 위한 용도로 매년 적어도 50파운드를 지출하고 있으며 장학생들이 받아야 할 지원을 유출하고 있다는 상법부 소송을 제기했다(Lee-Warner, 1901; Stones, 1984: 173~175; Jones, 2005: 125~127, 149, 164~165, 171).

대체로 이 시기는 베일리얼의 행복한 시절이 아니었다. 스넬 장학생의 존재에 대한 분노에 더해 펠로들 사이의 불화도 있었다. 특히

1726~1727년에 그랬는데, 당시 새로운 학장을 뽑는 열띤 경쟁 과정은 불명예로 얼룩졌다. 한쪽에서는 미치광이로 여겨지는 누군가의 투표를 인정해야 함을 주장했고, 다른 쪽에서는 선서 거부자, 즉 기성 교회와 군주제에 대해 충성을 맹세하지 않은 누군가를 투표자에 포함해야 한다고 주장했다. 승자는 코퍼스크리스티 칼리지의 젊은 펠로인 티오필러스 리 박사였는데, 그는 무엇보다 로체스터의 성당참사원인 참관자 헨리 브리지스 박사의 조카여서 유리했다. 헨리 브리지스는 고高교회파 원칙과 재커바이트 성향으로 옥스퍼드에서 칭송받은 인물인 애터베리 주교와의 우정으로 이 직책을 맡고 있었다. 선거가 관심을 끌게 되었을 때 이 참관자는 자기 조카를 지지하기로 결심했다. 그는 자기 조카가 정치적·종교적 편견들 중 가장 건전한 것을 지지한다고 보았고, 이는 옳게 본 것이었다. 리는 불만으로 가득 차 보였던 베일리얼 칼리지를 1785년까지 학장으로서 다스렸다. 그는 펠로들의 잦은 결근을 줄이려 애썼지만, 또한 다년간 폐쇄적인 펠로직 제도를 보호하기도 했으며, 성적에 기초한 그들의 경쟁을 억눌렀다는 비난을 받아왔다. 또 1780년까지 그는 베일리얼이 2000파운드에 달하는 빚을 지게 만들었고, 이 중 일부는 글래스고대학과의 다툼으로 발생한 법정 비용에서 비롯된 것이었다. 하지만 최근의 장학금 덕분에 리의 베일리얼 학장 당선이나 임기와 관련된 반감이 완화되었고, 그의 정치 성향이 휘그주의 방향으로 온건해졌다는 것, 그리고 노년기의 그가 펠로직을 차지하려는 경쟁에 대한 관심보다는 성적을 중시하라는 설득에 반응했으며, 따라서 '개혁의 씨앗을 뿌렸다'는 것이 주목받게 되었다(Jones, 2005: 155~173). 리는 제인 오스틴의 할아버지였

으며, 그녀가 청소년기에 골드스미스의 『잉글랜드 역사』(1771)에 해놓은 낙서에서는 그가 가지고 있던 토리당과 재커바이트 성향이 드러난다. 그는 제임스 오스틴이 1779년에 세인트존스 칼리지(베일리얼 칼리지 옆)에 갔을 때도, 그리고 제임스의 누이들인 제인과 커샌드라가 1783년 옥스퍼드에서 잠시 학교에 다녔을 때도 여전히 베일리얼의 학장이었다(Austen, ed. Peter Sabor, 2006; Claire Tomlin, *TLS*, 1 May 2008: 14~15).

그럼에도 대체로 스미스 시대의 옥스퍼드 제도는 본래 독신 성직자들을 위해 운영되는 것인 듯 보였다. 독신 성직자들은 펠로직을 재산과 같은 것으로 보았다. 그들에게 펠로직은 최소한도의 가르치는 임무가 따르는, 그리고 칼리지의 우두머리 같은 옥스퍼드의 요직을 얻거나 혹은 돈 많은 교회를 차지해 결혼할 수 있게 될 때까지 짧은 시간 동안 누리는 일종의 재산이었다. 펠로로서의 일생은 희망을 잃어가는 경험일 수 있었다. 성경 주석가인 조지 페이버가 '펠로직은 훌륭한 조식이고, 그저 그런 중식이며, 가장 보잘것없는 석식이다'라고 표현한 것처럼 말이다.[6]

훗날 스미스는 교회 성직자의 봉록이 많지 않은 나라들에서는 대학들이 학자인 신자들 중에서 교수를 선발할 가능성이 높다고 분석했다. 교회 살림이 풍족한 나라들에서는 '당연히' '더 많은 우수한' 학자가 대학으로부터 교회로 흡수되었다. 그는 유럽에서 잉글랜드 교회가 로마 교회 다음으로 많은 돈을 보유하고 있다고 보았다. 결과적으로, '로마가톨릭 국가들에서 그런 것처럼 [잉글랜드에서는] 유럽에서 알려지고 두드러진 오래된 대학교수를 찾아보기가 힘들다'고 그는 썼다. 이에 비해 스위스의 프로테스탄트 지역들에서, 그리고 독일, 네덜란드, 스웨덴, 덴마크, 스코틀랜드의 프로테스탄트 지역들에서는 '지금까지 더 많은 뛰어난 학자들이 대학교수가 되었다'고 스미스는 언급했다(WN V.i.g.39).

스미스의 주장을 입증해주는 것이 그의 옥스퍼드 경력과 관련된 현존하는 문서에 나타나 있다. 그는 스넬 장학생으로 선발되었음을 증명하는 1740년 3월 11일자 증명서를 글래스고로부터 가지고 왔는데, 이 증명서는 그가 당시에는 글래스고에서 학위를 취득하지 않았음을—나중에는 문학석사로 불렸지만—보여준다(Scott, 1937: 137, 392). 증명서는 베일리얼의 학장과 펠로들이 두 개의 스넬 장학생 자리가 남아 있음을 글래스고의 닐 캠벨 학장에게 알렸고, 이에 캠벨이 2월 11일에 글래스고의 교수와 연구지도교수들에게 이를 알렸음을 밝히고 있다. 정식으로 소집된 3월 4일 회의에서 글래스고의 학장과 교수와 연구지도교수들은 자신들의 권리에 따라 지명하고 추천했다.

이 장학금들 중 하나를 위해 이 문서를 지참하고 있는, 커콜디의 고 애덤 스미스의 아들 애덤 스미스에 대해, 우리는 그가 스코틀랜드 왕국 출신이고, 글래스고나 다른 곳에서 학위를 취득한 바 없이 글래스고대학에서 3년간 공부했음을 증명하는 바이며, 그가 훌륭한 성품과 행동, 훌륭한 학식의 소유자임이 알려지기를 바란다. (Balliol Coll. MS)

이 문서에는 학장 캠벨, 동양어 교수이자 학과장인 찰스 모스랜드, 그리고 글래스고대학에서 스미스를 가르친 대부분 꽤 유명한 교수들—라틴어 교수 조지 로스, 그리스어 교수 알렉산더 던롭, 논리학 교수 존 라우든, 수학 교수 로버트 심슨, 도덕철학 교수 프랜시스 허치슨, 자연철학 교수 로버트 딕—이 서명했다.

'1693년의 고등법원 판결에 따라', 스미스의 스넬 장학금 자격에 대한 옥스퍼드의 승인이 1740년 7월 4일에 베일리얼의 학장과 다른 두 개 칼리지의 수장들—퀸스 칼리지의 조지프 스미스와 세인트존스 칼리지의 윌리엄 홈스—에 의해 이루어졌다(Balliol Coll. MS).

이 옥스퍼드 측 서명인들 중 조지프 스미스는 캐럴라인 왕비의 사제였고, 매우 긴 생애(1756년 사망)의 마지막 26년 동안 퀸스 칼리지의 학장으로 봉직했다. 이 기간에 그는 칼리지를 위한 기부금을 확보했고, 이신론자와 선서 거부자에 반대하는 글을 썼다. 조지프 스미스는 철학과 신학 수업에 직접 관여했고, 옥스퍼드에서 학위를 마치는 데 필요한 공식적인 토론들—1823년까지 지속되는 그의 교육 체계의 일부분—을 위해 그가 만든 문제들은 지금도 남아 있다(Queen's College, MS 475, fos. 93 ff., MS 442.1).

이 자료는 옥스퍼드의 한 칼리지의 수장으로서 조지프 스미스가 구상한 커리큘럼이 어떤 것이었는지에 대해 어느 정도 짐작게 해준다. 상당히 흥미로운 부분은 3학년 학생들을 위한 문제와 관련된 독서다. 그 문제들 중 몇 가지는 1774년 옥스퍼드에서 제시되었다고 알려진 문제들에도 포함되어 있으며, 그 문제들이 떠올리게 만드는 저자들은 18세기에 크라이스트처치 칼리지의 학생들에게 읽도록 부과된 저자들 중에 포함되어 있다. 이로써 드러나는 옥스퍼드의 커리큘럼과 애덤 스미스가 이수한 글래스고의 커리큘럼 사이에는 어느 정도 유사성이 있다. 1학년 학생들을 위한 조지프 스미스 학장의 예제들 중에는 스콜라 논리학에서 파생된, 관계, 보편 개념, 삼단논법에 대한 표준적인 문제들이 있다. 알려져 있는 라우든 교수의 수업 내용이 그런 것처럼, 로크의 영향이 뚜렷하다. 2학년의 문제들은 자유 의지, 삶의 목표로서의 행복, 우리 행동을 이끄는 것으로서의 양심의 적절성 같은 윤리적 주제들을 다루는 것이다. 스콜라철학적 접근은 동시대 도덕철학의 인식에 의해 다소 수정되어 있지만, 애덤 스미스가 글래스고의 프랜시스 허친슨에게서 접했던 것과 같은 그런 철학 경향은 반영되어 있지 않다. 그 철학자의 이름은, 우리가 살펴본 글래스고의 학습 체계처럼 윤리학과 논리학을 계속 공부하되 물리학도 배운 3학년 학생들을 위한 문제들에서 연상되는 저자들 중에 포함되어 있다. 적절하다고 여겨지는 허치슨의 미확인 저작들은 그가 글래스고대학에서 가르치던 시기에 다방면의 교재들이었을 가능성이 있는데, 더블린에서 작성된, 이타심으로서의 덕에 대한, 철학적으로 더 독창적인 논문과 도덕 감각에 대한 논쟁들이라기보다는 정통 신학의 관점에서 안전하다고 여겨지는 것들이었을 것이다. 조지프 스미스 학장은 자연법을 조명하기 위해 푸펜도르프를 언급했다. 물리학에 관한 문제들과 독서는 대체로 데카르트적인 것이며 뉴턴의 공적을 어느 정도 인지하고 있는 것으로 보이는데, 뉴턴의 공적은 그의 추종자들인 스흐라베산더와 킬의 저서에 설명되어 있다(Quarrie, 1986: 493~506; Yolton, 1986: 566~591).

　애덤 스미스는 여기서 드러나는 대학 교육에의 접근 방식이 구식이고 모험적이지 않다고 생각했을 것이다. 예컨대 어떤 경제 문제도 허치슨의 도덕철학 수업에서처럼 제기되지 않았던 것 같다. 한데 이 시기에 옥스퍼드에 다닌 학생들이 남긴 정보들로 미루어, 일반적으로 시험 공부는 스미스 학장의 목록이 시사하는 것보다 훨씬 더 무의미한 과정이었다. 그들이 틀에 박힌 문제들을 이용했고, 그들의 독서는 원전이 아니라 요약본을 읽는 것이었기 때문이다. 앞으로 보게 되겠지만, 나중에 애덤 스미스는 당시 옥스퍼드의 문제점들을 분석해, 수업이 그토록 느슨하고 연구 생산성이 그토록 부진했던 이유들을 제시하게 된다.

애덤 스미스가 2학기(1월부터 시작되는 학기) 중인 1740년 7월 4일에 베일리얼 칼리지에 받아들여졌을 때 옥스퍼드의 교육 상황은 이러했다.[7] 8월 24일에 스미스는 자신의 사촌이자 후견인인 윌리엄 스미스의 첫인상에 관해 편지에 썼다. 윌리엄 스미스는 아가일 공작 가문과 버클루 공작 가문의 일을 봐주고 있었는데, 애덤에게 다정한 관심을 보여주었다.[8] 젊은 애덤은 16파운드의 돈에 겸손하게 고마움을 표했지만, '그 돈과 함께 주어진 좋은 충고에 더욱' 고마움을 드러냈다. 계속해서 그는, 자신의 필요 경비가 '올해에는 이후 어느 때보다 훨씬 더 커질 텐데, 이는 입학으로 칼리지와 대학에 의무적으로 내야 하는 턱없이 비싼 특별 납부금 때문'이라고 말한다(*Corr.* No. 1). 이런 상황에서 그는 외부의 자금 지원이 필요했을 것이다. 그가 받는 스넬 장학금이 연간 40파운드에 불과했기 때문이다. 그의 '기숙사비'(기숙 및 주방과 식당으로부터 제공되는 식료품에 대한 대학의 비용 계산)는 22~32파운드였던 것으로 보이며, 지도교수들에 대한 비용도 연 4파운드가 들었을 것이다. 대부분의 자비생은 적어도 연 60파운드의 지출을 예상했다. 스미스는 3학년 때 워너 장학생으로 지명되어 연 8파운드 5실링을 추가로 받을 수 있게 되었다. 스넬 장학금과 워너 장학금, 그리고 가족에게 받는 돈 덕분에 그는 책과 신문을 살 수 있었을 것이고, 아마 여행도 좀 할 수 있었을 것이다. 예컨대, 사촌 윌리엄 스미스를 만나러 의사당과 세인트제임스궁 근처 브루턴스트리트에 자리한 아가일의 런던 집으로—1740년 8월 24일 그의 편지에 기재된 주소—찾아가거나, 1741년 10월에 옥스퍼드셔 애더베리에 있는 그 공작의 시골집을 방문할 수 있었을 것이다. 스미스는 검소한 사람이었고, 옥스퍼드의 비싼 생활비보다 그를 더 짜증스럽게 한 것은 아마 신앙심에서는 열렬한데 배움에서는 느슨하다는 징후였을 것이다. 이는 열일곱 살의 스미스에게서 특유의 천연덕스러운 유머가 담긴 다음과 같은 언급을 끌어냈다. '옥스퍼드에서 우리가 하는 일이라고는 하루에 두 번 기도하러 가는 것과 일주일에 두 번 강의에 참석하는 것뿐이니, 그곳에서 누군가 과도한 학업으로 건강을 위태롭게 한다면 그것은 본인의 잘못일 것이다'(*Corr.* No. 1). 이 말은 스미스가 1743~1744년 심인성 질병으로 고생할 때 그에게 돌아오게 된다.

스미스 시대의 베일리얼의 펠로들에 대해 말하자면, 그중 몇몇은 흥미로운 인물이었다. 예를 들어 문학사인 조지프('정직한 조') 샌퍼드(1714년에 펠로가 되어 60년 뒤 사망할 때까지 베일리얼에 몸담음)는 고서 수집가이자 애서가로서 브로드스트리트에서 갈라져 나온 털스트리트에 위치한 플레처의 작은 서점에 종종 나타났고, 벤저민 케니콧이 히브리어 성경을 출판하는 것을 도왔지만, 지도교수로서 활동적이지는 않았다. 그는 1709년에 화재로 도서관이 소실된 엑서터 칼리지에 자신의 대규모 장서를 기증했다(Jones, *ODNB-O*). 그의 친한 친구인 찰스 고드윈(1722년 21세의 나이로 펠로가 되었고 70세에 사망)은 성실한 지도교수로 정평이 나 있었지만, 1600권의 책, 3만 권의 팸플릿, 3000개의 동전을 수집한 것으로 더 유명했다. 그는 자신의 책들을 보들리언 도서관에 기증해, 이 도서관은 흄의 출판물들 중 그때까지 결여돼 있던 것들을 갖추게 되었다. 또한 그의 팸플릿들은 1920년 이후 애슈몰린 박물관에 의해 보관되어왔다(Jones, *ODNB-O*). 조지 드레이크(1736년에 펠로가 됨)는 그리스어와 형이상학을 강의했는데, 의회 선거에서 그의 선거권을 박탈하려는 1751년의 티오필러스 리 학장의 시도에 반대했고, 리 학장에 의해 '가장 열광적이고 교묘하고 위험한 인물'로 묘사되었다(Jones, 2005: 162). 그는 지도교수로서 유명했는데, 애덤 스미스의 친구로서 워너 장학생이자 1745~1748년 스넬 장학생이었던 존 더글러스는 그의 지도에 대해 이렇게 평했다. '나는 항상 애정을 가지고 [그를] 기억하는데, 내 학업에 관한 그의 관리 감독으로 내가 얻은 것이 많기 때문이다'(BL Egerton MS 2181, f.6). 우리는 스미스의 지도교수 이름은 알지 못하며, 베일리얼의 졸업 기록 중 'Com. [mensalis/Commoner] Smith admissus Jurista'라는 1744년 5월 5일 날짜의 내용에 대해 추정할 수 있을 뿐이다. 대학 기록보관소의 1743/4 1월 18일자 'ref. SP 70'에 관련 내용이 있다. '애덤 스미스는 베일리얼 민법학과에 입학했다. 이는 대학 책임자의 이전 서명으로 표시되어 있다'Adam Smith e Collegio Ball' Commemsalis admissus fuit in facultate Juris Civilis, Licentia sub Chirographo Praefecti Collegii sui prius significata.' 이 기록은 스미스가 4학년 때 스넬 장학생들에게 예정된 사제 서품의 길이 아니라 민법학도의 길로 나아갔음을 보여주는 것일 수 있다(Jones and Sander, 2009). 흐로티위스와 푸펜도르프가 옥스퍼드의 독서 대상에 포함되어 있었으니, 아마 그는 글래스고에서 허치슨을 통해 알게 된 그 두 사람에 대한 공부를 이어갔을 것이다(Barton, 1986: 597~599). 흐로티위스와 푸펜도르프를 읽은 것은 스미스가 1750~1751년 에든버러에서 법학 강의를 준비할 때 도움이 되었을 테고, 이러한 가능성에 대해서는 7장에서 논할 것이다. 1744년에 그는 문학사로 졸업하는 이들과 똑같은 학비를 냈고, 비록 공식적으로는 그 학위를 인정받은 적이 없지만 1744년 4월 13일부터 식당 장부에 'DS.[Dominus] Smith'로 나타난다. 스미스가 문학사 신분을 이용해 보들리언 도서관에 출입 가능했는지 검토해볼 수 있겠는데, 그 도서관의 풍부한 자료는 대학원생 혹은 졸업한 지 2년 되었거나 문학사를 취득한 지 2년 된 사람만 이용할 수 있었고, 스미스라면 그가 옥스퍼드를 영원히 떠나기 4개월 전인 1746년 4월이 그 시기에 해당되었다. 1746년에 스미스가 보들리언에서 책을 읽었다거나 이 시점 이전에 특별 출입 허가를 받았다는 기록은 없다.

아마도 스미스가 보기에 옥스퍼드는 '세계 곳곳에서 내쫓긴 타파된 체제들과 시대에 뒤떨어진 편견들이 안식처와 보호처로 삼을 만한 성역으로 오랫동안 남아 있기로 선택한' 그런 '지식인 사회'의 전형과도 같은 곳이었을 것이다(WN V.i.f.34). 학생으로서의 경험과 훗날의 성찰은 그가 이 상황에 대해 몇 가지 이유를 제시하게 해주었다. 그는 가능한 한 편하게 사는 것이 각자의 관심사이며, 만약 어떤 사람이 힘든 업무를 수행하든 그렇지 않든 똑같은 보상을 받는다면 그 사람은 그 업무를 소홀히 하거나 아니면 상부가 용납하는 한도 내에서 대충 수행할 것이라고 말했다. 상부가 그 사람이 소속된 칼리지이고 그곳의 다른 구성원들이 교수들인 경우, 각자가 자기 업무를 소홀히 해도 된다면 그들은 한 사람의 업무 태만을 눈감아주는 데 동의할 것이다. 그래서 옥스퍼드 교수들은 가르치는 척하는 것조차 수년 동안 포기했던 것이라고 스미스는 주장했다(WN V.i.f.7~8).

게다가 칼리지들은 풍부한 기부금 덕분에 칼리지의 우수함과 무관하게 학생들을 유치할 수 있었고, 학생들은 자선 재단들(스넬 장학 재단 같은)의 수혜자가 되려면 어차피 자기가 원하는 대로 칼리지를 선택할 수 없었으므로, 칼리지들 간의 경쟁이 아예 존재하지 않았다. 또한 지도교수들이 가르치는 능력에 따라 학생들의 선택을 받는 것이 아니라 칼리지의 수장에 의해 배정되다보니 지도교수들 간의 경쟁이 없어졌으며, 학생들이 허가 없이 지도교수를 바꿀 수 있다보니 지도교수들에게는 학생들을 돌볼 동기가 없었다.

여기서 스미스는 1774년에 대부분의 동시대 대학과 그곳의 교수들이 '비하와 경멸'에 처해 있다고 보면서 그 이유를 설명한다(Corr. No. 143). 이것의 근원은 우수함보다는 특권을 통해 누린 풍요였다. 스미스는 또한, 옥스퍼드를 비롯한 부유한 대학들이 시대에 발맞춰 교과 과정을 바꾸는 데 소극적이었던 것도 이유로 보았다. 예컨대 그는 사회의 현재 관심사와 필요에 주의를 기울여야 했던 글래스고 같은 가난한 대학에서 배운 로크와 뉴턴의 새로운 철학 및 과학을 베일리얼 칼리지에서는 가르치지 않는 것을 보고 충격을 받았을 것이다.

아리스토텔레스와 그의 스콜라철학 주석자들의 '타파된 체제'를 가르치는 옥스퍼드의 관행은 스미스에게 지적 사기처럼 비쳤던 것 같다. 그 관행은 그 관행 안에서 가르치는 사람들과 직업 종사 자격을 취득할 필요성 때문에 학생으로서 그 관행을 따라야 하는 사람들 모두에게 모욕적이었다.

혹여 교수가 분별 있는 사람이기라도 하다면, 그에게는 강의 중에 자신이 허튼소리 혹은 허튼소리나 다름없는 것을 떠들고 있거나 읽고 있음을 의식하는 게 틀림없이 불쾌한 일일 것이다. 자신의 학생 대부분이 자기 수업에 들어오지 않거나, 혹은 무시와 경멸과 조롱 가득한 분위기로 들어와 있는 것을 보는 것 또한 분명 불쾌한 일이다.

그런 조롱을 피하기 위해 교수는 '외국의 죽은 언어'로 된 책을 학생들과 함께 읽고 학생들로 하여금 그것을 해석해보게 하는 방식으로 후퇴하며, '이따금 그것을 언급함으로써 자신이 강의를 하고 있다는 착각에 빠질 수도 있다'고 스미스는 말했다. 아주 약간의 노력과 학식만 있으면 그는 스스로를 우스꽝스럽게 만들지 않고 이 일을 할 수 있을 것이고, 칼리지의 규율은 학생들에게 그런 '사기-강의'에 규칙적으로 출석하고, '그 행위가 이루어지는 시간 내내 가장 품위 있고 정중한 태도를 유지할 것'을 강요할 것이다(*WN* V.i.f.13~14).

여기서 스미스의 일반적인 용어로 설명한 그런 '사기-강의'의 구체적인 예는 제임스 코크런이라는 이름의 반항적이고 화술이 뛰어난 베일리얼 학생이 유포한 인쇄물에서 찾아볼 수 있다. 그는 1767년에 스넬 장학생으로 뽑혔고, 1772년에 자신의 봉급과 자신에게 부과된 수업료에 대해 논쟁을 벌였다. 그는 예컨대 1768년에 펠로가 된 새뮤얼 러브의 수업 방식을 직설적으로 비판했다.

당신은 가만히 의자에 앉아서 학부생들이 때로는 맞게 때로는 틀리게 해석하고 라틴어 단어를 영어 단어로 옮기는 것을 가능한 한 충실하게 듣고만 있으면서 감히 그것에 강의라는 이름을 붙이는 것인가? 만약 그렇다면, 그런 강의의 더 천박한 악용이 있을 수 있겠는가? 그리고 지성과 안목은 사전을 독파하는 것을 통해서도 똑같이 향상될 수 있지 않겠는가? 게다가 읽기가 이루어지고 있는 베일리얼의 공개 강의들은 어떤 것인가? 기하학을 예로 들어보자. 이 오랜 기간 내내 그 강의들이 유클리드 제1권의 일곱 번째 정리보다 더 나아간 적이 있었던가? 여러 해가 지나도 유클리드의 책 한 권을 끝낸다는 것은 베일리얼에서는 거의 알려진 바 없는 현상이다. 하지만 만약 러브 씨가 자신이 하고 있는 일을 학칙에 따라 자신이 해야 하는 일과 비교해 본다면, 그는 자신이 놀랄 만큼 부족하다는 사실을 알게 될 것이다.

러브의 변명들은 믿음직스러워 보이지 않는다. 스미스가 1740년에 자신의 후견인에게 언급한 것처럼, 그는 자신이 학기 후반에 강의를 시작하며, 강의가 일주일에 두 번밖에 없다고 변명했다. 또한 강의를 듣는 20~30명의 학생 중에는 느린 진행을 요하는 초보자들도 있다고 했고, 공개적인 방식 때문에 수강자들이 빠져나간다고도 했다. 러브는 홀에서의 '공개 강의'로는 도움이 되지 않았을 학생들의 '부족과 결핍'을 메우기 위해 자기 방에서 '비공개 강의'를 해주었다고 말했다(베일리얼 칼리지 도서관의 한 제본된 책의 내용에 근거: Jones, 2005: 166~167). 이는 앞 장에서 살펴본, 글래스고대학의 허치슨이 제공했던 수업과는 큰 차이가 있어 보인다.

베일리얼의 이런 잘못된 교육에 대한 불만에 더하여 스미스는 돈 걱정도 했다. 기다리고 있던 돈이 오지 않아서 어머니에게 기별을 해야 했던 것이다(Corr. No. 2). 1741년 10월에 이에 대해 편지를 쓰면서 그는 14일간 애더베리에서 지냈다는 이야기도 했다. 애더베리는 빌리지village라고 불리지만 많은 잉글랜드 타운들만큼 넓은 곳으로, 옥스퍼드의 북쪽으로 약 18마일, 밴베리의 남쪽으로 3마일 떨어져 있으며, 소어브룩강이 흐르는 멋진 형세를 갖추고 있다. 그는 자신의 후견인인 윌리엄 스미스를 방문하고자 그곳에 간 것이었고, 거기서 '좋은 사람을 많이' 만났다고 말했다(Corr. No. 3). 그 사람들은 신문에 실리고 있던, 아가일 공작과 관련된 당시의 정치적 위기에 대해 젊은 스미스가 듣는 데서 이야기를 나누었을 가능성이 있다. 그는 1725년의 맥아세 위기 때 스코틀랜드 처리를 놓고 총리 월폴과 사이가 틀어졌고, 1738년 이후 계속 정치적으로 월폴에게 격렬히 맞서고 있었다. 토리당의 협력자들과 함께 아가일은 1741년 총선 때 스코틀랜드 하원의원들 중 월폴 지지자들에 반대하는 운동을 벌였고, 결국 정부는 스코틀랜드에 대한 지배력을 잃었다. 또한 아가일 공작은 스페인과 벌인 '젱킨스의 귀' 전쟁에서 영국의 저조한 성과에 대해 월폴 총리에게 책임을 물으며 그의 사임을 압박했다. 데이비드 흄은 『도덕·정치 논고』 제2권에 나오는 「로버트 월폴 경이라는 인물」에서 '차분하게' 그의 몰락을 기원했는데, 이 책은 1742년 1월에 출간되어, 다음 달의 월폴의 사임 결정 직전에 언론에 널리 보도되었다(Mossner, 1980: 142~143). 애덤 스미스가 자기 나라를 자극하고 분열시키는, 월폴의 거취와 같은 시사 문제를 논하는 데 관심이 매우 많았으리라 추측할 수 있다.

또한 애더베리 방문을 통해 스미스는 그 잉글랜드 시골에 있는 한 거물 저택의 호화로운 환경을 볼 수 있었을 것이다. 그가 머물렀던 그 영주 저택은 체어웰 1마일 내에, 밴베리로 가는 주도로의 동편에 자리 잡고 있었다. 17세기 시인 로체스터 경이 이 저택에 살았었는데, 이곳이 아이들로 채워지자 그는 이곳을 떠나 우드스톡 숲 남단의 하이로지로 갔고, 거기서 여생을 보내다가 죽었다. 1717년에 저택은 세습 귀족인 윈체스터의 주교로부터 아가일 공작 2세에게 임대되었다.

호러스 월폴에 따르면, 공작은 여러 단계에 걸친 저택 재건축 작업에 착수했고, 1731년에 로저 모리스가 설계한 회랑 익벽을 추가한 것도 그중 일부였다. 저택의 정원과 대정원은 아주 넓었으며, 아가일이 '감탄할 만큼 기계화된 머리'를 갖고 있다고 묘사된 만큼, 스미스는 1741년에 건축 계획과 정원 가꾸기라는 '즐거운 예술'(WN I.xi.b.25)로 주목받아 마땅한, 잘 관리된 그 장원을 직접 봤을 가능성이 크다. 시간이 지나면서 애더베리 저택은 버클루 가문으로 넘어가, 버클루 공작 3세에게로 귀속됐다. 그는 1764~1767년에 스미스의 제자였다. 그는 에어 은행의 파산에 따른 재정 문제로 1774년 그 저택을 팔게 될 때까지 계속 그곳을 개량했다(Ch. 14). 그 공작의 것이었던 시기에 저택에는 56개의 방이 있었다고 하는데, 그중에는 높은 현관 홀, 3개의 화실, 도서관, 당구실이 포함되어 있었다(Lobel and Crossley, 1969:

2~3, 온라인으로 살펴볼 수 있음). 스미스가 알던 그 집은 마구간, 북쪽 회랑, 그리고 아치형 창문과 주랑 현관과 페디먼트를 갖춘, 마름돌로 이루어진 3층 높이의 남쪽 전면을 제외하고는 1808년에 대부분 철거되었다(Sherwood and Pevsner, 2002: 417).

1742년 5월 12일 어머니에게 보낸 편지에서 스미스는 자신의 연령 증명서가 예상만큼 빨리 필요하지는 않을 것임을 알린다(Corr. No. 4). 아마 그해 11월 2일에 후원자인 캔터베리 대주교와 로체스터 주교에 의해 그에게 워너 장학금이 수여되는 것과 관련해 그 증명서가 필요했던 것 같다(Balliol MS). 또한 스미스는 곧 스넬 장학생 자리 하나가 비게 되리라는 소식을 접하는데, 밸리필드의 조지 프레스턴 경의 작은아들인 존 프레스턴이 장학생 신분을 중단하게 되었던 것이다. 애덤 스미스는 후견인 윌리엄 스미스가 '자기 친구들 중 누구를 위해서든 힘을 발휘하려 할 수도 있으므로' 그가 그 공석에 대해 알기를 바랐다. 이는 옥스퍼드에서 받는 교육의 실망스러운 성격에도 불구하고 직업을 위해서는 옥스퍼드의 자리가 가치가 있었음을 시사한다. 이는 또한 스넬 장학생을 제안하는 일에서 윌리엄 스미스가 글래스고대학 교수들을, 그리고 스코틀랜드에서 임용에 영향을 미치던, 존 공작의 형제 일레이 경을 움직일 수 있었음을 시사한다. 그리고 1753년까지 생존한 윌리엄 스미스가 1751년에 있었던 스미스의 글래스고대학 교수 임용에서도 적절한 때에 '힘을 발휘'했으리라 생각된다.

한편 옥스퍼드에서 자초한 '과도한 학업'으로 건강을 해치는 것에 대한 스미스의 농담이 불행히도 그에게로 돌아왔다. 1743년 11월 29일에 그는 어머니에게 다음과 같은, 분명 그녀를 매우 불안하게 만들었을 이야기를 했다. '3개월 동안 팔걸이의자에 저를 감금시켰던 게으름이라는 격렬한 발작으로부터 막 회복되었습니다'(Corr. No. 5). 남아 있는 그다음 편지인 1744년 7월 2일자에서는 어머니에게 자신이 더 자주 편지를 쓰지 못한 것을 '게으름' 탓으로 돌렸고, '만성적 괴혈병과 머리를 흔드는 것' 같은 약간의 신체적 증상을 설명했으며, '현재 여기서 거의 모든 질병에 대해 엄청나게 유행하는 치료법'인 타르 수용액 복용으로 이 증상들이 치료되었다고 주장한다(Corr. No. 6). 그 유행은 선풍적 인기를 끈 버클리 주교의 소책자『타르 수용액의 장점에 관한…철학적 고찰』(1744년 4월; 제2판 역시 1744년에 출간되었고, Siris라는 제목으로 출간되었다)에 자극받은 것이었다. '식욕부진, 무기력, 불면의 밤, 소모성 통증, 불안 때문에 살 만한 가치가 거의 없는 삶'이 이 치료법으로 '편안하고 즐거워질 수 있다'고 이 책은 말했다(Berkeley, 1901: iii.179). 나중에 스미스는, 자신이 기억하는 한 이 장애가 계속되었고, 결국 타르 수용액은 효과가 없다는 것을 인정했다(Rae, 1965: 25).

이 증상은 애덤 스미스의 친한 친구 데이비드 흄이 1729년 일종의 신경쇠약에 걸렸을 때 겪은 것과 유사한데, 흄은 철학적 질문들을 너무 열심히 파고들고 억압적인 스토아 체제를 수용하려 애쓰다가 신경쇠약에 걸렸다(Hume, HL i.13~17; M. A. Stewart, 2005, 29~30). 자연철학과 도덕철학, 역사에 대한 지식욕에 이끌려 육체적 운동을 소홀히 한 베일리얼의 독학자 스미스는 자신이 무의식적 머리 흔들기, 피부병, 심지어 육체적 쇠약, 팔다리의 통증, 그리고 보통은 선원들이 먹는 과도하게 소금에 절인 음식과 관련 있는 피부 발진을 동반하는 영혼의 혼수상태에 빠졌다고 해석했을 수 있다.

그의 편지들로 알 수 있듯이 스미스는 이런 종류의 심인성 질병으로 평생 고생했는데, 의료 전문가들은 이를 '건강염려증'이라 명명했다. 마이클 바풋의 언급에 따르면 그 시대에 이 용어는 현대적 관점에서의 '증후성 건강염려증'을 넘어서는 것이었다. 그것은 주로 '침울'이나 '무기력'에 해당되는 것이었고, 경우에 따라 소화불량이나 더 염려스러운 것인 히스테리 상태를 야기했다. 때때로 이것은 '화'와 '우울'의 동의어였지만, 우리가 생각하는 그 우울증이 항상 개입되는 것은 아니었다. 지배적인 의학적 소견은 그 질병이 병적인 방식으로 몸에 영향을 미치는 상상력에 기인한다는 것이었다. 내과의는 신체를 통해 마음에 도달하는 방식으로 건강염려증을 부추기는 마음 상태를 변화시키려 했을 것이고, 흔히 식이요법, 운동, 흥분 피하기를 처방했을 것이다. 스미스는 나중에 자신의 내과의인 윌리엄 컬런에게서 이런 맥락의 권고를 받는다(Barfoot, 1991: 209).

지도교수와 교수들의 교육 불이행 때문에 스미스가 옥스퍼드에서 자력으로 열심히 공부한 게 어떤 것들이었는지에 대해서는 어느 정도 짐작이 가능하다. 더걸드 스튜어트의 말에 따르면, 허치슨의 강의는 스미스를 '모든 분야에서의 인간 본성에 관한 공부, 좀더 특별하게는 인류의 정치 역사에 대한 공부'로 이끌었으며, 스미스는 '옥스퍼드로 옮겨간 때부터 거의 전적으로' 이 공부에 매진했다고 한다(Stewart I.8). 다음 장에서 이야기하겠지만 스미스가 옥스퍼드를 떠나고 2년 후에 에든버러에서 자신의 수사학 강의의 한 부분으로서 소개한 '역사가들의 역사'에는 유럽의 '시민의 역사'가 반영되어 있는데,

이로 미루어 그가 '정치 역사'에 관한 개인적인 공부에서 그 주제에 대해 읽었을 가능성이 크다.

'인간 본성에 관한 공부' 쪽의 독서에 관해 말하자면, 그는 흄의 『인성론』을 탐독했던 것으로 보이는데, 이 때문에 베일리얼에서 정통파 교수들과 충돌하게 되었다. 1797년에 기록된 한 일화는 다음과 같다. '우리는, 대학의 수장들이 그의 방을 방문해보는 것이 좋겠다고 생각했으며, 그가 최근 출간된[1739~1740] 흄의 『인성론』을 읽고 있는 것을 보고서 그 거룩한 재판관들께서 그 이단적인 책을 압수하고 그 젊은 철학자를 엄히 나무랐다는 이야기를 들었다.' 이것은 믿을 만한 이야기인데, 수학자이자 자연철학자인 존 레슬리가 쓴(Nangle, 1955에서 확인됨), 1797년에 『먼슬리 리뷰』에 실린 『철학적 주제들에 관한 소론』에 대한 논평에 나오는 내용이기 때문이다(Mizuta, 2000: v.2). 스미스는 1787~1788년에 레슬리와 친하게 지냈고(Morrell, *ODNB*, 2004), 자신의 상속자인 데이비드 더글러스를 가르치기 위해 그를 고용했다(*Corr.* No. 275). 베일리얼은 악명 높은 회의론자의 책, 혹은 '원인과 결과를 판단하는 8개의 규칙'(*Treatise* 1.3.15)에서처럼 체제 전복적인 철학을 제시하고 서문에서는 다른 모든 과학의 기초가 되는 '인간학(인간에 대한 과학)'을 서술할 것을 제안하는 책을 학부생이 혼자서 읽는 것을 허락하지 않았을 듯 보인다(Schliesser, 2008: 5, 15~18). 『인성론』의 가르침을 흡수하며 스미스는 그 책이 글래스고에서 배웠던 뉴턴의 자연철학에 도전하는 것을 보며 흥분했을 것이고, 자기 자신의 '인간학'을 만들어내기를 꿈꿨을 것이다.

또한 스튜어트의 언급에 따르면, 스미스는 '순수 문학이라는 덜 엄격한 심심풀이로 여가를 '다양화'했고, '그 자신의 문체를 계발할 요량으로 혼자서 번역 연습(특히 프랑스어 번역)을 자주' 했는데, 이런 훈련이 작문 기술을 향상시키고자 하는 사람들에게 도움이 된다고 여겨서였다. 나아가 스튜어트는, 옥스퍼드에서 스미스의 언어 공부의 진행을 도와주는 사람이 '아주 세심하게' 고용되었을 가능성이 있다고 생각했다. 그의 목표는 자신의 학식을 과시할 수 있는 것이 아니라, '여러 시대와 나라의 제도, 관습, 사고를 보여줄 수 있는 모든 것을 잘 알게 되는' 것이었다(Stewart I.8~10). 근세의 언어들을 습득하기 위해 스미스는 옥스퍼드에서 이런 일에 도움이 될 만한 자유계약직 강사들 중 한 명을 고용했을 수 있다. 베일리얼 도서관은 일반적으로 그 칼리지의 고참들만이 이용할 수 있는 곳이었음에도 그가 그리스, 라틴, 프랑스, 이탈리아 시인들의 작품이 있는 서가를 아주 잘 알게 된 것으로 미루어, 그는 분명 그 도서관에 손이 닿을 수 있었을 것이다. 학부생 도서관 혹은 작은 도서관이 있기는 했지만, 이용료를 내야 했으며, 구비된 책이 제한적이라고 이야기되었다(Jones, 2005: 147). 또한 많은 옥스퍼드 학생과 마찬가지로 스미스도 싸게 구할 수 있는 책들을 노려 옥스퍼드의 서점들에 자주 들렀을 수 있으며, 그가 서재에 보관한 안토니니의 『이탈리아어, 라틴어, 프랑스어 사전』의 처음 두 편 (1735, 1743)도 그렇게 산 책일 가능성이 있다(Mizuta).

하지만 스미스가 혼자서, 그리고 아마도 옥스퍼드의 정통 수호자들을 거스르며 습득한 지식이 무엇이든 간에, 그의 앞에 놓인 중요한 문제는 어떤 직업을 선택할 것인가였다. 목사가 되는 것은 그에게 맞지 않았고, 스넬 장학금을 10년 동안 유지할 수 있긴 했지만 이것은 암울한 전망이었다. 1745~1746년의 재커바이트 봉기로 스넬 장학생들과 신참이든 고참이든 베일리얼 칼리지의 다른 사람들 사이의 감정의 골이 깊어진 것도 사실이었다. 후자에 속하는 사람들의 감상적인 재커바이트 운동은 찰스 에드워드 스튜어트가 이끄는 스코틀랜드 하일랜드 군대에 좌우되는 조국의 운명에 대해서 저지대 스코틀랜드인들이 느낀 불안과는 일치하지 않았을 것이다.

영국과 프랑스 간 전쟁과 프랑스의 영국 침공 약속의 상황에서, 찰스 에드워드 스튜어트는 전혀 영웅적이지 않은 7인과 군자금인 금화 단 4000루이를 가지고 1745년 7월 25일에 모이다트에 상륙했다. 그는 카리스마를 발휘해 스코틀랜드 하일랜드의 족장들을 자기편으로 끌어들임으로써 '찰리의 해'를 열었으며, 8월 19일에 클랜래널드 지역의 글렌피넌에서 군대를 일으켰다. 재커바이트 지주들은 자기 소작인들을 그의 군대에 들여보냈고, 뛰어난 전략가인 노련한 장군 조지 머리 경도 합세했다. 그 나름으로 계몽가인 머리 경은 과학적 농업과 광산 개발에 관심을 갖고 있었고, 마르쿠스 아우렐리우스와 몽테뉴를 좋아했다. 하지만 그는 '그 왕가[스튜어트]를 밀어내는 것이 가장 부당한 일이라 믿었고'(Tomasson,1958: 2, 14, 253), 전투에서 하일랜드 사람들이 포함된 군대를 이끄는 방법도 알고 있었다.

9월에 재커바이트가 에든버러에 입성했다는 소식, 스코틀랜드의 하노버 왕가 사령관인 존 코프 경이 그 도시 바깥쪽의 프레스턴팬스에서 연패했다는 소식, 11월 8일에 잉글랜드를 향한 빠른 진군이 시작되었다는 소식, 그리고 12월 4일의 더비 도착을 정점으로 하여 마찬가지로 신속하게 스코틀랜드로 후퇴했다는 소식이 옥스퍼드에도 전해졌을 것이다. 이날은 휘그당에게는 '검은 수요일'이었는데, 그들의 적이 런던으로부터 겨우 127마일 밖에 있었기 때문이다. 후퇴—위협적인 하노버 왕가의 두 군대(웨이드의 군대와 컴벌랜드의 군대)가 전장에 나오고 한 잉글랜드 스파이(더들리 브레드스트리트)가 노샘프턴에 있는 세 번째 군대가 허깨비라고 보고한 데 따른—, 프랑스의 무대책, 그리고 웨일스와 잉글랜드의 재커바이트 봉기의 실패로 몹시 낙담한 찰스 에드워드 스튜어트는 이후 머리 경을 전혀 신뢰하지 않았다. 1746년 1월에 폴커크에서 치러진 추가 전투에서 승리하기는 했지만, 재커바이트 지휘부는 스코틀랜드 하일랜드로의 추가 철수 과정에서 무너졌다. 봉기 최악의 순간은 4월 16일 컬로든에서의 참패였는데, 패배의 주요인은 지치고 제대로 먹지 못한 재커바이트 군인들이 훈련된 포병대를 갖춘 수적으로 우세한 군대와 전투를 벌인 데 있었다. 머리 경은 다시 재커바이트 군대를 모아 다시 컴벌랜드와 싸울 수 있다고 확신했지만, 찰스 에드워드 스튜어트는 기개를 잃었다. 그는 달아나라는 명령을 내렸고 봉기는 좌절되었다. '이제 로케이버 도끼가 없다'라는 말은 재기 불가능한 상황이라는 판결이었다. 스미스는 잉글랜드 재커바이트의 활동이 찰스 에드워드 스튜어트에게 도움이 되지 못한 것은 유동성 문제 때문이었다는 재커바이트 은행가 이니어스 맥도널드의 평가를 인정했을 것이다. 잉글랜드와 웨일스의 대지주 계급 중 그의 지지자들은 군인을 살 만한 준비된 현금이 없었으며, 스코틀랜드 사람들과 달리 자신들에게 예속된 이들을 전쟁에 끌어들일 수 없었는데 그들이 군사훈련을 받지 않았기 때문이다(Terry, 1922; McLynn, 1991; Lynch, 1994: 334~339).

찰스 에드워드 스튜어트에게 합세하려 사람들이 몰려드는 것과 같은 옥스퍼드 쪽의 분주한 움직임은 없었지만, 아마 거기서 재커바이트들은 그의 승리에 환성을 질렀을 것이다. 봉기 전과 봉기 중에 재커바이트 운동에 대한 정치적 감정은 베일리얼에서 자신들이 받는 대우에 대한 스넬 장학생들의 불만스러운 감정을 악화시켰을 것이다. 불만은 결국 애덤 스미스를 포함한 스넬 장학생들이 자신들의 상황을 호전시키는 것과 관련해 1745년 2월 5일 이전의 어느 날에 글래스고 대학 이사회에 편지를 쓰는 것으로 이어졌는데, 이는 이 장학생들을 영국국교회에 강제로 입회시키기 위해 1738년에 시작된 상법부 소송과 관련된 움직임이었다. 대법관은 1744년 이 호소를 기각했고, 스넬 자선단체를 더 나은 기반에 올려놓을 계획(들)을 요구한 바 있었다(EUL MS La. II.997). 이사회가 베일리얼에서 무례한 대우를 받거나 혹은 상습적으로 가장 나쁜 방을 배정받는 것에 대한 스넬 장학생들의 불평을 접했을 때, 리 박사의 답은 그들이 '그 칼리지를 전적으로 싫어'하니 다른 곳으로 옮겨질 수도 있다는 것이었다(Addison, 1901: 19~22).

스미스의 학생 중 한 명인 웨스터타운의 데이비드 칼란더(1760~1771년 스넬 장학생)는 스미스가 '베일리얼을 싫어했고 지긋지긋해하며 떠났'고 자신에게 인정했다는 기록을 남겼다(EUL MS La. II. 451/2, fos. 429~434; Raphael and Sakamoto, 1990; Raphael, 1992b). 스미스가 베일리얼을 떠난 것은 1746년 8월 셋째 주의 일이었는데, 그의 '기숙사비'의 마지막 요금이 이때로 적혀 있다(Battle Books, 23, 2). 오래전인 1693년 상법부 소송의 결과로, 스미스는 스넬의 유언장이 규정한 바와 같이 잉글랜드교회의 성직자가 되지 않는다는 이유로 500파운드를 물어내지 않아도 되었을 것이다.

분명 스넬 재단의 지원을 받은 스미스의 살아 있는 동년배들은 대부분 잉글랜드교회의 목사가 되었다. 우리는 찰스 서티와 토머스 크로퍼드가 어떻게 되었는지는 모른다. 존 스털링은 베일리얼로 오고 나서 1년 이내에 죽었다. 1744년 베일리얼에 들어와 스미스와 친하게 지낸 존 스미스는(Corr. No. 64) 옥스퍼드에서 입신출세한 것으로 유명한 사례였다. 그는 의사 자격을 얻었고, 그다음에는 옥스퍼드에서 수학을 가르쳤으며, 1766년부터 1797년까지 새빌좌 기하학 교수였다. 또한 존 프레스턴은 1742년에 스미스를 위해 에든버러로 편지를 가져가기도 하고 커콜디에서 스미스 어머니의 시중을 들 것을 제안하기도 했던 인물로(Corr. No. 4), 제26보병연대의 목사가 되었다. 노년기까지 스미스의 친구였던, 덤프리스에 있는 클로즈번캐슬의 제임스 멘티스(아마도 제임스 스튜어트 멘티스. Menteath 또는 Menteith. Corr. No. 243, 281, 284, 288, 289)는 1736년부터 스넬 장학생이었는데, 1741년에 애더베리의 세인트메리스에서 목사가 되었고, 스미스가 그곳에서 만난 '좋은 사람들'에 포함되었을 수도 있다. 스미스처럼 그 역시 타르 수용액 유행에 휩쓸려 나름의 적당한 유용성을 기대하며 그것을 복용해보려 했다. 그는 1743년 5월과 8월에 애더베리의 한 소녀를 위해 이 특효약을 성공적으로 처방해, 폐결핵으로 두 번이나 죽음의 문턱까지 갔던 소녀가 결국 살아났다고 주장했다(George Faulkner's Dublin Journal, 28 May 1745). 그는 1759년 링컨셔의 배로비에 있는 올세인츠교회의 교구목사가 되었다. 1738년에 스넬 장학생으로 선발된 앤드루 우드는 1760년 왕의 목사로 봉직했고, 더럼 카운티의 워싱턴 교구목사를 지냈으며, 이어서 타인강 옆 게이츠헤드의 교구목사가 되어 재임하다가 1772년 뉴캐슬 다리가 무너졌을 때 교구민들을 구조한 뒤 열병으로 사망했다. 또 한 명의 스미스의 평생 친구인 존 더글러스는 피튼웜의 상인의 아들로, 1745년에 스넬 장학생이 되었고, 동년배 중에서 가장 성공한 성직자가 되었다. 그는 1736년 옥스퍼드의 세인트메리스홀에 자비생으로 입학했고, 1738년에 워너 장학생으로서 베일리얼 칼리지에 입학해 학사(1740)와 석사(1743)가 되었다. 그는 아버지의 뜻을 따라 외국으로 나가 프랑스어를 배웠고(1740~1742), 1743년 집사 임명을 받았으며, 영국 성공회 성직자의 엘리트 코스를 밟았다. 1744년 7월에 그는 스코틀랜드 근위대의 목사가 되었고, 퐁트누아 전투에서 부관으로 복무했다. 1745년 잉글랜드로 돌아온 그는 사임했고, 이후 2년간 스넬 장학금을 받으며 베일리얼에서 공부한 뒤 성직자가 되었다. 그가 글래스고대학을 다닌 것으로는 보이지 않기에, 그가 스넬 장학생의 자격을 얼마나 갖추었는지는 분명하지 않다. 1744년 5월 28일의 '베일리얼 보증금 장부'에 더글러스의 예치금 수령인으로 애덤 스미스의 이름이 기록되어 있다(Jones and Sander, 2009: 3). 성직자가 된 후 그는 배스 백작 1세인 윌리엄 펄트니의 비서이자 전속 사제 역할을 하며 백작의 후원을 누렸고, 많은 성직을 가졌으며, 지위가 더 높아져 칼라일의 주교, 윈저의 대성당 주임사제, 솔즈베리의 주교로 차례차례 나아갔다(Addison, 1901: 41~47; Ross, 2005a). 그는 돈 많은 교회가 대학으로부터 학자들을 끌어간다는 스미스의 관찰의 한 본보기였다. 그의 성직 상승은 밀턴 연구 분야에서의 문학적 탐구, 기적에 대한 흄의 논박, 정치적 소책자들, 종교적 사기의 폭로, 정치가이자 역사가인 클래런던의 글들과 제임스 쿡 선장의 글들을 포함하는 대단히 성공적인 일련의 출판물에 버금가는 것이었다(Addison, 1901: 41~47).

애덤 스미스는 6년 동안 꾸준히 독서를 하게 해주고, 자신의 사투리와 스코틀랜드 말투에 대한 불안—데이비드 흄을 괴롭혔던—을 떨쳐버리게 해준 옥스퍼드에 결국 고마워했을 수도 있고 그렇지 않을 수도 있다. 이 시기의 그의 서신들은, 심지어 건강을 해칠 정도로 학문의 삶에 완전히 몰두해 있는, 꽤 자신감에 찬 한 젊은이의 모습을 그리게 해준다. '쇠퇴'에 처한 이 오래된 대학은 그에게 우울하지만 가치 있는 교훈을 줄 수 있었다. 그곳에서의 경험은 인력으로 하는 일에는 경쟁과 기회가 필요하다는 것을 그가 강조하게 되는 데 영향을 미쳤다. 스튜어트의 말대로 그는 커콜디로 돌아갔고, '스코틀랜드에서 학문적 성취를 통해 얻을 수 있는 소박한 자리들 중 하나를 얻는 불확실한 가능성에 자신의 야망을' 제한했다(Stewart I.11). 하지만 그는 저술가로서 세계적 명성을 얻는 일도 하게 된다.

6장

많은 수강생

·

내 에든버러 강의의
수많은 참관자들……

옥스퍼드를 떠날 때 애덤 스미스의 문제는 학생 대부분이 대학 교육을 마칠 즈음에 직면하는 사안, 즉 어떻게 돈벌이가 되는 일을 시작할 것인가 하는 점이었다. 그는 1746년 가을에 스코틀랜드로 돌아왔다. 스튜어트 가문을 다시 영국 왕좌에 앉히려는 폭력적인 시도에 의해 야기된 내전이 막바지에 이르렀을 때였다. 그 여파로 스미스는 1748년 에든버러에서 수사학과 순수 문학을 가르치는 자유계약직 강사가 될 기회를 얻었다. 이 교사의 주된 역할은 스코틀랜드의 젊은 전문직 사람들이 잉글랜드 문학과 친해지고 표준 영어로 능란하게 의사소통을 할 수 있게끔 돕는 것이었다. 잉글랜드 문화를 좀더 이해하기 쉽게 만들고, 따라서 스코틀랜드 지식인들에게 더 잘 받아들여지게 만듦으로써 그들이 1707년의 잉글랜드-스코틀랜드 의회 통합에 따른 단일 국가에서 제 역할을 하는 데 도움을 주기 위해서였을 것이다.

스미스의 직업 선택은 감정의 소용돌이 속에서 이루어졌다. 스튜어트 가문의 왕위 계승에 동조적이었던 옥스퍼드에서, 베일리얼의 스코틀랜드인들이 하노버 가문을 지지한다고 여겨진 탓에 스미스는 반감에 부딪혔다. 북쪽을 향해 갈 때 그는 재커바이트의 서쪽 퇴각로를 피해 잉글랜드를 통과하는 동쪽 경로로 갔으리라 예상된다. 1746년 8월 말, 반역자로서의 스코틀랜드인들에 대한 반감 때문에 그가 자신의 정체성을 감춰야 했을 가능성도 있다. 1746년 말에 나온 「올드 잉글랜드」라는 팸플릿은 그 문제를 이런 식으로 정의했다. '스코틀랜드인은 타고난 재커바이트로, 자비, 관용, 우호적 거래라는 행동에 의해 바뀔 수 없다'(Lenman, 1980: 264).

알렉산더 칼라일은 그 1746년 4월의 밤에 소설가 토비아스 스몰렛과 함께 런던에 있었는데, 그때 조지 2세의 작은아들인 컴벌랜드 공작—흉포하게 재커바이트들을 무찔러 '도살자'라는 별명을 얻은— 휘하의 하노버 왕가 군대가 컬로든 전투에서 승리했다는 소식이 전해졌다. 칼라일의 회고에 따르면, '군중이 소란을 피우고 많은 폭죽이 끊임없이 터지고 있어서', 집으로 가던 그와 스몰렛은 즐거이 한 '좁은 골목'으로 들어가 가발을 주머니에 넣고 손에 칼을 쥐었다. 스몰렛은 칼라일에게 '군중이 내 조국을 알아보고 함부로 굴면 안 되니' 한마디도 하지 말라고 충고했다. 그날 밤 잉글랜드 사람들은 '하일랜드 사람들이 더비에 와 있었던 몇 개월 전의 검은 수요일[1745년 12월 4일]에 비참하고 겁먹었던 만큼 오만하고 용맹했다'고 칼라일은 생각했다(Carlyle, 1973: 98~99).

컬로든에서 살아남은 불운한 재커바이트들에게 컴벌랜드의 지시하에 하노버 왕가 국가의 분풀이가 자행되어, 킬마넉 경, 발메리노

경, 러뱃 경이 참수되고, 116명의 불운한 사람이 교수형, 사지절단, 능지처참을 당하고, 3400명에 달하는 남녀와 아이들이 유배되거나 옥사하거나 실종되었는데(Lenman, 1980: 271~275), 스미스는 이러한 분풀이가 심각한 공포 후의 반응과 유사한 것에 기인한다고 이해하려 했다. 초기에 봉기가 성공한 것에 대해 스미스는 인류의 용기를 침몰시키는 '상업의 나쁜 영향' 탓으로 돌렸다.

1745년에 4000명 내지 5000명의 무장하지 않은 무방비 상태의 하일랜드 사람들이 호전적이지 않은 거주민들의 어떤 반대도 없이 이 나라[스코틀랜드]의 발전된 지역들을 차지했다. 그들은 잉글랜드로 침투해 들어가 나라 전체를 불안하게 만들었으며, 만약 상비군에 의해 저지되지 않았다면 거의 어려움 없이 왕좌를 차지했을 것이다. (*LJ*(B) 331~332)

심지어 봉기 초기에 재커바이트 군대에 대한 저항의 심장부를 이루어야 했을 캠벨 민병대는 아가일 공작 2세 자신의 개발 정책들의 결과로 택스맨이라는 장교 군단이 흩어지면서 심히 쇠잔해 있었다. 그는 자신이 캠벨 토지에 초래한 훗날의 사회경제적 변화에는 관심이 없었던 것 같고(Cregeen, 1970), 오히려 애더베리를 비롯한 자신의 잉글랜드 토지를 개발하고 스코틀랜드에서 더 높은 지대를 받는 데 좀더 관심이 있었던 것처럼 보인다. 스코틀랜드에서 얻는 그의 총수입은 1703년에 5000파운드였던 것이 1743년 그가 사망할 당시에는 6687파운드로 증가해 있었다. 1761년 그의 동생인 아가일 공작

3세 아치볼드가 사망할 당시에는 총수입이 거의 1만 파운드에 달했다(Youngson, 1973: 20). 플랑드르에서 말버러 아래의 유능한 지휘관이었던 아치볼드는 아가일셔 민병대 부대를 15개로 늘렸고, 이어서 45개로 늘렸다. 이는 그에 대한 런던 정부의 신뢰를 어느 정도 회복하는 데 도움이 되었고, 결국 그는 1740년 후반에 부관인 솔타운의 앤드루 플레처(밀턴 경)와 함께 스코틀랜드 정치 관리자라는 자신의 위치로 돌아왔다. 대학 임용에 대한 이 공작의 영향력은 애덤 스미스의 경력을 발전시키고 데이비드 흄의 야망을 좌절시키는 데까지 확장되었다.

1745년 가을에 그 젊은 철학자는 아넌데일 후작의 가정교사로 고용되어 있던 세인트올번스 근처의 시골집에서 재커바이트 군대가 북쪽에 있던 하노버 왕가 군대를 노련하게 압도하고 에든버러를 점령하기 위해 진군하고 있다는 놀라운 소식을 들었다. 찰스 에드워드 스튜어트는 9월 16일에 그 수도의 항복을 요구했다. 시장 아치볼드 스튜어트는 대리인들을 통해 조건을 내세웠지만, 로키얼의 도널드 캐머런은 17일에 일찌감치 케이넌게이트의 네더바우 성문 바깥쪽에 자기 가문 사람들을 집결시켰다. 의원들의 마차가 빠져나가기 위해 이 성문이 열렸을 때 이 캐머런 사람들은 그 안으로 달려 들어갔고, 총 한 발 쏘지 않고 그 도시를 손에 넣었다. 스튜어트는 재커바이트들에게 저항한 탓에 그들에 의해 에든버러에서 투옥되었다가 그들이 그곳을 떠날 때 풀려났으며, 이후 1745년 12월부터 1746년 1월까지 하노버 왕가 정부에 의해 런던탑에 투옥되었다. 그는 1만 5000파운드라는 엄청난 액수의 보석금을 치르고 석방되었는데, 애덤 스미스의 친구인 더니키어의 제임스 오즈월드가 2500파운드를 보태주었다. 1747년 3월 24일에 시작된 스코틀랜드 최고법원 재판에서 그는 의무를 저버리고 자신의 도시를 내준 잘못된 행위에 대해 심판받았다. 이 정치적 재판이 오즈월드의 고향 커콜디에서, 스미스가 듣는 데서 이 야깃거리가 되지 않았다면 오히려 이상한 일일 것이다. 흄은 스튜어트 시장의 친구였고, 그가 유죄 판결을 받고 중형에 처해질 것을 염려해 『전 에든버러 시장 아치볼드 스튜어트 씨의 처신과 행동의 진상』 (1748)이라는 팸플릿을 써 스튜어트의 오명을 씻어주려 했다. 이 책은 1747년 10월 20일 날짜로 되어 있지만, 만장일치의 무죄 선고가 내려진 지 이틀 후인 11월 4일 날짜의 추기를 덧붙이고 있었다. 재치 있고 박식하게, 흄은 재판의 쟁점이 되는 법적 문제에 대해, 그리고 1745년에 스튜어트의 소관이었던 에든버러 방어가 이전부터 오랫동안 열악한 상태에 있었다는 것에 대해 잘 이해하고 있음을 보여준다. 추기에서는 아치볼드 스튜어트의 곤경에 대해 관용의 반응을 보였을 이상적인 '정치적 휘그당원' 같은 성격이 묻어난다. 이는 아마도 애덤 스미스의 관점에 가까운 존재일 것이다. 즉, '공공의 이익에 근거해 특정한 왕자와 가문들을 중시하는, 의식 있고 절도 있는 사람, 법과 자유를 사랑하는 사람'에 가까울 것이다(Mossner, 1980: 182~186). 특징적으로, 흄은 '종교적 휘그당원'을 보복적이고 위선적인 존재로 묘사하는데, 스미스는 개인적으로는 이를 지지했겠지만 공개적인 글을 통해서는 아니었다.

커콜디는 1715년의 재커바이트 봉기 때 습격받고 약탈당했지만, 1745년에는 20파운드와 35파운드의 공물을 바쳐 위기를 모면했다. 지역 인물 누구도 그 소란에서 앞장선 것으로 보이지 않지만, 안스트루더 해안 위쪽에서 찰스 와이트먼이라는 이름의 지주는 컬로든의 생존자들을 숨겨놓았다가 자신의 밀수 인맥을 통해 프랑스로 건너가게 해주었다(House, 1975: 21; Thirkell, n.d.: 24). 스미스는 어머니 집에서 공부를 계속했고, 아마도 친척인 또 한 명의 윌리엄 스미스의 예를 좇아 가정교사 자리를 얻고자 했을 것이다. 윌리엄 스미스는 매리셜 칼리지의 연구지도교수가 되기 전인 1704년에 미래의 에롤 백작 12세를 지도했다(Scott, 1937: 398). 1746년 8월 8일 프랜시스 허치슨이 더블린에서 갑자기 사망했다는 소식을 접한 스미스는 그가 남긴 자리에 자기가 가는 것을 생각해봤을 것이다. 하지만 10월 1일에 글래스고대학은 세인트앤드루스대학의 히브리어 교수인 토머스 크레이기를 도덕철학 교수로 임명했다(Coutts, 1909: 220). 이 시기에 스미스는 감기를 예방하고자 여름과 겨울에 포스만에서 해수욕을 했다(EUL La. 451/2, fos. 429~430). 타르 수용액을 마시는 대신 소금물에 몸을 담그는 것이 건강염려증을 이겨내는 또 다른 방법이었을 수 있다. 일자리를 알아보는 동안 스미스가 커콜디에서 배로 멀지 않은(별 이상이 없을 경우) 에든버러를 방문했으리라는 추측이 가능할 것이다. 계몽 운동에 적극적이던 페니퀵의 클러크 집안 사람들 같은 부친의 친구들과의 관계를 새로이 하고 서점들을 찾아다니기 위해서 말이다. 물론 그는 어머니와 함께 스트래센드리의 외가(더글러스 가문) 친척들도 방문하고 정치적 동향을 알고 있었을 세관에 근무하는 스미스 가문 사촌들과도 접촉했다. 대학이 있는 쿠퍼와 세인트앤드루스 같은 도시들은 다녀오기에 그리 멀지 않았다.

국가적인 문제에 대해 말하자면, '찰리의 해'는 찰스 에드워드 스튜어트가 자신의 추종자들을 운명에 맡겨둔 채 히스 무성한 황야의 은신처를 탈출해 1746년 9월 20일 프랑스를 향해 출항하면서 끝이 났다. 정부는 그 지역의 평화를 되찾기 위한 장기간의 조치에 들어가, 거주민들을 최대한 무장해제시켰고, 그들로 하여금 전통 의상을 포기하게 했다. 북쪽에 더 많은 군사 도로가 건설되었고, 애덤 가족에 의해 석조 건축 계약이 체결된 곳인, 인버네스 근처의 포트조지와 같은 방위 거점들이 세워졌다. 스코틀랜드의 구제도에 가해진 치명타는 1747년의 관할권 상속(스코틀랜드)에 대한 법률이 통과된 것이었다. 이는 에든버러에서 대지주 가문들의 법적 권한을 빼앗아 하노버 왕가 정권의 사법이 중앙에 의해 집행되는 것을 강화한 것이어서, 봉건적이라기보다는 가부장적인 권력을 갖고 있던 하일랜드 족장들보다 저지대 거물들에게 더 많은 영향을 미친 변화였다(Lenman, 1980: 277~280).

그런 법률 재정비 문제에 관심이 있던 스미스는 그것들을 법학 강의와 『국부론』에서 적절히 다루었다. 그는 에든버러에서 자유계약직 신분으로 강의할 즈음 사법 체제와 같은 제도들의 기원을 밝히고 그 제도들의 변화를 설명하는 사회형성단계설을 채택한 것으로 보인다. 그의 추론에 따르면 각 단계는 주된 생계 방식, 즉 사냥·낚시, 목축, 농사, 상업으로 특징지어졌다. 1745년 재커바이트 봉기 당시의 스코틀랜드는 스미스에게 전사戰士 집단과 가부장적 지도자들을 갖춘 목축업 단계의 스코틀랜드 하일랜드 및 잉글랜드와 마찬가지로 농업·상업·산업으로 조직되어 있고, 따라서 방어를 위한 전문 군대에 의존해야 하는 비호전적인 스코틀랜드 저지대 간의 대조를 제공해주었다. 스미스는 『법학 강의』(*LJ* A: i.129)와 뒤이어 『국부론』(*WN* III.iv.8)에서, 찰스 에드워드 스튜어트를 위해 에든버러를 장악했던 캐머런 씨족의 우두머리인 로키얼의 캐머런에 의한 성공적인 가부장적 사법 기능 행사에 대해 언급했다. 또한 스미스는 『법학 강의』에서, 1753년에 영국 정부가 또 다른 반란을 우려한 나머지 로키얼의 형제인 아치볼드 캐머런을 반역 혐의로 사형에 처했다고 언급했는데, 그가 몇 년만 더 방해가 되지 않았다면 그는 아마 안전했을 것이다(*LJ*(A) ii.174, (B) 200).

1745년 봉기의 여파로 스코틀랜드 사회의 지도자들은 신사에게 어울리는, 그리고 신사가 직업을 수행하고 잉글랜드 문화에 스며드는 데 필요한 '세련되고 유용한 학식'의 중요성을 그 지역 젊은이들에게 강조하고 있었다. 이것이 바로 1748년 11월 1일 에든버러에서 아미스턴의 로버트 던다스가 민법을 집행하는 스코틀랜드의 최고 재판관인 최고민사법원의 법원장으로 승진해 변호사회의 축하를 받았을 때 그의 주제였다. 그는 변호사—이로부터 주 장관도, 판사도 배출된다—가 되려는 사람들이 어떠해야 하는지를 역설했다. 그의 주장에 따르면, 변호사가 되려는 사람들은 로마법, 자연법, 만민법의 원칙들을 철저히 익히는 것을 넘어(스코틀랜드 법률가들에게서의 흐로티위스-푸펜도르프의 자연법 전통의 중요성을 그가 인지하고 있었다는 표시), '자기 지역의 자치법을 공부하는 데 정진하기에 앞서 먼저 신사다움을 갖춰주는 다른 과학들과 기량을 습득하고 무엇보다 학문적 배움을 게을리하지 않도록 노력해야' 했다(John Macpherson, 1980: 225). 이런 맥락에서 애덤 스미스는 영어 작문과 문학 비평을 다루는 자유계약직 강사로 초빙되었다.

그가 강의한 곳인 스코틀랜드 수도의 에든버러라는 이름은 게일어 Din Eidyn과 고대 영어 burg에서 유래한 것으로, '산비탈 요새 옆의 도시'라는 뜻이다. 이런 이름이 에든버러를 유럽에서 가장 인상적인 도시들 중 하나로 만들어주고 있는 입지적 특성에 관심을 갖게 한다. 에든버러 성은 오래전의 화산 폭발로 형성된 험준한 바위 위에 자리 잡고 있으며, 더 높은 또 다른 오래된 화산인 아서스시트 근처의 홀리루드 궁전까지 빙하가 흘러간 자리를 따라 뻗어내려간 밀집된 도시를 굽어보고 있다. 역사적으로 에든버러의 기능은 남동쪽으로부터의 스코틀랜드 접근을 방어하는 것이었으며, 1745년 재커바이트 봉기 때 에든버러 성은 하노버 왕가의 수중에 계속 남아 있으면서 반란군을 옭아맸고, 반란군이 그 지역을 장악하는 것을 제한했다.

에든버러 올드타운은 에든버러 성에서 홀리루드 궁전까지 이어지는 로열마일의 양옆으로 자리 잡고 있다. 위쪽 구역에는 캐슬힐과 론마켓이 있다. 그다음에는 하이스트리트가 나오는데, 스미스 시대에 이 길을 따라가면 우아한 왕관형 첨탑(1500년경)을 가진 세인트자일스 교회가 나왔고, 포고문이 발표되는 곳이었던 머캣크로스가 나왔고, 음산한 옛 공회당—감옥이자 행정 중심지—이 나왔고, 러켄부스—임대 점포들—라는 이름의, 서점을 포함한 상점들이 모여 있는 곳이 나왔고, 스코틀랜드의 최고 형사 법원과 민사 법원이 들어서 있던 17세기 의사당이 나왔다. 네더바우 성문을 통해 진입하게 되는 아래쪽 구역은 캐넌게이트라는 별도의 자치 구역을 이루고 있었다. 스미스는 1778년부터 그곳에서 살았고, 홀리루드 궁전과 새로운 스코틀랜드 의회 건물에서 멀지 않은, 그 교구의 교회 묘지에 묻혔다.

스미스의 친구들인 제임스 오즈월드, 로버트 애덤, 데이비드 흄, 윌리엄 로버트슨, 휴 블레어, 알렉산더 칼라일, 조지프 블랙, 제임스 허턴은 모두 에든버러대학에 다녔는데, 이 대학은 하이스트리트 남쪽의 커크오필드 부지에 들어서 있던 평범한 건물들을 사용하고 있어서 글래스고의 '잘 정돈된 대학'과 부정적으로 대조되곤 했다. 대학에 인접한 왕립 병원은 1738~1748년에 네덜란드 팔라디오 양식으로 윌리엄 애덤이 건축했다. 스미스 부친의 친구인 의사 존 클러크가 1757년까지 그곳에서 진료했다. 스미스가 에든버러에서 교편을 잡던 시절에 알았을 만한 또 다른 유명한 공공 건물로는 남쪽에 위치한 르네상스 헤리엇 학교(1628~1660), 하이스트리트 혹은 그 근처에 위치한 재단사 길드홀(1621), 모피상 길드홀(1643), 양초 제조자 길드홀(1722), 서전스홀(1697)이 있었고, 또한 캐넌게이트 쪽에는 제임스 6세 재위 때 생겨난, 작은 탑이 있는 공회당과 종교 개혁 이전의 교회가 있었다.

에든버러의 인구는 1722년에 3만 5500명, 1755년에 4만 7570명, 1791년에 8만 4886명이었다(R. H. Campbell, 1992: 110). 스코틀랜드교회, 법조계, 학계, 의료계의 지배 엘리트들과 많은 상류층 가문은 도심에 거주할 경우 높은 공동 주택 건물들에 의해 형성된 올드타운의 좁은 골목들(court, close, wynd라고 불림)에서 살았다. 많은 법정외 변호사들처럼 애덤 스미스의 부친도 의회 통합 이후 약 7년 동안 하이스트리트에서 갈라진 옛 프로보스츠 골목에서 살았다(Scott, 1937: 13). 1770년대부터는 지배 엘리트들이 점점 더 많이 뉴타운으로 이사하게 되었는데, 기존 도시와 리스 항구 사이의 건축 용지가 1759년에 시작된 노어록의 배수 공사 덕분에 쓸모 있어지면서 더 유익한 환경이 조성되었기 때문이다(Youngson, 1966: 227~228; Horn, 1967: 18; Gifford et al., 1988).

스미스를 수사학 강사로 에든버러에 데려오려는 계획에서 주요 역할을 한 사람은 케임스의 헨리 홈으로, 그는 뛰어난 변호사이자 열렬한 농업 개혁가였고, 1752년에 케임스 경이라는 칭호를 받으며 판사로 등용되었다(Ross, 1972). 그의 전기 작가이자 친구인 알렉산더 프레이저 타이틀러(나중에 우드하우슬리 경이라는 칭호를 받으며 판사가 됨)는 다음과 같이 서술했다.

[케임스의] 설득과 권고로, 옥스퍼드에서 돌아오자마자 애덤 스미스 씨는 애초에 예정돼 있었던 교회 쪽 진로에 대한 생각을 모두 접었고, 수사학과 문학에 대한 강의라는 독서 강좌를 통해 자신의 초기 연구를 대중을 이롭게 하는 데 쓰기로 방향을 바꾸었다. 그는 1748년에, 그리고 그다음 두 해에 에든버러에서 그러한 강의를 했다. (Tytler, 1807:i.190)

이것이 스미스의 강좌의 있는 그대로의 상황이다. 이번 장의 나머지 부분에서는 수업 내용에 대한 스미스의 복잡하고 깊이 있는 생각을, 그리고 그런 생각이 차후의 그의 지적 계획들과 어떤 관계에 있는지를 살펴볼 것이다(Phillips, 2006).

하지만 스미스의 후원자인 케임스에 관한 설명이 먼저다. 그는 최고민사법원의 판결들을 모은 것으로 자기 직업에서 이름을 남겼다. 원래 스튜어트 왕가 지지자였던 그는 1730년대에 휘그당원으로 전향했고, 『영국 유물에 대한 몇몇 주제의 시론』(1747)에서 파기할 수 없는 권리에 대한 이론 같은 재커바이트의 정치적 독트린들을 공격했다. 이것은 스미스가 추구한 것과 같은 일종의 '철학의 역사'였고, 흄이 케임스가 자신의 『인성론』에서 차용했다고 여겼을 만한 '원칙들' 내에 4단계 사회 이론의 한 유형을 포함하고 있었다(*NHL*, 1954: 27; Ross, 1972: 53~54; Meek, 1976). 흄의 이웃이자 먼 친척인 케임스는 그 젊은이가 세상에 나가려 애쓸 때 조언과 도움을 주었다. 케임스는 철학뿐 아니라 문학과 비평에도 큰 관심을 갖고 있었고, 1740년대에는 이런 관심 분야와 정치를 다루는 『스펙테이터 앤드 크래프츠맨』 같은 정기간행물을 발행할 생각을 했다(Cunningham & Ross, 2006). 결국 그는 흄과 애덤 스미스의 미학에 기초한 『비평의 요소』(1762)라는 논문을 집필했는데, 이것은 그 분야의 주춧돌 같은 문서가 되었다. 케임스의 후원 아래 수사학과 순수 문학 혹은 비평에 대한 일련의 강의가 마련되는 것은 좋은 취향을 사회적 결속의 표시로서 긍정하는 케임스의 생각과 완전히 어울리는 일이다. 인생 후반기에 스미스는 케임스의 문학 연구 장려에 대해, 그리고 흄을 비롯한 명성을 얻은 사람들과 마찬가지로 자신 또한 케임스로부터 받았던 도움에 대해 경의를 표했다. 이런 경의의 표현은 동시대에 스코틀랜드가 배출한 걸출한 작가들의 수에 대한 언급에 화답하는 것이었다. 스미스는 '우리 모두 케임스를 우리 스승으로 인정해야 한다'고 말했다(Tytler, 1807: i.160; Ross, 1972: 31~33, 51~54, 90~91).

1740년대 후반에 케임스는 에든버러 철학협회에서 주도적인 역할을 했다. 원래 의학 연구 단체였던 이 협회는 콜린 매클로린의 설득으로 1737년에 과학적 지식 일반, 스코틀랜드의 유물, 그리고 농업·제조업·기술의 개선을 다루는 것으로 확장되었다(Emerson, 1979a). 내과의 존 클러크는 광산업과 자신의 애국적인 유물 연구에 대한 논문들을 기고한 사촌 존 클러크 경처럼 부회장을 지냈다. 그 협회는 1745년의 재커바이트 봉기 때 약화되었지만, 4년 후에는 소생의 징후를 보이고 있었다. 1751년경 케임스는 존 클러크 경의 후임으로 부회장이 되었고, 데이비드 흄은 간사들 중 한 명이었다(Emerson, 1981).

철학협회가 스미스의 수사학 강의를 후원했다는 주장이 제기된 바 있다(Scott, 1937: 49~50). 이를 분명히 해주는 증거는 없지만, 케임스는 이런 일을 철학협회를 위한 자신의 새로운 계획들 중 하나로 삼을 만한 사람이었을 것이다. 게다가 1720~1758년에 존 워드가 그레셤 칼리지에서 성공적으로 수사학을 강의한 선례가 있었다. 그레셤 칼리지는 런던 중심부의 홀번 거리를 조금 벗어나 자리한 바너즈인 홀 안에 들어서 있었는데(Howell, 1971: 87~120), 에든버러 철학협회가 본받고자 한 런던 왕립학회와 오랜 관련이 있었다. 왕립학회는 '모든 것을 가능한 한 수학적 명백함에 가까워지게 하는, 익숙하고 꾸밈없고 자연스러운 말투, 분명한 표현, 뚜렷한 의미, 소박한 평이함'을 옹호했고, '부연, 여담, 과도한 문체를 모두' 거부했다고 잘 알려져 있다(Sprat, 1667/1958). 스미스는 분명 철학협회 또한 배우고 논하고 싶어한 뉴턴의 새로운 과학에 어울리는 수사학인 이러한 새로운 수사학을 가르쳤다. 그의 수강생들은 옥스퍼드에서 몇 년을 보낸 스미스에게서 남부의 영어를 능란하게 구사하는 사람을 볼 수 있었다. 스코틀랜드 사람들은 런던으로부터 지배를 받는 제국 세계로 들어가기 위해 이런 기술을 습득하고 싶어했다(*Edinburgh Review*, 1755: 1, p. iii; Gentleman's Magazine, 1790, 1x. 762).

케임스에게 스미스를 추천한 이는 더니키어의 제임스 오즈월드였다(Scott, 1937: 46; Rigg, rev. Alter, *ODNB-O*, 2006). 오즈월드는 하원에서 경제 문제를 전문 분야로 삼았고, 호러스 월폴에 의해 하원 최고의 연사 30명 중 한 명으로 꼽힌 인물이었다(*HP* iii.237~239). 오즈월드는 1747년 8월 15일에 쓴 한 편지에서 동료 하원의원인 휴 댈림플에게 스미스를 '글래스고와 옥스퍼드에서 교육받았고, 기회가 있다면 교수직을 맡기에 아주 적합한 뛰어난 문학적 능력을 갖춘 젊은이'라고 설명했다. 댈림플은 대학의 임용과 문학에 대한 아가일 공작 3세의 관심을 고려해 스미스가 공작의 관심을 끌게 해달라는 부탁을 받았다(*NAS* GD110/963/7: Emerson, 1992: 70; 2009).

이 기간의 에든버러 신문들에서는 스미스의 연속 강의에 대한 어떤 광고도 발견되지 않았지만, 분명 에든버러대학의 강의들과 직접적으로 경쟁하는 공개 강의 형식의 많은 활동이 있었다. 이는 스미스의 조국의 수도인 에든버러의 삶의 한 단면이었고, 옥스퍼드에서 교수들의 무기력함이나 학생들이 필요로 하는 것에 대한 무관심에 질렸던 젊은 스미스로서는 그러한 면이 마음에 들었을 것이다. 예를 들어, 스미스의 친구인 매슈 스튜어트 교수가 1748년 11월 25일에 에든버러대학에서 수학 강의를 시작한다는 광고가 신문에 실렸다. 한편, 의학 박사인 에베니저 맥페이트는 11월 8일부터 자신의 하숙집에서 고대와 근대의 기하학 체계에 대한 강좌를 열기로 했다. 공개 강의들은 강사의 하숙집 가까이에 있는 여러 공간에서 열렸다. 예컨대 캐넌게이트의 콘서트홀, 워리스턴클로스의 소사이어티홀, 브리스토스트리트의 깁스미팅하우스 등등이었다. 실험철학 강좌의 경우, 드메인베리 박사는 12회 강의에 2기니를 청구하기도 했고, '플레시마켓에 있는 (…) 베일리 부인 하숙집의 강의실' 문 앞에서 1실링씩 받기도 했다(Caledonian Mercury, Oct., Nov. 1748).

스미스의 강의 장소가 어디였는지는 알 수 없지만, 에든버러 석공들의 만남의 장이었던 메리스채플이었을 가능성이 있다. 하이스트리트를 조금 벗어난 곳에 있었던 그 건물은 1786년의 사우스브리지 프로젝트로 인해 철거되었다. 스미스와 그의 뒤를 이은 강사들 때문에 에든버러에서 영어에 쏠린 관심을 상쇄하기 위해 3월 15일(1776)에 '스코틀랜드어'에 대한 강의가 열렸다는 이야기도 있다(Crawford, 1992: 24). 우리가 알기로, 스미스의 강의는 경제적 성공을 거두었고, 아마도 연간 연속 강의 수강에 1인당 1기니라는 가격을 관례화했을 것이다(Rae, 1965: 32). 데이비드 흄은 스미스에게 보낸 1758년 6월 8일자 편지에서, 교수 자격이 없음에도 '당신은 이곳[에든버러]에서의 수업으로 1년에 100파운드 이상을 벌었는데', 존 스티븐슨은 (…) 150파운드쯤 번다고 썼다(Corr. No. 25). 흄이 언급한 존 스티븐슨은 에든버러대학의 유명한 논리학 교수로, 아리스토텔레스의 『시학』과 『숭고에 관하여』에 대해 강의했고, 드라이든의 비평과 취향에 대한 『스펙테이터』의 논문들을 읽어가며 설명했다(Mossner, 1980: 42).

스미스는 에든버러의 자유로운 학문 시장에서 벌어지는 잘하려는 열띤 경쟁을 환영했을 것이다. 그는 '서로 고용되려 다투는 경쟁 때문에, 경쟁자 각자는 자기 일을 어느 정도 확실하게 해내고자 힘껏 노력하지 않을 수 없다'고 말했다(*WN* V.i.f.4). 1749년 2월 4일 그가 스넬 장학생 자리에서 물러난 데에는 분명 그의 독립심이 반영되어 있다(*Corr.* No. 7). 유산 상속도 그의 상황을 더 수월하게 만들어주었다. 그의 이복형 휴가 이듬해에 유언을 남기지 않고 사망함에 따라, 그들 부친의 유언에 따라 애덤 스미스에게 애버딘의 어떤 부동산에 대한 독점권이 주어졌다. 그것은 애버딘의 타운하우스 맞은편, 캐슬게이트 서쪽에 위치한, 목재상이 있던 공동주택이었다. 스미스는 나중에 가치가 큰 땅덩어리가 된(1930년대에 애서니엄 호텔 부지) 그곳에서 나오는 적절한 수입을 그리 오래 누리지는 않았다. 1757년에 115파운드를 받고 한 집안사람에게 그곳을 팔았기 때문이다(Aberdeen City Archives, Register of Sasines: B 1/1/62; GUL MS Gen. 1035/218; Scott, 1937: 135~136, 409). 또한 1750년 12월 22일에 그는 어머니의 1720년 결혼지참금을 1720년 11월 17일부터의 이자까지 더하여 지급받고 외조부의 유산도 지급받는 횡재를 얻었는데(NAS GD 446-46-8-00001), 이를 합하면 약 328파운드에 달했다(Böhne/Simons, English Pounds/Pound Scots currency calculator, 2005 Internet article). 1757년 말경 이 모든 재원을 토대로 스미스는 오늘날의 가치로 4만 1685파운드에 해당되는 액수를 가족 자산에 추가할 수 있었다(2005년도의 환산율은 Sher, 2005: xxv 참고).

스미스를 잘 알았던 우드하우슬리는 그의 수사학 강좌에 출석했던 일을 케임스의 전기에서 자세히 언급했다. '많은 수강생'이 강의를 들었는데, '주로 법학과 신학을 공부하는 학생들이었다'고 그는 기술했다(Tytler, 1807: i.190). 그러고 나서 그는 법조계와 관련 있는 수강생들을 열거했다. 한 사람은 스미스의 친구로 얼마 전에 부유한 잉글랜드 과부와 결혼한(1747년 1월) 제임스 오즈월드였다. 그는 이미 두각을 나타내는 하원의원이었고—1748~1751년은 재임기가 아니었지만—, 의회가 열리는 동안에는 런던에 있었겠지만 의회 회기가 통상적인 9개월보다 짧을 때면 에든버러에 있을 수 있었다. 또 한 사람은 에든버러대학 3학년 학생이던 열다섯 살의 알렉산더 웨더번으로, 그는 1753년에 변호사가 되었고, 스미스와 흄을 비롯한 지식인들과 우정을 나누었다. 스코틀랜드에서 자신의 장래성에 만족하지 못하던 그는 1757년 잉글랜드 법조계로 나아갔고, 정계에 들어갔으며, 1780~1793년에 민사법원의 수석재판관, 1793~1801년에 대법관을 지냈고, 스코틀랜드인 최초로 상원의장직까지 올라갔다. 세 번째 인물은 윌리엄 존스톤으로, 스미스는 1752년 1월 오즈월드에게 보낸 편지에서 그에 대해 '최근 4년 동안 친밀하게 알고 지낸' 사람이라고 설명했다(Corr. No. 11). 그는 부유한 상속녀와 결혼했고, 그녀의 성을 따라 개명했으며, 윌리엄 펄트니 경으로서 성공적인 하원의원 생활을 했고, 대단한 재력 덕분에 정치에서 독립적인 노선을 취했다. 네 번째는 존 밀러로, 2년 동안 케임스의 아들 조지 홈 드러먼드의 가정교사로 일했으며, 글래스고대학의 저명한 법학 교수가 되었다. 밀러의 초년에 대한 기록은 부실하지만, 일정 기간 그가 법정외 변호사 수련을 받았다는 언급이 있으며, 어쩌면 이 일과 관련해 에든버러에 있을 때 스미스의 첫 번째 강좌에 출석했던 것일 수 있다(Craig, 1806: p. iv). 우드하우슬리는 휴 블레어라는 이름의 목사를 언급했는데, 그는 캐넌게이트 교회에서 두 번째 수강료를 냈다. 그는 에든버러대학 학생이었으며, 그곳의 존 스티븐슨 교수는 그 젊은이가 쓴 '아름다움에 대한 논문'에 매우 감동받았다(Tytler, 1807: i.190; Anderson, 1863: i.323).

대단히 유감스럽게도 우리는 에든버러에서 스미스의 수사학 강의를 들은 사람들의 보고가 담긴 자료를 가지고 있지 않지만, 그들의 발전에 대한 약간의 세부적인 내용을 엮어낼 수 있다. 스미스는 1751년 10월에 글래스고로 가서 논리학과 형이상학 교수로서 일을 맡았고, 도덕철학 교수인 크레이기의 일도 일부 인계받았다. 그의 직책과 연관된 전통적인 학습 자료 대신에 그는 에든버러에서 썼던 수사학 자료를 사용했고, 1752년 4월에 도덕철학 교수가 되어서도 비공개 수업에서 큰 변경 없이 계속 같은 내용으로 수사학 강좌를 진행했다. 그러한 글래스고에서의 일련의 수사학 강의를 들은 사람 중에 제임스 우드로가 있었다. 우드로는 과거에 프랜시스 허치슨의 학생이었고, 1755년까지 글래스고대학의 도서관 관리자로 일했으며, 이후 에어셔의 던롭에서 목사가 되었다. 9장에서 언급하겠지만, 1750년대의 스미스의 수사학 강의에 대한 우드로의 첫 평가는 낮았다. 하지만 우드로는 인생 말년에 이른 1808년에 그 강좌에 대해 다시 쓰면서 훨씬 더 호의적으로 요약했으며, 스미스가 에든버러의 수강생들에게 보여준 것, 그리고 그가 글래스고로 옮겨와서도 바꾸지 않는 게 최선이라고 여긴 것이 무엇인지를 짐작게 하는 다음과 같은 말을 전해준다.

애덤 스미스는 단순한 주제나 예민한 주제 등등의 여러 주제에 적합한 다양한 종류 혹은 다양한 특성의 문체, 구조, 자연스러운 어순, 여러 문장 요소의 적합한 배열 등에 관한 대단히 훌륭한 일련의 언어 강의를 (문법학자로서가 아니라 수사학자로서) 했다. 그는 최고의 고대 작가와 시인 몇 명, 특히 투키디데스와 폴리비오스 같은 역사가들의 문체와 경향의 특성을 설명하고 그들의 긴 구절을 번역하고, 클래런던 경, 에디슨, 스위프트, 포프 등 최고의 영국 고전 작가들의 문체 또한 다루었다. 내가 말하는 그 강의에서 스미스가 한 언급과 그가 제시한 규칙은 고상한 취향과 건전한 판단의 결과로, 글을 쓰는 젊은이들에게 매우 유용하게끔 짜여 있었고, 따라서 나로서는 그것들이 일부분 출판되지 않은 것을 아쉬워하곤 했다. (GUL Murray Coll., *Buchan Corr.* ii.171)

우드하우슬리에 따르면, 밀러는 에든버러에서 스미스의 수사학 강의를 들었을 뿐 아니라 1751~1752년의 글래스고대학 강좌에도 들어갔던 것 같다. 스미스에 대한 스튜어트의 설명에서(Stewart I.16) 우리는 스미스가 글래스고에서 두 부문으로 구성된 수사학 '체계'를 글래스고에 전수했다는 밀러의 이야기를 접했다. 첫 번째 부문은 '연설로 우리 생각을 전달하는 몇 가지 방법'을 검토했으며, 두 번째 부문은 '설득이나 오락에 기여하는 문학 작문의 원칙'을 다루었다. 어떤 학생이 필기해놓은 1762~1763년의 글래스고 수사학 강좌를 보면, 첫 번째 강의는 빠져 있지만, 나머지 29개 강의는 밀러가 구분한 대로 두 부문으로 나뉘어 있다(*LRBL*).

스미스가 전통적 수사학의 방식인, 비유적 표현을 강조하는 점진적 접근과 복합적 분석을 거부하는 것으로 첫 번째 강의를 구성했으리라 추측할 수 있다. 스미스는 오래된 교재들을 '일반적으로 매우 어리석은 책이며 전혀 교육적이지 않은' 것으로 간주했다(*LRBL* i.v.59). 로크의 **새로운 철학**과 뉴턴의 **새로운 과학**에 발맞추어 스미스는 주요 표현 종류들에 관한, 즉 역사에서와 같은 묘사적 표현과 서술적 표현, 시적 표현, 교훈적 표현 또는 과학적 표현, 설득력 있는 표현에 관한 일반 이론을 마련하는 **새로운 수사학**을 제시했다.[1] 글래스고 모델을 따를 경우, 강좌의 약 3분의 1은 언어와 문체에, 혹은 더 넓게는 의사소통의 양상들에 할애되었고(*Lectures* 2~11), 3분의 2는 그것들의 기능과 관련해 여러 표현 형태에 할애되었다(12~30).

제2강은 최상위 사회 집단의 신사숙녀들이 말하고 쓰는 표준 남부 영어를 채택함으로써 얻어지는 문체의 명확함이나 투명성의 중요성을 강조한다. 이런 영어에 의해 생각과 감정을 효과적으로 전달한다는 목표는 스미스가 이 제2강에서(그리고 이 부분에 해당되는 나중의 제6, 7, 11강에서) 강조하듯이 간명한 문체에 의해 달성된다. 이것은 '괄호와 불필요한 단어가 없는 자연스러운 어순의 표현'을 받아들임으로써 만들어진다(*LRBL* i.9~10). 스미스는 특성 묘사(제15강에서 꽤 길게 다루어짐)로 넘어가, 자신이 라브뤼예르의 '일반적 방법'이라고 부르는 것을(*Les caractères de Thèophraste* 9th edn. 1697—Mizuta; *LRBL* i.194) 사용하는 조너선 스위프트를 이 문체를 대표하는 간명한 사람으로 간주한다. 그는 직설적으로 자기 견해를 밝히는데, 이는 윌리엄 템플 경으로 대표되는 단순한 사람과는 구별된다. 템플 경의 경우, 그의 표현은 '그의 행동의 겸손함과 상냥함'(i.86~89)에 의해 규제된다.

작가로서 스위프트의 성공은 자신의 주제에 대한 정통함, 주제의 부분들을 배치하는 기술, 그리고 표현의 생생함 덕분이다(i.106). 스미스는 스위프트가 그의 유머 때문에 널리 읽힌다는 것을 알아보았지만, 스코틀랜드('이 나라')에서는 그의 진정한 가치를 이해하는 사람이 거의 없다고 생각했다. 그의 성공회 종교 정서는 그를 거스르는 것이었고, 또한 '그는 지금 일반적으로 유행하는 것과 같은 시민적 자유나 종교적 자유에 대해 그리 격하게 감탄하지 않는다'. 여기서 스미스는 「D.S.P.D 스위프트 박사의 죽음에 대한 시」의 주장, 즉 '온당한 자유는 그의 외침의 전부였다/ 그는 그것을 위해 죽을 준비가 되어 있었다'(347~348행)라는 시구를 간과하고 있다. 스미스가 스위프트에게서 알아본 간명한 사람의 태도는 스위프트로 하여금 스스로를 풍자적으로, 즉 '어떤 두드러진 악덕이나 어리석음을 조롱한다든가 혹은 어떤 특별한 성격을 드러내면서' 표현하게 했다. 그는, 스미스의 말에 의하면, 최근에 스코틀랜드의 천재들이 선호하는 것인 '추상적이고 사색적인 이성'에는 가치를 두지 않았다(i.101~102).

스미스의 요지는 스코틀랜드 사람들이 스위프트가 구사하는 간명한 문체를 배워야 한다는 것이다. 스미스가 생각하는 것처럼, 대부분의 스코틀랜드 사람은 자신이 쓰는 언어가 '완벽함', 즉 표준 남부 영어와는 거리가 멀다는 사실을 알고 있다. 따라서 그들은 자신이 보통 사용하는 것에서 최대한 거리가 먼 문체를 높이 평가한다. 그 결과, 섀프츠베리가 일상 언어와 '꽤 거리가 멀다'는 이유로 널리 칭송받는다. 스미스는 이런 칭송이 완전히 잘못되었다고 생각하며, 스위프트와 섀프츠베리를 비교하는 것으로 나아가 후자가 알레고리와 메타

포—엣 수사학의 비유적 표현들—에 너무 많이 의존하는 구식 문체의 대표자임을 보여준다. 이처럼 스미스는 스위프트가 '모든 영국 작가 가운데 가장 간명할 뿐만 아니라 가장 바람직하고 딱 알맞은' 작가로서, 새로운 수사학을 위해 따라야 할 모델이라는 것을 암시한다 (i.103~104).

이어서 스미스는 섀프츠베리에게로 돌아와(i.137~i.v.148), 그의 특성을 아리스토텔레스의 제자인 테오프라스토스(*Characteres Ethikoi*, Foulis Press, 1743—Mizuta)의 '일반적인 간접적 방식'(i.194)으로 폄하해 묘사한다. 즉, 항상 어떤 장애를 겪거나 아니면 장애에 빠질까봐 두려워하는, 매우 작고 허약한 체격을 가진 듯 보이는 사람, '추상적 논증과 깊은 탐색'이 '자신의 예민한 심신'이 감당하기에는 '너무 고된 일'이라고 여긴, 따라서 '미술, 즉 취향과 상상의 일에 힘쓴' 사람의 특성으로 묘사한다. 그는 자연철학의 발전에 대한 '엄청난 무지'를 드러냈고, 또한 자연철학 추종자들에 대한 경멸을 드러냈는데, '자연철학은 그의 기질이 요구하는 즐거움을 제공하지 않으며, 특히 수학적인 부분은 그와 같은 허약한 체질을 가진 사람들이 일반적으로 할 수 있는 것보다 더 많은 관심과 추상적 사고를 요구한다'는 이유에서였다. 결국 스미스는 '정중한 위엄이 [섀프츠베리가] 목표로 한 특성이며, 이것이 화려하고 과장된 어조에 의해 가장 잘 뒷받침될 듯 보여서 이것이 그가 선택한 문체가 되었다'고 주장한다(i.138~146). 스미스는 섀프츠베리가 '홉스가 전에 그랬던 것처럼 종교와 철학의 옛 체계를 전복하려' 했을 뿐 아니라, 새로운 체계를 세우는 방식에서 홉스와 다르기도 했다는 점을 인정한다. 새로운 체계는, 대부분 플라톤적 요소로 구성되지만 홉스와 로크적인 다른 요소도 섞여 있는, 근대의 절충주의적 신학과 철학으로 묘사된다.[2] 1762~1763년의 수사학 강의에서 언급되지 않는 스미스의 멘토 허치슨도 이 작업을 수행했지만, 그 역시 과도한 문체로 글을 쓰는 경향이 있었고, 이에 대한 스미스의 강한 공격은 섀프츠베리와 허치슨을 높이 평가하도록 배운 사람들에게서 얼마간 분노를 자아냈을 것이다. 분명 스미스는 자신이 가르친 그 문체를 연습했으며, 그의 최고의 글들은 간결하고 정확한 언어를 보여주고, 경구적인 힘에 있어서 스위프트에 필적한다.

섀프츠베리의 장황한 경향을 밝히면서 스미스는 영어의 역사적 발전에 부수되는 어떤 결점을 보게 된다. 그는 '언어의 기원과 발전'을 다루는, 수사학 강좌 제3강 첫 부분에서 이 문제를 다룬다. 이 강의를 좀더 확장한 저작에 대해 언급하며 더걸드 스튜어트가 지적했듯이, 여기서 그의 접근법은 애용되는 접근법이 되었다. 이 저작은 『언어학 논집』(1761)이라는 책으로 처음 출간되었고, 이후 『도덕감정론』 3판(1767)과 후속 판에 '언어의 최초 형성에 관한 고찰'이라는 제목으로 원형 언어와 복합 언어의 서로 다른 특징을 담아 수록되었다. 스튜어트는 '이론적 또는 추측적 역사'라고 표현되는 이런 유의 탐구를 스미스가 말한 '철학적 역사'의 한 변종으로 본다.

스튜어트에 따르면, 이와 같은 것이 스미스의 다양한 연구, '도덕적, 정치적, 문학적' 연구 모두에서 발견된다. 관련 방법은 간단하다.

자연계의 현상을 살펴볼 때뿐만 아니라 인류의 역사를 살펴볼 때도, 어떤 사건이 일어나는 과정을 추적할 수 없는 경우에는, 그 일이 어떻게 자연적 요인에 의해 일어났을 가능성이 있는지를 보여줄 수 있는 것이 중요하다. (Stewart II.44~48)

그러므로 스미스의 제3강 첫 부분(i.17~i.v.30)은 야만인들이 사용한 원시적 형태의 언어에 대한 추측 또는 이론을 다룬다. 고대 언어들은 품사, 문법적 기능을 나타내는 어형 변화 같은 특성을 갖춘 언어 단계에서 출현하는 것으로 묘사된다. 이 언어 단계는 인간 기억의 수용 능력에 제한받는, 비교, 추상, '비유에 대한 사랑'의 과정에 의해 서서히 그리고 비의도적으로 생겨난다. 제3강의 짧은 두 번째 부분(i.v.31~34)은 첫 번째 부분보다 문체론과 관계가 더 깊다. 이 부분은 민족의 역사적 섞임과, 의사소통을 해야만 하는 필요에 의해 문법적 구조가 어떻게 달라졌는지를 다룬다. 어형 변화의 복잡한 체계가 수정되거나 없어지면서, 그리스어나 고대 영어와 같은 원형 언어 또는 종합어와 대조되는 것인, 근대 영어와 같은 복합 언어 또는 분석어가 만들어졌다. 스미스와 그에 앞선 선구자들 중 한 명인 가브리엘 지라르 신부가 이런 중요한 구별을 가져온 언어 발전에 대한 최초의 해설자였던 것 같다(Coserin, 1970; Aarsleff, 1982: 349, n. 29).

스미스는 체계에 대해 이야기할 때 설명적 도움을 얻기 위해 곧잘 그러듯이, 기계에 빗대어 '언어의 발전'을 설명한다. 맨 처음의 언어는 원시적 기계와 같은 엄청난 복잡성을 가지고 있으며, 점점 '각기 다른 부분이 서로서로 더 연결되고 보완될' 때 언어나 기계 모두 더 단순해진다. 하지만 기계는 단순해질수록 더 좋아지는 반면, 언어는 그렇지 않다. 기계의 비유는 너무 멀리 밀어붙일 만한 것이 못 되며, 부

정확한 경험적 규칙들에 관해 체계화를 가능케 해주는 대체 모델을 찾아야 한다(Dascal, 2006: 107). 스미스에 따르면, 복합 언어는 단순해질수록 소리의 다양성과 조화가 약해지고, 다양한 조합의 가능성이 떨어지며, 더 장황해진다(i.v.34). 스미스는 이 점을 영어의 장황함을 통제하는 최고의 방법으로서 간명한 문체에 대한 자신의 전반적 지지와 적절히 연결 짓는다.

스미스는 한 편지(No. 69, 1763년 2월 7일자)에서, 가브리엘 지라르의 『프랑스어의 참된 원리』(1747)를 읽으면서(Mizuta) '이런 주제에 대해 처음 생각하게 되었다'고 이야기한다. 아마 지라르의 책에 영향받아 자신이 자연주의적인 방식으로 언어의 깊은 과거를 이론화하게 되었고, 또한 인지의 진화 및 사회의 진화와 연결 지어 언어 유형학을 설명하게 되었다는 의미일 것이다. 이 같은 개념의 주제들이 과학, 도덕, 경제학에 대한 그의 저작들에서 제시된다(Christie, 1987; Plank, 1992).

에든버러에서의 첫 수강생들은 스미스가 언어에 대한 강의에서 채택한 방법론에 담긴 통찰에 크게 자극받았을 것이다. 이 방법론은 몽테스키외의 『로마인의 번영과 쇠퇴의 원인에 대한 고찰』(1734)과 『법의 정신』(1748)에서 법과 정부에도 적용된 사실이 발견된다. 스미스는 몽테스키외의 1758년도 판 『작품집』을 갖고 있었다(Mizuta). 박식한 수강생들은 스미스의 접근 방식이 성서에 나오는 언어의 역사 및 루크레티우스의 『사물의 본성에 대하여』 5권에 나오는 것과 같은, 인간의 인문학 습득에 대한 고전적 설명과 연결될 수 있음을 인식했을 것이라고 로저 에머슨(Emerson, 1984)은 지적했다. 스미스는

『사물의 본성에 대하여』라는 이 멋진 철학적 시의 세 개 판본을 소장하고 있었다. 1712년의 톤슨 판, 1725년의 얀소니우스 판 데어 아 판, 1759년의 파울리스 출판사 판이었다. 또한 스미스는 인간 지식의 범위를 확정하는 로크의 '분명한 역사적 방법'에 힘입었고, 토착 문화들에 대한 여행자들의 발견을 고대와 근대 역사의 단계들과 관련시키는, 르네상스로부터 나온 비교 연구들에도 힘입었다. 스튜어트가 설명하듯이, 스미스의 수강생 중 몇 명은 사회와 제도의 변화에 대한 스스로의 연구를 위해 이런 '철학사'라는 방법론을 채택했다. 예컨대 케임스는 『영국 유물에 대한 몇몇 주제의 시론』(1747)에서 그 방법론의 요소들을 예고했지만, 『역사의 법 영역들』(1758)에서는 발전된 방식으로 그 방법론을 사용했다. 밀러는 『계급들의 기원과 차이』(1771)와 『영국 정부의 역사관』(1787)에서 이 방법론을 취했다. 흄의 『네 개의 논문』에 수록된 『종교의 자연사』(1757)의 사례도 있다. 스미스는 이 책들을 밀러의 『영국 정부의 역사관』만 빼고 모두 갖고 있었고, 이런 책들이 출판되었다는 것은 '철학적' 역사나 '자연적' 역사가 스코틀랜드 계몽주의에 기여한 사람들의 기본과도 같은 것이 되었음을 시사한다(Stewart II.44~52). 데이비드 래피얼(Raphael, 1985: 105~107)은 '추측적 역사'라는 용어는 부적절하며, 다음 장에서 논할 「천문학의 역사」에서 스미스가 취한 방법에 대한 설명이 되어주지 못한다고 지적했다.

　'철학적' 역사든 실제적 역사든 역사에 관심을 갖고 있던 스미스의 에든버러 수강생들에게 수사학 강의 중 작문을 다루는 두 번째 부분은 충분히 도움이 되었다. 이처럼 스미스는 서사 혹은 사실 관계를 이야기할 때 역사적 글쓰기를 강조했다. 역사적 글쓰기는 그가 주목할 가치가 있는 담론 형태로서 선택한 것 중 첫 번째였다. 다른 두 가지는 교훈적 담론과 수사적 또는 웅변적 담론이었다. 교훈적 담론은 독자가 사실에 의거할지 논리에 의거할지 선택하도록 문제의 양면을 제시하는 것으로써 명제가 증명되어야 할 때 요구되었다. 수사적 또는 웅변적 담론은 증거가 한쪽에서는 인정받고 다른 쪽에서는 의심받을 때 요구되었다. 교훈적 담론이 확신을 목표로 한다면 수사적 또는 웅변적 담론은 설득을 목표로 한다(LRBL i.149).

역사적 담론을 다루면서, 스미스는 그 자신이 역사의 '설계'로 여긴 것에 대한 달성에서의 성공 또는 실패를 평가할 기회를 마련해준 역사가들에 대한 역사라 할 만한 것을 제시했다. 역사의 '설계'란 말하자면 다음과 같은 것이었다.

그것은 인간의 삶에서 더 흥미롭고 중요한 사건들을 우리 앞에 제시하고, 이런 사건들을 초래한 원인을 지적하며, 이런 식으로 결국, 우리가 비슷한 좋은 결과를 만들어내거나 비슷한 나쁜 결과를 피할 방법과 방식이 무엇인지를 우리에게 알려준다. (ii.16~17)

스미스는 역사에서 이와 같은 설계를 구사하는 투키디데스의 탁월함에 주의를 끌었다는 점에서 획기적이었다(ii.50). 적어도 아르날도 모밀리아노(Momigliano, 1990: 49)는 그리스 역사가들의 명성이 18세기 후반에 와서야 높아졌다고 주장한다는 점에서 『수사학과 문학에 대한 강의』를 알지 못하는 것처럼 보이며, 또한 그는 투키디데스가 '철학사가의 모델'이라는 지위에 오른 것이 마블리 신부(『역사를 기술하는 법에 대하여』, 1784: 125)와 낭만주의 운동 작가들 덕분이라고 여긴다. 스미스가 트라야누스 황제 시대에 살았던 타키투스를 심리적 통찰력을 이유로 칭찬한 것 역시 예리하고 진보적인 일로 보인다(Phillips, 1993). 스미스는 타키투스가 이런 능력을 발휘한 것을 동시대 로마인들에 대한 그의 의식 및 그가 살았던 시대와 연결 짓는다. 그가 살았던 시대에는 '사치, 그리고 사치의 자연스러운 결과인 예절의 세련이 어떤 상태로든 최대한 발전해 있었다. 감정은 그런 사람들이 주로 관심을 가질 만한 것이었을 테다'. 계속해서 스미스는, 이 시대의 로마인들은 '자연스럽게 인간 마음의 움직임에 관심을 갖게 되었을 것이고, 관계자들에게 영향을 미치는 여러 내적 애정에 의해 설명되는 그런 사건들이 그들의 취향에 맞는 것'이었으리라고 이야기한다. 그리고 프랑스의 군주제(루이 15세 치하)가 트라야누스 황제 치하의 로마인들의 상황과 비슷하며, 따라서 '가장 호의적으로 받아들여질 만한 것을 파고든 작가들이 감정을 많이 이용했다'고 예리하게 지적한다. 스미스는 케임스가 좋아한 극작가이자 소설가 마리보, 그리고 역시 소설가인 크레비용 피스를 '매우 반대되는 성격의 작품들에서 우리가 용케 상상할 수 있는 만큼' 타키투스를 닮은 작가들로 예시하고 있으며, 그들이 '형이상학적 탐구에 가까운 탐구들에서 몇몇 인물의 기질과 내적 성향으로 모든 사건을 설명하느라 고심한다'고 말한다(ii.63~64). 이 구절은 1790년 판 『도덕감정론』에 담긴 스미스 측의 다음과 같은 만년의 입장과 연결되어야 한다. '사랑과 우정을 비롯한 온갖 사적이고 가정적인 애정의 아취와 섬세함을 가장 잘 그려내는 시인과 소설가인 라신, 볼테르, 리처드슨, 마리보, 리코보니가 이런 면에서 제논, 크리시포스, 에피쿠로스보다 훨씬 더 좋은 교육자다'(*TMS* III.3.14). 이 두 가지 언명은, 스미스의 도덕철학이 절충주의적 '색조'를 띠었으며, 스토아 철학의 요소가 중요하긴 하지만 스토아 철학을 뛰어넘었음을 보여준다.

역사 분야에 대한 설명을 이어가면서 스미스가 내놓는 결론은, '모든 근대 역사가 중 [마키아벨리가] 역사의 주된 목표에, 즉 그 어떤 쪽에도 관여하지 않으면서 사건들을 이야기하고 사건들을 원인과 관련짓는 데 만족한 유일한 인물'이라는 것이다(ii.71). 최근의 역사 저술에 대해서는, 스미스는 라팽-투아라의 『영국사』(1724)까지만 내려간다. 1762~1763년의 수사학 수업 내용은 스미스의 에든버러 시기의 소산으로 보이는데, 볼테르와 로버트슨에 대한 언급이 빠지고, 라팽의 『영국사』를 이야기하는 과정에서 흄의 『영국사』에 관해 '이제 더 나은 것'(*LRBL*: 116, n.)이라는 아리송한 언급을 하는 것으로 미루어 그렇다. 이는 강의 내용이 단 한 번 살짝 개정되었음을 암시한다.

이런 강의들에서 스미스는 역사를 기술함에 있어서 설계와 불편부당함이라는 목표와 관련해, 그리고 리비우스가 예시한 바와 같은 잘 통제된 문체로 인과 관계와 더불어 심리학도 다룰 필요와 관련해 스코틀랜드 사람들이 배워야 했던 것 혹은 배우고 있던 것이 무엇인지를 잘 꿰뚫고 있다. 사례들에 대한 그의 설명과 옹호는 설득력이 있었다. 로마제국의 멸망에 대한 타의 추종을 불허하는 역사가인 기번은 동시대 스코틀랜드 사람들이 따르고자 한 고대의 모델들을 잘 알고 있었고, 흄을 '스코틀랜드의 타키투스와 티투스 리비우스'라 일컬었다(Gibbon, 1956, ii.107). 에든버러에서 스미스의 강연이 있은 지 20년 후, 흄은 자신의 조국에서 역사 저술에 대한 관심이 확산된 것에 대해 농담을 했다. 1770년 8월에 그는 자신의(그리고 스미스의) 출판업자인 윌리엄 스트레이핸에게 '작금은 역사학의 시대이며 이곳은 역사학의 나라'라고 썼는데, 그가 알기로 당시 스코틀랜드에서 여덟 건의 역사가 집필되고 있었기 때문이다(*HL* ii.230).

스미스는 강좌의 두 번째 부문에서는 문학 작문의 원칙들을 더 깊이 다루어, 제17강에서 '웅변적' 혹은 '수사적' 문체로 넘어간다. 스미스가 다루는 하위 분야들은 예컨대 그의 주요 자료 중 하나인 퀸틸리아누스의 『웅변교수론』(Mizuta)에서 개략적으로 서술된 고전 웅변의 세 가지 주요 유형의 창의적 적용을 보여준다. 세 유형은 사법적 웅변, 심의적(정치적) 웅변, 과시적 웅변(찬사)이다. 스미스는 과시적 웅변으로 시작하는데, 그가 생각하는 이 유형의 실제 목표는 연설가의 기술을 보여주는 것이다. 아마 우리는 행동과 동기 부여에서 칭찬할 만한 것과 비난할 만한 것에 대한 여기서의 스미스의 검토에서 『도덕감정론』의 미덕과 악덕에 대한 일부 논의의 단초를 찾을 수 있을 것이다. 그는 불굴의 정신을 강조한 스토아 철학에 대한 인식, 그리고 존경심을 불러일으키는 미덕—인간성과 같은 정감 있는 미덕과 구별되는—과 우리가 경멸하는 악덕—우리가 혐오하는 악덕과 구별되는—에 대한 흄의 논의에 대한 인식을 드러내고 있다(*LRBL* ii.102~103; cf. *Treatise* 3.3.4.2와 *TMS* I.i.v.1).

역사적 고찰이 개입되어, 스미스는 산문의 예들이 나타나기 전에 시적인 찬사가 '매우 오랫동안 사용'되었다고 언급한다. 사실 스미스는, 산문적 표현이 상업 혹은 적어도 부와 함께 발전한 반면, '시는 가장 조야하고 야만적인 나라들에서 활성화된다'고 주장한다 (ii.112~113). 이러한 주장은 스미스 시대의 원시주의의 일부지만, 또한 경제 생활에 대한 단계설적 견해와 경제 생활 및 문화와 관련한 그의 관심, 즉 법학에 대한 그의 사상의 한 특징을 반영하는 것이기도 하다.

글래스고의 강좌에서는 스미스는 이 지점에서 설득력 있는 표현을 중단하고(그가 에든버러에서도 같은 순서를 따랐는지는 알 수 없다) 제24강의 교훈적 작문으로, 즉 어떤 철학적 명제를 위한 확신을 확보하거나 '예컨대 자연철학과 같은 어떤 과학의 체계를 전달'하려는 의도의 작문으로 넘어간다(ii.130). 젊은 전문직 종사자들로 구성된 에든버러 수강생들은 여기서 실용적 설명에 대한 스미스의 생각을 알게 되었을 것이다. 그 생각은 선생이자 체계를 만드는 사람으로서의 그 자신의 방법에 대한 길잡이이기도 하다. 스미스는 한번은 새프츠베리를 칭찬한다. 증명되어야 하는 명제를 정하고 이어서 그 명제가 참이라는 것이 몇몇 종속 명제—온전한 논리가 요약되기에 앞서 각각 증명되어야 하는—에 어떻게 의거하는지를 보여준다는 점에서 그의 『미덕에 대한 탐구』(1699, 1711)가 완벽한 방법을 채택하고 있다고 본 것이다(ii.126).

체계를 전달하는 것과 관련해 스미스는 자신이 뉴턴 방식이라 부르는 것과 자신이 아리스토텔레스와 관련짓는 방식을 구별한다. 후자는 어떤 과학의 여러 갈래를 그것들이 생겨난 순서대로 검토해 모든 현상을 위한 하나의 새로운 원칙을 수립하는 것이다. 전자는 '의심할 여지 없이' 더 철학적인데, '알려지거나 증명된 어떤 원칙들을 먼저' 정하고서 '몇몇 현상을 그 원칙들로 설명해 한 줄로 꿰는' 것이기 때문이다. 이어서 스미스는 '우리가 가장 설명할 수 없는 것으로 여겼던 현상들이 모두 어떤 원칙(보통 잘 알려진 원칙)으로부터 추론되어 모두 한 줄로 꿰어지는 것을 보는 것은 즐거운 일이다'라고 말한다 (ii.133~134). 수사학 강의에서 스미스는, 적어도 플라톤 시대까지 거슬러 올라가는 계통을 가진 것인 소위 이 뉴턴 방식의 효과를 언어를 다루는 데 있어 이미 보여주었다. 기발하면서도 납득이 가게, 그는 그 방법의 '발달'이 흔히 추상 작용의 원리라고 인정되는 것에 주로 힘입었다고 보았다. 다음 장에서 제시되는 어떤 증거가 암시하듯이 에든버러에서 먼저 했고 이어서 글래스고에서도 했던 다른 강의들에서, 그는 '철학적 [혹은 과학적] 탐구들을 이끌고 지배하는' 원리들(『철학적 주제들에 관한 소론』에 나오는 「천문학의 역사」의 온전한 제목의 일부)을 다루었다. 머지않아 그는 글래스고에서 공감의 원리의 작용에 기초한 어떤 도덕 체계를(『도덕감정론』), 그다음에는 부를 창출하기 위해서 노동 분업을 촉진하는 자기애의 힘에 의지하는 어떤 경제학 체계를(『국부론』) 풀어놓게 된다. 분명 그는 이 두 번째 책에서, 긴박한 정치적 문제를 다루고 있으면서 교훈적 작문에서 수사적 작문으로 옮겨갔다고 비난받았다(Muller, 1993: 55).

죽음은 그가 '다른 두 대작'을 자기 마음에 들게 완성하기 전에 닥쳐왔다. 둘 다 이론과 역사 관련 저작인데, 그는 1785년에도 여전히 이것들을 위한 작업을 하고 있었지만 그 발단은 에든버러에서의 강의들이었던 것 같다. 이 두 저작 중 하나는 법과 정부를 다루는 것이었고, 다른 하나는 '문학, 철학, 시, 웅변이라는 다양한 분야를 모두'

다루는 것이었다(*Corr.* No. 248). 따라서 현상들이 잘 알려진 어떤 원칙으로부터 추론되어 모두 한 줄로 꿰어지는 것을 볼 기회를 만들어줌으로써 기쁨을 주는 것인 '뉴턴 방식'은 스미스의 손에 유익한 것이었다.

스미스가 새로운 수사학을 만들어냈다는 주장은 '과하다'고 비난받았다(Vickers, 1971). 그리고 영문학의 걸작들을 작문과 문체의 지침서로 삼아야 한다는 그의 주장은 '영국중심주의'라고 비판받았다(Crawford, 1992: 28~33). 나아가, 스위프트의 간명한 문체가 생각의 분명한 전달을 위해 본받아야 할 모델이라는 그의 주장은 비평가들이 스위프트의 아이러니를 해석하는 데서 겪는 악명 높은 어려움 때문에 의문시되었다. 또한 수사학 강의들 자체에서 비유적 언어에 대한 스미스의 비난과 문장가로서의 스미스 자신의 숙련 사이의 불일치가 발견되었다. 『수사학과 문학에 대한 강의』는 투명하고 직접적인 언어를 통한 생각의 효과적 전달에 대해 스미스가 제시하는 이론을 실증해주지 못한다는 결론이 내려졌다(Brown, 1994: 15~18).

하지만 스미스가 수사학 교사로서 성취한 바를 진술함에 있어서 그를 어느 정도 인정해야 한다. 분명 그는 옥스퍼드에서, 그리고 나중에 커콜디에서도, 자신의 폭넓은 독서를 잘 활용해, 불신되어왔지만 마땅히 교양 교육의 일부가 되어야 했던 과목을 다루는 새롭고 유익한 방법을 제시했다. 그는 비유적 표현이 '꼭 알맞고 자연스러운' 표현 형식이 될 때 비유법이 역할하도록 허용하며, 『도덕감정론』과 『국부론』에서 예컨대 '보이지 않는 손'과 같은 기억에 남을 만한 문구들을 만들어내거나 되살렸다. 현대 비평가들이 스위프트의 아이러니 때문에 어떤 어려움을 겪든 간에, 간결하고 자연스러운 영어로 의미를 전달한다는 이유로 스미스가 스위프트의 간명한 문체를 옹호한 것은 적절했다. 당시에는 스코틀랜드의 새로운 철학 운동의 여파로 새 프츠베리의 영향을 받은 장황한 글쓰기가 퍼져 있었다.[3] 또한 그는 감정을 나타내는 비유적 표현의 자연스러운 사용에서 공감의 메커니즘이 역할한다고 보았다는 점에서(*LRBL* i.v.56) 진정 통찰력을 갖고 있었는데, 이 점은 그가 윤리학에서 공감의 메커니즘에 할당한 역할을 예고하는 중요한 부분이었다. 이런 식으로 수사학을 새롭게 하는 것에 더하여, 그는 시학과 변증법을 포함하도록 수사학의 범위를 넓혔다(Lectures 21, 24).

스코틀랜드 문화를 배반해 잉글랜드의 정치적 목표들을 이롭게 했다는 비난은 맞지 않는 듯하다. 스미스의 목표는 곧 계몽주의의 목표였다. 즉, 유럽의 고전이나 근대 어문학으로부터, 그리고 원시 문화를 포함해 다른 대륙들의 문화에서 습득된 것으로부터 자양분을 얻는 범세계적 문화를 창조하는 것이었다. 이는 '언어의 기원과 발전'에 바쳐진 역사와 같은 '철학적' 역사들에서 실로 중요한 것이다. 그 젊은 강사가 에든버러의 수강생들과 이후 글래스고대학 학생들에게 가르친 게 충분히 이런 것이었다.

에든버러와 이후 글래스고에서 학생들을 가르친 것 외에, 스미스는 글래스고에서 동료와 지역 지식인들을 위한 문학협회의 설립을 도왔다. 말년에 대한 어떤 자료(Duncan, 1831: 16)에 따르면 스미스는 '과거 에든버러에서 수사학 강의를 하던 시절에 쓴 취향, 작문, 철학의 역사에 대한…논문들'을 이 협회에서 읽어주었다. 이런 주장은 글래스고에서 스미스의 학생이었고 1773~1814년에는 인문학(라틴어) 교수였던 윌리엄 리처드슨이 그보다 좀더 앞서 내놓은 주장의 일부와 매우 유사하다. 그는 스미스가 도덕철학 교수로서 '비공개 강좌'에서 이 주제들에 대한 강의를 했는데, 이 강의들은 그가 '글래스고 교수직에 임명되기 전에 (…) 에든버러에서 수사학 강사로서' 했던 것이었다고 썼다(Richardson, 1803: 514). 이는, 에든버러에서 스미스가 문학 작문의 원칙들을 다루기만 한 것이 아니라, '취향' 혹은 현대 용어로 미학을 구성하는 것에 대한 자신의 이론을 어떤 형태로든 자세히 설명했음을 시사한다. 우리가 알기로 그것은 매우 다양한 종류의 대상들을 모방하는 예술 형태들을 발견하는 데서 우리가 느끼는 경이로움과 감탄에 초점을 둔 어떤 심리적 이론이었다. 1785년에 그는 앞서 언급한 두 '대작' 중 하나를 위해 여전히 이 이론에 공을 들이고 있었다. 이 저작은 나중에 그의 유저 관리자들인 조지프 블랙과 제임스 허턴이 『철학적 주제들에 관한 소론』을 광고하며 '인문학과 우아한 예술이 관련된 역사'라고 일컬은 것이었다. 결국 그는 1788년 글래스고 문학협회에서 모방 예술에 대한 논문을 읽어주게 되었다(GUL MS Gen. 1035/178). 『철학적 주제들에 관한 소론』에는 이 저작을 위한 재료들이 담겨 있으며, 이와 관련해서는 23장에서 이야기할 것이다.

　미학을 다루는 스미스의 방식에 영향을 미친 인물은 프랑스 수사학자인 샤를 롤랭으로 보이며, 문학을 가르치는 롤랭의 방식은 스미스가 커콜디 자치도시 학교에 다닐 때 데이비드 밀러 선생이 보여줬던 교육 방식과 관련 있을 수도 있다.[4] 롤랭은 『문학을 가르치고 배우는 법』에서 가장 아름다운 문장들을 번역하는 것이 취향 형성의

'가장 확실한 방법'으로서 가치가 있음을 강조했는데, 이는 스미스가 옥스퍼드에서 특히 프랑스어를 가지고 자기 주도적으로 번역 연습을 하며 따랐던 방법이다. 롤랭에 따르면, 이런 훈련을 하는 사람들은 '해당 저자들에게 친숙해지고, 자기도 모르게 그들의 수준 높은 상상, 글쓰기 방식, 사고방식을 받아들인다'. 물론 롤랭은 취향이 '노력을 통해 완벽함에 이르게 하는 자연스러운 이유의 한 가지'라고, 또한 좋은 취향이 문학적 노력에 의해 삶의 초반에 가장 적절하게 형성되긴 하겠지만 좋은 취향은 '문학에만 한정되는 것이 아니고 모든 인문학, 각종 지식에서도 싹튼다'고 더 일반적인 주장을 폈다(Rollin, 1759: i.61). 분명 스미스는 취향이 정치학과 경제학의 체계를 만드는 데서도 발휘된다고 믿었다.

에든버러에서 스미스의 후원자였던 케임스는 그런 생각을 공유했던 것으로 보이며, 스미스가 에든버러에서의 연속 강의에서 그런 생각을 잘 제시하는 것을 보며 고무되었다. 스미스가 글래스고로 떠나자 케임스는 젊은 목사인, 그리고 나중에는 스페인의 펠리페 2세 재임기에 대한 역사가가 되는 로버트 왓슨을 후임자로 구했다. 1756년에 세인트앤드루스대학의 논리학 교수가 된 왓슨은 글래스고에서 스미스가 한 대로 전통 논리학 강좌를 수사학 강의들로 대체했다. 그 후 케임스는 휴 블레어를 설득해 에든버러에서 자유계약직으로 문학에 대한 강의를 하게 했다. 블레어는 목사로서의 능력을 인정받아 1758년에 에든버러 세인트자일스 교회의 수석 목사가 되어 있었다. 1759년 12월 11일에 그는 에든버러대학에서 수사학과 문학에 대한 강좌를 시작했고, 1760년에는 그곳의 교수가 되었다. 블레어는 스미스가 개척한 과목에서 거둔 성공 덕분에 1762년 4월 7일에 새로운 흠정 강좌 교수에 임명되었다. 그 자리는 사실상 영국 문학에 할당된 최초의 교수직이었고, 블레어가 가르친 주요 과목은 영국 문학이었다.

블레어는 1783년에 강의 내용을 책으로 출판하면서 자신이 선임자이자 친구인 스미스의 오랜 기간의 작업에 빚지고 있음을 인정했는데, 특히 문체와 특성 간의 연결에서였다.

> 일반적인 문체 특성들, 특히 간명함과 단순함 같은 특성 및 그 특성들로 분류되는 영국 저자들의 특성을 다루는 이번 강의와 다음 강의에서 피력되는 어떤 생각들은 수년 전 학식 있고 창의적인 저자 애덤 스미스 박사가 내게 일부를 보여준, 수사학에 대한 원고 상태의 어떤 논문에서 취한 것이다. (Blair, 1812: ii.22 n.)

앞으로 살펴보겠지만, 스미스는 자신의 강의가 표절당하는 것에 대해 약간 불안해했다. 하지만 블레어의 수사학 강의에서 자신의 생각이 도용될까봐 걱정한 것으로 보이지는 않는다. 또는 그렇게 주장되었다. 만년에 스미스 모임의 일원인 헨리 매켄지는 블레어가 설교에서 스미스의 아이디어를 이용했다고 그에게 말했는데, 스미스는 '괜찮다, 아직 충분히 남아 있다'고 대답했다(Clayden, 1887: 167; Hatch, 1994).

에든버러에서 강의를 하던 무렵 스미스는 출판과 관련된 일을 처음 맡았는데, 이는 그의 수사학 강의들에서 대중에게 공개된 그의 문학 취향 관련 모임 내에서 그가 신뢰받는 존재였음을 시사한다. 스미스는 재커바이트 시인 윌리엄 해밀턴이 망명으로 부재하는 상황에서 발행될 그의 8절판 작품집에 익명으로 서문을 써달라는 요청을 받았다. 해밀턴은 뱅거의 지주가 되었고, 그와 이름이 같은 또 한 명의 시인인 길버트필드의 윌리엄 해밀턴과 구별하기 위해 대개 뱅거의 윌리엄 해밀턴이라고 불린다. 문제의 시집은 『여러 경우에 대한 시』로, 글래스고에서 로버트와 앤드루 파울리스에 의해 인쇄되었고, 서문에는 1748년 12월 21일이라는 날짜가 적혀 있다(EPS 259~262).

1750년에 해밀턴은 1745년 봉기에 가담했던 일에 대해 사면받았고, 2년간의 망명생활을 끝내고 스코틀랜드로 돌아왔다가 폐결핵에 걸려 부득이 유럽 대륙으로 돌아갔다. 스코틀랜드에 돌아와 머무르는 동안 그는 스미스와, 그리고 글래스고의 상인인 윌리엄 크로퍼드와 '많은 행복한 시간, 많은 즐거운 시간'을 보냈다. 해밀턴은 자기 시의 원고를 크로퍼드에게 맡겼으며, 그의 손녀인 엘리자베스 댈림플을 두 번째 아내로 맞았다. 우리는 이 정보를 변호사이자 역사가인 존 댈림플 경에게 빚지고 있는데, 그는 이 시인의 처남이며, 1771년에 커슬랜드 준남작 지위를 승계받았다(Phillipson, *ODNB*, 2004~2007). 그는 1758년에 출판된 해밀턴 시집 2판과 관련해 1757년 12월 1일 인쇄업자 로버트 파울리스에게 쓴 편지에서, 윌리엄 크로퍼드에게 바치는 헌사를 쓸 만한 사람이 스미스 말고는 없다는 생각을 피력했다. 계속해서 댈림플은, 스미스가 해밀턴, 크로퍼드와 맺고 있는 친밀한 관계로 미루어 '[스미스가] 이 상황에서는 자신의 평상시의 게으름을 범죄로 여길 것'이라는 생각이 들었다고 말한다(Duncan, 1831: 23~24). 스미스에게 돌려진 이 '평상시의 게으름'은 아마 스미스가 옥스퍼드에서 스스로 비난했던 그 '게으름', 즉 그의 건강염려증과 관련된 것일 수 있다.

해밀턴의 시는 「애로강의 언덕」과 같은 스코틀랜드어 민요를 모방한 작품—워즈워스의 마음을 끌게 된—부터 핀다로스, 아나크레온, 소포클레스, 베르길리우스, 호라티우스, 셰익스피어, 라신의 '모방' 혹은 자유로운 개작에 이르기까지, 그리고 호메로스의 한 대목—『일리아드』 6권에 나오는 글라우코스와 디오메데스의 에피소드—을 가지고 처음으로 영어 무운시를 지은 것에 이르기까지, 폭넓은 문학적 교양을 반영하고 있다. 해밀턴의 초년의 절친한 친구였던 케임스는 스미스가 서문을 써야 한다고 주장했을 것이다. 그런 일에 대한 그의 관심과 글래스고 상인 윌리엄 크로퍼드의 관심은 수사학과 문학에 관한 스미스의 강의를 들은 '많은 수강생'을 낳은 사교 취향을 암시한다.

7장

철학(과학)과 법의 역사에 대한 강의

·

이는 모든 과학이 인간의 본성과
다소 관계가 있다는 증거다.

수사학 강의를 통해서 스미스는 수사학이 지각 있는 존재라는 인간의 본질과 깊은 관련이 있음을 분명히 보여주었다. 이런 관계에 관한 흄의 주장을 스미스는 철학의 역사에 대한 추가 강의나 논문, 그리고 법에 대한 강의에서 더 밀고 나갔을 텐데, 스미스가 에든버러에서도 이런 작업을 했다고 믿을 만한 이유가 있다. 어떻게 보면, 이런 설명과 관련된 우리 정보는 흄이 『인성론』에서 말한 '인간학' 프로그램을 스미스가 연구하고 있었음을 암시한다(Advertisement; Intro. 4~7; Ross, 2004a: 48).

이제 우리는 글래스고의 스미스가 철학의 역사에 대한 '논문들'을 읽어주었다거나, 에든버러에서 대중에게 소개했던 내용을 바탕으로 이 주제에 대한 '비공개' 강좌의 강의를 했다는, 이전 장에서 언급한 주장으로 돌아가야 한다. 이 맥락에서 '철학'이란 무엇을 의미하는가? 우리는 리처드슨 교수가 쓴 자기 친구 아치볼드 아서의 약전에서 하나의 답을 추적해볼 수 있다. 아치볼드 아서는 1757년 또는 1758년에 글래스고대학에 입학했고, 1764년에 스미스의 후임으로 도덕철학 교수직을 얻은 토머스 리드의 조교가 되었다. 적절한 때에 토머스 리드의 조교가 된 아서는 그다음에는 그를 대신해 도덕철학을 가르쳤고(1780~1796), 마침내 말년에 교수가 되었다(1796~1797). 리처드슨은 잇따른 도덕철학 교수들의 '비공개' 강좌들의 성향을 묘사했고, 스미스의 경우 '전에 에든버러에서 했던 그런 [그중에서도] "철학의 역사"에 대한 (…) 강의들을 하는 데' 추가로 시간을 썼다고 언급했다. 리드는 나중에 자신의 책 『인간의 지적 능력에 대한 시론』(1785)과 『인간의 활동 능력에 대한 시론』에 담은 신념을 설명했다. 하지만 아서의 경우에는 '글을 잘 쓰는 것, 비평의 원칙, "상상의 즐거움"을 다루는, '스미스 박사가 따른 방법에 더 가까운' '비공개' 강의를 했다. 리처드슨의 말에 따르면, 아서가 목표로 한 것은 '진정한 취향의 대상들인 창작 과정, 언어의 구조, 배열 체계를 밝히고 설명하는 것'이었다(Richardson, 1803: 514).

리처드슨의 '설명'이 딸린 아서의 '문학 담론들' 중에는 「자연철학의 중요성에 대해」(No. 11)라는 것이 있다. 이것은 다음과 같이 주장한다.

> 자연철학 연구는 어떤 면에서는 흔치 않은 외부 대상과 그 대상의 예상치 못한 변화로 야기된 놀라움을 제거하는 방법으로 간주될 수 있으며, 합리적 탐구의 주요 유인 중 하나는 그 납득되지 않는 마음 상태를 제거하는 것이다.[1]

이 주장은 「천문학의 역사」(*EPS*)에 담긴 스미스의 가르침을 강하게 연상시킨다. 「천문학의 역사」는 경이, 놀라움, 감탄이라는 우리의 감정들을 구별하는 것으로 시작해, 철학적 또는 달리 표현하면 과학적 이론들을 낳는 데 그 감정들이 어떤 역할을 하는지 설명하는 것으로 넘어간다. 요컨대, 우리는 예상치 못한 순서로 나타나는 대상들에 맞닥뜨릴 때 놀라워하며, 이어서 어떤 연유로 그 지점에서 놀라움을 느꼈는지 궁금해한다는 것이 스미스의 설명이다. 우리는 상상력에 의해 관습적으로 연결되는 대상들 사이의 틈을 발견할 때 혼란스러워하는데, 이 점은 수사학 강의에서도 지적되었다(*LRBL* ii.36). 스미스는 우리가 그 틈을 연결하는 가설이나 이론 같은 무언가를 상상력으로부터 끌어냄으로써 마음의 평정을 회복하려 한다고 주장한다. 이런 관점에서 철학은 '자연의 연결 원칙들에 대한 과학'으로 정의된다. 스미스는 '그러므로 철학은 상상력을 다루는 그런 예술들 중 하나로 간주될 수 있다'고까지 이야기하며, 나아가 철학의 '이론과 역사'는 마땅히 경이, 놀라움, 감탄이라는 감정의 영향에 관한 논문에서 한 부분을 차지한다고 말한다('Astronomy' ii.12). 이후 스미스는 자신이 생각하는 철학의 '이론과 역사'가 어떤 것이 될지 스케치한다. 그것은 철학의 시작부터 '완벽함'에 이르렀다는 당대의 철학까지 '철학'을 추적할 것이고, 따라서 발전 개념이 수반된다. 그것의 '혁명'은 '문학계에서 일어난 모든 혁명 중에서 가장 위대하고, 가장 빈번하고, 가장 현저한' 혁명이었고, 따라서 그것은 재미있고 유익할 것이다.

그러므로 스미스가 에든버러에서 한 철학의 역사에 대한 강의가 「천문학의 역사」 서두에 스케치된 윤곽을 따라 진행되었다고 주장할 수도 있지 않을까(ii.12)? 좀더 나아가, 천문학에 관련된 가설들의 역사가 고대 물리학, 고대 논리학과 형이상학, 외부 감각에 대한 논문들의 내용을 일부 포함한 이런 강의들—하나의 강좌나 연결된 강의를 이루는—의 예시 자료가 되었을 수도 있지 않을까? 그런 강좌에 대한 광고가 전혀 발견되지 않긴 했지만, 수사학 강좌에 대한 광고 역시 발견된 바 없다는 것을 인정해야 한다. 물론 스미스가 '철학의 역사' 또는 과학적 발견의 역사에 대한 별도의 강좌를 열었다고 주장하기에는 난점이 있다. 1831년 자료(W. J. Duncan)는 스미스가 에든버러에서 수사학 강사로 있는 '동안에' 역사 철학에 대한 '논문들'을 발표했다고 언급하고 있으며, 리처드슨은 스미스가 수사학 강사'로서' 이런 강의들을 했다고 기술했다. 언뜻 보면 이것은 문제의 강의들이 수사학 강좌의 일부였다는 의미일 수 있다. 그러나 그 주제는 일반적으로 수사학 영역으로 이해되는 것과 너무 차이가 나서, 스미스가 아마도 자신의 수사학 강의 수강생들의 요청에 따라 이 분야의 지식에 대한 '강의들'에 따로 관심을 기울였다고 보는 것이 더 자연스럽다. 고려할 점이 또 있다. 역사가이자 교회 정치가인 윌리엄 로버트슨은—그에 대해서는 에든버러에서의 법에 대한 스미스의 강의들과 관련해 아래에서 더 많이 이야기될 것이다—1759년 6월 14일에 『도덕감정론』의 성공과 관련해 스미스에게 편지를 썼으며, 그 자신과 극작가 존 홈이 스미스의 '다음 작품은 덜 난해한 주제를 다루어야 하리라'고 주장했다고, 그리고 '나는 여전히 당신이 철학의 역사를 고려해주기를 바란다'고 밝혔다(Corr. No. 34). 로버트슨이 에든버러에서 '철학' 또는 과학적 발견에 대한 스미스의 강의를 들었고, 그래서 그 강의의 내용을 스미스의 글래스고 윤리학 강의들에서 비롯된 『도덕감정론』에 견줄 만한 책으로 엮는 것에 대해 제안할 수 있었던 것이라는 설명이 가능하다.

스미스의 '철학' 개념에 대해 말하자면, 그는 「천문학의 역사」에서 철학을 '자연의 다양한 모습을 통합하는 감춰진 연결 고리들을 드러낸다고 주장하는 과학'이라며 회의적으로 정의하고 있다(iii.3). '철학'의 역사에 대한 강좌가 존재했다는 가설을 더 밀고 나가면, 언어의 '기원과 발전'에 대한 강의와 마찬가지로 그 강의가 일관된 과학적 체계들에 대한 설명을 인간의 성향들이라는 차원에서 '자연의 연결 원칙들'을 설명하는 것으로 시작했다고 가정하는 것이 타당하다. 그리스 사상가들에게서 시작된, 현상들을 정리하는 더 만족스러운 방법에 대한 탐구에서, 차례로 그 체계들을 낳고, 그 체계들을 논파하고, 그 체계들을 상상의 구성물로 대체한 것이 인간의 성향들이다. 천문학의 역사에 대한 생각을 이런 식으로 이끌었다는 점에서, 스미스는 현상 이면의 '감춰진 연결 고리들'에 대한 회의적 태도와 이런 '연결 고리들'에 관한 이론들의 자연주의적 설명을 결합한 지적 모델을, 그가 옥스퍼드에서 읽었다고 전해지는 흄의 『인성론』에서 접했을 것이다. 아마도, 에든버러의 수사학 강의를 들은 그 '많은 수강생' 또는 초기 후원자들은 스미스의 강의들을 통해서 아리스토텔레스와 프톨레마이오스 같은 고대인들의 체계 및 데카르트와 뉴턴 같은 가까운 시대 사람들의 체계를 이해하게 되기를 원했을 것이다.

그 강좌가 생겨난 배경에 철학협회의 천문학에 대한 관심, 특히 1748년 7월 16일 직전의 일식과 7월 28일의 월식에 대한 관심이 있었을 수도 있다. 프랑스의 학자 르 모니에는 1748년 7월 에든버러에 있었고, 거기서 이 일식과 월식을 관찰했다(Emerson, 1981: 135~138). 그는 프랑스의 천문학 관련 탐험에 대해, 즉 1735년의 페루 탐험과 특히 자신이 직접 참가한 1736년의 라플란드 탐험에 대해 논평할 만한 위치에 있었다. 두 탐험 모두 스미스의 텍스트에서 '[뉴턴의] 체계를 완전히 확인시켜주는' 관찰을 제공한 것으로 언급된다('Astronomy' iv.72).

스미스는 훗날 '천문학의 역사'에 대한 논문을 다시 살펴보면서 ─당시 그는 쉰 살에 가까웠고, 흄이 자기보다 오래 살아 자신의 유저 관리자가 되리라 믿고 있었다─그것을 '계획된 어떤 미숙한 작품의 한 조각'이라고 일컬었다. 그는 그 논문을 출판할지 말지에 대한 결정을 친구에게 넘기면서 다음과 같이 솔직하게 말했다. '나는 그것이 어떤 부분들에서는 탄탄함보다는 지나친 꾸밈을 보여주지 않나 의심하기 시작했다'(Corr. No. 137, 16 Apr. 1773). 여기서 스미스가 '미숙한'이라는 형용사를 쓴 점과 리처드슨과 덩컨이 주는 정보들은, 스미스가 경력 초기에 이 논문을 썼고, 이후 에든버러에서 철학의 역사 강의들에서 이것을 기본 자료로 사용했으며, 그다음엔 이 강의들이 글래스고에서 도덕철학을 공부하는 학생들을 위한 '비공개' 강좌들 내에서 이루어졌다는 설명을 뒷받침한다.

스미스의 독창성은 아마도, 자연의 체계들의 '부조리 또는 개연성'에 대한 고려, 자연의 체계들의 '진실이나 현실과의 일치 또는 불일치'에 대한 고려는 제쳐놓고서 '자연의 체계들'에 대한 판단을 제시한 데 있을 것이다. 그는, 마치 '철학사의 모든 미로를 빠져나오도록 우리를 가장 잘 인도할 수 있는 실꾸리'처럼, 체계가 상상력을 억제하고,

정연한 논리를 갖추고, 그것이 다루는 대상에 대한 우리 반응을 강화하는지를 들어 체계의 성공을 판단하고자 했다('Astronomy' ii.12).

이런 관점에서 스미스는 천문학의 기능으로 여겨지는 태양, 달, 별의 움직임을 설명하는 것에 공들인 네 개의 주요 '체계', 즉 프톨레마이오스, 코페르니쿠스, 데카르트, 뉴턴의 체계를 정확한 역사적 세부에 이르기까지 주의 깊게 검토한다. 초기 천문학에 아름다운 면이 있음을 인정하면서, 스미스는 스승 허치슨과 심슨의 마음을 끌었던 그리스 사상의 한 측면을 다룬다. 하지만 그는 이 매력적인 주제를 뒤로하고, 밤하늘의 실제 관찰이 어떻게 지구를 여덟 개의 투명 구체로 둘러싸인 우주 중심에 위치하는 것으로 묘사한—결국 프톨레마이오스의 작업(서기 150년경)과 관련 있는—그 아름다운 초기 체계를 개선하는 결과를 낳았는지를 서술했다. 현상에 부합하기 위해서는 이심원離心圓과 주전원周轉圓의 가설을 포함해 초기 체계에 대한 더 많은 수정이 이루어져야 했고, 그에 따른 '분규'와 '혼란'은 그 체계를 못마땅한 것으로 만들었다.

현상을 상상적 내용과 융합함에 있어서 틈을 메우는 것이 과학의 임무라는 초기 가설을 바탕으로, 스미스는 하나의 체계를 '이미 현실에서 영향을 미치고 있는 그 다양한 움직임과 영향을 상상으로 함께 연결하기 위해 고안된 상상의 기계'로 정의한다(iv.19). 그는 수사학 강의에서 한 언어에 대한 자신의 비유를 되풀이해, 발명된 맨 처음의 물리적 기계는 복잡하고 그다음에 나오는 기계들은 단순해지는 것과 마찬가지로, 맨 처음의 체계는 복잡하지만 후속 체계들로 갈수록 같은 결과를 설명하는 데 필요한 원리들이 적어진다고 지적한다. 결국

'모든 종류의 사물에서 일어나는 일치하지 않는 모든 현상을 한데 묶어주기에 충분한 하나의 큰 연결 원리가 나중에 발견된다'(iv.19). 스미스는 하나의 체계를 하나의 '상상의 기계'로 보는 자신의 체계 개념을, '프톨레마이오스의 방식보다 더 단순할 뿐 아니라 더 정확한 방식으로 천체의 모습들을 한데 묶어줄' 수 있었던 코페르니쿠스의 업적에 빗대어 설명한다(iv.27). 그런 다음 스미스는 튀코 브라헤, 갈릴레오, 케플러, 데카르트에 의해 코페르니쿠스의 체계에 도입된 수정과 개선을 추적하면서 뉴턴에 이르기까지 자신의 '천문학의 역사'를 이어가며, 그 과정에서 바로 그해에 출판된 콜린 매클로린의 『아이작 뉴턴의 발견에 대한 설명』을 포함해 1748년까지의 관련 과학 문헌에 대해 정통함을 드러낸다.

스미스는 뉴턴의 혜성 연구를 언급하면서, '중력의 기계적 원리'와 관측을 통해 '혜성의 몇몇 궤도의 특성과 위치가 확인될 수 있고, 혜성의 주기가 측정될 수 있다'고 밝힌다. 나아가 스미스는 뉴턴 추종자들이 뉴턴의 원리를 가지고 혜성의 회귀를 예측하기까지 했고, '특히 혜성 중 하나가 1758년에 다시 나타날 것'이라고 말했다고 밝힌다(iv.74). 이는 「천문학의 역사」가 1758년 이전에 완성되었음을 뜻하는데, 핼리 혜성의 근일점 통과가 그해 크리스마스에 관찰되었기 때문이다. 스미스는 에드먼드 핼리의 이름을 언급하지도 않고, 그의 『혜성 천문학 개요』(1705)를 출처로 인용하지도 않는다. 한데 이 책은 1749년에 재발행되었고, 이때 왕립학회의 펠로인 존 베비스(또는 베번스)의 태음표와 수표數表에 관한 유작과 함께 출판된 덕분에 스미스의 에든버러 강의 시기에 과학에 관심 있는 대중의 시선을 끌었다.

우리가 철학의 역사에 대한 강좌와 관련된 것으로 보고 있는 이 「천문학의 역사」에서 스미스의 목표는 자신이 갖고 있던 1726년 판 『프린키피아』(Mizuta)에 담긴 뉴턴 체계의 과학적 내용을 파고드는 것이 아니었다. 그가 그 체계를 직접 알고 있었던 것으로 보이기는 하지만 말이다. 또한 D. D. 래피얼이 주장하는 것처럼(Raphael, 1988), 그는 볼테르와 매클로린의 대중화에 의존하지도 않았다. 스미스의 유저 관리자인 조지프 블랙과 제임스 허턴이 자신들이 엮은 책에서 언급했듯이(*EPS* 105), 사실 그는 뉴턴의 체계에 대한 설명을 불완전하게 남겨두었다. 그러나 과학사가로서의 스미스의 목표는, 뉴턴 체계의 부분들이 '다른 어떤 철학적 가설의 부분들보다 더 확실하게 하나로 연결되어' 있으며, 그 결과 그 체계가 '이제 모든 반대를 누르고 지금껏 철학에서 수립된 가장 보편적인 체계를 이룩하게 되었다'고 기록하는 것으로써 달성되었다('Astronomy' iv.76). 하지만 르네상스 때부터 천문학에 대한 회의적 시각이 존재했다(Jardine, 1987). 여기서 비롯된, 혹은, 더 일반적으로 흄에게서 흡수된 회의론은 스미스가 주의 깊게 내린 결론에서도 나타난다.

> 모든 철학 체계를 일관되지 않고 조화롭지 않은 자연 현상들을 하나로 연결해주는, 상상력의 단순한 발명품인 듯 설명하려 시도하는 가운데, 우리는 심지어 이 체계[뉴턴 체계] 식으로 연결 원리들을 표현하는 언어를 사용하는 데 점차 이끌렸다. 마치 그 원리들이 자연이 자연의 어떤 작용들을 함께 묶는 데 사용하는 진짜 연결 고리들이기라도 한 것처럼 말이다. ('Astronomy' iv.76)

이즈음 스미스의 좋은 친구가 된 흄은 1757년에 출간된『영국 사』2권에서 스튜어트 시대 후반의 과학 발전에 관해 설명하며 같은 의견을 내놓았다. 그는 로버트 보일이 '자연의 비밀 일부를 발견함으로써, 그리고 나머지 비밀을 상상할 수 있게 해줌으로써 자연에 관한 인간들의 허영심과 호기심에 매우 부합하는 이론인 기계적 철학에 대한 위대한 지지자'라고 썼다. 뉴턴에 대해서는 '인류를 명예롭게 하고 인류에게 가르침을 주기 위해 태어난 최고로 위대하고 보기 드문 천재'라고 칭찬했다. 흄은 또한 다음과 같이 말했다.

> 뉴턴은 자연의 신비 일부의 베일을 벗기는 것처럼 보였지만, 동시에 그는 기계적 철학의 결함들을 보여주어 자연의 궁극적 비밀들을 모호함으로 되돌려놓았으니, 그 비밀들은 과거에 모호한 상태에 있었고 미래에도 그러할 것이다. (Hume, 1778/1983: vi.542)

1773년에 스미스는「천문학의 역사」를 데카르트 시대에 이르기까지 유행했던 천문학 체계들의 역사를 담는 대작의 한 '부분'으로 설명했다(Corr. No. 137). 그 '대작'은 스미스가 1785년에 자신이 '준비 중'임을 인정했던 '문학, 철학, 시, 웅변'이라는 다양한 분야를 망라한 철학사'일 것이다. 하지만 스미스가 밝혔듯이 '노년의 게으름'과 나쁜 건강이 이 프로젝트와 '법과 정부의 이론과 역사' 관련 프로젝트를 방해했다(Corr. No. 248; Ross, 2004a). 스미스의 유저 관리자인 블랙과 허턴은 이 '대작들' 중 첫 번째 것에 대해 알고 있었고, 이것과 결부된 책인『철학적 주제들에 관한 소론』을 펴냈다. 이 책에는 '인문학과

우아한 예술'의 철학사의 부분들(『철학적 주제들에 관한 소론』의 광고)
인, 스미스의 취향 이론과 관련 있는, 모방 예술에 대한 논문들이 수
록되었다. 아마도 『철학적 주제들에 관한 소론』에 수록된 「고대 물리
학의 역사」 「고대 논리학의 역사」 「형이상학」은 「천문학의 역사」와 유
사성으로 연결되어 있고, '고대'에 한정된 것인 만큼 좀더 제한적인 형
태를 띠고 있긴 하지만, 마찬가지로 '철학적 탐구를 이끌고 방향 짓는
원칙들'을 보여준다. 스미스가 밝히고 있듯이, '천체의 체계를 세우는
것'에서 유래한 철학(또는 과학)은, 이어지는 순서가 너무 복잡하고 불
규칙해 보이는, 덜 아름답고 훨씬 더 다양한 지구의 대상들에 직면했
을 때 분명 훨씬 더 어려운 과제를 안고 있었다. 그럼에도 스미스가 고
전적 이론을 설명할 때, 그 같은 심리적·미학적 동인이 이 '자연이라
는 무대의 하부를 상상력에 근거해 논리적 일관성을 갖춘 장면으로'
만드는 것으로 드러났다('Ancient Physics' 1~2).

　'고대 물리학'에 대한 스미스의 설명은 소크라테스 이전의 사상
가들이 도입했고 아리스토텔레스가 설득력 있게 전개한 인과 철학을
무시했다고 비판받았다(EPS 24). 그러나 스미스는 엠페도클레스(기원
전 493년경~기원전 433년경)의 4원소 체계를 물질과 관련된 체계를 분
명히 표현한 시발점으로 이해하는 통찰력 있는 선택을 한다. 아리스
토텔레스는 그 이론을 따져본 뒤 받아들였고, 이후 그 이론은 자연에
대한 스콜라 철학 내에서뿐 아니라 근대 세계의 자연철학의 원천인
원자론 내에서도 자리를 잡았다.

　또한 스미스는 철학의 역사에 대한 에든버러 강의들—그런 게 있
었다면—과 밀접한 관련이 있는 '고대 물리학'에 대해 두 가지 요점을

제시한다. 첫 번째는, 지구상의 자연에 주어져 있는 '결합의 원칙들'은 비록 '더할 수 없이 모호하고 막연'하지만, '모든 결함'에도 불구하고, '그 원칙들이 없을 경우보다 인류가 그런 일반적인 주제들에 대해 더 조리 있게 생각하고 이야기할 수 있게 해준다'는 것이다. 두 번째는, '고대 물리학'의 체계가 '아름다움과 웅장함이 전혀 없지' 않았으며, 세상이 동일 법칙들의 지배를 받는다는 가설과 연결될 수 있었다는 것이다. 이 체계가 발전하기 전에는 '자연 현상에 일관성이 없어 보이는 것'이 다신교의 '소심한 미신'을 낳았는데, 이런 미신은 '거의 모든 예상치 못한 사건을, 약간 사적이고 특별한 목적에서 그 사건을 일으킨, 눈에 보이지는 않는, 뭔가 속셈이 있는 자의적 의지 탓으로 돌린다'.

철학자들이 자연의 부분들을 하나로 묶는 '연결 고리'를 '발견했거나 혹은 발견했다고 상상했을' 때, 그들은 곧 우주를 하나의 '완전한 기계'로, '보편적 법칙의 지배를 받고, 우주 자체 및 우주 안의 모든 종의 생존과 번영이라는 보편적 목표를 지향하는 어떤 일관성 있는 체계'로 인식하고 있는 것이었다. 그 결과, '세계를 형성하고 세계에 생존과 이해의 원칙을 부여한', 플라톤의 세계혼에 대한 자연신학이 생겨났다. 그다음에는 아리스토텔레스의 제1원인 공식화가 있었는데, 이 제1원인은 '영원히 자신의 신성한 에너지를 발휘해' 영원한 세계에 영향을 미치는 것이었다. 그 후 스토아학파는 어떤 신성하고 조화로운 우주를 창조한 신을 상정했는데, 그 우주는 우주의 주기를 끝까지 이어간 뒤 '원래의 에테르 같고 불 같은 자연'으로 돌아가 다시 '새로운 천체와 지구'를 낳는, 소진된 뒤 다시 창조되기를 '끝없이' 거듭하는 그런 우주다('Ancient Physics' 9~10). 자연의 법칙에 따라 작동하는 조화로운 우주라는 스토아학파의 개념은 스미스에게 호소력을 발휘했고, 스미스는 그것을 『도덕감정론』에서 전개된 자연의 법칙이라는 뉴턴의 개념 및 『국부론』에서 탐구된 자유 시장 경제학과 함께 관조적 공리주의의 일부로 만들었다.[2]

스미스의 「고대 논리학의 역사」와 「형이상학」은 네 개의 '주요 철학자 분파', 즉 옛 피타고라스학파, 플라톤학파, 아리스토텔레스학파, 스토아학파의 '사물들의 특수한 성질'에 대한 가르침을 탐구한다. 이 가르침은, 예컨대 '물의 일반적 성질을 생각할 때 여기 있는 이 물만의 특별한 요소를 고려하지 않고 모든 물에 공통적인 것들에 그 물을 한정시키는' 것인 '자연철학의 체계'에서 생겨났으며, 그것은 '자연에 대한 지식이 전달될 때의 순서상 [자연철학에] 앞서야 하는 것으로 이해된' 두 가지 '과학'을 내포하고 있었다. 형이상학으로 알려진 첫 번째 '과학'은 '보편이라는 일반적 성질과, 그것이 여러 다른 종류로 나뉠 수 있음에 주의를 기울였다'. 스미스가 문법적으로 일관되게 '논리학Logics'이라고 지칭한 두 번째 '과학'은 '모든 특정한 대상을 일반적인 부류로 분류하는 일반적인 규칙들을 확인하고 각 대상이 어떤 부류에 속하는지를 정하는 데 힘쓰는 것으로 설명된다. 스미스에 따르면, 그러므로 고대인들은 공식적 분류로 구성되는 '철학적 추론의 기술 전부'를 충분히 바르게 이해하고 있었으며, '형이상학이 (…) 전적으로 논리학에 종속되는 만큼 그것들은 아리스토텔레스 시대 이전에는 하나로 간주되었던 듯하고, 우리가 너무 많이 들었으나 거의 이해하지 못하는 고대의 변증법을 자기들끼리 만들어낸 듯하다'('Ancient Logics' 1).

「외부 감각에 대하여」(EPS)라는 논문은 '천문학' '고대 물리학' '고대 논리학과 형이상학'에 대한 논문들과 같은 철학적 탐구의 역사라는 틀에 꼭 들어맞지는 않는다. 하지만 근대적인 종류의 물리적 원자론에서 유래한 인식론에 대한 보완적 논의를 제공한다는 점에서 후자와 어느 정도 관련이 있다. 나아가 그것은 스미스가 어쨌든 '철학적 탐구를 이끌고 방향 짓는 데' 사용한 원칙들을 그 나름의 방식으로 보여준다. 또한 그것은, 예컨대 버클리의 『새로운 시각 이론에 대한 시론』(1709)을 읽고 자극받았음을 반영하고 있으며, 흄의 『인성론』은 명백히 언급하고 있지 않아서, 일반적으로 초기 작으로 간주되었다. 하지만 스미스가 자신에게 흄의 사상이 중요함을—『도덕감정론』에서 처음 중요시됨(TMS IV.1 1; IV.2.3)—드러내기 위해 출판물에서 언급하기까지는 시간이 걸렸다는 것을 지적할 만하다.

그렇지만 『인성론』의 외부 세계에 대한 믿음의 이론은 상상에 대한 견해와 마찬가지로 「천문학의 역사」에 반영되어 있는 듯 보인다 (Raphael, 1977). 또한 「외부 감각에 대하여」는 인과적 믿음의 상상에 연상의 기원이 있다는 흄의 설명(Treatise 1.1.4)을 떠올리게 하는 방식으로 관념의 연상이라는 원리를 이용한다(68과 74에서).

그럼에도 스미스는 로크가 물체의 제1성질과 제2성질을 구별한 것을 수용하면서, 이에 대한 흄의 회의적 거부(Treatise 1.4.5)에 대해서는 언급하지 않는다. 또한 버클리가 『인간 지식의 원리에 대하여』(1710)에서 성질 원칙에 반대했음을(i.9~15) 스미스가 알고 있다는 것이 드러나지 않는데, 그는 그 책을 읽지 않은 것처럼 보이며, 그게 아니라면 그 책을 논하지 않기로 작정한 것일 테다. 이 두 가지 사실은

「외부 감각에 대하여」가 꽤 초기에 쓰였음을 시사한다. 그럼에도 케빈 L. 브라운(Brown, 1992)은 그것이 1758년 혹은 그 후에 쓰였을 것으로 보았다. 그는 1758년에 출간된 『자연의 체계』 제10판에 이르기까지, 스미스가 그 논문에서 린네를 언급한 다양한 내용을 추적한다. 이는 고려될 필요가 있지만, 이러한 언급들은 그 논문의 초고가 완성된 이후에 시간을 두고 덧붙여진 것일 수도 있다.

아마 스미스는 제1성질과 제2성질—또는 그가 더 적절한 명칭이라고 여긴 '감각'('External Senses' 25)—의 구별을 고수했을 텐데, 왜냐하면 그 구별이 물리적 원자론의 유용한 한 부분을 증명해주었기 때문이다. 이것에는 그의 주의를 끄는 두 가지 측면이 있었다. 첫째는, 유추에 의해 일종의 언어로 인정된, 서로 다른 '감각들'의 전달의 관습적 성격을 수용한다는 것이었다. 둘째는, 경험적 데이터에 의지한다는 것이었다. 스미스와 관련해 말하자면, 『새로운 시각 이론에 대한 시론』에서 버클리의 가장 호소력 있는 통찰은 '시각의 대상들'은 만져지는 대상들을 이해할 때의 관습에 의해 구축된 '일종의 언어를 구성한다'는 것이다(p. 61). 분명 스미스는, '자연이 우리 눈에 보내는 언어'는 그 언어가 지시하는 대상들을 '인간의 예술과 독창성이 만들어낼 수 있었던 어떤 인위적인 언어들'보다 월등히 정확하게 보여준다고 주장한다(p. 62, 68). 하지만, 또한 그는 보이는 대상들과 만져지는 대상들 간의 '유사성과 관련성'만으로는 어떤 특정한 만져지는 대상이 눈에 보이는 어느 대상으로 나타나는지에 대해 합리적 추론을 하는 데 충분치 않다고 지적한다. '관찰과 경험의 도움'이 필요한 것이다(p. 63).

이 점을 지적하면서 스미스는 물리적 원자론에서 비롯된 철학에서의―아마도 우리는 심리학이라고 말해야 할 것이다―자신의 두 번째 주된 관심사, 즉 경험적 데이터와의 관계로 넘어간다. 이를 설명하기 위해 그는 당시의 어떤 유명한 환자 사례에 의지한다. '시각장애인으로 태어났거나, 아니면 너무 일찍 시력을 잃어서 눈으로 봤던 기억이 전혀 없는, 그리고 13세와 14세 사이에 [백내장] 치료를 받은 젊은 신사'의 사례다. 외과의사 윌리엄 체셀든이 이 사례를 소개했다 (Cheselden, 1728).

그 보고서는 윌리엄 몰리뉴가 『인간오성론』(1690) 초판을 읽은 후 로크에게 한 질문, 즉 시각장애인으로 태어났다가 시력을 회복한 사람이 이전에 만짐으로써 익히 알았던 대상들을 눈으로 구별하고 알아볼 수 있는가 하는 질문에 충분히 답해주었다. 간단히 말해서 답은 '아니다'였고, 스미스는 눈으로 보아서 지각된 것과 만져서 지각된 것을 서로 관련시키는 데 필요한 긴 과정에 대한 체셀든의 설명에 매료당한 것이 분명하다. 스미스는 보이는 것과 만져지는 것을 관련시키는 데 있어서 어린아이들은 과거에 시각장애인이었던 그 젊은이에게서는 위축되어 있었을 '어떤 본능적 지각'에 도움을 받을 수 있다고 여기며, 이런 생각에서 그는 시각 정보를 비롯한 자극들에 나타나는 본능적 반응에 대해 그 자신이 수집했던 어떤 경험적 증거를 제시하기에 이른다. 그는 매, 까치, 참새처럼 높은 곳에 둥지를 트는 새의 새끼들은 눈을 뜨지 못한 채로 태어나 한동안은 부모 새가 주는 먹이를 받아 먹어야 하는 반면, 닭이나 자고새와 뇌조처럼 땅에 둥지를 트는 새의 새끼들은 알을 깨고 나오자마자 땅 위에서 직접 먹이를 발견할 수 있다는 예를 든다('External Senses' 70~71).

스미스는 신체의 특정한 상태들에서 생겨나는 여러 욕구는 '그 욕구를 충족시키는 방법들을 암시하는 것처럼 보인다'고 주장하면서, 욕구 충족의 즐거움에 대한 직접 경험보다 욕구 충족의 즐거움에 대한 기대가 먼저 존재한다고 간주한다. 그는 '사춘기가 되기 오래전부터 자주—내가 생각하기에는 거의 항상인 듯하지만—일어나는'(p. 79) 성욕을 예로 제시한다. 「외부 감각에 대하여」라는 논문의 이런 내용으로 미루어 우리는 에든버러대학이나 글래스고대학의 철학사 강사로서의 스미스를 생각해볼 수 있으며, 그가 천문학·물리학·형이상학에 대한 고대의 저자와 근대 초기의 과학 혁명에 대한 공헌자들로부터 스코틀랜드 독자들의 큰 관심을 받고 있던 로크, 흄, 버클리에 이르기까지 폭넓은 독서를 했다고 생각해볼 수 있다(Davie, 1965; Stewart, 1985). 또한 우리는, 체셀든이 소개한 환자 사례와 같은 최근의 과학 발전에 대해 알아보기 위해 스미스가 런던 왕립학회에서 발행되는 『철학회보』를 읽었다고 생각해볼 수 있다. 그리고 아이들의 본능적인 성적 행동을 관찰하고 가금류, 수렵조, 시골 새들의 먹이 습성을 관찰하는 스미스, 생물에 대한 자신의 관찰을 린네의 분류 체계와 연결해보는 스미스 또한 그려볼 수 있다.

충분하지 못해서 감질나기는 하지만, 스미스의 에든버러 수사학 강의에 대한 사실들과 철학사에 대한 또 다른 강의들이라는 가설은 이십대 젊은이의 높은 수준의 지적 성취를 암시한다. 1797년 5월 23일자 『모닝 크로니클』에 실린 『철학적 주제들에 관한 소론』에 대한 광고는 이 책의 내용을 아래와 같이 밝히고 있었다.

[이 책은] 마음이 대담하고 광범위한 계획을 품기에 가장 좋은 시간인 인생의 오전에 집필되었다. [스미스는] 예리한 눈으로 인간 정신의 작동을 살펴보고, 자연의 웅대한 광경들을 이해 가능한 범위 안으로 가져오려는 정신의 그칠 줄 모르는 노력들을 기록하며, 상상이 어떤 단계들을 거쳐 그것의 궁극적 목표인 만족과 휴지로 나아갈 수 있는지를 밝은 색깔로 추적한다.

그런데 비공개 수업의 세 번째 영역이 그의 경력에서 결정적인 단계의 단초가 되었다는 주장이 있었다. 1750년부터 에든버러에서 시작된 '법 선생'으로서의 명성 덕분에 스미스가 1751년 1월 9일 글래스고의 논리학 교수로 선정되어 모교로 돌아왔다는 기록이 존재하는 것이다. 1748년에 시작된 그의 수사학 강의에 대한 세평이 그의 능력에 대한 글래스고 측의 의견에 영향을 미쳤으리라 생각하는 것은 합리적이지만, 1750년 10월경에 시작된 어떤 강좌에 대한 소식이 그의 교수 임명에 그렇게 결정적이었다고 보기는 어렵다(Raphael, 1992: 102~103).

그러나 스미스가 에든버러에서 가르친 또 다른 과목으로 법을 언급하는 진술이 스미스를 잘 알았고 또 자신의 경력에서 스미스로부터 상당한 도움을 받았던 어떤 인물에게서 나왔다(16장 참고). 그 사람은 제자이자 스넬 장학생이었던 데이비드 칼란더(1742~1798)이고(Raphael and Takamoto, 1990: 115), 그가 스미스에 대해 알려준 바를 유물 연구가인 조지 차머스가 기록했다. 칼란더의 진술에 관한 차머스의 기록은 또 다른 내용도 전해주는데, 스미스가 윌리엄 로버트슨이 저서 『카를 5세 시대의 역사: 로마제국의 전복에서 16세기 초반까지의 유럽 사회 발전에 대한 고찰』(1769) 제1권에서 법 강의들을 표절했다고 믿었다는 것이다. 이에 대한 이야기는 다음과 같은 말로 시작된다. '[스미스는] 1750년경에 에든버러로 갔고, 비공개로 법학과 학생들에게 민법을 가르쳤다.' 이 주장은 왜곡된 것일 수 있는데, 스미스가 에든버러에서 민법 또는 로마법에 대한 교수직을 갖추고 있지 않았을 것이기 때문이다. 5장에서 거론한 바와 같이, 그가 옥스퍼드에서 민법 공부를 허락받았다는 1744년 1월과 5월의 옥스퍼드 기록이 존재하기는 하지만 말이다. 스미스가 '법학,' 즉 법의 역사와 철학을 에든버러의 민법 수업을 듣는 대학생들에게 개인 자격으로 가르쳤다는 정보를 칼란더가 가지고 있었다는 것이 더 그럴듯하다. 어쨌든 칼란더의 이야기는 다음과 같이 이어진다.

> 후원자들이 스미스를 글래스고대학의 교수로 불러들이도록 만든 것은 그가 법 선생으로서 얻은 명성이었다. 여기서의 그의 강의가 워낙 대단해서, 스미스는 로버트슨 박사가 카를 5세에 대한 자기 역사책 제1권에서 그 강의들을 표절했다고 [데이비드] 칼란더에게 호소하곤 했다. 모든 학생이 증언할 수 있었듯이 말이다. 스미스는 로버트슨에 대해 다음과 같은 말을 하고자 했다. 로버트슨은 판단력이 좋아서 좋은 개요를 만들 수 있지만 계획을 실행하는 데 필요한 근면성이 부족하고, 칭찬해야 할 것을 비난함으로써 도덕을 뒤엎고 비난해야 할 것을 칭찬하며, 자신은 가까이에서 살펴보기보다는 거리를 두고 볼 때 그를 더 좋아한다는 것이었다.[3]

로버트슨에 대한 스미스의 평가는 1737년부터 그를 알았던 인버레스크의 칼라일의 다음과 같은 평가와 꽤 일치했다. '[그는] 다른 이들의 생각에 대한 해석에 너무 푹 빠져 있어서, 친한 친구들의 눈에는 그가 때때로 지루하게 보였다'(Carlyle, 1973: 144). 그러나 로버트슨은 스미스의 업적을 역사의 차원에서 높이 평가했으며, 『국부론』이 출간되자 스미스를 아메리카 식민지들에 관한 연구에서 자신의 '안내자이자 교사'로 솔직하게 인정했다(*Corr.* No. 153).

로버트슨과의 관계보다 스미스에게 더 중요한 관계는 에든버러에서 법을 가르치는 스미스에 대한 칼란더의 언급 중에서 예고된다. '그가 흄을 처음 알게 된 것이 바로 그때였고, 그들의 우정은 평생 계속되었다. 흄은 『도덕감정론』에 대한 서평을 썼다[1759~1760]'. 이 주장은 칼란더의 진술에서 두 번 반복되었다(Raphael and Sakamot, 1990: 111~112; Raphael, 1992: 94). 흄이 『크리티컬 리뷰』에 쓴 『도덕감정론』 서평 또는 '개요'와 관련해서는 12장에서 다룰 것이다.

흄의 경력에 대해 말하자면, 그는 세인트클레어 장군의 외교 임무를 돕는 비서관으로서 빈과 토리노의 궁정에 나가 있다가 1749년 1월에 런던으로 돌아왔다. 그해 여름 무렵 그는 베릭셔의 나인웰스에 있는 가족의 집으로 돌아왔는데, 이후 2년간 이곳에 머무르면서 간간이 에든버러를 방문했고, 그때 애덤 스미스의 강의를 들었을 것이다. 1750년 4월에 그는 법 강사인 스미스에게 매우 흥미로운 책인 몽테스키외의 『법의 정신』 두 개 장을 번역해 출판하는 일에 참여했다. 1750년 10월과 11월에 흄은 곧 나올 자신의 책 『정치론』(1752)의 경제 관련 주제들에 대해 스미스의 친구인 더니키어의 오즈월드와 서신을 교환하고 있었다. 스미스는 그해 초에 글래스고 문학협회에 흄의 책에 대해 보고했다. 당시 흄은『인성론』제3권에 기초한『도덕 원리 탐구』도 준비하고 있었고, 몇 년간 계획해온『영국사』의 자료도 모으고 있었다(Mossner, 1980: 224, 232~233; Hume, *HL* i.142~144). 이 시기 흄의 또 다른 프로젝트는『자연종교에 관한 대화』의 초안 작업이었는데, 이 책은 스미스에게 상당한 지적 어려움을 안겨준다(*HL* i.153~155; Mossner, 1980: 64, 233, 319~320; Campbell and Ross, 1982—21장 참고). 당시의 흄의 활동에는 스미스에게 자극을 주고 스미스의 관심을 끌고 스미스를 혼란스럽게 할 만한 것이 많이 있었는데, 흄의 생각과 성격이 스미스에게 미친 큰 영향에 대해서는 이어지는 장들에서 살펴볼 것이다.

스미스의 법 강의 준비와 관련해, 우리는 그가 1769년 3월 5일 스코틀랜드의 판사 헤일스 경에게 서신으로 다음과 같이 자신의 입장을 밝힌 것을 알고 있다. '나는 서로 다른 시대와 국가들에서 법 집행이 이루어져온 구도의 개요에 관한 어떤 일반적 개념을 만든다는 오직 그 관점에서 법을 읽어왔다'(*Corr.* No. 116). 만약 카를 5세에 대한 로버트슨의 책 제1권(1769)이 정말로 에든버러 강의 계획의 지침서이고, 나중에 칼란더가 스미스의 학생으로서 수강한 글래스고 법학 강좌의 지침서라면, 그 강의들은 로버트슨이 또 다른 책『미국사』(1777)에서 '생계 방식'이라 일컫게 되는 것에 따라 법 제도와 정부의 형태가 변하는 것을 추적하는 데도 관심이 있었을 것이다(Meek, 1976: 138~145).

칼란더가 이야기한 것처럼, '민법'이 보통 로마법을 의미하는 것과 달리 스미스가 가르친 민법은 그렇지 않았음을 이해해야 한다. 학생들의 변호사회 입문을 준비시키는 에든버러대학에서는 이미 이렇게 가르치고 있었다. 민법은 오히려 호로티위스-푸펜도르프의 '자연법과 만민법' 전통을 의미했는데, 최고민사법원장 던다스는 1748년에 이 전통이 스코틀랜드의 법률 교육에서 로마법의 원칙들과 함께 필수적인 부분이라고 언급한 바 있다. 앞서 살펴봤듯이, 스미스는 허치슨의 도덕철학 수업에서 이런 전통을 접했다. 하지만, 시민사회가 로마제국의 붕괴에서 회복되고, 로마제국을 정복한 야만인들이 유목민에서 농민으로 변하고, 그들의 후손 중 일부가 도시에 정주해 16세기에 유럽의 국가 체제 출현과 연관된 상업 단계에서 상인이나 제조업자가 된 상황에서, 에든버러에서의 스미스의 혁신은 주로 재산과 관련된 법의 출현과 발전의 역학을 설명한 데 있는 것처럼 보인다. 로버트슨은 에든버러 동쪽으로 13.5마일 떨어진 글래드스뮤어의 목사로 있을 때 에든버러에서 스미스의 법 강의를 들을 수 있었을 것이다. 어떤 점에서는 주로 호로티위스와 몽테스키외 같은 다른 선구자들이 있긴 하지만, 스미스는 로버트슨이 사회경제단계설의 요소들을 자신에게서 차용했다고 생각했을 것이다(Meek, 1973: Intro., 5~6; 1976: 5~36).

호로티위스-푸펜도르프의 전통을 소환하는 에든버러에서의 스미스의 법 강의는 법학, 즉 '만민법의 기초가 되어야 하는 일반 원칙들을 탐구하는 과학'에 초점을 두었던 것 같다(LJ(B) 1). 1751년 가을에 스미스는 간단한 통보를 받고서, 병이 난 크레이기 도덕철학 교수를 대신해 그 과목을 가르칠 준비를 했다. 또한 그는 정치학을 다룰 준비도 했다(Corr. No. 7). 크레이기와 스미스 모두 허치슨의 학생들이었으며, 그들의 법학과 정치학 가르침은 어느 정도는 스승의 교과서였던 『도덕철학에 대한 짧은 소개』에서 유래했을 것이다. 스미스의 에든버러 '민법' 강의의 주요 주제는 경제적 자유의 가치에 대해 긍정적이었던 것으로 보이며, 이는 그가 법과 정부를 어느 정도 경제 상황에서 야기되는 역사적 변화에 종속되는 것으로 논했음을 보여주는 증거다.

스미스는 이 주제에 관한 자기 생각의 독창성을 주장하는 데 신경 썼던 것으로 보인다. 적어도 더걸드 스튜어트는, 1755년에 스미스에 의해 작성되어 '당시 자신이 일원으로 있던' 글래스고의 한 '협회'에서 읽힌 어떤 '짧은 원고'에 대한 자신의 설명에서 그렇게 암시했다. 그 설명에 따르면, 그는 '정치와 문학의 어떤 주요 원칙들'의 '꽤 긴 목록'에 대한 자신의 '독점적 권리를 확실히 하고자—몇몇 경쟁자가 그것에 대한 권리를 주장하고 나설 가능성, 그가 충분히 우려할 만하다고 본 그러한 가능성을 차단하기 위해서—조바심을 냈으며, 사적인 모임들에서 그에 대해 거리낌 없이 이야기한 데다가 교수로서의 지위까지 갖추고 있어서 그는 그것에 대해 각별히 책임 있는 존재였다'(Stewart IV. 25).

스튜어트는 이 '짧은 원고'가 읽힌 협회에 대한 자세한 설명은 하고 있지 않지만, 코크런 시장의 글래스고 정치경제 클럽으로 추측된 바 있다(Scott, 1937: 53~54, 117~120). 하지만 이 클럽의 의사록은 남아 있지 않은 것으로 보이며, 그 '원고'에 문학 원칙들이 포함되었다는 주장으로 미루어 이러한 추측은 맞지 않아 보인다. 아마도 글래스고 문학협회였을 가능성이 더 높다.

스튜어트가 에든버러 왕립학회에 「스미스에 대한 이야기」를 읽어준 시기에 그의 수중에 있었다가 그 뒤에 폐기된 그 '원고'의 두 가지 '발췌문'의 성격에 대해 말하자면, 첫 번째 것은 인간의 본성에 대해 잘못된 생각을 가진 '정치인들'과 '기획자들'을 비판하는데, 그들은 인간의 본성을 '일종의 정치적 기계의 구성 요소'로 간주한다는 것이다. 여기서 스미스는 한편으로는 콜베르로 대표되는 유형을, 다른 한편으로는 존 로로 대표되는 유형을 염두에 두었을지도 모른다. 콜베르는 루이 14세 때의 프랑스 재무장관으로, '모든 사람이 평등, 자유, 정의의 진보적인 구도에 따라 자신의 방식으로 자신의 이익을 추구하도록 허락하는 대신에'(*WN* IV.ix.3), 국고 세입을 거두고 지출하는 데 사용되는 것과 같은 방법으로 산업과 상업을 규제하려 했다. 존 로는 스코틀랜드의 투기꾼이자 화폐 이론가로, 스코틀랜드에 토지은행 제도를 수립하려다가 실패했고, 그 뒤 프랑스에 중앙은행을 세우는 것에는 성공했는데, 후원하던 미시시피 회사 주식의 거품이 꺼지면서 이 은행의 지폐 가치가 떨어졌다(*WN* II.ii.78; IV.vii.b.13, 24). 그런 유형의 사람들은 인간의 본성이 시계 장치의 부품처럼 조작될 수 있다고 믿는다. 첫 번째 발췌문의 나머지 내용은 스토아학파의 '자연의 조화'라는 신조에 기원을 두고 있음을 드러내는, 『도덕감정론』(*TMS* IV.1.10)과 『국부론』(*WN* IV.ii.9)의 '보이지 않는 손' 주장을 예고한다.

기획자들은 자연이 인간사에 작용하는 과정에서 자연을 방해한다. 자연이 계획을 세우는 데는, 자연을 내버려두고 자연이 공정하게 목표를 추구하게 하는 것보다 더 필요한 것은 없다.

두 번째 발췌문은 사회경제단계설, 그리고 경제 영역에서 자연의 법칙에 따라 운영되는 자유 시장의 개념을 포함하고 있다(Schabas, 2005: 88~96). 이것은 또한 제도 이론도 포함하고 있어서, 경제 성장을 평화라는 공공재(아마도 방위군의 활동에 의해 유지되는)와 효과적인 사법 제도에 쓰이는 '편안한'(용인할 수 있는) 세금의 징수에 기인한 것으로 설명한다. 마무리 부분은 독단적인 중상주의 정부에 대한 다음과 같은 비난이다.

평화, 편안한 세금, 적절한 법 집행 말고는 한 국가를 가장 낮은 야만 상태에서 가장 높은 수준의 풍요로 이동시키는 데 필요한 것이 거의 없다. 그 밖의 모든 것은 상황의 자연스러운 흐름에 의해 야기된다. 이 자연스러운 흐름을 방해하거나, 상황을 억지로 다른 경로로 밀고 나가려 하거나, 어떤 특정 지점에서 사회의 진보를 저지하려 하는 모든 정부는 부자연스러우며, 스스로를 유지하기 위해서 억압적이고 압제적이지 않을 수 없다.

스튜어트에 따르면, 스미스는 에든버러에서 강의할 무렵에 이런 생각(그가 '견해들'이라고 언급한)에 이르렀음을 그 1755년 '논문'에서 다음과 같이 아주 분명하게 밝혔다.

이 논문에서 열거된 (…) 이런 견해들 중 많은 부분은 내가 여전히 하고 있는 어떤 강의들에서 상세히 다루어지며, 이 강의들은 6년 전 [1749] 나를 돕는 일을 그만둔 서기에 의해 기록되었다. 그 견해들은 전부 내가 글래스고에서 보낸 첫 겨울[1751~1752]에 크레이기 씨의 반[전임 도덕철학 교수의 반]을 처음 가르친 이래 오늘날까지 큰 변화라고는 없이 내 강의의 한결같은 주제였다. 그 견해들은 전부 내가 에든버러를 떠나기 전 겨울[1750~1751]에 에든버러에서 연구한 강의 주제였으며, 나는 거기서나 여기서나 그 견해들이 나의 것임을 충분히 확인해줄 무수한 증인을 제시할 수 있다. (Stewart IV.25)

우리는 스미스의 강의들을 기록한 서기가 스미스가 그 강의들을 하기 전에 스미스를 위해 일하던 것을 그만두었다고 추정할 수 있다. 아마도 더 중요한 것은, 스미스의 이런 말에서 묻어나는 초조함이 칼란더의 진술에서 언급된 것, 즉 그의 생각이 책으로 출판되기 전에 표절당하고 있다는 것에 부합한다는 사실이다. 『국부론』 제3, 4, 5권은 최종적으로 사회경제 제도와 그것들에 대한 '경찰' 혹은 정부의 감독에 대한 논의를 제공한다.

에든버러 강의들이 계획한 것은 '야만 상태'(소유물에 대한 제도와 소유물을 지키는 정부가 수립되는 단계인 목축 단계)로부터 상업 시대의 '가장 높은 수준의 풍요'에 이르기까지의 시민사회의 역사를 설명하는 것이었던 듯하다. 1755년 논문에서, 그리고 에든버러의 법 강의에서—그 자신의 말에 따르면—스미스의 논지는 '자연스럽지 않은' 정부 간섭은 한 나라의 경제 성장을 방해한다는 것이었다. 앞서 솔타운의 앤드루 플레처가 스코틀랜드에서 이러한 주장을 한 바 있었다. 그는 '어떤 대화에 대한 보고서 등등'이라는 제목이 붙어 있는 글(1703)에서, '국민의 산업을 좌절시키는 모든 정부는 옳지 않으며, 폭력적이고,

결과적으로 불의한 것이다'라고 기술했다(Fletcher, 1749: 298). 스미스의 수강생들은 그가 플레처의 생각을 반향하고 있음을 알아차렸을 수도 있는데, 플레처의『정치적인 일』의 1749년 글래스고 판이 최근에 출간되었기 때문이다. 1755년에 어떤 논문을 쓰면서, 그리고 자신의 느린 집필 속도를 의식하고서, 스미스는 친구인 존 댈림플이 「영국 봉건 자산의 일반 역사에 대한 논문」(1757)—몽테스키외가 원고 상태에서 읽고 논평해준 것으로 보이며, 몽테스키외 사후에 그에게 헌정되었다—에서 진행 중이던 연구로부터의 독립을 선언하고 싶었을 수도 있다(Phillipson, *ODNB*, 2004~2007). 또한 스미스의 후원자 케임스 경도 자신의『역사의 법 영역들』(1758)에 통합된 유사한 생각에 몰두해 있었다(Ross, 1972: 204~205, 209~210; Meek, 1975: 99~106). 1755년 논문에 대한 최근의 한 논평자가 주장하듯이(Kennedy 2005: 241~248), 스미스가 자유 무역, 사회경제발전단계설, 평화의 중요성, 경제 성장에 필요한 제도적 지원 같은 생각을 자기 것인 양 몽테스키외에게서 도용했다는 소문을 퍼트린 장본인이 퍼거슨이었을 수도 있고, 그래서 화가 난 스미스가 퍼거슨을 냉랭하게 대하다가, 퍼거슨이 죽음을 눈앞에 둔 자신을 찾아와 속죄했을 때 그저 살짝 마음을 풀었을 수도 있다.

자신의 '논문'이 한 에든버러 강좌에 기원을 두고 있다는 스미스의 언급에 대해 말하자면, 그는 그 에든버러 강좌와 글래스고 교수 시절 생각 사이의 연관성에 주의를 환기하고 있는 것이다. 에든버러 시기의 그 젊은 강사의 풍부한 사상은 과장된 것이라 할 수 없다. 그는 자신의 '많은 수강생'을 위해 미학, 과학, 철학, 법학의 주제들을 통

찰력 있게 아우르면서 지적 체계들의 성격에 대한 중대한 이해에 도
달했고, 그리하여 사회과학에 대한 자신의 완숙한 업적의 기초를 다
졌다.

8장

글래스고대학의 부름

·

나를 그들의 협회에서 쓸모 있는 구성원으로
만들어주는 것은 내 주요 연구일 것이다.

애덤 스미스는 글래스고의 논리학 교수직에 선임됨으로써 성공적이었던 에든버러 강의들에 대해 보답받았다. 그의 논리학 스승이었던 존 라우든이 1750년 11월에 사망하자, 12월 19일 수요일에 열린 대학 회의는 1751년 1월 9일을 후임자 선정일로 정했다. 장래에 스미스의 동료가 되는 존 앤더슨이 1750년 12월 27일 길버트 랭에게 알려준 바에 따르면, 그 자리를 위한 '능력 있는 후보'가 적어도 두 명 있었다. 한 명은 다이저트의 목사인 조지 뮤어헤드로, 그 역시 허치슨의 제자였다. 그는 존 프링글 경이 에든버러의 도덕철학 교수직에서 물러났을 때 그를 대신한 바 있고, 1753년에 동양어 교수, 1754년에 인문학(라틴어) 교수로 선임되었다. 학자로서의 그의 능력은 파울리스 출판사(Sher, *ODNB*-O)에서 나온 고전 텍스트의 교정자로서 발휘되기도 했다. 다른 한 명의 후보는 스미스였고, 앞서 인용한 앤더슨의 사적인 편지에 따르면 그가 만장일치로 선택되었다(Univ. of Strathclyde,

Anderson Lib., Anderson/Lang; Meek, 1977: 74). 1월 9일, 대학 이사회 서기이자 스미스의 옛 수학 스승인 로버트 심슨은 스미스에게 선발 소식을 알리고, '상황이 허락하는 대로 최대한 빨리' 글래스고로 와 '승인을 받을 것'을 요청하며, 적격성 심사를 위해 「생각의 기원에 대하여」라는 논문을 써낼 것을 요청하라는 지시를 받았다.

그 논문의 내용은 전혀 남아 있지 않은 듯하지만, 그 논문은 에든버러에서 했던 그의 최근 철학사 강의를 토대로 한 것이었을 수도 있고, 아니면 라우든의 논리학 강의들에 대한 그의 노트를 토대로 한 것이었을 수도 있다(4장 참고). 또한 그 논문은 그의 종교적 정통성에 대한 시험으로서, 그가 신에 대한 생각의 기원에 대해서 받아들일 수 있을 만한 어떤 이성적인 설명이나 경험적인 설명, 혹은 이성적이면서 경험적인 설명을 제시할 수 있는지를 파악하기 위해 그에게 요청되었을 수도 있다. 스미스는 1월 10일 일요일에 작성되어 아마도 월요일에 '제1편'으로 우송된 서신을 통해 자신이 선발된 것을 수락했고, 이어서, 요청받은 대로 '화요일 밤(12일)에' 글래스고에 도착하도록 노력할 것이라고, 하지만 이틀 뒤(14일 목요일)에는 에든버러로 돌아와야 할 것이라고, 심지어 그렇게 자리를 비우는 것에 대해 '이곳의 내 친구들이 동의할지도 확신할 수' 없다고 말했다(Corr. No. 8). 이는 아마도 1751년 6월 학년 말까지 수사학 강의와 '민법' 강의를 계속하기로 되어 있던 에든버러 후원자들과의 약속에 대한 언급일 것이다.

결국 스미스는 1월 16일 토요일에 글래스고대학 회의에 참석해 요청받은 논문을 읽고 만장일치로 승인을 받았으며, 글래스고 장로회 앞에서 칼뱅파의 신앙고백에 서명한 다음 '통상적인 신앙 맹세'를 함으로써 글래스고대학 교수로서의 임용 절차를 마쳤다. 그 후 그는 '모든 구성원에게 엄숙하게 받아들여'졌으며, 에든버러에 '일'이 남아 있다는 그의 설명에 따라 즉각 그곳으로 돌아갈 것을 허락받았다. 대학의 승낙하에, 스미스는 자신이 없는 동안 2학년을 가르칠 사람으로 1750년부터 민법 교수로 있던 허큘리스 라인드세이 박사를 지명했다 (GUA 26640; Scott, 1937: 137~139).

대학 회의의 회의록에서 만장일치가 암시되었음에도 불구하고, 스미스가 선정된 데 따른 악감정이 있었던 듯하다. 스미스의 내과의 윌리엄 컬런은 그즈음 의대 교수로 임용되었고 스미스의 에든버러 강의 시절부터 친구로 지내고 있었는데, 그가 가지고 있던, 스미스에게 쓴 한 편지 초안(Corr. No. 304)으로 미루어 이렇게 추측해볼 수 있다. 이 편지는 1751년 4월에 도덕철학 교수 토머스 크레이기가 건강상의 이유로 교수직을 그만두고 시골로 물러나기 전 어느 시점에 쓰인 것이다. 컬런은 스미스가 글래스고 교수진의 분열로 고생했음을 시사하며, 스미스가 '우리와 함께 살기 위해' 글래스고로 올 때쯤에는 그런 상황이 마무리되기를 희망한다. 크레이기와 여섯 명의 다른 교수는 '그 어떤 위대한 인물에 대한 고려 없이' 스미스를 지지한 것처럼 보였지만, 1750년 10월 31일에 임명된 동양어 교수 윌리엄 루어트는 크레이기나 신학과 교수 윌리엄 리치먼이 스미스에게 투표한 것은 '힌드퍼드 경과 아가일 공작에게 아첨하는 것'이었다고 지적했다. 컬런은 또한, 스미스가 런던의 아가일 공작 3세와 애더베리의 집사로 있던 사촌 윌리엄 스미스에게도 편지를 보내 자신의 임용을 알렸으며, 이 일이 글래스고에서는 언짢게 받아들여졌다는 것을 시사하는 듯하다.

아마도 내놓을 수 있는 가장 적절한 설명은, 교수들 사이에 적어도 두 분파가 있었다는 것이다. 하나는 크레이기가 이끄는 파로, 후보자의 실력을 보고 결정하는 것으로 비치고자 했다. 다른 하나는 루어트, 라인드세이, 그리고 아마도 리치먼을 포함한 파로, 그들은 '거물들'이 바라는 바에 주의를 기울일 이유가 있었다. 편지 끝에서 컬런은 커콜디 친구들이 알고 있던 스미스의 '따뜻한 기질'이 여전함을 지적하고서, 스미스에게 '당신의 평안과 건강을 위해, 당신을 둘러싼 사실들이 확실해지기 전에는 화나 짜증을 내지 말 것'을 당부한다(*Corr.* No. 304).

앞서 소개했듯이 스미스의 제자였다가 나중에는 동료이자 친구가 된 존 밀러의 말에 따르면, 1751년 10월 스미스가 글래스고에서 논리학을 가르치게 되었을 때, 그는 '선임자들이 따랐던 계획에서 크게 벗어나야 한다는 것을 이내 깨달았다'(Stewart I.16). 선임자들 중 한 사람은 라우든이었고, 그의 학문적 방법에 대해서는 앞서 설명했다.『국부론』에서 스미스는 고대 모델을 따르는 논리학을 '좋은 추론과 나쁜 추론의 일반 원칙들의 과학'으로 정리하게 된다(*WN* V.i. f.26). 아리스토텔레스의 삼단논법은 예전에 학자들의 관심을 끌었기에 그에 대한 호기심이 충족되어야 했는데, 스미스는 글래스고의 자기 학생들을 위해서 아리스토텔레스의 삼단논법 공식을 '인위적 추론 방식'이라고 일컬었다. 새로운 시대에는 새로운 접근이 필요하다고 판단한 스미스는, 그의 에든버러 강좌에서 만들어졌다고 앞서 우리가 이야기한 수사학과 문학의 '체계'를 소개함으로써, '더 흥미롭고 유용한 성격의 연구'로 눈을 돌리자고 제안했다.

이런 방법에 대한 밀러의 다음과 같은 옹호는 스미스 자신의 옹호라고 봐야 할 것이다.

인간 정신의 다양한 힘을 설명하고 보여주는 최고의 방법, 즉 형이상학의 가장 유용한 부분은 우리 생각을 연설로 전달하는 몇 가지 방법에 대한 검토에서, 그리고 설득과 오락에 일조하는 그 문학적 글쓰기의 원칙들에 대한 관심에서 생겨난다. 이 기법들에 의해, 우리가 인식하거나 느끼는 모든 것, 즉 우리 정신의 모든 작동이 그런 식으로 표현되고 묘사되어 분명하게 차별화되고 기억될 수 있다. 동시에, 철학에 입문한 젊은이들에게 그들의 취향과 감정을 붙잡는 이보다 더 적합한 문학 분야는 없다. (Stewart I.16)

논리학과 형이상학을 가르치는 스미스의 혁신적인 방법은 교수로서의 라우든의 성과에 대한 비판적 시각, 옥스퍼드에서 아리스토텔레스 논리학이 지겹게 강조되었던 것에 대한 기억, 그가 글래스고에 왔을 때의 시대적 요구에 의해 어느 정도 결정되었을 수 있다. 앞으로 살펴볼 것처럼 이 젊은 교수의 혁신의 결과는 매우 영향력 있고 광범위한 것으로 판명되었지만, 글래스고대학의 모든 사람이 그 혁신을 마음에 들어한 것은 아니었다. 도서관 관리자 제임스 우드로와 글래스고에서 공부하고 있던 잉글랜드 비국교도 새뮤얼 켄릭이 주고받은 편지에서 언짢은 기색이 드러난다. 제임스 우드로는 장로교도 역사학자 로버트 우드로의 아홉 번째 아들이었고, 새뮤얼 켄릭은 훗날 세번강의 무역항이자 땜납 산업의 주요 중심지인 우스터셔 뷰들리에서 은행원이 되었다. 1751년 12월 20일자 편지에서 우드로는 다가오는 토요일의 초대를 거절하는데, 함께 가기로 했던 두 명의 친구가 뒤늦게 스미스의 수사학 강좌를 수강하기로 결심했고, 그들의 뒤진 부분을 만회하기 위한 보강이 바로 그날로 잡혔기 때문이다. 우드로는 켄릭에게 그 강좌를 다음과 같이 설명한다.

우리가 참신함으로 모든 수강자를 매혹하는 새로운 종류의 강의를 듣고 있다는 것을 당신은 알아야 합니다[.] 수사학 강의를 말하는 것인데, 그 강의 때문에 수강자들의 머리는 부대상황[,] 부가어[,] 문장의 머리와 꼬리, 주격, 목적격으로 가득 차 있고, 모임에서 당신을 즐겁게 해줄 만한 문법 용어가 얼마나 많은지 모릅니다.

우드로는 켄릭에게 보낸 1752년 1월 21일자의 또 다른 편지에서 스미스 강좌의 주제를 다시 언급한다.

수사학 강의에서의 스미스의 명성은 매일 가라앉고 있습니다. 나는 그의 학생이 아니라서 감히 그 이유를 아는 척하지는 않습니다. 그는 내가 수강할 계획인 법학 강의를 다음 주에 시작합니다. 그가 허치슨 씨에 대해 업신여기는 표현을 내뱉었다고 들었습니다. 그 젊은이가 자신의 과학적 수사법에 대해 선긋기를 하고 울타리를 치고 성벽을 세우며 자신에 대한 비난을 애써 지켜내도록 놔둡시다. 여전히 이 대학에는 대포의 입을 그를 향해 돌릴 허치슨 씨 같은 학자들이 있으니까요. (London, Dr William' Lib., MS 24.157, 14, 16)

우리는 '업신여기는 표현'이 허치슨의 문체에 대한 스미스의 비판을 말하는 것이라고 추측할 수 있다. 아마 그는 허치슨의 문체를 새프츠베리의 현란한 문체와 연결시키고 자신이 높이 평가한 스위프트의 간명한 문체와 대조시켰을 것이다. 앞서 언급한 바와 같이, 말년에 우드로는 스미스의 학생 중 한 명인 버컨 경에게 그 수사학 강의에 대해 더 만족스럽고 호의적인 설명을 해주었다. 또한 우드로는, 스미스가 자신의 (또한 우드로의) 스승인 프랜시스 허치슨의 강의 스타일을 잠시나마 따라해보려 하던 때의 그의 강의 스타일을 자세히 설명해주기도 했다.

글래스고에서의 첫해에 스미스가 법학 강의를 한 것에 대해 말하자면, 허치슨의 후임 도덕철학 교수였던 크레이기가 1751년 4월에 몸이 아파 강의를 계속할 수 없게 된 데 따른 일이었다. 1751년 9월 3일 스미스는 에든버러에서 컬런에게 편지를 써, 크레이기를 안심시킬 수 있는 일이라면 '기꺼이' 하겠다고 말했다. '당신은 그의 강의 중 자연법학과 정치학이 내가 맡아 가르치기 가장 적당한 부분이라고 말씀하십니다. 나는 둘 다 기꺼이 맡겠습니다'(Corr. No. 9). 이 배정은 9월 11일의 대학 회의에서 확정되었다. 신학 교수 윌리엄 리치먼이 '자연신학과 허치슨의 첫 번째 책인 윤리학에 대한 책을, 그리고 스미스가 자연법학과 정치학에 대한 다른 두 책을' 가르치는 것으로 결정되었다(GU Meeting, Minutes 11 Sept. 1751; LJ 1~2). 크레이기, 리치먼, 스미스 모두가 허치슨의 제자여서, 그들의 강의는 접근 방식과 강조점이 다를지라도 공통의 기원을 가지고 있었을 것이다. 분명 1751년 크레이기의 도덕철학 학생들은 대체된 교수들에 대해 불만을 가질 이유가 없었다. 리치먼과 스미스가 수업의 기초로 삼은 교재는 1742년 글래스고에서 출간된 허치슨의 『도덕철학 교육의 지름길, 윤리학과 자연법의 주요 요인』이었다. 스미스가 자신의 에든버러 수사학 강좌와 '민법' 강의들에 의지해, 도덕철학의 주요 요소로서의 자연법에 대한 허치슨의 가르침을 확장했다고 가정하는 것도 타당하다.

스미스는 1751년 10월 1일까지는 글래스고에 가 있을 계획이었다. 왜냐하면 그가 컬런에게, 만약 크레이기가 그날까지 건강을 위해 리스본으로 출발하지 않고 남아 있다면 자신이 그를 만나 그의 수업 계획에 대해 이야기를 나누겠다는 말도 하고 있기 때문이다. '나는 그 계획을 오롯이 존중할 것이고, 따라서 그것을 절대적으로 따를 텐데, 나는 나 자신을 그의 자리에서 그를 대신하는 사람으로 여기고자 하기 때문이다'(*Corr*. No. 9). 밝혀진 것처럼, 좀더 따뜻한 곳으로 떠나려 9월에 휴가를 냈던 크레이기는 11월 27일에 리스본에서 사망했다. 당시 그의 죽음은 예상 가능한 일이었을 것이고, 스미스가 그의 후임자가 될 수 있다는 것도 예상 가능한 일이었을 것이며, 결과적으로 다른 논리학 교수를 물색할 필요가 있었을 것이다. 그 11월의 어느 화요일에 에든버러에 있던 스미스가 컬런에게 보낸 또 다른 편지에서 이런 점들이 드러난다.

여기서 스미스는 예견된 글래스고 공석의 후보자로서 흄을 처음으로 언급하며, 자신이 흄을 한 인간으로서나 철학자로서나 높이 평가하고 있음을 내비친다. 그런가 하면 스미스는 흄의 성격이 대단히 신중한 편임을 밝히면서, 필시 회의론자로서의 흄의 명성 때문에 여론이 그에게 우호적이지 않으며 이 점에 대한 대학 측의 '관심'이 고려되어야 한다고 이야기하기도 한다. '나는 누구보다 데이비드 흄을 동료로 선택해야겠지만, 대중은 나와 생각이 다를까봐 걱정된다. 사회를 위해서 우리는 대중의 의견을 어느 정도 고려하지 않을 수 없다'(Corr. No. 10: Emerson, 1994: 15). 아마도 스미스는 교수직 임명 승인 전에 요구되는 절차에 따라 흄이 글래스고 장로회 앞에서 신앙고백에 서명하는 것을 볼 수 없었을 것이다(Stewart and Wright, 1995).

허치슨이나 신학 교수 윌리엄 리치먼(1744년에 선임됨)이나 모두 장로회 사람들에게 이단이라는 비난을 받았는데, 그들 자신은 1744~1745년 흄이 에든버러의 도덕철학 교수 후보가 되는 데 반대했다(Scott, 1900: 84~85; Mackie, 1954: 202; Mossner, 1980: 157). 게다가 우드로는 앞서 인용한 켄릭에게 보낸 편지 1752년 1월 21일자에서, 글래스고의 성직자들이 닐 캠벨 학장에게 우르르 몰려가 자신들은 흄이 교수가 되기를 바라지 않는다고 말했다고 전한다. 또한 우드로는 자신이 흄의 『정치론』을 읽고 있지만 내용을 잘 이해한 것 같지는 않다고 이야기한다. 하지만 같은 해 1월 10일 글래스고 문학협회가 스미스를 비롯한 여러 교수를 초기 회원으로 하여 설립되었고, 1월 23일에 스미스는 '데이비드 흄 씨의 상업 관련 논문 몇 편에 관한 해석'을 낭독했다(Duncan, 1831: 132). 우리는 스미스가 글래스고의 청중에게 흄의 연구에 대한 약간의 통찰을 제공했으리라 추측할 수 있으며, 그러한 통찰은 그의 법학 강의의 일부가 되어가던 경제학이라는 체계의 한 발전 단계를 규정했다(Skinner, 1990a: 250).

1751년 11월에 스미스가 컬런에게 보낸 편지는 글래스고 교수 임명의 막후에서 책략이 작동하고 있었음을 암시한다. 그는 동료 교수 허큘리스 라인드세이가 자기 친구인 민토의 길버트 엘리엇에게 흄의 이름을 꺼냈음을 내비치는데, 엘리엇은 당시에는 록스버러셔의 지방판사였고 1753년에는 셀커크셔의 하원의원이 된 인물로, 아가일 공작 3세를 움직일 수 있는 떠오르는 정치인이었다. 흄은 1751년 가을에 콜드웰의 윌리엄 뮤어를 비롯해 친구들을 만나러 스코틀랜드의 서부에 가 있었는데, 뮤어는 엘리엇과 마찬가지로 주로 아가일의 이익에 부합하는 스코틀랜드 임용 관리자들 중 한 명이었다. 이 기회를 틈타 흄에게 교수직을 얻어주려는 계획—라인드세이가 관여한—이 모의됐을지 모른다. 스미스는 1728년부터 글래스고대학 학장으로 있던 닐 캠벨의 사임이 제기된 것과 관련해 컬런과 나눈 대화를 환기한다. 그는 컬런에게, 도덕철학 교수로 자리를 옮기는 것과 관련해—아마도—아가일 공작에게 자신의 이름을 언급해준 것에 대해 캠벨 학장에게 감사를 전해달라고 부탁한다. 캠벨은 에든버러의 아가일 공작 알현식에 참석해 미들로디언의 지방판사이자 글래스고의 델프트 도자기 작업장 운영상 아가일과 연관이 있는 아마추어 화학자인 고지의 알렉산더 린드에 의해 공작에게 소개된 적이 있다. 아마 그 거물은 캠벨 학장이 스미스를 언급한 것을 쉽게 잊어버렸을 것이다. 글래스고에서 교수 자리를 얻고자 한 흄의 바람을 꺾어버린 것은 바로 이 공작이었다. 아가일의 스코틀랜드 쪽 주요 대리인인 밀턴 경의 아들 앤드루 플레처가 1752년 1월 9일에 자기 아버지에게 다음과 같이 알렸기 때문이다.

어제 저는 글래스고의 현안과 관련된 서신 등등을 공작님 앞에 놓아드렸습니다. 공작님은 데이비드 흄 씨가 그곳의 교수직에 추천받을 수 없으며, 아버지가 쉽게 떠올릴 수 있는 많은 이유에서 그렇다는 것을 제가 아버지께 알리기를 바라십니다. (NLS Saltoun MSS; Mossner, 1980: 632)

분명 흄은 자신이 교수직 후보에 오르지 못할 이유를 의심치 않았으며, '성직자들의 격하고 진지한 항의에도 불구하고 만약 아가일 공작이 내게 최소한의 지지라도 보낼 용기를 낸다면' 자신의 '친구들'이 자신의 논리학 교수직 선임을 보장해줄 것이라고 주장했다(*HL* i.164).

교수가 되려다가 다시 좌절한 데이비드 흄은 1752년 1월에 에든버러 변호사도서관의 관리자로 뽑혔다. 이곳은 3만 권의 장서를 보유한 영국 최고의 도서관 중 하나였고, 그가 이제 착수한 역사 연구를 위해서는 특히 그랬다. 그가 스미스에게 보낸 편지들 중 남아 있는 첫 번째인 1752년 9월 24일자는 헨리 7세의 치세로 '잉글랜드 역사'를 시작하기에 적당한 근거에 대해 그들 사이에 토론이 있었음을 암시한다. 흄은 스미스로부터 이 주제에 대한, 그리고 어떤 라틴어 책 요청에 대한 편지—지금은 남아 있지 않은—를 받았음을 알린다. 또한 그는 제임스 1세의 치세로 자신의 잉글랜드 역사를 시작하는 이유들을 제시하며, 바로 그 시대에 위대한 헌법적 전환점이 있었고 그 전환점의 결과가 현재 일에도 영향을 미치고 있다고 보았다.

하원이 처음으로 고개를 쳐들기 시작한 것은 제임스 치하에서였으며, 당시 특권과 왕권 간의 다툼이 있었다. 더 이상 왕의 엄청난 권위에 압도되지 않는 정부는 역량을 발휘했으며, 당시 생겨난 파벌들이 우리의 현재 일에 영향을 미쳐, 우리 역사 중 가장 호기심을 끌고 흥미로우며 교훈적인 부분을 형성한다. 앞선 사건이나 원인들은 연구에 솜씨 있게 삽입될 수 있는 숙고나 검토를 통해 쉽게 드러날 수 있으며, 그렇게 해서 전체가 더 촘촘하고 정연해진다.

흄은 '큰 열정과 즐거움' 속에서 이 작업에 뛰어든 것에 대해 쓰고 있으며, 이로 미루어 그가 스미스에게 상당히 흥미로운 주제였던 역사 저술을 얼마나 많이 생각했는지 알 수 있다. 7장에서 논했듯이, 스미스의 수사학 강의는 역사가들에 대한 역사를 포함하고 있었다. 원래 흄에 대한 언급은 없었으나, 라펭-투아라의 솔직함을 칭찬하는 어떤 문장의 여백에는(LRBL ii.73) '10년 전, 지금은 더 나은 사람이 있다'라는 메모가 적혀 있다. 스미스의 수사학 강의의 첫 편집자인 존 M. 로디언은(LRBL, 1963: 112 n. 2) 이것이 1754~1762년에 여섯 권으로 출간된 흄의 『영국사』에 대한 1763년 1월 12일의 언급이라고 간주했다.

또한 1752년 9월의 편지에서 흄은 스미스에게 자신의 『도덕·정치 논고』에서의 삽입과 삭제에 대한 의견을 구하는데, 당시 흄은 1753년의 『몇 가지 주제에 대한 논설』(Corr. No. 12) 첫 권의 교정을 보는 중이었다. 흄은 분명 스미스를 학문적으로 남다른 인물로 인식했으며, 1753년 5월 26일 에든버러에서 보낸 편지에서는 스미스를 '나의 벗'이라고 불렀다(Corr. No. 13). 여기서 그는 영국사 저술을 다시 화제에 올려 자신이 숙독하고 있는 많은 책과 자신이 채택한 꼼꼼한 방식을 언급하며, 또한 스미스에게 방학 동안 에든버러에 머물면서 '수업의 피로'로 나빠진 건강을 추스를 것을 충고한다. 나아가 흄은 스미스와 '나눌 이야기가 많다'고, 또한 장담컨대 에든버러에는 항상 '좋은 친구들 몇'이 있으며 자신은 스미스가 '좋아할 만큼 많은' 책을 공급해줄 수 있다고 말한다. 앨런 램지의 1754년작 초상화에 매력적으로 반영된 것과 같은 흄의 성격에 매력을 느낀 스미스는, 비록 함께 어울리자는 그의 계획에는 선뜻 응하지 않았지만, 그의 우정에 따뜻하게 화답했다. 스미스는 늘 변함없이 흄을 높이 평가했으며, 『국부론』에서는 그를 '단연코 당대의 가장 뛰어난 철학자이자 역사가'라고 칭찬했다(WN V.i.g.3).

한편, 글래스고대학에서 스미스의 경력은 진일보했다. 그는 다음 10월 10일까지 논리학 교수직의 보수에 만족한다는 명시적 조건으로 1752년 4월 22일에 공석으로 있던 도덕철학 교수직에 만장일치로 선출되었다(GUA 26640; Scott, 1937: 139~140). 보수와 관련된 그 조건은 크레이기가 담당했던 수업을 스미스를 포함한 여러 동료에게 분배한 데 따른 보수 지급을 위해 필요했다. 두 교수직에 대한 봉급은 연 50파운드 정도였던 것 같다. 게다가 도덕철학 교수와 자연철학 교수는 석사 학위를 취득하는 학생들의 납부금에서 생겨나는 수입을 일부 공유했다. 당시 스코틀랜드의 모든 교수와 마찬가지로 스미스는 자기 수업을 듣는 학생들로부터 직접 수업료를 받았다. 그의 비공개 강의의 수업료는 1기니였고, 공개 강의의 수업료는 0.5기니였지만, 2년 후에는 어떤 수업에서도 더 이상 돈을 내지 않게 되었다. 어떤 학생들은 장장 5년이나 도덕철학 수업을 들었다. 스미스의 친구 조지프 블랙은 에든버러 교수로 있을 당시 학생들에게 돈을 받는 즉시 금화인 기니의 무게를 쟀다고 하는데, 이전에 가벼운 동전들을 받아 파운드 손실을 많이 봤기 때문이다(Rae, 1965: 49).

　때가 되자 연공 서열에 따라 스미스는 교수 숙소에서 연간 9~13파운드에 달하는 임대료를 내지 않고 지낼 수 있었다(Scott, 1937: 418; locations, p. 420). 부유층 학생들을 하숙인으로 들임으로써 그의 수입은 더 늘어났다. 민토의 길버트 엘리엇의 추천으로 1759~1761년에 스미스와 함께 생활한 토머스 페티 피츠마리스는 연간 100파운드를 지불했다(*Corr.* No. 27). 스미스가 글래스고 교수로서 최고로 잘되었을 때는 도덕철학 수업에서 80~90명의 학생이 수업료를 내고 비공개 수업에서 아마 20명 정도의 학생이 수업료를 낸 데다가 그가 여러 특전을 누렸음을 고려할 때 그의 수입은 연간 300파운드쯤 되었을 것으로 추정되며, 1753년처럼 잘 안 되었던 해에는 그의 수입이 150파운드까지 떨어지기도 했다. 이해에는 스미스와 그의 후임 논리학 교수인 제임스 클로가 등록자 수가 너무 적어서 수업을 중단하고 싶다고 보고했다(GUA 26649; Scott: 1937: 67). 30년 이상 인문학 교수직을 유지한 윌리엄 리처드슨은 아마도 그 시대의 가장 성공한 글래스고 교수였을 텐데, 그는 대학 봉급으로는 한 해에 30파운드를 받았을 뿐이지만, 자기 하숙인들에게 학기당 75파운드를 청구했고, 최고로 잘되었을 때 자기가 맡고 있던 500명의 학생으로부터 한 해에 총 1500파운드 정도를 벌어들였다(Moss, *ODNB*, 2004).

　최근의 연구가 보여주었듯이(Stewart-Robertson, 1983; Emerson,

Sher, and Wood, all 1990; Haakonssen, 1995), 도덕철학의 가르침은 스미스 시대의 스코틀랜드 대학 교육과 하나의 운동으로서의 스코틀랜드 계몽주의의 핵심이었다. 스코틀랜드에는 어느 정도의 철학적·종교적 자유와 다양성이 있었지만, 에든버러와 글래스고에서 교수직을 얻는 데 실패한 흄의 예가 보여주었듯이, 교회는 여전히 임명을 좌지우지할 수 있었다. 하지만 스코틀랜드 학계에는 전제적인 프로테스탄트인 독일의 국가 주도적인 대학들, 예컨대 예나, 라이프치히, 할레와 1737년부터의 괴팅겐 같은 대학들의 획일적인 경향은 없었다(Nissen, 1989).『국부론』에서 지적하고 있듯이(WN V.i.g.39), 학자들은 분명 이런 교육 기관들에서 후원을 받았지만, 정치적·종교적 제약에 직면했으며, 몇십 년 동안 크리스티안 볼프 철학의 목을 조르는 지적 압력에도 직면했다(Boyle, 1992: 17~18).

도덕철학에 폭넓게 접근한 글래스고의 전통은 16세기로 거슬러 올라간다. 16세기 초 몇십 년 동안 존 메어는 아리스토텔레스의 윤리학을 가르치면서 1530년에 이 텍스트를 출판하기도 했고, 페트루스 롬바르두스의 신학 명제들에 대한 강의에 경제 주제들을 받아들이기도 했다. 게다가 1750년대에 앤드루 멜빌과 그의 조카 제임스 멜빌은 아리스토텔레스의 도덕철학을 가르쳤다(Durkan and Kirk, 1977: 158, 279). 거숌 카마이클과 허치슨은 신아리스토텔레스주의에서 떨어져 나와, 서로 간에 흐로티위스와 푸펜도르프의 자연법 전통, 스토아학파의 윤리학, 이타심과 도덕 감각에 대한 섀프츠베리의 철학을 소개했다. 스미스가 떠안게 된 크레이기의 수업들을 보면 1751년경 글래스고 도덕철학 공개 강좌의 범위―그리고 진보적 성격―를 짐작할 수 있다. 그것은 자연신학, 윤리학, 법학, 정치학 네 부분으로 이루어졌다. 존 밀러가 쓴 바에 따르면, 스미스는 자연신학 부분을 다루게 되었을 때 '신의 존재와 속성에 대한 증명 및 종교의 기초가 되는 인간 정신의 원리들을 고찰했다'(Stewart I.18). 이 '원리들'은 '고대 물리학의 역사'에 관한 논문에서 스미스가 제시한 것인데, 세상의 초기 시대의 '무지와 생각의 혼돈'은 '필연적으로, 예상치 못한 사건 거의 모두를 어떤 계획의 자의적 의지—비록 눈에 보이지 않지만, 어떤 사적이고 특별한 목적을 위해 그 사건을 일으킨—탓으로 돌리는 그 소심한 미신을 낳았다'고 이 논문은 주장한다. 하지만 시간이 가면서 철학자들은 우주를, '일반적 법칙들에 지배되는, 그리고 우주 자체의 보존과 번영 및 우주 안에 있는 모든 종의 보존과 번영이라는 보편적 목표들을 지향하는' 어떤 '완전한 체계'로 간주하게 되었다. 이 체계의 통일성은 그 체계를 만들고 특징짓는 원칙의 통일성을 암시했다. 그러므로 '무지가 미신을 낳았듯이, 과학은 신의 계시에 의해 깨우침을 얻지 않는 나라들 사이에서 생겨나는 최초의 유신론을 낳았다'('Ancient Physics' 9; cf. WN V.i.f. 28).

스미스가 신학에서 깨달음을 수반하는 어떤 우주적 체계에 대한 인식을 강조한 것은 수사학, 윤리학, 법학, 경제학의 체계를 전하는 그의 방법론과 상통한다. 그런 방법은 그가 학생들을 위해 탐색했던 지적 세계에 일관성을 부여했으며, 동료들의 가르침에, 예컨대 윌리엄 컬런이나 조지프 블랙 같은 의학자들의 가르침에 상응하는 것이었다. 다시 말하는데, 모든 사람이 이러한 접근을 좋아한 것은 아니었다. 글래스고 교수진에 대한 완고한 비판자인 고번의 목사 윌리엄 톰은 그들이 자신들의 방에서 자신들의 체계를 읽으며 잠든다고 비웃었다 (Thom, 1976; Mackie, 1948: 49). 그러나 학생들은 감명받았고, 이러한 체계들이 소개된 책들의 독자가 되었다.

이런 지적 전통은 18세기 영국에서 부상해 19세기에 득세한 새로운 산업 세계에서 지속되었다. 이는 '체계system'라는 말이 공장의 모든 부분이 협동해야 하는 기계화된 생산 시설을 의미하는 말로 널리 쓰인 데서 증명된다. 따라서 섬유 생산에서 방적 공장은 '체계'에 맞게 구성되었고, 그 결과 준비기와 정방기가 서로 앞서거나 뒤처지지 않고 일정 중량의 방적사 혹은 제한적 중량 범위의 방적사를 경제적인 방식으로 안정되게 생산했다(Watson, 1990: 28). 마침내 공장의 구조와 배치는 '체계'에 지배되었으며, 방직 노동자들이 맞닥뜨린 것이 바로 그런 환경이었다.

스미스는 그런 제조 체계를 수용하는 데 필수적인 노동 분업이 노동자들의 정신적 손상을 초래할 수 있음을 인식했고(WN V.i.f.50), 시민이 작업장 기계의 톱니바퀴로 전락함으로써 국가에 위험을 끼치는 것을 교육이 막아줄 것이라고 조언했다. 교육은 보통 사람들의 자존감을 높여줄 것이며, 그들이 우위의 사람들에게 더 존중받게 해줄 것이고, 따라서 그들이 우위의 사람들을 존중하는 마음을 더 많이 갖게 해줄 것이라고 스미스는 주장했다. 스미스가 생각하기에 교육은 무엇보다 '무지한 국가들 사이에서 흔히 더없이 끔찍한 무질서를 야기하는, 광신과 미신의 망상'에 대한 해결책이었다(V.i.f.61).

스미스가 자연신학을 다루는 가운데 '신의 존재와 속성에 대한 증명들'을 논한 것에 대해 말하자면, 그는 아마도 옛 스승 허치슨을 좇아 새뮤얼 클라크의 연역적 추론(『신의 존재와 속성에 대한 증명, 보일 강의』, 1704)을 비판하고 개연론에 의거한 버틀러 주교의 목적론적 논증(『종교의 유비』, 1736)을 이용했을 것이다. 스미스는 자연신학에서의 신을 '자연의 모든 움직임을 관장하고, 스스로의 불변의 완벽성 때문에 자연 안에 가능한 최대량의 행복을 언제나 유지시키게끔 되어 있는 위대하고 자비롭고도 전지적인 존재'로 구상했다(TMS VI.ii.3.2). 이 개념은 스토아학파의 영향을 많이 받은 것으로, 허치슨의 도덕철학 '비공개' 수업의 주요 주제였다(Richardson, 1803: 514). 정통 종교 쪽에서는 스미스의 이러한 수업 내용에 감동하지 않았는데, 그와 같은 상황은 옥스터타이어의 존 램지의 언급에서 드러난다.

자연종교에 대한 [스미스의] 고찰은 대단한 수준으로 확장되지는 않았지만, 허치슨의 고찰만큼이나 인간의 자부심을 치켜세우는 것이었다. 이 두 건방진 청년은 부적절한 결론을 끌어내기를 자청했다. 바로, 인간이 신과 이웃에 대해 지고 있는 의무를 비롯한 신학의 위대한 진리들은 어떤 특별한 계시도 없이 자연의 빛에 의해 발견될 수 있다는 결론 말이다.

또한 램지는 스미스의 친구들을 고려할 때 그의 원칙들의 온당함이 의심스럽다고 언급했는데, 이는 스미스가 흄과 친구 사이임을 염두에 둔 것이었다. 스미스는 '대화에서 매우 신중한' 인물로 묘사되기도 했으며, 램지의 말에 따르면 그는 수업을 시작할 때 공개적으로 기도하는 것을 좋지 않게 생각하는 것처럼 보였고, 이런 의무를 면제해달라고 탄원했으나 실패했다. 그의 기도는 '자연종교를 한껏 음미'하는 것이었고, 게다가 허치슨이 일요일마다 교화적 담론을 위해 도덕철학 수업을 열었던 관례를 스미스는 포기했다고 이야기된다(Ramsay, 1880: i.461~462).

스미스가 친구 윌리엄 존스톤에게 보낸 편지에서 교수 시절의 강요된 종교적 의무에 대한 그의 불쾌감을 살짝 엿볼 수 있다. 여기서 그는 친구에게 부활절 '성례 주간'에 글래스고에 오지 말고 휴일이 끝날 때 도착하라고 조언하는데, 그때가 '전 주의 우울 때문에 모든 것이 열 배는 더 즐겁게 여겨질' 시점이기 때문이었다(Corr. No. 297). 하지만 흄과 달리 스미스는 창조주 없는 세상이라는 개념을 고려할 준비가 되어 있지 않았다. '아버지 없는 세상이라는 생각은 모든 생각 중 가장 우울한 것임이 틀림없다'(TMS VI.ii.3.2). 혹시 이 말에는 자신의 고아 상태에 대한 감정이 투사되어 있는 것일까?

스미스의 강좌의 자연신학 부분에서는 그런 흔적이 전혀 보이지 않으며, 존 밀러에 따르면 윤리학에 대한 부분은 '나중에 『도덕감정론』에 담기게 되는 이론들로 주로 구성'되었다. 이 책이 나오면서 강의들이 그에 따라 조정되어, 그 강좌에서 윤리 이론이 차지하는 비중이 줄어들고 법학과 정치경제학의 원칙들을 더 충실히 설명하는 데 더 큰 관심이 놓이게 되었다(Stewart I.18, III.1). 윤리학에 대해 강의할 때 스미스는 두 가지 질문을 던지는 것으로 시작했다고 그럴듯하게 이야기되어왔다. 덕은 무엇인가? 우리를 덕 있게 만들어주는 것은 무엇인가?(TMS VII.1.2). 그러고 나서 그는 이 질문들에 대해 플라톤에서 흄에 이르기까지 주요 도덕철학자들이 내놓은 답에 관한 역사적 개관을 제공한다(cf. TMS VI, edns. 1~5; VII, edn. 6; Raphael, 1976: 4). 스미스의 개관의 성격, 그리고 공감의 원칙을 중심으로 하는 그의 도덕 철학 이론의 체계적 정리와 발전에 대해서는 11장에서 논할 것이다.

여기서는, 윤리학 강의 원고 일부가 남아 있어서 스미스의 첫 번째 책 집필 이전의 그의 윤리 사상 단계를 보여준다는 점을 언급하는 정도로 충분할 것이다. 그 단편 원고는 어떤 대필자의 필적으로 되어 있고, 스미스 자신의 필적으로 두세 군데 수정 사항이 적혀 있다. 이는 대필자로 하여금 대부분의 수정 사항을 포함해 자신의 글을 받아 적게 한 뒤 마지막 가필만 직접 하는 것이 스미스의 습관이었기 때문이다(GUL MS Gen. 1035/227; TMS 388~390).

그 원고가 기반이 되었던 강의의 주제는 전반적으로 정의였던 것 같다. 존 미트퍼드 목사가 자신의 노트에 기록한 바에 따르면, 그 원고는 1831년에 아리스토텔레스의 어떤 책에서 발견되었다. 스미스는 그리스어와 라틴어로 된 네 권짜리 아리스토텔레스 저작들을 소장하고 있었다. 파리대학의 그리스어와 라틴어 교수 기욤 뒤 발이 편집했고 1629년에 제2판으로 출간된 것이었다(Mizuta). 데이비드 래피얼은 그 원고가 『니코마코스 윤리학』이 포함된 제3권에서 발견되었다고 추측할 만한 이유를 제시했다(TMS 396~397). 스미스가 자신의 강의를 바탕으로 『도덕감정론』을 쓸 때 자신의 진술을 아리스토텔레스를 비롯한 출전과 대조하고자 했을 것이라고 그는 주장한다. 이 단편 원고는 '최고로 완벽한 타당성에 걸맞은 좋은 행동'이 '학교들'에서는, 즉 아리스토텔레스로부터 내려온 것으로 여겨지는 중세의 스콜라 철학 전통에서는 '분배의 정의'로 알려져 있다고 지적했다. 『도덕감정론』(TMS VII.ii.1.10)은 스미스가 이런 분명한 견해를 어떻게 수정했는지를 보여준다. 그는 『니코마코스 윤리학』(5.2)을 인용하면서 각주를 붙여, '아리스토텔레스의 분배의 정의는 좀 달라서 (…) 공동체의 공공 비축으로부터의 보상의 분배'에 해당됨을 분명히 했다. 이 단편 원고에서 스미스는 교환적 정의가 '유일하게 정의로 불리기에 적절'하다는 견해를 피력함으로써 이웃의 인신, 재산, 평판에 해를 끼치지 않는다는 소극적인 형태의 정의를 이야기하고 있으며, 이러한 입장은 그의 경력 내내 유지된다.

그 단편 원고는 부적절한 처벌이라는 개념을 다루는데, 이에 대해 스미스는 다음과 같이 말한다. '죗값을 넘어서는 전혀 적절하지 않은 처벌은 범죄자에게 가해지는 피해다.' 그는 근무 중에 잠을 잤다는 이유로 처형된 보초병의 사건을 다루기도 한다. 한데 그는 그 처벌이 '오직 사회의 보편적 이익이라는 목적에서', 공리에 근거해 정당화된다고 주장한다. 과도한 처벌은 '범죄자에게 가해지는 피해'이며 따라서 부당하다는 자신의 견해와 맞지 않게, 그는 보초병의 처형에 대해 다음과 같이 말한다. '우리는 이런 필요한 가혹함을 마음속으로 비난할 수 없다. 그 보초병 한 명이 수천 명의 안전을 위해 희생되어야 한다는 것보다 더 정당한 것은 없다.'

잠을 잔 보초병 이야기는 『법학 강의』(LJ(A) ii.92, (B) 182)에도, 『도덕감정론』(TMS II.ii.3.11)에도 다시 나온다. 스미스는 책에서는 피해와 관련된 단어들을 빼는데, 아마 그가 문제 인식은 했지만, 불의에 대한 우리의 감각('자연스러운 도덕 감정')과 공리주의적 고려 사이의 충돌에 대한 해법은 발견하지 못했기 때문일 것이다. 1장에서 언급했듯이 스코틀랜드 군사법원의 서기를 지낸 그의 부친에 대한 가족의 기억 때문에 그가 잠을 잔 보초병의 사건에 관심을 갖게 된 것인지도 모른다. 또한 그가 '전쟁 법규'나 그의 도덕철학 강좌의 세 번째 부분인 법학에 속하는 다른 법률 관련 주제던, 즉 윤리학 강의와 관련된 그 단편 원고에서 다음과 같이 예고된 주제들을 다룰 때도 그의 독서와 마찬가지로 가족의 배경이 일정 부분 역할을 했을 수 있다.

> 그런 결정들이 그 규칙들에 따라 이루어져야 한다는 것이 자연적인 정의의 원칙들에, 또는 우리의 정의 관념의 기초가 되는 그 감정들의 상관성에 가장 부합할 때의 그 규칙들이 자연법학, 또는 법의 일반 원리들의 이론이라 불리는 것을 구성한다. 그것들은 도덕 감정 이론에서 매우 중요한 부분을 형성한다. 나는 그것들에 대한 검토를 여기서 멈추지 않을 것이고, 차후 그 주제에 대한 자세한 담론을 제시하고자 한다. (*TMS* 389)

밀러는 이 '자세한 담론'에 해당되는 강의들에 대한 설명에서, 그것이 빚지고 있는, 자연법학 사상의 어떤 새로운 원천에 관심을 갖게 했다. 학창 시절부터 스미스에게 친숙했던 전통, 흐로티위스, 푸펜도르프, 허치슨의 저작에서 소개된 그 전통에 몽테스키외가 기여했음을 덧붙인 것이다.

이 주제에 대해서 [스미스는] 몽테스키외가 제시한 것처럼 보이는 구도를 따랐으며, 가장 야만적인 시대에서 가장 교양 있는 시대에 이르기까지 공법과 사법 모두에서 법학의 점진적 발전을 추적하고, 생계와 재산 축적에 기여하는 그 수단들이 법과 정부의 상응하는 발전 또는 변화를 낳는 데 미치는 영향을 지적하고자 했다. (Stewart I.19)

밀러는 잉글랜드 정부의 역사를 살펴보는 가운데, 스미스가 취한 접근 방식에 대해 부연하며 그 방식의 기원과 그 방식이 그에게 준 자극을 이야기했다.

나는 초년에 시민사회의 역사에 대한 이 저명한 철학자[애덤 스미스]의 강의를 듣고 그 같은 주제에 대한 그의 거리낌 없는 이야기를 듣는 혜택을 누린 만큼, 나 자신이 그에게 은혜를 입었음을 인정하게 되어 기쁘다. 위대한 몽테스키외는 길을 가리켰다. 그는 이 철학 분야의 베이컨 경이었다. 스미스 박사는 뉴턴이었다. (Millar, 1803: ii.429~430 n.)

여기서 언급하는 것은 몽테스키외의 『법의 정신』인데, 흄은 이 책을 1748년 출간된 직후에 토리노에서 읽으며 진가를 알아보고 있었다. 후에 몽테스키외는 흄의 『도덕·정치 논고』(1748)에 대한 호의의 표시로 그에게 자기 책을 한 권 보냈다. 『도덕·정치 논고』는 역사의 인과 관계에 대한, 그리고 사회 환경과 법 제도를 비롯한 제도들 간의 관계에 대한 흄의 통찰을 보여주는 것이었다. 1749년까지 흄은 저자의 최종 교정을 받은 『법의 정신』의 번역 발췌문을 에든버러의 신문에 싣는 것을 도왔다.

스코틀랜드의 지식인들과 몽테스키외의 직접적인 연결 고리는 포도주 상인인 존 블랙이었는데, 그는 보르도의 몽테스키외 모임의 일원이었고, 스미스의 친구이자 글래스고 동료 교수인 의학자 조지프 블랙의 아버지였다. 에든버러에서 스미스의 '민법' 강의에 몽테스키외의 '철학사'에 대한 관심이 반영되었다는 것은 충분히 가능한 이야기다. 스미스와 그의 친구들인 케임스와 커슬랜드의 제임스 댈림플 경 같은 사람들이(Phillipson, *ODNB*-O, 2008) 응답한 그 프랑스 저자의 주요한 통찰은 다양하고 역사적으로 변화하는 사회적·경제적 환경들에서 인간의 욕구에 대응하는 법의 역동성에 대한 것이었다.[1]

다행히 우리는 스미스가 글래스고에서 3개 학기 동안 했던 법학 강의들에 대해 알려주는 자료를 가지고 있다. 아마도 1753~1755년에, 과거에 글래스고 학생이었고 동양어 교수(1754~1756)와 자연철학 교수(1757년부터)로서 스미스의 동료가 된 존 앤더슨이 스미스의 도덕철학 강좌 중 법학 부분에 대한 한 학생의 기록에서 선택적으로 발췌한 것으로 보이는 내용을 자신의 『비망록』에 작성했다(Univ. of Strathclyde, Anderson Lib., *Anderson Commonplace Book*, MS 35.1: 292~368; Meek, 1977: 57~91). 주요 주제의 순서는 서론, 재산(유언 포함), 계약, 형법, 남편과 아내, 부모와 자식, 주인과 하인, 정부, '치안 police'(원래는 청결, 안보, 상품 가격에 대한 규제를 포함하는 프랑스 용어지만, 스미스의 『법학 강의』에서는 '풍요' 또는 우리 식으로 말해서 경제 성장을 촉진하기 위한 규제를 다루는 것으로까지 확장되었다) 순이었던 것 같다. 이 순서는 앞서 언급했듯이 글래스고에서 사용되었던 허치슨의 교과서 『도덕철학 교육의 지름길』(1742)에서 관찰된 것에 가깝다. 이 책의 한 절의 제목인 '물건 가격에 대하여'는 앤더슨의 발췌문 중 가격에 대한 부분의 '물건의 값을 매기는 것에 대하여'라는 제목에서 반향된다. 또한 발췌문에는 이 책의 영어 번역판인 『도덕철학에 대한 짧은 소개』(1747)에 대한—허치슨 사상의 최종적 확장판인 『도덕철학의 체계』(1755)가 아니라—두 개의 특정 페이지 참조가 있다.

한데 앤더슨의 『비망록』에 들어가 있는 발췌문은 스미스가 몽테스키외의 저작을 읽은 결과 이런 주제들에 대해 참신한 방식으로 생각하도록 자극받았음을 드러내준다. 거기에 몽테스키외에 대한 언급이 많기 때문인데, 그중에는 '[그가 말한] 매우 정당한 국가의 권력 분립'(p. [39])처럼 칭찬하는 것도 있고, '현장에서 절도 행위를 들키는 것과 절도 혐의를 받는 것. 『법의 정신』, 독창적이지만 합당해 보이지는 않는 설명을 보라'(p. [19])처럼 비판적인 것도 있다. 스미스는 한 국가의 법에 영향을 미치는 요소들 중 하나인 생계에 대해 더 깊이 생각하게 되었고, 생계에는 크게 세 가지 유형, 즉 사냥꾼, 양치기, 농부의 유형이 있다는 몽테스키외의 생각을 확장하게 되었다.

로널드 미크는 앤더슨의 기록에 나타나 있는 그 강의들에서는 스미스가 『법학 강의』(A)와 (B)의 완전히 본격적인 단계설에 도달하지 못한 상태라고 보았다. 특히 그는 각 '사회 표본 상태'의 경제 기반을 재산에 대한 일련의 제도들과 분명하게 분리하지 않았다. 사실 그 기록은 재산 소유 문제와 관련된 세 가지 상태에 대한 몽테스키외의 언급으로 시작하지만, 스미스가 잉글랜드에서 시작된 인클로저 운동을 검토하는 가운데, 네 번째 상태라 할 만한 것이(p. [12]) '상업 확립'의 상태로서 서술된다. 스미스는 이 상태를 제조 및 교역과 결부시켰고, 또한 도시와 마을의 많은 인구, 그리고 목초지 공동 소유에 변화를 가져온 농업에서의 수요 견인 인플레이션과 결부시켰다. 기록이 좀 혼란스럽게 되어 있는 것은 사실이지만, 사회의 네 가지 상태에 대한 스미스의 생각은 충분히 뚜렷하다.

하지만 경제학에 대한 스미스의 가르침은 바로 허치슨의 자연 법학 개념에서 싹텄다. 허치슨은 『도덕철학에 대한 짧은 소개』와 사후에 출간된 『도덕철학의 체계』에서 계약에 대한 일반적 논의의 일부로서 가격, 돈, 이자에 대한 장들을 넣었다(각 책의 bk. ii, chs. 12, 13). 허치슨의 일반적 주장은 정의란 개개인이 '물적' 권리와 '개인적' 권리를 보유하는 데 있다는 것이다. 그는 주요한 '물적' 권리가 재산이며, 재산의 양도에는 흔히 계약이 요구된다고 보았다. 필연적 결과로, 그는 계약이 흔히 '개인적' 권리들을 낳는다고 지적했다. 그의 관점에서는 계약이 '개인적 권리나 물적 권리를 구성하는 주요 동력'이다 (Hutcheson, 1969: v.358). 허치슨은 재산이 선물을 통해서 혹은 '상업상의 가치 고려' 때문에 자유롭게 이전된다고 생각한 터라 가격과 돈을 다루게 된다. '재화와 서비스를 교환하는 사람들 사이의 모든 거래를 지탱하기 위해서는 그것들의 가치가 어떻게든 평가되어야 한다.' 스미스의 초기 법학 강의들 또한 앤더슨의 발췌문에 정확히 기록되었다면 계약이라는 제목 아래 가격과 돈을 다루었을 것이다. 한데 발췌문은 스미스가 환어음, 주식, 지폐 같은 것을 포함하며 허치슨을 한참 넘어섰음을 암시한다. 앤더슨의 발췌문에서 우리는 스미스의 경제학 논의의 탄생을 볼 수 있는데, 이는 아마 글래스고가 비교적 발전된 상업 단계에 이미 도달해 있어서 그곳의 학생들이 계약과 관련된 다양한 주제에 당연히 호기심을 느끼리라는 스미스의 인식에서 비롯되었을 것이다. 더 나아가, 1752년 흄의 『정치론』에 실린 경제 관련 글일곱 편 중 하나인 「이자에 대하여」에 대한 어떤 언급은 스미스가 성장하는 경제학 관련 문헌을 계속 따라잡고 있었음을 보여준다(Meek, 1977: 73~74, 77~81, 85).

연속된 두 학년에 진행된 강의들의 기록—1762~1763(『법학 강의』(A)) 그리고 1763~1764(『법학 강의』(B))—이라는 형태의, 스미스의 법학 강의의 내용에 대한 더 확실하고 충실한 증거를 살펴보면, 이 시기에는 경제 관련 주제가 계약에서 치안police으로 넘어가 있었음을 알 수 있다. 존 밀러는 이 부분에 대해 다음과 같이 설명했다.

마지막 부분 강의들에서 [스미스는] 정의의 원칙이 아니라 편의주의의 원칙에 기초해 한 국가의 부자들, 권력, 번영을 강화하도록 계획된 정치 규제들을 검토했다. 이런 관점에서 그는 상업, 재정, 기독교 조직 및 군사 조직과 관련된 정치 제도들을 생각했다. 그는 이런 주제로 강의한 내용을 나중에 『국부론』이라는 책으로 출판했다. (Stewart I.20)

밀러의 이 마지막 말을 길잡이로 삼아 우리는 『국부론』과 관련된 17장에서 치안police에 대한 강의들을 다룰 것이다.

이 두 기록물의 출처와 특성에 대해 말하자면, (B)는 1876년 원고로 발견되었고, 1895년 4월 21일 에든버러의 변호사 찰스 매커너키가 런던정경대학의 에드윈 캐넌 교수에게 이것의 존재를 보고했으며, 캐넌 교수는 이것을 편집해 1896년 옥스퍼드대학 출판사에서 출판되게 했다. 그 원고를 수록한 이 8절판 책의 속표지에는 '법학 또는 도덕철학 교수 애덤 스미스의 정의, 치안, 세입, 국방에 대한 글래스고대학 노트'라고 적혀 있다. 이러한 정보에다가 'MDCCLXVI'라는 날짜가 추가되었는데, 내재적 증거와 함께 이 날짜는 그 원고가 1763~1764년에 실제로 도덕철학 강의실에서 필기된 내용을 고쳐 쓴 것을 가지고 작업하던 한 전문 필경사에 의해 1766년에 생성되었음을 의미한다고 여겨져왔다. 스미스는 1764년 1월에 교수직을 떠나면서, 1763년 글래스고에서 석사학위를 받은 제자 토머스 영이 자기 강좌의 후임자가 되도록 조치했다. 영은 당시 신학생으로 등록되어 있었으므로 아마도 스미스가 남겨준 자료를 받아쓰게 했을 테고, 이는 한 학생의 1762~1763년 노트에 기초한 『법학 강의』(A)가 스미스의 강의에 대한 더 나은 길잡이인 것처럼 『법학 강의』(B)는 스미스가 써놓은 것에 대한 더 나은 길잡이임을 시사한다. 게다가 (B)는 비교적 착실한 목차를 제공해 이로써 목차가 해당 부분들에 대한 요약의 성격을 좀더 띠게 했지만, (A)와 달리 실제 강의 날짜는 제시하지 않는다(Raphael, 1976: 6~8; *LJ* intro.).

두 기록물의 또 다른 중요한 차이는 내용의 구성에 있다. (B)에서 스미스는 정부의 기원과 성격에 대한 자신의 주된 주장을 밝힌다.

재산과 시민 정부는 서로에게 매우 많이 의존한다. 재산의 보존과 소유의 불평등이 먼저 정부를 만들었고, 재산 상태는 항상 정부의 형태에 따라 달라져야 한다.

그런 다음 그는 이런 식으로 접근할 때 생겨나는 주요 주제들을 다루는 순서에 대해 언급한다.

민간인들[로마에 기원을 둔 민법의 관계자]은 정부에 대해 생각하는 것으로 시작해서 그다음에 재산과 기타 권리들을 다룬다. 이 주제에 대해 글을 썼던 다른 사람들은 후자로 시작해서 그다음에 가족과 시민 정부에 대해 생각한다. 각 방법마다 몇 가지 특유의 장점이 있지만, 민법의 방법이 대체로 바람직해 보인다. (*LJ*(B) 11)

(B)는 '민간인'의 절차를 채택해 정부, 국내법, 재산, 기타 권리들을 다룬 다음에 주로 '부와 풍요를 획득하는 가장 적절한 방법'(p. 205)이라는 의미에서 '치안'을 다루는데, 이는 우리에게 스미스의 정치경제학을 가리켜 보여준다.

스미스의 법사상의 영향과 스코틀랜드 개화에 공헌한 케임스 경이나 존 밀러 같은 법학자들의 영향은 에든버러대학의 공법·자연법·만민법 교수의 수업에 대한 1788년의 개요에서 암시된다. 이 개요는 스미스가 역사적 자연법학을 다룬 것과 같은 유의 강좌에 대한 큰 그림을 제공한다.

[그 교수는] 인류의 자연적 특성과 상황으로부터 정치 제도들이 생겨난 것을 추적하고, 그 제도들이 사회의 야만적 시기를 통과하는 것을 추적하고, 고대와 근대로 나누어 주요 국가들에서 나타난 그 제도들의 역사와 장점을 다루며, 자신이 정부의 주요한 여러 형태·경향·

변혁을 초래한 것으로 여기는 일반적 원인들에 따라 그 제도들을 분류한다. 이런 식으로 그는 정치적 행위자로서 인간의 자연사로 불릴 만한 것과 관련된 관점에서 법의 정신에 대한 과학[드러나는 몽테스키외의 메아리]을 구축하려 노력하며, 따라서 그는 국내법, 정치경제학, 만민법의 일반 원칙들을 다루는 것으로 자신의 강좌를 끝낸다. (Arnot, 1788: 398)

이 수업의 교수는 앨런 매커너키로, 후에 메도뱅크 경 1세로서 판사가 되었다. 존 케언스는 스코틀랜드의 법 교육에 미친 스미스의 영향을 설명하는 가운데 이 구절을 소개하면서, 이 교수가 스미스의 제자가 아니라, 『법학 강의』(B)의 최초 소장자로 밝혀진 제임스 앨런 매커너키의 부친이라고 언급한다. 따라서 그 교수가 자신의 강의 준비에 도움을 받기 위해서 스미스의 이 강의 텍스트를 입수했을 수도 있다는 아주 흥미로운 가능성이 성립된다(Cairns, 1992: 182~183).

『법학 강의』(A)(1762~1763)에 대해 말하자면, 1750년대 초에 생성된 앤더슨의 발췌문과 마찬가지로 이것은 앞서 설명한 바와 같이 프랜시스 허치슨을 포함해 '이 주제에 대해 글을 썼던 다른 사람들'의 방식을 따른다. 즉, 재산과 기타 권리들, 국내법, 정부, 끝으로 치안을 다룬다. 불행히도 기록물 (A)는 그 강좌의 치안 부분의 3분의 2쯤 되는 데서 멈추고 있어 불완전하다. 아마도 그 원고의 일곱 번째 권이 빠져 있을 것이다. 다른 여섯 권은 애버딘셔 화이트호의 포브스-리스 집안 서재로부터 팔린 책과 논문들 사이에서 수사학 강의가 담긴 다른 두 권과 함께 1958년에 존 M. 로디언 교수에 의해 발견되었다. J. C.

브라이스는 그 집안 가정교사가 과거에 스미스의 학생이었거나 또는 스미스의 강의를 들은 누군가로부터 강의 기록을 직접적으로든 간접적으로든 손에 넣었을 것이고, 그것들을 화이트호로 가져왔을 것이라고 추측했다. 또 다른 가능성은, 스미스의 후임 도덕철학 교수인 토머스 리드는 애버딘셔 출신이고 그곳과 계속 관계를 유지하고 있었는데, 그가 책을 매우 좋아하는 어떤 집안에 그 기록물들을 넘겨주었을 수도 있다는 것이다. 그는 분명 그런 기록물들을 구하려고 애썼다(*LRBL* intro. 1~2). 1764년 10월 10일 글래스고에서의 취임 강의에서 리드는 '여러분 중 누구건 다른 누구이건 간에 도덕, 법학, 치안에서든 수사학에서든 [스미스의] 강의 노트를 내게 제공해줄 수 있는 분이 있다면 대단히 감사'하겠다고 말했다(AUL Birkwood MS 2131/4/II).

분명 스미스는 자기 수업에서 필기를 권장하지 않았는데, 이 점은 당시에 잘 알려져 있었고 어떤 사망 기사에서도 언급되었다. '박사는 보통 자기 강의의 소유권을 지키는 데 극히 예민해서 (⋯) 그 내용이 옮겨 적히거나 출판될까봐 두려워했으며, 누군가가 필기하는 것을 보면 자신은 "낙서꾼을 싫어한다"고 거듭 말하곤 했다'(*Gentleman's Magazine*, 60(1790), 762). 하지만 수업 중에 제일 필기를 많이 하는 학생이 제일 이해를 못 한다면 '집에 가서 주의 깊게 기억을 더듬어 필기를 하는 학생은 제일 이해를 잘하고 제일 요령 있게 필기를 한다'는 토머스 리드의 주장에 그가 동의했을 가능성이 있다(AUL Birkwood MS2131/8/III). 바로 이것이 철학적 담론을 주의 깊게 재구성하는 데 필요한 것이다.

스미스의 강의 일정은 빡빡해서, 1753년 봄에 흄이 '수업의 피로'

로 스미스가 병이 날까 염려할 만했다(*Corr.* No. 13). 10월 10일부터 6월 10일까지 법정 휴일에만 쉬면서 스미스는 주중에 매일 오전 7시 30분부터 수강생이 꽉 찬 도덕철학 수업에서 한 시간씩 강의했고, 오전 11시에는 첫 강의에 들어왔던 학생들의 약 3분의 1을 상대로 다시 한 시간 동안 시험을 실시했다. 이것은 그의 '공개' 수업에 속하는 것이었다. 일주일에 월요일, 수요일, 금요일 사흘은 정오부터 오후 1시까지 '비공개' 수업을 했다.

『법학 강의』(A)와 『수사학과 문학에 대한 강의』를 통해서 1762~1763년 스미스의 강의 사이클을 가장 충실하게 재구성할 수 있다. 그는 1762년 10월부터 크리스마스 전야까지 '공개' 수업에서 자연신학과 윤리학을 강의했을 것이다. 또한 11월 17일에 수사학 강좌를 시작해 1763년 2월 17일에 끝낸 것으로 보인다. 그는 12월 24일에는 법학 강좌를 시작했고, 사법私法과 국내법을 2월 중순까지 다룬 후 2월 21일 월요일에 '공개' 수업을 통해 정의라는 주제를 다루기 시작했으며, 그 제목으로 진행된, 생계 방식으로서의 사냥·낚시, 목축, 농사, 상업에 따라 차례차례 이루어진 정부 기관의 네 단계 발전에 대한 그의 설명이 3월 24일에는 끝나 있었다. 다음으로 그는 봉건제의 부상과 쇠퇴, 잉글랜드에서의 튜더 왕가 전제 정치의 출현, 의회가 제임스 1세와 찰스 1세에게 맞선 결과로서 이어진 시민 자유의 복원을 논했다. 이 부분에서 스미스는 법의 정신에 대한 몽테스키외의 탐구에 자극받은 흄, 케임스, 크랜스타운의 댈림플의 통찰에 자신의 통찰을 더했다. 스미스는 '예술, 상업, 사치의 도입'(*LJ*(A) iv.157) 탓에 다른 곳과 마찬가지로 영국에서도 쇠퇴하고 있던 귀족의 힘에 대해 말했다. 또한 그는 자신의 강좌 중 치안에 할애된 부분에서 상업을 통해 창출되는 풍요라는 주제를 다뤘는데, 이 부분은 3월 28일에 시작되었고 아마 5월 중에도 계속되었을 테지만, 우리로서는 4월 13일 이후의 강의들에 대한 기록은 가지고 있지 않다(*LJ* intro. 15~22).

한참 뒤에 제임스 우드로는 스미스의 '공개' 수업에 대해 다음과 같이 회고했다.

> [스미스는] 처음에 허[치슨]의 활기찬 방식을 따라하려는 칭찬할 만한 시도를 해서 강의실을 이리저리 걸어다니며 종이 자료 없이 윤리학 강의를 했다. 하지만, 허[치슨]이 자연적으로든 아니면 계속된 연습과 더블린의 학교에서 가르치던 때의 습관에 의해서든 이런 방식이 몸에 배어 있었다면 스미스는 그리 능란하지 않았다. 스미스 박사는 곧 그 시도를 포기했고, 이후 자신의 모든 소중한 강의 원고를 교탁에서 점잖게 읽어주었다. 공감에 기초를 둔 그의 『도덕감정론』은 자연계의 중력의 원칙과도 같은 이 하나의 일반 원칙으로부터 도덕계의 주요 현상을 설명하려는 매우 독창적인 시도로, 허치슨 제자들의 마음에는 들지 않았다. 그것은 그들에게 익숙한 것이 아니었다. 그 밖에 그의 강의들, 특히 돈과 상업에 대한 강의들은 그들에게, 그리고 모두에게 칭찬받았다. (Mitchell Lib., Buchan MSS, Baillie 32225, fos. 47~51)

활기 넘치는 허치슨처럼 해보려 하다가 분별 있게 안정된 교탁으로 물러나 자신의 강의 원고를 읽는 젊은 스미스 교수의 이런 모습은 도덕철학 수업의 시험 시간 중에 즉흥 강의의 기회를 포착하는 그에 대한 묘사에 의해 보완된다. 그의 또 다른 학생인 윌리엄 리처드슨은 그 구술 시험 방식에서 다음과 같은 큰 장점을 발견했다.

> 그런 시험은 공부하는 이들의 주의를 집중시키고 그들의 실력을 확인하는 데 도움이 된다는 점에서 학생들에게 매우 유용한 것으로 간주되며, 교사에게는 자신의 강의 중 학생들의 이해가 불충분한 부분에 대해 좀더 분명하게 설명할 기회를 마련해준다. 스미스 박사에게 배운 학생들은 문답 과정 진행 중에 그가 도덕에 대해서뿐 아니라 비평에 대해서도 활기차고 즉흥적인 능변으로 펼쳐놓았던 그 많은 부수적이고 지엽적인 설명과 심지어 논설을 매우 흡족하게 회고하게 될 것이다. 도덕철학 수업의 매우 유용하고 중요한 시험 주제인 키케로의 철학적 저작들에 대한 그의 우발적인 설명에서도 학식과 지식을 많이 드러내며 비슷한 일이 일어났다. (Richardson, 1803: 507~508)

스미스의 '활기차고 즉흥적인 능변'에 대한 추가 증거는 존 밀러에게서 얻을 수 있는데, 그는 자신의 옛 스승이 강의를 하면서 '즉흥 웅변술에 거의 전적으로 의지했다'고 기술했다. 밀러는 '품위 있는' 태도보다는 '꾸밈없고 자연스러운' 태도를 기억했으며, 다른 어떤 이는 '거의 더듬거리며 말하는' '거친' 목소리와 '불명확한' 발음을 언급했다 (Carlyle, 1973: 141).

또한 밀러는 스미스에게서, '수강생들의 흥미를 끄는 데 실패하는 법이 없는' 그의 주제에 대한 결정적 관심에 주목했다. 아마도 자신이 수강한 윤리학이나 법학 수업을 떠올리면서, 밀러는 '교훈적 웅변'에 관한 스미스의 설명을 반영하는 듯한 어떤 특징적인 구성 양식과 (*LRBL* ii.125~126) 스미스가 「천문학의 역사」에서 '식자들에게는 너무 당연한' 것이라고 주장한 역설 애호(iv.34)를 다음과 같이 설명했다.

보통 각 강의는 [스미스가] 계속 입증하고 설명하고자 애쓴 몇 가지 명제 각각으로 구성되었다. 이 명제들은 일반적인 말로 이야기되면 범위가 넓어 뭔가 종잡을 수 없는 듯한 인상을 풍기기 일쑤였다. 명제들을 설명하려 시도할 때 그는 처음에는 종종 주제를 충분히 장악하지 못한 듯 보였고, 약간 주저하며 말했다. 하지만 계속 진행하다보면 그의 머릿속에 이야깃거리가 마구 떠오르는 것처럼 보였고, 그의 태도는 열기와 활기를 띠어갔으며, 그의 표현은 쉽고 능숙해졌다. 논쟁의 여지가 있는 지점들에서는, 그가 자기 견해에 대한 반대를 슬쩍 떠올려본다는 것, 그리고 이 때문에 그가 좀더 힘차고 열렬하게 자기 견해들을 지지하게 된다는 것을 사람들은 쉽게 알아볼 수 있었다. 주제는 풍부하고 다양한 설명에 의해 그의 손에서 점점 부풀었으며, 동일한 생각의 지루한 반복 없이 수강생들의 관심을 사로잡고 그들에게 가르침과 함께 즐거움도 안겨줄 만한 차원에 이르렀다. 그 같은 고찰 대상을 그것의 다양한 음영과 측면을 통해 살펴보고, 나아가 그것을 이 아름다운 고찰의 발단이 된 원래의 명제나 일반적 진리로까지 역추적해보는 즐거움 말이다. (Stewart I.21)

우리는 이런 식으로 보상과 처벌의 대상에 대한 윤리적 학설을 설파하는, 또는 자유 무역에 대한 경제적 학설을 설파하는 스미스의 모습을 그려볼 수 있을 것이다(예컨대 1763년 4월 6일, *LJ*(A) vi. 87). 우리의 이런 심상에다가, 특정한 어떤 수강생의 공감의 징후나 공감 결여의 징후를 통해서 자신이 하고 있는 말의 영향을 가늠해보던 스미스에 대한 세부 묘사를 추가할 수 있다. 스미스는 에든버러의 치안판사이자 시장인 아치볼드 앨리슨(아버지)에게 자신의 방식을 다음과 같이 설명했다.

> 한 학기 내내 꾸밈없이 풍부한 표정을 보여주는 어떤 학생 한 명이 제 성공을 가늠하는 데 큰 도움이 되었습니다. 그 학생은 눈에 띄게 기둥 앞에 앉았고, 저는 계속 그를 주시했습니다. 그가 몸을 앞으로 기울여 수업을 듣고 있다면 모든 게 잘 돌아가고 있는 것이었고, 저는 제 수업이 잘 먹혀들고 있다는 것을 알 수 있었습니다. 하지만 그가 무관심한 듯 몸을 뒤로 젖히고 있다면, 저는 모든 게 잘못 돌아가고 있으며 주제든 말하는 방식이든 바꿔야 한다는 것을 즉각 깨달았습니다.[2]

따라서 우리가 가진 모든 동시대 기록은 스미스가 글래스고의 교수로서 최적의 능력을 갖추고 있었음을 보여준다. 다년간의 연구와 에든버러에서 강사로 쌓은 예비 경험은 독창적인 생각에 대한 훌륭하고 인정받는 가르침으로 결실을 맺었다. 그가 흐로티위스와 푸펜도르프의 자연법 전통을 확장하고, 카마이클과 허치슨을 통해 가치와 교환을 논하는 것으로 넘어가며, 사회적·제도적 변화에 대한 몽테스키외와 흄의 비교되는 시각에 자신의 관점을 추가하면서 법학 강의에서 그의 경제 분석이 점점 더 정교해졌다는 것이 특히 중요하다. 사실 학생들은 스미스가 시민사회 발생의 역학과 그것의 연속적 단계들에서 가치의 변화에 대해 견해를 개진하는 것을 들으며 흥미진진했을 것이다.

9장

교수

·

내 인생에서 가장 유용한,
그래서 가장 행복하고 가장 명예로운 시간

글래스고대학 사회에서 애덤 스미스의 유용성은 무엇보다, 학생들—
그가 일반적으로 수업에서 상대한 학생들과 개인적으로 지도한 학
생들—과 그의 관계, 그리고 학생들에게 미친 그의 영향에 있었다.
1958년 로디언 교수가 화이트호의 한 서재의 소장 자료 판매 때 뜻
밖에 발견한 두 권의 얇은 '스미스 박사의 수사학 강의 노트'에는 학
생들이 그 강의에서 배운 내용의 일부는 물론이고 그 '비공개' 수업
을 들은 학생들의 행동과 반응에 관한 소중한 증거도 담겨 있다(*LRBL*
intro. 1).

　　존 브라이스는 그 '노트'가 수업 중에 대강 적어놓은 내용을 옮
겨 적은 것으로 이루어졌고, 두 사람의 손이 그것을 옮겨 적었으며,
제삼자—아마도 나중에 그것을 손에 넣은 사람—가 주로 희미해진
글자들을 수정한 것으로 보인다고 평가한다. 첫 번째 필기자는 수업
중에 대강 적어둔 것을 전면적으로 수정하며 옮겨 적은 것으로 보이

며, 그리하여 스미스가 자신의 '책' 없이, 글로 써놓은 강의 자료 없이 진행한 제21강과 제24강의 내용을 기록해놓게 된 것으로 보인다. 두 번째 필기자는 첫 번째 필기자가 옮겨 적은 것의 공백을 메우고 몇 군데를 수정했지만, 제16강의 경우에는 첫 번째 필기자가 더 잘 작업해두어서 이럴 필요성이 덜했다(*LRBL* 4~6). 이 사람은 유머 감각이 있어서, 아마도 스미스의 얼굴일 어떤 얼굴 그림을 끄적여놓고서 '이것은 불확실성의 모습이다'라는 말을 덧붙여놓았다(ii.67). 또한 그는 1762~1763년에 스미스의 집에서 하숙한 잉글랜드 귀족 헨리 허버트의 어떤 농담을 언급하기도 했다. 1762년 크리스마스 전날에 스미스는 열다섯 번째 수사학 강의에서 혼자 멍하게 딴생각에 빠져 있는 남자 메날카스에 대한 라브뤼예르의 이야기를 다루었다. 허버트는 '이름만 바꾸면 자네 얘기군'이라는 호라티우스의 한 구절(*Satires* 1.1.69~70)을 응용해 재치 있게 메날카스와 자신의 교수를 동일시했다(*LRBL* i.196). 물론 스미스는 경력 내내 혼자 멍하게 딴생각에 빠져 있는 본보기적 인물로 묘사되곤 했다.

우리가 보았듯이, 스미스가 에든버러의 수강생들을 위해 수사학 체계를 고안한 후 글래스고 학생들을 위해 자신의 강의를 최신 자료로 새롭게 하려 크게 애썼다고 할 수는 없다. 그러므로 1751년에 혹은 그 이후에 출간된 책이나 글에 대한 언급은 별로 없다. 원고 없이 이루어진 제21강(*LRBL* ii.96)에서는 토머스 그레이의 「시골 묘지의 만가」(1751)와 「멀리 이튼 학교를 바라보는 노래」(1747; 도즐리의 1748년 선집), 그리고 윌리엄 셴스톤의 「목가」(익명으로, 1751; 도즐리의 1755년 선집)가 좋게 언급된다. 1763년 1월 21일에 있었던 제23강에서 스미스는 '스코틀랜드게일어로 쓰인 시'의 '최근 출판된 번역본'을 언급하는데, 그것은 제임스 맥퍼슨이 펴낸 오시안의 『고대 시 단편들』(1760)이나 '서사시' 『핑걸』([Dec. 1761], 1762)일 수 있다. 『테모라』는 1763년 3월에야 출간되었다. 앞서 언급한 것처럼, 여백에 흄의 『영국사』에 대한 메모도 덧붙여져 있다(ii.73).

추가적인 자료 갱신은 '언어의 기원과 발전'에 대한 제3강을 1755년 4월 24일에 출간된 루소의 『인간 불평등 기원론』과 연결시킨 것이다. 그 책이 출간된 지 1년 내에 스미스는 그 책에서 적절한 구절 세 개를 뽑아 『에든버러 리뷰』(1756년 3월 2일)에 보낸 '편지'에서 그 텍스트에 대한 자신의 분석을 보여주기도 했다. 스미스는 자신의 강의(i.v.19)가 루소에 의해 공식화된 문제, 즉 인간은 어떻게 일반화 없이 단어들을 만들어낼 수 있으며, 어떻게 단어들 없이 일반화할 수 있는가 하는 문제(i, ss. 23~31)에 대한 답을 제시한다고 말한다. 하지만, 앞서 언급했듯이, 스미스가 언어의 역사에 대한 철학적 사고의 출발점으로 지목한 것은 지라르의 『프랑스어의 참된 원리』(1747)였다. 예컨대 우리는, 동굴에 사는 야만인들이 먹을 것, 마실 것, 피난처를 위해 필요한 대상들을 지칭하는 용어를 쉽게 만들어낸다면 추상에 의해 일반화해 명사들을 여러 명사 종류로 분류하는 것은 더 어려워한다는 그의 설명의 선도자들을 찾아보기 위해서도 그것을 살펴볼 수 있다. 이런 추측은 적어도 맨더빌의 『꿀벌의 우화』(1729)까지 거슬러 올라가는 혈통을 가지고 있다. 거기서 우리는 섹스를 포함한 기본 욕구에 대한 '신호와 몸짓'으로 제일 먼저 의사소통을 하는 한 '야생 남녀'(아담과 이브에 대한 풍자)에 관해 읽게 되며, 말하기는 사전 숙고나 계획

없이, 그저 머뭇머뭇 느리게, 화자가 다른 사람들이 알아들었으면 하는 바를 그들에게 납득시키는 데 도움을 주거나 혹은 화자가 바라는 행동을 그들이 하게끔 하는 데 도움을 주는 것처럼 보인다는 것을 알게 된다(pt. ii, *Sixth Dialogue*; Hudson, 1992). 스미스는 『에든버러 리뷰』 편지(11)에서 『꿀벌의 우화』 2부가 인간의 본성과 사회에 대한 루소의 '체계'에 영감을 주었다고 말한다.

야만인이 용어를 만드는 것에 대한 스미스의 추측은 콩디야크의 『인간 인식 기원론』(1746)의 설명에도 근거를 둔 것으로 보인다. 이 책에는 사막을 헤매는 '두 아이'라는 최초의 화자들이 나오는데, 그들의 대화는 그들 자신이나 자신들의 이익과 환경에 대한 사고방식을 만들어내면서 의식과 이성의 발아를 보여준다(2.1.1). 언어에 대한 가르침을 그런 맥락에서 전개하면서 스미스는 어느 정도는 로크의 『인간오성론』에서 시작된, 언어의 기원과 발전에 관해 유럽에서 계속 논란이 되고 있는 어떤 개념을 학생들에게 전해주었고, '본래'(종합적) 언어와 '복합' 언어의 구별 같은 그 자신의 선구적 공헌들의 예를 제공했다. 스미스가 자신의 언어 강의에 부여한 중요성과 출판업에서의 그것에 대한 희망적 전망은 그것만 따로 『언어학 논집 중 언어의 최초 형성에 관한 고찰』로 런던에서 토머스 베킷과 피터 드 혼트에 의해 발행되었다는 데서 짐작할 수 있다(1761). 이 기획 출판은 파리 문학 아카데미나 다른 외국 아카데미들의 논문집에서 '선별한 논문들'과 '우리 나라에서 가장 저명한 저자들의 독창적인 작품들'로 이루어진 것이었지만, 이 『언어학 논집』의 단 한 권만이 출판되었다. 스미스의 주제에 대한 그 자신의 견해는 에든버러의 출판물인 『브리태니커 백과

사전』초판에 반영되어 있다. 익명으로 되어 있지만 아마 윌리엄 스멜리가 작성했을 '언어' 항목(1771, vol. ii)은 스미스식으로 유형론을 다룬다(Plank,1987: 1992). 스미스는 자신의 출판업자 윌리엄 스트레이핸에게 1767년의 『도덕감정론』 3판 끝에 「언어의 최초 형성에 관한 고찰」을—'고찰considerations'이 '논문Dissertation'으로 바뀜—포함해달라고 요청했다(*Corr*. No. 100).

다행히 스미스 교수는 '비공개' 수업에서의 자신의 박식하고 혁신적인 재미라는 원칙을 잊지 않았고, 그의 앞에 앉은 젊은이들은 그가 1762년 11월 19일 금요일 강의를 마무리하면서 '지루하고 재미없는 부분인 다른 많은 문법 부분은 모두 건너뛰겠다'고 말하는 것을 듣고 안도했을 것이다(i.16). 또한 그들은 영어의 결함이 드러난 뒤에는 자신들의 교수가 좋은 영어 악센트를 가지고 있다고 생각하며 위안을 받았을 것이다. 그들 중 영리한 학생들은 분명 1762년 11월 22일 언어 형성에 관해 설명했던 것과 똑같은 방법론이 같은 해 12월 말에도 취해졌음을 눈치챘을 텐데, 이때 스미스는 야만인들이 사냥한 동물을 자연적인 장비로 길들이는 것에 대해 강의했다. 이렇게 함으로써 사냥꾼들은 양이나 소 같은 동물들을 관리하는 목자가 되었고, 목자는 인류 발전의 진전된 한 단계를 대표하게 되었으며, 이후 농사와 상업이라는 단계들이 차례차례 덧붙여졌고, 이러한 과정이 시민사회의 역사를 구성하게 되었다(*LJ*(A) i.27).

수사학 강좌가 진행되면서 학생들은 스미스의 수사학 체계가 그가 만든 윤리학 체계와 한가지임을 1762년 11월 29일 월요일에 들었다. 그는 언어의 표현력과 아름다움은 비유적 표현에 있다는 전통적 수사학의 관점에 도전함으로써 이를 분명히 했다. 스미스의 주장은 완전히 다르다.

화자의 감정이 깔끔하고 분명하고 꾸밈없고 재치 있게 표현될 때, 그리고 화자가 공감을 통해 청자에게 전달하려 하는, 화자가 느끼는 열정이나 정서가 꾸밈없고 재치 있게 표현될 때에야 비로소 그 표현은 언어가 표현에 줄 수 있는 힘과 아름다움을 모두 갖추게 된다. (*LRBL* i.v.56)

그러므로, 윤리학 체계에서 공감이 그 같은 기능을 한다는 것을 흄이 주장했듯이, 공감은 스미스의 수사학 체계의 '경첩'과 같은 것으로 제시되었다(*Corr*. No. 36).

작문을 주로 다루는 수사학 강좌 제2부에서 스미스는 시민사회의 역사를 끌어들여, 사회가 상업적이고 풍요롭게 될 때 산문이 발달한다는 사실을 언급했다. 산문이 '당연히 상무의 언어인 데 반해 시는 즐거움과 오락의 언어'다. 그의 총체적 판단은 '보통 풍요와 상업이 예술의 발전과 모든 종류의 개선에 선행한다'는 것이다. 글래스고 학생들이 자신들의 번영하는 도시가 필연적으로 예술적 성공을 보게 되리라고 기뻐하지 않도록 그는 서둘러 다음과 같이 덧붙였다. '내 말은 예술의 발전과 생활 양식의 개선이 상업의 필연적 결과라는 것이 아니라, 네덜란드 사람들과 베네치아 사람들은 내게 불리한 증언을 하겠지만, 상업이 불가결한 필요 조건이라는 것이다'(ii.115~116). 혹자는 이 진술이 르네상스 시대의 베네치아와 17세기의 암스테르담에서 그림과 건축이 높은 수준에 올랐음에 대한 무지를 드러내는 것이라고 생각할 수도 있겠지만, 적어도 스미스는 문화적 상대주의라는 주제를 다루었다는 점에서, 그리고 민주주의를 목적으로 한 아테네의 웅변이 귀족적 통치 질서를 갖춘 로마에는 어울리지 않았으리라고 봤다는 점에서 더 적절했다(ii.162~163).

스미스는 수사학을 자신의 '비공개' 도덕철학 수업의 주요 부분으로서 가르칠 수 있었는데, 이는 그의 논리학 교수직 후임자인 제임스 클로가 그 과목에 대한 라우든의 전통적 접근 방식으로 돌아갔기 때문이다. 하지만 나중에는 조지 자딘(1760년 입학생으로 스미스가 좋아한 제자들 중 한 명)이 클로의 후임이 되었다(Tait, rev. Lloyd, *ODNB*, 2008). 자딘은 논리학 강좌를 재구성함에 있어서 스미스와 의견을 같이했으며, 스스로의 계획을, 그리고 이 계획이 강좌들의 시험 시간 이용을 포함해 당시의 스코틀랜드 대학 교육 전반과 어떻게 연결되는지를 『글래스고대학 논리학 수업 교수법에서 드러나는 철학 교육의 개요』 제2판에서 가장 충실하게 설명했다(2nd edn. 1825; Davie 1961: 10~11, 16~17, 22~24). 이 책은 수사학을 재수립하고 대학의 학문으로 편입한 스미스의 유산을 포함하고 있는데, 이런 스미스의 유산은 그의 시대부터 우리 시대에 이르기까지 북아메리카 전역의 고등 교육에서 유지된 교육 관행이다(Charvat, 1961, ch. 3; Davie 1961; Corbett, 1965: 563~568; May, 1978: 346~350).

대학교수가 되어 스승의 영향을 확산시킨 스미스의 제자들로는 자딘과 존 밀러 말고도 또 있었다(Addison, 1913; Matthew, 1966; Webster, 1988). 윌리엄 트레일은 애버딘 소재 매리셜 칼리지에서 공부한 후 1763년 글래스고에서 도덕철학 수업을 들었고, 나중에 매리셜 칼리지의 수학과 교수(1766~1779)가 되었다. 스미스의 가르침에 대한 증거로서 앞서 언급했던 윌리엄 리처드슨과 아치볼드 아서는 둘 다 1758년에 입학해, 더 먼저 그 수업을 들었다. 리처드슨은 캐스카트 경의 아들들의 가정교사였고, 캐스카트 경이 상트페테르부르크 대사로 나갔을 때 비서로서 그를 수행했으며(1768~1772), 이후 1773년부터 1814년까지 글래스고의 인문학 교수를 지냈다. 스미스가 간명한 사람(스위프트)과 단순한 사람(템플)이라는 성격 스케치 형식으로 품성론적 수사학 전통(Quintilian 1.9.3)을 다룬 것에 부응해, 리처드슨은 『셰익스피어의 몇몇 주목할 만한 인물들에 대한 철학적 분석과 설명』이라는 책을 썼다(1774, 1784, 1788; Bryce, *LRBL* intro. 17). 어떤 점에서 이는 성격 연구에 초점을 두는 셰익스피어적 비평의 시작인 셈이다.

아치볼드 아서는 성직자가 되었으나 자유로운 세계관 때문에 의심을 받았고, 결국 대학에 고용됨으로써 안식처를 찾았다. 그는 스미스가 행정적으로 관여하는 부분들 중 하나였던 도서관의 관리자로 1774년부터 1794년까지 일하면서, 에든버러 변호사도서관의 체계에 따라 책을 분류하는 개선을 이루어냈다. 1770년대에 그는 글래스고 문학협회 회원이 되었고, 신학생과 목사들이 자주 찾는 모임에서 활발히 활동했으며, 이런 단체들에서 종교와 언어에 대한, 그리고 예술의 발전에 대한 논문들을 발표하는 것으로 약간의 명성을 얻었다. 1780년부터 토머스 리드의 비서였고 생의 마지막 해인 1796~1797년에 마침내 도덕철학 교수직을 이어받은 아서는 리드의 자연과학과 마음의 해부에 대한 관심을 스미스의 미학 및 문학 비평에 대한 취향과 결합했다(Paul Wood, *ODNB*, 2004~2007).

스미스의 가르침이 글래스고와 애버딘보다 더 멀리까지 전해졌다는 것은 분명하다. 1761년 가을에 제네바의 유명한 의사이자 『백과전서』 기고자인 테오도르 트롱생은 아들 프랑수아 루이(1743년 출생)를 글래스고로 보냈는데, 분명 스미스에게 교육받게 하기 위해서였다.[1] 의사 트롱생은 스코틀랜드 지식인들의 출판물을 잘 알고 있었고, 제네바의 자기 환자와 친구들 중에 있던 스코틀랜드 사람들로부터 아들을 스위스와 유사한 종교적·법적 전통을 가진 나라로 보내 『도덕감정론』의 저자에게 배우게 하라는 권유를 받았을 것이다. 제네바에는 아들 트롱생의 유학이 순조롭게 진행되도록 손써준 우호적인 중개인들도 있었다. 흄의 동료 퇴역 군인이자 아주 가까운 친구인 뉴턴의 제임스 에드먼스타운 대령은 그 젊은이가 글래스고로 떠나기에 앞서 콜드웰의 윌리엄 뮤어 남작에게 편지를 보내 그를 소개했다(콜드웰 문서). 흄의 또 다른 친구인 그리젤 베일리 부인은 스태넙 백작 2세의 아내로, 프랑수아 루이가 집에서 멀리 떨어져 있는 동안 어머니처럼 그를 보살펴주었고, 그가 해딩턴 백작 7세인 자기 오빠의 가족과 접촉하도록 뒷받침했다. 유럽 최고의 수학자들 중 한 명으로 꼽히던 그녀의 남편은 로버트 심슨과 서신을 주고받는 사이인 데다 심슨의 후원자였는데, 수학을 공부하는 것의 이점을 그에게 즉각 알려주게 된다.

온건한 계몽주의의 열렬한 지지자로서 스코틀랜드에서 작동하고 있던 계몽 정신을 높이 평가한 의사 트롱생은 제네바 엘리트 집단의 일원이었고, 자신의 동포이자 적수인 루소가 『에밀』과 『사회계약론』(둘 다 1762)에서 주장한 정치와 교육에 대한 급진적 사상을 싫어했다. 루소는 1757년까지 그의 환자였지만, 자신의 의사가 자신의 성격을 너무 잘 알고 있다고 생각하게 되면서 불화가 싹텄다. 의사 트롱생은 1762년 7월 7일 아들에게 보낸 편지에서, 불쾌한 책들이 파리와 제네바의 교수형 집행인에 의해 불태워졌다고 아마도 조금은 즐거워하며 적었다(*Letters* No. 32, 33). 프랑수아 루이의 교육과 관련된 아버지 트롱생의 서신들에서 매우 흥미로운 점들 중 하나는, 자신의 책들에 대한 단죄 이후 5년 동안 루소가 겪은 역경과 그를 도우려 했던 흄의 불행에 대해 알려준다는 것이다.

의사 트롱생의 궁극적 목표는 자기 아들이 경쟁자들을 물리치고 제네바 아카데미의 철학 교수직에 오르는 것이었다. 제네바 아카데미는 그 자신이 의학을 가르치는 곳이자, 신학의 자코브 베르네나 생물학의 샤를 보네 같은 탁월한 동료 교수들이 있는 곳이었다. 한 예로 그는 1762년에 교수로 뽑힌 오라스 베네딕트 드 소쉬르를 언급했는데, 소쉬르는 다양한 학문적 시도를 보여준 이들과의 경쟁 끝에 교수로 선정되어 물리학, 철학, 식물학을 가르치는 성공적인 경력을 시작했다. 의사 트롱생은 소쉬르가 성직자들에게 평가받았음을 아들에게 조심스럽게 알렸는데, 이는 그의 종교적 관점이 정통적이어야 하리라는 경고였을 것이다. 그는 아들을 스미스 교수 밑에 둘 경우 아들이 제네바에서 종교적 회의론자로 알려져 있거나 의심받고 있는 흄과 케임스를 접하게 될까봐 우려했음이 분명하다. 트롱생은 흄에 대해 얼마나 경계했던지, 자기 아들은 자기가 아들을 사랑한다는 걸 알지만,

만약 아들이 죽는 것과 아들이 그 '위험한' 흄과 같은 생각을 갖게 되는 것 사이에서 선택해야 한다면 자신은 아들이 죽는 것을 택할 것이라고 1762년 7월 28일의 편지에 쓸 정도였다(No. 34, 35).

그럼에도 현존하는 그의 편지들에는 인간으로서나 교사로서의 스미스에 대한 큰 존경과 애정이 반영되어 있고, 스미스가 그에게 편지를 보내 아들의 학문적 발전에 대해 안심하게 해주었음을 언급하는 내용이 많이 있다. 이 아버지는 아들이 '참을 수 없는' 스코틀랜드 악센트 없이 좋은 영어를 구사하기를 바랐다. 제네바의 의사 트롱생은 영어로 쓴 편지를 거듭거듭 요구했고, 마침내 그 편지가 도착하면 기뻐했지만, 이번에는 아들의 프랑스어가 영어화되었다고 지적해야 했다. 아들이 글래스고에서 받는 대학 교육의 다른 면들에 대해서는 트롱생은 매우 마음에 들어했는데, 그리스어에 대한 관심, 에픽테토스 같은 고대 작가들에 기초한 스미스의 도덕철학 수업에 대한 지원, 유클리드 기하학과 고대 대수학을 다루는 심슨 수업의 성격 같은 것이 그랬다.

아들 프랑수아 루이는 1761~1762년과 1762~1763년 두 시기에 스미스의 도덕철학 강의들을 들었는데, 이때는 스미스의 『도덕감정론』이 출간된 뒤라 이 강의들이 단축되어 있었다. 같은 두 시기에 그는 법학에 대한 강의들도 들었는데, 이 중 두 번째 시기에 해당되는 법학 강의들이 1762년 12월 22일 금요일부터 1763년 4월 13일 수요일까지 진행된 것으로, 『법학 강의』(A)를 이루게 되었다. 프랑수아 루이는 1762년 11월 17일 수요일부터 1763년 2월 18일 금요일까지 수사학 강의(LRBL)를 들은 것으로 보인다. 대개 트롱생의 편지들은 스미스가 과제로 내주거나 언급한 읽을거리에 대해, 예컨대 몽테스키외의 『법의 정신』 같은 것에 대해 좋게 언급했다. 그는 1762년에 오시안의 작품들을 맥퍼슨이 '번역'했다는 소식을 듣고 매우 흥미로워했으며, 아들이 『핑걸』을 한 부 보내주자 몹시 기뻐했다. 하지만 허치슨을 공부하기에 앞서 프랑수아 루이에게 흄의 '논고들'을 읽히려는 스미스의 결정은 의사 트롱생을 불안하게 만들었는데, 악명 높은 '기적에 관한 논고'가 회의적 영향을 끼칠까봐 우려되었기 때문일 것이다. 하지만 사실 문제의 그 '논고들'은 흄의 정치와 경제에 대한 글들이었을지도 모른다. 예컨대 스미스는 정부가 계약에 기초한다는 생각을 거부할 때 「원시 계약에 관하여」를 언급하는데(LJ, A: v.115~118, 1763년 3월 22일), 이는 루소의 민주주의 이론에 불편해하던 의사 트롱생에게는 분명 위로가 되는 관점이었다.

1763년 4월 20일 프랑수아 루이는 누이 베티에게 보낸 편지(No. 34~35)에서 구술 석사 시험을 위해 5주간 공부했다고 이야기했는데, 이 시험은 스미스 교수와 심슨 교수가 지휘했을 것이다. 그는 시험 걱정을 했지만 통과했고, 그리하여 글래스고 대학생의 붉은 가운을 벗고 아리스토텔레스의 '보닛'을 쓰게 되었다(No. 34~35). 1763년 성 마틴 축일 학기에 그보다 앞서 스미스의 평생 친구인 조지프 블랙 박사의 화학 수업이 있었는데, 그의 획기적인 잠열潛熱 연구는 스코틀랜드 공업화학의 발전을 뒷받침해주었다(Donovan, 1975; Anderson, in ed. Daiches, 1986: 93~113).

1763년의 긴 방학 동안 프랑수아 루이는 다양한 사교 생활을 즐겼고, 스미스를 통해 스코틀랜드 지식인들에게 소개된 것을 잘 활용했다. 그는 스코틀랜드 사람들을 좋아했고 그들도 그를 좋아했는데, 특히 대학 근처에 위치한 집의 유일한 하숙생이던 그를 보살펴준 친절한 집주인 린지 부인을 비롯해 부인들이 그랬던 것 같다. 그의 아버지는 그가 말을 소유할 만큼 넉넉한 돈을 보내주었고, 졸업 후 한 짧은 여행들의 경비도 대주었다. 이를테면 그는 대학 친구인 헨리 허버트, 카드로스 경과 함께 휴가 여행으로 에든버러에 다녀왔는데, 그곳에서 희극을 보러 극장에도 가고 무도회에서 춤도 추었다. 3개월 후인 1763년 7월 4일의 편지(No. 31&32)에서는, 그는 낭만적인 리븐강 유역의 본힐에서 블랙 박사와 함께 역시 휴가를 보내고 있다고 전했다. 그는 온종일 수학과 과학을 공부한 다음 말을 타고 폴메이즈 성지주의 딸인 앤 머리를 포함해 이웃 사람들을 보러 갔다. 같은 편지에서 이야기된 또 다른 여행에서 그는 록파인 호수의 머리 쪽에 있는 작고 매력적인 하일랜드 칙허 자치도시인 인버러레이에 갔는데, 그곳은 아가일 공작들의 저택 근처에 서서히 생겨난 도시였다. 그는 스코틀랜드 최고 형사 재판소인 형사상급법원 판사들의 춘계 서부 순회 방문에 따라간 것이었다. 그의 친구 헨리 허버트는 케임스 경의 마차를 타고 갔고, 그는 최고법원 차장이자 스미스와 흄의 좋은 친구의 아버지이면서 음악과 문학에 취미가 있는 교양인인 민토 경 길버트 엘리엇의 마차를 타고 갔다.

1763년 11월 14일의 편지(No. 28, 29)에서 프랑수아 루이는 또 다른 여행에 대해 이야기했는데, 이는 『도덕감정론』 6판에서(*TMS* I.iii.3.3) 스미스가 논한, 부와 권력을 가진 인물 로런스 던다스 경의 초대에 따른 것이었다. 던다스 경은 우리의 도덕 감정을 타락시키는 매력을 발휘할 수 있는 인물이었다. 군수품 계약으로 쌓은 막대한 재산의 소유자인 로런스 경은 스코틀랜드의 의석들을 좌지우지함으로써 아가일의 캠벨들의 뒤를 이어 스코틀랜드를 지배할 계획이었다. 그는 스털링셔 선거구에서 출마한 자기 아들 토머스(1741년 출생)의 선거 운동의 일환으로 스털링에서 열리는—과거에는 아가일을 위해 열린—무도회에 아들 트롱생이 참석하기를 바랐다(*HP*, i.438~439, ii.357~359). 저녁 식사 후 술에 취하는 것은 스코틀랜드의 오래된 관습이었고, 프랑수아 루이는 베티에게 포도주 700병이 비워진 게 믿기냐고 물었다. 약 절반의 사람이 다음 날 아침 식사나 음악회에 나타나지 않은 것도 놀랍지 않았다. 그다음으로 그를 이틀간 초대해준 사람은 던모어 백작 4세와 던모어 공작부인이었는데, 그들은 아메리카 식민지로 가게 되었고, 그곳에서 던모어 경은 1771~1776년에 마지막 버지니아 총독을 지냈다. 스털링의 축제들에서 프랑수아 루이는, 조슈아 레이놀즈 경이 그린 초상화(1765: Scottish National Portrait Gallery)에서 보이는 것처럼 다소 자의식을 드러내며 하일랜드 사람들의 복장을 제대로 갖추고 있는, 시인 오시안에 열광하던 시절의 그 거물을 보았을까? 글래스고로 돌아오기 전에 아들 트롱생은 폴커크에서 북쪽으로 2마일 떨어진 스텐하우스의 사유지에 있던 마이클 브루스 경을 방문했다. 그는 아들 여섯과 딸 일곱의 대가족을 거느리고 있었다. 프랑수아 루이는 딸들 중 한 명이 자신을 '꿈꾸게' 만든다고 누이에게 고백했는데, 아마 맏딸인 엘리오노라(1741년 출생)였을 것이다. 마이클 경은 1760년에 설립된 캐런 제철소로 자기 손님을 데려가 구경시켜주었고, 이곳에서 프랑수아 루이는 코크스로 불을 지핀 두 개의 용광로에서 철이 용해되는 것을 보았다. 1764년쯤에는 그곳에서 대포가 만들어졌고, 나중에는 스미스의 친구이자 블랙의 후배인 제임스 와트가 재설계한 증기 기관에 필요한 실린더도 그곳에서 만들어졌다. 그 회사는 결국 엄청난 상업적 성공을 거두었는데, 특히 트래펄가와 워털루에서 사용된, 캐러네이드라는 짧은 포신의 대포를 만들어낸 덕분이었다. 아들 트롱생은 나폴레옹 전쟁에서의 영국의 군사적 승리와 중공업을 통한 스코틀랜드의 경제 성장에 기초가 된 것을 일부 확인한 셈이었다. 스미스는 노동력 수요의 큰 증가와 관련된 캐런 회사의 중요성을 인지하고 있었다(*WN* I.vii.34).

1763년 겨울에 의사 트롱생은 스미스가 당시 이튼에서 공부하던 버클루 공작 3세의 여행 수행 교사직을 수락해 새해에 글래스고를 떠난다는 것을 알게 되었다. 처음에 그는 아들이 스미스를 따라 잉글랜드로 갈 수 있기를 바랐지만, 프랑수아 루이가 스미스의 오랜 대학 친구인 매슈 스튜어트와 1년간 수학을 공부하기 위해 1764년 2월에 에든버러로 가려고 계획하자 이를 받아들였다. 1764년 여름에 아들 트롱생은 뉴턴의 『자연철학의 수학적 원리』를 공부하고 있었고, 그의 아버지는 10월까지는 그가 스튜어트 교수의 눈을 똑바로 쳐다볼 수 있을 만큼 충분한 이해에 도달하기를 바랐다(No. 91, 92, 1764년 7월 27일). 당시의 스코틀랜드 수도인 에든버러에 있는 동안 프랑수아 루이는 로버트슨, 애덤 퍼거슨, 휴 블레어, 윌리엄 컬런 같은 스미스 서클의 주요 지식인들에게 환대받았다. 1764년 12월 15일자 편지(No. 96~97)에서 의사 트롱생은 이에 대해서, 그리고 해밀턴 공작부인 같은 자신의 작위 있는 옛 환자에게 환심을 사는 것과 같은 아들의 사교적 행동에 대해서 기쁨을 표했다. 같은 편지에서 아버지는 프랑수 아 루이에게, 1765년 2월 런던으로 가서 회기 중인 하원을 참관하며 토론에서 인간의 본성에 대해 배워보라고 제안했다. 이는 아들 트롱 생이 스코틀랜드에서 받은 도덕, 과학, 사회에 대한 교육에 어울리는 종결부가 될 것이었다. 정작 잉글랜드에서 그의 마지막 경험은, 루소 에게 도피처를 찾아주려는 흄의 선의의 계획이 그 수혜자의 피해망 상과 충돌하면서 파국에 이르는 것을 목격한 것이었던 듯하다.

1760년대에 글래스고에서 공부한 또 다른 외국 학생으로 두 명 의 러시아인이 있었다. 세묜 에피모비치 데스니츠키와 이반 안드레예 비치 트레차코프인데, 이들은 우수한 러시아 젊은이들을 해외로 보내 교육을 완수하게 하려는 예카테리나 황제의 계획의 일환으로서, 글래 스고에서 6년간 주로 스미스와 존 밀러 아래서 공부했다.

그들 둘 다 러시아로 돌아가서는 1755년에 설립된 모스크바대 학의 법학 교수가 되었다. 그곳에서 그들은 라틴어 대신 러시아어로 가르치는 문제로 주로 독일인 동료 교수들과 충돌했으며, 글래스고 에서 접한 진보적 법학을 학생들에게 전수했다(*Speeches at...Moscow University*, 1819; Penchko, 1962). 출판된 그들의 강의 내용을 보면, 그 들이 법의 발전에 영향을 미치는, 사회의 변화하는 경제 환경에 대 한 스미스의 4단계 분석을 이용했으며, 특히 데스니츠키는 스미스 의 원칙들과 일치하는 법적·제도적 개혁을 주장했음을 알 수 있다 (Alekseyev, 1937; Sacke, 1938). 이런 주장은 그가 1768년 2월 예카테 리나 황제에게 보낸 '러시아제국 입법, 사법, 행정 당국의 수립에 대한 제안'에 담긴다. 같은 해 4월에 황제는 스미스의 강의에서 유래한 데

스니츠키의 입안 중 몇 가지를 자신의 '칙령들'에 대한 '2차 보완'에 포함시키는 것으로 응답했는데, 주권자의 비용, 과세 규정, 독점 폐지에 대한 아이디어들과 관련된 것이 두드러졌다(Brown, 1974, 1975). 데스니츠키는 스미스의 아이디어들을 영리하게, 비판적으로 활용했고, 그것들을 당시의 러시아 상황에 맞추었다. 트레차코프는 스미스의 법학 강의에 의거함에 있어서 덜 독창적이었던 것으로 보이는데, 예컨대 그는 국가의 빈곤을 다루기 위한 저서인 『대중의 풍요의 원인과 고대와 근대 국가의 부진한 풍요에 대한 담론』에서 스미스의 법학 강의에 밀접하게 다가가 있다(1772; Anikin, 1988, ch.3).

이 러시아 학생들은 상법 전문가이자 스코틀랜드 출신의 첫 번째 잉글랜드 수석재판관이었던 맨스필드 경 윌리엄 머리의 추천으로 글래스고에 왔다. 윌리엄 머리는 스미스가 『수사학과 문학에 대한 강의』에서 칭찬한 사법적 웅변의 주인공이기도 했다. 그들의 러시아 재원이 고갈되어, 대학은 1762년 10월 애덤 스미스를 통해 그들에게 돈을 빌려주었다. 그들은 법학 박사학위 과정을 신청했고, 1767년에 학위를 취득했다. '스미스 박사의 윤리학과 법학 강좌 수강과 (⋯) 3년간 밀러의 민법 강좌 수강', 그다음 '시험', 유스티니아누스 법전에 대한 논문 제출, 조지 뮤어헤드 학과장과 존 밀러에 의한 논문 통과가 이어진 결과였다. 글래스고에서 보낸 그들의 시간이 순조롭기만 한 것은 아니었는데, 데스니츠키가 예배당에서 노래를 부르는 것에 대한 언쟁 후 존 앤더슨 교수의 가발을 잡아당기는 바람에 총장에게 징계를 받았기 때문이다.

이 제자들을 통해서, 『국부론』이 출판되기 8년 전 이미 스미스의 경제 정책 조언이 러시아에 전해졌던 것 같다.[2] 또 다른 러시아인들은 출간과 함께 그 책에 열광했는데, 예컨대 보론초프 가족이 그랬다. 또한 다시코바 공작부인과 그녀의 아들 파벨 공작은 1776~1779년 에든버러에 체류할 때 스미스를 집에 초대하곤 했다(Cross, 1980: 123~128, 131~133; Anikin, 1990: 81, 132, 307, 309, 311).

물론 스미스는 훗날 본국의 법조계에서 두각을 나타내게 되는 학생들도 가르쳤다. 그중 한 명은 스미스의 친구이자 의사인 윌리엄 컬런의 아들 로버트 컬런으로, 1796년부터 1810년 죽을 때까지 컬런 경으로 최고민사법원의 판사였다. 스미스는 1753년에 조지 로스 교수의 인문학 수업을 듣는 것으로 대학생이 된 이 젊은이를 '자신이 경험한 최고의 학생'이라고 묘사했다(EUL La. II 451/2). 컬런이 첫 번째 일자리로서 존 밀러의 뒤를 이어 스미스의 후원자인 케임스 경의 아들 조지 홈 드러먼드의 가정교사가 되도록 스미스가 추천한 것도 무리가 아니었다. 컬런은 사교성이 좋았고, 심지어 다른 사람을 그럴듯하게 흉내 내는 것으로 친구들을 즐겁게 해주기까지 했는데, 특히 에든버러대학 로버트슨 학장의 흉내를 잘 냈다. 그는 훗날 역시 최고민사법원 판사가 되는 또 한 명의 법률가 윌리엄 크레이그(1758년 입학)와 함께 미러 클럽을 비롯한 에든버러 문학협회들에서 활발하게 활동했다. 컬런과 크레이그 둘 다 스미스의 윤리학 가르침의 지지자로서 『미러』와 『라운저』 같은 간행물에 기고했다(Dwyer, 1987: 29).

제임스 보즈웰은 에든버러대학에서 6년을 보낸 후 1759년 11월 17일 글래스고에 입학했는데, 이 시기의 또 한 명의 판사이면서 정치에서 두각을 나타내고 싶어한 부친 오친렉 경과 마찬가지로 법조계에 진출하도록 예정되어 있었지만, 사실 그의 천직은 저술이었다. 그는 허큘리스 라인드세이의 민법 강좌를 수강하는 것에 더하여 애덤 스미스의 도덕철학 '공개' 강의와 수사학 '비공개' 강의들도 들었다. 당시 보즈웰은 설명의 적확함과 정확함에서 스미스를 높이 평가했으며, 위대한 인물에 대해서는 예컨대 밀턴이 신발과 관련해 버클보다 끈을 더 믿었다는 이야기 같은 아주 소소한 내용조차 흥미롭다는 취지의 스미스의 말에 매우 이끌렸다(*LRBL* 17~18). 이런 말은 세부적 사실들을 붙여서 장면과 인물상들을 만들어가는, 저널 기고자이자 전기 작가로서 그 자신의 작업 과정에 자극이 되었을 수도 있다. 또한 보즈웰의 전기 집필에서 스미스의 '도덕 감정' 개념이 역할을 했다는 주장도 있을 수 있다(Turnbull, 1994).

보즈웰은 스미스의 인자한 기질과 학생들과 있을 때 즐거워했다는 점을 언급했다. 또한 유감스럽게도 지금껏 알려지지 않았던 한 편지에 드러나 있는바, 보즈웰이 흄, 존슨 박사, 파올리 장군, 루소, 볼테르 같은 다양한 인물이 경의를 표한 자질인 '적절한 예의범절'을 갖추고 있다고 본 스미스의 분별 있는 판단에 대해서도 그는 곧잘 언급했다. 스미스의 이런 인정은 으쓱하게 해주는 것이었지만, 그렇다고 그를 글래스고에 오래 붙잡아놓지는 못했다. 그는 1760년 3월에 런던으로 도망쳐 로마가톨릭으로 개종하고, 외국의 수도원에 들어갈 생각을 하며, 3주 만에 자유 사상을 받아들였다(Pottle, 1965; 1966: 230~253).

보즈웰의 동시대 글래스고 학생 중 한 명은 1759년 1월 8일에 입학한 토머스 페티 피츠모리스로, 그는 스미스 집의 귀족 하숙생이 되었다. 민토의 길버트 엘리엇이 1758년 11월 14일자 편지에서 그를 스미스에게 소개했다. 또한 이 편지에서 엘리엇은 자신이 그 젊은이의 형인 피츠모리스 자작(훗날 셸번 백작 2세라는 작위하에 총리가 됨)에게 스코틀랜드 대학들의 특성을 설명했고, 스미스에게 수학함으로써 얻을 수 있는 이점에 대해서도 말했다고 썼다. 피츠모리스 경은 과거에 옥스퍼드에서 공부했는데, 동생을 그곳에 보내고 싶지 않아서 자기 부친이 엘리엇의 충고를 따르도록 조언하기로 결심했다(Corr. No. 27).

스미스는 1759년 2월 21일 이 형에게, 자신의 학생이 '모든 점에서 지극히 순종적이고 유순'하며, 그리스어에서 진전이 빨라 1년 후면 도덕철학 수업에 필요한 그리스어 읽기를 수월하게 해낼 수 있을 것 같다고 알려주었다. 또한 '지금부터 한 달쯤 후'에는 수학 교수인 로버트 심슨이 페티 피츠모리스에게 대수와 연산을 가르치게 될 것이라고 약속했다(No. 28). 이어진 3월 10일의 보고는 이 학생이 하루에 다섯 시간 동안 그리스어, 라틴어, 철학 강의를 듣고 있으며, 그다음에는 집에서 스미스와 함께 두세 시간 동안 '그 여러 강의의 주제들을 검토'한다는 것이었다(No. 29).

페티 피츠모리스가 글래스고에 더 머무르는 것에 대한 계획은 1759년 4월 4일자 편지에 설명되어 있다. 그는 다음 겨울에 스미스의 도덕철학 수업을 포함해 철학 공부를 끝마칠 예정이었고, 또한 '법 체계'가 무엇인지, '그것이 어떤 부분들로 구성되며, 그 부분들이 어떻게 배치되어야 하는지' 가르치는 민법 강좌를 들을 예정이었다. 한 편 스미스는 그에게 '봉건적인 법에 대한 주석서'를 읽어줄 예정이었는데, 아마 그것은 네덜란드 대학들에서 교재로 사용된 크레이그의 『봉건법』이었을 것이다. 아버지 스미스도 그 책을 한때 가지고 있었고, 아들 스미스가 가지고 있는 것은 제임스 베일리의 1732년 판이었다(Mizuta). 곧 있을 긴 방학 동안 스미스는 자기 학생에게 '도덕철학에 대한 최고의 그리스, 라틴, 프랑스 저자들'을 읽어줄 예정이었다. 또한 '일흔 살이 넘었지만 젊은이의 유쾌함과 활력을 고스란히 간직하고 있는' 수학 교수는 페티 피츠모리스가 '때를 놓쳐 수업 중에 배우지 못한' 유클리드 기하학을 그에게 가르쳐주기로 했다(No. 30).

정치 산술이나 통계학을 발명한 윌리엄 페티 경의 후손인 그의 아버지는 '유클리드 공부가 (…) 추론에 있어서 논리학보다 훨씬 더 나은 교사'라고 여겼기 때문에 이 소식에 기뻐했다. 또한 아버지는 다음과 같이 말했다. '민법에 대한 지식은 그를 자기 조국에 대한 지식으로 안내하는, 그가 가질 수 있는 최고의 토대이고, 민법에 대한 공부는 그를 행복하게 만들어줄 수 있지만, 내가 그를 행복하게 해주기위해 의지하는 것은 도덕에서의 당신의 교훈들과 본보기입니다'(No. 32).

스미스는 분명 자신의 보살핌을 받던 그 젊은이에 대한 배려에서 훌륭한 본보기였다. 스미스는 자신이 '매우 방종한 도시'로 여긴 에든버러로 페티 피츠모리스를 데려갔을 때 확실히 곁에 있어주었고(No. 42, 1759년 10월 29일), 그가 영어 문법에서 많은 실수를 범하는 것을 보고 우려했으며(No. 43, 1759년 12월 3일), 1760년 3월 그가 열이 났을 때(No. 45, 46, 48, 49)와 그해 11월 그가 눈병을 앓았을 때(No. 52, 53) 노심초사하며 지켜봤다.

1760년 7월 15일의 편지에서 스미스가 셸번 경에게 쓴 바에 따르면, 그는 3월에 감기에 걸렸는데 잘 낫지 않았고, 6월이 되어서야 완전히 회복됐다고 생각했지만, 7월 초에 에든버러 인근의 축축한 침대에서 잠을 잔 후 감기가 매우 '심하게' 도졌다. 6월 13일에 그의 의사인 컬런은 '에든버러의 거리에서 [그를] 한쪽으로 데려가, 다음 겨울까지 살아남고 싶다면 9월이 시작되기 전에 적어도 500마일 정도 말을 타고 가야 한다고 [그에게] 분명히 알리는 것이 자신의 의무라고 생각한다'고 말했다. 스미스는 위태로운 건강 상태에 있는 사람에게 컬런이 해준 이상한 충고로 보이는 것을 따르기로 했다. 하지만 사실 그것은 건강염려증 치료에 대한 동시대의 생각에 부합하는 것이었다. 따라서 스미스는 요크와 잉글랜드 서부까지 말을 타고 가기로 계획했는데, 이는 하이위컴에 있는 셀번의 저택까지 가는 여정이었다. 그의 제자는 글래스고의 스미스 집에 머물러 있으면서 '최고의 영국 저자들'을 읽고 저녁 식사 후에는 몽테스키외의 『법의 정신』을 읽을 예정이었다(No. 51). 스미스는 그 젊은이의 취향이 '수학과 기계 관련 학습' 쪽에 있음을 알아보았다. 그의 이런 관찰 소견은 페티 피츠모리스가 훗날 웨일스 르웨니의 사유지에 들어선 표백 공장을 경영하게 되는 것으로 입증되었다. 1785년에 이 공장을 방문했던 리처드 트와이닝은 '그가 세운 건물, 그가 설치한 기계나 장치'를 보고 놀랐다.

1762년에 페티 피츠모리스는 글래스고에서 옥스퍼드로 갔고, 스미스와 라인드세이 밑에서 시작한 법률 공부에 더해 그곳에서 잉글랜드 법에 대한 블랙스톤의 유명한 강의를 들었다(No. 64, 1762년 2월 26일). 흄은 1763년에 파리에서, 『도덕감정론』의 프랑스어 번역에 관심 있던 철학자 돌바크의 모임에서 그와 마주쳤다(Corr. No. 77). 그는 1762년에 형을 위해 캘니의 의원으로서 의회에 들어갔고, 1774년까지 이 자리를 유지한 뒤 치핑위컴으로 지역을 바꿨다. 하지만 재정상의 어려움과 자신의 리넨 표백 회사의 수요 때문에 1780년에 의정 경력을 포기했다(*HP* ii.430).

페티 피츠모리스는 1762년 2월 26일 옥스퍼드에서 스미스에게 편지를 쓰며 그곳의 비싼 물가, 특히 석탄의 비싼 가격에 대해 스미스에게 동의를 표했다. 편지의 끝에서 그는 '당신의 애정 어린 토머스 피츠모리스'라고 쓰고서, 자신의 '오랜 친구'인 로버트 심슨에게, 그리고 스미스의 어머니와 사촌 재닛 더글러스—1754년경 스미스의 집으로 들어와 살림을 맡았다—에게 안부를 전해달라고 부탁했다(*Corr.* No. 18). 또한 그는 스미스가 가르친 상당히 많은 아일랜드 학생 중 한 명인 루크 고드프리에게도 인사를 전했다. 스미스의 아일랜드 학생들은 분명 그가 『국부론』에서 제시한 아일랜드 관련 견해들 일부의 근원이었다. 페티 피츠모리스는 '선생님의 젊은이들이 저희 때보다 전반적으로 더 똑똑하다고 들었습니다'라며 스미스의 최근 학생들에 대해 좋게 이야기하기도 했다(*Corr.* No. 64).

페티 피츠모리스와 마찬가지로 스미스 밑에서 공부한 이 똑똑한 '젊은이들' 중 한 명은 특이한 성격의 소유자인 카드로스 경 데이비드 스튜어트 어스킨으로, 그는 1767년에 버컨 백작 11세가 되었다. 이 작위는 스코틀랜드에서 가장 오래된 것 중 하나로, 12세기까지 거슬러 올라가는 역사를 보유하며, 훨씬 더 오래전 왕국의 영토 분할과 관계 있었다. 유서 깊고 복잡한 조상에 대한 인식은 카드로스로 하여금 끊임없이 역사 같은 문제들에 호기심을 갖게 했다. 그는 생각과 행동에서 거리낌이 없었기에 별나다고 정평이 나 있었다. 그의 어머니인 애그니스 스튜어트는 법무장관인 굿트리스의 제임스 스튜어트 경의 손녀였고, 같은 이름을 가진 정치경제학자의 누이였다. 그녀는 지적 호기심이 강했고, 에든버러의 콜린 매클로린 아래서 수학을 공부했다고 한다. 그녀 집안의 법적 전통은 그녀의 작은아들들에 의해 훌륭하게 유지되었다. 헨리는 1783년에 법무장관이 되었고, 1795년의 반역과 선동에 대한 법안에 위헌 판결을 내렸다. 잉글랜드 상법 제정에 일조한 토머스는 리처드 셰리든과 찰스 제임스 폭스의 친한 친구였고, 대법관이 되었으며, 그리스의 독립을 위해 힘썼다(Cant, 1981).

카드로스는 동생들의 경력을 돕기 위해 최선을 다했고, 1761년 6월 6일의 편지에서 가족 소유지의 상속인이 한정되어 있는 탓에 그들을 공부시키는 데 경제적 부담이 있음을 내비친다. 그가 이런 말을 한 것은 헨리를 스넬 장학생으로 지명하는 것에 대해 스미스의 지지를 구하기 위해서였다. 또한 이 편지는 카드로스가 스미스에게 받은 많은 '정중함과 친절'을 언급하고 있으며, 토머스 페티 피츠모리스를 위한 편지를 동봉하고 있다(*Corr.* No. 55). 카드로스는 글래스고로 가기 전에 세인트앤드루스(1755~1759)와 에든버러(1760~1761)에서 공부했고, 글래스고에서 그의 이름은 1762년 입학 명부에 실려 있다. 그곳에서 그는 법학 박사학위를 두 번 받았는데, 스미스가 아직 재직하던 때인 1763년에 처음 받았고, 1766년에 다시 받았다. 그는 초년기의 흔적이 담긴 기록을 남겼고, 스미스와 관련된 일화들도 남겼는데, 스미스에 대한 그의 지배적인 인상은 『비』(1791년 6월)에 발표된 그의 글에 요약되어 있다. '글래스고에서 나는 두 명의 일류 남성[밀러와 스미스]과 많은 시간을 보냈다. 스미스는 법학에 대한 비공개 강의 내용을 내게 읽어주었고, 대화를 통해 논평도 곁들였는데, 나는 이러한 훈련이 내 감성과 이성에 영원히 남을 특색과 바탕을 만들어주기를 바랐다.'

고든 공작부인의 생각에 따르면 카드로스 가족의 위트는 그의 어머니에게서 와 '더 아래의 후손들에게까지 이어진' 것이었는데, 스미스 자신은 그 형의 태도와 별난 면을 좋아하지만은 않았을 것이다. 알렉산더 칼라일이 1763년 4월 글래스고에서 애덤 스미스와 함께하는 큰 모임에 참석한 후 전해준 이야기에서 그가 다음과 같이 묘사된 것도 무리는 아니다. '어떤 젊은 귀족이 참석해 있었고, 잠시 후 나는 [스미스에게] 그들이 왜 이 남자를 그렇게 떠받드는지 모르겠다고 속삭였는데, 나는 그가 매우 멍청하다고 생각했기 때문이다. 우리는 그 말이 맞는다는 것을 알지만, 그는 우리 대학의 유일한 귀족이다'(Carlyle, 1973: 220).

그해 초에 카드로스는 이 시기 스미스의 또 다른 학생인 헨리 허버트에게 결투 신청을 받은 것으로 보인다. 허버트는 『수사학과 문학에 대한 강의』에 기록된, 혼자 멍하게 딴생각에 빠져 있는 스미스의 면모에 대한 명언의 작자이자 프랑수아 루이 트롱생의 친구였다. 이 결투에 대해서는 그의 할머니가 보낸 1763년 3월 8일자 편지를 통해 알 수 있다. 또한 이 편지에서는 카드로스의 학생으로서의 노력, 그리고 인쇄업자 로버트와 앤드루 파울리스가 글래스고대학 부근에 세운 미술아카데미에서 육성되던 그림과 판화에 대한 그의 실질적 관심도 언급된다.

이미 1761년 올드애버딘을 방문했을 때 카드로스는 유물에 큰 관심을 보였고, 말년까지 이어진 관심은 1780년의 스코틀랜드 유물 연구협회 설립으로 절정을 이뤘다. 그 협회는 '유물 및 자연과 시민의 역사 일반'을 주제로 삼았고, 따라서 로버트 시볼드 경과 페니퀵의 존 클러크 경 같은 거장들의 연구와의 관련성—스미스의 제자들이 익히 알고 있었듯이—을 확실히 했다. 1장에서 언급했듯이 이들의 연구는 스코틀랜드의 초기 역사, 고고학, 자연 상태, 환경에 관한 것이었고, 스코틀랜드 계몽주의의 초기 단계에 기여했다. 시민의 자유에 대한 스미스의 깊은 생각은 이런 거장들의 진취적 정신에 뿌리를 두고 있었고, 이 개념에 대한 그의 열정은 카드로스의 마음을 울렸음이 틀림 없다. 카드로스는 버컨 백작이 되었을 때, 영국의 자유를 위한 자신의 투쟁에서는 존 윌크스를, 그리고 아메리카의 경우에는 조지 워싱턴을 지지했다.

만년에 버컨은 할머니로부터 받은 헨리 허버트와의 결투에 대한 편지를 세부 내용을 조금 덧붙여 부연했다.

결투의 위험은 (…) 글래스고의 당대 최고 미녀인 그리녹의 서머빌 양 때문에 야기되었다. 그녀가 현재의 카나번 백작인, 당시 글래스고의 애덤 스미스와 존 밀러의 학생이었던 헨리 허버트와 춤을 추기로 약 속해놓고서 무도회에서 나와 춤을 추고자 손을 내밀었던 것이다. 결 투는 대학의 요청에 의해 저지되었다. 허버트와 나는 곧바로 세상에 서 가장 친한 친구가 되었다.

버컨 부인은 허버트에 대해 다음과 같이 쓴 바 있다. "너와 다툰 그 젊은이는 너무나 불운하게도 정신 나간 집안 사람이구나. 그 집안 사람들은 누구나 평생 이성이라고는 없어서, 그는 흥분하면 다른 사람보다 덜 주목되지"(GUL Buchan MSS, 1763년 3월 8일 편지).

허버트는 펨브로크 백작의 후손이었고, 1762년 글래스고에 입학하기에 앞서 옥스퍼드에 있는 이튼과 크라이스트처치에서 공부했다. 스미스는 흄에게 허버트를 '당신의 저서들을 잘 알고 있고 저자를 소개받기를 몹시 바라고 있다'고 소개했다(1763년 2월 22일, *Corr.* No. 70). 허버트는 때맞게 에든버러로 갔고, 거기서 흄을 만나 흄에게 인상을 남겼으며, 그래서 흄은 그를 '그 신랄한 비평가'라고 불렀다. 그다음에 그는 북쪽 애버딘으로 갔고 그곳에서 토머스 리드를 만났는데, 당시 그의 책 『상식의 원리에 기초한 인간 정신 연구』가 인쇄 중이었다. 그는 리드가 '매우 분별 있는 사람'이라고 생각했고, 기독교 기적의 진정성을 지지한, 흄의 또 한 명의 적수 조지 캠벨을 '합당하게' 여겼다. 허버트는 그 지역의 스코틀랜드 귀족들을 만났는데, 루소의 친구인 매리셜 백작도 있었고, 농업 발전에 관심이 많은 판뮤어 경과 데스크퍼드 경도 있었다. 또한 허버트는 북부 순회재판소의 법관의원인 핏포 경 및 케임스 경과도 접촉하고 있었다(1763년 9월 11일, *Corr.* No. 74).

스미스의 가르침과 대화는 허버트를 이런 저술가들과의 토론에 적합하게 만들어주었을 것이다. 허버트는 1768~1780년에 월턴의 하원의원직을 유지했으며, 그의 의회 경력은 주로 시민적·종교적 자유를 유지하는 데 목표를 둔 절조 있는 행동으로 특징지어졌다. 처음에 그는 미국독립전쟁 초기 단계에서 궁정을 지지했지만, 나중에는 스미스와 같이 행정부에 대해 비판적인 입장을 취했다. 그는 '자유 무역항'

을 지지하는 데까지 미치지는 못했지만, 해외 무역을 금하는 것의 불이익에 대해 스미스와(그리고 분명 케임스 경과) 견해를 같이하기도 했다(*HP* ii.612; Ross, 1972: 194~196). 그는 1780년에 포체스터 남작이 되었고, 1793년에 카나번 백작이 되었으며, 추밀고문관(1806)과 거마車馬관리관(1806~1807)을 끝으로 공직 경력을 마감했다. 1788년에 그는 아들 헨리 조지 허버트를 글래스고에 보내 교육시키기로 마음먹었고, 스미스에게 에든버러보다 그곳을 더 좋아한다고 말했다. 스미스는 이에 동의하면서, 자신이 '멀리 있지만 간간이 보는 친구'로 묘사한 제자 조지 자딘의 집에서 그 젊은이가 '매우 행복하게 매우 잘 지낼 수 있을 것'이라고 말했다(*Corr.*, app. E, p).

동시대 사회에 대한 이해를 발전시킨 스미스의 학생들 중 또 다른 이들은 사회적 지위가 이보다 낮았다. 예컨대 1759년 11월 14일에 도덕철학 수업에 등록한 제임스 깁슨은 나중에 상인이 되었고, 그다음엔 회계원이 되었으며, 『글래스고 역사』(1777)를 썼다. 이 책은 파리의 스코틀랜드 칼리지에 소장된 문서들에서 토머스 이니스 신부가 제공한 초기 기록 사본들을 이용해 저술되었다. 깁슨은 그 도시의 기록들에서 얻어낸 내용을 소개함에 있어서 획기적이었다. 그는 글래스고의 경제 발전을 설명하면서, 최초의 상업적 부를 가져다준 수입 상품으로 설탕과 럼주를 꼽았고, 담배 사업 운영이라든가 리넨 끈 제조의 시작과 같은 기술적 발전을 설명했다. 주제들은 연대순보다는 분석적으로 다루어지며, '우리의 법'이 '교역의 가장 큰 장애'라는 주장이 제시되는데, 분명 깁슨은 스미스 교수가 이런 생각을 피력하는 것을 들었을 것이다.

게일어 사용 지역인 퍼스셔에서 태어났고 1761년에 스미스의 도덕철학 수업에 등록한 존 스튜어트는 지적 열정을 전혀 다른 방향에 쏟고 있었고, 나중에는 러스의 목사가 되었다. 그는 킬린의 목사이자 신약을 게일어로 처음 번역한(1767) 인물인 제임스 스튜어트의 아들이었다. 존 스튜어트는 저명한 게일어 학자가 되었고, 스물다섯 살이던 1768년에 신문에서 그 세기의 위대한 게일어 시인들 중 한 명인 덩컨 반 매킨타이어의 시들을 접했다. 이 시인은 문맹이었지만 토착 시 전통에 대한 깊은 지식을 갖고 있었다(Thomson, 1974: 181).

스미스는 게일어 시에 대해 어느 정도 관심이 있었던 것 같고, 1760년 8월 16일 이전 어느 날 흄에게, 아가일셔 민병대의 백파이프 연주자가 '맥퍼슨 씨가 번역한 모든 시와 그 시들만큼이나 아름다운 더 많은 시를' 암송하는 것을 들었다고 알려주었다(*HL* i.329). 여기서 스미스는 맥퍼슨이 스코틀랜드 하일랜드에서 수집된 게일어 또는 스코틀랜드 게일어로 된 고대 시편들을 번역해 엮은 책 『고대 시 단편들』을 언급하고 있었을 것이다(1760). 이 책은 '눈이 보이지 않는 음유시인 오시안'의 작품들을 엮은 첫 권이었는데, 그 작품들의 진정성과 고대성에 대한 많은 논쟁을 불러일으켰고, 맥퍼슨이 그 작품들을 날조했음을 밝히려는 시도들을 야기했다. 예컨대 게일어도 모르고 구전 문학이든 다른 문학이든 게일어 문학 전문가가 전혀 아니었던 존슨 박사(Johnson, 1773/1985)도 그런 시도를 했다. 최근의 한 이론은 그 작품들이 제임스 맥퍼슨과 게일어를 더 잘 아는 두 씨족 친척—라클런과 유언—의 합작으로 만들어졌다고 본다(Trevor-Roper, ed. Cater, 2008). 그럼에도 오시안 논란은 큰 중요성을 띤 켈트족 문화의 과거와 현재에 대해 유럽의 주의를 환기했다는 점에서 가치가 있었다 (Ross, 2007a). 한데 스미스가 들었다는 것은 무엇이었을까? 아마 캠벨의 백파이프 연주자의 레퍼토리에는 맥퍼슨이 『고대 시 단편들』에 수록된 산문시들 및 『핑걸』(1761)과 (정도는 훨씬 덜하지만) 『테모라』(1763)의 기초로 삼은 몇몇 게일어 발라드가 포함되어 있었을 것이다. 예컨대 다이아메이드의 죽음을 이야기하는 「다이아메이드 찬가Laoidh Dhiarmaid」가 캠벨의 암송자들이 좋아하는 작품이었고, 이 암송자들은 자신들의 씨족 조상 중 한 명으로 간주되는 이 영웅에게 특히 관심을 갖고 있었다고 학자들은 지적한다(Thomson, 1952, 1963, 1979; Meek, 1990). 스미스는 1759년에 제자 토머스 페티 피츠모리스와 함께 아가일 공작 3세를 방문하러 인버러레이에 갔고(Corr. No. 42), 백파이프 연주자가 이런 혹은 이와 비슷한 경우에 암송하는 것이 무엇인지를 그의 캠벨 친구들이 그에게 설명해주었으리라 추측할 수 있다.

스미스는 계몽주의를 발전시킨 글래스고와 에든버러의 클럽 및 협회들에 참여하는 것을 통해서도 저술가의 경력을 이어갔다. 그는 1752년에 글래스고 문인협회 설립을 도왔고, 협회는 학기 중에 금요일마다 대학에서 회합을 가지며 그가 상업에 대한 흄의 논문을 읽어주는 것을 들었다. 이 협회의 회원 중에는 로버트 보글, 윌리엄 크로퍼드, 두걸스턴의 존 그레이엄 같은 상인들도 있었고, 협회는 종종 상업 정책의 문제들에 대한 논설도 낭독했다. 1764년 11월부터 그 협회의 회원이었던 토머스 리드는 글래스고에 도착하자마자 자신의 도덕철학 강의에 기초한 논설들을 낭독했고, 나중에 그것들을 『인간의 지적 능력에 대한 시론』(1785)과 『인간의 활동 능력에 대한 시론』(1788)

으로 출판했다. 리드는 경제 관련 주제들에 큰 관심을 가진 시민 측과 대학 측 청자들에게 적합한 논문들도 읽어주었다. 예컨대 신용증권(1767, 은행 위기 동안), 재수출을 위한 외국 곡물 저장(1778), 금리 규제(1778), 계약에 대한 흄의 견해(1779) 같은 주제였다. 그런 주제들에 대한 자기 생각을 제시하면서 리드는 스미스가 하던 일을 이어나갔다(Murray, 1924: 445, n. 2; Holcomb, 1995: 95~110). 발명가 제임스 와트는 심슨 교수의 클럽에서 스미스와 토론했던 것을 기억했고, 조지프 블랙도 참석자였다.

주중에 하루 스미스는 자신이 1762년 5월 3일 글래스고의 명예 시민이 될 때 사회를 본 인물인 앤드루 코크런 시장이 설립한 정치경제 클럽에 참석했다(GUL MS Gen. 451). 회원 중에는 부유한 담배 상인 존 글래스퍼드, 군대 식량 조달업자이자 노예 상인이며 1783년에는 미국 평화조약의 교섭자가 되는 리처드 오즈월드(Hancock, 1996: 59~69), 인버레스크의 칼라일의 사촌이면서 1762년에 교회사 교수로서 스미스의 동료가 된 목사 윌리엄 라이트가 있었다. 이 클럽은 한 나라가 부유해지는 데 필요한 조건으로 스미스가 제시한 것, 즉 '평화, 편안한 세금, 적절한 법 집행'에 대해 1755년에 토론했을지도 모른다(Stewart IV.25). 코크런은 식민지 교역과 수출에 관한 폭넓은 지식을 가진 데다가 금융 시장 전문가였고, 1750년에 글래스고 암스 은행을 설립한 사람들 중 한 명이었다(Murray, 1924: 446, n. 2; Scott, 1937: 82~83; Rae, 1965: 90~100; Durie, *ODNB*, 2004). 칼라일에 따르면(Carlyle, 1973: 38) 스미스는 『국부론』을 위한 자료를 모을 때 [코크런의] 정보에 도움받았음을 '인정'했다.

코크런은 자신의 생애 동안 글래스고의 경제 성장을 주로 자기 클럽의 회원이었을 네 명의 젊은이, 윌리엄 커닝엄, 알렉산더 스페어스, 존 글래스퍼드, 제임스 리치의 공으로 돌렸다. 글래스퍼드는 스미스를 잘 알고 있었고 그와 서신을 주고받았던 것으로 보인다(Corr. No. 85). 그와 상인이자 금융업자인 아치볼드 잉그럼은 로버트 파울리스가 글래스고 미술아카데미를 설립하는 것을 도왔고, 이는 파울리스출판사 경영으로 이어진다. 스미스 또한 이 일에 큰 관심을 가졌다.『법학 강의』에서 스미스는 이 출판사에서 경제학 고전들이 출간되고 있음을 언급했다. 1750년에 존 로의『돈과 무역』과 존 지의『대영제국의 교역과 항해』가 나왔고, 1751년에는 윌리엄 패터슨의『스코틀랜드 무역협의회 구성의 제안과 이유』(로의 것으로 잘못 여겨지는), 윌리엄 페티 경의『정치의 연산』, 조슈아 차일드 경의『무역 담론』, 버클리의『질문자』가 나왔다. 토머스 먼의『잉글랜드의 대외 무역의 이점』이 1755년에 나왔고, 1760년에는 존 지의 책의 개정판이 나왔다(Murray, 1924: 442, 449). 로버트 파울리스는 허치슨의 도덕철학 수업을 들었고, 출판업을 시작함에 있어서 허치슨이 그의 멘토 역할을 한 것으로 보인다(Sher, 1995: 325). 상업에 관한 심도 있는 전문적 관심을 반영하는 기획인 경제학 고전 출판은 아마 허치슨이 자기 학생들의 정치경제학에 대한 관심을 자극한 것, 그리고 정치경제학 관련 책들이 상업 도시에서 코크런 클럽과 같은 모임들의 주의를 끌리라는 파울리스의 사업 감각에 기인했을 것이다. 이전에도 스미스는 자신의 생각을 살찌워주고, 시장경제에 대한 자신의 자유주의적 원칙들을 함께 논하는 경험가들에게 자양분이 되어줄 자료를 어떻게든 찍어냈다.

이것이 『국부론』의 모체의 일부다.

글래스고와 에든버러를 역마차로 오갈 때, 스미스는 점심 식사 전에 에든버러에 도착해 그곳에서 오후와 저녁을 보내고 다음 날 점심 식사 전에 글래스고에 돌아와 있을 수 있었다(Murray, 1927: 396). 이런 방문 때, 혹은 방학 중에, 스미스는 에든버러의 지식인 클럽이나 협회에 참석했다. 스미스의 수사학과 과학사 강의를 후원했을 가능성과 관련해 앞서 언급한 바 있는 철학협회는 1750년대부터 발전했다. 화가 앨런 램지는 같은 이름을 가진 시인의 아들로, 1754년에 문학과 철학에 대한 토론을 추구하는 명사회를 만들었다. 그해 5월 22일의 첫 모임(프리메이슨 집회소인 메리스채플에서 열림)에서 스미스는 처음이자 마지막 연설을 통해, 회원들이 '계시 종교나 (⋯) 재커바이트 운동 신념에 대한 것만 빼면' 그 어떤 토론 주제도 제안할 수 있도록 기본 지침을 제시했다고 한다. 램지와 스미스 외에 주요 회원은 흄, 케임스, 알렉산더 웨더번이었다. 1755년에 약간 실용적인 목적의 분파 하나가 형성되었는데, '스코틀랜드의 기술, 과학, 제조, 농업을 장려하는 에든버러협회'였다. 스미스와 흄은 목사인 블레어, 윌리엄 윌키(『에피고니아드』의 작가), 조지 위샤트와 함께, 문학과 비평을 다루는 '위원회 III'의 회원이었다. 스미스는 스코틀랜드 사람들이 남부의 잉글랜드 사람들처럼 말하게 하기 위해 아일랜드 배우 토머스 셰리든—극작가 리처드 브린즐리 셰리든의 아버지—의 수업을 후원하는 명사회의 활동에는 별로 관심이 없었을 것이다. 이것은 대중의 웃음을 자아내는 일이었고, 1763년의 명사회의 종말을 재촉했다. 하지만 명사회는 거의 10년 간 왕성한 지적 생명력을 이어갔고, 인버레스크의 칼라일은 명사회 모임들에 대해, 특히 '충돌을 통해 모난 부분들을' 문지르고 '에든버러의 지식인들을 다른 어떤 곳에서보다 덜 까다롭고 덜 현학적으로' 만든다고 올바른 평가를 내렸다(1973: 150 n.; Emerson, 1973; Mossner, 1980: 281~284; Smart, 1992: 110~114).

스미스는 또한 부지깽이 클럽의 창립 회원 중 한 명이었는데, 일반적으로 알려져 있는 바에 따르면, 이 클럽은 국가 방위를 돕는 민병대를 조직하도록 스코틀랜드의 분위기를 조성하기 위해 1762년에 설립되었고, 창립 회원 중 한 명인 애덤 퍼거슨이 '우리의 화롯불과 같은 그런 화롯불을 뒤적거려야 할 때' 사용하는 도구에 빗대어 클럽 이름을 지었다(Carlyle of Inveresk, ed. Kinsley, 1973: 213~216; Sher, Poker Club, *ODNB-O*, 2009). 의회는 7년전쟁 중 프랑스의 상륙 위험이 있던 때에 스코틀랜드에 민병대를 두는 것을 인정하지 않았는데, 1745년의 재커바이트 봉기 직후라서 스코틀랜드가 조직화된 군대를 만드는 것에 대해 잉글랜드가 우려했기 때문이다. 처음에는 명사회로부터 회원이 유입되었지만, 1760년대의 절정기에는 상인, 전문직 종사자, 군인, 시골 지주, 귀족까지 회원의 범위가 확대되어 있었다. 칼라일은 그 클럽이 이질적인 집단들 사이의 연결 고리를 강화하고, 지식인들의 예절을 다듬고, 신사들의 생각과 시각을 넓힌다고 믿었다(Carlyle, 1973: 282). 이런 종류의 사회적 상호 작용은, 수준은 좀 다르지만 18세기의 프랑스 살롱들에도 있었다. 이를테면 랑베르 부인의 살롱 같은 것인데, 달랑베르는 이 살롱에 대해 '세상 물정에 밝은 남성들은 그녀의 집을 더 세련되게 만들어주었고 문인들은 그녀의 집을 더 친화적으로 만들어주었다'라고 쓴 바 있다(Craveri trans.

Waugh, 2005: 263에서 인용됨). 파리의 살롱들에 자주 드나들었고 프랑스 궁정에도 맞아들여졌던 흄은 부지깽이 클럽에서 벌어지는 거친 토론을 분명 긍정적으로 평가했고, 1763년 11월에 영국 대사의 비서로서 머물러 있던 퐁텐블로 궁전에서 애덤 퍼거슨에게 다음과 같이 써 보냈다. '나는 부지깽이 클럽의 꾸밈없는 거친 말들이 너무 부드러운 말들을 교정하고 조정하기를 정말 바란다'(HL i.410~411). 클럽은 처음에는 머캣크로스 근처의 토머스 니컬슨 주점에서 모임을 가졌는데, 그곳에서 회원들은 1실링으로 식사와 적당량의 포도주를 들면서 정치적 주제에 대한 활발한 토론을 이어갔고, 자신들의 견해를 거리낌 없이 '지지고 볶았다'(EUL MS Dc 5.126; Mossner, 1980: 284~285). 이 클럽을 활성화한 스코틀랜드 민병대에 관한 토론은 『시스터 페그』(1760)라는 작자 미상의 풍자적 우화에 재미있게 나타나 있다. 이것은 영국 상비군을 유지하기 위해서 나랏빚을 더 늘려야 한다고 주장하는 '아버지' 피트(자울러)와 의회에서 스코틀랜드 민병대법안에 대해 반대를 표명하는 법무장관 '아들' 로버트 던다스(범보) 둘 다를 '조롱'한다. 데이비드 레이너는 이 풍자에서 1745년 봉기 때의 재커바이트들을 상징하는 '다락방 하숙인들'에 맞서 페그(=마거릿=스코틀랜드: 스코틀랜드의 보호자라는 마르가리타 성녀의 역할에서 유래한 등식일 것이다)가 사용한 도구로서 부지깽이를 언급한 것에 주목했다(1998년 3월 29일의 개인 서신). 『먼슬리 리뷰』의 한 기고자는 그 책자가 '인쇄물로 자기 생각을 잘 표현할 수 있을 만큼 우리 언어에 능숙하지 못한 스코틀랜드 사람'에 의해 쓰였다고 주장했다(Monthly Review 24, 1761: 165). 그 팸플릿은 애덤 퍼거슨과 흄이 쓴 것으로 여겨져왔다. 흄이 스코틀랜드 사투리에 대해 과도하게 민감했다는 점에서, 만약 그가 정말로 저자라면 이런 식으로 자신의 스타일이 혹평받은 것에 굴욕감을 느낄 것이다(Raynor, 1982b).

스미스는 용병보다 민병대를 지지하는 부지깽이 클럽의 논쟁에 관심이 있었을 텐데, 그가 자신의 수업과 『국부론』에서—초점은 약간 다르지만—이 주제를 다루었기 때문이다(Vivenza, 2007: 103~108). 현실주의적인 그는, 시민들이 무술 연마로 이익을 얻기는 하겠지만 훈련된 전문 군단은 민병대원들을 물리칠 것이라고 결론 내렸다. 『국부론』에서 그는 미국 민병대를 하나의 예외로 두었는데, 만약 이 민병대 병력이 1776년 이후 또 다른 군사 행동을 위해 계속 운용된다면 그것은 심지어 실전으로 단련된 영국 정규군에 버금가는 것이 되리라는 이유에서였다(*WN* V.i.a.27). 로마인들이 카르타고인들과의 싸움에서 그랬듯이, 미국인들은 독립 투쟁에 뛰어들게 되면서 무기를 능란하게 다룰 수 있도록 훈련하고 숙련하려는 강력한 동기를 갖게 되었다는 게 그의 생각이었을 것이다. 스미스는 상비군의 발생이 사회의 상업 단계 및 노동 분업이라는 원칙의 확대와 관계있다는 자신의 생각을 글래스고 학생들에게 가르치고 『국부론』에서 거듭 밝혔다. 그럼에도 그는 강의에서 부지깽이 클럽의 정치적 견해와 일치하는 견해를 하나 보여주었는데, 상비군의 장군들이 시민의 힘의 우위를 인정하지 않을 경우 상비군은 시민의 자유에 대해 위험이 될 수 있다는 것이었다(*LJ*(B)334~338; *WN* V.i.a.41).

하지만 그가 부지깽이 클럽의 모임들에서 이러한 주장을 폈는지는 의심스럽다. 칼라일이 자신은 이 클럽에서 애덤 스미스가 말하는 것을 '한 번밖에' 듣지 못했다고 말했기 때문이다. 그 모임들에서 스미스는 자기만의 생각에 빠져 있는 것처럼 보였는데, 아마 강의 내용이나 '계획 중'인 책의 내용을 생각하고 있었을 것이다. 칼라일은 다음과 같이 밝혔다.

> 그는 많은 사람과 함께한 자리에서도 혼자서 입술을 달싹이고 중얼거리고 미소를 짓는 등, 내가 본 이들 가운데 가장 자기 생각에 빠져 있는 사람이었다. 만약 누군가 그를 몽상에서 깨워 대화 주제를 환기시킨다면 그는 즉시 열변을 시작할 것이고, 자신이 그 주제에 대해 아는 것을 최고의 철학적 창의성을 드러내며 다 쏟아놓고 나서야 멈출 것이다.

이어서 칼라일은 교수직 말기에 버클루 공작 3세와 함께한 스미스의 외국 여행이 '그의 그런 기벽을 어느 정도 고쳐주었다'고 말했다(Carlyle, 1973: 141~142). 이 경우 이 제자와의 동행이 이 교수의 사회화를 돕는 데 유용했다고 판명된 것이 아닐까 하는 생각을 해보는 것은 즐거운 일이다.

10장

저술가, 행정가

·

모든 직업에서 개인의 성공이 가능한 한
그의 장점에 달려 있고 가능한 한 그의 특권에
달려 있지 않아야 한다는 것은 분명 공공의 이익에 부합한다.

스미스는 교수란 인쇄물을 통해서 동료와 대중에게 다가가야 한다는 것을 잘 이해하고 있었다. 언어의 최초 형성에 대한 논문이 1761년에 출판되었다는 점은 앞서 언급했고, 뒤에서 더 이야기할 것이다. 그리고 『도덕감정론』과 『국부론』의 집필, 출판, 그리고 이에 대한 비평은 각각에 할애된 장에서 검토할 것이다. 더걸드 스튜어트에 따르면('Account', I. 24), 스미스는 익명으로 된 두 개의 정기간행물 기고문의 필자였다. 그것은 32세 필자의 지적 자신감이 두드러지는 글들이었다. 그 글들은 알렉산더 웨더번이 서문을 쓴 『에든버러 리뷰』(1755~1756) 첫 호에 실렸다. 웨더번은 스미스가 에든버러에서 수사학 강의를 하던 때의 친구로, 민사나 종교 재판에서 변호사로 이름을 떨치기 시작한 인물이었다. 다른 주요 기고자들은 명사회 사람들, 특히 온건한 목사인 로버트슨과 블레어, 그리고 스미스의 어린 시절 친구인 커콜디 출신의 존 자딘이었다.[1] 1755년에 무신론과 무신앙을 이유로 스코틀랜드교회 총회의 주류 또는 고교회파로부터 공격받고 온건파에 의해 옹호된 흄과 케임스 경은 그 프로젝트의 계획과 실행에서 빠져 있었던 것 같다(Ross, 1973, ch. 8).

서문에 따르면 『에든버러 리뷰』의 첫째 목표는 계몽적이고 애국적인 것으로, 이를테면 스코틀랜드의 '앞선 학문 상태'를 보여주는 것, 그리고 더 열심히 배움을 추구해 스스로를 뛰어나게 만들며 조국을 명예롭게 하도록 시민들을 격려하는 것이었다(ER I, p. iii). 6개월 동안 스코틀랜드에서 출판된 모든 책에 대한 충실한 설명이 제공될 것이었고, '이 나라'에서 가장 많이 읽히는, 혹은 이 나라에서 주목할 가치가 있어 보이는 타지에서 출판된 책들도 부록으로 다루어질 예정이었다. 하지만 막상 진행해보니, 스미스의 두 번째 글은 별개로 하고, 첫 호의 부록과 제2호에 담긴 잉글랜드 책들만이 주목을 받았다. 이 일은 시기상조였다. 기준으로 삼은 기간에 주목을 끌 만한 지적 역량을 갖춘 책이 스코틀랜드에서 충분히 나오지 않았던 것이다. 이 때문에 서평자들은 맡은 분량을 채우기 위해서 논쟁거리인 신성에 관한 팸플릿과 책들을 다루지 않을 수 없었고, 결국 달갑지 않은 논란만 키우게 되었다(Sher 2006: 64~67).

제1호(1755년 8월 26일 발행, 1월 1일~7월 1일 대상: 부록 II, 기사 III에서)를 위해 스미스는 1755년 4월 15일 출판된 존슨의 『영어 사전』의 장단점을 평가했다. 그는 『영어 사전』의 구상이 문법적인 면과 합리적인 면에서 부적당하다는 점을 이 사전의 결점들의 하나로 꼽으면서 이 책의 방법론을 비판했다(EPS 229~241). 나중에 그는 조지 베어드에게 보낸 1763년 2월 7일자 편지에서 자신이 말하는 '합리적 문법'이 무엇인지를 설명했다(*Corr*. No. 69). '모든 품사와 그 품사들의 모든 변형의 기원과 사용을 알아보려면' 어떻게 애써야 했을지에 대한 그의 간단한 설명, 그리고 언어에 대한 그의 논문의 토대가 된 강의에 담겨 있는 확장된 분석은 그라면 사전 편찬에 어떤 원칙들을 적용했을지를 암시한다(De Maria, 2005). 그의 『에든버러 리뷰』 기사는 'but(그러나)'과 'humour(기질)'라는 단어를 다루며 그 원칙들을 설명한다. 그는 'but'이라는 단어에 대해 존슨이 제시한 17개의 의미를 7개로 줄이고 그 단어가 문장들에서 어떤 기능을 하는지를 정확히 보여준다. 'humour'의 경우, 그는 그 단어가 여러 체액이 성향과 성질을 결정한다는 생리 이론에 기원을 두고 있음을 밝히고, 좋은 humour와 나쁜 humour를, humour와 wit를 구별하는 법을 밝힌다. 이 글에서 스미스는 존슨이 용례들을 제시함으로써 영어에 대한 지식을 구하는 이들의 수고를 덜어준다는 점을 인정하고 있으며, 훗날 보즈웰에게 존슨이 '생존하는 어느 누구보다 더 많은 책을 알고 있었다'고(*BLJ* i.71) 말하게 된다. 하지만 그는 의미들이 '좀처럼 일반적인 계열로 분류되지 않는다는, 또는 단어의 주된 의미 아래 배치되지 않는다는 점, 그리고 비슷해 보이는 단어들을 구별하는 데 충분히 주의를 기울이지 않는다는 점'을 이 『영어 사전』의 단점으로 꼽았다(*EPS* 276).

　　『에든버러 리뷰』 제2호(1756년 3월 발행, 1755년 7월~1756년 1월 대상: 기사 XIII 다음)를 위해서는 스미스는 편집자들에게 보내는 편지라는 형식으로 기고했다. 그 글에서 그는 편집자들에게 계획을 확대할 것을, 몇몇 책(예를 들어 주류가 선호하는 신학서들)에서 드러나는 '두

드러진 불합리성'을 넘어설 것을, 계속해서 좋은 평가를 받을 것으로 보이는 잉글랜드 책과 유럽 책들도 다룰 수 있게 할 것을 제안했다 (*EPS* 242~256). 스미스는 동시대 이탈리아, 스페인, 독일, 러시아의 학문의 상태를 검토함으로써(분명 대체로 오만하게) 본보기를 보였고, 이어서 잉글랜드와 프랑스에 세심한 주의를 기울이면서 이 나라들을 대조적인 '학문적 장점들'이 눈에 띄는 경쟁자로 묘사했다. 그는 '상상력, 천재성, 창의성이 잉글랜드 사람들의 재능으로 보이며', 반면에 '취향, 판단력, 예의범절, 질서'는 프랑스 사람들과 관련 있다고 주장했다 (*EPS* 243). 그런 다음 그는, 이런 재능들의 탁월한 발휘가 그가 성취와 발현을 이해하는 데 열쇠가 되는 개념들인 경쟁, 대항, 응용, 판단을 통해 어떻게 달성되는지를 검토한다. 스미스는 잉글랜드 저자와 프랑스 저자들의 '학문적 장점'을 능숙하게 검토하고, 또한 자신의 스코틀랜드 동포들이 그러한 장점을 갖추게 될 것이고, 그리하여 다른 나라들의 대표적 저자들을 능가하게 되리라는 암시를 남겼으며, 제프리 로 모나코가 이 점을 통찰력 있게 분석했다(*JHI*, 2002, vol. 63, No. 4: 659~676).

국민적 재능에 대한 주장을 펴면서 스미스는 잉글랜드인들의 천재성이나 창의성이 베이컨, 보일, 뉴턴의 저작들을 통해 자연철학으로 더할 수 없이 탁월하게 발현되었지만 그들에게는 필적하는 후배들이 없었다고 말한다. 이에 반해 프랑스인들은 달랑베르와 디드로의 『백과전서』라는 현재의 큰 프로젝트에서 잉글랜드인들의 발견을 정리하고 체계화하며 자신들의 재능을 계속 보여주고 있다고 말한다. 스미스의 말에 따르면 1707년의 의회 통합 이후 스코틀랜드인들은 스스로를 베이컨의 동포이자 후배로 여겼고, 특히 뉴턴에 의해 구축되고 그들의 프랑스 경쟁자들에게 인정받은 과거의 잉글랜드 과학철학의 우월성을 생각하는 것은 '영국인으로서의 나의 자만심을 부추긴다'고 그는 말한다. 하지만 스미스는 외국인들과 후대가 이 잉글랜드 철학을 잉글랜드 사람들로부터 배우지 않고 프랑스의 『백과전서』 집필자들로부터 배우게 될 수도 있다는 것에 굴욕감을 느낀다고 고백하기도 한다(*EPS* 245).

이 지점에서 그는 라틴어로 글을 쓰는 두 명의 스코틀랜드인, 즉 역학을 다루는 존 킬과 천문학을 다루는 데이비드 그레고리가 자연철학의 체계들을 만들어냈다고 지적하면서 자기 동포들의 저서의 성격에 대한 언급을 시작한다. 그는 그들의 책이 여러모로 '혼란스럽고 부정확하고 피상적'이라고 여기며(p. 245), 훨씬 더 수준 높은 과학 지식은 두 명의 동시대 잉글랜드인, 즉 『광학의 완전한 체계』(1738)의 저자인 로버트 스미스와 6장에서 베일리얼과 관련해 언급되었듯이 빛의 속도와 지축의 변화에 대한 뛰어난 발견으로 유명한 천문학자 제임스 브래들리에 의해 달성되었다고 인정한다. 하지만 스미스는 브래들리가 자기 연구를 체계화하는 데에서 경쟁심이 부족했음을 암시하는데, 공교롭게도 그 연구는 18세기 말까지 책으로 나오지 않았다(Hirshfeld, 2001). 스미스는 당대 자연철학에서 잉글랜드의 실추라는 주제를 재개하고, 스코틀랜드가 분명히 프랑스의 방법론적 선례를 따르게 되리라는 생각을 넌지시 드러내며, 이 과정에서 로버트 스미스가 '저서의 체제와 구성'에서 킬과 그레고리보다 열등했고, '만약 그들이 자기 나라에서 더 많은 경쟁자와 심판자를 가졌다면' 학계는 그 두 명의 잉글랜드 과학자로부터 더 많은 것을 배웠으리라고 주장한다 (p. 246).

다음으로 스미스는 『백과전서』의 광범위함을 이야기하면서 프랑스의 '학문적 장점들'에 대해 부연한다. 그리고 『백과전서』에 대해서 '어떤 언어로건 출판되거나 시도된 것 가운데 가장 완벽한 것임을 보증하는' 저작이며, '각 주제에 대한 합리적이고 심지어 비판적인 검토'를 보여주는 현명하게 선택된 항목들로 대부분 이루어져 있다고 설명한다(p. 246~248). 뒤에 이야기하겠지만(p. 153), 스미스는 글래스고대학 도서관 소장용으로 이 대작을 몇 권 구입했다. 스미스가 열거하는 『백과전서』의 걸출한 기고자들 중에는 '제네바의 루소 씨'가 있고, 우리는 루소와 그의 『인간 불평등 기원론』(1755)이 그 편지의 결론에서 큰 몫을 차지한다는 것을 알 수 있다.

그러나 그 지점에 이르기에 앞서 스미스는 자연사에 관한 두 편의 대작에 담긴 프랑스의 주요 업적에 대해 이야기한다. 그것은 『백과전서』와 마찬가지로 체제, 정리, 문체의 두드러진 성공을 보여주는 저작들이다. 이 중 첫 번째 책은 뷔퐁과 도방통이 쓴 『박물지』로, 1755년경에 첫 다섯 권이 나왔고 제44권과 마지막 권은 1804년에 유작으로 출판되었다. 이 책의 매우 야심 찬 목표는 영리한 요약과 탁월한 문체—그는 문체가 '곧 그 사람'이라고 쓴 것으로 유명하다—로 인류에게 자연계에 대한 지식을 전해주는 것이었다. 이 분야에서의 뷔퐁의 업적에 대해 말하자면, 그는 루소에게서 '당대 최고의 문필가'라는 칭찬을 받았다(Buffon, 2007을 보라. Cobb, 2007: 3). 동시에 스미스는 자신이 칭찬하는 사람이 아니라 비판하는 사람임을 상기한다. 그는 뷔퐁의 생물학 체계가 '거의 전적으로 가설적인 것'이라고 언급하고, 발생의 원인에 대한 이 프랑스인의 설명은 '독특하고 특이한' 관찰과 실험으로 뒷받침되었음에도 '그것에 대한 아주 확정적인 견해'는 결코 만들어내지 못했다고 결론 내린다. 특이하게도 스미스는 도방통의 설명이 '깔끔하고 분명하고 적절하다'는 점에서 그 저작의 가장 중요한 부분에 해당된다고 보았다(스미스가 소유했던 『박물지』 스물한 권은 현재 도쿄대학 도서관에 있으며, 한때 그는 스멜리의 번역본을 여덟 권 가지고 있었다. Mizuta).

자연사에 대한 두 번째 대작은 곤충을 다루는 것으로, 대단히 다재다능한 과학자 레오뮈르의 책이다. 레오뮈르는 자기 이름을 딴 온도계의 발명, 여전히 사용되고 있는 철에 주석을 입히는 방법의 고안, 산호가 동물이라는 가설의 증명 등 많은 업적을 남긴 인물이다. 267점의 그림을 수록하고 있는 그의 『곤충의 역사에 대한 비망록』(전 6권)이 1734~1742년에 출판되었고, 딱정벌레와 개미에 관한 권들도 나올 예정이었지만 1756년 저자의 사망으로 실현되지 못했다. 레오뮈르의 대작에서는 자연사학자에게 요구되는 것이자 프랑스인들의 천재성에 걸맞은 것인 '명쾌한 설명과 정확한 정리'라는 장점들을 볼 수 있다고 스미스는 주장한다. 근대의 지식은 관찰과 실험에 의지한다는 점에서 가치가 있음을 무엇보다 염두에 둔 채, 스미스는 대중이 『에든버러 리뷰』에서 구하고자 하는 것은 뷔퐁·도방통·레오뮈르의 것과 같은 저작들, 장래에 유럽의 학계에서 나올 그런 저작들, 다시 말해서 '축적되어 있는 널리 알려진 관찰들에 무언가를 추가하는 것으로 보이는, 혹은 이미 이루어진 관찰들을 더 완전하게 모으거나 아니면 더 적절하게 정리하는' 저작들에 대한 평가와 비평이라고 주장한다(p. 248~249).

그다음으로 스미스는 자연철학에 대한 자신의 논의에서 채택한 것과 다소 유사한 접근 방식을 취하고 있는 '도덕철학, 형이상학, 그리고 일부 추상적 과학들'에서의 저작들로 넘어간다. 그는 자신이 비판적으로 '이 논쟁적이고 성공적이지 못한 철학'이라고 부르는 것의 근대의 발전에서의 '잉글랜드인들의' 업적에 대해 비슷한 이야기를 하며, 프랑스의 경우 데카르트의 『제일철학에 대한 성찰』 말고는 이 분야에서 독창적인 것은 없다고 주장한다. 하지만 그가 잉글랜드의 철학에 대해 주장하는 것은 그와 반대다. 그는 '서로 다르고 양립하지 않는 각자의 체계에 따라 모두 적어도 어느 정도 독창적이고자 노력하고, 또한 자기 앞의 세상에 대한 축적된 관찰에 무언가를 추가하고자 노력한' 저자들의 목록을 제시한다. 『에든버러 리뷰』에 흄의 이름은 없지만, 그는 도덕철학에서 앞으로 나아가는 길은 인간 본성에 대한 경험과 관찰에 초점을 맞추는 경험적 노선을 취해 사실상 '인간학'을 발전시키는 것이라고 강조했다(*Treatise*, 서론, 4~5). 한데 스미스가 제시하는 독창적인 철학자들의 목록은 흄이 『인성론』(5, n. 1) 서론에서 '인간학을 새로운 발판 위에 세우기 시작한 몇 명의 고인이 된 잉글랜드 철학자들'로서 '로크 씨, 섀프츠베리 경, 맨더빌 박사, 허치슨 씨, 버틀러 박사'를 거명한 바로 그 목록이고, 여기에 스미스 자신이 지명한 '홉스 씨'와 '[새뮤얼] 클라크 박사'가 추가되어 있다. 스미스는 흄의 '인간학'과 관련된 경험과 관찰이라는 철학 전통에 집중해, 『인성론』의 초록에서 간단히 언급되는, 라이프니츠가 그 전통의 확률론에서 알아본 결함에 대해서는 언급하지 않으며(ed. Norton and Norton, 1740/2000: 408), 스피노자의 유물론적 일원론의 '끔찍한 가설'(*Treatise* 1739/2000: 158)에 대해서도 언급하지 않는다. 스미스는 1750년대에 버클리의 저서를 읽은 것으로 보이지만, 유심론적 일원론을 통해 사실상 경험주의에 대한 도전에 나선 버클리를 더 이상 신뢰하지 않는다('External Senses' 60, *EPS* 156 참조). 또한 1728~1729년 존 밸가이의 『도덕적 선의 기초』의 논의가 예시해주는 바와 같은 합리주의적 윤리학에 대한 언급도 없다.

이어서 스미스는 '잉글랜드인들 스스로가 완전히 무시한 것처럼 보이는 이 잉글랜드 철학 분과가 최근에 프랑스로 옮겨갔다'고 이야기한다. 그는 루소의 『인간 불평등 기원론』에서, 그리고 자신이 '여러 면에서 독창적'이라고 여기는, 최소한 『도덕감정론』의 제목에 영향을 미쳤을 수도 있는 레베스크 드 푸이의 『즐거운 감정의 이론』(1747)에서 '잉글랜드 철학'의 흔적을 보았다(Glasgow edn. 1982: 10, 14). 푸이의 책은 프랑스의 쾌락의 도덕 전통을 새프츠베리의 도덕적-미학적 사상과 결부시키고 있으며, 저자의 친구였던 볼링브로크의 자연주의적 윤리학과 관련이 있다. 푸이는 예컨대 네덜란드에서 발행되는 자신과 관련 있는 정기간행물 『유럽의 지식인들』(1718~1720)을 통해서 잉글랜드의 도덕·과학 사상을 프랑스에 활발하게 전달했고, 뉴턴의 천계의 체계를 터득하고자 한 최초의 프랑스인이라고 볼테르에게 칭송받았다. 스미스는 푸이가 볼링브로크를 표절했다는 비난에 대해서 듣지 못했던 것으로 보이는데(Nadel, 1967), 이 문제는 스미스의 언어에 대한 논문과 함께 푸이의 글 두 편도 번역해 실은 1761년의 간행물

『언어학 논집』에 관한 이야기(12장)에서 다룰 것이다.

스미스는 루소의 『인간 불평등 기원론』에 초점을 맞추어, 이 책이 두 부분으로 나뉘어 있으며, 하나는 인류 태초의 고독 상태를 서술하는 것이고 다른 하나는 사회의 시작과 점진적 발전을 서술하는 것이라고 설명한다. 그는 맨더빌의 『꿀벌의 우화: 혹은 개인의 악덕, 공공의 이익』(1728)이 루소로 하여금 그 글에 '제도'를 끌어들이게 했는데, 단 루소의 글에서는 '이 잉글랜드 저자의 기본 생각들이 유연해지고 개선되고 윤색되었고, 또한 애초에 그 생각들에 불명예를 안겨주었던 타락과 부도덕함의 경향이 모두 제거되었다고 보고 있다. 그러나 맨더빌과 루소는 '인류의 원시 상태'에 대한 설명에서 서로 다르다. 맨더빌이 그것을 더할 수 없이 참혹하고 비참하게 상상하는 반면, 루소는 그것을 인간 본성에 '가장 적절하고 어울리는 것으로 묘사한다'. 두 사람 다 사회적 본능이 인간을 움직인다는 것을 부정하지만, 맨더빌은 태초 상태의 비참함이 인간으로 하여금 사회를 추구하게 한다고 주장하는 반면, 루소는 이 치명적인 결과가 야망이라는 부자연스러운 감정과 우월성에 대한 공허한 욕망의 상호 작용에서 나온다고 주장한다. 스미스는 두 사람 다 인간들 사이에 불평등을 유지시키는 법들을 타자에 대한 부자연스럽고 부당한 지배를 영속화하려는 교활하고 힘 있는 자들의 장치로 본다는 사실에 큰 인상을 받는다. 맨더빌은 인간에게 자연스러운 유일한 '정감 있는 원칙'이 연민이라고 여기며, 루소는 연민이 인간의 미덕—맨더빌은 인간의 미덕의 실재를 부인한다—을 낳는다고 말한다. 하지만 연민이 그 자체로 미덕은 아니며, 가장 문명화된 계층들에서보다는 야만인과 방탕한 사람들에게서 더 두드러지고 구별되는 행위 동기라는 점에서는 두 사람의 생각이 일치한다.

스미스는 루소가 『인간 불평등 기원론』에서 훌륭한 문체를 보여주었음을 인정하며, '약간의 철학적 화학 반응에다가 이런 문체의 도움이 있어서 (…) 방탕한 맨더빌의 원칙과 생각이 [루소에게서는] 플라톤 도덕의 순수성과 숭고함을 가지고 있는 것처럼 보이며, 단지 도가 좀 지나친 진정한 공화주의자 정신인 것처럼 보인다'고 주장한다. 그는 루소의 텍스트가 '수사와 묘사'에 지나지 않는 것으로 이루어져 있다고 간주해 그것을 분석하는 것은 그만두고, '야만인'에 대한 루소의 열렬한 이상화와 '문명화 상태의 인간'에 대한 루소의 가장 강력한 비난을 표현하는 세 구절을 직접 번역해 제시하는 것으로 마무리한다. 스미스가 선택한 구절들은 평생 어떤 식으로든 그에게 반향을 불러일으킨 것으로 보이는 루소와 맨더빌의 메시지—근대성의 성과들에는 어두운 면이 있음을 우려하는—를 효과적으로 강조한다.

> 만족할 줄 모르는 야심, 어떤 실질적 필요에서라기보다 다른 사람들보다 위에 있기 위해서 자신의 상대적 재산을 늘리려는 열정은 모든 사람에게 해를 입히려는 무서운 성향을 불어넣는다. 은밀한 질투, 그만큼 더 위험스러운 질투와 함께, 더 확실하게 타격을 가하기 위해, 그것은 흔히 선의의 가면을 쓴다. (…) 이 모든 악이 재산이 미치는 최초의 영향들이며, 시작되는 불평등의 불가분의 동반자들이다.(p. 250~253)

스미스의 루소 발췌문의 취지는 야만인은 소박한 개인적 욕구들에서 자유와 행복을 누리지만, 문명인은 재산 획득과 타인 의존적 상황—표면적으로 타인들이 자기에게 봉사하는 것처럼 보일지라도—때문에 구속과 불행에 처하게 된다는 것이다. 스미스는 『도덕감정론』과 『국부론』에서 이러한 주장을 이어가는데, 루소가 밝힌, 경제 활동의 원동력 중 하나로서 자기애의 역할과 관련해서 특히 그랬다. 물론 루소는 마키아벨리, 홉스, 스미스가 알아보았듯이 맨더빌을 따른 것이었지만 말이다. 현대의 도덕철학자 찰스 그리즈월드(Griswold, 2009: 1)는 루소의 『인간 불평등 기원론』에 의해 제기된 문제들은 공감이란 언제나 바람직하다는(TMS I.i.2.6) 지점에서 '독단주의적 잠'에 빠져 있던 스미스를 일깨웠고, '그로 하여금 약간의 불면의 밤 이상의 대가를 치르게 했다'는 의견을 내놓았지만, 이는 논란의 여지가 있어 보인다. 스미스는 우리는 공감할 때 항상 바람직하다는 견해를 취하는 자신의 공감 이론에 대한 흄의 비판에 자신이 만족스럽게 답했다고 믿었으며(Corr. No. 36), 약간의 수정이 가해진 이후의 개정판들에서 그 이론을 유지했다(Glasgow TMS. Intro. p. 17).

스미스 편지의 종결부는 자신이 유럽의 학문을 검토함에 있어서 철학서에 한정하지 말아야 한다는 간단한 인정인 셈이다. 그는 잉글랜드, 프랑스, 심지어 이탈리아에도 17세기의 선배 시인들에 버금가는 몇몇 훌륭한 시인이 있으며, 그중 한 명이 훗날 빈의 궁정 극장 시인이 된 메타스타시오(피에트로 트라파시, 1698~1782)라고 말한다. 지금은 메타스타시오의 명성이 사라졌지만 당대에 그는 유럽 전역의 정가극에서 눈부신 성공을 이루어냈는데, 이는 페르골레시 같은 일류 작곡자들에 의해 곡이 붙여지고 일류 가수들에 의해 노래된 그의 텍스트의 운율적 기교 때문이었다. 스미스가 마지막으로 언급한 사람은 볼테르로, 그는 볼테르를 '아마도 프랑스가 낳은 가장 세계적인 천재'로 여긴다. 훌륭하게도 스미스는, 1755년 8월 20일 파리에서 공연되고 루소에게 보낸 8월 30일자 볼테르의 편지를 첨부해 9월에 출간된 작품인 「중국 고아」라는 운문 비극을 예로 제시할 만큼 최신 정보를 잘 알고 있다.

루소에게 보낸 이 편지는 또 다른 면에서의 볼테르의 재능을, 다시 말해서 1755년 『최근 전쟁의 역사』(오스트리아 왕위계승전쟁의 역사)라는 자신의 책을 통해 프랑스의 역사가로 나서려 한 볼테르의 야심을 드러내준다. 스미스에 따르면, 네덜란드에서 해적판으로 출간된 이 책에는 해당 전쟁의 영국 가담에 대한 '매우 심각한 잘못된 설명들'이 담겨 있었다. 진실로 계몽된 역사가들은 공정함을 보이고 싶어했으므로, 스미스는 이런 오류가 볼테르 자신의 책임은 아니며, '저자의 동의를 받아 정식으로 출판되는 초판'에서는 바로잡힐 것이라고 편지 말미에서 독자적으로 밝혔다(p.254).

하지만 이 일은 거기서 끝나지 않는다. 공교롭게도 스미스의 가까운 친구인 흄이 1746년 9월 브르타뉴에서 불운의 영국 후손을 위해 일함으로써 이 '최근 전쟁'에 개입했던 것이다. 그는 이 원정이 볼테르의 비웃음을 받았음을 알게 되었고, 그가 바로 1756년 4월 『먼슬리 리뷰』에 실린 어떤 글로 볼테르의 조소에 응수한 '확실한 권위자'(혹은 이 사람의 조언자)였을 가능성이 매우 높다. 그 글은 '[볼테르의] 역사를 채우고 있는 모든 잘못된 진술 중에 브르타뉴 공격에 대한 설명에서 발견되는 것만큼 영국에 그토록 심각하거나 터무니없거나 모욕적인 것은 또 없다'고 진술하고서 다음과 같이 결론 내린다. '[볼테르는] 그 원정의 목적, 병력의 수, 급습의 방식, 성공하지 못한 원인, 후퇴의 이유, 그 안에서 관찰된 행동에 대해 무지하다'(Mossner, 1980: 201에서 인용됨).

1987년 12월 15일 소더비 경매에 나왔고 지금은 도쿄의 주오대학 도서관에 소장돼 있는 『에든버러 리뷰』 제2호 한 권에서는 흄이 여백에 적어놓은 글들을 볼 수 있는데, 여기서 볼테르의 오류들에 대한 흄의 거센 반감이 감지된다.[2] 이 여백 글들은 대체로 문체와 관련된 것이지만, 어떤 것들은 꽤 중요한 의견을 제시한다. 79쪽의 스미스의 '편지' 결론에서 '최근 전쟁'에 대한 볼테르의 '매우 심각한 잘못된 설명들' 운운하는 문장과 관련해 흄은 '특히 세인트클레어스 장군의 원정'이라고 적어놓아, 이것이 계속 신경 쓰이는 문제였음을 암시한다. 64쪽에서 흄은 '안목 또는 천재성이라 불리는 것을 많이 요구하지 않고 단지 노력, 근면과 결합된 분명한 판단을 요구할 뿐인', 독일인들이 종사하는 과학들에 대한 스미스의 목록에서 '수학'에 줄을 그어 지우고는 왼쪽 여백에 '해부학'을 대신 적어두었다. 그리고 65쪽에서는, 독자들을 놀라게 할 정도로 '엄청나고 불가사의한' 상상력을 가졌고 독자들로 하여금 '그들의 불평등한 글'에 대한 비판을 받아들이지 않게 했다는 '옛 잉글랜드 시인들'에 대한 스미스의 목록에서 스펜서를 제거했다(흄이 『영국사』에서 따분하다는 이유로 스펜서를 비판했음을 참고하라. Hume, 1778/1983: iv. 386). 그래서 셰익스피어와 밀턴만이 그런 대단한 천재성의 소유자로 남았다. 흄이 적어놓은 아마도 실질적인 또 다른 변경 사항들은 더럼의 신학자 로버트 스피어먼(Aston, *ODNB-O*, 2004)의 책 『철학과 신학의 탐구』(1755)에 대한 비평인 『에든버러 리뷰』II, ii에서 발견된다. 그것은 뉴턴의 과학적 우주론을 히브리어 독학자이자 자연철학자인 존 허치슨(Mandelbrote, *ODNB-O*, 2004)의 우주론과 대척하여 비교하는 책이다. 불행히도 여기서는 가장자리가 잘린 탓에 여백에 적힌 변경 사항들이 '감질나는 조각들'이 되어버렸다. 흄이 『에든버러 리뷰』 편집자들이나 스미스로부터 논평이나 정정을 요청받아 여백에 글을 남긴 것이라는 증거는 없다. 그 여백 글들은 영어 문체에 대한 흄의 강박관념을 드러내는데, 이는 스미스와는 관계없는 것이다. 또한 여백 글들은 중요한 두 가지 문제에서 흄이 '편지'의 필자보다 자신이 더 잘 안다고 생각했음을, 그리고 다른 한 가지 문제에서는 흄이 내막을 알고 있었음을 보여준다.

소설가이자 다방면의 글을 쓴 작가인 헨리 매켄지(1745~1831)에 따르면, 흄은 어떤 식사 자리에서 그 간행물의 기획자와 기고자들의 이름을 알게 되었지만, 그 간행물은 그가 거기에 글을 쓰게 되기도 전에 중단되었다(Home-Mackenzie, 1822: i.25). 스튜어트 왕조 시대에 해당되는 그의 『영국사』 첫 권은 1754년 11월 20일 런던에서 출간되고 에든버러에서는 좀더 일찍 출간되어 『에든버러 리뷰』 측이 제시한 대상 기간을 벗어나 있었기 때문에 검토되지 않았다는 주장이 있었지만 이에 대해서는 논란도 많았으며, 아마도 서평자들은 자신들이 칭찬하는 것에 의해서든 비난하는 것에 의해서든 온건파의 대의와 고교회파에 대한 도전을 펼칠 만한 재료가 많이 있다고 생각했을 것이다.

예컨대 블레어는 성공회 합리주의를 보여주는 것으로 유명한, 런던 주교 토머스 셜록의 설교를 칭찬했다(*Edinburgh Review* 1: Appendix, Art. i; 2: Art. ix). 자딘은 고교회파이면서 경직된 정통 장로파의 일원인 에베니저 어스킨의 설교에서 드러난 종교적 광신을 공격했다(1: Art. vi). 이 편집자들은 케임스와 흄에 대한 고교회파의 공격을 비판했지만(1: Arts. xiv, xv, xvi, xvii), 흄에게 더 많은 관심을 줌으로써 그들에게 싸움을 걸게 되는 것은 바라지 않았다. 물론 블레어는 사후 출판된 허치슨의 『도덕철학의 체계』(1755)에 대한 서평을 맡았고, 허치슨에 대해 '도덕의 과학에서 많은 쓰레기를 제거'했으며 '본질적으로 도덕성의 기초들과 연결된 것으로서 (…) 자연종교의 큰 원칙들을' 수립했다고 칭찬했다(1: Art. ii). 이 두 가지 주장은 고교회파의 분노를 일으켰을 것이고, 이들은 값싼 팸플릿이나 신문 기고문을 통해서 『에든버러 리뷰』를 공격했다. 예컨대 '그 평론의' 사악한 '정신과 경향'을 지적하는 1756년에 나온 『에든버러 리뷰에 대한 견해』는 한 부에 6페니였고, 이것은 존슨의 사전을 '불분명하고 거의 이해할 수 없는' 것으로 평가한 스미스의 서평을 비난한 『1페니짜리 하찮은 위트』에서 희화화되었다. 아들 토머스 보스턴은 1756년 4월 27일자 『에든버러 신문』에 실린 기고문에서 자신의 『설교 모음집』에 대한 공격에 다음과 같이 단호하게 응수했다. '한 무리의 인간이 자신들을 세상에 대한 검열관이나 비평가로 간주할 때, 그들을 활활 타오르게 하는 방법은 그들에게 반대하는 것이다. 하지만 만약 아무도 그들에게 주목하지 않는다면, 그들은 촛불이 꺼지듯이 금방 사라질 것이다.' 케임스의 전기 작가인 타이틀러(우드하우슬리 경)는 인쇄물을 통한 이런 감정 분출이 『에든버러 리뷰』 편집자들에게 '대중의 평온과 스스로의 평온'을 위해 자신들의 간행물을 단계적으로 축소해야 함을 납득시켜주었다고 여겼다(*Memoirs of...Kames*, 1st edn., 1807: i. 169). 신중한 사람이라면 자신의 평온에 신경 쓰기 마련이었고, 스미스는 1751년 글래스고 교수직에 지원한 흄에 대한 지지를 자제했던 것처럼(*Corr.* No. 10), 그리고 『자연종교에 관한 대화』를 출판하는 일을 회피했던 것처럼(*Corr.* No 177B) 이 결정에 동의했을 것이다. 『에든버러 리뷰』에 참여하던 온건파 성직자들은 1756년에 스코틀랜드교회 총회에서 흄, 케임스, 시인 존 홈에 대한 공격을 방어하는 데 집중해야 했으며, 변호사이자 스코틀랜드교회의 원로인 웨더번 또한 홈 집안 사람들에 대한 고소를 막는 일에 참여했다(Mossner, 1980: 337~348).

스미스가 수업, 저술 활동, 클럽 모임 참석 외에 많은 시간을 할애한 것은 행정 업무였다. 이런 업무 중 몇 가지는 그의 지적 발달을 돕거나 강화하고 그의 저술에 유용한 경험을 제공했겠지만, 다른 업무들은 그의 정신을 어지럽히고 그의 에너지를 더 보람 있는 일로부터 빼앗아갔을 것이다. 글래스고에서는 스미스가 건망증이 심하다고 익히 알려져 있었지만, 동료들은 그의 견실한 실질적 성향을 알기에 그에게 법적·금전적 문제들, 시설물·건물에 대한 감독, 대학의 이익과 관련된 협상, 공식 회의 주관, 특별한 역량을 요하는 다양한 외교·관리 임무를 맡겼다.

글래스고에서 대학 자금을 확보하고 회계 감사를 하는 것은 까다로운 일이었는데, 자금의 많은 부분이 옛 교회 수입, 이를테면 종교개혁 전까지 글래스고 대주교 관할구와 관련돼 있었던 교회 수입의 크라운화 할당량에서 나오기 때문이었다. 게다가 대학 건물과 부지는 스코틀랜드의 봉건적 규정들에 매여 있었다. 기록이 보여주듯이 스미스는 회계 장부와 기부금 처리에, 그리고 땅과 관련된 불화에 전적으로 관여했고, 개선된 회계 방법을 도입했다(GUA 26640; Scott, 1937(henceforth S): 96, 159, n. 3). 그래서 1755년 12월 30일의 공식적인 기록에 따르면, 스미스는 에든버러에 가는 길에, 1713년까지 거슬러 올라가는 해밀턴 공작부인의 기부금 장부들의 정리 및 이 특별 기부금에 더 탄탄한 기초를 마련해줄 법안의 의회 통과를 위해 법률가들과 상의해볼 것을 요청받았다(GUA 26640; S 154).

약 6년 후 스미스는 긴 휴가 동안 런던에 다녀오기로 계획했는데, 이 기회를 활용해 처리할 일을 1761년 6월 16일에 떠맡았다. 1755~1758 작부作付 연도의 대학 장부들을 재무부와 함께 정리하는 것, 그리고 상법부 법률가를 만나 스넬의 유산과 윌리엄스 박사의 유산에 관련된 세부 사항을 매듭짓는 것이었다. 그는 8월 27일에 필요한 장부들을 받았고, 요구받았던 재무부의 증명서를 10월 15일 열린 대학 회의에서 제출했다(GUA 26642; S 156~157).

건물 및 부지 관리와 관련해서는 스미스는 규칙적으로 건물들을 점검하고 수리와 증축에 대한 의견을 낼 것을 요청받았다. 1754~1757년에 학장 집의 복원에 대한 회의가 여러 차례 열렸다. 1754년 3월 26일, 이 집이 거주하기에 안전하지 않을 만큼 심하게 망가졌다는 이야기가 나왔다. 당시의 학장은 닐 캠벨이었는데, 그는 1752년에 마비 증상이 생겨 이후 공식적인 일에 참여할 수 없었다. 그가 연 20파운드를 제공받으며 시내의 주택으로 이사했기 때문에 몇몇 교수는 그의 집을 수리하는 데 돈을 쓰는 것에 반대했지만, 스미스와 다른 교수들은 이 일을 지지했다. 이 일은 1757년 5월 10일에 결국 합의되었는데, 아마도 천문대를 짓는 것과 결합되었기 때문일 것이다(GUA 26640; S 143).

스미스는 1757년 해부실 개량에도 관여했고(GUA 26640; S 145), 1755~1757년 자연철학 수업을 위한 더 많은 기구와 시설을 갖추는 데에도 관여했다(GUA 26640; S 146~147). 교수들 사이에서 흔히 그렇듯이 이용 가능한 공간을 두고 경쟁이 있었고, 스미스는 로버트 파울리스에게 그 대학의 후원을 받은 그의 미술아카데미를 위해 공간들이 주어지게끔 한 1763년의 결정에 일조했다. 그는 또한 화학 실험실이 그 목적에 맞게 바뀌어야 하고 새로운 실험실이 만들어져야 한다고 결정함으로써 수학 교수를 위한 강의실을 만들어냈다(GUA 26642, 26643: S 147~148). 분명 스미스는 의학자 윌리엄 컬런이나 1757년에 컬런의 후임으로 해부학 교수가 된 조지프 블랙과의 우정에 의해서뿐 아니라 이런 일들을 통해서도 수학과 과학 과목들에 대한 관심을 유지했을 것이다.

공간 할당을 담당하는 또 다른 위원회에서 일하던 1762년 11월에 스미스는 로버트 파울리스와 제임스 와트가 자신들에게 주어진 방을 혹시 내줄 수 있는지 알아보기 위해 그들을 만나야 했다. 1757년부터 와트는 과학 기구들의 제작과 수리뿐 아니라 증기력 연구를 위해서도 대학의 후원을 받고 있었다(GUA 26650; S 149). 와트는 파울리스 출판사의 활자주조업자 알렉산더 윌슨의 감독하에 작업했는데, 윌슨은 1760년에 실지천문학 교수이자 관측자가 된다.[3] 스미스는 1759년 7월 흄에게 윌슨을 '친구'로 소개했고, 흄은 자신의 출판업자 앤드루 밀러에 의해 출간될 '고전 세트'에 윌슨이 주조한 활자를 사용하는 계획을 추진하고자 했다(*Corr.* No. 36).

스미스가 전문적 흥미를 많이 느낀 행정 업무 영역은 도서관 육성이었다. 그는 교수로서의 첫해에 도서관 관련 위원회에서 일했고, 특히 도서관 회계를 맡았다. 그는 윌리엄 애덤이 설계한 새 도서관—처음에는 습기에 침범당한—이 이용될 수 있게 했고, 런던의 출판조합사무소에 제본하지 않은 상태로 신간을 보내도록 규정한 1709년 저작권법의 조항들에 맞는 책들에다가 새 책들을 더하여 그 도서관을 채웠다(GUA 26640, 26645; S 175~176).

스미스는 1755년부터 1764년 대학을 떠날 때까지 주로 도서관 회계의 책임을 맡았고, 책 주문에서 영향력을 발휘했다. 1758년 6월 26일부터 1760년 6월 26일까지의 그의 회계 장부에 포함된 구입 도서들은 법학과 정치경제학에 대한 그의 연구의 밑바탕이 된 법과 역사 관련 연구들과 관련 있어 보인다. 법과 관련해서는 매슈 베이컨의 『신 [잉글랜드] 법 개요』 전4권(1739~1759, 제5권은 1766년에 완성됨), 스테어의 『스코틀랜드의 법 제도』(1759) 같은 게 있었다. 역사와 관련해서는 조제프 드 기뉴의 『훈족, 튀르크족, 몽골족, 서양 타타르족의 일반 역사』(1756~1758)가 목록에서 발견되는데, 이것은 4단계 사회 구성이론에 포함되어 있는 목축 사회에 대한 세부적 내용의 출처 중 하나다. 또한 프랑스 역사(가브리엘 다니엘 신부, 1755~1757: Mizuta), 스페인 역사(후안 데 페레라스: Ferreras, 1751), 나폴리 역사(피에트로 자논네: Giannone, 1729~1731), 베네치아 역사(베네치아 국사학자들 집필, ed. M.

C. Sabellico, 1718~1722: Mizuta)도 있고, 제임스 포스틀레스웨이트의
『국고 세입의 역사』(1759: Mizuta)도 있다.

또 다른 항목의 목록에는 달랑베르와 디드로의 17권짜리 『백
과전서』(GUL MS Gen. 1035/219; S 178~179) 중 일곱 권이 들어가 있
다. 이 책들은 해당 기간에 가장 큰 지출을 일으킨 것으로, 제본 비용
을 포함해 책에 대한 지출 중 29퍼센트를 차지했다. 이 기간에는 7년
전쟁 때문에 프랑스에서 출판된 책들을 구하기가 어려웠지만, 『백과
전서』 같은 저작의 중요성은 글래스고에서 확실히 인정되었다. 『백과
전서』의 글들에는 경제 문제에 대한 중농주의적 사고가 스며 있었고,
이 글들 때문에 스미스는 훗날 파리에서 케네와 튀르고를 만나게 되
었을 것이다.

글 잘 쓰는 스미스의 능력은 여러 차례 요구되었다. 이 중에는
1760년에 즉위한 조지 3세에게 바치는 왕실 연설의 초안을 대학을
대신해 작성하는 일도 있었다. 이 도덕철학 교수에게 소중한 주제인
'당연히 모든 영국인의 가슴을 뛰게 하는 열렬한 자유의 정신'을 강
조하는 내용이었다(GUA 26642; S 167~168). 스미스의 이런 책무는 윌
리엄 톰 목사로부터 야유를 받았다. 앞서 언급한 바 있는 이 강박적
인 인물은 자신의 급료와 관련된 대학과의 소송에서 졌고, 이후 기
회만 있으면 자신의 모교와 그곳 관리들의 이름을 더럽혔다(S 75~76;
Mackie, 1948: 46~52, 56~58).

지금까지 스미스는 행정 업무에서 계몽적이고 사심 없는 모습으
로 서술되었지만, 그의 기록에 흠잡을 데가 전혀 없는 것은 아니다. 그
는 '대학의 감독하에 글래스고에 설립될 춤·펜싱·승마 아카데미'를

만들려는 계획에서 1761년의 총장 에롤 경의 관심을 끄는 임무를 기꺼이 수락했다(GUA 26650: S 149). 하지만 그는 글래스고에 극장이 들어서는 것을 허락하지 않도록 글래스고 치안판사들에게 압력을 가하기 위해 1762년 11월 25일에 임명된 위원회에서 활동하기도 했다. 이 기구는 '자신들의 경계 내에 그런 유의 건물이 세워지는 일을 막는 것과 관련된 옥스퍼드대학의 특권들'을 언급하며 결국 치안판사들을 설복시켰다. 이런 결과를 얻은 데는 전 옥스퍼드 학생 애덤 스미스의 역할이 있었는지도 모른다. 이 일에서 글래스고시와 대학은 합동으로 그 문제에 대한 진정서를 당시에 법무장관이던 글렌리의 토머스 밀러에게 보냈다. 밀러는 진정서 작성자들에게, 만약 글래스고에서 배우들이 연기를 하게 된다면 그들을 고소하라고 격려했다(GUA 26642; S 164~166). 스미스가 극장이 지역의 가치 있는 도덕적 자원이라는 견해를 피력한 바는 있지만(WN V.i.g.15), 그가 이런 전개에 반발했다는 기록은 없다. 대학 당국이 연극 공연과 관련된 학생 소요를 우려했다고 말하는 것은 군색한 변명 같다(GUA 26650: S 163, n. 3).

1757년 10월에 스미스는 학생들이 글래스고에 올 때 냈던 오트밀에 대한 세금을 그들에게 되돌려주는 더 좋은 모습을 보인다(GUA 26640; S 163). 전통적으로 스코틀랜드 학생들은 한 학기 동안 먹을 이 곡류를 집에서 가져왔는데, 이에 부과되는 세금은 글래스고의 가난한 학생들에게는 정말 큰 부담이었을 것이다.

또한 스미스는 아마도 그에게 악감정을 갖고 있었을 까다로운 동료 존 앤더슨의 교수 선출과 관련해 원칙을 지켰다. 앤더슨은 1755년 1월 16일의 어떤 편지에서 상대방에게, 자신은 라틴어 교수가 되고 싶었지만 '언급하고 싶지도 않은 방식으로 의사 컬런과 스미스 씨가 나를 [그 교수직에] 이르지 못하게 했다'(Meek, 1977: 74, n. 44)고 밝혔다. 1757년, 동양어 교수로서 투표권을 가지고 있던 앤더슨은 자연철학 교수로 선출되기 위해 자신에게 투표했다(GUA 26640; S 189~190). 스미스는 이에 반대했고, 조지프 블랙과 또 다른 까다로운 동료인 그리스어 교수 제임스 무어의 지지를 받았다.

리치먼 교수는 1760년에 자기 학생인 새뮤얼 켄릭에게, 스미스가 앤더슨의 '시기와 적대감'의 주 대상이라고 말했다. 켄릭은 스미스가 '앤더슨만큼이나 성질이 불같고 화를 잘 냈다'고 기억했으며, '교수 회의 때 그들의 격론이 서로 치고받기 일보 직전까지 가기 일쑤였다'고 윌리엄 리치먼 교수에게 들었다(London, Dr Williams' Lib., MS 24.157 No. 92, 1785년 2월 22일의 편지). 이는 학생으로서 그의 '온유함', 그의 글래스고 교수 선출을 둘러싼 음모가 불러일으킨 그의 '분노와 괴로움'에 대해서 말고는 별로 이야기된 바 없는 스미스의 일면을 보여준다.

제임스 무어는 유능한 고전 연구가였고(Stewart, 1990a), 심슨의 기하학 관련 저작들의 편집을 도울 만큼 수학에도 재능이 있었다. 그는 1756~1758년의 호메로스의 2절판 책이나 1754~1758년의 핀다로스의 3×1.9인치 책 같은 파울리스 출판사의 그리스어 책 출판 교정자로서, 세심한 작업을 해나가는 과정에서 엄청난 차와 커피, 그리고 아마도 알코올 음료를 마셨다고 한다. 그 결과, 그는 놀랄 만큼 짜증을 잘 냈을 수도 있고, 문제들에 대해 이해하기 어려운 극단적인 입장을 취했으며, 때로는 학생들에게 폭력을 행사했다. 1763년 봄에 그런 유의 어떤 일이 있은 후, 부총장인 스미스는 학생들이 무례하다는 무어의 불평과 무어가 완전히 자제력을 잃었다는 동료 교수들의 생각에 대해 논하기 위한 여덟 번의 특별 회의를 주재해야 했다. 결국 그는 '더할 수 없이 강력하고 엄숙하게 질책과 경고'를 받았는데, 이 기록은 정규 회의록과는 별도로 보관되었다. 1772년에 무어는 또다시 자제력을 잃어, 이번에는 자신을 화나게 한 한 학생의 머리를 무거운 나무 촛대로 내리쳤다. 그 결과 대학은 1774년 무어에게 사직을 강요했다(GUA 26757; S 195~199).

스미스는 도서관 회계 담당을 비롯해 연공서열에 따른 자신의 임무 몇 가지를 계속 수행했지만, 1760~1761년과 다음 해에 그가 만장일치로 학과장으로 선출된 것은 그에 대한 동료들의 존경심에서 비롯된 일이었다. 이 시기에 글래스고에서는 대학의 더 중요한 일은 회의, 즉 총장(또는 총장이 일반적으로 교수 중에서 임명하는 부총장)이나 학장이 주재하는 회의를 통해 처리해야 한다는, 조직상의 복잡한 쟁점이 생겼다. 1577년의 이른바 '재설립Nova Erectio'이라는 교육 개혁과 후속 정책을 기본으로 하면서 1727년의 위원회가 만든 규정들은, 총장 회의가 교수 선출과 대학의 최종 연간 예산안 통과 및 승인을 다루고, 학과장 회의가 학위와 교과 과정, 도서관, 왕의 장학생 선출을 다루고, 학장 회의가 그 밖의 모든 문제, 주로 예산 적용을 다루게 하려는 취지였던 것으로 보인다. 1752년의 캠벨 학장의 뇌졸중과 그에 따른 업무 배제로 인해 대학 회의를 소집하는 일은 연구지도교수에서 교수로 전환된 사람들 중 수석 교수이던 제임스 무어에게 맡겨졌다. 1755년에 무어는 동료 교수들에게 기분이 상했고, 이후 1761년

11월 6일까지 더 이상 회의가 소집되지 않았다. 점점 더 많은 일이 총장 회의에서 처리되었고, 1754년 이후에는 총장 자신도 거의 회의에 참석하지 않아 한 교수가 부총장으로서 회의를 주재했다. 캠벨 학장이 물러나 있던 1756~1761년에 대학의 사무 대부분은 윌리엄 리치먼이 처리했다. 리치먼은 기존 제도에 대해 이의를 제기하지 않고 학과장으로 4년간, 부학장으로 2년간 일했다.

1761년 6월 22일 캠벨이 사망했고, 리치먼을 학장으로 임명하는 왕의 위임장이 7월 6일에 발부되었다. 그는 학장이라는 직위를 복구하고, 그 일의 일환으로 학장 소관의 회의들을 열고, 스미스가 『국부론』에서 제시한 선례를 따라 윌리엄 해밀턴 경이 '가장 나쁘고 가장 타락한 대학 임용권 수탁자들, 즉 자기 선택적 교수 기구'라고 부른 것의 지배라는 망령을 불러오는 일에 착수했다(S 91).

한편, 학과장이던 애덤 스미스는 주로 존 밀러를 민법 교수로서 승인하는 것과 동양어 교수를 선출하는 것 때문에 1761년 7월 15일에 열린 회의를 주재했다. 리치먼은, 총장이 부재하고 리치먼 자신은 부총장직에서 이미 사임했으니 그날 회의를 중단하라고 스미스에게 편지를 보냈다(Corr. No. 58). 스미스는 자기 생각을 바꾸게 하려는 리치먼과 회의 사이에서 오락가락했고, 어느 순간 리치먼은 동양어 교수 선출이 미루어진다면 자신이 부학장으로서 와서 회의를 주재하기로 승낙했다. 회의 참석자들도 이에 동의했으나, 결국 리치먼은 나타나지 않았다. 이에 회의는 스미스를 의장으로 선출했고, 로버트 심슨 또한 나타나지 않아 조지프 블랙을 서기로 선출했다. 그런 다음 밀러가 법학 교수로 승인되었다(GUA 26642; S 200~201).

동양어 교수직과 관련해서는 약간의 경쟁이 있었지만 로버트 트레일에게 그 자리가 돌아갔다. 하지만 트레일은 6주 만에 리치먼 후임 신학 교수가 되어 자리를 옮겼다. 1761년 10월 26일에 교수들은 트레일이 남긴 공석에 패트릭 커민을 선출했는데, 그는 윌리엄 컬런이 아들 로버트를 통해 스미스에게 추천한(*Corr.* No. 56) 데다 흄이 추천한(No. 57) 인물이었다. 커민은 59년 후 사망할 때까지 동양어 교수로 재직했으며, 이는 글래스고의 기록적인 일로 남아 있다.

총장인 에롤 백작이 주재한 1761년 8월 26일 회의는 7월 15일 회의의 일련의 행위를 확인하고 그날의 스미스의 행동을 지지했다(GUA 26642; S 201~202). 그 후 리치먼과 그의 동료들 간에 학장의 권력과 총장의 권력에 대한 논쟁이 일어났고, 결국 애덤 스미스가 의장을 맡고 조지프 블랙, 존 밀러, 알렉산더 윌슨이 참여하는 한 위원회가 1762년 8월 10일의 어떤 포괄적 보고서에 등장하게 되었다. 이 보고서는 총장 회의의 감독 기능, 학과장 회의의 학문적 성격의 사무, 학장 회의의 일상적 행정 업무와 관련된 역할을 분명히 했다(GUA 26642; S 202~215). 무어와 뮤어헤드(인문학 교수)는 이 단계에 와서도 총장의 최고 권력을 주장했지만 뜻을 이루지 못했다. 또한 리치먼은 부총장이 주재하는 총장 회의를 깎아내리려 계속 노력했고, 심지어 그 대리자가 애덤 스미스일 때도 그랬다(GUA 26642, 26650; S 215~219).

부총장 역할을 하는 스미스와 학장 리치먼 사이의 쟁점들 중 하나는 화학 실험실에 대한 재정 지원이었는데, 스미스는 이 지출을 강력히 옹호하는 쪽이었다.

대다수의 사람에게는, 가장 유용하고 견고한 것의 하나이자 나날이 더 높은 평가를 얻고 있는 것인 어떤 과학에 대한 연구와 교육에 더 많은 지원을 하는 것이 매우 적절한 행보로 보였고 이 대학의 현재 명성에 어울리는 일로 보였다. (GUA 26649; S 218)

천문학의 역사에 대한 논문에서 스미스는 화학의 현 상태를 높게 평가하지 않았지만('Astronomy' ii.12), 아마 컬런과 블랙의 연구와 지도 능력이 그에게 더 긍정적인 견해를 가져다주었을 것이다.

글래스고에서 지배적인 위치를 점하려는 리치먼의 분투에 대해 말하자면, 이는 1764년 스미스의 사임 이후에 재개되었다. 결국 리치먼은 트레일 교수, 그리고 총장의 힘을 주장하는 그의 지지자들을 고소했고, 1770년 11월 22일 최고민사법원의 결정을 통해 돈 문제와 관련해 기본적으로 바라던 바를 이루었다(S 222~225). 스미스의 중재가 없어지자 법정 소송만이 글래스고 교수들 사이의 견해 충돌을 해결할 수 있을 것 같았다.

스미스에 대한 그들의 존경은 1762년 10월 21일의 법학 박사학위로 증명되었다. 이 학위는 스미스가 1749년 4월 28일경, 즉 그의 스넬 장학생 자격 반납 소식이 글래스고에 알려졌을 무렵에 받았을 석사학위를 보강해주었다(GUA 26649; S 137). 더 높은 그 상은 다음과 같은 탁월함을 인정받아 수여되었다.

널리 인정받는 애덤 스미스 씨의 학문적 명성을 고려해, 특히 그가 이 대학에서 큰 갈채를 받고 사회를 이롭게 하며 다년간 법학을 가르쳤다는 점을 고려해, 본 회의는 그에게 법학 박사학위를 수여하고 그에 따라 신속하게 학위증을 수여할 것을 만장일치로 결의하는 바이다. (GUA 26645; S 187)

동시대의 개인 진술들에서 그는 보통 '스미스 박사'로 언급되지만, 그가 자기 출판업자에게 지시한 바에서 드러나듯이 저술가로서 그는 호칭을 그리 중시하지 않았던 것 같다. 그가 『도덕감정론』 3판(1767) 속표지와 관련해 자신의 출판업자인 윌리엄 스트레이핸에게 '앞이나 뒤에 덧붙이는 말 없이 나를 그냥 애덤 스미스라고만 칭하시오'라고 주문했기 때문이다(Corr. No. 100).

스미스를 글래스고에서 에든버러의 공법·자연법·만민법 교수직으로 옮겨가게 하려는 노력이 있었다. 1758년에 이 전근을 부추긴 이들은 흄과 윌리엄 존스톤이었다. 그들의 계획은 스미스가 노교수 조지 애버크롬비를 매수해 그의 자리를 차지하게 한 다음 그로 인해 생긴 글래스고의 공석에 애덤 퍼거슨을 앉히는 것이었다. 그들은, 그 자리를 매수하는 데는 큰돈이 들지 않을 것이며, 스미스가 '우리 무리를 대단하게 여기게' 될 테고 교수 임명을 받지 못한 퍼거슨이 자리를 잡는 것을 보고 싶어할 것이라고 믿었다(Corr. No. 25). 스미스와 퍼거슨은 한동안 친구로 지냈고, 퍼거슨은 고든 씨의 여행에 동반하는 개인 교사로 일하던 때에 흐로닝언에서 연락을 유지했다. 그는 1754년 10월 14일의 편지(Trinity Coll., Cambridge, Piero Sraffa Coll., B3/1)에서 스미스에게 '그 클럽'(글래스고 문학협회?)에서 자신의 이름으로 연설해달라고 부탁했는데, 아마 대학에 자리가 날 경우 대학 동료들에게 자신의 능력을 상기시키려는 취지였을 것이다. 앞에서 언급한 훗날의 에든버러 법학 교수 앨런 매커너키가 스미스가 했을 만한 강의를 맡긴 했지만, 스미스가 글래스고를 떠나 에든버러로 가고 싶어했다는 증거는 없다.

애덤 스미스의 글래스고 교수 경력의 마무리는 버클루 공작 3세 헨리 스콧⁴의 계부인 찰스 톤젠드(A. Murdoch, *ODNB-O*, 2004)가 1763년 10월 24일의 편지에서 버클루 공작이 크리스마스에 이튼을 떠날 것임을 알리며 스미스가 여전히 그 젊은이의 가정교사로서 그와 함께 해외 여행을 할 생각이 있는지를 물었을 때 예고되었다(*Corr.* No. 76). 이것은 『도덕감정론』이 널리 호평받은 시점인 1759년에 논의된 계획이었다. 당시 흄은 톤젠드를 이 일에 끌어들이려 애썼고, 이에 대해 논의하기 위해 그를 두 번이나 방문했다. 하지만 그는 스미스에게, 그 정치가는 '잉글랜드에서 가장 명석한 사람으로 통하고 (…) 결단력이 좀 약한 것으로 통한다. 그러니 아마 당신은 이 여행에 너무 많은 공을 들여야 할 것이다'라고 냉정하게 말했다(*Corr.* No. 31). 버클루 공작 3세라는 작위를 가진 남학생(1746년 출생)은 댈키스 백작 프랜시스와 1742년에 그의 아내가 된 아가일 공작 2세의 맏딸 캐럴라인 캠벨 사이의 둘째 아들이었다(Marshall, *ODNB-O*, 2004). 캐럴라인 캠벨은 네 자매와 함께 주로 리치먼드파크 서쪽에 위치한 매력적인 시골 저택인 서드브룩에서 자랐다. 이곳에서 그들은 통제를 거의 받지 않았고, 워낙 떠들썩해서 '소리치는 캠벨 가족' 혹은 '소리치는 자매들'이라는 이름을 얻었다(Lindsay and Cosh, 1973: 5). 1743년 존 공작이 사망한 후 그의 맏딸은 애덤 스미스가 1741년에 사촌 윌리엄 스미스를 찾아갔던 곳인 애더베리를 포함해 그의 값나가는 재산 일부를 상속받았다.

월리엄은 그곳의 집사로 있으면서 애덤에게 그 가족의 소식을 계속 알려주었을 것이다. 버클루 집안의 또 다른 두 아들의 출생 소식, 즉 1747년 10월에 캠벨이 태어나고 1749년 3월에 제임스가 태어났다는 소식이라든가, 천연두의 유행으로 1749년 1월에 네 살 된 맏아들 존이 사망하고 1750년 4월에는 댈키스 경 자신이 사망했다는 소식 같은 것 말이다. 당시 캐럴라인 부인은 1750년 7월생인 막내 프랜시스를 임신한 상태였다. 이후 캐럴라인은 5년 동안 재혼하지 않았으며, 그 기간에 헨리가 할아버지 버클루 공작 2세 프랜시스 스콧의 죽음으로 1751년 버클루 공작 작위를 이어받았고, 그녀의 맏딸 캐럴라인이 1753년 사망했다. 물론 그녀는 매년 3000파운드의 순수익, 4만 6000파운드의 동산, 그리고 어머니인 아가일 공작부인으로부터 유산으로 받게 될 더 많은 돈과 재산을 가진 매우 매력적인 신붓감이었다.

1755년 9월 애더베리에서 열린 결혼식에서 운좋게 그녀의 재혼 상대가 된 사람은 앞서 언급한 찰스 톤젠드였다(Peter Thomas, *ODNB-O*, 2004). 여덟 살 연하인 그는 휘그당 과두제 집권층의 일원인 톤젠드 자작 3세 찰스의 둘째 아들이었다. 그는 부모의 고통스러운 이혼 탓에 정서적으로 불안정했고, 인척 관계도 불안정했고, 간질도 앓고 있었지만, 가족이 장악한 그레이트야머스 의석을 차지하고 있는 하원의원으로서 하원의 능숙한 웅변가가 되어가기 시작했다. 그는 헨리 펠럼과 그의 형 뉴캐슬 공작이 이끌던 행정부에서 1749년부터 무역위원회에서, 1754년부터는 해군위원회에서 유능함을 발휘했다. 호러스 월폴(*Memoirs of…George II*, 1847: iii. 321)은 이 결혼의 정치적 중요성을 다음과 같이 언급했다. '찰스 톤젠드는 거물 과부 댈키스와 결혼한다. 그의 자질과 가능성은 엄청나다. 그에게 필요한 건 오직 마음껏 뜻을 펼치게 해주는 경제적 자립뿐이었다.' 아내의 재산이 뒷받침해주는 가운데 그는 기민하게 출세를 지향했고 1766년에 재무장관이 되었지만, 아메리카 식민지와 관련해 추진한 정책들로 조국에 골치 아픈 유산을 남겼다.

하지만 톤젠드가 버클루 쪽 의붓자식들에게 어느 정도 친절했던 것은 그의 좋은 성품 중 하나였다. 이러한 면은 특히 필요한 것이었는데, 댈키스 부인이 기질, 사교 활동, 여러 번의 임신—그녀는 톤젠드와의 결혼에서 세 아이를 낳았는데, 군 장교가 된 찰스와 윌리엄은 그녀보다 먼저 죽었고 딸 앤은 두 번 결혼했다—때문에 아이들의 정서적 욕구와 교육에 주의를 기울일 시간이 별로 없었기 때문이다. 헨리 공작은 1779년 10월 29일 한 친구에게 보낸 편지에서, 자신은 어머니에게 '거의 무시'되었고, 사립학교(메릴레번에 있는 파운테인 박사의 학교)에 보내졌으며, 그곳에서 '가족과 친척들은 아무것도 모르는 채로 학습의 모든 면에서 선생들에게 등한시되었고', 학교의 하인들이 자기 비위를 맞춰주었다고 썼다. 그는 '학생으로서는 그 학교에서 꼴찌였지만 그 때문에 부끄럽지는 않았다'. 그는 '계급에서는 자신이 일등이라는 것을 알고 있었는데, 하인들이 그 점을 알려주는 데 소홀하지 않았기 때문이다'. 편지는 다음과 같이 계속된다. '톤젠드 씨가 내 어머니와 결혼했을 때 그는 그런 사고방식과 그런 교육 상태에 처해 있는 나를 알게 되었다. 그는 내가 이튼으로 가야 한다고 주장했다. 나는 나중에 내가 그에게 고마워했다는 것, 그리고 당시 그가 내 일에 대한 미래의 그의 모든 참견을 충분히 보상해주는 쓸모 있는 일을 내게 해주었다는 것을 조금이라도 고백해야 한다'(*Buccleuch Papers*, NAS GD224, by E.C. Mossner, 1965). 공작의 편지의 이 마지막 말은 아마 비꼬는 뜻으로 한 것일 텐데, 톤젠드의 버클루 집안 토지에 대한 간섭, 이를테면 애더버리에 울타리를 친 것은 달성된 수익에 비해 너무 많은 돈이 들었기 때문이다(Ross, 1974: 194, 1766년 5월 13일의 편지).

헨리 공작의 교육에 관한 톤젠드의 조언에서 좋은 내용 한 가지는 그를 위해 존 할럼 박사(1728년 출생) 같은 훌륭한 가정교사를 확보하라는 것이었다. 학문을 사랑하는 이튼 졸업생 할럼은 케임브리지 킹스 칼리지의 펠로직을 유지하고 있었고, 1751년에 장학금을 받았으며, 1755년에 집사 임명을 받았다. 그는 공작에게 고전을 가르쳤고, 공작은 그를 좋아하게 되었다. 공작은 그가 스미스와 동등하게 연 300파운드의 급료를 받을 수 있게 해주었다. 할럼 박사가 자신의 여행에 동행하는 데 선택받지 못한 것을 '큰 굴욕'으로 느낀다고 그가 말한 덕분이었다(Carlyle, 1973: 142, n.).

1757년 5월 1일에 톤젠드는 헨리 공작과 동생인 캠벨, 제임스 모두가 이튼으로 가야 한다고 주장했다. 버클루는 이튼에서 행복했는데, 1763년에 등록한 이튼 동기생들 중 우수한 학생으로 평가받았기 때문이다(*Gazetteer & London Advertiser*, 1763년 9월 1일). 당시 그의 이튼 동료 학생들 중에는 훗날 휘그당 당수가 되는 찰스 제임스 폭스, 반가톨릭 폭동을 선동해 1780년대에 악명을 떨치게 되는 조지 고든이 있었다. 또 다른 동료인 칼라일 경은 버클루가 스미스와 함께 프랑스로 떠난 지 두 달 후에『로이즈 이브닝 포스트』(1764년 4월 11일)에 실린 어떤 시에서 그의 나무랄 데 없는 평판을 들어 그에게 경의를 표했다. 그의 동생들 중 제임스는 1758년 1월 이튼에서 죽었지만 캠벨은 1762년까지 그곳에 남아 있다가 군관 학교에 등록했는데, 그가 군에서 경력을 쌓고 의회에 들어가야 한다는 톤젠드의 결정에 따른 일이었다(Ross, 1974: 184, 1765년 4월 22일의 편지: NAS02023 GD 224/296/1). 그는 보병 제3연대(스코틀랜드 근위대)의 소위가 되었고, 톤젠드는 그를 보병 제25연대(훗날의 왕립 스코틀랜드국경수비대)로 보내기 위해 지인을 매수할 계획을 세웠다. 또한 집에서 톤젠드는 댈키스 부인이 딸 프랜시스에 대해 애정이 없고 딸의 장점에 대해 무신경함을 알아채고서 프랜시스의 초기 교육과 발달에 주의를 기울였다(Rosie, *ODNB*, 2004).

1759년 6~8월에 톤젠드는 아내 댈키스의 인맥을 이용해 에든버러 하원의원이 되어 스코틀랜드를 관리하게 되기를 바라면서 그곳을 방문했다. 이러한 계획은 그것을 검토한 아가일 공작 3세의 경계심을 불러일으켰다(Carlyle, 1973: 197~199). 톤젠드는 잠시 에든버러의 스코틀랜드 사람들을 현혹했고, 스미스가 어느 정도 그를 좋게 평가한 것으로 미루어 스미스에게도 좋은 인상을 남겼겠지만, 아마 그는 자신의 약점을 더 잘 알게 되면서 한 남자이자 정치가로서 행동을 취했을 것이다.

『세인트 제임스 크로니클』(1790년 7월 31일)의 스미스 사망 기사에 소개된 어떤 일화에 따르면 스미스는 톤젠드에게 글래스고의 제조업체들을 견학시켜주었고, 그때 한 무두질 공장을 방문했다. 아마 갤로게이트의 앞쪽에 있던 글래스고탠워크라는 공장이었을 텐데, 스미스의 친구인 담배 상인 존 글래스퍼드(Russell, *ODNB-O*, 2008)가 그 공장의 동업자였다. 거기서 스미스는 웅덩이에 빠졌다. 가죽에서 나온 지방, 석회, 그 혼합물에 의한 가스가 고여 있는 역겨운 웅덩이였다. 사람들이 그를 끌어내 옷을 벗기고 담요를 덮어준 뒤 가마에 태워 집으로 보냈다. 그때 그는 '모든 일을 엉망으로 놔둔 채 세상을 떠나게 생겼다고 비통하게 한탄했다'. 이 이야기에 따르면 스미스는 '자기가 좋아하는 주제인 노동 분업에 대해 열심히 이야기하는 중'이었고, 그래서 자신이 위험스러운 곳에 발을 딛고 있다는 사실을 잊어버렸다고 한다.

스미스는 톤젠드가 스코틀랜드를 일찍 떠나는 바람에 댈키스에서 그를 응대할 수 없게 되었다고 언급하는 1759년 9월 17일의 어떤 편지에서 이 사건은 내비치지 않는다. 스미스는 톤젠드가 스미스의 제자가 될 열세 살의 버클루를 위해 파울리스 출판사에서 주문한 책들에 대한 언급으로 편지를 마무리한다(*Corr*. No. 39, 41). 여기에는 파울리스 형제가 인쇄에 들인 노력에 자부심을 느낄 만한 호메로스의 고상한 2절판 책과 스미스가 좋아하는 스토아학파 저자인 에픽테토스와 마르쿠스 아우렐리우스의 책들(모두 Mizuta)도 있었는데, 이는 소년 교육의 일부로서 자제력을 길러주려는 그의 뜻에 따른 것이었다.

이즈음 호프타운 백작은 스미스를 자신의 상속자인 호프 경의 가정교사로 들이고 싶어서 스미스가 그 젊은이를 돌보는 동안에는 연 400파운드를 지급하고 이후로는 평생 200파운드의 연금을 지급하겠다고 제시했다. 이 정보는 출판업자 앤드루 밀러에 의해 전해졌고, 아들 로버트 던다스가 호프타운 경에게 보낸 1759년 2월 13일의 편지에서 언급되었다(SRO Hope of Raehills-Johnstone papers, Bundle 269). 이 일자리는 스미스의 동료인 윌리엄 루어트에게 돌아갔고, 이는 스미스가 일정 부분 관여한 대학 측 소송으로 이어졌다(Scott, 1937: 190~195).

1763년 11월 8일 스미스는 동료들에게 자신이 겨울 동안 글래스고를 떠나게 될 것 같다고 알리며 두 가지 방안을 내놓았다. 첫째, 자신이 맡은 강좌를 끝까지 진행하지 못하게 된다면 자신이 학생들로부터 받은 수업료를 되돌려줄 것이며, 만약 학생들이 그 돈을 받으려 하지 않는다면 학교 측에 돌려줄 것이라는 내용이었다. 둘째는, 자신이 마무리하지 못한 강좌는 대학 측이 임명한 사람에게 맡겨질 것이며, 그 사람의 급여는 대학 측이 정한 금액대로 자신이 지불할 것이라는 내용이었다. 교수진은 이 조건을 수락했고, 언제든 스미스가 원할 때 3개월간의 휴가를 쓸 수 있도록 만장일치로 합의했다(GUA 26645; S 220).

이런 꼼꼼함은 스미스의 성격의 일부이기도 했지만, 이 일에서 스미스가 취한 행동과 버클루 집안의 후한 조건(연간 300파운드의 급여와 200파운드의 여행 경비: NAS02023 GD224/1040/62/8-10) 덕분에 그는 윌리엄 루어트와 달리 불명예를 피할 수 있었다. 루어트는 호프 경의 여행을 수행하는 개인 교사가 되어 1759~1762년 자신의 교회사 교수 자리를 마음대로 비운 탓에 결국 면직되었던 것이다. 루어트 자신과 호프타운 경은 스미스를 비롯한 글래스고 교수들의 움직임 뒤에는 자신의 자리에 애덤 퍼거슨을 앉히려는 의도가 있다고 생각하는 듯했다(SRO Hope of Raehills-Johnstone Papers, Bundle 269, 1759년 5월 17일의 편지와 25일 또는 26일의 편지).

앞서 언급했듯이, 대체 교수가 되어 스미스의 잔여 급여를 받은 사람은 그의 제자인 토머스 영이었다. 스미스 자신은 1764년 1월 중순에 글래스고를 떠났고, 그의 어머니와 사촌 재닛 더글러스는 그의 교수 사택에 남아 집을 돌봤다. 그 집에는 1765년 6월까지 거주할 수 있었는데, 교수진은 그때쯤엔 스미스가 돌아오기를 바랐을 것이다 (*Corr.* No. 79). 스미스 자신도 그럴 생각이었을 것이다. 적어도 1764년 2월 2일에 그의 친구인 콜드웰의 뮤어 남작이 받은 어떤 전언을 보면 이런 추측이 가능하다. '스미스 씨가 내게 말한 바로는, 그가 영을 추천한 것은 단지 이번 겨울에 자신의 수업을 맡기기 위해서일 뿐 그 이상은 아니라고 한다'(Mure, 1883: i. 232).

이 전언의 출처를 추적하다보면 특정 단계의 애덤 스미스의 사상과 연결되는 사상이 담긴 1763년의 어떤 경제학 텍스트에 대한 아주 흥미로운 발견으로 이어진다. 이 특정 단계의 사상이란 『법학 강의』와 『국부론』의 사이에 형성돼 있던 사상, 『국부론』의 초기 초안에서 발견되는 것보다 앞선 사상을 말한다. 이 전언은 이 시기에 조지 그렌빌 행정부에서 옥새관으로 있던 말버러 공작이 뮤어 남작에게 보낸 것이었다(Watson, 1960: 575). 공교롭게도 이 공무원과 스미스의 두 좋은 친구인 제임스 오즈월드 및 민토의 길버트 엘리엇은 당시 스코틀랜드의 은행 위기를 다루는 한 추밀원 위원회를 구성했다. 시장의 자유와 정부 규제에 대한 스미스의 경제 관련 가르침이 빛을 발할 만한 곳이었다(Checkland, 1975).

스코틀랜드에서는 은행업에 자유롭게 진출할 수 있었고, 자본과 경화硬貨의 부족과 결합된 경제 성장 추진은 과도한 은행권 발행을 초래했다. 이러한 움직임은 1760년대에 스코틀랜드의 대 잉글랜드 수지 문제를 심화하고 있었고, 스코틀랜드의 경제적 압박을 가중시키고 있었다. 에든버러의 특허 은행 또는 '공공' 은행인 스코틀랜드 은행(1695년 설립)과 스코틀랜드 왕립은행(1727년 설립)은 국내 은행업에 대한 독점권을 얻게 해주는 입법을 꾀했다. 그렇게 되면 그 은행들은 지역 경쟁자인 주요 자치도시들의 '민간' 은행들, 예컨대 지역 금융 업무를 제공하고자 상인들이 만들고 스미스의 친구인 앤드루 코크런이 공동 설립자로 참여한 글래스고암스 은행 같은 곳을 제거함으로써 은행권 발행을 통제할 수 있을 터였다. 만약 독점을 확보할 수 없다면, '공공' 은행들은 그때까지 규제받지 않았던 '민간' 은행들의 은행권 발행이 10파운드 이상으로 제한되기를 원했다. '민간' 은행들은 '공공' 은행과 '민간' 은행의 은행권에 포함된 선택 조항을 없애는 입법을 제안하는 것으로 맞섰다. 그것은 은행 경영자가 요구가 있을 때 금이나 은으로 은행권을 상환하거나 아니면 5퍼센트 이율을 적용해 최대 6개월까지 경화 지급을 미루도록 해주는 것이었다. 스미스는 『국부론』에서 이 선택 조항이라는 장치를 검토하면서, 이것이 지급에 대한 불확실성을 야기했고, 은행권의 가치를 금화나 은화의 가치 아래로 '떨어뜨렸다'고 기술했다(WN ii.ii.98).

하원의원들은 이런 문제들에 대한 거센 압력을 받았고, 그들과 일반 대중에게 영향을 미치기 위한 글들이 작성되었다. 원고 상태의 이런 논문 두 편이 제임스 스튜어트 경(훗날의 스튜어트-데넘)의 논평을 구하기 위해 그에게 보내졌다. 과거에 찰스 에드워드 스튜어트 왕자의 수행원이었던 제임스 스튜어트 경은 더 이상 재커바이트 신념을 갖고 있지 않았고, 사면은 받지 못했지만 1763년부터 스코틀랜드에서 평온하게 살 수 있었다. 당시 그는 『정치경제학의 원칙에 대한 연구』(1767) 제4권을 쓰고 있었다. 스튜어트의 간섭주의적 경제 원칙들은 스미스가 『국부론』에서 이것들을 반박하도록 도발했다(*Corr.* No. 132). 스튜어트의 『정치경제학의 원칙에 대한 연구』 제4권에는 스코틀랜드 은행업에 대한 분석이 들어 있었다. 그래서 그는 은행업에 관한 이 논문들에 적합한 비평가로 여겨졌을 것이다. 이 두 논문은 두 명의 글래스고 담배 상인이 쓴 것으로 여겨지는데, 한 명은 시장이자 글래스고암스 은행(1750)의 동업자였던 아치볼드 잉그럼이고, 다른 한 명은 글래스고암스 은행의 또 다른 동업자이자 1761년 설립된 시슬 은행의 공동 설립자였던 존 글래스퍼드다(Mure, 1883: i.220).

두 논문 중 하나는 1763년 2월 4일이라는 날짜가 적혀 있고, 1764년 1월 옥새관 말버러 공작에게 보내졌는데, 아마 의도한 입법에 영향을 미치기 위해서였을 것이다. 이것은 1763년 2월로 날짜가 찍히고 약간 수정된 채 『스코틀랜드 지폐에 대한 의견서』(1763)라는 팸플릿으로 출판되었다. 다른 한 논문은 1763년 11월로 날짜가 찍히고 상당한 수정이 가해진 채 『은행과 스코틀랜드 지폐에 대한 생각』(1763)이라는 별도의 팸플릿으로 출판되었다. 이것은 『스카츠 매거진』 1763년 11월호에 내용을 약간 바꿔 같은 제목으로 실리기도 했다

(*Scots Magazine* 25: 585~588).

이 텍스트들을 살펴본 제임스 A. 게리티는 다음과 같은 결론을 내렸다. 첫째, 스튜어트의 비평은 어떤 수정도 이끌어내지 못했다는 것이다. 둘째, 『은행과 스코틀랜드 지폐에 대한 생각』의 원고를 쓴 사람은 글래스고 은행업계의 일원 또는 일원들, 즉 화폐와 은행업에 대한 스미스의 견해를 잘 알고 있던 잉그럼과 글래스퍼드이거나 그중 한 명으로 보인다는 것이다. 이런 내용은 법학 강의들에서 발견되는 것이고, 심지어 『국부론』의 초기 원고처럼 『국부론』의 진화와 관련된 자료에서도 발견된다. W. R. 스콧은 댈키스 저택에 보관된 버클루 집안 기록물들 중 찰스 톤젠드 관련 문서들 속에서 이 문서를 발견했는데, 이것의 날짜는 1763년 4월 이전으로 되어 있었다(Meek and Skinner, 1973). 셋째, 게리티는 팸플릿 『은행과 스코틀랜드 지폐에 대한 생각』과 『스카츠 매거진』에 하나의 기사로 실린 동일한 글이 스미스의 사상에 고취되고 심지어 그의 표현을 흉내 내기까지 하는 사람의 텍스트를 보여준다고 추론한다(Gherity, 1992, 1993, 1994).[5]

당시의 스미스의 영향에 대해 그의 제자이자 동료인 존 밀러는 다음과 같이 증언했다. '[스미스가] 가르친 그 과학 분과들은 [글래스고에서] 유행 중이었고, 그의 견해들은 클럽이나 문학협회에서 주된 화젯거리였다. 심지어 그의 발음이나 말투의 작은 특징들도 모방되기 일쑤였다'(Stewart I.22).

『은행과 스코틀랜드 지폐에 대한 생각』의 내용은 『법학 강의』(예컨대 (B) 250)와 『국부론』 초기 초안(ED 36)의 은행 및 은행권에 관한 반독점 입장과 일치한다. 거기에는 에든버러의 '공공' 은행들에 은행업 독점을 허용하는 데 목적을 둔 입법 이념에 반대하는 매우 강력한 진술이 담겨 있다. 그것의 지지자들은 '자신들이 가장 포괄적이고 가장 위험한 독점권, 화폐에 대한 독점권이나 다름없을 만한 그런 독점권을 얻으려 하는 것임을 예견하지 못했다'(Gherity, 1993: 277). 『은행과 스코틀랜드 지폐에 대한 생각』의 주장에 따르면, 스코틀랜드에 필요한 것은 은행업 독점권의 도입이 아니라, 일반화된 선택 조항 채택으로 인해 생겨나기 시작한 신용 증권의 '남용'을 다루는 법이었다. 그런 법은 은행권이 경화와 가치가 같고 언제든 경화로 태환될 수 있게끔 보장해줄 것이다. 튼튼한 은행들은 이 법을 따를 것이고, 허약한 은행들은 은행업을 포기할 것이다. 『국부론』(WN II.ii.98)에서 스미스는 비슷한 언어로 1763~1764년에 있었던 그 선택 조항의 '남용'을 설명했고, 그것을 끝내는 법을 언급했다(5 Geo. III, c. 49, 1765).

또 하나 언급해야 할 것은, 『은행과 스코틀랜드 지폐에 대한 생각』이 두 가지 중요한 지점에서 『법학 강의』와 『국부론』 초기 초안을 넘어서 있으며, 『국부론』의 사상을 예고하는 듯 보인다는 점이다. 첫째, 잉글랜드은행은, 이 은행에 대한 제정법이 이 은행에 지폐 발행 독점권을 주지 않았음에도 불구하고, 은행이 제공하는 금융 업무의 범위와 지급의 신속함에서 모델로 제시된다(Gherity, 1993: 275). 이 대목은 『국부론』의 한 대목과 연결될 수 있는데, 바로 스미스가 잉글랜드은행의 강점과 복잡한 운영을 설명하고, 이 은행을 가교 삼아 국가의 자본을 '활발하고 생산적'이게 하는 지폐 유통의 이점에 관해 논하는 대목이다(WN ii.ii.85~86). 둘째, 『법학 강의』와 달리(LJ(B) 246 참고) 『은행과 스코틀랜드 지폐에 대한 생각』(Gherity, 1993: 274)은 대부금에 대한 이자에서 나오는 제한된 수익과 농업, 제조업, 상업에 자본을 투입해 얻을 수 있는 수익 간의 차이를 도출해낸다. 스미스가 결국 그 렇게 생각했듯이, 그 순서는 '사회의 토지와 노동의 연간 생산'에 부가 되는 가치의 내림차순을 보여준다(WN II.iv.17과 II.v.19 참조).

우리가 가지고 있는 증거와 『은행과 스코틀랜드 지폐에 대한 생 각』에 관한 게리티의 분석을 종합하면, 이 소책자의 저자 또는 저자 들이―글래스고의 은행 동업자인 글래스퍼드와 잉그럼으로 짐작되 는―스미스의 법학 강의들과 『국부론』 초기 단계의 어떤 부분에서 드러나는―꼭 현존하는 초기 초안은 아니고 아마 1776년의 『국부론』 에 좀더 가까운―사상을 잘 알고 있었던 것처럼 보일 것이다. 그들은 스코틀랜드 은행권에 대한 선택 조항을 폐지하는 입법을 위해 정치 운동을 벌이면서 이런 사상을 활용했다. 1764년 1월 중순, 프랑스로 가는 길에 런던에 머물렀던 스미스는 그런 입법을 준비하는 책임자인 옥새관 말버러 경을 만났고, 어쩌면 그와 함께 관련 위원회에 있던 자 신의 친구 오즈월드와 엘리엇도 함께 만났을지 모른다. 스코틀랜드의 은행업이나 그것에 대한 스미스의 생각이 논의되었을 것이다.

분명 글래스퍼드는 1764년 11월 5일 툴루즈에 있던 스미스에게 편지를 쓰면서, 스미스가 은행업 개혁에 관심이 있다고 가정해, 주목 할 가치가 있는 공공 사업 한 가지는 스코틀랜드 하원의원들이 '당신 도 알다시피 막판에 폐기된 은행권 선택 조항 폐지 법안을 다음 회기 에 통과시키기로 결의하는 일일 것'이라고 말한다. 글래스퍼드는 또 한, 스미스가 글래스고에서 '꽤 진척되었던 그 유익한 저작을 한가한 시간에 앞당기고 있기를' 희망한다(Corr. No. 85). 이것은 그가 『은행과 스코틀랜드 지폐에 대한 생각』(1763)에 공헌했을 『국부론』의 집필 단계를 알고 있었음을 암시한다.

1762~1764년의 은행업 위기는 어느 정도는 스코틀랜드의 유동성 문제에서 야기되었지만, 스미스는 공작과 여행하는 동안 연 500파운드라는 많은 돈을 받았고 이후에는 300파운드의 연금이 주어졌다(Scott: 97). 아마도 연구와 저술을 위한 경제적 자립의 길이 열린 덕분에, 그는 1764년 2월 14일 파리에서 편지를 보내 글래스고 교수직에서 사임했다. 편지에서 그는 '대학이 잘되기를' 바라는 마음을 표했고, 또한 자신의 '후임자가 능력이 출중할 뿐 아니라 평생을 함께할 수도 있는 뛰어난 인물들에게 위로가 되어줄 만큼 정직한 마음과 선량한 기질도 갖추었기를' 바라는 마음을 드러냈다(Corr. No. 81). 아마 이는 학장과 총장의 권력에 대한 논란에서 드러난 '뛰어난 인물들'의 탁상공론적 열정을 견제하는 데 필요한 자질이 무엇인지 암시하는 말일 것이다. 결국 블랙과 밀러가 스미스의 후임자로 지지한 토머스 영은 도덕철학 교수직을 얻지 못했는데, 애버딘의 킹스 칼리지에서 온 더 유명한 인물 토머스 리드에게 그 자리가 돌아갔기 때문이다(Corr. No. 80).

스미스가 글래스고를 떠나기 전 그의 강의실에서는, 그가 학생들에게 수업료를 돌려주려 하자 학생들이 그에 대한 순수한 애정에서 이를 받지 않으려 하는 감동적인 장면이 펼쳐졌을 것이다.[6] 그가 자신의 교수직에 대해 어떻게 생각했는지는 그가 글래스고대학 총장에 선출된 것을 수락한 1787년 11월 16일 학생들에게 다음과 같이 말한 데서 알 수 있다. '나는 그 사회의 일원으로 보낸 13년의 시간

을 내 인생에서 가장 유용한 시간, 그래서 가장 행복하고 가장 명예
로운 시간으로 기억한다. 그리고 그 자리를 떠난 지 3년이 지나고 다
시 20년이 지난 지금, 내가 오랜 친구와 후원자들에게 이토록 즐거운
방식으로 기억되다니 이루 말로 표현할 수 없을 만큼 진심으로 기쁘
다'(Corr. No. 274).

11장

『도덕감정론』의 탄생

•

타인의 행동에 대한 판단이
공감에 기초한다는 것을
나는 충분히 분명하게 해왔다고 생각한다.

'당신의 책은 인쇄 중인가요, 아니면 곧 출간되나요?'(*Corr.* No. 27). 민
토의 길버트 엘리엇은 스미스에게 보낸 1758년 11월 14일자 편지 끝
에서 『도덕감정론』에 대한 최초의 언급이 담긴 이러한 질문을 했다.
엘리엇은 활동적이고 영향력 있는 하원의원으로, 조국의 융성하는 학
계에 늘 큰 관심을 갖고 있었다. 흄은 『자연종교에 관한 대화』를 쓰는
데 도움을 받기 위해 1750년대에 엘리엇에게 의지했고, 그들 사이에
오간 편지들은 철학 및 출판과 관련된 많은 문제를 다루고 있다(*HL*
i.153~157; NLS MS 11009, Elliot/Hume Corr.). 앞서 살펴보았듯이 엘리
엇은 흄에게 글래스고 교수 자리를 마련해주지는 못했지만, 토머스
페티 피츠모리스를 글래스고대학의 스미스의 제자로 만들어주는 데
는 성공했다. 이는 잉글랜드 명문가 젊은이들을, '거리의 문제와 사투
리의 단점에도 불구하고', 침체된 잉글랜드 대학에 다니기보다 차라리
글래스고로 오게 하려는 계획의 일부였다. 스미스에게 보낸 엘리엇의

편지는 이 주제를 다루었고, 엘리엇은 이 책이 성공을 거두면 아들을 글래스고로 보내 스미스에게 교육받게 하려는 부모가 많아질 것이라고 생각했다.

이에 대한 스미스의 답은 지금껏 밝혀진 바 없지만, 흄은 이듬해 4월 12일에 우정과 아이러니의 세련된 기술을 발휘하고 있는 그의 가장 유쾌한 편지들 중 하나에서 스미스에게, '기분 좋은 선물'인 그의 책을 받았다고 알려주었다. 나아가 그는, 에든버러 강의 시절에 스미스의 '제자'였고(NLS MS 16696: 74) 이제는 잉글랜드 법조계로 진출한 알렉산더 웨더번과 자신이 '우리가 좋은 판사로 여기는, 그리고 이 책의 명성을 퍼트리기에 적합한 우리 지인들'에게 다른 책들도 보냈다고 알려주었다(*Corr.* No. 31).

이 증정본의 수령인들과 스미스의 출판업자인 앤드루 밀러 측에서 보낸 증정본의 수령인들(*Corr.* No. 33) 중에는 당시의 저명한 정치인과 문인들이 포함되어 있다. 다음과 같은 인물들이다. 아가일 공작 3세 아치볼드. 스미스가 1751년에 만났던(*Corr.* No. 10) 그는 스코틀랜드의 관직 임명을 좌지우지하는 존재였고 과학과 정신적인 것 전반에 관심이 많았다. 아가일 공작 3세의 조카인 뷰트 경. 그는 조지 3세의 총애를 받았고, 머지않아 총리가 되었다. 대법관 하드윅. 그는 흄과 케임스의 철학 저작들에 대해 잘 알고 있었다(Ross, 1972: 156). 재무장관 리텔턴 경. 그는 상상력이 풍부한 작가이자 역사가이기도 했다. 저명한 상법 권위자인 수석재판관 맨스필드. 그는 두 명의 러시아 학생을 스미스에게 보내 제자로 만들었고, 교황과 우정을 나누던 때부터 오랫동안 문학에 관심을 갖고 있었다. 호러스 월폴. 그는 하원의원으로서 총리인 아버지 로버트 월폴의 뒤를 따르고 있었으나 미학적인 것에 더 열중했다. 하원의원 솜 제닌스. 그는 악의 필요성에 대한 논객이기도 했다. 찰스 톤젠드. 그는 때때로 논쟁에서 탁월했지만 하원의원으로서나 재임 중인 장관으로서의 미래는 불투명했고, 어느 정도는 『도덕감정론』의 성공 덕분에 스미스의 제자가 된 버클루 공작의 계부였다. 왕립학회의 서기인 토머스 버치 박사. 윌리엄 마컴 박사. 그는 정치적 연줄이 든든한 웨스트민스터 교장이었고, 훗날 요크 대주교가 되었다. 의회와 철학계의 떠오르는 별 에드먼드 버크. 흄은 그를 '최근에 숭고함에 대한 훌륭한 논문을 쓴 아일랜드 신사'라고 묘사했다.

흄과 웨더번은 스미스의 책을 이런 영향력 있는 인물들에게 전달함으로써 그 책에 대한 호의적인 관심을 얻어내고, 그 책의 가르침에 관한 비판적 평가를 자극하고, 그 책의 저자를 출세시키고 싶었을 것이다. 흄은 『도덕감정론』에 대한 세간의 좋은 평가를 자극하고 지켜보면서 자신의 첫 책 『인성론』을 떠올리며 회한을 느꼈을지도 모른다. 그의 『인성론』은 20년 전 그처럼 높은 기대 속에서 출간되었지만, 그가 『나의 삶』에서 인정했듯이 결국 '출판의 사산아'로 전락했기 때문이다. 흄은 편지에서 스미스에게 '대중이 그의 책에 큰 갈채를 보낼 마음이 있어 보이고 (…) 지식인 집단이 그의 책에 대한 칭찬으로 떠들썩해지기 시작했더라도 그의 책이 실패했다'는 '우울한 소식'을 접하게 될 수도 있음을 각오시키려 했는데, 그 배경에는 이러한 자신의 경험이 놓여 있었을 것이다.

흄은 『도덕감정론』이 출간된 지 '겨우 몇 주밖에 안 되었는데 '인쇄한 부수의 3분의 2가 벌써 팔렸다'고 앤드루 밀러가 '기뻐하고 자랑한다'고 언급하기도 한다. 밀러는 4월 26일 스미스에게 쓴 편지에서 (*Corr.* No. 33), 증정본 내역을 기록하고 그중 한 권은 흄 비방자인 위버턴 주교에게 보냈음을 알린 데 더하여 '다음 주'에 중쇄가 나올 것이라 밝히고, '이 또한 곧 매진될 것이 확실하다'고 말한다. 광고 매체에게 알려놓은 『도덕감정론』 출간일은 4월 30일 월요일이었다. 밀러는 이 책과 관련된 세부 업무를 부언하는데, 그는 스미스에게 저작권료의 3분의 2를 지급할 것이고, 나머지 3분의 1은 에든버러의 서적상인 알렉산더 킨케이드와 존 벨이 담당할 것이었다. 스미스가 보내준 중쇄를 위한 정오표 한 장, 그리고 목차 2분의 1장과 함께 전체가 34장으로 구성될 것이었다. 출판업자 밀러는 그 책이 '저렴한 가격 6실링'이라고, '필시 굉장한 문제를 다루고 있음을 감안하면 정말 저렴한 책'이라고 여긴다(*Corr.* No. 33).

밀러는 캐서린스트리트 건너편의 스트랜드 거리에 있던 뷰캐넌스헤드라는 자신의 사업장에서 출판할 책들에 관한 좋은 조언을 얻었고, 저자들에게 인세를 잘 지불했다. 이러한 저자들 중에는 필딩, 흄, 존슨이 있었고, 존슨은 밀러에 대해 다음과 같이 언급했다. '나는 밀러 선생을 존경한다. 그는 문학의 가격을 올려놓았다'(*BLJ* i.288). 런던에서 자리 잡은 또 다른 스코틀랜드인 윌리엄 스트레이핸은 무역으로 번창하고 1774년 의회에 들어간 인물인데, 그 역시 스미스의 책을 출판했다(Cochrane, 1964: 9, 23, 43~44, 162). 그는 1759년 당시부터 스미스의 친구가 되었는데, 당시 그는 고프스퀘어 근처의 슐레인 거리에서 꺾인 리틀뉴스트리트 10번지에 있던 자신의 인쇄소에 8절판 『도덕감정론』 초판을 구성하는 12쪽짜리 서문과 551쪽 분량의 본

문, 그리고 1쪽짜리 정오표를 넘겼다.[1]

소박한 속표지에 저자가 글래스고대학 도덕철학 교수 애덤 스미스로 표시되어 있는 이 책은 앞서 설명했듯이 그가 도덕철학 교수로서 맡았던 윤리학 강의들에 기원을 두고 있다. 하지만 이 책은 덕의 본성에 대한, 그리고 덕 있는 행동을 위해 필요한 것이 무엇인지에 대한 스미스의 독특한 분석을 보여주기 위해 강의 형식을 세심하게 수정했다. 스미스가 자신의 체계에 일부 영향을 미친 허치슨의 도덕-감각 이론에 이르기까지 도덕철학의 체계들에 대한 역사적 검토를 자기 책 끝부분에 배치한 것은 이런 목표를 염두에 둔 것임이 분명하다(*TMS* 1759: 413~520; 1790: VII.i.1~VII.iii.30).[2] 스미스가 아마도 도덕철학의 문제들에 대한 사상으로 쉽게 이끌기 위해 학생들에게 이런 체계들의 역사에 관해 강의했다면, 책에서는 자신의 공감 이론을 시작 부분에 배치했는데, 그는 공감을 도덕 감정의 형성에서 어떤 체계화의 기능을 하는 것으로 보았다(*TMS* intro. 3~5).

이 책의 제목은 남아 있는 강의 원고 단편의 표현에서 발견된다. 이 단편 원고의 세 번째 문단은 도덕과 법 제도라는 주제에 대한 스미스의 자연주의적 접근을 보여준다. 그는 피해에 대한 분노와 복수의 욕구라는 자연스러운 감정들에서 형사 재판권과 민사 재판권의 유래를 찾고 있으며, 시민사회의 치안판사가 정의를 유린한 자들을 상대해 잘못을 바로잡는 권한을 위임받았고, 그리하여 사적인 복수 행위에 의해 야기되는 혼란과 유혈 사태를 피하는 것이라고 주장한다. 기본적으로 이것은 케임스가 저서 『역사의 법 영역들』(1758)의 '형법'에 대한 글에서 설명한 내용이며, 여기서 누구에게 우선권이 있는지 말하기는 어렵다. 스미스에 따르면 각 나라는 법령들, 관습, '분명한 형평성'으로 구현되는 실질 규범들로 만들어진 자체의 형법학과 민법학을 가지고 있다. 하지만 나아가 '자연법학, 또는 법의 일반 원칙들에 대한 이론'도 있다. 이것은 '[치안판사의] 결정들이 그 규칙들에 따라 이루어져야 한다는 것이 자연적인 정의의 원칙들에, 또는 우리의 정의 관념의 기초가 되는 그 감정들의 상관성에 가장 부합할 때의 그 규칙들'에 의해 구성된다. 나아가 스미스는 '자연법학'을 구성하는 이런 규칙들이 '도덕 감정의 이론에서 매우 중요한 부분'을 이룬다고 본다(GUL MS Gen. 1035/227; *TMS* 388~390).

이 마지막 문구는, 상당한 성공을 거두며 1774년에 5쇄를 찍은 레베스크 드 푸이의 『즐거운 감정의 이론』의 제목을 연상시킨다. 10장에서 이야기했듯이, 스미스는 『에든버러 리뷰』에 보낸 편지에서 이 책을 언급한 바 있다. 그 책은 푸이와 교황의 절친한 친구 볼링브로크가 1725년 잉글랜드에서 벌인 철학적 토론에서 유래했다. 공인된 초판이 1747년 파리에서 나왔고(중판: Paris 1749, London 1750), 이후 영어로 번역되었다. 이 책에서는 '즐거움의 유포에서 자연적으로 관찰되는 법칙들이 발견된 후 자연신학과 도덕철학의 원칙들이 발견된다'(1749, 1774). 스미스는 감정에 기초해 이해되는 도덕에 대한 자신의 '숙고' 혹은 '주시' 혹은 '계속되는 설명' 혹은 '설명적 추정'—그리스어 '테오리아theoria'가 이런 의미를 모두 갖고 있다—을 시사하기 위해서 푸이의 제목을 약간 바꿔 자기 책의 제목으로 쓴 것 같다. 스미스가 책 제목에 정관사를 사용한 것은 자신이 자신의 주제를 다루는 것을 허치슨과 흄이 그들 자신의 도덕철학에서 추구한 것과 연결시키고 싶어한다는 것을 시사한다. 흄의 말이 이를 분명하게 해준다. '시와 음악에서만이 아니라, 우리는 철학에서도 마찬가지로 우리의 취향과 감정을 따라야 한다'(Treatise 1.3.8.12). 흄이 1734~1735년 랭스에 거주했을 당시 푸이는 랭스에서 가장 유명한 문인이었고, 그들은 개인적으로 서로 알았을지도 모른다. 그들은 모두 도덕의 기초로서의 감정이라는 주제, 그리고 역사에 대한 증거를 겨냥한 회의적 태도라는 주제에 대해 철학적-역사적 관심을 갖고 있었고, 흄은 분명 1752년에 자신이 관리자로 있던 변호사도서관을 위해 『즐거운 감정의 이론』을 주문했고(Mossner, 1980: 97~98; Spink, 1982), 스미스로 하여금 이 책에 관심을 갖게 했을 것이다. 『도덕감정론』이 출간된 후, 역사의 입증에 대한 푸이의 논문과 언어의 추측적 역사에 대한 스미스의 논문이 13장에서 이야기될 『언어학 논집』(1760)에 실렸다.

푸이의 『즐거운 감정의 이론』은 스미스에게 도덕에 관한 자신의 저작에 붙일 좋은 제목과 즐거움의 심리학에 대한 생각을 제시해주었고, 또한 그런 생각을 어떻게 정리하고 배열해야 할지에 대한 암시도 주었을 텐데, 이러한 점은 스미스가 『에든버러 리뷰』 편지에서 프랑스 저자들의 장점으로 인정한 바 있다. 하지만 루소의 『인간 불평등 기원론』의 내용이 스미스의 마음에 훨씬 더 많이 남았던 것 같다. 스미스는 『인간 불평등 기원론』의 원칙들을, 1729년까지 6쇄를 찍은 맨더빌의 『꿀벌의 우화』—언어의 시초에 대한 스미스 자신의 이론 수립의 한 원천일 가능성이 있는—제2권과 연결시켰다. 이 책은 인간 사회의 기원과 느린 발전을 이기심 탓으로 돌리고 있으며, 스미스에 따르면 루소는 훌륭한 문체로 이런 원칙들을 '부드럽게 하고 다듬으며 윤색'했고, '원저자에게서 그것들을 치욕스럽게 만들었던 부패와 부도덕함의 경향을 [그것들로부터] 다 벗겨냈다'. 스미스에 따르면, 루소는 자연 상태를 인간에게 비참한 것이 아니라 행복한 것으로 제시한다는 점에서 맨더빌과 다르지만, '인간에게 사회 그 자체를 위해 사회를 추구하지 않을 수 없게 하는 강력한 본능이 있는 것은 아니'라고 본다는 점에서는 두 사람이 일치한다. 맨더빌은 인간이 비참함 때문에 이런 방법을 취하게 되지만 결코 그 자체를 달가워하지 않는다고 생각했다. 반면에 루소는 역경이 '야망이라는 부자연스러운 열정과 우월함이라는 공허한 욕망'을 촉발했고, 이러한 것들이 사회를 탄생시켰다고 주장했다. 스미스에 따르면, 이 두 사람은 '그 정의로운 법들이란 인류의 현재의 불평등을 유지시키는 것으로, 본래 다른 동류 인간들에 대한 부자연스럽고 부당한 우월성을 유지하거나 획득하기 위해서 교활하고 힘 있는 자들이 고안해낸 것이었다'고 주장한다(*EPS* Letter, paras. 10~11).

스미스는 『도덕감정론』에서 인간 본성의 기본적 이기심을 강조하면서, 자신이 인지한 맨더빌과 루소의 견해—홉스의 것이기도 한—에 대해 신중하게 검토된 복잡한 반론을 제시한다. 한편 그가 이 철학자들에게 동의한 점도 있는데, 바로 사회라는 존재를 통해 유해하게 배출될 수 있는 인간 본성의 어두운 측면의 존재에 대한 것이었다.[3] 하지만 윤리학 강의의 단편에 담긴 내용에서 알 수 있듯이 스미스는 글래스고대학에서 유지된 자연법 전통, 즉 사회라는 환경 내에서 도덕성이 함양될 수 있게 하는 인간의 사회적 본성을 강조한 전통을 대체로 따른다. 오랫동안 홉스는 이러한 견해를 가진 악당처럼 여겨졌는데, 이는 자연법 부문을 정초함에 있어서 홉스가 이기심을 인간 행위의 원천으로 보는 이론을 주장함으로써 자연법을 타락시켰다고 거숌 카마이클이 주장한 탓이었다(Pufendorf, 1724: p. vi; Forbes, 1982: 192).

스미스는 분명 허치슨의 가르침에서 큰 인상을 받았는데, 이는 카마이클의 가르침에 이어진 것으로, 도덕적 행동에 대한 우리 인정의 원칙은 자기애에 근거하지 않으며 '이성의 작용에 따른 것이 아니'라는 것이다(*TMS* 1759: 507; 1790: VII.iii.3.4). 그러나 그는 어떤 특별한 '도덕 감각'의 이론을 통해 도덕의 인정과 불인정의 근거 문제를 해결하는 허치슨의 방식을 수용하기를 주저했다. 오히려 스미스는 자신의 친구 흄이 『인성론』과 『도덕 원리 탐구』(1751)에서 발전시킨 새로운 인식과 자신의 후원자 케임스가 『도덕성과 자연종교의 원리에 대한 시론』(1751)에서 시사한 바에 기반을 두었다.

케임스가 허치슨에게 『인성론』을 보내준 데서 비롯된 서신 교환 중 허치슨이 흄에게 보낸 1740년 3월 16일자 편지에 나타나 있듯이, 허치슨은 흄이 도덕적 판단의 근거를 감정에 둔다는 점에서 자신과 생각이 일치한다는 것을 인정했다(Ross, 1964). 그렇긴 하지만, 흄은 허치슨을 좇아 목적론적 주장으로 빠지는 것은 거부했다. '당신의 의견과 나의 의견처럼 도덕성이 오직 감정에 의해 결정된다는 이유로 내가 도덕성이 오직 인간의 본성이나 인간의 삶과 관련돼 있다고 결론 내리는 것은 피할 수 있기를 진심으로 바란다'(*HL* i.40). 나아가, 흄의 말에 따르면 '도덕의 진짜 기원'은 허치슨이 말하는 특별한 '도덕 감각'이 아니라 우리에게 오래도록 익숙한 무엇, 즉 '공감의 본성과 힘'이다. 그다음에 흄은 이 원리의 작용을 설명하는데, 이 인상적인 대목은 『도덕감정론』에서 반향을 일으키는 것으로 보아 스미스의 기억에 남아 있었음에 틀림없다. 분명 스미스는 이 공감의 원리를 확장하고 정교하게 다듬었으며, 그것을 자신의 체계 전체의 '경첩'으로 만들었다.

『인성론』에 나오는 공감에 대한 흄의 주된 설명은 상세하고 비유적이다. 그는 모든 인간이 '감정과 작동'에서 유사하다는 것에 대해, 그리고 어떤 사람이 어떤 감정에 휩싸일 경우 다른 사람들도 어느 정도 같은 감정을 느낀다는 것에 대해 쓰고 있다. 그의 주장은 음악적 직유로 보강된다. 한 세트의 현들이 모두 팽팽하게 조여진 상태에서 하나의 현의 움직임이 다른 현들로 전파되듯이 감정도 사람들 사이에서 전달되고 사람들을 작동시킨다. 그런 다음 흄은 자신의 관념연합론적 원인-결과 이론을 가져오는데, 생각과 감정 사이에 존재하는 이중적 관계에 관한 이론이다. 그의 주장에 따르면, 그는 누군가의 동작과 소리에 나타난 감정의 결과를 보면 원인을 상상하게 되며, 자신의 마음에 그 감정에 대한 생각이 너무 생생하게 자리 잡다보면 이 생각이 곧 감정 그 자체가 된다. 그 역도 마찬가지라고 그는 다음과 같이 확언한다.

만약 내가 더 무섭게도 외과 수술 현장에 있다면, 분명 수술이 시작되기도 전에 도구 준비, 차곡차곡 준비된 붕대들, 철제 도구 소독과 함께 환자와 조수에게서 드러나는 불안과 걱정의 모든 징후가 내 마음에 큰 영향을 미칠 것이고, 더할 수 없이 강력하게 연민과 공포의 감정을 불러일으킬 것이다. 다른 사람의 열정이 직접적으로 마음에 떠오르지는 않는다. 우리는 그 열정의 원인이나 결과를 의식할 뿐이다. 이것들을 통해 우리는 그 열정을 추측한다. 그리고 결과적으로 이것들이 우리의 공감을 유발한다.

인간 본성의 원리로서 공감의 힘을 증명한 흄은 나아가 공감이 '우리의 미적 취향에 큰 영향을 미친다'고, 그리고 '단지 사회를 위해 인간이 고안해낸 것들'인 '정의, 충성, 만민법, 겸손, 좋은 예법' 같은 '모든 인위적인 덕목에 대한 우리의 감정을 만들어낸다'고 주장한다 (*Treatise* 3.3.1.7,10). 현재 영국도서관에 소장돼 있는 『인성론』 제3권에는 흄이 직접 써놓은 메모가 남아 있는데, 이 메모는 '단지 사회를 위해 인간이 고안해낸 것들'에 대한 논의를 부연해, 스미스 사상의 특징이기도 한 다음과 같은 주장을 제시했다. 그것들의 고안자들은 '그들 자신의 이익을 주로 염두에 두었지만, 우리는 가장 멀리 떨어진 나라와 시대에까지, 그리고 우리 자신의 이익을 훨씬 더 넘어서는 데까지 그것들을 승인한다'는 것이다(*Treatise*, 1978: 672; Cannon, 1977).

『인성론』에 대해 케임스는 『도덕성과 자연종교의 원리에 대한 시론』(1751)에서 흄의 주장의 어떤 부분들은 확장하고 어떤 부분들은 반박하는 것으로 반응했다. 이 책은 우리의 문젯거리인 '괴로움의 대상에 대한 정서'에 관한, 흄에게 영향받은 고찰로 시작한다. 이 성향은 연민이 '인간 사회의 위대한 접착제'임을 증명해주는 것으로 간주되는데, '어떤 국가도 불운에서 면제될 수 없는 만큼, 상호 공감이 인류의 안전과 행복을 크게 증진할 것'이기 때문이다(p. 16~17). 하지만 케임스는 '자연법의 토대와 원칙들'을 다루는 데에서 흄과 의견을 달리해,

'도덕 감각을 곧 순수한 공감으로 이해하는' 주장을 거부한다(p. 57). 심지어 더 단호하게, 케임스는 정의가 자연적 덕목이라기보다는 인위적 덕목이라는 『인성론』에서의 흄의 관점을 거부한다(p. 103~104). 케임스의 주장은, 우리는 다른 사람들에게 '그들의 인격이나 명성이나 재산을 해치거나 함부로 예단하는 식'의 행동이 이뤄졌을 때 유발되는 '특수한 감정'을 타고났다는 것이다. 그런 행동들은 '행하는 것이 적합하지 않다고, 나아가 절대적으로 옳지 않다고 인식되거나 느껴지며, 어느 정도는 결코 하지 말아야 할 것으로 인식되거나 느껴진다'. 이타적이고 관대한 행동들은 '정의보다는 사랑과 존중에서 나오는 것으로 더 아름답고 더 매력적'이지만, 사회의 생존에 필수적인 것은 아니다. 결과적으로 '그 행동들이 인정의 기쁨이라는 일반적인 기반 위에 놓여 있다면, 사회가 존재하기 위해서 꼭 있어야 할 것인 정의, 신뢰, 진실은 앞서 언급한 특수한 감정의 대상들'이다(p. 59~61). 따라서 케임스는 재산권과 약속 이행을 보장하는 덕목인 정의를 뒷받침하는 어떤 특별한 감정에 자연법의 '토대'를 둔다(p. 104).

스미스는 '정의와 그 밖의 모든 사회적 덕목' 사이에서 도출되는 이 구별의 힘을 '매우 탁월하고 독창적인 천재성을 지닌 한 작가가 최근에 특히 주장한' 요점으로 인정하는데(*TMS* 1759: 174; 1790: II.ii.1.5, n. 1), 이는 케임스에 대한 찬사 그 이상이다. 케임스는 스미스가 자신의 도덕 체계를 구체화하는 데 받아들이게 되는 통찰을 제공한다. 『인성론』에서 흄은 인간의 '사회 내에서의 초기 교육' 과정에 정의의 토대를 두게 되었고, 그에 따라 재산을 공동 이익의 문제로서 확보하며 전환하는 관습이 '사회의 모든 구성원에게' 받아들여진다(*Treatise*

3.2.29). 하지만 그는, 공동의 이익에 대한 관심은 '너무 요원하고 너무 숭고해서, 인류 일반에게 감동을 줄 수도 없고, 정의와 보통 수준의 정직의 행동이 흔히 그렇듯이 개인의 이익에 반하는 행동 속에서 어떻게든 작동할 수도 없는 동기'라고 인정했다(3.2.1.11). 『도덕 원리 탐구』에서 흄은 정의의 인위성을 주장하지 않고 이것이 언어적 논쟁을 유발한다고 주장하지만, 이제 그는 '정의의 기원은 오직 공공의 효용뿐'이라는 논리를 선택한다(3.1.1; Raphael, 1972~1973).

어떤 의미에서, 각자 뚜렷한 어떤 관점을 대표하는 스코틀랜드 지식인들 사이에서 도덕의 본질에 대한 대화 같은 것이 이루어지고 있다 하겠다. 흄이 자유롭고 창의적인 탐구자라면, 법학자 케임스는 수용 가능한 윤리학 체계 내에 사회 제도들을 끼워넣음으로써 기존의 사회 제도들을 방어하려 한다. 도덕철학 교수인 스미스는 도덕성에 대한 흄의 인식의 예리함을 인정해야 하지만, 또한 도덕에 대한 잘 알려진 교수의 역할도 해야 한다. 그는 흄이 공리주의로 선회하면서 제기된 문제를 다룸에 있어서 케임스가 공통의 경험을 끌어들인 것을 따랐지만, 또한 '특별한 감정들'이라는 케임스의 장치를 이용하기보다는 도덕 담론의 공통된 어법을 따른 것으로 보인다.

스미스의 업적은 이타심처럼 진정 소중한 것이 무엇인지, 자제라는 엄격한 형태로는 무엇이 있을지, 신중함 같은 덜 중요한 원칙에는 어떤 무게가 주어져야 할지를 함축하는, 도덕적 행동에 관한 정의를 제시했다는 것이다. 신중함과 자제는 아마도 신칼뱅주의와 스토아 철학의 성향을 띤 학교에서 어린 스미스에게 주입되었으리라고 생각할 수 있다. 삶의 한 원칙으로서의 이타심은 그의 스승 허치슨이 강조했다. 스미스는 해야 하는 것과 하지 말아야 하는 것에 대한 판단이 어떤 방식으로 이루어지는가 하는 더 나아간 문제를 자신의 책에서 다루면서, 허치슨, 흄, 케임스가 제시한 심리적 메커니즘에 새로운 차원들을 도입한다. 그 새로운 차원들이란 무엇보다, 우리의 동기와 행동에 대해 공정하다고 간주되는 관찰자에게 부여된 공감, 상상력, 공평한 자기 인식과 자기 평가다. 『도덕감정론』의 우선적 목표는 정의에 대한 흄의 논의에서 두드러지는 어떤 문제, 즉 '열정이라는 편파적이고 모순적인 움직임'이 어떻게 억제될 수 있는지 보여주는(*Treatise* 3.2.2.9) 문제와 관련 있다는 점 또한 주목해야 한다. 하지만 이와 관련된 스미스의 주장에서 진정 새로운 특징은, 이런 억제가 인위적으로 일어나기보다는 자연적으로 일어난다는 것을 증명하고자 한다는 데 있다(Skinner, 1979: 48). 이 책은 홉스, 맨더빌, 루소가 역설한 인간의 이기심에 대한 인식이 어느 정도 설득력을 갖는다고 인정하되, 타인의 안녕을 염려하는 우리 감정에 주의를 기울이게 함으로써 그들을 반박하는 것으로 시작한다. '인간이 얼마나 이기적으로 여겨질 만하건, 인간 본성에는 타인의 운명에 관심을 갖게 하고 타인의 행복을 필수로 여기게 하는—비록 그 행복을 보는 즐거움 말고는 그로부터 얻는 게 아무것도 없다 하더라도—어떤 원리가 있는 것이 분명하다'(*TMS* 1759: 1; 1790: I.i.1.1). 『도덕감정론』의 이 첫 단락에서 흘러나오는 도덕심리학의 지적인 의미는 『국부론』에 담긴 스미스의 경제학을 조명해주는 것이기도 하다(Werhane, 1991).

타인의 경험과 감정에 관심을 갖게 하는 '원리'의 작용을 설명함에 있어서 스미스는 흄이 예시한 외과 수술 장면이 아니라 고문실을 예로 든다. 하지만 그는 '고문대 위에 있는 (…) 우리 형제'의 감정에 대해 '우리가 어떤 개념을 형성하는 것은 오직 우리의 상상에 의해서'이며, 이는 우리 감각은 결코 우리를 우리 자신 너머로 데려가지 못하지만 상상은 우리가 희생자와 역할을 바꾸어볼 수 있게 해주고, 그래서 '희생자의 감정에 대해 어떤 관념을 형성하게' 해주기 때문이라고 흄식으로 주장한다(*TMS* 1759: 2; 1790: I.i.1.2).

스미스는 공감의 의미를, 누군가의 감정 공유라는 개념을 넘어, 자신이 다른 사람의 감정을 공유하고 있다는 개인의 의식이라는 개념으로 확장하고 있다. 이런 확장은 스미스가 도덕적 판단의 서로 다른 유형들을 설명할 수 있게 해준다. 첫째는 옳은지 그른지 차원에서 행동의 '적절성'을 판단하는 것이고, 둘째는 칭찬받아야 하는지 비난받아야 하는지의 차원에서 판단하는 것이다. 첫 번째 유형의 판단을 위해서 스미스는 어떤 행위자의 동기에 대한 공감 또는 반감에 대해 이론화한다. 즉, 나는 누군가와 역할을 바꾼 다음, 이러이러한 행동에 대해 하는 것이 옳다거나 틀리다고 평가한다. 두 번째 유형의 판단을 위해서, 나는 내가 고마움이나 분노에 따라 행동한 누군가의 감정을 공유한다고 상상하며, 이는 나로 하여금 어떤 행동을 칭찬받을 만한 것인지 비난받을 만한 것인지 평가하게 한다. 공감적 상상이라는 개념은 스미스의 독자 다수에게 매력적인 개념이었고, 당대의 감성 문학 발달의 한 부분이었다. 『트리스트럼 샌디』(1761)에서 트림 상병은 토비 삼촌에게 진술된, '고문대 위에서 헛되이 고문당한' 자기 형 톰의 고통을 떠올리며 우는 가운데 공감적 상상력의 힘을 보여준다(vol. iv, ch. iv, Wark, 1940: 275). 아마도 우연이겠지만, 스턴은 이런 심리적 메커니즘의 작용에 대한 스미스 자신의 예를 반향하고 있다.

분명 스미스는 상상과 현실의 구별을 유지한다. 그에 따르면, 우리는 타인들이 우리에게 공감해주기를 바라지만, 그들이 우리가 느끼는 것과 같은 감정을 느낄 수는 없다는 사실을 깨달으며, 그래서 '관찰자들'이 도달할 수 있는 수준으로 우리 감정의 음조를 조정한다. 똑같이 팽팽하게 당겨져 있는 현들의 공명에 빗댄 흄의 공감적 소통에 대한 직유는 스미스에게서는 음조에 빗댄 은유로 나타난다. 스미스는 또한 정반대되는 주장, 즉 '관찰자들'이 감정에 사로잡힌 이들과 자신을 더 가깝게 동일시하려 애쓸 것이라는 주장도 제시한다. 이러한 과정은 한편으로는 감정 과잉의 음조를 진정시키고(cf. *TMS* 1759: 37; 1790: I.i.4.7: 역시 음악적 은유) 다른 한편으로는 감정적 반응을 심화시키면서 사회적 유대를 강화한다. 이 책 중 여러 윤리적 가르침을 검토하는 단계에서 스미스는 첫 번째 과정이 자제라는 덕목을 가져오고 두 번째 과정이 이타심이라는 덕목을 가져온다고 지적한다(*TMS* 1759: 41; 1790: I.i.5.1; cf. *Treatise* 3.3.4.2). 그 자신의 성향은 첫 번째 방향으로 더 기울어 있었는데, 학교에서의 경험이나 스코틀랜드교회의 가르침을 넘어 글래스고대학의 학생으로서 그가 스토아 철학자들의 글, 특히 정신의 자유를 무엇보다 소중히 여기고 사리 분별과 적절성을 바탕으로 행동한 그리스 노예 에픽테토스의 글을 읽으며 많은 자극을 받았기 때문일 것이다.

타인에 대한 도덕적 판단에서 공감의 역할을 추적한 것에 더해 윤리학에 대한 스미스의 두 번째 중요한 공헌은, 우리 자신에 대한 우리 판단의 형성을 설명하기 위해 이상적이거나 공정한 관찰자라는 개념을 끌어낸 것이다(Raphael, 1975; 1985: ch. 3; Hope, 1989). 자제라는 존경할 만한 성향의 요점을 자세히 설명하면서, 스미스는 '크나큰 상처들에 뒤따르는 분노를, 그 상처들이 고통받는 자의 가슴속에 불러일으키기 쉬운 분노에 의해서가 아니라 그 상처들이 공정한 관찰자에게 자연스럽게 불러오는 분노에 의해 다스리는 그 고상하고 고결한 분노'를 암시한다(*TMS* 1759: 43; 1790: I.i.5.4). 이 중요한 구절은 『도덕감정론』의 이후 판들에서 공정한 관찰자 개념을 더 발전시키는 것으로 이어졌는데, 스미스가 그 구절의 가르침에 대한 도전, 즉 친구들인 흄과 민토의 엘리엇으로부터 분명하게 제기되고 사는 동안 스미스가 목격한 사회 변화에서 암시적으로 제기된 그 도전들에 응하고자 했기 때문이며, 나이가 들어가면서 자신이 취하게 된 인간 본성에 대한 더 회의적인 관점을 고려하고자 했기 때문이다(*TMS* intro. 16). 일반적으로 18세기에 스코틀랜드의 철학은 스토아 철학에 대한 충성과 회의론에 대한 충성 사이의 창의적 긴장을 통해서, 다른 한편으로는 예컨대 흄이 그렇게 여겼듯이 매력적으로 여겨지는 쾌락주의적 경향의 존재도 인정하면서 발전했다(Robertson, 2006 rpt.: 317, 380).

허치슨과 흄의 사상 안에 공정한 관찰자라는 개념의 선취가 있긴 하지만, 스미스는 자기가 목격하는 인간의 행위를 공정하게 평가하는 '스펙테이터(관찰자) 씨Mr Spectator'라는, 애디슨이 만든 이미지에 의지했을 가능성이 있다. 스미스에게서는 이 역할이 내면화된 것이지만 말이다. 관찰자라는 개념의 더욱 중요하고 매우 중요한 의미 차원인 연극적 차원은 '인간 삶의 모습'을 관찰하는 것에서 도덕적 가르침이 생겨난다는 스미스의 견해를 강조하는 논평자들에 의해 제시된다(TMS 59). 이 견해는 도덕 이론가가 극장에서 배우의 공연을 묘사하고, 분석하고, 종합하고, 평가하는 비평가와 같다는 유비로 확장된다. 도덕의 극장에서는 분명 이론가와 일반인 모두 관객이면서 배우이고, 공감과 상상에 기초한 타인에 대한 그들의 판단은 그들 자신의 윤리적 삶의 일부가 된다(Marshall, 1984; Griswold, 1991; Nightingale, 2006,『도덕감정론』에서 스미스가 다룬 것에 대한 이해를 암시하는, 이 이론화 개념을 낳는 그리스 철학의 철학적 관객성에 대한 세밀한 탐구를 제공한다).

도덕적 판단의 내면화라는 점에서 스미스에게 닿았을 수 있는 또 다른 전통이 생각나는데, 바로 칼뱅주의에서 고취된 엄격한 자기반성의 전통이다.『기독교 강요』(1634)에서 칼뱅은 자기 자신을 엄격하게 검토할 필요성을 강조한다. '아첨이나 사랑이라는 맹목적 정서 없이 스스로를 바라보는 상황에 처할 때 슬퍼지지 않게 하라'(p. 364). 또한 '심지어 가장 완벽한 인간도 자신의 양심으로 내려가 자신의 행동에 대해 따지게 하라'(p. 367). 또한 윌리엄 J. 부스마의 설명대로, 칼뱅의 시각은 인간들을 세상이라는 '장엄한 극장'의 관객이자 배우로 묘사하는 것이었다(Bouwsma, 1988: 177~180). 스미스는 경건한 신교도 어머니에 의해 이런 전통 속에서 양육되었고, 이는 흄의 유년기의 특성이기도 했다. 보즈웰의 기록에 따르면, 흄은 소년 시절에『인간의 모든 의무』라는 책자를 자기 반성 훈련에서 주의해야 하는 악들에 대한 길잡이로 삼으려 했다고 보즈웰에게 말했다(Mossner, 1980: 34).[4] 흄은 자신이 키케로의 스토아 철학적『의무론』에서 '미덕의 목록'을 취하는 방향으로 나아갔다고 밝혔지만(HL i.34), 아마 스미스는 자신이 받은 칼뱅파 훈육으로부터 에픽테토스에 바탕을 둔 도덕적 지향으로 나아갔을 것이다. 그럼에도 어느 정도는 칼뱅파 전통이 그에게 남아 있었을 테고, 이 같은 칼뱅파 전통은 앞서 보았듯이 스미스에게 큰 관심을 갖고 있던 루소라는 당대 작가가 마지막 저작 『루소, 장-자크를 심판하다』(1772~1776년 집필; 1780년 출간)의 집필을 시작하는 데 동력이 되었을 것이다.

버틀러 주교와 케임스가 근래에 양심에 대한 철학적 관심을 부활시킨 상황이었음에도[5] 스미스가 자기 반성 작용과 관련해 '양심'이라는 용어를 피하고 있다는 것은 중요하다. 여기서 스미스는 정통 종교적 함축을 피하고 싶어하는 것 같고—그의 책 다른 곳에서는 그런 함축이 나타나지만—, 공정한 관찰자의 효능을 통한 우리 도덕 기준들의 사회적 형성에만 집중하고 싶어하는 것 같다. 사회가 없어지면 우리는 자기 얼굴이 못생겼는지 잘생겼는지 가늠할 수 없는 것과 마찬가지로 자기 성격에 대해서, 또는 자기 행동의 적절성에 대해서 생각할 수 없을 것이다. 스미스는 사회가 우리에게 바로 이런 것들을 보여주는 거울이 되어준다고 생각한다. 예컨대 행동과 미에 대한 사회의 관점을 알면, 우리는 우리 자신의 행동과 외모에 대해 관찰자가 될 수 있고 판단도 할 수 있다. 물론 관찰자들의 시야가 제한적일 수 있는데, 그들이 잘못된 정보를 갖고 있거나 편견을 갖고 있기 때문이다. 마찬가지로, 현실주의에서 나온 스미스의 생각은, 우리는 이기심이나 자존심에 지배되기 때문에 우리 자신의 행동과 특성에 대해 매우 편파적일 가능성이 매우 높다는 것이다(Mitchell, 1987).

그는 자기 자신에게 수술을 행할 때도 손을 떨지 않는 대담한 외과의 사라고 한다. 또한, 마찬가지로 흔히 그는 자기 몸의 흉함을 자기 시야에서 가려주는, 자기기만이라는 신비한 베일을 걷어버리기를 주저하지 않는 대담한 사람이라고 한다(*TMS* 1759: 263; 1790: III.4.4).

이 문제에 대한 스미스의 답은 흥미롭다.

인류의 치명적 약점인 자기기만은 인류의 장애 절반의 근원이다. 만약 우리가 타인들이 우리를 보는 시각에서, 혹은 타인들이 모든 것을 아는 상태에서 우리를 보게 되는 시각에서 자기 자신을 본다면, 일반적으로 개혁을 하지 않을 수 없을 것이다. 그러지 않으면 그 장면을 견딜 수 없을 것이다. (*TMS* 1759: 264~265; 1790: III.4.6)

로버트 번스는 1783년경에 스미스의 책 초판을—아마 아버지가 소장하고 있던—읽는 중이었던 것 같은데(Burns, 1968: iii.1008~1009, 1021, 1030), 바로 앞의 인용문이 시사하는 공정한 관찰자 개념을 알고 있었음을 보여준다(Macfie, 1967: 66). 이 시인은 교회에서 어떤 아름다운 여성의 모자 위로 이 한 마리가 기어다니는 것을 보며 생각에 잠긴다.

타인이 우리를 보는 대로 우리 자신을 보는
재능을 능력자는 우리에게 줄 것인가!
그것은 우리에게서 많은 실수와

어리석은 생각을 없애줄 것이다.

('이에게')[6]

스미스의 윤리학 이론에 대해 말하자면, 우리는 해야 하는 것과 하지 말아야 하는 것에 대한 일반적인 규율들을 은연중에 형성함으로써 자기기만으로부터 스스로를 지킨다는 것이 그의 주장이다. 이런 규율들은 다른 사람들에 대한 우리의 꾸준한 관찰을 바탕으로 한다. 결국 의무 관념은 이처럼 자연스럽게 파생된 도덕의 일반 규율들에 주의를 기울임으로써 형성된다. 분명 스미스는 도덕 규칙들의 기원을 설명해주는 것으로서의 효용성, 그리고 매일매일 거래에서 일상적으로 적용되는 원칙으로서의 효용성을 일관되게 거부한다. 하지만 그는 (사회적, 정치적, 경제적) 규정, 제도, 체제를 전체적으로 평가할 때는 효용성—허치슨의 감동적인 구호로 말해서 '최대 다수의 최대 행복'을 추구하는—이라는 기준을 적용한다(Campbell and Ross, 1981). 결과적으로 그는 흄이 주장하는 작동의 다양성과는 구별되는 것으로서 자신의 관조적 공리주의 형태를 규정해야 한다. 이런 의견 불일치는 『국부론』에 나오는 것을 보완하는, 흄에 대한 다음과 같은 주목할 만한 찬사에 함축되어 있다.

효용성이 좋은 이유를 처음으로 설명한 그 독창적이고 쾌활한 작가는 상황에 대한 이런 관점에 매우 감명해서, 덕목에 대한 우리의 승인 전체를 효용성의 존재에 기인하는 이런 종류의 미에 관한 인식으로 분석한다. (…) 그래도 여전히 나는 우리의 승인과 불승인의 첫째가는 혹은 주된 원천이 되는 것은 이 효용성 아니면 해로움이라는 견해가 아니라고 단언하는 바이다. (*TMS* 1759; 358; 1790: IV.2.3)

개인의 행동을 설명하고 규정하는 것에서는 효용성의 역할을 엄격하게 제한하고, 그런 다음 포괄적 평가를 위해 효용성으로 돌아가는—심지어 창조자의 목적에 대한 '최종' 설명을 위해서도—스미스의 방식은(cf. *TMS* 1759: 238~242; 1790: II.iii.3.2~3) 그의 사상의 대의에 부합한다. 그의 사회철학에 대한 접근 전체는, 사회적 경험에 의해 형성된, 사색적이지 않은 인간의 감정에 기원과 토대를 둔 규정들이 훌륭하게 계획된 인간의 안녕이라는 목적에 아주 잘 들어맞는다는 논지를 내포하고 있다. 여기서 스미스 사상의 궁극적 근원은 조화롭게 전개되는 자연이라는 스토아학파의 이념이며, 이것은 자신의 목적을 추구하는 이기적인 부자로 하여금 인간의 행복을 증진하는 경향이 있는 '삶의 필수품의 분배'를 유발하게 하는 '보이지 않는 손'에 대한 언급 뒤에도 놓여 있다(*TMS* 1759: 350; 1790: IV.1.10).

이런 결론에 이르기 전의 스미스는, 현명한 신은 인간들 자신의 목적과 신 자신의 목적을 성취하기 위해 인간들을 기만한다고 주장하는, 케임스의 『도덕성과 자연종교의 원리에 대한 시론』의 이론의 반향처럼 보인다고 할 만하다(Sakamoto and Tanaka, 2003; Alvey 2004). 케임스는, 우리는 정해진 자연법의 세계에 살고 있지만, 우리가 우연성의 세계에 처해 있다는 가정하에 행동한다고 주장한다. 이것이 '사실상 인류의 노동, 보살핌, 산업 모두의 기초'라고 그는 기술한다(*Essays*, 1751: 184). 케임스는 가차 없이 다음과 같은 결론에 도달하는 것처럼 보인다. 철학자는 경직된 운명론의 원리를 피할 수 없지만, 자기가 자신의 행동에 대해 통제력을 가지고 있다고 느끼는 사람처럼 행동해야 한다는 것이다. 이 상황에서 철학자는 케임스가 '기만적'이라고 부르기를 주저하지 않는 '자유의 감정'을 느낀다(p. 203~204; Ross, 1972: 105, 109). 스코틀랜드교회 주류의 신도와 성직자들에게 자신들의 신이 기만적이라는 이 주장은 절대 받아들일 수 없는 것이었고, 1755년 5월에 케임스는 이런 이단적인 내용 때문에, 그리고 흄은 기적과 특별한 섭리에 대한 자신의 논문에서 무신론으로 간주된 내용 때문에 스코틀랜드교회 총회에 의해 파문당할 위기에 처했으며, 온건파에 의해 이 위기에서 벗어날 수 있었다(Ross, 1972: 155~156). 그럼에도 스미스는 1750년대에 10년에 걸친 『도덕감정론』에서 이 '기만' 이론의 한 형태를 만들어냈고, '권력과 부'를 얻으려는 노력에 대한 보상이 그것들의 성취에서 오는 만족을 부추기기에 적합한 '그 해결의 멋진 점'과 철학적 관점에서 다른 것일 때는 그 보상은 '경멸받을 만하며 시시하다'고 지적했다. 하지만 그는 다음과 같이 진술을 이어간다.

자연이 이런 식으로 우리를 기만하는 것은 좋은 일이다. 인류의 산업을 계속 일으키고 유지하는 것이 바로 이런 기만이다. 땅을 경작하고, 집을 짓고, 도시와 연방국을 세우고, 모든 과학과 예술을 발명하고 발전시키도록 애초에 인류를 부추긴 것이 바로 기만이다. 이는 인간의 삶을 품격 있게 만들어주고 장식해준다. 이는 세계의 모습을 완전히 바꾸었고, 자연의 거친 숲을 풍요롭고 비옥한 평야로 바꾸었으며, 길 없는 황량한 바다를 새로운 생존 재원으로, 그리고 세계 여러 나라로

통하는 거대한 도로로 만들었다.

그리고 나서 스미스는 의도치 않은 결과에 대한 논의로 방향을 바꾸어, 인간의 향상과 발전 과정에서 부자들만이 '값비싸고 쾌적한' 것을 선택한다고 지적한다.

그들의 자연스러운 이기심과 탐욕에도 불구하고, 그들이 오직 스스로의 편리만을 꾀할지라도, 그들이 자기가 고용한 수많은 사람의 노동으로 얻으려는 것이 오직 스스로의 헛되고 만족할 줄 모르는 욕망의 충족일 뿐이더라도, 그들은 자신의 모든 발전의 산물을 가난한 사람들과 나누어 갖는다. 그들은 만약 지구가 그곳의 모든 거주자에게 똑같은 비율로 분할되어 있었다면 가능했을 수준과 비슷한 수준으로 삶의 필수품 분배가 이루어지게 하는 어떤 보이지 않는 손에 이끌리며, 그래서 의도하지 않고 의식하지 않은 채로 사회의 이익을 증진하고 인간 증식의 수단을 제공한다. (*TMS* 1759: 348~349; 1790: IV.1.10)

이에 상응하는 『국부론』의 한 구절에서 스미스는, 사리 추구를 위해 국내 산업에 자본을 대는 개인은 결국 공공의 이익을 증진하게 되고, 의도와 상관없이 인간의 행복을 극대화하는 데 일조하게 된다고 주장한다(*WN* IV.ii.9). 어떤 경우에도 스미스는 의인화된 신이 비밀스럽게 일상생활에 개입함을 암시하지 않는다. 분명 그의 의도는 '자연의 경제'[*TMS* 1759: 168(p. 165 노트); 1790: II.i.5.10(II.i.5.6 노트)]가 존재한다는 자기 확신을 극적으로 만드는 것이다. 자연의 경제에 대한 발견은 철학적 또는 과학적 탐구의 대상이다(Macfie, 1967: ch. 6; Campbell, 1971: 60~61, 71~73). J. J. 스펭글러(Spengler, 1978)는 '보이지 않는 손'이라는 것을 프랑스 오페라 극장 '움푹한 곳의 기술자'에 빗댄 퐁트넬의 비유(Fontenelle, 1728: 8~9)에 주목하게 했다. 그 기술자는 무대에서는 절대 보이지 않는 '바퀴와 기계 장치'로 모든 무대 장치를 작동시킨다. 스미스는 1752년 판 서적 한 권으로 엮인 퐁트넬의 저작들을 소장하고 있었고, 『도덕감정론』에서 그를 언급한다(Mizuta).

스미스는 공적 효용성을 띤 잘 작동하는 기관이나 제도가 주는 미학적 즐거움에 대해 숙고하는 가운데 목적과 수단을 혼동하는 것의 위험을 보며, 1759년의 관점에서, 실제의 인간 감정을 희생시키며 이상적인 제도를 만들거나 복구하려는 사람들에 대한 선견지명 있는 경고를 제공한다.

> 하지만 어떤 체계 정신 때문에, 예술과 발명품에 대한 어떤 사랑 때문에, 우리는 가끔 목적보다는 수단에 더 가치를 두는 것처럼 보이며, 동료 인간들이 고통스러워하는 것이나 즐거워하는 것에 대한 즉각적인 감각이나 감정에서보다는 어떤 아름답고 질서 있는 체계를 완성하고 개선하려는 생각에서 동료 인간들의 행복을 고쳐하고 싶어하는 것처럼 보인다. (*TMS* 1759: 352; 1790: IV.1.11)

지금까지 설명된 스미스의 '도덕의 과학'(pt. I~III)은 '자연스럽게 인간이 먼저 자기 이웃의 행동과 성격에 관해, 그다음에 자기 자신의 행동과 성격에 관해 판단하게 만드는 [공감의] 원칙들'을 분석한다. 이는 1774년에 나온 『도덕감정론』 4판의 속표지에 추가된 부제였다. 이런 판단들은 공정한 관찰자라는 장치를 통해 이루어진다. 그러고 나서 스미스는 우리가 살펴봤듯이 효용성을 끌어들이고(pt. iv), 다음으로는 '비난받을 만한 것과 칭찬받을 만한 것에 대한 산만하고 불일치하는 많은 의견'이라는 문제에 손을 댄다(TMS 1759: 371; 1790: V.i.1). 그의 답의 한 근원은 미학적 취향의 변동이 관습, 교육, 본보기에 기인한다고 주장한 허치슨 사상의 또 다른 한 가닥, 즉 『미와 덕의 관념의 기원에 대한 연구』일 것이다(Hutcheson, 1725: i.viii.5; Ross, 1987). 결국 스미스는 미학적·도덕적 결함을 '관습과 유행이라는 원칙들'의 작동 탓으로 돌린다(pt. v). 그는 '관습과 유행이 옷과 가구에 미치는 영향은 건축, 시, 음악에 미치는 영향보다 절대적이지 않다'는 자신의 주장을 부연하면서, 결국 짤막한 시들에 담긴 스위프트의 간명한 문체와 긴 시들에 담긴 포프의 '과민한 세심함'에 대한 동시대인들의 평가를 언급하는 것으로 나아간다(TMS 1759: 373~380; 1790: V.1.4~7). 앞서 살펴본 것처럼, 스미스는 『수사학과 문학에 대한 강의』에서 스위프트의 간명한 산문 문체를 옹호했다. 아름다움의 매력은 '관습이 상상에 불어넣은 것을 아름다움이 받아들이는 데서' 생겨난다는 클로드 뷔피에의 논지를 어느 정도 받아들인 다음, 스미스는 흄의 미학에서도 발견되는 공리주의의 기반 위에 선다.

> 하지만 나는 심지어 외적인 아름다움에 대한 우리의 감각까지도 전적으로 관습에 기반을 둔다는 믿음에 이를 수는 없다. 형태의 효용성, 즉 형태가 겨냥한 유용한 목적을 위한 그 형태의 알맞음이 분명

그 형태를 매력적인 것으로 만들고, 사용하기 알맞은 것으로 만들고, 관습과는 관계가 없는 것으로 만든다. (*TMS* 1759: 384; 1790: V.1.9)

도덕 감정들과 관련해 스미스는, 관습과 유행의 영향은 다른 곳에서만큼 그렇게 크지 않더라도 여전히 '아주 비슷하며', 이 영향이 '옳고 그름에 대한 자연스러운 원칙들'에 부합할 때 '그것들은 우리 감정의 섬세함을 강화하고 악에 접근하는 모든 것에 대한 우리의 혐오를 강화한다'고 주장한다(*TMS* 1759: 387; 1790: V.2.2). 그럼에도 불구하고 그는, 시간이 지남에 따라, 사회적·직업적 지위의 높고 낮음에 따라, 나라와 문화에 따라, '비난받을 만한' 것이나 '칭찬받을 만한' 것에는 정도의 다양성과 도덕 형성의 다양성이 존재함을 인정한다. 여기서 스미스는 자신이 적절성을 다루는 데 끌어들였던, '친근한' 덕목과 '장엄한' 혹은 '고상한' 덕목의 구별로 돌아간다.

스코틀랜드의 다른 지식인들과 마찬가지로 스미스는, 특히 아메리카와 아프리카에서 만난 원주민들에 대한 경험을 기록한 유럽 여행자들의 수고를 통해 당대에 축적되고 있던 비교민족지학적 정보에 큰 인상을 받았다. 그 보고자들은 자신들이 목격한 것을 자신들이 과거 사회들의 가치와 생활 양식—아마 자신들에게 흔적으로 남아 있을—에 대해 읽었던 것에 견주는 경향이 있었는데, 스미스는 이에 반응했다(Emerson, 1979b). 그리하여 스미스는 문명 국가들이 '인간애에 바탕을 둔' 덕목들은 함양하고 '미개하고 야만적인 국가들'에서 강조되는 것인 '자제와 열정의 지배에 바탕을 둔' 덕목들은 상대적으로 무시한다는 점을 언급한다(*TMS* 1759: 398; 1790: V.2.8).

'야만인'을 '일종의 스파르타식 규율'을 따르는 사람들로 묘사함에 있어서 스미스는 『아메리카 야만인들의 풍속과 고대 풍속 비교』(1724)에 나타난 예수회 신부 조제프 프랑수아 라피토의 생각이나, 『캐나다 다섯 민족의 역사』(1727, 1747)에서 예컨대 모호크족의 법과 관습은 스파르타인들의 것과 비슷해, '사람들의 정신과 육체를 전쟁에 적합하게 만들기 위한 것으로서 형성되었다'(p. 13)고 주장한 캐드월러더 콜든의 생각을 공유하고 있다. 또 다른 예수회 신부 피에르-프랑수아 그자비에 드 샤를부아의 『누벨프랑스의 역사와 개요』(1744)는 스미스의 서고에 있던 책으로(Mizuta), 아메리카 원주민들의 '담대함'과 '극기'에 대해 설명해줄 수 있었을 것이다. 이 책에서 저자는 그들의 담대함과 극기가 '거의 유럽인들의 이해를 넘어서는' 수준이지만 스토아 철학의 포부에 비견될 만하다고 보았다. 스미스는 '북아메리카 야만인들'의 결혼과 전쟁의 관행을 설명하는 것으로 나아가고, 특히 '고문을 가하는 자들에 대한 모욕'과 '죽음과 고통에 대한 최고의 경멸'의 표현으로 이루어진 '죽음의 노래'를 만들어, 적의 고문에 의해 죽임을 당하는 것에 정신적으로 대비하는 그들에 대해 웅변적으로 설명한다. 이 대목에서 스미스는 라피토의 『아메리카 야만인들의 풍속과 고대 풍속 비교』를 반향하고 있으며, 아프리카 해안의 흑인들에 대해서도 같은 관점을 취해, 그들의 담대함은 그들의 '야비한' 노예 소유주들의 이해를 훨씬 더 넘어서는 것임을 주장한다. 이어서 유럽인들이 흑인을 노예화한 것에 대한 그의 분노가 번득인다.

운명의 여신이 그 용사들의 민족을 유럽 감옥의 쓰레기들에게 지배당하게 했을 때보다 인류에 대한 그녀의 지배가 더 잔인하게 행사된 적은 없었다. 그 쓰레기들은 그 용사들의 고국의 덕목도, 그 용사들이 오게 된 국가의 덕목도 갖고 있지 않은 비열한 자들, 경솔하고 악랄하고 천박해서 그 정복당한 사람들에게 경멸의 대상이 되어 마땅한 비열한 자들이었다. (*TMS* 1759: 398; 1790: V.2.9)

글래스고나 다른 지역들에서 노예제로 이익을 얻는 투기적 사업에 종사하던 독자들이 꺼림칙한 기분을 느꼈으면 하는 바람이 있었을 것이고, 윤리학자로서 스미스는 분명 노예제 반대 운동의 사례를 구축하는 데 일조하고 있었다. 하지만 1764년 에든버러에서 의학박사 학위를 받았고 글래스고에서 스미스 무리와 하루를 보낸 적이 있는 버지니아 출신의 아서 리에게서 부정적인 반응이 나왔다(Brock, 1982: 122). 그는 『유럽의 아메리카 식민지 옹호론』(London, 1764)이라는 책을 쓰게 되었는데, 이것은 『도덕감정론』이 아메리카 원주민들과 아프리카 사람들을 고상한 야만인으로 찬양한 것에 대해 반박하고 아메리카의 노예 소유주에게서 잔인함의 혐의를 벗겨주는 책이었으며, 그러면서도 스미스가 노골적으로 노예제를 고발해야 한다고 주장하는 책이기도 했다. 스미스는 『국부론』에서 이런 문제를 다시 다루게 된다.

제임스 우드로는 1808년 6월 버컨 경에게 쓴 편지에서 스미스의 대학에 대한 자신의 기억을 이야기하면서(Glasgow, Mitchell Lib., Buchan MSS, Baillie 32225, fos. 47~51), 토머스 클라크슨의 『노예 무역 폐지의 역사』(1808)에 나오는 대목들을 언급한다. 그것은 바로 허치

슨, 스미스, 밀러의 노예제 고발을 상기시키는 대목들로, 다음과 같이
마무리된다.

이 문제에 대해 대중이 어떤 운동에 나서기 전에 글래스고대학의 교
수 세 명이 이 잔인한 무역의 지속에 반대하는 공개적 선언을 했다는
것은 그 대학의 큰 영광이다. (Clarkson, 1808: i.87)

노예제 문제는 조지프 나이트 대 볼런딘의 존 웨더번 사건으로
스코틀랜드 법정에서 시험대에 올랐다. 조지프 나이트는 아프리카에
서 납치당한 흑인 남성이었고, 존 웨더번은 자메이카로부터 그를 들
여와 퍼스셔로 데려간 그의 주인이었다. 이 사건은 1778년 최고민사
법원에서 9대 4로 나이트에게 승리를 안겨주며 다음과 같은 판결을
낳았다. '자메이카 법에 따른 이 흑인에 대한 지배권은 부당하며, 이
나라에서는 일절 옹호될 수 없을 것이다.' 스미스의 오랜 후원자인 케
임스 경은 그 흑인 남성의 해방에 찬성표를 던졌다. '우리는 옳은 일
을 집행하고 잘못된 일을 집행하지 않기 위해 여기 앉아 있는 것이므
로, [자메이카의 법을] 집행할 수 없다.' 스미스가 겪어본 최고의 학
생'인 로버트 컬런은 웨더번을 변호하기 위해 출정했고, 그 사건과 관
련된 법적 문서 일부를 스미스에게 보냈다(Mizuta). 스미스의 도덕철
학 수업을 들은 또 한 명의 제자 보즈웰은 그 판결에 기뻐했는데, 그
것이 잉글랜드의 어떤 유사한 사건에 비해 '더 넓은 근거'에 입각했기
때문이다. 즉, '정말로 일반적인 문제로서, 어떤 주인에 대한 어떤 유형
의 봉사든, 한 주인에 대한 영속적 봉사의 의무는 자유 국가의 법에

의해 정당화되어야 하는가'라는 근거에 입각했기 때문이다. 유사한 사건이란, 1772년 잉글랜드의 자기 주인에게서 도망쳤다가 잡힌 후, 자메이카에서 그를 다시 팔아버리려는 주인의 뜻에 따라 템스강을 따라가는 자메이카행 배의 철창에 갇힌 흑인 제임스 서머싯의 사건이었다. 왕좌재판소의 맨스필드 경은 노예 제도는 '너무 끔찍해서, 실정법 말고는 아무것도 그것을 지지하는 것을 견뎌낼 수 없다'고, 그리고 인신보호영장에 의한 서머싯의 구금 신청은 '잉글랜드 법에 의해 허락 혹은 인정'되지 않는다고 밝히며 서머싯을 풀어주었다(*BLJ* iii: 87~88, n. 1). 스코틀랜드 최고민사법원에서 보즈웰의 아버지인 오친렉 경은 스미스가 이론화한 대상인 도덕 감정의 압력을 받아 다음과 같이 진술하고 투표했다. '한 남자가 흑인이라는 이유로 노예가 되는 것입니까? 아닙니다. 그는 비록 우리와 피부색이 다르지만, 우리의 형제이며 한 인간입니다. 그가 자신의 아내, 아이와 함께 있는 곳은 자유의 땅이니, 그가 계속 거기 머물러 있게 합시다'(*BLJ* iii.212~214; Ross, 1972: 143~146).

스미스는 타인들에 대한 자신의 도덕철학 체계를 초판 6부에 (1790년 판에서는 7부) 역사적 맥락을 드러내며 배치하는데, 이는 그의 윤리학 수업에서 제기됐을 공산이 있는 두 개의 근본적인 질문을 다루는 것이었다. 바로 '덕은 어디에서 구성되는가?'라는 질문과 '어떤 하나의 성격이 우리에게 권고될 때 그것은 마음의 어떤 힘과 능력에 의해서인가?'라는 질문이다(*TMS* 1759: 414; 1790: VII.i.2). 덕의 본질에 대한 그의 분석에 따르면, 적절히 다스려지는 덕은 반드시 우리의 모든 '정감'에 귀속되어야 한다. 따라서 그것의 구성 원칙은 적절성이며 우리 '정감'의 주요 부문 중 한두 가지로 구성된다. 이를테면 자애적 (이기적)이거나 자비로운 것, 혹은 신중하거나 자비로운 것 등으로 말이다.(*TMS* 1759: 417; 1790: VII.ii. Intro. 4). 도덕철학에 대한 설명을 이런 종류의 틀에 맞추고 비평적 관점으로 앞선 철학자들을 다룸에 있어서 그는 아마도 아리스토텔레스가 『형이상학』 A에서 활용했던 것과 같은 절차를 따르고 있는 것 같다. 또한 4장의 주 8에서 언급했듯이, 스미스의 멘토 허치슨은 『논리학 개요』(1756)에서 간략한 '철학의 역사'를 제공했는데, 이는 스미스가 자신의 윤리학 체계를 발전시키고, 고대와 당대 절충주의를 수용하는 데 있어서 유용한 본보기가 되었을 수도 있다. 현대의 한 주석가는 더 나아가, 스미스가 이어져 내려온 도덕 체계들의 주요 특징을 논할 때, '독단적이지 않은 회의론자'적 접근법, 즉 인식론이나 형이상학과는 전혀 관계없이 우리의 자연적 감정에 직접 호소하는 접근법을 취하고 있다고 언급한다(Griswold, 1991: 225~228).

우선 우리는 고대인 중에서 플라톤, 아리스토텔레스, 제논과 마주하게 되는데, 그들에게서는 덕이 '행동의 적절성'에, 또는 우리가 정서를 일으키는 대상에게 행동을 하게끔 만드는, 그 정서의 적절성에 있다(*TMS* 1759: 418~450; 1790: vii.ii.1.1~2.14—스토아 철학에 대한 매우 확장된 설명 포함).[7] 초판의 6부에 관한 한, 우리는 1759년에 행동의 적절성을 다루는 1부의 한 장에서(I.iv.3) 우리에게 소개된 스토아학파의 분석을 연장하고 있는데, 그 장은 '섭리' '이러한 인간 삶의 모습의 연출자' '우주의 감독관' '인간 본성의 위대한 수호신' '그 신성한 존재' '내 행동의 지휘자'로 다양하게 인식되는 '유피테르'에 의해 정해진 것은 무엇이든 수용한다는 원리에 초점을 맞추고 있다. 이는 에픽테토스의 사상이나 18세기 스코틀랜드 대학들의 성령론 교수들이 사용한 자연신학 언어와 일치하는 것이다(*TMS* 1759: 132~136; Ross, 2000: 336).

플라톤의 도덕철학을 정리하면서 스미스는 먼저 『국가』 4권을 끌어들이는데, 여기서는 정신이 세 부분으로 구성되어 있다고 이야기된다. 지배적 부분인 전체를 지배하는 이성. 격앙되기 쉬운 부분인 자부심과 분노에 기초한 열정들. 호색적 부분인 쾌락에 대한 사랑에 기초한 열정들. 다음으로 스미스는 플라톤 체계의 정수에 해당되는, 네 가지 주된 덕의 구성을 훑어본다. 그는 '정신의 지배적 원리', 즉 이성의 '힘, 예리함, 완벽함'에 신중함이라는 필수적인 덕을 위치시킨다. 정신의 격앙되기 쉬운 부분의 열정들이 이성의 지배를 받아 모든 위험한 것을 경멸하고 명예롭고 고귀한 것을 추구하는 힘과 단호함을 가질 때, 이는 불굴의 용기와 담대함이라는 덕을 구성한다. 이성과 격앙되기 쉬운 열정과 호색적인 열정들이 서로 조화를 이루고 이성이 이런 열정들을 상대로 그 열정들이 기꺼이 수행하는 것만을 명령할 때, 정신의 이 완벽한 조화는 절제를 구성한다. 마지막이자 가장 위대한 덕은 정의다. 추구되는 바의 가치에 맞는 힘과 활기를 발휘하며 이성이 지휘하고 열정이 스스로의 적절한 임무를 수행할 때 정의가 이루어진다. 바로 여기에 그 '완전한 덕, 고대의 몇몇 피타고라스학파를 따라 플라톤이 정의라 명명한, 행동의 그 완벽한 적절성'이 있다. 계속해서 스미스는 흐로티위스(*De Jure Belli ac Pacis*, 1625/1631: I.i.8)를 따라, 교환적 정의justitia expletrix를 '다른 사람의 것에 대해 삼가는 것,

그리고 우리가 반드시 하도록 강요받기에 적절한 것은 무엇이든 자발적으로 하는 것'으로 정의하고, 귀속적 정의justitia attributrix를 '적절한 선행에, 우리 자신의 것의 적절한 이용에', 그리고 이런 의미에서 '모든 사회적 덕을 포함함에' 있는 것으로 정의한다. 이 철학자에 따르면 정의의 남은 한 가지 의미가 있는데, 바로 정의가 교환적이거나 분배적인 것뿐 아니라 신중함, 불굴의 용기, 절제 같은 다른 덕들도 모두 포함하고 있는, '행위와 행동의 정확하고 완벽한 적절성 같은 것'을 뜻한다는 것이다.

아리스토텔레스의 도덕 체계를 다루면서 스미스는 『니코마코스 윤리학』에 나오는 중용의 원리에 집중한다. 그것은 '각각의 덕 모두는 두 개의 상반된 악덕 사이의, 다시 말해 하나는 특정 종류의 대상에 너무 많이 영향받아 거슬리는 것이고 다른 하나는 너무 적게 영향받아 거슬리는 것인 두 개의 상반된 악덕 사이의 중간이라 할 만한 곳에 위치한다'는 주장이다. 그래서 예컨대 담대함은 '오만이라는 과잉과 무기력이라는 결핍' 사이의 중간에 있는데, 전자는 우리의 '가치와 위엄'에 대한 감정이 너무 많은 것이고, 후자는 너무 적은 것이다. 아리스토텔레스는 지나침 없는 적절한 감각 그 자체에 덕이 있다기보다는 중용의 습관에 덕이 있다고 주장한다. 덕은 사람의 성격으로도, 행동의 성격으로도 간주될 수 있다. 전자인 경우, 덕은 합리적인 중용의 습관에 있으며, 이로써 사람의 평상시 성격이 된다. 행동의 성격인 경우, 덕은 이 행동을 낳은 합리적인 중용의 감각에 있다. 덕에 대한 이 설명에는 행동의 적절성에 대해 지금까지 언급된 것과의 일치도 있다. 덕과 악덕에 대해 이야기될 필요가 있는 '거의 모든 것'(ed. Moore &

trans. Silverthorne, 2002: 18)이 아리스토텔레스에 의해 이야기되었다는—그의 목적론은 제외하고—거슴 카마이클의 생각에 흄과 스미스가 동의하는 것처럼 보인다고 관찰되었지만, 스미스는 『도덕감정론』 제6판에 6부를 새로 만들어 뭔가를 추가해야 한다고 생각했다. 중용이 양극단 사이 어디에 있는지 공감을 통해 측정하는 방법에 대한 설명을 추가해야 한다고 생각한 것이다(Raynor, 2006: 245). 스미스는 『대윤리학』—몇몇 학자는 이것을 훗날의 한 저자가 아리스토텔레스의 윤리 사상을 요약해 쓴 책으로 간주한다—을 언급하면서 덕이 실천적 습관에 있다는 주장을 이 책에서 발견한다. 스미스는 이 주장이 해야 할 일이나 하지 말아야 할 일에 대한 '단순한 감정과 합리적인 판단'만으로도 '가장 완벽한 덕'을 구성하기에 충분하다는 플라톤의 원리에 반대된다고 보았다. 좋은 도덕은 행동에서 나오지 지식에서 나오는 게 아니라고 아리스토텔레스가 말한 바의 반대 주장일 것이다.

덕이 적절성에 있다고 본 세 번째 학파인 스토아학파로 돌아와서는, 스미스는 자신의 멘토 허치슨이 좋아한 교재인 키케로의 『최고선악론』 제3권과, 디오게네스 라에르티오스가 쓴 유명 철학들의 생애에 대한 책 중 그 학파의 수립자 제논에 대한 짧지만 강렬한 이야기에 기반을 둔다. 제논의 기본 원칙은, 인간을 포함한 모든 동물에게 자연은 자기 보호와 자기애를 권한다는 것이었다. 언제나 자연은 인간에게 무엇을 선택하고 무엇을 꺼리고 피해야 하는지를 알려주는 안내자이자 교사였다. 그래서 인간은 건강, 힘, 신체적 편안함, 그리고 이런 것들을 증진할 수 있는 부, 권력, 명예 같은 외적 편리점들을 선택하게 되고, 질병, 신체적 불편함, 그리고 이런 조건들을 야기하는 경향이 있는 빈곤, 권위의 결여, 함께 살아가는 사람들의 경멸 같은 외적 애로점들을 꺼리고 피하게 되었다. 스토아학파에 따르면, 인간은 자연이 권한 것과 자연이 피해야 한다고 가르쳐준 것 내에서 정확한 분별로 선택하고 거부함으로써, '덕의 정수를 이루는 행동의 완벽한 엄격성'을 유지했다.

여기까지는 스토아학파와 소요학파, 혹은 아리스토텔레스 추종자들의 이상이 어느 정도 일치한다. 그들은 요구받은 자제의 정도에서 각각 달랐다. 소요학파는 인간 본성에서 어느 정도의 약점을 인식했고, 결국 어느 정도의 굳세지 못함을 인간에게 유용한 것으로서 감안했다. 반대로 스토아학파는 '가장 완벽한 무감동'을 요구했는데, 그들은 최소한으로도 마음의 평정을 방해할 수 있는 모든 감정을 '경솔함과 어리석음'의 결과로 여겼기 때문이다. 소요학파는 인간성을 한껏 확장함으로써, 어떤 열정도 관찰자가 그 열정에 공감하는 한 열정의 도를 넘지 않는다고 인정했다. 스토아학파는 모든 열정을, 관찰자의 공감을 요구하는, 또는 관찰자에게 인간의 자연적 상태를 변화시켜가며 인간의 열띤 감정에 장단을 맞출 것을 요구하는 부적절한 것으로 보았던 듯하다. 스토아학파의 관점은, 세상 모든 일은 '현명하고 힘 있고 선한 신'에게 지배되고 있으므로, 우리는 일어나는 모든 일이 전체의 완벽함과 번영에 이바지한다고 확신할 수 있다는 것이다. 만약 우리가 불쾌한 상황에 처해 있다면, 타인에 대한 의무와 정의가 허락하는 한, 스스로를 구하는 것은 우리의 의무다. 만약 이렇게 할 수 없다면, '우주의 질서와 완벽함'이 우리에게 우리 상황에 계속 머물러 있기를 요구한다는 것에 만족해야 한다. 무엇보다 우리가 바라야 하는 것은 전체의 질서와 번영에 가장 많이 이바지하는 것이다. 여기서 스미스는 로마 군인 아리아노스가 스승 에픽테토스의 담론에 대해 그리스어로 쓴 보고서로부터, 만약 우리가 스스로를 인간으로 여긴다면 자신이 인간 본성을 괴롭히는 어떤 혹은 모든 부침을 겪을 수도 있고, 자신에게 닥친 그런 재난에 대해 불평하지 않을 수도 있다는 취지의 긴 인용문을 명백히 찬성하며 제시한다. 결국 스토아학파가 요구한 것은, 정의라는 적절성의 기본 원칙인 '우주의 질서에 대한 복종' '전체의 이익과 균형을 이룰 때의 우리 자신과 관련된 모든 것에 대한 전적인 무관심'이었다. 1759년 『도덕감정론』 초판의 이 절의 대의로 미루어, 스토아학파에 대한 스미스의 충성은 원래 강했던 게 분명하다.

덕이 적절성에 있음을 주장하는 근대의 체계들로 넘어가면서 그는 합리주의적 이신론자들인 새뮤얼 클라크와 윌리엄 울러스턴의 체계를 언급한다. 또한 더 미심쩍어하면서 섀프츠베리의 체계도 언급하는데, 그는 덕을 도덕적 대상에 어울리는 어떤 정서로 정의한 것처럼 보인다(*TMS* 293, n. 30). 스미스가 보기에 이 체계들은 모두 불완전한데, 어떤 것도 덕스러운 행동에 주어지는 높은 평가나 가해자가 벌을 받을 만한 악에 주어지는 멸시를 설명하지 않기 때문이다.

다음으로 그는 덕이 신중함에 있다고 보는 체계들을 논하는데, 그가 그중 가장 오래됐다고 여기는 것은 에피쿠로스의 체계다. 에피쿠로스는 육체의 즐거움과 고통이 당연히 욕망과 혐오의 유일한 궁극적 대상이라고 가르쳤다. 결과적으로, 힘과 부는 즐거움을 가져다준다는 점에서 바람직한 것이고, 가난과 비천함은 고통을 가져다준다는 점에서 피해야 하는 것이었다. 또한 에피쿠로스에 따르면 마음의 즐거움과 고통은 그것들이 유래한 육체의 즐거움과 고통보다 더 크다. 기억되거나 예상되는 즐거움과 고통은 육체에 의해 즉석에서 경험되는 즐거움과 고통보다 더 크다. 육체적 편안함과 정신적 평정은 '인간 본성의 가장 완벽한 상태'를 구성하고 가장 큰 행복을 가져온다. 모든 덕의 근원이자 최고봉인 신중함은 바람직한데, 그것이 삶의 가장 큰 악들을 막아주고 가장 큰 선들을 확보해주는 경향이 있기 때문이다. 우리의 자연스러운 열정을 억제하는 절제는 유익함이 있어 바람직하며, 우리가 당장의 덜한 만족을 무시할 준비가 되어 있다는 점에서, 우리가 선별한 더 큰 즐거움을 미래에 우리에게 허락해준다. 정의를 실천하는 것도 마찬가지로 우리에게 이로운데, 우리가 상처 입은 사람의 보복과 비난을 피하게 되기 때문이며, 함께 사는 사람들에게 좋은 일을 하는 것이 그들의 좋은 평가와 호감을 얻도록 하기 때문이다. 하지만 에피쿠로스는 신중함과 절제의 실천이 우리 자신의 신체적 편안함과 정신적 균형을 위해 무엇을 하건, 우리가 실제로 어떻게 좋은 사람이나 나쁜 사람으로 행동하는지가 다른 사람들에게서 열렬한 바람 또는 혐오의 감정을 불러일으키는 것임을 이해하지 못했다고 스미스는 생각한다. 결과적으로 『도덕감정론』 초판과 6판에 있는 에피쿠로스 철학에 대한 스미스의 의견은 '그것은 내가 수립하려 노력해온 것[체계]과 완전히 불일치'한다는 것이다(*TMS* 1759: 450; 1790: VII.ii.2.13).[8]

마지막으로 우리는 『도덕감정론』을 통해 덕이 이타심에 있다는 체계를 세운 철학자들을 보게 된다. 후기 고전 시대의 절충주의자들, 기독교 교회의 일부 교부, 17세기의 케임브리지 플라톤학파다. 이 범주에서 스미스는 자신이 도덕철학자가 되도록 영향을 준 스승을 위해 다음과 같은 최고의 찬사를 남긴다.

하지만 이 체계의 고대 또는 현시대의 모든 후원자 중에서도 고 허치슨 박사가 의심할 바 없이 타의 추종을 불허하는 가장 예리하고, 가장 확실하고, 가장 철학적인 후원자였으며, 무엇보다 가장 냉철하고 가장 현명한 후원자였다. (*TMS* 1759: VII.ii.3.3)

스미스는 과장되게 칭찬을 하는 사람이 아니어서, 그가 케임스를 칭찬하고(*TMS* 1759: 174; 1790: II.ii.1.5), 더 높은 강도로 흄을 칭찬하고(*TMS* 1759: 338; 1790: IV.1.2), 그리고 이렇게 최고의 강도로 허치슨을 칭찬한 것은 신중하게 이루어진 것이자 의도적으로 차등화된 것이다. 그는 이 장에서 다시 흄에게 눈길을 주면서, 효용성이라는 면에서 덕을 정의하는 흄의 체계가 '적절성에 덕이 있다고 보는 체계와 일치한다'고 주장한다(*TMS* 1759: 468; 1790: VII.ii.3.21). 또 눈에 띄는 점은, 그가 칭찬할 만한 동기인 자기애를 배제하는 것에서 허치슨에게 동조하지 않으며, 그것을 필요한 것으로, 때로는 칭송받을 만한 행동 원칙으로 인정할 준비가 되어 있다는 것이다(*TMS* 1759: 518~519; VII.ii.3.16). 스미스 자신의 조언은, 만약 일반 대중이나 심지어 '어떤 철학적 규칙에 따라' 살기를 주장하는 사람들도 적절성이나 이타심이나 신중함의 이런 체계 중 어느 하나의 가르침에 따라 행동하고자 한다면 사회에 이로우리라는 것이다. 또한 그는 어느 한 체계의 장점이 다른 체계들의 장점으로 어떻게 보완되는지를 언급한다(*TMS* 1759:

472; 1790: VII.ii.4.5).

그러나 스미스는 자기애라는 주제를 마무리 짓지 않았고, 덕과 악의 어떤 차이도 거부하는 듯 보이는 체계들, 따라서 그가 보기에 '유해한' 체계들을 의미하는, 자신이 '부도덕한 체계'라 부르는 것을 다루게 되면서 그 주제를 다시 거론한다. 『도덕감정론』 초판에서 스미스는 두 권의 책을 염두에 두었다. 첫 번째는 '덕은 강이 바다와 합류하는 것처럼 이기심과 합류한다'(p. 171)라고 주장한 프랑수아 드 라로 슈푸코 공작의 『잠언집』이었다(초판, 1665). 두 번째 책은 맨더빌의 『도덕적 덕의 기원에 대한 탐구』(『꿀벌의 우화』 1부)로, 이 책은 '도덕적 덕은 아첨이 자부심을 상대로 하여 낳은 정치적 자식'이라고 주장했다 (cf. *TMS* 309, n. 2).

스미스는 이 두 저자의 체계가 '거의 모든 면에서 틀렸다'고 생각했지만, 언뜻 보면 그 체계들을 뒷받침하는 것처럼 보이는 인간 본성의 단면들이 있다고 기술했다. 다음으로 그는 두 저자의 문체를 구별했다. 라로슈푸코 문체의 '우아함과 섬세한 정확성'이 이런 단면들을 가볍게 묘사한다면, 맨더빌 문체의 '거칠고 투박하지만 생생하고 유머가 있는 웅변'은 그 단면들을 더 충실히 묘사한다는 것이다(*TMS* 1759: 474; 1790: VII.ii.4.6). 스미스는 라로슈푸코 『잠언집』의 내용은 다루지 않았는데, 그가 라로슈푸코의 증손자를 알게 되고 그 증손자로부터 자신의 선조와 맨더빌을 한데 엮은 것에 대해 살짝 불평하는 말을 들으면서(*Corr.* No. 194) 이 책을 빼기로 결정한 것이다. 이에 대해서는 뒤에서 1790년 판 『도덕감정론』에 대해 설명할 때 다시 거론할 것이다. 1759년에 스미스는 명예롭고 고상하게 행동하려는 바람 뒤에는 허영심이 있다고 주장하는 것에서 맨더빌이 틀렸음을 보여주고자 했다. 하지만 스미스는 너그럽고 공공심 있다고 간주되는 행동들 뒤에 자기애가 있을 수 있다고 본다. 그는 허영심의 자기기만적 성향을 비난하는 데 주저하지 않았지만, 야망의 자극제가 되고, 사회 구성원들에게 확실한 이익을 주는 계급 사회의 유지에 자극제가 되는 것으로서의 허영심의 힘은 인정한다. 그런 다음 그는 수사적으로 이렇게 묻는다. '우리가 조건의 개선이라 부르는 인간 삶의 그 위대한 목표에 의해' 얻으려는 이익은 무엇인가? 그의 답은 편안함도 즐거움도 아닌 허영심이 우리에게 영향을 미친다는 것이다(TMS 1759: 109; 1790: I.iii.2.1). 동시에, 그는 허영심에 근거한 경쟁의 파괴적인 면을 다음과 같이 현실적으로 인지하고 있다. '그러므로 행정관들의 아내를 분열시키는 가장 큰 동기인 직위가 인간 삶의 노고 절반의 목표이며, 탐욕과 야망이 이 세상에 끌어들인 것인 모든 소란과 법석, 모든 강탈과 불의의 원인이다'(TMS 1759: 127; 1790: I.iii.2.8).

정곡을 찌르는 이 언급은 라로슈푸코의 490번 잠언의 아주 적절한 인용에 뒤이어 나온다. 바로, 일반적으로 사랑 뒤에 야망이 오지만 그 반대는 거의 맞지 않는다는 취지의 잠언으로, 인간에게서 야망의 충동이 얼마나 강력한지를 암시하는 것이다.

스미스는 자기애라는 원칙의 중요성을 인정하는 것 말고는 이렇게 맨더빌을 완전히 격파하면서 덕의 본질에 대한 그들의 정의와 관련된 체계 탐구를 마무리하며, 이어서 도덕철학이 제기하는 두 번째 근본적인 질문으로 넘어간다. 우리로 하여금 덕을 인정하고 악을 인정하지 않게 하는 것은 무엇인가? 그는 이것이 이론적 의미에서 중요한 질문이지만, 첫 번째 질문과 달리 실용성은 없다고 인정한다(*TMS* 1759: 491; 1790: VII.iii. Intro. 3). 스미스는 다시 한번 홉스와 그의 추종자들을 공격한다. 그들이 푸펜도르프나 맨더빌과 마찬가지로 덕을 인정하는 원칙을 자기애로 축소한다고 언급하며, 이것은 '공감 체계에 대한 혼란스러운 오해'라고 주장하는 것이다. 여기서 그의 주된 주장은 공감이 어떤 식으로든 이기적인 원칙으로 여겨져서는 안 된다는 것이며, 예컨대 '남성이 분만 중인 여성에게 공감할 수는 있지만, 그 남성이 자신이 그녀의 고유한 몸과 인격으로 그녀의 고통을 직접 느낀다고 생각할 리 없다'고 단호하게 말한다(*TMS* 1759: 497: 1790: VII. iii.1.4). 19세기의 인류학자들이 관찰했지만 그 전에 스트라보가 시사하고 마르코 폴로가 이야기한 바 있는 관습인 의만擬娩에 대해(*OED*), 즉 원시 사회의 남성들이 아내가 아이를 낳을 때 자신도 산고를 겪는 것처럼 흉내 내는 관습에 대해 스미스가 무슨 말을 했을지 생각해보는 것은 흥미롭다.

도덕 인정의 원칙을 납득하게 만드는 체계에 대해서는, 스미스는 옳고 그름에 대한 우리의 '첫 인식'과 '어떤 일반적 규칙들의 근거가 되는 실험들'이 '즉각적인 감각과 감정'의 대상이지 이성의 대상일 수는 없다는 허치슨과 흄의 생각(*First Enquiry*, 1748, 1750, 1절에 추가된 노트: ed. Beauchamp, 2000: 232를 보라)을 받아들인다. 여기서 그는 『미덕에 대한 탐구』의 설명이 반박할 수 없는 것이라고 생각하며, 모든 논란을 허치슨이 기술한 것 또는 '표현의 어떤 형태들에 미신적 애착, 식자들에게서 드물지 않은 약점'에 대한 '간과' 탓으로 돌린다(*TMS* 1759: 505; 1790: VII.iii.2.9).

그럼에도 그는, 어떤 특별한 도덕 감각이라는 허치슨의 개념, 즉 '외부 감각들과 다소 유사한, 어떤 특별한 지각의 힘'이라는 허치슨의 개념(*TMS* 1759: 507, 509; 1790: VII.iii.3.5 그리고 8), 또는 달리 말해서, 어떤 색깔의 아름다움에 대한 지각이 그 색깔 자체에 대한 지각에 뒤따라 유지되는 것과 같이, 다른 종류의 대상에 대한 선행된 직접적 지각 다음에 어떤 종류의 대상을 지각하기 위해 작동하는 반사 감각이라는 허치슨의 개념은 지지하려 하지 않는다(*TMS* 1759: 508; 1790: VII.iii.3.6). 스미스는 단지 이런 주장을 무너뜨릴 목적에서 허치슨 자신의 주장을 제시한다(*TMS* 323).

> [허치슨이] 허용하는 자질들은[『도덕 감각을 예증하는, 열정과 애정의 본질과 행동에 관한 시론』 3판, 1742, s. 1, p. 237] 감각의 대상들에 속하며, 엄청난 부조리가 개입하지 않는 한 감각 자체에 귀속될 수 없다. 검은색 또는 흰색 (…) 을 보는 감각이라 부르는 것을 누가 생각해봤겠는가? 또한 [허치슨에] 따르면, 우리의 도덕적 능력을 덕 있다거나 악하다고, 도덕적으로 좋다거나 나쁘다고 일컫는 것 역시 부조리하다. (*TMS* 1759: 509~510; 1790: VII.iii.3.8)

이렇게 허치슨의 독창성을 저지한 스미스는 이제 자신의 매우 포괄적인 도덕철학 체계의 요점들을 종합할 수 있다. 그렇게 함으로써, 그는 어떻게 그 체계가 흄과 같은 효용성 원칙에의 과한 의존으로 약화되지 않고서, 공감 개념의 정교화를 통해 감정 이론의 주된 추진력을 전달하는지를 밝힌다.

우리가 어떤 성격이나 행동을 용납할 때, 앞서 말한 체계에 따르면, 우리가 느끼는 감정들은 몇몇 점에서 서로 다른 네 가지 근원에서 파생된다. 첫째, 우리가 행위자의 동기에 공감한다. 둘째, 우리가 그의 행동의 혜택을 받는 사람들의 고마움에 공명한다. 셋째, 그의 행동이 일반적으로 그 두 가지 공감을 작동시키는 일반 규칙에 맞았음을 우리가 알아본다. 마지막으로, 우리가 그런 행동을 개인이나 사회의 행복을 증진하는 경향이 있는 행동 체계의 한 부분으로 간주할 때, 그 행동은 잘 고안된 어떤 기계의 효용성과 다르지 않은 이런 효용성에서 아름다움을 얻는 것처럼 보인다. (*TMS* 1759: 518~519; 1790: VII.3.iii.16)

스미스는 책의 마지막을 여러 저자가 도덕성의 실제 규칙들을 다룬 방식을 검토하는 데 할애한다. 정의의 규칙들만이 '정확하고 적확'하며 문법의 규칙들에 비견될 만하다고 그는 생각한다. 도덕성의 다른 규칙들은 우아하고 탁월한 작문을 위해 비평가들이 수립한 규칙과 비슷하다. 고대 윤리학자들은 비평가처럼 글을 쓰면서, 악과 덕에 대한 일반적인 기술, 각각의 덕의 토대가 되는 감정들, 그리고 이런 감정들에 의해 우리가 구속되는 일반적인 행동 노선을 다루는 것에 만족했다. 문법학자 식으로는, 기독교 교회의 결의론자들과 어느 정도는 17세기 법학에 대한 저자들이 특히 정의와 관련해 인간 행동의 정확한 규칙들을 정하려 했다. 하지만 그들은 서로 충돌하는데, 법학은 판사와 중재인의 의사 결정의 규칙을 정하는 데 목적을 두지만, 결의론은 선인善人의 행동의 규칙을 정하는 것이기 때문이다. 예컨대 강요에 의한 약속의 이행이라는 문제에서, 결의론에 의해 지지되는 더 높은 기준이 있는 것처럼 보일 것이다. 한 가지 어려움은 비평가로 있는 것이 더 적절한 곳에서 문법학자가 되려 하는 결의론자들의 경향이었다.

헛되이 그들은 오직 판단하기 위해서 느낌과 감정에 그것이 어디에 속하는지를 정확한 규칙에 의해 정해주려 했다. 모든 경우에 섬세한 정의 감각이 주저하는 얄팍하고 허약한 양심과 충돌하기 시작하는 정확한 지점을 규칙에 의해 알아내는 것이 어떻게 가능한가?(*TMS* 1759: 544; 1790: VII.iv.33). 따라서 스미스는 결의론을 난해하고 도덕적 실수에 이바지하는 것으로서 거부하며, '윤리학과 법학'을 도덕철학의 유용한 두 부분으로 본다.

『도덕감정론』의 본문에서 하나의 윤리학 체계를 제공한 만큼, 결국 스미스는 '자연법학이라 불리기에 적절한 것 (…) 만민법을 관통하고 만민법의 토대가 되어야 하는 일반 원칙들의 이론'을 검토한다(*TMS* 1759: 549; 1790: VII.iv.37). 고대의 윤리학자들, 특히 플라톤, 아리스토텔레스, 키케로는 '그 자연적 공정함의 규칙들의 목록'을 제공하지 않으며, 『전쟁과 평화의 법』을 쓴 흐로티위스는 그렇게 한 최초의 저자로 인정받는다. 스미스는 분명 허치슨의 소개로 접하게 된, 그리고 자기 서재에 한 권 이상 갖추고 있었던 이 책에 '결함'이 있다고 보는 자신의 생각을 분명히 밝힌다. 아마도 이는, 『법학 강의』(B) 서두에서 그가 주장했듯이, 그 책이 '전쟁이 어떤 경우에 정당성을 얻을 수 있는지를 결정하는 군주와 국가들을 위한 일종의 결의론적인 책'으로 시작했기 때문에 그럴 것이다.

그러나 그는 자신이 호로티위스의 중심 주제, 즉 인간은 평화롭고 지능적으로 조직된 사회생활에 대한 강렬한 욕구를 가지고 있다는 주제의 중요성을 이해하고 있음을 보여주는 맥락에서 『도덕감정론』을 마무리한다.[9] 인간의 사교성이라는 이 주제(스토아 철학의 개념)는 유럽 전역에서 건설적으로 다루어졌고, 법학, 정치학, 역사학, 경제학 관련 사상의 발전을 가져왔다. 따라서 스미스의 『도덕감정론』 마지막 문장은 호로티위스의 의제를 발전시키고 있는데, 그가 '또 다른 담론을 통해서 법과 정부의 일반 원칙들에 대한, 그리고 그것들이 사회의 여러 시대와 시기에 겪은 여러 변혁에 대한 설명을' 제시하려는 계획을 밝히고 있기 때문이다. 그는 '정의에 대한 것'이라는 약속한 저작을 스스로 만족할 만한 수준으로 완성하지 못했지만, 현대 학문은 이 주제에 대한 그의 사상 및 그 사상과 그의 도덕 이론의 관계에 대해서 주요 원칙들을 수립했다(Haakonssen, 1981; Brühlmeier, 1988). 하지만 『국부론』을 통해 스미스는 '치안[경제 성장 촉진을 위해 정의를 실현하는 데 필요한 세부 규정들], 세입, 국방에 대한 것'을 다루는 대단한 업적을 이루어냈다.

12장

『도덕감정론』에 대한 비판

·

곧 내 책의 새 판이 출간될 것이고,
나는 어떤 비판도 기꺼이 감수할 것이다.

스미스가 '항상 [『도덕감정론』을 『국부론』보다] 더 우수한 책으로 여겼다'고 전해지지만, 세상은 이러한 스미스의 생각에 일반적으로 동의하지 않는다(Romilly, 1840: i.403). 하지만 우리는 먼저 나온 『도덕감정론』이 뒤에 나온 『국부론』의 그림자에 가려지게 두지는 말아야 한다. 스미스는 항상 자신을 윤리학자로 여겼고, 『국부론』이 출간되기 전 17년 동안 『도덕감정론』의 발행 부수에 기초해 저술가로서 확고한 명성을 얻었다. 다섯 번 개정판을 낼 때마다 그는 이 책으로 돌아왔고, 말년에 이르기까지 이 책을 다듬고 고치려 노력했다. 후에도 이 책은 도덕에 대한 사상의 소중한 자원으로 남아 스미스 사후 10년에 이르기까지 인상적인 발행 부수를 기록했는데, 저작권이 유지되던 시기에 인쇄된 최종 부수는 7750부에 달했다(Sher, 2002: 19). 여러 외국어로 번역된 덕분에 이 책의 수명이 더 연장되었지만(eds. Tribe and Mizuta, 2002), 도덕에 대한 사상은 다른 시대를 다루는 다른 사람들에 의해 더 많이 진척되었고, 다르게 표현되었다. 그리고, 이번 장에서 간단히 이야기되겠지만, 스미스가 살았던 18세기 말엽에는 스코틀랜드의 도덕철학이 글래스고대학에서 스미스의 교수직을 물려받은 북동부 출신의 상식철학자 토머스 리드의 이름과 주로 연결되어 있었다.

물론 스미스의 친구들은 자신의 책을 수정하고 발전시키는 그를 격려했고, 그 책의 수용에 대한 이야기, 그 책이나 다른 프로젝트를 위한 조언, 그리고 그 책의 더 나은 발전을 가져올 비판 같은 것을 그에게 전해주었다. 예컨대 윌리엄 로버트슨은 1759년 6월 14일 스미스에게 편지를 쓰면서, 막 에든버러에 도착한 극작가 존 홈을 통해 『도덕감정론』이 런던 '최고의 상류 인사들의 손에' 들어가 있고 내용과 문체 면에서 크게 인정받았다는 소식을 들었다고 알렸다. 잉글랜드 사람들은 스미스가 '옥스퍼드에서 수학'한 만큼 자신들이 스미스와 '관계있다고 주장하는 데'서 위안을 얻었다. 홈은 로버트슨과 마찬가지로 스미스가 다음에는 '덜 난해한 주제에 대해' 써야 한다고 생각했고, 로버트슨은 스미스가 '철학사'를 생각해보기를 바랐다(*Corr.* No. 34). 앞의 7장에서 로버트슨이 과학 이론에 대한 스미스의 에든버러 강의를 상기하고 있었다는 생각이 피력되었지만, 그는 1759년 판 『도덕감정론』 6부에서 스미스가 기술한 도덕철학 체계들의 역사의 확장을 보고 싶어했을지도 모른다.

홈이 보낸 7월 28일자 편지는 『도덕감정론』의 유통 관련 반응들을 기술하고 있다(*Corr.* No. 36). 집안의 법적 소질을 물려받은, 대법관 하드윅의 둘째 아들 찰스 요크는 버크가 그랬듯이 '그 책에 크게 매혹'되었고, 아일랜드에 체류 중인 듯한데도 스미스에게 편지를 보내려

했다. 솜 제닌스는 커콜디의 하원의원인 제임스 오즈월드에게 '그 책을 극구 칭찬'했다. 출판업자 밀러는 피츠모리스 경(훗날의 셸번 총리)으로부터, 그가 그 책을 아마도 국외 거주 영국인과 네덜란드 지식인들에게 나누어줄 '선물로 헤이그에 몇 권 가져갔다'는 말을 들었다. 제임스 우드로는 새뮤얼 켄릭에게 보낸 1761년 1월 4일자 편지에서, 『헤이그 리뷰』에 실린 『도덕감정론』에 관한 글을 스미스가 읽었음을 언급했다(아마도 *Bibliothèque des sciences et des beaux arts*, La Haye, 1754~1778). 그는 또한 글래스고에서 스미스의 학우였고 이제는 헤이그의 스코틀랜드인 목사가 되어 있는 아치볼드 매클레인은 '여전히 온화한 허치슨학파이며', '아름답고 정제된 홉스의 철학 체계에 맞서 이타심과 도덕 감각을 옹호하기 위해 힘껏 노력할 것'이라고 이야기했다(London, Dr Williams's Lib., MSS 24.257 No. 42). 허치슨이 어떤 측면에서 칭찬받을 만한 동기인 자기애를 전적으로 거부한 점에 반대한 스미스의 반역이 적어도 한 명의 독자에게는 영향을 미치지 못한 셈이다.

홈은 '내 책은 물론이거니와 당신 책에도 너무 몰두하면 안 된다'고 스미스를 염려하는 말로 편지를 마무리하는데, 여기서 홈이 말하는 '내 책'은 1759년 3월에 출판된 『영국사: 튜더 왕가』 두 권이다. 그는 휘그당이 '다시 내게 화가 나 있다'고 들었다면서, 스미스가 '무례하고' '천박한' 워버턴학파의 일원인 리처드 허드의 『도덕적·정치적 대화』(1759)에서 자신을 겨냥한 비난을 봤을 것이라고 생각한다. 이 학파는 홈을 '무신론자 재커바이트'로 특징지은 윌리엄 워버턴 주교의 추종자들로 이루어져 있었다(Mossner, 1980: 309).

흄은 런던에 머물지 스코틀랜드로 돌아갈지 주저한다. 흄에게 스코틀랜드는 '내 운에 가장 알맞은 곳이고, 내 중요한 교우 관계들의 중심지이지만, 내게는 너무 협소한 곳'이고, 그는 자신이 '때때로 친구들을 다치게 한다는 것이 속상하다'. 짐작건대 이는 무신론자 아니면 회의론자라는 자신의 명성 탓에 생기는 일들을 두고 하는 말일 것이다. 그는 스미스에게 '편협한 자들', 즉 스코틀랜드의 고교회파 칼뱅주의자들이 자신의 『영국사』 중 스코틀랜드 종교 개혁을 다룬 튜더 왕가 관련 권들을 공격하려고 '한껏 무장'한 상태인지를 물으면서, '당신의 판단을 어서 편지로 알려주세요'라고 호소한다. 마지막 문장들에서 흄은 먼저 로버트슨의 『스코틀랜드 역사』(1759)를 거론하며, 이것 역시 종교 개혁을 다루었으나 프로테스탄트 기독교 신자의 관점에서 다뤘다고 말한다. 두 번째로는 『도덕감정론』을 거론하며, 이것이 자신의 도덕 이론을 비판했고 종교적 색채를 띠었다고—기독교보다는 자연종교의 색채이지만—언급한다.

하지만 주요한 한 가지 예외가 있으니, 칼뱅의 형벌적 대속론, 즉 죄 없는 그리스도가 십자가에 못 박혀 죽음으로써 인간의 끝없는 죄에 대해 영원히 대신 속죄했다는 이론을 반영하고 있는 부분이 그렇다.[1] 이 이상한 교리는 『도덕감정론』 제5판까지 등장하는데, 2부 2절 3장의 마무리 부분에 나온다. '정의 감각, 가책, 시비 의식'의 효용성을 '자연의 소질'로 다루는 부분이다(1st edn., *TMS* 1759: 203~206). 스미스는 이처럼 한 인간이 이제 막 '신의 신성함'을 보이려 하는 경우에 대해 성찰하는데, 여기서는 불완전한 인간의 덕이 보상받을 가치가 있는 것으로 보일 수 있다기보다는 악이 벌을 받을 가치가 있는 것으로 보인다. 그런 형국에서는 '몹쓸 벌레'—인간이 자신이 벌레처럼 하찮게 보이리라는 것을 알고 있듯이—에 대해 '신의 분노가 아무런 제한 없이 터져나오지 않을' 이유가 없어 보인다. 신의 정의를 운운하는 것은 불가능하며, 유일한 출구는 신의 자비를 구하는 것이다. '지난 행동에 대한 뉘우침, 한탄, 수치, 회개'만이 '당연히 그가 야기한 (…) 신의 분노'를 달랠 수 있는 것들로 보이지만, 그는 하느님이 자신을 살려주는 것을 승인하지 않을까봐 두려워한다. 그를 위해서는 다른 어떤 중재가 이루어져야 한다. 그가 감당할 수 있는 수준을 넘어서는 '다른 어떤 희생, 다른 어떤 속죄'가 필요한 것이다. 여기서 스미스가 기술한 바에 따르면—제5판까지—, '계시의 교리는 모든 면에서 자연의 원시적 예측과 아주 비슷'한데, '더할 수 없이 강력한 중재가 이루어졌음을, 그리고 우리의 수많은 위반과 부당성에 대한 더할 수 없이 끔찍한 속죄가 이루어졌음을 (…) 우리에게 보여주기' 때문이다(*TMS* Glasgow edn., footnote, p. 91~92, 또한 Append. II). 스미스가 이 납득하기 힘든 도덕의 예를 1790년까지 자기 책에 살려두었던 이유는 분명치 않다. 거의 200년 앞선 인물인 소키누스는 그것을 부당하고 가혹하다며 거부했다(『구세주 예수 그리스도』, 1594/1656~1668; Gomes, 1993; Packer, 2002). 분명 그것은 인간의 본성 자체가 정의의 원천들을 내포하고 있으며, 개인 내면의 공정한 관찰자가 도덕적 행동의 길을 보여줄 수 있고 그 길을 잘 따르도록 인도할 수 있다는 그 책의 대의와 충돌한다.

우리는 흄이 이 대목에 대해 어떻게 생각했는지 알려주는 정보는 갖고 있지 않지만, 스미스에게 쓴 편지에서 흄은 종교와 도덕에 대한 동시대의 생각에 다가가는 데 자기보다 신중한 친구들이 자기 책들에 의해 야기된 격분으로 덕을 봤다고 서글프게 말한다. '로버트슨의 책[『스코틀랜드 역사』, 1759]이 장점을 갖고 있긴 하지만, 나에 대한 반감 때문에 그가 여기서 이익을 본 것은 확실하다. 나는 이것이 당신에게도 해당된다고 생각한다.'

이 편지의 본론에서 스미스에 대한 흄의 우정은 『도덕감정론』에 대한 반응과 관련해 좋은 소식을 전하는 것 이상으로 발휘되었는데, 거기서 스미스의 도덕 체계에 대한 비판적 검토의 결실을 찾아볼 수 있기 때문이다. 흄은 스미스가 '반대를 없애기 위해서 수정과 추가'로 새 판을 준비하고 있음을 알고 있었다. 따라서 그는, '무게'가 있는 것이라면, 스미스가 고려해볼 만한 것을 자유롭게 제안할 수 있었다.

> 나는 모든 종류의 공감은 필연적으로 즐거운 것임을 당신이 더 상세하고 충실하게 입증했으면 좋겠습니다. 이것이 당신 체계의 요점이지만, 당신은 그 문제를 20쪽[i.i.2.6]에서 대충 언급할 뿐입니다. 지금으로서는 즐거운 공감뿐 아니라 불쾌한 공감도 있는 것처럼 보일 것입니다. 사실 동조적 열정은 원판의 반사 이미지와 같은 것이어서, 원래의 열정과 속성을 같이할 것이고, 이것이 고통스러운 것일 때는 고통스러울 것입니다. 사실 우리가 전적으로 공감할 수 있는 사람과 대화할 때, 즉 따뜻하고 친밀한 우정 같은 것이 있는 경우에, 그런 교류의 진심 어린 열린 마음은 불쾌한 공감의 고통을 제압하고 전체적 흐름을 즐거운 것으로 만듭니다. 그러나 보통의 경우들에서는 이렇게 될 수 없습니다. (…) 눈물과 슬픔과 비극의 공감에서 오는 만족을 설명

하는 것은 항상 어려운 문제로 여겨집니다. 만약 모든 공감이 즐거운 것이라면 이럴 일이 없겠지요. 병원은 무도회장보다 더 즐거운 장소가 될 것입니다. 유감스럽게도 99쪽[i.ii.5.4]과 iii[i.iii.1.9]에서 당신은 이런 서술에서 벗어나 있고, 오히려 그것은 거기서 당신의 추론과 뒤섞여 있습니다. 분명 당신은, 슬픔에 동조하는 것은 고통스러운 일이며 우리는 항상 마지못해 슬픔에 들어서게 된다고 말하고 있습니다. 당신이 이 감정을 수정하거나 설명하고, 그것을 당신의 체계와 조화시키는 것이 필요할 듯합니다. (*Corr.* No. 36)

스미스는 흄의 이의를 진지하게 받아들였지만, 또 하나 언급해야 할 점은, 흄이 스미스의 체계에 대해 스미스와 이렇게 사적으로 소통한 것에 더하여 1759년 5월 『크리티컬 리뷰』에 『도덕감정론』에 대한 최초의 소개 글인 그 책에 대한 호의적인 '개요'를 실었을 수도 있다는 것이다. 이는 흄이 1759~1760년 『도덕감정론』에 대한 서평을 썼다고 스미스의 친구 데이비드 칼란더가 두 차례 주장한(7장) 근거일 수 있다.

그 주장의 재발견과는 별개로 데이비드 레이너는 심증을 토대로 이런 주장을 폈다. 그의 주장은, 흄이 1758~1759년 런던에서 튜더 왕가의 역사를 담은 자신의 책들이 인쇄되는 것을 지켜보던 시기에, 1758년 토비아스 스몰렛과 다른 두 사람이 창간하고 1763년까지 스몰렛이 편집한 정기간행물 『크리티컬 리뷰』에 일련의 글을 썼다는 것이다. 이 글들은 엘베시우스의 『정신론』(1758년 11월)에 대한 역설적 논평, 로버트슨의 『스코틀랜드 역사』(1759년 2월)에 대한 글, 윌리엄 윌키의 『에피고니아드』(4월) 2판을 칭찬하는 '저자들'(편집자들)에게 보내는 편지, 그리고 마지막으로 『도덕감정론』 '개요'였다(Raynor, 1982a, 1984, 1987a; Hume, Phil. Wks, iv.425). 흄의 좋은 성품은 동료 스코틀랜드 저자들, 특히 첫 책을 낸 저자들을 칭찬하는 데서도 표출되었는데, 첫 책이란 그 자신의 첫 책인 『인성론』의 운명을 고려할 때 그에게는 민감한 부분이었다.

'개요'에는 흄이 썼음을 암시하는 점들도 있고, 이를 부정하게 만드는 점들도 있다. 흄의 『인성론』 서문은 도덕철학이 관찰과 경험을 바탕으로 형성되어야 함을 강조했고('도덕 뉴턴주의'), '개요'는 『도덕감정론』의 저자를 '우리의 현시대 자연주의자들[뉴턴주의자들]의 방식을 따르고 매 순간 사실과 실험에 의지한다'고 칭찬한다(레이너의 1984년 텍스트, p. 66). 또한 도덕적 판단 형성에서 공감의 역할에 대한 스미스의 핵심 주장이 두 가지 경고와 함께 세심하게 설명되는데, 이는 흄처럼 철학적 통찰력을 가진 사람이 할 수 있을 법한 설명이다. 그중 첫 번째 경고는, 스미스가 공감에 의해서 '인간의 행동이나 행위에 의해 야기되는 모든 종류의 인정과 불인정을 설명하고 **싶어한다**[강조는 인용자]'는 서술로 주어진다. 두 번째 경고는, 스미스는 '우리가 공감할 수 있는 다른 사람에게서 어떤 열정이나 감정이 나타날 때는 우리가 만족을 느끼고 그와 반대되는 일이 일어날 때는 고통을 느낀다'고 생각해, '이 만족 또는 고통이 인간의 행동이나 행위에 관한 우리의 모든 인정과 불인정을 설명해줄 것이라고 **생각한다**[강조는 인용자]'는 식의 서술에서 드러난다(Raynor, 1984: 67). 스미스에게 보낸 1759년 7월 28일자 편지는 스미스의 체계가 이 부분에서 결함이 있다고 흄이 생각했음을 보여준다.

하지만 예상 밖으로, 다시 말해서 흄을 '개요 작성자'로 보기 적절치 않게, 이 작성자는 스미스가 '많은 부분 공공의 효용성에 대한 고려에 기초를 둔 도덕 체계를 수립한' 흄 씨의 감정들을 반박하는 '논쟁의 여지가 없는 많은 논증을 추가'하고 있다고 주장한다(p. 74). 여기서 '개요 작성자'는 이 관계사절을, '덕에 대한 우리 인정이 곧 효용성 (…) 의 인지라고 보는'이라고 되어 있는 스미스의 원전보다 부드럽게 만들어놓았다(*TMS* IV.2.3). 어떤 사람은 스미스가 흄의 실제 주장을 제대로 다루지 못했다고 주장하게 된다. 요컨대, 광범위한 발췌문을 제시한 후 이 작성자는 '생기 있고 명료하고 남성적이고 꾸밈없는 문체'를 이유로 『도덕감정론』을 칭찬하는데, 이는 스미스의 수사학 가르침을 스미스 자신이 성공적으로 실행한 것에 대한 찬사인 셈이다. 하지만 다시 흄을 '개요'의 필자로 보기 어려운 예상 밖의 내용이 나온다. 다음 요점은 '[스미스가] 어디서나 종교적 원칙들에 대해서까지 줄곧 꼼꼼하게 살펴본 점' 및 경건한 결론과 관련된 것이기 때문이다. '그러나 과학을 요구하는 사람들은 철학자를 종교 신앙인과 분리하려 노력할 수도 있는데, 진실은 모든 곳에서 단일하고 일관성이 있기에, 한 사람이 이 둘 중 어느 한쪽이기를 포기하지 않고서 다른 한쪽에서 벗어나기는 불가능하다는 것이 늘 발견될 것이다'(p. 78~79).

만약 이것이 진짜로 흄이 쓴 글이라면, 같은 시기에 쓰인 『자연종교에 관한 대화』에서 그의 또 다른 자아인 필로의 입을 통해 나온 다음과 같은 말을 감안할 때 소화하기 힘들다. '그리고 종교와 신앙에 대한 고귀한 고백을 하는 어떤 사람과 관련해 말하자면, 이것이 신중한 것으로 통하는 몇몇 사람을 그에게 속거나 사기당하지 않도록 경계시키는 것 말고 어떤 다른 영향을 미칠까?'(pt. xii). 회의적 주장에서 분명 벗어나지 않았던 필로의 원칙들보다 유신론자 클레안테스의 원칙들이 '진실에 더 가깝다'고 『자연종교에 관한 대화』에서 팜필루스를 통해 우리에게 무덤덤하게 단언하는 그런 노련한 흄의 솜씨가 '개요'에서 발견된다고 우리는 주장할 수 있을까? 이 점에서는, 저명하지만 논란을 불러일으키는—'신앙심이 없다'는 이유에서—이 필자의 행동에 공감하는 것이 가능하다. 짐작건대 흄은 스미스의 책이 종교를 옹호하는 데 성공했음을 역설적으로 언명함으로써, 그리고 자신이 자신의 저작들 중 '비할 데 없는 최고'로 간주하는 저작인 『도덕 원리 탐구』를 반박함으로써, 연하의 친구 스미스의 이 첫 번째 책에 활력을 불어넣어주었던 것 같다(『나의 삶』).[2]

존슨 박사는 자기 시대의 서평자들을 둘로 구분한 바 있다. '내가 생각하기에 『크리티컬 리뷰』의 서평자들은 종종 책을 끝까지 다 읽지 않고 서평을 쓰는 것 같지만, 주제를 잘 이해하고 있고 대체로 뚜렷한 자기 의견을 가지고 글을 쓴다. 『먼슬리 리뷰』의 서평자들은 둔한 편이지만, 기꺼이 책을 끝까지 읽는다'(BLJ 10 Apr. 1776). 하지만 『도덕감정론』의 경우, 흄이 이 책을 완독했을 가능성이 있다. 1749년에 랠프 그리피스와 함께 『먼슬리 리뷰』를 창간한 윌리엄 로즈는 매리셜 칼리지를 나오고 교사로 일하고 살루스티우스를 번역한 이력의 인물로, 그 역시 『도덕감정론』을 완독했을 수 있다. 앤드루 밀러에 따르면 그는 1759년 4월 말 친구들에게 나누어줄 요량으로 『도덕감정론』을 열다섯 권 구매했다. 또한 그는 1759년 7월호에 첫 번째로 실린, 스미스 책에 대한『먼슬리 리뷰』논평의 필자라고 알려져 있다 (*Monthly Review* 21: 1~18; Nangle, 1934). 이 글은 분명『크리티컬 리뷰』에 실린 개요의 일부를 반복하고 있으며, '명료한' 문체와 '사실과 경험'을 들어 자신의 체계를 설명했다는 점에서 스미스를 칭찬한다. 흄과 마찬가지로 이 필자는, 공감에 대한 추론과 무관하게 공감이 '인간 본성의 명백한 원칙'이라는 견해를 지지할 준비가 되어 있다. 그는『도덕감정론』에 나오는 흄에 대한 칭찬, 즉 그가 매우 독창적이며, '가장 난해한 주제'를 '명료할 뿐 아니라 우아하게' 다룬다는 칭찬을 스미스에게 적절히 적용한다(cf. *TMS* IV.1.2). 또한 그는 스미스가 공리주의 이론을 비판할 때 흄을 염두에 두었음을 알고 있다.『크리티컬 리뷰』의 '개요'와 마찬가지로 이 논평도 도덕 이론의 체계들에 대한 스미스의 개관과 '종교 원칙들에 이르기까지 줄곧 꼼꼼하게 살펴본 점'을 특별히 언급한다. 스미스는『먼슬리 리뷰』의 인쇄업자인 스트레이핸에게 보낸 1760년 4월 4일자 편지에서, 랠프 그리피스가 '서평에서 내 책을 칭찬주었다'며 그에게 '매우 고맙다'고 밝혔다(*Corr*. No. 50). 당시『먼슬리 리뷰』의 월간 판매량은 영국에서 개별적으로 판매된 부수가 2500~3000부였음을 근거로 추정 가능하며, 각 권은 아마도 특히 순회 도서관을 통해서 더 많은 독자의 손을 거쳤을 것이다. 각 정기간행물의『도덕감정론』에 대한 두드러진 호의적 논평은 스미스에게 상당한 명성을 안겨주었을 것이고, 그의 조국에서, 그리고 그의 책이 유입된 유럽 대륙과 영국의 아메리카 식민지에서 그의 윤리 사상에 대한 진지한 토론을 부추겼다.

버크는 1759년 9월 10일의 편지에서, 흄에게 건네받은『도덕감정론』이라는 선물을 늦게 알아본 것에 대해 스미스에게 사과한다. 그는 '적절한 주의와 관심'을 기울여 책을 읽고서 제대로 된 평가를 내리고 싶었고, 이제 그가 생각하기에 그러한 주의와 관심은 '아주 충실히 주어졌고 충분히 보답받았다'. 그는 스미스 이론의 '견고함과 올바름'을 확신하는데, '옛 도덕 체계들이 너무 편협'했던 반면에 그의 이론은 '인간 본성 전체'에 근거를 두고 있기 때문이다. 존슨은 버크가 '비유적 표현의 저장소'를 갖고 있다고 말한 바 있는데(*BLJ* 1773년 8월 15일), 버크는 이를 환기시키며 건축에서 비유를 찾아 스미스를 체계-건설자처럼 서술한다.

> 당신보다 앞서 이 주제를 다루었던 모든 작가는 하나의 가느다란 기둥 위에 큰 둥근 천장을 올려놓는 것을 좋아한 고딕 건축가들과 비슷했습니다. 여기에는 기교가 있고, 분명 어느 정도 독창성도 있습니다. 하지만 그것은 합리적이지 않고 오랫동안 즐거움을 줄 수 없습니다. 항상 같은 것인 인간의 본성 위에 세워진 당신의 이론과 같은 그런 이론은 지속될 것입니다…….

버크는 스미스의 문체에 대해, '매우 다채롭'고 어떤 대목들에서는 탁월하며, '특히 그 격조 높은 망상에 어울리는 모든 웅장함과 화려함으로 치장된 (…) 스토아 철학에 대한 훌륭한 묘사에서' 그렇다고 말한다. 스미스는 스토아학파를 이런 식으로 묘사한 것에는 동의하지 않았을 텐데, 그가 『도덕감정론』에서 스토아학파의 주요 측면들을 도덕적 이해와 행동에 대한 수용 가능한 지침으로 분석하는 데 상당한 노력을 기울이고 있기 때문이다. 아마 그는 자기 글이 산만하다는 비난에 더 주의를 기울였을 것이고, 『국부론』을 쓰게 되었을 때 그의 문체가 더 단정하고 힘이 있었음을 우리는 안다. 버크가 뒤이어 『애뉴얼 리지스터』(*Annual Register* 1759: 484 ff.)에 쓴 서평은 스미스에게 보낸 그의 편지와 같은 어조를 띠고서 『도덕감정론』의 고찰의 독창성을 강조하는데, 그 독창성은 '단순한 진실'에서, 즉 '아마 지금까지 있었던 가장 멋진 도덕 이론 체계 중 하나'인, 우리 판단을 형성함에 있어서 공감이 역할을 한다는 진실로부터 생겨난다고 설명된다.

　『도덕감정론』에 대한 혹평은 런던의 '지식인 집단'과는 멀리 떨어진, 당시의 한 스코틀랜드 시골 목사관에서 나왔는데, 여기에는 아마 중도파 성직자들의 견해가 반영되어 있을 것이다. 이는 국경 지대인 켈소 근처에 위치한 스티첼 교구의 목사 조지 리드패스가 쓴 일기에 들어 있었다. 그는 자기 교구의 아픈 이들을 방문했고, 간음을 저지른 이들을 너무 가혹하게 대하지 않았으며, 정원 일을 좋아했고, 시인 존 홈의 친구였고, 에든버러의 총회에서 로버트슨과 인버레스크의 칼라일의 무리에 섞여 있었으며, 책을 좋아했다. 그는 고전을 읽었고, 스위프트와 스턴 같은 몇몇 최근 작가의 작품도 읽었다. 그는 스몰렛의 『세계사』를 높이 평가하지 않았고, 스미스의 첫 책은 문체나 내용 면에서 그의 기준에 충족되지 못했다.

　그 책은 그가 지식과 천재성을 소유한 인물임을 보여주지만, 나는 내가 들었던 그 책에 대한 찬사들에는 결코 동조할 수 없다. 그 책의 새로운 점은 아마도 그 자체로는 그다지 중요하지 않으며, 명확하고 분명하게 확립되어 있지도 않다. 열변을 토하고 장식적으로 말하는 과도한 경향으로 인해 그는 어떤 이론을, 특히 새로운 이론을 전달하는 데 너무나 필수적인 정확함, 예리함, 분명함에 힘쓰는 것에서 벗어나고 말았다. 또한 어디서나 웅변가처럼 구느라―웅변 실력이 전혀 뛰어나지 않지만―이렇게 유머에 탐닉하다보니, 그는 내가 보기엔 20쪽만으로 더 힘차고 명쾌하게 충분히 전달될 수 있을 만한 것을 400쪽에 달하는 긴 분량으로 지루하게 늘려놓게 되었다. 왜 이렇게 되었을까? 그 남자가 평생 소년들에게 열변을 토하는 데 익숙하고, 수강생으로서의 그 소년 집단과 독자로서의 멋지고 합리적인 남성들의 세계를 구분해야 함에 주의를 기울이지 못했기 때문이다. 그 책에서 가장 가치 있는 부분은―이 역시 언급된 결점에서 자유롭지는 못하지만―고대와 현시대의 여러 도덕철학 체계의 끝에 나오는 설명이다.

(Ridpath, 1922: 275)

1759년 판 『도덕감정론』과 특히 뒤에 나온 판들을 위해 작성된 자료들의 문체를 비교해보면, 스미스가 그 자신이 청소년을 상대로 하는 대규모 도덕철학 수업들에서 주의를 끌 수 있는 방법으로 여겼던 열변에서 벗어났음을 알 수 있다(*TMS* intro. 5). 스미스가 잘나가던 시절에 이런 수업들은 15~16세의 소년 80명으로 구성되었을 것이고, 이 소년들은 대부분 목사나 선생이 될 운명이었지만 일부는 상인이나 법률가가 되고자 했고, 또 일부는 도덕철학 수업을 두세 번 듣기도 했다.

1759년 10월 10일에 스미스가 길버트 엘리엇에게 보낸 '문서들'

에서 문체의 강화와 이론의 수정이 발견된다(*Corr*. No. 40). 이것들은 1760년 12월 30일경 인쇄된 『도덕감정론』 제2판의 수정 원고가 된다(*Corr*. No. 54). 엘리엇에게 보낸 편지에는 다음과 같은 내용이 쓰여 있다. '내가 당신에게 보낸 문서들에서 당신은 D. 흄의 이의 제기에 대한 응답을 보게 될 것이다. 내가 완전히 그를 무찌른 것 같다.' 학자들은 여기서 스미스의 주장이 정당한지 그렇지 않은지에 대해 의견을 달리했다. 간단히 말해, 흄의 견해는 스미스가 우리의 동조적 감정에 만족이 결부돼 있다는 전반적 주장에서 일관성이 없고, 우리가 인정을 느낄 때 이는 우리가 덕 있는 행동에서 얻는 특별한 종류의 만족이라는 것이다. 흄의 관점에서 더 일관성이 없는 것은, 우리가 적절한 상황에서 슬픔에 공감하고, 그래서 그것을 인정하고, 따라서 만족을 느낀다는 스미스의 주장이다. 하지만 동시에 스미스는 슬픔에 공감하는 것은 고통스럽다고 인정한다(*Corr*. No. 36).

I.iii.1.9.의 주석으로 제2판에 들어간 그 응답은 『도덕감정론』에 새로운 것은 전혀 추가하고 있지 않지만, 공감의 본질이 이중적이라는 스미스의 생각을 다음과 같이 더 자세히 설명한다. '관찰자의 동조적 열정, 그리고 두 번째로는 관찰자 자신의 이 동조적 열정과 애초 관련자의 열정 사이의 완벽한 일치를 그가 관찰하는 데서 생기는 감정이다'(*Corr*. No. 51). 두 번째 것은 항상 즐겁지만, 첫 번째 것은 기분이 좋을 수도, 좋지 않을 수도 있다. 분명 흄과 스미스는 '공감'이란 단어를 가지고 서로 다른 것을 의미하고 있다. 흄은 감정의 소통을, 스미스는 감정의 상호성에 접근하게 해주는 심리적 메커니즘을 의미하는 것이다. 이런 통찰은 '기분 좋지 않은 공감'을 도덕적 판단을 낳

는 공감 법칙의 작동에 동화시키는 것으로 이어진다(Campbell, 1971: 104~106).

하지만 엘리엇에게 보낸 수정 원고의 대부분은 공정한 관찰자 개념을 더 발전시킴으로써 스미스의 체계에서 이론적 진보가 이루어 졌음을 보여준다. 논평자들은 특히 이 발전의 한 가지 결과물에 관심을 두었다. 그것은 바로, 행위자/공정한 관찰자의 상호 작용에서 공감의 메커니즘을 통해 사회의 균형을 이루어내는 도덕적 힘들과, 가격과 임금의 자연스러운 수준 및 전체적 경제 효율성의 확립에 이바지하는 시장 메커니즘에 종속된(마치 보이지 않는 손에 이끌리는 듯) 경제적 힘들의 상호 작용에서 공감의 메커니즘을 통해 사회의 균형을 이루어내는 도덕적 힘들 사이의 유사점이 도출될 수 있다는 것이다 (Campbell, 1971: 138~139, n. 1; Skinner, 1979: 162, n. 11; Fleischacker, 1991: 258). 각 영역에서 복잡한 힘들의 상호 의존성에 대한 스미스의 분석은 정교하고 설득력 있다.『도덕감정론』의 도덕적 심리 분석은 분명 경제학에서 작용하는 심리적 요인들에 대한『국부론』의 유사한 논의에 기여했다.

우리는 엘리엇이 스미스에게 정확히 어떤 이의 제기를 했는지에 대해 정보를 가지고 있지 않지만, 데이비드 래피얼은 스미스가 쓴 답장으로 미루어 그것이 인정과 불인정이라는 사회적 태도들에 따른 도덕적 판단의 형성과 관련 있다고 보았다(*TMS* 16~17). 만약 우리 자신의 동기와 행동에 대한 우리의 도덕적 평가가 이런 태도들에 달려 있다면, 사회가 수용할 준비가 되어 있는 그 무엇과 관련해서도 다른 더 높은 도덕 기준을 우리가 어떻게 인정할 수 있을까? 스미스는 자기 글을 고쳐 쓰는 일의 어려움을 엘리엇에게 다음과 같이 이야기한다. '이 일은 당신이 상상하는 것 이상으로 많은 시간과 생각을 잡아먹는다. (…) 이미 써놓은 것 중간에 뭔가를 삽입하고 그것을 앞뒤로 잘 연결시키는 것보다 더 어려운 일은 없다.'

스미스에게는 글을 쓸 때 다른 어려움들도 있었다. 존 레이가 밝혔듯이 그는 글씨를 '느리고 지나치게 공을 들여' 쓰는 편이었고(Rae, 1965: 261), 그래서 적어도 에든버러 강의들을 준비하던 시절부터 대필자를 두어 자신의 구술을 받아쓰게 했다(Stewart IV.25). 1759년 판 『도덕감정론』을 위한 수정 원고는 『국부론』 초기 원고를 받아쓴 대필자의 필체로 되어 있으며, 같은 필체가 그 시기의 글래스고대학 기록들에서 두루두루 보인다(Corr. 51, n. 9). 또 원고지 위에 남은 워터마크는 정의에 대한 단편 원고의 그것과 같지만(TMS 388 참고), 이 경우에는 필체가 다르다.

엘리엇의 이의 제기에 따라 계획된 수정 방식은 법, 자연신학, 진화된 스토아 철학과 관련된 담론 유형들을 뒤섞는 것이다. 그것은, 스미스의 강의를 듣는 학생들을 즐겁게 해주었을 수도 있는 것이자 스미스가 『도덕감정론』 초판에서 자유롭게 제공한 것인 문학이나 동시대 사회 현장의 실례들로 장식되지 않는다. 스미스의 주장은, 상상으로 만들어진 공정한 관찰자는 실제 관찰자들이 무지와 편견 때문에 갖고 있지 못한 객관성에 도달할 수 있다는 것이다. 여기서 스미스 주장의 한 원천은 『역사의 법 영역들』(1758)에 담겨 있는 케임스의 '형법'에 관한 글일 수 있다. 그것의 서두의 요점은, 타인에게 해를 끼치는 비행자는 관찰자들과 마찬가지로 자신에게 죄가 있음을 인식하고 있으며 가책을 느낀다는 것이다.

그리고 매우 주목할 만한 것은, 그의 후회에는 배상이나 속죄로 처벌이 막아지지 않는 한 처벌이 가해지리라는 불안한 두려움이 동반된다는 것이다. 그래서 인간의 마음속에는 양심을 위한 재판소가 세워진다. 모든 비행에 대해 인간에게 판결이 내려지고, 인간은 신의 손으로 넘겨져 자신의 죄에 비례하는 벌을 받는 것이다.

스미스는 이 양심의 재판소라는 용어를 그것의 신학적 함의와 함께 유지하다가, 그 재판소의 권위가 그 재판소와 종종 충돌하기도 하는 대중의 의견에서 나온다는 문제로 넘어간다. 그러고 나서 공정한 관찰자 개념이 법적 은유를 통해 도입된다.

그러므로 우리는 마음속으로 우리 자신과 우리와 함께 살아가는 사람들 사이에 어떤 재판관을 세워놓는 것을 이내 배우게 된다. 우리는 우리 자신을 매우 공평하고 공정한 한 사람 (…) 단지 어떤 일반인, 우리가 다른 사람의 행동을 냉정하게 지켜보듯이 우리 행동을 냉정하게 주시하는 어떤 공정한 관찰자의 존재 앞에서 행동하고 있는 것으로 상상한다.

스토아 철학의 담론은 약하고 보잘것없고 분별없는 사람은 공정한 관찰자의 우월한 법정에 호소할 생각을 절대 하지 않는다는 주장과 맞닿아 있다. 그들은 세상에 상처 받았을 때 스스로를 정당화할 수 없고 '세상의 노예'가 되는 것이다. 우리가 우리의 '진정한 보잘것 없음'을 보고 '스토아 철학의 담대함과 굳건함에 대한 큰 배움을 얻는' 것은 오직 공정한 관찰자의 '위치'에서다(Corr. 54~56). 또한 스미스는, 흄의 『도덕 원리 탐구』 제2판(1998: 5.2.41)을 좇아, 도덕적 객관성을 달성하기 위한 상상력 발휘는 객관적인 시각적 판단을 달성하는 것과 비슷하다고 언급하면서, 자신이 외부 감각에 대한 논문을 통해 후자의 주제를 다루었음을 상기시킨다(EPS 152~153, n. 19).

스미스는 엘리엇에게 보낸 편지에서, '우리 자신의 행동에 대한 우리 판단은 항상 어떤 다른 존재의 감정과 관련 있다는 나의 원칙을 확인'하는, '그럼에도 불구하고 진정한 담대함과 의식적 덕은 모든 인류의 불인정 아래서도 스스로를 지탱할 수 있음을 보여주는' 자신의 주장에 대해 논평해주기를 청한다.

스미스는 또한 자신이 맨더빌의 체계에 대해 쓴 것과 관련해 논평을 청하고, 엘리엇에게 '전체적으로 내가 덕을 여론과 충분히 분리시키지 않는지 검토해달라'고 부탁한다. 그래도 엘리엇이 만족하지 않는다면, 스미스는 자신의 학설을 '많은 새로운 설명을 통해 훨씬 더 분명하게' 만들 준비가 되어 있다. 이 편지에 대한 엘리엇의 답장을 우리가 갖고 있지 않고, 또한 『도덕감정론』의 본문을 위한 공정한 관찰자 내용에 더 이상의 설명이 추가되지도 않았지만, 데이비드 래피얼은 자신이 '공정한 관찰자라는 스미스의 개념의 가장 중요한 점'으로 여기는 것, 즉 '상상의 관찰자로서의 양심에 대한 스미스의 이론에서 그것의 역할'을 재검토했다(Raphael, 2007: 42, n. 12). 엘리엇이 제기한 애초의 문제는, 우리 양심이 사회적 태도를 반영하는 것으로 인식된다면, 어떻게 우리 양심이 여론과 충돌할 수 있는가—분명 종종 그러듯이—하는 것이었다. 래피얼의 주장은 우리 양심의 우월한 법정, 즉 '마음속의 이상적 인간'이 다른 사람들의 편파성과 무지를 관찰하는 경험적 과정의 한 결과로서 독립성을 획득하며, 우리의 상상력이 도덕적 무지를 초월할 수 있는 상상의 관찰자를 내면에 구축한다는 것이다. 본질적으로, 래피얼은 스미스가 우리의 상상력을 더 신뢰하고 우리를 둘러싼 진짜 세상을 덜 신뢰하려 했다고 보고 있다. 요약하면, 이런 관점에서 스미스는 공정한 관찰자의 관점이 올바른 초점을 달성할 수 있고 달성한다고, 그리고 자존심은 '지워진다'고 생각했다(래피얼의 말, p. 41).

스미스는 1760년 4월 4일 스트레이핸에게, '내가 전에 당신에게 보냈던 바로 그 추가 내용을, 이후 내게 일어난 많은 수정 및 개선 사항과 함께 네다섯 차례 우편으로' 밀러에게 보냈다고 썼다. 그런 다음 그는, 스트레이핸이 바라는 수정 사항들을 모두 담고 있는 자기 책의 수정본을 부탁한다. 그는 그것이 성가신 일이지만 자신에게 큰 도움이 될 것임을 잘 알고 있다.

나는 내게 얼마나 큰 도움이 될지 알고 있으며, 또한 나는 우리 선조들이 교황과 왕위 요구자를 몰아내며 지킨 소중한 사적 판단의 권리를 보호할 것입니다. 나는 당신이 교황보다 훨씬 더 실수가 없다고 믿지만, 내가 프로테스탄트인 만큼 내 양심은 내가 성서에 바탕을 두지 않은 어떤 권위에도 굴복하기를 꺼리게 합니다. (Corr. No. 50)

스미스는 스트레이핸이 인쇄업자로서 텍스트에서 '부수적인 것들'이라 불리는 것, 즉 구두점, 철자, 분철, 그리고 대문자·소문자·이탤릭체·로마체에 이르는 활자 사용에 대한 수정을 담당했다는 사실을 언급한다. 저자로서 스미스는 의미를 나타내는 언어 표현인 '본질적인 것들'의 변경에 책임을 졌을 테지만, 그에게 중요해서 집어넣거나 제거해야 하는 예컨대 구두점이나 이탤릭체 같은 '부수적인 것들'과 관련된 문제가 있었을 것이다(*TMS* intro. 37~38).

결국 스미스는 제2판에 대한 스트레이핸의 일 처리에 전적으로 만족하지 못했고, 정오표를 동봉해 그에게 보낸 1760년 12월 30일자 편지에서, 흄 역시 선호한 종교 모방적 용어로 익살스럽게 또다시 훈계하며 다음과 같이 썼다.

그 반대편 페이지는 당신이 내 책을 인쇄하며 저지른 수많은 죄와 부정을 당신 눈앞에 펼쳐놓을 것입니다. 처음 여섯 개, 적어도 첫 번째['인정'을 '불인정'으로 고칠 것], 세 번째['효용성'을 '비효용성'으로], 네 번째['만족스러운'을 '불만족스러운'으로], 여섯 번째['대중적 또는 개인적'을 '대중적에서 개인적'으로] 것은 결코 용서받을 수 없는 이른바 성령을 거스르는 죄입니다. 나머지는 후회, 반성, 회개가 따른다면 사해질 수 있습니다. (*Corr.* No. 54)

성령을 거스르는 이 죄들은 1767년에 나온 제3판에서 사라졌지만, 『도덕감정론』 제6판에 이를 때까지 25개 이하의 오류 중 15개만이 조금씩 정정되었고, 그 밖의 것들은 1976년 글래스고 판에 와서야 정정되었다. 스미스는 가능한 한 완벽한 제2판을 갖고 싶었다. 그는 대필자에게 증정본들에 정정 사항을 써넣을 것을 지시했으며, 어느 정도는 자신이 직접 추가했다. 그렇게 해서 제2판 정정본 두 권이 만들어졌는데, 그중 한 권은 튀르고에게 선물로 보낸 것이고(Jammes, 1976: item 765: 개인 소장, 암스테르담대학 경제학 교수 A. 에르트예), 다른 한 권은 최근에 경매 물건으로 나온 것이다(1987년 12월 15일 소더비 카탈로그: 영국 문학과 역사, item no. 312; Raphael, *TMS* repr. 1991: 402).

스미스는 1760년 3월부터 이따금 몸이 아팠고, 7월 초에는 에든버러에 갔다가 축축한 침대에서 잠을 잔 탓에 병이 심하게 재발했다. 앞서 언급했듯이, 스미스의 친구이자 의사인 컬런은 그에게 9월 전에 500마일 정도 말을 타고 가서 목숨을 구하라고 말했다(*Corr*. No. 52). 그는 아마 자기 친구의 병을 건강염려증으로 진단했을 테고, 건강염려증은 옥스퍼드에서 스미스를 괴롭혔던 듯하다. 컬런은 이러한 상태에 대해, 자극된 상상이 병적으로 몸에 영향을 미친 데서 비롯된다고 동시대인들에게 알려져 있다고 쓰면서, 열정이 누그러져야 하고 '생각을 방해하는 기계적인 방법들이' 치료 방법으로 시도되어야 한다고 주장했다. 그는 여행의 일정 부분을 말을 타고 가는 것이 최선이라고 생각했는데, 환자가 집에 있으면서 느끼는 '불안과 관심'에서 벗어나, 운동과 친하지 않은 사람에게 특히 적절한 '좀더 지속적인 운동'을 하게 되고, 계속 바뀌는 대상들에 주의하게 될 것이기 때문이다(Barfoot, 1991: 208~210).[3] 1789년에 조지프 블랙이 불안과 우울증으로 고통받던 또 다른 천재 제임스 와트에게 한 충고도 말을 사서 가능한 한 많이 타라는 것이었다(Doig, 1982: 39).

이런 상황에서 스미스는 컬런의 충고를 받아들였으며, 우리가 알다시피 그는 요크와 잉글랜드 서부에 갈 계획을 세웠고, 제자 토머스 페티 피츠모리스의 아버지인 셸번 백작 1세의 저택 로크스하우스(지금의 위컴어비)를 방문했다(*Corr.* No. 52). 이 저택은 런던에서 30마일쯤 떨어진 곳에, 옥스퍼드로 이어지는 통행량 많은 길 가까이에 자리 잡고 있었다. 1760년 12월 30일에 스미스가 스트레이핸에게 보낸 편지에는 1757~1762년에 스트레이핸의 집을 자주 방문한 프랭클린 박사와 그의 아들에게 안부를 전해달라는 추신이 들어가 있다(Cochrane, 1964: 100~108). 나아가 스미스는 『도덕감정론』 서평자의 한 사람이었던 것으로 우리가 알고 있는 윌리엄 로즈의 안부도 물었다. '내가 한 약속을 잊지 않았다고 그에게 전해주세요. (…) 나는 나의 지체로 그에게 폐를 끼치는 일이 없기를 바랍니다. 혹여 그렇게 된다면, 나는 크게 마음이 쓰일 것이고, 내가 잉글랜드에 남겨놓은 문서들이 그에게 전달되게끔 조치할 것입니다.' 계속해서 스미스는, 이 '문서들'이 '내가 바라는 상태는 아니지만, 내 과실로 그에게 고통을 안기느니 대중에게서 내 명성을 잃는 편이 낫다'고 말한다(*Corr.* No. 54). 여기서 언급된 '문서들'은 『수사학과 문학에 대한 강의』 제3강의 발전된 형태인, 언어에 대한 스미스의 논문을 구성했을 가능성이 있으며, 이 논문은 1761년 『언어학 논집』에 수록되었다. 『언어학 논집』은 맥퍼슨의 '서사시들'에서(『핑걸』, 1762과 『테모라』, 1763. 또한 휴 블레어의 『오시안의 시에 대한 비평』에서) 승자들을 가려낸 토머스 베킷과 피터 에이브러햄 드 혼트의 고급 독자를 겨냥한 회사에서 발행되었다. 스미스의 논문은 이후 『도덕감정론』 제3판(1767)에 재수록되었다. 데이비드

레이너는 스트레이핸의 장부에서 1761년 4월에 로즈를 위해 『언어학 논집』 1000부가 인쇄된 것과 관련된 사항들을 추적했는데, 추가 수정 때문에 로즈에게 3파운드 11실링이 청구되기도 했다(BL Add. MS 48803A, of. 57). 대략 같은 시기인 1760년 11월 혹은 12월에 흄은 '나로서는 현재 하고 있는 일[『영국사』]이 끝나기 전에는 [로즈가] 제안하는 일을 맡는 것이 절대 불가능하나'고 스트레이핸에게 썼고, 또한 스트레이핸을 위해서도 로즈를 위해서도 사과하는데, 이로 미루어 이 제안에도 이 인쇄업자가 개입돼 있었을 것이다(*HL* i.336).

『언어학 논집』에 대한 광고에서 '편집자'―아마도 윌리엄 로즈―는 이 책의 기획 의도가 '프랑스 『백과전서』의 다양한 글'과 '파리 문학아카데미의 논문집에서 가장 유용하고도 재미있는 논문들', 그리고 영어를 쓰는 독자들에게 알려지지 않은 '외국 저자들의 언어학 주제에 대한 논문들', 영국 저자들이 쓴 독창적인 논문들을 소개하는 데 있다고 밝힌다. 스미스의 논문만이 유일하게 첫선을 보이는 논문이자 정말로 언어학다운 것을 다루는 논문인 듯하다. 많은 논문이 문학아카데미 논문집에서 가져온 것이고, 역사의 진실성이라는 문제를 다룬다. 레베크 드 푸이의 이름으로 된 두 편의 논문, 「로마의 처음 네 시대 역사의 불확실성에 대한 연구」와 「역사의 정확성에 관한 새로운 비평」도 있는데, 둘 다 도용한 것이라는 주장이 제기되었다. 첫 번째 논문은 랭스의 한 수사 신부의 원고에서 나왔는데, 푸이가 1722년 비문碑文아카데미에 이 논문을 제출했을 때 그 수사 신부는 바스티유에 있었다. 두 번째 논문은 볼링브로크의 것으로 추정되는데, 푸이와 볼링브로크가 함께 잉글랜드를 떠나기 6개월 전인 1724년에 제출되었다

(Nadel, 1967). 초기 로마 역사의 불확실성에 대한 논문의 핵심은 기독교 전통의 역사를 포함해 고대의 구전 역사와 기록 역사를 모두 의심한 것이었다. 그 아카데미에서 나온 한 가지 반응은 클로드 살리에르 신부가 보인 것으로, 그는 고대 자료를 옹호했고, 특히 기적과 관련해 역사적 진실을 요구하는 것에 집중된 체계적이고 풀리지 않는 의심으로 여겨지던 동시대의 피론식 회의주의를 비난했다(Wootton, 1990). 또 다른 반응은 니콜라 프레레에게서 나왔는데, 그는 『고대 철학자들의 연구에 대한 개설』을 통해 역사적 비판과 개연성을 근거로 옹호될 수 있는 것을 규정함으로써 절충안을 모색했다. 표면적으로 푸이의 것으로 돼 있지만 볼링브로크의 것이라고 주장되는 논문은 공통의 경험과 일치할 수도 일치하지 않을 수도 있는 주장에 기초한 전통과 입증 가능한 출처에 기초한 역사를 분리함으로써 역사의 정확성 문제를 이야기한다. 어떤 주장의 무게는 그 주장과 일반적으로 관찰되고 검증된 사실 간의 불일치에 비례해 감소한다.

우리는 1720년대의 비문아카데미 내 논쟁에 기여한 이런 논문들이 영어로 번역되어 1761년에 출판된 배경이 무엇인지 짚어봐야 한다. 어떤 의미에서 1760년에 흄은 악명 높은 논문 「기적에 관하여」가 담긴 『인간 이해력 탐구』를 포함하고 있는 『몇 가지 주제에 대한 논설』의 '새 판'을 통해 기적에 대한 논쟁을 이어가고 있었다. 그러므로 그가 왜 『언어학 논집』과 같은 출판물에 등장하게 되었는지를 이해할 만하다. 스미스의 『언어의 최초 형성에 관한 고찰』은, 바벨탑의 건립과 붕괴에 대한 성경 이야기 속의 전설적 원인을 대체하는, 언어의 다양성의 발전에 관한 자연적이고 진화적인 설명으로서, 기적 논쟁에 걸맞는다.

스미스가 『언어학 논집』의 출간에서 기고자 중 한 명으로 참여한 것 이상의 역할을 맡았는가 하는 의문이 남아 있다. 길버트 엘리엇은 이에 대해 뭔가를 알고 있었다. 그가 흄에게 보낸 날짜 없는 어떤 편지에서 1760년대의 출간 예정작들에 대해 다음과 같이 썼기 때문이다. '리틀턴 경의 역사, 제임스 스튜어트 경의 책, 로버트슨의 역사, 퍼거슨의 도덕에 향후 2년 동안 우리는 품을 들일 것입니다. 그 다음엔 당신의 왕인 윌리엄과 스미스의 『언어학 논집』이 이어지겠지요'(NLS MS 11009, of. 125).[4] 『언어학 논집』에 대한 광고는, 그것이 오직 '편집자의' 희생으로 인쇄되었으며, 1권의 반응이 괜찮으면 '2권은 다음 1월에 나올 것이고, 그 후에 전체 계획이 완성되기까지 6개월에 한 권씩 나올 것'이라는 정보를 주는 데서 끝난다. 스미스의 논문은 언어의 '기원과 발전'에 대한 맨더빌, 콩디야크, 루소의 고찰에 화답하는 것이었다. 그의 이름은 계획된 그 간행물과 계속 연결되었고, 1802년의 『유로피언 매거진』 한 호와 『런던 리뷰』(London Review 41: 249)에서는 그해 4월 10일 어떤 익명의 편지가 언어에 대한 논문이 실린 '"언어학 논집"이 아마도 스미스 박사에 의해 1761년에 출판되었다'라고 언급했다(LRBL 26). 『언어학 논집』은 첫 권 이후 더 이상 나오지 않았고, 그 책에서 우리는, 스미스가 역사적 증거의 수준에 대한 의문을 제기하는 출판물에 적어도 『도덕감정론』의 제목에 영향을 미친 인물인 푸이와 함께 등장했다는 사실을 확인하는 것으로 만족해야 한다.

스미스는 1761년 8월 말에서 10월 초까지 글래스고대학 업무차 런던을 방문했는데, 그때 피츠모리스 경(훗날 셸번 백작 2세)과 함께 남쪽으로 여행했던 것 같다. 피츠모리스 경은 『도덕감정론』 예찬자로, 헤이그에서 그 책 몇 권을 사람들에게 나눠주기도 했다. 이 여행에서 스미스는 셸번을 자신의 경제 원칙으로 전향시켰다고 한다(Stewart n. 1; *EPS* 347). 스미스의 도덕 체계가 새로운 모습으로, 또한 그 자신이 생각하기에 발전된 모습으로 그해에 이미 출간돼 있었던 만큼 스미스는 런던에서 인정받기를 내심 바랐을지도 모른다. 스미스가 의견을 듣고 싶어한 런던의 스코틀랜드인들 중 한 사람은 로버트 클러크로, 꾸준히 경력을 쌓고 있던 육군 장교였고, 스미스는 길버트 엘리엇에게 이 일을 주선해달라고 부탁했다(*Corr.* No. 40). 셸번 경의 정치적 후견을 받고 있던 클러크를 인버레스크의 칼라일은 '매우 뛰어나고 왕성한 지적 능력을 갖춘' 사람이라고 묘사했다. 하지만 칼라일은 또한 그에 대해 '내가 알기론 그토록 큰 지력을 가진 모든 사람 중 대화를 나누기 가장 좋지 않은 사람이었다'고 고백하지 않을 수 없었다. 그의 방식은 그의 직업에 적합한 것이었다. '그는 자신의 호전적인 생각을 일상적 교류에 적용했고, 보루나 성에 있을 때처럼 사람들의 의견을 공격했다'. 한번은 칼라일이 열병으로 몸져누운 애덤 퍼거슨의 병문안을 위해 클러크를 보낼 것을 제안했는데, '어림없는 소리!'라는 절망적인 답변이 돌아왔다(Carlyle, 1973: 231~232). 퍼거슨은 클러크를 잘 알았는데, 그들은 젊었을 때 블랙워치에서 함께 복무했다. 흄과 클러크 또한 실패한 대對로리앙 협동 작전에서 함께 복무했다.

애덤 퍼거슨은 그가 사용한 종이의 워터마크의 날짜인 1800년 후의 어느 시점에 철학적 문제를 다루는 두 편의 '담화'를 썼다. 첫 번째 담화는 도덕 평가의 원칙에 초점을 맞춘 것으로, 다음과 같은 말로 시작된다. '흄 씨가 영국 역사에 대한 책을 출판하기 위해 런던에 머물러 있을 때, 어느 날 아침 클러크 장군이 방문했고, 곧바로 스미스 씨도 왔다'(EUL MS Dc. 1. 42, No. 25; ed. Mossner, 1960; ed. Merolle et al. 2006: 207~215).[5] 우리는 이런 모임이 이루어진 장소가 어디였을지 짐작해볼 수 있다. 흄은 1761년 6월 29일 스미스에게 다음과 같이 써 보냈다. '나는 여태 런던을 향해 가고 있고, 이번 기회에 런던에서 당신을 만났으면 합니다. 나는 레스터필즈 릴스트리트에 있는 엘리엇 양의 집에서 하숙할 테니, 당신이 도착하는 대로 내게 기별해 주기를 바랍니다'(Corr. No. 57). 흄은 길버트 엘리엇 가족의 가난한 친척들이 운영하는, 런던의 스코틀랜드인들을 위한 이 하숙집에 머물며 12월까지 런던에 남아 있었고, 그러면서 율리우스 카이사르로부터 1485년까지의 시기를 다루는 자신의 역사책 마지막 권들(5권과 6권)의 출판을 진행했다. 그 책들은 그의 표현에 따르면 '내가 1761년에 세상에 내놓아 웬만한, 하지만 꽤 괜찮은 성공을 거둔' 책이었다(『나의 삶』). 1760년의 『몇 가지 주제에 대한 논설』 '새 판'에는 도덕을 다루는 『도덕 원리 탐구』가 포함되었고, 따라서 그 주제 역시 그의 염두에 있었다. 클러크 또한 1761년 가을에 런던에 있었는데, 흄은 그와 좋은 관계를 유지했으며 클러크와 정치적으로 관계가 있던 셸번과도 잘 지냈다(NHL 64~65).

스미스의 런던 체류 기간에 퍼거슨 역시 런던에 있었다는 증거는 우리에게 없다. 그리고 그 기간 중 어떤 추정되는 사건에 대해 퍼거슨이 쓴 그 '담화'는 그저 약간 보즈웰의 글과 비슷할 뿐이다. 즉, 이것은 보즈웰의 글처럼 사건이 발생하고 어느 정도 시간이 지난 다음에 그간 적어두었던 기록들을 재구성해 인물들의 차이와 개인들 간 대화의 성격을 드러낸 것이다. 하지만 보즈웰의 『존슨의 생애』는 점점 더 찬사를 받으며 1799년에 3판을 찍기에 이르렀고, 어쩌면 퍼거슨이 담화들을 쓰는 데 영향을 미쳤을 것이다. 또한 그의 친한 친구인 인버레스크의 알렉산더 칼라일의 사례도 있었다. 알렉산더 칼라일은 1800~1804년에 『일화와 인물들』을 썼는데, 이 책은 스코틀랜드의 계몽주의를 이끈 인물들을 다룬 것으로, 일지, 일기, 칼라일 자신의 엄청난 기억에 의존해 대화의 흐름을 보여주었다(Carlyle, 1973: pp. xix~xx).

도덕 평가의 원칙에 대한 퍼거슨의 '담화'는 윤리학부터 미학까지 아우르는 또 다른 담화(워터마크의 날짜는 1799년)와 동조를 이루고 있다. 이 담화의 관련자는 건축가 로버트 애덤, 1745년에 흄을 누르고 에든버러의 도덕철학 교수직을 차지했고 1754년에 사망한 윌리엄 클레그헌, 『에피고니아드』의 저자인 윌리엄 윌키, 데이비드 흄, 그리고 마지막으로 퍼거슨 자신이다. 두 작품 모두에서 비판의 초점은 스미스의 공감 이론이다. 종합해보면 이 '담화들'은 퍼거슨이 좋아한 저자인 플라톤의 대화를 다소 연상시키는데, 개인들의 충돌이나 분위기와 배경의 환기보다는 구체적인 철학적 원칙을 파고드는 것이 본론이라는 점에서 그렇다. 하지만 플라톤과 달리 퍼거슨은 두 번째 대화에서 자기 생각을 제시하기 위해 긴 독백을 부여한다(EUL MS Dc. 1. 42, No. 5; Mossner, 1963; ed. Merolle et al., 2006: 48~49).

첫 번째 '담화'에서 클러크는 흄이 역사를 기술하는 것에 대해 기쁨을 드러내며, 또한 도덕 이론에 대해 흄과 토론을 벌인다. 클러크는 다음과 같은 밋밋한 주장으로 이 부분을 끝낸다. '주지하다시피, 인간의 삶에는 선과 악의 구별이 있으며, 우리가 그 구별을 확인하고 선택할 때까지 우리의 질문들은 모두 무가치하고 불합리하다.' 그 후 스미스가 도착한 사실이 알려지고, 스미스가 '미소를 머금고 혼잣말을 하면서' 그 방에 들어선다. 인버레스크의 칼라일은 스미스를 바로 다음과 같이 묘사했다. '나는 그 사람처럼 그렇게 자기 생각에 빠져 혼자 입술을 달싹이고 혼잣말하고 웃는 사람을 또 본 적이 없다.' 흄은 스미스에게 자신이 클러크와 『도덕감정론』에 대해 토론 중이었다고 말한다.

스미스: 내 책에 대해서요. 함께하지 못해 애석하군요. 당신들의 말을 기꺼이 참고해야 할 텐데 말입니다. (그리고 나서 그는 처음으로 장군을 인지하고서) 장군님, 저는 오래전부터 당신의 의견을 듣고 싶었습니다. 저는 난제들을 다 해결하고 이론을 완벽하게 만들었다고 생각합니다. (스미스 씨가 장군이 하는 말을 듣기를 기대하며 잠시 말을 멈추었지만 장군은 아무 대답이 없었다. 하지만 이야기가 계속되었다.) 만약 어떤 사람이 스스로에게 공감한다면, 혹은 만약 그가 그런 수고를 하게 되는 상황에 처하지 않는다면, 그가 자신의 잘못에 대해 깨우침을 받을 방법이 무엇인가 하는 난제를 제가 결코 논파할 수 없을 것이라고 사람들은 생각했습니다. 저는 이 두 가지 난제를 모두 제거했고, 기꺼이 당신의 의견을 듣고 싶습니다.

클러크: 제 의견으로 작가들을 곤란하게 하고 싶지 않습니다.

스미스: 아, 하세요, 저를 도와주시는 겁니다!

클러크: 굳이 원하신다면. 분명하고 확실하게 제 의견을 밝혀야겠군요.

스미스: 그럼요. 그럼요.

클러크: 당신의 책은 제게는 완전 난센스올시다.

물론 스미스는 자신의 체계에 대한 이런 반응에 '놀란' 것처럼 보인다.

이것이 이 '담화'의 극적인 전환점으로, 소크라테스가 주관주의에서 플라톤의 관념론으로 덕의 본질에 대한 논의의 방향을 틀어버리면서 메논과 그의 노예를 마비시킨 전환점과 유사하다. 퍼거슨은 스미스가 『도덕감정론』의 1759년 판 수정 원고에 따라 공감의 이중적 본질과 공정한 관찰자의 역할에 대한 자신의 견해를 설명하는 것을 보여주지만, 다음과 같이 클러크는 그런 설명을 전혀 받아들이려 하지 않는다.

당신은 처음엔 도덕 감정을 설명하기 위해 공감을 불러냈습니다. 그런데 이제는 도덕 감정 자체를 설명하기 위해 도덕 감정을 불러옵니다. 제대로 정보를 갖춘 공정한 관찰자가, 덕의 시금석으로서 신뢰받을 만한 공감의 소유자인 덕 있는 사람이 아니고 무엇이란 말입니까? (…) 그런 사람은 자신을 신뢰하는 사람들을 잘못 이끌지 않을 테고, 그런 사람은 모두 자신이 되고 싶어하고, 덕의 시금석으로서 공감을 묵묵히 따르는 대신에 합당한 공감의 시금석으로서 덕에 호소합니다.

스미스의 이론에 대한 이와 같은 비판이 퍼거슨의 에든버러대학 도덕철학 교수직 후임자인 토머스 브라운의 『인간 정신의 철학에 대한 강의』(1820, 4: 113~145)에 나온다. 세인트앤드루스대학 학장 J. C. 셰어프가 토머스 브라운에 대해 '장황하다'고 말하기는 했지만, 한창때 브라운은 명석한 교수로 인정받았다(Davie, 1961: 18, 147, 263). 브라운은 다음과 같이 썼다. '[스미스의] 중요한 실수, 체계 관련 모든 가능한 실수 중 가장 큰 것은, 공감에서 나온다는 바로 그 도덕적인 감정들을 모든 경우에 가정하는 것, 즉 그 감정들을 그것들의 기원이라는 바로 그 공감 이전에 필연적으로 존재하는 것으로 가정하는 것이다'(Campbell, 1971: 119에서 인용됨).

퍼거슨은 만년에 쓴 두 번째 '담화'에서는 아름다움과 행복에 관한 논의에서 1인칭으로 말한다. 그는 물리적 대상들에 대한 이해에서 도덕적 존경과 감탄을 받을 만한 대상들로 나아가고, 그렇게 함으로써 '신의 예술가'를 관조하는 황홀감을 경험하려는 바람을 피력하면서 자신의 플라톤주의를 드러낸다. 『도덕감정론』에서 스미스가 제기한, 윤리학의 기초가 되는 질문, '인간은 칭찬 또는 비난의 감정을 사실상 어떤 원칙에 따라 결정하고 품는가?'라는 질문에 답하면서, 퍼거슨은 다른 사람들의 가치를 판단하는 데 이기심이 한몫한다고 인정한다. 그런 다음 스미스와 그의 신념을 공유한 사람들에 대한 응답으로, 자신이 로버트 클러크에게 했던 말을 일부 반복하면서 자신의 도덕 실재론 원칙들을 이야기한다.

다른 사람들에게 우리는 그들이 기꺼이 감정의 공감 또는 심지어 감정의 일치라고 부르는 것이나 [그] 반대가 칭찬이나 비난의 평범한 혹은 빈번한 평가 근거임을 인정할 수 있다. 하지만 우리는 그중 어느 하나가 안전한 평가 근거라고 인정할 수 없으며, 하물며 자연이 옳고 그름의 구별을 위해 의지하는 유일한 근거라고 인정할 수 없다. 그리고 그 질문들을 구별하지 않은 채 그 주제를 우리에게 가르치려 하는 모든 시도는 무분별한 사람에게는 무가치하고 난해할 뿐 아니라, 사실상 인류에게 가장 중요한 구별을 설명하면서 도덕에 대한 열의를 단순한 이기적 관심으로 바꿔놓거나 아니면 정직한 사람들 사이에서만이 아니라 순진하고 어리석은 사람들 사이에서도 일어날 수 있는 단순한 감정의 일치로 바꿔놓기 십상이다. (Mossner, 1963: 308)

뒤에서 더 자세히 이야기되겠지만, 스미스와 퍼거슨의 개인적 관계에는 기복이 있었다. 인버레스크의 칼라일의 주장에 따르면, 스미스는 퍼거슨이 『시민사회의 역사』에서 자신을 표절했다고 비난할 '정도로 약했다'. 또한 칼라일은 『도덕철학의 원리』(초판 1792)를 포함해 퍼거슨의 책 모두가 부당하게 폄하되었다고 썼다. 분명 케임스 경은 베른의 법학자 다니엘 펠렌베르크에게 다음과 같이 폄하하는 편지를 썼다. '퍼거슨 박사의 [도덕]협회는 그의 제자들을 위한 것이고, 그 테두리를 벗어날 의도가 절대 없는 것으로, 시시하고 하찮다'(Bern, Bürgerbibliothek MS). 저술에서 서로의 성공에 대한 스미스와 퍼거슨 간의 긴장은 이런 후일담에 반영되었고, 진지한 철학보다는 희극적인 면 때문에 더 유명해졌다.

그럼에도 퍼거슨은 스미스의 도덕 체계가 반박의 여지가 있는 것임을 증명해 스미스를 이겨보려 하면서, 『도덕감정론』에 대해 철학적으로 더 정교하게 비판하는 길을 가리켜 보인다. 스미스의 도덕 체계가 불건전하다는 퍼거슨의 주장은 최고의 스코틀랜드 사상가들 중 한 명인 토머스 리드에 의해 더 엄격하게 제기되었다. 하지만 이 문제를 다루기에 앞서, 스미스가 관련된 1761년의 어떤 실제 대립을 살펴봐야 한다.

이 일에는 위대한 윤리학자인 존슨 박사가 관련돼 있다. 학장 로버트슨이 이 이야기의 출처다. '나는 어느 날 저녁 스트레이핸의 집에서 [존슨을] 처음 만났다. 그가 막 애덤 스미스와 불행한 언쟁을 벌이고 난 뒤였는데, 그가 스미스에게 너무 거칠게 굴어서, 스미스가 떠난 다음 스트레이핸은 존슨에게 항의하면서, 내가 곧 올 텐데 그가 내게도 그런 식으로 행동할 것 같아 불안하다고 말한 터였다'(*BLJ* iii.331~332).

존슨은 자신과 스미스가 첫 만남에서 '서로 좋아하지 않았다'고 1763년 7월 14일 보즈웰에게 인정했는데(*BLJ* i.427), 이는 2년 전에 있었던 '그 불행한 언쟁'을 암시한다. 스미스가 1764년 1월 프랑스로 가는 길에 런던에 들르기 이전에는 그의 런던 체류가 이때뿐이었기 때문이다. 그들은 무엇에 대해 언쟁했을까? 하나의 추측은, 스미스가 글래스고에 대해 자랑하고 있었는데, 시인 톰슨이 '진흙의 도시'라 부른 곳이자 대단히 혐오스러운 것으로 유명한 곳인 브렌트퍼드를 본 적이 있는지 존슨이 스미스에게 무례하게 물어봤다는 것이다(*Castle of Indolence*, 1xxix: *BLJ* v.369; iv.186, 513).

또 다른 가능성은, 이때도 여느 때처럼 존슨이 흄에 대해 '매우 편협하게' 말하고 있었고—보즈웰은 존슨이 그런다는 얘기를 '종종 들었다'고 이야기한 바 있다(*BP* xii.227)—, 스미스가 자기 친구를 위해서 그를 공격했다는 것이다. 월터 스콧은, 존슨이 언젠가 흄을 칭찬하는 스미스를 공격하며 그를 거짓말쟁이라 불렀고 스미스는 존슨이 개자식이라고 응수했다는 식의 왜곡된 이야기를 했다.[6] 스미스와 그의 친구 흄에 대한 존슨의 적의는 종교적인 이유에서였을 가능성이 있다. 그는 마음속에서 떠나지 않는 회의론에 직면해, 드러난 다양성에 매달렸다(cf. *BLJ* i.428). 1761년 당시에 회의론자를 자처한 흄은 스트레이핸의 성공적인 저자들 중 한 명이었고, 그의 친구 스미스는 자기 저서—흄에게는 그 책의 도덕에 대한 자연주의적 설명이 위험한 경향으로 보였을 것이다—의 제2판을 내놓으며 파멸로 이어지는 자기기만을 이야기한 터였다. 보즈웰은 존슨의 입장을 다음과 같이 간결하게 설명한다. '신에 대한 그의 충심 어린 경배는 말하자면 더 협소한 생각을 가진 사람들이 감염된 "철학과 헛된 기만"[Col. 2: 8]보다 높은 곳에 그를 위치시키는 것이었다'(*BLJ* iv.31, n. 1; Hudson, 1988: 75). 더블린의 윌리엄 매기 대주교가 그렇게 생각했듯이, 존슨은 스미스의 관점에서 '흄 사회의 악영향'을 발견했을 것이다(*TMS* 384). 스미스는 싸우기 좋아하는 사람이 아니었지만 '흥분하기 쉬운' 성정을 갖고 있었고, 논쟁에서 존슨에게 굴복하지 않았을 것이다. 따라서 스트레이핸의 집에서 벌컥 화를 냈을 것으로 짐작된다.

도덕에 대한 스미스의 사상에 관한 불신이라는 주제를 이어가자면, 우리는 이것이 토머스 리드(1710년 출생)에 의해 표명되었음을 알게 된다. 토머스 리드는 애버딘의 매리셜 칼리지에서 그리스어와 근대 철학을 공부했고(1726년 문학석사), 스코틀랜드교회의 목사가 되기 위해 신학을 공부했으며(1731년 설교 자격 취득), 결혼 생활을 하는 내내 뉴마차에서 목사로 봉직했고(1737~1751), 자신의 교구 임무에 대한 관심을 농업의 발전 및 수학·물리학·관측천문학의 최근 발전에 대한 관심과 결합했다. 그가 처음 발표한 글은 '수량론'(왕립학회 회보, 1748)으로, 윤리학에 수학적 추론을 적용하려 시도했고, 프랜시스 허치슨의 도덕적 추론에 대한 비판을 피력했다. 이 시기에 쓰인 리드의 원고들에서는 버틀러의 『종교의 유비』에 대한 호의적 반응과 흄의 『인성론』의 회의론에 대한 부정적 반응이 드러났다. 1751년에 그는 킹스칼리지의 연구지도교수로 선출되었고, 자신이 가르쳐야 하는 구식 철학에 불만을 느꼈다. 1753년에 그는 새로운 교과 과정을 만드는 것을 도왔는데, 이에 따르면 1학년은 기초 수학과 자연사에, 2학년은 뉴턴의 물리학과 더 높은 수준의 수학에, 그리고 마지막 학년은 도덕철학의 주요 분과들에 매진해야 했다. 1755년에 그는 애버딘 철학협회 설립에 참여했고, 애버딘의 지식인으로 구성된 철학협회 회원들은 정신과학, 도덕 이론, 정치경제 같은 주제를 가지고 왕성하게 토론했다(Wood, *ODNB*, 2004). 에든버러의 수사학 강의가 시작되면서 스미스의 전 후원자 케임스 경은 리드의 정신력이라든가 새로운 사상과 정신적·육체적 향상에 대한 리드의 열렬한 관심을 알게 되었고, 1762년에 리드와 서신 교환을 시작했다(Ross, 1965; Reid, ed. Wood, 2002a). 재판소 순회 방문 때 애버딘에서 리드를 만나게 되면서 그는, 회의론을 거부하고 도덕을 합리적 판단이라는 토대 위에 올려놓는 상식철학을 탐구한다는 공통의 다짐에 기초해 평생의 우정을 시작했다. 이 후자의 목표는 1779년 케임스가 출판한 『도덕성과 자연종교의 원리에 대한 시론』 제3판에서 표현되었다. 이 판에서 케임스는 『도덕감정론』의 공감 사상에 대한 새로운 반대 의견을 내놓았는데, 아마 이는 리드와의 도덕철학에 대한 논의를 통해 더욱더 예리해져 있었을 것이다. 전년에 스미스는 케임스로부터 이런 반대 의견을 피력한 편지를 받았음을 밝혔는데, 그는 이런 의견에 대한 논쟁에 휩쓸리지는 않을 작정이었다.

> 만약 내가 그것들을 출판하는 데 조금이라도 반대할 수 있다면 나는 대단히 화를 잘 내고 성미가 나쁜 사람이어야겠지요. 물론 나는 그 주제에 대한 그토록 유능한 전문가와 그토록 오래되고 그토록 좋은 친구에게서 나와 다른 의견이 나온 것이 대단히 유감스럽습니다. 하지만 이런 유의 차이는 불가피한 것이며, 또한 논쟁의 한 부분이지요. (*Corr.* No. 195: 1778년 11월 16일)

한편 『도덕감정론』의 성공으로 찬사를 받은 덕분에 애덤 스미스는 버클루 공작의 가정교사로서 해외 여행에 동행해달라는 제안을 받았다. 1763년 11월 8일에 스미스는 자신이 곧 글래스고 교수직을 떠난다고 통보했고, 케임스는 그 도덕철학 교수직에 리드가 선출될 수 있도록 지원에 나섰다. 스미스의 친구인 존 밀러와 조지프 블랙은 이에 반대했다. 그들은 스미스가 자신의 후임자로 꼽고 있는 토머스 영이 『법학 강의』(*LJ* B: 1766)에 해당되는 스미스의 법학 강좌를 끝까지 잘 끌고 갈 수 있는 사람이며, 그가 임명되어야 한다고 생각했다.

하지만 그들은 리드에 대한 케임스의 '강력 추천'과 유명한 귀족들의 후원을 이길 수 없었다(*Corr*. No. 80, 1764년 2월 2일). 게다가 리드가 흄의 회의론과 버클리의 관념론을 대단히 일관되게 공격하는 저서를 그달에 출간한 것, 그리고 『상식의 원리에 기초한 인간 정신 연구』(1997, ed. Brookes)에서 상식철학을 설득력 있게 옹호한 것도 리드에게 상당히 유리한 점이었다. 결국 리드는 1764년 5월 22일 스미스의 후임자로 선출되었다.

『상식의 원리에 기초한 인간 정신 연구』에서 리드는 데카르트, 로크, 말브랑슈가 발전시키고 버클리와 흄이 확립한 '사고의 방식'을 검토하며 논의를 전개했다. 이 철학자들은 어느 정도는 순수한 지성에서, 또 어느 정도는 감각적 인식에서 발생하는 정신적인 일 또는 '사고'라는 수단을 통해서 인간의 이해가 어떻게 외적인 물질 세계와 내적인 정신 세계에 대한 이해를 획득하는지를 설명하고자 했다. 리드의 주장에 따르면, 이 이론이 발전하면서 상식이 알려주는 바에 이 이론이 부합하지 않는 게 더 분명해졌고, 버클리의 역설과 흄의 회의론이 생겨났으며, 이것들은 신에 대한 믿음의 근거를, 우리 밖의 세계를, 그리고 우리의 정신적 우주의 중심으로서 자아를 부정하는 것처럼 보였다. 리드는 우리 다섯 가지 외부 감각에 대한 다른 식의 설명을 제시했다. 이 감각들은, 첫째로는 감각들을 야기하는 대상들의 존재에 대한 우리 믿음을 정당화하고, 둘째로는 감각들이 의미하는 바에 대한 인식을 전해주는 어떤 공통어 기표들로 작용하는 우리의 감각 및 관련 생각의 존재에 대한 우리 믿음을 정당화하도록 정신이 구성되어 있음을 증명하는 방식으로 기능한다는 것이다(Klemme, 2003:

127~132). 리드는 존재하는 자연에 대한 버클리의 역설이나 우리의 정신과 외부 세계라는 우리 실재에 대한 흄의 의심과 다투는 것은 불필요한 일이라고 결론 내리고, 인식에 대한 자신의 경쟁 이론이 전적으로 상식에 부합하고 공통 언어의 구조 안에서 인정될 수 있는 것이라고 설명했다.

리드는 1764년의 『상식의 원리에 기초한 인간 정신 연구』에 약술된 그 인식론적 이론과 대를 이룰 만한 온전한 도덕 이론을 완성하지 못했다. 우리는 『인간의 지적 능력에 대한 시론』(1785/2002, ed. Brookes)과 『인간의 활동 능력에 대한 시론』(1788/1842, in Reid, Works, ed. Hamilton, 3rd edn) 같은 그의 논문집, 그리고 『실천 윤리학』(1990, ed. Knud Haakonssen; Turco, 2003: 150~152)으로 알려진 논문집에 주로 담겨 있는 개요들을 우리 스스로 모아 종합해야 한다. 그는 감정적인 도덕 이론을 반대했고, 윤리적 판단을 우리의 도덕 감각의 작용에 기인하는 것으로 생각하고 있었던 것 같다. 외적 세계에 대한 우리 앎이 지각을 통해 얻어지는 것과 비슷한 방식으로 말이다 (Yaffe and Nichols, 2009). 그는 자신의 윤리 수업에서 자유 의지라는 문제를 검토했고, 고전 고대로부터 자기 시대에 이르기까지 도덕철학의 역사를 다루었으며, 자연법학의 전통에서 다뤄지는 개인과 국가 조직의 권리 및 의무를 살펴보았다. 1759년에 그는 『도덕감정론』에 대한 메모를 하기 시작했고, 그의 논문들은 1765년 2월경 그가 자기 선임자에 대한 다음과 같은 비판적 견해에 도달했음을 보여준다.

……[스미스의] 체계에 따르면 정해진 덕의 기준이란 없으며[;] 그것

은 우리 자신의 행동에 달려 있는 것이 아니라 우리의 열정의 톤에 달려 있는데[,] 이는 사람들 저마다의 기질과는 다른 것이다[.] 그것은 우리 자신의 열정에 달려 있을 뿐 아니라, 다른 사람들의 공감하는 열정에도 달려 있는데[,] 이는 사람마다 다를 수 있고 같은 사람이라도 시대마다 다를 수 있다. 행위자의 감정에 대해서도 관찰자의 공감에 대해서도 평가 기준이 전혀 없으며[;] 요구되는 바는 오직 그들이 조화나 일치를 이루는 것뿐이다. 이 공감 체계를 따를 때 인간 행동의 옳고 그름에 대한 궁극적 척도와 기준은 진실이나 제대로 정보를 갖춘 양심의 명령에 근거한 확고한 판단이 아니라, 인간의 다양한 의견과 열정임이 분명하다. 그래서 우리는 키케로가 쾌락주의자에 대해 한 말을 이 체계에 적용할 수 있다. '그러므로 당신의 학파는 분명 실제적이고 진정한 것 대신에 정의의 가장을 설파한다. 그것의 가르침은 바로 이런 것이다. 우리는 우리 자신의 양심의 신뢰할 만한 목소리를 경멸해야 하고 다른 사람들의 틀리기 쉬운 상상을 좇아야 한다.'[7] (De Finibus 2.22, 리드의 라틴어 인용에 대한 H. Rackham's Loeb Classical Library의 번역을 따름)

스미스의 '체계'가 이성에 입각한 확인 가능한 '덕의 기준'에 근거해 도덕적 판단을 내릴 수 없다는 진지한 비난이 여기서 구체화된다. 리드는 분명 스미스의 공정한 관찰자 이론에 감명받지 못했고, 결과적으로, 우리 상상이 자기애의 충동을 거슬러 최고의 정의의 기준 등등을 설정할 수 있다는 스미스의 주장은 실패했다고 판단한다. 리드는 무미건조한 태도로 공개 강의에 임했지만, 그의 주장은 논리를 갖추었고, 강력하게 제기되었고, 종종 빼어나게 설명되었으며, 그래서 글래스고의 그의 학생들에게 인정받았고, 애덤 스미스의 더 섬세한 도덕 사상의 영향을 무색하게 만들었다. '신파' 기독교 신학과 무척 잘 어울리는 리드의 인식론과 도덕론은 에든버러의 애덤 퍼거슨에 의해 채택되었다. 또한 이는 영어권 북아메리카의 대학과 칼리지들로 전파되었는데, 주로 뉴저지 프린스턴대학 장로교 재단의 철학 교과 과정을 본보기 삼아서였다. 그 교과 과정은 프린스턴 학장 존 위더스푼의 설득에 의해 채택된 것으로, 19세기까지 수십 년간 지속되었다(Fechner, 1993: 192~193). 또한 유능한 리드 해설자인 루아예-콜라르, 빅토르 쿠쟁, 테오도르 주프루아가 설명한 것처럼, 프랑스에서는 소르본으로 대표되는 1820년대부터 1840년대까지의 낭만파 세대가 토머스의 상식철학으로부터 영향을 받았다. 스코틀랜드와 그 밖의 곳들에서 그랬듯이 애덤 스미스의 정치경제학에 의해 보완되긴 했지만 말이다(Davie, 1961: 151, 255~257, 272, 311; Faccarello and Steiner, 2002: 109~111).

스미스가 도덕철학 교수로서 자신의 터전에서 리드에 의해 대체되고 있었다면, 『도덕감정론』은 유럽에서 그를 유명하게 만들고 있었다. 다음 장에서 우리는 프랑스에서 그 책의 수용과 그곳에서 그 책의 번역의 역사라 할 만한 것을 살펴볼 것이다. 독일에서 스미스의 도덕 사상에 대한 수용 또한 주목할 만한 이야기다. 레싱의 『라오콘』(1766)과 헤르더의 『비평의 숲』(1769)에 『도덕감정론』이 언급되는 데서 분명히 알 수 있듯이, 레싱과 헤르더는 1760년대에 영어판으로 『도덕감정론』을 읽고 있었다. 1771년에 마르쿠스 헤르츠라는 이름의 친구가 칸트에게 보낸 한 편지는 그가 다피트 프리틀랜더로부터 칸트가 스미스를 가장 좋아한다는 말을 들었음을 밝히고 있으며, 감격의 첫 쇄도를 암시하고 있다. 이 편지에서는 스미스의 이름을 『비평의 요소』의 저자인 '홈'(즉, 케임스)의 이름과 연결시키고 있는데, 이는 관심의 초점이 미학 이론에 있음을 시사한다. 독일의 문인들에게는 공감적 상상의 개념이 특히 매우 매력적이었고, 그에 대한 숙고가 아마도 레싱의 『현자 나탄』(1779; 영어 번역은 1781)과 같은 그 시대의 새로운 드라마를 형성하는 데 일조했을 것이다. 더 넓게 말하자면, 칸트의 「세계 시민의 관점에서 본 보편사 이념」(1784)에 나오는 인간의 '비사회적 사회성'이라는 개념 이면에는 퍼거슨의 『시민사회의 역사』의 자극뿐 아니라 『도덕감정론』의 자극도 어느 정도 있을 것이다.

하지만 더 흥미로운 것은, 칸트의 아마도 1771년 이후의 여러 날짜의 '성찰들'과 『실용적 관점에서 본 인간학』(1798)에 언급돼 있는, 공정한 관찰자의 역할과 같은 스미스의 도덕 이론의 측면들에 대한 칸트의 반응이다. 나아가 새뮤얼 플레이섀커는 칸트의 주요 저서들, 특히 『도덕형이상학 정초』(1785), 『실천이성비판』(1788), 『도덕형이상학』(pt. ii, 1797)에서, 아우구스트 옹켄(Oncken, 1877)이 처음 지적한 바 있는, 공정한 관찰자와의 관련성, 그리고 스미스의 도덕 규칙들 및 도덕적 판단과의 관련성에 대해 신중하게 설명하는 흥미로운 사례를 만들었다. 그 주장의 한 갈래를 보자면, 스미스는 우리의 도덕적 이해와 행동에 대한 가장 큰 위협 요소인 인간의 자기기만 습성을 문제 삼았다(TMS iii.4.4). 플레이섀커가 설명한 대로, '네 행동의 준칙이 네 의지를 통해 행동의 보편적 법칙이 되어야 한다는 듯이 행동하라'(Kant, *Groundwork*, trans. Paton, 1948: 89)라는 칸트의 정언명령은 무엇보다 자기기만에 대한 해결책으로 기능한다. 『도덕감정론』과의 관련성, 혹은 『도덕감정론』의 반향에 대한 이 연구가 내린 결론은 칸트가 '자기 저서의 목적지는 아니더라도 자기 저서의 방향은 애덤 스미스의 도덕철학과 공유하고 있다'는 것이었다(Fleischacker, 1991).

『도덕감정론』의 초기 독일어 번역판으로는 두 가지 있었다. 첫 번째는 크리스티안 귄터 라우텐베르크가 번역한 것인데, 그는 1768년에 나온 케임스의 『도덕성과 자연종교의 원리에 대한 시론』 독일어판의 번역자이기도 했다. 그가 번역한 독일어판 『도덕감정론』(*Theorie der moralischen Empfindungen von Adam Smith*)은 제3판(1767)을 저본으로 삼았고, 1770년에 나왔다. 칸트는 『도덕감정론』을 영어판으로 읽지 않았을 것 같고, 라우텐베르크의 번역판에 의지했을 것이다. 두 번째는 루트비히 테오불 코제가르텐이 번역한 것으로 1791년에 출판되었고(*Theorie der sittlichen Gefuehle*), 『도덕감정론』 제4판(1774) 아니면 제5판(1781)을 저본으로 삼았다. 이 번역자는 1790년에 나온 제6판의 수정된 3부 전체, 그리고 '덕의 성격'을 다룬 새로 추가된 6부 및 주요 추가 내용을 포함해 1795년에 증보판을 냈다(*TMS*, German trans., Eckstein, 1926). 도덕철학 체계들에 대한 스미스의 설명은 스미스 자신의 역작에 대해 비판한 바 있는 흄, 리드, 퍼거슨까지 잇따라 만족시킨 부분인데, 코제가르텐은 이 부분의 번역에 칸트의 이론에 대한 자신의 비평을 덧붙였다.[8] 이는 『도덕감정론』이 획기적인 책은 결코 아닐지 몰라도 분명 유럽 사상의 주류에 수용되었음을 시사하기에 충분하다. 이 책은 칸트로 하여금 '도덕의 성격에 대해 그렇게 잘 서술할 수 있는 사람이 독일에 어디 있을까?'라고 말하게 했다.[9] 이제 우리는 프랑스에서의 스미스를 추적해볼 텐데, 그곳에서는 스미스가 볼테르의 감탄을 자아냈고, 그런 만큼 그의 번역자 블라베는 '우리에게는 그에 견줄 만한 것이 없고, 나는 친애하는 나의 동포들이 부끄러웠다'라고 말했다.[10]

13장

여행하는 가정교사

·

영광스럽게도, 찰스 톤젠드는
버클루 공작과 함께 여행을 떠나지 않겠느냐고
재차 제안하는 편지를 보내왔다.

앞서 살펴봤듯이(10장), 흄은 1764~1766년 애덤 스미스의 프랑스와 스위스 방문에 얽힌 뒷이야기의 출처가 되어준다. 물론 스미스는 적어도 옥스퍼드 시절부터 이 연구 여행을 계획했다. 게다가 그는 『도덕감정론』에서 프랑스의 문학과 사상에 대한 상당한 지식을 드러냈다. 그는 『에든버러 리뷰』에 기고한 '편지'(1756)에서 『백과전서』 편집자인 디드로와 달랑베르—그는 파리에서 이들과 친구가 된다—, 박물학자인 뷔퐁과 레오뮈르, 제네바에 대한 '열렬한 찬탄'으로 자신을 감동시킨 루소, 그리고 무엇보다 '아마도 프랑스가 낳은 가장 세계적인 천재'인 볼테르—그는 제네바 인근 페르네에서 볼테르와 여러 차례 만남을 갖게 된다—에 대해 감탄을 드러낸 바 있다. 당대의 많은 영국인이 프랑스인들을 죽이는 데 열중해 있던 7년전쟁 동안 그는 프랑스인들로부터 배우고 있었고, 글래스고대학의 자기 학생들이 프랑스인들로부터 배우게 하려 애쓰고 있었다. 스미스가 여행의 기회를 얻는 데 흄이 역할을 했음은 흄이 1759년 4월 12일 친구에게 쓴, 『도덕감정론』의 성공을 이야기하는 편지에서 드러나며, 이 편지에 대해서는 앞서 언급한 바 있다.

흄은 다음과 같이 전했다. '찰스 톤젠드는 (…) 자신이 버클루 공작을 저자들의 보살핌 아래 둘 것이며, 그 임무를 받아들이는 것이 그만한 가치가 있는 일이 되게끔 노력할 것이라고 말했다'(*Corr.* No. 31). 이 계획을 추진하기 위해 흄은 두 번 방문했는데, 당시 톤젠드는 솔타시 하원의원이었고, 변화무쌍한 이력 중에서 의회 재무관직의 특전을 누리고 있었다(*HP* iii. 539~548; Namier and Brooke, 1964). 흄은 스미스에게 어떤 조건을 제시해도 그가 교수직을 포기하고 여행 동행 가정교사가 될 리 없다고 여겼기 때문에, 젊은 버클루 공작이 글래스고로 가야 할 것이라고 생각했다. 그러나 스미스는 버클루와 함께 여행을 떠날 준비가 충분히 되어 있었던 것처럼 보이는데, 아마도 그가 스코틀랜드에 대해 '먼 곳에 사는 사람의 흥미를 끌 만한 교류가 전무한 곳'이라고 생각했기 때문일 것이다(*Corr.* No. 28).

물론 스미스를 버클루의 여행 동행 가정교사로 선임한 것에 대한 비난도 있었다. 데이비드 댈림플 경(나중에 헤일스 경으로서 최고민사법원에 임명됨)은 1764년 4월 17일 호러스 월폴에게 다음과 같이 썼다.

찰스 톤젠드가 아주 유능한 윤리학 교수를 아주 변변찮은 여행 동반자로 만들어버릴까봐 걱정입니다. 스미스 씨는 해박한 지식을 지녔고, 특히 구성적 지식이라 일컬어질 수 있는 것에 대해 해박하지만, 서투른 데다가, 귀가 안 좋아서 프랑스어로 명료하게 자기 생각을 표현하

는 것을 배우지 못할 겁니다. (Walpole, 1980: 40.321)

스미스는 설령 이런 의견들을 알았더라도 무시했을 것이다. 1763년 11월 8일에 교수직 사임을 통보한 그는 12월 12일 당시 파리 주재 영국 대사의 비서로서 파리에 머물고 있던 흄에게 편지를 보내, 버클루가 크리스마스에 이튿을 떠날 것이고 곧바로 해외로 나갈 것이라고 알렸다.

스미스는 또한 『도덕감정론』 제2판(1761)이 '대단히 잘못되었다'며 아쉬움을 드러냈고, 2부와 3부가 '내 맘에 들지 않는다'며 '2부와 3부를 뜯어고칠 (…) 몇 개월의 시간'을 가질 수 있기를 바랐다. 그는 이 문제를 해결하려면 1년은 걸릴 거라고 생각했지만, 문제를 해결하는 즉시 새로운 프랑스어 판을 계획하고 있는 돌바크 남작에게 '수정 부분들'을 보내겠다고 흄에게 약속했다. 아마도 버클루와의 여행 중 계몽사상가들을 만나게 될 것으로 기대하면서, 스미스는 흄에게 '영광스럽게도 나를 조금이라도 알고 있는 프랑스의 모든 천재에게 인사를 전해'달라고 부탁했다(Corr. app. E, a; No. 77).

스미스는 1764년 1월에 열여덟 살짜리 제자와 합류하기 위해 런던으로 갔고, 그들은 프랑스를 향해 출발해 2월 13일 파리에 도착했다. 다음 날 그는 글래스고대학 총장인 글렌리의 토머스 밀러에게 편지를 써 공식적으로 교수직 사임의 뜻을 밝히고, 자신을 대신해 도덕철학 수업을 맡고 있는 제자 토머스 영에게 자신의 급여가 주어지게 해달라고 부탁했다(Corr. No. 81). 한편 조지프 블랙은 교수용 건물 내 스미스의 집에 그의 어머니와 살림을 맡고 있는 조카딸 재닛 더글러스가 당분간 계속 머무를 수 있게 되었으며, 영이 '훌륭하게' 임무를 수행하고 있다고 편지로 알려주었다(*Corr.* No. 79). 하지만 앞 장에서 이야기했듯이 토머스 영이 아닌 토머스 리드가 스미스의 후임으로 선택되었고, 리드는 허치슨과 흄의 가르침을 잇고 개선한, 감정에 기초한 스미스의 도덕 접근을 밀어내고 상식 인식론과 어떤 상보적 도덕 철학을 글래스고에 도입했다.

스미스는 1764년 2월에 열흘 정도 파리에 머무르는 동안 툴루즈까지 보름 동안 더 여행할 준비를 했는데, 툴루즈 체류는 18개월로 늘어났다. 이 첫 번째 파리 방문 중에 스미스와 버클루는 프랑스인들과는 어울리지 않았는데, 아마 아직 프랑스어를 못해서였을 것이다. 그러나 그들은 상류층 지역인 생제르맹의 생도미니크 거리에 자리한 그랭베르갱 호텔에서, 그리고 뤼니베르시테 거리의 브랑카 호텔에 들어서 있던 영국 대사관 근처에서 흄과 함께 시간을 보냈다. 그들은 버클루의 이튼 출신 친구 두 명과 합류했다. 대사인 허트퍼드 백작의 아들 보섬프 경, 그리고 게일어는 물론 고대 언어들을 잘 알고 있고 총명함과 사교적 성향으로 모든 사람을 매혹하는, '섬의 영주들Lords of the Isles'이라는 스코틀랜드 귀족들의 후예인 슬릿의 제임스 맥도널드 경이었다. 애석하게도 그는 2년 후 로마에서 자신의 '그랜드 투어'를 마무리하던 시점에 사망했다. 스미스는 그에게서 스코틀랜드 하일랜드와 여러 섬의 경제 생활에 대한 세세한 정보를 얻었고, 오시안풍 발라드를 읊조리는 노스유이스트의 시인들에 대한 정보를 휴 블레어에게 제공했다(Smith/Henry Beaufoy, MP, 29 Jan. 1787, Piero Sraffa Collection B5/4, Trinity Coll., Cambridge; Ross, 2008).

스미스는 그랜드 투어로 젊은이들을 해외로 보내는 계획을 지지하지 않았고,『국부론』에서 그 점에 대한 자기 생각을 분명히 밝히면서 대부분의 유럽 대학에 대한 비판을 이어갔다. 유럽의 대학들이 쇠퇴한 탓에 귀족 가문들이 교육을 위해 자제들을 외국으로 보내지 않을 수 없다는 것이었다. 그러나 그는 열일곱 혹은 열여덟 살에 외국으로 나갔다가 4년 후 귀국하는 젊은이는 좀더 원숙하며, 외국어 능력을 약간이나마 습득할 수 있다고 인정했다.

다른 면에서는 그는 보통, 고국에 머물렀을 경우 아주 짧은 시간 안에 될 수 있었을 정도보다 좀더 우쭐대고, 좀더 방종하고, 좀더 방탕하고, 학업에든 직업에든 진지하게 전념하는 데 좀더 무능한 채로 돌아온다. 부모와 친척의 감시 및 통제에서 벗어나, 그토록 젊은 나이에 여행하고 인생의 가장 귀중한 시절을 더할 수 없이 어리석은 방탕으로 허비하는 가운데, 그의 초기 교육이 그의 내면에 형성시키고자 했을 유용한 습관이, 고정되고 확고해지는 대신 거의 필연적으로 약해지거나 없어진다. 이 인생 초년기의 여행과 같은 대단히 불합리한 관행이 명성을 떨치게 된 것은 오직 대학들이 자초한 불명예 때문일 것이다. (*WN* V.i.f.36)

만약 버클루 공작이 그 위대한 저작을 공들여 읽었다면 이 부분이 그에게 놀랍게 다가왔겠지만, 그의 양부 찰스 톤젠드는 툴루즈 체류 기간에 다음과 같이 좀 다른 어조의 편지를 보냈다.

직업에서 나 자신의 경험으로 미루어, 이런 나이에 너와 같은 신분과 재산을 가진 사람은 웬만한 신중함과 적절한 지식과 성실함만 있으면 이 나라가 그에게 해줄 수 있는 만큼 한껏 크게 될 수 있으리라는 확신이 드는구나. 그래서 나는 너 자신의 찬성하에 네가 얼마간 외국에 나가 있으면서 그곳에서 그것들의 적절하고 상호적인 영향을 발휘해 신체에 필요한 단련을 하고, 정신을 살찌우고, 젊음을 즐기기를 바랐다.

아마 이것은 해외 여행에 대한 스미스의 지도와 편달을 입증해주는 예외적인 경우였고, 가정교사로서의 스미스가 상황을 완전히 다르게 만들었다고 간주될 수 있을 것이다. 톤젠드는 스미스의 가르침이 버클루를 '단기간의 학습으로 기초를 다진 정치가'로 만들어주기를 바랐고, 이 가정교사가 '자기 나라의 제도와 법에 조예가 깊다'는 점을 중시했다. 또한 톤젠드는 작문, 특히 잉글랜드 내란기의 '신중한 연설문들'에 주의를 기울이라고 공작에게 권고했다(Ross, 1974: 185~187). 스미스는 수사학 강의를 했던 사람인 만큼 이런 학습을 지도할 역량이 충분했다. 버클루 자신의 성향은 톤젠드가 그를 위해 계획하고 있던 정치가 경력에 부합하지 않았다. 톤젠드가 1767년 9월 4일에 이른 죽음을 맞이한 후 공작은 이를 애석해했다지만, '만약 톤젠드가 살아 있었다면 공작이 자신의 의지와 상관없이 정치의 소용돌이에 휘말릴 수도 있었던 만큼', 공작에게 그의 죽음은 '삶의 진로를 선택할 자유를 남겨준, 위안이 되는 일'이기도 했다(Carlyle, 1973: 249).

스미스가 버클루와 함께 프랑스로 간 데에는 다양한 동기가 있었을 것이다. 젊은 버클루 공작이 아가일 공작 2세의 손자였고 스미스의 아버지가 라우든의 캠벨 백작들 중 한 명을 위해 일했던 만큼, 버클루 공작 가문의 캠벨 계통에 대한 대를 이은 의무라는 연결 고리가 있었다. 상당한 급료(연 300파운드와 여행 경비 200파운드)와 약정 연금(연 300파운드)을 통해 스미스가 얻을 재정적 안정은 중요한 요인이었을 것이다. 그리고 프랑스의 매력 또한 상당히 크게 작용했을 것이다. 프랑스는 스미스가 큰 관심을 갖고 있던 기라성 같은 유럽 문인 몇몇의 나라였다. 또한 인구가 영국의 세 배에 달하는 나라(cf. *TMS* VI. ii.2.4 and *WN* V.2.k.78), 절대 왕정에 기초한 대조적인 정치 제도, 다양한 지역 경제에 대해 연구할 기회 그 자체가 이 사회과학자에게는 매력이었다. 마지막으로, 프랑스는 『도덕감정론』의 진가를 알아보기 시작한 곳이었다.

1759년 『앙시클로페디크』에 실린 『도덕감정론』 영어 초판에 대한 글은 인간 본성에 기초한 도덕 체계를 제시한다는 점, '사상의 타당성과 독창성', 전체적으로 종교를 중시한다는 점을 들어 그 책을 높이 평가했다(2-viii: 28; Chiswick, 2004: 242~243). 『앙시클로페디크』는 디드로와 달랑베르를 필두로 하는 백과전서파의 새로운 개혁적 사상을 널리 알리기 위해 1756년에 툴루즈의 저널리스트 피에르 루소가 파리에서 창간한 정기간행물이었다. 그러나 이 간행물은 검열당했고, 1760년에 아르덴의 부용(지금은 벨기에 영토)에서 보호를 받게 되었는데, 그곳의 부용 공작은 그 계몽사상가들에게 우호적인 지도적 프리메이슨이었다. 이 간행물은 1793년까지 그곳에서 번성했다. 공포 정치 시대였음에도 혁명가들의 언론의 자유 정책으로 시장이 개방되면서 그동안 진보적 정기간행물이 처해 있었던 상황, 즉 해외에서 발행되어 프랑스에 몰래 유입되어야 했던 상황이 종식된 게 바로 그 시점이었다. 피에르 루소(1785년 사망)는 1767~1797년에 운영된 부용 인쇄협회의 책임자가 되었고, 스미스의 『국부론』이 삽입된 정치경제학 담론을 많은 유럽인에게 익숙하게 만들어준 유명한 책인 『경제 백과사전』(전16권, 1778~1781)과 프랑스의 검열 제도에 의해 금지된 많은 저작의 출판을 진행했다. 피에르 루소의 저널은 유명해졌고, 유럽에서 『문학 연감』의 주요 경쟁지로 널리 인정받았다. 『문학 연감』의 편집자는 볼테르의 화해 불가능한 적수인 '가증스러운 뱀' 엘리 카트린 프레롱으로, 그는 로마가톨릭교회와 프랑스 정부의 지지를 받는 출판물들을 냈다(Heirwegh and Mortier, 1983). 『앙시클로페디크』에 『도덕감정론』 서평이 실렸다는 것은 스미스의 도덕 사상에 대한 설명이 프랑스어를 읽을 줄 아는 유럽 지식인들에게 다가갈 수 있게 되었음을 의미한다. 그것은 윤리에 대한 그 계몽사상가들의 진보적 사상과 관련 있었겠지만, 종교에 위협이 되지 않는 것으로 여겨졌다.

검열 제도에도 불구하고 프랑스에서 계몽주의 책들을 유포시킨 비즈니스 체계의 효능에 대한 추가 증거와(Darnton, 1979) 스미스의 사상이 프랑스에 얼마나 널리 침투하고 있었는지에 대한 추가 증거는 흄이 1763년 10월 28일 퐁텐블로에서 써 보낸 편지에서 발견된다. 그는 스미스에게, 프랑스에서 최고로 지체 높은 두 여인인 루이 15세의 정부 퐁파두르 부인과 슈아죌 공작부인이 스미스의 저작 대부분을 프랑스어로 읽은 것으로 보인다는 이야기를 전했다. 물론 그 책들은 공식적으로 검열을 받았고, 1761년부터 '금서 목록'에 올라 있었다(Bongie, 1958: 237; 1965: 65). 계속해서 흄은 스미스에게 돌바크가 『도덕감정론』의 번역을 지휘하고 있다고 말했다(*Corr.* No. 77). 앞서 언급했듯이 스미스는 프랑스에 가기 직전에 이 번역 계획에 관심을 기울이고 있음을 드러낸 바 있고, 제3판을 위한 수정 사항들을 제공하겠다고 제안한 바 있다(*Corr.* app. E, a.). 물론 프랑스에는 영어로 그 저작을 읽을 수 있고 읽은 사람들이 있었다. 모렐레 신부와 부플레 부인 같은 사람들이었다. 부플레 부인은 1766년 자신의 살롱에 스미스를 맞아들이기도 했는데, 그 저작 때문이기도 했고 흄과의 공통된 친분 때문이기도 했다(M. M. Stewart, 1970). 스미스는 자신의 도덕철학 견해에 대한 프랑스 독자들과의 활발한 토론을 기대했을 것이다.

그런데 이 가정교사와 학생이 프랑스 체류 때 대부분의 기간 동안 툴루즈에 머물렀던 이유는 무엇일까? 아마 톤젠드는 온화한 기후, 시골의 점잖은 생활 방식, 파리 고등법원 다음으로 중요한 고등법원의 소재지라는 점들을 염두에 두었을 것이다. 그곳에는 대학이 하나 있었을 뿐만 아니라 네 개의 학술원도 있었다. 수사학·시 아카데미, 과학·문학 아카데미, 회화·조소·건축 아카데미, 무기 아카데미였다. 게다가 툴루즈는 중요한 대주교 관할구의 소재지였다. 툴루즈 시민 대부분은 스미스처럼 수도에서 쓰는 북부 프랑스어를 배운 사람들에게는 익숙지 않은 남부 프랑스어를 썼지만, 상류층 사람들은 파리 사람처럼 대화할 수 있을 터였다.

일반적으로 이 도시는 '더럽다, 성스럽다, 학문이 발달했다'라는 세 가지로 정의되었다. 가론강 양안은 1760년대 이전에는 사실상 비위생적이고 위험한 곳이었다. 1760년대에 이르러 대주교인 아르튀르 디용(1758~1762 재임)과 로메니 드 브리엔(1762~1789 재임)의 후원하에 개발 계획에 따라 산책로 조성과 부두 건설이 시작되었다. 이 교회 거물들은 의무와 도락의 부름을 받아 곧잘 그 도시를 떠나 있었다. 게다가 랑그도크 지방의 감독관이 몽펠리에에 거주했기 때문에, 예컨대 투르니 감독관의 지휘하에 있던 보르도와 대조되게, 도시 재개발 계획이 빠른 성과를 거두지 못했다.

신앙심에 대한 툴루즈의 평판은 '칼라스 사건'에서 볼 수 있었던 것과 같은 불관용과 잔학성 때문에 스미스에게 좋게 다가오지 않았다. 1761년에 한 프로테스탄트 상인의 아들이 목매달린 채 발견되었다. 아버지는 아들이 가톨릭으로 개종하는 것을 막기 위해 아들을 살해했다는 혐의가 있어 고등법원에서 유죄 선고를 받았고, 1762년 3월 10일 수레바퀴에 매달려 으스러지고 목이 졸린 뒤 화염 속으로 사라졌다. 볼테르는 스미스의 툴루즈 체류 시기인 1765년 칙령에 의해 공표된 장 칼라스의 무죄를 알리는 활동을 이끌었다. 툴루즈 고등법원은 이 칙령에 격렬하게 반발했다. 1765년 하반기에 페르네를 방문했을 때, 스미스는 장 칼라스의 비운에 대해 볼테르와 이야기를 나누었을지도 모른다. 볼테르는 『관용론』 시작 부분에서 이 끔찍한 광신의 이야기를 서술한 바 있다(*Traité sur la tolérance* 1762; ed. de Van den Heuvel, 1975). 스미스는 『도덕감정론』 최종판(1790)에서 칼라스의 마지막 말을 소개하면서, 부당한 형벌로 인해 자신의 기억에 남아 있는, 부당하게 오명을 뒤집어쓴 결백한 사람의 분노를 설명했다 (*TMS* III.2.11).

'학문이 발달한 툴루즈'에 대해 말하자면, 이런 정의에 대해서는 의문이 든다. 스미스 시대에 툴루즈대학은 민법 교육을 제외하고는 부진했고, 학술원들은 보수적인 고등법원 구성원들이 장악하고 있었다. 1768년경 볼테르가 달랑베르에게 '툴루즈 고등법원에 (…) 엄청난 변화가 일어났습니다. 반은 계몽사상가가 되었고, 야만의 버짐에 갉아먹힌 늙은 머리들은 곧 죽을 것입니다'(Godechot and Tollon, 1974: 367에서 인용됨)라고 말할 수 있었지만, 사실 계몽 사상은 고등법원 내에 서서히 침투하고 있을 뿐이었다. 하지만 젊은 축에 드는 사람들은 프리메이슨 집회소에서 적극적으로 활동했고, 그들 중 일부는 스코틀랜드 종교 의례를 따랐다. 그들은 가톨릭교회를 적대시하지는 않았지만, 계몽주의 사상을 확산시켰다. 스미스는 그 도시에 대한 유용한 배경 지식을 제공하는 장 레날의『툴루즈의 역사』(1759)를 소장하고 있었다(EUL MS JA 1390; Mizuta).

고등법원은 18세기에 이 도시의 지적 삶은 물론 사회적·경제적 삶도 지배하고 있었는데, 더 나은 쪽으로 지배한 것이 결코 아니었다. 이 시기에 툴루즈는 활력이 다소 부족했고, 이는 페르낭 브로델이 비교한 것처럼 주요 내륙 도시 파리와 뚜렷이 대조되는 점이었다(Braudel, 1988: 250; 1991: 175, 269). 극소수 부자의 에너지와 야망이 오직 법적 지위의 상승, 작위 수여, 토지 취득에만 쏠려 있는 가운데, 툴루즈의 산업과 상업은 도약점과는 거리가 멀었다. 이제 시보다는, 수사학이라는 '즐거운 과학'보다는 경제학이라는 '음울한 과학'을 연구하는 사람에 더 가까워진 스미스는 이런 툴루즈의 양상을 주시했고,『국부론』에서 분명 정당하게 다음과 같이 서술했다. '루앙과 보르도를 빼면 프랑스의 어느 고등법원 소재지에서도 상업이나 산업은 미약하다. 그리고 주로 그 재판소 구성원과 재판소에 변론하러 나오는 사람들의 경비에 의해 부양되는 하위 계급 사람들은 일반적으로 게으르고 가난하다.' 그는 재판소 수입으로 많은 고용인을 부양한 도시들로서 툴루즈와 에든버러를 연관시켰던 것 같다. 따라서 평민들은 나태함으로 타락했고, '자본'을 이용할 충분한 동기가 없었다(*WN* II.iii.12).

툴루즈의 스미스에 대해 전해주는, 우리가 확보한 첫 번째 소식은 흄이 사촌으로부터 받은 1764년 3월 4일의 편지에 담겨 있다. 이 사촌은 캐슬힐의 콜베르 뒤 세뉼레 신부로, 인버네스 캐슬힐의 커스버트 가문의 후손이었다. 그는 1750년에 프랑스로 가서 프랑스 가톨릭교회의 성직자가 되었고, 그에 바로 앞서 툴루즈의 주교 총대리로 임명받은 터였다. 스미스는 막 그곳에 도착했고 콜베르는 그를 잠깐 만나봤을 뿐이지만, 그에게 스미스는 흄이 말했던 그대로 '재기 넘치고 정직한 사람'으로 보인다. 편지에 따르면 콜베르는 대주교 로메니 드 브리엔이 약 6주간 몽펠리에에 머무르느라 부재중인 것을 아쉬워했고, 파리에서 흄을 만나기를 고대하며 파리행을 계획하고 있었다. 콜베르는 자신의 기다란 검은색 신부복이 버클루를 놀라게 할까 봐 걱정되지만, 그럼에도 그 젊은이의 툴루즈 체류가 가능한 한 즐겁고 유익할 수 있도록 최선을 다하겠다고 말한다. 콜베르는 4월 22일에 다시 편지를 쓰면서, 스미스가 '탁월한 사람'이며 '마음과 지성 모두 존경할 만하다'고 칭찬한다. 그의 제자 버클루에 대해서는 프랑스어를 열심히 익히며 진전을 보이고 있는 '강하고 멋진 사람'이라고 언급한다. 콜베르는 스미스가 툴루즈에 오고 싶어했다는 것에 매일매일 자랑스러워한다. 그리고 이 도시는 잉글랜드와 스코틀랜드 사람들이 와볼 만한 곳이니 스미스 같은 사람을 더 많이 보내달라고 흄에게 부탁한다(*NLS* Hume MSS iv.34, 35 (old nos.)).

스미스가 7월 5일 흄에게 보낸 내용은 다소 비관적이었다. 톤젠드는 프랑스 총리인 슈아죌이 툴루즈나 그 외 프랑스 지역에서 '모든 상류층 사람'에게 추천해줄 것이라고 스미스에게 단언했지만, 이런 일은 당장은 일어나지 않았다. 가정교사와 학생은 자력으로 헤쳐나가야 했다. 물론 콜베르 신부의 도움이 있었지만, 그는 툴루즈에서 두 사람만큼이나 외지인에 가까웠다. 공작에게는 프랑스인 지인이 전혀 없었고, 스미스는 자신의 지인 몇 명을 자기들 집으로 데려올 수 없었다. 하지만 우리는 이 기간에 툴루즈를 방문해 공작과 어울렸던 사람들을 알고 있다. 부유한 집안 출신의 두 노르웨이 젊은이 페테르 앙케르와 카르스텐 앙케르였는데, 이들은 가정교사 안드레아스 홀트와 함께 1762년 5월 28일 글래스고에서 애덤 스미스를 만난 적이 있고, 1764년 3월 16일자로 버클루로부터 다정한 인사장을 받았음을 일지에 기록해놓았다(Banke, 1955: 172; John Simpson, 1990: 125~126). 스미스는 이 교제에 대해서는 언급하지 않았고, 흄에게 보낸 편지에서 다음과 같이 썼다. '글래스고에서 내 삶은 현재 이곳에서의 삶에 비하면 즐겁고 무절제했습니다. 나는 시간을 보내기 위해 책을 쓰기 시작했습니다. 당신은 내가 할 일이 거의 없다고 생각할지도 모르겠습니다.' 스미스는 버클루의 교육과 기분전환을 위해 짧은 보르도 여행을 계획했고, 보르도 총독인 리슐리외 공작에게 소개해줄 것을 흄에게 부탁했다. 또한 스미스는, 슬릿의 제임스 맥도널드 경의 '영향력과 본보기'에 힘입어 버클루가 자신감을 가질 수 있도록, 맥도널드 경을 설득해 버클루와 한 달간 함께 시간을 보내게 해달라고 부탁했다(*Corr*. No. 82).

이후 11월 5일에 글래스고의 상인 존 글래스퍼드는 스미스에게 편지를 보내, 스미스가 '이곳에서 꽤 진척되었던 그 유익한 저작을 한가한 시간에 앞당기고' 있기를 바란다고 밝혔는데(*Corr*. No. 85), 이로 미루어 스미스가 툴루즈에서 '쓰기 시작한' 책이 『국부론』이라고 보기에는 다소 어려움이 있다. 한 가지 가능성은, 스미스가 『국부론』의 초기 원고—최종적으로 버클루 기록보관소의 톤젠드 문건에 포함된(SRO GD 224/33/4; *IJ* 562~581)—를 확장하고 있었고, 그리하여 이후 12년 동안 더 확장되고 수정된, 우리가 아는 그 저작의 초판에 해당되는 텍스트를 만들어냈다는 것이다. 만년에 W. R. 스콧은 툴루즈에서의 스미스의 새 책이 과세 제도를 다루는 것이었고, 감채減債 기금의 역사를 쓰려는 톤젠드의 계획과 관련 있는 것이었다고 생각하게 되었다(*Corr*. No. 302; Scott, 1940: 269). 콜베르 신부는 1765년 2월 28일 흄에게 보낸 편지에서 스미스와 그의 제자들—공작의 동생인 캠벨 스콧이 합류해 있었다—이 잘 있다고 전하고, 자신이 스미스의 책을 아주 재미있게 읽었다고 말한다(*NLS* Hume MSS iv.36(old no.)). 유감스럽게도 콜베르는 자신이 어떤 것을 읽었는지 전혀 언급하지 않았지만, 본래 영어 사용자였다는 점에서 그가 읽은 것은 『도덕감정론』 제1판과 제2판(1759, 1761) 중 하나였을 것이고, 아니면 마르크-앙투안 에두가 번역한 첫 프랑스어 번역판(1764)—1763년 10월 돌바크의 감독하에 준비되고 있던 그 번역판일 가능성이 있는—이었을 것이다 (흄이 스미스에게 보낸 편지, *Corr.* No. 77; Faccarello and Steiner, 2002: 70).

초기 원고에는 보통 사람의 지식은 거의 모두 책으로부터 간접적으로 습득된다는 주장이 나오고, 『국부론』 자체에서는 분명 탁상공론적 경제학이 발견된다. 하지만 스미스의 툴루즈 체류는 스미스의 창작력을 사로잡은 경제학적 문제들에 대한 중요한 사실들을 글래스고에서 수집된 사실들에 더하여 축적하게 해주었다고 할 수 있다. 경제학적 문제들이란 분업, 시장의 규모와 변동, 농업 시스템과 상업 시스템, 부의 창출에서의 운송 수단의 역할, 그리고 경제 영역에서 천부의 자유를 얻으려는 투쟁 같은 것이었다. 고등법원 지구까지 아우르는 툴루즈 구시가지로부터 남쪽으로 걸어가다보면 경제 역사에 대한 공부가 되었다. 그 산책은 예컨대 아세자 대저택으로부터 마주 거리의 에스피 대저택(오늘날의 쿠르투아드비조즈)까지 이어졌는데, 전자는 15~16세기에 융성했다가 쇠락한 대청(염료) 무역으로 부를 이룬 툴루즈 지방행정관을 위해 지어진 르네상스 양식의 아름다운 건축물이었고, 후자는 건축가 이아생트 라바 드 사비냐크가 설계한 루이 15세 시대 양식의 우아한 동시대 건축물이었다. 에스피 대저택은 그 도시로부터 15킬로미터 정도 뻗어나간, 마차나 말을 타고 한 시간쯤 걸리는, 고등법원 구성원들의 소유지 일대의 포도밭과 밀밭에서 나오는 수익금으로 자금을 조달했다. 나자레트 거리와 페르슈팽트 거리에 들어선 아세자 대저택 인근에는 고등법원 구성원들이 사는 더 수수한 타운하우스들이 있었다. 그 시기의 '삶의 즐거움'을 같은 모양으로 반영한 그 집들은 간소한 벽돌, 철제 발코니와 창문 꺾쇠, 그리고 응접실·식당·서재가 있는 1층에 접한 중정을 갖추고 있었다. 더걸드 스튜어트에 따르면 스미스는 툴루즈에 머물 때 '고등법원의 주요 인사 몇 명과 (…) 친하게' 지냈는데, 그들은 '프랑스 국내 정책에 대한 그의 정보를 바로잡아주고 확장해줄' 위치에 있었다(Stewart III.7).

고등법원 건물의 북쪽과 동쪽으로는 '랑그도크 운하'—스미스는 이렇게 불렀다—가 흘렀는데, 이 운하의 통행료가 운하 건설자 리케의 후손들에게 '아주 큰 재산'을 가져다줄 것이며, 그래서 리케로서는 지속적으로 운하를 수리하며 유지하는 것이 득이 되는 일이라고 스미스는 말했다(WN V.i.d.7). 운하의 통행량은 툴루즈에 부를 가져다줄 잠재력을 보여주었지만, '미디피레네'에 속하는 그곳의 주요 산물인 곡물의 운송과 수출에 제한이 있었고, 이는 경제 성장을 방해했다. 스미스가 그곳에 머무르는 중에 툴루즈 상공회의소, 랑그도크 삼부회, 중농주의자들(스미스는 중농주의자에 대해 언급한 바 있다. WN. IV.ix.38)이 연합해 왕권을 압박함으로써 총감독관 라베르디로부터 곡물의 자유 수출을 허가하는—식량 부족을 완화해야 하는 경우를 제외하고—1764년 7월의 포고령을 이끌어냈다. 유감스럽게도 잇따른 흉작과 가격 상승은 보호무역주의로의 회귀를 불러왔다(Frêche, 1974: 155, 212~217). 풍부한 포도 생산에 대해 말하자면 스미스는 이것이 음주를 부추기지는 않는다고 보았고, 프랑스 남부에 주둔한 프랑스 북부 연대들의 행동을 예로 들어 설명했다. 그들은 질 좋은 저렴한 포도주를 접해 처음에는 폭음했지만, 이후에는 대개 그 지역 사람들만큼 절제하게 되었다(WN IV.iii.c.8).

앞서 충분히 지적했듯이 툴루즈에는 스미스가 주시하는, 그의 분석적 정신이 발휘될 만한 관심사가 많았다. 정치경제학자가 흥미를 느낄 만한 것으로서 언급되어야 할 마지막 문제는 툴루즈 고등법원과 국왕 사이의 좋지 않은 관계였다. 슈아죌이 7년전쟁 막판인 1763년에 프랑스 재정을 개혁하려 애쓸 때, 툴루즈 고등법원이 소득세인 '20분의 1세'의 수정에 반대하자 랑그도크의 사령관 피츠-제임스 공작 샤를(1712~1787)은 고등법원 건물을 군사력으로 점거하고 새로운 세금들을 만드는 포고령을 내렸다. 당시 고등법원 구성원들은 이 세금의 인상을 저지했고, 가택 연금을 당했으며, 풀려나자 피츠-제임스의 인신 구속을 명령했다. 스미스는 이 사건에 대한 팸플릿들을 구입해 자신의 책들과 함께 스코틀랜드로 보냈다(EUL MS JA 1429/1-1S; Mizuta). 이런 저작물들과 현지에서 알게 된 사실들을 들여다보면서, 그는 슈아죌이 1764년에 파리 고등법원을 평화적으로 상대하는 데 성공했음을 인정했고, 다음과 같이 정리했다.

그 실험은 수행되지 않았다. 무력과 폭력이 정부의 가장 나쁘고 가장 위험한 수단이듯이 관리와 설득은 정부의 가장 쉽고 가장 안전한 수단이지만, 인간의 천성적 오만 때문에 인간은 그 나쁜 수단을 사용할 수 없거나 감히 사용하지 못할 때를 제외하고는 거의 항상 좋은 수단의 사용을 꺼리는 것 같다. 프랑스 정부는 무력을 사용할 수 있었고, 감히 사용할 수 있었으며, 그래서 관리와 설득을 사용하기를 꺼렸다. (*WN* V.i.g.19)

프랑스 왕을 대신해 '무력과 폭력'을 사용한 피츠-제임스가 같은 정부 수단들에 의지한 탓에 왕위를 상실한 영국의 제임스 2세의 후손이라는 사실은 툴루즈의 그 대립에서 스미스의 흥미를 자극했을 것이다. 인생의 끝에서, 왕의 전제 정치의 위험에 대한 스미스의 의식이 여전히 생생해서 그는 이 문제를 『도덕감정론』의 최종판에 추가했다(TMS VI.ii.2.18).

보르도에서는 기엔의 총독 리슐리외와 고등법원 사이에서 유사한 분쟁이 있었고, 이 역시 스미스의 서재에 있던 팸플릿들에서 다루어졌다(EUL MS JA 1423/1-8; Mizuta). 스미스는 흄의 주선으로 1764년 7월의 보르도 방문을 위한 추천장을 얻었고, 그는 전쟁뿐 아니라 사랑에서도 기량이 뛰어나기로 유명한 유쾌한 노인 리슐리외가 자기 일행을 환영해준 것에 대해 감사를 표했다(Lescure, 1869~1871; Porquerol, 1954). 그는 프랑스 계몽사상가들을 몹시 싫어한다고 알려졌지만, 스미스는 어떤 적개심도 느끼지 못했다. '우리 모두는 장군[리슐리외]에게 극도의 정중함과 배려로 대접받았습니다. 그는 특히 공작에게 아주 적절한 특별 대우를 했습니다'(Corr No. 83).

이 짧은 여행에서 스미스는 콜베르 신부, 하원의원인 아이작 바레와 동행했다. 바레 의원은 툴루즈에서 흄에게 쓴 9월 4일자 편지에서, 자신이 스미스, 그의 제자, 콜베르 신부와 함께 앉아 식사를 하던 중에 편지를 받았음을 알렸다. 바레는 콜베르가 '아주 정직한 사람'이라고 썼고, 흄에게 할 수 있다면 그를 주교로 만들라고 권고했다. 그러나 콜베르는 1781년이 되어서야 로데 주교관구로 나아갈 수 있었다. 계속해서 바레의 편지는 스미스와 나눈 대화의 단편을 전해준다.

[그는] 프랑스 궁정의 즐거움 때문에 당신이 부드러워졌다고, 그리고 당신이 좀더 북쪽 지방에서 현저히 그랬던 것처럼 날카롭게 글을 쓰지 않는다고 생각한다는 점에서 나와 의견이 일치합니다. 게다가 더 나쁜 것은 당신이 당신의 엘리엇들, 릭비들, 셀윈들…의 정치를 취하고 있다는 것입니다. (NLS Hume MSS iii.35(old no.))

여기서 암시하는 것은 바레와 달리(HP ii.50~54) 당시의 행정부와 좋은 관계를 유지하고 있던 동료 하원의원들인 민토의 길버트 엘리엇(ii.390~394), 리처드 릭비(iii.355~360), 조지 셀윈(iii.420~421)이다. 바레의 경우 당시의 행정부에 대한 비판자였고, 특히 아메리카 문제와 관련해 그랬는데, 그는 울프 휘하에서 그곳에서 복무한 경험 덕에 아메리카에 정통해 있었다. 정치에서 그의 멘토는 스미스의 학생이었던 토머스 페티 피츠모리스의 형인 셸번 경이었다. 1761년부터 정치경제에 대한 스미스의 견해에 열중하기 시작한 셸번이 바레에게 프랑스에서 스미스와 접촉할 것을 권했을 수도 있다.

스미스는 1764년 10월 다시 보르도에 갔고, 거기서 버클루의 열입곱 살짜리 동생 캠벨 스콧 경을 만났다. 이 무렵의 또 다른 여행은 피레네산맥 지대에 자리한 온천인 바녜르드비고르에 다녀온 것이었다. 몽테뉴와 멩트농 부인이 그곳의 광천수를 좋아했다고 한다. 스미스는 흄에게 보낸 편지에서, 이 여행들이 버클루에게 큰 도움이 되었고 버클루가 '프랑스인들과 어울리는 것에 익숙해지기' 시작했다고 썼으며, 또한 자신들이 함께 지내는 나머지 시간이 '평온과 만족뿐 아니라 유쾌함과 즐거움도 함께하는 가운데' 지나가리라 생각한다고 밝혔다(*Corr.* No. 83). 같은 편지에서 스미스는 흄에게 랑그도크 감독관, 외 백작, 나르본의 대주교를 상대로 추천장을 써줄 것을 부탁했다. 그의 말에 따르면 그는 랑그도크 삼부회 회기에 참석하기 위해 자기 학생들을 몽펠리에에 데려갈 생각이었기 때문이다. 이 기구는 1764년 11월 29일부터 1765년 1월 7일까지 개회 중이었고, 그들의 의사록을 보면 그들이 정부 재정, 공공사업, 그리고 스미스와 광대한 토지 소유 자들인 스미스 책임하의 젊은이들의 큰 관심사였던 경제 발전 같은 주제들에 대해 수준 높은 토론을 벌였음을 알 수 있다.[1]

　　1765년 4월 톤젠드가 버클루에게 툴루즈를 떠나서 파리에 정착하는 것을 허락했지만, 이는 즉시 이루어지지 않았다(Ross, 1974: 182). 콜베르는 4월 10일 흄에게, 스미스가 툴루즈에 한두 달 더 머무르면 좋겠다고 썼다. 그는 또한 이 시기에 툴루즈가 '영국인들'에게 그리 맞지 않는 이유 몇 가지와—많은 이유가 있었지만—그곳이 그들에게 적합한 이유 몇 가지를 제시했다. 지역민들은 칼라스 사건에 대해서 놀라우리만큼 광신을 보였다. 3월에 칼라스에 대한 고등법원의 유죄 판결이 파리에서 비난을 받았고, 툴루즈의 행정관 프랑수아-레몽 다비드 드 보드리그가 사법 살인의 주역으로 언급되었다. 툴루즈 사람들은 이 남자가 인근에서 죽은 영국 관료 두 명의 유품의 법적 처분을 집행한 행정관이라서 영국 대사가 파리에서 그에 대한 공격을 부추겼다고 믿었다. 콜베르는 다비드 드 보드리그가 칼라스 사건에서 과실이 있다는 데 동의했지만, 영국 관료들과 관련해서는 그가 자신의 임무를 수행한 것뿐이라고 생각했다. 그는 흄에게, 그 집안을 위해서, 그리고 개인적으로 영국인들에게 친절했던 그 행정관 본인을 위해서 이

점을 기록에 넣어달라고 부탁했다(*NLS* Hume MSS iv.36, 37; BN Fond Français MS 6680; Bien, 1962). 스미스와 그의 학생들은 이즈음 툴루즈를 떠나 프랑스 남부 지역을 좀더 여행했다. 아마 님, 아를, 퐁뒤가르 같은 로마 시대 유적지와 아비뇽의 교황궁 등이었을 것으로 추정된다. 그들은 마르세유의 채색 도자기 공장도 방문했고, 그곳에서 버클루는 고가의 식기 한 벌을 구입하는 사치를 누렸다. 공작은 그것을 미망인 페랭의 상점에서 구입하거나 아니면 조제프-가스파르 로베르의 상점에서 구입하지 않았을까 싶다. 이 분야 전문가들에 의하면 이들은 '에나멜 도료를 칠한 특색 있는 장식, 즉 생기 있는 물고기와 갑각류, 산뜻하게 채색되고 느슨하게 묶인 꽃가지들(인쇄물이 아니라 실물을 그린 것), 작은 풍경, 바다 풍경, 전원 풍경, 가늘고 구불구불한 중국 양식의 무리'로 유명했다(Fleming and Honour, 1977: 514).

스미스는 1765년 8월로 추측되는 시기에 흄에게 보낸 편지에서 버클루가 '당신의 거의 모든 저작을 여러 번 독파했다'고 쓰고 있는데, 이로 미루어 스미스는 공작이 열심히 공부하도록 잘 이끌고 있었던 것 같다. 이어서 스미스는 다음과 같이 썼다. '내가 그에게 주입하려는 좀더 유익한 원칙을 위해서가 아니라면, 그가 위험스럽게도 당신의 못된 신념을 조금 받아들일까봐 걱정입니다. 당신은 그가 매우 발전했음을 알게 될 것입니다'(*Corr.* No. 86). 농담은 차치하고, 스미스는 흄의 철학 저작들에서 종교적 회의주의를 완화하는 데, 그리고 자신이 지지하는 유신론적 자연종교를 옹호하는 데 시간을 들였을 것이다. 또한 스미스는 자기 학생과 함께 흄의 논문들을 읽으면서 『정치론』(1752)에 나오는 아홉 가지 경제 관련 주제를 검토했을 것이고, 자본 축적과 같은 사안들에 대한 자신의 다른 입장을 명확히 하면서 아마도 자신의 자유 무역 원칙 옹호를 강조했을 것이다(Hume, *Writings on Economics*, 1955: p. cvi~cix; Skinner, 1993: 118~119, 132~133; Ross, 2008: 39).

톤젠드가 버클루에게 보낸 1765년 6월 10일자 편지는 공작이 이 시기에 읽은 저작들 중 하나가 흄의 『영국사』이며, 공작이 '찰스 1세 시대에 인민의 권리와 관행적 왕권의 주장이 문제가 되었다는 점에서, 또한 논쟁은 고대든 현시대든 역사의 다른 어떤 시기를 초월하는 인간의 능력을 불러오고 창출하고 향상시킨다는 점에서, 찰스 1세 시대의 모든 사건과 모든 인물을 잘 살펴봐야' 한다는 가르침을 받았음을 알려준다. 톤젠드는 이런 문제를 다루는 가정교사 스미스를 매우 칭찬했다. '그는 과하게 정제되지 않고 기발하며, 정부에 대한 견해에 있어서 너무 체계적이거나 특이하지 않고 일반적이다.' 스미스와 교류하면서 톤젠드는 버클루가 휘그당의 '유익한 원칙들'을 배울 것이고 흄의 『영국사』에 도사리고 있다고 여겨지는 '해로운' 토리당 원칙들에 영향 받지 않을 것이라고 안심했을 것이다.

버클루에게 계부가 부과한 또 다른 임무는, 프랑스의 군주제를 분석해, 프랑스가 경제력이 있었음에도 7년전쟁 때 육지와 바다에서 패한 것은 '그 체제의 어떤 숨은 실수' 때문이었는지를 파악해보라는 것이었다(Ross, 1974: 183~184). 이것은 분명 스미스에게 어울리는 주제였고, 이에 대한 연구가 『국부론』 중 프랑스 절대 왕정에 대한 정치적·경제적 분석 부분에 반영되었다. 톤젠드는 공작이 그러한 분석을 통해서, 프랑스가 주요 식민지들을 잃은 북아메리카와 인도에서 영국이 계속 식민지를 유지하는 데 도움이 되는 교훈을 얻기를 바랐다 (Schroeder, 1994).

툴루즈에서 스미스의 활동을 보여주는 마지막 기록은 더글러스 소송과 관련해 콜베르 신부의 증언을 듣기 위해서 1765년 10월 4일 대리인으로 활동했다는 것이다(Scott, 1937: 259~260). 에든버러 최고 민사법원의 결정과 파리 고등법원의 투르넬 형사 법정의 결정, 그리고 최종적으로 웨스트민스터 상원의 결정을 포함하는 이 복잡하고도 오랜 시간이 걸리는 법적 절차는 1763년부터 1769년까지 이어졌다. 이 것은 첫 번째이자 마지막 더글러스 공작의 정당한 상속자가 누구인지를 가리는 분쟁과 관련 있었다. 피고는 아치볼드 제임스 에드워드 더글러스(원래는 스튜어트, 1748년 출생)로, 더글러스 가문은 그를 더글러스 공작의 조카로 받아들였지만, 원고는 그가 한 프랑스 노동자에게서 태어난 쌍둥이 중 살아남은 아이이며 더글러스 공작의 여동생이 그를 자기 아들인 양 속였다는 주장을 제기했다. 원고는 다른 혈통에서 더글러스 공작과 가장 가까운 남성 친척인 해밀턴 공작 7세였다. 더글러스를 지지하는 쪽이 우위에 있었지만, 스미스는 흄과 다른 스코틀랜드 지식인들처럼 해밀턴을 지지했다. 이 소송을 위한 증거 수집차 프랑스로 간 스코틀랜드 변호사들 중에는 스미스의 친구인 토런스의 앤드루 스튜어트와 알렉산더 웨더번이 있었고, 스미스는 이와 관련된 프랑스 팸플릿들을 수집했다. 이 중 하나인 『만민법 문제에 대한 보고서와 의견서』(Paris: P. Simon, 1763; EUL MS JA 2976; Mizuta)는 법학을 연구하는 사람으로서의 스미스에게 중요한 문제인, 프랑스 법정과 스코틀랜드 법정의 절차 및 사법권에 대한 사안을 다루었다.

1765년 가을에 스미스는 제자를 제네바로 데려갔다. 제네바는 영국인 방문자들에게 매력적인 곳이었는데, 시민들이 프랑스어를 사용하고 활기찬 지적 삶이 펼쳐지는 도시이자, 무엇보다 신교도 도시였기 때문이다. 스미스에게는 또 다른 나라의 경제적 측면들을 살펴보고 작동 중인 공화 정부의 한 형태를 볼 수 있다는 매력이 있었다. 그는 『국부론』에서 제네바는 다루고 있지 않지만, 자신의 그 저작을 위해 프랑스어로 된 제노바 공화국의 쇠퇴하는 경제 생활에 대한 프랑스어 자료를 모았다(GUL MS Gen. 1035/231; *WN* iv. iii.b.2, v.iii.57).

가장 흥미로운 사실은 가까운 곳 페르네에 볼테르가 있었다는 것이다. 우리에게는 12월 10~11일에 볼테르의 조카 드니 부인(나중에는 연인)이 스미스에게 보낸 어떤 문서가 있다. 찰스 딜런이라는 영국인의 사냥 모임이 페르네를 침해한 일과 관련된 것이다. 찰스 딜런은 훗날의 딜런 자작 12세로, 과학자 조지프 터버빌 니덤의 제자였고, 이후 볼테르와 사이가 나빠졌다. 페르네에서 소동이 벌어져 사냥터 관리인이 다치고 사냥개 한 마리가 죽었다. 드니 부인은 이 일이 영어권 사회에 알려지기를 바랐고, 스미스에게 볼테르의 안부를 전하면서 알릴 기회를 잡았다(*Corr.* No. 89). 만년에 스미스는 영국 시인 새뮤얼 로저스에게 볼테르와 나눴던 몇 가지 대화를 언급했다.[2] 분명한 한 가지 화제는 스미스가 보르도에서 만난 바 있는 리슐리외 공작이라는 인물이었다(Clayden, 1887: 95). 볼테르는 지방 삼부회의 요구에 맞서 리슐리외 같은 총독들이 대권을 행사하는 것을 옹호했고, 그런 그에게 리슐리외는 영웅과 같은 존재였다. 이것은 경제 이론가이자 의사인 프랑수아 케네─스미스는 파리에서 그를 만나게 된다─가 이끈 경제 사상가 집단인 중농주의자들의 견해였다. 중농주의자들의 주장은 스미스가 몽펠리에서 회기 중에 살펴봤던 것과 같은 그 지방 삼부회들이 특권의 온상이며 경제에서의 사회 발전 및 다른 형태의 사회 발전에 해롭다는 것이었다. 랑그도크 삼부회의 경우에는 이렇게 보이지 않았지만 말이다.

스미스는 의사 테오도르 트롱생을 통해 제네바의 사교계를 접할 수 있었다. 트롱생의 아들 프랑수아 루이는 1761~1763년에 글래스고의 학생이었고, 트롱생과 스미스는 프랑수아 루이의 교육 문제로 서신 교환을 한 사이였다(9장 참고). 이 시기에 트롱생의 환자 중 한 명이 로앙-샤보 백작 부인이었는데, 그녀는 남동생인 라로슈푸코 공작과, 어머니인 앙빌 공작부인과 함께 제네바에 머물고 있었다. 지체 높은 이 프랑스 여인은 과학과 인문학의 최신 발전과 인류 진보의 폭넓은 가능성에 열렬한 관심을 갖고 있었다. 그녀는 1761년부터 리모주의 감독관이었던 튀르고와 절친한 친구 사이였고, 그에게 중농주의 저자들을 주의 깊게 공부하라고 권했다(Ruwet et al., 1976). 따라서 그녀는 스미스가 1759년에 글래스고대학 도서관을 위해 자신이 구매한 『백과전서』 몇 권 중 케네와 튀르고가 쓴 글들에서 배웠을 만한 것들에 더하여 중농주의자들의 사상과 면면을 깨닫는 데 통로가 되어주었을 가능성이 있다(Ross, 1984a: 178~179, 183).

스미스는 수학자인 스태넙 백작 2세를 앙빌 공작부인의 모임에서 만난 것 같다. 스미스는 스태넙과 좋은 관계를 유지해, 1774년 스태넙이 애덤 퍼거슨을 자신의 피후견인 체스터필드 경의 여행 동반 가정교사로 삼을 때 중간에서 역할을 하기도 했다(*Corr.* No. 138~142, also app. E, c-o; Raphael et al., 1990; Raphael, 1994). 스미스가 앙빌의 모임에서 만난 철학에 관심 있는 제네바 과학자로는 박물학자 샤를 보네(1720~1793)와 수리물리학자 조르주-루이 르 사주(1724~1803)가 있었다. 르 사주는 바젤과 파리에서 의학을 공부했지만, 아버지가 프랑스 태생이어서 제네바에서 개업을 할 수 없었고, 이에 수학 및 기체와 중력에 대한 이론을 전공했다. 그는 많은 논문을 발표하지는 않았지만, 달랑베르, 오일러, 보스코비치, 베르누이(바젤에서 직접 알고 지냈던), 라플라스, 스태넙 경을 포함해 폭넓은 과학자들과 서신을 주고받았다. 르 사주의 제자인 피에르 프레보(1751~1839)는 제네바 아카데미의 철학 교수가 되었고, 『철학적 주제들에 관한 소론』을 유용한 각주를 덧붙여 프랑스어로 번역했다(1797). 보네는 직업이 변호사였지만, 레오뮈르의 저서에 영향 받아 곤충을 깊이 연구했고, 주로 호흡 작용에 초점을 맞추어 식물의 생태를 연구했다. 좋지 않은 시력 때문에 관찰력이 한계에 이르자 그는 정신 활동의 철학적 근간과 같은 사변적 문제로 돌아섰다. 무신론과 유물론에 반대한(Marx, 1976) 보네는 자신이 목적인에 대해 스미스와 같은 신조를 지녔다고 믿었기에, 그와 흄의 우정을 이해하지 못했다. 이런 이해 불가는 보네가 베를린 아카데미의 H. B. 메리안에게 보낸 1785년 9월 2일의 편지에 드러나 있다. 여기서 보네는, 흄이 죽기 직전에 신랄한 풍자가 루키아노스를 읽고 있었다고 말해주는 흄의 죽음에 대한 설명을 스미스가 어떻게 출판할 수 있었는지 모르겠다고 말한다. 보네는 스미스에 대해, '그는 이 당대의 피론과 밀접하게 연결되어 있었다'고 말한다(제네바대학 도서관, Bonnet MSS, *Corr.*).

스미스와 그의 제자들은 1765년 12월에 제네바를 떠나 파리로 가서, 1766년 1월 4일에 프랑스의 수도를 떠나 잉글랜드로 가기에 앞서 늦지 않게 흄을, 그리고 아마도 루소를 만났을 것이라는 추측들이 있었다(cf. Rae, 1965: 194; West, 1976: 160). 남아 있는 서신은 그런 만남이 없었음을 시사한다. 흄은 1766년 1월 말에 스미스에게 보낸 편지를 다음과 같이 시작했다. '나는 당신처럼 드문드문, 당신처럼 짧게 쓸 수가 없습니다. 당신을 못 보고 파리를 떠난 것이 아쉽습니다'(Corr. No. 90). 르 사주는 2월 5일 제네바에서 앙빌 부인에게 보낸 편지에 다음과 같이 썼다.

부인의 집에서 만난 모든 사람 가운데, 즉 우리의 훌륭한 모든 엘리트 친구 가운데 저는 그 출중한 스태넙 경만 계속 만났고, 스미스 씨도 가끔 봤습니다. 이분은 제게 코니어스 부인과 버클루 공작을 소개해 주고 싶어했지만 저는 그 좋은 주선을 그가 다시 올 때를 위해 남겨 둬달라고 부탁했습니다. (Prevost, 1805: 226)

파리의 스미스에 대한 가장 이른 소식을 파리에서 남긴 이는 호러스 월폴이다. 그는 스미스, 버클루와 함께 '이탈리아 연극'을 보러 갔다고 1766년 3월 2일에 기록했다. 그 연극은 성공적인 오페라 「톰 존스」로 확인되는데, 1765년에 초연되고 이듬해에 다시 공연되었으며 여전히 '코메디 이탈리엔'의 레퍼토리에 들어가 있는 작품(음악은 프랑수아 앙드레 필리도르, 대본은 앙투안 알렉상드르 푸앵시네)이었다(Walpole, 1937~1983: vii.305). 스미스는 파리의 오페라 시즌을 즐겼고, 모방 예술에 대한 자신의 두 번째 글에서 하나의 예술 형태로서의 오페라에 대한 이론적 설명을 제시했다. 그는 진지한 작품들의 '깊은 감동을 주는' 대목들과 희극적인 작품들의 '유쾌한 즐거움'을 이야기했다. 그러나 그는 거세한 남성 가수들의 빈약한 연기와 '기발한' 프랑스인들에 대한 칭찬을 불러일으킨 '무대 장치의 남용'을 비판했다(「모방 예술」, ii.16, 27).

3월 3일에 월폴은 공작의 친척인 메리 코크 부인에게 그녀의 조카들과 스미스가 자신이 묵고 있는 호텔로 올 것이라고 편지를 썼다(Walpole, 1937~1983: xxxi.109). 이곳은 생제르맹 지구의 콜롱비에 거리에 위치한 파르크루아얄 호텔이었는데, 라로슈푸코 집안의 저택이 있는 센 거리에서 아주 가까웠다. 이 집안의 어른이 앙빌 공작부인이었다. 3월 15일에 스미스는 월폴과 함께 파리의 가톨릭 대학인 콜레주 데제코세(영어로는 스카츠 칼리지, 즉 스코틀랜드인 대학)에 있는 제임스 2세의 문서들을 보러 갔고, 또한 그들은 아가일 공작 2세가 1743년 삶의 막바지에 겪은 정신적 문제에 관해 이야기를 나눴다. 당시 아가일 공작은 찰스 에드워드 스튜어트 공과의 서신 교환 때문에 탑에 구금될까봐 두려워했다. 스미스는 자신이 '에든버러의 유명한 재커바이트 시장'이었던 아치볼드 스튜어트를 아는데, 아치볼드 스튜어트가 말해준 바에 따르면 아가일은 사람들과 함께 있을 때 탑이라는 말만 나오면 움찔했고, '엄청난 공포를 드러내며 그 말을 반복했다'(Walpole, 1937~1983: vii.360).

스미스는 앙빌 공작부인의 살롱, 그리고 달랑베르가 거주하던 생도미니크 거리 6번지의 방에서 약간 멀리 떨어진 쥘리 드 레스피나스의 살롱에도 드나들었다. 이 작은 계몽사상가 무리의 다른 사람들은 그리 멀리 떨어져 살지 않았다. 센강을 건너 우안으로 가면 데물랭 거리 8번지에 돌바크 남작의 집이 있었다. 문인들이 자주 그 집에 들러 식사를 했는데, 이에 대해 모렐레는 '질 좋은 포도주, 질 좋은 커피, 싸움 아닌 많은 논쟁으로 이루어진 풍성하고 맛있는 식사'라고 칭찬했다. 스미스는 이런 식사에 초대받았고, 훗날 돌바크가 보여준 친절을 회상했다(*Corr.* No. 259). 스미스가 접대를 받은 또 다른 집은 돌바크의 집에서 한 블록 위 생탄 거리 16~18번지에 자리한, 재력가이자 계몽사상가 엘베시우스의 집이었다. 모렐레의 기억에 따르면, 튀르고가 스미스의 재능을 아주 높이 평가했고, 스미스가 엘베시우스 집에 처음 나타난 이후 그들은 스미스를 종종 만났다. 대화 주제는 상업 이론, 은행업, 공공 신용, 『국부론』에서 논의된 여러 사항에 걸쳐 있었고, 스미스의 프랑스 친구들은 그가 이런 문제들에 대해 숙고하고 있음을 알아차렸다(Morellet, 1821: i.237). 앙빌 부인은 스미스가 파리를 떠나기 전에 자신은 이미 영어를 깨우쳤다고 주장했지만, 스미스의 경우 프랑스어에 매우 서툴다는 어려움이 있었고, 이 점은 앙빌 부인이 확증해주었다(*Corr.* No. 142).

1766년 5월에 스미스를 만난 여성 배우이자 소설가 마리-잔 리코보니에 따르면, 그를 처음 만났을 때 그녀는 그의 거친 목소리와 커다란 치아 때문에 좋은 인상을 받지 못했고, 그가 악마처럼 못생겼다고 생각했지만, 그의 선량한 마음 때문에 결국 그에게 호감을 갖게 되었다. 그리고 10월에 이르러서는 데이비드 개릭에게 보낸 편지에, 자신은 스미스가 아주 마음에 들고, 악마가 문필가들을 다 데려가고 스미스를 돌려주면 좋겠다고 쓰게 되었다. 그녀는 아마도 그동안 『도덕 감정론』을 읽었을 것이고, 많은 프랑스 여성처럼 공감에 대한 그의 생각에 매료되었을 것이다(Nicholls, 1976). 디드러 도슨은 스미스의 공감 이론 형성에 리코보니 부인의 소설이 어떤 역할을 했을 가능성을 시사했다(Dawson, 1991: 147~162; Barker-Benfield, 1992). 이 단서를 따라서 네븐 레디(Leddy, 2008)는 공감적 사랑이라는—라로슈푸코가 인간의 행동을 지배하는 것으로 묘사한 이기심에 대안이 되는 것으로 보이는—윤리 이론을 깨닫는 데 리코보니뿐 아니라 마리보, 아들 크레비용에 이르기까지 당대 프랑스 소설이 스미스에게 미친 영향을 탐구했다.

감정적으로 틀어져버린 관계에 대해 이야기하자면, 1766년 초반부터 계몽사상가들과 스미스 모두 루소와 흄 사이의 불화를 우려하고 있었다. 아들 트롱생은 흄이 1월 13일에 루소와 그의 강아지 설턴을 데려온 하숙집 근처의 한 런던 하숙집에서 묵고 있었기에 그들의 불화의 시작 단계를 지켜봤다. 흄의 계획은 루소를 위해 조지 3세로부터 연금을 얻어내고, 『사회계약론』과 『에밀』의 출간으로 스위스와 프랑스에서 겪은 박해에서 벗어날 수 있도록 잉글랜드에 그의 피난처를 만들어주는 것이었다. 프랑수아 루이 트롱생은 추방된 자로서의 루소의 곤경에 공감했지만, 루소에게는 그 자신이 불쾌한 이름이라고 한 친구에게 말했다. 루소는 그가 자신을 박해하고 심지어 살해하기 위해 보내진 첩자라고 믿었다. 그의 아버지는 1766년 3월 초 그에게 쓴 편지에서 '자존심'과 '불신'이 루소가 어디서나 쫓아다닌 두 악마였다고 언급했다. 또한 자신이 한때 루소의 의사였음을 내비치면서, 루소가 자신을 '신의 분노'로서 두려워했으며, 그 이유는 '내가 그를 파악하고 있다는 것을 그가 알기 때문'이라고 주장했다(Edmonds and Eidinow, 2006: 143에서 인용됨). 의사 트롱생의 환자였을 때 루소는 테레즈 르 바쇠르와의 성적 관계와 파리의 고아원에 보낸 그들의 다섯 아이의 출생에 대해 자세히 밝혔다. 당연히 그는 트롱생이 이 이야기를 폭로할까봐 걱정했다.

같은 달에 흄은 더비셔의 피크디스트릭트에서 가까운 스태퍼드셔의 우튼홀에 루소를 위한 거처를 구했고, 거기서 루소는 스톤데일 근처까지 설턴을 산책시켰다. 질투심 강한 간호사이자 연인 테레즈 르 바쇠르와 함께 우튼에 격리되자 루소는 자신을 침묵시키려는 어떤 국제적 음모의 중심에 있는 듯한 기분에 더 깊이 빠져들었다. 그는 흄에게 보낸 6월 23일자 편지에서 자신이 영국으로 끌려와 치욕을 당하고 있다는 비난과 함께 의심과 피해망상을 드러냈고, 7월 10일에는 흄에게 비난의 내용을 자세히 적어 보냈다. 흄은 이해가 안 되었고, 이어서 분개했으며, 그 철학자 때문에 추문에 휩쓸려 자신의 평판을 무너뜨리게 되지 않을까 우려했다. 7월 말경, 파리에 있던 흄의 친구들은 흄이 루소의 비난을 반박하는 글을 발표하는 것으로 대응해야 한다는 식으로 논의했다.

이것은 스미스와 튀르고가 처음으로 함께 관심을 가진 주제였다. 튀르고는 리모주의 감독관으로서 과세 표준과 도로 체계를 발전시키고, 농업 발전과 상업 경쟁을 장려하고, 자신의 멘토였던 상업 감독관 뱅상 드 구르네(1759년 사망)의 생각을 실행에 옮기는 행정적 성공을 거두어 우호적 평가를 받았다. 또한 그는 스미스와 마찬가지로 문헌학, 문학, 역사학, 자연과학 등 폭넓은 주제에 관심을 갖고 있었다 (*Oeuvres de Turgot*, ed. E. Daire, 2 vols., 1844; 온라인으로 접할 수 있음). 스미스와 튀르고는 루소의 호전성이 처음 드러났을 때 유사한 반응을 보였다. 그들은 흄이 그와 관련된 어떤 글도 발표하지 말아야 한다고 생각했다. 스미스는 7월 6일 당시 런던에 있던 흄에게 편지를 썼는데, 흄이 루소만큼이나 '엄청난 악한'이라고 놀리면서, 그런 글을 발표하는 것은 '당신의 삶 전체의 평안'을 해칠 것이므로 '이 위선적 현학자의 정체를 대중에게 폭로하지 말 것'을 신중히 조언했다.

당신이 [루소를] 적대시하는 글을 쓰는 것이 정말이지 바로 그가 바라는 일입니다. (…) 그는 뛰어난 경쟁자들의 감정을 자극해 자신을 중요한 인물로 부각할 속셈인 것입니다. (…) 돌바크 남작, 달랑베르, 리코보니 부인, 리앙쿠르 양, 튀르고 씨 등등 당신의 친구 모두 당신이 그런 글을 쓰지 않기를 바라고 있습니다. 모든 면에서 당신의 진실한 친구인 튀르고 씨는 자신의 더할 수 없이 진실한 간청과 생각대로 내가 당신에게 각별히 이런 조언을 해주기를 바랐습니다. 그와 나는 당신이 나쁜 조언자들에게 둘러싸여 있지 않을까, 그리고 유치한 험담성 이야기를 신문에 발표하는 것에 익숙한 당신네 영국 지식인들의 조언이 당신에게 너무 많은 영향을 미치지 않을까 걱정하고 있습니다. (*Corr.* No. 93)

스미스는 이 편지에서 호러스 월폴에게 안부를 전해달라고 말했는데, 월폴은 스미스와 흄이 모르는 사이에 이 시기의 루소의 피해망상을 해로운 쪽으로 부추기는 데 일정 역할을 하고 있었다. 월폴은 엘베시우스, 니베르네 공작, 에노에 의해 손질된 편지 하나를 날조했는데, 이 편지는 표면상 프로이센의 프리드리히가 루소에게 보내는 것으로 되어 있었고 박해받고 있다는 루소의 허영을 비웃고 있었다. 결국 이것이 출판되어 루소의 주의를 끌었다. 그는 이를 계몽사상가들이 획책하고 흄이 비밀리에 지원한, 자신을 조롱하려는 음모의 일부라고 의심했다(Mossner, 1980: 514, 524). 루소는 『고백록』 집필에 몰두하며 그럭저럭 1년 넘게 그 은신처에 머물러 있었지만, 아들 트롱생에 대한 위협적인 망상으로 여전히 불안해했다. 그는 아들 트롱생을 '협잡꾼의 아들'로 보았다. 협잡꾼은 그가 의사 트롱생에게 부여한 코드명이었다. 결국 피해망상에 압도된 루소는 1767년 5월에 우튼을 떠나 프랑스로 돌아갔다.

튀르고는 결국 마음을 바꾸어, 흄에게 그 불화에 대한 해명 글을 발표하라고 권유했고, 이 일은 1766년 10월 이후에 프랑스에서 실현되었다. 당시 달랑베르는 쉬아르가 번역한 프랑스어 텍스트 『흄 씨와 루소 씨의…논쟁에 대한 간략한 보고』를 신문을 통해 보았다. 영어판은 한 달 뒤 런던에서 발표되었다. 스미스는 학식 있는 유럽인들과 함께 이 불화의 결과에 계속 관심을 두었고, 1767년 9월 13일에 흄에게 다음과 같이 썼다. '나는 영국을 떠나기 전과 후의 루소의 진짜 이야기를 듣게 되어 기쁩니다. 당신은 내가 그 주제와 관련해 이 세상 사람 누구에게도 당신을 인용하지 않으리라는 것을 완전히 믿어도 됩니다'(Corr. No. 109). 흄은 10월 8일에 답장을 보냈고, 10월 17일자 편지에서는 세부 사항을 약간 수정했다. 그는 루소를 '변덕, 가식,

사악함, 허영, 불안의 혼합물에다가 약간의 광기적 요소가 더해진' 존재로 요약했고, 이런 '주된 성향'에다가 같은 단락 끝에 열거된 다음과 같은 다른 성향 몇 가지를 덧붙였다. '배은망덕, 사나움, 말할 것도 없이 거짓말, 능변과 날조'(Corr. No. 111). 흄의 분노는 아직 가시지 않은 상태였지만, 루소가 『고백록』(1770)에서 그랬던 것처럼, 흄은 자서전 『나의 삶』(1777년 출간)에 이 불화를 끌어들이지 않았다.[3]

스미스는 『국부론』 중 자연적 종속과 우위에 대한 부분을 쓰면서 불평등에 대한 루소의 생각을 염두에 두었던 것으로 보인다(V.i.b.4~12; Bonar, 1932: 161; Dawson, 1991~1992). 모방 예술에 대한 논문을 쓸 때 스미스는 루소의 『음악 사전』(1768)을 언급했고, 그를 '정확하게 분석하는 것보다는 확고한 의견을 갖는 데 더 능한' 사람으로 묘사했다(「모방 예술」, ii.24). 루소의 삶에 대한 스미스의 주목할 만한 언급은 1784년 10~11월에 에든버러를 방문한 프랑스 지질학자 포자 드 생퐁과의 대화에서 나왔다(23장에서 이야기된다).

프랑스 사회의 유명인이면서 1766년의 흄과 루소 간 불화의 귀추에 큰 관심을 가졌던 또 다른 사람은 매력적인 부플레 후작부인(1711~1787)이었다. 여러 해 동안 루소의 후원자였던 그녀는 『에밀』에 대한 파리 고등법원의 금지 처분으로 1762년 루소가 프랑스를 떠나지 않을 수 없게 되었을 때, 흄에게 영국에 루소의 은신처를 마련해달라고 부탁했다. 그리고 영국으로 가는 흄과 함께 1766년 1월 4일 루소가 파리를 떠나는 것을 지켜보면서 루소의 안전을 바라는 동시에 흄과의 이별을 몹시 슬퍼했다. 그러다가 이후에 일어난 흄에 대한 루소의 배은망덕을 알게 되어 몹시 분노했고, 둘의 불화에서 흄의 편에 섰다. 무엇보다, 그녀는 복합적인 감정을 갖고 있었고, 남편과 오랫동안 별거했으며, 루이 15세의 장인 스타니수아프 레슈친스키(1677~1766, 전 폴란드 왕)와의 연애사를 포함해 많은 연애사의 주인공이었다(Mitford, 1960에서 상술). 이런 일들이 있은 후에 부플레 후작부인은 단지 명목상 콩티공의 정부가 되었지만, 그녀는 흄에게 연애감정을 갖게 되었고 흄도 이에 화답했으며, 이는 1764년 9~10월에 육체적 관계로 발전했다. 그녀는 도덕주의자처럼 구는 경향이 있었는데 이는 그녀의 행동과 일치하지 않았다. 그녀는 그런 불일치에 대해 '내가 행동으로써 놓쳐버린 것을 말로써 덕으로 돌려놓고 싶다'며 변명했고, 다음과 같이 명랑하게 자신의 묘비명을 썼다.

> 깊은 평화와 함께
> 여기 관능의 여인 잠들다
> 더욱 확실히 하고자
> 이승을 천국으로 삼은 여인 (Amelia Gere Mason, 2002: ch. xiv에서 인용됨)

그녀에게는 스미스의 도덕과 감정 연구에 대해 문학 취향에서 비롯된 지적인 관심뿐만 아니라 실용적인 관심도 가질 이유가 있었다. 그래서 그녀의 서신에서 『도덕감정론』이 관심을 받고 있음을 볼 수 있다. 그녀는 흄에게 보낸 1766년 5월 6일자 편지에서 흄에 대한 사랑 때문에 자신이 스미스를 환대했다며 이렇게 덧붙였다. '그의 『도덕감정론』을 읽고 있습니다. 진도가 빠르지는 않지만, 그 책이 마음에

들 것 같아요.' 역시 흄에게 보낸 7월 25일자 편지는 스미스가 그녀의 요청으로 방문했다가 막 떠났음을 밝히고 있는데, 아마 당시 스미스가 그녀를 찾아간 곳은 콩티공의 파리 거주지인 탕플이었을 것이다. 저녁에 영국식으로 차가 제공되었고, 하인들을 물러가게 한 채 자유로운 대화가 오갔다(Burton, 1849: 237~238; Mossner, 1980: 458~459). 1770년, 민토의 길버트 엘리엇 경의 아들이자 흄과 스미스의 친구인 휴 엘리엇은 부플레 부인이 침실에서 공부하던 중 자신을 맞이했다고 이야기했다. 이때 그녀는 시간만 있다면 자신이 『도덕감정론』을 프랑스어로 번역할 것이라고 주장하면서, 이 책의 저자에 대해 '공감에 대해 아주 적절한 견해를 갖고 있다'고 말했다. 아들 엘리엇은 스미스의 책이 '현재 파리에서 대유행'이라고 언급했다(Corr. No. 130; Minto, 1868: 13).

흄은 스미스의 가치가 프랑스 상류층 사람들에게 제대로 평가받지 못할까봐 우려했고, 1766년 7월 15일 부플레 부인에게 다음과 같이 썼다. '나는 내 친구 스미스를 당신의 보호 아래 두었다는 것이 기쁩니다. 당신은 그의 진가를 알아보게 될 테지만, 그의 정적이고 은둔자적인 삶 때문에 세상사에 밝은 사람으로서의 그의 풍모가 훼손되었을지도 모르겠습니다'(HL ii.63). 사실 스미스는 흄의 이 특별한 친구의 살롱뿐 아니라 제오프랭 부인의 살롱에서도, 그리고 아마 네케르 부인의 살롱에서도 환영받았던 것 같다. 네케르 부인은 젊은 시절에 '연인으로서' 기번을 한숨짓게 했고, 도덕과 문학을 주제로 줄곧 글을 쓴 인물이다. 이 시기에 또한 스미스는 앞서 언급한 오페라는 물론 많은 연극과 음악회를 보러 다녔고, 이것들은 모방 예술에 대한 글에서 그가 논하는 미학적 경험을 제공해주었다. 그는 왕실이 콩피에뉴로 사냥을 즐기러 갔을 때 그곳에 가는 등, 버클루와 그의 동생을 데리고 명소들을 찾아가보기도 했다. 사교적 활동에서 스미스는 꽤 보기 좋고 때로는 멋지기까지 한 면모를 내비쳤을 것이다. 이 시기 그의 개인 용품 중에는 검은색 정장, 회색과 붉은색 실크 정장, 그리고 금빛 반바지와 조끼 및 그에 어울리는 심홍색 벨벳 코트가 있었기 때문이다(Scott, 1937: 261~262).

파리에서 아브빌까지의 짧은 여행에서 스미스는 니콜 부인이라는 영국 여성에게 반했던 것 같다. 버클루 기록보관소의 1766년 9월 18일자 프랑스어 편지에 이에 대한 언급이 나온다. 이 편지는 '스코틀랜드 주교총대리'가 툴루즈에서 스미스와 버클루 공작에게 보낸 것으로, 여기에는 스미스의 필체로 '1766년 9월 25일 콩피에뉴에서 받음'이라고 배서되어 있다(NAS GD224/1040/62/3; *Corr.* No. 91—수정됨). 편지 작성자는 스미스가 파리의 지적인 귀부인들에게 남긴 인상을 잘 파악하고 있는 듯 보이며, 앙빌 부인과 부플레 부인의 소식을 묻고 있다. 또한 여기에는 스미스의 애정의 대상이 된 니콜 부인에 앞서 스미스가 매우 사랑했던 어떤 파이프 여성이 있었다는 암시가 나타나 있다. 과연 더걸드 스튜어트는 스미스가 초년에 몇 년간 매료되었던, 80세가 넘은 어떤 파이프 여성을 만난 일을 기록했다. 1766년 9월의 그 편지에는 편지 작성자의 친구이자 사촌인, 아마도 스미스 무리의 일원이었을 '덩컨 르 파이퍼'에 대한 언급도 있다. 그가 제임스 맥퍼슨의 출판물로 인해 당시 유럽 문학계의 상상력을 자극하고 있던 오시안의 영웅들에 상응하는, 게일어로 된 무언가를 편지 작성자에게 보낼 수 있으리라는 것이었다.

프랑스에서 스미스의 연애 성향에 대한 추가 정보는 리버풀의 의사인 제임스 커리가 더걸드 스튜어트에게 쓴 1794년 7월 14일자 편지에서 얻을 수 있다. 스튜어트가 '스미스에 대한 이야기'를 해준 것에 대응해 커리가 더걸드에게 쓴 편지였다. 커리는 로이드 대령에게 들은 일화를 전해주었다. 학구적인 퇴역 군인 로이드 대령은 아브빌에서 스미스, 버클루와 어울렸는데, 그때 스미스는 '그곳의 한 영국 여성에게 깊이 빠져 있었다'.

아마도 더 특이해 보이는 것은, 재능과 재기가 넘치는 한 프랑스 후작 부인이 [스미스에게] 매혹되었거나 매혹되었다고 생각했고, 그의 우정을 얻으려 맹렬히 노력했다는 것입니다. 그녀는 모든 여성이 흄 씨를 쫓아다니고 있는 파리에서 막 돌아왔습니다. 그녀는 스미스 씨가 흄 씨의 각별한 친구이고 거의 흄 씨만큼이나 위대한 철학자라고 들은 터였습니다. 그녀는 그의 우정을 얻기로 결심했지만, 여러 시도 끝에 포기할 수밖에 없었습니다. 스미스 박사는 모든 상황에 순응할 줄 아는 흄 씨처럼 느긋하고 자연스러운 태도를 지니지 못했습니다. 그는 딴 데 마음이 가 있어서 주의를 기울이지 않았습니다. 그는 이 프랑스 여성을 참아낼 수가 없었고, 다른 여성 생각에 죽을 지경이었습니다. 그 무리의 젊은 귀족들(몇 명 되는)은 위대한 철학자가 그런 곤란한 상황에 처한 것을 보며 재미있어했습니다. (Currie, 1831: ii.318~319)

친구 헨리 매켄지는 인생의 마지막 12년 동안 에든버러에 거주하면서 스미스와 자주 어울려 지냈는데, 스미스가 '캠벨 양—그와는 더할 수 없이 다른 기질과 습관을 지닌 (…) 여성—을 진지하게 사랑'하고 있음을 눈치챘다고 기록했다. 그러나 이번에도 이 열정은 전혀 진척을 보지 못했던 것 같다(Thompson, 1927: 176). 전기 작가가 스미스의 성생활이라는 주제로 할 수 있는 것이 그 승화의 역사에 각주 하나를 보태는 것 말고 거의 없다는 것은 우려되는 일일 수 있다.

이 시기에 스미스는 의사 커리가 스미스의 천성의 '좀더 연약한 부분들'이라 부른 것에 의해 괴로움을 당했기 때문에, 1766년에 그는 프랑스 조세에 관한 연구에 관심을 쏟았다(런던대학, 골드스미스 경제 문헌도서관, MS '재정의 현 상태', 스미스의 장서표가 딸려 있음). 이 연구는 나중에 『국부론』에 포함되었지만(*WN* V.ii.k.78), 1766년 7월에 재무장관이 되어 이듬해 사망할 때까지 재임한 찰스 톤젠드의 요청으로 처음 수행된 것으로 보인다(*Corr.* No. 302(Scott, 1935~1936: 85~86)).

과세 제도는 스미스가 중농주의파 사람들과 논한 주제들 중 하나였을 것이다. 중농주의파의 주도적 인물인 뒤퐁 드 느무르는 자신들이 스미스를 '판단력 있고 단순하지만, 아직 자기 가치를 증명하지 못한' 사람으로 여긴다고 밝혔다. 이 정보원은 또한 기득권에 대한 염려 때문에, 스미스가 『국부론』에서 발표한 견해와 그가 자기 사람들 또는 친구의 사람들 속에서 역설한—'우리가 케네 씨 집에서 동료 겸 제자로 있을 때 내가 보았듯이'—견해 사이에 불일치가 있다고 보았다(Say, 1840: ii.562, n. 1). 문제가 되는 부분은, 노동 임금에 대한 직접세가 인플레이션을 유발하며, 노동자들이 소비하는 상품들에 대한 간접세도 유사한 영향을 미친다는 중농주의자들의 견해였다. 스미스는 케네의 그룹에서 나온 이런 견해에 대해 동의를 표했지만, 자기 책에서는 사치품에 대한 세금이 인플레이션을 유발한다는 것을 부인했다. 노동자들이 사치품을 줄일 것이고, 그런 조세를 상쇄해줄 급여 인상을 요구하지도 얻어내지도 않을 것이라는 이유에서였다(WN V.ii. k.1~9). 소득세를 뜯어가고 '술'과 '담배'에 대해 점점 더 높은 세금을 부과한 근대의 재무장관들은 이 논쟁에서 완전히 스미스 편에 선 것처럼 보일 것이다.

스미스가 케네의 문하생이었다는 쟁점, 더 나아가 스미스가 튀르고의 견해에 빚지고 있다는 쟁점과 관련해서는 1766년에 그들이 하고 있었던 일이 무엇인지를 살펴봐야 한다. 그해 여름에 케네는 「경제표의 산술 공식 분석」과 「경제 문제」라는 두 편의 원고를 집필하고 있었고, 이 원고들은 전년 9월부터 뒤퐁이 편집해온 『농업, 상업, 기술, 재정에 대한 저널』 6월호와 8월호에 각각 실렸다. 스미스는 이 정기간행물의 10개 권을 가지고 있었다(1765년 7월부터 1767년 5~7월까지; Mizuta). 나중에 이 원고들은 수정과 자료 추가를 거쳐 뒤퐁이 편집한 케네 저작 모음집 『중농주의』(1767~1768)에 포함되었고, 이 책 제목은 이후 그의 학파의 가르침을 지칭하는 말이 되었다. 케네는 스미스에게 증정본을 보내주었다(Mizuta).

첫 번째 글은 비전문적 용어로 표현된 『경제표』의 질적 가정과 양적 가정을 취하고 있는, 더할 수 없이 이해하기 쉬운 형태로 케네의 경제 모델을 제시했다. 두 번째 글은 가격과 이익의 문제적 관계에 그 모델을 훌륭하게 적용하는 것을 보여주었다(Sauvy et al., 1958). 스미스가 『수사학과 문학에 대한 강의』에서 옹호했고 나중에 『국부론』에서 직접 예증하게 되는 간명한 문체의 설명문이라는 틀 안에 담긴 이 글들은 그로 하여금 케네의 체계에 대해 분명한 생각을 갖게 했을 것이다. 무엇보다 스미스는 『법학 강의』(B)에 담긴 그 자신의 생각을 훨씬 더 넘어서는 거시경제학 모델과 조우했다. 그는 의사 케네가 하비의 혈액 순환의 원칙에서 유추해 '지출, 노동, 수입, 소비의 일반 체계'—그가 쓴 『백과전서』(1757, vii) '곡물' 항목에서 언급한 바 있는—의 세목들과 상호 관련성을 포괄적으로 이해했음을 알아봤을 것이다. '분석'이 보완된 경제표는 스미스가 언어학과 천문학을 위해 탐구한 것과 같은 '상상의 기계'의 훌륭한 본보기가 되어주었다(Meek and Kuczynski, 1972). 흄이 『정치론』(1752)에서 그랬던 것처럼, 케네는 경제의 중요한 두 부문인 농업과 제조업을 분리했다. 나아가 그는 그 두 부문과 관련된 세 개의 주요 사회경제 집단이 지주, 농부, 제조업 관련자라고 보았다. 그런 다음 그는 고정 자본과 유동 자본에 대한 투자라는 개념을 덧붙였다. 이런 도구들을 가지고 그는, 자본 사용자의 시장으로부터의 물러남과 시장을 위한 복귀의 일련의 반복으로서 거시경제적 움직임에 대한 기간 분석에 참여할 수 있었다(Meek, 1962; Fox-Genovese, 1976; Blaug, 1991; Perrot, 1992).

그러나 중농주의 경제학에서 제약이 되는 한 가지는 오직 농업만이 진짜 '생산적'이라는, 즉 흑자를 낼 수 있다는 원칙이었다. 흑자는 '순생산물'에서 정해졌고, 지대地代의 형태로 나타난다고 이야기되었다. 케네는 이러한 견해를 「곡물」에서 개괄적으로 설명했다. 스미스는 이런 접근을 완전히 사변적인 것으로 보게 되었다.

토지 생산물을 모든 국가의 세입과 국부의 유일한 원천으로 제시하는 이 체계는 내가 아는 한 어떤 나라에서도 채택되지 않았으며, 현재 그것은 오직 프랑스의 대단히 학식 있고 창의적인 소수의 사변에만 존재한다. (*WN* IV.ix.2)

그는 분명 '이 체계의 매우 독창적이고 매우 깊이 있는 저자'로서의 케네의 지적 능력에 강한 인상을 받았지만, 다른 한편으로는 케네에게 거리를 두었다. 최종적으로 케네를, 추종할 만한 대가가 아니라 한 '분파'의 교조적 지도자로, 또는 케네의 직업을 암시하며 '매우 사변적인 의사'로—'정치체는 아주 딱 알맞은 어떤 제도, 완전한 자유와 완전한 정의가 있는 딱 그런 제도 아래서만 성장하고 발전한다고 생각한'—묘사한 것이다. 스미스 자신은 어떤 국가들은 '완전한 자유와 완전한 정의'를 누리지 못하면서도 번영했다는 경험적 진실에 깊은 인상을 받았다. 『국부론』에서 케네와 반대되는 주된 내용은 '모든 사람이 자신의 상황을 개선하기 위해 끊임없이 하고 있는 자연스러운 노력'이 경제 활동에 대한 편협하고 부당한 정부 개입의 나쁜 결과를 방지하고 교정한다는 것이다(*WN* IV.ix.28). 마찬가지로, 스미스에 따르면, 자기가 주거나 얻을 수 있는 가장 좋은 가격으로 사고팔기의 경쟁을 벌이려 시장에 들어가는 사람들은 정부가 보장해야 하는 정의의 법들이 준수되는지를 감시해야 한다(*WN* IV.ix.31).

또한 스미스는 '기술자, 제조업자, 상인을 전적으로 무익하고 비생산적인' 존재로 간주하는 케네의 '중대한 실수'에 동조하기를 거부했다(*WN* IV.ix.29). 이 지점에서 그는 제조와 상업이 누적되는 잉여의 원천이라는 취지의 니콜라 보도 신부와 튀르고의 생각에 끌렸다. 튀르고는 스스로를 중농주의자로 여기지 않았으며 체계를 세우는 것에 대해 유보적이었다(Laugier, 1979). 스미스를 만났을 당시 튀르고는 케네의 경제 모델의 불완전성 때문에 자신의 경제 사상을 제시하려는 생각을 갖고 있었고, 그 경제 사상은 1766년 11월에 완성되었다고 그가 주장한 저작 『부의 형성과 분배에 대한 고찰』에 담겨 있다.[4] 이 논문은 노동 분업과 가격 메커니즘 같은 특징을 띤, 『법학 강의』(B)에서 스미스가 제시한 것과 유사한 모델을 포함하고 있었다. 하지만 이 논문은 토지, 노동, 자본이라는 생산 요소들의 순환과 접합 같은 다른 내용도 포함하고 있었고, 이런 내용은 새로운 것으로서 스미스에게 인상적으로 다가왔을 것이다(Allais, 1992; Skinner, 1992a). 또한 튀르고는 근대 경제에서 돈의 역할에 대한 꽤 발전된 이론을 가지고 있었지만, 암스테르담, 제네바, 런던에서 발전한 중앙 은행과 지폐의 이점을 알아보지 못했다는 데서 맹점을 드러냈다. 자국 사람들과 마찬가지로 그는 이런 특색을 보인 존 로의 미시시피 계획이 1720년에 실패한 것에 대해 과민 반응을 보인 것이다(Murphy, 1997).

30년 전 로널드 미크는 자본에 대한 튀르고의 생각이 중농주의자들의 생각에서 엄청나게 진보한 것이었다고 지적했고, 튀르고가 『부의 형성과 분배에 대한 고찰』에서 '돈의 베일 뒤에서 농업, 산업, 상업 전체가 기업가 계급이 소유한 자본의 거듭되는 유입과 빠짐에 의지하는 그런 사회에 대한 그림'을 그리고 있다고 언급했다(Meek, 1973: 22; see also Braudel, 1982: 232~243). 또한 튀르고는 '잉여'의 의미를 명확히 하고 이것과 '성장'의 관계를 확립했으며, 이익률이 어떤 식으로 이율과 관련돼 있는지도 보여주었다. 게다가 그는 일찍이 '시장' 가격과 '자연' 가격을 구분했다. 그런 주제들에 대한 논의는 스미스가 앙빌 부인의 살롱에서, 또는 엘베시우스나 돌바크의 집 식탁에서, 또는 뤽상부르 궁 내 케네의 거처에—케네는 루이 15세의 애인이었던 퐁파두르 부인이 1764년 4월 15일 사망한 후 베르사유의 거처를 떠나 이곳으로 옮겨왔다—모인 더욱 열띤 대화자들 사이에서 스미스를 사로잡았을 것이다(Weulersse, 1910; Craveri, 1987). 사실 프랑스 경제 이론가들과의 만남은 스미스의 지적 발전에서 흄과의 접촉 다음으로 가장 흥미로운 대목이라고 할 수 있다.

아마 스미스는 버클루 공작이 성년이 된 해인 1767년까지 프랑스에 머물렀을 것이다. 하지만 1766년 10월 캠벨 스콧의 치명적인 병 때문에 계획에 큰 변경이 있었다. 전년 8월에 공작은 콩피에뉴에서 프랑스 왕과 그의 조신들과 함께 사냥을 한 뒤 열병을 앓았다. 이 일에 대한 스미스의 염려와 스미스가 케네에게 '왕의 수석 주치의'로서의 도움을 기대했음을 보여주는, 스미스가 찰스 톤젠드에게 보낸 편지 두 통이 남아 있다. 이 시기에 케네 역시 몸이 좋지 않았기에, 그는 스미스에게 '자신은 늙고 허약한 사람이라 자신의 돌봄이 크게 도움이 될 수 없다'고 말했고, '왕비의 수석 주치의인 드 라 사온에게 의지하라고 친구로서 충고했다'. 드 라 사온에게 연락이 닿지 않자, 케네는 공작의 침대 옆으로 와서 아마도 보리와 물의 혼합물인 '열을 식혀주는 탕약'을 처방했다. 그러고 나서 그는 병으로 무너졌고, 드 라 사온이 이 환자를 인계받았다. 편지를 쓴 시점인 8월 26일 '수요일 오후 5시'에 스미스는 크게 안도할 수 있었는데, 이 의사가 버클루에게 피를 뽑아내는 처치를 하지 않았기 때문이다. 스미스는 톤젠드에게 이렇게 전했다. '프랑스 의사가 사혈이 필요하지 않다고 했으니, 열이 그렇게 심하지 않다고 믿으셔도 됩니다'(Corr. No. 94). 그렇지만 다음 날 스미스는 전날의 편지가 봉인된 직후 드 라 사온이 도착해서 공작의 열이 더 심해졌음을 알게 되었고, '그에게서 세 컵 분량의 피를 뽑아낼 것'을 처방했다고 톤젠드에게 썼다. 목요일에 공작의 소변이 '그렇게 탁하지는 않지만 다시 나쁜 색깔로' 돌아갔음이 확인되었고, 왕의 수석 주치의 스나크가 불려와 오랫동안 진찰했다. 그는 공작의 병력을 철두철미하게 파악하고자 노력했고, 이것이 스미스의 인상에 남았다. 결국 사혈을 더 하라는 결정이 내려졌다(Corr. No. 95). 공작의 건강은 완전히 회복되었지만, 이 시기에 버클루의 전도유망한 이튼 스쿨 동창, 슬릿의 제임스 맥도널드 경이 로마에서 중병에 걸려 사망했다는 소식이 전해진 터라 스미스의 근심은 더욱 깊었을 것이다. 흄은 같은 해 8월 스미스에게 다음과 같이 썼다. '당신과 내가 함께 있다면, 우리는 지금 불쌍한 제임스 맥도널드 경의 죽음에 눈물을 흘리고 있겠지요. 우리에게 그 소중한 젊은이를 잃은 것보다 더 큰 상실은 없을 것입니다'(Corr. No. 96).

하지만 더 나쁜 일이 닥쳤다. 10월 15일에 스미스는 프랜시스 스콧에게 편지를 썼다(수신자가 프랜시스 스콧이라는 것은 우리의 추측인데, 이 편지가 그녀의 이름 앞으로 보내진 한 편지와 함께 보관되어 있기 때문이다. Corr. No. 225). 그녀의 오빠 캠벨 스콧 경이 열병에 걸렸고, 영국 대사의 주치의인 젬과 의사 케네에게 진료를 받고 있으며, 이들이 약을 처방하고 하제 사용과 사혈을 처방했다는 내용이었다. 스미스는 환자의 우려스러운 섬망 증상들, '말투의 변화, 이상할 정도로 두서없고 혼란스러운 생각'을 알아보았다. 그는 젬과 케네를 '전적으로 신뢰한다'고 말했지만, 오를레앙 공의 집안을 돌보기 위해서 1766년 파리에 와 있던 자신의 '특별하고도 절친한 친구'인 의사 테오도르 트롱생을 불렀다. 스미스는 젬과 케네를 칭찬했다.

프랑스에서 가장 가치 있는 사람들 중 한 명이자 어느 나라에서든 우리가 만날 수 있는 최고의 의사들 중 한 명. 그는 의사일 뿐 아니라, 진가를 알아볼 줄 아는 여성인 퐁파두르 부인의 친구이자 마음의 벗이었다.

또한 스미스는 이 두 의사 모두 병의 결과에 대해 낙관적이라고 썼지만, 편지를 끝마치면서는 옆방에서 들려오는 환자의 목소리가 '자신을 거의 환자만큼이나 혼미하게 만든다'고 언급했으며, 신에게 그 어머니를 지켜주기를, 그리고 '이 끔찍한 질병으로 인해 어떤 일이 생기든 그녀를 준비시켜주기를' 빌었다(*Corr.* No. 97).

나흘 뒤 스미스는 슬프게도 '우리에게 일어난 가장 끔찍한 불행'에 대해 편지를 써야 했다. 스미스는 영국 대사관으로 가서 버클루 공작에게 '모든 희망이 사라졌으며' 그의 동생이 이튿날 아침을 넘기지 못할 것으로 예상된다고 알렸다. 스미스의 말은 꾸밈없이 통절했다. '저는 절친한 친구를 위한 마지막 임무를 수행하기 위해 반시간도 지나지 않아 돌아왔습니다. 그는 제가 돌아오기 5분쯤 전에 숨을 거두었고, 저는 제 손으로 그의 눈을 감겨주지 못했습니다. 저는 이 편지를 계속 쓸 기력이 없습니다'(*Corr.* No. 98). 스미스의 말에 따르면 '엄청난 고통'에 사로잡힌―'건강은 아주 좋지만'―버클루 공작과 스미스는 즉시 영국으로 돌아갈 계획을 세웠다. 그들은 11월 1일에 캠벨 스콧 경의 시신과 함께 도버에 상륙했고, 스콧 경은 댈키스에 묻혔다.

　　캠벨 스콧이 죽기 전 10월의 어느 날, 스미스는 파리에서 자신의 출판업자 앤드루 밀러에게 보낸 편지에서 집으로 돌아가고 싶은 마음을 피력했다.

> 저는 이곳에서 아주 행복하긴 하지만, 오랜 친구들과 재회하고픈 마음이 간절합니다. 그리고 일단 물 건너 당신 쪽으로 가게 되면, 다시는 물 건너 이곳으로 오지 못할 것 같습니다. 흄에게도 그처럼 냉정하게 생각하라고 조언해주세요. 그가 여기로, 혹은 프랑스로 와서 여생을 보내는 것에 대해 운운하면 경솔한 생각이라고 그에게 말해주세요. 애정을 담아 그에게 안부를 전해주세요. (*Corr.* No. 99)

　　전해에 흄은 스미스에게 자신이 '미래에 살 곳'과 관련해 결정을 내리지 못하고 있는 것에 대해 썼고, '파리는 유럽에서 가장 마음에 드는 도시이고 내게 가장 적합'하다고 밝혔다. 계속해서 그는, 반면에 '런던은 (…) 나를 그다지 기쁘게 하지 않았습니다. 그곳에서 학문은 영광스러운 것으로 여겨지지 않습니다. 스코틀랜드 사람들은 미움을 받습니다. 미신과 무지는 매일 더 강력해집니다'라고 말했다. 심지어 에든버러는 흄에게는 '많은 매력'만큼이나 '많은 결점'을 지닌 도시였고, '이 9월 15일 오전의 그의 당장의 의향은 프랑스로 돌아가는 것'이었다(*Corr.* No. 87). 스미스는 결코 이런 식으로 생각하지 않은 것으로 보이며, 흄에게 특유의 냉철하고 통찰력 있는 분석으로 답했다.

사람은 외국에서는 늘 유민의 신세이며, 이 나라가 자랑으로 여기는 인간애와 예절에도 불구하고 내가 보기에 그들은 일반적으로 더 쩨쩨하게 이해관계를 따르는 것 같습니다. 그리고 그들의 우정이 우리나라 사람들의 우정에 비해 덜 끈끈한 것 같습니다. 그들은 매우 큰 사회에서 살고 있고, 그들의 애정은 너무나 다양한 대상 사이에서 낭비되기 때문에, 그들은 어떤 개인에게도 아주 작은 몫의 애정밖에 줄 수 없습니다.

스미스는 런던에서의 '스코틀랜드 사람들에 대한 혐오'는 '가장 멍청한 사람들' 사이에나 존재하며, 그나마 1년 내에 없어질 것이고, 또한 '이신론'으로 인한 흄에 대한 '항의'도 6개월 정도 지나면 사라질 것이라고 보았다. 요컨대 스미스는 런던에 대한 흄의 반감이 '근거 없다'고 주장했다. 그러고 나서 그는 흄이 그곳에 정착하는 것에 대해 자신이 '아주 큰 관심'을 갖고 있다고 털어놓았는데, 왜냐하면 그 자신이 '스코틀랜드로 돌아가겠다는 수차례의 굳은 결심 후에' 결국 정착하기로 마음먹은 곳이 바로 런던이었기 때문이다. 그는 흄에게 프랑스로, 때로는 스코틀랜드로 친구들을 만나러 가는 '짧은 여행'을 종종 함께하자고, '그렇지만 런던을 우리가 상주하는 곳으로 두자'고 제안했다(*Corr.* No. 88). 스미스의 이런 계획은 전혀 이루어지지 않았지만, 어쨌든 스미스가 친구들과 나눌 프랑스와 제네바에서의 많은 추억과 경험을 제일 먼저 가져간 곳은 런던이었다. 그리고 거기서 그는 『국부론』 완성에 바쳐진 10년의 작업의 전주곡인 양 잠시 공직에 나아갔다.

14장

과도기

·

오랜 친구들과 재회하고픈 마음이 간절하다.

1766년 11월 영국으로 돌아오면서 애덤 스미스가 가장 하고 싶어한 일은 아마도 커콜디에서 어머니, 사촌 재닛 더글러스와 재결합하고 그곳과 에든버러의 친구들을 만나는 것이었으리라 짐작해볼 수 있다. 스미스는 흄을 생각하고 있었을 것이다. 당시 흄은 루소와의 불화와 관련해 이런저런 궁리를 하고 있었고, 신문 기사들 때문에 마음이 어지러웠다(Zaretsky and Scott, 2009). 또한 스미스는 자신의 진로에 대해 고심하고 있었을 것이다(*HL* ii.104). 스미스는 런던에서 출판업자인 밀러와 인쇄업자인 스트레이핸, 비평가 윌리엄 로즈, 그리고 의회가 개회 중인 만큼 자신의 경력에 관심을 가졌던 하원의원들인 제임스 오즈월드, 민토의 엘리엇, 웨더번을 만나보고 싶어했을 것이다. 엘리엇과 오즈월드는 정계에서 더 이상 두각을 나타내는 존재가 아니었고, 오즈월드는 이듬해에 건강이 몹시 나빠졌다. 하지만 웨더번은, 스미스가 많은 흥미를 느끼게 된 아메리카 관련 문제들에서 특히, 정부와 대립하는 의원으로서 유명해져가고 있었다(HP iii.239, 618).

그러나 스미스의 슬픈 첫 번째 임무는 제자 버클루 공작이 남동생의 시신을 그로스버너스퀘어에 자리한 자기 본가로 옮겨가는 행렬에 동행하고, 댈키스 부인에게 자기 책임하에 있던 그녀의 아들의 죽음에 대해 어떻게든 슬픔과 유감을 표해야 하는 일이었을 것이다. 그로서는 넋 나간 이 어머니를 마주해야 하는 것이 두려운 일이었겠지만, 그녀는 그 상황을 잘 견뎌낸 것처럼 보이며, 장-바티스트 그뢰즈가 그린 그 젊은이의 세밀화를 파리로부터 받은 데서 위안을 얻은 것처럼 보인다(그 그림은 현재 홈 백작의 저택인 히어셀에 있다). 이 화가는 당시 자신의 초상화들과 자기 가족의 생활 모습을 그린 그림들로 엄청난 인기를 누리고 있었다(Baker, 2005). 이후 스미스는 4개월 넘게 버클루의 집에 맞아들여졌을 가능성이 있으며, 그래서 그 집안에 감도는 긴장을 감지하게 되었을 가능성이 있다. 열여섯 살짜리 딸 프랜시스에 대한 어머니의 무관심과 심지어 가혹함, 그리고 정치인인 양부 찰스 톤젠드의 그녀에 대한 편애에서 비롯된 긴장이었는데, 양부는 매우 예민한 이 소녀의 보호자 같은 존재였거나 아니면 그녀의 호감을 얻고자 하는 존재였던 것 같다. 이 시기에 버클루 공작과의 관계에서 스미스의 역할은 교사에서 충실한 친구이자 조언자로 바뀌어가고 있었을 것이다. 분명 스미스의 생각은 국부의 본질과 요인에 대한 중요한 저작으로 이어질, 그 주제들에 대한 최종 연구를 수행하는 방향으로 기울었을 것이다.

스코틀랜드로 돌아가려는 스미스의 계획은 도서 판매업자 앤드루 밀러의 1766년 11월 22일자 편지에 의해 흄에게 전해졌다. 그 편지는 루소와의 불화에 대한 흄의 해명 글과 관련된 이야기로 시작된다.

그는 자부심과 자만심에 사로잡혀 있습니다. 나는 항상 그렇게 생각했고, 내가 이야기를 나눠본 모든 사람이 그런 견해를 가지고 있습니다. 최근 파리에서 돌아왔고 곧 에든버러로 갈 스미스 박사는 당신이 그 글을 발표할 가치가 없었다고 생각합니다.

밀러의 편지의 주목적은 흄이 『영국사』를 이어서 집필하도록 설득하는 것이었고, 흄의 '매우 현명한 친구들' 중 '더 많은' 이가 공유한 스미스의 견해를 하나의 자극제로서 알리는 것이었다.

이 나라의 혁명 때부터의 역사는 지금까지 출판된 책들에서가 아니라, 당신이 기꺼이 접근할 것이라고 [스미스가] 확신하고 있는 이 나라의 필사본들에서, 그가 이곳의 명사들에게서 듣는 모든 이야기에서 접할 수 있고, 그러므로 당신은 당신이 접근할 수 있는 필사본들을 숙독한 후 여기서 기틀을 마련해야 합니다. (…) 저는 당신의 가장 현명한 친구들의 의견을 당신에게 알려주는 것이 제 임무라고 생각하며, [스미스와] 존 프링글 경[왕립학회 회장]이 바로 그런 친구들에 해당된다고 여겨질 만합니다. (*NLS Hume MSS* vi.36 (old no.))

흄은 이때 밀러의 치켜세우는 말은 물론 이후의 윌리엄 스트레이핸의 그런 말에도 굴복하지 않았다. 그는 스트레이핸의 제안을 거절하면서 다음의 네 가지 이유를 들었다고 한다. '나는 너무 나이가 많고, 너무 뚱뚱하고, 너무 게으르고, 너무 부자다'(*New Evening Post*, 1776년 12월 6일; Mossner, 1980: 555~556). 그는 『영국사』 '속편'을 내는 임무를 스몰렛에게 넘겼다. 『영국사』는 19세기에 국가의 과거에 대한 개설서—어느 정도 미화된—인 『학생들의 흄』이라는 책의 바탕이 되었는데, 이 책에는 시험과 졸업 이후의 경력을 준비하는 학생들을 위한 교재에 최신 내용을 반영하기 위해 고용된 집필자들에 의해 19세기의 내용까지 담겼다. 윈스턴 처칠도 군대에 들어가려고 벼락치기 공부를 하던 1890년대에 해로 학교에서 이 책을 숙독했을 것이다(Ross, 2007c: 234~235). 흄이 저술에서 물러나면서 결국 스미스가 『국부론』에서 금융 혁명의 시대에 주요 세계 권력으로서의 영국의 출현, 농업과 상업의 변화의 가속화, 그리고 이에 수반되는, 탐사, 식민지 개척, 세계의 충돌을 통한 새로운 원자재 공급지 추구 및 시장 확장 가능성의 추구 같은 문제들을 다루게 되었을 것이다.

1766년에서 1767년 사이의 겨울에 『도덕감정론』 제3판(1767)이 인쇄에 들어가면서 스미스는 저술가로서의 경력에서 진일보했다. 글래스고의 편집자들은 제3판의 어떤 신학적 대목들에서 몇몇 단정적인 구절이 이론의 여지를 남겨두는 구절로 약화되었음을 알아본다(1976: 39). 예컨대 II.ii.3.12에 나오는 '종교가 허용한다'(제1판과 제2판)라는 구절은 '종교가 허용하는 것 같다'로 바뀌었다. 이런 경향은 1790년에 나온 제6판에서 좀더 두드러지며, 스미스 사후에 그의 종교관에 대한 논란을 불러왔다. 제3판은 밀러의 출판 동업자가 되어 있던 윌리엄 스트레이핸이 맡아 인쇄했다. 스미스는 이 시기의 어느 금요일에 스트레이핸에게 쓴 편지에서 자신이 시골로 떠나니 며칠 간은 교정지를 보내지 말아달라고 부탁한다. 또한 그는, 자신의 논문 「언어의 최초 형성에 관한 고찰」이 신판 『도덕감정론』의 끝에 들어가게 되었는데, 이전의 인쇄본—아마도 『언어학 논집』에 수록된—에 있었던 '오자들'이 수정되었기를 바란다고 언급한다. 『도덕감정론』과 이 논문의 속표지에 '그냥 애덤 스미스'로 표기해달라는 그의 지시에도 불구하고(Corr. No. 100), 1767년의 『도덕감정론』이 나왔을 때 저자 이름은 '법학박사 애덤 스미스'로 표기되어 있었다. 이는 이후의 출판에서도 반복되었고, 아마도 이 때문에 일부 동시대인이 그를 습관적으로 '스미스 박사'라고 부르게 되었을 것이다.

스미스가 계속 런던에 머무른 또 다른 이유는 버클루를 위해 아직 할 일이 남았다는 데 있었을 것이다. 아마 버클루가 자신의 재산과 돈에 대한 양부 찰스 톤젠드의 현명치 않은 관리에서 벗어나도록 돕는 일이었을 것이다. 공작은 1767년 9월 13일에야 성인이 될 예정이었다. 아직 미성년자이던 버클루는 몬터규의 조지 공작의 외동딸이자 상속녀인 엘리자베스 몬터규와 5월 2일에 결혼하기로 합의하기 위한 사법私法을 통과시켜야 했다(HLRO, Lords Journals, xxxi.535b, 1767년 3월 23일). 톤젠드는 버클루의 개인적 성향을 거슬러 그를 '정치의 소용돌이'로 끌어들이려 했던 것 같다. 이를 위한 첫 번째 행동은 1766년 11월 10일 런던 시장 취임일에 버클루를 대동하고 시청에 나타난 것이었다(Rae, 1965: 232).

공직 경력에서 톤젠드는 1766년 7월 윌리엄 피트('아버지 피트')가 구성한 내각에 재무장관으로서 입각했다. 피트는 병중이었고, 톤젠드는 7년전쟁으로 야기된 인도와 아메리카의 문제들을 다룸에 있어서 확고한 원칙 없이 이 상황을 철저히 이용했다. 동인도회사는 벵골을 얻었고, 벵골 소유권 및 200만 파운드로 예상되는 세입의 분배와 관련해 문제들이 발생했다. 피트(이제는 채텀 백작으로서 귀족 지위에 오른)는 왕이 영국령 인도의 주권자이며, 벵골 지역 세금의 큰 몫을 가져야 한다고 주장했다. 그러나 톤젠드는 동인도회사의 특권을 요구했으며, 심지어 이러한 요구에 그의 사적 이익이 개입돼 있음을 일부 사람이 알고 있었는데도 결국 자기 뜻대로 했다. 그는 자신의 개인 자금과 1766년 5~7월에 경리장관으로 있으면서 보유했던 정부 자금을 가지고 동인도회사 주식에 투자해 돈을 벌었던 것이다. 톤젠드는 자신을 위해 주식 투자로 7000파운드를 벌었고, 국가에 연간 40만 파운드를 지급하는 것을 놓고 동인도회사와 협상했으며, 1767년 5월 의회에서 그의 이른바 '샴페인 연설'을 통해, 정부가 '자신이 항상 그렇게 불렸듯이 기회주의자'로 계속 남아 있어서는 안 된다고 주장하면서 동인도회사로 하여금 배당금을 제한하게 했다(Walpole, *Correspondence*: 7.97, 105~106).

전년 겨울에 그는 '감채 기금의 역사', 즉 평화 시기의 재정 흑자로 국가 부채를 청산한 역사를 집필함에 있어서 스미스에게 얼마간 연구 보조를 요청했던 것으로 보인다. 이 '역사'의 원고는 '톤젠드 씨의 감채 기금의 역사와 많은 계산 및 스미스에 의한 기타 문서들'이라는 첨부 설명과 함께 버클루 문서들에 들어가 있다. 유감스럽게도, 이어지는 첨부 설명은 '스미스 씨의 문서들은 여기서 뺐다'고 밝히고 있다(NAS02023 Buccleuch Muniments, GD 224/47/2; Scott, 1935~1936:

79~89). 이 미완성 '역사'에는 수신자 불명의 편지 하나가 딸려 있다. 이 편지는 1717년 일반인 채권자들에게 지불할 이자를 인하한 것을 감채 기금의 출발로 보는 것에 대해 수신자가 톤젠드에게 동의하고 있음을 보여주는데, 스미스가 『국부론』에서 바로 그런 관점을 취하고 있다(*WN* V.iii.27). 또한 그는 영국 재정의 역사 중 톤젠드가 이용한 것과 동일한 시기들, 즉 1688~1697년, 1697~1714년, 1751~1721년, 1722~1729년, 1730~1738년을 이용해 국가 채무의 누적을 설명한다 (*WN* V.iii.41~43). 이 시기들은 '금융 혁명'으로 여겨져온 잉글랜드에서의 신용 발전의 중요한 국면들과 관련 있다(Dickinson, 1967). 게다가 톤젠드의 편지는 '총액에 대한 우리의 차이'를 언급하고 있으며, 원고에는 스미스의 필체로 수치를 수정한 부분이 있다. 스미스는 정부 기금에 대한 이론적인 점과 사실들을 제공해줄 것을, 그리고 수치들을 검토하고 표로 만들 것을 요청받았던 것으로 보인다.

편지의 끝에서 톤젠드는 다음 봄의 예산에 포함시키는 것에 대해 심사숙고 중인 정책들에 대해 넌지시 알리고 있는데, 아마도 편지 수신자의 반응을 기대하고 있었을 것이다.

우리가 모든 방법에 대해 머뭇거리고 다른 어떤 방법도 내놓지 않는, 우유부단과 쇠퇴의 희생자가 되어야 할까요. 아닙니다! 저는 또 다른 계획을 제안할 것입니다. 그것은 당신의 세입의 부문들을 개선하고, 감채 기금을 늘리고, 평화 시기에 자주 발생하는 미래의 잉여금을 가져다 쓰는 간단한 계획입니다. 제가 개선할 부문들은 당신의 관세와 물품세로, 불법적 거래를 금지하는 더 나은 방법에 의해서 관세를 개선할 것이고, 비누와 차에 대한 세금에서의 더 나은 변화와 규정에 의해, 즉 커피세 인하와 주류세 다양화를 통해서 물품세를 개선할 것입니다. 저는 적절한 새로운 세금들에 의해 감채 기금을 늘릴 것입니다. 예컨대 프랑스산 케임브릭 천에 부과된 최근의 세금, 하인에 대한 세금, 노동과 상업의 촉진을 위한 그런 적절한 또 다른 규정들을 통해서요. 저는 또한 숲에 대농장들을 만들고 황무지를 개간하는 것을 생각해볼 것입니다. 그러면 인구와 생산량이 늘어나면서 당연히 국내 소비가 증가할 것이고, 견고한 세입의 진정한 원천은 오직 이것뿐입니다. 저는 여기에 아메리카의 실질 세입을 더할 것입니다. (Corr. No. 302)

톤젠드는 1767년 4월 15일 자신의 예산안을 삭감했을 때, 감채 기금을 40만 파운드까지 증가시키는 것을 포함해 자신이 편지에서 암시했던 몇몇 정책을 포함시켰다. 그는 아메리카 사람들에 대한 과세 문제에 대해 오랫동안 관심을 가져왔고, 식민지 행정을 개편하는 계획과 항상 관련되어 있었다. 1767년 5월에 그는 하원에서 뉴욕 의회의 입법 기능을 중단시키고, 무역법을 관장하기 위해 아메리카에 관세위원회를 설치하고, 여러 종량세를 제안하는 결의안들을 발의했다. 그 종량세들 중에는 그 유명한, 차에 부과되는 세금도 있었다 (6월 2일의 재정 결의안). 이 세금은 미국 혁명의 발단이 된 한 사건인 1773년 12월 16일의 보스턴 차 사건을 불러왔다. 분명 스미스는 아메리카 사람들이 프랭클린이 그랬듯이 식민지 행정에 기여해야 한다고 생각했지만, 그가 톤젠드가 부과한 종량세들을 지지했다는 증거는 없다. 톤젠드는 새뮤얼 터칫과 존 허스크 같은 내각 밖의 가까운 동료들에게 조언을 받은 것으로 보인다(Fay, 1956: 104~106; *HP* ii.661, iii.535, 540, 542~543, 547). 하지만 다우닝가의 재무장관실과 관련된 스미스의 경험은 '사회의 일반 혹은 공공 세입의 원천에 대하여'라는 『국부론』제5권의 제2장을 쓸 때 그가 출판물로부터 얻은 지식을 보강해 주었다. 톤젠드의 예산안에 대한 톤젠드 자신의 생각에서 드러나는 다소 미숙한 면을 돌아보면서 스미스는 자신의 멘토였던 케임스 경의 『인간 역사의 개요』(Kames, 1774: 474~), 자신의 스승이었던 허치슨의 『도덕철학의 체계』(ii.340~341), 경쟁 상대인 정치경제학자 제임스 스튜어트 경의 『정치경제학의 원칙에 대한 연구』(Steuart, 1767/1966) 등에 의지해 조세에 대한 금언들, 즉 확실성·편리성·경제성이라는 요건들을 강조하는 것인 공정성의 금언들을 만들어내거나 포착하게 되었을지도 모른다(*WN* V. iv~v, p. 827 n.). 경력의 마지막 단계에서 관세 위원이 된 스미스는 밀수를 통제하고 관세와 물품세 개혁을 추진하면서 정부 세입을 증가시키는 데 힘썼다.

스미스가 런던에서 다시 교류를 시작한 또 한 명의 '거물'은 당시 '아버지 피트'의 마지막 내각에서 톤젠드의 동료로서 함께 일하고 있던 셸번 경이었다. 그는 본국과 아일랜드의 업무를 관장하고 서유럽, 인도, 식민지 관련 업무를 담당하는 남부부南部의 장관이었다. 1766년 11월 24일에 셸번은 스코틀랜드의 판사이자 유물 연구가 헤일스 경의 동생인 알렉산더 댈림플이 쓴 한 편지를 통해 남태평양 탐험에 대한 이야기를 들었다. 헤일스는 1763년 2월 13일에 보즈웰에게 이 동생을 가리켜 '우리의 이 냉담한 시대가 낳았다기엔 너무 낭만적인 사람'이라고 묘사했고, '내륙 지방에서 상인으로 성장한 그가 유능한 항해사가 되었는데, 살아 있기만 하다면 그는 방대한 저술의 저자가 될 것'이라고 말했다(Yale Univ. Lib., Boswell Papers; Fry, 1970: p. xviii). 동인도회사에서 일할 때 댈림플은 미지의 남방 대륙, 그 남태평양의 대륙을 탐험하는 데 관심을 갖게 되었다. 17세기 초의 쿠이로스부터 1722년의 로헤베인에 이르기까지 항해자들은 다양한 '곶'의 형태로 이 대륙을 봤다고 주장했다. 태평양 탐험이라는 주제는 흄과 서신을 주고받았던 드 브로스의 『남방 대륙 항해사』(1756)에서 거론되었다. 크레이그포스의 존 칼란더는 뻔뻔하게도 이 책을 자신의 『미지의 남방 대륙』(1766~1768)에서 도용했다.

댈림플은 '이 일반 정보가 정부에 부적절한 결과를 초래하지 않도록', 태평양 항해자들의 원본 기록을 수집하는 것에 대해 공식 승인을 받고자 한다고 셸번에게 썼다. 그는 앤슨(1744), 바이런(1765), 그리고 월리스와 카터렛(당시 진행 중)에 의한 영국의 태평양 탐사에 대해 알고 있었고, 또한 1766년 11월에 부갱빌이 세계 일주 항해를 시작한 데 따른 프랑스와의 경쟁에 대해서도 알고 있었다. 그러고 나서 이 편지는 다음과 같이 댈림플의 진짜 목적을 밝혔다.

저는 5년간 미지의 바다와 우리와의 교류가 전혀 없는 사람들 사이를 누비며 항해한 경험이 있기에 그런 일에 기용될 자격이 있다고 생각합니다. 동시에 저는, 댐피어와 핼리의 사례에도 불구하고, 해군에서 어떤 직책도 없는 사람이 해상의 공공 업무에 기용될 수 있다고 말도 안 되는 기대를 하는 것이 직무 규정에 얼마나 안 맞는 일인지 모르지 않습니다. (PRO Chatham Papers, 30/48, v.31, of. 11; Fry, 1970: 113)

이 편지는 셸번의 흥미를 끌었고, 그는 편지를 쓴 사람에 대해 더 많은 정보를 알고 싶어했다. 그는 스미스에게 이를 부탁했고, 스미스는 미지의 남태평양 대륙이라는 개념을 만들어낸 사람인 포르투갈의 몽상가이자 항해사 페드로 페르난데스 데 쿠이로스에 대해 얼마간 조사를 했고, 1767년 2월 12일에는 쿠이로스가 스페인의 펠리페 3세에게 보냈던 기록—스페인에서 『퍼처스, 그의 순례자들』(1624~1626)이라는 책으로 출간된—의 번역본을 셸번에게 보내주었다. 그러면서 스미스는 자신이 댈림플이 항해에서 수집한 것들을 검토했으며, 이 기록물이 바로 셸번이 보고 싶어할 만한 것이라고 생각했다고 언급했다. 또한 그는 댈림플이 남태평양에서 발견한 것들에 대한 지리적 기술을 '막 끝내는' 중이며, 허락된다면 댈림플이 셸번에게 그것을 읽어주면서 언급된 섬들의 위치를 지도상에서 보여줄 것이라고 덧붙였다. 바쁜 장관이 내줄 수 있는 시간이 많지 않음을 고려해 스미스는 이 기술이 '대단히 짧고, 쿠이로스의 기록보다 길지 않다'고 말했다. 그런 다음 요점에 이른 그는, 그 미지의 대륙의 존재에 대해서는 의문을 품을 수도 있겠지만, 만약 그것이 존재한다면 '그것을 발견하는 데 더 적합한 사람, 또는 그것을 발견하기 위해 어떤 위험도 불사할 더 결연한 사람은 없으리라고 확신한다'고 썼다. 그러고는 그런 임무의 수행을 위한 댈림플의 조건을 전달했다. 여러 척의 작은 배가 딸린 선박 한 척에 대한 절대적 통솔권을 내어주고 남쪽 바다에 도달하기 이전에 선박이 파손될 경우 선박 교체를 보장해달라는 조건이었다(*Corr.* No. 101). 셸번은 월리스가 잉글랜드로부터 파견되었을 때 그를 알지 못했던 것을 유감스러워하며 '이 탐사에 댈림플을 기용하고 싶다는 강력한 바람을 내비쳤다'(*European Magazine* 42: 325; Fry, 1970: 114).

결국 댈림플은 왕립학회에 의해—스미스는 1767년 5월 21일에 왕립학회의 펠로가 되었다(1773년 5월 27일에 인정됨)—1768년 금성의 태양면 통과를 관측하기 위한, 그러나 태평양 탐사라는 이면의 목적을 띤 탐험대의 대장으로 선발되었다. 그러나 해군성은 이에 동의하지 않았을 것이고, 해군장관 에드워드 호크는 1768~1771년의 항해에 나선 인데버호의 지휘권자로 제임스 쿡을 선정했다. 이 항해는 엄청난 일을 수행해, 태즈메이니아와 뉴질랜드를 발견하고 오스트레일리아를 일주했다. 1772~1775년 레절루션호를 이용한 쿡의 두 번째 항해는 미지의 대륙에 대한 댈림플의 이론이 틀렸음을 입증했지만, 어떤 의미에서 댈림플은 쿡의 남태평양 탐험에서 그랬던 것처럼 쿡과 밴쿠버의 북태평양 탐험에서도 막후의 기획자였다. 남쪽 대륙에 대한 논란뿐 아니라 북서 항로에 대한 논란도 종결지어야 한다는 것이 댈림플의 주장이었기 때문이다. 게다가 훗날 그가 동인도회사와 해군을 위해 수계 지리학자로서 한 일은 매우 중요한 것이었고, 따라서 그에 대한 스미스의 판단은 전적으로 옳았다(Fry, 1970: p. xvi; Beaglehole, 1968: 191~193).

태평양 탐험의 역사를 접한 것이 스미스의 상상력에는 별다른 자극이 되지 않았을 수도 있다. 적어도 『국부론』에는 이에 대한 암시가 없다. 셸번이 조사를 의뢰한 또 다른 주제는 적절한 시기에 스미스의 더 많은 전문적 관심을 받았다. 이 주제는 식민지들의 성격과 운영으로, 아마 스미스는 1759년 1월 15일에 문을 연 대영박물관에 깊숙이 틀어박혀 이 주제에 대해 조사했을 것이다(Sherbo, 1972: 56). 스미스는 2월 12일까지 이틀 동안 '로마의 식민지들과 관련해 찾아낼 수 있는 것은 모두 검토했다'고 전했다. 그 장관이 고대의 식민지화 역사에서 아메리카인들을 다루는 것에 대한 깨우침을 얻고자 했던 것인지도 모른다. 스미스에 따르면 대단한 성과는 없었다. 식민지들의 체제는 로마의 체제를 본뜬 것으로, 두 명의 집정관과 원로원에 상응하는 것들을 갖추고 있었다. 식민지 시민들이 로마 민회에서의 투표와 선거의 권리를 상실했다는 점에서 식민지들은 많은 자치도시보다 열등했다. 더 불길하게도, 스미스의 결론은 로마 식민지들이 '매우 독립적'이었다는 것이다. 로마는 30개 식민지에 2차 카르타고 전쟁에 내보낼 병사를 요구하지만, 그중 12개 식민지는 로마의 명령을 따르지 않으려 했다. 또한 식민지들은 종종 반란을 일으켰고, 로마의 적들과 힘을 합치기도 했다. 스미스의 다음과 같은 결론은 역사의 패턴에 관심을 가진 정치가에게 그리 유쾌한 것은 아니었다. '다소 작은 독립적인 공화국들로서 그 식민지들은 자국의 특수한 상황이 가리켜 보여주는 이익을 자연스럽게 따랐다'(*Corr.* No. 101).

이런 보고를 위해 아마도 스미스는 자신이 높이 평가한 저자인 리비우스의 저작에 산재해 있는 로마 식민지들 관련 내용에 의지했을 것이다(*LRBL* ii.6, 27, 36; 'Amicus' interviews, *LRBL* 229). 한데 그의 장서 목록에 플리니우스와 스트라본의 저작들이 있음에도 그가 이 저작들에서 발견되는, 카이사르가 수립한 식민지들에 관한 내용을 반영하고 있지 않은 점은 이상하다(Mizuta).

스미스는 『국부론』에서 로마의 식민지들에 대해 좀 다른 설명을 내놓는데, 아마 이에 앞서 이 주제에 더 많은 시간을 할애했을 것이다. 그는 독립이라는 점에서 로마의 식민지를 그리스의 식민지와 비교했다. 그는 「천문학의 역사」('Astronomy' iii.4)와 『수사학과 문학에 대한 강의』(*LRBL* ii.117~119)에서 그리스 식민지들의 발달한 문명을 인정한 바 있다. 그는 로마 식민지들을 주둔군이 존재하는, 경제 성장이 결코 빠르지 않은 곳으로 설명했다. '각 식민지인에게 할당된 토지의 양은 많지 않았고, 식민지가 독립적이지 않아서 식민지인들은 자신의 이익에 가장 부합한다고 스스로 판단하는 방식으로 언제나 자유롭게 일을 처리할 수 있는 것이 아니었다'(*WN* IV.vii.b.5).

런던에 머무르는 동안 스미스는 데이비드 흄이 1767년 2월 20일 런던으로 와 북부부部의 차관직을 맡았을 때 그를 맞아들인 바로 그 사교 모임 내에 있었다. 이 시기에 흄과 스미스를 맞이한 여성 주최자들 가운데 메리 코크는 2대 아가일 공작의 딸로 버클루의 이모였다. 그녀는 자기 삶에 대한 생생한 일기를 썼는데, 1767년 2월 8일 일요일의 기록은 스미스에 대한 이야기로 시작된다.

레디 조지 레넉스가 나와 함께 있는데 길버트 엘리엇 경이 들어왔다. 그들이 버클루 공작과 함께 해외로 나갔던 신사 스미스 씨에 대해 이야기를 꺼냈는데, 나는 그에 대한 칭찬을 많이 했지만, 그처럼 딴생각에 빠져 있는 사람은 본 적이 없다고 덧붙였다. 우리는 레디 조지로부터 어떤 일화를 듣고 웃었다. 그녀의 말에 따르면, 데이머 씨(밀턴 경의 아들로, 흄의 주선으로 조각가인 앤 콘웨이와 결혼했다)가 어느 날 아침 식사를 하려고 할 때 그의 방문을 받았는데, 이야기에 빠져든 스미스 씨가 빵과 버터를 한 조각 집어 돌돌 말더니 찻주전자에 집어 넣고 물을 부었다. 잠시 후 그는 그것을 잔에 따랐고, 그것을 마셔보 고는 이렇게 맛없는 차는 처음이라고 말했다.

메리 코크는 조카 버클루 공작을 아주 좋아했고, 그가 이튼에서 공부하던 시절에는 종종 그를 초대하곤 했다. 그녀의 일기에는 버클 루가 몬터규 공작의 외동딸 엘리자베스와 교제하던 때의 이야기도 나오고, 1767년 5월 2일 그들의 결혼에 대한 이야기도 나온다. 그 결혼식은 비공개로 진행되었는데, 아마 4월에 사망한, 헨리의 할머니이자 아가일 공작의 미망인 제인을 위한 애도 기간이었기 때문일 것이다. 메리 코크는 결혼식에 초대받지 못해서 기분이 상했지만, 결혼식 사흘 뒤에 그녀가 신부를 방문했을 때는 마음이 풀어졌던 듯하다. '머리를 꾸민 그녀는 작은 천사처럼 보였다. 그녀의 행동은 세상에서 가장 예뻤고, 명랑하고 쾌활하고 모든 면에서 적절했다. 나는 그녀가 예쁜 외모만큼이나 현명하다고 믿는다. 우리가 거기 있을 때 버클루 공작은 왕을 알현하기 위해 궁정에 갔다. 그의 마차와 시종은 아주 품위 있었고, 그의 차림새는 상당히 훌륭했다.' 조지 2세의 딸인 어밀리아 공주는 2월 23일 메리 코크에게 자신이 '버클루 공작을 좋아한다'고, '그가 상류 인사다운 태도를 지녔다'고 털어놓은 바 있다(Coke, 1889: i.77, 79, 85~86, 112, 141, 153, 158, 231).

이 젊은 공작의 몸가짐과 외양에 대한 공은 어느 정도는 공작의 멘토였던 스미스에게 있었을 것이다. 실제로 버클루는 '[스미스 같은] 그런 남성 (…) 훌륭한 자질뿐 아니라 모든 개인적 덕목 때문에 나의 사랑과 존경을 받는 친구와의 교류에서 기대할 수 있는 모든 장점'을 인정했다(Douglas, 1813: i.258). 몇십 년 후에 스미스는 버클루에게 그의 사유지 활용에 대한 조언을 하게 되었다(Bonnyman, 2009). 그러나 인생 말년에 이른 1809년에 공작이 그 '활용'의 결과에 대해 의문을 제기했다는 흔적이 있다. 그는 영국에서 제조업이 너무 많이, 너무 빨리 발전했다고 여긴 것 같고, 또한 덤프리스셔의 자신의 랭홈 사유지에 직물 공장들이 들어서면서 그 땅의 가치가 높아지기는커녕 오히려 그곳에서의 삶이 쾌적하지 않게—'혐오스러운 것까지는 아니더라도'—되었다고 여겼던 것 같다(NAS02023, GD224/522/3/90; Murdoch, 2004).

공작의 결혼은 이 시기에 그가 독립을 이루었음을 암시하는 것이었고, 또한 다음 해 가을에 가족을 이끌고 스코틀랜드로 옮겨가려는 그의 결정을 암시하는 것이었다. 이 일에는 여파가 있었다. 프랜시스 스콧은 어린 시절 자신의 보호자였던 찰스 톤젠드와 감정적으로 위험하게 얽히는 것을 피하기 위해서 오빠를 따라가기로 결정했다. 그녀가 톤젠드에게 이런 결정을 알렸을 때 그는 '두 손으로 머리를 감싸고는 몇 분 동안 아이처럼 울부짖었다'(L. Stuart, ed. J. Rubenstein, 1985).

스미스는 커콜디로 돌아가 어머니와 사촌 제인 더글러스와 함께 살기로 이미 계획을 세워둔 상태였다. 더불어 그는 『국부론』 집필을 염두에 두고 있었다. 1767년 3월 25일에 앤드루 밀러의 전 견습생으로서 당시 밀러의 출판업을 인계받고 있던 토머스 카델이 받은 편지를 보면, 스미스가 에든버러로 책 네 상자를 발송하고자 했으며, 당시로서는 상당한 금액인 200파운드짜리 보험에 가입했다는 것을 알 수 있다(*Corr.* No. 102). 그중에는 카델이 스미스를 위해 구해놓은 두 권의 책도 포함될 예정이었다. 하나는 애덤 앤더슨의 『상업의 기원에 대한 역사적·연대기적 추론』(개정판, 1764)으로, 스미스가 『국부론』에서 자주 인용한 책이다. 다른 하나는 '포슬스웨이트'로 일컬어진 것인데, 이는 자크 사바리 데 브륄롱의 『상업 일반 사전』(1723~1730)의 확장된 영어판인 맬러카이 포슬스웨이트의 『무역·상업 일반 사전』(제3판, 1766)을 가리킨 것일 수도 있고, 가능성은 더 낮지만 제임스 포슬스웨이트의 『혁명 때부터 현재까지의 공공 세입의 역사』(1759)를 가리킨 것일 수도 있다. 에든버러 선적에 의해 존재가 처음 알려진 이 세 권의 책은 스미스의 장서로 계속 남아 있게 되었다(Mizuta, intro.). 스미스는 1780년에도 여전히 앤더슨의 책을 참고하고 있었는데, 아마 이때는 『국부론』보다는 자신의 세관 업무과 관련해서 그랬을 것이다. 그는 그해 10월 25일 카델에게 편지를 써, 그 책에서 오류를 발견했으며 이것이 바로잡아지기를 바란다고 말했다. 그는 카델이 자기 상점에 그 책을 가지고 있지 않아서, '내가 런던을 떠나기 며칠 전인 1767년 그 달[3월] 어느 때에' 그가 이웃 상점에서 그것을 구해야 했다고 환기시켰다(*Corr.* No. 206).

또한 1780년 10월에 스미스는 툴루즈에서 만났던 덴마크인 친구 안드레아스 홀트에게 이후의 자기 삶에 대해 다음과 같이 개략적으로 설명했다.

기쁘게 당신을 만난 이래 제 삶은 아주 한결같았습니다. 영국으로 돌아오자 저는 스코틀랜드의 작은 고향 마을로 은퇴했고, 그곳에서 6년간 아주 평온하게, 그리고 거의 완전히 고독하게 지냈습니다. 그 시간 동안, 식물학을 공부하거나(그리 큰 진전을 이루지는 못했지만) 이전에 큰 관심을 가져본 적 없는 다른 몇몇 과학을 공부하는 가운데 국가의 부에 대한 글을 쓰는 것이 저의 주된 낙이었습니다. (Corr. No. 208)

식물학에 관한 관심의 흔적은 해머스미스의 묘목업자 제임스 리의 『식물학 입문』이 그의 장서 목록에 들어 있다는 것인데, 이는 식물학 이론에 대한 설명과 식물학 전문 용어들에 대한 해석을 담고 있으며, 린네의 책들을 발췌한 것이다(제2판, 1765; Mizuta). 아마 이 책 또한 1767년 봄 네 개의 상자에 담겨 에든버러로 발송된 책들 중 하나일 것이다. 또한 스미스의 장서 중에는 린네 자신의 책도 네 권 있었다(Mizuta). 『식물철학』(1751), 『식물의 종』(제2판, 1762), 『식물의 속』(개정판, 1767), 『자연의 체계』(제13판, 1767~1770)가 그것이다. 이 중 마지막 책에 대한 스미스의 독서는 외부 감각에 대한 논문에 반영되어 있다(p. 71, 77, 83). 앞서 언급했듯이, 이 점은 이 논문의 완성 시기가 1758년 이후임을 암시한다(Brown, 1992). 그해의 제10판에 들어가 있는 린네의 동물 분류 일부를 다루는 언급이 있기 때문이다. 하지만 그가 제13판을 가지고 있었다는 점에서 어쩌면 논문의 완성 시기는 더 나중일지도 모른다.

홈은 1767년 6월 7일자 편지를 통해 스미스로부터 커콜디 상황이 어떻게 돌아가고 있는지 전해 들었다. 편지의 용건은 스미스가 '프랑스에서 사귄 가장 좋은, 가장 마음에 드는 친구'라고 묘사한 사스필드 백작에게 신경 써달라고 흄에게 부탁하는 것이었다. 스미스는 런던에서 그가 더니키어의 제임스 오즈월드와 길버트 엘리엇 경에게 소개되기를 바랐다. 흄의 편지에는 왕립학회 서기관인 의사 찰스 모턴에게 보내는 편지가 동봉되었는데, 아마 스미스가 펠로로 선출된 것에 대해 감사를 표하고 입회 이후 참여하지 못한 것에 대해 용서를 구하는 내용이었을 것이다. 그는 '애덤 씨들 가족'에게, 즉 자신의 유년 시절 친구인 로버트 애덤과 제임스 애덤 형제의 가족에게 안부를 전해달라고 흄에게 부탁했다. 이 형제는 각각 1758년과 1763년의 그랜드투어에서 돌아왔고, 케들레스턴과 시언의 건축가 겸 실내장식가로서 빛나는 명성을 얻고 있었다(Beard, 1981: 1~5). 또 스미스는 엘리자베스 몬터규 부인에게도 안부를 전해달라고 했다. 그녀는 탄광 소유주이자 사상과 학문을 좋아하는 사람이었다. 오시안의 열렬한 숭배자인 그녀는 원시 사회 유적과 그림같이 아름답고 장엄한 경관 때문에 스코틀랜드 하일랜드에 매료된 관광객들의 선두에 서서 1766년에 스코틀랜드를 방문한 바 있었다(Ross, 1965). 스미스는 분명 런던에서 그녀의 집에 초대된 지식인 중 한 명이었고, 비티와 블레어는 『국부론』에 대한 자신들의 평가를 그녀에게 계속 전해주었다. 스미스는 흄에게 커콜디에서의 자신의 상황을 다음과 같이 설명했다. '여기서 내가 하는 일은 지난 한 달여 간 몰두해온 연구입니다. 내 오락은 혼자서 오랫동안 바닷가를 걷는 것입니다. 당신은 내가 시간을 낭비한다고 생각할지도 모르겠습니다. 하지만 나는 대단히 행복하고 편안하고

만족스럽습니다. 내 삶에서 이보다 더 좋은 적은 없었을 겁니다.'

이 편지는 루소의 행동에 대해 묻는 것으로 끝난다. '그는 영국에서는 충분히 박해를 받을 수 없어서 해외로 간 건가요?' 또한 스미스는 흄이 근무하는 행정부에 의한 동인도회사와의 '협정'에 대해서도 물었다(*Corr.* No. 103). 동인도회사에 대해 그가 수집한 정보는 주로 이 회사의 역사 및 이 회사에 대한 비난과 관련된 것이었고, 그는 이것들을 『국부론』 제3판(1784)에 추가했다. 스미스의 전문적 능력과 인도의 상황에 대한 관심 때문에 그의 친구이자 당시 하원의원이던 윌리엄 펄트니는 동인도회사 책임자에게 개혁과 아마도 개주改籌 화폐의 기술적 문제와 관련해 유용한 충고를 해줄 만한 사람으로서 스미스를 추천했다(*Corr.* No. 132).

흄은 6월 13일 스미스에게 보낸 답장에서 사스필드가 '정말로 실력 있는 사람'이며, '내가 파리에서 그를 봤을 때부터 잘 알고 지내온 사람'이라고 밝혔다. 사스필드는 오라녜 공 빌렘의 군대를 급습해 1689년의 리머릭 포위를 무너뜨린 아일랜드 영웅의 손자였고, 그 가문은 프랑스에서 번성했다. 1767년에 사스필드가 드 게르시의 뒤를 이어 영국 주재 프랑스 대사가 될 것이라는 소문이 있었지만, 사스필드가 셸번 경 같은 중요 정치인들에게 큰 주목을 받았고 왕에게 인정받았다는 신문 보도들이 있었음에도 그 소문은 실현되지 않았다. 흄은 사스필드의 교우 관계를 좀더 넓혀주고 싶지만 자신의 공무가 이를 방해한다고 언급했다. 그는 사스필드를 엘리엇에게 소개하지 않았는데, 엘리엇이 '냉담함과 나태함 때문에 지인을 소홀히 대할 것'이라고 판단했기 때문이다. 더니키어의 오즈월드에 대해 말하자면, 흄은 자신들의 우정이 영영 틀어졌을까봐 걱정했다. 그러고 나서 그는 '당신이 들어본 가장 이상한 이야기'를 들려주었다. 그는 2개월 전 오즈월드와 식사를 했는데, 오즈월드의 남동생 존도 동석했다. 그는 아일랜드 교회에서 경력을 쌓았고, 이제는 라포의 주교가 되어 있었다. 흄은 자신의 후원자 허트퍼드 경이 프랑스 대사직 이후 아일랜드의 총독이 되었는데 자신은 주교가 되지 못했다고 농담을 했다.

그 이상의 도발은 없었는데, 주교는 지금까지 본 가장 격하고 점잖지 못하고 정통적인 분노를 터뜨리더니, 내가 더할 수 없이 무례하다고 했습니다. 나로서는 엄두도 내지 못한 가운을 그가 입지 못했다 할지라도 내가 그를 감히 그렇게 취급해서는 안 된다고 했습니다. 오직 비겁한 자만이 그런 식으로 성직자를 대할 것이라고 했습니다. 이후로는 그가 자기 형의 집을 피하든지 내가 그래야 한다고 했습니다. 그리고 그는 내 입으로부터 이런 멍청한 농담을 들은 것이 이게 처음이 아니라고 했습니다.

흄은 '극도로 차분하고 침착하게' 그에게 용서를 구했지만, 라포 주교는 진정되지 않았고, 한참 동안 계속 분노로 악을 써댔다. 흄은 마침내 대화를 다른 쪽으로 돌려놓았고, 그러고 나서 그들을 떠났다. 라포 주교의 분노와 '정통적 열의'보다 더 그를 괴롭히는 것은 제임스 오즈월드가 침묵을 지키며 그에게 어떤 사과도 하지 않고 있다는 사실이었다. 흄은 '전에는 일주일에 서너 번은 그와 함께'했지만, 이제 그의 집에 거리를 두고 있었다. 흄은 편지 말미에 이르러 서명할 때 풍자적 평정심을 되찾았음을 보여주었다. '친애해는 스미스 씨, 당신과 내가 언젠가 그런 식으로 싸우는 일은 없어야 한다는 것이 나의 확고한 생각이라면, 나는 당신에게 이렇게 말해야 하겠지요. 애정과 진심을 담아, 당신의 데이비드 흄으로부터'(Corr. No. 104).

흄은 9월 13일자로 스미스의 답장을 받았다.

당신의 지난번 편지를 보고 내가 얼마나 분노에 찼는지 설명하기가 힘듭니다. 그 주교는 지성인이 아니며, 분에 넘치는 자리에 올라가 더 그렇게 된 것 같습니다. 그의 형에 대한 큰 호의 때문에 그에 대해 좋게 생각했던 것이 아주 부끄럽습니다. 내가 당신의 편지를 받은 이후 그는 커콜디에 있었고 그를 만나지 않을 수 없었지만, 다른 상황이었다면 했을 법한 식으로 행동하지 않았습니다.

이어서 스미스는 제임스 오즈월드의 행동이 아마도 2년 내에 그를 죽음에 이르게 할 불치병에서 비롯된 그의 '더할 수 없는 비탄' 탓일 것이라고 설명했다(Corr. No. 109).

스미스는 사스필드로부터 우정 어린 6월 23일자 편지를 받았다. 사스필드는 편지에서 런던에서 스미스를 만나지 못한 것에 대한 큰 아쉬움, 스미스와 함께 커콜디의 해변을 산책하고 싶다는 바람을 이야기했다. 이 편지의 대부분은 그해에 출간된 퍼거슨의 『시민사회의 역사』에 대한 이야기로 채워졌다. 흄은 프랑스에서 돌아왔을 때 이 책의 몇몇 장을 원고 상태에서 읽었는데, 그의 견해는 몹시 부정적이었다. '나는 그것들이 문체에서나 논법에서나, 형식에서나 내용에서나 대중에게 선보이기에 적합하지 않다고 생각합니다.' 그리고 그는 이 책의 출판이 퍼거슨의 명성을 해칠 것이라고 생각했다(*HL* ii.11~12). 그러나 이 책은 출간되자마자 영국과 유럽에서 찬사를 받았다.' 흄은 퍼거슨의 명성이 상승하는 초기 단계를 저자 자신에게 보고했지만(*HL* ii.125~126), 『시민사회의 역사』를 다시 읽고 나서도 자신의 부정적인 견해를 바꾸지 않았다(*HL* ii.133). 퍼거슨의 책에 대해 부정적으로 본 그의 이유들은 당대의 서평들에서도 발견되며, 데이비드 레이너(Raynor, 2008)는 무엇보다 도덕을 다루는 것과 관련된 서로 다른 관점에서 비롯된 이유들이라고 설명했다. 퍼거슨이 그 주제에 대해 열변을 토한 반면에 흄은 고심하는 질문자였고, 또한 주의 깊은 퍼거슨이 시민사회에서 종교의 역할에 대한 논의를 피한 반면에 흄은 이것을 중요한 주제로 여겼다. 사스필드는 이 책이 재미있었다고 썼지만, 그는 퍼거슨이 애국심과 자유에 대한 사랑을 들어 스파르타인들을 칭찬한 것에는 동의하지 않았고, 그들의 제도가 이상하다고 생각했다. 또한 그는 퍼거슨이 중세의 기사들과 기사도 관례를 부당하게 대했다고 생각했다(*Corr.* No. 105).

스미스 역시 퍼거슨의 책이 문체와 논법에서 실망스럽다고 여겼기 때문인지 『국부론』에서 이를 언급하지 않았다. 그러나 분업의 나쁜 영향에 관한 그의 입장은 글래스고의 편집자들이 지적하듯 『시민사회의 역사』의 입장과 상당히 유사하다(*WN* II.782, n. 48). 『법학 강의』에 나오는 분업을 다루는 내용(예컨대 *LJ*(A): vi.28~57)과 분업의 나쁜 영향을 다루는 내용(*LJ*(B): 329)을 알지 못하고 『시민사회의 역사』가 시간적으로 『국부론』에 앞선 것에 주목한 카를 마르크스는 퍼거슨이 스미스의 스승이라고 결론 내렸다(Marx, 1954: i.123, n. 1). 스미스는『국부론』의 출간 지연에 대해 예민해져 있었을 수도 있고, 인버레스크의 칼라일이 말한 것처럼 '약간의 질투심'을 억누르면서, 자신의 4단계 이론과 같이 자신이 개진한 생각들에 대해 퍼거슨이 공로를 인정받겠다고 예상했을 수도 있다(Carlyle, 1973: 142). 한편 퍼거슨은『시민사회의 역사』제4판에 추가된 한 문장에서 스미스의 정치경제학 관련 저서의 우월한 권위를 인정하는 제스처를 취해 보였다(Ferguson, 1773, iii.4).

그러나 나는 내가 그리 잘 알지 못하며 또한 현재 집필하고 있는 것 때문에 제대로 신경 쓸 수 없는 주제를 기꺼이 포기한다. 상업과 부에 대한 고찰은 최고의 유능한 저자들에 의해 이루어졌고, 아마 대중은 지금까지 어떤 학문 주제에서나 나타났던 이론에 필적하는, 국가 경제에 대한 이론을 곧 갖게 될 것이다.* [각주]『도덕감정론』의 저자 스미스 씨를 통해서.

이 언급은 퍼거슨의 말년인 1814년의 제7판에 남아 있지만, 1789년의 바젤 판은『도덕감정론』이 아닌『국부론』을 언급했고, 대중이 최근에 이 책을 갖게 되었다고 말하는 것으로 텍스트를 수정했다 (Mizuta).

사스필드는 '파리 사람들' 사이에서 루소가 생드니에 있다는 소문이 있음을―그는 파리 고등법원이 루소를 거기 오래 내버려두리라고는 생각할 수 없었지만―언급하면서 6월 23일자 편지를 끝맺었다.

이는 루소가 겪은 박해의 역사의 한 대목과 관련된 언급으로, 스미스는 루소가 이에 대해 『사회계약론』으로 앙갚음을 할 것이라고 예견했다. 9월 13일에 스미스는 사스필드에게 답장을 보냈고, 또한 흄에게도 다른 화제들을 가지고 편지를 쓰면서 '영국을 떠나기 전과 후의 루소의 진상'을 알려달라고 했다(Corr. No. 109). 흄은 이에 응해 10월 8일자 편지에서 루소의 이상한 행동을—이제는 피해망상에서 비롯된 것으로 이해되는—이야기해주었다(Corr. No. 111). (Corr. No. 109).

흄은 10월 17일자 편지에서 이 설명의 세부 내용 일부를 수정했고, 흄이 루소에게 도피처를 마련해주었던 곳인 더비셔의 우튼에서 리처드 대본포트가 본 것을 얘기해주었다. 그것은 바로 루소가 쓰고 있던 '회고록'이었는데, 대본포트는 그것이 '그의 모든 작품 중에서 최고가 될 것'이라고 판단했다(Corr. No. 112). 분명 흄은 루소가 영국 방문 대목을 어떤 식으로 다룰지에 대해 다소 불안했을 것이다. 그리고 루소와 한때 관련이 있었던, 예컨대 디드로와 데피네 부인 같은 유명인들은 그 책의 출판이 금지되기를 바랐다. 이 책이 『고백록』(1782~1789)으로 출간되었을 때, 루소가 1765년 이후의 이야기는 쓰지 않았다는 것이 드러났다. 1767년 영국에서 돌아온 후 루소는 부플레 부인의 연인인 콩티공으로부터 잠시 트리샤토(우아즈)의 은신처를 제공받았다. 그는 그곳에서 『고백록』 작업을 마무리했고, 그런 다음 다시 떠돌아다녔으며, 1770년에 파리 정착을 허락받았다. 루소 사후에 출판된 또 다른 고백적인 글은 흄에 대한 루소의 피해망상을 다룬다. 이것은 1772년 집필에 들어가 1779년 혹은 1780년 리치필드에서 브룩 부스비 경에 의해 부분적으로(첫 번째 대화) 출판되었다.

부스비 경은 루소가 우튼에 머무는 동안 잉글랜드 중부 지방의 다른 열렬한 팬들과 함께 루소에게 친구가 되어주었던 인물이다. 루소는 1778년 7월 3일 파리에서 86킬로미터 떨어진 에름농빌에서 사망한다. 이곳은 루소 성지 중 하나가 되었고, 그의 유골이 안치된 포플러섬에는 프랭클린, 로베스피에르, 마리 앙투아네트, 나폴레옹을 비롯한 루소의 열성 팬들의 방문이 이어졌다(Bonnefous, 1964; Schama, 1989: 156~160).

'세 개의 대화'를 모두 담은 온전한 책은 1782년에 출간되었다. 루소는 공정한 관찰자 개념을 변형시켜 자기 분석을 시도하는 이 특별한 작품에서, 자신이 프랑스로 돌아와 궁중 화가 앨런 램지가 1766년 3월에 그린 흄과 자신의 초상화에 대해 곰곰이 생각했다고 밝힌다. 흄은『흄 씨와 루소 씨의…논쟁에 대한 간략한 보고』(1766)에서 루소의 초상화를 그리는 것은 자신의 친구인 램지의 생각이었고, 램지는 그 초상화를 흄에게 선물로 주었다고 밝혔다. 루소는 그 초상화들에서 흄에게 싸움을 걸 거리를 발견했다.[2]

자신에 대해 루소의 흉한 생각을 알지 못한 채 흄은 그 두 초상화를 1771년까지는 제임스코트의 자신의 응접실에, 이후에는 뉴타운 '세인트데이비즈스트리트'의 자기 집에 나란히 걸어두었다(Mossner, 1980: 537). 애덤 스미스는 커콜디로부터 그곳들을 방문했을 때 그 초상화들을 봤을 것이고, 스미스 자신이 생각하기에 물질적 부의 발생의 우연한 요인들인 자기애와 자기 개발에 대해 그토록 유창하게 글을 썼던 사람의 그 자학을 보며 의아해했을 것이다(스미스의 루소에 대한 반응과 관련된 2차 문헌에 대해서는 11장의 주 3을 보라).

한편 스미스의 물질적 필요는 버클루 공작이 계속 지급한 연간 300파운드의 연금으로 충족되었다. 연금의 첫 지급에 대한 이야기는 1767년 6월 26일에 나온다(*Corr.* No. 106). 8월 30일에 그는 윌리엄 스트레이핸에게 12파운드 11실링짜리 어음을 보냈다. 10파운드는 아마도 책값으로 그가 스트레이핸에게 빚진 것이었고, 나머지는 왕립학회 회비로 모턴에게 지불될 것이었다(*Corr.* No. 108). 9월 13일에 그는 에든버러 근처 노스에스크 강가에 자리한 버클루 가문의 주저택인 댈키스 하우스에서 흄에게 편지를 썼다. 그곳은 제임스 스미스가 1702~1711년에 몬머스 공작의 미망인인 앤 공작부인을 위해 지은 집이었다(Marshall, 1973). 따뜻한 사암 외관과 네덜란드 팔라디오풍 정원으로 이루어진 이 집은 '로디언에서, 그리고 결국 스코틀랜드에서 초기 고전주의 저택들 중 가장 웅장한 것'으로 묘사되어왔다(McWilliam, 1978: 158~161). 스미스의 친구인 존 애덤은 1762~1763년에 저택의 수리와 외벽 새 단장 작업을 맡아 했고, 앤 공작부인의 방을 포함해 실내도 잘 보존되었다. 실내에서는 참나무 판자로 된 벽, 세부적으로 흰색이 들어간 붉은 대리석 벽난로, 그린링 기번이 흰 대리석판에 넵투누스와 갈라테이아의 이야기를 묘사해놓은 벽난로 장식 선반을 볼 수 있다.

갓 결혼한 버클루 공작 부부와 프랜시스 스콧은 9월 초에 이 화려한 집으로 왔다. 13일에 공작의 성년식이 열릴 예정이었지만, 이 행사는 찰스 톤젠드가 '지독한 고열'로 인해 4일에 예상치 못한 죽음을 맞았다는 소식이 전해지면서 연기되었다. 그의 죽음으로 그의 문서들에 대한 검토가 시작되면서 그 가족과 가족의 친구들은 경악하게 된다. 그는 유언장 없이 사망했으며, 메리 코크가 썼듯이 '일을 그렇게 엉망으로 만들어놓은 사람은 없었다'. 우려스럽게도 댈키스 부인의 모든 돈, 그녀의 서드브룩 집과 애더베리 집의 모든 가구, 그녀의 모든 식기가 더 이상 그녀의 것이 아니었고, 3등분되어 3분의 1은 그녀에게 돌아가고 나머지 3분의 2는 톤젠드의 세 아이에게 돌아가게 될 상황이었다. 메리 코크는 이어서, '애더베리와 관련해서는 모든 것이 끔찍하다'고 말했다. 톤젠드는 공작의 돈 2만 파운드가 그곳에 투자되었다고 말했지만, 개량 공사에 대한 미지불 금액이 많이 남아 있었고, 결국 버클루가 이를 갚아야 할 것이었다(Coke, *Journal*, ii. 130). 역시 메리 코크에 의하면, 매우 화가 난 미망인 댈키스 부인은 이미 3년 전부터 남편이 악명 높은 도박꾼이자 투기꾼인 하원의원 시어벌드 타프와 가깝게 지내는 것을 염려하고 있었는데, 이 남자가 톤젠드로부터 받은 편지들을 가지고 있다는 얘기를 듣고 겁을 먹었다(*HP* iii. 548). 10년쯤 후에 댈키스 부인은 재무부 사람들이 톤젠드의 정부 장부들을 조사하는 것을 막아내고 있었다. 스미스는 이 스코틀랜드 최고의 지주의 난관과 관련해 상담에 응했을 가능성이 크지만, 그는 흄에게 보낸 9월 13일자 편지에서 찰스 톤젠드의 죽음은 무시하고 다음과 같이 썼다. '[그 젊은 부부는] 다음 주 월요일부터 자신들의 집을 개방합니다. 두 사람 다 이 지방 사람들 마음에 들 것이라고 나는 자부합니다. 나는 이 공작부인보다 더 쾌활한 여성은 보지 못했습니다. 당신이 이곳에 있지 않아서 유감입니다. 여기 있다면 당신은 분명 그녀에게 푹 빠질 텐데 말입니다'(*Corr.* No. 109).

칼라일은 그 후에 열린 50명의 이웃 신사 숙녀들의 모임을 다음과 같이 묘사했다. '음식은 호화로웠지만, 함께한 사람들은 의례적이고 따분했다. 식탁에서 그들의 유일한 친우였던 애덤 스미스는 생일의 즐거움을 띄우는 데는 걸맞지 않았다. 그리고 그들의 행동은 매우 미숙했다.' 다행히 칼라일과 인장 관리인인 유쾌한 친구 샌디 맥밀런이 적극적으로 나서서 건배를 제안했고, '축하 행사에 한결 어울리는 분위기가 되었다'. 칼라일도 스미스처럼 공작부인의 아름다움에 깊은 인상을 받았다. '그녀의 이목구비는 조화로웠고, 그녀의 안색도 좋았고, 그녀의 검은 눈은 인상적으로 빛났고, 말을 할 때 그녀의 입은 아주 아름다웠다.' 하지만 아마도 스미스와 공작 부부의 관계를 질투한 듯, 칼라일은 이 축하 행사에 대한 자신의 이야기를 다음과 같은 심술궂은 언급으로 마무리한다.

> 스미스는 두 달 동안 그들과 남아 있었고, 이후 커콜디의 어머니에게 돌아가 다시 연구에 힘썼다. 그때 이후로 나는, 그들이 스미스보다 응대에 능한 사람을 데려왔다면 얼마나 더 빨리 첫선을 보일 수 있었을까 하는 생각을 종종 했다. 그들 스스로의 분별력과 안목이라면 그들이 부관이나 아첨꾼[즉, 기식자 혹은 식객]의 도움으로 선택될 수 있었을 사람들보다 그들 자신이 선택한 더 좋은 사람들에게 더 빨리 둘러싸이게 해주었을 것이다. (Carlyle, 1973: 250)

지역 관계자들은 이 당시 스미스가 버클루와 아주 가까운 관계임을 알아보았다. 1767년 9월 26일 스미스는 공작과 함께 머셀버러 자치도시의 시민이 되었고(Scott, 1937: 82, n. 1), 1770년 6월 6일

에든버러에서도 같은 영예를 누렸다(Town Council Minutes, City Chambers).

15장

국부 연구자

·

나의 연구 계획은 페넬로페의 베 짜기처럼 진행되어서,
끝을 예측할 수가 없다.

커콜디에서 스미스의 연구는 계속되었지만, 『국부론』 집필은 빠르게 진척되지 않았다. 그는 1768년 1월 27일 셸번 경에게 보낸 편지에서 이를 인정했다. '이곳으로 온 후, 제가 계획했던 대로 열심히 하고 있습니다. 하지만 예상처럼 진도가 나가지 않아서, 11월까지, 어쩌면 겨울 크리스마스 이후까지 이곳에 더 머물기로 결심했습니다.' 또한 그는 사스필드 백작에게 보여준 친절에 대해 셸번 경에게 감사를 표했다. '경께서 보여주신 그 친절보다 저를 경께 묶어둘 수 있는 일은 없습니다.' 그리고 그는 버클루와의 '원 계약'—아마도 자신의 연금을 의미하는—에 대해 명시적이지는 않은 유익한 조언을 해준 로버트 클러크 대령에게 감사의 말을 전해달라고 부탁했다(*Corr*. No. 113).

1768년의 크리스마스가 지나갔고 스미스는 커콜디에 남았다. 다음 해 1월 15일에 그는 헤일스 경에게 보내게 되는 총 여섯 통의 편지 중 첫 번째를 썼다. 이 편지는 스미스가 『국부론』을 위한 연구 자료를 구하느라 고심하고 있었고, 또한 자신의 프로젝트로 다른 저자를 돕고 있었음을 보여준다. 이 첫 번째 편지에서 그는 '옛날의 옥수수와 기타 식량의 가격에 대한 문서들을 모아놓은 것'을 빌려주겠다는 헤일스의 제의에 고마움을 표한다. 그는 1626년부터의 미들로디언의 '단순 봉토권 소유자들fiars'에 대한 출판물 하나 말고는 자신이 '이 주제에 대한 문서들'을—아마도 필사본들을—갖고 있지 않다고 말한다. 이것들은 '스코틀랜드 각 카운티의 시장 현황을 따르는, 선서에 기초한 연간 가격'이었다(WN I.xi.e.17). 그는 해군 군수부 식량과로부터 식량 가격에 대한 더 많은 정보를 얻고 싶어하며, 또한 이 주제를 다룬 출판된 책들에 대해 '할 말이 많다'고 밝힌다. 그는 그 책들 중 하나를, 헤일스가 그것을 보지 못했으리라 여기면서, '그중 가장 적절한' 책으로 꼽는다.

이는 『1674~1764년, 오베르뉴·리옹·루앙 납세구들과 왕국의 몇몇 지방 및 도시의 인구에 대한 연구 및 프랑스와 영국 벽촌의 가격에 대한 고찰』이라는, 스미스의 장서(Mizuta)에 포함돼 있는 비교 연구서다. 이 책의 저자는 루이 메상스(1734~1796)라는 세금징수관으로, 생테티엔 선거에서 '인두세'(사람과 재산에 부과하는 프랑스의 주요 직접세: WN V.ii.g.6~7) 수납자였던 것으로 확인된다. 이 책이 1766년 파리에서 출판된 것으로 미루어, 스미스는 프랑스 체류가 끝나갈 즈음 이 책을 입수했거나 아니면 최근에 발송된 것을 받았을 것이다. 그는 또한 토머스 매덕스의 1711년 판 『국가 재정의 역사』(Mizuta), 영국의 의회 제정법, '프랑스 왕의 칙령'을 이용하는 것을 이야기한다.

이어서 그는 자신의 현재 상황을 이야기하는데, 주제를 다룸에 있어서의 정확성과 구성에 대한 세심한 주의를 추구하는 학자 특유의 상황 파악이라 할 만하다. '제 문서들은 너무 무질서한 상태이고, 저는 그것들을 최종적으로 정리하기에 앞서, 제가 기대하는, 다른 출처들의 추가 정보를 기다리고 있습니다.' 다음으로 그는 자신의 '문서들'이 정리되면 그것들을 헤일스에게 보내주거나 혹은 읽어주겠다고 한다. 또한 그는 이번에는, 스코틀랜드 의회 제정법을 통독하고 이를 자신이 살펴볼 기회가 있었던 '우리의 역사가들 및 다른 나라들의 법과 비교'해, 최근 출판된 데인스 배링턴의 『영국 법규에 대한 검토』 (1766)처럼 '스코틀랜드 법'에 대한 검토를 출간할 계획인 헤일스를 돕겠다고 약속했다. 계속해서 그는 자신이 처한 또 다른 어려운 상황을 고백한다. 이는 '여가라고는 거의' 남겨주지 않는, '결말에 이를 가능성이 거의 보이지 않'아서 페넬로페의 베 짜기를 닮은 그런 '연구 계획'을 갖고 있는 사람의 곤경이다(Corr. No. 115).

스미스의 또 다른 문제는 글씨를 쓰는 신체 활동이었다. 그가 쓴 글씨를 보면 그의 필기가 느리고 힘들었으리라 짐작된다. 그의 글씨는 글씨 쓰는 일이 편하거나 즐겁지 않은 어린아이가 쓴 것처럼 크고 둥글게 생겼다. 스미스는 이를 '아주 나쁜 필적'이라고 규정했다(Corr. No. 113). 그는 '대필자' 또는 '필사자'를 고용해 자신이 부르는 대로 받아쓰게 하거나 초고를 정서하게 했고, 어쩌면 괜찮은 사람이 있어서 그의 문서들을 정리하는 일을 도왔을 수도 있다. 『국부론』의 마지막 원고를 준비하던 시기에는 두 사람이 그를 돕는 영예를 누렸다. 한 사람은 로버트 리드로, 1737년경에 태어났고, 1768년 11월에 커콜디 교회 명부에 방직공으로 기재되었으며, 1770년, 1771년, 1774년에는 '애덤 스미스 교수의 서기'로 기재되었다. 그와 그의 아내 헬렌 게디스는 커콜디에서 세례를 받은 여섯 아이를 두었다. 그는 스미스를 위해 10년간 일했고, 1778년에 알로아 세관의 하역 감시인이 되었지만 세관 기록에서는 이것이 확인되지 않는다. 그는 1785년 9월 11일에 스미스에게 편지를 써, 최근 개척된 캐나다 뉴브런즈윅 지방으로 와 정착했고, 그곳에서 외항들로 어류를 보내고 영국산 제품들을 그 신세계로 가져오는 사업을 시작했다는 이야기를 전했다(*Corr.* No. 246). 그는 미러미치강 양안에 자리한 노섬벌랜드 카운티에서 검시관, 증서 등록관, 주장관, 그리고 장로교 공동체 지도자라는 직책을 역임했다. 스미스는 그를 고용할 만한, 그의 훌륭한 필체 이상의 장점을 발견했을 것이다.[1]

『국부론』의 또 다른 필사자는 알렉산더 길리스로, 1785년에 에든버러의 물품세 세무관이 되었고, 1797년에는 킬마녹 구역의 감독관이 되었다. 스미스의 조카이자 상속인인 데이비드 더글러스는 죽기 전 얼마 동안 길리스를 지원했다. 그에 대한 이런 사실들은 1818년 3월의 『스카츠 매거진』에 실린 그의 부고에 나타나 있다(Scott, 1937: 360).

어떤 기술에 따르면 스미스는 커콜디에 있는 어머니 집의 서재에서 리드든 길리스든 대필자에게 『국부론』의 부분들을 구술했다. 스미스는 서서 구술을 했고, 벽난로 선반 위 벽에 머리를 문지르는 이상한 버릇이 있었다. 이런 버릇은 벽에 그의 가발에서 묻은 머릿기름 자국을 남겼을 텐데, 이 이야기를 전한 로버트 체임버스는 『스코틀랜드 풍경』(1827)에서 벽을 새로 칠하기 전에는 그 자국이 남아 있었다고 주장했다. 열성 팬들이 그 집에 몰려들지 않도록, 그 집이 1834년에 헐렸음을 밝혀야겠다. 방문자가 랭타운 하이스트리트의 남쪽에서 발견할 수 있는 것이라고는 220번지에 붙어 있는 명판뿐이다. 이 명판에 묘사돼 있는 집은 계단 모양의 박공과 굴뚝들을 이고 있는, 파이프 이스트뉴크의 전통적인 3층 주택이다. 이 명판은 현재 글래스고 대학 정치경제학과에 있는 한 수채화를 토대로 한 것이다. 이 그림은 1844년에 존 제프리스 윌슨이 찍어낸 석판화로, 이 집과 정원의 정면도 및 평면도도 이에 기반한 것이다.

헤일스의 '문서들'은 3월 5일에 아직 스미스에게 도착해 있지 않았고, 이날 그는 다시 편지를 써, 캐넌게이트의 뉴스트리트에 있는 판사의 집으로 자기 하인을 보내서 그것들을 가져오겠다고 제안한다. 캐넌게이트에 사는 헤일스는 스미스의 전 후원자인 케임스 경의 이웃이었다. 스미스는 제임스 1세의 의회 제정법을 읽으면서 이것이 그 시대 스코틀랜드의 미개한 상태를 알려준다는 것을 알아가고 있었다. 그는 여행자들을 위한 여인숙에 대한 조항과 접대를 가혹한 일로 만든 '가신의 수많은 수행원'의 통제에 대한 조항을 언급하지만, 헤일스의 언급이 자신에게 도움이 되는 것에 비하면 자신의 이런 언급은 헤일스에게 큰 도움이 되지 않을 것이라고 유감스러워한다. 하지만 그가 『국부론』 III.iv.5에서 봉건 시대 접대의 원인과 결과에 대해 더 상세히 설명한 만큼, 그의 '스코틀랜드 제정법' 읽기는 그 자신이 연구하고 있는 주제와 관련이 있었다. 말이 나온 김에 그는 자신의 법률 연구 방식을 다음과 같이 밝힌다.

저는 전적으로, 다른 시대와 다른 나라들에서 정의가 집행되는 틀의 큰 윤곽에 담긴 일반 개념을 구성한다는 관점에서 법을 읽어왔습니다. 저는 경께서 잘 알고 계신 세부 사항들에는 전혀 다가가지 못했습니다. 경께서 이야기해주신 구체적인 사실들은 저의 개괄적 견해들을 바로잡는 데 너무나 큰 도움이 될 것입니다. 하지만 제 개괄적 견해들은 경께서 유용하게 사용하기에는 언제나 너무 모호하고 피상적일까 봐 걱정입니다.

스미스가 헤일스에게 보낸 1769년 3월 5일자 편지는 그 유명한 더글러스 소송의 결과에 대해 강하게 감정을 표출하는 것으로 끝난다. 당시 상원에서 최종 항소가 열렸던 것이다. 법률가로서 헤일스는 해밀턴 가문 편에 서서, 마지막 더글러스 공작의 재산이 해밀턴 공작 7세에게 상속되어야 한다고 주장했고, 진짜 상속자로 내세워진 존재를 그가 가짜 아이임을 주장함으로써 부정했다. 해밀턴의 편을 들지 않은 한 지식인은 스미스의 이전 후원자인 케임스였다. 법관의원으로서 그는 1767년 7~8월에 에든버러 최고민사법원 이너하우스의 더글러스 사건에 대한 심리에서 진술하고 투표할 것을 요구받았다. 흄이 해밀턴을 지지하는 주장들 쪽에 '이성의 힘'이 있다고 생각하고 더글러스를 지지하는 주장들을 '편견의 격한 분출'로 여긴(*NLH*, p. 175: 1767년 7월 20일) 반면 케임스는 피고의 어머니가 살아 있을 때 피고의 친자 관계가 의심받은 적이 없었고, 최고민사법원이 더글러스 가문의 재산이 그에게 돌아가게 했다는 입장을 취했다. 케임스는 파리 투르넬 법원의 소송 절차에 이의를 제기했고, 해밀턴 측이 정의의 기본 원리인 '다른 쪽의 말도 들어라'에 위배되는 배타적 소송에서 이득을 얻었다고 주장했다. 그가 보기에 이것은, 더글러스 쪽 청구인의 아버지가 채무자 감옥에 있을 때 구체적인 증거물의 입수도 없이 자기 아들의 신분의 잠정적 증거로서 편지를 위조해 그 아들의 존재에 대해 더글러스 공작을 만족시키려 했던 것만큼이나 나쁜 일이었다. 따라서 케임스는 판사석에 앉은 동료들 중 6명과 함께 더글러스 쪽 청구인을 지지하는 투표를 했지만, 최고민사법원장 던다스 경은 1767년 7월 14일에 해밀턴 공작을 지지하는 쪽으로 캐스팅보트를 던졌다. 그래서 더글러스 측 변호사들은 런던 상원에서의 항소에 희망을 걸고 있었다(Ross, 1972: 134~139).

던다스 경의 캐스팅보트가 1769년 2월 27일 런던에서 뒤집히자 스미스는 격노했다.[2] 그는 상원에서의 소송 절차에 대해, 그리고 더글러스 사건의 판결 소식이 알려진 3월 2일과 3일 밤 에든버러에서 발생한 대중의 떠들썩한 환호와 폭동에 대해 헤일스에게 다음과 같이 분노의 감정을 드러냈다.

저는 이 편지를 끝내면서 (…) 최근 런던과 에든버러에서 일어난 일에 대해 우려를, 그리고 그보다 더한 분노를 (…) 표하지 않을 수 없습니다. 저는 이 영국 최고법원[즉, 런던의 상원]이 배심원단과 아주 유사하다고 종종 생각했습니다. 법관의원들은 일반적으로 증거를 요약해주고, 다른 상원의원들에게 법을 설명해줍니다. 일반적으로 이 상원의원들은 은연중에 그들의 의견을 따릅니다. 이 사건에 대해서 그들에게 설명한 두 명의 법관의원 중 한 명(대법관 캠던)은 항상 대중의 갈채를 좇는 자이고, 단연코 가장 똑똑한 다른 한 명(수석 재판관 맨스 필드)은 대중의 비난을 최고로 두려워하는 자입니다. (⋯) 그는 [또한] 쌍방 중 어느 한쪽을 부당하게 편드는 성향이 있다고 항상 의심받아 왔습니다. (*Corr.* No. 116)

스미스가 파악한 바와 같은 대법관 캠던과 수석 재판관 맨스필드의 법관으로서의 약점에 대조되는 것이 던다스 경의 확고함과 정직함이었다. 그는 에든버러의 거리들에서 자신을 가마에서 끌어내리려한, 더글러스를 옹호하는 군중을 제압했다. 대중 쪽에 서는 보즈웰은 더글러스 측 옹호자였고, 6년에 걸쳐 스코틀랜드, 프랑스, 잉글랜드의 법정을 거친 더글러스 사건이 '스코틀랜드의 신성한 상속권의 보장을 근간까지 흔들었다'고 단언했다(*BLJ* v.28; *Corr.* No. 72). 스미스와 다른 지식인들은 더글러스 상속자의 혈통과 관련해 제시된 증거에 대한 합리적 관점을 취하느라, 가족이 자신들의 재산과 작위를 누구에게 물려줄지를 스스로 결정해야 한다는 대단히 편파적인 점을 놓쳤을 가능성이 있다.

이 큰 법적 다툼의 주요 인물인 아치볼드 더글러스에 대해 말하자면, 그는 1780년에 버클루 공작의 여동생 프랜시스 스콧을 두 번째 아내로 맞았고, 그녀는 이미 네 아이를 두고 있던 그에게 여덟 명의 자식을 더 안겨주었다(Rosie, *ODNB*, 2004). 프랜시스는 댈키스 저택에서 시작한 문학회를 보스웰 성에서 지속했다. 하지만 애덤 스미스가 그녀의 손님으로 그곳을 방문했다는 기록은 없다.

1769년의 헤일스와 스미스 사이의 편지 왕래라는 주제로 돌아가면, 헤일스 판사가 자신이 약속했던 '문서들'을 3월 6일에 보냈음을 알 수 있다. '제임스 5세 초기부터 사망 때까지 스코틀랜드의 옥수수, 소 등등의 가격'이라는 제목의 이 문서는 머리와 애버딘 주교 관할권들의 회계 장부, 그리고 드리버러, 아브로스, 켈소, 스콘, 캠버스케네스, 던펌린 수도원들의 회계 장부에서 발췌한 내용을 보여주며, 최고민사법원 회의록을 언급한다(GUL MS Gen. 1035/228; *Corr.* 145~150). 동봉된 편지는 가마에서 최고민사법원장을 끌어내리려 위협한 에든버러의 폭도들에 대해 상세한 이야기를 전하고 있으며, 또한 헤일스는 해밀턴을 지지한 판사들의 창문에 돌이 날아든 사건을 이야기한다(*Corr.* No. 117). 보즈웰이 돌을 던진 사람들의 주모자라고 이야기되었는데, 그는 창유리가 깨질 때 다음과 같이 말했다고 한다. '이번에는 이 정직한 사람들이 캐스팅보트를 행사하고 있는 것이다'(Pottle, 1966: 399).

3월 12일에 답장을 쓰면서 스미스는 '아주 즐겁고 주의 깊게' 그 '옥수수 가격' 문서를 검토했다면서, 이것이 '아주 유용'할 것이라고 덧붙인다. 그는 '우리 선조들의 곡물 추정 가격이 너무 대략적이고 부정확했던 것처럼 보인다'고, 그리고 그 같은 '명목뿐인 금액'이 주화의 내재 가치에 상당한 변화가 있던 몇 년에 걸쳐 곡물 및 기타 식량의 평균 가격으로 간주되었다고 말한다. 따라서 1523년—스미스는 1525년의 문서를 이렇게 잘못 표기했다—과 1540년에 최고민사법원은 보리 1볼boll을 13실링 4펜스로 추정했지만, 첫 번째 날짜에는 1파운드의 은으로 7파운드가 주조된 반면에 두 번째 날짜에는 주조된 금액이 9파운드 12실링이었다. 이 액수는 명목상으로 잉글랜드 파운드의 12분의 1의 가치가 있는 스코틀랜드 파운드로 표시된 것이다. 그는 16세기 중에—스페인의 서인도제도 발견 한참 후에—그 곡물이 평균 곡물 가격의—혹은 그것과 교환되는 실제 은의 양에서—3분의 1을 낮출 수 있었다는 것이 상상할 수 없는 일이라고 여긴다. 그러고 나서 그는 스코틀랜드에서 현물 소작료를 대체할 수 있는 금액인 전환 가격의 문제로 접근한다(WN I.xi.e.17 참조). 지주가 선택권을 갖고 있고 일반적으로 자기 땅에 거주하는 경우, 그는 가족의 편의를 위해서 현물로 소작료를 받는 것을 선호하며, 전환 가격이 얼마나 낮은지에 크게 신경 쓰지 않는다고—임차인에게는 전환 가격이 낮은 것이 이득이지만—스미스는 말한다. 여기서 요점은 전환 가격이 옥수수 및 기타 식량의 평균 가격에 대한 좋은 지표가 아니라는 것이다. 그런 다음 스미스는 더글러스 사건 평결에 대한 커콜디의 환호와 관련해 추신을 적으면서, 이를 '네 명의 남학생이 세 개의 양초를 공용 저울에 [세우는 것]'이라 묘사한다(Corr. No. 118).

'스코틀랜드 제정법'에 대한 논평을 출간하려는 헤일스의 계획은 인쇄된 형태의 견본들을 유통하는 것 이상은 실행되지 않았지만, 그는 스미스에게 자신의 『옛 'Regiam Majestatem'을 옹호하는 몇 가지 주장에 대한 검토와 'Leges Malcolmi'의 진정성에 대한 탐구』(1769; Mizuta)를 한 부 보낼 수 있었고, 5월 16일에 감사 인사를 받았다. 스미스는 'Leges Malcolmi'가 '어느 맬컴 왕의 법이 아니'라 스코틀랜드의 '법과 관습의 개요'에 대한 법적이라기보다 역사적인 설명이라는 데 헤일스와 의견을 같이하며, 저자는 그것이 자기 시대에 비해 먼 옛날에 만들어졌다고 추정했다. 스미스는 또한 다른 것들의 가격에서 헤일스가 발견한 불일치가 많은 프랑스 지방의 '옛 관습'에서 나타나는 불일치와 유사하다고 말한다. 그는 곡물 가격과 관련해 참조한 전거 중 하나인 뒤프레 드 생모르가 '[그런 불일치들을] 조정하고 그것들을 일관되게 만드느라 머리를 쥐어짰다'고 농담한다(Mizuta; cf. *WN* I.xi.e.24). 잉글랜드의 가격에 대해 이 프랑스 저자는 스미스 자신과 마찬가지로 플리트우드 주교의 『Chronicon Preciosum』(1707)에 의존했지만, 다른 결론에 도달했다. 스미스의 견해에 따르면, 불일치는 가격들을 수집해 편찬한 작가 및 법관들이 모두 옛날의 가치 평가를 따랐거나, 혹은 훗날의 주화를 기준으로 한 변화, '우연한 상황을 따르는 것과 거의 같은' 그 변화에 맞추어 가치 평가를 했기 때문에 발생했다. 그는 그 가격 관련 문서의 사본을 만들고 있어서 다음 주 수송 편으로 그것을 돌려보내겠다고 약속하고, 6월 12일~8월 12일 최고민사법원 하계 회기 중에 에든버러로 가서 옥수수 가격의 출처인 '회계 장부들에 접근할 수 있도록 [헤일스에게] 도움을 청하겠다'고 밝힌다(*Corr.* No. 119). 헤일스는 자신에게 그런 권한이 없다고 생각했지만, 스미스는 이런 기술을 가진 자신의 친구이자 인장 사무원 존 데이비드슨에게 도움을 청할 수 있었다(Innes, 1872: 8, n. 1, 11).

약속대로 스미스는 5월 23일에 옥수수 가격 문서를 돌려보냈고, 'Regiam Majestatem'에 대한 헤일스의 책과 관련해 자신의 생각을 담은 편지를 동봉했다. 그는 그 라틴어 텍스트는 가지고 있지 않았지만, 존 스킨 경이 편집한 1613년의 제2판을 입수했다(Mizuta). 스미스는 한 대목(ch. 3, s. 5)에서 헤일스가 스킨의 1609년 번역본 『'Regiam Majestatem'. 맬컴 2세 시대부터 제임스 1세 시대까지 스코틀랜드의 옛 법과 제도』의 해석과 다르게 이해하고 있다고 지적한다. 문제는 한 명의 왕실 사유재산 관리관과 5명의 보좌관—한 명의 서기를 포함하는—을 위한 합리적인 1일 생계비를 설정하는 것이다. 스킨의 구두점과 번역이 서기의 보수를 2실링으로 만들었겠지만, 스미스는 이들 여섯 사람이 2실링을 공평하게 나누어 하루에 4펜스를 받는 것이 1350년의 노동법에 따라 정해진 숙련 석공의 일당 4펜스와 조화를 이루는 것이리라고 지적한다(WN i.xi.e.2 참조). 헤일스는 당시 자신의 피후견인 엘리자베스 고든이 서덜랜드 백작 부인으로 인정받아야 한다고 주장하고 있었는데, 스미스는 이런 헤일스에게 도움이 된다면 자신이 프랑스의 친구들로부터 얻은 '옛날 여성의 작위와 영지' 관련 법적 문서들을 보내주겠다고 제안하며 편지를 끝맺는다(Corr. No. 120). 상원까지 간 이 사건에서 헤일스는 승소했는데, 이 사건은 여전히 귀족의 지위에 대한 법의 중요한 원천으로 간주되며, 스미스는 인쇄된 변론들을 수집했다(Mizuta).

헤일스에게 보낸 이 편지들에서 우리는『국부론』관련 정보를 받고 그에 대해 언급하는 스미스, 나아가 옛 법률 기록들의 수집가인 상대방의 연구 진행에도 어느 정도 마음을 쏟고 있는 스미스를 볼 수 있다. 그는 자신의 조사를 끝마칠 가능성을 거의 생각지 못하고 있으며, 필연적으로 '마지막 정리'는 연기된다. 이런 상태가 계속되면서 건강이 나빠졌던 것 같고, 그는 긴 산책으로 이를 극복하려 했다. 그가 퍼스만에서 다시 수영을 시작했다는 이야기도 있다. 어느 일요일 아침 종이 울리고 사람들이 교회로 향할 때 그가 실내복 가운 차림으로 던펌린에 도착했다는 일화는 이러한 취미 때문에 생겨난 듯하다.

그는 아마 북해에서 물에 흠뻑 젖은 후 돌아오는 방향을 잘못 잡았을 것이고, 자기 생각에 골몰하여 무심코 커콜디로부터 15마일을 걸어갔을 것이다(Scott, 1937: 325, n. 1; Rae, 1965: 259~260).

그렇게 세상 모르고 생각에 빠져 있을 때면 틀림없이 그는 자신이 가진 정보를 패턴에 맞춰보고 있었을 것이고, 정치경제의 요소들을 하나의 '체계'—그가 수사학, 언어, 천문학을 위해 구축했던 체계들에 뒤이은, '현실에서 이루어지는 그 다양한 움직임과 영향들을 상상으로 함께 연결하기 위해 고안된 상상의 기계'('Astronomy' iv.19)의 또 하나의 예—에 연결하고 있었을 것이다. 이 경우, 그는 당연히 『경제표』에서 케네가 성취한 것에 버금가는 일을 하고 있는 셈이었다.

결국 곡물 가격 변동에 대한 언급은 「지난 네 세기 동안의 은의 가치 변동에 대한 여담」의 한 부분이 되었다(WN I.xi.e). 뒤프레 드 생-모르와 달리 스미스는 가격 차이를 조정하느라 '머리를 쥐어짜'지는 않았지만, 가격의 해석자가 가격의 수준에 관해 잘못 이해했음을, 그리고 은의 가치가 계속 감소한다는 그릇된 믿음을 가졌음을 알게 되었다(para. 15). 적어도 글래스고에서 법학 강의를 하던 시절부터 그는 '모든 것의 실제 가격, 즉 모든 물건이 그것을 획득하고자 하는 사람에게 실제로 부담시키는 대가는 그것을 획득하는 데 드는 수고와 어려움'이라고 줄곧 생각해왔다(WN I.v.2; cf. LJ(A) i.59). 보통 공급이 수요를 초과하는 '자연의 자생적 산물들', 즉 가금류 같은 상품들의 경우, 다른 시대에는 다른 노동 활동이 그것들을 구입할 것이다. 옥수수는 이와 다르다. 어떤 발전 단계에서든 같은 토양과 같은 기후에서 이 상품을 재배하는 것은 평균적으로 같은 노동 활동 혹은 이 노동의 가격을 요구할 것이다. 결과적으로, 가치 측정을 위한 기준이 존재한다. '따라서 옥수수는 (…) 부와 발전의 단계 각각에서, 다른 어떤 상품 혹은 일습의 상품들보다 더 정확한 가치 척도가 된다. 그러므로 그 단계 각각에서, 우리는 은의 가치를 다른 어떤 상품 혹은 일습의 상품들과의 비교를 통해서보다는 옥수수와의 비교를 통해서 더 잘 판단할 수 있다'(WN I.xi.e.28).

아마도 스미스는 두 파트로 구성된 조지프 해리스의 1757~1758년 책 『돈과 동전에 관한 시론』에 언급된 로크의 『금리 하락과 화폐 가치 상승에 대한 고찰』(1691)에서 이런 생각을 발견했을 것이다(WN I.54, n. 29). 『국부론』에서 언급되지는 않았지만, 가치에 관한 스미스의 나중의 많은 생각 뒤에는 해리스의 책이 놓여 있는 듯하다(Mizuta). 그러나 스미스는 이 개념을 가격의 구성 요소들에 대한 분석과 연결 짓는다. 더걸드 스튜어트가 한때 가지고 있었던 어떤 원고에서 스미스는 더니키어의 제임스 오즈월드가 이 분석을 제안했음을 언급했다(Stewart, *Works*, 1856, ix.6). 스미스의 책에는 다음과 같이 되어 있다. '옥수수 가격에서 (…) 한 부분은 지주의 소작료를 지불하고, 또 한 부분은 옥수수 생산에 투입되는 노동자와 소를 유지하는 데 드는 돈을 지불하며, 세 번째 부분은 농민의 이익을 지불한다'(WN I.vi.11).

결국 이런 통찰은 '모든 문명화된 사회'의 구조와 그 사회가 연간 생산하는 부에 대한 스미스의 새로운 진술로 이어진다. 바로, 은의 가치에 대한 긴 '여담'을 담고 있는 장의 결론에 해당되는 진술이다.

모든 지역에서 땅과 노동의 연간 총생산, 혹은 결국 같은 것인, 그 연간 생산의 총 가격은 당연히 땅의 소작료, 노동 임금, 상품의 이윤이라는 세 부분으로 (⋯) 나뉘며, 세 계층의 사람들, 즉 소작료로 생활하는 사람, 임금으로 생활하는 사람, 이윤으로 생활하는 사람의 수입을 구성한다. 바로 이들이 모든 문명화된 사회를 구성하는 세 개의 크고 근원적인 계층이 되며, 궁극적으로 이들의 수입으로부터 다른 모든 계층의 수입이 파생된다. (*WN* I.xi.p.7)

이후, 자기애에서 힘을 얻는, 세 번째 '구성 계층'의 이윤 추구 경향은 경제 성장을 낳는 것으로 간주되며, 경제 성장은 분업에 의해 가속화된다(*WN* I.i.1). 물론 이 원칙의 작용은 노동자들에게 매우 유해한 영향을 미친다(*WN* V.i.f.50). 그러나 경제 성장을 통해서 '보이지 않는 손'은 시간이 감에 따라 인간의 번영을 증진한다(*WN* IV.ii.9; Lubasz, 1995). 주어진 어느 시간대에서나 최대 이윤을 획득하려는 자유 경쟁이 수행되어, 각 고용 업무 사이에서나 각 고용 업무 내에서의 자원의 효율적 분배가 이루어지도록 하며, 또한 소비자의 이익에 기여한다(*WN* I.xi.b.5; IV.ii.4; IV.v.7). 나아가, 근대 상업 사회의 '일반적 특징'이 구체화된다. '모든 사람은 (⋯) 교환으로 생계를 유지하거나, 혹은 어느 정도는 상인이 된다'(*WN* I.iv.1). 따라서 상업 사회는 상품이나 노동을 위한 시장 교환의 비인격적 조건들로 특징지어지는 사회다. 지주들이 나태하거나 자신의 이익에 대해 등한시할 수 있다는 것, 임금 노동자들이 자신의 이익과 공공의 이익에 대해 무지할 수 있다는 것, 고용주들(혹은 나중의 전문 용어로 자본가들)이 자신의 이익만을 너무 잘 이해해서, 근대 상업 사회를 구성하는 다른 두 계층에게 자신의 이익을 공공의 이득으로 속여 강요할 수 있다는 것을 알면서도(*WN* I.xi.p. 8~10) 스미스는 상업 사회를 조건부로 찬성하며, 그 사회에 대한 정부의 최소 개입을 지지한다. 이것이 바로 '천부적 자유의 분명하고도 단순한 체계'다(*WN* IV.ix.51).

동시에, 상업 사회의 구조를 분석하고 상업 사회의 작동을 설명하면서 스미스는 고전파 경제학과 신고전파 경제학의 중심 문제들, 즉 가치와 가격이 어떻게 결정되어야 하는가, 소득과 이익이 어떻게 분배되어야 하는가, 수익원과 수익 수준들이 어떻게 설정되어야 하는가의 문제들에 주목한다. 하지만 그는 이런 문제들을 공략하는 방식을 제시하기도 한다. 만약 경제가 상품과 노동의 시장을 포함하는, 가격 메커니즘에 의해 제어되는 기계로 간주된다면, 그 결과들은 의도된 바는 아니지만 법을 준수할 것이고, 자연과학, 특히 물리학에서 성공적으로 사용되는 도구들에 의해 분석될 수 있다.[3] 미크는 『국부론』에 내장된 것이 슘페터의 '경제 우주를 구성하는 규모의 보편적 상호의존'의 한 형태라고 말한다(Schumpeter, 1954: 308; Meek, 1973: p. xi; Skinner, 1979: 156~163).

『국부론』의 분석적인 부분에서 스미스는 평형 개념을 도입해 자신의 가치 이론을 발전시킨다. 경쟁에 따라 상품들의 가격은 '자연스러운' 수준(평형)으로, 즉 상품 생산에 관여한 사람들의 소작료, 임금, 이윤을 '자연스러운' 비율로 충당하는 수준으로 이동한다(*WN* I.vii; Meek, 1973: p. xi; Myers, 1976). 『국부론』의 구성과 내용에 대해 말하자면, 스미스는 자신의 경제 이론에 글래스고에서의 법학 강의와 『국부론』 초기 원고에서 이루어낸 것보다 더 큰 정교함과 설명력을 부여했다. 나아가 그는 항상 '몇 가지 공통 원칙으로 연결되는 다양한 관찰 사실을 체계적으로 정리하는 것의 아름다움'을 추구한다(*WN* V.i.f.25).

흄은 스미스가 몰두한 고도의 추상적 연구에 요구되는 정신적 노고를 잘 알고 있었고 그 자신 역시 젊은 시절에 '학자의 병'을 겪었기에, 1769년 스코틀랜드로 돌아간 흄은 친구를 적절한 휴식과 재충전의 교제로 이끌려고 노력했다. 8월 20일에 그는 제임스 코트 내 자기 방 창문으로 커콜디를 바라봄으로써 스미스의 '시야에 들어오게 되어 기쁘다'고 썼다. 하지만 흄은 함께 이야기도 나누고 싶었고, 스미스가 '집에 있는 것에 당연히' 싫증이 났을 것이듯이 자신은 여행을 하는 것에 싫증이 났음을 밝힌 만큼 스미스가 '고독' 속에 있는 자신을 보러 에든버러로 와야 한다고 주장했다.

나는 당신이 무엇을 하고 있는지 알고 싶고, 당신이 칩거하며 몰두한 그 방법에 대한 엄격한 설명을 요구할 생각입니다. 나는 당신 견해의 많은 부분, 특히 불행히도 내 의견과 다른 부분에서 당신이 잘못 생각하고 있다고 확신합니다. 이 모든 것이 우리가 만나야 할 이유이고, 나는 당신이 우리 만남을 위한 어떤 적정한 제안을 해주었으면 합니다.

그러고 나서 그는, 자신들 사이에 놓인 그 '큰 만'에 인치키스섬이 있지만 그곳은 무인도라며, 그렇지만 않다면 스미스에게 그곳에서 만나자고 했을 것이고, '우리가 모든 논점에서 완전히 의견 일치를 볼 때까지 우리 중 누구도 그곳을 떠나지 말자'고 했을 것이라고 말했다 (*Corr.* No. 121).

스미스가 흄의 졸라대는 제안을 받아들였다는 기록은 없지만, 1770년 2월 6일 흄은 스미스가 런던으로 『국부론』을 인쇄하러 가는 길에 에든버러를 거쳐갈 것이라는 이야기에 대해 분노를 가장한 편지를 쓴다. '친애하는 스미스 씨, 당신이 런던으로 가는 길에 여기 하루 이틀밖에 머물지 않을 거라는 얘기를 들었는데 이게 무슨 의미입니까? 어떻게 당신은 이런 사악하고 제멋대로인 미치광이들에게 이성과 분별력과 학식으로 가득한 책을 낼 생각까지 할 수 있습니까?' 이어서 이 편지는 정부의 수반이던 그래프턴 공작의 실각에 대한 소식, 그리고 왕과 총리가 된 노스의 강경함에 대한 소식을 전했다. 런던에서의 흄의 정치 경험은 잉글랜드 사람들에 대해 좋지 않은 감정을 품게 했던 것 같고, 그는 '오직 반란과 유혈 사태만이 이 착각에 빠진 사람들의 눈을 뜨게 할 것이며, 그들이 걱정만 하고 있다면 나는 그들이 어떻게 되든 상관없다고 생각한다'고 소감을 피력했다(*Corr.* No. 123). 편지는 흄이 스미스에게 빌려주었던 것으로 짐작되는 두 권의 책을 가지고 와달라는 요청으로 마무리된다. 하나는 조지프 프리스틀리의 '문법책'으로, 아마 『기초』(1769)였거나, 아니면 『언어 이론과 보편 문법 강의』(1762)였을 텐데, 이 책은 언어 사용자가 표현의 경제성을 추구함에 따라 어미 변화가 전치사와 조동사로 대체되었다는 스미스의 추론의 연장선상에 있었다. 다른 책은 토머스 퍼시의 판본의 『노섬벌랜드 가계부』(1770)였다. 스미스는 헤일스와의 서신 교환에서 도움 받았던 「은의 가치 변동에 대한 여담」에서 이 책을 언급한다. 그는 퍼시의 텍스트에서 밀의 가격 변동에 대한 약간의 자료를 취하지만, 오자 때문에 오도된다(*WN* I.xi.e.9; I.197, n. 8).

흄은 그 2월 중의 스미스의 방문 소식을 간청했고, 행여 자신을 위해서 파이프 연안의 밀수업자들이나 그들의 중개 상인들—스미스가 훗날 관세 위원으로서 단속해야 했던 존재들—에게서 포도주를 사지 말라고 부탁했다(*Corr.* No. 124). 1771년 초까지는 스미스가 에든버러를 방문한 것에 대한 더 이상의 기록이 없고, 그는 3월 11일에 이르러서는 커콜디로 돌아와 있었다. 그 날짜에 그가 존 데이비슨에게 에든버러의 시계 수리공에 대해 다음과 같이 불평했기 때문이다. '당신의 친구 카원이 내 시계를 제대로 수리하지 않았어요. 바다[포스만] 이쪽 편으로 온 이후 내가 시계 태엽을 감는 것만큼이나 빠르게 태엽이 풀립니다.' 스미스는 이것이 견습공이 수리를 맡은 탓이라고 생각했고, 카원이 직접 그 일을 맡아주기를 '부탁'한다(*Corr.* No. 125). 1771년 가을에 존 데이비슨에게 보낸 다른 편지에서는 그가 잉글랜드로 떠나기에 앞서 댈키스에 있는 버클루 공작을 방문하는 계획이 언급된다. 스미스는 포스만 저편에 있는 친구들을 '오래 방문'할 작정이었다고 말한다. 그는 '배에 가스'가 차서 고생하고 있었던 것 같은데, 그것을 떨쳐버리기 위해서 '약간의 기분 풀이'가 필요하리라고 생각했지만, 서너 번의 '매우 고된 산책을 통해' 그것에서 벗어났으며, '[향후] 6개월 동안은 하루 이상' 자신의 안식처를 떠나지 않겠다고 말한다(*Corr.* No. 128). 1772년 1월 28일자 편지에서 흄은 크리스마스에 방문하겠다던 스미스의 약속을 언급하는데, 흄은 자신과 함께 살고 있는 자신이 좋아하는 누이 캐서린이 '위험할 정도로 심한 열병'에 걸린 탓에 스미스의 약속 이행을 '요구'하지 않았었다. 하지만 이제 그녀는 완쾌되었고, 흄은 스미스와의 만남을 기대하면서, 건강이 안 좋다는 스미스의 핑계를 놀린다.

나는 건강 상태를 내세우는 당신의 어떤 핑계도 받아들이지 않을 것입니다. 내가 보기에 당신의 건강 상태는 나태함과 고독에 대한 사랑이 만들어낸 구실일 뿐입니다. 친애하는 스미스 씨, 이런 종류의 병에 계속 귀를 기울인다면 당신은 스스로를 인간 사회에서 완전히 단절시키게 될 것이니, 양쪽 모두에게 큰 손실입니다. (Corr. No. 129)

편지에서 흄은 또한 스미스에게 부플레 부인의 주소를 알려준다. 그녀의 피후견인인 블라베 신부에 의해 추진되는 일, 즉 에두가 번역한 것보다 더 나은 프랑스어 번역판 『도덕감정론』을 갖는 일에 대한 그녀의 관심과 관련해 스미스가 그녀에게 편지를 쓰고 싶어했던 것이다(Corr. No. 130). 이 1월 28일자 편지의 추신에서는 이전 편지에서 스미스가 흄에게 보이아르도의 『사랑에 빠진 오를란도』(1483~1495)를 읽어보라고 권했음이 암시된다. 스미스의 장서 중에는 도메니키와 베르니의 두 가지 토스카나식 판본으로 이 책이 포함되어 있었다(각각 1611년 판과 1768년 판; Mizuta). 흄은 자신은 '이탈리아 역사가들'의 책을 읽어왔는데, 이탈리아 작가 중에는 몇몇 '훌륭한 시인'은 있지만 '고상한 정식 산문'을 쓰는 사람은 없다는 의견을 굳히게 된다고 밝힌다. 흄은 이런 말로 편지를 끝맺는다. '당신은 당신의 작품에 대해서는 아무 말도 하지 않는군요.'

1772년 9월 3일 스미스가 윌리엄 펄트니 경에게 쓴 편지에서 『국부론』에 대한 이야기가 다시 발견된다. 이 편지는 다음과 같이 마무리된다.

제 책은 이번 겨울이 시작될 즈음이면 인쇄에 들어갈 준비가 되어 있었을 것입니다. 한데, 한편으로는 즐거움도 없이 한 가지 생각에만 너무 몰두한 데 따른 건강 악화 때문에, 또 한편으로는 앞서 언급한 취미 활동 때문에 작업이 중단되곤 했고, 결국 출간은 부득이 몇 달 더 늦어질 것입니다. (Corr. No. 132)

스미스의 건강염려증이야 옥스퍼드 시절부터 그의 삶에서 아주 익숙한 문제였지만, 그의 시간을 잡아먹은 '취미 활동'이란 무엇이었을까? 첫 번째 단락에는 스미스 자신과는 아무 관련이 없는 '공공 재난'에 대한 언급이 나오고, 이어서 다음과 같은 말이 나온다. '제가 가장 큰 관심을 가지고 있는 친구 몇몇이 그 재난에 깊이 연루되어 있고, 저는 그러한 재난에서 벗어나는 가장 적절한 방식에 많은 관심을 기울여왔습니다.'

흄은 앞서 6월 27일 스미스에게 쓴 편지에서 이 '재난'이 무엇인지를 더 분명히 해주었는데, 그가 이야기한 것은 '연이은 파산, 전반적인 신용 상실, 끝없는 불신', 즉 남부의 곤경—심지어 잉글랜드 은행에까지 미치는—과 관련된 스코틀랜드의 더할 수 없이 심각한 재정 위기였다. 흄은 자신이 서술한 그 일들에 대한 스미스의 전문적 관심을 충분히 알고 있었고, 그 일들에 대한 스미스의 지적 반응이 매우 궁금했을 것이다. 스미스의 반응은 『국부론』의 「사회 일반 재화의 한 부문, 혹은 국가 자본 유지 비용의 한 부문으로 간주되는 화폐」(*WN* II.ii)에 반영되었다.

흄은 스미스의 이론 조정에 대해 직접적으로 질문한다.

> 이런 일들이 당신의 이론에 어떤 식으로든 영향을 미치는지요? 혹은 이 때문에 어떤 장을 수정하기도 하는지요? (…) 대체로 나는 우리의 과도하고 근거 없는 신용에 대한 점검이 장기적으로는 이익이 되리라 생각합니다. 이것이 사람들을 더 힘들고 덜 낙관적인 일에 적응시킬 것이고, 동시에 상인과 제조업자들 사이에 검약을 가져올 것이기 때문입니다. 당신 생각은 어떻습니까? 자, 여기 당신의 사색의 먹이가 있습니다. (*Corr.* No. 131)

1760년대에 스코틀랜드는 상당한 경제 성장을 이루었으며, 이러한 성장은 충분한 자본과 금융 기관을 공급하는 문제들과 관련돼 있었다. 이런 상황에 부응해 에어 은행으로 더 잘 알려진 '더글러스, 헤론 & Co.'라는 새로운 은행이 만들어졌다. 이 은행의 주요 주주들은 퀸즈버리 공작, 덤프리스 공작, 스미스의 후원자인 버클루 공작을 포함한 지주들이었다. 1769년 11월 6일에 업무를 개시해 주로 토지 개발 계획을 지원한 이 은행은 파멸을 초래하게 되는 정책들을 채택했다. '이 은행은 현금 계정을 승인하는 데나 환어음을 할인하는 데나 이전의 은행들보다 더 관대했다'(*WN* II.ii.73). 이 은행이 문을 열면서 스코틀랜드에 경제 위기가 닥쳤고, 흄은 이러한 위기가 저축을 상회하는 투자, 리넨과 같은 상품의 가격 하락, '과다 거래 경향' 같은 데서 비롯되었다고 언급했다. 또한 1772~1774년에 경기 침체 동향도 있었다. 1772년 6월 8일, 에어 은행과 광범위하게 거래하던 런던의 한 은행이 파산했다. 나흘 뒤 이 소식이 에든버러에 전해지자 금융 공황이 발생해 에어 은행에 정화正貨 지급 청구가 쇄도했고, 은행은 지급을 6월 25일로 연기하지 않을 수 없었다.

이 은행의 어음 발행은 스미스가 『국부론』에서 지적했듯이 이익이 되는 사업이었지만, 8퍼센트가 넘는 이자와 수수료를 붙여 런던에서 환어음을 계속 발행하자 이 은행은 점점 더 빚더미에 올라앉았다. 흄은 1772년 10월에 쓴 편지에서 에어 은행의 운명에 대해 계속 이야기했다. 그는 9월 28일에 어음을 정화로 교환해준다는 약속과 함께 에어 은행의 본점이 영업을 재개한 것, 그리고 필연적인 결과로서, 은행을 폐쇄시키려 작정한 경쟁자들의 지급 청구를 이야기했다. 나아가 흄은 그 은행의 동업자들이 매우 높은 요율의 유기 연금의 방식으로 은행의 채권자들을 만족시키기 위해 런던에서 돈을 조달하는 데 참여하기로 합의를 보았다고 말했다. 버클루는 이 모든 일에 깊이 관여하고 있었다. 결국 잉글랜드 은행은 버클루, 퀸즈버리, 덤프리스 공작을 상대로 30만 파운드를 청구했고, 이 지불 청구는 60년간 진행되었다. 스미스가 재정적 혼란에서 구하려 한 '친구들' 중에 버클루가 있었다는 데는 의심의 여지가 없다. 결국 모든 채권자가 상환을 받았지만, 이를 위해 버클루의 애더베리 저택을 포함해 75만 파운드의 가치가 있는 토지를 매각해야 했다고 한다(*Precipitation and Fall*, 1778; Hamilton, 1963: 317~325; Checkland, 1975; Fry, 1992: 45). 스미스는 조언하는 것 이상의 역할을 했다. 흄이 그 1772년 10월의 편지에서 언급한 바에 따르면, 스미스는 에든버러의 은행가인 윌리엄 포브스 경에게 자신의 계좌에 에어 은행의 어음을 받을 수 있는지를 문의했기 때문이다. 이에 대한 대답은 긍정적이었다(*Corr.* No. 133).

에어 은행의 극적인 파산에 대해 스미스가 내린 결론은 이 은행이 다른 스코틀랜드 은행들을 환어음 유통의 어려움에서 구제하는 데 기여했다는 것이었다. '그리하여 그 다른 은행들은 엄청난 손실과 불명예 없이는 벗어날 수 없었을 그 악순환을 매우 쉽게 피할 수 있었다'(*WN* II.ii.74). 게다가 그는 만약 에어 은행이 '전국을 위한 일반 대출 사무소'의 역할을 하는 '상업 회사'로서 성공했다면, 이 은행의 채무자들은 '과도한 사업에 돈을 쓰는 비현실적 기획자들, 유통 환어음의 발행인과 재발행인'이 되었을 것이라고 주장했다. 그래서 나라의 자본은 '신중하고 유익한 (…) 사업'에서 그와 아주 반대되는 사업으로 옮겨갔을 것이다(para. 77).

이런 식으로, 『국부론』에는 에어 은행의 파국에 대해 쓴 1772년 6월 27일자 흄의 편지의 메시지에 상응하는 내용이 들어갔다. 그러나 버클루를 비롯해 은행 위기에 연루된 사람들을 돕고 통화에 대한 자신의 이론을 수정하느라 스미스의 책 완성은 더 지연되었다. 그는 9월 3일 펄트니에게 '당신이 추천한 주제[아마도 신용 또는 지폐]에 해당되는 각 부분을 충분하고 확실하게 다루었다'고 밝혔고, 또한 내용을 발췌해 보낼 생각이었으나 '저작의 다른 부분들과 너무 뒤섞여 있어서 쉽게 떼어낼 수가 없다'고 말했다. 스미스가 『국부론』에서 통화와 은행업이라는 주제 속에 '뒤섞어놓은' 내용은 결국 진보적 관점에서 보수적 관점으로의 중대한 이론적 변화에 해당됐다(17장).

또한 스미스는 펄트니에게 보낸 동일한 편지에서 『국부론』을 위한 자신의 또 다른 의제를 밝혔다. '저는 제임스 스튜어트 경의 책에 대해 당신과 같은 견해를 갖고 있습니다. 그 책의 모든 잘못된 원칙이 제 책에서 분명하고 확실한 반증에 직면하게 되리라는 것을 생각만 해도 저는 흐뭇해집니다'(Corr. No. 132). 스미스는 찰스 에드워드 스튜어트 공의 전 비서인 제임스 스튜어트 경—훗날의 스튜어트-데넘—이 1767년에 출간한 『정치경제학의 원칙에 대한 연구』를 언급하고 있다(Ramos, 2007). 흄은 이 작품의 '형식과 스타일'에 대해 비판적이었다고 이야기되지만(HL ii.158 n. 1), 그는 1766년에 원고 상태로 그 저작을 훑어봤을 때 '독창적 성과'라며 대단히 마음에 들어했다(Steuart, 1767/1966: vol. I, p. xlv). 최근의 논평은 흄에서 스튜어트, 스미스로 이어지는 스코틀랜드 경제 사상의 연속성을 강조하는 한편, 스미스가 어떤 식으로든 '이론의 정밀함과 정확성'을 추구하거나 혹은 적어도 이것을 자기 추종자들에게 제안한 반면에 그의 선배들의 '현실성과 타당성'은 등한시되었다고 비판하는 것이었다(Skinner, 1993). 스미스가 스튜어트의 책에서 인식한 '잘못된 원칙들'은 중상주의적인 생각이었을 텐데, 공급과 수요가 균형을 이루지 못할 때 자동 조정 능력이 있는 근대 상업 사회의 경제를 믿지 않고, '정치가'의 중재를 통해 시장의 실패를 다루려 하고, 또한 '상업에 종사하는 근면한 국가들'에서 휴지는 '필연적으로' 경제 성장을 멈춰 세우게 된다고 믿는 데서 비롯되었다. 분명 현재의 정치경제 역사학자들은 스튜어트가 계몽주의 중상주의, 특히 독일의 신중상주의와 연관된 유형을 제시하며, 캉티용의 인구 부양 원리를 알고 있었다고 강조한다.[4] 스미스는 스튜어트의 『정치경제학의 원칙에 대한 연구』 제4권에 나오는 은행업과 관련된 '원칙들'을 특별히 언급하는 듯하며, 만약 그렇다면 그는 『법학 강의』에서 『국부론』에 이르기까지 자기 사상의 전개를 염두에 두고 있었을 것이다.

한편 흄은 여전히 만남과 스미스의 방문 관련 계획들을 제안했다. 그는 1772년 6월 27일의 편지를 '이번 여름에 우리가 당신을 다시 볼 수 있을까요?'라는 단도직입적 질문으로 끝맺었다. 같은 해 11월 17일의 편지에서는 에든버러 뉴타운에 친구가 거주할 만한 '훌륭한 집'이 있다고 들었다고 썼다. 그 지역은 그가 1771년 성령강림대축일에 제임스 코트에서 이사해온 곳이었다. 그가 자기 친구에게 적합하다고 여긴 그 집은 자기 형인 존이 살았던 '플레이하우스 거리 공동주택의 1층'이었다. 흄은 이 집이 '에든버러 성과 성의 언덕, 서쪽의 전 들판, 콜튼힐, 바다, 아서스시트, 그리고 심지어 동쪽의 커콜디까지도 보이는 조망'을 가졌다고 묘사한다. 그는 고독과 자기 몰두에서 벗어나도록 스미스를 부추기는 말로 이 편지를 끝낸다. '당신 자신을 위한 결정을 내릴 결심이 섰습니까?'

추신에서 그는 '스페인에 유입된 화폐에 대한 설명'을 위해 스미스가 요청했던 것에 대해 답했다. 아마 스미스는 어떤 한 장을 '아주 긴 장'(*WN* I.xi.p.1)으로 만드는 데 일조한 「지난 네 세기 동안의 은의 가치 변동에 대한 여담」을 위해서, 그리고 스페인의 아메리카 광산 소유권이 스페인에 미치는 영향에 관한 논의(*WN* IV.v.a.18~20)를 위해서 더 많은 자료를 구하고 있었을 것이다. 이는 그가 법학 강의를 한 이래 계속 공격받고 있던 견해, 즉 국가의 부가 금과 은의 소유로 이루어진다는 이론에 대한 그의 부정적 견해의 관건이었다(cf. LJ(A) vi.135~136과 251~253). 흄은 현재는 남아 있지 않은 어떤 '휘갈겨 쓴 글'을 제공했고, 그 글에 제시된 스페인의 화폐 수입에 대한 '설명'이 '친첸도르프 백작'이라는 사람에게서 나온 것임을 밝혔다. 이 사람은 1768년 런던에 있었던 오스트리아 귀족인 카를 폰 친첸도르프 백작이었다. 흄은 10월 25일 아침에 그를 방문했고, 스페인과 포르투갈에 대한 그의 회고록(출간 예정, 2009: Faber, Fattinger, and Klingenstein)을 읽으며 페루로부터의 정화 운송에 대한 정보를 베껴 적을 수 있도록 허락받았는데, 이렇게 적어놓은 것이 아마도 그가 스미스에게 보낸 '휘갈겨 쓴 글'일 것이다. 카를 백작은 유럽 그랜드 투어 중이었고, 의붓형 루트비히 백작이 빈에서 재무 관리로 일하고 있었던 것처럼 오스트리아의 관리가 될 준비를 하고 있었다. 카를 백작은 8월에 에든버러에 있었고 로버트슨 학장을 만났지만, 커콜디의 스미스와는 연결되지 않았다(Ludwig von Zinzendorf, ed. Pettenegg, 1879: 179~181; Faber, 2005; Fattinger, 2005). 흄은 또한 이 '설명'이 자신이 자기 글들에서—'어떤 글이었는지는 기억할 수 없'지만—했던 설명과 '아주 정확히' 일치한다고 말했다(Corr. app. E, b: 거기서 '친첸도르프 백작의 정체가 잘못되어 있다. 루트비히(1721~1780)가 아니라 카를(1739~1813)이 되어야 한다).

이 편지에 대한 스미스의 답장은 소실된 것으로 보이지만, 1772년 11월 23일자 흄의 또 다른 편지가 그 편지의 내용을 추측하게 해준다. 흄은 다음과 같이 썼다.

내가 당신의 결심을 믿어도 된다면 당신의 생각에 동의해야겠지요. 크리스마스 무렵에 몇 주간 이곳으로 와서 좀 흐트러져 지내다가 커콜디로 돌아가세요. 가을 전에 저술을 끝내고 런던으로 가서 그것을 인쇄하세요. 당신의 면학적이고 독립적인 성향에 런던보다 훨씬 더 적합한 이 도시로 와서 정착하세요. 이 계획을 충실히 이행하세요. 그러면 나는 당신을 용서하겠습니다. (Corr. No. 134)

스미스는 『국부론』이 이제 거의 완성 단계에 이르러 출간을 위해 런던으로 가야 할 듯하니 에든버러에 집을 가질 수 없다고 말했을 것이다. 결국 스미스는 다음 해 2월에 두 권의 신간을 입수하라는 흄의 조언을 받은 후 4월에 런던으로 갔다(Corr. No. 135). 첫 번째 책은 더글러스 사건에서 편파적이었다는 이유로 잉글랜드의 수석 재판관을 공격한 앤드루 스튜어트의 『맨스필드 경에게 보내는 편지』(1773)였다. 두 번째 책은 먼보도 경의 대단히 독창적인 비교 연구인 『언어의 기원과 발전에 대하여』(vol. i, 1773)로, 언어 형성에 대한 스미스 자신의 연구에 대해 실증적 분석에서의 진전을 보여주었다(Schreyer, 1989; Plank, 1987, 1992). 이 두 책 모두 스미스의 장서 목록에서 발견된다(Mizuta). 흄은 4월 10일의 그의 여행 계획을 알고 있었지만, 『국부론』이 완성되고 있다는 확신은 없었다. '곧 당신을 만나기를 기대합니다. 건강이 나빴든 좋았든 간에 바쁘셨나요?'(Corr. No. 136).

여기서 흄은 동료 지식인들에게 잘 알려져 있던, 『국부론』을 집필하는 스미스의 곤경을 넌지시 내비치고 있다. 케임스 경은 1773년 4월 20일 스위스의 법학자 다니엘 펠렌베르크에게 다음과 같이 썼다.

당신처럼 스미스 박사의 친구들도 출판을 걱정합니다. 지난 얼마 동안 그는 세웠다가 부수기에 열중했습니다. 그의 섬세한 취향이 그의 실행력을 능가하니, 예정 시간이 한참 지났음에도 이 출산이 아직 멀었을까봐 걱정됩니다. (Berne, Bürgerbibliothek MS)

스미스와 흄은 커콜디의 고독한 면을 누누이 이야기했지만—어쩌면 루소적 주제를 곱씹으면서—, 스미스는 사촌 재닛 더글러스나 어머니와 잘 어울려 살았다. 두 사람 다 파이프의 젠트리와 인척 관계에 있는 인품 있는 여성들이었다. 또한 경제에 대해 유익한 대화를 나눌 줄 아는, 비커스 농원의 로버트 빗슨 같은 이웃도 있었다(Corr. No. 266). 그런가 하면 스미스가 커콜디의 해변을 따라 걷는 저녁 산책에 지적 능력이 뛰어난 이웃의 시각장애인 소년 헨리 모이스를 동반했다는 이야기도 있다. 스미스는 이 소년의 선생 역할을 자처했고, 그를 흄에게 보냈다. 흄은 그를 위해 에든버러대학 장학금을 확보해주었고, 이로써 화학과 자연사 철학에 대한 유명한 강연자로서의 뛰어난 경력에 길을 터주었다(Viner's intro. to Rae, 1965: 74~77).

스미스는 마침내 1773년 봄에 커콜디를 떠날 준비가 되었지만, 그리고 스스로 털어놓은 대로(Corr. No. 208) 더글러스 가문의 유산을 상속받는 데 실패한 가문의 일원인 해밀턴 공작의 개인 교사가 될 가능성 때문에 런던으로 마음이 이끌렸지만, 죽음을 준비할 정도로 자신의 건강 상태를 염려하고 있었다. 4월 16일에 그는 흄을 자신의 모든 글을 관리하는 유저 관리자로 삼았다. 그는 그 글들이 『국부론』과 관련된 것, 그리고 앞서 언급된 '천문학 체계들의 역사를 담는 대작의 한 부분'과 관련된 것을 빼고는 어떤 것도 출판할 가치가 없다고 생각했다. 그는 그것을 '내 글 쓰는 책상 안의 얇은 2절판 종이 묶음' 하나에 담겨 있는 것으로서 서술했으며, 그 책상은 데이비드 더글러스의 상속자들인 배너먼 집안이 물려받았다(Scott, 1937: illustration facing p. 266). 그는 자신이 죽으면, 흄이 검토할 것도 없이 자기 침실에 있는 책상 안의 묶이지 않은 다른 문서 전부, 그리고 그 책상의 유리문 뒤에 있는 '약 18개의 얇은 2절판 종이 묶음들'을 파기해주기를 원했다. 그가 갑자기 죽지 않는 한, 『국부론』 관련 문서들은 출판 가능성을 위해 흄에게 보내질 것이었다(Corr. No. 137). 이런 지시 사항들이 전달되자 스미스는 다시 런던으로 떠날 준비가 되었고, 마침내 『국부론』 출판을 진행할 준비가 되었다. 적어도 그의 친구들이 생각하기에 『국부론』은 아메리카의 위기가 심각해진 상황에서 입법자들에게 조언을 제공하는 것과 관련 있었다.

16장

아메리카 사태와 『국부론』

·

당신의 책은 홍보된 것과는 달랐습니다.
이유가 뭔가요? 만약 당신이 아메리카의 운명이
결정될 때까지 기다리는 거라면,
한참 걸릴지도 모릅니다.

흄은 스미스가 런던에서 대작을 출판한 뒤 에든버러로 와서 정착하기를, 그래서 만년에 그 친구와 어울려 지낼 수 있기를 바랐다(*Corr.* No. 134). 스미스는 흄을 자신의 유저 관리자로 지정하고 갑작스러운 죽음에 대비할 정도로 자신의 건강을 안 좋게 보고 있었지만, 정착하기보다는 '해외로' 나갈 생각을 하고 있었던 것 같다. 그가 털어놓았듯이 1773년에 5월에 그는 해밀턴 공작의 여행 동반 가정교사가 될 가능성을 보고 런던으로 갈까 생각했는데, 친구들은 그 일이 '유익하다'고 보았지만 버클루 공작은 만류했다(*Corr.* No. 208). 어쩌면 버클루 공작은 저자가 유럽 대륙으로 가버리면 『국부론』은 절대 출판되지 못하리라 생각했을 것이다. 어쨌든 스미스는 이후 3년간 런던에 머무르며 자기 책의 인쇄를 지켜봤다. 이 시기에 의회는 아메리카 식민지들의 소요와 관련된 논쟁과 정책에 휩싸여 있었고, 이 식민지들은 끝내 무장 반란과 독립 선언으로 나아갔다. 적어도 그와 편지를 주고받은

사람 중 한 명인 화학공학자 존 로벅 박사는 1775년 11월 1일에 『국
부론』이 그 투쟁의 결과에 대한 사람들의 생각을 바꿔놓을 것이라는
희망을 품기까지 했다.

저는 이즈음 신문에 당신의 이름이 나오기를 바랐습니다. 의회 회의
는 당신의 것과 같은 저작들의 출판에 적절한 때입니다. 그것은 이
아메리카 논쟁에서 많은 사람의 견해에 영향을 미칠 수도 있습니다.
(*Corr.* No. 147)

1764년까지의 정치경제에 대한 스미스의 견해를 포함하고 있는
법학 강의들에서는 분명 아메리카에 그다지 큰 관심이 주어지지 않
았는데, 단지 고대 그리스와 로마의 대규모 노예 경제와는 대조되는
소규모 노예 경제가 발견되는 곳으로서의 아메리카에 대한 관심 정도
였다. 하지만 글래스고와 버지니아의 담배 무역 관계에 대한 언급이
나오는데(*LJ*(B) 198), 이는 아메리카 문제들과 그 문제들이 본국이 부
과한 제국의 법 및 규정 체계 내에서 이루어지는 경제 활동과 어떻게
관련되어 있는지에 대한 스미스의 인식을 추적하는 데 단서가 될 수
있다.

교수 시절에 스미스는 급속히 팽창하고 잘 조직된 담배 무역 종
사자인 존 글래스퍼드, 조지 키픈, 앤드루 코크런 같은 글래스고 상
인들과 관계를 맺었다. 북아메리카에 대한 그들의 정보는 고대와 근
대의 식민지 역사에 대한 스미스의 지식, 그리고 1766~1767년 제국
의 세입 정책을 입안하는 중요한 시기에 찰스 톤젠드와 잠깐 협력했

던 스미스의 경험과 어우러져, 스미스가 영국과 아메리카 식민지들 간 무역을 통제하는 항해법이라는 형태로 표현되는 중상주의 운영의 영향을 이론화하는 데 도움이 되었을 것이다. 자신의 연구 결과를 곰곰이 따져보고, 악화하는 아메리카 위기에 대해 어느 정도의 통찰력을 키우게 되자 스미스는 아메리카 사태에 대한 정책적 조언을 내놓았다. 그러므로 아메리카는 스미스의 자유 시장 이론 전개의 주요 연구 사례이자, 구식민지 체제를 유지하려는 시도들에 의해 야기된 폭력의 순환을 끝내기 위한, 그 이론을 적용할 가장 긴급한 사안이 되었다. 훗날 스미스는 『국부론』을 '영국의 상업 체계 전반에 대한' 자신의 '매우 격한 공격'으로 규정했다(*Corr.* No. 208). 결과적으로, 영국 정부와 아메리카 식민지들의 관계에 대해 그가 이야기해야 했던 많은 것은 비판이었고, 경제학자나 경제사가의 역량보다는 수사학자 스미스의 역량을 보여주었다. 전 매사추세츠 총독 토머스 포널은 식민지 무역이 국내 시장에서 더 수익성 있게 사용되었을 자본을 멀리 떨어진 시장으로 옮겨버렸다는 스미스의 주장에 이의를 제기하면서, 재화의 전환은 '선험적 주장에 의해서가 아니라' 사실들에 대한 검토를 바탕으로 입증되어야 하는 실질적인 문제라고 주장했다. 이 비판자는 또한 스미스가 『국부론』의 어떤 한 부분에서 발견되는 여러 자본 이용률과 관련된 논쟁의 여지가 있는 주장을 『국부론』의 다른 부분에서 자료로 채용했다고 말했다. '당신은 신뢰할 만한 이유들에 근거한다고 말만 앞세웁니다. 그러나 당신의 책을 읽는 사람들 대부분은 당신이 절대적 증거를 수립하고 있으며 당신이 생각했던 바로 그 결론이 도출되고 있다고 생각할 것입니다'(Pownall, 1776: 40~41—*Corr.* App.

A: 369). 앤드루 스키너는 『국부론』에 나타난 비판적인 스미스에 대해, 아마도 스미스는 '난관의 국면을 틈타 자신의 원칙들이 "맞는다"는 것을 "확인"시키는 동시에, 자신이 생각하기에 효과적인 일격이 가장 필요한 지점에서 한 방을 날리는 그런 흥분되는 가능성들'을 봤을 것이라고 논평하는데(Skinner, 1996: 226), 이는 설득력이 있다.

『도덕감정론』의 결론에서 스미스는 '또 다른 담론을 통해서 (…) 법과 정부의 일반 원칙들에 대한, 그리고 그것들이 사회의 여러 시대와 시기에 겪은 여러 변혁에 대한 설명을 제시할 것'을 약속한 바 있다(TMS VII.iv.37). 그는 자기 약속의 일부인 '정의에 대한 것에서의 (…) 변혁'을 다루는 것까지는 끝내 해내지 못했지만, 『국부론』은 '치안 police[한 국가의 부유함—LJ(B) 6], 세입, 국방에 대한 것'을 다룬 '담론'이었다(『도덕감정론』 제6판 광고). 스미스는 1773~1775년에 『국부론』 저작의 마지막 단계를 통과하면서 자신의 1759년 약속을 이행하고 있었다.

런던에서 스미스의 시간을 빼앗은 일들에 대해 말하자면, 1710년부터 왕립학회의 본거지였던, 플리트스트리트에 인접한 크레인코트에서 5월 27일 그가 왕립학회 펠로로 입회했음을 언급해야 한다. 왕립학회는 스미스의 친구인 조지프 뱅크스 경이 회장으로 있던 1780년에 서머싯하우스로 옮겨갔다(O'Brian, 1988: 198~199). 외국인 회원도 160명쯤 있었는데, 스미스는 그중 케네, 달랑베르, 볼테르를 1766년 유럽 체류 중에 만났고, 흄의 서신 교환자 가운데 한 명인 뷔퐁도 만났을 것이다. 그는 분명 그 인물들이나 오일러와 린네 같은 인물과의 교류에 관심이 있었던 것 같다. 약 360명의 일반 회원이 있었고, 그중 많은 이가 고고학자였는데, 이들의 활동은 스미스의 관심을 끌지 못했다. 아니, 스코틀랜드의 유리화 요새라는 주제에 대해 그가 전혀 모른다고 단언한 것으로 미루어 그렇게 추측할 수 있다(*Corr.* No. 254). 그는 호러스 월폴과 조슈아 레이놀즈 같은 문학·예술계를 대표하는 인물들에게 친근감을 가졌을 것이다. 그런데 월폴은 심술궂고 스코틀랜드 문인들을 무시하는 사람답게 자신의 '인물 기록부'(1787)에서 '나쁜 문체, 나쁜 방식, 나쁜 구성 (⋯) 그리고 중복'을 들어 『국부론』을 혹평했다. 게다가 그는 월터 하트의 『구스타프 아돌프』(1759) 및 피에르 프랑수아 위그 드 당카르빌의 『예술의 진보』(1785)와 함께 스미스의 책을 '그 책들에 담긴 가치 있는 문제의 분량을 고려해 가장 형편없는 책 세 권'으로 꼽았다(Hazen, 1969: iii.45).

스미스는 현실적인 과학적 성향을 지닌 회원들과 공통점이 많았을 테고, 분명 그는 그들의 연구 기록을 접하기 위해 왕립학회 회보를 꾸준히 수집했을 것이다. 이 점에 부합하는 인물로 다음과 같은 이들을 꼽을 수 있다. 왕립 천문학자이자 당대 최고의 달 전문가였던 네빌 매스킬라인, 전기와 물리학 연구에서 발전을 이룬 헨리 캐번디시가 있었다. 철학자이자 화학자였던 조지프 프리스틀리가 있었다. 스미스에게는 의학자로 알려진 사람인 군대 보건 전문가 존 프링글 경(회장), 해부학 전문가 존과 윌리엄 헌터가 있었고, 스미스는 해부학에 흥미를 느껴 런던에 머무는 동안 윌리엄의 강의를 듣기도 했다(Taylor, 1832: i.262). 조지프 뱅크스 경, 데인스 배링턴, 토머스 페넌트 같은 박물학자도 있었다. 런던에서 스미스에게 정중하고 친절했던 뱅크스 경은 식물학과 탐험에 조예가 깊었다(*Corr.* No. 275). 배링턴은 법학으로도 스미스에게 잘 알려진 인물이었다(*Corr.* No. 115). 페넌트는 독특한 지역인 하일랜드 및 섬들에 집중한 스코틀랜드 여행기(1771)와 동물학 연구에서 중요한 인물이었다. 또한 뛰어난 수학자였던 스태넙 백작 2세가 있었고, 전기와 계산기에 몰두해 있던 그의 아들 머혼 경이 있었다. 스미스는 제네바에서 머혼 경을 알게 되었다. 그리고 더욱 유명한 전기 실험가 벤저민 프랭클린이 있었다. 스미스는 이런 사람들과의 교제를 통해 지적 자극을 받았을 것이고, 사회적·경제적 기능들의 패턴에 대한, 그리고 변화에의 적응에 대한 자신의 연구 결과들을 개선하고자 할 때 자연의 법칙의 작용에 대한 그들의 연구에서 가르침을 얻었을 것이다.

스미스가 속한 런던의 또 다른 지식인 모임은 1764년에 조슈아 레이놀즈 경이 존슨 박사를 위해 설립한 클럽인 '더 클럽The Club'이었다(*BLJ* i.477). 스미스는 1775년 12월 1일 이전의 어느 때에 이 클럽의 회원으로 선발되었고, 이 날짜에 처음 클럽 모임에 참석했다. 앞서 언급했듯(12장) 스미스와 존슨은 서로에게 얼마간 반감을 갖고 있었고, 이는 지금까지 전해지는 소문에 반영되어 있다. 1776년 3월 17일에 보즈웰은, 애덤 스미스가 '포도주를 조금 마신 후 "입속에서 거품을 내는" 아주 불쾌한 사람'이라고 존슨이 말했다며 베닛 랭턴에게 전했다. 그러자 랭턴은 이 클럽이 '부적절한 회원들에게 휘둘리고 있다'고 불평했고, 자신은 '애덤 스미스의 대화 때문에 [토펌 보클러크가] 식욕을 잃었음을 알 수 있었다'고 말했다. 골드스미스는 스미스의 대화가 '무기력하다'고 생각했다. 존슨은 스미스의 대화를 즐기지 못했고, 스미스가 '자신이 만나본 가장 멍청한 개 같다'고 1776년

4월 13일에 단언했다. 이 마지막 말을 들으면서 보즈웰은 '자루 가발을 쓴 공개적 무신앙자, 나의 옛 교수님을 런던에서 보는 것은 낯선' 일이라고 말했다. 물론 보즈웰은 스미스를 이런저런 공격으로부터 막아주었지만, 그의 종교관은 반감의 한 원인이었고, 이 반감은 『국부론』에 나오는 옥스퍼드대학에 대한 혹평과 죽음에 직면한 흄의 평정平靜에 대한 1776년 11월 9일의 공개 서한에 의해 악화되었다. 보즈웰은 1779년 9월 14일의 일기에 다음과 같이 털어놓았다. '흄에 대한 [스미스의] 부조리한 찬사와 잉글랜드의 대학 교육에 대한 그의 무지하고 불쾌한 비난 이후 나는 그와 그다지 함께하고 싶지 않다. 그렇지만 글래스고에서 그가 내게 아주 호의적이었다는 것은 잊을 수 없다'(Middendorf, 1961; Boswell, *Corr.* ed. Fifer, 1976: p. xc~xcii).

하지만 '더 클럽'의 초창기 회원인 버크는 스미스와 몇 년간 좋은 관계를 유지했다. 스미스는 버크의 『숭고함과 아름다움에 대한 시론』(1757)을 '그 책의 저자가 교수직을 받아들인다면 [글래스고대학에] 큰 횡재가 될 것'이라는 의견을 가질 정도로 좋게 생각했다. 이 정보의 출처는 더걸드 스튜어트인 것으로 기록되었다(Prior, 1853: 47). 1774년에 이 클럽의 신입 회원으로 선발된 에드워드 기번 역시 스미스와 우정을 나누었고, 시민사회에 대한 그의 역사적 분석에 매우 수용적이었다. 그는 사르피와 잔노네 같은 이탈리아 저술가들에게서 그러한 분석의 유래를 찾았고(Ross, 2005b), 그 분석을 흄과 로버트슨의 역사 연구와 연결시켰다.

유럽 사회의 진보라는 이 흥미로운 주제를 비추는 강렬한 철학의 빛줄기가 우리 시대에 스코틀랜드로부터 나왔다. 내가 흄, 로버트슨, 애덤 스미스의 이름을 거듭 언급하는 것은 공적 관심뿐 아니라 개인적 관심에서이기도 하다. (Gibbon, ed. Womersley, 1994: iii.728, ch. 61, n. 69)

'더 클럽'에서 스미스와 유사한 견해를 지닌 또 다른 회원은 1774년에 선발된 정치가 찰스 제임스 폭스였다. 처음엔 1770년에 해군 위원으로서 노스 내각의 일원이 되었던 그는 1772년에서 1774년 사이에 아메리카에서의 강압에 반대한 휘그당으로 옮겨갔고, 이 점에서 '더 클럽'에 그를 추천한 버크와 같은 편에 있었다. 동료 하원 의원인 기번은 하원의 논쟁에서 방관자였고, 대체로 행정부에 투표했지만, '더 클럽'의 다른 사람들—버크, 폭스, 오소리 경—은 모두 1775~1776년에 새벽 3~4시까지 계속된 아메리카 문제들에 대한 논쟁에서 두드러진 인물이었다(*London Chronicle*, 1775년 10월 26~28일, 11월 16~18일, xxxviii.415, 488과 1776년 2월 17~20일, 20~22일, xxxix.176, 184; Boswell, *Corr.* 66 n. 2). 스미스는 신문을 통해 이 논쟁들을 지켜봤을 것이고, 이 논쟁 참여자들과 개인적으로 의견을 나누면서 그 내용을 『국부론』을 뒷받침해주는 사실들의 저장고에 추가해 갔다.

스미스는 이 시기에 런던에서 개인적으로는 자신의 제자 들 중 한 명을 돕는 일에 힘쓰고 있었다. 이 제자는 데이비드 칼란더로, 조지 차머스가 기록한 스미스와 관련된 그의 일화는 앞서 언급했다 (7장). 그는 웨스터타운—스털링 근처의 사유지—의 알렉산더 칼란더의 막내아들이었다. 1742년생으로, 1756년 글래스고대학에 입학했고 다음 해에 스미스의 윤리학 수업을 들었다. 그리고 1760년에 스넬 장학생이 되어 베일리얼 칼리지로 갔고, 1771년까지 그 장학금을 받았다. 그의 친척 어른인 먼게일의 마이클 램지에 의하면 이 청년은 글래스고와 옥스퍼드에서 '교수들에게 칭찬을 받았을 뿐 아니라 교수들과의 친분도 쌓았다. 그중 특히 스미스 박사는 글래스고 시절에 친절하고 세심한 선생이었을 뿐 아니라, 이후 그의 따뜻하고 다정한 친구가 되었다'. 데이비드 칼란더의 문제는 맏이가 아닌 재능 있는 아들이 독자적으로 경력을 쌓아갈 때의 일반적인 문제였다. 램지의 친구였던 흄은 1760년 그에게 도싯 공작 상속자의 가정교사 자리를 얻어주려다가 실패했고, 1768년에 스미스는 그에게 2년 정도 프랑스에 나가 있으면서 프랑스어도 배우고 가정교사가 되는 데 더 나은 능력을 쌓으라고 조언했다(Raphael and Sakamoto, 1990: 276).

데이비드의 큰형 존은 훗날 대령으로 복무하고 의회에 들어가 준남작이 되는데, 그가 데이비드에게 쓴 1773년 7월 7일자 편지에서 데이비드의 이야기가 계속 드러난다. 존은 편지에서, 스미스가 '클라이브 경의 아들과 함께 해외로 나가는 것을 제안'받았지만 이번에도 버클루 공작의 바람을 따라 이 제안을 거절했다고 말했다고 전한다. 스미스는 대안으로 데이비드 칼란더를 추천했지만, 클라이브는 프레이저 씨를 선택했다. 나아가 스미스는 존 칼란더에게 자신은 런던에 온 이래 줄곧 데이비드에게 자리를 얻어주는 것을 '염두에 두고' 있었다고 말했지만, '그는 그런 것[귀족의 가정교사직]은 구하기가 매우 어렵고, 좋은 것은 특히 그렇다고 말한다'. 스미스는 '자신의 모든 연줄'

을 데이비드 칼란더를 위해 이용할 것이라고 밝혔고, 존은 이튿날 밤에 그를 방문해서 동생이 동인도회사에서 일하는 것에 대해 그의 의견과 도움을 구할 것이라고 말했다. 그는 마이클 램지가 이를 위해 자기 '인도 친구들'에게 문의해주기를, 특히 스미스의 또 다른 친구인 스코틀랜드 하원의원, 더니천의 '정직한 조지' 뎀프스터에게 문의해주기를 바랐다. 9월 16일에 존은 인도 계획을 다시 밀어붙였고, 스미스에게 편지를 쓰지 않은 것에 대해 데이비드를 나무랐다.

날짜가 없는 또 다른 편지들에서는 데이비드에게 기회를 잡기위해 런던으로 오라고 종용하는 스미스, 웨스트민스터 다트머스스트리트에 위치한 포도주 상인 밀스 씨의 집으로 숙소를 옮기는 스미스, 데이비드에게 프랑스로 가라고 했던 루이 뒤탕이 런던으로 돌아왔다고 존에게 알려주는 스미스가 나타나 있다. 뒤탕은 토리노에서 영국 대리대사를 지낸 프랑스 신교도 학자이자 성직자였지만, 생애 대부분을 뷰트 경의 후원을 받으며 잉글랜드에서 보냈다. 날짜 없는 또 다른 편지에서 존은 스미스가 데이비드를 마드라스의 수석 기술자인 자기 사촌 패트릭 로스 대령에게 추천할 수 있다고 말했다고 썼다. 이 칼란더 형제는 친척 마이클 램지의 집에 머무를 때 그를 만난 적이 있다. 이 편지에서 우리는 스미스가 감기로 앓아누웠지만, 며칠 후엔 털고 일어나 데이비드 칼란더의 임용을 위해 다시 노력하기로 결심했음을 알 수 있다(Burn-Callander Papers, Preston Hall, Lothian, available in SRO). 결국 데이비드는 영국에서 대수로울 것 없는 문인 경력을 쌓았고, 1798년 죽기 전에 법학박사 학위를 받았다. 그의 둘째 형 알렉산더는 인도로 갔고, 거기서 큰 부를 이루어, 스코틀랜드로 돌아온 지 3년 후인 1789년에 댈키스 근처의 프레스턴홀 사유지를 매입했다. 알렉산더는 그곳에 로버트 미첼이 설계한, 그리고 로버트 애덤의 원칙들을 일부 구현하고 있는 화려한 새집을 짓는 일에 착수했다(McWilliam, 1978: 395~398).

1773년에 스미스가 상당한 노력을 기울여 임용을 도와주려 한 또 다른 사람은 그의 주치의이자 오랜 친구인 윌리엄 컬런의 한 아들—맏아들 아닌—이었다. 이해 8월 31일에 아버지 윌리엄 컬런에게 보낸 편지(GUL, MS Cullen 242)는 이와 관련해 스미스가 1771~1778년 노스 내각의 법무차관을 지낸 인물인 알렉산더 웨더번와 어떻게 부탁을 했는지를 상술하고 있다. 그는 인도에서 부호가 된 영국인들 중 가장 성공적인 인물인 로버트 클라이브의 주요 조언자로서 동인도회사에서 상당한 영향력을 갖고 있었다. 편지는 당시 스미스가 런던에서 알게 된 많은 사람을 언급하는데, 그들은 영국산 섬유와 금속 제품을 인도와 중국으로 실어가고 비단, 향신료, 도자기, 차를 가지고 돌아오는 대형 선박 중 하나인 동인도 무역선에 직원을 배치하는 자리에 있는 사람들이었다. 스미스의 '인도 친구들' 중에는 조지 존스톤 총독과 더니천의 뎀프스터도 있었다. 존스톤(*Corr.* No. 263, n. 6 참고)은 리든홀스트리트에 자리한 동인도회사 런던 본부—이곳의 중역들이 영국령 인도를 통치하는 데 힘썼다—에서 정치적 영향력을 발휘할 수 있는 사람이었고, 뎀프스터는 1769년과 1772~1773년에 동인도회사의 중역으로 있다가 이 회사에 대한 더 많은 정부 간섭과 인도에서의 영국 왕권의 더 많은 권력을 의회에서 좀더 자유롭게 반대하기 위해 사임한 사람이었다. 『국부론』 제3판(1784)에서 스미스는 다양한 합자회사에 대한, 특히 동인도회사에 대한 자신의 매우 비판적인 역사에서 완전히 다른 입장을 취했고, 특히 군주가 나쁜 상인들을 만들어냈고 상인들이 나쁜 군주를 만들어냈다는 주제를 확장했다(*WN* V.i.e.16~18, 26~31). 『국부론』에서 스미스는 1772년 시도되고 뎀프스터에게 비난받은 개혁들(동인도회사법, 13 Geo. III, c.63, 1772)에 대해 어느 정도 동의하고 있지만, 그러나 스미스는 이 개혁들이 인도에서 동인도회사 체제의 혼란을 해결하지는 못한다고 지적했다. 스미스는 의사 컬런에게 동인도 무역의 심각한 침체로 그의 아들의 고용 확정이 그리 희망적이지 못하다고 설명했지만, 행여 '내가 친구의 일을 등한시한다고 친구가 단 15분이라도 의심하기를 바라지' 않았다. 동인도 무역 침체의 원인 중 하나는 1770~1773년 벵골에서 맹위를 떨친 기근이었다. 또한 차 수출이 잉글랜드의 구매 저항과 동인도회사의 차 무역 독점에 대한 영국의 아메리카 식민지들의 정치적 저항으로 타격을 입었다. 아메리카 식민지들의 저항은 1773년 12월 16일의 보스턴 차 사건으로 최고조에 이르렀는데, 뒤에서 서술하겠지만, 이 사건은 『국부론』이 출간되기 전 스미스가 열중한 '사건들' 중 하나였다. 정부가 무역업자들에게 독점권을 주는 것에 반대하고 적법성의 한도 내에서 시장에서의 경쟁을 옹호하는 스미스의 반중상주의적 입장은 『국부론』에 서술된 동인도회사 역사의 일부이며, 그의 이런 서술은 '인도 친구들'이 제공한 정보와 시기 적절한 자유 시장 논쟁으로서 무엇이 효과적일지에 대한 그의 예리한 감각에 근거했을 것이다.

스미스의 선의의 개입은 더 많이 요청되었고, 1773년의 여행 동반 가정교사 구인과 관련해서는 그의 더 많은 인내심과 선의가 발휘되었다. 그해 스미스가 런던에 도착한 후 어느 시점에 스태넙 백작은 그에게 자신의 가까운 친척이자 피후견인인 체스터필드 백작 5세의 가정교사를 찾아달라고 부탁했다. 스미스는 애덤 퍼거슨을 추천했는데, 흄은 1772년 10월에 퍼거슨이 에든버러의 도덕철학 교수직에 '약간 염증이 나 있다'고 언급했다. 이즈음 퍼거슨의 고용주인 에든버러 시의회는 그를 해고하려 했다. 1772년 2월 18일에 시인 존 흄은 제임스 에드먼스타운 대령에게, 시장 존 댈림플이 퍼거슨을 '우리 친구 데이비드를 모욕하기 위해 쓴 더할 수 없이 편협한 책의 저자인 비티 씨로 대체하기를 바라고 있으며, 그를 곤경에 빠뜨리기에 좋은 때인지를 따져보고 있다'고 이야기했다(*NLS* 1005, fos. 15~16). 또한 1772년에 퍼거슨의 이름은 스미스의 이름과 마찬가지로 거의 파산 지경에 이른 동인도회사에 대한 조사위원회의 일원으로서 제안되기도 했다(*Corr.* No. 132, 133).

1773년 9월 2일 퍼거슨은 스미스에게 흄이 죽을병에 걸렸음을 보여주는 첫 번째 신호인 흄의 체중 감소 소식을 적어 보냈고, 자신이 스미스를 중개자로 하여 스태넙 경과 협상할 준비가 되어 있음을 내비쳤다(*Corr.* No. 138). 1773년 10월 18일에 스태넙은 스미스와 다른 사람들의 추천을 고려해서 자신의 피후견인을 위해 퍼거슨을 고용하고 싶어했다.

퍼거슨 박사가 (…) 아주 적합한 인물이라 생각하지 않을 수 없습니다. 그의 저작들에서 그의 자유롭고 남성적인 기백이 발견될 뿐만 아니라, 또한 제가 그의 품성, 특히 겸손함과 상냥함에 대해, 그리고 그의 매력적이고 마음을 끄는 행동에 대해 흔치 않은 칭찬을 들었기 때문입니다. (Raphael, 1994에서 인용됨)

하지만 계약 조건을 조율하는 데 어려움이 있었다. 퍼거슨이 가정교사로서 연간 400파운드를 받고 이후 평생 200파운드씩 연금을 받는다는 처음의 제안에 대해 충분하지 않다고 생각했기 때문이다. 분명 스미스가 가정교사로서 받았던 연간 500파운드보다는 적은 금액이었지만, 그 500파운드에는 200파운드의 여행 경비가 포함돼 있었다. 존 무어 박사 역시 해밀턴 공작의 가정교사로 있을 때 300파운드를 받고 그 후에는 100파운드씩 연금을 받았지만, 루어트 교수는 호프타운 경에게 연금 500파운드를 받았다(Rae, 1965: 165~166). 퍼거슨은 체스터필드 경과 해외로 나감으로써 교수직을 잃을 경우 자기 가족을 부양할 수 있도록 끝까지 더 많은 것을 요구했다(Corr. No. 139).

한편, 스미스는 스태넙뿐 아니라 하원의원인 조지 새빌 경과 존 휴잇도 포함돼 있던 체스터필드의 후견인들은 연금 마련을 위해 이 젊은이의 토지를 차압할 법적 수단을 갖고 있지 않다는 소식을 전했다. 스미스는 또한 스태넙이 직접 연금을 보장하겠다고 나섰으며, 이를 위해 체스터필드 백작 4세로부터 물려받은 토지를 저당잡힐 것이라고 말했다.

이런 상황에서 퍼거슨은 자기 학생이 성년에 이르거나 가정교사직이 끝나는 시점에 연금 지급이 시작된다는 약정과 함께 처음의 조건을 받아들였다. 이 시기에 흄은 스미스의 활동에서 자신이 배제되었다고 느꼈을 것이고, 1774년 2월 13일 그에게 다음과 같이 썼다. '어떤 결정을 내렸는데도 당신의 의도와 결심에 대해 내게 전혀 알리지 않다니 당신은 잘못한 겁니다.' 흄은 퍼거슨에게 제시된 합의안이 '그가 자기 지위를 잃어야 한다면 그것을 보상하기엔 너무 부족한' 수준이라고 생각했다. 또한 자신의 교수직을 유지하면서 자기 대신 가르칠 대리인을 고용하려는 퍼거슨의 계획은, 당시 일반적 관행이었음에도, '부당해 보일 것이고 허용될 가능성이 거의 없을 것'이라고 여겼다. 흄은 스미스가 퍼거슨의 '대리자나 후임자로' 퍼거슨을 대신해 가르치다가 퍼거슨이 돌아왔을 때 사임한다는 또 다른 제안을 내놓았다. 존 스티븐슨이 은퇴하면 스미스가 에든버러의 논리학과 형이상학 교수가 될 것이라고 1772년에 존 밀러가 암시한 바 있었고(EUL, Corr. of Allan Maconochie, Lord Meadowbanks, A–C, Patrick Clason's letter, 1772년 3월 29일), 흄은 스미스가 그 자연철학 교수직에서 나오는 수입 덕에 퍼거슨에게 아량을 베풀 수 있다고 생각했다. 퍼거슨은 1759~1764년 그 교수직에 있을 때 급여의 일부를 연금으로 받는 것을 전임자에게 허용했다.

흄은 영국 정부와 아메리카 식민지인들 사이의 갈등을 심화시킨 최근의 한 사건을 언급하면서 편지를 끝맺었다. 매사추세츠 하원의 대리인으로서 오랫동안 영국에 머물러 있던 프랭클린은 아메리카 식민지 총독인 토머스 허친슨이 식민지 자유의 결정적인 적임을 알리면 그를 무너뜨릴 수 있을 것이고, 영국과의 더 나은 관계로 나아가도록 상황을 개선할 수 있을 것이라고 믿었다(Becker, 1964: 12~13). 그 총독에 맞서는 일을 뒷받침하기 위해 그는 아메리카 사람들에게 불리한 강력한 조치들을 촉구하는 허친슨의 몇몇 편지를 확보했지만, 프랭클린의 바람과는 반대로 이 편지들은 보스턴에서 인쇄되어 런던에서 배포되었다. 1774년 1월 29일, 프랭클린은 화이트홀 맞은편의 정부 건물들('콕핏') 내에 자리한 추밀원에 출두해 자신이 그 편지들을 입수했다는 인정과 관련해 조사를 받았다. 스미스의 친구이자 옛 수사학 '제자'인 알렉산더 웨더번은 법무장관으로서 대단히 공격적으로 조사를 진행했다.

흄은 스미스에게 더 많은 소식을 알려달라고 했다.

우리가 프랭클린의 행동에 대해 들은 이 이상한 풍문은 대체 뭡니까? 나는 그가 그 정도로 심각하게 죄를 지었다는 것을 좀처럼 믿을 수 없습니다. 그가 매우 당파적인 사람이란 사실을 늘 알고 있었고, 당파심이란 모든 열정 중에서 광신 다음으로 도덕에 해로운 것이긴 하지만 말입니다. 그리고 내분은 모든 감정 중에서도 광신에 버금가게 도덕을 파괴하는 것입니다. 어떻게 그가 이런 편지를 가졌다는 거지요? 웨더번이 추밀원에서 어떤 비난도 받지 않고 그를 아주 무자비하게 다루었다고 들었습니다. 정말 안타깝습니다! (*Corr.* No. 140)

당시의 한 풍자문은 웨더번에 대해서 훨씬 더 비판적이었다.

악의와 시시한 이야기로 가득 차 빈정거리는 스코틀랜드 멍청이,
침묵하고 있는 프랭클린에게 자신의 타락한 증오를 쏟아부었다.
그 조용한 철학자는, 대응 없이,

물러서 자기 나라에 자유를 주었다. (Fay, 1956: 125)

『도덕감정론』 제6판으로 미루어(*TMS* III.3.43) 스미스는 '당파심과 광신'의 파괴적 힘에 대한 흄의 지적에 동의했겠지만, 프랭클린에게 이 감정을 적용하는 데 꼭 동의하지는 않았을 것이다. 그가 이 시기에 종종 프랭클린과 어울렸고, 심지어 그에게 『국부론』의 몇몇 장을 보여주기도 했다는 정황 증거가 있다(Viner, 1965: 44~47 참고). 이는 불가능하지 않다. 휴 블레어는 1776년 스미스가 '몇 년 전에' 『국부론』의 몇몇 부분을 자신에게 읽어주었다고 회상했다(*Corr.* No. 151). 분명 스미스와 프랭클린은 공통된 견해를 갖고 있었다. 프랭클린의 경제에 대한 저작들에는 자유 무역에 대한 이론이 체계를 갖추지 않은 채로 드러나 있고, 스미스는 영국과 아메리카 간 분쟁을 끝내기 위해 정치적 연합으로 하나가 되는 프랭클린의 구상을 공유했다. 프랭클린은 1775년 3월에 미국 건국의 아버지들 중 한 명으로서의 일을 시작하기 위해 런던을 떠났다. 스미스가 『국부론』의 출판으로 경제적 독립을 위한 일격을 가한 지 4개월 후인 1776년 7월 4일의 독립선언문을 기초하는 데 참여한 것도 그 일의 하나였다.

한편 스미스가 에든버러에서 도덕철학을 가르쳐야 한다는 흄의 생각은 이루어지지 않았다. 1774년 퍼거슨이 자신의 학생과 함께 해외로 가자 시의회는 그를 교수직에서 해임했지만, 1775년 소송 후에 그를 복직시켜야 했다. 퍼거슨은 제네바에서 스미스에게 보낸 1774년 6월 1일자 편지에서, 스태넙 경과 함께 파리에 있을 때 자신이 '아주 훌륭하고 마음에 드는 모임'에 참석할 기회를 가졌다며, '그곳에서 저는 당신에 관한 질문을 받았는데, 특히 앙빌 공작부인에게 질문을 받았습니다. 그분은 제 프랑스어에 대해 불만스러워했듯이 당신의 프랑스어에 대해서도 그랬습니다'라고 전했다. 또한 퍼거슨은 다루기 힘들 것으로 예상했던 청년 체스터필드에 대해 기분 좋게 놀랐다고 말했다. '저는 쾌활함뿐만 아니라 선한 기질과 애착도 발견했습니다'(*Corr.* No. 142).

그러나 퍼거슨이 1775년 6월 런던으로 돌아왔을 때 상황은 악화되었다. 또한 체스터필드와 그의 기존 후견인들의 관계도 껄끄러웠는데, 그 후견인들은 6월 1일에 사임한 상태였다. 그들을 대신한 사람들은 찬도스 공작과 체스터필드의 친척인 하원의원 러벌 스태넙이었다. 그들은 퍼거슨에게 그의 직위가 6월 24일에 종료되며 그의 학생은 다른 가정교사와 함께 유럽으로 돌아갈 것이라고 알렸다. 스미스는 스태넙에게 기존 후견인들의 사임에 대해 들었고, 체스터필드로부터든, 혹은 그가 법적 책임을 받아들이려 하지 않을 경우 스태넙으로부터든 자신의 연금을 받으려는 퍼거슨의 노력에 끌려들어갔다. 스미스는 1775년 6월 24일 스태넙에게 보낸 편지에서 이런 상황에 대한 자신의 기분을 표현했다. '이런 난처한 일에 제가 조금이라도 관련되어 있다는 게 얼마나 불편한지 이루 말할 수 없습니다'(*Corr.* app. E, c). 퍼거슨은 이미 6월 3일에 스미스의 친구 윌리엄 펄트니(전 존스톤)에게 편지를 보내, 연금 문제와 관련해 새로운 후견인들을 상대해줄 것을 부탁한 터였다. 이 지점에서 그는 스미스를 중재자에서 배제했다. '아마도 [후견인들 중] 몇몇은 이 사안을 다루기에 적합한 사람으로 스미스를 떠올릴 테지만, 어떤 한 가지 사무에 철학자는 한 명으로 충분합니다'(New York: Pierpont Morgan Lib., Pulteney Corr. v.6).

　　결국 체스터필드는 두 가지 조건이 충족되지 않았다는 생각을 밝히며 스태넙의 연금 조정에 대한 법적 책임을 받아들이지 않았다. 퍼거슨이 자신이 성년이 될 때까지 함께하지 않았으며, 퍼거슨이 교수직을 잃지 않았다는 것이었다. 스미스는 일을 교착 상태로 남겨둔 채, 어머니와 함께 지내기 위해서, 또한 죽음에 다가가고 있던 흄의 가까이에 있기 위해서 커콜디로 돌아가 1776년 5월에서 12월까지 거기 머물렀다. 그리고 1777년 1월 그가 런던으로 돌아왔을 때도 상황에는 변화가 없었다. 스미스는 연금에 대한 협상에서 그의 편을 들 것을 약속하며 스태넙이 보여준 성실함에 강한 인상을 받았고, 이런 약속이 담긴 편지의 원본을 계속 보관하는 것에 대해 1777년 5월 8일에 스태넙의 허락을 구했다.

　　모든 경우에 본받아야 하는 강직한 정직의 예로 이것을 제 몇몇 젊은 친구에게 보여주기 위해서, 나아가 제 가족과 후손에게—신께서 내게 이를 허락하고자 하신다면—유산으로 남기기 위해서(Corr. app. E, 1).

　　쉰네 살에 여전히 미혼이던 스미스가 '후손'에 대한 희망을 완전히 포기하지 않았다는 것은 놀랍다. 스미스가 문제의 편지를 계속 보관하는 것을 허락받았더라도, 이 편지는 논점에서 벗어난 것으로 보이는 만큼 '젊은 친구들'에게 보여주기에 적절하지 않았을 수 있다.

　　기록은 스미스가 스태넙의 부담을 더는 데 최선을 다했음을 보여준다. 그는 퍼거슨이 스태넙에게 받았던 연금 조건들과 관련해 웨더번에게 법적 견해를 구했고, 관습법과 형평법에서 후견인은 가정교사와 같은 필요를 위해 피후견인의 재산으로 비용을 지불할 수 있다는 취지의 1777년 4월 29일자 답장을 받았다. 체스터필드가 자의로 퍼거슨의 연금을 정산할 준비가 되어 있을지도 모른다는 이야기를 듣고서 그는 5월 1일 백작을 방문했다. 하지만 백작이 옷을 갈아입고 있다는 이유로 만남을 거절당했고, 남기고 온 카드는 응답받지 못했다. 조지 새빌 경이 체스터필드를 상대로 같은 경험을 했기에, 스미스는 웨더번의 법적 견해를 새빌 경에게 전달해야 하고, 이 견해에다가 당대의 가장 훌륭한 변호사 중 한 명인 존 더닝의 견해를 추가해야 한다고 충고했다. 더닝은 웨더번의 견해에 동의하면서, 이 문제를 해결하는 가장 좋은 방법은 체스터필드를 법정으로 데려가는 것이라고 썼다.

스미스는 6월 중순경 스코틀랜드로 떠났다. 스태넙의 유력한 아들 머혼 경은 체스터필드에게 직설적으로 법적 상황을 설명하는 일을 떠맡았고, 그가 상법부 소송에서 퍼거슨에게 패할 것이라고 예견했다. 체스터필드는 여전히 굽히지 않았는데, 아마도 당시에 또 다른 전 가정교사인 윌리엄 도드 목사가 4200파운드라는 엄청난 금액의 채권을 위조해 유죄 판결을 받고 사형 선고를 받은 일 때문이었을 것이다. 존슨 박사가 2만 3000명의 청원자와 함께 형 집행 유예를 탄원했지만 1777년 6월 27일에 그의 사형은 집행되었다(Brack ed., 2004). 백작은 왕에게 도드의 선처를 호소하기를 거부했고 '목사를 목매단 남자'라는 악명을 얻었다. 퍼거슨이 9월 20일에 그와 스태넙을 상대로 직접 상법부 소송을 시작하면서 아마 그에게 악명이 더해졌을 것이다. 그러나 스태넙은 그가 그 소송을 '전적으로 우호적인' 것으로 보고 있다고 퍼거슨에게 확언했다.

법적 압박에 나선 퍼거슨은 스미스의 찬사를 받은 '상냥함'을 보여주기보다는, 훗날 한 동포가 '화약처럼 맹렬하다'고 인식한 성미를 보여주었을 것이다(Cockburn, 1856: 57 n.; cf. Carlyle, 1973: 143~144). 분명 퍼거슨은 체스터필드를 상대로 올바른 방향을 취했다. 1777년 10월 요크를 방문 중이던 체스터필드는 급히 에든버러로 가서 자신의 전 가정교사에게 굴복했다. 1778년 1월에 마침내 퍼거슨은 첫 번째 연금을 지급받았다. 그것은 1815년 체스터필드가 죽을 때까지 퍼거슨에게 힘이 되었을 것이고, 퍼거슨은 2년간의 복무로 총 9000파운드를 벌게 된 셈이었다. 스미스는 버클루 곁에서 3년을 보내고 8000파운드가 조금 넘는 돈을 받았다.

적절성과 정당성에 대한 스미스의 남다른 감각이 분명 이 일에서 그의 행동을 이끌었다. 그는 스태넙과 퍼거슨 간 협상의 중재자가 된 이후 그 협상에 대해 책임감을 느꼈고, 양측의 이야기를 서로에게 잘 전달했다. 분명 그는 스태넙이 연금에 대한 불공정한 법적 책임을 떠안는 것을 용인할 수 없었을 것이다(Raphael et al., 1990; Raphael, 1994).

이 일의 정치적 파장 또한 중요하다. 1775년 런던으로 돌아오면서 청년 체스터필드는 궁정파 사람인 찬도스, 러벌 스태넙과 손잡았고, 이윽고 조지 3세의 총애를 받게 되었다. 그러자 그는 스태넙, 휴잇, 새빌과 거리를 두었다. 스미스는 17세기 후반의 정치적 격동 속에서 일관되게 중용을 지킨 위대한 '조정자' 핼리팩스의 후손인 새빌에 대해 잘 알고 있었던 듯하다(Kenyon, 1969: introd.). 새빌은 야당인 휘그당을 이끄는 데서 로킹엄 경과 연관되어 있었고, 버크와 폭스처럼 아메리카인들에 대한 노스의 가혹한 정책에 반대하는 뜻을 1774년 이후 강력하게 밝혔지만, 의회의 일에서는 항상 독립적인 자세를 취했다(*HP* iii.405~409). 새빌의 정치적 담론(예컨대 1762년의)은 스미스에게 대단한 호소력을 발휘한 전통적 공화주의의 담론이었고(Viroli, 1990), 그는 스미스가 『국부론』에서 다룬 도덕적 입법자 부류의 사람이었다. 스미스는 정치적으로 로킹엄과 휘그당원들과 그들의 계승자들을 줄곧 지지했고, 그러다가 '아들 피트'가 미국독립전쟁 후 경제 긴축 정책을 펴고 프랑스와의 통상 조약에 서명하면서 한동안 그를 지지했다.

의사 컬런은 1774년에 다시 스미스의 도움을 구했는데, 이번에는 자신의 직업과 관련된 일이었다. 버클루 공작이 1774년 에든버러 왕립 의과대학의 명예 펠로로 선출되자 컬런은 의학 학위를 위한 심사 문제가 의회에서 다루어지게 하려 했다. 대학 측은 명예 의학 학위가 수여되어서는 안 되며, 정규 학위는 오직 후보자 개개인에 대한 심사와 최소 2년간 의학을 공부했음을 증명하는 자격증에 의거해 스코틀랜드 대학들에 의해 수여되어야 한다고 주장하는 청원서를 작성했다. 만일 정부가 직접 개입하지 않을 것이라면, 왕립 조사위원회 같은 것을 둘 수도 있었다. 이 청원서는 스미스에게 검토받기 위해서 런던의 스미스에게 보내졌다. 스미스는 아마도 다소 지체한 후인 1774년 9월 20일 이 문제에 대해 컬런에게 답장을 보냈고, 자신이 크게 관여하고 있는 런던의 '일들' 때문에 '내가 거의 흥미를 느끼지 못하는 것이 사실인 일'을 잊었다고 언급했다(*Corr.* No. 143).

그럼에도 스미스의 편지에는 『국부론』의 주요 관심사들이 반영되어 있다. 여기서는 독점의 악영향과 경쟁의 유익한 영향이 의학 교육과 하나의 직업으로서의 의사의 개업에 적용되었다. 스미스는 아마도 자신이 글래스고에서 받은 교육의 질과 그곳에서 학생들을 가르친 유익한 경험(대체로), 그리고 스코틀랜드 대학들이 계몽주의에 공헌한 바를 인식해, 스코틀랜드 대학들에 감사를 표하는 것으로 편지를 시작한다. '[그 대학들의] 현 상태에서 (…) 그 대학들의 모든 결점에도 불구하고, 저는 진심으로 그 대학들이 예외 없이 유럽 어디서든 찾아볼 수 있는 그런 최고의 배움의 장이라고 여깁니다.' 그러나 그는 그런 모든 '공공 기관'처럼 그 대학들은 '본성 안에 태만과 타락의 씨앗 및 원인'을 가지고 있고, 그런 현 상태에도 불구하고 그 대학들은 수정 가능하며, '참관'이 이를 보증하는 적절한 방법이라고 인정했다. 그러나 누가 참관자가 될 것이며, 참관자들은 어떤 계획에 따라 행동할 것인가? 스미스는 이 사안에는 그런 불확실성이 존재하므로 '이미 (…) 잘되어 있는' 것은 그대로 두어야 한다고 생각했다.

그러고 나서 그는 청원서의 내용으로 넘어가, 먼저 의학 학위 후보자들이 대학에서 공부했음을 증명하는 자격증을 취득해야 한다는 요건에 대해 언급한다. 하지만 존 헌터와 윌리엄 헌터 같은 개인 교사에게 수학한 사람들은 어떻게 해결하며, 어떤 대학들에서는 의학을 전혀 가르치지 않거나 혹은 피상적으로 가르친다는 사실은 어떻게 해결할 것인가? 스미스가 생각하기에, 어떤 것에 대한 학습이 이루어질 때, 지식을 전달한 사람이 누구인지는 중요하지 않았다. 그런 다음 그는, 자신이 『국부론』 제5권을 위해 수행한, 공적 자금이 투자된 기관으로서의 대학들에 대한 연구에 기초해 이야기하고 있는 것이며, 자신은 거기 제시한 결론들에 도달했다고(WN V.i.f) 밝힌다. 그는 컬런에게, 자신은 '이 주제[대학 교육]에 대해 아주 많이 생각했고, 유럽의 몇몇 주요 대학의 구성과 역사를 매우 주의 깊게 조사했다'고 쓴다. 그는 자신의 현재 연구에 더해 옥스퍼드에 대한 기억을 떠올린다. 연구 결과, 그는 '그 집단 대부분이 처한 퇴보와 불명예라는 현 상태'에는 두 가지 주된 원인이 있음을 이해하게 되었다. 첫 번째 원인은 일부 대학이 교수들에게 직업적 성과라는 요구 조건 없이 지급하는 많은 보수다. 두 번째 원인은 교육의 질이 좋든 나쁘든 경력이나 장학금 때문에 특정 대학에 많은 학생이 등록하는 것이다(WN I.x.c.34, V.i.f.1~35 참고).

스미스는 스코틀랜드 대학들에는 이 두 가지 원인이 크게 적용되지 않기 때문에 '현재의 우수성'을 누리는 것이라고 생각한다. 에든버러의 의학 교수들은 보수를 많이 받지 않고, 의학도들에게 주어지는 장학금은 미미하며, 또한 그 대학의 '학위 독점은 외국이나 국내외 다른 모든 대학에 의해 차단된다'고 그는 말한다. 그는 이것이 유럽의 유사 대학들보다 에든버러가 우수한 이유를 설명해준다고 믿는다.

스미스는 학위 문제를 다루면서 독점의 유해한 효과뿐 아니라 경쟁과 자유 시장의 유익한 효과와도 관련된 자신의 원칙을 확장한다. 그는 학위 심사를 통해 기준을 관리하려는 고매한 주장들에 영향받지 않았다. 편지의 이 부분에서 그는 『국부론』을 관통하는 것이자 이 저작을 감식력 있는 독자들이 즐길 만한 것으로 만드는 것인 현실주의와 회의주의의 성향을 드러낸다. 그는 컬런에게 '의사'라는 칭호의 현실적 의미를 명확히 하려 애쓴다. '[그 칭호는] 그것이 수여된 사람에게 영예와 권위를 부여한다. 그 칭호는 그 사람의 실무를 확장하고, 결과적으로 해를 끼치는 그의 범위를 확장한다. 그 칭호가 그 사람의 추정을 증가시킬 수 있고, 결과적으로 해를 끼치는 그의 경향을 증가시킬 수 있다는 것 또한 가능하다.' 스미스는 심사자가 거의 알지 못하는 사람에게 학위를 수여하는 관행을 옹호할 준비는 되어 있지 않았지만, 의학 시장에서의 명성과 경쟁이 환자의 선택과 요금의 수준을 결정짓는 요인인 만큼 이 관행이 크게 해롭다고는 생각하지 않는다.

스미스는 학위를 규제하려는 시도 뒤에는 요금을 올리고자 하는 마음도 있고, 학위를 가진 사람의 시장 진입을 보호하고자 하는 마음도 당연히 있다고 생각했다. 사실 그는 도제 신분과 특정한 학문적 지위를 가진 학생들에게만 학위를 수여하는 것 사이의 유사성을 본다. '나쁜 솜씨와 높은 가격은 전자에 의해 도입된 독점의 결과다. 돌팔이 의사, 사칭, 과도한 요금은 후자가 만들어낸 독점의 결과다.'

그다음엔 스미스의 전형적인 주장이 학위를 파는 '더러운 관행'의 경우를 다루는 데 사용된다. 스미스는 이것 역시 옹호하지 않지만, 가난한 대학들이 '동전을 뒤집을 수 있는 유일한 방법으로 동전을 뒤집으려' 하면서 이 일에 연루된다고 지적한다. 가난한 대학들이 함부로 이렇게 하다가는 '조롱과 불신용'을 불러올 것이다. 세인트앤드루스 대학은 의사 시늉만 내는 미숙련자, 즉 돌팔이 의사에게 의학박사 학위를 수여함으로써 이런 처지에 놓였다.'

스미스의 판단에 따르면 대중이 이 때문에 피해를 보는 것은 아니는데, 미숙련자가 학위 없이 환자들에게 해를 끼치는 것 이상으로 환자들에게 해를 끼치지는 않았기 때문이다. 게다가 부유한 대학들의 의학 학위 수여에 대한 독점이 와해된다. 결과적으로 그 대학 졸업생들은 자신들의 자격증에 의존하는 것이 아니라, 요금을 받고 제공하는 자신들의 가치와 기량에 의존해야 한다. 따라서 스미스는 컬런과 그의 동료들을 향해 정곡을 찌르며 다음과 같이 지적한다. '의사라는 자격 자체가 큰 결과를 가져올 수 있는 것은 아니므로, 아마도 당신들은 인간, 신사, 학자라는 자격에 더 많이 신경을 써야 할 것입니다.'

이 편지는 스미스의 가장 도전적인 편지들 중 하나로, 함축성 있고 매우 설득력 있으며, 사람의 몸보다는 진료비에 더 관심이 많은, 돌팔이, 해독을 끼치는 자, 맥박 재는 자를 포괄하는 직업으로서 의사를 풍자하는 전통을 유머 있게 보여준다. 스미스는 자신의 원칙을 이렇게까지 밀어붙이는 것은 과도하다는 점을 알고 있었고, 자신이 쓴 내용 때문에 뺨을 맞겠다고 말하며 편지를 끝맺는다(*Corr.* No. 143). 이 청원서와 관련된 이야기가 더 이상 없는 것으로 보아 그는 청원서를 무효화한 듯하다.

컬런은 1776년 졸업 연설에서 개업 의사들의 자유 시장에 관한 스미스의 입장에 반론을 제기했고, 이것은 존 톰슨이 쓴 『컬런의 삶』에 스미스의 편지와 함께 담겼다(Thomson, 1832: i.468~470). 1826년 왕립위원회는 스코틀랜드 대학들의 기능에 대한 더 폭넓은 연구의 일환인 『의학박사 학위 후보자들의 예비 교육에 대한 의견』을 받았다. 컬런과 그의 지지자들이 제안한 개혁들은 이후의 변화들에서 일익을 담당했지만, 톰슨이 컬런의 견해와 함께 스미스의 견해를 출판한 것이 의학적 자격증과 개업에 적절하다고 여겨지는 법률과 경제적 합의에 대한 19세기의 논란을 해결하는 데 도움이 되었다고 주장되어왔다. 현대의 의학사가들은 스미스가 의사라는 직업의 조직 및 경제 활동과 관련된 핵심적 사실들을 전체적으로 잘 꿰뚫어보았을 뿐 아니라 당대 의사들의 사고방식에 대해서도 중요한 통찰을 보여주었다고 인정한다(Guttmacher, 1930; Cowen, 1969). 그러나 이 편지를 전반적으로 규제가 전혀 없는 시장에 대한 옹호의 일종으로 간주해야 할지, 아니면 오히려 당대의 의학 교육과 시술의 결함에 대한 풍자적 공격으로 간주해야 할지는 여전히 문제로 남아 있다. 또한 의사들의 수련과 그 직업에 입문하는 사람들의 능력을 책임 있게 관리하는 방법이 무엇인가 하는 문제도 여전히 결론이 나지 않았다. 이렇게 볼 때 분명 컬런의 견해가 좀더 선견지명이 있었다.

이 편지에서는 활기차고 신이 나 있는 것이 느껴지며, 스미스가 자신의 관심사와 관련된 주제에서 발휘하는 상당한 힘이 느껴진다. 그런데 스미스가 의학 교육 관련 청원서를 검토하는 약속에 등한할 정도로 몰두해 있던 런던의 '일들'은 무엇이었을까? 아마도 스미스는 1774년 의회에서 아메리카의 유혈 충돌을 지적하는 일에 몰두해 있었을 것이다. 1773년 12월 16일에 앞서 언급한 그 유명한 보스턴 차 사건이 일어났다. 북아메리카 원주민 복장을 한 현지인들이 동인도회사에 부여된 독점권하에 판매될 차의 첫 물량을 항구에 쏟아부었다. 의회는 그 독점권을 부여함으로써 동인도회사를 파산에서 구하는 데 도움이 되고자 했고, 또한 차의 가격을 낮추되 차에 세금이 붙게 함으로써 식민지에 세금을 부과하는 의회의 권리를 아메리카 사람들이 받아들이도록 회유하는 데 도움이 되고자 했다. 아메리카의 '애국자들'은 원칙을 들어 이 권리를 부정했고, 독점을 깨기 위해 행동하는 것은 상인들을 위한 일이라고 주장했다. 스미스가 공감했을 만한 견해다.

1774년 3월 7일에 조지 3세는 '보스턴 시내와 항구에서의 폭력적이고 무법적인 행위들을 중단시킬 만한' 필요한 조치들을 취할 수 있도록 자신에게 권한을 달라고 의회에 요청했다. 6월에 이르러서는 네 개의 강압적 법안이 통과된 상태였다. 보스턴이 아니라 마블헤드에 세관을 둔다는 것, 총독의 의회에 왕이 지명한 인물들을 두며, 총독의 허가 없이는 주민 회의를 열 수 없다는 것, 공무에 종사했던 중대 범죄자들은 총독의 자유재량에 따라 그 지역 밖의 법정에서 재판받는다는 것, 민간 소요가 발생하면 군인들이 주민들 집에 숙영한다는 것이었다.

한편 매사추세츠만灣 총독 자리의 토머스 허친슨을 교체할 인물로 토머스 게이지 장군이 지명되었고, 그는 5월의 보스턴 봉쇄를 준비했다. 윌리엄스버그에 자리한 버지니아 의회는 패트릭 헨리에게 고무되어, 13개 아메리카 식민지 대표자로 대륙회의를 구성해 아메리카의 불만을 종식하기 위해 결집할 것을 요구했다. 이 회의는 9월 5일부터 10월 26일까지 필라델피아에서 열렸고, 매사추세츠만 식민지를 지지해, '용납할 수 없는 법령'이 폐지될 때까지 영국 상품을 수입하거나 사용하지 않는다는 공식 합의에 도달했다. 대륙회의는 또한 군사적 대비를 거절했고, 1763년 7년전쟁이 끝나면서 시행된 식민지 협정을 복원해달라고 왕에게 청원했다.

이 시기에 버크는 '현재 이상하게도 [의회의] 문 안에서나 밖에서나 아메리카에 반대하는 것이 대세다'라고 썼다(Wallis et al., 1975: 13~25). 실제로 식민지들에 대한 가혹한 조치 이후 의회 내에서 처음에는 놀랍게도 저항이 소극적이었다. 보스턴 항구 법안은 반대에 부딪히지 않았고, 버크도 새빌도 폭스(뉴마켓의 선거에 참여하던)도 1774년 5월 6일 매사추세츠만의 사법 규제 법안에 반대표를 던지지 않았다. 그러나 버크는 차에 대한 세금의 폐지와 관련해 논쟁이 진행 중이던 4월 19일에 주목할 만한 친아메리카 연설을 했으며, 폭스는 다음과 같은 말로 지지를 보냈다. '저는 우리가 그들의 무역을 규제함으로써 사실상 [아메리카인들에게] 과세하는 것에 만족해야 한다고 생각합니다.' 그는 '만약 군인들이 아메리카에서 세금을 징수한다면 이 나라에는 거의 이득이 없지 않을까 싶습니다'라고 매우 적절하게 덧붙였다. 그리고 나서 그는 아메리카 위기의 몇 가지 국면에 대한 자신의 응답을 알려주는 원칙을 밝혔다. '국가는 항상 피통치자의 의지를 따라야 한다.'

혼란스러운 반대를 잠재우면서 노스는 6월 22일에 의회를 해산했는데, 이후의 총선거에서 알 수 있듯이 강압적인 행동들은 영국에서 큰 관심을 받지 못했고, 캐나다의 경계 확정(미국인들을 분노케 한) 뿐 아니라 로마가톨릭에 대한 관용도 승인한 퀘벡 법안이 5월에 통과된 것에 대한 분노가 더 컸던 것 같다. 그럼에도 1790년까지의 그 어느 때보다 경쟁이 치열한 선거구가 많았고, 이 선거구들 때문에 감정이 고조되었다. 이제 미들섹스 유권자들의 총아이자 런던 시장이라는 위엄을 갖춘 존 윌크스는 국내뿐 아니라 아메리카를 위해서도 자유라는 대의를 지지했다. 다시 한번 그가 선거에서 선두를 달리자, 내각은 12월 2일 그가 차지한 하원 의석을 감히 그에게 거절할 수가 없었다.[2]

그런 '일들'은 아마 스미스의 주의를 끌었을 것이다. 이는 노스의 아메리카 정책이 그 지역과 그 지역에 대한 지배권의 운명을 불투명하게 만들고 있다는 것을 이해할 만한 지성을 스미스가 갖고 있었을 것이기 때문이다. 이 문제의 중심에는 정부 권력의 행사를 통해 식민지와의 독점 무역을 유지하려는 시도가 있었는데, 이것은 그가 곱씹는 문제였다. 우리가 알기로 그는 이 기간에 하원을 방문했다. 건축가들인 존, 로버트, 제임스의 남동생인 윌리엄 애덤의 서신에 이에 대한 언급이 나오기 때문이다. 스미스는 에든버러의 많은 지식인과 함께 캐넌게이트에 있는 애덤 가족의 집에 자주 드나들었다. 스미스는 이 윌리엄 애덤을 그가 어린 학생이던 때에 알았고, 훗날 그가 런던에서 상인의 길을 모색하고 있다는 것을 알게 된다(Fleming, 1962: 3).

윌리엄 애덤은 형 존에게 보낸 1775년 1월 23일자 편지에 다음과 같이 썼다.

스미스 씨는 친절하게도 [조카인 또 다른 윌리엄 애덤의 연설에 대해] 내게 알려주러 의사당으로부터 왔습니다. (⋯) 그 연설자는 자신을 아낌없이 칭찬한 노스 경에게 그를 소개했습니다. (⋯) 그러나 윌리가 가장 기뻐한 것은 스코틀랜드어는 어디 두고 왔느냐고 그가 물은 것이었습니다. (SRO, NRA(S) 1454, Section 4/Bundle 3)

호러스 월폴은 노스 총리의 형편없는 외관을 몰인정하지만 생생하고도 자세히 묘사했다.

그의 외모보다 더 추한, 혹은 흉한, 혹은 불쾌한 것은 없을 것이다. 목적 없이 눈알을 굴려대는(심각한 근시인 탓에) 돌출된 커다란 두 눈, 커다란 입, 두툼한 입술, 잔뜩 부은 얼굴 때문에 그는 마치 맹인 나팔수 같다. 불필요한 허식을 부리며 강하게 주장을 펴는 (…) 굵고 낮은 거친 목소리, 자기 사람들을 완전히 무시하는 태도, 그리고 모든 시민적 관심에 대한 무지는 겉만 보고 판단하는 이들이라면 누구에게나 혐오감을 불러일으켰다. (Walpole, 1963: 225)

그러나 다른 동시대 사람들은 그의 재치와 뛰어난 유머 감각, 그리고 차분함과 공손함을 강조했다(*HP* iii.204~205). 그가 한 젊은 스코틀랜드 하원의원에게 보인 그런 매력적인 태도가 전형적인 예였고, 그 덕분에 그는 하원에서 일찍이 자신에 대한 지지 기반을 다질 수 있었다. 물론 이러한 기반은 그의 전쟁 정책이 대실패로 드러난 후 무너졌다.

스미스는 '윌리' 애덤의 첫 회기 중에 의회를 감동시킨 강력한 연설 가운데 하나를 방청석에서 들었을 것이고, 아마도 노스가 그 젊은이의 충성심을 얻기 위해 상당한 매력을 발휘하는 장면을 목격했을 것이다. 1775년 1월에 하원 앞에서 있었던 일은 기번이 31일 화요일에 쓴 한 편지를 통해 추측할 수 있다. 그는 발언하고 싶으면서도 용기를 못 냈고, 그럼에도 허친슨 총독에게서 계속 미국에 대한 정보를 알아내고 있었다.

> 권리도 힘도 다 우리 쪽에 있다는 것, 그리고 노력에 우울한 상황이
> 뒤따를 수는 있지만 우리는 현재 우리의 무역과 지배권을 영원히 보
> 존하거나 잃을 결정적인 순간에 와 있다는 것을 저는 점점 더 확신하
> 고 있습니다. 우리는 다음 목요일이나 금요일이 아주 좋은 날이 되리
> 라 기대합니다. 지금까지 우리는 주로 보고서를 읽고 청원서를 기각
> 하는 데 종사해왔습니다. 청원서들은 런던, 브리스틀, 노리치 등지에
> 서 제출된, 정당에 의해 구상되고 [정부의 행동을] 지연시키려 계획
> 된 것이었습니다.

이런 청원서들은 아메리카 사람들의 영국 상품 불매 운동을 야
기한 노스의 가혹한 정책에 대한 상인들의 우려를 표출했다. 2월 8일
에 기번은 폭스와 웨더번이 서로 대립한 어떤 논쟁에 대해 이야기했
다. 그들은 매사추세츠만이 폭동 상태에 있다는 진술과 하우, 버고인,
클린턴 장군 휘하의 1만 병력을 파견하는 것에 대한 승인을 놓고 대
립했다. 기번은 이런 군사력이 아메리카 사람들을 위압하기에는 불
충분하다며 우려했고, 지도자로서의 노스 경에 대해 의문을 표했다
(Gibbon, 1956: ii.58~59).

하원의원으로서 '윌리' 애덤은 대체로 노스를 지지했지만, 그를
'나태'하다고 비판할 정도로 충분히 독자적인 견해를 지니고 있었다
(*HP* ii.8~9). 스미스는 청년 애덤이 1775년 후반의 또 다른 일에서 활
약한 이야기를 들었는데, 긍지에 찬 그의 삼촌이 수신자 미상의 한 편

지에서 다음과 같은 이야기를 했기 때문이다.

지난 금요일에 있던 윌리의 연설에 대해 도처에서 들려오는 최고의 칭찬을 당신에게 알려주게 되어 기쁩니다. 거기 있던 애덤 스미스는 지난밤 우리와 함께 저녁 식사를 했습니다. 그는 그 연설이 지난 회기 윌리의 어떤 연설보다 훨씬 더 훌륭했다고 말합니다.―지금까지 의회 최고의 연설은 노스 경이 한 것이었고, 많은 주요 연설자의 연설이 있었음에도 불구하고 그날 윌리의 연설이 그다음으로 훌륭한 연설이었습니다.

이 연장자 윌리엄 애덤이 덧붙인 바에 따르면, 로버트 애덤 역시 그가 개릭을 비롯한 몇몇 의원과 저녁 식사를 할 때 이 연설에 대한 마찬가지로 좋은 평가를 들었으며, 또한 그 연설이 노스에게 큰 영향을 미쳐서 '그는 지지를 마치면서 많은 청중이 그런 것처럼 정말로 울었다'(SRO, NRA(S) 1454, Blair Adam papers, 4/3/20). 18세기 의원들에게는 아무런 제약이 없었다.

이 편지의 날짜를 대략 추정할 수 있는데, 이런 내용 이후에 마운트스튜어트 경이 '며칠 후' 스코틀랜드 민병대 조직을 제안할 준비를 하고 있다는 언급이 나오기 때문이다. 이 일이 실행된 날은 1775년 11월 2일이었다(*HP* iii.502).

스미스는 아메리카 사람들과의 화해에 대한 '윌리' 애덤의 부정적인 태도를 공유할 수 없었지만, 다른 문제들에서는 그들이 더 가까웠을 것이다. 애덤이 벤담 모임의 일원이 되었고, 1789년에는 분명 이에 걸맞게, 벤담이 『고리대금의 옹호』에서 지적했듯이 엄격한 금리 통제를 찬성하지 말아야 한다는 데 스미스의 관심을 일깨웠기 때문이다(BL, Bentham MSS, 조지 윌슨의 편지, 1789년 12월 4일).

아메리카 사람들과의 화해에 대한 주제에서 커다란 설득력을 발휘하던 버크는 1775년 5월 1일 스미스에게 편지를 썼는데, 여기서 그 주제는 그의 선거구 내의 한 친구인 브리스틀의 도예가 리처드 챔피언이 보유한 도자기 특허권으로 확장되었다. 조사이아 웨지우드는 챔피언의 의회 청원에 맞서 스태퍼드셔의 도예가들을 자극하려 했고, 버크는 그것이 상원에서 다루어진다면 버클루가 '이 대의의 가치들에 대해 마음을 열고 생각할 수 있도록' 스미스가 버클루에게 개입해주기를 바랐다. 스미스의 견해를 잘 알고 있던 버크는 웨지우드가 '오직 공공의 선을 위해 (…) 행동하는 (…) 척한다'고 말한다. 이어서 버크는 '정직한 사리 추구라는 가장 저급한 것을 드러내는 게 내게는 훨씬 더 중요하리라는 점을 나는 상인의 입으로 고백한다'고 말한다(*Corr.* No. 145). 스미스는 『국부론』에서(*WN* IV.ii.9) 유사한 견해를 드러냈고, 그 역시 지식재산권의 형태인 특허와 책에 대한 저작권의 '잠정적 독점'을 옹호했다(*LJ*(A) ii.31~33; *WN* V.i.e.30).

여행 가정교사로서 제네바에 가 있던 스미스의 제자 패트릭 클레이슨은 과학자 샤를 보네의 저서 두 권, 『식물의 잎의 이용에 대한 연구』(1754)와 『철학적 재생』(1769~1770)을 1775년 2월 25일에 그곳으로부터 스미스에게 보냈다. 데이비드 흄에게 증정하기 위한 책들이었다. 동봉된 보네의 편지는 스미스를 제네바에서 항상 대단히 기쁘게 기억되는 '글래스고의 현자'라고 일컫는다(*Corr.* No. 144). 스미스는 보네의 편지를 5월 9일 흄에게 전달하면서, '제네바 혹은 사실상 전 세계에서 가장 현명하고 가장 훌륭한 마음을 지닌 남성 가운데 한 명'이라며 이 신사를 묘사했고, '그럼에도 그는 가장 신앙심이 깊은 사람 중 한 명'이라고 덧붙였다(*Corr.* No. 145). 편지에서 보네는 종교적 회심을 유도하려는 마음을 결코 가져본 적이 없다고 주장했지만, 스미스는 에든버러에 있는 그 회의적인 친구에게 최악의 일이 생길까봐 염려했을 수 있다. 스미스는 식물의 잎에 대한 책을 포함해 보네의 책을 몇 권 소장하고 있었지만(Mizuta), 종교와 생물학을 혼합해 우주 형성의 이론을 수립하는, 발생에 대한 다소 엉뚱하지만 학구적이고 독창적인 책은 갖고 있지 않았다. 만약 흄과 스미스가 이 책을 읽었다면 분명 두 사람 다, 인간 본성을 자기애와 열정에 흔들리지만 경험을 통해 발전하는 자연의 생존법에 지배되는 것으로 설명하는 데 어느 정도 끌렸을 것이다(Crocker, 1967: i.345~346).

이 5월 9일의 편지에서 스미스는 애버딘의 도덕철학 교수 제임스 비티에 대한 소식을 전한다. 비티는 저서 『진리의 본질과 불변성에 대하여』(1773)에서 흄의 '궤변과 회의론'에 대한 반박을 시도했다. 이 책 덕분에 비티는 1773년 존슨의 모임에 들어갔고, 또한 왕이 주는 보조금을 받았다. 『진리의 본질과 불변성에 대하여』에서 흄에 대한 악의적 인신공격이 이번만은 그의 신경을 건드렸다. 생의 마지막 시기에 수정한 『몇 가지 주제에 대한 논설』 마지막 판본(1777년 출간)에 대한 광고에서 흄은 자신이 '리드 박사와 저 편협하고 어리석은 친구 비티에게 완전한 대답을' 했다고 평가했다(*HL* ii.301).

스미스의 왕립학회 동료인 조지프 프리스틀리는 『리드의 연구,

비티의 논문, 오즈월드의 상식에의 호소에 대한 검토』(1774)라는 책에서 비티와 스코틀랜드 상식 학파라는 신흥 철학 학파에 대해 반박했다. 스미스가 흄에게 이야기했듯이, 런던에서는 철학자들을 공격하는 재미가 있었다.

이곳의 당신 친구들은 모두 프리스틀리가 비티에게 한 답변 때문에 매우 즐거워했습니다. 우리는 비티가 응답하기를 크게 기대하고 있으며, 그가 응답을 쓸 준비가 되어 있다고 확신합니다. 그런데 나의 맨스필드 경이 대단한 판단력에 따라 주교로 만든 당신의 옛 친구 허드[흄의『종교의 자연사』를 비난한 인물]가 비티에게 편지를 써서 답변하지 말 것을 충고한 게 틀림없습니다.『진실의 불변성』처럼 그렇게 훌륭한 작품은 방어할 필요가 없다면서요. 이리하여 우리는 비길 데 없는 논쟁을 잃었습니다. 프리스틀리는 최소한 스무 가지 응수로 논쟁을 이어갈 준비가 되어 있었습니다. 나는 누군가 비티를 자극해 그가 다시 펜을 들게 되기를 여전히 희망하고 있습니다.

그러고 나서, 친구들의 성취에 대해 늘 관심이 많던 흄이 읽고 싶어했을 말이 나온다. '이달 말이나 다음 달 초에 내 책을 인쇄소에 보낼 겁니다'(Corr. No. 146: 1775년 5월 9일).『국부론』제3판(1784)에 대한 광고는 초판이 '1775년 말과 1776년 초에 인쇄되었다'고 밝히고 있어 이 언급을 확인해준다.

1775년 11월 아직『국부론』이 나오지 않은 상태에서, 앞서 언급한 것처럼 로벅 박사는 스미스에게 편지를 보내, 의회가 개회 중일 때를 틈타 아메리카의 항쟁에 대한 여론에 영향을 미치는 것에 대해 이야기했다. 로벅은 스미스에게 아메리카 사태에 대한 정보를 보태주고자, 그 전쟁의 첫 번째 주요 전투였던 벙커힐 전투가 일어난 지 엿새 뒤인 6월 23일에 쓰인 이 전투에 대한 어떤 목격담을 동봉했다. 1775년 초 영국 정부는 뉴잉글랜드를 중부 식민지들로부터 분리해 그곳의 무역과 어업을 훼손하고, 그곳이 영국 군대에 보호를 요청할 때까지 캐나다와 인디언 침략자들에게 시달리도록 만들기로 결정했다.

기번이 의회에서 들은 그 세 명의 장군과 1만 병력이 이 계획의 실행을 위해 보스턴에 파견되었다. 4월 19일에는 아메리카 민병대와 렉싱턴과 콩코드의 상점들을 파괴하기 위해 파견된 영국 정규군 간의 격돌이 있었다. 영국군이 먼저 발포했다고 보고된 만큼, 이 사건은 프랭클린이 예견했듯 '향후 결코 봉합될 수 없는 균열'을 초래했다.

아메리카 사람들은 4월 말에 보스턴을 포위했고, 게이지를 앞질러 그 도시 반대편의 벙커힐을 요새화했다. 5월 12일에 하우, 클린턴, 버고인이 도착했고, 6월 12일 계엄령이 선포되었다. 게이지는 보스턴을 내려다보는 고지대들을 점령하는 데 동의했다. 클린턴은 아메리카 사람들의 후미를 공격해 찰스타운반도를 가로지르는 후퇴를 차단하라고 권고했지만, 게이지는 벙커힐 아래 브리즈힐의 참호들을 정면 공격하라고 명령했다. 그것은 궁극적으로 성공했지만 아메리카 사상자보다 더 많은 영국 사상자를 냈고, 반란군의 증강이 계속되는 상황에서 이는 게이지가 감당하기 어려운 손실이었다. 또한 조지 워싱턴이 보스턴에 대한 최후의 포위 공격을 지휘한 결과 영국군은 1776년 3월 17일에 후퇴하지 않을 수 없었다. 벙커힐 전투에 대한 게이지의 공식 보고서는 아메리카 군대가 위협적이며, '많은 이의 추측과 달리 비루한 오합지졸이 아니'라고 인정했다(Wallis et al., 1975: 41~55).

로벅이 스미스에게 보내준 벙커힐 전투에 대한 보고서는 월터 S. 로리 대위가 작성한 것이었다. 로리 대위는 그 정면 공격에 참여했던 인물이고, 나중에는 사망자들의 매장을 위한 파견대를 지휘했다. 그는 전사한 지방의회 의장이자 의사인 조지프 워런의 시신을 발견한 것에 대해 썼다. 워런은 4월 18일 렉싱턴에 있는 사람들에게 경고하기 위해 폴 리비어와 윌리엄 도스를 그 유명한 말타기를 통해 보냈던 인물이다. 그는 지휘권을 고사하고, 아메리카의 보루에서 지원병으로서 싸웠다. 로리는 워런에 대해 돌려 말하지 않았다. '[나는] 그 악당을 다른 반역자와 함께 한 구덩이에 파묻었으니, 거기에 그와 그의 선동적인 원칙들이 남아 있을지 모른다.' 또한 로리는 영국 군인들에 대한 아메리카의 격한 저항, 그리고 계속 싸우려는 결의에 관해 썼다. 그는 소규모 영국 군대가 상황을 통제할 수 있다는 것에 대해 비관적이었고, 몇 달 전에 사직서를 제출했음을 밝혔다.

그는 그 전투에 대한 보고서에 '보스턴 애국자들의 면면'이라는 제목의 주석 딸린 명단을 덧붙였는데, 이는 혁명파 지도자들을 냉혹하게 평가했다. 이 지도자들 중에는 1768년 동료 시민들의 숭배를 받은 부유한 보스턴 상인 존 행콕도 있었다. 그해에 상징적으로 '자유호'라고 불렸던 그의 범선이 밀수 논쟁의 중심이 되었다. 이 논쟁에서 존 애덤스는, 식민지는 의회에 대표를 보낼 수 없으므로 의회는 식민지에 대한 법률을 제정하거나 식민지에 세금을 부과할 권한이 없다는 주장을 옹호했다. 이 문제는 아메리카 사람들에 관한 한 입헌 투쟁의 핵심이었고, 자신들이 스스로의 법정과 입법 기관을 통해 이미 획득한 자유를 악의에 찬 강력하고 대단히 타락한 중앙 정부가 탈취하려 하고 있다는 그들의 두려움으로 인해 악화되었다(Bailyn, 1973; 1992: 144~175).

로리의 명단에서 행콕은 '흠잡을 데 없이 정직하고 자비롭지만, 야망이 적으며 (…) 자신의 개인 재산을 완전히 탕진할 정도로 또 다른 더 심오한 계획에 꼭 필요하고 너그러운 순진한 사람'으로 묘사되었다. 행콕 다음으로 불운한 인물은 새뮤얼 애덤스였다.

직업상 맥아 제조인이지만, 정치적 논쟁에서 이목을 끌기 전에는 거의 호평을 받지 못했음—월등히 교활하고 수완 좋은 사람으로, 생계를 위해 도시의 세금 징수원이 되었고, 더할 수 없이 악명 높은 방식으로 적어도 2000파운드는 되는 금액을 그 도시로부터 사취했는데, 그는 지역사회에 대한 자신의 영향력이 확보된 이후에 자신의 비밀 근무에 대한 보수로서 대담하게도 그러한 돈을 뜯어냈다. (GUL MS Gen. 1035/152(y); Fay, 1956: 81~82)

공공 기금의 탈취자든 아니든 새뮤얼 애덤스는 매사추세츠 하원의 서기라는 자신의 직위를 이용해 허친슨 총독에 대한 급진적 반대를 강화했다. 그의 열렬한 웅변은 찰스 톤젠드의 세입법과 이 법을 시행하기 위해 보스턴에 영국군을 주둔시키는 것에 대한 저항을 불러일으켰다. 그는 영국 정부가 가혹한 수단을 쓰도록 자극해서, 결국 이 가혹한 수단이 아메리카 사람들을 격앙시킴으로써 영국 통치의 폭력적 전복으로 나아가게 하기를 바랐던 것 같다(Brown, 1973).

스미스는 이 애덤스 같은 혁명 지도자들에게 어떤 심리가 작용하는지를 잘 이해하고 있었다. 따라서 그는 『국부론』에서, 식민지 애국자들의 자존감이 무력만으로는 그들을 정복할 수 없을 정도로 올라갔다고 주장했다. 그는 대영제국을 포함하는 하나의 연방 내에서 '중요성을 획득하는 새로운 방식, 새롭고 더 빛나는 대망의 목표가 각 식민지의 지도자들에게 제시될 것'이라고 생각했다. 그 제국의 의회에서 일할 기회가 그들에게 열릴 것이었다.

> 식민지 내분이라는, 자잘한 복권이라 할 만한 데서 얻을 수 있는 미미한 당첨금을 위해 시간을 낭비하는 대신, 그들은 사람들이 스스로의 능력과 행운에 대해 자연스럽게 갖게 되는 가능성에 근거해, 영국 정치라는 대규모 국영 복권의 돌림판에서 때때로 나올 수 있는 그런 큰 당첨금을 얻어내기를 바랄 수도 있다. (WN IV.vii.c.75)

심지어 스미스는 '부, 인구, 발전'에서 아메리카의 진척이 워낙 빨라 '불과 한 세기 안에 미국의 생산량이 영국의 생산량을 넘어설 수도 있다'는 것을 인정할 준비가 되어 있었다. 그럴 경우 '제국의 자리는 그 제국 중 전체에 대한 전반적 방어와 지원에 가장 크게 공헌한 그 지역으로 자연스럽게 옮겨갈 것이다'(WN para. 79).

스미스는 J. C. D. 클라크(Clark, 1994)가 생각하듯이 이 시기를 지배한, 그리고 영국인들 자신뿐만 아니라 스코틀랜드인, 아일랜드인, 아메리카 식민지인까지도 납득시켰던 '영국 패권 신화'를 넘어서는 자신의 길을 생각하고 있다. 대서양 연합이라는 개념은 경제적 활력을 도모하기 위해 정치적 변화를 포용하고, 오래된 갈등을 극복하기 위해 새로운 기관들을 만들며, 혁명 정신이 발휘될 장소를 허락하려는 마음을 시사한다. 분명 스미스는 아메리카와 관련해 이런 새롭고 긍정적인 생각들을 품고 있었고, 그의 글래스고 제자인 밀러와 리처드슨을 비롯해 그의 친구들 사이에서 그 생각들이 피력되었다. 다만 그런 생각들은 설령 용인된다 하더라도 대중적이지는 않았다. 그래서 1778년 3월 16일 제임스 우드로는 글래스고에서 새뮤얼 켄릭에게 다음과 같이 썼다.

> 당신의 기발한 친구 스미스 박사와 그의 친구들은 우리와 함께하는 자리에서 안전하게 과감한 발언을 할 수 있고, [아메리카에 대한] 자기감정을 어떤 모임에서나 자유롭게 이야기할 수 있습니다. 단언컨대, 그들은 몸에 칠을 하거나 깃털 장식을 하게 될 최소한의 위험도 없이 스코틀랜드 구석구석을 여행할 수 있습니다. (London, Dr Williams's Lib., MSS 24.157, 60)

하지만 새로운 만큼 유익하기도 한 스미스의 아메리카에 대한 현명한 견해는 1775년에는 인쇄와 유통에 이르지 못했다. 흄은 계속되는 『국부론』 출판 지연에 불안해했고, 병의 고통 때문만이 아니라 친구에 대한 걱정 때문에도 1776년 2월 8일자 편지에서 스미스를 나무랐다. '나는 당신만큼이나 게으릅니다. 그러나 당신에 대한 걱정 때문에 편지를 씁니다.' 그는 책이 인쇄된다고 들었지만 어떤 광고도 보지 못했으며, 그가 생각하기에, 만약 스미스가 아메리카의 운명이 정해질 때까지 기다리고 있는 것이라면 이는 오랜 시간이 걸릴 수도 있는 일이었다. 그는 버클루에게서 스미스가 '아메리카 사태에 몹시 열중해 있다'는 말을 들었지만 이 문제가 대부분의 사람이 생각하는 것만큼 그렇게 중요하지는 않다는 생각을 내놓았고, 그럼에도 그는 자신이 틀렸을 수 있으며, 자신이 스미스를 만나거나 스미스의 글을 읽는다면 생각을 바꾸게 되리라고 인정했다. 그가 생각하기에 영국의 '항해와 일반 상업은 우리의 제조업보다 더 어려움을 겪을 수도' 있었다. 그러고 나서 그는 병으로 점점 쇠약해지는 자신에 대해 특유의 농담을 했다. '나처럼 런던도 크기가 줄어들 수 있다면 좋을 것입니다. 그것은 나쁘고 더러운 채액을 가진 거구에 불과합니다.' 이 편지의 다른 부분에서 그는 스미스에게 자신의 '그저 그런 건강 상태'를 언급했다. 그리고 최근에 자신이 몸무게를 재면서 5스톤이 빠졌음을 알게 된 것에 대해 이야기했다. '당신이 더 늦어진다면, 아마 나는 다 사라져버릴 겁니다'(*Corr.* No. 149).

흄은 죽음을 두려워하지는 않았지만, 친구를 다시 보지 못하는 것에 실망해서, 혹은 애덤 스미스가 그토록 오랜 세월을 바친 그 위대한 책을 보지 못하는 것에 실망해서 죽고 싶지는 않았다.

17장

와, 훌륭해요, 스미스 씨!

·

당신이 이루어낸 성취에 나는 매우 기쁩니다.
그 책을 정독하면서 극도의 불안 상태에서 벗어났습니다.

흄이 너무나 보고 싶어한 책 『국부론』의 광고가 1776년 3월 5~7일의 『런던 크로니클』에 실렸다. 『국부론』은 4절판 전2권으로 3월 9일에 출간되었다. 분량은 1000쪽이 넘었고, 표지는 청회색 혹은 대리석 색깔의 두꺼운 판지로 되어 있었다. 이 책은 스미스의 명저이자 그 자신과 미래 세대를 위해 그가 남긴 유산이다. 이 책에서 그는 시장경제 이론의 중요한 설명을 제시했고, 유럽의 경제 성장에 한계가 있었던 이유가 무엇인지를 설명하는 유럽의 민간 역사를 보여주었으며, 경제의 운용과 경제 성장에 대해, 그리고 자유시장 사회가 잘 돌아가고 번영하는 데 필요한 지원 제도에 대해 신중하게 조언했다. 뒤에서 이야기하겠지만, 흄과 지식인 친구들은 스미스가 과연 자신들이 기대한 그런 걸작을 써냈는지 확인하고 싶어서 즉시 이 책을 펼쳐 들었고, 1790년대에 웨스트모어랜드 시골 지역의 어떤 이는 이 책을 통해 생각을 달리하게 되었다(Allan, 2002).

속표지는 학위와 경칭에 대한 스미스의 의견에도 불구하고 저자를 법학박사이자 왕립학회 펠로 애덤 스미스라고 밝히고 있었다(*Corr.* No. 100, 143). 속표지 다음에는 『도덕감정론』 제4판(1774)에 대한 광고가 나왔다. 스미스 혹은 그의 출판업자 스트레이핸, 혹은 이 두 사람 모두는 이 신간의 저자가 『도덕감정론』을 쓴—이 전작의 확장 제목을 따르자면 『사람들이 자연스럽게 먼저 이웃의 행동과 인성을 판단하고 그다음에 스스로의 행동과 인성을 판단함에 있어서 원칙이 되는 것을 분석하는 시론』을 쓴—도덕철학자임을 독자들이 잊지 않기를 바랐던 것이다. 책은 아마 500부 정도 인쇄되었을 것이고, 책값은 1파운드 16실링으로 상당히 비쌌다.¹ 스미스가 출판업자, 인쇄업자들과 맺은 계약에 대해 조사한 R. B. 셔의 저작들(Sher, 2002, 2006)은 『도덕감정론』과 『국부론』의 지식재산권 및 접할 수 있는 이 책들의 다른 판형을 성공적으로 밝혀주었다. 1759년에 밀러는 로버트슨의 첫 책 『스코틀랜드 역사』를 위해 그에게 600파운드를 지불했으며, 이 거래로 동업자 토머스 카델과 함께 6000파운드의 매출을 올린 것으로 보인다. 로버트슨은 『카를 5세 시대의 역사』(1769) 집필료로 '최소한 4000파운드'를 받았고, 스트레이핸 역시 이 책의 출판으로 돈을 벌었다(Cochrane, 1964: 40). 스미스가 시민사회의 역사에 관한 자신의 생각을 도용한 로버트슨에게 감정이 상한 데는 타당한 경제적 이유도 있었을 것이다. 약삭빠른 윌리엄 스트레이핸은 200년 후 『국부론』 초판이 2만 내지 3만 파운드에 달하는 예상 가격으로 경매장에 나왔다는 것을 알면 깜짝 놀랐을 것이다. 비록 실제로는 이 예상 가격에 팔리지 못하고 1만 8500파운드에 주인이 되었지만 말이다(소더비 카탈로그, 1991년 7월 18일, 영국 문학과 역사; 소더비의 피터 빌 박사로부터 받은 편지, 1991년 8월 28일).

에드워드 기번의 『회고록』에 따르면, 스트레이핸은 토머스 카델과 공동으로 발행한 기번의 『로마제국 쇠망사』 첫 권의 출간일인 1776년 2월 17일 직전에 '선지자적 안목'으로 인쇄 부수를 500부에서 1000부로 두 배 늘렸다. 스트레이핸은 기번의 책과 스미스의 책을 연달아 출판해준 것에 대한 흄의 찬사에 응해 4월 12일자로 답장을 쓰면서 그 두 작품을 다음과 같이 비교 평가했다. '전자가 더 잘나갑니다. (…) 하지만 후자는 그리 빨리 나가지 않더라도 어떤 목적에서든 정독을 하자면 많은 사고와 숙고(현대의 독자들에게는 그리 많지 않은 자질)가 필요한 그런 작품치고는 훨씬 더 빨리 나가고 있습니다'(*NLS* Hume MSS vii.67, old no.). 그럼에도 스미스의 책은 늘어나는 독자 수요를 충족시켰다. 1776년 11월에 이르러『국부론』은 좋은 평가를 받고 있었고, 적어도 훗날 스미스가 무미건조하게 언급했듯이 '내가 예상했던 것보다 덜 모욕당했다'(*Corr.* No. 208).[2] 그래서 그는 스트레이핸의 인쇄비 부담하에 '8절판 전4권'으로 구성되는 제2판을 내고 자신과 스트레이핸이 이윤을 나눌 것을 제안했다(*Corr.* No. 179). 500부를 찍은 제2판은 1778년에야 나왔지만, 스미스는 자신이 바랐던, 성공이라 할 만한 것을 이루고 있었다.

『국부론』은 여러모로 스코틀랜드 계몽주의의 전형적 산물이었다. 따라서 조세 같은 경제적 주제뿐만 아니라 이 책에 포함된 많은 인류학적·사회학적 주제도 케임스 경의 훨씬 덜 정밀하고 덜 체계적이지만 마찬가지로 광범위한 1774년 출판물『인간 역사의 개요』에서 발견될 수 있다. 분명 케임스는 일련의 저술과 활동에서 표현한 경제 사상과 경제 계획에 큰 관심을 갖고 있었고, 이는 때로 스미스의 원칙들과 충돌했다(Ross, 1972: ch. 16; Hideo Tanaka, 1993; Kames, ed. Harris, 2008).

스미스는 분업이 부 혹은 경제적 번영을 창출한다는 간단한 하나의 원칙으로 책을 시작한다. 그리고, 우리가 모든 사람과 공유한다고 그가 주장하는 기본 성향들, 즉 우리의 욕구를 만족시키기 위해 상품이나 서비스를 기꺼이 교환하려 하는 것(*WN* I.ii.1)이나 스스로를 개선하려 하는 것(*WN* II.iii.31)과 관련해 이 원칙의 작동을 설명한다. 어느 정도 뉴턴의 정학靜學 모델 위에서 그는 경제 영역에서 이런 심리적 특성들의 작동에 대한 설명을 제시한다. 그리고 이에 더해 사냥·낚시, 목축, 농사, 상업이라는 4단계 경제 발전에 대한 대응을 통해 이루어진 '시민[혹은 정치] 사회 역사'의 전개를 설명하는 일종의 '동학動學'을 제시한다(전쟁과 관련된 *WN* V.i.a. 2~9 참고; 정의와 관련된 *WN* V.i.b. 2~24 참고). 물론 그는 『국부론』 전체에서 자신의 사회가 이르게 된 상업 단계에 대해 이야기하는 것을 선택하고 있지만, 비교 차원에서 최근 스코틀랜드 하일랜드의 목축중심주의를 검토하기도 하고, 또한 증가하는 여행 서적을 포함해 고전 문헌이나 당시의 문헌 속에 담긴 사냥꾼·어부·농부에 대한 폭넓은 역사적·인류학적 자료들을 검토하기도 한다. 따라서 그는 '언어의 기원과 발달'에 대한 그 자신의 강의와 논문에 담긴, 그리고 흄, 케임스, 스튜어트-데넘, 퍼거슨, 로버트슨, 밀러 같은 스코틀랜드 동료 지식인들의 저작에서 발견되는 자신의 선구적 시도와 유사한 '철학적' 역사를 독자들에게 제공한다.

또한 튀르고를 비롯한 1750년대 프랑스 저자들의 유사한 역사 연구들도 있다. 가령 튀르고는 스미스와 마찬가지로 언어 변화의 맥락에 대한 고찰을 통해서 경제적 기반에의 적응을 통한 사회적·문화적 진보에 관해 생각하기 시작했던 것 같다(Meek, 1976: 69). 하지만 이 점에서 『국부론』은 두드러진 확실성과 광범위함을 보여주는 것으로 유명하다. 스미스는 '아메리카 발견과 동인도 항로 발견'이 '인류 역사에 기록된 가장 위대하고 가장 중요한 두 가지 사건'이라고 언급한다. 우리는 유럽 상업 도시들을 위한 세계 시장의 발생, 그 도시들이 식민지를 확대하고 식민지 경쟁을 벌이는 것—적어도 영국의 경우—, 그리고 그 발견들과 식민지화로 혼란에 처한 원주민들의 불행을 볼 수 있다. 또한 스미스는 유럽인이나 그들의 후손이 약해질 때, 혹은 원주민들이 '모든 나라로부터 모든 나라로의 광범위한 무역이 자연적으로, 아니 필연적으로 수반하는 지식의 상호 전달과 모든 종류의 향상의 상호 전달'을 통해 동등하거나 더 큰 힘을 갖게 될 때 원주민들이 역량을 발휘하게 될 가능성을 고려한다(WN IV.vii.c.80).

이런 배경에서 스미스는 '천부적 자유라는 분명하고 단순한 체계'에 따라 작동하는 이상적 사회에서 어떻게 자연적으로 부가 창출되는지를 설명하는 자신의 이론을 개진하면서, 역시 뉴턴과 비슷한 방식으로 경제 모델을 수립한다(WN IV.ix.51).[3] 그런 체계의 주요 특징들은 1750~1751년 에든버러에서의 자연법학 강의로 거슬러 올라가는 것이며, 1755년 글래스고에서 스미스가 쓴 '논문'에 이미 기술되었다. 그 이상적 사회에 대해 말하자면, '평화, 편안한 세금, 적절한 법 집행'으로 특징지어지는 사회일 것이다(Stewart IV.25). 스미스는 자신의 모델을 만들면서 광범위한 자료에 의지했지만, 더걸드 스튜어트의 견해에 따르면 사상에 있어서 결정적으로 흄에게 집중해 있었다. '흄 씨의 정치 담론들은 분명 스미스 씨의 강의들에 앞서 존재했던 그 어떤 책들보다 그에게 크게 도움이 되었다'(WN iv.24). 특히 스미스는 정화正貨의 유동을 조정하는 것, 금리의 기준, 그리고 시민의 자유가 있는 곳에서 상업이 번성한다는 주장 같은 주제들에서 흄의 생각에 의지했다. 더 정확히 말하자면, 케네의 견해에 의해 보강된 흄의 영향이 농업 부문과 제조 부문으로 경제를 나누는 것에 전반적으로 스며들어 있다. 흄은 또한 기술과 과학의 출현이 인간의 자연적 필요와 연관돼 있음을 강조한 바 있다.

흄은 애덤 스미스가 시장경제학을 이해하는 데 기여했을 수도 있고, 『국부론』에서 '독창적이고 견문이 넓은 저자'라고 일컬어진(WN IV.v.a.4) 잉글랜드 곡물법에 대한 어떤 필자―스미스의 장서 목록에 이 필자의 1766년 판 텍스트들이 포함되어 있다(Mizuta)―의 의식을 제고함으로써 곡물의 자유 무역을 촉진하려는 스미스의 뜻을 강화했을 수도 있다. 이 집필자는 1756년에서 1772년 사이에 옥수수 또는 곡물 무역 및 관련 법에 대한 일련의 글을 발표한, 애덤 스미스와는 아무 관련이 없는 인물인 찰스 스미스다(1713~1777: Sheldon, ODNB-O). 경제사가들은 밀 소비 추산을 위한 그의 연구에 의존했지만, 그의 경제 사상이 훨씬 더 중요하다(sheldon, 2007a, b). 흄은 그 사상의 중요성을 알아보았고, 찰스 스미스의 『곡물 무역과 곡물법에 대한 짧은 시론』(1758)에 대해 글을 한 편 썼다. 이 글은 원고 상태로 존재해왔지만(Huntington Lib., Pulteney Papers PU 1806), 1758년의 에든버러 중판 때 그의 익명의 서문 혹은 '홍보 글'에 교권 개입에 반대하는 언급이 빠진 채 인쇄되었다. 『곡물 무역과 곡물법에 대한 짧은 시론』에서 흄이 끌어낸 한 가지 요점은, 곡물 무역에서 개인적 이윤을 얻으려 애쓰는 많은 중개 상인의 노력은 공공의 효용성을 극대화하는데, 이는 그들이 곡물이 남는 곳으로부터 곡물이 부족한 곳으로 곡물을 경쟁력 있는 가격에 팔아넘기기 때문이라는 것이다. 이것은 스미스가 『국부론』 IV.ii.9에서 소개하는 '보이지 않는 손' 비유에 대한 일반적이지만 논쟁의 여지가 있는 해석의 한 형태다(Grampp, 2000: 444~445). 또한 흄은 곡물 무역에는 독점을 유지하기에는 너무 많은 중간 상인이 존재한다는 찰스 스미스의 주장을 지지했다 (Raynor, 1998: 22).

1756년 나쁜 날씨 탓에 가을에 흉작이 들자 밀 가격이 급상승했고, 그 결과 소비자들이 부담을 안게 되었으며, 이들 중 일부가 폭동을 일으켰다. 런던의 추밀원은 튜더 왕조 시대의 곡물 상인들에 대한 규제를 부활시켰고, 이것이 다시 폭동을 불러오자 정부는 수출을 줄이고 면세 수입을 허락하는 등 단기적 조치를 취하는 것으로 대응했다. 그럼에도 불구하고 곡물 공급의 감소와 높은 가격이 자연적 기근 때문이 아니라 농민들의 탐욕 및 곡물 도매상·소매상, 제분업자, 제빵업자, 곡물 중개 상인의 부정행위 때문이라는 믿음이 만연해 있었다(*Short Essay*, 1766: 6). 결과적으로, 중개 상인들이 쥐고 있다고 여겨진 곡물 독점권을 깨는 법률을 제정해 빵 가격을 떨어뜨리고 계속 낮은 수준으로 유지하도록 1757년과 1758년 의회에 상당한 압력이 가해졌다.

많은 소책자 집필자가 이런 규제를 지지했지만, 곡물 상인이자 곡물 상인의 아들로서 곡물 무역에 대해 잘 알고 있던 찰스 스미스는 다른 입장을 취했다. 『곡물 무역과 곡물법에 대한 짧은 시론』에서 그는 곡물을 식량이자 상품으로 간주했고, 에드워드 6세 시대 이후 생산과 가격을 규제하기 위해 통과된 다양한 법률의 결과를 평가했다. 그의 결론은 그가 집필하던 때와 같은 흉작과 기근의 시기에는 이러한 입법이 가격을 낮게 유지하는 데 거의 영향을 미치지 못했다는 것이었다. 그는 1671년 어떤 법규가 통과된 이후 사실상 그렇게 되었던 것처럼 국내 곡물 무역을 자유롭고 개방적으로 이루어지도록 놔두는 것이 가장 좋은 방법이라고 보았다(15. Charles II, c.7). 비축 가능한 곡물의 해외 수출을 위해 보조금이 지급된다는 것을 농민들에게 상기시켜야 한다는 단서도 있었다. 곡물 가격이 비싸지기 시작하면 다음과 같은 점을 들어 사람들을 안심시켜야 한다. 첫째, 곡물 가격이 비쌀 때는 보조금이 중단될 것이다. 둘째, 가격이 빈곤을 야기하지 않을 만한 수준으로 약간만 올라가게끔, 그리고 너무 많은 양을 수입해 농민들의 경작을 억제하는 결과를 낳지 않게끔, 적정한 관세하에 곡물을 수입할 것이다. 기근이 들어 불가피할 때는 면세 곡물 수입이 허가되어야 한다(*Essay*, 1766: 9, 33). 『곡물 무역과 곡물법에 대한 짧은 시론』을 통해 찰스 스미스는 곡물 무역상들의 사고방식을, 그리고 곡물 시장의 현실—상하기 쉬운 상품의 판매 경쟁과 가격 정보에 대한 손쉬운 접근 덕분에 '합리적 가격'을 유지하고 소비자를 속이는 술책들을 물리칠 수 있는—에 대한 그들의 인식을 잘 이해하고 있음을 보여준다.[4]

흄이 『곡물 무역과 곡물법에 대한 짧은 시론』에 관한 자신의 '홍보 글'에서 자기주장을 계몽주의적으로 살짝 비틀어 언급한 바에 따르면, '군중'은 자기 사업을 알고 과잉 규제 없이 사업을 해나가도록 허용되어야 하는 곡물 상인들에게 비이성적으로 반감을 느끼듯이 '영적 상품'에서 독점을 유지하려 하는 성직자에게 비이성적으로 애착을 느꼈다. 거의 20년 후 『국부론』에서 스미스는 곡물 무역업자와 곡물 관련법들에 대한 일반적 우려 뒤에 자리한 비이성적 생각이라는 주제를 다루었다.

> 독점['적절한 자격을 갖춘 사람 또는 법적으로 허가받은 사람에 의한 경우는 제외하고, 곡물을 다시 팔 목적으로 입수하는 것']과 매점['시장에 나오게 될 어떤 것을 그것이 시장에 나오기 전에 사들이거나 매매 계약을 맺는 것, 혹은 그것을 시장에 내놓을 사람들을 설득해 시장에 내놓지 않게 하는 것'](Smith, 1758: 38, 40)에 대한 대중의 두려움은 마술에 대한 대중의 공포 및 의심에 비견될 만하다. 후자의 범죄로 기소된 불운한 사람들은 전자의 범죄로 기소된 사람들만큼이나 그들 탓으로 여겨지는 불행에 대해 무고하지 않았다. 마술에 대한 모든 기소를 끝내는 법률, 그 상상의 범죄에 대해 자기 이웃을 기소함으로써 스스로의 악의를 만족시키는 인간의 힘에서 그 마술을 배제하는 법률은 그런 두려움과 의심을 부추기고 지지하는 큰 요인을 없애 버림으로써 두려움과 의심을 효과적으로 종식한 것처럼 보인다. 국내 곡물 무역에 완전한 자유를 되돌려주는 법률은 독점과 매점에 대한 대중의 두려움을 종식하는 데 효과적임을 입증하게 될 것이다. (WN

IV.v.b.26)

『국부론』의 저자는 자유로운 국내 곡물 무역의 이득에 대한 찰스 스미스의 입장을 기꺼이 지지했지만, 곡물에 대한 보조금 설정이 적절하게 평가된 수출 곡물 가격을 낮았다는, 즉 이 기간에 지급된 보조금 총액보다 더 큰 금액으로, 매우 높게 평가된 수입 곡물 가격을 상회하는 수출 곡물 가격을 낮았다는 그의 주장에는 이의를 제기했다. 이런 결론에 도달한 찰스 스미스는 '진정한 중상주의 원칙들'에 따라 이것이 '이러한 무역 강제가 국가에 이익이 된다는 분명한 증거'로 여겼다고 애덤 스미스는 비꼬듯이 썼다. 이어서 그는, 보조금이라는 특수 비용이 곡물 수출을 위해 그 사회가 사실상 치르는 비용 중 가장 적은 부분임을 찰스 스미스가 고려하지 않았다고 썼다. 수출을 위한 곡물을 재배하는 농민들의 자본금도 고려되어야 한다. 만약 해외에서 팔리는 곡물의 가격이 보조금뿐만 아니라 비축분의 경상 이익과 함께 농민의 자본금까지도 돌려주지 않는다면, 국가의 비축량은 상당히 감소할 것이다. 분명 궁극적으로 애덤 스미스는 자신이 LJ(A) vi.91~97에서 표명한 견해(LJ(B) 234와 ED 3.5도 참고), 즉 보조금이 곡물 가격을 낮췄다는 견해에 반대되는 주장을 펴고 있었다 (WN 506, n. 7). 물론 좋을 때나 나쁠 때나 생산자와 소비자에게 가장 도움이 되는 국내 곡물 무역을 위해서 애덤 스미스는 곡물의 자유 시장을, 단 공정성의 테두리 안에서 돌아가고 사고파는 데 있어서 신중함이라는 일반적 조건에 좌우되는 그런 자유 시장을 유지하는 것에 찬성했다. 그러나 동시에 그는 다른 시장들, 즉 '노동, 토지 임대, 공공

사업'을 위한 시장들에 개입할 필요에 대해서는 민감했는데, 이는 예컨대 맬서스가 '무분별하다'고 여긴 '사회 하층 계급들의 행복과 안락'에 대한 얼마간의 염려 때문이었다(Rothschild, 2002: 82~83).

스미스가 몰아내고 싶어한 것을 사회사가 E. P. 톰프슨은 '사회적 규범과 의무에 대한, 가난한 사람들의 도덕 경제를 구성한다고 종합적으로 이야기될 수 있는, 공동체 내 여러 당사자의 적절한 경제적 기능에 대한 철저한 전통적 견해'라고 적절히 묘사했다. '현실적 박탈만큼이나 이런 도덕적 억설에 대한 분노도 식량 폭동과 같은 '직접적인 행동의 흔한 이유였다'(Thompson, 1993: 188). 문제는 튜더 왕조의 필수 식료품 '공급' 정책이 붕괴되고 있다는 것이었다. 그 구태의연한 일부 대지주와 위정자들이 온정주의적으로 곡물 부족에 대응한 1700~1760년에 통치자와 피통치자의 상호 의무 이론은 시장에서의 일을 결정하는 한 방법으로서의 입지를 상실하고 있었다. 또한 무역의 균형을 유지하고 이익을 증진하는 책무와 관련된 중상주의적 가설이 곡물 수출에 유리하게 작용했다(p. 269). 그렇지만 톰프슨 교수는 '최고의 선을 위해 적절하게 작용하면서 자연적이고 자동 조절되는 경제라는 모델은 온정주의적 모델'을 유지시킨 관념만큼이나 맹신에 불과하다고 판단한다. 그는 스미스의 모델이 온정주의적 모델보다 18세기 현실에 부합하고 지적으로 더 면밀하게 구성되었다고 생각하지만, 또한 그 옛 모델이 도덕적 규범, 즉 사람들이 서로를 위해 무엇을 해야 하는지에 지배되는 반면에 스미스는 경험적으로 입증된 바 없는 주장, 즉 '이것이 바로 국가가 개입하지 않았을 때 일이 돌아가는, 혹은 돌아가게 될 방식이다'(p. 203)라는 주장에 근거해 그것을 대체하기를 지지하는 것 같다고 생각한다. 이 이론적 견해의 몇 가지 정책적 함의에 대해서는 뒤에서 논할 것이다.

찰스 스미스와 흄의 자유 곡물 무역 옹호와 관련된 영향에 더하여 스미스의 경제 이론에 미친 영향들을 짚어보는 것으로 돌아오자. 에드윈 캐넌과 W. R. 스콧은 허치슨의 영향에 주목해, 상호 의존적인 기능 지원을 수반하고 기능의 특수화와 기능성의 향상을 통해 생산을 가속화하는 분업의 중요성을 강조함으로써 허치슨이 분석적으로 경제학을 논한 것이 스미스에게 실마리가 되어주었다고 여겼는데, 이는 타당해 보인다. 물론 스미스의 스승 허치슨은 푸펜도르프의 정치 경제학 원칙들에 대한 논의를 공부한 데서 부분적으로 영향을 받았다(Skinner, 1995: 113~119). 그 결과 스미스에게 허치슨은 정의의 집행이 경제 성장에 도움이 되는 안정적 사회를 만드는 전제 조건이라고 주장하는 본보기가 되어주었다. 게다가 허치슨은 사용 가치와 교환 가치를 구분했고, 교환 매체로서의 돈과 가치의 기준으로서의 돈을 구분했으며, 공급 가격과 수요 가격을 구분했다. 여기서 공급 가격은 원료비, 작업자의 기술, 작업자가 사회에서 유지하기를 기대하는 지위를 포함하는, 노동의 종합 가격으로 이해된다. 스미스의 이 '잊지 못할' 스승은 경제 질서를 유지하는 데는 이기심도 나름 역할을 한다고 생각했지만, 스미스는 그런 정도에 그치지 않았다. 그는 이기적 행동에 대한 도덕적 승인을 거부하지 않는다. 이 점에서 『도덕감정론』은 경제 활동에 대한 아래와 같은 새로운 시각을 추가한다. '자신을 위해 어느 정도의 진지함을 가지고 [뭔가 더 특별하고 중요한 이기심의 대상]을 추구하지 않는 사람은 비열하게 보인다'는 것이다III.6.7(Scott,

1900: 210, 231; *WN* ed. Cannan, 1950: vol. I, p. xxxv~xliii).

 『국부론』에 나오는 경제 모델에 대한 설명을 따라가기 위해서는 법학 강의들에 나왔던 관련 진술에서 시작해야 한다. 글래스고 시절의 스미스의 사상을 보여주는 이 증거를 다시 짚어보면, 1762~1763년의 기록(『법학 강의』(A))은 주제들을 더 충분히 다루지만 1763~1764년의 기록(『법학 강의』(B))은 다루는 주제들의 범위에서 더 완전하다는 것을 상기할 수 있다(Skinner, 1979: 11). 『법학 강의』(B)를 잘 살펴보면 농업, 제조업, 상업으로 구성된 경제 체계에 대한 분석을 찾을 수 있다. 이 분석의 주된 특징은 분업에 대한 것으로, 이는 '자연적 필요'에 상응하는 기술의 완벽함에서 나오는 경제 성장을 설명하는 데 따른 것이다. 스미스는 전문화에 따른 기능성과 시간 절약의 향상, 그리고 기술 변화의 역할을 강조한다.

 노동자의 양모 코트 한 벌을 생산해내는 흔한 예를 들어 스미스는 필요한 도구의 제작에서 수반되는, 또한 양털 모으기, 방적, 염색, 직조, 재단 등의 관련 절차들에서도 수반되는 상호 의존을 거론한다(*LJ*(B) 211~213). 분업의 중요성은 핀 제조 관련 공정들에 대한 논의를 통해 더 강조된다. 스미스는 각각의 특화된 업무를 갖추고서 결합된 18명의 노동자가 하루에 200개의 핀을 만들어내는 반면, 기성 철사만으로 각자가 일한다면 하루 생산량은 기껏해야 20개에 불과할 것이라고 말한다(*LJ*(B) 213~214). 여기서 스미스가 참고한 것은 『백과전서』 제5권(1755)에 실린 '핀' 항목일 것이다. 여기서 18개 공정이 언급된다. 또 다른 참고 자료인 이프레임 체임버스의 백과사전(제4판, 1741)은 '핀' 항목에서 25개 공정을 열거하고 있다. 스미스가 얻은 교훈은 분업에서는 현상 유지를 넘어서는 상당한 잉여가 발생해 부를 창출한다는 것이지만, 이것이 노동의 가격에 의해 정해지는 것은 아니다. 상품이 더 저렴해지면서 노동이 더 비싸지기는 하지만 말이다.

강조되는 더 중요한 점은 노동자가 자신의 잉여를 자신이 원하는 상품으로 교환할 수 있다는 것이다. 이런 생각과 함께 스미스는 가격과 할당이라는 관련 문제들로 나아간다. 자연 가격—상품을 공급하는 종합적 비용—과 시장 가격—상품 수요에 좌우되는 그때그때의 지배적 가격—을 구분하는 것에서 특히 분석이 예리하다. 스미스는 시장 가격을 자연 가격 위로 끌어올리는 경우와 자연 가격 아래로 떨어뜨리는 경우를 검토하고, 그 가격들이 일치하는 것을 방해하는 경향이 있는 정책은 어떤 것이라도 '부를 감소시킨다'는 주장을 내놓는다. 이런 식의 평형 이론을 통해 스미스는 시장 가격을 자연 가격보다 높게 유지해주는, 제품에 대한 세금, 독점, 기업 특권 같은 정책뿐 아니라, 시장 가격을 떨어뜨리는 곡물 보조금과 같은 정책도 비판할 수 있고 비판한다. 따라서 스미스는 다음과 같은 결론에 이른다. '대체로 (…) 일이 자연스럽게 돌아가도록 놔두는 것이 단연 최고의 정책[부와 풍요를 얻는 방법—『법학 강의』(B) 205]이다'(*LJ*(B) 235). 이것이 그 자신의 자유방임 형태다. 자유방임이란 그가 직접 사용한 적이 없는 표현이고, 케네와 중농주의자들에게 더 관련이 깊은 표현이지만 말이다(Viner, 1958: 213~245; Winch, 1978: 14~16; Skinner, 1979: 216~219; Teichgraeber, 1986: 4~6, 181, n, 2; Perrot, 1992: 91~92). 더걸드 스튜어트(*EPS* Stewart, n. 1)는 스미스 이전의 자유 기업 경제학의 역사를 살펴보면서, 프랑스 상인들에게 영향을 미친 17세기의 영국과 네덜란드 사상가들에게로 거슬러 올라가는 그 개념을 추적했다. 그는 '우리를 놔두라'라는 표현이 르 장드르라는 한 나이 든 상인이 루이 14세 통치기의 유력한 정치가이자 프랑스를 강력한 국가로 만들기 위해 중상주의 정책을 수립하는 데 헌신한 인물인 콜베르와의 대화 중에 사용한 것임을 확인했다.

가격에 대한 논의는 자연스럽게 교환 매체이자 스미스의 경제 모델에서 세 번째로 중요한 요소인 화폐에 초점을 맞추게 된다. 그가 견지한 관점은 당연히 그로 하여금 중상주의 체계를 공격하게 하는데, 자연적 부가 화폐에 있다는 중상주의 체계의 그릇된 주장과 정화의 자유 수출을 금지하는 것과 같은 부조리한 정책들의 강요 때문이다. 그리하여 그는 자원을 통제하고 유용하는 중상주의적 시도의 나쁜 영향을 보여줌으로써 할당의 문제로 돌아간다. 따라서 자유무역은 국내의 경제적 자유 이행에 찬성하는 것으로서 소개되고, 스미스의 전반적 주장은 규제 없는 국제 시장을 지지하는 데서 정점에 달한다.

> 위의 사항들을 고려해보면, 분명 영국은 반드시 자유 무역항이 되어야 할 것 같고, 해외 무역에 대한 어떤 간섭도 없어야 할 것 같고, 다른 식으로 정부의 비용을 대는 것이 가능한 한 모든 세금과 관세와 물품세에서 폐지되어야 할 것 같고, 자유 무역과 교환의 자유가 모든 나라에서, 모든 것에 대해 허용되어야 할 것 같다. (*LJ*(B) 269)

이러한 맥락에서도 스미스 사상의 추가적인 중요한 특징이 있는

데, 그가 인간의 경제 활동을 자기애의 다양한 발휘를 결정하는 것인 우리 신체와 정신의 미묘함에 뿌리를 둔 것으로 본다는 점이다. 따라서 최종적 경제 분석에서 그는 우리를 욕구의 존재보다는 심미적 존재에 훨씬 더 가깝게 묘사한다(*LJ*(B) 208~209). 물론 그는 학문의 이력 초기에 「천문학의 역사」에서, 과학적 체계들을 세우는 데 있어서 우리의 미학적 감정들인 경이, 놀라움, 감탄이 중요하다는 것을 밝혀 낸 바 있다.

『국부론』이 나왔을 때 글래스고 상인들은 자유 무역 및 그 외 주제들에 대한 스미스의 이론이 자신들의 모임에 '충격을 주며 유포되었던' 견해임을 인지했다(Sir Thomas Monro/Kirkman Finlay, 1825년 8월 15일, Hutchison, 1976: 510, n. 8에서 인용됨). 『국부론』이 '[스미스의] 지식인 친구들에게는 환영받았지만 아메리카 담배 무역의 붕괴에 직면한 글래스고 상인들 사이에서는 거의 지지를 얻지 못했다'(Lynch, 1994: 348)는 견해가 최근에 표명되었지만 이는 부적절해 보인다. 미국 독립전쟁이 발발할 때까지의, 그리고 미국독립전쟁이 진행되는 동안의 글래스고의 수입과 수출에 대한 분석은 관련 상사들이 대체로 위기 관리 능력을 잘 갖추고 있었다는 것, 그리고 식민지 체제의 불안정성과 그 체제에 수반된 규제들을 비판할 이유를 줄곧 갖고 있었다는 것을 시사한다(Devine, 1975: 103~150; 1995: 74~106). 이렇게 볼 때, 상인들은 무역의 자유를 비롯해 『국부론』의 중요한 정책적 발상들을 긍정적으로 논했을 것이다. 그렇지만 '상인과 제조업자들의 독점욕, 그 비열한 탐욕'(*WN* IV.iii.c.9)이라는 스미스의 공격과 '시골 대지주들의 관대함'(*WN* I.xi.10, iv.ii.21)이라는 스미스의 칭찬에 대해 그들이 어떤 반응을 보였는지에 대한 정보는 아쉽게도 없다. 이는 스미스와 파이프 지역 상류층을 이어준 연결 고리인 그의 더글러스 가문 배경으로 설명될 수 있고, 또한 스위프트를 도시/시골이라는 대립을 하나의 풍자적 비유로 사용한 모범 작가로 여긴 그의 애호로도 설명될 수 있다. 앞서 말했듯이 글래스고에서 스미스는 자신의 강의들을 책으로 만들고 있다고 밝혔고, 담배 상인 존 글래스퍼드가 이 '유익한 저작'이 1764년에 '꽤 진척되었다'고 여겼음을 우리는 알고 있다(*Corr.* No. 85). 글래스퍼드나 글래스고 상인 공동체에 속한 또 다른 사람들은 1760년대에 제안된 은행업 법안과 관련된 스미스의 경제적 견해에 대해 잘 알고 있었고 매우 공감했는데, 그 견해의 일부는 1763년에 어떤 당대 인물이 출간한『은행과 스코틀랜드 지폐에 대한 생각』이라는 소책자에 나타나 있었다(Gherity, 1993; Raynor, 2009 출간 예정).

스미스의 영향은 드러나지만 필자가 누구인지는 확실치 않은 이 팸플릿에 더해,『국부론』집필의 초기 단계와 관련된 것으로 보이는, 스미스가 쓴 세 편의 원고가 남아 있다. W. R. 스콧은 댈키스 저택에 남아 있는 버클루 문서들 내의 찰스 톤젠드 관련 문서 가운데 그중 첫 번째 원고를 발견했고, 그것을『국부론』의 부분적 초기 원고로 간주했다. 이 문서를 구성하는 것은 '공공의 부의 성격과 원인'이라는 제목하에 분업을 다룬, 총 30쪽이 넘는 두 개의 긴 장, 그리고 각각 교환 또는 가격, 돈, '부의 점진적 증가'를 다루는 3, 4, 5장을 18쪽에 걸쳐 요약한 내용으로 이루어져 있다(SRO Buccleuch Muniments GD 224/33/4; *LJ* 561~581; Scott, 1937: 317~356).

로널드 미크와 앤드루 스키너는『법학 강의』(A)와 (B)를『국부론』초기 원고와 신중히 비교한 후,『국부론』초기 원고가 스미스의 법학 강좌의 경제 부분에서 언급한 주요 사안들을 다루기는 하지만, 1763년 4월 이전 어느 단계에서 작성되었다고 결론지었다. 1763년 4월 5일 화요일에 스미스가 자기 학생들에게 일종의 덧붙이는 말로서 내비친 것으로 보이는(LJ(A) vi.64), 시장의 규모가 분업을 결정한다는 중요 사항에 대한 고찰이 이 초기 원고에는 빠져 있다(Meek and Skinner, 1973: 1094~1116). 게다가 초기 원고는 '모든 사람은 영원히 자기 아버지를[아버지의 직업을] 이어가야 한다'는, 세소스트리스(제12왕조의 파라오 세누스레트 1세)가 만들었다고 알려진 어떤 법을 언급하지 않는다(LJ(A) iii.128, vi.54). '교역 성향'의 기초가 되는 '인간 정신의 원리'로서 '모든 사람이 납득해야 하는 자연적 성향'에 대한 언급도 없다(p. 56).

『국부론』초기 원고와『국부론』자체를 비교해보면 상당히 유사하다는 점과, 또한 강의에서 중요한 내용을 가져왔다는 것을 알 수 있다. 예컨대 분업이 인간의 정책의 결과가 아니라 거래, 교환, 교역을 하는 인간의 자연적 성향의 필연적 결과라는 주장 같은 것이다(LJ(A) vi.44; LJ(B) 219; ED 2.20~21; WN I.ii.i). 또한『국부론』에서 매우 영리하게 활용된 간결하고 함축적인 표현법이 초기 원고에서 모습을 드러내는 것을 볼 수 있다. 말하자면, 인간이 거래를 하는 유일한 동물이라는 주장을 강조하며 '어떤 개가 다른 개와 어떤 뼈를 다른 뼈로 공정하고 신중하게 교환하는 것을 누구도 본 적이 없다'는 표현을 쓴 것처럼 말이다(ED 2.21; cf. WN I.iii.2). 그러나 스미스가 초기 원고의 내용을 편집했다는 것도 알아볼 수 있는데, 그는 분업에 대한 논의를 좀더 직접적으로 끌고 가기 위해서 『국부론』에서는 '문명화된 사회'의 불평등에 대한 어떤 빼어난 구절을 버렸다(ED 2.3~5). 초기 원고 2장의 결론 부분에 나오는 한 구절은 스미스의 여러 글에서 독특한 방식으로 이야기되는 짐꾼, 철학자 또는 학자의 사회적 유용성이라는 주제에 대해 부연하며, 우리가 아는 것 대다수가 다른 상품들처럼 시장에 나온 책들로부터 간접적으로 얻어진 것이라고 주장한다(Skinner, 1979: 141, n. 15).

W. R. 스콧은 『국부론』 집필과 관련된 다른 두 편의 원고도 확보해냈다. 그 원고들은 애덤의 상속자인 데이비드 더글러스의 후손들 중 배너먼 가족이 보유하고 있던 스미스의 문서들 속에 있었다. 1935년에 스콧 교수는 데이비드 더글러스의 손자의 미망인이 남긴 유언의 집행자 역할을 하는 헬렌 배너먼 부인에게 스미스가 남기고 죽었을 것으로 여겨지는 스미스 문서들의 목록을 주었다. 이에 대한 응답으로 그는 문서들이 담긴 네 개의 상자를 받았다. 그중 '얼린 아몬드 케이크'라는 이름표가 붙은 상자에서 앞서 언급했던 정의에 대한 강의의 한 단편 원고가 발견되었고, 『국부론』과 관련된 두 개의 단편 원고가 발견되었다. 헤일스 경의 '옥수수 가격' 편집본도 발견되었다(GUL MS Gen. 1035/227, 228, 229; Scott, 1940: 270~271).

이 두 단편 원고 중 A(FA)는 한 번 접은 종이 한 장으로 되어 있고, 그렇게 해서 생겨난 네 면을 거의 전부 채우고 있다. B(FB) 역시 이런 종이 한 장으로 되어 있지만 그중 두 면 반 정도만을 채우고 있다. 『국부론』 초기 원고가 그런 것처럼, 여기 쓰인 글은 대필자의 필체로 되어 있지만, 스미스의 필체로 수정하고 삽입한 흔적들이 남아 있다.『국부론』의 초기 원고와 단편 원고들의 워터마크는 같은 것인 듯한데, 뒷발을 딛고 일어선 왕관 쓴 사자의 모습과 '조국과 자유를 위하여'라는 문구가 들어가 있는 엠블럼이다. 스콧은 이 종이가 네덜란드산이며 스미스가 글래스고에서 사용한 유형이라고 판단했다(FA and FB—LJ 582~586; Scott, 1937: 321~322; Skinner, 1979: 143~144).

　내용에 대해 말하자면, 단편 원고 A는 스코틀랜드 하일랜드 사람들의 경험뿐 아니라 북아메리카 인디언, 타타르족, 아랍인, 호텐토트족처럼 더 외떨어진 사람들의 경험도 참고해 시장의 규모와 관련된 분업 문제를 다룬다. 단편 원고 B는 같은 주제를 다루지만, 바다를 통한 왕래의 용이성을 고려한 데 따른 관점에서 다룬다. 여기서는 고대 그리스와 이집트의 경험이 아메리카 식민지들의 경험과 연관돼 있다. 이 단편 원고들은『국부론』초기 원고의 분업에 대한 분석의 결론을 위한 '대체' 결론으로 보이며, 따라서 초기 원고 후에 쓰인 것으로 볼 수 있다. 게다가『국부론』 I.iii.1~2와 그 단편 원고들을 비교해보면 내용과 표현에서 유사한 일치가 드러난다(Skinner, 1979: 146). 그러므로 이 단편 원고들을 통해 우리는 스미스의 대작의 인접한 선행 단계에 아주 가까이 접근해 있는 것 같다.

　1759년『도덕감정론』을 출판하고서 스미스는 '치안, 세입, 국방에 대한 것'을 다루는 것을 포함해 '법과 정부의 일반 원칙들'을 다루는 또 다른 책을 쓰겠다는 종결부의 약속(TMS VII.iv.37)에 유념하고 있었을 것이다. 하지만 그는 1761년『도덕감정론』제2판에서 흄과 민토의 엘리엇이 초판을 보고 했던 비판들을 다루게 되면서야 비로소 이 계획에 온전히 관심을 기울일 수 있었다. 그해에 그는『언어학 논집』 발행을 위한 계획들에도 관여했을 수 있다.『국부론』초기 원고는 분업을 제한하는 시장 규모에 대한 스미스의 '덧붙이는 말'이 그의 강의에 들어간 시점인 1763년 4월 이전에 완성된 잔존하는 텍스트와 함께 1762~1763년 중에 시작되었을 수 있다. 게다가 이 텍스트에는 '오시안이 사냥꾼들 나라의 업적을 분명하게 묘사하고 있다'는 확신에 찬 주장이 담겨 있다(ED 2.27; cf. *LJ*(A) iv.101, 1763년 3월 1일자, 오시안의 픽트족과 스코틀랜드인을 아메리카 인디언에 비유함). 제임스 맥퍼슨은『오시안의 단편들』을 1760년에,『핑걸』을 1762년에,『테모라』를 1763년에 출간했다(Mizuta). 스미스는 1760년 8월 16일에는 오시안의 시를 알고 있었다(*HL* i.329). 그런데 1763년에 그의 수사학 강의에 근거한 휴 블레어의『오시안의 시에 대한 비평』이 나왔고(Sudo, 1995), 이 책은 이 시들이 사냥꾼들의 시대를 배경으로 했다고 명확히 지적했다(p. 17; *LJ* 573, n. 2에서 인용됨).

『국부론』초기 원고는 톤젠드의 미망인, 즉 버클루 공작의 어머니가 1794년 사망하면서 댈키스로 보내진 '대형 포장 상자' 안의 톤젠드 문서들 속에서 발견되었다(Scott, 1940: 269). 스미스는 1766~1767년 겨울 런던에 있으면서 톤젠드와 함께 일하던 시기에 분업에 대한 자신의 중심 사상의 비교적 완성된 형태로서 이 문서를 톤젠드에게 빌려주고 즉각 화제로 삼았을 수 있다. 단편 원고 A와 B는 강의록 자료와는 다른,『국부론』초기 원고 제2장의 결론을 대체하기에 적합한 것이다. 이 두 단편 원고는 스미스가 글래스고 교수 시기에 사용했던 종이에 쓰여 있고, 따라서 집필 시점을 그 시기 말, 혹은 그 시기는 끝났지만 이런 종이가 아직 그에게 남아 있거나 그가 이런 종이를 구할 수 있었던 때로 추측할 수 있다. 이 단편 원고들이 스미스의 서신 속에서 발견되었다는 것은, 그 원고들의 요점과 적절한 표현이 스미스가 런던으로 가져간 '저술 문서들'의 일부였던『국부론』원고에 일단 흡수된 뒤 그 원고들이 헤일스의 '옥수수 가격' 문서와 함께 1773년 커콜디에 남겨졌음을 암시한다(*Corr.* No. 137).

이 시기에 케네는 생존해 있었는데, 그에게『국부론』을 헌정한 것은 스미스의 뜻이었음이 분명하다. 혹은 더걸드 스튜어트를 통해 그렇게 알려졌다(Stewart III.12). 추정할 수 있는 동기는 스미스가 두드러진 프랑스 경제학파의 대표자로서의 케네의 업적을, 그리고 스미스가 파리에서 그를 만나고 그의 저작을 읽으면서 받은 지적 자극을 인정하는 것이었다. 케네는 1774년에 죽었고 스미스는 아무런 제스처도 취하지 않았지만, 케네와 그가 옹호한 중농주의는『국부론』에 등장했고, 스미스로 하여금 거시경제학적 문제들에 관심을 기울이게 하며 '순환'이라는 원칙을 시장경제 작동의 길잡이로 채택하게 함으로써 그때까지 논의되지 않았던 차원을 추가했다. 이것이 법학 강의들과『국부론』초기 원고 시기에 경제사상에서 이루어진 가장 두드러진 발전이지만, 우리는 스미스의 사상이『은행과 스코틀랜드 지폐에 대한 생각』(1763)에 나오는 경제에 대한 진보적 이해로 나아갈 여지도 알아보아야 한다(Gherity, 1993, 1994). 케네에 대해 말하자면, 스미스의 찬양이 적절했다는 것, 또한 스미스에게 통찰과 이론적 본보기를 제공한 사람들, 즉 자연법 전통의 흐로티위스와 푸펜도르프, 푸펜도르프 해설자인 거숌 카마이클(Murray, 1924: 441), 허치슨, 흄, 스튜어트, 그리고 무역을 다룬 캉티용과 화폐를 다룬 해리스 등 더 전문적인 저자들의 영향과 마찬가지로 케네의 영향에 대해서도 스미스가 스스로의 입장에서 의식하고 있었고, 효과적인 비판에 나설 수 있었다는 것을 『국부론』을 통해 알 수 있다(Murray, 1924: 441).

『국부론』을 낳은 것은 스미스의 광범위한 연구, 인간 본성에 대한 그의 관찰, 영국과 프랑스의 경제 활동에 대한, 또한 간단하게나마 스위스의 경제 활동에 대한 그의 지식, 그가 나눈 각계각층의 사람들과의 대화, 또한 그 자신의 관심사를 공유하고 표현과 구성에 대한 힌트뿐 아니라 견해와 통찰도 제공해줄 수 있었던 당대 저자들과의 대화, 그리고 『도덕감정론』 집필 경험이었다. 이 걸출한 저작은 2개의 부를 구성하는 5개의 권으로 이루어졌다. 처음 두 권은 상업 사회의 경제 성장을 자연스럽게 이끄는 원칙들을 보여준다. 뒤의 세 권은 성장을 이루기 위해 입법자들이 한 일과 해야 하는 일들이 무엇인지에 집중한다.

제1편 '노동 생산력을 향상시키는 요인들과 노동 생산물이 상이한 계급 사이에 자연스럽게 분배되게 하는 체제에 대하여'는 스미스의 핵심적인 생각을 소개한다. 바로 분업이 인간 발전의 원천이며, 이 뒤에는 사람들의 거래·교환·교역의 성향도 있고, 정의의 한도 내에서 자기 상황의 개선을 추구하는 자기애도 있다는 것이다. 물론 이러한 동인의 보편성은 막스 베버, 칼 폴라니 등 다른 사람들에게 도전받아 왔다(Haskell and Teichgraeber, 1993: 5). 스미스의 책은 또한 돈, 가격, 임금과 이윤, 불평등, 가치에 대해 다루며, 이러한 주제들에 이어 은에 대한 그 긴 여담이 자리한다. 스미스는 열심히 파고드느라 장황해지는 것에 개의치 않는다.

제2편은 '자본의 성격, 축적, 사용에 대하여'라는 제목을 달고 있는데, 여기서 스미스는 자신의 통화 이론을 일부 제시한다. 이 이론은 '아주 크게 칭찬받을 만하다'고 여겨지지 않지만(Vickers, in eds. Skinner and Wilson, 1976), 이런 평가에 대해 짚고 넘어갈 필요가 있다. 『법학 강의』(B) 245~247 문단(503~504쪽)에서 스미스는 상업을 확장함에 있어서 은행과 어음 신용의 기여에 대해 진보적 입장을 취했고, 영국의 아메리카 식민지들이 '번영하는 상황'은 이런 금융 수단들의 보급 덕분이라고 보았다. 그러나 『국부론』에서 그는 예컨대 어음 발행에 대해 보수적인 태도를 취했는데, 아마도 에어 은행의 적절치 못한 영업과 파산에 따른 금융 혼란을 의식했기 때문일 것이다(Murphy, 2009: ch. 8). 그는 에어 은행에 대해 '다른 어떤 은행이 그랬던 것보다 더 진보적'이라고 비판했다(WN II.ii.73). 에어 은행은 짧은 기간 존속하면서(1769년 11월~1773년 8월) 농업 발전에 필요한 유동성을 창출하기 위해서 스코틀랜드 통화의 3분의 2에 달하는 지폐를 적절한 재정적 뒷받침도 없이 발행했다고 이야기된다(Hamilton, 1963: 318). 금속 화폐 사용 주장자로서 스미스는 『국부론』에서, 한 나라의 상업은 '지폐라는 다이달로스의 날개를 달아놓았을' 때보다 '금과 은의 견고한 바탕' 위에서 더 튼튼하다고 주장한다(WN II.ii.86).

또한 스미스는 제자인 젊은 버클루 공작(1772년에 26세였다)이 무한 책임을 지는 동업자의 한 사람으로 그 은행에 참여함으로써 엄청난 재정적 위험에 노출된 것에 대해 걱정을 많이 했을 것이다. 동업자들의 토지를 매각해 은행의 채권자들에게 변제할 것을 강요하는, 동업자들에게 불리한 소송의 위협에 대처하는 유일한 방법은 런던에서 장기로 돈을 빌리는 것이라고 스미스는 다른 사람들과 함께 조언했을 수 있다. 이는 1인 생명연금과 연합 생명연금 판매를 통해 이루어지는 것이었고, 이를 추진하자면 의회 제정법(1774년 3월)의 승인을 받아야 했다. 이 연금들과 관련된 채권 발행은 5퍼센트의 금리를 적용하는 것이어서 이 조치는 정부의 금융 시장 개입에 해당됐고, 동인도회사와 런던 금융가의 은행업자 및 무역업자들은 의회에서 이에 반대했다. 그들은 이 조치가 시행되면 단 3퍼센트의 금리를 적용하는 자신들의 채권을 판매하는 데 악영향을 미칠 것이라고 주장했지만 원하는 결과를 얻지 못했다. 결국 에어 은행의 채권자들은 전액을 상환받았지만 동업자들의 부담액은 66만 3397파운드에 달했으며, 매각된 토지의 가치는 75만 파운드에 달했다고 한다(Hamilton, 1963: 317~325). 버클루가 의무를 다하기 위해 1774년에 매각한 토지는 애더베리였다. 하지만 3년 후 그는 헨리 던다스와 제휴해 에든버러에서 토지와 법률 관련 일들을 지휘했으며, 그들은 로런스 던다스 경을 스코틀랜드은행 총재 자리에서 몰아냈다. 버클루가 그 자리를 차지했고, 이후 스코틀랜드의 은행업이 그랬듯이 에어 은행 사태로부터 회복되었다.

스미스는 자신의 시장 원칙들을 유지해, 은행들 사이에 자유 경쟁이 있어야 한다고 『국부론』에서 주장하는데, 이것이 도덕적 해이의 문제를 줄여주기 때문이다. 자유 경쟁 상황에서 은행들은 '보유한 현금에 적정한 비율 이상으로 통화를 늘리지 않도록' 더 신중을 기해야 할 것이며, 그리하여 '많은 경쟁자의 경쟁이 언제든 불러올 수 있는 그런 악의적 인출 사태'를 예방해야 할 것이다. 그러나 그는 천부적 자유에 대한 타격으로 간주될 수 있더라도 지폐 액면가에 대한 제한을 통해 은행들을 규제하는 것, 따라서 대출자들을 통제하는 것에 대한 지지를 표명하기도 했다. 이런 입장을 지지하면서 그는 '경계벽' 비유를 사용한다. 경계벽이란 인접 건물의 소유자들이 불이 번지는 것을 막기 위해 세우도록 법이 정한 벽을 말한다.

> 사회 전체의 안전을 위협할 수도 있는 몇몇 개인의 천부적 자유의 행사는 가장 전제적인 정부뿐 아니라 가장 자유로운 정부까지 포함해 모든 정부의 모든 법에 의해 제한되며, 제한되어야만 한다. 불의 전도를 막기 위해 건물의 경계벽을 세워야 하는 의무는 여기서 제기되는 은행 업무 규제와 같은 종류의, 천부적 자유에 대한 침해다. (*WN* II.ii.94)

스미스가 지지한 국가의 통화 제한에는 두 가지가 더 있다. 하나는 스코틀랜드의 은행업자들이 갑작스러운 수요에 대비해 시간을 벌고자 고안한, 지폐의 태환성과 관련한 '선택 조항'을 금지하는 것이었다. 그러나 스미스는 지폐에서 정화로의 완전하고 즉각적인 태환성이 보호되기를 원했다(*WN* II.ii.98). 다른 하나는 금리 상한제를 도입하는 것이었다. 여기서 스미스가 주장하는 것은, '낭비자와 기획자들'이 높은 수준의 이자를 제시하지 못하도록 제한해, 돈의 생산적 이용으로 얻어질 수익이라는 관점에서 돈을 이용하기 위해 값을 매기는 '냉정한 사람들'을 몰아낸다는 것이다(*WN* II.iv.14). 제러미 벤담은 스미스가 스스로의 자유 무역 원칙을 저버리고 있다고 출판물에서 주장했다(21장). 정치경제학이라는 신생 학문의 이런 문제들은 결국 아주 근본적인 것이었고, 스미스가 이 문제들에 초점을 맞추면서 이에 대한 전문적 논의가 진전을 보게 되었다.

제2편은 또한 생산적 노동과 비생산적 노동을 구분하고, 제조업이 생산적이지 못하다는 잘못된 생각을 반박하면서 케네의 설명에 대한 대안을 제시한다(*WN* II.iii). 아마도 『부의 형성과 분배에 대한 고찰』에서 드러나는 튀르고의 통찰력을 추구하면서, 스미스는 자신이 성장에서 분업에 이어 두 번째로 중요한 요소로 간주하는 것인 저축과 투자에도 초점을 맞추고 있으며, 도매와 소매 거래에서의 자본의 이용에 대해 설명한다.[5] 바로 여기서 스미스는 튀르고에게서 볼 수 있는 것과 같은 선명하고 경구적인 문체로 고정 자본과 유동 자본에 대한 견해를 보여주며, 우리는 경제 활동의 상호 의존에 대한 스미스의 인식을 파악할 수 있다.

> 토지, 광업, 어업을 꾸려나가자면 고정 자본과 유동 자본이 모두 필요하며, 그 분야들의 생산물이 그 자본들뿐 아니라 사회의 다른 자본들까지 이윤으로 바꾸어준다. 따라서 농민은 해마다 제조업자에게 그가 전해에 소비했던 식량과 가공했던 원료를 다시 대준다. 그리고 제조업자는 농부에게 그가 소모하고 닳도록 사용한 완성품을 다시 대준다. (…) 심지어 토지는 어업과 광업을 꾸려나가게 하는 자본을 적어도 어느 정도 다시 대준다. 물에서 물고기를 끌어내는 것은 땅의 산물이며, 땅의 심부에서 광물을 추출하는 것은 땅 표면의 산물이다. (*WN* II.i.28)

대체로 제1권과 제2권은 분석적 경제학자로서 스미스가 시사하는 바가 가장 많은 업적이라 할 수 있으며, 시장 사회의 경제 과정들을 경험적이고 따라서 반증의 여지가 있는 방식으로 설명하는 하나의 모델을 상술한다. 스미스는 이 모델을 '천부적 자유라는 분명하고 단순한 시스템'이라 일컬었다(WN IV.ix.51). 가격 메커니즘을 통해 작동하되, 국가에 의해 집행되는 정의의 경계를 절대 벗어나지 않고, 예컨대 은행업계에서 법률이 정한 규칙을 따르는 그런 시장에서의 자유 경쟁에 대한 그 모델의 주요 특징들은 독서 대중의 주목을 받은 이래 계속 매력을 발휘해왔다.[6]

가장 매력적인 부분은, 개인 차원의 자유 행사는 사회 복지의 발전에 의해 보완된다는 기본 사상이다. 스미스의 주장은, 개인의 사리 추구를 소비자와 생산자에게 득이 되는 긍정적인 요소로 바꿔주는 게 시장 메커니즘의 자유롭고 공정하며 합법적인 작용의 의도치 않은 결과라는 것이다. 이윤이라는 동기는 생산자들이 상품의 수급 상황에 대한 정보를 조정하도록 유도하며, 이러한 상품을 구하는 소비자들은 생산자들이 경쟁을 통해 '자연적' 가격 혹은 균형 가격을 향해 나아가는 데서 이익을 얻는다. 이윤 축적은 다른 여러 이득과 함께 임금 상승과 전반적인 문화 증진을 가능케 한다. 이는 케네의 제자 중 한 명인 미라보가 1763년의 『농업 철학』(Mizuta)에서 밝힌 비전에 대한 스미스의 표현이다. '질서가 잘 잡힌 사회의 건강한 마법은, 사람들 각자가 스스로를 위해서 일한다고 믿고 있지만 실은 다른 사람들을 위해서 일한다는 것이다'(Meek, 1962: 70).

분명 스미스는 시장 내 행위자들의 이기심 표출이 부정적인 결과 또한 불러올 수 있다는 사실을 잘 알고 있다. 목표와 수단에 대한 그 행위자들의 잘못된 판단이 그들을 '불안, 걱정, 고난, 질병, 위험, 죽음'에 노출시킨다(*TMS* IV.1.8). 물론 이런 상황에 대한 스미스의 해법은, 그가 학교 운동장에서 시작된다고 여긴, 자제라는 스토아 철학의 가르침을 상기하는 것이다. 이 때문에 '권력과 부'에 대한 야망은 좀더 긍정적인 동기로 전환될 수 있다. 또 다른 생각도 관련되어 있다. 경제적 자유와 함께 개인들이 직면한 알력의 상황이, 자연법에 따라 작동하는, 사회적 선을 증가시키는 근본적으로 조화로운 세계와 관련될 수 있다는 생각인데, 이 역시 스토아 철학의 설명이다. 이 모든 복잡한 생각이 '보이지 않는 손'의 비유를 통해 절묘하게 전달된다(*WN* IV.ii.9; cf. *TMS* IV.1.10).[7]

『국부론』 제3·4·5편에서 스미스는 자신의 작동 모델 혹은 '체계'의 역동적 수용력에 대한 분석에서 역사적 평가로 전환한다. 이 과정에서 그는, 대체로 '중상주의'의 영향을 받은 정부의 그릇되고 심지어 유해한 시도들에 대한 반론을 펴고, 자신의 '단순한 체계'의 경향에 맞지 않는 경제 활동을 재편하고 고치고 꺾어놓는다. 하지만 하나의 결론으로서 스미스는 정의, 국방, 공공사업, 교육이라는 우리의 주된 사회적 요구들을 위한 재원 마련을 위해서 개인의 경제적 자유를 축소할 필요가 있다는 건설적인 정책 조언을 내놓는다. 이런 사항들을 위해서 제3편 '다른 나라들의 상이한 국부 증대에 대하여'는 자본 이용의 '자연적' 체계라는 측면에서 경제 성장을 역사적으로 추적한다. 『은행과 스코틀랜드 지폐에 대한 생각』(1763)에서도 발견되는 스미스의 주장은, 개입이 없으면 자본은 사회 전체에 최대의 부를 가져오는 직종들에 이르게 된다는 것이며, 그 직종들은 처음엔 농업, 그다음 엔 제조업, 끝으로는 국제 무역이다. 볼테르의 『제 민족의 풍속과 정 신에 대한 시론』(Voltaire, ed. Pomeau, 1957: t. ii)과 흄의 『영국사』에서 통찰력을 얻되, 로마의 멸망과 봉건주의의 확립부터 도시 발전을 통 한 상업 사회의 출현과 지배까지의 유럽의 시대를 설명에 포함하면 서, 스미스는 정부가 아직 구속적 ('중상주의적') 정책들에 치우치지 않 은 단계에서 무역이 사회경제적 변화에 미치는 중대한 영향을 보여주 고자 한다(*WN* 381, n. 1을 보라).

제4편 '정치경제학 체계에 관하여'는 가장 논쟁적인 부분으로, 여기서 스미스는 '상업 체계 혹은 중상주의 체계'의 불합리함에 대해 '우리를 납득시키고자 노력한다'(*LRBL* i.149). 다른 주제들과 함께 이 주제는 제한과 편파적 무역 정책을 통해 무역 균형을 개선하려는 중 상주의적 정책을 혹평하며, 노동과 자본의 유동성뿐 아니라 무역의 자유도 제약하는 일반적 오류를, 자유 경쟁을 막으려 하는 독점 및 다른 음모들의 부조리함을, 무역을 비생산적 경로로 몰아가는 어떤 무역 분야들을 장려하는 잘못을 혹평한다.

스미스의 논쟁의 주요 표적은 '보조금'(*WN* IV.v.a. 4~15) 부분과 '곡물 무역과 곡물법에 대한 여담'(*WN* IV.v.b. 1~53) 부분—앞서 언급 했듯이 이 주제에 대한 찰스 스미스의 소책자에서 영감받은—에서 이야기된, 영국의 곡물 무역에 가해지고 있는 규제였다. 여기서는 예 컨대 튀르고와 그의 친구이자 전기 작가인 콩도르세—자유로운 곡물 무역을 촉진하기 위해 현명치 못한 제한과 장려를 비난하는 데 스미 스만큼이나 열심이었던 인물들—를 통해 이른바 계몽주의 정치경제학이 선취되었음을 볼 수 있다(Rothschild, 2002: 13, 22, 72~81, 167).

스미스는 유럽의 상인과 제조업자들이 독점 정신을 식민지까지 확대한 것과 관련해 중상주의적 관행들을 가장 혹독하게 비판한다. 이러한 맥락에서 그는 아메리카 사태의 문제들을 다루며, '영국의 상업 체계 전반에 대해 (…) 매우 격한 공격'을 한다(*Corr*. No. 208). 따라서 그는 영국 정부의 상인적 사고방식을 비난하고, 아메리카와 본국 영국의 충돌에서 결정적으로 아메리카 편에 선다. '위대한 사람들에게 스스로의 모든 생산물을 가지고 할 수 있는 일을 뭐든 다 하는 것을 금지하고, 자신에게 가장 유익하다고 스스로 판단하는 방식으로 자신의 자본과 노동을 사용하는 것을 금지하는 일은 인간의 가장 신성한 권리를 명백히 침해하는 행위다'(*WN* IV.vii.b.44).

그러나 동시에 스미스는 문제들을 논쟁 상태에 남겨두는 데 그치지 않고 영국과 아메리카 식민지들을 하나로 통합하는 구상을 내놓고 있으며(*WN* IV.vii.c.77), 이러한 구상을 1778년의 『아메리카에 대한 생각』에서 확장시켰다(*Corr*. app. B).

제4편은 식민지 독점 체계를 포함하는 중상주의에 대한 비판에 더하여 중농주의를 다룬다. 여기서 스미스는 케네의 창의력과 심오함에 경의를 표하면서, 케네가 『법학 강의』(B)에 개략적으로 서술된 경제 체계의 중요한 특징들을 선취하고 있는, 『경제표』라는 '산술적 공식집'에 제시된 경제 체계를 고안했음을 인정한다. 케네는 자신의 분석이 자연에 입각한 것이라고 썼고, 니콜라 보도는 자신의 스승이 예컨대 '피카르디, 노르망디, 보스, 일드프랑스, 브리 지역의 우수한 대규모 곡물 재배의 초기 투자와 연간 투자' 사이에서 유지되는 비율

을 계산했다고 구체적으로 밝혔다. 그러나 농업을 강조하는 이 입장은 다른 한편으로 제조업과 무역을 비생산적인 것으로 간주했다. 스미스는 이를 받아들일 수 없었는데, 아마도 무역과 제조업에서 영국 경제의 활력을 알고 있었기 때문일 것이다. 예컨대 글래스고 '설탕 사업, 로프 사업, 비누 사업, 유리 사업'에서, 또한 그 도시의 담배 사업 및 다른 식민지 무역 사업에서 발생하는 이윤에 대해, 그리고 토지와 제조업과 금융 서비스에 대한 투자금을 형성함에 있어서의 이 이윤의 역할에 대해 그가 현실적으로 파악하고 있었다고 추정할 수 있다(Devine, 1975: 18~51).

스미스는 그 '프랑스 경제학자들'의 학파가 케네의 가르침을 '무조건적으로, 어떤 합리적 변화도 없이' 받아들였다고 썼지만, 그것은 경제의 제조업 측면의 생산 능력이라는 점에서 보도가 시작한 개혁을 거쳤고, 튀르고의 『부의 형성과 분배에 대한 고찰』에서 유지되었다. 이 책은 농업뿐 아니라 제조업에 투자되는 자본의 성장도 중요하다는 것에 대한 튀르고의 통찰을 보여준다. 스미스는 이런 생각을 더 밀고 나가, 제조업자의 생산에, 그리고 중간 소득의 증가와 소비자 혁신이라 할 만한 것에 의해 촉진되는 국내 시장의 수요 과잉 인플레이션을 가져오는 상인의 역할에 충만한 가치를 부여했다. 그리하여 자본의 성장이 촉진되었다(*WN* IV.ix. 28~37; Meek, 1962; 309~310; Viner, 1965; 131~132; McKindrick et al., 1982; Perrot, 1992: 220~221; Rule, 1992: 257~259; Brewer and Porter, 1993).

국가의 부가 무엇으로 구성되는지, 그리고 어떻게 성장이 촉진될 수 있는지, 혹은 적어도 정부에 의해서 방해받지 않을 수 있는지를 보여준 스미스는 제5편에서는 국가의 필요 경비에 대해 논한다. 국방과 관련해 그는 상업 사회 단계에서의 분업이라는 주제로, 그리고 '규율이 잘 잡힌 상비군'을 위한 자금 조달이라는 안보 요건으로 돌아올 수 있다(*WN* V.i.a.41). 그의 관점은 시민 휴머니즘을 지지하고, 시민의 자유에 대한 위협으로서의 상비군에 대한 옛 공포를 간직한 탓에 민병대 복무를 선호하는 동시대인들에게 호감을 줄 만한 것이 아니었다(Robertson, 1985). 그렇지만 스미스는 몇몇 군사 작전을 위해 전장에 나갔던 민병대가 사실상 상비군이 되는 것을 인정할 만큼 유연했다. 그는 아메리카에서의 전쟁이 오래간다면 그곳의 민병대가 영국의 상비군에 필적하게 될 것이라는 의견을 냈다(*WN* V.i.a.27).[8]

정의와 관련해 스미스는 법 집행을 수반하는 지속적인 부의 불평등의 기원을 목축 상태에 둔다. 이런 관점의 결과, 사람들 사이의 서열과 종속을 유지시키는 제도들에 대한 다음과 같은 정직한 평가가 주어진다. '시민 정부란, 소유권 보장을 위해 수립되는 한, 사실상 가난한 사람들에 맞서 부유한 사람들을 방어하기 위해, 혹은 재산을 전혀 갖지 않은 사람들에 맞서 재산을 가진 사람들을 방어하기 위해 수립되는 것이다'(*WN* V.i.b.12).

나머지 공공사업과 공공기구로 넘어가 스미스는 우선 상업을 용이하게 하고자 계획된 것들, 예컨대 운송 설비 같은 것을 다룬다. 그는 그것들을 지방 행정의 관리하에 두거나 심지어 그것들에 대한 규제를 해제해, 사익을 작동시킴으로써 효과적인 유지가 확보되길 바란다. 스미스는 제1편에서 적절한 운송 설비들(도로, 운하, 항행 가능한 강)이 독점을 파괴하고 '자유로운 전반적 경쟁'을 장려한다고 강조했다(*WN* I.xi.b.5). 독점의 부정적 영향을 재고려하면서, 그는 1784년 제3판에서 규제회사 혹은 주식회사에 대한 매우 비판적인 언급을 덧붙였다(*WN* V.i.e).

다음으로 그는 청년과 사람들의 교육에 대해 다룬다. 제5편의 관련 부분들은 옥스퍼드의 대학 교육에 대한 그의 반응에 대한 증거로 활용되었다. 그 부분들은 또한 분업 노동자들을 '우둔하고 무지하게' 만드는 부정적 영향과, 보편적 교육과 같은 정책을 통해 정부가 이런 고민거리에 대응해야 하는 의무를 그가 예민하게 의식하고 있었다는 증거이기도 하다(*WN* V.i.f.50). 이어서 종교 교육에 충당되는 비용에 대한 흥미로운 글이 뒤따르는데, 여기서 스미스는 자신이 다소 길게 인용하고 있는 『영국사』의 저자 흄과 좀 비슷하게, 도덕성 혹은 적어도 유순함의 이익을 당파심 및 광신의 위험과 견준다(*WN* V.i.g.3~6). 그는 의사 컬런에게 반대했던 입장을 바꾸어, 높은 학습 기준을 유지하기 위해서 자유업에 종사하려는 사람들에 대한 공적 검증과 아마도 자격증을 지지하게 되는데, '과학은 열광과 미신의 독을 치료하는 훌륭한 해독제이며, 과학을 통해 우월한 사람들은 그 독에서 벗어날 수 있고 열등한 사람들은 그 독에 많이 노출될 수 없을 것'이기 때문이다(*WN* V.i.g.14).

제5편의 마지막 두 장은 각각 조세와 국채를 다룬다. 스미스는 영국의 기존 세입 정책을 비판하고 밀수 문제를 다룬다. 그는 또한 식민지와의 전쟁을 수행하느라 영국이 지게 되는 국채에 대해 비판한다. 마무리 부분에서 스미스는 자신의 자유 경쟁적이고 자율적인 경제 체계의 논리, 성장에 대한 역사적 조사, 자신의 정책 조언의 부담

을 바탕으로 아메리카 사태라는 주제로 되돌아와, 입법자들이 스스로와 국민을 현혹시킨 제국의 '금빛 꿈'에서 깨어나 '대서양 서쪽'에 있는 식민지들을 해방시키고, '[영국의] 미래 전망과 설계를 영국의 평범한 현실 상황에 맞추도록 노력하기'를 촉구한다(WN V.iii.92).

흄은 아메리카 사태에 관한 스미스의 견해에 전적으로 동감했고, 1775년 10월 26일 스트레이핸에게 다음과 같이 썼다.

각료 회의에서 몇몇 장관이 아메리카에서 함대와 군대를 철수해야 하고 그 식민지들을 완전히 그곳 사람들에게 맡겨둘 것을 제안했다고 합니다. 제가 국왕 폐하의 각료 회의의 일원이어서 이 의견을 지지할 수 있었다면 좋겠습니다. 저는 다음과 같은 식으로 말해야 했겠지요. 이 조치는 몇 년에 걸친 일련의 필요한 일을 예고할 뿐이다, 연간 약 60만~70만 파운드의 제품들에 대한 강제적이고 나날이 더욱 위태로워지는 독점은 싸워 얻어낼 가치가 없는 것이었다, 아메리카의 항구들이 모든 나라에 개방되더라도 우리는 이 무역에서 더 큰 부분을 지켜내야 한다, 우리가 취하고 있는 현재의 방식으로는 그 식민지를 정복하려는 우리의 계획이 좌절될 가능성이 매우 높다, 그 식민지가 정복된 후 그곳을 어떻게 통치할 것인지에 대해서도 우리는 미리 생각해두어야 한다는 식으로 말입니다. 독단적 권력은 대척점으로 압제의 팔을 뻗을 수 있지만, 제한된 정부는 멀리 떨어진 곳에서는 심지어 어떤 반감도 생겨나지 않은 곳이라 하더라도 오래 유지될 수 없고, 하물며 그런 격렬한 적대감이 생겨난 곳에서는 오래 유지될 수 없습니다.

흄은 필요한 강압을 위해서는 3만 명 이상으로 구성된 군대가 필요하리라 생각했고, 그 비용을 누가 댈 것인지 물었다. 식민지는 파괴적인 전쟁을 치른 후여서 그럴 능력이 없었고, 영국은 '재정이 완전히 파탄 난 상태'여서 그럴 능력이 없었다. 다음과 같은 흄의 결론에는 계몽주의 정신이 깃들어 있다. '그러니 모든 분노를 내려놓읍시다. 악수하고 친구로 헤어집시다. 만약 우리가 어떤 분노를 간직한다면, 그 분노는 오직 우리의 과거의 어리석음을 이유로 우리 자신을 겨냥하는 것이게 합시다'(*HL* ii.300~301).

당시 하원의 태도는 그곳의 일원이던 윌리엄 스트레이핸(흄과 스미스의 출판업자)을 통해 알 수 있는데, 그는 10월 30일에 다음과 같이 답장했다.

저는 다루기 힘든 그런 미치광이들에게 강압적 방식을 사용하는 것에 전적으로 찬성합니다. 왜 우리가 성공을 단념해야 하나요? 왜 우리가 최대한의 노력도 기울이지 않고 제국이 그렇게 해체되는 것을 두고 봐야 하나요? 만약 우리가 좀더 합의를 이루어 모든 악의 근원인 국내 배신자들을 침묵시킬 수만 있다면, 저는 이 일에 가공할 만한 점은 전혀 없다고 생각합니다. 저는 식민지인들을 노예로 만들고 싶은 것도 아니고 그들을 우리보다 행복하지 못하게 만들고 싶은 것도 아닙니다. 저는 그들이 계속 영국 법에 종속되는 데 찬성하는 것이고, 그들의 무역이 합리적인 수준으로 본국의 이익에 공헌하는 데 찬성하는 것입니다. 본국이 응당 누려야 하지만, 당신이 제안하는 것처럼 그들이 해방되는 경우에는 본국이 필히 잃는 이익 말입니다. (*HL* ii.300~301, and n. 1)

흄이 사적인 담화로, 스미스가 공적인 담화로 그런 생각들을 바꾸게 하는 것은 역부족이었다. 그러나 일의 추이는 그들 편이었다. 아메리카에서 성공을 거두지 못하고 부채가 증가하면서 노스는 낙담했고, 1779년 중반에 전쟁 비용이 전쟁의 가치를 넘어섰다고 왕에게 말했다. 조지 3세는 6월 11일 이에 답하면서, 그것은 '계산대 뒤에 앉은 장사꾼의 저울질로 그런 일의 무게를 재는 격일 뿐'이라며 그 주장을 거부했다. 그는 일종의 도미노 이론을 내세워 반대했는데, 아메리카 식민지의 상실이 반드시 대영제국의 나머지 부분들의 상실로 이어지리라는 것이었다(Kurtz and Hutson, 1973: 140에서 Shy에 의해 인용됨).

흄은 1776년 4월 1일에 『국부론』의 출간을 축하하며 스미스에게 보낸 편지에서 아메리카 사태와 관련된 이 책의 정책 조언에 대해 언급하지 않는다. 아마 그는 1775년 10월 27일 콜드웰의 뮤어 남작에게 다음과 같은 언급을 한 터라 스미스에게 어떤 식으로든 의사 표현을 할 필요가 없다고 생각했을 것이다. '제 원칙상 저는 아메리카인이며, 잘 통치하든 잘못 통치하든 스스로 적절하다고 생각하는 대로 스스로를 통치하도록 우리가 그들을 내버려두기를 바랍니다'(HL ii.303). 흄은 자신이 스미스의 책을 정독하면서 '매우 불안한 상태'에서 벗어났다고 말한다. 그리고, 스미스의 책을 읽으려면 '반드시 엄청난 주의력이 요구되는데 대중은 그다지 주의를 기울이지 않는 경향이 있다'며, 자신은 '당분간 그 책이 처음부터 큰 인기를 얻으리라'고 생각지 못할 것이라고 밝힌다. 그러고 나서 그는 『국부론』에 대한 자신의 설득력 있는 판단을 내놓는다. '그러나 이 책은 깊이 있고 탄탄하고 예리하며, 흥미로운 사실을 워낙 많이 담고 있어서 기필코 대중의 관심을 끌고야 말 것입니다.' 흄은 스미스가 런던에 가면 그 책이 '아마 훨씬 더 개선될 것'이라고 생각했지만, 자기 집 난롯가에 스미스와 함께 있다면 그와 논쟁했을 만한 몇몇 원칙을 언급하는 것으로 나아갔다. 하나는 농장 임차료가 생산물 가격의 한 부분이라는 주장이었다(*WN* I.vi.8 참고, I.xi.a.8에 의해 수정됨). 흄의 생각에 따르면 '가격은 모두 양과 수요에 의해서 결정된다'. 이는 『정치경제와 조세의 원리』(ch. 24)에서의 리카도의 스미스 비판을 예고하는 견해다. 흄이 지적한 또 한 가지는, 프랑스 왕이 금지금의 화폐 주조에서 8퍼센트의 인상률을 달성했다는 스미스의 주장이 틀렸다는 것이었다. 스미스는 1764년의 사전 형태의 저작, 즉 1726년의 칙령(iv.vi.20)을 인용한 바쟁강의 『통화론』(Mizuta)에 의존하고 있었지만, 가르니에는 자신의 『국부론』 번역본에서(v.234) 이 칙령이 아주 잠시만 시행되었으며 그 화폐 주조세는 인하되어어 했다고 지적했다. 흄은 자신이 '건강이 매우 안 좋아 오래 기다릴 수 없으므로' 그런 점들에 대해 어서 '대화'를 통해 함께 토론할 수 있기를 희망했다.

그의 편지는 또한 기번의 『로마제국 쇠망사』 출판을 언급한다. 흄은 이 책을 '대단히' 좋아한다고 썼고, 자신이 기번을 개인적으로 알지 못했다면 잉글랜드 사람의 펜에서 그런 훌륭한 작품이 나오리라 기대하지 말아야 했을 것이라고 농담했다. 흄은 이어서 다음과 같이 이야기했다. '우리 시대에 국가가 문학에서 얼마나 쇠퇴했는지를 생각하면 한탄스럽습니다. 저는 [기번이] 그 국가적 성찰을 나쁘게 받아들이지 않았기를 바랍니다'(*Corr.* No. 150). 스미스는 기번에게 빈정 거리지 않고 흄에 필적하는 칭찬을 한다. 1788년에 『로마제국 쇠망 사』 4, 5, 6권이 출판되자 스미스는 빈정거림 없이 기번에게 다음과 같은 유사한 찬사를 보낸다. '제가 아는 혹은 제가 편지를 주고받은 안목과 학식 있는 모든 사람이 전반적으로 동의하는바, 당신이 이 책 으로 유럽의 현존하는 모든 저술가 중에서 최고가 되었다는 것을 알 게 되어 제가 얼마나 기쁜지 당신에게 표현할 길이 없습니다'(*Corr.* No. 283).

휴 블레어는 1776년 4월 3일 스미스에게 보낸 편지에서 『국부 론』이라는 위업의 중요성을 인식하고 있음을 드러낸다. 그는 '몇 년 전' 스미스가 자신에게 읽어준 내용을 듣고 큰 기대를 가졌지만, 이 책은 기대 이상이었다. '당신은 상업이라는 문제 전체를 혼란스럽게 만들어온, 상인들의 궤변을 포함하는 모든 것을 뒤집음으로써 세상 에 큰 기여를 했습니다.' 블레어는 『국부론』이 '국가들의 상법'이 되리 라 생각하고 있으며, 몽테스키외의 『법의 정신』 이후 유럽에는 '인류 의 생각을 확장하고 수정하는 데 크게 이바지하는' 저작이 없었다고 보고 있다. 이어서 그는 이 책에서는 각각의 장이 다른 장으로 나아 가는 길을 닦아주고 체계가 서서히 모습을 드러내게 된다면서 그 훌 륭한 구성을 칭찬한다. 블레어가 수사학과 비평 관련 전문가였던 만 큼 이것은 가치 있는 논평이다. 주제에 어울리는 문체에 대한 논평, 즉 '극히 분명하고 확실하며, 지나침이 없이 충실하고, 주제가 허락하는 만큼 간결하다'—요컨대 스미스가 오래전 동포들에게 권했던 그 간명 한 문체—는 논평도 마찬가지다. 이 책에서 블레어는 분명 '건조한' 주제들에도 맞닥뜨려야 했지만, 그는 '탐욕스럽게' 전체를 다 읽었고, 이 책을 기꺼이 '다시 한번 좀더 찬찬히 숙독'하겠다고 생각했다.

그러나 블레어는 이 책의 결점에 대해서도 이야기한다. 그는 식민지인들이 의회에서 대의권을 행사할 수 있게 해주는 것과 같은 '현재 우리가 아메리카에 취해야 하는 조치'에 관한 내용(WN IV.vii.c. 75~79)을 포함한 것에 반대한다. 그는 이런 내용 때문에 이 책이 너무 한시적인 출판물처럼 보이므로 이 부분이 없으면 좋았겠다고 생각한다. 그리고 아메리카 사태가 해결되면 '후속 판본들'에서 해당 페이지들이 빠지거나 변경될 것이라고 생각한다. 하지만 스미스가 그 부분을 다시 쓰지 않는 한 그 부분은 프랑스어 번역본에는 들어가게 될 것이다. 블레어가 우려하는 바는 유럽이 프랑스어로『국부론』을 읽는 것이다. 그는 스미스가 대학과 교회 관련 장들로 '아주 만만찮은 적들을 얻었다'며 걱정한다(WN V.i.f and g). 하지만 그는 자신이 스미스의 이론에서 '많은 의미와 진실'을 발견하고 있으며, 이것이 '세상에 전파'되어야 할 만한 내용이라서 책에서 이 부분이 빠진다면 아쉬울 것이라고 밝힌다. 이는, 예컨대 '독립교회주의'가 하나의 국교에 대한 실행 가능한 대안이라는, 교회에 대한 스미스의 견해에 그가 전적으로 동의해서가 아니다. 그는 스미스가 썼듯이 '작은 종파들이 연합해 더 큰 조직들을 이룰 것이고, 사회에 많은 해를 끼칠 것'이라고 본다. 오히려 블레어는 스코틀랜드교회의 목사로서는 이상하게도 다음과 같이 스미스를 비판한다. '제 생각에 당신은 장로회에 지나치게 호의적입니다. 장로회는 지도자들을 사람들과 긴밀하게 연결시키고, 당신이 이야기하는 엄격한 [도덕] 체계에 대단히 큰 도움을 주는데, 이는 인류의 큰 진보에는 결코 좋지 않습니다.' 그렇지만 이 언급 뒤에는 고교회파나 복음주의자 쪽보다는 자기가 속한 스코틀랜드교회 온건파에 대한 블레어의 충성심이 있다.

스미스는 일반인들이 지지하는 '엄격한' 도덕 체계와 상류 인사들이 채택하는 '느슨한' 또는 '자유로운' 도덕 체계를 구분했다(WN V.i.g.10). 다양한 교회 조직의 역사를 검토하면서 스미스는 영국 국교회 성직자들을 포함해 성공회 성직자들은 상급자들에게 존중받지만, 하급자들 앞에서는 종종 광신도들의 공격으로부터 '자신들의 냉철하고 온건한 교리'를 지켜내지 못한다고 판단했다. 스미스는 장로교 아래에서의 '권위의 평등'과 장로교가 불러오는 '정신의 독립'이 더 매력적이라 생각했고, 이에 다음과 같은 결론에 이르렀다. '아마 유럽 어디에서도 네덜란드, 제네바, 스위스, 스코틀랜드의 장로회 성직자 대부분보다 더 학식 있고, 더 기품 있고, 더 독립적이고, 더 존경스러운 사람들은 찾아보기 힘들 것이다'(WN V.i.g.34, 37; G. M. Anderson, 1988).

블레어의 편지는 이어서 스미스의 책에 색인을 추가할 것을 제안하고, 또한 처음이나 끝에 개요를 제공해, 마치 '대학에서 사용되는 강의 계획서처럼', 다루어지는 순서대로 무엇이 '논의되고 증명되는지'를 '간략한 별도의 진술'로 전달할 것을 제안한다. 관련 페이지의 번호를 함께 제시함으로써 이 부분은 독자들이 찾으려는 바를 쉽게 찾을 수 있게 해줄 것이고, '전체 체계의 과학적 관점을 보여주면서, 우리 기억에 당신의 신념을 새겨두게 될 것'이다. 이런 제안에 이어 블레어는 기번의 '멋지고 훌륭한 책'과 함께 출간된 이 시기상의 행운을 이야기하는데, 그러면서도 다음과 같이 덧붙인다. '그는 대체 뭐 때문에 종교를 공격한 걸까요. 그것은 그의 책을 무겁게 할 것이며, 본질적으로 비역사적이고 그 책에 어울리지 않습니다.' 분명 그는 기독교의 발전, 그리고 그토록 뜨거운 논란을 야기한 기독교인들에 대한 로마 정부의 행동을 다루는, 『로마제국 쇠망사』의 그 유명한 15장과 16장 때문에 거슬렸다.

끝으로 블레어는 점점 나빠지는 흄의 건강이라는 우울한 주제로 넘어간다. '저는 그런 예상에 두렵고 두렵고 떨립니다. 우리는 최근 모임에서 친구들[콜드웰의 뮤어와 알레모어 경]을 잃고 너무 상심한 터라, 그렇게 큰 타격을 견딜 수 없을 겁니다.' 그러면서 그는 스미스가 에든버러에 정착해 이토록 슬픈 시기에 지식인들에게 위안이 될 새로운 국면을 열어주었으면 하는 희망을 피력한다(*Corr.* No. 151).

스미스를 축하한 또 다른 지식인은 역사가 로버트슨이었다. 그는 『국부론』에 대한 자기 생각을 전하기 위해 4월 8일에 편지를 썼다. 블레어와 마찬가지로, 그는 '정치과학의 가장 중요하고 복잡한 부분 중 하나를 규칙적이고 완전한 하나의 체계로' 만드는 데 있어서 스미스가 이루어낸 업적을 언급했으며, '만약 영국인들이 중상주의적 혁명 지지자들이 제의하고 로크 및 자신들이 가장 선호하는 작가들 일부가 지지한 협소하고 편협한 해결을 넘어 자신들의 생각을 확장할 수 있다면' 그때 『국부론』은 경제 정책과 재정에 '전적인 변화'를 가져올 것이라는 견해를 내비쳤다. 그는 아메리카의 역사를 쓰고 있었기 때문에 『국부론』 제4편에 대해 블레어와는 아주 다른 입장을 취했다.

식민지 무역을 제한하는 것의 불합리함에 대한 저 자신의 생각이 저

자신이 해냈을 법한 것보다 훨씬 더 잘 정립된 것을 보게 되어 기쁩니다. 저는 이제 모든 작업을 마쳤지만, 영국의 식민지들과 그 식민지들이 처한 현재의 불확실한 상황에 대해 느릿느릿 계속 쓰고 있습니다.

만약 스미스가 로버트슨이 『카를 5세 시대의 역사』 제1권에서 자신의 생각을 이용한 것 때문에 경계심을 가지고 있었다면, 이 글을 읽으며 다소 흥분했을 수 있다. 그러나 1777년에 출간된 로버트슨의 여덟 권짜리 책은 스페인령 아메리카의 역사를 다루었을 뿐이고, 1652년까지의 뉴잉글랜드에 대한 이야기와 1688년까지의 버지니아에 대한 이야기는 그의 아들 윌리엄에 의해 1795년에 발견되어 그의 사후에 출판된 제9권과 제10권에야 나왔다. 서문에서 그는 '영국과의 내전이 종식'될 때 영국의 식민지들을 다시 다루겠다고 약속했는데, 이를 실행에 옮기지 못한 것은 지적인 측면에서의 그의 어려움을 보여준다. 이에 반해 스미스는 이 어려움을 잘 극복해낸 셈이다. 제프리 R. 스미튼(Smitten, 1990)은 로버트슨이 미국독립혁명의 폭력적인 실제 결과를 다루는 데 절제와 균형이라는 '정중한 입장'을 유지할 수 없어서 이 과제를 포기한 것이라고 주장했다.

『국부론』에 대한 로버트슨의 견해로 돌아가자면, 블레어와 마찬가지로 로버트슨은 색인을 요청했고, 또한 문단마다 전개 내용을 알려주는, 서적상들이 방주라고 부르는 것을 두라고 요청했다(Corr. No. 153). 에드윈 캐넌이 편집한 1904년 판 『국부론』은 텍스트의 '여백 요약' 형태로 이 두 번째 요청 사항을 실현했다. 캐넌은 그 요약 글을 쓰면서 자신이 '어떤 오래된 명작 건축물 옆에 새로운 건물을 세울 것을 의뢰받은 건축가가 된 듯한 기분이 들었다'고 밝혔다(preface, p. vi).

애덤 퍼거슨은 4월 18일의 편지에서, 『국부론』을 읽느라, 그리고 자신의 도덕철학 수업 학생들에게 이 책을 인용하고 추천하느라 바빠서 편지로 친구를 귀찮게 할 여유가 없었다고 주장했다. 블레어와 마찬가지로 그는 스미스의 저작이 보여주는 선구적 인식을 언급했지만, 그의 호평은 '상당히 강해졌다'. '당신은 분명 혼자서 이 주제들을 장악하고 의견을 형성할 것이며, 저는 적어도 다음 세대나 휘어잡게 되기를 바랍니다.' 그는 스미스에게 '소설과 같은 인기도, 심지어 실제 역사와 같은 인기도' 기대하지 말아야 한다고 경고했지만, '사람들이 이런 주제들에 대해 정보를 바라는 한' 『국부론』은 '꾸준하게, 지속적으로 팔릴' 것이라고 내다봤다. 그러고 나서 퍼거슨은 반대자들과 관련해 스미스를 걱정하는데, 최소한 한 가지 사안에서는(Sher, 1989 참고) 그 반대자들 중에 자신이 포함되어야 한다고 말했다.

> 당신은 교회, 대학, 상인들을 자극한 게 사실이고, 저는 이들 모두에 맞서는 당신 편에 기꺼이 설 것입니다. 하지만 당신은 민병대 또한 자극했고, 이 점에 관한 한 저는 당신에게 반대해야 합니다. 이 나라의 신사 계급과 농민들은, 어떤 극단적인 경우에, 그들이 스스로 갖고 있을 수도 있는 모든 자원을 무시하고 방치하게 만드는 철학자들의 권위를, 분명 멀지 않은 곳에서 압력을 행사할 수 있는 이 권위를 필요로 하지 않습니다. 빌립보에서는 더욱 그렇습니다.

퍼거슨은 아메리카의 갈등이 유럽의 전쟁으로 확대되고, 결과적으로 스코틀랜드 해안을 외세의 침략으로부터 방어해야 하는 상황에 처하는 것을 우려했을 것이다. '본옴 리처드'호를 타고 프랑스-아메리카 소함대를 이끄는 존 폴 존스가 1779년 9월 리스 쪽 바다에 왔을 때 그런 일이 생길 뻔했는데, 당시 스미스는 관세 위원으로서 공무를 수행하고 있었다. 스미스는 국가 방어라는 유감스러운 상황을 웃음거리로 만든, 「폴 존스, 혹은 파이프의 해안의 영예」라는, 1779년의 희극적 영웅시를 가지고 있었다(Mizuta).

퍼거슨은 편지를 마무리하면서 민병대 이야기에서 흄의 건강 상태에 관한 이야기로 넘어갔다. 그는 스미스가 이에 대한 이야기를 의사 블랙에게 이미 들었음을 알고 있었고, 이 의사가 해준 말의 긍정적인 면을 강조했다. '그런 경우에 어떤 것이건 유쾌할 수 있다면, [흄의] 마음과 정신의 편안하고 즐거운 상태는 정말로 그렇게 될 것입니다'(Corr. No. 154). 그러나 스미스는 흄의 투지와 끈기에도 불구하고 그의 병세가 심각하며, 그에게 친구들의 위안이 필요하다는 것을 알고 있었을 것이다.

18장
죽어가는 사람과의 대화

•

우리가 친구[흄]를 잃어야만 하는 상황에서
가장 기쁜 일은 그가 분별력을 잃지 않고
죽어가고 있다는 것이다.

1776년 4월의 어느 때에 조지프 블랙은 스미스에게 편지를 보내 『국부론』 출간을 축하하고, 무엇보다 데이비드 흄의 의사로서 이 친구의 병세를 알려주었다.

당신이 곧 이곳을 방문할 계획이라고 들었습니다. 그가 당신과 함께 하며 위안을 얻도록 당신이 가능한 한 빨리 오셨으면 합니다. 그는 몇 년 동안 계속해서 쇠약해졌는데, 12개월 전쯤까지는 서서히 나빠지다가 이후부터는 병세가 빠르게 악화되었습니다. 그의 고통 중 하나는 주로 야간에 과도한 열감에 시달리는 것입니다. (…) 그러나 그에게는 또 다른 병이 있어, 두렵게도 거스를 수 없이 그를 해치고 있습니다. 이것은 복통을 동반하는 설사인데, 제 생각엔 어떤 내출혈에서 비롯된 것 같습니다. (…) [설사가] 시작되면 그는 아주 많은 피를 흘립니다. 피의 양상과 복통의 위치로 미루어 피는 장 위쪽에서 나오는 것이 분명합니다. 이런 증상을 겪고 나면 그는 아주 쇠약해지고 매우 아파 보이지만, 이튿날에는 다소 회복되어 기분이 놀라울 만큼 편안하고 좋아지며, 식욕을 느끼면서 적정량의 음식을 맛있게 먹습니다. 그의 말로는 그의 어머니도 이런 체질이었고, 바로 이런 질병으로 죽었다는데, 이 때문에 그는 자신이 나을 것이라는 희망을 버렸습니다. (*Corr.* No. 152)

그러고 나서 블랙은 스미스에게, 둘의 공통의 친구인 존 프링글 경에게 이런 자세한 내용을 전하고 그가 해줄 만한 충고가 있을지 알아봐달라고 부탁한다. 현대의 의학적 견해는 흄의 병을 대장암으로 짐작하며, 이와 함께 만성적 궤양성 대장염 혹은 크론병의 가능성도 있다고 본다(Doig, 1982; Wilkinson, 1988). 한편 프링글은 그 이상의 진찰과 치료를 위해 흄에게 런던으로 올 것을 촉구했다. 흄은 4월 15일 유언장에 내용을 추가했는데, 달랑베르, 애덤 퍼거슨, 애덤 스미스 각각에게 200파운드의 유산을 남긴다는 것이었다. 스미스는 1776년 1월 4일의 초기 유언장에서 흄의 유저 관리자로 지정되기도 했다. 흄은 4월 18일에 자전적 고백인 『나의 삶』을 썼고, 거기서 다음과 같이 밝혔다. '나는 1775년 봄에 장에 병이 생겼다. 처음엔 아무 자각도 없었는데, 이후 내가 알기로는 치명적이고 치료할 수 없는 병이 되었다. 나는 이제 빠르게 다가오는 소멸을 생각한다.' 그럼에도 그는 4월 21일에 남쪽으로 출발했고, 이틀 후 그가 노섬벌랜드의 폐허가 된 성들과 매력적인 교회들 사이의 모페스 여인숙에서 쉬고 있을 때 시인 존 홈과 애덤 스미스를 태운 마차가 그곳에 도착했다. 그들은 애덤 퍼거슨이 존 홈에게 보낸, 홈의 건강이 악화되고 있음을 알리는 긴급 메시지, '우리가 여기서 곧 당신을 볼 수 있기를, 그리고 당신의 관심이 우리가 아끼지 못할 수도 있는 것을 지키는 데 도움이 되기를 바랍니다'라는 메시지를 보고 런던에서 함께 출발한 것이었다.

이 친구들이 서로 의논한 끝에 스미스는 커콜디로 가서 계속 노모와 함께 지내고 존 홈은 데이비드와 런던으로 돌아가기로 합의되었다. 런던에서 프링글은 홈이 결장 협착으로 고통받고 있으며, 바스의 광천수가 그를 치유할 수 있으리라 판단했다. 바스의 또 다른 의사 존 거스터드는 홈의 병을 담즙증으로 진단했고, 이어서 해부학자 존 헌터는 그를 진찰해 '간의 종양 혹은 종기'를 발견했다. 이에 철학자는 자신의 병에 대한 의료진의 의견 불일치 때문에 기분 전환이 되었다고 형에게 보고했다(Pratt, 1777: 36~37). 바스의 광천수가 해로운 것으로 드러나자 홈은 벅스턴을 경유해 에든버러로 돌아갔고, 필라델피아에서 미국독립선언문이 서명된 중대한 날인 7월 4일에 세인트데이비드스트리트의 자기 집에서 친구들과 재회의 만찬을 함께했다.

홈은 런던에 체류 중이던 5월 3일 스미스에게 보낸 편지에서 '이동 중에 몸이 많이 회복'된 것 같고, 바스 광천수와 또 다른 여행—아마 프링글이 벅스턴까지 계속 가라고 그에게 권하고 있었을 것이다—이 치료에 효과를 보였으면 좋겠다고 썼다. 홈에 따르면 '그 도시는 널리 인정받는 [스미스의] 책으로 가득했다'(Corr. No. 156). 문학과 학문에 관심이 많은 여성인 엘리자베스 몬터규는 런던에서 홈의 적수인 제임스 비티의 4월 23일자 편지를 받았다. 그는 아직 『국부론』을 읽지 않은 상태였지만, 정치와 상업을 다루는 저자의 능력을 칭찬했다.

그는 자신이 한때 스미스와 알고 지냈지만, 자신의 책 『진리의 본질과 불변성에 대하여』 출판 이후 '모든 것이 변했다'고 말했는데, 여기에는 자신이 흄을 안 좋게 생각해서 스미스가 자신을 외면했다는 뜻이 내 포되어 있다(San Marino, Calif., Huntington Lib., Montagu Corr., MO 480). 몬터규 부인 자신은 6월 8일 전에 『국부론』을 이미 읽은 상태에서 휴 블레어에게 이 책에 대해 언급했는데, 왜냐하면 그가 이 날짜에 그녀의 언급에 대해 다음과 같이 답했기 때문이다. '저는 모든 국가의 통치자가 [스미스의] 많은 현명하고 유익한 조언에 귀 기울였으면 하는 당신의 바람에 진심으로 동참하며, 심지어 기도까지 하겠습니다'(MO 489).

흄의 5월 3일자 편지의 첫 문단은 자신이 죽은 후 『자연종교에 관한 대화』를 출판하는 일을 스미스에게 맡긴 것에 대해 언급했다. 흄은 스미스의 망설임이 터무니없다고 생각한다고 썼고, 오히려 맬릿이 이신론자인 볼링브로크의 책들을 그의 사후인 1754년에 출간하고도 계속 조지 3세와 뷰트의 후원을 받았던 사례를 섣부르게 상기시켰다. 스미스는 볼링브로크에 대한 존슨의 맹렬한 비난에서 드러나는 당대의 견해를 알고 있었을 것이다. '경, 그는 악당이었고, 겁쟁이였습니다. 종교와 도덕에 대해 나팔총을 장전하니 악당인 것이고, 직접 발사할 결단력이 없으니 겁쟁이인 것입니다. 하지만 그는 자기가 죽은 뒤에 방아쇠를 당기기 위해서 거지 같은 한 스코틀랜드인에게 반 크라운을 남겼습니다'(BIJ i.268, 269, n. 4). 1월 4일의 유언장에서 흄은 스미스에게 『자연종교에 관한 대화』를 교정하고 출판하는 수고에 대한 작은 보상으로' 스미스에게 200파운드를 남겼지만, 또한 흄은 '우리

사이에 늘 존재했던 그 친밀하고 진심 어린 우정을 신뢰할 수 있다'는 말도 했다. 흄의 5월 3일자 편지에는 표면상으로는 같은 날짜의 또 다른 편지가 동봉되어 있었는데, 여기서 흄은 『자연종교에 관한 대화』를 언제 출판할 것인지, 혹은 출간을 하긴 할 것인지를 스미스의 재량에 맡겼다. 또한 흄은 자신이 써놓은 글 속에서 스미스가 '매우 무해한 글, 나의 삶'도 한 편 발견하게 될 것이라고 언급했으며, 그것은 에든버러를 떠나기 며칠 전에 쓴 것으로, 당시 자신은 친구들이 그랬듯이 자신의 '삶이 가망 없다'고 생각했다고 말했다(Corr. No. 157, 156, n. 1). 흄은 미래에 출간될 자신의 저작들과 함께 이것을 출판하는 데는 반대가 따르지 않을 것이라고 생각했다. 그러나 거기에 스미스가 흄의 죽음의 방식에 대한 설명을 덧붙이면서 『자연종교에 관한 대화』가 야기한 것보다 더 큰 논란을 스미스 자신이 불러오게 된다.

흄은 유저 관리자로서의 스미스의 판단을 신뢰했지만, 다른 한편으로는 자기 친구의 걸작에서 표현적 측면의 결점들을 찾아 논평할 수 있었다. 그것은 아마도 그가 스미스 자신에게 지적한 상대적으로 사소한 이론적인 점들보다 심각한 성격의 결점들이었던 것 같다. 이는 날짜 미상이지만 이 시기에 쓴 것이 확실한, 존 밀러가 흄에게 쓴 편지에서 드러난다. 밀러는 다음과 같이 편지를 시작한다. '유감스럽게도 당신의 비판은 근거가 전혀 없지 않습니다. 당신이 약간 가혹한 것 같기는 하지만 말입니다.' 흄은 논쟁에 참여하고 싶지 않을 때면 저자의 문체를 언급하는 것으로 도피하곤 했다. 그가 자신의 회의주의를 논박하고자 한 리드의 『상식의 원리에 기초한 인간 정신 연구』의 원고를 1763년 블레어를 통해 훑어볼 수 있었을 때 그랬던 것처럼 말이다(*HL* i.375~376). 또한 1768년에 흄은 스트레이핸의 출판사에서 인쇄된 『카를 5세 시대의 역사』 교정쇄를 받고서, 역사가로서 호평받고자 하는 친구이자 경쟁자 로버트슨의 문체를 면밀히 관찰하는 모습을 보였다. 흄은 그것들을 쉬아르에게 보내 프랑스어 번역을 부탁하고자 했는데, 흄의 의도는 로버트슨에게 좋지 않은 글쓰기 습관에 대해 주의시켜 영국 독자들에게 더 큰 호소력을 발휘할 수 있게 하고, 프랑스어 번역자의 애로도 줄이려는 것이었다(*HL* ii.194). 스미스의 문체에 대한 흄의 염려도 비슷한 성격의 것이었으리라 볼 수 있으며, 아마도 그는 자신이 넌지시 시사한 것을 밀러가 스미스에게 전달하기를 바랐을 것이다.

밀러는 스미스의 문체에 대해 그다지 우려하지 않았으며, 그의 문체가 사상만큼이나 '독창적'이고 문체와 사상이 '서로 대단히 잘 어울린다'라고 여겼다. 그는 스미스가 취한 '입장들'에 대해 더 염려했으며, 그중 많은 부분을 받아들이기 어려워했고, 스미스가 얼마나 멀리 나가려는 것인지 몰라 불안해했다. 그런 입장 가운데 하나는 스미스의 '대단히 선도적인 견해, 즉 제한 없는 무역의 자유'였다. 밀러는 이 '견해'의 이치에 대해, 그리고 이 견해가 어느 정도까지 실현되어야 한다는 것인지에 대해 그저 어렴풋이 알고 있었을 뿐이기에, 여기서 흄의 견해를 알고 싶다는 뜻을 드러냈다. 통치자들은 대개 무역 관련 문제들에서 좋지 않은 판단자이기 때문에, 그리고 무역 규제는 쉽게 강제될 수 없고 무역 규제를 강제하는 데는 상당한 비용이 들기 때문에, 통치자들이 무역을 규제하는 데 신중해야 한다는 것을 밀러는 받아들였다. 이런 문제들은 그렇다 치더라도, 그는 무역 통제가 적절할 수도 있는 경우는 없는지 궁금했다. 그가 생각하기에 규정되어야 하는 것은 상인과 제조업자들의 이익이 일반 대중의 이익과 일치할 수 있는 지점 또는 일치할 수 없는 지점이 어디인가 하는 것이었다. 밀러는 스미스의 '보이지 않는 손' 논리에 주의를 기울인 것 같지 않다. 이전 장에서 언급했듯이 이것은 곡물 무역의 자유화와 관련해 1750년대에 곡물 상인 찰스 스미스가 제시하고 흄이 지지한 논리의 한 변형이었다. 이어서 밀러는 이윤 요인으로 상인들이 원료 수입보다 포도주 수입을 선호하는 예를 들었다. 그는 이런 상황에서는 정부가 확실히 개입해야 한다고 생각했다. 물론 그는 어느 정도 보호를 필요로 한 '초기 제조업 분야들'의 경우처럼, 스미스가 '분명하고 단순한 천부적 자유의 체계'를 널리 옹호하면서도 직접 몇몇 예외를 두었음을 기억하고 있었다(*WN* i.457, n. 19 (NLS Hume MSS vi.38 (old no.))). 규제가 '산업의 자연적 균형'을 왜곡한다는 원칙을 스미스가 주장한 것은 법학 강의 시절부터였고, 당시 밀러는 글래스고에서 처음에는 스미스의 학생으로서, 그다음에는 동료로서 함께했기에, 밀러가 이 주제에 대해 스미스에게 직접 의문을 제기하지 않은 것은 이상해 보인다. 하지만 그가 흄에게 스미스 체계의 근본적인 문제 몇 가지를, 특히 경제 영역에서 효용성의 문제가 천부적 자유에 대한 지지를 어느 정도까지 뒤집을 수 있는지를 제기하고 있는 것은 분명하다.

다시 커콜디의 '고독'으로 돌아간 스미스는 이런 문제들에 대해서는 생각하지 않고 계속해서 아메리카의 무력 충돌에 관심을 기울였던 것 같다. 이는 스트레이핸에게 쓴 6월 6일자 편지에서 드러난다.

아메리카 군사 작전은 서투르게 시작되었습니다. 끝은 더 나을 것으로 예측된다고 말할 순 없지만, 그렇게 되기를 바랍니다. 현재 영국은 훌륭한 변호사, 훌륭한 시계 제작자 등 다방면에서 전문적 능력을 가진 훌륭한 사람들을 배출하고 있지만, 정치가나 장군은 배출하지 못하는 것 같습니다. 시대 상황에 대한 의견을 담은 당신의 편지는 큰 위안이 될 것입니다. (*Corr.* No. 158)

능력에 대한 스미스의 비교 평가는 적절했다. 당대의 영국인 중에는 유명한 『영국법 주해』(1765~1769)의 저자인 블랙스톤, 형평법을 과학적 체계로 만드는 데 큰 역할을 한 대법관 하드윅, 퍼거슨의 연금 문제 해결에서 도움을 준 시민권 옹호자 더닝이 있었다. 당대의 가장 유능한 변호사였고, 또한 수석 재판관으로서 영국 상법의 많은 부분을 수립한 맨스필드는 스코틀랜드 태생이었고, 그의 판결들은 스코틀랜드 법리에 기초했기에 영국 헌법에 대한 위협으로 여겨지기도 했다(Holdsworth, 1966: xii. 237~295, 432~563, 705~724). 영예로운 시계 제작자로 불려야 할 사람은 1776년에 사망한 존 해리슨이었다. 그는 남동생과 아들의 도움을 받아 일련의 크로노미터를 만들어냈고, 또한 바다에서 경도를 측정하는 중대한 문제를 해결하기에 충분히 정확한, 직경 5인치가 약간 넘는 시계를 만들어냈다. 왕의 직접적 개입과 버크와 폭스를 비롯한 여러 사람의 지지를 받은 1773년의 의회 청원으로 해리슨은 이러한 공로를 기려 경도위원회가 수여한 상을 받았다. 1772~1775년 쿡의 남태평양 탐험은 해리슨의 업적에 특히 도움을 받았고, 그의 네 번째 크로노미터의 복제품은 오스트레일리아와 뉴질랜드의 대단히 정밀한 해안선 지도를 만드는 데 사용되었다 (Whitrow, 1988: 142~145).

이 시기의 영국 정치가와 장군들에 대해서는 미국독립전쟁에서 그들이 보인 유감스러운 기록이 말해준다. 노스는 개인적 매력이 있었는지는 몰라도 정부 수반으로서는 입지가 허약했고, 1775~1782년 아메리카장관을 지낸 조지 저메인 경(이전에는 색빌)에게 압박을 받고 있었다. 저메인은 전쟁 정책을 이끌고 있었지만 해군에 대한 통제권을 거의 갖고 있지 않았고, 군 총사령관인 칼턴, 하우, 버고인, 그리고 내각 동료 대부분과 계속 다퉜다(HP iii.395~396). 야당 지도자 로킹엄은 스미스에게 약간 감탄을 불러일으켰는데(Corr. No. 216), 그는 온건함과 정치적 진실성으로 유명했고, 이 점이 폭스와 버크의 열성을 억제할 수 있었다. 그러나 그는 건강이 안 좋았고—혹자는 그가 젊은 시절에 이탈리아에서 걸린 성병 때문이었다고 주장한다—, 따라서 그가 효과적인 대안 정부를 구성할 수 있으리라는 큰 희망은 없었다 (Wraxall, 1904: 472~474). 장군들도 정치인들보다 나을 게 없었다. 칼턴은 1775~1776년 겨울에 퀘벡을 훌륭하게 방어했지만, 공세를 취할 능력은 없어 보였고, 지독히 엄격해서 협력하기 어려운 사람이었다. 버고인은 1776년 캐나다로부터의 반격을 지휘하게 되었는데, 뉴욕으로부터 진격하는 하우의 군대와 연합해 아메리카 군대를 진압하고, 반란의 중심으로 간주되는 뉴잉글랜드를 다른 식민지들과 차단한다는 것이 그 반격의 계획이었다. 스트레이핸이나 의회의 누군가가 스미스에게 이런 야심찬 전략에 대해 어떤 정보를 주었는지는 확실치 않다. 결국 '아메리카 군사 작전'에 대한 그의 비관적 전망은 충분히 근거가 있는 것으로 드러났다. 저메인은 각 사령관과 계획을 잘 조정하지 않았다. 하우는 너무 늦게 진격을 시작했고, 버고인은 아메리카의 저항의 강도와 영국 정부 지지의 강도를 오판해 새러토가에 억류되었으며, 결국 1777년 10월 17일 그곳에서 항복했다. 이는 이 전쟁에서 하나의 전환점이 되었다. 7년전쟁의 패배에 대해 앙갚음할 기회를 노리고 있던 프랑스가 아메리카 편에서 이 전쟁에 참여할 것을 고려했고, 결국 1778년 5월 1일에 이를 위한 동맹을 맺었으며, 이로써 아메리카 사람들이 용기를 얻었던 것이다. 한편 1776년 1월에 출간된 톰 페인의 팸플릿 『상식』은 식민지 사람들 사이에서 독립의 명분에 대한 대중의 폭넓은 지지를 얻었다. 제퍼슨은 7월 4일의 독립선언문에서 인상적인 말로 혁명과 공화 정부의 이념을 밝혔다. 그리고 1776~1778년에 워싱턴은 대륙군을 강력한 전투 부대로 만들어, 꾸물대는 하우 휘하의 영국 군대를 견제했고, 또한 제압하기 시작했다(Shy, 1973: 133~138; Wallis, 1975: 65~118).

웨더번은 6월 6일 스미스에게 편지를 썼다. 아마 그것은 이전 달에 스미스로부터 받았던 편지에 대한 답장이었을 것이고, 스미스의 그 편지에는 '아메리카가 주는 나쁜 충고들에 대한 (…) 생각'도 담겨 있었을 것이다. 저메인의 정치적 협력자 중 한 명이며 여전히 노스 내각의 법무차관이던 웨더번은 캐나다에서의 영국의 승리로 의기양양했고, 미국독립전쟁에 대한 다음과 같은 그릇된 견해를 제공했는데, 아마도 이런 견해가 영국에 널리 퍼져 있었을 것이다.

우리의 한심스러운 행동에도 불구하고, 어설프고 불안정하게 사용되는 정부의 힘만이 민주적 반란의 더 불안정하고 수습 불가능한 힘을 억누를 것이라고 저는 확신하고 있습니다. 만약 혼선, 어리석음, 시기, 내분이 우리에게 맞서 싸우지 말아야 할 뿐 아니라 우리를 위해 싸우지도 말아야 한다면, 운은 정말로 우리 편이 아닐 것입니다. (Corr. No. 159)

계속해서 웨더번은, 아마도 스미스의 옛 학생인 헨리 허버트와 협력해, 의회에서 독립 노선을 취하려 하고 있음을 넌지시 밝혔다. 허버트의 부는 그가 당파에 소속되고 당파의 이익을 위해 문제를 판단하는 데서 자유롭게 해주었다. 허버트처럼 웨더번은 노스의 전쟁 수행에 환멸을 느꼈다. 그는 노스를 상대로 음모를 꾸몄고, 1776년과 1778년에 아메리카와의 화해를 위한 제안서를 작성했다. 아마도 그의 평화 모색 경향은 새러토가에서의 참사 여파로 그의 의뢰를 받아 작성된 것으로 보이는 스미스의 미국독립전쟁에 대한 입장문에 의해 강화되었을 것이다(Corr. app. B).

버고인의 항복 소식이 영국에 도착했을 때, 정부는 전문가들의 의견을 들을 필요성을 느꼈다. 노스는 1777년 12월 4일 왕에게 다음과 같이 썼다.

가장 치명적인 이 사건의 결과들은 몹시 중요하고 심각할 수 있으며, 시스템의 중대한 변화를 요할 것입니다. 시간을 낭비해서는 안 되며, 좋은 정보를 줄 수 있는 사람들에게 빠짐없이 의견을 구한 상태입니다. (George III. Corr., 1927, ii.504)

웨더번은 그의 가족 문서들 속에서 발견된, '1778년 2월, 아메리카와의 분쟁 상황에 대한 스미스의 견해'라고 그의 글씨로 배서된 글을 확보해 응답했던 것으로 보인다(Ann Arbor, Mich., William L. Clements Lib., Rosslyn MSS). 이 문서에는 필자의 이름이 표기되어 있지 않지만, 필자가 스스로를 '고독한 철학가'라고 일컫고 있으며, 이는 1777년 말 스미스의 상황과 분명 일치한다. 이 시기에 그는 커콜디에 거주했고, 8월에 흄이 사망하면서 예견되었듯이 이제 그에게는 에든버러로 불러줄 가까운 친구도 남아 있지 않았다. 게다가 어휘, 어구, 문장 구조에서, 심지어 언급한 주장을 조심스럽게 완화하는 '아마도'라는 말의 특징적 배치에 이르기까지, 이 문서는 『국부론』과 유사하다. 또한 이 문서는 스미스가 자기 책에서 아메리카 문제를 다룰 때의 주요 주제들을 요약하고 있다(유사한 내용이 『국부론』에서 폭넓게 이야기된다. 예를 들어 *WN* IV. IV.vii.c.64 n. 52; *Corr*. No. 221의 주장도 참조).

그렇지만 이 글의 전체적인 틀은 경제적 분석이라기보다는 정치적 조언이다. 스미스는 아메리카 사태의 가장 좋은 해결책은 본국과 식민지의 '헌법 통합'일 것이라고 다시 주장하지만, 양쪽의 입장이 너무 강경해져서 이는 이미 때늦은 일이 되었다고 인식하고 있다. 프랭클린은 1754년 자신의 올버니 계획에서 이런 의견을 제시했고, 1774년이 되어서야 첫 번째 대륙회의에서 조지프 갤러웨이의 '입법 대통합 제안'이 고작 아주 적은 표차로 부결되었다(Skinner, 1990: 155~159). 하지만 벙커힐과 실패한 뉴잉글랜드 고립 시도가 새러토가 참사로 끝난 후, 아메리카 사람들의 '문드러진 마음'은 '심지어 최고로 유리한 조건'이 주어지더라도 어떤 통합에도 동의하지 않을 것이라고 스미스는 생각한다. 그는 영국의 한두 개의 더 성공적인 작전이 '아마도 [아메리카 사람들로 하여금] 본국과의 분쟁이라는 문제에 대해 더 냉정하게 고려하게 할 수 있을 것'이라고 여전히 생각한다. 그러나 이것은 영국의 전적인 군사적 승리와 옛 식민지 체계의 복구에 지나지 않는다. 또 다른 가능성은 아메리카 사람들의 독립을 승인하는 것이다. 그러나 이것은 아메리카에서 군사력에 의해 권력을 유지하고 해군력에 의해 무역 독점을 보호하는 데 드는 막대한 비용 부담에서 영국을 해방시킬 수 있을지는 몰라도, 영국 국민이 받아들이기에는 너무 모욕적인 일이었다.

스미스가 생각하기에 가장 가능성 있는 결과는 곧 '길고 돈이 많이 들고 파괴적인 전쟁'을 치른 뒤 아메리카의 일부를 계속 보유하고 나머지 식민지들은 넘겨주게 되는 최악의 시나리오였다. 스미스는 독립한 아메리카 식민지들을 동맹으로 확보하기 위해서 영국은 캐나다를 프랑스에, 플로리다를 스페인에 돌려주어야 한다고 주장하고 있는 만큼, 현실 정책에 대한 힌트를 넘어서는 조언은 하지 않았다. 이러한 계획은 존슨의 팸플릿 『과세는 압제가 아니다』(1775)에서도 찾아볼 수 있다. 존슨은 과세에 대한 이 팸플릿에서 아메리카와의 분쟁에 대해 다소 신랄하게 논하는데, 1780년에 스미스와 나눈 대화를 전해주는 어떤 이의 진술에 따르면, 스미스는 '아메리카와의 분쟁에 반대'하면서도 존슨의 정치 팸플릿들은 칭찬했다(*LRBL* 228). 보즈웰은 존슨이 흑인 노예제를 유지하면서 자유를 요구하는 미국인들에게 화가 난 것이라고 생각했다(*BLJ* ii.312~313, 476~477).

웨더번이 어떻게 스미스의 조언을 얻었는지는 알 수 없지만, 본국 정부는 1781년 요크타운에서 콘월리스가 항복할 때까지 군사 정복 '시스템'을 추구했고, 이 일 이후 스미스가 이 글에서 예측한 전쟁의 여파가 뒤따랐다. 웨더번은 1800년 아일랜드에 반란의 가능성이 있을 때 아마도 이 글의 영향으로 아일랜드와의 통합에 찬성하는 쪽으로 기울지 않았으며, 이런 조치가 가톨릭 해방으로 이어지리라는 이유를 들어 조지 3세에게 이 조치에 대한 편견을 심어주려 했다. 그럼에도 스미스의 제자 중 한 명인 아들 윌리엄 피트는 아일랜드와의 헌법 통합을 이루어냈으며, 그가 『국부론』을 주의 깊게 읽었다고 생각할 만한 이유가 있다.

웨더번이 스미스에게 보낸 1776년 6월 6일의 편지에는 그가 스미스의 몇몇 '프랑스 친구'를 만날 수 있었던 최근의 파리 방문 이야기가 담겨 있다. 그는 흄과 로버트슨의 번역자인 쉬아르를 언급했다. 스미스가 쉬아르를 만난 것은 아마 돌바크 남작의 식사 자리에서였을 텐데, 쉬아르가 돌바크 모임의 일원이었기 때문이다. 또한 웨더번은 스위스 은행가인 네케르도 만났다. 네케르는 1776~1781년 루이 16세의 재무장관을 지낸 뒤 프랑스 혁명 직전의 격동의 해에 다시 그 자리로 돌아간다. 스미스는 모렐레의 도움을 받아 네케르의 아내가 운영하는 소박한 살롱에서 네케르를 만났을 수도 있다. 훗날 제임스 매킨토시 경은 스미스가 네케르와 아주 친한 사이가 되었지만 그의 재능에 대해서는 낮게 평가했다고 주장한다. 그는 네케르의 『곡물법과 곡물 무역에 대하여』(1775)에 나온 프랑스 인구 추정을 채택했지만(*WN* V.ii.k.78), 튀르고의 곡물 자유 무역 옹호를 반박하기 위한 그 책의 정책 논의에 대해서는 언급하지 않았다. 매킨토시에 의하면,

스미스는 네케르의 정치적 평판이 그가 심각한 도전에 직면하는 즉시 무너질 것이라 예견했고, 그에 대한 이야기를 항상 '그는 그저 세심한 사람일 뿐이다'라는 단호한 판단으로 마무리했다(Rae, 1965: 206). 현대의 평가는 그렇게 부정적이지는 않다(Egret, 1975; Harris, 1979—Necker Papers, Château de Coppet, Switzerland에 대한 검토에 기초함; Schama, 1989: 88~95, 283~284, 372~377).

웨더번은 『국부론』을 잘 알고 있음을 드러내면서 네케르에 대해 다소 심하게 말했고, 그가 중상주의에서 스미스의 이론으로 전향할 가능성은 없다고 보았다.

네케르의 대화는 그가 아주 부유하며 호의적인 말을 듣는 데 익숙하다는 것을 보여줍니다. 그는 자신이 가장 잘 알 법한 주제에서도 그리 깊이 알고 있는 것 같진 않았습니다. 그는 요금기록부가 한 나라의 산업을 증진하는 좋은 방법이고, 많은 양의 화폐가 부의 확실한 증거이며, 외국에서 들여온 모든 제품 때문에 국가가 더 가난해진다고 생각하는 듯합니다. 그는 당신이 그다지 사용하지 않는 서너 개의 용어를 점유해 자신의 모든 주장에서 빼기 힘들 정도로 너무 많이 쓰는데, 이로 미루어 그는 당신의 체계로 전향하지 않을 것입니다. 그에게서는 곡물은 원료이고 화폐는 국고이며, 그는 이 말들의 다양한 문학적·비유적 의미를 능란하게 적용하면서 아주 성공적으로 주장을 폅니다.

웨더번은 기번을 매혹했던 여인이자 네케르의 아내인 쉬잔 퀴르

쇼를 만나지 못해 애석하다고 밝히고, '흄이 보내온 아주 유쾌한 편지'를 언급하며 편지를 끝맺는다(*Corr*. No. 159).

그러나 6월 10일에 스트레이핸이 스미스에게 전해준 흄에 대한 소식은 유쾌한 것과는 거리가 멀었다. 바스 광천수의 첫 시도 후 나타났던 좋은 징후가 사라지고 그의 '병증이 다시 평소처럼 심해져', 이제 그는 더비셔에 있는 온천인 벅스턴으로 가려 한다는 것이었다. 스트레이핸은 흄에 대한 큰 걱정과 흄의 '담대함과 체념'에서 받은 감동을 표했다. 흄은 스트레이핸에게 『자연종교에 관한 대화』에 대한, 그리고 자신의 글 몇 편을 담아 사후 출판될 책에 대한 지시 사항을 전달했다. 이 글들은 1777년에 『인성론』과는 관계가 없음을 밝히는 광고와 함께 『몇 가지 주제에 대한 논설』로 출간되었다(*HL* ii.301 참고). 스트레이핸은 흄의 지시 사항들이 '제대로 처리될 것이고 어김없이 지켜질 것'이라고 스미스에게 말했다. 또한 그는 퀘벡을 포위하고 있던 아메리카 군대를 격퇴한 일, 버고인의 퀘벡 도착, 해군이 아메리카 상선에 입힌 피해 등 아메리카로부터의 더 좋은 소식들로 흄의 '우울한 이야기'를 완화하고자 했다. 많은 하원의원과 마찬가지로 그는 영국의 군사력이 아메리카 사람들을 지치게 만들 것이라고 믿었고, 칼턴이 '이 시대의 인물들에 대한 [스미스의] 일반적 전제에 대해서 한 가지 예외'임을 입증하기를 바랐다(*Corr*. No. 160).

그다음으로 우리는 스미스가 흄에게 보낸 6월 16일자 편지를 가지고 있는데, 여기서 스미스는 바스든 벅스턴이든 광천수의 효과에 대해 회의를 드러낸다. 그는 '여행과 전지 요양'이라는 처방이 흄에게 도움이 된 것이라고 생각하고 있으며, 아마도 의사 컬런이 1760년

7월 자신에게 내렸던 처방, 즉 살고 싶으면 말을 타고 500마일을 달리라고 했던 처방을 떠올리면서(*Corr. No. 51*) 친구에게 다음과 같이 조언한다.

어느 한 장소에서 2~3일 넘게 머무르지 말고 영국 구석구석을 거닐며 여름을 보내세요. 만약 10월 전에 완전히 회복되지 않는다면, 당신은 이 추운 기후를 더 나은 기후로 바꾸는 것을 생각해봐도 되고, 로마나 나폴리 왕국을 드러내는 고대와 오늘날 예술의 유서 깊은 유적을 방문하는 것을 생각해봐도 됩니다. 광천수는 약방에서 나오는 모든 것과 마찬가지로 하나의 약물입니다. 그것은 몸에 똑같이 강한 효과를 냅니다. 그것은 자연이 일으키는 병에 더해 비록 일시적인 병이지만 진짜 병을 일으킵니다. 만약 그 새로운 병이 원래의 병을 몰아내는 데 도움이 될 만큼 원래의 병에 유해한 것이 아니라면, 새로운 병은 자연이 갖고 있었을 수도 있는, 병을 몰아내는 힘을 필히 약화시킬 것입니다. 전지 요양과 적당한 운동은 새로운 병을 야기하지 않습니다. 그것들은 잠복해 있을 수도 있는 숙환의 해로운 영향을 완화할 뿐이고, 그래서 유병 상태가 계속되는 동안에도 몸에 이상이 없도록 유지해줍니다. 그것들은 병을 몰아내는 자연의 힘을 약화하는 것이 아니라 북돋워줍니다.

흄은 '매우 기진맥진한 상태로' 7월에 에든버러로 돌아왔다고 스트레이핸에게 말했다. '특히 마지막 며칠 동안 역마차의 흔들림이 몹시 고통스러웠고, 이제 나의 의사들은 모든 운동이 제게 해롭다는 의

견(이게 언제나 제 생각이었죠)을 보이고 있습니다'(*HL* ii.329). 그는 스미스에게도 '바다에서 심하게 아팠다'고 이미 알린 터였다(*Corr.* No. 121). 따라서 그는 스미스가 그의 의료진의 처방에 대해 회의적이었던 것만큼 스미스의 처방에 대해 회의적이었을 가능성이 높다. 하지만 흄은 그 처방에서, 스미스가 정치체의 경제적 질병들을 진단함에 있어, 그리고 폭력적인 정부 개입을 피하고 되는대로 내버려둘 것을 처방함에 있어 적용했던 것과 같은 스토아학파의 자연법 사상을 알아봤을지도 모른다. 이런 지혜를 통해서 스미스는 흄에게, 불행히도 자신이 그보다 오래 살게 된다면 그의 바람대로 그의 유고를 보존하기 위해 '가능한 모든 조치'를 취할 것이라고 확언했고, 몇 주 동안 에든버러를 방문하겠다는 추신을 덧붙였다(*Corr.* No. 161).

그런데 흄이 이 편지를 잘 받아들였을까? 에든버러에서 스트레이핸에게 보낸 7월 6일자 편지에서 스미스는 흄이 그렇지 않았으며, 흄은 자신의 '이른바 방치를 무정한 것'으로 여기고 있는 것 같다고 말한다. 스미스는 흄을 최근에, 아마도 7월 4일의 송별 식사 자리에서 본 듯하며, 그는 '힘이 (…) 많이 소진되어, 이제 우리의 울퉁불퉁한 길을 달리는 사륜 역마차의 덜컹거림을 견디지 못한다'고 인정했다. 따라서 우리는 그 나라를 돌아다니는 것에 대해, 이탈리아 여행에 대해 더 이상 이야기를 들을 수 없다(*Corr.* No. 162). 7월 16일에 이르러서는 흄의 의사들이 그의 '운동 보류'에 동의한 상태였고, 스미스는 또 하나의 좋아하는 철학 원칙의 적용에 대해 그에게 농담했다. 환자는 창문을 통해서 세인트데이비드스트리트의 건초 만들기에 적당한 '맑고 건조하고 바람 부는 날씨'를 볼 수 있었고, 시인 존 홈에게 다음과 같이 썼다.

이 큰 즐거움을 직접 나누지 못한다고 속상해하는 대신에 공감을 통해 [날씨를] 즐겨야 한다고 스미스 씨는 제게 말하고, 저도 그러려고 노력합니다. 퍼거슨이 오늘 우리 친구 몇몇에게 대접하고 있는 식사를 내가 함께 나눌 수 있는 것은 공감 때문입니다. (EUL Dk 6.27/3; Streminger, 1994: 651)

8월 14일에 스미스는 다시 커콜디에서 웨더번에게 편지를 쓰는데, 이때 흄은 스미스의 '이른바 방치'에 대해 가졌던 감정에서 벗어나 있었던 것 같고, 스미스는 에든버러로 가서 그와 함께 머물다 온 터였다. 우리가 이 편지에서 얻는 세부 사항과 몇 가지 언급은 나중에 스미스가 스트레이핸에게 보낸 11월 9일의 편지에서 확장되고 수정되는데, 이 후자의 편지는 흄의 최종 질환에 대한 동일한 입장을 다룬 것으로 1777년에 『나의 삶』과 함께 발표되었다. 웨더번에게 쓴 편지에는 흄이 죽음을 앞둔 자의 전향을 보이거나 자신의 철학 원칙들을 철회하지 않았음을 명백히 해주는 언급이 있다. 예컨대 보즈웰이 8월 8일 흄을 보러 가 '어떻게든 불멸이라는 주제를 끌어들이면서' 흄에게 바랐던 그런 전향이나 철회 말인데, 이에 흄은 '우리가 영원히 존재해야 한다는 것은 가장 비이성적인 공상이었다'고 답했다(Bowsell, BP xii.227~232). 스미스가 웨더번에게 한 언급은 다음과 같았다.

가련한 데이비드 흄은 매우 빠르게 죽어가고 있지만, 아주 기분 좋고 유쾌하게, 그리고 신의 뜻을 따라 체념하는 척하지만 울면서 죽어간 그 어느 기독교인보다, 피할 수 없는 전개에 대해 더욱 진정하게 체념하며 죽어가고 있습니다.

애디슨은 죽음이 임박했을 때 자신의 방종한 젊은 의붓아들 워릭 경에게 '기독교인이 어떻게 죽을 수 있는지를 보여주려고 너를 불렀다'고 말했다는데, 어쩌면 스미스의 이 말은 애디슨의 이 일화에 대한 응수일지도 모른다.[1]

스미스는 웨더번에게, 자신이 8월 8일 목요일에 흄과 함께 있었으며, 옛 친구 에드먼스타운 대령이 편지로 흄에게 '영원한 작별'을 고했다는 얘기를 들었다고 말했다. 스미스는 흄에게 그의 기분이 너무 좋으니 병이 호전될지도 모르겠다고 주장했다. 그러자 흄이 다음과 같이 답했다.

스미스, 당신의 희망은 터무니없어요. (…) 아침에 일어날 때면 나는 밤에 잠자리에 들던 때보다 더 쇠약해졌음을 느끼고, 밤에 잠자리에 들 때면 아침에 일어나던 때보다 더 쇠약해졌음을 느낍니다. 그러니 며칠 내로 다 끝날 것 같습니다.

그러고 나서 스미스는, 흄이 자신의 유언으로 이익을 얻을 모든 친척을, 특히 형의 가족을 풍족하도록 내버려두었다고 생각하는 편안함을 가졌다고 말했다. 흄은 그들이 자신과 관계없이 풍요롭다는 식으로 반응했고, 다음과 같이 말을 이었다.

지금까지 나는 당신과 뜻이 맞습니다. 나는 최근에 루키아노스[모렐레에 의하면 흄이 가장 좋아한 작가, *HL* ii.157, n. 1]의 『죽은 자들의 대화』를 읽고 있었습니다. 거기에는 유령들이 나오는데, 첫 번째 유령은 어린 딸을 결혼시킬 때까지만, 두 번째 유령은 자신이 짓기 시작한 집을 다 지을 때까지만, 세 번째 영혼은 어린 두세 아이에게 재산을 분배할 때까지만 조금 시간을 달라고 간청합니다. 이 책을 읽으면서, 저라면 잠시 시간을 벌기 위해서 저승으로 인도하는 뱃사공 카론에게 어떤 핑계를 댈 수 있을지 생각하기 시작했습니다. 저는 하고자 했던 건 이제 다 했기에, 허용받을 만한 일이 잠시 하나도 떠오르지 않았음을 인정합니다. 마침내 저는 이렇게 말할 수도 있겠다고 생각했습니다. 선한 카론이여, 나는 사람들을 눈뜨게 하기 위해 노력해왔으니, 교회들이 문을 닫고 성직자들이 할 일을 하러 가는 것을 보는 기쁨을 내가 맛볼 때까지만 조금 참아주세요. 하지만 카론은 대답하겠지요. 오, 빈둥거리는 사기꾼 같으니. 그런 일은 200년 동안 일어나지 않을 것이다. 내가 그대에게 그렇게 오랜 시간을 줄 것 같은가? 당장 배에 타라.

웨더번을 위해 스미스는, 자신들은 어차피 친구를 잃어야 하니, '일어날 수 있는 가장 기분 좋은 일은 그가 분별 있는 사람답게 죽는 것'이라는 생각을 덧붙였다. 그런 다음 스미스는 흄이 자신을 부르게 될 때까지 에든버러를 떠나왔다고 말했다. 흄이 심지어 스미스와 함께하는 것으로도 지칠 만큼 너무 쇠약했고, 방문객들과 '끊임없이' 이야기를 나누지 않을 수 없을 만큼 상당히 기분이 좋은 상태였기 때문이다. 혼자 있을 때면 흄은 자기 글을 고치는 일이나 '모든 일상적 위안거리'로 기분 전환을 했다(*Corr.* No. 163). 이런 위안거리 중 하나는 얼마 전 출간된 조지 캠벨의 『수사학의 철학』을 읽는 것이었다(Mossner, 1980: 597). 스미스는 이 책에 대해 스트레이핸에게, 자신이 이 책에서 '좋은 감각, 학식, 철학'을 발견했지만 이 책이 '너무 세련되지 못해서' 서적상이 이 책으로 큰돈을 벌지는 못할 것 같다고 말했다(*Corr.* No. 162).

스미스가 받은 조지프 블랙의 8월 15일자 편지는 흄이 용龍기병 근위대의 중위인 방탕한 조카 조지프 홈의 방문으로 '큰 충격'을 받았고, 그 젊은이가 9일 동안 그의 집에 머무르면서 야기한 '동요와 소란'에 지쳤다는 소식을 전했다. 흄의 병이 악화되었었지만, 이제 그는 다시 좀더 편안해졌다(*Corr.* No. 164). 같은 날짜에 흄은 『자연종교에 관한 대화』의 원고들을 처리하는 것에 대해 직접 편지를 썼고, 만약 자신의 사후 5년 내에 이 책이 출간되지 않는다면 원고에 대한 소유권을 스미스가 가져달라고 부탁했다. 그는 친구가 『자연종교에 관한 대화』의 내용에 대해 우려한다는 사실을 알고 있었기에, 스미스에게 이 책의 문어적 특성을 상기시키려 애썼다. '이 글을 수정하면서(지난 15년간 하지 않았던) 나는 이보다 더 조심스럽고 교묘하게 쓸 수는 없다고 생각하게 됩니다. 당신은 분명 이 글을 잊었겠지요.' 흄은 친구의 미적거리는 습관을 잘 알았기에, '속히' 답을 달라고 부탁한다. '건강 상태로 보아 나는 여러 달 기다릴 수가 없습니다'(*Corr.* No. 165).

흄의 표현에 따르면 '이상한 실수' 때문에(*Corr.* No. 168) 이 편지는 운송인을 통해 전해졌고, 스미스는 8월 22일에야 받았다. 그는 즉시 흄에게 편지를 써, 『자연종교에 관한 대화』를 기꺼이 받아서 소중히 보존하겠다고 밝혔다. 스미스는 스트레이핸이 5년 안에 그것을 출판하지 않을 경우 자신이 직접 출판에 나서야 한다는 것은 꺼렸다. 그는 스트레이핸이 출판을 미룰 가능성은 없다고 생각했지만, 만약 뭔가가 지연을 압박한다면 그것은 스트레이핸에게 5년 후의 소유권 상실을 위협하는 요소가 될 것이며, 이는 『자연종교에 관한 대화』를 출판하지 않은 것을 두고 스트레이핸이 '고결한 체하게' 해줄 것이다. 스미스는 그러면 자신이 불공평한 입장에 처하게 되리라는 점을 알아차렸다. '그러면 심지어 수익을 추구하는 출판업자도 출판하지 않은 것을 내가 내 친구를 기념하기 위해서가 아니라 수익을 위해서 출판했다고 이야기될 것이다.' 흄의 바람을 따르려는 스트레이핸의 의지를 흄에게 확신시키고자 스미스는 이 출판업자의 6월 10일자 편지 사본을 동봉했다(Corr. No. 160).

그리고 나서 스미스는, 불행히도 병중의 흄이 결국 그의 마지막 모습이 되어야 한다면 흄의 『나의 삶』에 병중의 흄의 태도를 서술하는 몇 줄을 추가하겠다고 제안했다. 스미스는 흄이 자신과 나눈 마지막 대화에 대한 약간의 기술, 특히 카론에게 내놓는 핑계에 대한 기술이 '역사의 불쾌한 부분이 되지는 않을 것'이라고 언급했다. 스미스는 일반 독자들이 '무신앙자' 흄의 일생에 대한 흄 자신의 발언과 그가 일생 동안 유지했던 신념에 매우 관심이 많을 것이며, 따라서 그 삶의 끝을 같은 철학적 방식으로 다루는 게 적절할 것이라고 보았다. 또한 스미스는 흄의 새 출판물의 교정쇄를 수정하겠다고, 그리고 자신이 '이번 겨울'에 방문할 생각인 런던에서 그 일을 하겠다고 제안했다. 그는 흄의 병의 결과가 여전히 낙관적인 자신의 희망과는 다르게 돌아간다는 가정하에 하는 얘기라고 말했다. 심지어 '냉정하고 흔들림 없는 의사 블랙'도 이 같은 희망에 반대하지 않았다. 끝으로 스미스는 흄이 보고 싶어하면 언제든 기꺼이 커콜디로부터 그에게 가겠다는 뜻을 거듭 밝혔다(*Corr.* No. 166). 스미스가 이 '소중한 친구'에게 깊은 애정과 존경을 갖고 있었음에는 의심의 여지가 없지만, 『자연종교에 관한 대화』의 출판을 감독하기를 꺼리는 그의 마음은 죽음을 앞둔 흄을 곤혹스럽게 만들었을 것이다(Campbell and Ross, 1982).

같은 날인 8월 22일에 블랙은 흄의 상태가 더 나빠졌다는 소식을 적어 보냈다(*Corr.* No. 167). 그는 거의 사람을 만나지 않았고, 아마도 마지막 잉글랜드 여행에서 그랬던 것처럼 '주로 고전'을 읽는 것을 위안거리 삼으며 지냈다(Mossner, 1980: 594). 흄이 스미스에게 보낸 마지막 편지이자, 흄이 마지막으로 쓴 것으로 보이는 편지는 8월 23일 금요일에 작성되었다. 이때 그는 너무 쇠약해서 조카이자 상속자인 데이비드 흄이 편지를 대필해야 했다. 그는 스트레이핸을 아주 신뢰하지만, 스트레이핸이 『자연종교에 관한 대화』를 자신의 사후 3년 안에 출판하지 않을 경우 이것의 소유권을 조카 데이비드에게 넘기기로 결정했다고 말했다. 그는 스미스가 이 임무를 떠맡지 않는 것을 받아들였다. 다음으로 그는 자신의 『나의 삶』에 스미스가 원하는 대로 글을 추가하도록 허락했고, 이어서 다음과 같이 썼다. '나는 아주 빠르게 쇠퇴하고 있습니다. 지난밤에는 열이 좀 있었는데, 나는 이것이 이 지겨운 병을 좀더 빨리 끝내주기를 바랐지만 불행히도 열은 이미 많이 내렸습니다.' 늘 그렇듯이 배려심을 발휘해, 그는 스미스에게 에든버러로 와달라고 하지 않았다. 어차피 하루의 잠깐밖에는 스미스를 볼 수 없을 것이기 때문이었다. 다만 그는 블랙으로 하여금 자신의 기력이 어느 정도인지에 대해 스미스에게 알려주도록 했다. 이 소식과 함께 그는 친구에게 '안녕'을 고했다(Corr. No. 168). 8월 26일 월요일에 작성된 블랙의 편지를 통해 스미스가 전달받은 다음 소식은 흄이 그 전날 오후 4시경에 사망했다는 것이었다.

> 그는 마지막까지 온전한 의식이 있었고, 큰 고통이나 비통한 심경에서 벗어나 있었습니다. 그는 초조한 기색을 전혀 비치지 않았지만, 사람들에게 자신에 대해 이야기하게 될 때면 항상 다정하고 부드럽게 말했습니다. 저는 당신을 부르는 것이 부적절하다고 생각했습니다. 특히 그가 당신에게 보내는 편지를 구술할 때 (…) 당신이 오지 않기를 바라는 말을 들었기 때문입니다. 그는 아주 쇠약해져서 말하는 게 힘들었고, 더할 나위 없이 행복하고 평온한 마음으로 죽었습니다. (Corr. No. 169)

흄의 장례식은 8월 29일 목요일에 쏟아지는 빗속에서 열렸고, 많은 사람이 함께하는 가운데 그의 관이 세인트데이비드스트리트에서 올드칼턴 묘지까지 운구되었다. 스미스도 장례식에 참석한 것 같다. 그가 과거에 버클루 공작과 함께했던 곳인 댈키스 저택에서 장례식 이틀 후에 쓴 편지가 있기 때문이다. 데이비드 흄의 형인 나인웰스의 존 흄에게 보낸 이 편지에서 스미스는 자신에게 배분된 200파운드의 유산을 포기했다. 아마 『자연종교에 관한 대화』의 출판에 관련되지 않으려는 바람 때문이었을 것이다(*Corr.* No. 170). 존 홈은 9월 2일 스미스에게 편지를 써, 그것은 동생의 우정의 표시라며 스미스의 뜻을 받아들이지 않았다. 그는 『자연종교에 관한 대화』와 동생의 자서전의 사본이 만들어졌으니, 그것들을 스미스에게 제공하여 스미스가 『나의 삶』에 글을 보태고 『자연종교에 관한 대화』를 스스로의 판단대로 적절히 수정할 수 있게 하겠다고 말했다. 게다가 스미스는 자신이 수정을 맡은 홈의 글이 출판되면 책을 받기로 되어 있었다(*Corr.* No. 171).

스미스는 스트레이핸에게 보낸 9월 5일자 편지에서 이상과 같은 기본 사실 및 『자연종교에 관한 대화』와 관련해 홈과 주고받은 내용을 재점검하면서, 홈의 죽음에 대한 자신의 진술이 추가된 『나의 삶』이 『자연종교에 관한 대화』와는 별개의 책으로 출판되어야 하며, '주로 언어와 관련해 자신이 매우 적절한 많은 수정 사항을 만들어놓은' 『자연종교에 관한 대화』보다 먼저 출판되어야 한다고 강조했다. 이어서 스미스는 어머니의 건강이 허락한다면 자신이 11월 초에는 런던에 있을 듯하니, 그때 출판 작업이 진척되어 있다면 홈의 작품의 교정쇄를 검토하고 홈 자신의 마지막 수정 사항들을 확인하겠다고 약속했다(*Corr.* No. 172). 9월 16일에 스트레이핸은 이 편지를 받았음을 알렸고, 『자연종교에 관한 대화』에 대해서는 스미스가 '아주 주의 깊게 정독'할 때까지 아무것도 하지 않겠다고 약속했다. 그는 분명 『자연종교에 관한 대화』에 대한 스미스의 소심한 태도가 이해가 잘 안 되었을 것이고, 홈이 '그 책에는 내가 이미 출판한 것, 또는 그런 취지의 말보다 더 나쁜 것은 하나도 없다'고 자신에게 편지를 보낸 바 있다고 밝했다(*Corr*. No. 173).

결국 스미스는 1777년 1월 중순에 런던에 도착했고, 6월까지 거기 머물렀다(*Corr*. app. E, o). 첫 번째로 처리한 일은 『국부론』에 대한 아주 흥미로운 비판점들을 보여준, 토머스 포널 총독의 1776년 9월 25일의 공개서한과 관련해 그에게 감사 편지를 쓰는 것이었다(*Corr*. app. A). 또한 스미스는, 앞서 이야기했던, 체스터필드 경에게서 연금을 받는 것과 관련된 퍼거슨의 '유쾌하지 못한 일'에 다시 '얽혔'다. 이 일로 그는 스태넙 가문과 하원의원인 조지 새빌 경과 존 휴잇, 법무차관 알렉산더 웨더번과 다시 접촉했다. 3월 14일에는 당시 폭스가 회장으로 있던 '더 클럽'의 회합에 스미스가 참석했고, 버크, 조지 포다이스 박사, 개릭, 기번, 존슨, 레이놀즈를 포함한 다른 사람들도 참석했다고 한다(Leslie and Taylor, 1865: ii.199). 여기서 오간 대화에 대한 기록은 없는 듯하지만, 스미스와 존슨 사이의 오랜 적대감이 여전히 내재해 있었을 수 있고, 어쩌면 흄의 죽음에 대해 쓴, 표면적으로는 1776년 11월 9일로 되어 있는 '스트레이핸에게 보내는 편지'로 이 적대감이 더 자극되었을 수도 있다(*Corr*. No. 178). 이 편지는 1777년 1월 『스카츠 매거진』에 실렸고(*Scots Magazine* 39: 5~7), 2월에는 『나의 삶』에 첨부되어 출판되었다(Todd, 1974: 202). 어쨌든 존슨은 3월 11일 보즈웰에게 다음과 같이 썼다.

우리 클럽의 규모를 20명에서 30명으로 늘리자는 제안이 나와 저는 기쁩니다. 모임에 그다지 어울리고 싶지 않은 사람이 몇 명 있는 만큼, 저는 이 클럽을 어떤 뚜렷한 성향은 없는, 그저 다방면에 걸친 저명한

사람들의 집단 정도로 만드는 것에 찬성하기 때문입니다. (*BLJ* iii.106)

　이 시기에 런던에서 스미스가 한 다른 활동들에 대해 말하자면, 1777년의 흄의 '신간'을 위해 교정을 보겠다는 약속을 이행했을 것으로 추정되며, 분명한 점은 1778년에 출간된 『국부론』 제2판의 교정 작업을 진행했다는 것이다. 이는 그가 10월 27일 커콜디에서 스트레이핸에게 보낸 편지의 마지막 단락에서 추정할 수 있다. 여기서 그는 일주일 전에 앤드루 스트레이핸에게 '아주 중요한 삭제 사항'을 보내, '새로운 수정 사항 일부와 기존 텍스트의 어떤 부분이 서로 크게 모순되는' 문제를 처리한 것에 대해 쓰고 있다. 스미스는 인쇄소에서 일하는 앤드루가 '[그 삭제 지시를] 받아서 평소처럼 주의를 기울여 처리했다'는 말을 들을 때까지는 마음을 놓을 수 없을 것이라고 말하는데, 이로 미루어 그가 스코틀랜드로 떠나기 얼마 전부터 새 개정판의 인쇄가 진행되고 있었던 것 같다(*Corr*. No. 184).

　흄이 유언장에서 제작비로 100파운드를 남긴 기념물은 1777년에 로버트 애덤의 설계에 따라 올드칼튼 묘지에 세워졌다. 예비 스케치를 보면 라벤나에 있는 테오도리쿠스의 무덤에서 구상이 시작되어 거친 마름돌로 된 견고한 로마식 탑을 받아들였음을 알 수 있는데, 아래쪽 단에는 세로 홈들로 이루어진 띠 장식이 있고, 위쪽 단에는 도리아 양식의 엔타블레이처가 있으며, 문 위에 커다란 유골 단지가 있다(Gifford et al., 1988: 438). 테오도리쿠스는 동고트족 왕으로 6세기에 이탈리아를 통치하며 그곳의 경제와 후기 로마제국의 문화라 할 만한 것을 부흥시켰지만, 말년에 편집증이 심해져 525년에 철학자 보에티우스의 참수를 명했는데, 그 왕의 무덤 디자인에 기초한 이런 기념비를 흄이 원했다는 것은 이상해 보인다. 스미스는 '나는 그 기념물이 싫다. 그것은 내가 친구 흄에게서 본 가장 큰 허영심이다'라고 언급했다(Mossner, 1980: 591). 캐넌게이트 교회 묘지에 있는 스미스의 기념물은 역시 로버트 애덤이 설계한 것인데, 훨씬 더 단순하다. 아치형 벽감 안에 글이 새겨진 평판이 있고, 아치 위쪽 벽에는 세로 홈들이 나 있으며, 턱수염이 있는 어떤 고전 철학자의 얼굴이 조각되어 있다(*Book of the Old Edinburgh Club*: 1924: 16~17; Gifford et al., 1988: 150). 평판에는 스미스의 이름, 두 걸작의 제목, 스미스의 출생일과 사망일이 새겨져 있다.

흄을 위해 스미스는 언어로 이루어진 기념물을 작성했는데, 그것은 이 친구의 마지막 투병에 대해 서술하는 것이었고, 앞서 언급했듯이 흄의 『나의 삶』에 추가하기 위한 것이었다. 그는 1776년 10월 7일경에 이 글을 완성했고, 흄의 형 존의 의견을 구하기 위해 그에게 보냈다(*Corr.* No. 175). 그는 이 글을 블랙에게도 보냈는데, 블랙이 시인 존 홈과 다른 친구들의 의견까지 듣고 전해주기를 기대해서였다(*Corr.* No. 177B). 스미스는 흄이 본인의 글에 대한 관리를 자신에게 맡겼기에, '스트레이핸 씨에게 보내는 편지 그대로 그것을 보내주는 것이 타당하다'고 생각했다(*Corr.* No. 175). 스트레이핸은 그것을 받고 '대단히' 좋아했지만, 흄의 『나의 삶』과 함께 묶으면 '가장 작은 판형의 책으로 만들기에도' 너무 짧다고 판단했고, 흄이 자신에게 보냈던 정치적 주제의 편지 몇몇을 합치기를 바랐다(*Corr.* No. 180). 예상대로 스미스는 이 계획에 반대했다. '스위프트 편지들을 모은 특별할 것 없는 출판물만큼 스위프트 작품들의 가치를 떨어뜨리는 데 더 기여한 것도 없었습니다. 그리고 아무리 선별한다 해도 [흄의 편지들을] 당신이 출판하면, 틀림없이 또 하나의 그런 특별할 것 없는 출판물이 곧 뒤따라 나올 것입니다'(*Corr*. No. 181). 그는 흄의 『나의 삶』과 자신이 스트레이핸에게 보낸 1776년 11월 9일자 편지를 작은 판형의 팸플릿으로 낼 것을 제안했고, 이것은 1777년에 출간되었다(*Corr*. No. 178).

　이 편지는 『나의 삶』이 끝나는 지점에서, 건강을 되찾기 위한 흄의 잉글랜드 여행으로 시작된다. 스미스는 여행하는 동안 '운동과 전지 요양'이 흄에게 도움이 되었다는 견해를 유지하고 있으며, 여행을 끝내고 에든버러로 돌아온 후 흄의 모습을 매력적으로 그려 보여준다. 흄은 훨씬 더 쇠약해졌지만 쾌활하고, 새 책을 위해 글을 수정하고 독서를 즐기며, 친구들과, 그리고 '때로는 저녁에 자신이 좋아하는 휘스트 게임의 참여자들과' 대화를 나눈다. 의사는 흄의 침착함을 좋게 받아들여, 이 철학자가 회복되고 있다고 친구에게 전하겠다고 말한다. 그러자 흄은 그다운 특유의 유머로 응답한다. '나는 당신이 오직 진실만을 이야기한다고 믿으므로, 당신은 그에게, 내가 나의 적들이―내게 적이 있다면―바라는 만큼 빨리, 그리고 내 가까운 친구들이 바라는 만큼 편안하고 쾌활하게 죽어가고 있다고 말하는 게 좋겠습니다.'

　스미스가 흄을 방문했는데 흄은 자신에게 영원한 작별을 고하는 에드먼스타운 대령의 편지를 읽고 있다. 편지는 '죽어가는 사람에게 하듯이 그에게, 숄리외 신부가 자신의 죽음을 예감하며 친구인 드 라 파르 후작과의 이별이 다가오고 있음을 슬퍼하는 아름다운 프랑스 시를 적용'하고 있다. 이는 스코틀랜드 계몽주의의 국제적 교양을 아주 멋지게 발휘한 것이며, 흄 자신의 프랑스에 대한 앎을 환기하는 것이기도 하다. 프랑스는 흄이 젊은 시절에 삶의 기술을 연마하기 위해 갔던 곳이다. 이제 그는 죽음의 기술을 연습하고 있다. 스미스 역시 회복을 바라지만, 흄은 자신을 계속 약화시키고 있는 '1년 이상 계속된 습관적 설사'라는 암울한 사실을 알려준다. 흄의 경우에 적용된, 루키아노스의 『죽은 자들의 대화』에 대한 재미있는 패러디가 뒤따른다. 다만 여기에는 스미스가 웨더번에게 보낸 편지에서 볼 수 있었던 한 구절, 즉 '교회들이 문을 닫고 성직자들이 할 일을 하러 가는 것'을 보고자 한다는 구절은 빠져 있다. 공개적으로 읽힌다는 점에서, 스미스는 '기승을 부리는 맹신적 체계들이 쇠락하는 모습을 보는 것'이라고 일반화된 표현 양식으로 대체한다. 하지만 스미스는 이런 수정을 하는 수고를 굳이 하지 않아도 되었을 것이다. 이렇게 수정해도 이 편지는, 정통파 기독교적 적대감을 가지고 있던 왕실 사제 조지 혼에서부터 스미스 및 스미스의 잡종적인 종교적 견해를 못마땅해하던 이류 시인 윌리엄 줄리어스 미클에 이르기까지 열성 신도들을 자극했기 때문이다(Viner, 1965: 70~74).

스미스의 11월 9일자 편지는 계속해서 그가 흄과 마지막으로 헤어지던 때에 대해 이야기한다. 대화를 나누는 것이 그 죽어가는 남자의 기력을 너무 빼앗았기에 스미스는 그를 떠나온다. 8월 22일자 블랙의 편지는 그의 환자가 더 쇠약해졌지만 여전히 평온하다고 알려준다. 8월 23일 흄의 편지는 '나는 아주 빠르게 쇠퇴하고 있습니다'라고 알리고, 블랙의 8월 26일자 편지는 진짜 죽음을 말한다. 이어진 마지막 문단은 아마도 스미스가 쓴 최고의 산문일 것이다.

'스트레이핸에게 보낸 편지' 뒤에서는 다양한 감정이 감지되었다. 어니스트 모스너는 위험한 책 『자연종교에 관한 대화』를 출판하겠다는 흄의 결심에 대한 우려, 죽음을 앞둔 이의 바람을 거절한 것에 대한 죄책감, 흄이 스미스와 자기 친구들에게 말하고자 했던 것을 분명히 보여주려는 용기를 알아보았다(Mossner, 1980: 605). 데이비드 래피얼은 파이돈을 상기시키고(*TMS* 401) 플라톤의 대화편 마지막 문장에 담긴 소크라테스에 대한 찬미―'내가 알았던 당대의 모든 사람 중에서 그가 가장 현명하고 가장 공정하고 가장 훌륭했다'(Benjamin Jowett 번역)―를 상기시키는 부분으로 우리의 주의를 이끌었다. 능숙한 단어 선택, 확실한 리듬감, 세련된 종결을 통해 우리는 스미스가 자신의 도덕철학에 담긴 이상의 성취를 흄에게서 마주했고, 흄에게서 그 성취를 알게 되어 기뻤다는 인정을 발견할 수 있다.

정말이지 그의 기질은 내가 지금껏 알았던 다른 어떤 사람의 기질보다 더 행복하게 안정된―이런 표현이 가능하다면―것처럼 보였다. 심지어 재산이 가장 적었던 때에도 그의 대단하고 필수적인 검소함은 적절한 경우 그가 자선과 너그러움을 발휘하는 것을 막지 못했다. 그것은 탐욕에 근거한 검소함이 아니라 자립의 애호에 기반한 검소함이었다. 그 본성의 더할 수 없는 온화함은 그의 정신의 군건함도, 그의 결의의 확고함도 절대 약화시키지 못했다. 그의 끊임없는 농담은 선한 본성과 선한 기질의 참된 발로였고, 섬세함과 적절함으로 잘 조절되었으며, 다른 사람들에게서 위트라 불리는 것의 유쾌하지 않은 원천이 되기 일쑤인 악의의 기미라고는 조금도 없었다. 굴욕감을 주는 것은 그의 농담의 의도가 결코 아니었다. 따라서 그의 농담은 불쾌하게 만드는 것과는 거리가 멀었고, 심지어 농담의 대상이 되는 사람들도 즐겁고 유쾌하게 만드는 데 거의 실패하지 않았다. 곧잘 그 농담의 대상이 된 그의 친구들에게는, 그의 대화가 더욱 사랑받는 데 기여한 그의 모든 훌륭하고 정감 있는 특성들이 하나도 없었을 것이다. 그리고 명랑한 성격. 그런 성격은 교제에 아주 알맞지만 흔히 경박하고 천박한 특성들을 수반하는데, 그에게서는 그 명랑한 성격이 가장 엄격한 적용, 가장 광범위한 학식, 가장 깊이 있는 생각, 모든 면에서 가장 포괄적인 능력을 수반했다. 전반적으로 말해서, 그가 살았을 때나 죽었을 때나 나는 그가 인간의 허약함이라는 본성이 허락하는 한 완벽하게 지혜롭고 덕성스러운 사람의 개념에 거의 근접해 있다고 늘 생각해왔다.

최근에 발견된 어떤 자료는 흄이 '진정한 체념'과 함께 죽음을 맞았다는 스미스의 주장에 의문을 제기하고 있다. 이것은 『크리스천 옵서버』의 편집자에게 보낸 1831년 11월자 편지인데(*The Christian Observer* 31: 665~666), 여기서는 마거릿 어빈으로 추정되는 흄의 가정부가 흄의 죽음 직후 마차 안에서 동승자들에게 했다는 어떤 정황적 이야기가 언급된다. 그녀는 죽음에 직면한 흄의 평온이 친구들에게 보여주기 위한 꾸민 행동이었다고 말한다. '다른 사람이 없을 때면 그는 침대가 흔들릴 정도로 극심한 고통에 사로잡혔고, 혼자 있고 싶어하지 않았어요. 그는 자기가 평생 빛을 찾았는데, 이제 전보다 더 큰 고통 속에 있다고 말했어요'(Fieser, 2005: 6~7). 이 일화는 스미스가 흄의 집을 떠난 후 흄이 극심한 육체적 고통에 시달렸음을 말해줄 수는 있지만, 흄이 죽음에 대한 자신의 비종교적 관점을 버렸음을 입증하는 것과는 거리가 멀다. 죽음에 직면한 흄의 마음 상태에 대해서는 의사 블랙이 증언했으며, 블랙의 정직성에는 의심의 여지가 없다. '그는 더할 나위 없이 행복하고 평온한 마음으로 죽었습니다'(Corr. No. 169). 스미스 역시 흄이 죽고 14년쯤 지난 뒤에 그런 평온한 상태로 죽음을 맞이했다고 할 수 있다.

흄이 '완벽하게 지혜롭고 덕성스러운 사람'의 이상에 근접했다는 스미스의 고별사 주장(Corr. No. 178)에 대해 말하자면, 이 주장은 영국의 두 저널리스트가 쓴 책에서 도전받았다. 이것은 루소와 흄의 불화를 주로 다루면서 흄과 부플레 백작 부인의 관계도 다룬 책인데, 이런 일들은 흄을 냉정하고 무정한 사람으로 보이게 만든다(Edmonds and Eidinow, 2006: 97~99, 342). 이런 관점에서 전개되는 주장은 매우 부자연스러워 보인다. 분명 흄에 대한 루소의 배은망덕은 흄을 대단히 화나게 했지만 시간이 가면서 그의 분노는 누그러졌으며, 램지가 그린 루소 초상화가 흄의 응접실에 죽을 때까지 걸려 있었던 것으로 미루어 흄은 그 옛 적수의 재능을 끝까지 높이 평가했을 것이다. 부플레 부인이 흄에게 보낸, 남아 있는 마지막 편지는 1769년 5월 29일자로, 여기서 그녀는 흄에게 몇 달간의 파리 방문을 청한다. '나는 당신의 방문을 받을 자격이 있습니다'(ed. Burton, 1848: 251). 흄이 그녀에게 보낸 마지막 편지는 1776년 8월 20일자로, 여기서 흄은 자신의 임박한 죽음을 이야기하고, 그달 초에 사망한 그녀의 전 연인이자 오랜 보호자인 콩티공에 대해 조의를 표한다. 그리고 '마지막으로 당신에게 크나큰 애정과 존경을 표합니다'라는 말로 편지를 끝맺는다(*HL* ii.335). 루소와 반목하던 시기에 스미스는 흄에 대한 루소의 분노를 알았지만, 그것이 부분적으로는 피해망상 때문임을 알아차렸다. 또한 스미스는 부플레 부인과 흄 사이의 애정을 알고 있었는데, 우리가 생각하기에 그가 느낀 것은 양쪽의 신뢰였다. 흄에 대한 스미스의 찬사는 죽은 친구에게서 발견한 놀라운 특성들에 대해 깊은 존경을 표한 것으로 받아들일 수 있다.

19장

에든버러 정착

·

그 자신의 영광을 위해서나 인류의 이로움을 위해서나,
무역과 세입이라는 큰 주제들에 대한, 어떤 시대, 어떤 나라에서도
출간된 적 없는 더할 수 없이 깊이 있고 체계적인 논문으로
세상을 교화한 철학자에게 스코틀랜드의 관세 위원 자리가
주어졌다는 말을 들었습니다.

그래서 기번은 1777년 11월 런던에서 이 소식을 접하고 환영했다 (*Corr.* No. 187). 『국부론』 출간 이후의 스미스의 삶과 그를 커콜디의 고독으로부터 에든버러에서의 관세 위원의 바쁜 삶으로 데려간 사태 전환에 대해 스미스는 다음과 같이 서술한다.

저는 커콜디에서의 오랜 은둔 생활로 돌아와 모방 예술에 대한 또 다른 글을 쓰는 데 매진하고 있었는데, 그때 버클루 공작의 영향력에 의해 현재의 직책에 임명되었습니다. 자주 출근해야 하지만, 편하고 명예로운 자리입니다. (*Corr.* No. 208)

그는, 1785년에 자신이 여전히 '준비 중'임을 시사하던 '두 대작' 가운데 하나인 '문학, 철학, 시, 웅변이라는 다양한 분야를 망라한 철학사'에 집중할 생각이었을 것이다(*Corr.* No. 248). 그러나 높은 자리에 있는 사람들은 다른 생각을 갖고 있었다.

웨더번과 헨리 던다스―1775년에 법무장관이 되었고, 결과적으로 스코틀랜드의 관직 임용에 영향력을 발휘하게 된―를 포함한 노스 경 내각의 사람들은 스미스의 집안과 세관 간의 연고 때문에 스미스를 세금 관련 업무에 임용해볼 수 있겠다고 생각했을 수 있고, 또한 경제 문제에 대한 스미스의 소질이 세금 관련 업무에 이용될 수 있겠다고 생각했을 수 있다. 이런 고위직 친구들을 통해 그는 공식 문서에 명명된바 '국왕의 관세, 대영제국의 일부인 스코틀랜드의 특별세와 기타 세금, 스코틀랜드로 수입되는 소금과 암염에 대한 물품세의 부과와 징수를 감독하는' 다섯 명의 위원 중 한 명이 되었다.

스미스는 글래스고대학에서 유능한 행정가의 면모를 보여준 데다가 책임감이 강했기에, 그가 그런 자리를 제안받았을 때 긍정적으로 응했으리라는 것은 충분히 이해할 만하다. 만약 스코틀랜드에서 관직 임명에 상당한 영향력을 행사하던 옛 제자 버클루 공작의 뒷받침을 다짐받았다면 특히 그랬을 것이다. 또한 삶이 공식적 일상을 중심으로 조직된다는 것이 스미스의 마음에 들었을 수 있고, 그의 건강염려증을 극복하는 데 도움이 되었을 수도 있다(Barfoot, 1991: 211). 『국부론』 집필에 몰두하던 몇 년 동안 에든버러로 오라는 흄의 유혹에 스미스가 아무리 저항했어도, 그에게는 에든버러로 이사해 지식인 친구들과 가까이 지낸다는 것 또한 상당히 매력적인 일이었을 것이다. 휴 블레어는 『국부론』이 출간된 후 스미스가 에든버러위원회의 일원으로 임명되기를 바랐고, 그 위원회의 지식인들은 '당신이 우리 곁으로 올 수도 있다는 가능성으로 우리를 설레게 했다'고 썼다(Corr.

No. 151).

경제적인 것은 강력한 요인이 아니었을 것이다. 스미스는 세관에 임용되자마자 버클루에게 받고 있던 300파운드의 연금을 포기할 뜻을 밝혔지만, 이는 받아들여지지 않았다.

> 저는 공작님의 증서를 넘기겠다는 뜻을 그분의 출납원에게 밝혔는데, 그러자 공작님이 그 출납원을 통해 제게 말씀을 전하셨습니다. 공작님은 제가 저 자신의 명예만 고려하고 공작님의 명예는 고려하지 않았다 하셨고, 자신은 연금 지급의 부담에서 벗어나려고 친구에게 관직을 구해준 것이라고 의심받는 상황에 내몰릴 생각이 없다 하셨습니다. (*Corr.* No. 208)

따라서 스미스는 300파운드의 연금과 600파운드의 봉급, 관세위원직에서 나오는 500파운드와 소금세 위원직에서 나오는 100파운드를 벌었지만, 그는 자기 돈의 많은 부분을 우호적으로, 대부분 다른 이들을 돕는 데 썼다(Stewart V.4 n.).

위원들 중 한 명인 아치볼드 멘지스가 1777년 사망하고 나서, 1777년 10월 27일 스미스는 스트레이핸에게 자신이 후보에 올랐음을 알렸고, 재무위원회의 상황이 어떤지 알아봐달라고 부탁하며 다음과 같이 주장했다. '저는 스스로의 가능성에 대해 자신감이 넘치는 사람이 아닙니다. 그리고 제 마음은 지금 이 순간에도 평소의 침착함을 잃지 않았습니다'(*Corr.* No. 184). 버클루 공작부인은 그의 편을 드는 단신을 적어 보냈고, 웨더번이 이것을 '즉각 노스 경에게 전달'했으며, 10월 30일에 그녀는 스미스에게 이것이 '완전히 효과가 있음'을 믿으라고 말했다. 웨더번은 또한 스미스와 그의 하인이 노상강도에게 겁을 줘 물리쳤던 일도 언급했다(Corr. No. 185). 재무장관 그레이 쿠퍼 경의 지원도 확보되었다. 쿠퍼 경은 11월 7일 농담조의 편지를 보내, 스미스의 우수함이야 노스 경과 '온 세상'이 잘 알고 있는 바이니, 약간의 조심스러움은 따르겠지만 그가 얻고자 하는 자리는 곧 그의 차지가 될 것이라고 말했다(Corr. No. 186). 147파운드 18실링의 수수료가 요구되었는데, 이것은 스트레이핸 또는 그의 대리인이 적절한 절차에 따라 지불했다. 스미스의 임명장은 1778년 1월 24일 수여되었고, 임명 소식은 닷새 뒤 『런던 가제트』에 실렸다. 그사이 스미스는 스트레이핸에게 뭔가 '나쁜 기분을 분출'한 것 때문에 가책을 느꼈고, 그래서 1월 23일에 다음과 같이 사과했다.

저는 그저께 화를 내며 편지를 썼는데, 곰곰 생각해보니, 당신이 마땅히 받아야 할 존경을 전혀 받지 못했음을 깨달았습니다. 거듭되는 확언, 거듭되는 기대, 거듭되는 실망으로 유감스럽게도 저의 침착함이 소진되어버렸고, 저의 나쁜 기분이 그런 기분의 대상이 될 이유가 전혀 없는 유일한 이에게 터져버렸습니다. 저는 진심을 다해 당신의 용서를 구하며, 저를 용서하셨다는 증거로서 그 바보 같은 편지로 모닥불을 피웠음을 답장을 통해 알려주세요. (Trinity Coll., Cambridge: Piero Sraffa Coll., B5/1)

스트레이핸은 스미스가 화를 낸 것을 용서했지만, 스미스의 이런 폭발은 그가 임명과 관련해 사람들에게 침착해 보이고 싶었던 것과 달리 실제로는 불안해했음을 시사한다(*Corr.* No. 192).

　행정부에 대한 감사의 뜻으로 스미스는 『국부론』 제2판(1778)의 '멋지게 제본된 그리고 죄책감guilt[원문 그대로]의' 책들을 노스와 쿠퍼에게 보내게 했다. 노스는 스미스의 책 선물을 받기 전에 이미 『국부론』을 읽었거나 『국부론』에 대해 사람들과 토론을 했을 수 있다. 제2판에 들어간 어떤 주석이 밝힌 것처럼(*WN* V.ii.e.8 n.) '거의' 『국부론』의 '……원칙들에 따라' 부과된 집의 임대 가치에 대한 세금을 1777년 예산안 이래 포함시킨 사람들 말이다. 노스는 1777년의 예산 연설에서, 새로 도입된 세금들을 스미스가 『국부론』에서 지지했다고 인정했다(Cobbett and Hansard, 1814: xix.214~219; Ehrman, 1969: i.249). 스미스는 예산안에서 어떤 일이 생기고 있는지를 계속 파악했고, 제2판의 다른 부분에서는 하인에 대해 부과되는 새로운 세금이 중간 계층에 가장 타격을 준다고 언급했다(*WN* V.ii.g.12). 1778년 11월 28일로 되어 있는 어떤 편지의 발신자는 노스 총리와 나눈 대화에 대해 언급하면서, '최근의 진술에서 이야기되었듯이, 아메리카에서 밀무역 방지를 시행하는 것이 어리석은 일임은 스코틀랜드라는 그 충실한 왕국에서도 그렇게 하는 게 어렵다는 데서 드러났'고 노스가 말했으며, 이로 미루어 스미스가 '세입을 증가시키는 것에 대한 어떤 새로운 생각을 일깨운' 것이라고 언급했다(*Corr.* No. 197). 이는 『국부론』의 어떤 대목을 암시하는 것일 수 있는데, 여기서 스미스는 '인구가 적은 지역들'인 스코틀랜드와 아메리카의 밀수 문제를 검토한다(*WN* V.iii.77). 또한 1778년 예산안에서 노스는, 맥아에 대한 세금을 올리고 증류주 제조소에 대한 세금을 낮춤으로써 '밀수의 계기와 유혹'을 줄일 수 있다는 스미스의 조언에 주의를 기울였다. 물론 스미스는 관세 위원으로서 밀수 단속에 힘쓰는 가운데 현실적인 문제들을 마주해야 했고, 심지어 그의 코앞인 에든버러에 8개의 허가받은 위스키 증류기와 400개의 불법 증류기가 있다는 것이 파악될 만큼 그것은 결코 사소한 일이 아니었다(Williams, 1959: ch. 4, 5; Daiches, 1969: 33).

임명을 수락한 스미스는 팬뮤어하우스로 거처를 옮겼다. 이 집은 1715년의 재커바이트 봉기 이후 몰수된 부동산을 되찾기 위해 1764년에 거의 5만 파운드를 들여야 했던, 포퍼셔의 굉장한 지주 집안의 도시 주택이었다(*HP* iii.121). 현존하는 이 집(1691년경 완공)은 잡석들을 사용해 만든 L자형의 수수한 건물로, 근처의 유사한 17세기 집들처럼 돋아 올린 안마당과 매력적인 층층대 모양의 박공을 갖추고 있다. 이 건물은 캐넌게이트 북쪽의 리틀로켄드클로즈에 자리 잡고 있는데, 캐넌게이트는 과거에 개별 자치도시였고 원래 옛 홀리루드하우스 궁전의 외곽에 해당됐던 곳이다(McKean and Walker, 1982: 27, no. 42).[1]

스코틀랜드의 정부 법률 대리인으로 있던 스미스의 친구이자 동료 헨리 매켄지로 추정되는 인물이 이즈음 에든버러에서 보낸 편지를 보면, 편지 상대가 '우리 판사와 일류의 사람들이 기숙하던' 곳으로 기억하고 있을 올드타운에서 '이제는 상점 주인과 상인들을 발견하게 될 것'이라는 말이 나온다. 계속해서 그는 뉴타운—'질서 있고 화려한 건물들로 뒤덮인 (…) 베어풋파크, 멀트리스힐 등의 이름 아래 우리가 거닐곤 했던, 노어록 북쪽까지의 땅에 건설된'―에 대해 극찬했다 (NLS MS 646 of. 4). 흄은 1770~1771년 그곳의 세인트데이비드스트리트에 집을 지었는데, 이는 어쩌면 그를 성인의 반열에 올리는 짓궂은 일이었을 것이다(Mossner, 1980: 566, 620). 뉴타운은 널찍널찍했고, 사각형과 격자 무늬 길들로 고전적 취향을 만족시켜주었고, 주로 크레이글리스 채석장의 매끈한 사암으로 된 마름돌과 쇠시리를 보여주었지만, 그렇다고 해서 그런 뉴타운이 올드타운의 상류층 사람을 모두 빨아들인 것은 아니었다.

특히 스미스와 친분이 있거나 직업상 관련이 있는 지식인들은 옛 동네에 남거나 혹은 아예 그 도시를 떠나는 것처럼 보였다. 그의 옛 글래스고 동료이자 유저 관리자 블랙은 에든버러대학의 화학과 의학 교수로 있었는데, 학기 중에는 대학 근처의 니컬슨스트리트에서 살았고 방학 중에는 기분 전환을 위해 리스링크스와 메도스의 집들을 빌려 머물렀다(R. G. W. Anderson, 1986: 94). 1778년 12월 22일에 관세위원회는 석탄과 하등 무연탄을 구별하는 문제에서 블랙에게 전문 지식을 요청했다(SRO, Minutes, vol. 16). 하등 무연탄에 부과된 세금은 오랫동안 불평을 야기했고, 스미스의 또 다른 유저 관리자인 제임스 허턴은 정부에 이 과세의 중단을 설득할 목적에서 이 주제를 다룬 첫 번째 책 『석탄과 하등 무연탄의 성질, 품질, 구별에 대한 고찰』(1777)을 출간했다. 허턴은 1770년에 자신과 세 명의 누이를 위해 세인트존스힐에 솔즈베리크랙스라는 바위 언덕이 내려다보이는 집을 지었는데, 이곳의 바위 형태가 지질학에 대한 그의 흥미를 더욱 북돋웠다(Jones, 1986: 119). 스미스의 주치의 컬런은 하이스트리트 남쪽에 그 거리와 나란히 뻗어 있던 카우게이트의 옛 스코틀랜드 조폐소 건물 위층에 거주했다. 스미스가 공동 서명한 1780년 12월 19일자 편지에서 세관 감시관들과 관련된 재판 절차 개선에 대해 감사 인사를 받은(Corr. No. 409) 스미스의 옛 후원자 케임스 경은 헤일스 경과 마찬가지로 캐넌게이트에 인접한 뉴스트리트에서 살았다. 먼보도는 팬뮤어하우스에서 얼마 떨어지지 않은 세인트존스트리트 근처의 호스와인드에서 살았다. 더걸드 스튜어트는 로디언 후작의 도시 주택인 '로디언 헛'을 임대해 살면서 콜튼힐의 녹색 비탈과 에든버러 경계 너머까지 보이는 그 집의 전망을 즐겼는데, 이런 전망은 스미스의 집에서 볼 수 있는 것이기도 했다(Chambers, 1912/1967: 131, 261, 300, 303, 323). 로버트슨은 방학 중에는 캐넌게이트에서 더 멀리 떨어져 그레인지하우스에서 지냈지만, 겨울에는 올드칼리지 내에 있는 학장 숙소에서 살았다. 애덤 퍼거슨은 시엔스에서 살아 동시대인들의 눈에서 너무 멀리 떨어져 있었고, 그래서 그들은 그의 집을 '캄차카'라고 부르며 그가 시베리아에 있다는 듯이 굴었다(Graham, 1908: 101, 118).

이 친구들을 비롯한 스미스의 친구들은 딱히 초대도 없이 수시로 팬뮤어하우스의 널찍한 응접 공간 중 하나에 맞아들여져, 스미스의 에든버러 시기의 두드러진 특징 가운데 하나인 일요일의 소박한 식사를 대접받았다. 이때 그는 유명한 방문객들을 맞이하기도 했는데, 예컨대 대화를 상세히 기록한 시인 새뮤얼 로저스, 글래스고에서 밀러에게 배운 하원의원 윌리엄 윈덤 같은 이들이었다. 윈덤은 1785년 9월 13일에 방문해 스미스를 만나본 후 일기에(Windham, 1866) '완전히 하나의 스코틀랜드 가족이라는 인상을 강하게 받았다'

고 썼다.

그 가정에서 가장 나이가 많고 스미스의 사랑을 가장 많이 받는 구성원은 그의 어머니였다. 1778년에 콘래드 메츠(1749~1827)가 그린 그녀의 초상화가 남아 있다. 이 화가는 당시 에든버러에 작업실을 두고 있었고, 스미스의 제자인 버컨 경으로부터 연필 스케치와 데스마스크를 기초로 콜린 매클로린의 초상화를 제작하는 것을 포함해 작업들을 의뢰받았으며, 이 매클로린 초상화는 존 핑커턴의 『이코노그라피아 스코티카』(1797)에 판화로 수록되었다.

메츠가 그린 스미스 어머니의 초상화는 렘브란트가 그린 자기 어머니의 초상화(1629년경, 현재 영국 왕실 컬렉션 소장)와 연결되는, 나이 든 여성을 그린 회화들의 전통을 환기하는 것으로, 이 초상화에서 마거릿 스미스는 엄숙하고 위엄 있는 인물로 그려져 있다. 황동 징들이 박힌 빨간색 가죽 의자에 아주 꼿꼿하게 앉아 있는 그녀는 어두운 색깔의 후드 달린 망토를 머리부터 덮어쓰고 있고, 후드가 약간 뒤로 젖혀져, 흰머리와 넓은 이마와 생각에 잠긴 얼굴을 틀처럼 에워싸며 검정 리본으로 여며진 하얀 두건이 살짝 드러나 있다. 초상화가 보여주는 것은 반신상인데, 그녀의 왼쪽 어깨가 앞으로 나와 있고, 마디 굵은 오른손이 조금 드러나 있고, 그 손의 엄지와 검지가 가죽으로 된 어떤 4절판 책을 붙잡고 있는데, 검지는 페이지들의 모서리가 붉은색을 띤, 성경책으로 보이는 그 책의 어떤 페이지 안에 끼워넣어져 있다. 얼굴은 강인한 성격을 가진 여성처럼 보이며, 회색 눈썹 밑의 눈은 시선을 아래로 향하고 있다. 높은 광대뼈 위의 당겨진 피부는 건강한 사람의 것처럼 보이며, 코는 곧고 깎아놓은 듯하고, 입술은 꼭

다문 채 살짝 아래로 꺾여 있고, 턱은 둥그스름하면서 움푹 파인 데가 있는데, 이 모두가 그녀의 더글러스 가계의 특징을 드러낸다(도판 7; also engraving by Emory Walker in Bonar, 1932: p. xxii). 최근 생생하게 복원된 그녀의 초상화는[2] 1784년 죽을 때까지 아들의 감정적 삶의 중심이었던, 현명한 판단력과 강인한 성격을 지닌 여성을 잘 보여준다. 스미스는 『국부론』에서 도덕의 두 체계, 즉 자유로운 체계와 엄격하고 준엄한 체계에 대해 쓰고 있는데(WN V.i.g.10), 아마 후자의 가치들을 떠받치는 존재로서 그의 어머니를 생각하면 적절할 것이다.

스미스의 글래스고 교수 시절부터 집안 살림을 맡고 있던 사촌 재닛 더글러스 또한 팬뮤어하우스에서 권위 있는 존재였는데, 그의 제자들은 항상 애정을 담아 그녀를 기억했다(Corr. No. 55, 64, 245). 그 가정에 받아들여진 것으로 보이는 월터 스콧은 재닛 더글러스가 사망했을 당시 열일곱 살이었는데, 스미스와 그녀에 대한, 아마도 윤색되었을 테지만 사실에 근거한 다음과 같은 일화를 들려준다.

우리는 그 특별했던 저녁을 결코 잊지 못할 것이다. [스미스는] 티테이블을 주관하던 나이 지긋한 미혼 여성의 앉으라는 권유를 무시하면서 그녀를 정신없게 했고, 계속 원을 그리며 걷다가 이따금 멈춰 그녀의 무릎 위에 놓여 있던 설탕 그릇에서 설탕 조각을 슬쩍슬쩍 집어갔다. 그 존경스러운 독신녀는 그의 가장 낭비적인 약탈로부터 설탕을 지킬 유일한 방법으로 설탕 그릇을 자기 무릎 위에 한참 올려놓지 않을 수 없었던 것이다. 끝없이 설탕을 우물거리는 그의 모습은 말로 표현하기 힘든 것이었다. (Scott, n.d.: 388)

스미스는 분명 설탕 가격에 경제학자로서의 관심을 갖고 있었고, 1786년에 그가 기억한 바에 따르면, '좋은 주부들이 아침 식사용 설탕이라고 부르는 것'을 현재 1파운드당 8펜스나 9펜스를 주고 사는 데 비해 미국독립전쟁 때는 설탕 가격이 비쌌다. 그는 또한 글래스고에서 '무스코바도 설탕' 큰 통 하나의 가격이 얼마인지를 기억하고 있었지만, 재닛에게 가족을 위해 이 설탕을 비축하라는 말은 결코 하지 않았다(Corr. No. 258).

스미스는 1778년에 에든버러로 이사하고 나서 몇 달 후 또 다른 사촌인 스트래센드리의 로버트 더글러스 대령의 아홉 살 난 막내아들 데이비드 더글러스를 돌보게 되었다(Rae, 1965: 326). 스미스는 이 소년과 함께하는 것을 즐거워했고, 여가를 할애해 그의 교육을 도왔으며(Stewart V.18), 수학자이자 자연철학자인 존 레슬리를 1785~1787년 그의 가정교사로 맞게 해주었다(Corr. No. 275). 데이비드 더글러스는 나이 든 사람들이 사는 집에서 햇빛 같은 존재였을 테고, 아마도 스미스에게 그가 글래스고에서 누렸을 법한 즐거움을 되살려주면서 젊음의 부푼 마음과 다시 접촉하게 해주었을 것이다.

스미스의 모습을 담은 그림이 약간 생겨나 에든버러 환경에서의 스미스를 시각화해줄 수 있게 된 것은 이 시기의 일이다. 스미스를 잘 알았던 유물 연구가이자 인쇄업자이며 박물학자 윌리엄 스멜리가 전하는 바에 따르면 대체로 스미스는 '신장은 평균 이상이었고, 용모는 남자답고 괜찮았다'. 그는 허세 부리는 사람이 아니었고, 한번은 '나는 오직 내 책들에게만 멋진 남자'라고 말하기도 했다(Smellie, 1800: 297). 실제로 데이비드 더글러스에게 상속된 그의 장서들을 보면 책

선정과 우아한 장정이 세심하게 이루어졌음을 알 수 있다.

우리는 금요일과 휴가 때를 빼고 주중에 매일 그가 가족과 책을 떠나 세관에 출근하는 것을 그려볼 수 있다. 집을 나선 그는 골목을 지나 캐넌게이트 거리로 걸어갔을 것이고, 그 과정에서 아름다운 박공을 갖춘 캐넌게이트 교회 남쪽 전면에 나 있는 도리아식 주랑 현관을 지나갔을 것이다. 캐넌게이트 거리에 접어들면 그는 애치슨하우스, 헌틀리하우스, 그리고 프랑스 성과 같은 분위기를 풍기는 캐넌게이트 공회당 등 16~17세기에 지어진 크고 튼튼한 건물들이 어느 정도 간격을 두고 들어서 있는 그 거리를 따라 에든버러의 하이스트리트 쪽으로 걸어 올라갔을 것이다.

정확히 말하자면 에든버러는 캐넌게이트의 머리 부분, 즉 1764년까지 위풍당당한 네더바우 관문이 서 있었던 지점에서 시작되었다. 하이스트리트에는 트위데일하우스와 같은 '공동 주택' 혹은 다층 주택들이 우뚝 서 있었고, 그 주택 각각의 뒤편에는 정원과 빨래 너는 곳으로 쓰이는 길고 좁은 공간이 있었다. 이런 '공동 주택'들은 오늘날의 콘도미니엄과 약간 비슷한 체제였고, 층별로 소유자가 달랐다. 18세기에 들어서 한참 후까지, 스코틀랜드 사회의 다양한 지위에 걸쳐 있던 그곳의 거주자들은 스미스 및 당대의 다른 윤리학자들이 이론화한 바 있는 그런 사회성을 실천할 수 있었다. 스미스의 에든버러 강의 시절 무렵, 그런 일등급 건물 중 하나에는 1층에 생선 장수인 스털링 부인, 2층에 하숙 운영자인 어쿼트 부인, 3층에 발카레스의 백작 부인, 4층에 켈로의 버컨 부인, 5층에 여성 모자와 여성복을 만드는 엘리엇 양들, 다락방들에 재단사와 기타 상인들이 살고 있었다(Chambers, 1914/1967: 4 n.). 이런 건물들은 스코틀랜드 역사의 인상적인 사건들을 떠올리게 했다. 예컨대 하이스트리트 45번지의 집은 대중에게는 스코틀랜드의 메리 여왕을 비난한 종교개혁가 존 녹스를 떠올리게 하는 곳이었고, 이 집의 소유주는 분명 여왕의 금세공인이었다. 이 집의 목재 전면은 거리와 맞닿아 있었고, 바깥의 계단을 올라가면 주랑이 나왔다. 이 공간을 이용해 거주자들은 악취 나는 인도보다 더 높은 곳에서 바람을 쐴 수 있었다.

녹스의 목사관 너머에는 바로 노스브리지 다리가 있었고, 케임스 경의 제안으로 1772년에 완성된 이 다리를 건너면 뉴타운이었다(Ross, 1972: 329~331). 1788년이 되어서야 놓인 사우스브리지 다리는 남쪽 지구들과 조지스퀘어―스미스가 새뮤얼 로저스에게 그곳에 살았으면 좋겠다고 언급한―같은 신시가지들로 이어졌다(Rae, 1965: 417; Youngson, 1966). 스미스는 노스브리지와 트론 교회까지 가지 않고, 옛 하일랜드 사람들이 무시무시한 도끼로 무장하고 주둔했던 곳인 에든버러 도시 경비대 건물을 지나갔을 것이고, 그런 다음 1756년에 철거된 구조물인 머캣크로스가 있었던 자리에 이르렀다. 이곳은 날씨가 좋으면 낮의 특정 시간대에 귀족, 지주, 상인, 전문직 종사자 등등의 사람들이 찾는 대중적인 모임 장소였다. 그 사람들 중에는 어떤 이가 말했듯이 천재적인 인물들도 있었고, 스미스가 생각했듯이 멍청한 이들도 있었다. 그들은 근처의 커피숍과 서점에서 나와 뉴스와 소문을 주고받았다(Chambers, 1914/1967: 174~177; Mackenzie, 1927: 173). 오늘날 그 옛 머캣크로스 자리 근처를 거닐다보면 웅장한 스미스 입상을 발견할 수 있는데, 이것은 알렉산더 스토더트의 작품으로

2008년 7월 4일에 제막되었다(25장 주 1).

바로 앞에 상점가인 러켄부스가 있었고, 그다음엔 음침한 에든버러 톨부스가 있었다. 더 가면 높은 '공동 주택'들이 들어선 탁 트인 공간인 론마켓이 나왔다. 이 건물들 중에 한때 흄, 블레어, 보즈웰이 살았던 제임스 코트와 리들스 코트가 있었다(Mossner, 1980: 244, 409, 504, 533, 563). 론마켓 너머에는 에든버러 성이 솟아 있었다. 아돌푸스 오턴 경은 1778년 5월 29일 그곳에서 북北브리튼 군대의 총사령관으로 임명되었고, 어떤 시점에 스미스는 미국독립전쟁기의 그의 임무 수행을 돕는 데 소집되었다.

크로스를 지나자마자 하이스트리트 남측에 세인트자일스 교회가 있었다. 예배를 볼 수 있는 네 곳 중 한 곳—1773년에 '창피할 정도로 더럽다'고 묘사된(*BLJ* v.41)—에서 휴 블레어는 보즈웰에 의하면 '사냥개들도 멈춰 세울' 정도로 아주 감동적인 설교를 했다(*BP* xiii.109). 왕관을 쓴 것처럼 생긴 세인트자일스의 탑 아래에는 의회 광장이 있고, 그 광장에는 납으로 된 찰스 2세의 기마상이 있다. 광장은 1632~1639년에 지어져 스코틀랜드 의회를 위층과 아래층 두 개의 홀에 수용한 L자 형태의 독립 건물로 막혀 있다. 스미스는 의회 광장에서 보이는 건물 초기 전면을, '많은 작은 탑, 장식적 창문과 문들, 멋진 난간'이 있는 모습을(Cockburn, 1856: 106~107) 봤을 것이다. 그런 것들은 에든버러의 다른 곳에서도 볼 수 있고(McKean and Walker, 1982: 19, No. 21) 글래스고의 올드 칼리지에서 스미스가 많이 접했던, 16~17세기의 건축 르네상스에서 잘 다루어진 요소들이었다. 위층 홀의 외팔들보 지붕 아래서 케임스, 헤일스, 먼보도, 그리고 훗날 데이비드 더글러스와 스미스가 특별히 좋아했던 제자 로버트 컬런을 포함해 최고민사법원 판사들이 1심 판결을 내렸다. 판사 15인의 항소심은 건물 남동쪽 측면부에서 열려 최종 판결을 내렸고, 드물게는 상원에 상소하기도 했다. 또한 이 측면부에는 교회 법원과 스미스의 관심사인 세금 징수에 대한 사법권을 지닌 재무 법원도 자리하고 있었다(Ross, 1972: 17~19, 121~123).

의회 홀 아래에는 레이홀이 있었는데, 이곳은 로버트 애덤과 제임스 애덤이 설계한 등기소의 첫 단계가 1788년 완성될 때까지 스코틀랜드의 문서들을 보관하고 있었다(Youngon, 1966: 66~68). 이 홀에는 변호사 도서관도 있었는데, 스미스가 자유 대출 특권을 때때로 이용하지 않았을 리 없다(Ross, 1972: 27~30; Cadell and Matheson, 1989; Brown, 1989).

이런 건물들 사이로 이 도시의 법과 행정 중심지를 걸어가거나 혹은 그쪽을 향해 걸어갈 때 스미스는 많은 사람을 지나쳤을 것이다. 캐디라고 알려진 많은 잔심부름꾼, 진창에 대비하는 나무 덧신을 신고 시장(트론 교회 뒤편의 가금 시장, 캐넌게이트 머리 부분의 육류 시장, 그리고 여름이면 고약한 냄새를 풍기는 크로스 근처의 생선 시장)에 가는 부인과 하인들, 법률 서기와 변호사들, 업무차 가게와 선술집으로 향하는 착실한 시민들, 수수한 사람들, 군인들, 매춘부들, 멋쟁이들, 어슬렁거리는 사람들, 온갖 종류의 하층민들을 지나쳤을 것이다. 의회 광장 막다른 길의 모퉁이에 판화가 존 케이가 자신의 판화 가게를 두고 있었는데, 그는 애덤 스미스가 건너편의 왕립거래소를 향해 걸어가는 것을 많이 보았을 것이다. 그 건물 위층에 세관이 자리 잡고 있었기 때문이다. 케이는 1787년에 스미스의 모습을 담은 판화를 제작했다. 여기서 스미스는 챙 넓은 모자를 쓰고, 가벼운 리넨 코트를 입고, 아마도 악명 높은 에든버러의 악취를 물리치기 위한 용도로 왼손에 꽃 한 다발을 들고 있다(Evans and Evans, 1973). 오른손으로는 지팡이의 중간을 붙잡아, 스멜리에 의하면 '군인이 머스킷 총을 가지고 그렇게 하듯이' 지팡이를 자기 어깨에 비스듬히 걸쳐놓고 있다. 존 케이는 스미스의 이상한 걸음걸이도 묘사했다. 걸을 때 그는 머리를 가볍게 좌우로 움직이고 몸을 '벌레처럼 구불구불하게'(박물학자다운 멋진 표현) 움직여서, 마치 한 발짝 한 발짝 옮길 때마다 '그가 방향을 바꾸려 하거나 심지어 뒤로 돌아서려 하는' 것처럼 보였다. 그러는 동안 그의 입술은 마치 그가 눈에 보이지 않는 사람들과의 대화에 푹 빠져 있기라도 한 듯 움직이고 웃음 지었을 것이다(Smellie, 1800: 293). 어떤 에든버러 일화에 따르면 나이 든 한 시장 여자가 이렇게 이상한 모습의 그를 보고 다음과 같이 외쳤다.

'나리들이란!' 그러고는 그녀는 머리를 저었고, 이에 동료가 동정하듯 한숨을 쉬더니, '옷도 참 잘 차려입었는데' 하면서 부유한 미치광이가 마음대로 돌아다닐 수 있는 것에 놀라움을 드러냈다. (W. Scott, n.d.: 388)

스미스의 발걸음이 향한 건물은 존 애덤의 설계에 기초한 것으로, 1753~1761년에 존 퍼거스가 개조 공사를 진행했다. 현재는 본관이 확장되어 시의회로 사용되고 있다. 하이스트리트에 접한, 단층의 벽과도 같이 아치형 통로들이 가로로 늘어선 입구를 통과한 뒤 안뜰을 가로질러 접근하게 되어 있다. 박공벽과 벽기둥들이 있는 본관은 그리 인상적인 건축물은 아니다(Youngson, 1966: 55~59; McKean and Walker, 1982: 21, No. 23). 스몰렛이 1760년대 말에 매슈 브램블을 에든버러로 데려와, 스미스를 비롯한 지식인들을 암시하며 그곳이 '천재의 온상'임을 인정하게 했을 때, 브램블은 그 건물이 용도 면에서 실패했음을 다음과 같이 언급했다.

> 에든버러의 모든 사업가가, 심지어 상류층 사람들도, 매일 오후 1시에서 2시까지 길거리에 나가, 전에 시장-십자가[머캣크로스]가 있었던 자리에서 군중 속에 서 있는 것을 볼 수 있을 겁니다. (⋯) 몇 야드 움직여 한쪽이 텅 비어 있는 거래소로 가지 않고, 관습의 힘에 이끌려 그러는 것입니다. (Humphry Clinker, 1776, vol. ii, 18 July letter)

스미스 시대에 거래소 입구에서는 세관 업무를 보러 온 방문객들을 현재 '구舊회의실'이라 불리는 곳으로 안내하는 업무를 맡은(Gifford et al. 1988 rpt.) 수위 애덤 매스슨이 지키고 있었다. 그는 다락방에 자기 가족을 위한 숙박 공간을 더 마련해달라고 1778년 크리스마스이브에 요구한 것으로(SRO, Customs Board Minutes vol. 16), 그리고 소모사 레이스로 된 늑골 장식이 있는 주홍색 가운을 교체받은 것으로 공식 기록에 나타나 있다. 그는 7피트 길이의 나무 막대를 소지했고, 관세위원회가 열릴 때면 위원이 한 명 한 명 도착할 때마다 단창이나 미늘창을 다루곤 하는 일종의 보병 훈련 장교들과 함께 경례한 다음, 관세 문제에 대해 심의하는 2층 회의실로 통하는 큰 계단으로 그들을 안내했다. 월터 스콧이 다른 위원들 중 한 명에게서 들은 이야기에 따르면, 스미스는 수위의 경례에 너무 혹한 나머지 자기도 모르게 자기 지팡이로 응답함으로써 수위를 놀라게 했다(Scott, n.d.: 388~389).

이 일과 관련해, 스미스가 1781년 6월 4일 에든버러 민병단—도시경비대—의 명예 단장이 된 후 계속 정해진 훈련을 받았기 때문에 생긴 일이라는 견해가 있다(Graham, 1908: 169; Rae, 1965: 374). 더 설득력 있는 설명은, 스미스가 하이스트리트로 오는 동안 생각에 깊이 빠져 있다가 어떤 군대식 동작에 마음이 끌렸을 뿐이라는 것이다. 스콧은 이와 비슷한 유의 또 다른 이야기도 전해준다. 스미스가 세관 서류에 서명하는 데 시간이 많이 걸렸고, 그가 앞서 이루어진 동료의 서명을 공들여 모방했음이 드러났다는 이야기다.

스미스가 관세위원회에서 함께 근무한 동료들이 누구인지는 회의록에 나타난 서명들과 동시대 글들에 나타난 내용을 통해 확인할 수 있다. 선임 위원은 맨스펠트 디 카도넬(최소한 1751년부터 근무: 『런던 이브닝 포스트』, 7월 27일)로, 그는 자신이 몬머스 공작의 사생아라고, 따라서 버클루 공작의 선조이기도 한 찰스 2세의 혈통이라고 주장했다. 인버레스크의 칼라일은 이웃으로서 그를 잘 알았고, 그가 '증조부 찰스 2세처럼 이야기를 지어내는 데 뛰어났지만 좀처럼 그것들을 되풀이해 말하지 않았다'고 회상했다(Carlyle, 1973: 112). 그다음으로 오래된 위원은 조지 클러크-맥스웰이었다. 그다음은 던도널드 백작 8세의 형제이자 전직 군인인 배질 코크런으로, 그는 보즈웰의 종조부였고, 그 악동에게 과음하지 말라고 말했다(Boswell, 1963: 8). 코크런은 1761년에 물품세 위원이 되었고, 2년 뒤에는 관세 위원이 되었다. 그다음은 윌리엄 넬소프였는데, 그의 이름은 1780년 12월 19일의 기록에서는 사라져 보이지 않으며, 우리는 그의 해임이 계획되었다는 내용을 접할 수 있다(Corr. No. 254). 이는 아마 그가 매수되었다는 의미일 것이다. 넬소프를 대체한 인물은 제임스 에드거였다. 그 역시 전직 군인으로, 리스의 징수관을 지냈고, 스미스의 그리스 고전에 대한 흥미를 공유했다. 스미스와 함께 일한 또 다른 위원으로 데이비드 리드(Corr. No. 228), 제임스 뷰캐넌, 존 헨리 코크런, 미들턴의 로버트 헵번이 있었다. 1786년 6월 19일자 『모닝 헤럴드』가 밝혔듯이, 헵번에게는 이미 많은 수입이 있었던 만큼 그의 임명은 이해관계를 초월한 것이었고, 헨리 던다스가 헵번의 '호의'에 대한, 즉 자신에게 투표하도록 선거 운동을 해준 것에 대한 감사 표시로 행정적 영향력을 발휘한 데 따른 것이었다. 스미스의 재직 기간 대부분 동안 알렉산더 오즈번이 감찰관으로 있었다(Kay, 1842: i.343~344, 384~388). 관세위원회의 서기관은 리처드 엘리스턴 필립스였는데, 그는 104세까지 살았고, 이후 애덤 스미스와 마찬가지로 캐넌게이트 교회 묘지에 묻혔다(Rae, 1965: 330).

위원으로 임명되어 세관 업무에 대한 가문의 견문과 스스로의 지식이나 연구를 발휘하기 전에, 스미스는 『국부론』 제5편에서 관세, 즉 '필수품이든 사치품이든 (…) 소비 가능한 상품에 대한 세금'(WN V.ii.k.1~80)의 기능과 구성에 대한 분명하고 광범위한 논의를 제시하고 있다. 스미스가 당대 스코틀랜드의 세입 체계에 대해 설명하고 있는 것처럼, 관세와 물품세 세입은 최고민사법원, 법관, 재무부 같은, 왕실 수입—'왕의 개인 재산'으로 간주되는—으로 충당되지 않는 부분의 유지를 포함해 국가 공공 기관을 안정시키는 데 가장 먼저 쓰였다. 스코틀랜드 세입의 나머지는 잉글랜드의 관세·물품세 총수납기관으로 보내졌다. 스미스는 1782~1783년의 스코틀랜드 공공 기관의 총액이 6만 6879파운드 10실링 8페니라고 주장한다(*Corr. No. 235*). 그는 이 중 관세와 물품세 세입으로 충당되는 비율이 어느 정도인지는 밝히고 있지 않지만, 1781년에 거두어들인 순세입이 약 18만 6000파운드로 추산되었다는 점에서, 그보다 적은 금액이 잉글랜드로 보내져 그해 영국의 301만 9000파운드라는 대략적 총세입의 일부가 되었다고 가정할 수 있다.

그러므로 스코틀랜드의 기여분이 꽤 적은 편이긴 했지만, 이를 위해 관세위원회는 관세를 부과하고 징수하는 일에, 그리고 스미스의 아버지가 배치되었던 커콜디 같은 변경 지역들의 징수관과 감사관에서부터 관세의 그물망 안으로 세입원인 배들을 끌고 오는 승선세관원과 뱃사공에 이르기까지 이 일에서 책임을 맡고 있는 공무원들을 관리하는 일에 최선을 다해야 했다. 게다가 위원들은 선서를 시키고, 배를 수색하고, 상품을 압류하거나 파괴하고, 창고에 보관된 몰수된 상품들의 판매와 인도를 허가하고, 관세 위반 사례를 고소하고, 유죄 판결을 받은 사람들을 징계할 법적 권한을 가지고 있었다. 따라서 스미스와 그의 동료들은 행정 판사나 '수입 경찰' 같은 역할을 했다. 나아가 위원들은 공무원들에게 포상하기 위해 압수품 수익을 감독할 권한, 그들의 승진이나 그들을 도운 정보원들에 대한 포상을 추천할 권한도 가지고 있었다. 이 밖에도 위원회는 유능한 고급 선원과 일반 선원들이 탄 항해에 적합한 배들로 스코틀랜드의 동해안과 서해안을 순찰하게 하는 '해안 경비 지휘권'을 가지고 있었다.[3] 이런 목적을 위해 유지되는 작은 함대가 1779년에 세 척의 배(커터cutter)—프린스오브웨일스호, 컴브레이스웨리호, 프린세스로열호—와 그보다 작은 배(슬루프sloop) 두 척—프린스윌리엄호와 프린세스앤호—으로 구성되었다. 1779년 11월에는 커터 두 척이 새로 투입되기 위해 건조되고 있었다. 이런 배들은 약 30명의 선원이 함께하고, 약 12개의 포가 장착되고, 배수량이 252갤런짜리 통 120개 이상에 달하는 수준임에도 속도나 군사력에서 밀수업자들의 배에 뒤지기 일쑤였기 때문이다. 물론 밀수는 관세위원회의 가장 큰 골칫거리였고, 몇몇 세관 공무원과 밀수업자의 결탁에 따른 일종의 '알선 문제'가 존재한다는 점에서 더욱 골치 아픈 문제였다. 그리하여 1778년 6월 23일 스미스가 회의를 주재하는 가운데, 관세위원회는 맥파이라는 이름의 공무원이 '밀수업자에게 돈을 받았다'는 참담한 일을 기록에 남겼다(Macfie, 1961: 151).

한데 관세 위원 스미스가 『국부론』의 저자와 충돌하는 것은 아닌가 하는 의문이 생긴다. 주지하다시피, 이 책의 중심 메시지는 무역 독점과 무역 제재, 자신에게 이롭다고 판단하는 대로 자신의 노동과 자본과 토지를 사용할 개인의 권리에 대한 제한이 모두 자연스럽지 않은 개입이며, 이러한 개입으로 개인들은 더 많은 경제적 이득을 추구하는 타산적 욕망뿐 아니라 사람들의 본능적인 거래·교환·교역 성향도 억제하게 된다는 것이다. 게다가 제한과 억제는 노력의 필요성을 없애고, 생산비가 허락하는 한 낮은 가격으로 시장에 적절히 상품이 공급되게 해주는 경쟁의 메커니즘을 방해하며, 이 때문에 결국 비효율을 조장한다. 1780년 10월 『국부론』에 대해 쓰면서 스미스는 이 책을 '영국의 상업 체계 전반에 대한 나의 매우 격한 공격'으로 규정했다(*Corr.* No. 202).

이런 식의 견해를 밝힌 그는 정작 이 매우 '상업적인, 혹은 중상주의적인 체제'를 다스리고 시행하는 관리로서 모범적인 성실성을 보여주고 있었다(*WN* iv.i.35~45). 하지만 스미스가 일률적으로 경제 자유를 주장하지는 않았다는 점에 주목해야 한다. 그는 무역 제한을 필요로 하는, 이를테면 국방의 이유 같은 국가적 이유들이 있다고 밝혔을 뿐 아니라, 규제 없는 시장에서 스스로의 노동과 생산물을 팔 개인의 천부적 자유에 대한 제한을 정당화하는 전적으로 경제적인 고려 사항들을 지적했다. 그는 자기 나라의 경제 상황에서 그 천부적 자유의 체계가 달성되는 것에 대해 큰 기대를 품지는 않았다(*WN* IV.ii.43).

20장

경제 이론가이자 관세 위원

•

사실 영국에서 무역의 자유가 완전히 회복되기를
기대하는 것은 영국 내에 오시아나나 유토피아가 건설되기를
기대하는 것만큼 터무니없다.

무역 정책 문제에서 스미스의 가장 특징적인 입장은, 모든 무역 장벽의 철폐를 주장하되, 국가를 통치하는 데 적절한 목적들을 위해 세입을 증가시킬 필요에 의해서만 예외를 둔다는 것이다. 조언을 요청받은 그는 수입품과 수출품에 대한 '적정한 세금'을 부과할 것을 권했다. 세금은 밀수가 더 이익이라는 생각이 들 만큼 높아서는 안 되는데, 그렇게 되면 세입이 급격히 감소하기 때문이다. 게다가 그런 세금은 각각의 생산자와 수입업자들에게 동일하게 부과되어서, 한 그룹이 다른 그룹보다 유리하지 않아야 한다.

이러한 내용은 1780년의 한 편지에 잘 나타나 있는데, 이 편지는 1월 3일 윌리엄 이든에게 쓴 것으로 추정된다. 윌리엄 이든은 법률 개혁가이자 하원의원으로, 스미스의 친구인 민토의 길버트 엘리엇의 딸과 결혼했고, 웨더번과 정치적으로 뜻을 같이했고, 아메리카와의 평화를 지지했고, 1776~1782년 노스의 내각에서 무역 위원으로 일했고, 재무와 상업에서 전문성을 발휘하고 있었다. 스미스는 그에게 다음과 같이 썼다.

> 금지의 유일한 효과는 수입품으로 이윤을 보는 데 따른 세입을 저해하는 것입니다. 너무 높은 세금은 그러한 세금이 부과된 상품을 공정하게 거래하는 것으로는 이윤을 거의 내지 못하게 만들기 때문에, 절대적 금지만큼이나 세입에는 해롭고 밀수에는 이롭습니다.

편지는 기본적으로 제조업자에게 도움을 주기 위해 양 사육자에게 세금을 부과함으로써 양털의 수출을 금지하는 것에 대한 이야기로 이어진다(*Corr.* No. 203).

스미스가 시사하는 바는, 비차별적인 방식으로 적정한 세입을 늘리는 것이 경제적 효율의 토대가 되는 가격 균형 지향의 경향에 중대한 영향을 미치지 않는다는 것이다. 또한 『국부론』제5편에 개략적으로 기술된 것처럼 어떤 제도들에 대한 지원이 이루어져야 했다. 첫째, 사법을 뒷받침해야 했다. 예컨대 스코틀랜드에 최고 단계의 민사 법원, 형사 법원, 재무 법원을 유지시켜야 했다. 둘째, 인신과 재산을 보호해야 했다. 인신과 재산은 『국부론』을 집필하던 때와 같은 전쟁기에는 더 중요했다. 셋째, 교육의 기회를 제공해야 했다. 스코틀랜드에서는 왕에게서 나온 돈이 학교와 대학 제도로 유입되었다. 마지막으로, 공중위생의 어떤 측면들을 지원해야 했고, 경제가 돌아가는 데 꼭 필요한 것들인 부두나 도로 같은 공공 시설의 건설과 보수를 지원해야 했다.

비록 스미스는 중상주의 체제의 어떤 특징들을 현명하지 않고 공정하지 않은 것으로 보긴 했지만—특정 수입을 금지하고 밀수업자를 엄벌하는 경우에 그런 것처럼—, 정치 질서의 경제적 이익에 대한 인식은 중상주의 체제를 다스리고 시행하려는 스미스의 의지를 설명해주기에 충분하다. 절대적 자유 무역이 경제 발전에 필수라는 것은 그의 견해가 아니었고, 그는 부당한 처벌, 심지어 어느 정도의 불공정함을 불완전하지만 지속적이고 변경 가능한 법체계를 위해 치러야 하는 대가로 받아들일 수 있었다. 그의 글이나 행동에는 그가 밀수업자들을 그들이 종종 주장한 것처럼 진짜 '자유 무역업자'로 보아 무죄로 간주했다고 볼 만한 어떤 암시도 없다.

동시에, 스미스가 밀수를 절도나 살인처럼 피해자와 목격자에게 자연발생적 분노를 불러일으키는 것을 통해(『도덕감정론』을 상기시키는) 식별되는 그런 자연적 범죄로 간주하지 않았음은 분명하다. 이런 맥락에서 밀수는 정부의 독단적 의지에 기반한 인위적으로 만들어진 비행이다. 즉, 밀수는 비도덕적인 행동이라기보다는 경솔한 행동인 것이다. 스미스는 『국부론』에서, 무역 규제가 보통은 완전히 도덕적인 사람들인 밀수업자들에 대한 처벌을 수반하며, 이로써 범죄자로 낙인찍힌 밀수업자들이 진짜 범죄를 저지르게 된다는 점에서 무역 규제에 반대하게 되었다. 세관원에게 폭력을 행사한 파이프의 밀수업자 앤드루 윌슨(1장)이 그런 경우인데, 그의 체포는 포티어스 폭동으로 이어지는 일련의 사건의 시발점이 되었다. 『국부론』에서 밀수는 경제의 관점에서 분석되는데, 스미스는 밀수로 얻는 이윤이 크더라도 체포될 위험보다 중하지는 않으며, 그것은 결국 '파산에 이르는 확실한 길'이라고 언급한다(*WN* I.x.b.33).

밀수에 대한 이런 일견 비도덕적으로 보이는 접근은 『국부론』이 도덕보다는 경제에 대한 책이라는 이유로는 제대로 설명되지 않는다. 스미스는 이윤과 관련된 문제만큼이나 불의의 문제도 언제나 기꺼이 다룬다. 따라서 그가 밀수업자들을 문책하는 사람들의 감독자로서 자신의 역할에 양심의 가책을 느꼈다는 기록이 전혀 없다는 사실은 놀랍다. 이 직책에 대해 그가 어느 정도 불편한 마음을 가지고 있었다는 것은 이든에게 보낸 앞의 그 편지에서 엉뚱하게 암시된다.

> 제가 관세 위원이 된 지 일주일쯤 후, 저는 금지 상품 목록(모든 세관에 걸려 있고 당신이 고려할 가치가 있는)을 검토하고 제가 걸치고 있는 의류를 살펴보다가 깜짝 놀랐습니다. 제가 가진 스톡 타이, 스카프, 손목 주름 장식, 손수건 중에 영국에서 착용과 사용이 금지되지 않은 것이라고는 거의 없음을 알게 되었기 때문입니다. 저는 모범을 보이고 싶어서 그것들을 모두 태워버렸습니다. 적어도 당신이 같은 종류의 곤경에 처할까봐, 저는 당신 자신과 이든 부인의 의류나 가구를 살펴보라는 충고는 하지 않겠습니다. (*Corr.* No. 203)

이것은 매우 진지한 도덕적 충고는 아니지만, 진술된 '모범을 보이고픈' 바람과 함께, 밀수가 만연한 상황에서 스미스의 내면에 이를 억압해야 하는 자신의 책임에 대한 어떤 모순적 감정이 있음을 암시한다. 밀수품을 불태운 그의 행동은 공정한 관찰자에게 어울리는 행동 규칙을 지키려는 그의 바람에 기인했다기보다는 관세 위원으로서 자신의 평판을 보호하려는 고려에 기인한 것으로 보인다. 『국부론』에서 스미스가 밀수품을 구매하는 것에 가책을 느끼는 척하는 사람들에 대해 위선자와 부정직한 사람으로 여겨질 가능성이 있는 사람이라고 조롱한 만큼, 시민 개인으로서의 스미스는 자신의 스카프와 소매 주름 장식 등등을 없애지 않았을 것이라고 본다면 그런 견해에 무게가 더해진다(*WN* V.ii.k.64).

밀수 문제에 대한 스미스의 생각 속에 존재하는 그런 갈등은 두 가지 공리주의적 고려 사항 간의 충돌 때문일 수 있다. 첫째는 관세법과 물품세법의 좋은 경제적 결과나 나쁜 경제적 결과에 대한 것이다. 둘째는, 내용에 대한 의견 불일치는 제쳐두고, 법 자체에 대한 존중의 결여에서 오는 심각한 장기적 비효용에 대한 것이다. 결국, 실제로 스미스는 이런저런 공리주의적 고려 사항들에 의해 자기 행동을 판단할 준비가 되어 있었고, 자신이 밀수를 '자연적' 범죄로 간주하지 않았다는 것에 상관없이 밀수에 맞서는 조치를 취할 준비가 되어 있었다.

무역 장벽 문제에 대해서 일반적으로 그는 정의에 호소하고 효용성이라는 기준에 직접적으로 호소할 준비가 되어 있었다. 그래서 그는 무역 규제에 대해 불공정하고 경제 성장을 방해한다고 자주 언급하며, 또한 그는 가난한 사람들의 필수품에 세금을 매기는 것을 '압제'라는 이유로 강하게 반대하는데, 이는 사회 구성원 대다수를 억압하는 것이 그 대다수의 행복을 축소하는 일이라는 점에서 공리주의적 반대다. 그는 또한 '공평함'을 이유로, 한 나라의 생산품에 다른 나라의 생산품보다 더 많은 세금을 매기는 것에 반대한다. 게다가 스미스는 사적으로 양조·증류한 생산품에 물품세를 면제하여 부자들의 주류 소비에 대해 면세하면서 가난한 사람들이 마시는 술에는 세금을 부담시키는 것의 불공평함을 비난한다(*WN* V.ii.k.45). 그는 사적인 가정이 '세금징수원의 불쾌한 방문과 조사'를 당하지 않는 것의 효용성을 인정했지만, 면세는 과세에 대한 그의 첫 번째 격률에 해당되는 더 높은 기준, 즉 '모든 국가의 신민들은 그들 각자가 국가의 보호 아래 누리는, 세입에 비례하는 (⋯) 정부의 지원에 자금을 대야 한다'라는 기준을 충족시키지 못한다(*WN* V.ii.b.3). 스미스는 과세 정책의 정의와 효용성이라는 고려 사항들이 서로 충돌할 수 있다는 가능성을 심각하게 고려했던 것 같지 않으며, 그는 과세에 대한 자신의 네 가지 격률을 제시한 후 다음과 같이 단호히 말한다. '[그것들의] 명백한 정의와 효용성은 (⋯) 모든 국가가 그것들에 어느 정도 관심을 갖게 만들었다'(*WN* V.ii.b.7). 스미스는 적절한 무역 규제를 정당화하면서, 정의와 효용성 간의 있을 수 있는 충돌에 대한 논의를 회피한다. 정부 조언자로서나 관세 위원 활동에서나 그가 열중한 것은 효용성이라는 기준이었다(Campbell and Ross, 1981).

그래서 스미스는 아일랜드의 무역 자유화를 요구하는 1779년 10월 12일의 아일랜드 의회 결의안에 따라 구체적인 정책 자문을 요청받았다. 아일랜드인들은 1698년 무역에 부과된 엄격한 제한에 오랫동안 분개해왔고, 아들 윌리엄 피트는 그러한 제한을 '가혹하고 끔찍한 규제 체제'로 규정했다(Pitt, 1817: i.135). 영국이 미국독립전쟁을 치르느라 허약해져 가능한 모든 도움이 필요해졌을 때, 아일랜드인들은 바로 지금이 지원을 약속하며 변화를 요구할 때라고 느꼈다. 아일랜드의 지도자는 『국부론』에서 대영제국의 관세와 물품세 규제가 아일랜드로 확대되는 조건으로 아일랜드가 자유 무역을 승인받아야 한다고 주장한 스미스에게서 협력자를 발견하며 고무되었을 것이다(*WN* V.iii.72~73). 스미스는 또한 자유 무역을 위한 합의에는 더 많은 것, 즉 아일랜드가 영국과의 통합적 연합에 복종하는 것이 필요하리라고 내다보았다(*WN* V.iii.89). 스미스의 생각은 아일랜드에 빠르게 알려졌고, 그곳의 하원의원 존-헬리 허친슨은 『국부론』 제1편의 자유 무역에 대한 주장을 상세히 알리고 지속적으로 활용하기 위해 첫 번째 팸플릿을 출간했다.

헨리 던다스는 1779년 10월 30일 에든버러 밖 멜빌의 시골집에서 스미스에게 편지를 보내 문제를 검토해줄 것을 요청하면서, 국익이라는 공리주의적 이유에서 아일랜드 무역의 규제를 푸는 것에 찬성한다는 뜻을 밝혔다. 그는 '오랫동안 저는 아일랜드를 무너뜨리는 것이 사실은 바로 우리 나라의 해군력과 병력을 상당 부분 무너뜨리는 것이라고 생각했습니다'라고 썼다. 동시에 던다스는 오늘날로 치면 경쟁 우위 이론이라 불리는 것을 깨달았는데, 그것은 흔히 '부국-빈국 논의', 즉 가난한 나라가 부유한 경쟁 국가와 상업적으로 경쟁할 때 유리한 위치에 놓인다는 논의에서 드러난다. 가난한 나라에서는 임금이 더 낮아서 부담해야 하는 세금이 다르며, 따라서 가난한 나라의 가격이 더 낮아진다는 것이다.[1] 이런 견지에서 던다스는 스미스에게 이렇게 썼다. '신경 써서 대비해야 하는 유일한 것은 아일랜드 사람들이 세금이 없고 노동력이 싼 덕분에 외국 시장에서 낮은 가격으로 판매를 할 수 있다는 것입니다'(*Corr.* No. 200).

스미스는 이튿날 에든버러에서 답장을 보내 막 뇌리에 떠오른 적절한 주장을 피력하면서, 자신이 던다스의 생각에 '기꺼이' 찬성한다고 썼다. '저는 스코틀랜드나 잉글랜드의 몇몇 특정 도시의 독점을 편들기 위해서 대영제국의 아주 넓고 훌륭한 어떤 지역의 산업을 무너뜨리는 것이 불공정하고 현명치 못한 일이라는 데 전적으로 동의합니다.' 스미스는 아일랜드의 무역을 자유화하는 것이 더 많은 다수의 더 큰 행복을 가져올 것이기에 그렇게 하는 게 옳다고 판단했다. '제 생각에 이 상호 무역의 자유보다 양쪽 나라에 더 이로운 일은 없을 것입니다. 그것은 매우 어리석게도 우리가 거의 모든 종류의 우리 제조업자들을 이롭게 하려고 수립했으나 우리 자신에게 불리한 것인 그 불합리한 독점을 무너뜨리는 데 도움이 될 것입니다.' 특이하게도 스미스는 제조업자들의 '집단 이익 행동'에 그 제안들에 대한 저항이 있다고 보았고, 지도자들을 잘 다룰 수 있는 '몇몇 사람'을 임명해 아일랜드인들의 요구 사항을 거절하는 '어리석은 짓'을 피할 수 있어야 한다고 보았다.[2] 스미스는 또한 영국의 제조업자들이 '아일랜드 제조업자들과의 경쟁으로 크게 고통받게 되기까지'는 한 세기 이상이 걸릴 것이라고 생각했다(*Corr*. No. 201).

1779년에 무역위원회 위원장이던 칼라일 경—이듬해에 아일랜드 총독이 되었다—에게 보낸 11월 8일자의 유사한 편지에서 스미스는 아일랜드가 산업 국가 영국의 어려운 경쟁 상대가 될 수 없는 이유에 대해 의견을 제시하는데, 그것은 주로 아일랜드가 '대량 생산'에 필요한 석탄과 나무가 부족하기 때문이었다. 여기서 스미스는 나무들이 베이고 없을 때는 광석을 제련하고 산업 확장에 필요한 금속을 가공하기 위해 주로 석탄과 같은 저렴한 연료 공급원이 필요하다는 인식을 드러내고 있다. 예컨대 스미스의 제자 프랑수아 루이 트롱생이 1763년에 방문했던 스코틀랜드의 캐런 제철소(9장), 혹은 콜브룩데일의 주조소와 버밍엄의 금속 가게들(Uglow 2003: 17~21), 그리고 사우스웨일스의 머서티드필에 있는 다울레이 제철소와 사이파스파 제철소(Gross, 1980)가 광석을 제련하고 금속을 가공하는 곳이었다. 이런 사업체들은 모두 석탄 매장 지대 근처에 자리 잡고 있었다. 향후 200년간 아일랜드의 발전을 방해한 종교, 사회, 정치 문제에 대한 상당한 식견을 드러내며 스미스는 다음과 같이 덧붙인다.

> [아일랜드는] 하층민을 보호하고 제지하기 위한 질서, 치안, 사법이 필요합니다. 이것들은 석탄과 나무를 합한 것보다 산업 발전에 더 중요하고, 아일랜드가 탄압하는 이들과 탄압받는 이들, 개신교도와 가톨릭교도라는 적대적인 두 나라로 계속 갈라져 있는 한 아일랜드에는 계속 이것들이 필요할 것입니다. (*Corr.* No. 202)

아일랜드 자유 무역 문제에 대해 스미스와 편지를 주고받은 던다스, 칼라일, 이든(1780년에 총독 비서로 임명됨) 같은 이들은 이런 공리주의적 주장에 흔들렸다. 이든은 『칼라일 백작에게 보내는 네 통의 편지』(1779)에서 일반적인 참고를 위해 그러한 주장을 소개했다. 이 책은 『국부론』을, 구체적으로는 세금과 국채에 대한 『국부론』의 견해를 높이 평가했고, 아일랜드의 자유 무역에 대한 스미스의 생각을 그의 이름을 밝히지 않고 이어받았다. 이든은 1785년에 아일랜드와의 더 자유로운 무역을 위한 '아들 피트'의 구체적인 제안들에 반대했지만, 훗날 피트의 생각을 받아들였고, 그의 내각에서 일했다(Lee, *ODNB*, p. 2).

다음으로 관세 위원으로서의 스미스에 대해 생각해보자면, 그의 인생 마지막 단계가 된 이 시기에 그가 이 지위에서 한 일들에 대한 드물게 완벽한 기록이 남아 있다. 그는 런던 방문으로 자리를 비운 1782년과 1787년, 그리고 건강 악화로 회의 참석이 힘들어지기 시작한 1787년부터의 시기를 제외하고는 어김없이 관세위원회 회의에 참석했다. 매우 조직적인 관료주의적 절차를 따라 돌아가던 관세위원회는 이 기간에 스코틀랜드문서보관소에 보존된 아홉 권의 두꺼운 기록부를 거의 채우고 있는 업무를 수행했으며(CE1, vols. 15~23; 아래에서는 vol., no., date순으로 표시함), 또한 서신 발송 대장들에 기록된 것처럼 외항들과 광범위한 서신 교환을 했는데, 이 가운데 아마도 던바 항구와 관련된 기록이 가장 잘 갖추어져 있다(SRO CE56/2/5A–F). 이 기록을 살펴보면 스미스가 위원으로 임명받은 1778년 2월부터 병 때문에 자리를 비운 1790년 4월까지 위원회가 1165통의 서신을 발송했음을 알 수 있다. 이 서신들의 약 90퍼센트에 스미스가 서명을 한 것으로 보인다(Anderson et al., 1985: 746, n. 7).

한데 이와 관련해 지적해야 할 점 한 가지는, 스미스가 정부와 관청의 정책 및 전통을 따르는 위원회의 일원이었으며, 그가 세금 징수와 경제 정책에 관한 자신의 생각을 실행에 옮길 수 있도록 동료들에게 영향을 미칠 여지가 적었으리라는 것이다. 아일랜드의 자유 무역에 대해 던다스와 칼라일에게 쓴 편지(*Corr.* No. 201, 202), 세입과 아메리카 무역을 증가시키는 것에 대해 이든에게 쓴 편지(*Corr.* No. 203, 233), 울브스터의 싱클레어에게 대영제국의 경제적 고갈과 현실적 임무들에 대해 쓴 편지(*Corr.* No. 221, 299)는 모두 스미스가 자신의 의견과 조언—채택된다면 세관 업무에 실질적 영향을 미칠—을 요청하는 유력자들에게 자신의 견해를 감추지 않았음을 보여준다.

그는 1783년에 이런 주제를 다루는 하원 위원회에 나와 밀수 감소 대책에 대한 견해를 제시해줄 것을 요청받았다. 그리고 피트의 1784년 법(Commutation Act)이 차에 대한 관세와 관련해 스미스의 이론을 어느 정도 구체화했다는 증거가 있으며, 또한 1789년에 이르러서는 차의 밀무역이 심각한 타격을 입고 있었다는 증거가 있다(*Corr.* app. D, p. 411). 스미스는 자유롭게 관세 개혁 협상에 임할 수 있었을 때 분명 자신의 이론을 고수했지만, 또한 그런 개혁이 스코틀랜드 세관원들의 생계에 미칠 영향에 대해서도 신경 썼다. 게다가 위원으로서 그는 『국부론』의 견해가 반영된, 관련 기구들의 진술을 들었다.

세입에 대한 정보와 세입에 대한 이론 정립의 원천이 된 스미스의 장서들로는 국가적 참고 도서라 할 만한 헨리 크라우치, 헨리 색스비, 티머시 커닝엄의 표준적 저작들이 있었고, 징수관과 감사관을 비롯한 스코틀랜드 세관원들을 위한 지침서도 몇 권 있었다(Mizuta). 스미스는 또한 세입에 대한 비교 연구에도 관심이 있었고, 장-루이 모로 드 보몽의 『유럽의 세금과 권리에 대한 논문』(파리, 1768~1769)을 이에 대한 하나의 자료로 이용했다. 한번은 울브스터의 싱클레어가 아마도 자신의 첫 번째 진지한 책 『대영제국 세입의 역사』(초판 1784)

를 준비하는 과정에서 이 책을 빌리고 싶어했다. 스미스는 이에 대해 1778년 11월 24일에 답장을 썼는데, 스코틀랜드 땅의 북동쪽 끝에 있는 케이스네스로 이 책을 보내는 것이 '조금 불안'해서, 자신은 '개인 연구에서나 현재의 업무에서나 이 책을 빈번히 참조하기에 에든버러 밖으로 이 책을 내보내는 것이 그리 내키지 않는다'는 내용이었다. 계속해서 그는 이 책이 희귀본이며, 자신은 튀르고 '특별한 호의' 덕분에 입수했다고 밝혔고, 이 책을 비롯해 출판본이든 필사본이든 자신이 가지고 있는 재정에 관한 자료들을 싱클레어가 에든버러에서 참고하게 해주겠다고 제안한다(*Corr.* No. 196). 『국부론』에서 스미스는 이 책이 다른 나라들의 세금보다 프랑스의 세금에 더 들어맞는다고 주장했지만, 그는 함부르크, 네덜란드, 스위스, 프로이센, 베네치아의 세금에 대한 정보도 이 책에 의존한 것 같다(*WN* V.ii.a.4; Bonar, 1932: 18~21; Mizuta). 스미스는 모로 드 보몽의 희귀본과 또 다른 자료들을 잘 살펴본 덕분에 다음과 같은 적나라한 논평을 끌어낼 수 있었을 것이다. '정부가 사람들의 주머니에서 돈을 빼내는 기술보다 더 빨리 배우는 기술은 없다'(*WN* V.ii.h.12).

세관에서 스미스의 일상을 그려보기 위해, 스미스가 위원 자격을 얻은 다음 날인 1778년 2월 4일 수요일로 돌아가보자. 이날 그는 위원회 회의에 참석했다. 의장은 조지 클러크-맥스웰이었고, 또 다른 참석 위원은 배질 코크런이었다. 에어의 감사관 대리는 대체 인력을 마련해두었다는 조건하에 개인 용무를 보도록 사흘간의 휴가를 받은 상태였다. 그런 다음, 1771년 5월에 '다량의 포도주 유출'을 성공적으로 적발한 일, 그 결과 관련자들이 기소된 일, 부과된 벌금 중 '반환금'으로서 재무 위원들이 인정한 450파운드를 지급받은 일이 자세히 이야기된다. 기소 비용은 320파운드 4실링 4펜스로 기록되었으며, 이 금액이 회수된 총액에서 공제되어, 국고 지불 명령서에 따라 배부될 남은 금액은 18파운드 15실링 8펜스였다. 3분의 1은 정보 제공자인 패트릭 서덜랜드에게 돌아갔다. 그는 서덜랜드 해안 지역 브로라의 교사였는데, 아마도 비난을 피하기 위해서인 듯, 해외로 나갔다고 전해졌다. 또 3분의 1은 왕의 몫으로서 총수납기관으로 들어갔다. 그리고 관세위원회의 사무 변호사 오즈번이 재무부의 지시가 있을 때까지 나머지 3분의 1을 간수하게 되었다(Minutes vol. 15).

스미스의 세관 업무 초기 몇 년간 관세위원회는 미국독립전쟁과 관련된 일들도 다루게 되었다. 클러크-맥스웰은 스미스가 참석한 1779년 5월 27일 회의를 주재했는데, 이 회의에서 뉴욕 항구나 로드아일랜드주 뉴포트 항구와의 무역과 관련해 어떤 포고문을 인쇄해 배포하기로 결정되었다. 재무부가 당시 '아메리카의 혼란을 잠재울 방법들을 모색하도록 임명된 위원들의 비서'로 일하던 애덤 퍼거슨의 서신에 응해 이렇게 할 것을 요구했다(Minutes vol. 16). 사실상 이든이 이끈 그 위원들은 1778년 4월에 아메리카로 갔지만, 그들의 임무는 프랑스-아메리카 동맹으로 효력이 약화되었으며, 그들의 제안은 의회의 무시로 일축되었다(Dull, 1985: 100).

1779년 7월 5일 관세위원회는 해군 징병을 돕는 세관원들에게 주어진 지시 사항을 '대부분' 승인한 법무장관 헨리 던다스를 애덤 스미스가 수행했었다는 이야기를 들었고, 그들이 행정관들과 군대의 지원을 받을 것이라고 알렸다. 위원회는 또한 던다스가 '국가에 반하는 불법적 의도'를 의심받는 사람들을 감금하는 것에 대한 최고 사령관 오턴의 제안을 물리쳤음을 알게 되었다. 아마도 스미스가 시민의 자유에 해를 끼치는 조치들에 대한 주의를 당부했을 것이다(Minutes vol. 16).

스미스의 전시 근무 중에 있었던 가장 흥미로운 일화는 1779년 9월 스코틀랜드의 동해안에 적의 배들이 출현한 일과 관련된 것이었다. 9월 17일에 브라운 선장이 세관 감시선 프린세스로열호를 타고 정찰에 나섰다. 그는 정보를 얻으면 총을 세 번 발포하고, 만약 그 배들이 적선이라면 '돛대 꼭대기에 국기'를 내걸라는 명령을 받았다. 그는 오전 11시 30분에 돌아왔고, 해군 통제 장교와 관세 위원들인 클러크-맥스웰과 스미스 앞에서 다음과 같이 보고했다.

[브라운 선장은] 50문의 포를 탑재한 프랑스 포함의 권총 사정 거리 안에 들어가게 되었고, 그 배를 쫓아가 그들이 [포스]만灣 어귀에서 탈취했던 나포선 한 척을 탈환했지만, 24문의 포를 탑재한 프랑스 포함(프리깃frigate)이 즉각 따라붙었고, 그는 그 나포선을 포기해야만 했습니다. 그들은 나포선에 타고 있던 한 소년을 해안으로 데려갔고, 소년은 그 배에 자신과 병사 네 명, 남자 네 명, 장교 두 명이 타고 있었다고 말했습니다. 그 프랑스 소함대를 구성하는 마지막 선박 하나는 10문의 포를 탑재한 포함(브릭brig)이었습니다. 그 배들은 항해가 순조롭지 않아서 리스 정박지에 접근하기로 했다고 합니다. 50문 함선의 함장이 그쪽 해안을 잘 안다고 합니다. 50문 함선과 프리깃함은 검은색으로 칠해져 있습니다. 50문 함선은 바닥이 흰색이며, 돛대 꼭대

기가 매우 조잡합니다. 소년의 말로는, 그 배들은 원래 일곱 척의 함대에 속해 항해했다고 합니다. 북쪽으로 셰틀랜드까지 갔는데, 며칠 전의 강풍으로 그 배들은 함대에서 떨어져 나와 돌아왔습니다.

클러크-맥스웰과 스미스는 상관인 런던의 재무 위원들에게 속달로 이러한 진술을 알렸고, 동해안에 정박해 있던 세무용 선박들의 지휘관들에게 총사령관의 지시를 따르라고 명령했다. 9월 20일에 관세위원회는 이런 조치들을 승인했고, 휴가를 승인하고, 필라델피아의 벳시호에서 발생한 벌금과 과태료를 처리하고, 이 배에서 럼주를 압수한 승선 세관원들에게 지불된 돈을 회수하는 등 일상적인 업무를 계속했다(Minutes vol. 16).

한편 실제로 아메리카 깃발을 달고 항해하면서 미국의 해군 규정에 따라 활동하고 있던 그 프랑스 소함대는 영국이 미국독립전쟁을 실감하도록 해주었다. 사령관 존 폴 존스는 스코틀랜드 해안에 대해 조금 알았다. 솔웨이만灣의 아빅랜드 태생인 데다가 경력 초기에 커쿠브리 안팎을 항해해봤기 때문이다. 존스의 임무는 프랑스와 스페인 군대의 잉글랜드 남쪽 침공을 감추기 위해서 스코틀랜드나 잉글랜드 북쪽을 습격함으로써 주의를 딴데로 돌리는 것이었다. 함대에 병이 돌아 1779년에 그 주요 작전은 수포로 돌아갔지만, 프랑스-아메리카 소함대는 스코틀랜드 당국과 스코틀랜드 사람들을 위협하는 데 성공했다. 이미 아메리카와 프랑스의 사략선들이 클라이드강 어귀에서 아메리카와 카리브해 지역으로 향하는 글래스고 선박들을 공격하고 있었다(Devine, 1975: 139~143).

포스만으로 들어가면서 존스가 계획한 것은 리스에 상륙해 그 도시를 장악하고 몸값을 요구하는 것이었다. 9월 17일에 함대는 스미스의 고향 마을인 커콜디의 1마일 이내에 접근했고, 곧 방향을 틀어 리스로 건너가, 그곳의 착탄 거리 안에 거의 들어섰다. 상륙정을 내리라는 명령이 막 떨어지려 할 때 바다에서 강풍이 불어 배를 만의 어귀로 몰아갔다. 그 후 존스는 동해안을 따라 항해해 내려왔고, 9월 23일 플램버러곶 쪽에서 승리를 거둔 것이 널리 알려졌다. 그의 배 '본옴 리처드'호(스미스의 친구 프랭클린이 만들어낸 캐릭터인 가난한 리처드를 본뜬 이름)는 발트해에서 돌아오는 상인들을 호송하는 임무를 띤 영국의 새 프리깃함 세라피스호와 교전했고, 일몰부터 3시간 후 달빛 아래 이 배가 항복할 때까지 싸웠다. 이 배의 선장은 한때 존스에게 깃발을 내리라고 요구할 만큼 자신감을 보였지만, '나는 싸움은 아직 시작도 하지 않았다'라는 그 유명한 대꾸를 들었을 뿐이다. 존스와 그의 부하들은 9월 24일에 세라피스호를 접수했으며, 다음 날 자신들의 불타는 배가 가라앉도록 내버려둔 채 프랑스로 항해한 끝에 영웅으로 환대받았다(Morison, 1964: 213~240).

미국독립전쟁에서의 영국의 이런 실패, 특히 새러토가에서의 항복으로 좌절한 울브스터의 싱클레어는 한번은 스미스에게 이렇게 한탄했다. '이대로 가다가는 국가가 파멸하고 말 것입니다.' 이에 스미스는 특유의 현실성과 날카로운 발언으로 답했다. '젊은 친구여, 한 나라에는 엄청나게 많은 파멸이 있는 법이니 안심하세요'(Sinclair, 1831: i.390~391).

사실 상인들은 세라피스호의 호송을 받아 모두 자신들의 모항에 안전하게 도착했고, 존스의 승리로 그들은 절실하게 필요한 선박 용품들을 발트해 연안으로부터 계속 가져올 수 없게 되었다. 스미스는 아메리카와 전쟁을 벌이는 경우의 경제적 결과들과 아메리카와 평화롭게 지내는 경우의 경제적 결과들에 계속 초점을 두었고, 거기서 도출되는 결론이 영국의 정책 입안자들에게 도움이 되기를 바랐다. 이것이 이든에게 보낸 1783년 12월 15일자 편지의 취지였고, 여기서 그는 '다른 모든 나라의 상품들에 같은 관세를' 부과하고 '같은 면세를' 허용한다고 공포한 미국의 의지를 영국이 따라야 한다고, 또한 북아메리카와 카리브해 연안 식민지들 간의 전쟁 전에 존재했던 것과 같은 '상업적 관계'가 전쟁 후에도 유지되어야 한다고 주장한다. 그는 자신이 미국 무역의 운명을 염려하지 않는다고 밝혔다. '모든 나라를 평등하게 취급함으로써, 머지않아 우리는 미국처럼 너무 멀리 있는 나라의 무역보다 한없이 더 이로운, 이웃한 유럽 나라들과의 무역을 트게 될지도 모릅니다.' 또한 스미스는 미국인들이 실제로는 공언한 의지와 다르게 영국 식민지들과 영국의 동맹국인 포르투갈의 상품을 차별하려 하고 있다고 말했다(*Corr.* No. 233). 하지만 영국을 응징하고 식민지 본국인 영국과 영국의 우방에 대한 경제적 의존을 줄이려는 이 움직임은 오래가지 않았고, 예컨대 글래스고의 상인들은 1783년의 파리 조약으로 미국독립전쟁이 종식된 직후 미국과의 긴밀한 관계를 재개했다(Devine, 1975: 162~165).

프랑스는 미국독립전쟁의 진정한 패자였고, 큰 비용을 치른 프랑스의 전쟁 개입은 프랑스 혁명을 초래한 구체제의 파탄을 앞당겼다(Dull, 1985: 161). 스미스가 말했듯이, 영국은 일단 아메리카 제국의

'꿈'을 포기하자 '아들 피트'의 집권하에 경제력을 증진하는 방향으로 나아갔다. 잠재적 유럽 시장에 대립되는 것으로서의 미국 시장에 대한 스미스의 냉철한 견해에도 불구하고, '영국 수출의 미국화'라 불린 단계에서 미국과의 무역을 통해 더 큰 성장이 이루어졌다. 물론 이 무역에서도 보호무역주의는 여전히 영국의 하나의 목표로 남아 있었다. 효용성이라는 이유에서든 국익이라는 이유에서든 스미스는 마지막까지 이 정책의 집행자였다. 예컨대 그는 미국과의 무역을 규제하는 내용의, 즉 영국을 편드는 것인 중상주의적 항해법을 유지하는 내용의 긴급 칙령을 받은 1789년 4월 7일의 관세위원회 회의를 주재한 의장이었으며, 통상적인 처리 방식대로 이 칙령은 인쇄되어, 해당 지역 관리들이 적절하고 엄격하게 규정을 지켜야 하는 지시와 함께 항구들에 전달되었다(Minutes vol. 22).

1783년의 강화講和와 합법적 무역의 성장으로 업무에 임하는 관세 위원과 관리들의 당연하고도 엄격한 주의가 요구되면서 비합법적 자유 무역업자들, 즉 밀수업자들과의 충돌이 격화되었다. 1783년 12월 4일에 스코틀랜드의 물품세 위원들이 재무 위원들에게 낸 보고서가 이 문제를 검토한다(PRO, Kew, Treasury T 1/589, xiv/0173). 미국 독립전쟁 때까지 밀수품의 수입과 상륙은 세무 순찰선의 부재, 길게 쭉 뻗은 해안선, 길고 어두운 밤이 만들어주는 기회를 노려 선원이 거의 없는 작은 영국 비무장 범선에 의해 이루어졌다. 만약 적발되면 밀수업자들은 도주를 시도했을 테지만, 도주에 성공하지 못했을 경우에는 무력을 사용하기보다는 보통 구금과 몰수에 순응하거나 아니면 압수에 대해 재무재판소에 이의를 제기했을 것이다.

전쟁 동안 상황은 점점 더 나빠졌고, 강화 조약 이후에 특히 더 나빠졌는데, 사략선 선장들이 크고 빠르고 잘 무장한 커터선船cutter이나 러거선lugger, 기타 다른 배들을 가지고 밀수로 전환했고, '무력에 의지해 화물을 운송하겠다는, 혹은 자신들을 막으려는 국왕 폐하의 관리들의 모든 시도에 피와 죽음으로 저항하겠다는 굳은 각오로' 낮에 짝을 지어 작전을 펼쳤기 때문이다. 그들은 배 한 척으로 차 800상자와 브랜디 1000통을 들여올 수 있었다. 물건들은 함포의 보호 아래 재빨리 해안에 내려진 뒤, 수많은 마부에 의해 육상으로 흩어졌다. 물품 대금은 정화로 치러져 국가의 금과 은을 유출시켰다. 이 중상주의적 참사에 마지막으로 보태야 하는 이야기는, 밀수업자들이 그 후 '양모 수출이라는 매우 해로운 일에 이용되었다'고 보고서에서 언급되었다는 것이다.

어강江에서 클라이드만까지의 남서 해안은 상인과 농민으로 구성된 세 무리의 밀수 행위로 악명 높은 곳이었다. 첫째는 위그타운셔 글렌루스만灣의 클론 또는 포트윌리엄에 기반을 둔 무리였고, 둘째는 갤러웨이곶에, 셋째는 에어셔의 캐릭에 기반을 둔 무리였다. 그들의 연결망은 얼스터와 맨섬까지 뻗어 있었고, 그들이 가진 12척의 큰 커터와 적재량 60~300톤의 또 다른 배들은 12파운드포砲들을 포함해 10~24개의 포를 갖추고 있었다. 그들은 오스텐데, 플러싱, 예테보리, 심지어 코펜하겐으로부터 차와 증류주를 실어왔고, 그 물건들을 요새화된 농장들에 부려놓았다가 주문자들에게 전달했다. 1783년 10월 1일에 세무용 요트 프린스오브웨일스호의 지휘관인 겔리 중위는 캐릭 무리와 관련된 70명의 선원이 타고 있고 24문의 포를 갖추고 있는 커터 선더러호를 가로채려 시도했지만, 밀수업자들의 일제 공격을 받았고, 다음 날 그의 선원들은 감당할 수 없는 교전을 재개하기를 거부했다. 동해안에서는 밀수가 개인들에 의해 좀더 규모가 작은 배들로 이루어진다고 이야기되었지만, 광범위하게 이루어졌다고 볼 수 있으며, '던바, 파이프니스, 세인트앤드루스, 루넌만灣 인근에서, 애버딘 피터헤드, 프레이저버러에서, 머리만灣 전 지역에서' 밀수품이 상륙한 덕분에 인접 도시들, 특히 에든버러에 차와 증류주가 비축될 수 있었다.

밀수의 해악에 대한 해결책과 관련해, 물품세위원회는 관세를 낮추면 밀수 유혹이 줄어들 것이라는 제안을 내놓는데, 이는 적절한 제안이지만 권장 사항으로서 언급되기는 처음이었다. 따라서 스미스가 이런 식으로 생각한 유일한 사람은 아니었고, 나중에는 심지어 독점, 관세 제도, 항해법을 집행하는 공식 기구들의 구성원들로부터도 자유 무역에 대한 확고한 지지가 나왔다.[3]

1785년 4월 7일 애덤 스미스가 공동 서명한 편지에서 알 수 있듯이, 관세위원회는 스코틀랜드 남서부의 밀수를 통제하기 위해 이런 제안들을 일부 실행에 옮겼다. 이 편지에는 글렌루스만의 동쪽 편에 폐선을 한 척 배치하고 거기 군대를 주둔시켜 세무관들을 돕게 한다는 내용, 그리고 같은 목적으로 서쪽 편에도 폐선을 한 척 배치하고, '일을 그르칠 수도 있는 밀수업자와 군인들 사이의 친밀감 형성을 막기 위해' 양쪽 폐선의 군대를 한 번씩 서로 바꿔준다는 계획이 담겨 있다. 위그타운의 징수관이 보고한 바에 따르면, 첫 번째 폐선이 도착한 이후 밀수업자들은 '큰 낙담'을 드러냈다. 스미스와 그의 동료들은 스코틀랜드 총사령관이 그런 임무에 재량껏 배치할 충분한 수의 군인을 확보하도록 재무 위원들이 조치하기를 바랐다(PRO, Kew, Treasury T/619, CAPS 29555).

스미스가 공동 서명한 또 다른 편지인 1789년 8월 6일자는 남서 지역의 밀수업자 무리에 맞서는 더 나아간 조치들을 다룬다. 여기서 우리는 월터 스콧의 소설 『가이 매너링』에 나오는 인물 더크 해터레이크의 원형인 요킨스라는 밀수업자를 그의 배(러거)가 갤러웨이 해안에 화물을 내려놓기 전에 체포하는 데 성공한 해군선의 이야기를 알게 된다. 체포는 물품세위원회의 말처럼 '적절하고 효율적인 해상 순찰선' 덕분이었다. 이 순찰선은 지역 조수 측량사, 두 폐선 중 하나의 지휘관, 그리고 그들 휘하의 장교들로 유지되었다. 그들을 위한 포상금 요청이 있었지만, 스미스와 동료 위원들은 '언급된 공로는 매우 칭찬받을 만하고 우리가 크게 인정하는 바이지만, 직무 범위 내에서 행해진 일일 뿐'이라며 포상하지 않았다(Corr. app. D, p. 411).

『국부론』에서 스미스는 '물품세법이 (…) 밀수업자의 활동을 관세법보다 훨씬 더 효과적으로 금지하고 방해한다'는 견해를 밝혔다. 그는 적용 가능하다면 물품세 체계와 유사한 체계를 관세에 도입하는 것이 밀수업자들에게 어려움을 줄 수 있다고 여겼다(WN V.ii.k.36). 또한 그는 많은 사람이 이런 변화가 쉽게 일어날 수도 있다고 생각한다고 밝혔지만, 이는 다음 세기가 되어서야 이루어졌다(Mathias, 1983: 274~275). 관세 개혁을 위한 스미스의 또 다른 제안은, 면밀한 점검하에 수입품을 창고에 보관했다가 국내 소비를 위해 출고될 때 상품에 세금을 부과하고, 수출의 경우에는 세금을 부과하지 않는 것과 관련된 제안으로, 럼주에 세금을 부과하는 물품세 시행을 확대하는 것이었다(WN V.ii.k.37). 글래스고 시장 패트릭 콜커훈[4]을 비롯해 그 도시의 담배와 설탕 무역에 관련된 상인들은 바로 이 주제로 진정서를 제출했는데, 이 물품들에 세금을 부과하는 방식이 변경되고 두 물품이 동일하게 관리될 수 있기를 바라는 진정서였다. 관세위원회는 이 진정서를 잘 검토했고, 당시의 재직 위원들인 제임스 에드거, 배질 코크런, 애덤 스미스, 제임스 뷰캐넌, 조지 클러크(-맥스웰)의 서명이 모두 들어간 1783년 6월 18일자의 광범위하고 호의적인 보고서와 함께 그 진정서를 재무 위원들에게 보냈다(PRO, Kew, Treasury T1/589, CAPS 29555). 스미스가 제안한, 특히 설탕과 담배의 창고 보관에 적용되는 것과 같은 관세 개혁을 글래스고가 지지하는 것은 충분히 예상 가능한 일이었고, 또한 글래스고는 충분히 그런 제안의 원천이 될 수 있었다. 어쨌든 위원들의 그 보고서에는 이 문제에 대한 스미스의 생각이 분명히 반영되어 있다.

물론 이 보고서는 상인들의 이익이 아니라 왕의 이익을 보호하는 차원에서 작성된 것이었다. 따라서 위원들은 국내 소비용 물품들에 즉각 치러지는 세금과 상인들의 편익에 맞추어 창고에 보관되는 이점을 누리는 물품들에 부과되는 세금을 달리해야 한다고 건의한다. 이를 통해 세금 납부의 불필요한 지체를 없앨 수 있을 것으로 여겨진다. 위원들은 또한 세금 납부 없이 물품들을 창고에 보관할 수 있게 하면 왕이 화재 등등의 사고로 손해를 떠안을 우려가 있다고 지적한다. 게다가 세무관들은 창고 관리, 점검, 물품 인도 같은 더 많은 책임을 떠맡게 될 것이다. 이러한 맥락에서, 인도를 위해 출고되는 물품 양에 대해, '두 개 이상의 적법한 패키지'라는 규정이 있어야 한다. 스미스는 『국부론』에서 이와 비슷한 경고를 하면서(*WN* V.ii.k.37), 공적인 창고 시스템이 모든 종류의 물품들로 확대될 수는 없는데, 이는 적절한 시설이 마련될 수 없고, 상당한 주의를 요하는 까다롭고 부패하기 쉬운 물품들은 어떤 상인의 개인 창고에 맡겨질 수 있기 때문이라고 밝힌다. '17세기 초에 주로 네덜란드인들이 운영한, 그리고 (…) 19세기에 [윌리엄] 허스키슨의 가장 적절한 정책들 중 하나인' 창고는 '[로버트] 월폴의 물품세 제도의 한 부분이 되었다'는 것이 19세기의 견해였다(Lecky, 1878: 362). 스미스가 소장했던 조사이아 터커의 팸플릿과 여러 경제 관련 글들은(Mizuta) 창고 시스템에 대한 스미스의 주장의 한 가지 원천이 되었을 수도 있다. 터커는 분명 케임스, 흄, 프랑스 경제학자들과 개인적 유대가 있었고, 그들에게 그의 견해가 잘 알려져 있었으니, 그들을 통해서 그의 견해가 스미스에게 전해질 수 있었을 것이다(Shelton, 1981).

스코틀랜드의 관세위원회 보고서는 1783년 12월 10일에 읽힌 것으로 표지에 표시되어 있으며, 나아가 '1783년 12월 15일 콜커훈 씨[즉, 글래스고 시장]에게 초록 발송'이라고 배서되어 있다. 이것은 진정서 작성자들에게 자신들이 스코틀랜드 관세 위원들의 지지를 받고 있음을 알려주었을 것이다. 창고법은 1799~1800년에 마침내 통과되었지만, 그 제안이 공고해진 것은 훗날 법령 59 Geo. III, c. 52, 즉 '창고에 보관될 수 있는 물품들, 아니면 우선 관세 지불 없이 대영제국으로의 수입이 보장된 물품들'을 다루는 법령을 통과(1819)한 후였다. 세 국왕의 치세 후에 담배를 창고에 넣어 관리하는 규정의 세부 사항들—16 and 17 Vict., c. 107, para. 10 (1853)—을 포함하는 또다른 법령이 나왔지만, 이 시기의 글래스고는 '이미 한참 전부터 중상주의적 도시 대신에 제조업의 도시가 되어 있었다'(*Glasgow Courier*, 1791년 9월 8일; Devine, 1975: 166).

관세위원회의 보고서를 보면 스미스의 문체가 묻어난다고 느껴질 수도 있고, 부분적으로 그가 작성했으리라 느껴질 수도 있지만, 창고에 대한 제안과 관련해 스미스는 동료들과 행동을 같이했다. 하지만 적어도 한번은 그는 자신의 재량에 따라 스코틀랜드의 세관 관행에 대한 제안을 하고, 또한 자신의 개혁과 심지어 자유 무역 원칙들쪽으로 정책을 바꿀 수 있었다. 그것은 스미스가 1782년 3월 19일부터 7월 11일까지 휴가를 받아 주로 개인적 사무와 휴식을 위해 런던을 방문했을 때—이는 22장에서 설명할 것이다—의 일이다.

4월 18일 에든버러에서 열린 관세위원회 회의에서는 법무장관던다스의 권고에 따라 재무부가 스미스에게 스코틀랜드 칙허자치도시협의회에서 나온 두 가지 건의 사항의 처리를 요청했음이 거론되었다. 세관원들이 통관 요금과 관련해 표준 요금표를 갖추어야 하며, 강과 만의 어귀들이 잉글랜드의 그런 어귀들과 대등해야 한다는 것이었다. 스미스는 5월 24일 재무장관에게 보고서를 제출했고, 그의 보고서는 사흘 뒤 재무부에서 검토되었다. 처음에 그는 관련 자료를 가지고 있지 않았지만, 관세위원회의 서기관인 리처드 엘리스턴 필립스가 런던에 있는 그에게 그것을 보내주었다. 스미스는 1766년에 버밍엄의 철기제조업자 새뮤얼 가벳이 스코틀랜드 관세위원회에 정확한 요금표가 없다고 고충을 호소했음을 알게 되었고, 스코틀랜드 관세위원회는 1767년에 공통의 요금표를 마련하라는 지시를 받았다. 위원들은 세무관들로부터 적절한 정보를 수집했지만, 차이가 있는 경우 그 차이가 적은 보수를 보충하는 데 필요하다고 여겨지기 때문에 일괄성을 끌어들일 이유는 없다고 말했다. 이 답변은 재무 위원들을 놀라게 했고, 이들은 관세위원회에 이 문제를 재고해 통관 요금 조정안을 마련하라고 명령했다. 이 지시는 이행되어, 1767년 10월 5일에 조정안이 재무부로 송달되었다. 하지만 재무 위원들에게서는 어떤 반응도 나오지 않았고, 문제는 미결로 남았다.

처음에 스미스는 1767년 위원회가 마련한 표준 요금표를 추천하려 생각했고, 이를 염두에 두고서 스코틀랜드 칙허자치도시협의회의 대표인 에든버러 시장과 면담했다. 하지만 시장은 다른 요금 리스트를 제안했고, 몇 번의 회의 끝에 그와 스미스는 이 문제에 대한 합의에 이르렀다. 스미스는 1767년에 관세위원회가 재무부에 제시했던 것과는 '큰 차이'가 나는 새로운 리스트를 제출했다. 이런 차이 대부분은 세관원들에게 불리한 측면이 있었지만, 그는 스스로 양보해야 한다고 생각했다. 아마 시장은 가능한 한 무역의 부담을 덜어주고 모든 제한 사항을 공정하게 적용하기 위해서 『국부론』의 권위를 끌어들였을 것이다.

스미스는 재무 위원들이 그 새로운 리스트를 승인하기에 앞서 그것을 자신의 보고서와 함께 에든버러의 동료들에게 보내 자신의 오류들을 바로잡도록 해야 한다고 요청했다. 그는 새로 정한 통관 요금이 소득을 감소시킬 것을 우려했다.

많은 세관원의 소득이 줄어들어, 그들이 심지어 자신이 마땅히 속해야 하는 사회 계층에 걸맞은 생활을 영위하기 힘들어질 수도 있다. 궁핍한 상황 때문에 그중 많은 이가 상인들에게 의존하게 될 것이며, 곧바로 상인들은 세입에 해를 끼치는 존재이자, 부당한 선물을 챙김으로써 곤궁함을 덜어보려 했을 수도 있는 불운한 사람들을 결국 몰락시키고 마는 존재로 드러날 것이다.

두 번째 건의 사항에 대해 말하자면, 스미스는 잉글랜드의 강 어귀와 만 어귀들이 어떤 체제로 되어 있는지 알지 못한다고 고백해야 했지만, 그는 법령집에서 그 체제를 변경하는 몇 가지 제정법을 발견한 터였기에, 잉글랜드 내에서도 차이들이 있다고 가정했다. 그는 스코틀랜드의 칙허 자치도시들이 원하는 바는 과세 물품들에 대한 일정치는 않은 인증 수수료를 내고 내륙 수로를 통한 무역의 자유를 얻는 것이라고 믿었다. 자신의 원칙을 따른다면 이는 어려울 게 없는 일이라고 그는 생각했다.

나는 지금까지 행해져온 것과 같은, [수출 금지되지 않은, 혹은 수출에 (…) 어떤 세금도 따르지 않는] 상품들에 대한 그런 강과 만들에서의 무역뿐 아니라 대영제국의 전체 연안 무역도 상인들의 큰 편리와 관세 수입의 안정성을 확보하면서 관세 납부 증서라는 형식을 면제받을 수 있다고 늘 생각해왔다.

그는 이를 위한 법안의 초안이 포스만에 적용되는 관세위원회를 위해 작성된 바 있다고 언급했으며, 그러므로 그는 '대영제국의 전체 연안 무역에 이 면제를 즉시 확대하는 것이 훨씬 더 간편할 뿐만 아니라 훨씬 더 공정하고 공평할 것'이라고 주장했다(PRO, Kew, Treasury T1/570).

예상대로 세관원들은 이런 제안들이 소득 감소를 초래할 우려가 있다고 호소했지만, 1784년 9월 2일자로 관세위원회가 발행한 인쇄된 편지에 나타나 있듯이 그 제안들은 대부분 시행되었다. 그 편지는 던디 세관의 징수관 겸 감사관이 수취인으로 적혀 있는 봉투와 함께 남아 있다. 그에 따른 수수료 수입 감소를 고려해 위원회는 현재의 세관원들에게 손실을 보상할 것이라고 밝혔고, 징수관과 감사관들은 '이런 규정 아래 받은 수수료, 그리고 이 날짜에 각자의 항구에서 수립된 규칙에 따라 적절히 받았을 수수료를 비교하여 보여주는 진술서를 분기별로' 제출할 것을 요구받았다(EUL, 관세위원회의 인쇄된 편지 No. 66, 관세 위원 스미스, 리드, 에드거의 서명).

1781년 1월 23일, 의사이자 상인이며 셸번 경의 친구인 벤저민 본은 셸번 경에게 에든버러를 방문했던 때의 이야기를 해주었다. 그는 애덤 스미스가 '남부에 있어야 한다고 생각했던 종류의 사람보다 훨씬 더 그의 취향에 맞았다'고 말하며 '스미스는 그곳에서 별난 태도로 널리 알려져 있지만 그들[에든버러 지식인들] 중 최고라고 생각한다'고 보고했다. 그는 이어서 '스미스는 세관에서 혁신을 꾀하지 않고 부족함 없이 매우 잘 지내고 있지만, 나는 그가 때때로 더 많은 시간, 더 많은 존경, 아마도 더 많은 친구를 누렸던 대학에 계속 남아 있었으면 좋았으리라고 종종 생각한다'고 말했다. 그다음에는 스미스의 저작에 대한 새로운 소식이 이어졌다. '그는 천문학의 역사에 대한 책을 준비하고 있지만, 출판할 준비가 되었다는 얘기는 전혀 듣지 못했습니다'(Philadelphia, American Philosophical Soc., Vaughan/ Shelburne).

이처럼 스미스를 세관 업무의 혁신자로 보지 않는 시각에도 불구하고, 그가 관세 위원으로 일하는 동안 경제 이론가로서의 통찰력과 실용적 사무에 대한 지식을 발휘해 그 자신이 유용하고 정당한 것으로 간주한 변화에 힘썼다는 몇몇 증거는 있다. 그가 글래스고대학 교수로서 그랬던 것처럼, 자신의 공무 수행과 관세 위원으로서의 역할에 성실했다는 점도 알 수 있다.

좋은 예로, 1786년에 유명한 발명가이자 과학자인 던도널드 백작 9세 아치볼드 코크런이 스미스를 비롯한 위원들에게 했던 청원을 들 수 있다. 파이프의 컬로스 수도원에 있는 백작의 사유지에서 진행될, 백작이 소금 정제를 위해 고안한 새로운 장치의 시험을 참관해달라는 청원이었다. 이 청원은 던도널드가 화학자이자 의학 교수이면서 스미스의 오랜 친구인 조지프 블랙에게 보낸 1786년 2월 17일자 편지에서 발견된다. 의회가 모든 소금을 정제하도록 의무화하는 소금법 개정을 심의 중이었던 만큼 그것은 시급한 문제였다. 스코틀랜드는 그때까지 소금 생산에서 경쟁 우위를 유지하고 있었는데, 잉글랜드의 체셔와 잉글랜드 북동쪽에서 나는 것만큼 깨끗한 소금을 만들지 못하는 데다가 부담해야 하는 세금이 더 낮아서, 수출에 더 적은 비용이 들었기 때문이다. 스미스는 커콜디에 살 때부터 소금 생산에 익숙했을 것이다. 바닷물을 증발시켜 소금을 얻어내는 염전들의 존재가 커콜디 해안의 특징들 중 하나였기 때문이다(1장). 던도널드 백작은 '대규모 소금 정제'가 '국가적으로 상당히 중요한 문제'라고 생각했지만, 그는 돈 문제로 심하게 압박받고 있었고, 분명 이 발명품의 특허를 받아내고 싶었을 것이다. 그는 아마도 관세와 소금세 위원이라는 스미스의 직위 때문에 스미스를 끌어들이고 싶어했지만, 백작의 편지에 대한 블랙의 2월 22일자 답장 초안에 담긴 다음과 같은 내용으로 미루어 그것은 분명 스미스에게는 난처한 일이었다.

> 스미스 씨는 진심으로 경에게 도움이 되고 싶어하지만, 애석하게도 이것은 적절한 기회가 아니라고 여기고 있습니다. 그는 화학적 작용에 대한 자신의 지식이 너무 제한적이고 불완전하여 이 문제에 대한 자신의 판단에 무게를 실어주지 못하며, 관세 위원이라는 공식적 신분으로 인해 자신이 동료들과 함께 방법들을 강구해야 할 수도 있다고 이야기합니다. 그가 다른 위원들과 치우침 없이 함께하는 위원회에 갖춰지기를 바라는, 세관원들이 소금의 순도에 대해 판단할 수 있게 해줄 방법들, 그로 하여금 위원회에 그 방법이 갖춰지기 전에 그의 승인을 받았던 어떤 진행 방법을 위원회에서 거부할 필요성을 느끼게 할 수도 있는 그런 방법들 말입니다. (EUL MS Gen. 874/IV/29–30)

스미스는 관세 위원으로서 직무를 수행하는 데 이와 같은 성실성을 보여주었으며, 이것이 저술가로서 그의 경력에 어떤 영향을 미쳤는지에 대해서는 뒤이어 살펴볼 것이다.

21장

직장 밖의 활동

•

내가 아쉬워하는 단 하나는
내 직무가 필연적으로 야기하는, 저작 활동에 대한 방해다.

세관에 남아 있는 그의 위원회 회의 참석 기록은 애덤 스미스의 남은 삶의 생활 패턴을 보여준다(SRO CE 1/15-23; Campbell and Skinner, 1982b: 200). 그는 1782년 3월 19일까지 결근 없이 일한 뒤 4개월간 휴가에 들어갔고, 휴가의 대부분을 런던에서 보냈다. 거기서 그는 문학협회에 참석하기도 하고, 『국부론』 제3판을 위한 광범위한 개정에 몰두하기도 했지만, 앞서 보았듯이 스코틀랜드 칙허자치도시협의회의 대표와 통관 요금을 협의하는 일 때문에 휴가를 방해받기도 했다. 1782년 7월 11일 업무에 복귀한 그는 1787년 초까지 단 24회 결근했는데, 그중 6일은 1784년 5월 23일에 사망한 어머니를 애도하는데 바쳐졌다. 그는 1785년 11월 1일 라로슈푸코 공작에게 쓴 편지에서 『도덕감정론』 제6판을 '다음 겨울이 끝나기 전에' 마칠 것을 약속하고, 앞서 언급했듯이 '다른 두 대작을 준비 중'이라고 말했다(Corr. No. 248). 그는 1787년 1월 3일부터 7월 30일까지 다시 휴가를 냈고,

이때 건강 문제로 런던을 방문하고, '아들 피트' 내각의 사람들을 만나고, 마지막으로 『도덕감정론』 개정 작업을 진행했다. 1787년 7월에 관세위원회로 복귀한 그는 허약한 건강 및 노령과 싸워야 했고, 그가 라로슈푸코에게 인정했듯이, 이 두 가지는 그의 두 '대작'의 완성 가능성을 불확실하게 만드는 요소였다. 1788년, 가정 생활의 중심이었던 사촌 재닛 더글러스의 죽음으로 그는 또 한 번 감정적 타격을 입었다. 1789년에는 111번의 회의 참석 기록으로 미루어 어느 정도 회복이 이루어졌고, 11월 18일에 그는 『도덕감정론』의 '마지막 문장까지' 작업을 끝냈다고 썼다(Klemme, 1991: 279).

더걸드 스튜어트는 우선 스미스의 세관 업무가 그의 정신을 소모하고 그의 집중력을 흩트린다며 안타까워했다. 심지어 그는 에든버러로 옮겨간 후 스미스가 한동안 공부를 포기했다고 단언하기까지 했다. '학문에 대한 그의 열정은 그의 여가를 즐겁게 해주고 그의 대화를 활기차게 해주는 데 그쳤다'(Stewart V.6). 학자로서 그의 활기찬 대화에 대한 한 기록은 1791년 5월 11일자로 발행된 『비』에 실렸다. 익명의 기고자 '아미커스'는 자신이 젊은 시절인 1780년에 스미스와 몇 번 대담을 한 적이 있으며, 스미스가 '겉으로 신중해 보이는 것과는 딴판으로 말이 매우 많았고, 모든 주제에 대해서 자유롭게, 심지어 대담하게 자기 생각을 표명했다'고 썼다.

표명된 대담한 견해는 저작과 저자들에 대한 것이었다(LRBL 32~33, 227~231). 스미스는 존슨 박사의 기묘한 면모를 묘사했다.

저는 그 사람이 친구들 사이에서 튀어나가, 아무런 예고 없이 한 의자

뒤에서 무릎 꿇고 주기도문을 암송한 뒤 테이블로 되돌아와 앉는 것을 보았습니다. 그는 이런 이상한 행동을 저녁 내내 아마 대여섯 번은 되풀이했습니다. 그것은 위선적 행동이 아니라 미친 행동이었죠.

또한 스미스는 존슨이 '항상 무뢰한들을 후원하고 있다'고 보았고, 시인이며 자칭 '개자식'인 리처드 새비지를 그중 한 예로 거론했다. 새비지는 금빛 레이스로 가장자리를 장식한 주홍 망토에 돈을 썼고, '맨발가락이 신발을 뚫고 나와' 있는 상황에서도 이 망토를 둘렀다. 스미스는 『램블러』와 『아이들러』를 전혀 읽지 못했음을 넌지시 드러내긴 했지만, 미국의 애국자들에게 반대하는 『과세는 압제가 아니다』(1775)를 포함해 정치적 팸플릿들을 칭찬했다. 이 중에서 그가 가장 좋아한 것은 『포클랜드 제도에 관한 보고서들』(1771) 중 하나였는데, '그것이 설득력 있는 언어로 현시대 전쟁의 광란을 보여주기 때문'이었다. 또 다른 지인에게 그는 존슨이 쓴 셰익스피어 서문이 '그 어디에서도 볼 수 없었던 최고로 남성적인 비평 작품'이라고 단언했다(Seward, 1797: v.151). 스미스는 문인으로서의 존슨에 대한 흥미를 말년까지 유지해, 조지 스트레이핸이 1785년에 발행한 존슨의 『기도와 묵상』(Mizuta)도 입수했다. 조지 스트레이핸이 인쇄업에 반대하고 영국 국교회 성직자로서 아버지의 수입을 초과함으로써 아버지 윌리엄의 기분을 상하게 했던 때에 존슨은 그에게 친구가 되어주었다(Cochrane, 1964: 153~157).

아미커스는 스미스에게서 별로 유명하지 않은 어떤 저자에 대한 언급도 이끌어냈는데, 그 저자는 바로 존 캠벨 박사였다. 그에 대해 보즈웰은 익명으로, '인쇄소 견습공과 결혼한 아주 훌륭한 저자'라고 언급한 바 있다(*BLJ* iv.99). 존슨은 그를 '상상력이 풍부한 (…) 박학한 사람'으로 여겼고, 그가 번역한 요한 하인리히 코하우젠의 『부활한 헤르미푸스』 번역본(1744)을 '연금술 철학'에 대한 설명을 들어 칭찬했다. 보즈웰은 블룸즈버리스퀘어에서 뻗어나간 퀸스트리트의 북서쪽 코너에 자리한 새로 지은 그의 큰 집에서의 일요일 저녁 모임에 참석하곤 했지만, '그의 주변에 몰려든 스코틀랜드 사람들이 뭐든 내 작품이 잘되면 "아, 아, 캠벨에게 배운 거네"라고 말할 수도 있겠다는 생각이 들기 시작하자' 그만두었다. 캠벨의 출판물은 양적으로 엄청났고, 존슨은 그가 '저술이라는 공유지를 스쳐 지나간 저자들 중 가장 생산적인 저자'라면서 빈정거렸다(*BLJ* i.417~418). 스미스는 자신이 한때 캠벨과 어울려 지냈으며, 캠벨이 한 주의 시작부터 끝까지 글을 쓰는 작가라고 말했다. 한번은 한 신사가 캠벨과 식사를 하다가 그의 저서들을 한 세트 갖고 싶다는 뜻을 내비쳤다. 다음 날 짐마차 한 대가 그 작품들을 실어다주었고, 짐마차 운임은 70파운드였다. 이 책들 중에는 키피스가 편집한 『영국의 전기』 중 캠벨이 담당한 부분과 그의 아주 유용한 책 『영국 정치 개관』도 있었을 텐데, 둘 다 스미스의 소장 도서 목록에 들어가 있는 작품이다(Mizuta).

스미스는 『수사학과 문학에 대한 강의』에서 스위프트에게 관심을 기울였던 것에 걸맞게, 그에 대해 아미커스에게 '문체와 감정에서의 적확함의 모범'이라고 아주 호의적으로 말했다. 그는 초기의 핀다로스풍 오드들이 스위프트의 작품이라는 것을 인정하지 않았겠지만, 스위프트가 '모든 시인 중 최고가 되는 것 말고는 아무것도 원하지 않았다'고 말했다. 스미스는 스텔라에게 보낸 시들을 즐겼고, 스위프트의 걸작은 그 자신의 죽음에 대한 시들이라고 생각했다. 또한 그 밖의 시들은 스위프트가 '사적인 모임의 즐거움을 위해' 쓴 한담이라고 여겼다.

아미커스가 놀란 점은 스미스가 리비우스를 역사가로서 높이 평가한다는 것이었지만, 이는『수사학과 문학에 대한 강의』에 나오는 리비우스에 대한 언급과 상통한다.『수사학과 문학에 대한 강의』에서 폴리비오스가 로마인들의 정체政體에 대한 유익하고 합당한 시각을 갖고 있다는 이유로 칭찬받는 만큼 아미커스는 스미스가 폴리비오스를 더 좋아했을 것이라고 생각했지만, 이 책에서 리비우스는 서술의 흐름에서 더 뛰어난 것으로 소개된다(*LRBL* ii.54~78). 스미스는 리비우스 저작의 서사시적 특성에 매료되었고, 또한 로마 공화주의자들이 도덕성 및 자유와 결부된다는 점을 리비우스가 강조한 것에도 분명 매료되었다. 우리가 예상할 수 있듯이, 스미스가 생각하기에 당대의 역사가들 중에서 리비우스에게 필적할 만한 사람은 흄이었다.

스미스는 케임스 경과 제자 윌리엄 리처드슨을 뺀 많은 스코틀랜드 지식인과 달리 셰익스피어에 심취해 있지 않았고, 「햄릿」은 '술 취한 야만인의 꿈'이라는 볼테르의 말(「세미라미스」[1748] 이전의 논문)을 아미커스에게 상기시켰다. 아미커스 쪽에서 스미스를 '떠보기' 위해 이 희곡을 폄하하는 뜻을 내비치자, '그는 마치 내가 그의 모순을 알아채리라 생각하기라도 한 것처럼 웃음을 지어 보이더니, "그래요! 그럼에도 햄릿에는 좋은 구절이 많긴 하지요"라고 답했다'.

그는 '밀턴의 시만 빼고 무운시에 대해서 억누를 수 없는 경멸과 반감을' 갖고 있었고, 드라이든이 셰익스피어의 연극적 천재성을 10분의 1이라도 가졌다면, 그는 프랑스에 있는 것만큼이나 많은, 운율을 맞춘 비극들을 영국에서 유행시켰을 것이라고 생각했다. 사실 그는 프랑스 연극이 '극적 탁월함의 표준'이라고 생각했다. 볼테르는 당연히 극작가이자 한 남성으로서 스미스의 한없는 찬사를 받았으며, 스미스는 볼테르 작품들의 드레스덴 판본(1748~1750)과 70권짜리 켈 판본을 소장하고 있었다(Mizuta).

1763년 7월 14일에 보즈웰은 대화 중에 존슨에게 시의 기준에 관한 스미스의 견해를 이야기해주었고, 이에 다음과 같은 답이 돌아왔다. '한때 저는 스미스와 어울려 지냈지만 우리는 서로 좋아하지는 않았는데, 당신 말처럼 그가 그렇게 운율을 좋아한다는 사실을 알았다면 그를 껴안아주었을 겁니다'(*BLJ* i.427~428). 『명랑한 사람』과 『우울한 사람』만 빼고 밀턴의 짧은 시들은 스미스가 생각하기에는 모두 졸작이었으며, 어째서 존슨이 (그의 『드라이든의 생애』에서) 앤 킬리그루 부인에 대한 드라이든의 오드에서 『알렉산더의 향연』에 필적할 만한 것을 발견했는지 이해할 수 없었다. 포프가 번역한 『일리아드』 번역본에 대한 그의 견해는, 그것은 호메로스의 호메로스가 아니기에 사람들이 당연히 '그것을 포프의 호메로스라고 부른다'는 것이었다. 그것은 그 그리스어 작품의 장엄함과 꾸밈없음을 전혀 닮지 않았다. 그러나 그는 포프의 시를 좋아했고, 자신이 좋아하는 많은 구절을 외우고 있었다. 그는 포프의 개인적 성향은 '허식 그 자체'라고 여겨 선망하지 않았고, 「아버스넛 박사에게 보내는 편지」를 '터무니없이 거드름을 피우는 작품'이라고 묘사했다. 그는 드라이든에 대해서는 높이 평가했고, 그의 우화들을 '아주 극찬했다'. 아미커스는 다음과 같은 흄의 비평을 언급했다.

[드라이든의] 희곡들은 몇몇 장면만 빼고 악이나 어리석음에 의해, 혹은 그 두 가지 다에 의해 완전히 망가졌다. 그의 번역본들은 성급함과 갈망의 소산으로 보이고, 심지어 그의 우화들은 이야기들을 잘못 골랐고, 힘차지만 맞지 않는 운율로 전달된다. (『영국사』, 1778/1983: vi.543)

스미스는 반박 불가능한 대꾸를 했다. '당신은 천 권의 비평보다 한 편의 좋은 시를 읽는 것으로 더 많이 배울 겁니다.' 이른바 신고전주의 시에 대한 그의 논평은 '그가 생각하기에 진정한 영국 운문의 숨결을 불어넣은' 것인 디포의 몇몇 구절을 읽는 것으로 마무리되었다.

다른 전통의 당대 시들에 대한 스미스의 반응은 어땠을까? 그는 자신이 이해할 수 없는 구성으로 이루어진, 비티의 전형적인 낭만적 발산인 『음유 시인』에 '시'라는 이름이 붙는 것을 허용하지 않지만, 그 '연작 시들' 중 몇 편은 '좋다'고 인정했다. 그는 그레이의 오드들을 '탁월한 서정성의 표준'으로 여겼지만(cf. *TMS* III.2.19), 앨런 램지의 목가적 희극 『온화한 양치기』는 그의 취향에 그리 맞지 않았다. 그는 베르길리우스의 『목가』와 과리니의 『충직한 양치기』를 좋아해, 이 작품들에 대해 '환희에 차 이야기했다'. 아미커스가 램지를 옹호하며 램지가 조지 뷰캐넌 이후 스코틀랜드의 '유일한 꾸밈없는 시인'이라고 주장해도 스미스는 영향받지 않았고, '신사처럼 글을 쓰는 것이 시인의 의무입니다. 저는 자연스럽고 소박한 언어라고 부를 만하다고 여겨지는 그런 편안한 문체를 싫어합니다'라고 말했다. 그는 이런 투를 이어가, 퍼시의 『고대 영시의 유물』에는 쓰레기 더미 아래 몇몇 괜찮은 작품이 묻혀 있다고 주장했다. 그는 아미커스에게 「애덤 벨」 「골짜기의 클림」 「클라우드슬리의 윌리엄」이라는 발라드들을 읽어봤느냐고 물었고, 읽었다는 대답이 돌아오자 이렇게 물었다. '그렇다면 그것들이 출판할 가치가 있다고 생각하십니까?' 그의 취향은 영국 신고전주의 문학을 읽으며 형성되었다고 보이며, 그는 오시안의 시에 대한, 즉 당대 유럽 문학에 변화를 가져온 음유 시인의 예술에 대한 약간의 감상을 보여준 것 말고는 감상의 폭을 넓힐 준비가 되어 있지 않았다(Campbell and Skinner, 1982b: 213; Gaskill, 1991).

'젊은 처자와 술'은 좋아하고 거짓말은 싫어하지 않는 골드스미스 운운하는 어떤 가혹한 언급과 일화는 '평론들'에 대한 맹비난으로 이어졌다. 스미스는 '평론들이 런던에서 어떤 경멸을 당하는지 상상하기 어렵다'고 말했다. 아미커스가 버크에 대한 사실 같지 않은 어떤 이야기를 들려주자 스미스는 그것이 '일부 잡지'에서 나온 이야기임에 틀림없다고 말하고는, 자신은 그런 잡지들을 그런 평론들보다 더 낮게 본다고 덧붙였다. 『젠틀맨스 매거진』이 그의 비난에서 제외되어 있는 것으로 미루어 그는 이 간행물에 대해 들어보지 못했을 것이고, 그는 '평론지라고는 읽지 않으며 평론지 발행인들의 이름도 알지 못한다'고 주장했다. 이것은 좀 의아한 말인데, 스미스가 『먼슬리 리뷰』의 창간인인 그리피스와 로즈를 알고 있었고, 윌리엄 스트레이핸이 발행인의 한 명으로서 이 간행물에 관심을 갖고 있었기 때문이다. 게

다가 스몰렛이 편집한 『크리티컬 리뷰』의 창간인 아치볼드 해밀턴은 스트레이핸의 관리자였다(*BLJ* iii.475~476; Cochrane, 1964: 103, 121, 131). 스미스는 아마도 자신에 대한 평론을 읽고 낙담했겠지만, 적어도 1776년에는 평론들을 열심히 읽으려 했는데, 이는 6월 27일 카델에게 보낸 편지에서 드러난다. '제 책의 판매에 대한 제 문의와 관련해 당신에게 아직 아무 답신도 받지 못했습니다. 가능한 한 모든 비평을 제게 보내주십시오'(Klemme, 1991: 279).

스미스는 한 편의 자전적 글과도 같은 어떤 편지에서 덴마크인 친구 안드레아스 홀트에게 1780년 10월의 자신의 '현 상태'를 요약해주면서, 세관 업무로 자신의 '저작 활동'이 방해받아 자신이 계획한 '몇몇 글'이 미뤄지는 것에 대해 유감을 드러냈다. 그중 하나는 '모방 예술에 대한' 것이라고 그는 홀트에게 설명했고, 『국부론』 출판 후 1776~1777년 커콜디에서 그것을 쓰고 있었다고 말했다(*Corr*. No. 208). 이것은 1785년에 여전히 '준비 중'이던 '문학의 다른 모든 분파에 대한 철학사'와 관련 있을 것이고, 『철학적 주제들에 관한 소론』에 보존된 단편들로 대표된다. 세관 업무로 지연된 다른 글들은 『국부론』과 『도덕감정론』 개정판, 그리고 1759년 『도덕감정론』 결론에서 예고한 '법과 정부'에 대한 책이었다. 이 시기에 스미스가 의도적으로 회피한 학술적 계획은 흄의 『자연종교에 관한 대화』 출판을 감독하는 일이었다. 그것이 흄의 유언을 지지하는 일이었는데도 말이다.

흄은 민토의 길버트 엘리엇의 도움을 받아 1750년대에 이 원고를 쓰기 시작해 거의 완성했고, 삶의 마지막에 이르러 이것을 수정하고 가다듬는 일로 돌아갔다. 이것은 유신론자인 클레안테스, 분열적 신학자로서 신앙지상주의적이었다가 합리주의적이었다가 하는 데 메아, 회의론자인 필로가 능숙하게 펼치는, 신의 존재와 본성에 대한 토론이다. 흄은 스미스에게 『자연종교에 관한 대화』를 출판해달라는 지시와 함께 그를 유저 관리자로 지정하고, 이에 대한 스미스의 수고를 고려해 그에게 작은 금액이나마 유산을 배정했지만, 그 후 죽음이 임박한 흄은 스미스가 자신의 요청에 응하기를 꺼린다는 것을 깨달았다(*Corr.* No. 157). 앞서 이야기했듯이, 이 때문에 흄은 삶의 마지막 몇 주 동안 그 자신에게는 중대한 어떤 일을 놓고 고심해야 했다. 흄은 유언장의 추가 조항에서, 자신의 조카 데이비드 흄이 자신의 사후 5년이 될 때까지 이 책을 출간하지 않는다면 스미스가 나서서 출판을 진행해줄 것을 요청했다(*Corr.* No. 165, 205 n. 1). 하지만 스미스는 이 유언을 받아들이지 않았고, '여러 이유로 저는 그 대화들을 출판하는 데 전혀 관여하지 않기로 결심했습니다'라고 스트레이핸에게 단호히 말했다(*Corr.* No. 172).

스미스가 이 일을 그토록 부담스러워한 이유는 무엇일까? 이에 대한 단서는 흄의 사후인 10월에 쓴, 스트레이핸에게 보내는 서명 없는 어떤 편지 초안에 나온다.

『자연종교에 관한 대화』와 분리해 제 추가 글과 함께 『나의 삶』을 출판하는 것에 당신이 기꺼이 동의해준 데 대해 매우 고맙게 생각합니다. 심지어 저는 이런 조정이 저의 평온뿐 아니라 당신의 이익에도 기여할 것이라고 자부합니다. 『자연종교에 관한 대화』가 먼저 출간된다면 그에 대한 소란이 [흄의] 그 새 책의 판매에 일정 기간 타격을 줄 수 있는데, 소란이 약간 가라앉고 나면 그 책이 다른 책의 더 빠른 판매를 촉진하는 유인이 될 수 있습니다. (*Corr.* No. 177B)

이것은 초안의 하나일 뿐이고, 이에 앞선 또 하나의 초안, 즉 바로 앞에 인용된 문단이 줄을 그어 지워진 상태의 초안도 존재하는 것으로 미루어(No. 177A), 이 편지가 편지의 필자에게 어떤 어려움을 안겨준 것처럼 보인다. 아마도 스미스는 『자연종교에 관한 대화』의 출판을 맡아 진행하지 않으려는 이유를 심지어 스스로에게도 만족스럽게 설명할 수 없었던 것 같다. 흄은 자신이 『자연종교에 관한 대화』를 자신의 최고의 작품 중 하나로 꼽고 있음을 스미스에게 분명히 할 필요가 있다고 생각했다. '(지난 15년간 하지 않았던) 그 대화들의 수정 작업을 진행하면서 저는 이보다 더 조심스럽고 더 교묘하게 쓸 수는 없다는 것을 깨닫고 있습니다. 당신은 분명 그 대화들을 잊으셨군요'(1776년 8월 15일; *Corr.* No. 165). 스미스는 흄에게 『자연종교에 관한 대화』의 문학적 가치보다는 내용에 대해 거리낌을 드러냈을 가능성이 크다. 실제로 그는 스트레이핸에게 그것이 '훌륭하게 쓰인' 글임을 인정했다. 따라서 스미스가 자신의 '평온'을 언급하고 그보다는 약한 정도로 스트레이핸의 '이익'을 언급한 의미를 확실히 하기 위해 『자연종교에 관한 대화』의 내용에 대한 스미스의 인식을 조명해볼 필요가 있다.

이런 맥락에서 '평온'은 주로 두 가지 의미를 띠었을 수 있다. 하나는 철학자이자 저자로서의 자신의 명성, 그리고 그 명성 덕에 평화롭게 누리고 있는 존경이 훼손되는 것에 대한 우려다. 그는 당연히

『자연종교에 관한 대화』를 계시종교든 자연종교든 종교에 대한 성공적인 공격으로 해석했을 수 있다(Mossner, 1977, 1978). 금전적 이익이 달린 문제이기 때문에 그는 출판 감독자의 역할을 더욱더 격하게 피하고 싶었을 수 있다. 그는 종교적 열정이 여전히 강한 곳인 스코틀랜드에서 살기로 했고, 자신의 멘토인 프랜시스 허친슨과 윌리엄 리치먼이 이단적 견해를 가졌다는 이유로 글래스고 장로회와 충돌했던 일을 떠올렸을 수 있다. 또한 그의 후원자 케임스 경이 그런 견해를 출판했다는 이유로 스코틀랜드교회 총회의 위원회에서 배제되었고, 흄이 무신론 혐의로 파문당할 위협에 처했던 시기에 그가 판사 자리를 잃을 수도 있었다는 점도 고려되었다(Ross, 1972: 156).

사실 이런 일들은 20여 년 전에 일어났던 것이다. 그런데 스미스가 흄의 『나의 삶』에 덧붙여 출판한, 스트레이핸에게 흄의 마지막 날들의 병세를 상세히 설명하는 편지 형식의 글이 기독교도들의 격렬한 반발을 야기했다. 그들은 스미스가 『파이돈』의 마지막 문장을 흄의 묘비명으로 개작한 것에 격분했다(*Corr*. No. 178: 18장에서 인용됨). 이처럼 흄과 소크라테스를 세속적인 관점에서 진정 지혜롭고 덕성스러운 사람으로 연결 지은 것 때문에 영국에서 야기된 더할 수 없이 비기독교적인 분노는 1777년 옥스퍼드의 클래런던 출판사에서 익명으로 출간된(4판, 1784) 『기독교인이라 불리는 사람들 중 한 명이 법학 박사 애덤 스미스에게 보낸, 그의 친구 데이비드 흄 씨의 삶, 죽음, 철학에 대한 편지』에 잘 나타나 있다. 이 책의 저자는 바로 맥덜린 칼리지의 학장인 조지 혼이었는데(Aston, *ODNB-O*, 2004), 그는 노리치 주교로 경력을 마치게 되는 인물이다. 혼은 논쟁가로서 어느 정도 재능이 있었고, 흄에게 약간의 타격을 입힌다. 아마도 가장 강력한 타격은, 젊은 시절의 흄이 자신의 회의론적 철학에 대해 어떤 한 가지 기분 상태로 인정했다는 뜻으로 혼이 다음과 같은 구절을 인용한(p. 5) 점일 것이다. '서너 시간 놀다가 이런 사색으로 돌아오면, 그 생각들이 너무 무미건조하고 너무 터무니없고 너무 우스워 보여서 더 이상 그 사색으로 들어갈 마음이 들지 않는다'(Treatise 1.4.9). 매우 많은 말로(p. 7) 혼은 무신론을 부추기고 상과 벌의 내세가 존재함을 부인한다며 스미스를 비난하는데, 스미스가 대속과 칼뱅의 형벌적 대속론에 대해 쓴 부분이 1790년까지 『도덕감정론』에 들어가 있었다는(앞서 12장에서 언급) 것을 그가 간과한 것임에 틀림없다. 스미스가 스트레이핸에게 보낸 편지에 스코틀랜드의 '모든 진지한 기독교인'이 느낀 충격에 대해서는 비화들에 대한 이야기꾼인 옥스터타이어의 램지가 기록한 바 있다(ed. Allardyce, 1888: i.466~467). 혼이 한 것과 같은 그런 공격들은 1780년 10월의 스미스의 다음과 같은 냉소적 발언을 낳았다. '고인이 된 우리 친구 흄 씨의 죽음에 대해 내가 어쩌다 쓰게 된 대단히 무해한 단 한 장의 글이 대영제국의 상업 체계 전반에 대해 내가 했던 매우 격한 공격보다 열 배는 더 많은 독설을 내게 가져왔습니다'(Corr. No. 208). 이런 맥락에서 스미스는 자신과 흄의 관계를 비난하는 성직자들의 공개서한을 더 이상 보지 않고 조용히 살고 싶어했다고 볼 수 있을 것이다.

그럼에도 스미스에게는 너무나 중요한 '평온'의 두 번째 의미를 더 비중 있게 고려해야 한다. 두 번째 의미로 '평온'은 그의 마음의 평화, 혹은 지적 휴식을 뜻할 것이다. 그가 『자연종교에 관한 대화』에 관여하기를 꺼린 것은 그가 그 책의 내용과 마주하지 않았거나 마주할 수 없었기 때문일 수 있다. 간단히 말해서, 만약 회의론자 필로가 명백한 우주 설계에 기초한 신의 존재 증명을 무너뜨리는 것에 대해 스미스가 대응하지 않는다면 스미스 자신의 철학이 훼손될 것이다. 그의 설명 철학은 목적을 지닌 자연 또는 신이라는 말로 표현되는 궁극적 설명을 포함하며, 이런 유의 유신론은 사회 현상에 대한 그의 접근법에서 필수적인 부분이다. 그는 분명 작용인과 목적인을 구별하지만, 기능에 대한 그의 강조는 효율적 인과관계의 메커니즘이 어떻게 공리적인 '자연의 창조자'가 의도한 유익한 결과들을 낳는지를 보여주려는 시도에 초점을 맞추고 있다(TMS III.5.7). 만약 후자의 구성 요소가 제거된다면, 스미스는 자신의 이론적 장치 전체가 심각하게 손상된다고 느꼈을 것이다. 스미스의 개인적 도덕철학은 관조적 공리주의나 '보편적 이타심'으로 간주될 수 있는데, 이것이 『자연종교에 관한 대화』로 크게 손상받는 것이다. 이 글에서의 유신론에 대한 회의적 도전에 비추어, 스미스가 『도덕감정론』 최종판에 덧붙인 몇 마디는 자기 지시적인 것으로 볼 수 있다.

> 이 보편적 이타심에 있어서는 (…) 창조자 없는 세상이라는 바로 그 불신의 생각이 모든 생각 중 가장 우울한 것임에 틀림없다. (…) 최고 번영의 모든 광휘도 그토록 끔찍한 생각이 불러와 필연적으로 상상에 그늘을 드리우게 만드는 그 어둠을 결코 밝혀줄 수 없다. (TMS VI.ii.3.2)

스미스가 자신의 견해를 보호하기 위해 『자연종교에 관한 대화』를 덮어버리고자 했다는 성급한 결론은 피해야 한다. 앞서 살펴보았듯이, 스미스는 스트레이핸이 틀림없이 그 책을 출간할 것이라고 생각했고, 그에게 흄의 다른 저작들의 판매에 유리하도록 출간 시기를 조절하는 일에 대해 신중하게 조언했다. 결과적으로, 나중에 스트레이핸은 『자연종교에 관한 대화』의 출판을 거절했고, 1779년에 당시 열아홉 살이던 흄의 조카가 이 일을 떠맡았다. '소란'은 없었고, 분명 휴 블레어는 이 책에는 흄의 생전에 출간된 책들에 없었던 사상은 없다고 생각했다(*HL* ii.454). 그러므로 스미스는 『자연종교에 관한 대화』에 대한 대중의 반응을 오판한 것으로 보인다. 또한 그는 『법학 강의』에 나오는, 임종 시의 소망에 대한 다음과 같은 자신의 가르침에 위배되는 행동을 한 셈이었다. '우리는 친구의 마지막 말을 기억하고 그의 마지막 지시를 이행하는 데서 자연스럽게 즐거움을 느끼며, 그 일의 엄숙함은 마음 깊이 새겨진다'(*LJ*(B) 165). 말년에 스미스는 '완벽한 신중함, 엄격한 정의, 참된 이타심'(*TMS* 6판 6, VI.iii.1)의 균형을 통한 덕 있는 삶을 인도하는 '실용적 도덕 체계'(*Corr.* No. 287)에 관심을 집중했다. 다른 상황들에서는 이러한 덕의 요소들의 적절한 조합이 공정한 관찰자의 요청들에 주의를 기울임으로써 달성되는데, 공정한 관찰자는 그 조합의 최종 발현의 개념으로서, 대중의 의견이라는 개념보다는 개인의 양심이라는 개념과 더 관련이 있다(Raphael and Macfie, *TMS* intro. 16). 스미스가 죽어가는 흄의 요청을 처리한 것을 살펴보면 그가 이른바 공정한 관찰자, 즉 이타심이 신중한 고려보다 우선해야 하는 지점이 어디인지를 아는 데 있어서 신뢰할 만한 존재인 공정한 관찰자의 충고보다는 신중함이 시사하는 것에 더 주의를 기울인 듯하다.

이 일은 스미스가 1751년에 아무것도 하지 않았던 사실과 나란히 놓여야 하는데, 당시 그는 다른 누구보다 흄을 동료 교수로서 원했을 테지만, 흄의 교수 임명을 용인하지 않을 여론을 따르는 것이 글래스고대학의 '이익'에 부합하는 일이라고 판단했다(Corr. No. 10). 종합하자면, 이 일들은 스미스를 『도덕감정론』 최종판에 추가된 '실용적 도덕 체계'에서 그가 묘사하는 것과 같은 '신중한 사람'으로 만드는 것이 아니다. 그런 사람은 단지 건강, 재산, 지위, 평판에 대해 발휘되는 저급한 종류의 이기적 신중함 때문에 '냉랭한 평가'를 받을 뿐이다. 또한 스미스가 절친한 친구를 위해서 고급한 신중함을, 즉 '현자의 특징의 거의 전부'인 '최고의 머리'와 '최고의 마음'의 결합을 보여준 것이라고 할 수도 없다(TMS vi.i.7~15). 아마도 우리는 스미스가 여기서 중간 정도의 신중함을 보여주었다는 견해에 만족할 수 있을 텐데, 이런 정도의 신중함은 흄과 그의 모임의 다른 사람들이 스미스에게 느낀 따뜻함을 해쳤을 것으로 보이지 않는다.

스미스를 제대로 평가하자면, 우리는 '[저급한] 신중함을 가진 남자' 특유의 어떤 경향, 즉 '즐겁고 유쾌한 대화가 펼쳐지기로 유명한 그런 친목 모임들'에 대한 냉담함은 그의 것이 아니었음을 해명해야 한다. '그들의 생활 방식은 그의 절제 습관을 너무 자주 방해했을 수도 있고, 그의 한결같은 근면성을 방해했을 수도 있고, 그의 엄격한 검소함을 방해했을 수도 있다.' 인버레스크의 칼라일은 지식인들이 만든 친목 클럽들, 예컨대 스코틀랜드 민병대 조성 문제를 들쑤시는 역할을 한다는 점에서 애덤 퍼거슨이 부지깽이라는 이름을 붙인 클럽과 같은 친목 클럽들에 스미스가 가입해 참여했음을 알려주는 증인의 한 명이다. 스미스 자신은 '보눔 마그눔Bonum Magnum'이라는 별명을 가진, 엄격한 칼뱅주의자이자 인구 전문가이며, 스미스가 묘사했듯이 '웃음과 즐거움을 매우 사랑하고 조성하는 사람'이었던 알렉산더 웹스터와 '아주 유쾌한 테이블'에 동석했던 일에 대한 증언을 남겼다(Corr. No. 252). 스미스의 테이블은 절제와는 거리가 멀었는데, 한 편지 상대의 주장으로 미루어 그것이 어느 날 새벽 2시의 상황이었고, 그때 스미스는 나중에 노스 경이 하원에서 따라 하게 되는 어떤 연설을 늘어놓고 있었기 때문이다(Corr. No. 197). 하지만 잘 노는 것과 관련된 명성에 대해 말하자면, 스미스가 자신이 빛날 것으로 예상되는 자리인 '생일의 흥을 돋우는 데 소질이 없었다'는 것 또한 인버레스크의 칼라일의 견해였다. 그러나 칼라일은 스미스가 과도하게 신중하다고 비난하지 않았고, 오히려 스미스가 '무한한 이타심을 지녔다'고 단언했다(Carlyle, 1973: 142, 213~216, 250).

스미스를 집필 기획에 끌어들이려 한 그의 또 다른 친구이자 동료는 헨리 매켄지였다. 월터 스콧은 매켄지가 정기간행물에 글을 쓰는 일을 다시 활성화하는 데 성공했다는 이유로 그를 '스코틀랜드의 애디슨'이라며 칭찬한 바 있다. 스미스는 흄의 모임에서 매켄지를 만났을 것이다. 그는 하일랜드 가계 출신으로 에든버러에서 성장했다. 매켄지의 아버지는 에든버러의 유명한 의사였고, 그는 에든버러에서 고등학교를 다닌 다음 에든버러대학에 들어가 로버트슨과 휴 블레어의 영향을 받았다. 그는 1765년에 재무부 일을 배우러 런던으로 갔지만, 법정외 변호사가 되어 돌아와 개업했고, 결국 에든버러에서 다양한 세관 업무를 다루는 정부 법률 대리인이 되었다. 거기서 그는 전문직 사람들과 견고한 친분을 쌓았는데, 이들 대부분은 변호사였고 일부는 성직자였다. 이들은 도덕심리학을 사회경제적 발전과 연결 짓는 등, 스코틀랜드 계몽주의의 주된 주제 몇몇에 대해 줄곧 글을 써온 사람들이었다. 매켄지는 비록 익명으로 출간했지만 첫 번째 대규모 저작인 『감정적인 남자』(1771)라는 소설로 큰 성공을 거두었다. 이것은 유럽에 감정적 또는 감성적 소설의 유행을 일으키는 데 기여한 주요 작품인 리처드슨의 『클래리사』(1748), 루소의 『신엘로이즈』(1761), 스턴의 『감상 여행』(1768), 괴테의 『젊은 베르테르의 슬픔』(1774)에 견줄 만한 작품이다. 감정에 토대를 둔 인간적 가치에 대한 스미스의 이론은 물론 그런 소설들의 미학적 차원과 관련 있지만, 스미스의 스토아학파적 사상의 틀이 그런 소설들의 감정 과잉 경향을 제어한다(Patey, 1984; Mullan, 1990; Boyle, 1992). 매켄지는 계속해서 『속세의 남자』(1773)와 『쥘리아 드 루비녜』(1777)라는 소설을 발표했고, 이 작품들은 등장인물의 감성적 이해에서 발전을 보여주었다. 그렇지만 어떤 면에서 매켄지는 자신이 스미스의 에든버러 시절에 존재했던 두 종의 정기간행물에 쓴, 도덕적 교훈을 주는 글을 자신의 소설들보다 더 훌륭한 업적으로 평가했다(Mackenzie, 1927; Thompson, 1931; Dwyer, 1987: 26~27; Mullan, 1987). 이 두 정기간행물은 1779년 1월 23일부터 1780년 5월 27일까지 총 110호가 발행된 『미러』와 1785년 2월 5일부터 1786년 1월 5일까지 총 101호가 발행된 『라운저』였다(Drescher, 1971: 283). 스미스는 그의 소설들과 정기간행물들을 소장하고 있었다(Mizuta).

　도덕성의 거울로서의 예술이라는 개념은 역사가 길며, 연극에 대한 햄릿의 대사, 즉 연극의 '목적은 예나 지금이나 자연을 비추는 것이니, 고결한 것도 경멸스러운 것도 있는 그대로, 시대의 양상도 있는 그대로 보여주는 것'(iii.ii.17~21)이라는 대사로 우리에게 친숙하다. 흄과 스미스는 이 개념을 독창적으로 비틀어, '사람들의 마음'(*Treatise* II.ii.5)과 '사회'(*TMS* III.1.3)가 곧 개인들을 위한 거울이며, 개인들은 그 거울에서 자신의 감정에 대한 사람들의 인정과 불인정을 보고, 그렇게 함으로써 자신들의 성품을, 그리고 자신들의 행동의 올바름 여부를 판단하는 것을 배운다. 매켄지는 뜻이 맞는 친구들과 함께 '미러(거울) 클럽'을 만들었다. 이 클럽은 변호사와 문필가들로 구성된 '초막절Feast of Tabernacles'이라는 이름의 모임에서 파생되었다. 초막절은 헨리 던다스를 중심으로 형성된 모임이며, 의회 광장의 퍼브스 선술집에서 만남을 가졌다(Dwyer, 1987: 24; Fry, 1992: 49, 57). 이 모임들의 일반적인 목적은 스코틀랜드의 문화 발전이었다. 더 구체적으로 들어가면, 미러 클럽은 스코틀랜드 지주 계층의 덕의 수호자이자 장려자를 자처했다. 이 클럽의 모임에서는 그때그때의 도덕적 주제들에 대한 토론과 정기간행물에 실을 만한 글들에 대한 상의가 이루어졌다.

　매켄지는 스미스로 하여금 이 클럽의 정기간행물에 실을 원고를 제공하게 하려고 애썼는데, 이는 다음과 같은 그의 회고적 언급에서 드러난다.

　나는 애덤 스미스에게 미러에 대한 나의 관심을 털어놓으면서, 또한 그의 제자와 친구들 일부가 나와 함께하고 있음을—그가 매우 좋아한 제자 중 한 명도(크레이그 경[즉, 판사 윌리엄 크레이그])—언급하면서, 미러에 기고해줄 것을 진지하게 의뢰했다. 그는 응하겠다고 반쯤 약속했지만, 나중에 내게 말하길, 글을 하나 쓰려 시도했지만 실패했다고 했다. '제 집필 방식은 그런 유의 글에 어울리지 않을 겁니다. 그것은 지나치게 추정과 추론으로 흐릅니다'라고 그는 말했다.

매켄지는 또한 스미스에게 비평과 논평 거리를 제시하기도 했다. 예컨대 원고를 부탁한 지 이틀 후 그는 스미스에게 『미러』 42~44호에 실린 유명한 '라로슈 이야기'의 텍스트를 건넸다. 이 소설에서 매켄지는 다소 루소와 스턴의 전통을 따르는, 한 스위스 목사와 그의 아름다운 딸의 감상적 이야기를 펼치고 있지만, 더 흥미로운 부분은 그들이 어떤 역사적 인물을 만나게 되는 가상의 상황을 그린 것이다. 그 인물은 바로 젊은 시절의 흄, 즉 '전 유럽에서 읽히고 칭송받는 저서들을 발표'했으며, '자기 나라에서 겪은 어떤 실망스러운 일들 때문에' 외국으로 나간 '영국인 철학자'다. 스미스는 매켄지에게 다음과 같이 언급했다. '그 누구라도 반박할 만한 말이 없습니다. 이것은 훌륭한 보고서입니다. 하지만 흄 씨와 친했던 제가 그런 일화를 들어본 적이 없다는 것이 좀 이상합니다.' 역시 다소 '신중한 사람'이었던 매켄지는 스미스를 불쾌하게 만들지 않으려고 그의 착각을 깨우쳐주지 않았으며, 이것이 '은연중 거짓을 범하는 셈이었다'고 자신의 『일화집』에서 고백했다(NLS MS 2537, fo. 6; Drescher, 1971: 280). 또한 1780년 5월 23일에 스미스는 매켄지가 자신에게 제시한 『미러』지 연재물을 위한 두 가지 결말 초안에 대해 견해를 밝히기도 했다. 스미스는 첫 번째 것이 두 번째 것보다 '열 배나 흥미롭다'며 첫 번째 것이 낫다는 뜻을 분명히 밝혔고, 두 번째 것은 '훨씬 더 지루하고 무미건조'하다며 혹평했다(*Corr.* No. 204).

매켄지는 또한 존 로건의 문필 경력을 돕는 데 스미스를 끌어들였다(*Corr.* No. 215). 로건은 초막절 모임의 일원으로, 사우스리스의 목사가 되었지만, 시집, 시사 문제를 다룬 팸플릿, 역사 관련 저작을 포함하는 그의 출판물들과 관련해 물의를 빚어 파면당했다. 스미스는 정치적 자유에 대한 진보적 견해를 담고 있는 로건의 운문 드라마 「러너미드」(1783년 제작)에 대해서는 높이 평가하지 않았지만, 1779~1781년의 2개 학년에 걸쳐 에든버러 세인트메리 예배당에서 진행된 '우주의 역사에 대한 몇몇 강의'는 높이 평가했다. 단편적인 형태로 제시된 것이긴 하지만, 역사에 대한 로건의 생각에는 스미스가 화답했을 만한 중요한 통찰이 담겨 있다. 분명 로건은 스미스가 에든버러대학의 학문 진흥 계획에서 '로버트슨 박사의 친구들'에게 맞서 존 홈, 퍼거슨과 함께 자기 편에 설 것이라고 느꼈다(EUL MS La.II.419). 두 번째 강좌는 『아시아의 정부, 풍습, 정신에 대한 연구』(1782)라는 책으로 출간되었는데, 유럽의 동인도회사가 접한 나라들의 문화와 정부를 분석함에 있어서 몽테스키외와 퍼거슨의 『시민사회의 역사』의 접근법을 확장한 것으로 유명하다. 워런 헤이스팅스의 탄핵 시기에 로건은 '아시아 정신'의 악영향에 대해 알아보고자 했는데, 이는 로마 윤리학자들이 아시아의 영향으로 로마제국이 훼손되고 있다고 믿으며 이를 우려했음을 인식한 것이었다. 로건은 미러 클럽의 회원들과 마찬가지로 자신의 가치 체계의 한 토대로서 『도덕감정론』의 도덕관념에 크게 의지했고, 그의 설교는 공감과 보이지 않는 손에 대한 스미스의 이론을 널리 알려주었다(Dwyer, 1987: 22~24).

1785년 9월 29일, 스미스는 부친의 인쇄·출판 회사를 인수한 앤드루 스트레이핸에게 로건을 '비상한 학식, 취향, 창의력을 지닌 성직자이지만 이 나라의 청교도적 정신을 쉽게 따를 수 없는 사람'이라고 묘사했다. 계속해서 그는 '취미, 역사, 도덕적·추상적 철학에 관한 온갖 책'의 서평자로 로건을 추천했다(Corr. No. 247). 알코올 중독으로 이른 죽음을 맞기 전 로건은 런던에서 『잉글리시 리뷰』를 편집하며 문인으로서 어느 정도 성공을 거두었다. 『잉글리시 리뷰』는 스코틀랜드 계몽주의 사상을 전파하는 매개체가 된 간행물이다. 그는 복합적인 성격을 갖고 있었고, 자신의 출판물을 가지고 술책을 부리는 것에 저항하지 못했는데, 예컨대 그는 『고대사 개설』(1788~1791)이 억스브리지에 있는 한 비국교도 학교의 교사가 쓴 것이라고 스미스에게 주장했지만, 그 책은 그 자신이 쓴 것으로 보인다(Corr. No. 273). 그의 친구들 중에는 스미스의 동년배인 블레어와 칼라일, 그리고 그의 제자인 토머스 서머빌과 새뮤얼 차터스 등, 대표적인 온건파 성직자들이 포함되어 있었다. 시인으로서의 로건의 재능에 대한 칭송이 있기는 했지만, 어디까지가 로건의 시이고 어디까지가 그의 친구 마이클 브루스의 시인지에 대한 논란도 있었다. 브루스는 젊어서 죽었는데, 로건이 그의 시들을 편집한 적이 있었다. 그럼에도 스코틀랜드교회에서 여전히 불리고 있는 몇몇 인상적인 찬송가, 예컨대 '오 베델의 주여, 여전히 그 손으로 당신의 백성을 먹이시옵니다'와 같은 것에 그가 관여했다는 점은 확실하다고 볼 수 있다. 스미스가 친구가 되어준—아마도 헨리 매켄지의 부추김 때문에—이 작가는 '파렴치한 표절자, 기만적인 친구, 나중에는 술취한 악당'으로 일축된 것으로 미루어, 교회 노래 역사가에게 가혹하게 다루어진 것으로 보인다(Patrick, 1927: 117).

로건의 경력이 실패로 돌아간 것은 아마 야심 때문에 지나치게 다방면에 재능을 쏟은 결과이기도 했을 것이고, 엄격한 기독교 근본주의를 따르는 한 시민 집안에서 태어나 온건파 목사로, 그다음에는 런던의 정기간행물의 전문적 필자로 역할을 옮겨가면서 감정적으로나 도덕적으로나 스트레스를 받은 결과이기도 했을 것이다. 이런 로건의 실패는 헨리 매켄지가 1783년의 어느 시기에 윌리엄 카마이클이라는 이름의 한 편지 상대를 위해 논평 대상으로 삼은, 나이가 더 많은 어떤 지식인의 성공과 대조된다. 그는 '눈부신 시대'가 흄의 죽음, 케임스의 죽음(1782년 12월 27일)과 함께 가버렸다고 여긴다. 로버트슨은 『미국사』(1777)를 출간한 후 안락함에 빠져 있는 것 같다. 퍼거슨은 여전히 활동 중이고, 『로마 공화국의 발전과 종말의 역사』(1783)를 막 출간했지만, 이 책은 실망스럽게도 '몽테스키외 시대 이후의 근대사와 고대사 사이의 큰 차이라는 주제에 대한 일반적이고 철학적인 견해'가 부족한 것으로 드러났다. 블레어는 마침내 『수사학과 문학에 대한 강의』(1783)를 출간했지만, 이 작품은 '이 시대의 형이상학적 연구 추세가 요구할 만한 독창성이나 깊이를 그리 갖추지 못했'고, 서적 판매인들의 기대에 부응하는 성공, 또는 이제 '제9판 또는 제10판'을 향해 가고 있는 『강론』(제1판, 1778)의 성공만큼 큰 성공을 거두지 못했다. 그런데 한 인물이 눈에 띈다.

> 내가 우리 저자 가운데 비범함에서나 학식에서나 첫째로 치는 스미
> 스 박사는 지금 도덕감정론과 국부에 대한 논문을 새롭게 개정하고
> 있으며, (봄에 출간될) 이 두 책의 새로운 판에는 상당한 수정과 개선
> 이 있을 것이다. 그는 논문 몇 편을 옆에 두고 있는데, 일부는 마무리
> 되었지만, 내 생각에 더 많은 부분이 아직 완성되지 않았을 것이다.
> 비평과 문학이라는 주제에 대한 부분일 것이다. 순수 문학 주제에 대
> 한 몇몇 논문을 옆에 두고 있을 것이다. 그가 그것들을 세상에 내놓기
> 로 결심했을 때, 그것들이 작가로서의 그의 이전 명성을 조금도 손상
> 시키지 않을 것이라고 나는 확신한다. (NLS MS 646, fos. 1~11)

문단의 현자 같은 역할을 하던 매켄지는 런던의 하일랜드협회로
부터 오시안의 시들의 진위에 대한 보고서를 편집하는 일을 위임받았
다(Mackenzie, 1805; Manning, 2007). 그 시들의 창작자 제임스 맥퍼
슨은 자신이 그것들을 '번역했다'고(1760, 1762, 1763) 주장했지만, 그
시들은 어떤 사냥꾼 시대의 원시적 시에 대해 기대할 수 있는 바를 너
무 영리하게 달성했을 뿐이다. 스미스의 친구인 비평가이자 수사학자
휴 블레어는 그 시들에 대해 원시적 시가 맞다는 의견을 밝혔고, 스미
스 자신도 이를 지지했지만 말이다(*LJ*: ED, 27). 매켄지의 보고서는 제
임스 맥퍼슨이 이용한 전통 자료를 제공해준 그의 조력자들의 역할
같은 중요한 사실을 드러냈다. 예컨대 그의 사촌이자 훌륭한 게일어
시인이며 하일랜드와 헤브리디스 제도에 연줄이 많았던 스트래스매

시의 라클런 맥퍼슨, 고전 게일 문화에 해박하고 고대 원고를 옮겨 적을 수 있는 학자이자 노이다트의 교사인 이완 맥퍼슨 등이 그런 조력자였다(Ross, 2008; Trevor-Roper, 2008: Part II).

1783년에 스미스는 『도덕감정론』과 『국부론』의 대대적 개정을 계획하고 있거나 개정에 착수한 상태였고, 1785년에 '준비 중'이라며 라로슈푸코에게 언급하게 되는 '다른 두 대작'도 있었다(Corr. No. 248). 그 '대작들'의 성격과 그 대작들이 끝내 완성되지 않은 이유에 대해서는 이 책의 마지막 장에서 논할 것이다. 『도덕감정론』과 『국부론』의 개정판과 관련해서는 스미스의 편지들에서 이 책들의 운명에 대한 단서를 발견할 수 있다. 1780년 10월 25일, 그는 『국부론』 제2판(1778)을 덴마크 총영사 페테르 앙케르와 그의 전 가정교사이자 덴마크 무역·경제위원회 위원이며 스미스가 툴루즈에서 만난 적 있는 안드레아스 홀트에게 보내라고 카델에게 지시했고, 홀트에게는 덴마크 경제·무역부 노르웨이 사무국의 홀트 후임자이자 『국부론』 초판본을 덴마크어로 번역한 인물인 프란츠 드레뷔에게 전달할 몫으로 한 부를 더 보내도록 했다. 스미스는 카델에게 '제가 이 제2판을 구입하는 당신의 최고의 고객이자 거의 유일한 고객은 아닐지 염려되는군요'라고 농담했지만, 그럼에도 그는 '이 일이 어떻게 되어가고 있는지' 알고 싶어했다(Corr. No. 206). 이튿날 윌리엄 스트레이핸에게 보낸 유사한 편지에서도 그는 자조적으로 '이제는 제가 제 책을 사는 당신의 거의 유일한 고객인지도 모르겠습니다'라고 썼다(Corr. No. 207).

앞서 언급했듯이, 같은 날 스미스는 홀트에게 프랑스에서의 만남 이후의 자신의 삶에 대해 이야기하는 편지를 쓴다. 그는 『국부론』 제

2판에는 수정이 가해졌음을 언급하고, 그 수정 사항들 중 어떤 것도 '일반 원칙들 혹은 체계의 개요에는 일말의 영향도 미치지 않는다'고 밝힌다. 그는 사실과 관련된 것들, 예컨대 연간 수입이 100파운드 이상인 회사에 1757년부터 부과된 세금의 세부 내용을 수정하거나 수정을 위한 몇 가지 조치를 취했다(WN V.ii.i.7). 또한 그는 어떤 곳에서 표현을 더 좋게 가다듬거나, 좀더 관용적인 어법에 맞게 고쳤다. 예컨대 'tear and wear(마모磨耗)'라는 말을 그 관용구의 일반적인 순서로 바꾸어 쓰는 식이었다(WN IV.ix.7). 게다가 그는 더 많은 정보와 각주를 제공했는데, '마키아벨리의 영웅들 중 한 명인 카스트루치오 카스트라카니'에 의해 루카에서 내쫓긴 가족들에 의해 베네치아에 실크 제조가 유입된 것을 다루는, 이탈리아 도시들의 부의 증가를 설명하는 짧은 대목에서도 그랬다(WN III.iii.19). 여기서 스미스는 마키아벨리가 『피렌체사』에 집중하기에 앞서 예비 단계로 쓴, 한 유명한 지도자의 전기라는 형식의 수사학적 작업을 환기하고 있다(Skinner, 1981: 79). 베네치아 경제 발전과 관련된 이런 내용의 참고 자료로서 스미스는 베토레 산디의 『베네치아 공화국 시민사 개요』(1755~1756)를 제시하고 있으며, 이 책은 마키아벨리의 저작들(1768년 판)과 마찬가지로 그의 장서였다(Mizuta).

스미스는 『국부론』에 대한 몇몇 비판자와 그들에 대한 자신의 생각을 서술하는 것으로 홀트에게 보낸 편지를 이어간다. 초기의 논평 가운데 가장 신랄한 것 하나는 1776년 9월 25일자 『포널 총독이 애덤 스미스에게 보내는 편지』에서 찾아볼 수 있다. 이것을 쓴 사람은 1757~1759년 매사추세츠만의 총독이었고, 1760년 사우스캐

롤라이나의 총독으로 지명되었지만 그 자리를 맡지 않았다. 그는 1767~1780년에 하원의원을 지냈는데, 어떤 증언에 따르면 '큰소리칠 기회를 부여받은 작고 뚱뚱한 사람'이라고 하원에서 무시당하긴 했으나, 아메리카 사태에 영국이 잘못 대처하고 있는 것에 대해 분별 있게 말했고, 아메리카 사람들과의 갈등을 끝낼 현실적인 조치들을 촉구했다. 예컨대 1778년 3월에 그는 연방 조약을 맺는 조건으로 독립을 승인할 것을 촉구했다(*HP* iii.318; *ODNB*).

포널은 스미스의 정치경제 체계를 '도덕적 뉴턴주의'의 한 형태로 보는 분명한 인식을 갖고 있었고, 자신이 제시한 핵심 사항들만 수정된다면『국부론』은 '우리 대학들'의 강의에서 기초로 삼을 만한 원론서가 될 수도 있을 것이라고 생각했다(*Corr.* app. A).『포널 총독이 애덤 스미스에게 보내는 편지』의 주된 비판은 가격, 무역 패턴, 수입제한, 식민지 무역의 독점에 대한 스미스의 설명을 겨냥한 것이었다. 스미스는 포널이 반박한 내용이『국부론』제2판에서 모두 제거된 것으로 홀트가 믿는다고 생각했겠지만, 이를 뒷받침할 증거는 별로 없다(*WN* I.ii.1 n. 3). 그렇지만 적어도 한 곳에서 그는 분명, 노동이 결국 가치의 기준이라는 자신의 이론에 대한 포널의 이의 제기에 대응해 말을 덧붙였다(*WN* I.v.7 and n. 15). 스미스는 그 비판에 대한 자신의 대응에 포널이 '저자들은 자기가 일단 발표한 견해를 웬만해서는 바꾸지 않는다'며 못마땅해한다는 것을 알고도 별로 놀라지 않았다.

스미스가 '다재다능한 사람이자 나의 지인 중 한 명'이라고 묘사한 또 다른 비판자는 '어떤 식으로 규율이 갖춰지고 훈련이 이루어지든 (…) 민병대는 규율이 잘 갖춰지고 훈련이 잘 이루어진 상비군보다 언제나 훨씬 더 열등할 것이다'(WN V.i.a.23)라는 『국부론』의 주장 때문에 스미스를 공격했다. 스미스는 이 필자가 '더글러스'라고 믿었지만, 핼켓과 랭(Halkett and Laing, 1971: iii.287)은 그 팸플릿이 인버레스크의 칼라일의 것이라고 보고 있다. 그 팸플릿은 바로 『에든버러의 한 신사가 버클루 공작에게 보내는, 국방에 대해 논하고 스미스 박사의 책 중 그 주제를 다룬 장에 대해 언급하는 편지』(1778)다. 칼라일은 민병대 문제에 대해 계속 글을 써온 터였고, 스미스와 마찬가지로 1760년 스코틀랜드 민병대 법안이 좌절된 후 이 문제에 대한 논의를 계속 살려가기 위해 만들어진 부지깽이 클럽의 회원이었다. 그러나 1778년의 이 편지는 칼라일의 잘 알려진 글에서 보이는 문체보다 훨씬 더 서투르다. 민병대 수립을 위한 법이라는 것을 계획한, 표면상으로는 '에어셔의 한 자유토지보유자'가 쓴 『귀족들과 신사들에게 보내는 편지』(1760)에서 스코틀랜드 민병대와 관련된 문제가 다루어진 바 있다(Carlyle, 1973; Winch, 1978: ch. 5; Sher, 1985: 233~234, 238~241, 257~261, 328, 331~333-칼라일의 출판물 목록, 또한 Sher, 1989: 246~247; J. Robertson, 1985; Raynor, 2008). 스미스는 홀트에게 『…버클루 공작에게 보내는…편지』의 저자가 『국부론』을 끝까지 읽지 않았다고 불평하면서, 자신이 민병대 복무를 시민의 의무의 한 형태이자 성인 남성임의 표시로서 중시했고, 또한 아메리카의 민병대가 오랫동안 전투에 투입되어 자연스럽게 정규군에 버금가는 규율과 '즉각적 복종'의 관습을 습득한다면 영국의 상비군에 필적하는 존재가 될 것이라고 자신이 이야기했음을(WN V.i.a.27) 그 저자가 알아보지 못하고 있다는 뜻을 내비쳤다.

스미스는 자신의 지인 중 누군가가 공개적인 글로 자신을 무례하게 반박하고 자신에 대해 잘못 말하고 있다며 우려를 표하지만, 더 걱정스러운 상황이 있었다. 스미스의 후원자이며 이 편지의 수신자로 되어 있는 인물인 버클루 공작은 당시 스코틀랜드에서 벌어지는 전시戰時 사건들에 적극적으로 관여해, 저지대의 군 지휘관으로서 활동하고 협력자이자 법무장관인 헨리 던다스의 정부 운영을 지원했다. 군사적 복종을 둘러싼 격한 충돌을 포함해 미국독립전쟁에 따른 스코틀랜드 내 비상 사태들에 대처하기 위해서 그는 자신의 국경 지역 소작인들로 자원병 연대인 '남부국방군South Fencibles'을 직접 조직했다. 공작은 1778년 9월에 바위 언덕인 아서스시트에서 그런 종류의 비상 사태에 협상자로 나서게 되었다. 아메리카에서 싸우기 위해 입대한 정규병들인, '시포스 경의 하일랜드인들Lord Seaforth's Highlanders'이라는 부대의 사람들이 질병으로 인한 사망률이 엄청나게 높은 인도로 파병되는 것을 거부하며 반란을 일으켰던 것이다. 또한 다음 해 4월에 공작은 자신의 남부국방군을 리스로 보내서 '왕립 글래스고 자원병 부대Royal Glasgow Volunteers'라는 한 저지대 연대에 징집되기를 거부한 '블랙 워치Black Watch' 부대와 '프레이저의 하일랜드인들Fraser's Highlanders' 부대 사람들을 격파하라는 명령을 받았다. 그 사람들은 자신들의 고유 문화를 지킬 수 있도록 스코틀랜드 전통 의상을 입고 게일어를 쓰는 장교들 아래 복무할 것을 약속받은 터였기에 그러한 징집을 거부한 것이었다. 4월 29일자 『모닝 크로니클』은 이 '공공 신념의 침해'에 대한 항의서를 실었는데, 이에 따르면 이러한 침해는 '하일랜드의 모병 업무에서 최고의 포상금 지급으로 상쇄할 수 없을 만큼

해가 될 것'이었다.

    시포스 경 부대의 반란자들이 톨부스의 감방에서 동료들을 풀어주고, 백파이프를 부는 사람들을 앞세운 채 아서스시트로 행군할 당시 스미스는 캐넌게이트에 살고 있었다. 또한 사실상 비무장인 리스의 하일랜드인들이 학살당하고, 자기 몸에 걸쳤던 피 묻은 격자무늬 천에 싸인 그들의 시신이 레이디에스터 교회 묘지에 매장되기 위해 옮겨질 때도 그는 근처에 있었다. 『국부론』에서 스미스는 그 하일랜드 민병대가 타타르족과 아랍인들의 민병대처럼 평화 시에 자신들의 족장의 부하로서 복무하며 족장의 명령을 따른다면 '준비된 복종의 관습'에 있어서 상비군에 근접한 것이라고 지적했다. 그러나 타타르족이나 아랍인과는 다르게 하일랜드 사람들은 유목민이 아니었고, 그들은 멀리 원정을 가거나 장기간 출정하기를 꺼렸다(WN V.i.a.26). 시포스 경을 비롯해 스미스 시대의 족장들은 변화하는 세상에서 자신들의 위세와 권력을 유지하기 위해 영국 정부에 자신들의 인적 자원을 팔아넘길 준비가 되어 있었고, 자신들의 민족적 전통을 무시했다. 결국 시포스는 자기 사람들이 동인도회사로 팔려가는 것을 허락했고, 그들이 로스셔에서 제대하게 되리라는 약속은 지켜지지 않았다. 미국독립전쟁 막바지에 제대를 요구하던 사람들이 코로만델 해안에 버려진 것이다(Prebble, 1977: 128, 165~169, 138~140). 하일랜드 사람들이 족장과 맺어왔던 끈끈한 결속이 파괴된 데 따른 군사적 영향에 대해, 그리고 하일랜드 사람들을 제압해 영국의 제국주의 계획에 맞게 끌고 가기 위해서 버클루 휘하의 국경 민병대를 활용한 것에 대해 스미스가 따져봤는지는 모르겠다.

버클루가 남부국방군을 만들어 자기 소작인들로 하여금 무기를 들었다 놨다 하게 했던 것에 대해 말하자면, 적어도 어느 한 사건에서 이것은 양날의 칼이 되었다. 1782년 말경 신문들(12월 16일자 『퍼블릭 애드버타이저』, 12월 17일자 『모닝 헤럴드』 등)은 컴벌랜드에서 '위험한 반란'이 일어났다고 보도했다. 머스킷 총으로 무장한 80명의 남부국방군 병사를 포함한 버클루의 소작인 약 1000명이 에스크강 건너, 잉글랜드와 스코틀랜드의 접경 지역인 제임스 그레이엄 경의 사유지 네더비에 세워진 벽을 무너뜨릴 것을 맹세하며 떼를 지어 나타난 것이다. 칼라일의 자원병 부대와 힘을 합한 화이트헤이븐의 근위용기병이 반란자들에 맞서기 위해 파견되었고, 반란자들과 분쟁을 해결할 지역 행정관들 사이의 교섭이 뒤따랐다. 이 사건의 자세한 내용은 알 수 없지만, 에스크강 연어 어업권과 관련된 일이었을 가능성이 있다. 버클루와 젠트리들은 사람들이 국가 차원의 일이 아닌 다른 일로도 싸울 준비가 되어 있음을 깨닫고 깜짝 놀랐을 것이다.

『국부론』 초판에 대한 비판이라는 주제로 돌아오자면, 스미스가 홀트에게 언급한 마지막 반박은 농업 전문가 제임스 앤더슨에게서 나온 것이었다. 그는 앤더슨을 '아주 성실하고 근면하고 정직한 사람'으로 묘사한다.' 농업에 대한 자신의 실질적인 경험과 곡물법에 대한 생각에 기초해 앤더슨은 스미스가 곡물 보조금에 반대한 것을 반박하려 했다. '집필의 열기' 속에서 스미스는 '사물의 이치는 인간의 어떤 제도로도 바꿀 수 없는 어떤 실질 가치를 곡물에 새겨놓았다'고 감히 말했다(WN 1st edn., IV.v.a.23). 『국가 산업에 활기를 불러오는 방법들에 대한 고찰』(1777)에서 앤더슨은 스미스가 『국부론』의 다른 곳에서는 '제조 생산품의 실제 가격을 낮추는 것은 무엇이든 가공되지 않은 농산물의 가격을, 결과적으로 곡물의 가격을 높인다'는 것을 인정했다고 주장했다(*Corr.* No. 208). 따라서 스미스는 제2판에서 자신의 주장이 요구하는 바를 모두 포괄하는 표현으로 텍스트를 수정해, 곡물에는 '단지 그것의 가격을 바꾸는 것에 의해서 바뀔 수 없는' 어떤 '실질 가치'가 있다고 언급했다. 포널 총독 역시 스미스의 원래 견해에 반대했고(*Corr.* app. A, p. 361~366), 스미스가 네케르의 『곡물법과 곡물무역에 대하여』(1775)에 제시된 곡물 보조금에 대한 견해를 공유했다고 지적했다.

이 문제에 대한 앤더슨의 이의 제기는 그가 개진하는 어떤 지대 이론과 관련돼 있으며, 이 이론은 리카도의 '곡물 모델'에 통합되었다. 이것은 아마 스미스의 위대한 책이 경제학의 분석적 측면을, 즉 경제 관계들 전체가 토지에 노동과 자본을 적용해 곡물을 생산한다는 관점에서 표현되는 분석적 측면을 성공적으로 확장한 첫 번째 예일 것이다(O'Brien, 1975: 126).

22장

고통의 시간

·

내가 마땅히 해야 할 일은
『국부론』 개정판을 준비하는 것.

미국독립전쟁의 종전과 그에 따른 여파로 힘든 시기에 스미스는 정부가 경제 활동에 적용하는 장려와 제한의 제도에서 '평범한 부조리를 넘어서는' 어떤 면을 보고 강한 충격을 받았던 것 같다(WN IV.v.a.37). 이런 제도를 시행하는 것이 관세 위원으로서의 그의 임무였기에, 그는 거기에 수반되는 낭비적인 면에 더욱 화가 났을 것이다.『국부론』제3판을 준비하면서 그는 제임스 앤더슨의 비판에서 개진된 분석적 측면에 신경 쓰기보다는 정책 조언의 측면에 주로—완전히는 아니고—집중하며 반격한 듯하다.

제3판은 적어도 1779년 1월부터 계획되었던 것 같다. 당시 그는 성명 미상의 어떤 귀족에게 편지를 써, 초판과 제2판 증정본이 더 이상 남아 있지 않고, 자신이 '이후 반영할 수도 있을 수정 사항과 추가 사항을 표시하기 위한' 것으로 각각 한 부씩 남아 있을 뿐이라고 밝혔다(Corr. No. 198). 윌리엄 이든에게 보낸 것으로 추정되는 1780년 1월

3일자 편지에서 스미스는 보조금과 금지에 대한 굳은 견해를 밝히는 데, 이 견해는 『국부론』의 1784년 개정판을 위해 준비된 보충 자료에서 반복된다. 이 자료는 프랑스와의 무역에 대한 규제의 불합리, 또한 청어 어획 보조금과 곡물 보조금의 불합리를 주요 주제로 다루었다.

스미스는 이든에게 '세 가지 아주 확실한 방법'으로 세입을 늘릴 수 있다고 밝혔다. 첫 번째 방법은 '수출에 대한 모든 보조금'을 폐지하는 것이었다. 스미스는 이 관행을 신랄하게 비난하고 있다. 아메리카 사람들을 상대로 한 전쟁, 프랑스와 스페인을 포함한 유럽의 갈등으로 확대된 이 전쟁의 현 국면이 그렇듯이 '방어적 전쟁을 수행하기 위한 세금을 확보할 수 없을 때', '우리가 몇몇 미약하고 시들어가는 상업 분야를 지원하기 위한 더 이상의 세금 부과를 거부한다 해도 우리 상인들은 불평하지 말아야 한다'. 두 번째 방법은 수입에 대한 모든 금지를 폐지하는 것이었다. 이와 관련해 스미스는 그 자신이 영국산보다 '매우 고급'이라고 밝히고 있는 네덜란드 훈제 청어를 금지하는 것에 대해 논했다. 그는 네덜란드산에 반 기니의 세금을 부과하라고 권고하는데, 이렇게 하면 영국에서 네덜란드 청어는 33~34실링의 가격을 형성해 '상류층 사람들의 식탁에만' 오를 것이다. 영국의 제조업자들은 상품의 질을 향상시켜 이런 높은 가격을 받으려 노력할 것이고, 현재의 절망적인 상황에서라면 50~60년 후에나 이룰 수 있을 법한 그 질적 향상을 5~6년 안에 이루어낼 것이라고 그는 자신 있게 예측한다.

2년 경력의 관세 위원이자 현실적 관찰자인 그는 '금지는 금지된 상품의 수입을 막지 못한다'고 말한다. 사람들은 규제에 대한 의식 없이, 자기가 필요로 하는 것을 '거래라는 정당한 방식으로' 구매한다. 그런 다음 그는, 자신이 금지 상품 목록을 검토한 뒤 자기 몸에 걸친 것들을 살펴보고는 난감해졌고, 그리하여 결국 자신의 스카프, 손수건, 주름 장식을 다 불태워버리고 말았던 이야기를 해준다. 세입을 증대하는 세 번째 방법으로 그는 양모 수출 금지를 폐지하고 '아주 높은 관세'로 대체할 것을 권고한다. 이 방법은 제조업자의 이익을 위해 양 사육자의 이익이 희생되는 것을 방지할 것이다(*Corr.* No. 203).

1782년 이전부터 경제 문제와 관련해 스미스의 뇌리에 맴도는 생각이 있었다. 앞서 언급했듯이 당시 그는 3월부터 7월까지 4개월간의 휴가를 얻어, 표면적으로는 『국부론』 작업을 위해서 런던에 머무르고 있었다. 그해 12월 7일 그는 자신의 출판업자 토머스 카델에게, 자신이 런던에서 책을 많이 샀으며, 이 때문에 '마땅히 해야 하는 일인 『국부론』 개정판을 준비하는 일에서 타락했다'고 말했다. 이 경우엔 그는 작업의 진척에 대해 낙관적이어서, 2~3개월 안에 '서너 군데에 들어갈 상당한 분량의 추가 내용과 함께, 많은 부분에 수정 사항이 표시된 제2판'을 전달할 수 있으리라는 희망을 피력했으며, 추가 내용은 '주로 제2권에 들어가고, 그중에는 영국의 모든 무역회사의 짧지만 자부하건대 광범위한 역사'도 있다고 밝혔다. 스미스의 계획은 이 추가 내용을 『국부론』 제3판을 위해 올바른 자리에 끼워넣는 것뿐만 아니라 그것들을 별도로 인쇄해 『국부론』 이전 판들을 구입한 사람들에게 1실링 또는 반 크라운을 받고 파는 것이었다(*Corr.* No. 222).

20장에서 언급했듯이, 1782년 런던에 머무를 때 스미스는 스코틀랜드 칙허자치도시협의회의 대표를 만나 통관 요금을 표준화하고 해안 무역에 대한 장벽을 제거하는 것에 대해 협의하기도 했다. 스미스는 자신의 권고가 세관원들의 주머니 사정을 악화시킬 수 있다는 점을 알았지만, 그럼에도 자신이 『국부론』에서 피력한, 자유 무역과 천부적 자유의 이론에 입각한 정책으로 나아가고 있었다. 노스 내각이 3월에 실각하고, 개혁에 힘쓴 경리장관 버크를 포함한 로킹엄 후작의 내각이 들어선 후 스미스가 국가적 문제들과 관련해 조언을 부탁받거나 자청했을 가능성도 있다. 아메리카 사람들과 화해하려는 새 내각의 바람은 폭넓은 지지를 받았지만, 로킹엄의 문제는 그가 지지자들 간 경쟁에 시달리는 연합을 이끌고 있다는 것이었다. 경쟁의 한 축은 장관직을 맡고 있는 버크와 찰스 제임스 폭스 같은 그 자신의 지지자들이었고, 다른 한 축은 또 다른 장관인 셸번의 지지자들이었다. 조지 3세는 폭스가 왕세자를 폭스 자신처럼 방탕하게 만들고 있다고 믿었고, 그 덕분에 셸번은 이 왕의 호의를 더 많이 누렸다(Wraxall, 1904: 471).

1782년 4월, 스미스는 런던에서 로킹엄에게 정보를 전달하려는 차원에서 버크에게 '몇 번' 정보를 제공할 수 있었다. 셸번이 당시 로킹엄 쪽에 붙고 싶어하던 헨리 던다스의 환심을 사려 애쓰고 있다는 정보였다. 던다스를 얻는다면 셸번은 스코틀랜드 하원의원들의 지지를 받아 하원에서의 입지를 상당히 강화할 수 있을 터였고, 던다스는 스코틀랜드 문제뿐 아니라 인도 문제에 대해서도 힘을 발휘해, 동인도회사의 부패를 다루려는 버크의 움직임을 좌절시키거나 견제할 것이었다(Burke, *Corr.* 1963: iv.448; Fry, 1992: 90~91). 정작 로킹엄은 7월 1일에 죽었고, 버크, 폭스, 존 캐번디시 경(재무장관), 프레더릭 몬터규(재무 위원들 중 한 명)는 셸번을 총리로 받아들이지 않고 모두 사임했다. 스미스는 버크가 셸번 편에서 다른 사람들을 규합하기를 바랐던 것으로 보이지만(*Corr.* No. 216), 그는 신념에 따른 이들의 사임을 받아들였다. 이 시점에 스미스가 캐번디시를 소환해 '그의 호의와 관심에 진심을 다해 감사를 표할' 필요가 있다고 생각한 것은(*Corr.* No. 217) 분명 정책 조언자로서의 스미스의 인식을 보여주는 것이다.

이 런던 체류 시기에 그는 정치경제와 관련된 것 말고 다른 흥밋거리도 좇았다. 여느 때처럼 그는 차링크로스 근처 서픽스트리트 27번지에 묵었고, 따라서 정부 기관들뿐 아니라 극장과 술집, 상류 사교계 인사와 문화계 인사들의 집이 가까이에 있었다. 손님을 환대하는 조슈아 레이놀즈 경은 레스터스퀘어 47번지에 살았고, 아마 스미스도 그 집에서 접대를 받았을 것이다. 4월 20일에 그는 최근 윌리엄 체임버스 경이 마무리한 서머싯하우스에 1780년부터 자리 잡고 있던 왕립미술원의 연례 전시회 만찬에 참석했다. 레이놀즈는 1768년 이래 왕립미술원 학장이었고, 연례 전시회에 꼬박꼬박 자기 작품을 출품해 주요 경쟁자인 게인즈버러와 경쟁을 벌였다. 1782년 4월 27일자 『런던 크로니클』의 일련의 기사에 기술된 바에 따르면 거기 초대된 이들은 '미술 애호가와 후원자들 또는 이름난 문필가들'이었는데, 레이놀즈는 그런 사람들을 미술원의 학생과 교수들, 그리고 관계자들과 연결해주고 싶어했다. 스미스가 그 만찬 식탁에서 어느 자리에 배치되었을지 생각해보는 것은 흥미롭다. 스미스는 그 자신의 저작을 높이 평가한 기번과 함께했을 수도 있고, 정치가 친구인 버크, 바레 대령, 헨리 던다스와 함께했을 수도 있다. 반면 먼보도 경이나 발라드 학자인 토머스 퍼시(드러모어의 주교)와 함께했을 것 같지는 않다. 이들은 스미스가 사상적으로 흄에게 지나치게 가깝다고 느꼈을 것이다. 스미스가 보았을 주요 작품들을 꼽아보자면, 레이놀즈의 작품으로는, 아이들이 등장하는 제단 장식 그림, 전쟁 영웅 탈턴 대령의 인상적인 기마 초상화, 대법관 설로의 초상화가 있었다. 설로의 초상화의 경우, 1769년 더글러스 사건 항소심 판결에서의 그의 역할 때문에 스미스는 착잡한 심정으로 그 그림을 바라봤을 것이다. 벤저민 웨스트의 작품인 「예수의 승천」도 있었고, 게인즈버러의 작품인 웨일스 공의 초상화와 세인트 레저 대령의 초상화 및 훨씬 더 인상적인 풍경화들도 있었다. 또한 조파니의 작품인 「모리지라는 인물」, 라우더버그의 작품인 「모래 채취장」, 오피의 작품인 「시골 소년과 소녀」도 있었다(1782년 4월 27일자 『런던 크로니클』 기사).

레이놀즈의 집에서 그리 멀지 않은 곳에 제라드스트리트가 있었고, 이 거리에 있는 터크스헤드 술집은 '더 클럽'의 모임 장소였다(*BLJ* v.109, n. 5). 레이놀즈가 존슨에게 자기 모임의 사람들과 대화할 기회를 마련해주기 위해서 1764년 2월 이 클럽을 만들었지만, 클럽의 회원들은 보즈웰과 존슨의 취향에 꼭 맞는다기보다는 버크와 기번의 취향에 더 맞는 쪽으로 확대되어 있었다(Gibbon, 1956: ii. 291 참고). 스미스는 의회 회기 동안 2주에 한 번씩 열린 그 클럽의 식사 모임에 몇 번 참석했다. 1782년 7월 에든버러로 돌아오기 전 마지막으로 이 식사에 참석했을 때, 모방이 주는 즐거움에 대한 이야기가 나왔다. 나중에 레이놀즈는 이날의 모임에 참석하지 않은 회원 베닛 랭턴에게, 스미스가 이 미학적 문제를 '주의 깊게' 숙고해왔음을 알게 되었다고 전했다. 이후 이 주제에 대한 이야기가 다시 시작되었고, 레이놀즈는 스미스에게 서로의 견해가 일치한다고 말했다. 그리고 자신은 '이에 대한 조각 글을 많이 써'놓았으며, '이것들을 한데 묶고자' 하니 스미스가 '검토해주기를 바란다'고 말했는데, 스미스는 자신이 '그 주제에 대한 어떤 논문을 마무리하는 중이어서 가능하지 않다'고 답했다(Boswell, ed. Fifer, 1976: 126).

1782년 7월 초에 사륜 역마차를 타고 에든버러로 돌아온 후, 스미스는 문학과 표현의 여러 분파의 철학사와 관련된, 모방 예술 및 유사 주제에 대한 또 다른 책의 작업을 미룬 것처럼 보인다. 1783년 3월 17일, 그는 버클루의 여동생 프랜시스 스콧에게 쓴 편지에서 자신의 '이탈리아어와 영어 운문에 대한 글'을 돌려준 것에 대해 감사를 표하고, 자신의 '계획이 완성되는 대로 더 완벽한 것'을 한 부 보내겠다고 약속하는데, 하지만 자신이 '현재 다른 일에 너무 매여 있어서' 시간이 좀 걸릴 것이라고 밝히고 있다(*Corr.* No. 225). 이것은 『국부론』의 추가와 수정에 대한 언급임에 틀림없고, 이런 작업은 완료되었을 때 2만 4000단어 이상의 분량에 달하며 제3판의 13개 부분에 미치게 되었다(*WN* i.62). 카델은 1782년 12월 12일자 편지에서 이 작업이 진행 중임을 알린 스미스에게 답신을 보냈다. 그는 스미스의 제안에 대해 동업자 스트레이핸과 의논했으며 수정본을 받는 즉시 인쇄에 착수하기로 했다고 말했고, 다만 이번 겨울에는 출판할 시간이 거의 없으므로 의회 개회 시점인 다음 겨울로 출판을 연기할 것이라고 썼다. 카델은 또한 추가 내용을 별도로 출판해 판매하는 것에 '진심으로' 찬성한다고 밝혔지만, 비현실적이게도 『국부론』을 이미 구입한 사람들에게만 팔았으면 한다고 썼다(*Corr.* No. 223).

이 당시에는 출판업자들이 의회 회기 동안 런던의 인구가 증가하는 것을 책 판매의 호재로 삼는 게 관행이었다. 게다가 카델과 현역 하원의원이던 스트레이헨은 『국부론』의 내용이 의회와 관련된 사람들에게 특히 호소력을 발휘한다는 점을 알았을 것이다. 사실 스미스가 추가한 내용은 『국부론』 새 판본에서 '전반적인 고난과 역경의 시대'라고 규정된(*WN* IV.v.a.37) 시기의 격동하는 정치 상황에서 뜨거운 논쟁거리가 된 매우 시사적이고 논란 많은 문제들을 다루는 것이었다.

그래서 카델에게 언급한 추가 내용 중 하나인 영국 무역회사들의 광범위한 역사는 제국주의적 역할에 빠져 허우적거리고 있는 동인도회사의 문제들에 초점을 둔다. 버크는 로킹엄이 그런 문제를 다루기를 바랐었고, 1783년 2월 미국과의 평화 조약 문제로 셸번 내각이 물러나면서 관직에 복귀하자 동인도회사에 대한 의회의 통제권을 수립하기 위한 인도 법안의 초안을 작성했다. 스미스는 이 법안이 하원에서 성공적으로 통과된 것처럼 상원에서도 그렇게 되리라고 대단히 잘못된 예측을 했다(*Corr.* No. 233). 결국 이 법안은 왕의 선동으로 1783년 12월 상원에서 부결되었다. 왕은 영국령 인도의 관직 임명권을 의회 다수당에 넘겨주는 이 법안의 조항이 국가에 반한다는 올바른 판단을 내렸다(Cannon, 1969). 이 법안을 추진한 폭스-노스 연합 내각은 해체되었고, 왕은 '아들 피트'에게 내각 구성을 요청했다. 이듬해 초에 실시된 총선에서 그는 하원의 과반수를 획득했다.

헨리 매켄지는 이 1784년 의회를 열렬히 지지했는데, 재정, 외교, 그리고 동인도회사에 대한 규제를 포함하는 제국 문제에서 국가가 회복될 수 있도록 박차를 가하는 입법과 발의를 보여주었기 때문이다. 특히 그는 이런 회복의 한 국면, 즉 영국과 프랑스 간의 유익한 무역 관계를 수립하려는 움직임을 다음과 같이 스미스의 저작과 관련 지었다.

이 나라들 사이에는 금지와 높은 관세의 전쟁이 존재했고, 이러한 금지와 관세 때문에 양국의 소비 품목 대부분의 무역이 밀수업자들의 손아귀에 들어갔다. 당대의 어떤 저자보다 마음속에 지혜로 다듬어진 천재성과 지식으로 계몽된 지혜를 지닌 한 저자의 출판물들이 무역 규제라는 주제에 대한 인류의 견해를 크게 변화시켰고, 무역에서 인간의 천부적 자유를 회복시켜 한 나라의 잉여 상품이 다른 나라의 잉여 상품과 공정하게 교환되도록 함으로써 얻을 수 있는 이득이 얼마나 많은지를 보여주었다. 프랑스와 영국은 특별한 방식으로 그의 이론이 옳다는 것을 감지했고, 두 나라가 양국 간 무역 협정을 이루기 위해 조치를 취해야 한다는 것이 1783년 평화 조약의 한 가지 조항이었다.

그리고 나서 매켄지는 스미스의 친구이자 서신 상대인 윌리엄 이든이 1786년 초 프랑스와의 무역 조약 협상을 위해 파리에 파견되었고, 결국 그해 9월 20일에 조약이 체결되었다고 밝혔다. 그는 스미스가 『국부론』에 추가한 내용, 즉 '프랑스와의 무역을 규제하는 것의 불합리함'을 다루는 내용으로(WN IV.iii.a.1, c.12~13) 그런 움직임의 토대를 마련했다는 사실을 언급하며 자기주장에 힘을 실을 수 있었을 것이다. 피트가 프랑스 무역에 대한 스미스의 견해를 읽었을 가능성은 충분하다.[1] 피트는 매켄지의 '1784년 의회에 대한 검토'를 읽었는데, 매켄지의 주장에 따르면 피트는 자기 정부의 관점이 확실히 표현될 수 있도록 그것을 '근심스럽게 수정하고 정정했다'(Mackenzie, 1808: vii.257~258). 따라서 스미스가 자유 무역의 바람직함과 관련해 생각을 변화시키는 데 성공적이었다는 견해에 피트가 동조했다고 보는 것은 어느 정도 신빙성이 있다고 할 수 있다.

이 방면에서 스미스의 노력과 관련해서는 그가 1783년 5월 22일 스트레이핸에게 쓴 편지에서 더 많은 것을 알 수 있다. 그는 세관 업무 때문에 저작 활동이 중단되는 상황에 대해 또다시 불평하는 것으로 편지를 시작한다. 그러나 그는 이 직업에서 덕을 보기도 했는데, 이 시기에 폭스-노스 내각의 재무 위원이었던 그레이 쿠퍼 경에게 보조금 제도의 시행, 즉 정부의 현금 지급을 통해 어떤 품목의 제조업과 어떤 품목의 수출을 장려하는 제도의 시행에 대한 자료 제공을 부탁할 수 있었기 때문이다. 스미스는 자신의 작업에 대해 다음과 같이 설명한다.

이것[『국부론』 제3판]은 아마도 저보다 오래 살아남을 것이니, 저는 그것을 가능한 한 완벽하게 남겨놓으려 해야 할 것입니다. 주요 추가 내용은 제2권에 들어갈 것입니다. 곡물 보조금과 청어 보조금에 반대하는 새로운 논의, 중상주의 체제에 대해 결론을 내리는 새로운 장, 인가받은 우리 무역회사들 거의 모두의 불합리함과 유해함에 대한 짧은 역사이자 완전한 폭로라 할 만한 내용. 저는 지금 기다리고 있는 재무부 보고서를 받아 본 뒤 약 한 달 안에 그것을 끝낼 수 있으리라고 봅니다.

이어서 스미스는 스트레이핸에게, 자신이 '인쇄물[즉, 교정지]을 직접 교정해야' 하니 인쇄가 다 되면 스트레이핸이 가진 하원의원 무료 송달 특전을 이용해 그것을 자신에게 보내달라고 말한다. 스미스는 제3판 진행에 매우 적극적이어서, 다음 겨울 초에 런던으로 가 직접 인쇄에 참여할 준비가 되어 있다고 쓴다. 그는 카델과 『먼슬리 리뷰』 편집자인 윌리엄 로즈 및 랠프 그리피스에게 안부를 전해달라 부탁하고, 런던의 문인들이 자주 찾는 여인숙 겸 술집 '팩호스에서 또다시 식사를 하게 되기를' 간절히 바란다고 말한다(*Corr.* No. 227).

10월 6일 스트레이핸에게 다시 편지를 쓴 스미스는 『국부론』의 추가와 수정 작업이 '이제 다 끝났거나' 곧 끝날 것이라고 말하면서도, 여전히 재무부 자료를 기다리고 있다고 쓴다. 이 자료는 지난 2월 셸번 내각이 해산된 직후 쿠퍼가 약속했던 것이었다. 스미스는 새 개정판의 작업을 지켜보기 위해 다시 4개월간의 휴가를 받으려던 계획을 언급하지만, 웨일스의 조카(누구인지 밝혀지지 않은)에게 스미스가 '200파운드를 대주지 않으면 자신의 장교직을 팔아야 하는' 상황이 발생했다. 스미스는 그를 구제했고, 다음과 같이 간결하게 쓴다. '이 일로 여행 경비로 쓰려 했던 돈이 모두 날아가버렸습니다.' 이런 기록은 더걸드 스튜어트가 수집한 정보, 즉 스미스가 자신의 상당한 수입을 움켜쥐고만 있지 않고 다른 사람들을 돕는 데 많이 지출했다는 정보에 부합한다(*Account,* V.4 n.). 그러고 나서 스미스는 출판할 만하다고 생각한 원고 두 개를 카델의 관심을 기대하며 추천한다. 하나는 돌메니의 목사인 토머스 로버트슨의 『음악사』(1784년 출간)인데, 그는 이 책의 이론이 유익하다고—아마 모방 예술에 대한 그의 저작을 위한 그 자신의 음악에 대한 분석과 관련해—보았다. 다른 하나는 글래스고의 학생이었던 새뮤얼 차터스의 설교집(1786년 출간)이었다. 차터스는 공감의 함양을 강조하는, 그리고 오시안-맥퍼슨의 감정적 표현이나 헨리 매켄지의 소설과 어울리는 우울하고도 감상적인 경향의 담론에 특화된 휴 블레어 모임의 일원인 온건파 성직자였다(Somerville, 1861: 50, 166~167, 195, 227; Dwyer, 1987: 14, 17, 22, 58, 60, 174). 스트레이핸에게 보내는 이 편지는 폭스-노스 연립 내각의 성공을 비는 것으로 끝난다. 스미스는 이 연립 내각이 '이 나라에서 가장 자격 있고 능력 있는 사람들인, 양대 귀족 집단의 우두머리들을 포함하고 있다'고 여기며, 이전의 그들의 경쟁이 '정부를 약화시켜 결국 제국의 분할을 초래하고 말았다'는 과감한 견해를 피력한다. 왕과 대중의 견해가 보여준 실상에 대한 정치적 통찰을 드러내기는커녕, 스미스는 '다음 겨울에 야당', 즉 피트가 이끄는 하원의원들의 '통상적인 어리석음과 무례함'은 지금까지 정부에서 그들의 행동이 할 수 있었던 것 이상으로 '왕과 왕의 새로운 장관들을 효과적으로 화해시키게 될 것'이라고 믿는다(*Corr.* No. 231).

11월 20일에 이르러서도 보조금에 대한 재무부 자료는 여전히 스미스에게 도착하지 않고 있었다. 쿠퍼가 2주 전의 편지에서 스트레이핸에게 자료를 전하겠다고 약속했음에도 불구하고 말이다. 스미스는 스트레이핸에게, 자료를 갖다달라고 쿠퍼에게 다시 한번 부탁해주길 청한다. 그리고 런던에서 환대해준 것에 감사를 표하면서, 1784년 1월 6일이면 아마 분기별로 지급되는 관세위원 봉급이 들어와 주머니 사정이 다시 좋아질 테니 바로 그날 런던으로 출발하겠다고 말한다. 그는 오랜 친구인 극작가 존 홈과 함께 하숙할 것이지만, 이것이 여의치 않다면 다시 서픽스트리트에서 1층에 주당 2기니를 넘지 않는 임대료의 방을 구할 수 있을지 물어본다. 카델이 찰스 제임스 폭스가 하원에서 『국부론』을 칭찬했다는 얘기를 듣고(Corr. No. 232, corrected Rashid, 1992) 『국부론』 새 개정판을 즉시 인쇄해야 한다고 스미스에게 알린 터였는데, 스미스 자신은 6주의 지연이 문제가 된다고 생각지 않는다. 만약 스트레이핸의 생각이 다르다면 카델의 생각을 받아들이겠다고 스미스는 말한다. 그는 이 두 출판 동업자를 한마음을 가진 존재로 보고 있고, 스트레이핸에게 편지를 쓰는 것이나 카델에게 쓰는 것이나 한가지라고 여기고 있다. 스미스는 추신의 끝에 '이번이 제 마지막 런던 방문이 되지 않을까 싶습니다'라고 쓰고 있는데(Corr. No. 232), 여기서 그의 심적 피로가—스미스는 이때 예순 살이었으니, 당시로서는 고령이었다—감지된다고 할 수 있을까?

재무부 자료가 마침내 에든버러의 스미스에게 도착했다는 소식을 우리는 찾지 못했지만, 그는 1783~1784년 겨울이나 1784년 봄 에든버러에서 그 자료를 다루었던 것으로 보이며, 예고했던 1월의 런던 행은 실행되지 않은 것으로 보인다. 아마도 세관 업무나 어머니의 병이 그를 붙들었을 것이다. 4월에 그는 버크의 방문을 받았다. 버크는 지난해 11월에 던다스의 뒤를 이어 글래스고대학 총장으로 선출되었고, 취임을 위해 스코틀랜드에 온 것이었다. 두 사람 사이에는 상당한 지적 유사점이 있었다. 버크는 스미스의 방식을 '특히 마음에 들어했다'고 이야기된다. 스미스는 오래된 자신의 좋은 친구가 '서로 간에 어떤 의사소통도 선행된 바 없이 경제 관련 주제들에 대해 나와 똑같이 생각하는, 내가 아는 유일한 사람'이라고 밝혔다고 언급된다(Bisset, 1800: ii.429). 그러나 가난한 사람들에 대한 생각에서는 긴장도 있었다(Himmelfarb, 1984: 66~73).

물론 스미스는 입법자로서의 버크의 노력에 비판적이었을 수 있다. 그래서 『국부론』 초판에서 그는 버크가 곡물 수출에 대한 보조금을 개선하되 유지하기 위해 만든 법안에 대해 부정적으로 언급했고, 이 주제는 제3판을 준비하면서도 여전히 다루어졌다. 스미스는 제정된 법의 요점 대해(13 Geo. III, c. 43, 1772) 다음과 같이 썼다. '보조금이 훨씬 더 낮은 금액으로 지급되거나, 수출이 훨씬 더 높은 가격으로 허용되어야 한다. 그러므로 여기까지 보면 이 법은 예전 제도보다 열등해 보인다'(WN IV.v.b. 52~53). 버크는 곡물 보조금을 폐지시키지 않는 것에 대한 이 비판에 그의 유명한 은유적 재치로 응답했다고 이야기된다. 그는 기하학을 본떠 자신의 체계들을 만드는 경향이 있는 이론가로서의 스미스—더걸드 스튜어트가 인식했듯이—의 역할과 법안의 의회 통과를 위해 애쓰는 실리적인 인물로서의 자신의 역할을 잘 구분했다.

그것은 기하학적 정확도로 자신의 도식을 만들어내려는 철학자들의 특권이었다. 그러나 엔지니어는 마찰과 저항이라는 결함을 극복하기 위해서 자기 기계의 균형과 단순함을 종종 손상시키기도 해야 한다.

(Horner, 1957: 98; Viner, 1965: 23)

스미스는 이 대답이 타당하다고 생각했고,『국부론』제2판(1778)에 버크의 제정법에 대한 다음과 같은 균형 잡힌 언급을 추가했다.

하지만 그것의 모든 결함에도 불구하고, 우리는 아마도 그것에 대해서 솔론의 법에 대해 이야기하듯이 이야기할 수 있을 것이다. 즉, 그 자체로는 최고가 아니지만, 시대적 이해관계, 편견, 추세가 허락하는 한 최고라고 말이다. 그것은 아마도 때가 되면 더 나은 길을 준비할 수 있을 것이다. (*WN* IV.v.b.53)

1790년 판『도덕감정론』을 위한 최종 수정에서 스미스는 덕에 대한 새로운 절 안에 '체계적인 사람'에 대한 논의를 포함시켜, 버크가 곡물보조금법과 관련해 언급한 바가 자신의 견해와 밀접한 관계가 있음을 분명히 했다.

정책과 법의 완성에 대한 어떤 일반적이고 심지어 체계적인 생각은 분명 정치가의 견해를 이끄는 데 필요할 수 있다[이것이『국부론』의 동인이다]. 그러나 그 생각이 요구하는 바로 보일 수 있는 모든 것을 그 어떤 반대도 무릅쓰고 일거에 확립하기를 요구하는 것은 최고로 오만한 일일 것이다.

스미스는 1778년 판『국부론』에서처럼『도덕감정론』최종판에서도 입법자 솔론의 예를 환기한다. 솔론은 최고의 법체계를 만들기에는 부족했지만, '사람들이 제일 잘 참아낼 만한' 법을 제정했다(*WN* VI.ii.2.16, 18).

스미스와 버크 사이에는 이런 식의 교류가 있었고, 버크는 1784년 4월 6일 또는 7일에 에든버러에 도착했다. 거기서 그는 스미스, 그리고 절친한 친구이자 에든버러의 그리스어 교수인 앤드루 달젤의 환대를 받았다. 달젤은 그리스어 문법과 그리스 문학에 대한 지식으로 말년의 스미스를 매료시킨 인물이다(*Corr.* No. 229). 그들은 훗날 로더데일 백작 8세가 되는 메이틀랜드 경의 집에 버크를 데려갔다. 당시 그는 떠오르는 휘그당 정치인이었지만, 이후에는 공화주의자였고, 그다음에는 토리당원이었으며, 마침내는 성장과 발전에 대한 고전적 경제 이론의 진전을 가져온 최초의 공헌자가 되었다(Maitland, 1804; O'Brien, 1975: 229~230). 그는 일관성 없는 폭스의 폄하 발언에 맞서 스미스를 옹호한 바 있지만 『국부론』에 대한 무비판적 지지자는 아니었고, 경제 문제들에 대해 그와 나눈 말은 날카롭고 탄탄했을 것이다. 그는 폭스의 인도 법안에 강력히 찬성한 바 있고, 버크가 앞장선 워런 헤이스팅스 탄핵의 선도자들 중 한 명이었다. 4월 8일 목요일에 더걸드 스튜어트가 합류했고, 그들은 미들로디언에 있는 로더데일의 시골 저택인 해턴으로 갔다. 이스트콜더에서 4마일 떨어진, 글래스고로 통하는 길에 위치한 저택이었다. 17세기 후반에 로더데일 백작의 남동생 찰스 메이틀랜드가 지은 이 저택은 1952년에 불탔고, 1955년에 대부분 철거되었다(McWilliam, 1978: 229~230).

스튜어트는 대화 중에 나온 정치적 인물들에 대한 이야기를 기록했다. 버크는 '아버지 피트'를 '지금까지 있었던 가장 줏대 없는 사람 중 한 명'이라고 헐뜯었고, '아들 피트'에 대해서도 똑같이 가차 없이 말해, 그를 『톰 존스』에 나오는 경건한 체하고 점잔 빼는 인물 블리펄에 비유했다. 폭스는 그 소설의 온화하면서도 관능적인 주인공처럼 그려졌다. 버크는 '고전에 조예가 깊은 사람은 결코 아니'라고 서술되지만, 르네상스 시대에 나와 18세기에도 여전히 사용되고 있던 윌리엄 릴리의 라틴어 문법책에서 문장들을 인용했다. 그러나 그는 영국 시인들은 잘 알았고, '스펜서의 대부분'을 암송할 수 있었다. 버크는 '아버지 피트'의 여동생이며 자기 오빠를 '극도로' 싫어한 앤 피트에 의해 전해진 많은 일화를 들려주었다. 그는 앤 피트의 모임을 떠나면서 보즈웰처럼 그런 내용을 기록해두지 않은 것을 후회했다. 저녁 식사 후 버크는 1765~1766년의 로킹엄 내각에서 재무장관에 임명되었던 윌리엄 다우디스웰에 대해 호의적인 많은 이야기를 했다. 스미스가 톤젠드의 정책 조언자가 되기 직전에 다우디스웰이 재무부에서 톤젠드의 전임자였던 만큼, 다우디스웰은 재정 문제에 대해 잘 알았고, 스미스는 이 분야에 대한 그의 지식을 높이 평가했을 수도 있다. 몇 년 동안 다우디스웰은 하원 내 로킹엄파 휘그당원들의 대표였으며, 아메리카 사태에서 그가 보인 온건주의는 스미스와 잘 맞았을 것이다. 버크가 생각하기에 그의 유일한 약점은 '항상 무신론을 이야기하는' 것이었다.

스튜어트가 기록한 당시 해턴에서의 대화는 다음과 같은 스미스 특유의 단호한 개입, 그리고 스미스가 떠난 후 버크가 스미스의 저작에 대해 한 평가로 마무리된다.

버크: 그렇지만 다우디스웰의 무신론은 어리석은 생각일 뿐이었고, 이제는 그의 영혼이 신과 함께한다고 저는 믿습니다.

스미스: 신을 걸고, 저는 그것을 의심하지 않습니다.

'스미스는 저녁때 에든버러로 떠났다. 버크는 그의 『국부론』에 대해, 가치 있는 많은 교정적 관점에서 이전 경제학 저자들의 가치 있는 모든 것을 탁월하게 소화했다고 칭찬했다.'

버크가 『애뉴얼 리지스터』(1759)에 쓴 과도하게 칭찬하는 논평에도 불구하고 그가 '『도덕감정론』에 대해 상당히 냉담하게 말했다'는 것이 스튜어트의 인상이었다(EUL DC.6.III).

당시 진행 중이던 총선의 결과에 버크가 낙심했다는 달젤의 보고가 있는데, 이때 연립 내각 편의 사람 거의 160명이—이른바 폭스의 순교자들—의석을 잃었다. 메이틀랜드는 버크로부터 관직을 맡고 싶다면 휘그당을 포기하라는 말을 들었지만, 스미스는 2년 후에는 정치적 입지의 변화가 있으리라는 예측을 내놓았다. 버크는 몇 달도 관직을 맡아보지 못한 채 거의 20년간 의회에 몸담아온 터였고, minority(미성년/소수파)와 majority(성년/다수파)의 이중적 의미에 빗대어 다음과 같이 빈정댔다. '저는 19년간 미성년[곧 소수파]으로 살았고, 스미스 씨가 말하는 2년을 더하면 21세에 이를 테니, 분명 성년 [곧 다수파]이 될 것입니다'(Innes, in Dalzel, 1862: i.42). 버크의 당이 권력을 되찾으리라는 스미스의 낙관적 기대는 그가 로킹엄과 휘그당원 생존자들에게 계속 충실했음을 시사한다. 결과적으로는 피트가 20년 동안 권력을 유지했다. 프랑스 혁명을 접하면서 불안감을 느낀 버크는 보수적 입장을 취하게 되었고, 그동안의 정치적 동지들과 절연했다. 메이틀랜드는 이 시기에 확고한 폭스 지지자로 남았고, 버크를 변절자라고 비난하는 데 앞장섰다(*BL* Add. MSS 32, 567).

성聖금요일에 스미스는 해턴 일행을 다시 만났고, 그들은 글래스고로 가서 존 밀러 교수와 저녁을 먹었다. 존 밀러는 메이틀랜드가 정치적 급진파가 되는 데 영향을 미쳤다고 여겨지는 인물이다. 4월 10일 토요일에 총장 취임식이 열렸고, 이때 버크는 '이 의례에 알맞은 아주 정중하고도 우아한 연설'을 했다(*Annual Register*, 1784. Rae, 1965: 389~390에서 반박됨). 도덕철학 대리교수이자 목사인 스미스의 제자 아치볼드 아서가 대학 예배당에서 설교를 했고, 그다음에는 홀에서 교수 만찬이 있었다. 이튿날 스튜어트와 달젤은 다음 날 있을 수업을 위해 에든버러로 돌아갔지만, 스미스와 메이틀랜드는 버크를 로몬드호—스미스에 따르면 영국에서 가장 아름다운 호수(Clayden, 1887: 92)—로 데려갔고, 그다음에는 유명한 제철소를(9장에서 언급됨) 보기 위해 캐런으로 데려갔다.

4월 15일 목요일에 그들은 팬뮤어하우스에서 식사를 했고, 다시 그들과 함께한 달젤은 버크의 재미있고 유쾌한 대화에 깊은 인상을 받았다. '우리는 그가 겪은 정치적 일화를, 그리고 살아 있건 죽었건 정치적 인물들의 자세한 면모를 많이 알게 되었다. 그것들이 공평하게 서술됐는지는 모르겠지만, 그럴듯하게 서술되었다'(Innes, 1862: i.42).

기억할 만한 방문은 그렇게 지나갔지만, 스미스는 계속 정치가들과 얽혀 있었다. 역시 이 총선 과정에서 그의 오래된 좋은 친구이자 해밀턴 가문의 법률 문제들을 담당하던—그 유명한 더글러스 소송에서 해밀턴 가문 편이었던 것을 포함해—인물인 앤드루 스튜어트가 후원자 해밀턴 공작과의 사이가 틀어져 래나크셔의 경쟁에서 물러났기 때문이다. 그는 에든버러에 있는 친구들, 특히 스미스가 그 일의 전모를 알기를 바랐다. 그는 스미스에게 전달되도록 관련 서신을 존 데이비드슨에게 보냈다. 결국 5월 7일에 스미스는, 그들 동아리 내의 또 한 사람인 스톤필드 경—최고민사법원 판사이자 뷰트 백작의 처남—에게 문서들을 보여주고 그 문제가 절대로 표면화되지 않게 하라고 조언했다(*Corr*. No. 236). 스튜어트는 동인도회사의 일에 큰 관심을 갖고 있었고, 1772년에는 동인도회사 조사위원회 일원들과 관련해 그의 이름이 애덤 퍼거슨, 스미스와 함께 언급되기도 했다(*Corr*. No. 132, 133). 이와 관련해서는 아무 일도 일어나지 않았지만, 스튜어트는 1779년의 노스 정권에서 무역 위원으로 일했고 의회에서는 막후 협상자로 활약한 만큼, 의회 권력, 경제 입법, 인도 문제의 내부 사정에 대한 스미스의 정보원과 같은 존재였을 수 있다.

그러나 즐겁고 들떴던 버크의 방문과 흥분되는 총선거 이후 스미스에게는 슬픈 일이 닥쳤다. 5월 23일에 어머니가 사망한 것이다. 그는 스트레이핸에게 보낸 6월 10일자 편지에서, 적어도 '추가' 원고의 교정쇄라도 우편으로 받았으면 하고 바라던 차에 『국부론』의 새로운 제3판 교정쇄를 역마차라는 더 저렴한 운송 수단을 통해 받았음을 언급함과 동시에 어머니의 죽음을 전한다.

이 멋진 교정쇄를 받은 것에 즉시 감사를 표해야 했겠지만, 저는 그때 돌아가신 노모에 대한 마지막 임무를 막 끝마친 참이었습니다. 90년을 산 사람의 죽음은 자연의 흐름에 더할 수 없이 합당한 일이고, 그래서 예견되고 준비되어야 하는 일임에 틀림없지만, 그렇더라도 저는 다른 사람들에게 말했던 것처럼 당신에게도 이렇게 말해야겠습니다. 과거에 나를 사랑했거나 미래에 사랑할 다른 어떤 사람보다 더 많이 나를 사랑했음에 틀림없는, 그리고 내가 다른 어떤 사람을 사랑하고 존경한 것보다 더 많이 사랑하고 존경했음에 틀림없는 그런 한 사람과의 마지막 이별을 저는 지금 이 순간에도 너무나 육중한 타격으로 느끼지 않을 수 없습니다.

이때 그의 낙담이 얼마나 컸던지, 그 '가엾은 남자는 희망 없는 사람들처럼 슬퍼하는 것 같았다'고 존 램지는 기록했다(Ramsay, 1888: i.468). 아마도 영혼의 부활이나 죽은 이와의 재회에 대한 희망이 없는 사람들 말이다. 하지만 스미스는 마음의 평정을 되찾아 편지에서 스트레이핸의 나빠진 건강을 염려했으며, 『국부론』 교정을 보면서 구두법만 수정하면 된다는 것을 확인했다(Corr. No. 237, 239).

스미스는 7월에도 여전히 교정 중이었을 것이다. 그달 15일에, 여행을 많이 다니고 폭넓은 인맥을 갖고 있던 오스트리아 의사이자 사업가 프랑수아 그자비에 슈베디아우어가 에든버러에서 런던에 있는 친구 제러미 벤담에게 다음과 같이 썼기 때문이다.

저와 잘 아는 사이인 스미스 박사는 전적으로 우리 사람입니다. 그는 『국부론』 개정판 작업으로 바쁩니다. 우리는 여기서 애덤 스미스, 컬런, 블랙, 맥가원 등 오직 철학자들로만 구성된 클럽을 갖고 있습니다. 따라서 저는 일주일에 한 번은 가장 깨이고 유쾌하고 사교적인 사람들 속에서 시간을 보내지요. (Bentham, *Corr.*, 1971: iii.294~295)

대체로 벤담과 그의 친구들은 스미스를 '도덕과 법률'에 대한 자신들의 연구 동지로 여겼고, 『국부론』을 '인간 본성에 대한 과학'에 관한 자신들의 광범위한 계획에 정치경제 분야에서 중요한 공헌을 한 것으로 간주했다. 그러나 스미스는 어떤 방향에서는 지나치게 나가, 벤담이 『최대의 옹호』에서 한 말을 따르자면, 정부의 개입하는 손에 반대하기까지 했다(Long, 1977: 191).

그러나 스미스는 한 가지 사안에서는 그렇게까지 나가지 않았는데, 바로 금리 통제였다. 이 사안에서는 벤담이 대담할 정도로 급진적이어서, 그는 '사랑과 종교, 그리고 다른 모든 좋은 것처럼 이자도 자유로워야 한다는 것이 나의 오랜 격언 중 하나'라고 밝혔다. 1785년에 그는 지난해 11월 20일에 출간된 『국부론』 제3판을 한 부 가지고 러시아로 떠났다. 1787년에 그는 『고리대금의 옹호』를 쓰고 있었는데, 이 책 중 1787년 3월자로 되어 있는 '편지 13'에서 높은 금리를 유지하는 것에 대한, 그리고 투기적인 회사와 경제 계획의 설계자 및 옹호자들을 제지하는 것에 대한 스미스의 주장을 반박한다(*WN* I. ix.5, I.x.b.42~43; II.iii.26; II.iv.15). 벤담은 피트가 금리를 제한하려 한다는 것을 알게 되자 자기 책을 런던에서 출간하기 위해 스코틀랜드 출신인 링컨스인 법학원의 법정 변호사 조지 윌슨에게 도움을 구했다. 윌슨은 1787년 4월 24일 이에 대한 벤담의 편지에 답하면서, 피트의 그런 계획에 대해 직접 들은 바가 없음에도, 책을 완성하도록 벤담을 격려했다. 이어서 그는 벤담 동아리에 매우 우호적인 징후들을 언급했다. 종교재판소 개혁, 관세 통합, 이든 조약에 따른 프랑스에 대한 개항 같은 것이었다. 헨리 매켄지의 견해와 유사해 보이는 그의 견해에 따르면, 이런 변화들은 어느 정도는 『국부론』의 수용과 관련된 것일 수 있었다.

사실 정치경제의 모든 점에서 최근 10년간 대중의 생각에 분명한 변화가 생겼는데, 이런 변화는 어느 정도는 스미스의 책이 읽힌 덕분일 수 있지만, 그보다 크게는, 옛 왕권들에 대단히 불명예스럽게도, 미국과의 정치적·경제적 관계에서 일어난 일들 덕분일 수 있습니다. (Bentham, *Corr.*, 1971: iii.533)

윌슨은 1787년 말 『고리대금의 옹호』가 인쇄되도록 조처했고, 1788년 6월 6일 벤담에게 『먼슬리 리뷰』에 실린 논평(*Monthly Review* 78: 361~370)을 보내주었다. 그 책을 '최고급의 정치적 보석'이라고 호평한 글이었다. 윌슨은 벤담에게 쓴 1789년 12월 4일자 편지에서 스미스가 금리 제한에 대한 그 반박의 설득력을 인정했다고 말했다.

애덤 스미스 박사가 지난여름 스코틀랜드에서 하원의원 윌리엄 애덤 씨에게 뭐라고 말했는지 우리가 당신에게 얘기했던가요. 스미스 박사는 『고리대금의 옹호』가 아주 뛰어난 사람의 저작이고, 그 사람이 [스미스 자신에게] 좀 타격을 입혔지만, [자신이] 불평할 수 없을 정도로 멋진 타격이었다'고 말했는데, 당신이 옳다는 것을 인정하는 듯한 말이었습니다. (Rae, 1965: 423~424에서 인용됨)

벤담은 『고리대금의 옹호』 제2판(1790)의 서문으로 쓴 글인 '스미스 박사에게 쓴 편지'(Corr. No. 402)에서 이 이야기를 언급했지만, 스미스가 자기 생각의 변화를 직접 전한 것은 아님을 밝히는 조심성을 보였다. 만약 스미스가 1790년 이후까지 살았다면 금리를 낮추는 것과 기획자를 낭비자와 동일시하는 것에 대해 입장을 바꿨을 수도 있다는 것은 흥미로운 추측이다.

『고리대금의 옹호』에서 분명 벤담은 '금리를 고정하는 법 정책'에 대한 스미스의 주장을 반박하면서, 스미스가 자신의 주무기를 자기 자신에게 돌리고 있다고 주장한다(Corr. No. 388). 경제 성장이 정부가 만든 법의 결과로서 이루어진 것이 아니라 정부가 만든 법에도 불구하고 이루어졌음을, 그리고 성장을 떠받치는 '신중한 기획자들'이 다양한 정도의 성공을 거두며 맞서 싸워온 대상인 금리 통제에 대해서까지 이런 논증이 확대될 수 있음을 보여주는 것이 『국부론』의 의도인 셈이라고 그는 말하고 있는 것이다(Corr. No. 391).

『국부론』에 대한 벤담의 해석에 동의하지 않기는 어려우며, 심지어 제3판에서 강화된 대부분의 경제 입법의 해로운 영향에 관한 메시지를 알아보지 못하기도 어렵다. 마침내 제3판에 들어가게 된 '추가 내용'은 다음과 같은 짧은 부분들로 이루어져 있다. 포도주 같은 상품에서 식민지와 외국을 상대로 하는 무역을 규제하는 복잡한 법률들을 검토함으로써 관세 환급 제도 이면의 어리석은 동기 부여를 폭로하는 부분(IV.iv. 3~11), 보조금 제도를 통해 청어 어획을 촉진하려는 지각없는 시도를 분석하는 부분(IV.v.a. 28~37 and app.), 곡물 보조금의 나쁜 결과를 폭로하는 부분(IV.v.a. 8~9), 프랑스와의 무역을 제한하는 것의 불합리를 논하는 부분(IV.iii.a. 1, c.12~13)이다.

또한 독립된 두 편의 긴 글이 있다. 하나는 '중상주의 체제에 대한 결론'이라는 제목이 붙은 장으로, '중상주의적 규제'를 꾀하는 입법부에 의해서 소비자들의 이익이 '완전히 무시되어'왔다고 주장한다. 중상주의적 규제들은 생산자, 상인, 제조업자들에게 유리하게―특히 제조업자들은 다른 생산자들을 희생시키면서―작용한다(IV.viii, 특히 마지막 문단). 다른 하나는 '상업의 구체적인 부분들을 돕는 데 필요한 공공사업과 공공기관'을 다루는 글이다(V.i.e). 여기서 스미스는 합자회사와 규제받는 회사들을 검토하면서 대외 무역과 관련된 회사들에 가장 주의를 기울이고, 정부 정책 실패의 예로서 동인도회사의 독점을, 그리고 침체와 쇠퇴로 이어지는 회사 징세관들의 약탈보다는 인도의 경제 성장을 이끌었을 시장 경쟁과 같은 힘들의 좌절을 연구한다(Anderson and Tollison, 1982).

스미스는 1763년 4월 6일의 법학 강의에서 특권이 부여된 동인도회사 및 그와 유사한 합자회사들의 역사가 보여주는 근본적 경제 원칙에 대해 학생들에게 설명한 바 있다. 여기서 그는 그런 회사들의 독점이 '모든 것의 가격을 자연스러운 수준으로 낮추는 자유로운 경쟁을 방해한다'고 말했다. 그 회사들은 취급 상품을 무역이 자유로운 경우에 비해 더 적게 국내에 들여와 더 높은 가격으로 팔며, 결국 더 적은 소비자와 제조업자가 그 상품들을 공급받는데, 이 모두는 국가의 부에 해로운 일이다(*LJ* (A): vi. 87~p. 363).[2]

『국부론』초판 제4편에 담긴 중상주의 체제에 대한 공격에서 스미스는 '아메리카의 발견과 희망봉을 경유해 동인도에 이르는 항로의 발견으로 유럽이 얻은 이익들'에 이르기까지 식민지를 다룬 장에 큰 비중을 두었다(*WN* IV.viii.c). 그는 아메리카의 식민지화가 유럽의 향락 증진과 산업 발전을 낳았으며, 이는 다른 유럽 국가들이 자국 신민들을 위해 독점을 유지하려 한 여러 지역에서 촉진되는 양상이라고 판단했다. 하지만 이런 이익들을 남아메리카에서는 얻을 수 없었다고 스미스는 지적했다. 그곳의 금광과 은광 개발은 광산을 고갈시켰고, 스페인과 포르투갈의 식민지 개척자들을 파산시켰다. 반면 북아메리카에서는 영어 사용 정착민들에 관한 한 스페인과 프랑스의 위협이 제거되었고, 그 정착민들은 풍부한 토지, 인구 증가, 낮은 세금, 정규 사법부 덕에 번성했다. 1776년에 스미스는 영국의 식민지들이 식민지 모국인 영국의 지배권에 도전하고 있으며, 그 자신이 바라는 것처럼, 영국의 해운과 상품에 대한 독점을 종식시키려 애쓰고 있다는 것을 인정했다.

스미스에 의하면 네덜란드령 동인도제도와 영국령 인도에서는 중상주의가 배타적 합자회사들에 의해 행해지는 두 번째 종류의 독점을 만들었는데, 이에 대해 그는 '모든 측면에서 골칫거리인 까닭에, 그런 회사들이 있는 국가들에 다소 폐가 되고, 불행히도 그런 회사들의 지배하에 놓인 국가들에 다소 해롭기 마련'이라고 기술했다(ibid. para. 108). 『국부론』초판에서 그는 영국령 인도의 행정부에 대해 '매우 특이하다'고 언급하는데, '모든 구성원이 (…) 그 나라를 떠나고 싶어하고, 그래서 결과적으로 가능한 한 빨리, 그리고 사익을 꾀하면서 정부와 협력하고자 하며, 그들이 자기 재산을 모두 챙겨 그곳을 떠난 다음 날 그 나라 전체가 지진으로 사라진다 해도 이는 완전히 무관심'하기 때문이다(ibid. para. 106). 스미스는 인도에서 재산을 일구어 돌아온 대부호들이 그 재산을 부동산과 산업에 투자한다는 것을 잘 알고 있었다. 그 부호들은 의회의 의석을 좌지우지함으로써 권력을 추구했다. 그 결과 강력하고 능란한 동인도회사 로비가 생겨나 독점을 보호했고, 독점을 완화하며 인도인들에 대한 경제적·사회적·정치적 박해를 억제하려는 시도들을 저지했다.

『국부론』 제3판을 위해 동인도회사의 신랄한 '역사'를(WN 1784: V.i.e.26) 쓰는 데 추진력을 보태준 것은 1773년 그가 런던에 머물 때 '인도 친구들'과 교류한 일이었다. 당시 그는 자신의 주치의 윌리엄 컬런의 작은아들이 동인도 무역선에 임명되는 것을 그 인도인들이 도와주기를 바랐다(16장). 그들이 런던과 인도에서 동인도회사를 개혁하려는 노력에 다양한 방식으로 관련돼 있었음은 분명하다. 그들은 영국령 인도의 상황에 대해 정통한 설명을 제공했을 것이며, 일부는 영국 정부가 인도 문제를 잘못 다루고 있음을 강조하며 개탄했을 것이다. 또한 『국부론』 초판을 내면서 스미스는 무역 자유화의 이로움에 대한 자신의 견해를 통해 아메리카 사태를 다루는 하원의원들의 생각을 변화시키고, 경제적·정치적 자유를 누리려는 식민지 사람들의 자연스러운 갈망을 그들에게 더 깊이 이해시키기를 바랐을 것이다. 하지만 이런 일은 일어나지 않았고, 경제적 지배를 유지하기 위해 수행된 거칠고 비용이 많이 드는 전쟁 끝에 아메리카 식민지는 영국으로부터 벗어났다. 스미스는 입법자들이 인도에 대한 유사한 정책 오류들에 눈뜨기를 바라서 무엇보다 동인도회사 무역 독점의 폐해를 고발하고, 인도인들이 영국의 무자비함과 탐욕의 희생자가 되지 않고 정당한 대접을 받아야 한다고 주장했을 것이고, 이로써 영국은 제2제국과 관련된 해외 사업과 투자에서 또다시 실패하는 것을 피할 수도 있었을 것이다. 동인도회사에 대한 공격을 재개하면서 스미스는 『국부론』 초판의 동인도회사에 대한 평가를 비난했던 M. J. 미키(Mickie, 1779)를 전혀 신경 쓰지 않았다.

1600년 엘리자베스 여왕으로부터 특허장을 받은 것으로 시작된 동인도회사의 17세기 초반 50년간의 '역사'를 스미스는 배타적 특권이 발효된 것으로 추정되는 시기라고 개괄적으로 기술했다. 동인도회사는 무허가 상인들에게 그다지 침범당하지 않았고, 런던을 경유하는 중계무역을 수행했다. 현대의 조사에 따르면, 1700년에 이르러 이 회사의 사업은 인도의 캘리코, 사라사, 도자기, 실크, 인디고, 차, 초석(화약 제조용) 등을 영국으로 수입하고, 영국의 브로드와 금속 제품들을 수출하는 수준으로 확대되어 있었다(O'Rourke, Prados de la Escosura, and Daudin, 2008). 시가총액은 그리 대단한 수준이 아니었고, 스미스가 건조하게 언급했듯이, 50파운드라는 주가는 '그리 과도하지 않았고, 회사의 거래도 그리 광범위하지 않아서, 대규모 과실과 낭비의 핑계가 되어주거나 대규모 횡령을 가려줄 수 없었다'. 그러나 17세기의 후반 50년간 자유의 원칙들에 대한 이해가 더 깊어졌고, 의회 법령에 의해 승인되지 않은 왕의 특허장이 배타적 특권을 의

미할 수 있는지에 대한 의구심이 날로 깊어졌다. 무허가 상인이 늘어났고, 1698년에 이르러 원래의 동인도회사 혹은 구동인도회사는 재정적으로 큰 어려움에 빠졌다. 새로운 동인도회사가 설립되었고, 어느 정도의 개인 무역업자들이 자기 자본으로 인도에서 무역하는 것을 허락받았다. 그런데 구동인도회사와 신생 동인도회사가 서로 간의 경쟁 및 개인 무역업자들과의 경쟁으로 몰락한다는 주장이 제기되었다. 인도에서는 경쟁으로 인해 영국 상품들의 가격이 너무 올라 그 상품들이 팔리지 않고, 인도에서 오는 영국 상품들은 시장에 너무 많이 공급되어서 이윤을 가져다줄 수 없다고 주장되었다. 하지만 스미스는 영국 대중이 더 저렴한 인도 상품들의 풍부한 공급으로 이득을 볼 것이라고 보았고, 인도에 공급하는 영국 상품들의 증가가 그 상품들의 가격 상승을 불러온다는 데 의심을 표했다. 그는 수요의 증가가 처음에는 가격 상승을 초래할 수 있지만 장기적으로는 반드시 가격을 낮추게 된다고 판단했다. '[동인도회사가] 불행한 영향이라고 불평하는 바로 그 영향은 저렴한 소비와 생산 장려인데, 이 두 가지를 촉진하는 것이야말로 분명 정치경제의 역점 사업'이라고 그는 결론 내렸다. 경쟁의 나쁜 영향 운운의 결말은 1708년에 구동인도회사와 신동인도회사가 통합되어 '영국 동인도 무역상 연합회사'가 된 것이었다. 따라서 이 회사는 모든 경쟁자로부터 해방되어, 인도 아대륙과 그 너머 중국까지 영국 무역을 확실히 독점하게 되었으며, 이 회사의 모험적 사업의 제한적 성공이 보장되었고, 주주들에게 적정한 배당금이 돌아갔다.

한편 무굴제국이 회복 불가능한 몰락으로 접어들면서 인도를 지배하려는 영국과 프랑스 간의 경쟁이 고조되었다. 마드라스(1639년에 획득), 봄베이(1664년의 카타리나 데 브라간사의 지참금의 일부), 캘커타 (1696년에 추가) 교역소에 주로 한정되어 있던 동인도회사는 '카르나티크[인도 남부, 지금의 카르나타카주州에 속해 있음]의 전쟁들과 인도 왕자들의 정치'에 휘말리게 되었다. 이 일은 퐁디셰리 교역소의 감독관이었던 조제프 프랑수아 뒤플렉스의 야심 찬 정책들에 대한 반작용으로 일어났다. 그는 1741년부터 프랑스 통치 지역을 확장하고 프랑스 인도회사로 들어가는 지역 세금들을 대폭 삭감하는 데 힘썼다. 그의 이런 행위에 대한 소문은 그의 지위에 상응하는 영국 측 인사들에게 영향을 미쳐, 그들로 하여금 관할 지역에서 유사하게 행동하도록 했다. 영국과 프랑스가 국제 식민지 분쟁에 참여하면서 전쟁의 부침이 요동쳤다. 동인도회사는 마드라스를 잃었다가, 오스트리아 왕위계승전쟁을 매듭지은 1748년의 엑스라샤펠 조약에 의해 되찾았다. 요즘엔 '전쟁과 정복의 정신이 인도의 [동인도회사] 종업원들의 뇌리에 박혀 떠날 줄 모르는 것처럼 보인다'고 스미스는 언급했다.

스미스는 동인도회사에서 '부기 담당자'로 일한 적 있는 로버트 클라이브 장군의 이름이나, 그가 1757년 6월 23일에 적은 희생으로 승리를 거둔 전투는 언급하지 않는다. 그는 캘커타 근처의 후글리강江 기슭에 자리한 플라시에서 벵골 태수nawab의 강력한 군대 내에 변절을 야기함으로써 승리를 거두었다. 이 사건은 스미스의 시대 한참 후에 영국 신화에서 세계의 대격전 중 하나로 묘사되었다. 그러나 스미스는 플라시 사건의 결과로 벵골 전체가 영국의 통치하에 놓인 프랑스와의 7년전쟁의 시기를 동인도회사가 프랑스가 얻었던 것을 훨씬 더 넘어서는 영토와 부의 획득을 추진하는 과정에서의 결정적 국면으로 제대로 기술했다.

　스미스의 동인도회사 '역사'의 나머지 부분은 새로 획득한 '풍요롭고 광활한 영토'에서 얻는 연간 300만 파운드에 달하는 수입과 6퍼센트에서 10퍼센트로의 배당금 증가에 대한 설명으로 채워진다. 그러한 상황에서 왕은 먼저 동인도회사의 영토 취득과 토지 수익에 대해서 권리를 주장했고, 그런 다음 연간 40만 파운드를 지급받는 것으로 타협했고, 끝으로 지연이 있을 경우 배당금을 12.5퍼센트로 올리는 것으로 동인도회사와 약정했으며, 이리하여 채무 변제에서 진전이 이루어질 수 있었다. 토지, 관세, 무역 이윤에서 나오는 동인도회사의 공표된 순수입은 왕에게 지급하는 연간 금액으로 60만 8000파운드의 증액을 허용할 여유가 있어야 했을 것이고, 또한 때맞는 채무 변제를 위해 많은 상환 자금을 남겨두어야 했을 것이라고 스미스는 기록한다. 그렇지만 1773년에 동인도회사의 채무는 줄어들지 않고 늘어났는데, 이는 국고로 들어갈 40만 파운드의 체납, 관세 미지불, 잉글랜드은행에 대한 엄청난 채무, 인도에서 동인도회사에 발행된, 그리고 '부당하게 승인된' 120만 파운드에 달하는 어음의 채무 때문이었다. 결과적으로 배당금은 6퍼센트로 인하되었고(이로써 동인도회사가 왕에게 지급해야 하는 40만 파운드가 마련되었다), 영국 정부는 동인도회사를 파산에서 구하기 위한 140만 파운드의 대출을 요청받았다. '[동인도회사의] 엄청난 재산 증가는 그 회사 종업원들에게 그 재산 증가 수준보다 더 큰 낭비의 구실 겸 더 큰 공금 유용의 가리개가 되어주었을 뿐인 듯하다'고 스미스는 결론 내렸다(WN II.749~751). 클라이브가 벵골에서 이룬 군사적·정치적 성공의 장기적 결과는 소작농들에게 엄청난 세금 부담을 지운 것, 그리고 무엇보다 부패한 인도 관리와 동인도회사 관리들을 부자로 만들어주었을 뿐 아니라 타락시킨 것이었다. 게다가 시골의 빈곤화는 1770년의 끔찍한 벵골 기근을 겪은 사람들에게 고통을 더해주었다(P. J. Marshall, Bengal: The British Bridgehead, Cambridge University Press, 1988: 78~83, 144).

1772~1773년 동인도회사의 재정적인 어려움이 어느 정도였는지는 인도에서의 관리들의 경영 실태 및 유럽과 인도에서의 그 회사의 업무 실태에 대한 의회 조사 결과로 드러났다. 이는 1773년 노스의 규제법에 의한 동인도회사의 통치 체제의 변화를 가져왔다. 그동안 독립적이었던 마드라스, 봄베이, 캘커타 거류지들이 캘커타의 총독직 지휘 아래 놓였고, 그 자리는 워런 헤이스팅스에게 맡겨졌다. 클라이브는 헤이스팅스의 행정적 능력을 알아본 바 있으며, 또한 헤이스팅스는 인도의 종교, 역사, 문학, 철학에 관심이 많았다. 그는 4인으로 구성된 협의회의 보조를 받았는데, 이들은 모두 첫 번째 임기를 위해 의회에 의해 지명된 사람들이었다. 하지만 이들은 대체로 그에게 반대했고, 인도인들을 행정부에 포함시키려는 그의 노력을 지지하지 않았다. 또한 캘커타에는 영국령 인도의 사법권을 위해, 왕이 임명한 세 명의 판사와 한 명의 수석 판사로 이루어진 새로운 고등법원이 설치되었다. 이 법원의 초기 판사 중 가장 유명한 사람은 헤이스팅스의 친구이자 유명한 동양학자 겸 언어학자였던 윌리엄 존스 경이었다. 그는 그리스어·라틴어와 산스크리트어의 관계를 처음으로 알아봤으며, 그 언어와 그 언어로 된 문학에 대한 이해를 발전시켰다. 스미스는 존슨 박사의 클럽에서 존스를 만났을 것이고, 1772년에 나온 존스의 번

역서 『아시아의 언어로 된…시』(Mizuta)를 소장하고 있었다. 1773년의 법에 따른 동인도회사의 개편에 대해 말하자면, 주주와 임원에 대한 법원의 설치라는 변화가 그들을 좀더 품위 있고 착실한 행동으로 이끌게 되리라 기대되었다. 그러나 스미스의 평가는 좋지 않았다. '어떤 개조로도 그 법원을 어느 면에서나 통치에 적합한 존재로 만드는 것, 혹은 큰 제국의 통치를 분담하기에 적합한 존재로 만드는 것은 불가능해 보인다. 왜냐하면 그 법원의 관계자 대다수가 제국의 번영 따위에는 너무 관심이 없어서, 제국의 번영을 촉진하는 것이 무엇인지에 크게 신경 쓰지 않을 게 뻔하기 때문이다'(WN V.i.26).

스미스는 영국령 인도의 확장을 위한 파괴적인 전쟁과 정복에만 몰두하는 동인도회사의 임원 및 주주들은 시장의 대리 '전쟁'에 뛰어들어 해외의 기지에서 상호 무역으로 이익을 가져올 수 있는 사업가의 역할과는 거리가 멀다고 생각했고, 국가의 부가 사실상 어떻게 창출되는지를 다음과 같이 묘사한다.

양쪽 시장에 많은 경쟁자가 있는 상황에서 한쪽 시장에서 사들여 다른 쪽 시장에서 이익을 내며 팔고자 하는 것, 그때그때 달라지는 수요의 변동뿐 아니라, 경쟁에서의, 혹은 수요를 충족시키는 다른 사람들에 의한 공급에서의 훨씬 더 큰 변동까지 지켜보는 것, 그리고 각종 상품의 양과 질 모두를 기민하고 분별 있게 이 모든 상황에 맞추는 것은 일종의 전쟁으로, 계속 작전을 바꿔야 하는 일이며, 또한 합자회사 임원들에게는 기대할 수 없는, 경계하고 주의하는 끊임없는 노력 없이는 결코 성공적으로 수행될 수 없는 일이다. (WN V.i.e.30)

스미스는 1784년에 동인도회사의 '역사'를 끝내면서 1773년의 규제가 그 회사의 인도 통치의 무질서에 종지부를 찍지 못했다고 언급했다. '좋은 경영 방식의 일시적 적용'으로 300만 파운드 이상을 캘커타의 국고에 모아들이고, '이후 인도의 가장 풍요롭고 비옥한 지역 몇몇을 취득해 지배권이든 약탈권이든 확대했지만, 모든 것이 낭비되고 파괴되었다'(WN V.i.e.28). 먼 땅에 요새와 수비대를 소유할 권리가 있었던 합자회사들이 화평과 전쟁을 취할 권리를 곧잘 행사하거나 부여받았음을 스미스는 생각한다. 동인도회사가 그 권리를 사용하는 것의 나쁜 결과를 스미스는 다음과 같이 직설적으로 묘사했다. '그들이 보통 그것을 얼마나 불공정하게, 얼마나 변덕스럽게, 얼마나 지독하게 행사하는지는 최근의 경험으로 아주 잘 알려져 있다'(WN V.i.e.29). 1757년 6월 클라이브의 벵골 전투에서 전쟁의 칼날과 그에 수반되는 기만과 배신으로부터 태어난, 탐식으로 한껏 부풀었던 그 회사는 꼭 100년 뒤에 세포이 항쟁의 피비린내 나는 잔학 행위 속에서 무너졌고, 영국령 인도는 왕의 속국 중 하나로서 총독의 지배를 받게 되었다(Sutherland, 1952; James, 1998: 28~60; William Dalrymple, 2006).[3]

『국부론』제4판(1786) 광고에 나오는 '어떤 종류의 변경도 없다'는—이 판본과 1789년의 제5판에서 사소한 변경이 발견될 뿐이다—스미스의 언급을 고려하면, 결국 제3판이 스미스의 이 대작의 최종판인 셈이다. 이것은 분명 교정과 확충에서 스미스가 가장 세심하게 주의를 기울인 판본이다. 게다가 이 책은 그의 친구들인 휴 블레어와 윌리엄 로버트슨이 초판을 보고 요구했던 색인을(Corr. No. 151, 153)

갖추었다. 스미스는 자기 책의 '색인 일부'를 받았음을 1784년 11월 18일에 밝혔지만, 그의 편지에서는 색인 작업을 그가 직접 했는지 아니면 그의 지시하에 알렉산더 길리스 같은 대필자, 혹은 에드윈 캐넌의 추측처럼 스코틀랜드의 은행 업무 절차에 대해 전문 지식을 지닌 다른 어떤 사람이 했는지는(WN ed. Cannan, 1950: vol. i, p. xvi) 드러나지 않는다.

아마 색인을 제공한다는 생각은 뒤늦게 떠올랐을 것이다. 색인과 관련된 스미스의 편지 날짜가 1784년 11월 22일 런던에서 색인이 인쇄되기 겨우 나흘 전으로 되어 있기 때문이다. 그는 8월 10일쯤이면 책이 나오리라 예상하고 있었고, 증정본을 보내는 것에 대한 지시 사항을 카델에게 전했다(Corr. No. 240). '아름답게 제본되고 금박을 입힌' 것으로 한 부를 베드퍼드파 휘그당원들의 대표인 가워 백작 2세의 딸, '책을 좋아하는' 런던의 루이자 맥도널드 부인에게 보내야 했다. 그녀는 얼마 전 피트 내각의 법무차관으로 지명된 남편, 스카이 아마데일캐슬의 아치볼드 맥도널드 경을 부자로 만들어주었다. 스미스는 그에게 특별한 호의를 품고 있었고(Corr. No. 163), 그와 함께 그녀의 아버지를 총리직에 앉히는 것을 계획했다. 또한 오랜 친구인 스태넙 백작과 그의 상속자 머혼 경, 1780년에 수석 재판관이 되면서 러프버러 경이 된 알렉산더 웨더번, 당시 무역위원회에서 일하던, 기번의 '절친한 친구'이자 유언 집행인인 셰필드 경, 『국부론』의 추가 내용을 위한 재무부의 보조금 자료를 제공해준 그레이 쿠퍼 경(Corr. No. 241)에게도 '판지로 된' 것으로 증정본을 보내야 했다. 11월 16일에 이르러서 스미스는 이 인물 몇몇에게 감사 인사를 받은 상태였고,

그는 셸번에게도, 그리고 라로슈푸코 동아리 사람들인 그 젊은 공작과 그의 누이인 샤보 공작부인, 봉벨 후작에게도 증정본을 보낼 것을 요청했다(*Corr.* No. 240).

　『국부론』 제3판은 이렇게 '대단한 인물들'에게 배포되었을 뿐만 아니라 동시대 다른 독자들의 손에도 들어갈 수 있었는데, 스트레이핸이 이전 판들에 비해 발행 부수를 배로 늘려 1000부를 찍었기 때문이다. 오늘날 이 판본은 1976년의 글래스고 판『국부론』을 위한 저본으로서(i.63~64) 마땅한 인정을 받고 있다.

23장

입법자를 위한 유산

.

완벽한 자유와 정의의 자연적 체계가
어떤 방식으로 점진적으로 회복되어야 하는지에 대한 결정은
미래의 정치가와 입법자들의 지혜에 맡겨야 한다.

『국부론』제3판이 나오기 전 여름에 스미스는 자기 책이 프랑스어로 번역되는 것에 관심을 가졌다. 그는 프랑스어로 번역되면 스페인과 이탈리아를 포함해 많은 나라에서 독자를 얻을 수 있다는 것을 깨달았을 것이다. 『국부론』은 출간 직후 독일어와 덴마크어로 번역되었다. 머지않아 유럽과 아메리카대륙의 입법자들이 독점에 반대하고 자유 무역을 옹호하는 그의 호소력 있는 주장을 알게 되었다.

　　스미스는 모렐레 신부가 『국부론』을 번역했다고 알고 있었고, 1784년 6월 19일 카델에게 편지를 써 그 프랑스어 번역본을 구해달라고 부탁했다(Corr. No. 239). 모렐레는 『국부론』을 번역했지만 출판하지는 않았다(Morellet, 1821: i.243). 1778~1779년 헤이그에서 익명으로 출간된 'M***'(확인되지 않음)의 번역판도 있었다. 이것은 1789년 암스테르담에서 다시 발행되었지만 질이 좋지 않았고, 프랑스 밖에서 주로 판매되어 프랑스 시장으로 들어가지 않았다. 아메용의 『농업,

상업, 기술, 재정에 대한 중농주의 저널』에 원고가 부족하다는 사실을 알게 된 블라베 신부는 자신의 『국부론』 번역을 1779년 1월부터 1780년 12월까지 연재로 거기에 실을 수 있었다. 이렇게 20회로 나누어 발표된 번역 원고가 1781년 파리에서 하나의 책으로 묶였고, 그 책들 중 한 권이 '스미스 씨에게, 블라베 신부 배상'이라는 헌정사와 함께 스미스에게 전달되었다(Mizuta). 1782년 7월 23일에 스미스는 이 선물에 감사를 표했고, 번역본에 매료되었다고 밝혔으며, 적어도 짧은 지식으로 보기에, 번역본이 원전과 완전히 같다는 견해를 취했다(*Corr.* No. 218). 모렐레는 출판되지 않은 어떤 글에서 '블라베는 스미스를 번역한 것이 아니라 왜곡한 것'이라고 밝혔는데(Morellet, 1821: i.244) 이렇게 생각한 것도 무리는 아니었다. 그 후 블라베 번역의 허가받지 않은 익명의 판본이 1781년 스위스 이베르동에서 출간되었고, 1786년에는 파리에서 출간되었다. 이 해적판은 1788년 파리에서 재발행되었다. 마침내 블라베―지금은 '시민 블라베'로 알려진―가 1800~1801년의 상당히 수정된 개정판을 출간했고, 서문에서 볼테르가 심지어 『도덕감정론』이 출간되기도 전에 스미스가 탁월한 인물이며 프랑스인들은 그의 곁에도 못 간다고 말했다는 거짓 주장을 했다(Ch. 12, n. 8).

1788년에 블라베 번역본이 재발행된 것에 구애받지 않은 세 번째 번역자는 『국부론』 제4판(1786)을 저본으로 한 번역본을 1790년에 출간하기 시작했다(Carpenter, 1995). 이 번역자는 바로 시인 앙투안 루셰인데, 영어를 안다는 것 말고는 특별히 스미스의 책을 번역할 만한 적성이 있었던 것은 아니며, 그 영어 능력을 이용해 이전에 톰슨의 『사계』를 번역한 바 있다. 그는 프랑스 공포 정치의 희생자가 되어, 1794년에 로베스피에르보다 이틀 앞서 단두대에 올랐다. 스미스는 그의 번역본 1권과 3권을 소장했으며(Mizuta), 이 번역본이 독자들에게 약속한 바에 따르면 콩도르세의 주석서 한 권이 뒤따라 출간될 예정이었다. 콩도르세 역시 1794년에 혁명의 희생자가 되었다. 이 주석서는 출간되지 못했지만, 대니얼 다이엇카인(Diatkine, 1993)은 1790년 『인류 공공의 도서관』(vols. iii, iv)에 실린 『국부론』 요약본에서 그것의 성격을 짐작할 수 있다고 주장했다. 『인류 공공의 도서관』은 '정치 일반, 법학, 재정, "치안"[스미스의 의미에서의], 농업, 무역에 대한, 그리고 자연권과 공법에 대한 프랑스와 외국의 주요 서적들에 대한 조리 있는 분석'을 제공한다고 내세우는 간행물이었다. 이것은 콩도르세, 전 스미르나 주재 프랑스 영사 드 페소넬, 국민의회 의장을 지냈고 1794년 단두대에서 처형된 유력 정치인 르 샤플리에를 포함하는 사람들, 그리고 '기타 문필가들'에 의해 운영되었다. 다이엇카인은 그 요약본을 루셰 번역본의 '패치워크' 같은 것으로 설명하지만, 또한 그는 콩도르세를 비롯해 요약본을 만들어내는 데 관여한 사람들이 『국부론』 '분석의 핵심'을 파악하지 못했다고 주장한다. 이 요약본이 가격, 가치, 노동, 임금, 이윤을 다루는 제1편의 중요한 장인 5, 6, 7, 8, 9장을 다음과 같은 말로 재빨리 해치워버리고 있기 때문이다. '우리는 이 지점들에서는 스미스 씨의 생각을 추적하지 않을 것이다. 이 장들은 그 책 전체 내에서 읽어야 하며, 단 한 번 읽는 것으로는 문제를 상세히 논하기에 충분치 않을 것이다.'¹

콩도르세는 튀르고의 추종자이자 친구였고, 1766년 스미스가 쥘리 드 레스피나스의 살롱에 출입했던 시기에 튀르고와 마찬가지로 그곳에 자주 드나들었다. 튀르고는 1774년 재정총감이 되자 달랑베르와 콩도르세에게 프랑스 하천의 사용과 오용을 연구하는 위원회에서 일해달라고 요청했으며, 후에 콩도르세는 조폐국 책임자가 되었다 (Marquet, 1989; Schama, 1989: 83). 그는 『국부론』이 자본의 형성과 흐름 같은 문제에 대한 중농주의자들과 튀르고의 견해를 보강한다고 여긴 듯하고, 심지어 농업이 유일하게 생산적인 분야라는 케네의 고집스러운 생각에 대한 스미스의 공격을 유익하게 받아들였을 수도 있다. 진보에 대한 콩도르세의 견해는 최근 들어 더 나은 관점으로 제시되고 있으며, 인간의 삶을 개선할 의도에서 도덕적 이해를 과학적·기술적 진보의 산업적 적용과 연결하는 이론으로 간주된다. 교육이 노동 분업으로 야기되는 인성 파괴에 대한 희망적인 해결책이라는, 스미스의 주장과 유사한 그의 주장도 더 많은 신뢰를 얻고 있다. 특히 콩도르세가 이른바 '냉담하고 압제적인 계몽'에 힘썼다는 것은 잘못된 해석으로 밝혀졌으며, 그는 '보편적이고 영원한 원칙들을 부과하는 것이 최악의 압제'임을 보여주려 했다고 인정받는다(Rothschild, 2002: 196).

콩도르세의 가정에서는 도덕적 인성에 대한 스미스의 견해를 두고 논의가 벌어졌을 가능성이 있다. 그의 아내 소피 드 그루시는 1786년 그와 결혼할 무렵 『도덕감정론』을 번역하기 시작했기 때문이다. 그녀는 가장 괜찮은 프랑스어본으로 일컬어진 이 번역본을 혁명의 소용돌이 속에서 완성해냈다. 이 번역본은 스미스의 논문 「언어의 최초 형성에 관한 고찰」의 번역본, 그리고 그녀 자신의 글인 『공감에 대한 여덟 편의 편지』—콩도르세의 주치의였던 카바니에게 보낸—와 함께 묶여 1789년에 출판되었다(Manuel, 1965: 57~58; Staum, 1980; Lagrave, 1989).

1776년부터 파리 과학아카데미의 종신 서기였던 콩도르세는 유럽의 학계와 관계를 유지했고, 사회 집단들과 다수결에 대한 수학적 분석을 둘러싸고 쓴 1785년 자신의 독창적인 저작『다수결 확률 분석의 적용에 대한 시론』을 스미스에게 한 부 보냈다(Daston, 1988; Crépel, 1989: 65~118; Baker, in Crépel, 1989: 515~524; and 1990: 165~166). 이 책에는 '왕립학회의 애덤 스미스 씨에게 저자가 드림'이라는 헌사가 적혀 있다(Mizuta). 스미스는 이 책과 함께 1786년 런던에서 출판된 콩도르세의『튀르고의 생애』, 그리고 쉬아르 부인의 주장에 따르면 아내의 정치적 경향에 떠밀려 콩도르세가 적극 가담한 프랑스 혁명 초반의 입헌 논쟁과 관련된(Manuel, 1965: 57) 1789년의 그의 팸플릿 네 권도 소장하게 된다(Mizuta). 스미스는 이 팸플릿들을 1790년 매커너키 가문의 누군가에게 물려준 것으로 보이며, 그 사람은 아마도『법학 강의』의 정신에 입각해 에든버러에서 공법을 강의한 앨런 매커너키 교수일 것이다.

그런 전문적인 인사들은 스미스의 친구 더걸드 스튜어트처럼 프랑스 혁명의 전개에 흥미가 많았다. 스튜어트는 1788년과 1789년의 파리 방문 중 당시의 사건들을 목도했고, 혁명가들에게 동조적인 입장을 보여 비난을 받았다. 당대의 한 인물이 전한 바에 따르면, 이 시기에 에든버러대학에서는 앤드루 달젤이 고대 그리스의 자유에 대해 말했고, 스미스의 학설을 지지한 스튜어트가 자유 일반에 대해 말했는데, '우려스럽게도 이 두 사람 다 감시를 받았다. 특히 스튜어트는 워낙 흠 없고 내향적이어서 공공연하게 비난받을 만한 사람이 아니었음에도 굉장한 경계의 대상이었다'(Cockburn, 1856: 85).

뒤퐁 드 느무르는 초기의 혁명 지도자 가운데 한 명이었고, 콩도르세와 마찬가지로 귀족이자 중농주의자와 튀르고의 제휴자였는데, 이든 조약으로 보장된 무역 자유화를 지지하는 한 팸플릿을 첨부해 1788년 6월 19일에 스미스에게 편지를 보냈다. 그의 이런 행동은『국부론』에 대한 존중의 표시였으며, 그는 스미스가 프랑스에 '좋은 헌법'을 가져오는 중인 그 '유용한 혁명'을 크게 앞당겼고, 영국과 미국에서 옹호된 원칙들을 확장했다고 단언했다(*Corr*. No. 277: 더 상세한 내용은 24장에 나온다). 뒤퐁은 스미스에 대한 자신의 존경과 동료 경제학자들의 존경을 연결지었다.『인류 공공의 도서관』에 실린 콩도르세의 『국부론』 요약으로 미루어, 프랑스인들은 처음에는『국부론』의 사상, 즉 특정한 역사적 상황에서 시장의 경쟁과 메커니즘은 정치 체제에서의 정교한 이론적 개선 없이도 인류의 운명을 향상시키는 경향이 있다는 사상의 진정한 혁명적 성격을 알아보지 못했던 것 같다.

헌법 제정에 깊이 관여한 또 다른 국민의회 의원 제르맹 가르니에는 콩도르세와 뒤퐁처럼 공포 정치의 위협을 받아 스위스로 도피했고, 1794년 그곳에서『국부론』을 번역하며 위안을 얻었다. 그의 번역본은 프랑스어본의 표준이 되었으며, 스미스의 폭넓은 사상을 탐구하고자 한 그의 주석과 해석, 그리고 1843년 판본에서 추가된 장-바티스트 세, 블랑키, 매컬럭, 맬서스, 제임스 밀, 리카도, 시스몽디의 주석과 해석을 통해, 이 번역본은 유럽 경제사상의 발전에서『국부론』

이 차지하는 선도적 역할을 확실히 보여주었다(ed. Daniel Diatkine, 1991). 가르니에의 번역은 1995년의 폴레트 타이브의 번역과 2000년의 장-미셸 세르베의 번역으로 대체되었다. 가르니에는 『국부론』을 번역한 것에 더해, 그 번역본의 1802년 판 '역자 서문'에서 『국부론』에 대한 영향력 있는 안내와 논평을 제공하기도 했다. 이 글은 영어로 번역되어 가르니에의 『스미스의 사상에 대한 견해』가 되었는데, 프랑스 경제학자들의 견해와 비교되는 것이었고, 그의 『스미스 박사의 저작에 대한 연구를 돕는 방법』으로 보완되었다(Ross, 1998: xxxii~xxxiii, 204~224). 이 글은 글래스고 J. & J. 스크림저에서 출판된 1805년판 『국부론』에 수록되었다(87, Main Bibliography, Chronological, in Tribe and Mizuta, 2002). 가르니에의 『스미스의 사상에 대한 견해』와 『스미스 박사의 저작에 대한 연구를 돕는 방법』은 여러 차례 중판되어 『국부론』을 이해하는 도구로 널리 이용되긴 했지만, 중농주의자의 경제 사상과 스미스의 경제 사상의 차이를 잘 드러내지 못했고, 어떤 점에서는 스미스의 생각을 왜곡하기도 했다. 스미스의 사상에 대한 더 충실한 해석자는 스미스의 초기 추종자, 그러나 결코 무비판적이지는 않았던 장 바티스트 세로, 그는 젊은 시절에 2년간 잉글랜드에 머물며 영어와 사업 경영을 배웠다. 그는 『국부론』 제5판(1789)을 입수했고, 이 책을 늘 가까이하면서 자신의 『경제론』(1803)을 출간하기 전 13년에 걸쳐 주석을 달았다(Ross, 1998: xxxi~xxxii, 188~203). 그는 '세의 법칙'을 만든 것으로 유명한데, 이는 공급이 그 자체에 대한 수요를 창출한다는(1980년대 레이거노믹스 시대에 옹호된 견해) 것이다. 또한 그는 분업의 개념을 다듬고, '노동이 부를 창출하는 유일한 요소'라는 스미스의 견해에 도전하고, '자연의 법칙을 정복함으로써 인간은 생산적 목적에 자연을 이용하는 법을 배운다'는 주장을 편 것으로도 유명하다. 그는 기계가 '산업 사회의 주된 특징'임을 당대 사람들보다 먼저 인식했으며, 그리하여 '산업적 요소들'을 현 사회를 이해하는 핵심으로 승격시킨 '프랑스의 사회정치 사상 노선'을 열었다고 이야기되어왔다. 나아가, 그런 사상에 영향받은 프랑스 경제 자유주의자들은 『국부론』이 '더 체계적이고 철저하고 완전한 논술로 대체되어야' 하며, 이 점에서 세가 표준적 예를 제공했다고 믿게 되었다고 이야기된다(Faccarell and Steiner, 2002: 103~104). 그러나 지금까지 이런 주장이 전 세계적 지지를 받지 못하고 있는 반면, 비체계적이라는 『국부론』은 계속해서 여러 언어로 이루어진 주석을 끌어내고 있고, 다양한 경제 체제에 대한 갖은 통찰을 낳고 있다(Tribe and Mizuta, 2002: 120~209 참고).

프랑스인들처럼 독일인들도 『국부론』에 대한 명확한 관심에도 불구하고 초기에는 그 책에 대해 애매한 반응을 보였고, 그런 뒤에야 『국부론』의 지적 도전에 대해 점점 깊이 있게 반응했다(Waszek, 1985; 1988: ch. 2; 1993). 번역, 비평, 대중화, 그리고 정치경제에 대한 독창적 사상을 독일어권 국가들의 문제에 다양하게 적용하기의 단계로 수용이 이루어졌다(Tribe, 2002: 120~152; Thoemmes Press 시리즈의 제목들 참고: Adam Smith Early German Responses, also Ross, 1998: xxvii~xxx). 최초의 독일어 번역이자 최초의 유럽 언어로의 번역은 요한 프리드리히 실러—시인 프리드리히 실러의 사촌—의 번역으로, 크리스티안 아우구스트 비호만의 도움을 받아 이루어졌다. 그 번역본은 1776~1778년에 당시 이미 독일 출판업의 중심지였던 라이프치히에서 총 2권으로 출판되었다. 번역자 실러는 제2권 서문에서 스미스를 '친구'라 일컫는다(Ross, 1998: 167~168). 그는 마인츠에 서점을 차리기 전, 대표적인 라이프치히 출판사인 바이데만의 대리인으로서 1770년대에 런던에 있었던 만큼, 스미스가 『국부론』 출판 전과 출판 직후인 1773~1776년과 1777년에 런던에 있을 때 스미스를 직접 알았을 수도 있다. 제1권 두 부가 스미스의 서재에 남겨졌는데(Mizuta), 그중 한 부는 현재 글래스고대학에 있으며, 표지에 조지 3세의 모노그램이 들어가 있다. 아마도 조지 3세는 자신의 독일 인맥이 스미스의 저작을 알고 있다는 것을 보여주기 위해 이 책을 스미스에게 보냈을 것이다. 1792년 『국부론』 제3판(1784)에 기초한, 추가와 개선이 반영된 세 번째 권이 나오면서 독일어 번역본이 완성되었는데, 이것은 좋은 평가를 받았지만 판매는 저조했다.

두 번째 독일어 번역은 크리스티안 가르베에 의해 이루어졌고, 더 잘 되었다. 그는 라이프치히대학에서 철학의 역사에 관한 연구를 하고 있었고, 1768~1772년 그곳에서 잠깐 강의도 했다. 그는 퍼거슨의 『시민사회의 역사』에 대한 연구로 시작해, 허치슨, 흄, 리드, 케임스, 스미스를 포함한 스코틀랜드 계몽주의 저자들에 대한 광범위한 지식을 쌓았다. 가르베는 건강이 안 좋아 강의를 그만둔 것으로 보이지만, 철학 저술가로서는 경력을 이어가고 싶었을 것이다. 그의 저술 경력은 퍼거슨의 『도덕철학 강의』를 훌륭하게 번역하고 해설을 단 것, 그리고 케임스의 『비평의 요소』 일부를 훌륭하게 번역하고 주석을 단 것으로 시작되었고, 이 두 번역서 모두 1772년에 처음 출판되었다. 그는 브레슬라우에 정착했고, 1794~1796년에 발행되는 세 권짜리 출판물, 즉 『국부론』 제4판(1786)의 훌륭한 번역본을 준비했다. 『국부론』 제4판은 제3판(1784)에서 이루어진 상당한 분량의 최종 개정과 추가를 그대로 이어받은 판이다. 뛰어난 철학자로서의 가르베의 명성—비록 칸트의 명성에 가려지긴 했지만—덕분에 스미스의 책이 널리 관심을 받을 수 있었다. 가르베의 친구인 라이프치히 우체국장 아우구스트 도리엔이 그의 번역에 기여했음을 간과해서는 안 된다. 도리엔은 가르베가 병이 나자 번역 작업을 떠맡아 출판까지 밀고 나갔으며, 그 책의 즉각적인 성공에 기뻐했다. 도리엔이 1799년에 나온 번역본 제2판의 서문에서 밝힌 바에 따르면, 가르베는 첫째 권에 부록으로 넣으려 했던 분석적 개요를 완성하지 못해서 『국부론』에 대한 유용한 전기적·문학적 맥락을 제공하는 더걸드 스튜어트의 「스미스에 대한 이야기」 번역본을 대신 넣었다.

원전이든 번역본이든 『국부론』에 대한 많은 논평이 스미스의 이론을 전파했다. 예컨대 『괴팅겐 비평지』에 글을 쓰던 게오르크 자르토리우스는 동시대 교수들에게 스미스의 '불멸의 저서'와 씨름할 것을 권유했고(*Göttingische Anzeigen von gelehrten Sachen* 1793: 1660 — Ross, 1998: 169~171), 성공적인 책 『국가경제학 핸드북』(1796)을 써내는 것으로 이런 도전에 직접 임했다. 이 책은 『국부의 요소』(1806)로 개정되어, 일반 대중을 대상으로 하는 명확하게 잘 정리된 『국부론』 요약을 제공했다. 유사한 노선의 또 다른 저작은 아우구스트 페르디난트 뤼더의 『국가 산업과 국가경제학에 대하여』(1800~1804)였다. 이 책은 스미스의 예를 따라, 역사 발전의 단계에 각각 대응하는 여러 유형의 사회들에 대한 여행담을 통해 경제 이론을 설명했다. 스미스의 견해를 대중화한 두 사람, 요한 고틀리프 불레와 크리스티안 야코프 크라우스는 제임스 스튜어트 경과 흄의 저작에서 스미스의 정치경제 체계의 이론적 선례들을 알아보았음을 드러냈다. 불레는 『국가경제 학 이론의 역사』(1803~1804)에서, 크라우스는 흄의 『정치론』 번역본 (1800)에서, 그리고 『국가경제학』(사후 출판, 1808~1811)이라는 『국부 론』의 지적 교정본을 낳은 쾨니히스베르크대학 강의에서 이러한 인식을 드러냈다.

괴팅겐의 자르토리우스, 쾨니히스베르크의 크라우스, 할레의 루트비히 하인리히 폰 야코프(Rzesnitzek and Thal, 1967; Thal, 1979; Tribe, 1988: 169~172; Ross, 1998: 172~185)는 1790년대에 스미스의 이론에 입각해 정치경제를 가르친 최초의 독일인 교수들이었다. 이즈음 더걸드 스튜어트는 똑같은 일을 에든버러에서 하고 있었다. 스튜어트는 스코틀랜드 출신이 아닌 학생들도 유치했는데, 그중에는 미래의 영국 총리가 되는 파머스턴 경과 존 러셀 경도 있었다. 이들은 『국부 론』에 대한 스튜어트의 설명에서 경제 문제들을 보는 시각을 얻었고, 영국의 개혁기 동안 이들의 입법에 반영된 이 책의 정책 조언을 명확히 이해했다(Semmel, 1970; Winch, 1983: 25~61). 마찬가지로 자르토리우스의 학생들 중에도 변화하는 독일에 영향을 준 사람들이 있었다. 괴팅겐에서 공부한 프로이센 정치인들인 슈타인과 하르덴베르크는 무역 독점 폐지, 노예 해방, 봉건적 토지의 자유 보유 토지로의 전환을 포함해, 부분적으로 스미스의 생각에 영감받은 것으로 보이는 개혁 프로그램을 시행했다. 그들은 프로이센을 근대 산업 국가로의 길에 올려놓는 데 있어 폰 쉰과 폰 슈뢰터처럼 쾨니히스베르크에서 교육받으며 크라우스의 『국부론』 강의를 들었던 관리들에게 큰 뒷받침을 받았다(Winkel, 1988). 물론 프로이센의 개혁이 아주 긴밀하고 동질적인 집단에 의해 수행되었다는 것은 부정되어왔고, 슈타인과 하르덴베르크가 서로를 매우 싫어했다는 증거도 있다(Fulbrook, 1990: 99).

그러나 스미스의 경제 사상 수용과 부분적으로 관련 있는 실질적 발전과 더불어 이론적 발전도 이루어졌다. 독일 학자들이 『국부론』을 자국의 관방학 전통과 연결할 방법, 그리고 경제학에서 다루어지는 주요 문제들을 공식화함에 있어서 개념의 명확성과 체계의 포괄성을 성취할 방법을 찾았기 때문이다. 이와 관련해 언급되는 두 사람은 카를 하인리히 라우와 프리드리히 베네딕트 빌헬름 폰 헤르만이다. 라우의 저서 『정치경제학 편람』(1826~1837)은 중판을 거듭하면서 19세기 최고의 독일 경제학자들을 양성하는 데 기여했다. 폰 헤르만의 『재산, 농업, 노동자 생산성, 자본, 가격, 이윤, 소득, 소비에 대한 국가경제학 연구』(1832)는 스미스의 유산을 독단적인 자유방임주의적 해석으로부터 구해주었다. 폰 헤르만이 이룬 발전은 가격 이론에서 수요의 역할을 강조하고 한계 효용 이론으로 나아간 데 있다고 이야기되어왔지만, 그는 자신의 독창성에 대해 겸손한 태도를 취하면서, '경제학이라 할 만한 것을 이해하는 사람이라면 누구나 이 학문의 주요 이론과 관련해 스스로를 애덤 스미스의 제자로 여겨야 한다'고 밝혔다(Recktenwald, 1976: 277~287; Waszek, 1993: 170).

스미스 자신은 프랑스에 주었던 정도의 관심을 독일에는 보이지 않았고, 1756년의 그의 『에든버러 리뷰』 '편지'를 보면 '안목이나 천재성이라 불리는 것을 그다지 요구하지 않고 노력과 근면함에 더해진 분명한 판단력을 요구할 뿐인 학문들'에서의 독일의 지적 성취를 다소 무시하고 있음이 드러난다. 그러나 그는 그 글을 쓰던 당시 독일의 '학자'들에게 만연했던 문제, 즉 그들이 자국 언어보다 프랑스어를 수련하는 것을 더 좋아한다는 문제를 지적했다(para. 3). 예컨대 프리드리히 대왕은 독일어로 된 당대의 글들을 싫어했다. 하지만 『도덕감정론』과 이후의 『국부론』에 대한 독일에서의 호의적인 반응이 다른 스코틀랜드 계몽주의 인물들의 저서로 연결되었다는 것, 그리고 스미스와 그의 동료 지식인들이 별개의 철학적 학파를 형성했다는 인식이 그 학파의 사상을 독일어로 적절히 소개하려는 성공적인 노력을 부추겼다는 것에는 의심의 여지가 없다. 이는 분명 가르베의 경력의 주요 특징이다. 스코틀랜드 사람들, 특히 애덤 스미스의 저서에 대한 숙고는 독일 사상가들이 지적 지평을 넓히고, 자국의 언어로 생각을 표현하고, 정치경제학과 기타 여러 형태의 사회과학—'시민사회'에 대한 분석과 비판에 힘쓴 헤겔과 마르크스의 웅장한 기획 속에서 꽃을 피운—에 대한 나름의 접근 방식을 발전시키도록 자극했다.[2]

독일어를 쓰는 한 지식인이 직접 스미스에게 도움을 청해왔는데, 그는 기품 있고 부유한 오스트리아 정치철학자이자 저술가인 요제프 니클라스 빈디슈-그레츠 백작이었다. 그는 젊은 시절에 요제프 2세의 궁정에서 두각을 나타냈고, 1770년 마리-앙투아네트가 훗날의 루이 16세인 프랑스 황태자와 결혼하기 위해 파리로 갈 때 동행하는 등의 임무를 수행했다. 훗날 그는 그 자비로운 전제 군주의 개혁을 무자비한 것으로 여겨 그를 멀리했다(*Allgemeine Deutsche Biographie*, 1898: B. 43). 그는 생각하는 방식이 콩도르세와 유사해서, 콩도르세처럼 원칙과 주장의 수학적 공식화에 열심이었다. 그는 '세계주의자의 더할 수 없이 기품 있는 태도'와 '철학자적 재능'을 겸비했다고 이야기되었으며, 칸트는 그의 이런 철학자적 재능에 경의를 표했다(1789년 8월 30일에 F. H. 야코비에게 보낸 편지: Kant, 1967: 157).

1785년 5월 10일, 빈디슈-그레츠는 브뤼셀에서 스미스에게 편지를 썼다. 그는 스미스에게 에든버러 왕립학회를 설득해 파리 과학아카데미와 아직 결정되지 않은 한 독일 아카데미와 함께 자신이 계획한 어떤 논문 공모의 심사에 참여하게끔 해달라고 부탁했다. 그 공모의 목적은 최대한 분명하게 증서의 문구를 확립함으로써, 천부적 자유를 제한하는 일 없이 재산 양도를 둘러싼 사기와 법정 분쟁을 예방한다는 것이었다. 그는 칸트와 콩도르세를 포함해 유럽의 지식인들에게 이 일에 대한 라틴어로 된 요강을 배포했다(Ad Lectorem, London, 1785: Bodleian Lib., Vet. AS d. 430). 그가 편지에 쓴 바에 따르면, 콩도르세와 라플라스는 파리 과학아카데미를 대표해 자신의 요청에 응했지만, 런던 왕립학회는 거절했고, 베를린 아카데미도 거절했다. 또한 그는 대학들보다는 그 아카데미들과 접촉하고자 했는데, 이는 그가 찾고자 하는 해법이 법학의 해법이 아니라 논리학과 기하학에서 나온 해법이어야 하며, 이 점에서 과학 단체의 도움을 받는 것을 그가 그 아카데미들과 연관시켰기 때문이다. 파리 과학아카데미의 한 위원회는 4월 30일 아카데미 본부에 보고서를 제출했다. 그것은 콩도르세가 초안을 작성한 보고서로, 그 공모의 가치와 심사자들이 결정을 도출하는 데 사용할 복수 투표제라는 영리한 방식에 관해 매우 긍정적으로 보고 있었다. 이 제안과 관련해 어떤 것도 실행되지 않자(혹은 이 아카데미의 기록에 더 이상의 언급이 없는 것으로 미루어 그렇게 보이자), 콩도르세는 1785년 10월 9일 『주르날 드 파리』에 열정적인 편지를 기고해 이를 살려내려 애썼다(*Journal de Paris*, p. 1162~1163). 그는 세계 공통어를 계획했던 라이프니츠라면 빈디슈-그레츠가 출제한 문제를 해결하는 것이 불가능하다는 생각에 동의하지 않았을 것이며, 또한 '불가능하다'라는 단어 그 자체가 '조금도 철학적이지 않다'고 주장했다. 콩도르세의 견해에 따르면, 이 문제에 과학적 방법론이 적용될 수 있으며, 설령 그 방법론이 결국 해결책이 될 수 없는 것으로 판명되더라도, 이는 다른 사람들에게 그것을 다시 채택하지 않도록 주의를 줄 수 있다는 점에서 하나의 해법이 될 수 있었다(Baker, 1975: 226~227, 447). 그 논문 공모에 대한 콩도르세의 노력에서도 세계 공통어 프로젝트를 추진하려는 욕구, 또한 그가 1785년 스미스에게 보내준 확률과 투표에 대한 책에서 드러난, 사회과학에 수학적 엄격함을 부여하려는 욕구를 엿볼 수 있다.

스미스는 5월 27일 빈디슈-그레츠에게 답장을 보내, 동료들을 대신해 자신이 그 논문 공모를 심사하는 것에 응하겠다는 뜻을 밝혔다(Czech Republic, Klatovy, Statni oblastni archiv, Familienarchiv Windisch-Grätz, Karton 246, No. 32). 그는 이어서 7월 4일에 또 다른 편지를 보내, 파리의 지배적인 의견과 비슷하게, 자기 개인의 답변이자 몇몇 동료가 공유하는 답변은 그 문제가 완전한 해법을 허용하지 않으며, 심지어 그와 비슷한 것도 허용하지 않는다는 것이라고 밝혔다(MS copy, Aldourie Castle, Dores, Inverness). 그의 논거는 세 가지였다. 첫째, 그는 '허영과 변덕'이 재산 양도에 부담을 줄 수 있는 다양한 조건에는 한계가 없다는 것을 알고 있었다. 우리 모두는 알파벳 스물네 글자가 결합될 수 있는 다양한 방식을 알고 있으며, '인간의 허영과 변덕'은 재산 양도에 수반될 수 있는 더 많은 조건을 오래전에 만들어냈다고 그는 썼다. 둘째, 그는 양도 증서 작성 양식은 실정법에 따라 나라마다 다르며, 오직 어떤 한 나라의 실정법에 능통한 사람들만이 그곳에서 수용 가능한 양식들을 만들어낼 수 있다고 말했다. 그는 국제적으로 유효한 양식들을 만들어내는 것은 불가능하리라고 보았다. 셋째, 그는 모든 국가가 승인된 양도 증서 작성 양식들의 방대한 수집물을 가지고 있으며, 이러한 양식들은 '이어져온 수많은 세대의 지혜와 경험'의 산물이라고 밝혔다. 그가 생각하기엔 단 한 명의 사람이, 단 하나의 사회가 스코틀랜드에서 '견본책'이라 불리는 이런 수집물을 개량할 수는 없었다. 하지만 복잡한 합의를 염두에 두고 이런 견본책을 찾아보면서, 단지 이름과 날짜를 기재할 빈칸들만 있으면 되는 적절한 양식을 발견하기를 바랄 수 있는 사람은 아무도 없었다. 그런 모든 합의는 계약 당사자들의 뜻을 표명해줄 유능한 변호사 측의 솜씨를 필요로 했다.

스미스에 따르면 이런 견본책들은, 화가들이 옛 거장들을 살펴보는 것처럼, 모사되는 것이 아니라 모방되는 것으로 간주되었다. 만약 빈디슈-그레츠가 명확성, 단순성, 포괄성이라는 점에서 자기 나라의 견본책을 개선하는 것을 목표로 했다면, 그 논문 공모는 지역적으로 더 나은 사법 행정을 낳았을 것이라고 그는 덧붙였다. 그는 그 문제의 고안자가 '훨씬 더 광범위한 유용성을 목표로 함'으로써 그 문제를 무용하게 만들어, 결국 라이프니츠와 콩도르세의 지지를 받은 보편주의에 반대하는 관점에서의 자신의 반론을 종결시켜버린 것을 우려했다.

스미스는 심사에 참여하는 게 에든버러 왕립학회 회원들에게 그다지 수고스러운 일이 아닐 것이라고 여겼으므로, 왕립학회가 그 공모에 협조하는 것에 대해 돈을 바라리라고는 생각하지 않았다. 나아가 그는, 생존 인물 그 누구도 이 문제에 대한 해법을 만들어낼 능력이 없으며, 그 부적격한 도전자들은 '당신과 대중을 속이고 당신의 돈을 훔쳐가는 것 말고는 아무것도 할 뜻이 없는, 무식하고 궁핍하고 주제넘은 문학 사칭자들'일 것이라고 보았다. 스미스는 그 논문 공모의 개요를 설명하는 라틴어 요강의 프랑스어 번역본을 받아들이는 데 동의했지만, 그는 이것이 신문 광고 없이도 충분히 퍼져나갈 것이라고 생각했다. '저는 막을 수만 있다면 제 이름이 신문에 실리도록 절대 놔두지 않지만, 슬프게도 늘 막을 수는 없습니다.' 이 고백에서도 그의 내성적인 성격이 반짝 드러난다.

빈디슈-그레츠는 7월 12일 다시 브뤼셀에서 스미스에게 편지를 보냈다. 여기서 그는 스미스의 5월 27일자 편지를 받았음을 알리고, 6월 7일과 22일에 자신이 보냈던 프랑스어 요강에 대한 편지들을 간추려 말하면서 그 공모에 대한 광고에 에든버러 왕립학회라는 이름을 덧붙인다. 이후 그가 스미스에게 보낸 1787년 7월 2일과 10월 30일자 편지들도 남아 있다. 이 편지들에는 빈디슈-그레츠가 자신이 출제한 문제에 대해서 스미스의 지혜를 기꺼이 받아들이고자 했다는 암시는 없다. 이 중 첫 번째 편지에서 그는 자신에게 두 가지 해법이 도착했고 콩도르세에게 하나의 해법이 전해졌으며, 바젤 아카데미가 심사에 참여하기로 했다고 밝힌다. 그는 목표에 더 가까운 해법이 당도하지 않았을 경우 자신의 문제를 다른 방식으로 출제할 수 있도록, 심사자들이 이 해법들에 대해 속히 결정을 내려주기를 바란다. 콩도르세는 그가 시한을 두지 않기를 바란다. 두 번째 편지는 빈과 프라하에서 온 다른 해법들이 방향을 잘못 잡고 있다고 불평하고, 1788년 1월까지 결정을 내려줄 것을 요청한다.

스미스가 빈디슈-그레츠에게 보낸 또 다른 편지들인 1786년 1월 17일자 편지와 1788년 1월 26일자 편지는 클라토비 기록보관소에 남아 있다. 이 중 첫 번째 편지에서 스미스는 상대방에게, 자신이 그 공모의 요강을 배포했으며, '출제 문제의 실행 가능성'에 대한 자신의 사견에도 불구하고, 그것의 해법보다 자신을 기쁘게 해주는 것은 없으리라고 단언한다. 두 번째 편지에서 스미스는, 제출된 세 편의 논문을 평가하는 일을 맡은 에든버러 왕립학회의 위원회(스미스 자신과 헨리 매켄지, 윌리엄 크레이그로 구성된)가 그중 어느 것도 문제를 해결해주지 못하지만 그 문제는 가치가 있고 대중의 주목을 받을 만하다고 판단했다고 전한다. 스미스는 더 이상의 서신을 사절한다. '고령과 매우 허약한 건강 상태에 더해진 많은 성가신 업무'로 인해 그 일을 계속할 수 없다는 것이다. 그는 에든버러 왕립학회의 서기 알렉산더 프레이저 타이틀러가 이 왕립학회의 보고와 최종 결정을 콩도르세에게 보내는 편지에 동봉해 빈디슈-그레츠에게 전달할 것이라고 말한다. 타이틀러는 1788년 2월 20일에 이를 이행했고, 1788년 8월 11일에 다시 편지를 보내, 에든버러 왕립학회는 이 문제의 해결을 위한 추가 응모작들에 대한 심사에 더 이상 참여하지 않을 것임을 정중하게 밝혔다(Klatovy Archive; RSE Transactions, 1787: i.39; 1788: ii.24).

1790년으로 정해진 또 한 번의 시한이 지난 뒤, 퇴르네르라는 한 스웨덴 수학자가 제출한 논문이 상을 받을 만하다고 여겨졌던 것 같다(Raynor and Ross, 1998: 171~187). 그러나 유감스럽게도 '허영과 변덕'은 계속해서 영향력을 행사했고, 상속에 대한 소송은 줄어들지 않았다.

그가 말년에 일종의 권위자로서 부탁받은 다른 일들과 관련해서는 스미스의 의견이 틀림없이 부정적이거나 적어도 도움이 안 되었을 것이다. 1782년에 매키넌 부족의 족장은 방비 시설에 대한 어떤 논문의 출판을 추진하는 것에 대해 그의 도움을 구했고, 이를 위한 비용으로 5파운드짜리 지폐를 보냈다. 헨리 매켄지 역시 그 논문을 읽었는데, 스미스는 매켄지의 의견에 동의했다. 매켄지에 따르면, '당신이 무엇을 출판하든 우리는 당신이 그로써 명예를 얻길 바라지만, 현 상태의 그 논문은 그런 명예를 [매키넌에게] 베풀어주지 않을 것'이었다. 스미스는 그 논문이 표절되지 않았는지 알아보는 조치를 취했는데, 이는 논문 저자가 염려한 일이었으며, 결국 스미스는 5파운드짜리 지폐를 돌려보냈다(Corr. No. 219).

1780년에서 1783년 사이에 스코틀랜드의 학계에 일종의 위기가 찾아왔다. 이 일에서 스미스는 관계자라기보다는 구경꾼이었지만, 그의 좋은 친구들이 직접적으로 관련된 일이어서 신경을 썼을 것이다. 문제는, 지적인 면에서 국가를 위해 지도력을 발휘하는 존재는 누구인가 하는 것이었다. 여기서 경쟁자들은 스코틀랜드 유물연구협회와 에든버러에 기반을 둔 철학협회였다. 유물연구협회는 1780년 11~12월에 설립된 단체였다. 철학협회는 1730년대에 소박하게 시작해 1740년대 후반부터 과학 연구 후원자로서 힘을 길러왔지만 유물연구에도 관심을 유지했고, 에든버러에 기반을 둔 지적 엘리트들을 주로 회원으로 확보하고 있었다(Allan, 2003: 8~11). 철학협회의 서기인 의사 윌리엄 컬런과 저명한 회원이자 회장인 스코틀랜드교회 온건파의 수장 윌리엄 로버트슨은 유럽의 국립 아카데미들을 본떠 만들어지고 당당하게 칙서를 받은 그 단체의 주요 대변자였다.

유물연구협회의 대표는 정력적 논쟁가인 버컨 백작 11세였다 (Cant, 1981; E. V. Macleod, *ODNB*, 2008). 정치적·문화적 열정 때문에 어떤 이들에게는 별난 사람으로 여겨진 그는 세인트앤드루스대학, 에든버러대학, 글래스고대학에서 교육받았고(글래스고대학에서 스미스의 학생이었다. 9장 참고), 런던 유물연구협회와 런던 왕립학회 회원이기도 했다. 버컨과 그의 동료들은 파이프의 역사가이자 왕실 지리학자이며 제임스 7세와 2세의 주치의였던 로버트 시볼드 경 같은 거장의 업적에서 영감을 얻었다(Withers, *ODNB*, 2006). 그들의 주된 목표는 '유물', 즉 스코틀랜드같이 오래된 사회의 기예와 가공품에서 법 제도에 이르기까지, 좀더 넓게는 자연적·시민적 역사에 이르기까지 시간의 풍부한 침전물을 조사하는 것이었다. 창립 회원 중에 학식 있고 급진적이며 명랑한 출판업자 윌리엄 스멜리가 있었다(Kerr, 1811; S. W. Brown, *ODNB*, 2008). 그는 에든버러대학에서 예술과 의학 과정을 수료했지만, 학위에 지불할 돈이 없었다. 공식적 자격은 부족했지만 그는 1768~1771년에 거의 단독으로 초판 『브리태니커 백과사전』의 제작을 주관했다. 그는 자연사 분야에서 출중한 전문 지식을 갖고 있었지만, 1775년에 에든버러대학의 자연사 교수직을 얻는 데 실패했다. 그 자리는 로버트슨 및 스코틀랜드교회 온건파와 긴밀한 관계를 맺고 있던 존 워커 목사에게 돌아갔다. 스멜리가 유물연구협회 자연사 컬렉션의 관리자로 임명되고, 또 버컨의 지지를 받아 이 협회의 홀에서 강의하는 것을 제안받자 워커는 몹시 불쾌해했다. 유물연구협회가 칙허를 신청하자 에든버러대학은 반대했고, 유물연구협회가 변호사회 도서관의 스코틀랜드 역사 기록 수집가로서의 역할을 선점하게 될까봐 우려한 변호사회도 반대에 동참했다.

작은 나라인 스코틀랜드가 서로 경쟁하는 두 기관을 유지하기에는 문화적 자원이 충분치 않다는 주장이 두 집단 모두로부터 제기되었다. 에든버러대학 교수들은 스코틀랜드의 모든 선진적 연구 활동을 뒷받침하는 일을 담당할 통합된 단일 '왕립학회'를 만들도록 조지 3세에게 건의하자는 합리적인 제안을 했다. 그들의 타당한 주장에 양측 모두가 긴장했고, 버컨 경과 로버트슨 박사 사이에 '격한 개인적 충돌'이 있었다고 이야기되었다(Shapin, 1974: 27~29). 컬런과 로버트슨이 이끄는 집단을 좌절시키려는 지속적인 시도가 있었다. 예를 들어 1784년 1월 7일에 실린 어떤 불순한 신문 기사(『모닝 헤럴드』)는 '버컨 백작과 스튜어트 박사의 활동을 방해할 목적에서 로버트슨 박사가 유물연구협회에 대립하는 스코틀랜드 왕립학회를 만들었다'고 주장했다. 스튜어트 박사는 길버트 스튜어트로(Zachs, 1992; 그리고 *ODNB*, 2008), 역사가이자 대립을 일삼는 에든버러 주재 저널리스트였다. 스멜리 소유의 『에든버러 매거진, 리뷰』(1773~1776)에 그가 쓴 글들은 그 매체를 영국 정기간행물들 중 가장 자극적인 것으로 만들었다. 스튜어트는 그 에든버러 전문가 단체의 골칫거리가 되는 것을 즐겼고, 1768년에 에든버러대학 공법 교수가 되려 했던 자신의 시도를 로버트슨이 좌절시켰다고 믿으며 그를 괴롭혔다. 다음과 같은 『모닝 헤럴드』의 단신을 쓴 사람도 스튜어트일 것으로 추측된다.

> 주목할 만한 것은 [왕립]학회 내의 한 인사가 그 역사가[로버트슨] 자신에게 대항하고 나섰다는 것이다. 학회의 첫 모임에서 앨런 매커너키 교수는 봉건 체제에 대한 논문을 발표하면서 스튜어트 박사는 극도로 칭찬하고 로버트슨 박사는 면전에서 공격했다. [후자는] 당황하고 놀라서, 다음 회합에서 항변을 하겠다고 제안하는데, 그때 철저하게 반박당할 것으로 예상된다. 그러니 아마도 왕립학회는 오래 존속할 수 없을 것 같다.

이 단신에 대해 더 이상 알려진 것은 없고, 이것은 스튜어트가 생각해낸 나쁜 짓이었을 것이다. 아마도 스튜어트는 매커너키가 『법학 강의』에 기초한 자연의 법과 국가들의 법에 대한 그의 강좌에서 봉건제에 대해 강의했다는(8장) 점을 알고 있었을 것이고, 로버트슨의 『카를 5세 시대의 역사』 서문의 표절 문제로 인해 스미스와 로버트슨 사이에 긴장감이 있을 것으로 추측된다는(7장) 점도 알고 있었을 것이다. 여하튼 런던 당국은 두 단체 모두에게 똑같이 1783년 5월 6일에 칙허장을 수여하는 것으로 원만한 해결책을 찾았으며, 유물연구협회는 왕의 교사를 지낸 뷰트 백작을 회장으로 하여, 적극적인 부회장 버컨과 함께 별도의 연혁을 시작했다. 버컨은 1790년까지 부회장으로 있었고, 말년까지 적극적으로 연구에 임했으며, 그의 프로젝트와 완성된 논문들(1812)은 그가 범상치 않은 범위, 지성, 창의성을 보여준, 스코틀랜드의 초상화집과 문학 전기를 포함해 다양한 유물의 연구자였음을 알려준다(Dr J. G. Lamb's PhD thesis, 1963에 실려 있는 그의 저작 목록을 보라). 에든버러 왕립학회는 스미스의 제자인 버클루 공작을 첫 번째 회장으로 확보했고, 주목할 만한 연구와 출판물로 두드러지는 활동을 시작했다. 스멜리는 두 단체 모두의 회원이었는데, 1782~1784년에 유물연구협회의 역사 보고서를 하나 썼고, 1792년에 이 단체의 회보 제1권을 편집했으며, 1793년에는 이 단체의 서기가 되었다. 그는 박식하고 솜씨 좋은 인쇄업자로서 부러움을 살 만한 명성을 쌓았다. 그는 재무 관리 능력이 아주 뛰어난 것 같지는 않았지만, 흄, 스미스, 로버트슨, 퍼거슨, 비티, 블랙, 허턴, 케임스 경, 헤일스 경, 먼보도 경 등 스코틀랜드 계몽주의를 대표하는 일류 저자들의 작품, 그리고 세대를 넘어 스코틀랜드인들의 사랑을 받은 로버트 번스의 시들을 찍어냈다.

　　스미스는 1782년경 철학협회에 가입한 것으로 보이는데, 철학협회의 모든 회원이 에든버러 왕립학회에 받아들여졌기 때문에 스미스도 이 왕립학회의 회원이 되었다. 에든버러 왕립학회에는 물리학 부문과 문학 부문이 있었고, 이곳에서 스미스는 로버트슨, 휴 블레어, 그리고 1777년 애덤 퍼거슨의 연금과 관련된 중요한 서신을 커콜디로부터 런던으로 가져다달라고 부탁받았던 재무부의 고든 남작과 함께 네 명의 회장 중 한 명이었다(*Corr.* app. E, h; Ch. 15).

1784년 2월 16일의 문학 부문 네 번째 모임을 준비하면서 스미스는 '트로이가 그리스인들에게 함락되지 않았음'을 증명하고자 한 어떤 논문을 읽어달라는 요청을 받았다. 그 논문의 저자인 존 매클로린은 수학자 콜린 매클로린의 아들로, 자신들의 도시가 함락되었음을 부인하는 트로이 사람들에게 보내는 궤변적 연설인 『디온 크리소스토모스의 열한 번째 담론』을 읽고 있었던 것 같다. 스미스는 자신이 매클로린의 참고 자료를 '전혀 모른다'고 태평스럽게 시인하면서, 트로이 전쟁과 관련된 어떤 점에 대해서든 역사적 확실성을 의심하는 것에는 동의하지만 '헬레네가 정숙한 여성'이었을 가능성이 더 크다는 등의 주장에는 동의할 수 없다고 말한다(*Corr.* app. E, s.).

스미스가 유물 탐구에 많은 열의를 보였다고 주장하기는 어렵다. 스코틀랜드 유물연구협회의 창립 회원이었던 알렉산더 프레이저 타이틀러가 스코틀랜드의 유리화 요새에 대한 논문을 스미스에게 보여주자 스미스는 그것에 대해 자신은 '전혀 모르는' 주제라고 말했고, 자신의 '화학 관련 친구들'인 블랙과 허턴에게 자문을 구하라고 조언했다. 블랙과 허턴은 타이틀러의 주장처럼 유리화가 우연히 이루어진 것이 아니라 벽이 만들어진 후 벽 위에 나무를 수북이 쌓음으로써 이루어진 것이라는 의견을 제시한 바 있다(*Corr.* No. 254).

1789년 7월 20일 월요일에 시인 새뮤얼 로저스는 에든버러 왕립학회의 모임에 참석했고, 곡물 보조금 문제에서 스미스와 대립되는 생각을 갖고 있던 제임스 앤더슨의 연설을 들었다. 주제는 채무자 관련 법들의 개정이었지만, 로저스는 듣고 있는 논문이 '너무 길고 지루해'서 '스미스 위원이 잠들어버렸다'고 기록했다(Clayden, 1887: 96).

스미스는 자매 단체이자 자신이 1767년에 가입한 단체인 런던 왕립학회의 회보를 입수하는 데 훨씬 더 많은 열의를 보였다. 그의 관심이 이 회보의 과학 관련 내용에 있었는지 아니면 책 수집가로서 그것을 소유하는 데(Mizuta) 있었는지는 분명치 않다. 그는 외부 감각에 대한 논문에서 그 회보의 도움을 받아(p. 57), 외과의사 윌리엄 체셀든의 유명한 사례, 즉 맹인이었다가 시각을 회복한 소년의 이야기를 인용했다. 이 소년은 촉각을 통해 알고 있던 물체들을 시각의 대상으로서 처음부터 다시 익혀야 했다. 이 사례를 통해 스미스는 몰리뉴가 로크에게 했던, 감각에 의한 인식에 대한 질문에 답했다(런던 왕립학회, 1727~1728: xxxv.447~450, 451~452).

스미스는 자신의 판단을 구하는 일에 응하기를 마다하지 않았는데, 그의 판단을 필요로 하는 한 가지는 유용한 출판물을 낸 저자들의 연구를 진척시키는 것과 관련 있었다. 이러한 맥락에서 그는 스코틀랜드의 수출과 수입에 관한 보고서를 재무부의 허가를 받아 유물 연구가 조지 차머스에게 제공했다. 당시 그는 『영국의 상대적 강점 평가』라는, 1785년도 사회경제 통람을 편집하고 있었다. 차머스는 스코틀랜드의 인구 통계 수치들도 입수하고자 했고, 스미스는 알렉산더 웹스터 박사가 편집한, 1755년 통계 수치의 '정확한 보고서로 보이는 것'을 1785년 11월 10일의 편지에 동봉해 그에게 전해주었다. 스코틀랜드교회 '고교회파'의 대표 격인 알렉산더 웹스터는 사망한 성직자의 아내와 아이들을 위한 연금 제도를 구상하는 중이었고, 그의 명랑한 기질에도 손상되지 않은, 교회 일에서의 그의 명망 덕분에 교구들로부터 통계 자료를 얻을 수 있었다.

스미스는 자신이 1775년에, 짐작건대 『국부론』 작업 중에, 웹스터의 '보고서'를 이용했으며, 그래서 스코틀랜드의 인구로 125만 명이라는 수치를 받아들였다고 언급했다. 그러나 또한 스미스는 웹스터가 1784년 죽기 직전에 자신이 수치를 너무 낮게 잡았으며, 150만이 더 적절한 수치일 것이라고 말해주었다고 썼다. 스미스는 수정된 추정치에 대한 이 이야기는 자신이 『국부론』에서(WN IV.v.b.30) 피력한 '정치적 산술'(통계)에 대한 낮은 평가를 바꾸는 데 도움이 되지 않았다고 덧붙였고, 결국 '내가 알았던 모든 사람 중 정치적 산술에 가장 능한 사람'이라는 웹스터에 대한 자신의 칭찬은 상당한 손상을 입었다고 밝혔다(Corr. No. 249). 스미스는 12월 22일 차머스에게 보낸 편지에서 계속 비판적인 입장을 취했다. 이 편지에서 스미스는 비국교도 성직자이자 윤리학, 정치학, 경제학에 대한 글을 쓰는 저자인 리처드 프라이스의 '추론'을 공격했고, 그를 '선동적인 시민, 깊이 없는 철학자, 능력이라고는 없는 산정자'로 철저하게 무시했다(Corr. No. 251).

스미스는 스코틀랜드 인구에 대한 웹스터의 최종 추산에 얽힌 이야기를 이어가, 1786년 1월 3일의 편지에서는 자신이 현재의 연금 기금 징수관 및 그의 직원—과거에 웹스터의 직원이었던—과 이에 대해 논한 바 있으며, 이들 두 사람은 그 수정된 수치를 진지한 연구에서 나온 것이 아니라 '돌연한 생각'에 기인한 것으로 여겼다고 밝혔다. 그들은 1779년에 총리인 노스 경의 사용을 위해 웹스터의 '보고서' 사본이 하나 만들어졌다고 언급했고, 또한 '대규모 무역 도시와 제조 도시들의 숫자'가 1755년 이후 상당히 증가했지만 이 시기에 스코틀랜드 하일랜드와 섬들에서, 심지어 저지대에서도 '농지의 확장'으로 인구가 많이 줄었으며, 따라서 총인구는 증가하지 않았음을 지적하는 주 하나를 웹스터가 추가했다고 언급했다. 스미스는 차머스가 노스로부터 웹스터의 인구 '보고서'를 빌릴 수 있다고 믿었고, 비록 이제는 그가 그것에 대해 '대단한 근거가 없다'고 추정하는 만큼 그것에 대한 그의 신뢰가 '약간 흔들린' 상태이긴 했지만, 그는 그것을 '대단히 진기한 것'으로 묘사했다(*Corr.* No. 252). 차머스는 스미스를 높이 평가했고 해외 무역에 대한 그의 견해에 주의를 기울였다.

이 주제는 애덤 스미스 박사에 의해 충분히 논의되고 훌륭하게 설명되었다. 그는 예전에 우리의 도덕성을 강화한 것과 최근에 우리의 지성을 일깨운 것으로 칭찬받을 만하다. (Chalmers, 1782: 76; Mizuta)

중판을 거듭한 한 책의 경제 정책에 대한 해설자로서 스미스의 명성을 확장시키는 또 하나의 경로가 되어준 사람이 여기 있다. 차머스는 디포, 톰 페인, 그리고 학자이자 편집자인 토머스 러디먼을 포함하는 자신의 일련의 전기들에 스미스의 전기를 추가할 생각을 했을 수도 있다(Duncan, 1965: 6). 그는 앞서 사용된 일화들을 데이비드 칼란더로부터 수집했는데, 아마도 전기를 쓸 요량으로 그랬을 것이다(EUL La. II.451/2, fos. 429~434).

말년에 스미스는 어떤 옛 친구와의 우정의 부활을 누렸다. 그 친구는 제임스 스튜어트 멘티스 목사로, 스미스는 그를 옥스퍼드에서 알게 되었다. 스미스는 1785년 2월 22일 그에게 편지를 써, 그가 에든버러에 한번 와서 아들 찰스의 에든버러대학 입학을 계획해본다면 자신은 매우 기쁠 것이라고 말했다. 그는 이 학교를 '현재로서는 내가 아는 다른 어떤 학교보다 교수진이 훌륭한' 곳이라고 칭찬했다. 아마 로버트슨, 블랙, 컬런, 로빈슨이 모두 여전히 그곳에서 가르치고 있음을 염두에 둔 말이었을 것이다. 그런데 그는 교수진이 '머지않아 지금보다 훨씬 더 훌륭해질 가능성이 있다'고 덧붙였다(Corr. No. 243). 이는 애덤 퍼거슨에 대한 비판적 견해를 드러낸 것이라 할 수 있을 것이다. 흄과 마찬가지로 스미스는 퍼거슨의 1767년 작 『시민사회의 역사』를 깊이가 없고 독창적이지 못한 것으로 여겼다(Raynor, 2009). 퍼거슨은 1785년에 도덕철학 교수직에서 물러났고, 더 독창적이고 포용력 있는 사고를 가진 더걸드 스튜어트가 그의 뒤를 이었다.

결과적으로 아들 멘티스는 1788년에 글래스고로 보내졌고, 존 밀러가 기꺼이 그를 자기 집에 하숙시킨 것, 그리고 아버지 멘티스가 그리 멀지 않은 곳에서, 덤프리셔 클로즈번캐슬의 자기 집에서 살 수 있는 것이 가장 큰 이유였으리라고 짐작되었다(Corr. No. 281). 찰스 멘티스는 언어 장애가 있었고, 1789년에 스미스는 그를 치료하기 위해 글래스고의 언어 교사 앤지어 씨의 도움을 받도록 나서주었다(Corr. No. 284). 이 시기에 스미스의 상속자 데이비드 더글러스는 글래스고대학에 다녔고, 밀러의 집에서 멘티스의 옆방을 차지하고 있었다(Corr. No. 289). 그들과 합류한 또 다른 젊은이는 스미스의 제자인 포체스터 경 헨리 허버트의 상속자 헨리 조지 허버트였다. 1788년 9월 23일에 스미스는 그의 아버지에게 '에든버러보다 글래스고를 더 좋아한다는 당신의 의견에 동의한다'고 말했다. 결국 더걸드 스튜어트가 에든버러 교수진에 추가된 것도 스미스가 모교에 대해 느끼는 강한 감정보다 중대하지 않았다.

이 편지에서 또한 스미스는 오랜 세월 동안 자신과 어머니를 돌봐준 사촌 재닛 더글러스의 죽음이 임박한 가운데 느끼는 슬픔을 절절하게 썼다(*Corr.* app. E, p). 제임스 멘티스는 최선을 다해 스미스를 위로했고, 그에게 시골에서 사냥으로 얻은 고기를 보내주었다. 또한 멘티스는 에든버러에 머물게 되면 데이비드 더글러스의 침대를 사용하라는 권유를 받았는데, 이는 스미스와의 친밀한 관계뿐 아니라 팬뮤어하우스의 숙박 수용 능력이 한정적이었다는 사실도 암시한다. 멘티스는 스미스와 함께 어떤 클럽에 자주 참석했는데, 아마도 그래스마켓의 어떤 술집에서 모임을 갖던 오이스터 클럽이었을 것이다. 또한 멘티스는 스미스의 집에서 열리는 일요일 저녁 식사에도 몇 번 참석했다(*Corr.* No. 284, 288).

스미스의 말년을 특징짓는 또 다른 점은 그가 집안 사람들의 출세에 관심을 기울였다는 것이다. 1775년 12월 중순에 그는 노스에 의해 최근 법무장관으로 임명된, 그리고 훗날 '해리 9세' 또는 '스코틀랜드 총독'이라는 별칭으로 불리며 스코틀랜드를 정치적으로 장악하게 되는 인물인 헨리 던다스에게 편지를 쓰기도 했다. 스미스는 파이프 하원의원 선거에서 사촌인 로버트 스킨 대령에 대한 지지를 확보해주고자 했다. 그는 1767~1780년에 하일랜드의 도로 감독관으로 있었고, 의회에서 도로 법안의 권위자로 인정받았지만, 스미스는 다음과 같은 말로 그를 추천한다. '그는 제가 아는 최고의 아들, 최고의 형제, 최고의 삼촌입니다. 또한 확신컨대 그를 지지해주는 사람 누구에게든 그 역시 충실한 지지자가 되어줄 것입니다'(*Corr.* No. 148). 1785년 9월에 스미스는 인도 총독 콘월리스 경의 비서인 알렉산더 로스 대령에게 마드라스 교역소의 수석 기술자로 있던 또 다른 사촌 패트릭 로스 대령에 대해 좋게 말했으며, 1786년 12월에는 에드먼드 버크의 사촌을 위한 청탁과 함께 그렇게 했다. 버크의 사촌은 윌리엄 버크로, 인도 군대의 급여 담당 대리였다. 스미스는 그를 다음과 같이 소개했다. '당신은 그보다 정직한 사람을 알지 못할 것입니다. 그는 사교적이고, 명랑하고, 더할 나위 없이 온화하고, 대단히 솔직하고, 너그럽고……' 스미스는 자신이 브리스틀 백작—1775년에 사망한 외교관이자 정치인, 브리스틀 백작 2세를 말하는 것으로 짐작된다—의 집에서 콘월리스를 만난 적이 있지만, 콘월리스가 자신을 기억하리라 기대하지는 않는다고 알렉산더 로스에게 말했다(*Corr.* No. 264).

　　콘월리스의 비서를 귀찮게 하지 않겠다는 결심을 윌리엄 버크를 위해서 한번 어긴 스미스는 커콜디 친구인 로버트 화이트의 딸과 결혼한 로이즈 씨를 위해서 1787년 6월 13일에 또다시 어겨야 했다. 스미스는 로이즈 씨를 잘 몰랐지만, 이제는 러프버러 경이 된 알렉산더 웨더번의 부탁을 받아 그를 위해 나선 것이었다(*Corr.* No. 270). 스미스는 패트릭 로스를 위한 노력을 계속해, 1787년 초에는 영국령 인도에 있는 자기 사촌이 정당한 대우를 받게 하려고 법무장관 던다스에게 편지를 썼다. 인도의 일들은 법무장관의 소관이 돼 있었다. 던다스는 자기가 나서서 동인도회사 임원단에 반대하는 것을 고려했지만, 3월 21일 스미스에게 편지를 보내, 그럴 경우 로스의 파멸을 초래할 수도 있어서 문제를 바로잡는 일을 마드라스의 총사령관인 아치볼드 캠벨 경에게 맡겼다고 썼다. 던다스는 스미스가 관세위원회에서 휴가를 받아 기뻐하며, 이번 휴가를 런던에서 보내야 한다는 피트와 윌리엄 윈덤 그렌빌(훗날의 그렌빌 남작 1세)의 견해에 동의한다는 말로 편지를 끝맺는다. 그는 스미스에게 자신의 웜블던 저택에 와서 머물라고 권한다. '당신은 안락한 방에 머물게 될 것이고, 일이 좀 한가하면 우리는 매일 저녁 당신의 모든 책에 대해 당신과 토론할 시간을 가질 것입니다'(*Corr.* No. 267).

1787년 1월부터 그해 7월 30일까지 스미스는 관세위원회의 어떤 회의에도 참석하지 않았고, 그가 연기 자욱하며 악취 나고 나날이 번성하는 '무역 도시'이자 '확고한 궁정 소재지'인 런던을(*WN* III.iii.12) 마지막으로 방문한 것은 바로 이 기간의 일이었다. 높은 사람들도 있고 벽돌공, 석탄 하역 인부, 아름답지만 불행한 매춘부도 있는 이 도시의 가지각색 주민(*WN* i.ix.6.41)은 1801년의 첫 번째 공식 인구 조사에서 추산된 90만 명에 근접하고 있었을 것이다(Schwartz, 1983: 4). 던다스의 으쓱하게 만드는 초대뿐 아니라 병의 완화도 이 여행을 부추겼을 것이다. 3월 6일에 스미스는 베일리얼에서 자신과 함께 스넬 장학생이었던 존 더글러스 주교에게 편지를 쓰면서, 자신이 '대大액년', 즉 전통적으로 인생의 위기들 중 마지막이자 가장 위험한 위기가 닥칠 것으로 간주되는 63세에 접어들었다고 말했다(*Corr.* No. 266). 그는 자신의 건강 상태가 '평소보다 훨씬 더 안 좋다'고 덧붙였다. 1786~1787년 겨울에 윌리엄 로버트슨은 기번에게 스미스의 만성 장폐색이 죽음을 위협하고 있다고 알렸고(Rae, 1965: 402), 더걸드 스튜어트에 따르면 이 질환이 결국 그의 죽음의 원인이 되었다(Stewart

V.7). 그러나 스미스는 자신의 상태가 '매일 (…) 점점 나아지고' 있으며, 자신이 '훌륭한 조종술로 (…) 인간 삶의 이 위험한 고비를 잘 헤쳐나가기를' 바란다는 말로 더글러스에게 쓴 편지를 끝맺었다.

그는 런던으로 떠날 수 있을 만큼 괜찮은 상태였고, 4월 15일 이전의 어느 날에 사륜 역마차로 아마 엿새쯤 걸렸을 여정에 나섰다. 그해 겨울 에든버러에 있었던 로버트 번스가 바로 그 날짜에 공통의 친구인 던롭의 부인에게 편지를 쓰면서, '스미스 박사는 그에게 쓴 당신의 편지를 제가 받기 전날 아침에 막 런던으로 떠났습니다'라고 밝혔다. 이 시인은 1783년부터 스미스의 저작들을 알고 있었지만, 스미스를 만난 적은 없었다. 그러나 스미스는 번스를 지원하기 위해서 그를 위한 연간 30파운드의 소금세 징수원 자리를 마련할 것을 제안했다고 여겨진다(Burns, 1931: i.83; Snyder, 1932: 232, n. 8).

한번은 런던에서 쇠약해진 스미스가 방광의 염증으로 치료를 받았고, 또한 왕의 외과의이자 윌리엄 헌터의 동생인 존 헌터를 통해 성공적으로 치핵을 제거하기도 했다. 스미스는 1770년대에 기번과 함께 윌리엄 헌터의 해부학 강의를 들은 적이 있었다(London, Royal Coll. of Surgeons, Hunter-Baillie papers, vol. i, fo. 40; Gibbon, 1956: ii.138; Brock, 1983: 78, nn. 119, 120). 하지만 6월 10일에 기번의 친구 한 명은 여전히 스미스의 상태를 걱정하고 있음을 드러냈다.

[돌아오면] 당신은 아델피 근처에서 가엾은 애덤 스미스를 보게 될 것입니다. 그가 너무 허약해 보이고 그의 경력의 종말이 머잖아 보여서 가엾다고 하는 것입니다. 얼마 전에 존 헌터가 어떤 긴요한 처치를

했고, 이후 그가 약간 나아진 것처럼 보이지만, 그럼에도 저는 그 몸
이 이제 거의 못쓰게 된 것이 아닌가 두렵습니다. (Fay, 1956: 141에서
인용됨)

멀리 러시아에 있던 또 다른 철학자 벤담은 스코틀랜드의 변호
사 조지 윌슨에게서 런던 소식을 들었는데, 7월 14일에 윌슨이 전한
바에 따르면, 스미스의 의사들은 그가 회복되는 중이라고 믿었고, 스
미스는 정부에 도움이 될 수 있을 만큼 건강이 괜찮은 상태였다.

그는 내각에 많은 협력을 하고 있습니다. 관청의 사무관들은 그에게
모든 자료를 제공하고, 필요하다면 그에게 사본을 만들어줄 추가 인
력을 고용하라는 명령을 받은 상태입니다. 피트가 스미스의 조언을
구하는 것처럼 그렇게 옳은 일을 했어야 한다는 생각에 속상합니다.
그러나 만약 그의 계획들 중 어떤 것이라도 실행된다면 저는 아주 마
음이 놓일 것입니다. (Bentham, Corr., 1971: iii.550)

이 시기에 피트 내각은 재정과 상업의 개혁을 체계적으로 추진
하는 데 힘썼고, 『국부론』이 관련 발상의 원천으로 여겨졌다는 증거
가 있다(Ross, 1998: xxiv~xxv, 152~160). 앞서 언급했듯이, 던다스는
스미스를 자신의 윔블던 저택에서 지내라고 초청하면서 자신과 피트
와 그렌빌이 스미스의 '책들'을 스미스와 함께 논하게 될 것임을 시사
했다. 사촌 간인 피트와 그렌빌은 『국부론』을 3년쯤 전에 함께 읽었기
때문에 그런 토론에 임할 준비가 되어 있었다.

스미스에게 보낸 던다스의 편지는 '일'이 '한가하면' 운운했지만, 1787년의 처음 몇 달 동안, 윌리엄 이든이 프랑스와 체결한 통상 조약과 관련된, 또한 미국독립전쟁으로 발생한 엄청난 국가 부채가 세입의 증가로 꾸준히 감소할 수 있도록 세제를 철저히 검토하는 것과 관련된 많은 의회 활동이 있었다. 무역위원회와 통제위원회에서 일한 그렌빌은 특히 이런 사안들을 다루는 데서 주도적인 역할을 했으며, 그가 남긴 문서들 중에는 국채에 대한 적절한 논평이 있다(BL Mrs O. J. Fortescue MSS, Lord Grenville, *Commentaries*, ch. 3: 13~30). 이것은 '대영제국의 단기 국채'에 대한 스미스의 가차 없는 비판과(*WN* V.iii. 11~13) 매우 유사하다고 이야기되어왔다(Jupp, 1985: 56~57). 앞서 언급했듯이, 스미스는 1766년에 국채를 갚기 위한 감채 기금의 조성과 관련해 찰스 톤젠드에게 상담을 해주었지만(*Corr.* No. 302), 『국부론』에서 그는 그런 기금의 운용에 대해 의구심을 드러냈다. '오래된 부채의 상환을 위해 마련되었지만, 이는 새로운 부채를 불러오기 십상이다'(*WN* Viii.28). 하지만 피트는 이 방법에 끌렸고, 리처드 프라이스 박사가 『국채에 대해 국민에게 호소함』(1772)에 정리해놓은 운용 방식을 채택했다(Reilly, 1978: 113).

그렌빌은 스미스의 원칙들을 고수하는 편이었고, 자유 시장 정책을 지지했다. 따라서 1800년에 그는 곡물 또는 밀가루의 가격 규제에 반대하면서, 이것이 프랑스에서 그랬듯이 부족을 야기할 것이라고 주장했다. 그렌빌은 볼록한 머리와 엉덩이 때문에 툭하면 캐리커처로 묘사되었고, 그를 반대하는 사람들에게 '보기 경Lord Bogy'이라는 별명으로 불렸다. 그렌빌은 대단한 지적 확신을 갖고 있었고, 스미스의 자유 시장 입장을 유지하는 것에 크게 공감해, 자신의 주제에 대해 피트에게 두 차례 설교를 했다. 한 번은 빵 공급과 가격을 통제하기 위해 런던의 밀가루 회사를 합병하는 법안과 관련해서였고, 또 한 번은 곡물이 부족한 기간에 의회의 개입을 막기 위해서였다. 그렌빌은 옛 계몽주의의 대의인 곡물 자유 무역을 강력히 옹호했지만, 피트는 나폴레옹 전쟁기에 높은 식량 가격으로 야기되었던 고통에 더 민감했고, 단기적으로 가격 규제와 보조금이 필요하다고 믿었다(Ross, 1998: xxv~xxvi, 161~164). 그렌빌의 자유 무역 견해는 이 사안들에서 피트의 마음을 바꾸게 하지는 못했지만, 이후 프랜시스 호너, 데이비드 리카도, 헨리 브룩 파넬 경 같은 동시대의 더 젊은 휘그당 하원의원들의 생각에 많은 영향을 미쳤다. 이들은 모두 『국부론』의 독자로, 1830년대에 그레이 경과 멜버른 경 주도하의 개혁 운동에 기여하게 된다(Jupp, 1985: 103, 281, 427, 445~447).

이 런던 방문 중에 한번은 일종의 에든버러 관례가 지켜졌다. 어느 날 피트, 그렌빌, 헨리 애딩턴, 윌리엄 윌버포스가 손님으로 와 있는 가운데 스미스는 다른 신사들과 함께 맨 끝으로 던다스의 웜블던 저택의 방에 들어갔다. 그들은 스미스를 맞기 위해 일어났고, 스미스는 그들에게 착석해달라고 부탁했다. 그러자 피트가 다음과 같이 말했다고 한다. '아뇨, 당신이 먼저 앉을 때까지 우리는 서 있겠습니다. 우리는 모두 당신의 제자이니까요'(Kay, 1842: i.75; Rae, 1965: 405). 스미스는 피트가 자신을 좋게 생각한다는 것을 미리 들어 알고 있었고, 로킹엄파 휘그당원 잔존자들에 대한 자신의 지지에도 불구하고 피트 내각에 대한 평가를 달리하게 되었다. 개혁 성향의 하원의원 헨리 보포이의 1786년 11월 14일자 편지에 대한 답장에서 그는 다음과 같이 썼다.

저는 피트 씨의 사소한 찬성의 표시도 매우 명예롭게 여깁니다. 제가 그의 적수 몇몇과 끈끈한 우정을 오래 이어왔다고 해서 그의 행정부의 큰 틀에서의 용기, 활약, 성실, 애국심을 알아보지 못하는 일은 없다는 것을 믿으셔도 됩니다. (Piero Sraffa Collection B5/3, Trinity College, Cambridge)

애딩턴은 훗날 그렌빌의 뒤를 이어 1789~1801년 하원의장을 역임하고, 이후에는 총리직에 올랐다가 1804년 피트가 다시 총리가 되면서 물러나는 인물인데, 이 윔블던 모임 후 집으로 돌아가 '1787년 6월 런던과 인근 지역을 방문 중인, 국부론 등을 쓴 저자에게' 부치는 시를 썼다.

당신을 환대한다, 당신의 현명하고 애국적인 책은
부와 평화에 이르는 길을 잘 보여주었고,
적대적인 분노를 억제하고 완화하려,
그리고 이해관계라는 끈으로 인류를 하나로 묶으려 애썼다.
외로운 은신처에서 끌려 나와 당신의 발아래 놓인
오만한 악당 독점은 이제 내쳐진다.
그리고 당신의 명성과, 그것의 빛나는 성취와 함께
영국의 긍지와 희망이 그 자신을 물리쳐버린다.

나아가라, 위대한 영혼이여, 실수의 그림자들을 흩어버려라,

영광된 계획을 완성하고 실행해라.

당신의 시각을 우주만큼 넓게 확장해라,

사람과 사람을 갈라놓는 모든 빗장을 부수어라,

전쟁의 저주받은 깃발은 결코 펄럭이지 않을 것이고

무역이 삐걱이는 세상을 화합시킬 것이다!

이런 감정 분출은 1790년 초 스미스에게 전달되었고, 이 위대한 인물이 시에 대한 건전한 비평가였던 만큼, 어니스트 모스너는 그것이 '마지막을 재촉'했을 수 있다고 주장하기도 했다(1969: 20~21).

윌버포스는 스미스에게서 실질적인 도움을 얻고자 했는데, 그가 바란 도움은 일반적으로 스미스의 이름이 결부되는 반노예제 운동과 관련된 것이 아니라—스미스가 노예 제도를 격렬히 비난한 사람이었음에도—, 스코틀랜드 하일랜드의 해안 어촌들을 발전시키는 계획과 관련된 것이었다. 이 계획을 수행하기 위해 조직된 협회의 회장에게 윌버포스는 다음과 같이 스미스의 거절을 알렸다.

스미스 박사는 이 계획에서는 거기 들어간 돈을 다 잃는 것 외에 다른 결과는 기대하지 않는다며 특유의 냉정함으로 내게 말했고, 그렇지만 개인들이 오직 자기 돈을 들일 생각을 하고 있다고 여겨진다는 점에서 대중이 엄청난 피해자가 되지는 않을 것이라고 남다른 솔직함으로 인정했습니다. (Wilberforce, 1840: i.40)

영국 어업협회를 위한 보포이의 열정도 스미스의 차가운 반응에 맞닥뜨렸다. 하일랜드의 어부들이 그 협회의 임대료와 상환금을 감당할 수 없을 것이라고 스미스가 지적한 것이다. 또한 그는 그런 계획과 관련해 자신이 선호하는 주제 중 하나인 기능의 문제를 제기하면서 보포이에게 다음과 같이 경고했다. '당신은 가난한 이들의 너무나 고통스러운 압박에 대해, 그리고 [협회 발기인들], 멀리는 당신의 직원, 감독관, 관리자 대부분을 상대로 한 엄청난 사기에 대해 설명을 내놓아야 합니다'(1787년 1월 29일의 편지). 사실상 토머스 텔퍼드의 계획에 따라 건설된 모든 어업 기지 가운데 윅에 위치한 한 곳, 즉 스미스의 오랜 친구인 윌리엄 펄트니 경에게서 따온 펄트니타운이라는 이름을 갖고 있는 한 곳만이 유일하게 성공을 거두어 스미스의 회의주의를 반박하고 있었다(Youngson, 1973: 133).

또 다른 박애주의자도 유사한 회의적 반응에 직면했다. 이 사람은 데이비드 윌리엄스 목사로, 1780년대 후반에 런던의 칼라일 하우스에 과학·문학아카데미를 설립했고, 로크, 루소, 몽테스키외, 흄, 스튜어트, 스미스의 '정치 이론'에 대해서 강의했다. 그는 이 강의 내용을 1789년에 출판했고, 이 책을 왕세자에게 헌정했다. 그는 왕세자에게 스미스를 개인 교사로 삼을 것을 권고하기도 했다.

황량한 칼레도니아 해변에서 온 그 냉철한 영국 정치가를 이용하세요. 그 심오한 "국부론의 역사가"에게 매일 30분씩 당신의 시간을 맡기고, 그 훌륭하지만 건강이 좋지 않은 사람, 그래서 당신이 활기를 불어넣어줘야 할 수도 있는 사람과 함께 생각에 몰두해보세요

(Dybikowski, 1993: 165, n. 30).

이 생각에 대한 왕세자의 반응은 기록된 바 없지만, 윌리엄스는 박애주의를 추구하면서 수많은 위대한 사람에게 의지했다. 그중에는 그를 격려한 프랭클린도 있었고, 곤궁한 작가들을 지원하는 문학 기금을 제안하며 그를 열렬히 환영한 버크도 있었다. 윌리엄스는 문인들이 비생산적인 노동자라는 스미스의 견해(*WN* II.iii.2)가 자신의 계획에 방해가 된다고 생각했다. 그래서 그는 멜빌 장군의 런던 집에서 스미스와 대담을 갖기를 요청했다. 멜빌은 1737년에 스미스와 함께 글래스고대학에 다녔고, 나중에는 서인도제도의 총독을 지낸 인물이다. '성격인 듯 보이는 겸손한 수줍음과 체질적 병약함이 두드러진 외모'의 소유자 스미스는 윌리엄스의 이야기를 끝까지 들었다. 윌리엄스가 기술한 바에 따르면, 이후 다음과 같이 대담이 진행되었다.

내가 끝내자 그도 끝낸 것처럼 보였다. 잠시 침묵한 후 나는 문인들에 대한 그의 견해가 맞는다면 내가 나의 제안을 어떻게 끌어들일 수 있을지 묻는 것을 허락해달라고 말했다.
그는 말했다. '제 견해는 중요하지 않습니다.'
'당신은 그것에 잠시 당신의 겸손함을 허락해, 그것을 하나의 정치경제 원리처럼 이야기하고 계십니다.'
'아마 그럴 것입니다.'
'생산적인 것으로 인정되는 모든 일에서 개선된 운영 방식을 고안하는 것은 생산을 증가시키는 것이 아닌가요?'

'아, 그것은 농민입니다.'

'아니요. 그런 모든 경우에, 생각하는 사람에 대한 주장은 노동을 행하는 사람에 대한 주장만큼 의문의 여지가 없는 것이 아닌가요? 삽을 사용하는 사람에 대한 주장은 삽 그 자체에 대한 주장만큼 의문의 여지가 없습니다.'

그는 웃음 지었다.

윌리엄스는 논쟁을 계속하고 싶었지만, 스미스는 '그의 병약함'과 그 화제를 취한 이의 다변 탓에 피로를 느끼는 듯 보였다. 윌리엄스가 떠나기 전 스미스는 이렇게 말했다. '당신과 제가 말의 뜻을 잘 설명할 여유가 있었다면, 우리의 의견은 일치했을지도 모릅니다. 당신의 계획을 피트 총리에게 말하는 게 어때요? 아주 중요한 정치적 제안으로 보이니 말입니다'(Williams, 1980: 43~45).

피트는 윌리엄스를 친절하게 맞이했지만 그 프로젝트를 받아들이지는 않았다. 그는 미국독립전쟁 이후의 영국의 경제 회복과 성장을 되새기는 유명한 연설을 한 시점인 1792년 2월에 자기 내각의 전반적인 정책과 관련해 스미스를 확고하게 염두에 두고 있었다(Willis, 1979; Crowley, 1990).

그의 최대 경쟁자인 폭스는 의회 토론에서 스미스의 이름을 언급한 최초의 하원의원이었을 것이다. 1783년 11월 11일의 토론에서였다. 폭스와 그가 이끈 휘그당원들은 스미스의 정확한 처방을 따르지 않은 것에 대해 피트를 책망하곤 했다. 하지만 자본 축적의 '단순하고 분명한' 원칙, 즉 대중의 재난이 방지되고 정부가 개입하는 '잘못되고 유해한 정책'이 방지되면 자연적으로 증가가 이루어진다는 원칙을 스미스가 알아본 것에 대해 가장 큰 존경을 드러낸 사람은 피트였다.

이 원칙은 심지어 아주 일찍부터 정도의 차이는 있더라도 존재했던 것처럼 느껴지고 이야기될 만큼 단순하고 분명해서, 나는 이것이 제대로 진술되고 충실히 설명된 적이 있는지 의심스럽다. 하지만 우리 시대의 한 저자(국가의 부에 대한 저명한 논문을 쓴 저자 말이다)—안타깝게도 이젠 더 이상 우리 시대에 속하지 않는—의 글에서는 그의 광범위한 세부 지식과 깊이 있는 철학적 탐구가 무역의 역사와 관련된, 또는 정치경제 체계와 관련된 모든 문제에 대한 최고의 해법을 제공하리라고 본다. (Pitt the Younger, 1817: i.358~359)

피트는 프랑스의 '현재 만연한 혼란'을 잘 알고 있었지만, 유럽에서 15년간의 평화가 펼쳐져 자국의 번영을 더욱 증진하고 국채의 감소를 가속화하리라 '합리적으로' 기대할 수 있다고 생각했다. 그러나 프랑스 혁명에 뒤이어 일종의 세계 전쟁이 발발해 그 희망을 날려버렸다. 그럼에도 그렌빌 경은 전쟁에서 살아남아, 첫 번째 피트 행정부 초기의, 즉 피트가 스미스와의 직접적 접촉으로 자극받았던 시기의 통화에 대한 정설과 폭넓은 자유 무역 정책으로의 회귀에 대해 그레이 경과 휘그당원에게 전반적으로 설교했다.

1787년 7월 에든버러를 향해 런던을 떠나기 전 스미스가 마지막으로 한 일들 중 하나는 스미스의 상속자 데이비드 더글러스의 큰형이자 러틀랜드셔 연대(제58보병연대)의 중위인 6촌 로버트 더글러스의 군대에서의 진급을 던다스에게 부탁하는 것이었다. 로버트의 또 다른 동생 찰스는 최근에 새로 생긴 연대(매클라우드의 제73연대)에서 복무한 까닭에 이미 대위로 진급해 있었지만, 로버트는 포위 작전 동안 지브롤터에 있었고, 전투가 진행 중인 상황에서 그를 연대에서 빼내어 대위로 승진시키는 것은 부적절하게 여겨졌다. '그러므로 그의 복무는 승진을 도운 것이 아니라 중지시켰다.' 이 편지는 로버트의 또 다른 동생들인 근위대 대령 윌리엄과 공병대 소속 존의 군 복무에 대해서도 언급한다. 군대 문제에 대한 스미스의 지식과 관심은 분명 이들에게서도 비롯되었을 것이다. 끝으로 스미스는 임명권 제도에 초점을 맞추어, 나이 많은 로버트 어데어가 임명권을 보유하고 있는 두 건의 정부 의료 기관 의사 임용에 자신의 외과의 존 헌터가 고려되어야 한다고 던다스에게 추천한다. '두 의료 기관 중 첼시 병원이 최고이지만, 둘 다 모든 병원 중 최고일 것이고, 둘 중 어떤 병원도 우리의 친구 존에게 넘치는 곳은 아닐 것입니다'(Corr. No. 272).

1787년 11월에는 스미스에게 큰 기쁨을 안겨준 영예로운 일이 있었다. 그달 15일에 그가 글래스고대학 총장으로 선출된 것이다. 11월 20일의 수락 편지에서 그는 '어떤 높은 자리도 제게 그토록 큰 진정한 만족을 주지 못했을 것'이며, 자신은 처음 그 소식을 전해준 데이비드슨 학장에게 쉽게 표현하지 못한 '마음 깊은 곳에서 우러나는 기쁨'을 느끼고 있다고 썼다. 그러나 이 임명은 처음에 반대에 부딪혔다. 교수들의 선택이 이의 없이 받아들여져서는 안 된다는 견지에서, 당시 신입생이었고 훗날 두 번째 『에든버러 리뷰』의 창간자와 편집자 중 한 명이 되는 프랜시스 제프리는 글래스고의 청소년들에게 스미스에게 투표하는 것에 반대하는 장광설을 늘어놓았지만, 이런 반대는 수그러졌다(Cockburn, 1842: i.12~14). 스미스는 데이비드슨에게 언제든 편리한 시간에 취임을 위해 글래스고로 갈 수 있다고 말한다.

> 존 밀러는 성탄절을 언급합니다. 관세위원회에서 우리는 보통 그 시기에 5~6일간 휴가를 씁니다. 그러나 저는 평소에 워낙 꼬박꼬박 출근을 잘해서, 어느 때건 일주일간 쉴 만한 자격이 있다고 생각합니다. (*Corr.* No. 274).

스미스는 1787년 12월 19일에 취임 선서를 했고, 그의 제자인 인문학 교수 윌리엄 리처드슨을 부총장으로 임명했다. 두 사람 다 1788년 11월 27일부터 2년차 근무에 들어갔다(GUA 26687). 스미스가 매번 총장 연설을 한 것 같지는 않지만, 리처드슨은 새뮤얼 로즈에게 보낸 1788년 5월 6일자 편지에서 스미스에게 주어진 명예에 대한 스미스 자신의 반응을 언급하고, 이 신임 총장이 문학협회에서 읽어준─짐작건대 그의 문학협회 가입 전 주 아니면 다음 주에─모방 예술에 대한 논문에 관해 이야기한다.

> 우리가 총장으로 선출한 스미스 박사의 가입이 받아들여졌습니다. 그는 일주일간 우리와 함께했습니다. 명예가 이보다 더 잘 부여될 수는 없었으니, 명예가 훌륭한 한 인간을 이보다 더 행복하게 만들 수는 없었기 때문입니다. 우리 문학협회의 일원으로서 그는 우리에게 두 시간 정도 어떤 논문을 읽어주었습니다. 논문의 주제는 모방 예술이었

고, 목적은 모방 예술이 즐거움을 주게 되는 일반 원칙을 설명하는 것
이었습니다. 그는 조각, 그림, 음악을 다루었고, 시와 춤도 다루게 될
것입니다. 그렇습니다, 춤. 그는 춤을 모방 예술의 하나로 보고 있기
때문이고, 또한 제가 생각하기엔, 그리스 비극이 음악 발레와 다름없
었음을 증명하고자 하기 때문입니다. (GUL MS Gen. 520/6)

존 밀러는 이 논문의 낭독을 들은 사람 중 한 명이거나, 아니면
그 낭독에 대해 알고 있었다. 그는 스미스의 상속자 데이비드 더글러
스에게 쓴 1790년 8월 10일자 편지에서 '[스미스가] 자신이 계획한
모방 예술에 대한 논문 중 두 편을 글래스고의 우리 협회에서 읽었지
만, 세 번째 논문은 당시 아직 완성돼 있지 않았다'고 밝혔다(GUL MS
Gen. 1035/178). 모방 예술에 대한 논문들이 『철학적 주제들에 관한
소론』에 수록되어 출판되었을 때 그중 3부는 여전히 단편적이었다.
하지만 거기에는, 그리스 비극이 음악 발레가 되었다는 주장은 없더
라도, 그리스 비극에서 코러스가 춤의 기능을 담당했음을 스미스가
논증하고자 했다는 암시들이 나타나 있다(iii.7).
　글래스고대학과 관련된 다른 문제들에 대해 말하자면, 스미스
는 1788년 7월 16일 데이비드슨 학장에게, 대학 임대차 계약에 대한
법률적 요점과 관련해 자신이 스코틀랜드 재무재판소 사람들과 우호
적으로 교섭했음을 알렸다. 편지를 끝맺으면서 그는 자신의 후임으
로 논리학 교수가 되었던 클로의 죽음에 대해 언급했다. '클로를 생각
하면 슬프지만, 그는 충분히 오래 살다 죽었고, 감히 말하는데, 자신
이 누린 인간의 삶에서의 즐거움들에 완전히 만족하고 흡족해했습

니다'(*Corr.* No. 278). 이는 그가 젊은 시절에 공부한 스토아 철학의 한 표현이며, 스토아 철학은 그가 다가오는 자신의 죽음을 평온하게 마주할 수 있도록 해주었다. 또한 그는 정치경제에 대한 자신의 생각이 『국부론』 제3판에 만족스럽게 잘 진술되었으며, 자기 나라의 총리를 포함해 입법자들의 진지한 관심을 받고 있음을 알고 안심했다.

24장

흔들리는 생

•

내가 할 수 있는 최고의 일은 이미 출간한 저서들을 가장 훌륭하고
가장 완벽한 상태로 남기고 가는 일인 것 같다.

1787년에 스미스는 런던에서 주치의들의 보살핌을 받아 어느 정도 건강을 회복했고, 이와 관련해 로버트슨은 1788년 2월 27일 기번에게 다음과 같이 썼다. '우리의 친구 스미스 씨를 잃을 위험에 처했었는데, 이제 그는 거의 완전히 회복했습니다'(Fay, 1956: 141에서 인용됨). 스미스는 이 건강이 영원히 계속되지 않으리라는 것을 알고 있었고, '거의 새로운 책'이라 평가받은¹ 『도덕감정론』 제6판을 준비하는 데 이 건강의 대부분을 바쳤다. 이 책에서 그는 입법자들에게 호소하고 그들에게 경제적 조언이 아닌 도덕적 조언을 주는 것이 적합하다고 보았는데, 당시와 같은 혁명과 반혁명의 시대에는, 혹은 영국처럼 혁명이 유예된 경우에는, 옛 체제들이 부족한 것으로 밝혀지고 새로운 체제들이 형성 중에 있었기 때문이다. 또한 그는 소크라테스가 나이를 막론하고 모든 사람에게 제기했던 질문으로 돌아갔다. 어떻게 해야 좋은 삶을 사는 것인가? 그러나 스미스는 서구 사회에 발생한 새로운 부와 그 부를 소유한, 혹은 그 부를 획득할—아마도 스미스가 옹호한 새로운 경제 원칙들에 유의함으로써—힘을 소유한 새로운 본 보기적 지도자들이 오래된 도덕적 확신을 위협한다는 것을 알고 있었다. 스미스는 덕의 본질을 분석하기 위해 자신이 고안한 '체계'에 대한 설명, 그리고 우리에게 덕을 권하는 마음 안에 존재하는 힘에 대한 설명과 함께, 우리의 도덕 감정의 중요성을 촉구하는 새로운 시도가 필요하다고 느꼈던 것 같다. 게다가 스미스에게는 유지해야 하는 일과가 있었고, 그는 틀에 박힌 세관 업무에서 지적 압박으로부터의 피난처를 발견했을 뿐만 아니라 가족과 사회생활을 유지하는 데서 큰 즐거움을 얻었다.

1785년 4월에 스미스는 『국부론』 제4판에 대한 요구가 있다는 것에 카델에게 만족감을 표했다. 결국 이듬해에 제4판이 나왔고, 이어서 1789년에 제5판이 나왔다. 그러나 이 두 판본 모두 인쇄업자 측의 수정만 있을 뿐이어서, 1784년의 제3판이 저자가 검토한 최종 결정판으로 남았다. 편지에서 그의 도덕철학 프로젝트의 소박한 시작은 다음과 같이 이야기되고 있다. '도덕감정론의 새 판이 요구되고 있다면, 당신에게 보내드려야 할 그리 중요하지 않은 약간의 수정 사항이 있습니다'(*Corr.* No. 244).

이 '수정 사항' 중 하나는 단지 『도덕감정론』의 '방종한 체계에 대하여'(*TMS* VII.ii.4.6)라는 장에서 라로슈푸코에 대한 언급을 빼는 것이었다. 초판부터 제5판까지의 판본들에서 스미스는 유명한 경구들을 낳은 저자인 라로슈푸코를 맨더빌과 연결지으면서, 이들을 선과 악의 구별이 있음을 거부하는 것처럼 보인 '해로운' 체계들의 고안자로 여겼다. 『도덕감정론』에서 맨더빌의 체계에 대한 스미스의 생각은 복합적이었는데, 그것이 그 자신의 도덕 실재론과 충돌했지만 그 역시 이기심이 가진 하나의 원동력으로서의 힘을 인정해야 했기 때문이다. 또한 그는 『국부론』 제3편과 제5편에서 유럽 시민 역사를 개괄한 바 있는데, 이에 따르면 봉신들과 가톨릭교회 고위층의 호사 및 과시 취미가 결국 다른 사회 계층들의 자유의 증진을 불러왔다. 이 문제에 대한 스미스의 답은 '보이지 않는 손' 개념으로, 이것은 명백하게 이기적인 목적을 추구하는 사람들이 널리 이로움을 주는 결과들을 낳는다는 사실을 설명하기 위해 『도덕감정론』과 『국부론』에 도입되었다(Hundert, 1994: 222~223). 초판부터 제5판까지의 『도덕감정론』에서 스미스는 라로슈푸코가 맨더빌의 선구자라는 생각은 전혀 하지 않았고, '우아함과 섬세한 정밀성'을 보여준다고 묘사되는 라로슈푸코의 문체를 맨더빌의 '거칠고 소박하지만 활기차고 유머 있는' 웅변과 구별하는 데 그쳤다. 스미스가 프랑스에서 만난 라로슈푸코 공작 8세는 1778년 3월 3일자 편지에서 자신의 증조부를 그렇게 다룬 것에 대해 정중하게 이의를 제기했다(Corr. No. 194). 이후 스미스는 지금은 찾을 수 없는 5월 15일자 편지에서 『도덕감정론』을 적절히 수정하겠다고 분명 약속했지만(Corr. No 199), 제5판(1781)에서는 이를 실행하지 못했다. 그는 1785년 11월 1일 그 젊은 공작에게 보낸 편지에서 자신의 약속을 언급하면서, '그다음 겨울이 끝나기 전에' 그 약속을 이행할 수 있기를 바란다고 밝혔다(Corr. No. 248). 더걸드 스튜어트는 1789년 5월 제자 메이틀랜드 경과 함께 프랑스로 갈 때, 스미스가 라로슈푸코에게 전하는 메시지를 가져갔다. '그의 선조의 이름과 맨더빌 박사의 이름을 한 문장에 끌어들인 것에 대해 진심으로 유감'을 표하고, 『도덕감정론』의 나중 판본들에서는 수정이 이루어질 것임을 밝히는 메시지였다(Stewart III. 10, Note).

『도덕감정론』의 다른 수정 사항들은 좀더 복잡한 것이었다. '긴 침묵'이 뒤따랐고, 스미스는 1788년 3월 15일에야 침묵을 깨고 카델에게 다시 편지를 보내 자기 프로젝트의 진행 상황을 알렸다.

스코틀랜드로 돌아온 후 제 허약한 건강 상태와 세관 업무에 너무 많은 시간을 빼앗겨, 상황이 허락하는 한도 내에서 연구에 힘쓰긴 했지만 크게 집중하지도, 꾸준히 집중하지도 못했고, 결국 저는 그다지 큰 진척을 보지 못했습니다. 이제 저는 4개월간의 휴가에 들어서 있고, 현재 최대한 열심히 몰두하고 있습니다. 몰두 대상은 제가 전체적으로 많은 추가와 수정을 가하고 있는 『도덕감정론』입니다. 가장 주되고 중요한 추가 사항은 의무 관념과 관련된 제3부와 도덕철학의 역사와 관련된 마지막 부에 더해질 것입니다. (…) 저는 제게 남은 삶의 시간이 몹시 불확실하다고 생각하며, 제가 계획하고 어느 정도 진척시킨 다른 몇몇 작품을 끝낼 만큼 살 수 있을지 모르겠습니다. (…) 저는 느린, 매우 느린 작업자여서, 제가 쓰는 모든 것을 웬만큼 만족할 수 있을 때까지 최소한 여섯 번은 썼다가 되돌렸다가 합니다. 제가 보기에 지금은 과하지 않게 정도껏 작업하고 있는 것 같지만, 그래도 6월은 되어야 당신에게 보낼 수 있을 것 같습니다.

스미스는 이렇게 자신의 집필 습관에 대해 밝히면서, 카델에게

『도덕감정론』에 추가할 내용을 선물할 예정이며, 그동안 『도덕감정론』의 중판이 이루어지는 것을 바라지 않는다고 말하는 것으로 편지의 이 부분을 마무리한다. 그는 또한 『국부론』의 판매에 대해 알려달라고 요청하는데(Corr. No. 276), 이듬해에 제5판이 나온 것으로 보아 답변은 만족스러웠을 것이다.

마르실리오 란드리아니는 과학적 발명을 산업에 적용하는 것에 대해 배우기 위해 1788년에 영국을 여행하던 이탈리아인 방문자로, 에든버러에서 스미스의 보살핌을 받았다. 그는 어떤 이에게 보낸 8월 16일자 편지에서, 자신의 멘토가 『도덕감정론』 개정 작업에 매달려 있으며, '적절한 정의로 명확하게 표현되었음에도 독자들의 마음에 약간 혼란을 남긴 몇몇 표현을 그 책에서 몰아내고' 있다고 썼다. 『도덕감정론』 최종판에서 이런 작업의 흔적은 아주 명확하지는 않지만, 신성한 제재를 다루는 한 구절이 있다. 이 구절은 처음 다섯 판본에서 이 주제에 대한 스미스의 생각과 관련해 독자들을 헷갈리게 만들었을 것이고, 스미스는 이 구절의 수정이 필요하다고 판단했을 것이다. 그는 '고대 철학의 각기 다른 모든 학파'가 '신들은 화를 내지도 상처를 주지도 않는다'는 격언을 지지했다고 지적했지만, 이어서 그는 악충 같은 인간이 정당하게 야기된 신의 노여움을 '참회, 후회, 반성, 회개'를 통해 궁극적으로 달래야 한다는 것에 대해, 그리고 어떻게 여기서 계시가 '자연에 대한 원래의 기대'에 부합하는지에 대해 칼뱅주의적 견해를 피력했다. 제6판에서 그는 '악충' 논의를 없애고, 다음과 같이 분명 흄을 연상시키는 문장과 함께, 우리는 약한 자들에게 해를 끼치는 사람들에게 신의 정의가 내세에서 벌을 내린다고 생각한다는 진술을 유지한다.

그래서 지금까지 세상에 존재한 적 있는 모든 종교와 모든 미신에는 의인들에게 보상을 위해 제공되는 장소인 엘리시온뿐만 아니라 악인들에게 징벌을 위해 제공되는 곳인 타르타로스가 있어왔다. (II.ii.3.12; *TMS* app. II; 1992a)

란드리아니의 편지는 더 흥미로운 점을 보여주는데, 『도덕감정론』에서 스미스의 접근법이 관념의 연상의 영향으로 도덕 감정이 생겨나는 것에 대한 허치슨과 흄의 연구에 기초하고 있다고 란드리아니가 생각했다는 점이다(NLS MS 14,835, fos. 68~69; Pugliese, 1924; Ross and Webster, 1981).

그러나 스미스가 『도덕감정론』의 새로운 판에 대해 카델에게 다시 언급할 준비가 될 때까지는 꼬박 1년이 걸렸고, 그는 '휴식을 취하기 위해서 훨씬 더 쉬운 일인 일상적 세관 출근'으로 돌아갔을 정도로 이 작업이 자신의 건강을 해쳤다고 불평하는 식으로 언급했다. 오래된 건강염려증이 그를 다시 힘들게 했을 가능성이 있고, 세관 사무실에서의 일상적 업무는 일종의 치료였다. 『도덕감정론』 개정 계획은 분명 예상외로 거창해져 있었다.

당신에게 말한 추가와 개선에 더해, 저는 제5부 바로 뒤에 실용적 도덕 체계를 포함하는 완전히 새로 쓴 제6부를 '덕의 성격'이라는 제목으로 삽입했습니다. 이 책은 이제 총 7부로 이루어질 것이고, 아주 큰

8절판 두 권으로 만들어질 것입니다. 하지만 제 고된 작업이 다 끝나고 당신에게 보낼 만큼 제대로 된 전체 원고가 갖추어지려면 한여름은 되어야 할 테니 걱정입니다. 이렇게 늦어져서 부끄럽지만, 저는 그 주제가 점점 더 마음에 듭니다. (*Corr.* No. 287)

더걸드 스튜어트는 1789년 5월 런던에 있을 때 카델과 앤드루 스트레이핸─윌리엄 스트레이핸의 아들이자 인쇄업 상속자─을 찾아가, 『국부론』 제3판의 추가 내용과 달리 『도덕감정론』 새 판의 추가 내용은 별도로 인쇄하면 안 된다는 스미스의 지시를 전달했다. 카델이 이 결정에 당혹스러워하자 스튜어트는 스미스의 마음이 이미 정해졌으며, 이 새 책의 성격상 이런 계획이 불가능하다고 말했다. 그러자 카델은 새 판에 대한 광고에 이러한 상황이 언급될 수 있을지 물었지만, 그렇게 되지는 않았다(*Corr.* Appendix E, Letter q).

스미스는 제6판 광고에서 '스토아 철학에 관련된 더 많은 다양한 구절'을 제7부에 통합·정리했다고 밝혔지만, 그 책 전체에 걸쳐 스토아 철학자들과 스토아 철학의 가르침에 대한 언급이 많이 남아 있어 이 철학이 그에게 얼마나 많은 영향을 미쳤는지 보여주고 있다는 (*TMS* 5~6) 점에서 그런 그의 광고는 과장된 것이었다.[2] 에피쿠로스적 요소들이 스미스의 절충적 도덕철학에 수용되긴 했지만(Ch. 11, n. 6), 생이 끝날 때까지 스미스는 에피쿠로스 도덕철학에 대해 '이 체계는 내가 수립하려 애써온 체계와 전적으로 상반되는 것임이 분명하다'라는 단정적 진술을 유지했음을 인정해야 한다(VII.ii.2.13).

『도덕감정론』 제6판에 추가된 새로운 주제 하나는 스토아학파와 사실상 고대의 모든 철학 학파가 허용한 자살이었다(*TMS* VII. ii.1.27~34). 스미스는 전쟁 포로가 되느니 자살을 택하려 할 북아메리카 원주민들의 행동까지 논의를 확장한다. 래피얼과 맥파이가 암시한 바에 따르면, 자살에 대한 스미스의 생각은 이 주제에 대한 흄의 오래 금지되었던 논문이 영혼의 불멸성에 대한 논문과 함께 1777년에 발표되면서 자극받았다. 게다가 이 논문들은 1783년에 루소의 『신엘로이즈』에서 발췌한 자살에 대한 두 통의 편지와 함께 재출간되었다(London: M. Smith). 1783년에 재출간된 논문의 한 부분이 『먼슬리 리뷰』 70호(1784) 427~428쪽에 실렸는데, 이는 흄과 스미스가 친구라 여긴 어떤 사람, 즉 윌리엄 로즈가 한 일로 보인다. 이 비평가는 기독교 정통파의 신념을 지지해—어떤 이는 로즈가 일반적으로는 그렇지 않다고 추측했지만—, 자살을 옹호하는 흄의 주장을 '그에게 어울리지 않는' 것이라 평하면서 다음과 같이 요약한다.

> 어떤 술 취한 난봉꾼이 술 취해 흥청거리는 친구들 앞에서 그런 역겨운 말을 내뱉는다면 그에겐 뭔가 변명이 가능할 수도 있다. 그러나 어떤 사람이 술 취하지 않은 시민들, 평범한 상식과 예의 바른 태도를 가진 사람들 속에서 그런 신념을 표명한다면, 우리가 알기로는 어느 누구도 그가 진지한 답을 들을 자격이 있다고 생각하지 않을 것이고, 그의 말을 조용히 무시해버릴 것이다. (p. 428)

스미스는 『도덕감정론』 제6판에서 이 주제에 대한 흄의 견해를 모욕하는 이런 시도에 대응하고 있었던 것일 수도 있다. 또한 그는 루이 16세 치세 말기에 프랑스에서 있었던, 세상을 놀라게 한 자살 사례들을 알고 있었을 것이다. 이를테면 1789년 봄에 발생한, 로메니 드 브리엔 행정부의 주요 장관이었던 라무아뇽의 자살 같은 것 말이다. 그것은 공식적으로 사냥 사고로 보고되었지만, 정부의 와해 직후에 명성의 위기 때문에 발생했을 것으로 의심된다(Schama, 1989: 171~178).

스토아학파의 관점에서 자살은 아마도 자제에 대한 최고의 시험일 것이고, 또한 그것은 그 덕과 『도덕감정론』 제3부에 최종적으로 추가된 내용의 주요 주제인 감정 간의 상호 작용이다. 감정을 이유로, 스미스는 당대 프랑스 문화에서 이것에 초점이 놓인 것에 호응했던 것 같다.[3] 그래서 제6판에 추가된 '부당한 비난'에 대한 한 구절에서 스미스는 자신이 과거 툴루즈 체류 시기에 주목했던 칼라스 사건에 의지해, 아들을 살해했다는 이유로 부당하게 사형 선고를 받은 한 아버지의 고통을 설명한다. 스미스는 이 무고한 남자의 마지막 말에서 그가 '자신에게 행해진 불의에 대한 분개'로 고통을 느끼고 '징벌로 인해 자신의 사후에 드리워질 오명을 생각하며 공포를' 느낀다는 증거를 발견한다. 스미스에 따르면, 칼라스는 마차 바퀴에 몸이 으스러진 뒤, 불 속으로 던져지기에 앞서, 자기 곁에 있던 신부에게 이렇게 말했다. '신부님, 당신은 제가 유죄라고 스스로 믿으실 수 있습니까?'(TMS III.2.11)

제3부에 추가된 또 다른 구절에서 스미스는 우리 가족의 고통에 대한 감정의 부족이 그런 감정의 과도함보다 훨씬 더 적절성을 해친다고 인정한다. 리처드슨의 『클래리사』의 경우처럼 인간의 고통에

대한 무정함과 냉담함을 탐구하는 동시대의 감정 문학에 대해 생각하면서(Mullan, 1990), 그는 그 문학의 창작자들이 '스토아 철학자 같은 무관심'의 옹호자들보다 훨씬 더 주목받아야 한다고 여기며 다음과 같은 이름들을 언급한다.

> 사랑과 우정, 그리고 그 외 모든 개인적이고 내면적인 감정들의 세심함과 섬세함을 가장 잘 그려내는 시인과 작가인 라신, 볼테르, 리처드슨, 마리보, 리코보니는 그런 경우들에서 제논, 크리시포스, 에픽테토스보다 훨씬 더 훌륭한 교사들이다. (TMS III.3.14)

『도덕감정론』 최종판에 이런 문장이 삽입된 탓에 스미스의 도덕철학과 사랑과 우정의 중요성에 대한 에피쿠로스적 강조를 반영하고 있다고 여겨진 18세기의 감정적 프랑스 소설 사이의 관련 가능성에 대한 연구가 촉발되었다(Leddy, 2006). 그럼에도 스미스는 덕 있는 삶을 살기 위한 노력의 중심에 단호히 자제를 두었다.

스미스의 도덕철학에 추가된 또 다른 내용은 '부자와 유명 인사를 존경하는 경향'이 '우리 도덕 감정의 타락을 가져오는 가장 보편적인 원인'으로 간주될 수 있다는 그의 주장을 정당화한다. 부와 저명함은 우리의 존경의 '자연스러운 대상들'이며, 이는 한 사회 안에서 '신분 차별'을 통한 질서를 확고히 하는 데 이바지한다. 이 때문에 부자와 유명 인사는 심지어 자신의 잘못과 악덕에 대한 비난도 피할 수 있다. 우리는 그들을 존경하는 경향이 있고, 결과적으로 그들을 모방하는 경향이 있어서, 그들이 안내하는 '방식'을 따르며, 바로 여기에 타락이 존재한다. 허영심은 우리를, 우리가 마음속으로 비난할 수도 있는 상류 사회의 악덕으로 명성을 얻도록, 우리가 존경심을 느낄 수도 있는 덕을 멸시하는 척하도록 몰아간다(*TMS* I.iii.3). 허영심에 수반되는 도덕적 타락의 문제는 이 결함 및 심지어 거만함과 관련된 지속적 불만의 문제와 함께, 완전히 새로운 부분인 제6부에서 다시 다루어진다. 스미스가 보기에 이를 저지하는 것은 공정한 관찰자가 제공하는 균형 잡힌 자기 평가다(*TMS* VI.iii.37~53).

　그 개념은 『도덕감정론』의 개정된 제3부에서 가장 충실하고 정교하게 전개된다. 여기서 스미스는 '외부 인간'과 '내부 인간'을 구분하는데, 외부 인간은 사회로부터 비난받을 것이나 칭찬받을 것에 근거해 도덕적 문제들을 처리하고, 내부 인간은 다른 사람들의 행동에서 자신이 존경할 만하다고 인식하는 것이나 비난할 만하다고 인식하는 것에 근거해 도덕적 판단을 한다. 그래서 말년에 스미스는 여론에 대해 더욱 회의적인 태도를 보이고 있으며(Glasgow *TMS*, p. 16), 개인적이고 독립적인 양심의 적용을 위한 기준을 찾고 있다. 하지만 그는 '내부 인간'이 '나약하고 무지한 사람들의 판단에 놀라고 당황할' 수 있음을 인정한다(III.2.32; Raphael, 1975).

　'중위와 하위 생활 수준'에서는 이런 도덕적 왜곡의 가능성이 덜하며, 덕을 향하는 길과 부를 향하는 길이 대부분의 경우 '다행스럽게도' 부합하는 경향이 있다고 스미스는 주장한다. 나아가 그는, 여기서 '신중하고 공정하고 견실하고 절도 있는 행동에 더해진 현실적이고 탄탄한 직업적 능력은 성공하지 않기 어렵다'고 주장한다. 결국 그런 행동은 이웃 및 동등한 사람들의 호평에 의지하며, 이것은 '꽤 일정한 행동' 없이는 획득될 수 없다. 스미스에 따르면, 이것이 대부분의 사람의 상황으로, '다행스럽게도 사회의 좋은 도덕에 도움이 된다'. 더 높은 생활 수준의 사람들에 대해서는, 그는 그들의 성공이 '무지하고 건방지고 거만한 상류층 사람들의 변덕스럽고 어리석은 애호'에 달려 있음을 알게 된다. 사회의 이 수준에서 '전사, 정치가, 철학자, 입법자의 확고하고 남성적인 덕행들'은 상류층 사람들의 성취보다 존경받지 못할 것이다. 그럼에도 궁정의 아첨꾼을 꾸짖고 왕에게 덕을 향하는 길을 일깨운 루이 13세 시대의 쉴리 공작처럼 자제를 실천하는 사람이 발견될 수도 있다(*TMS* I.iii.3.6).

스미스가 도덕철학에 대한 새로운 견해에 매달리고 있던 때에 그가 프랑스에서 일어나는 사건들에 관심을 가질 이유는 충분했다. 그는 프랑스에 있을 때 가난한 이들의 암울한 상황을 알아봤고(*WN* I.ix.9; 'Imitative Arts', I.14), 도로 보수를 위한 강제 노동 요구의 횡포를 알아봤으며, 어떤 사람들에게는 인두세를 부과하고 다른 사람들에게는 재산세를 부과하는 것에 대한, 과도한 소금세에 대한, 농업 세입 제도로 인해 발생한 밀수업자들을 몰아내려는 파괴적이고 가혹한 대처에 대한 짜증도 알아봤다. '군주의 세입에 비해 백성의 피를 아무것도 아닌 듯 여기는 사람들은 아마 이런 세금 징수 방식을 지지할 수도 있을 것이다.' 게다가 그는 프랑스의 세금을 개혁하는 것에 대한 합리적인 방안들을 제시했지만, 프랑스에서는 특권이 아주 확고해서 어떤 것도 실현되지 않을 것이라고 생각했다(*WN* V.i.d.19; V.ii.k.75~77). 또한 스미스는 부르봉 왕가 치하 프랑스의 사회정치 제도에 대한 분노의 흐름을 잘 알고 있었던 것 같다. 그 흐름의 본원 중 하나는 전통적 권리와 관습에 대한 침해로 격분한 군중의 보수적인 감정이었다 (Garrioch, 1986; Sonenscher, 1989; Farge, 1994). 스미스는 또한 변화를 추구한 사람들, 그리고 결국 이러한 목적에서 군중의 폭력을 이용한 사람들에 의해 검토된 혁명 사상의 주된 공급원에 접근할 수 있었다. 1784년 10월에 스미스는 에든버러에서 지질학자인 뱅자맹 포자 드 생퐁을 응대했는데, 생퐁은 '우리의 최고의 프랑스 저자 모두가 그의 서재에서 뚜렷한 자리를 차지하고 있었다. 그는 우리말을 좋아했다'라는 기록을 남겼다. 그 저자 가운데 한 명은 『프랑스 정부에 대한 고찰』(1764; Mizuta)을 쓴 다르장송 후작이었다. 이 책에서 그는 '왕권 민주주의'를 주창하면서 세습 귀족을 자기 나라의 악의 근원으로 규정했고, 왕이 베르사유의 타락에서 분리되어 선출로 구성되는 지방 의회와 국민 대의 기구의 도움을 받아 파리에서 통치하는 것을 해법으로 제시했다(Schama, 1989: 112~113). 스미스 자신은 생퐁에게 구체제에 대한 가혹한 비판자인 볼테르와 루소에 관해 크나큰 존경의 차원에서 이야기했고, 볼테르의 풍자적인 힘과 루소의 열정 및 신념을 인정했다. 앞서 언급했듯이 스미스는 『사회계약론』이 루소가 받았던 박해에 대해 복수해줄 것이라 믿었다(Saint Fond, 1907: ii. 245~246). 독일의 날카로운 스미스 편집자 발터 에크슈타인이 말했듯이, 삶의 끝을 향하고 있던 스미스가 프랑스 혁명 초기 단계를 주시하고 그에 대해 논평했다는 것이 설득력이 있을까(Eckstein, 1926: i. xlii. f; Glasgow *TMS*, 18~19)?

분명 혁명이 다가오는 것, 심지어 혁명의 시대가 다가오는 것은 뒤퐁 드 느무르가 스미스에게 보낸 1788년 7월 16일자 편지에서 낙관적으로 환영받았다(*Corr. No. 277*). 스미스가 1766년에 중농주의자들 속에서 사귄 이 친구는 프랑스 재정총감인 칼론을 도와, 1787년에 명사名士의회를 거쳐 시행하기 위한 재정 및 헌법 개혁 프로그램을 만들었다. 그러나 명사의회는 정부가 대표단을 포함하지 않는 한 새로운 세금들에 동의하지 않으려 했다. 이 교착 상태에서 칼론은 해임되었고, 그의 후임자 로메니 드 브리엔은 1788년 5월에 파리 고등법원을 통한 세금 등록을 강요한 뒤, 모든 프랑스 고등법원으로부터 주요 사법권을 박탈해 격렬한 반대를 야기했다. 뒤퐁은 국가의 폭풍들이 보이는 것만큼 해롭다고 믿을 필요가 없다며, 이 모든 것을 스미스에게 가볍게 언급한다. 그 폭풍들은 우리를 인간의 이익과 권리를 생각하는 데 익숙해지게 만들며, 또한 통치하고 통치받는 사회 계층들을 성숙시킨다. 그는 프랑스가 좋은 헌법을 제정하기 위해 빠르게 전진하고 있으며, 이는 결국 영국의 헌법을 완벽하게 하는 데 기여할 것이라고 주장한다. 그는 자유방임의 좋은 원칙들이 한동안 미국, 프랑스, 잉글랜드에 집중되었다가 결국 다른 나라들에까지 확산될 것이라고 본다. 편지를 끝맺으면서 뒤퐁은, 스미스가 이 유용한 변혁을 크게 앞당겼으며—짐작건대 『국부론』 출판을 통해—, 프랑스 경제학자들도 이를 부인하지 않을 것이라고 단언하기까지 한다. 답장은 남아 있지 않지만, 어쩌면 우리는, 자신이 '우울과 해악을 예감하는 마음'(*Corr. No. 286*)을 가지고 있다고 고백한 좋은 사람 애덤이 프랑스의 정치적 격변의 시작에 대해서 최악의 상황을 우려했고, 자신의 이름이 그것과 결부되는 것을 전혀 달가워하지 않았으리라 추측해볼 수 있다.

스미스가 『도덕감정론』 제6판에 새로 추가한 7개의 단락에서

(VI.ii.2.12~18) 프랑스 혁명의 발발에 대해 암묵적 판단을 내렸다는 주장은 최근에 의문시되었다. 이 단락들은 국가를 개혁하기로 작정한 '체계적인 사람'의 개입으로 정치적 안정성이 위협받는 것에 대해 다룬다(Look, 2007: 37~48). 그 반론은 스미스가 자신이 쓴 모든 것을 '웬만큼 마음에 들' 때까지 적어도 열두 번은 다시 쓸 것을 요구하는 '느린, 매우 느린 작업자'임을 스스로 인정했다는(Corr. No. 276, 1788년 3월 15일) 사실을 중시하고 있으며, 스미스가 자기 마음에 쏙 들지 않는 결과물을 남기게 될까봐 크게 걱정한 사실을 언급한다. 또한 1785년 4월 '약간의 수정 사항'을 준비하고 있음을 처음 알리고(Corr. No. 244), 1788년 3월 15일에 이르러 제3부와 마지막 부들에 많은 내용을 추가하고 있음을 알린(Corr. No. 276) 것에 근거해 스미스의 『도덕감정론』 제6판의 작업 시간표가 가늠된다. 1789년 3월 31일에(Corr. No. 287) 스미스는 자신이 이 작업으로 건강을 해쳤다고 주장했고, '실용적 도덕 체계를 포함하는 완전히 새로 쓴 제6부를 '덕의 성격'이라는 제목으로 삽입했다'고 알렸다. 또한 그는 출판업자에게 보낼 만큼 제대로 된 원고가 갖추어지려면 한여름은 되어야 한다고 예측했지만(Corr. No. 287), 1789년 11월 18일이 되어서야 카델에게 '책이 이제 마침내 마지막 문장까지 완벽하게 마무리되었다'고 썼다(Klemme, 1991: 279).

그런데 시기상 그 문제의 단락들은 1787년 3월 31일과 1789년 11월 18일 사이에 『도덕감정론』 새 판본에 추가될 수 있었을 것이다. 그런데도 그 단락들의 내용이 바로 이 시기에 외부 세계의 관심을 끌고 있던 프랑스의 정치 위기를 들먹이는 것일까? 1788~1789년 겨울에 프랑스의 시골에 기근이 들었고, 프랑스는 파산에 직면했으며, 명령에 의해 개혁이 이뤄졌다. 1789년 5월에 소집된 삼부회는 6월에 제 3계급의 강요를 받았고, 제3계급은 시에예스 신부에게 자극받아 6월에 그 자체로 국민의회를 구성했고, 9월에 상설 기구임을 선언했고, 헌법 제정에 대한 논쟁을 시작했다. 뒤퐁은 의원 중 한 명이었고, 의장을 두 번 역임했으며, 서기관도 지냈다. 무장한 파리 시민들이 가두시위에 나섰고, 7월 14일에 바스티유 함락이라는 대단히 상징적인 사건을 일으켰다. 근위대는 왕의 명령을 따르지 않았고, 왕과 왕의 가족은 10월부터 혁명 군중에 의해 통제되었다. 이런 이야기의 상당 부분이, 칙령 접수를 거절했다는 이유로 1788년 6월에 파리 고등법원이 '폐지'된 것부터 뒤이은 국민의회의 탄생과 국민의회의 논쟁에 이르기까지 영국 신문들에 실렸다(*Scots Magazine*, vol. 50: 299).[4] 그러나 정치적 상황은 몹시 유동적이고 불안정했으며, 누가 혁명을 주도하는가의 문제는 미결 상태였다. 과연 스미스가 자신이 제한적으로밖에 알지 못하는 프랑스의 정치적 대격변에 대한 신속한 반응을 자신의 도덕적 증명에 끌어들이고자 했을까?

주목할 만한 점은, 『도덕감정론』 제6판에 새로 들어간 정치 관련 문단들이 아주 초기 단계부터 프랑스 혁명의 특징적 요소 중 하나였던, 정치적 변화와 관련된 대중의 폭력이라는 주제를 논하지 않는다는 것이다(Lock, 2000: 44). 그 대신에 이 문단들은 정치 지도자의 유형들에 초점을 맞춘다. 첫 번째 유형은 '위대한 국가의 개혁자이자 입법자'가 되고 싶어하는 덕 있는 지도자다. '그의 애국심은 대체로 인간애와 이타심에 기인'하며, 그는 '개인들의 기존 권력과 심지어 특혜를'

존중하고, '하나의 국가를 이루고 있는 큰 계급과 계층들의 기존 권력 및 특혜를 더욱더' 존중한다. 그는 '큰 폭력 없이는 무너뜨릴 수 없는 것을 그저 완화하는 데 만족할 것'이다(*TMS* VI.ii.2.16). 두 번째 유형은 '불만에 찬 무리'의 지도자로 예시될 수 있는 인물이다. 그는 '그럴 듯한 개혁 방안'을 제시하는데, 그것은 '직접적인 불만을 야기하는' 고통을 완화할 뿐 아니라 그 고통의 재발을 미리 방지할 것으로 추정되는 방안이다. 그런 지도자는 '수세기 동안 대제국의 신민들이 아마도 평화, 안전, 심지어 영광까지 누리도록 해주었던 정부 제도를' 고칠 것을 제안한다(*TMS* VI.ii.2.15).

프랑스보다는 영국이 이 두 유형의 예들을 위한 공적 무대로서 제시될 만한데, 이런 윤곽에 맞는 후보들을 영국에서 찾아볼 수 있기 때문이다(Lock 2000: 46). '아들' 윌리엄 피트는 구조적 개혁을 압박하지 않고, 기존 정치적 틀 안에 온건한 변화를 가져오는 데 만족하는 지도자로 여겨질 수 있다. 찰스 제임스 폭스는 어떤 전면적 개혁에 돌입하기를 원하는, '불만에 가득 찬' 휘그당의 지도자로 여겨질 수 있다. 물론 일찍부터 스미스는 아메리카 식민지 사람들에게 자유가 주어지지 않은 게 잘못이라고 주장하면서 폭스와 로킹엄파 휘그당원들의 입장을 지지해온 터였고, 그들과 마찬가지로 평화를 지키는 것을 지지했다. 또한 1783년에 그는 버크가 기초하고 그해 11월 하원에서 통과된 동인도 법안에 대한 폭스의 운용을 지지하는 뜻을 다음과 같은 강력한 말로 밝혔다. '폭스 씨가 그 법안을 제안하고 지지하며 보여준 과감한 판단과 결단이 그를 더할 수 없이 명예롭게 합니다'(*Corr.* No. 233).

그런데 1784년, 노스-폭스 정부가 무너진 후 총리가 된 피트는 재정 문제를 다루고 프랑스와 통상 조약을 맺으면서 어느 정도 스미스의 '제자'임을 보여주었다. 폭스는 정치경제가 '모든 학문 중 가장 무의미한 학문'이라 단언했고, 스미스에 대해 '장황하다'고 생각한다고 말했다(J. B. Trotter 1806: 36; L. G. Mitchell, 1992: 185). 이와 반대로 피트는 『국부론』을 공부했고, 정치경제학자로서의 스미스의 높은 수준을 알아보았다. 앞서 언급했듯이(23장), 스미스는 피트의 반대자들과의 오랜 우정을 인정했지만, 피트의 첫 번째 내각에서 파악한 훌륭한 특성들에 대해 칭찬의 뜻을 밝힌 바 있다(Smith to Beaufoy, 14 Nov. 1784, Sraffa Coll., Trinity Coll. Libr., Cambridge). 1780년대 후반에 피트의 재정·경제 개혁들에 대해 폭스가 의회에서 보인 성급한 반응(L. G. Mitchell, 1992: 175)은 스미스에게 좋은 인상을 주지 못했을 것이다. 전면적 정치 변화를 원한 그의 추종자들의 분열은 폭스가 국가를 위태롭게 할 각오가 되어 있는, '불만에 찬 무리'의 지도자라는 설명을 정당화했을지도 모른다. 게다가 조지 3세의 병이 재발한—당시 정신 이상으로 여겨졌으나 사실은 포르피린증이었을 것으로 추정된다(MacAlpine and Hunter, 1969; Warren, BBC News, 2004년 7월 14일; Warren, 2005)—1788년 11월의 섭정 국면에서의 일도 있었다. 폭스는 피트보다 자신을 향후의 총리로 선호할 왕세자의 온전한 왕권 확보를 주장했던 반면, 피트는 왕의 건강이 회복되기를 바라면서 왕세자의 권한을 제한하려 했는데, 실제로 왕은 1789년 2월에 이르러 건강을 되찾았다. 스미스는 1789년 3월 25일 헨리 던다스에게 보낸 편지에서 이 시기의 피트의 견실함을 들어 다음과 같이 그를 과도하게 칭찬했는데, 이는 폭스를 넌지시 질책하는 것이기도 하다. '당신의 젊은 친구[피트]의 행동의 모든 면에서 드러나는 견실함, 올바름, 신중함은 그것이 기억되는 한, 이 왕국의 모든 현명하고 사려 깊은 사람에 대한 평가에서 그를 아주 상위에 올려놓을 것이 분명합니다'(*Corr.* No. 286). 그럼에도 불구하고 버컨 경은, 스미스가 그 내각에 대해 좋은 인상을 받고—'휘그당원이자 폭스파 대신에 토리당원이자 피트파'—1787년의 런던 방문에서 돌아왔지만 이런 인상은 차츰 사라졌으며, 스미스의 이전 의견이 돌아왔지만 이 정치인들 중 누구와도 연결되지 않았다는 견해를 밝혔다(Rae, 1895/1965: 410). 따라서 동시대 정치인들에 대한 스미스의 선호를 분명히 확인하는 데는 어려움이 있다.

스미스가 다룬 세 번째 정치 지도자 유형은 '체계적인 사람'이다. 이런 지도자는 '아름다울 것으로 상상되는 정부에 대한 자신의 이상적 계획'에 지나치게 빠져서, '거기서 조금이라도 벗어나는 것을 견디지 못한다'. 그는 '손으로 체스판에 다양한 말을 배열하는 것만큼이나 쉽게 큰 사회의 다양한 구성원을 배열할 수 있다'고 상상한다. 그는 어떤 반대도 허용하지 않으며, 자신의 [완벽함에 대한] 생각이 요구하는 것처럼 보일 수 있는' 모든 것을 수립하기를 강요하면서 '최고 수준의 거만함'을 보인다. 이런 지도자는 '군주' 유형으로, '모든 정치 이론가' 중에서 '단연코 가장 위험하다'. '그들의 개혁의 가장 큰 목표'는 '귀족의 권위를 축소하고, 도시와 주들의 특권을 없애고, 나라의 가장 위대한 개인과 가장 위대한 계층 모두를 그들의 명령에 대항할 수 없는 존재들, 가장 약하고 가장 보잘것없는 존재들로 만드는 것'이다 (*TMS* VI.ii.2.17~18). 이런 유형이 18세기 후반의 영국이나 혁명 초기의 프랑스에는 전혀 걸맞지 않는다는 주장은 타당해 보인다. 아마도 이 유형은 스미스가 루이 15세의 행정부에서 직접 목격한 절대주의 경향과는 미미한 관계가 있고, 루이 14세의 행정부에서는 훨씬 더 분명했을 것이다.

그렇다면 스미스 시대의 '군주들' 가운데 '모든 정치 이론가 중 단연코 가장 위험한' 인물은 누구일까? 이 점에서 스미스 시대의 '자비로운 전제 군주들', 그중에서도 특히 오스트리아의 요제프 2세를 거론하는 진술이 있었다(Lock, 2000: 44~45). 그는 이 유형의 다른 통치자들, 예컨대 프로이센의 프리드리히 2세, 러시아의 예카테리나 2세, 스페인의 카를로스 3세와는 거리가 있다. 왜냐하면 그는 1780년부터 1790년까지 10년에 걸친 전제적 통치 중에 자신의 법적·정치적·종교적·사회적·경제적 개혁의 신속하고 무자비한 시행의 결과로서 합스부르크 제국에 불화를 불러왔기 때문이다. 이 개혁이 집중된 곳은 오스트리아령 네덜란드로 알려진 지역이었다. 요제프 2세는 1781년에 이곳을 방문했는데, 200년 동안 그의 가계에서 그곳을 방문한 사람은 그가 처음이었다. 그는 신분을 숨긴 채 순시에 나섰고, 악습을 즉각 종식하고 시대에 뒤떨어진 관습들을 없애기로 결심했다. 그는 즉시 세습 특권을 폐지하고자 했고, 의사 결정 권력을 지역 명사들에게서 왕실 평의회로 이전하고자 했다. 이런 조치는 '귀족의 권위'를 축소하는 것이었고, 따라서 그는 '일시에, 그리고 반대를 무릅쓰고' 자신이 가진 '정책과 법의 완성에 대한 생각'을 부과하려 했고, 사실상 공고하게 중앙집권적이고 세속적인 행정을 창출하려 했다. 계몽주의의 염원에 따라 요제프는 1781년 11월 12일의 선언을 통해 보편적인 종교적 관용을 허락했고, 가톨릭 성직자를 배제한 사제 교육을 합법화하려고 노력했다. 게다가 이 합스부르크 황제는 도시들에 경제적 기회들을 열어놓기 위해 동업 조합을 폐지했지만, 이로 인해 그의 적은 또 늘어났다. 예상할 수 있었던 것처럼, 이런 요제프 2세의 정책들과 강제적 정책 부과는 1788~1789년의 무장 반란을 야기했다. 스미스가 『도덕감정론』의 추가 내용을 완성하고 있던 시기에 이 격변이 『스카츠 매거진』에 실린 것은 분명 우연의 일치가 아니다.[5] 정치적 행동에서 이 오스트리아 군주는, 위로부터 임의로 개혁을 부과하려 했고 바라는 바를 얻기 위해 강제력을 동원할 준비가 되어 있었다는 점에서 '가장 혁명적인' 체계적인 사람이었다. 이런 일들의 최종적 결과는 1789년 중반의 보수적인 브라반트 혁명이었다. 이 혁명의 지지자들은 오스트리아인들을 남부 네덜란드에서 몰아내기로 결심했다. 요제프 2세는 자신의 개혁을 철회해야만 했고, 환멸감과 실망감 속에서 1790년 2월에 사망했다(J. Roegiers and N. C. F. van Sas in J. C. H. Blom and E. Lamberts, eds., 2006: 288~285; Beales, 2009).[6]

스미스의 편지에서 덴마크에서 일시적으로 제한 없는 권력을 행사한 어떤 '체계적인 사람'에 대한 구체적 반응이 발견된다는 점 또한 언급해야 한다. 이 사람은 매우 낙후된 덴마크와 자매국 노르웨이에 코펜하겐으로부터 하향식 개혁을 부과하는 데 그 권력을 독단적으로 사용했다. 바로 할레대학에서 수련한 의사 요한 프리드리히 슈트루엔제인데, 그는 거기서 계몽주의의 자유주의적이고 방종한 사상, 특히 볼테르, 루소 및 프랑스 계몽사상가들의 사상을 접했다. 1758년에 그는 함부르크 인근 알토나시의 공공 의사가 되었고, 정신 질환을 앓고 있던 국왕 크리스티안 7세를 보필하는 사람들에 의해 궁정에서 쫓겨난 덴마크 조신들의 주의를 끌었다. 이 조신들은 만약 슈트루엔제가 왕을 치료하는 데 성공한다면 자신들이 궁정에서 영향력을 되찾으리라는 생각에 슈트루엔제를 왕에게 소개했다. 왕은 슈트루엔제의 치료가 효과가 있다고 생각했고, 1767~1768년에 하노버를 경유해 파리와 런던을 방문하는 해외 여행에 그를 동반했다. 이 여행에서 크리스티안은 볼테르 및 다른 문필가들을 만났고, 그들의 정치·사회 사상이 그를 매료시켰다. 슈트루엔제는 크리스티안의 병을 완화하는 데 성공함으로써 그에게 영향력을 행사할 수 있게 되었고, 덴마크의 한 백작이자 각료로서 사실상 완전한 정치적 통제권을 넘겨받았다. 그는 명령을 내려 즉각 시행되도록 할 권한을 갖게 되었고, 왕에게는 추후 명령문을 제시해 그의 서명을 받기만 하면 되었다.

1772년 1월까지 10개월간 이런 권력을 유지하면서 슈트루엔제는 1000건이 넘는 명령을 내렸고, 이 명령들은 계몽주의 사상가들이 옹호한 것에 부합하는 방식으로 덴마크에 엄청난 변혁을 일으켰다(Lis Frøding, 2001). 그의 목표는 무역에 대한 규제를 철폐해 국가의 부를 증대하고, 평화 정책을 유지하고, 관방학파의 경제 이론에 맞춰 정부 기관들을 신식으로 만들고 중앙집중화하는 것이었다. 그는 개인의 자유를 강하게 믿었고, 언론 검열과 가택 수색, 그리고 사법상의 고문을 종식시켰다. 또한 사적 자문기관을 내각으로 교체했고, 토지를 소유한 계층의 권력과 특권을 제한했고, 관리들의 봉급과 연금을 삭감했고, 산업에 주어지는 보조금을 축소했는데, 이 모두가 모진 적을 만들어내는 일이었다. 그는 농업이나 많은 소작농을 위해서는 거의 아무것도 하지 않았다(Asser Amdisen, 2002, revd. Michael Bregnsbo, 2002년 12월). 개혁 과정 초기에 그는 조지 3세의 지적인 여동생인 영국인 왕비 캐럴라인 마틸다와 친구가 되었다. 조지 3세는 그녀를 열여섯 살 때 덴마크로 보냈고, 거기서 그녀는 후계자 프레데리크를 낳았지만 심각한 성적인 문제가 있던 크리스티안 왕에게 등한시되었다. 왕비와 슈트루엔제는 뜨겁게 연애를 했고, 두 사람 사이에서 딸 루이즈 아우구스타가 태어났다. 자유 언론은 슈트루엔제에 대한 덴마크 사람들의 불만을 표현해주는 매체가 되었다. 덴마크 사람들은 슈트루엔제의 개혁의 급속함과 광범위함에 대해서, 그리고 무엇보다 그가 특정 이익 단체들에 대한 경멸을 드러내고 캐럴라인 마틸다와의 관계를 통해 인습적 도덕에 대한 경멸을 드러낸 것에 대해서 불만을 가졌다. 슈트루엔제는 자신과 왕비의 주위에 근위대를 두지 않았고, 자신의 개혁을 지지할 당파를 형성하지도 않았다.

결국 선왕의 왕비였던 율리아네 마리와 대체된 고문인 오베 회아이-굴드베르그에 의한 친위 쿠데타가 그의 몰락을 가져왔다. 슈트루엔제와 왕비는 1772년 1월 17일 아침 일찍 체포되었고, 고문으로 인해 그가 권력 악용 및 왕비와의 간통을 자백한 것으로 보인다. 이 이야기는 조지 3세의 형제들의 성적 문란함의 이야기와 마찬가지로 영국 신문에 널리 실렸다(Stella Tillyard, 2006). 공개 재판 이후 슈트루엔제와 크리스티안을 보필했던 조신 브란트는 대역죄로 사형을 선고받았다. 러시아의 예카테리나 황제와 영국 왕, 볼테르와 수많은 프랑스 계몽사상가가 형 집행 취소를 요청하는 글을 썼지만 율리아네 마리는 이를 거부했다. 슈트루엔제와 브란트는 4월 28일에 끔찍하게 잔인한 방법으로 공개 사형에 처해졌으며, 이튿날 밤 광분한 폭도를 저지하는 어떤 조치도 취해지지 않았다. 왕비는 슈트루엔제와의 관계를 시인했고, 그 결과 그녀의 결혼은 무효가 되었다. 그녀는 자식들을 빼앗겼고, 하노버의 첼레에 유배되어 다시는 자식들을 보지 못했으며, 1775년 그곳에서 사망했다.

스미스는 1780년 10월 26일 안드레아스 홀트에게 자서전적인 긴 편지를 썼다. 스미스는 홀트를 1764년 툴루즈에서 만났는데(13장), 이제 홀트는 덴마크 무역경제위원회 위원이 되어 있었다. 편지에서 스미스는 슈트루엔제 시대의 종말에 대해 다음과 같이 언급했다. '당신[홀트]이 언급한 귀국 정부의 행정 혁명에 대해 저는 대단히 신중하고 적절하게 수행되었으며, 국가 수호를 위해 꼭 필요했다고 늘 믿고 있습니다'(Corr. No. 208). 아마 신문 기사들과 홀트의 편지는 족쇄를 차고 엄중하게 감금당한 슈트루엔제와 브란트, 자백을 끌어내기 위해 고문이 가해졌다는 의혹, 참수되기 전 그들의 오른손을 자른 것, 그들의 시신을 생식기를 포함해 토막 낸 것, 그리고 군중이 보도록 그 토막들을 수레 위에 펼쳐놓은 것 등 자세한 이야기를 낱낱이 밝히지는 않았을 것이다. 그러나 스미스는 슈트루엔제의 통치를 거스르는 혁명에 대해 '대단히 신중하고 적절하게' 수행되었고 '꼭 필요한' 것이었다고 판단을 내리는, 도덕적으로 불쾌한 눈가림을 할 만큼 그런 사실들을 충분히 알고 있었을 것이다. 결국에는 슈트루엔제의 개혁 중 많은 것이 크리스티안의 후계자 프레데리크 6세에 의해 그가 섭정 왕세자로 있던 시기인 1784~1808년에 복구되었다(Enquist/Nunnall, 2001; Lars Bisgaard et al., 2004).

스미스는 물론 정부 체제와 국가 구조에 대해 전문적 관심을 갖고 있었다. 또한 아마도 『도덕감정론』 초판 끝에서 그가 한 약속, 즉 '법과 정부의 일반 원칙들에 대한, 그리고 그것들이 사회의 여러 시대와 시기에 겪은 여러 변혁에 대한 설명'을 제공하겠다는 약속(TMS 1759: 551)이나 1785년에 그가 '준비 중'이라고 밝힌 '대작들' 중 하나에 대한 그의 진술(Corr. No. 248)로 미루어, 그가 덴마크, 북아메리카, 영국령 인도, 오스트리아령 네덜란드에서 정부 체제와 국가 구조가 만들어지고 무너지는 것을 주의 깊게 관찰했다고 우리는 믿거나 추측할 수 있다. 1780년대 후반에 프랑스에서 벌어진 일들에 대해 스미스가 무엇을 알고 있었는지 알려주는 직접적인 증거는 없지만, 뒤퐁에게서 온 1788년 6월 19일의 편지는 스미스로 하여금 생각에 잠기게 했을 것이다. 또한 그해 11월 5일에는 에든버러에서 윌리엄 로버트슨이 1688년에 일어난 이른바 명예혁명의 100주년 기념 연설을 하면서, 그 근본적인 정치적 변화를 미국 혁명 및 프랑스의 격변과 긍정적으로 연결시켰다(co-ed. Doris & R. B. Sher, Chicago: 1979: Ap. B). 두 번째 『에든버러 리뷰』의 공동 창간자이자 급진적 하원의원이며, 1832년에 오래 지연된 의회 개혁법을 통과시킨 정부에서 대법관이 되는 헨리 브로엄은 자신이 열 살 소년이었을 때 교장이 당시 대륙에서 벌어지는 일들에 대해 '예감되는 훨씬 더 위대한 일들의 전조'이며, '그토록 위대한 국가의 수많은 사람이 전제 정부의 속박에서 해방'될 것이라고 말했다고 회고했다(Meikel, 1912: 41~42에서 인용됨). 그 해방에 대해 말하자면, 프랑스 혁명가들은 그것이 헌법의 형태로 보존되어야 한다고 믿었고, 국민의회는 1789년 8월 26일에 인권선언문을 채택함으로써 그 헌법의 첫 부분을 제정했다. 이것은 참여 민주주의의 시행과 그 시대의 사회적 고통의 즉각적 완화에 대한 기대를 널리 확산시켰다. 하지만 의원들은 이런 이론적 태도를 취하자마자 지주의 권리를 보호하려는 의도에서 선거권과 선출직 공직자의 자격을 제한하기 시작했다. 이것이 로베스피에르를 자극해, 그는 순수한 민주주의를 옹호하는 국민의회 내의 관심과 지지를 끌어내기 시작했고, 그런 자격 조건들이 평등을 파괴한다고 말하기 시작했다(Baker, 1990: 253~271). 바로 이것이 혁명주의자들의 더 큰 혼돈과 혼란의 원천이었다.

처음부터 국민의회 의원들이 마음을 쏟은 것은 프랑스의 새 시대를 위한 헌법을 확립하는 문제였다. 엄격한 이론가 시에예스는 인민 주권에 대한 루소의 견해를 철저하게 밀고 나갔지만, 대의제 문제에서는 루소와 갈라졌다. 그는 대의제를 필요악으로 보지 않고, 단원제 국가 입법부에서 논의와 투표를 통해 사람들의 의지를 합리적으로 표출하는 수단으로 보았다. 중농주의자들과 애덤 스미스의 저작, 그리고 흄, 로버트슨 같은 스코틀랜드 역사학파의 다른 회원들의 저작에서 발견되는 사회 대의제와 시민사회의 진보에 대한 생각을 숙고하는 과정에서, 시에예스는 대의 정부에 대한 견해, 그리고 권력이나 거부권을 유지하는 것을 통해 귀족 계급과 군주에게 확립된 세습적 특권을 폐기하는 것에 대한 견해를 형성했다. 그는 유럽 사회들을 '광대한 연수회장'으로 간주했고, 그곳의 구성원 대다수는 '공공의 이익에 대해 알고, 이런 관점에서 자신들의 의지를 해석하는 데 자신들보다 훨씬 더 유능한 대표자들'을 선출하는 일을 통해서만 자신들이 정부에 참여할 수 있다는 것을 연수를 통해 똑똑히 마음에 새기고 있다고 보았다. 애덤 스미스의 경제 이론이 정치적인 것으로 방향을 트는 것은 1789년 10월 2일의 시에예스의 연설에서 구체화되었다. 여기서 시에예스는, '분업은 모든 종류의 생산적 노동뿐 아니라 정치적 업무에도 적합'하기 때문에 대의 정부는 필수라고 주장했다(Baker, 1990: 245~251).

일이 꼬이면서, 시에예스는 자신의 강력한 대의 정부 형태를 채택하도록 의원들을 설득하지 않았고, 그들은 9월 11일 군주제 정지권을 수락하는 데 투표했다. 그 후 루이 16세는 단지 인권선언문과 그때까지 합의된 헌법 조항들에 '동의'했을 뿐이다. 이는 여성들의 베르사유로의 행진이라는 사회적 행동으로, 그리고 보편 의지의 표명에 기반한 입헌 군주제에 대한 왕의 '승인'을 확보하기 위해 10월 5~6일 왕의 가족을 파리로 강제 이동시키는 것으로 이어졌다. 일이 이렇게 전개되면서, 다시금 만만찮은 질문들이 제기되었다. 만약 이 기회에 새로운 시작으로 헌법이 새로 만들어졌다면, 헌법이 도전받고 거부되고 보편 의지나 국가 주권의 더 나아진 표현으로서 다시 고쳐지는 것을 방지할 방법은 무엇이었을까? 또한 사회적 행동의 역할에 대해서는 어떻게 봐야 할까? 즉, 헌법의 전체나 일부의 변화를 강요하도록 사회적 행동이 다시 촉구될 수 있지 않을까? 제헌 국민회의 내 달변가들의 주장과 그들이 자국의 정부 형태를 위해서 한 선택들에 공포 정치의 씨앗이 있었다(Baker, 1990: 271~305).

톰 페인은 이런 입헌 논쟁들로 성취되는 것에 대해 낙관적 견해를 취했고, 영국 사람들이 프랑스의 본을 따르기를 바랐다. 그는 스미스의 친구 에드먼드 버크가 1790년 11월 1일에 출간한 『프랑스 혁명

론』에서 국민의회가 특권과 독점을 폐지한 것에 대해 비판한 내용을
받아들이지 않았다. 페인은『국부론』에서 정치경제에 대한 체계적 설
명의 일환으로 그런 제도들을 공격한 것을 상기했고, 버크의 문제는
그가 스미스의 체계 수립 능력을 갖고 있지 못하며, 따라서 기본 원칙
들부터 새로운 프랑스 헌법에의 적용까지의 합리적인 구성을 이해하
지 못하는 것이라고 밝혔다.[7]

　스미스가 빠르면 1789년 3월 31일, 늦으면 그해 11월 18일에『도
덕감정론』의 새로운 제6부에 추가한 정치 변화와 헌법 제정에 대한
면밀한 분석들을 페인은 읽지 못했을 것이다. 스미스가 여기서 구체
적으로는 프랑스에서 펼쳐지는 당장의 일들을, 그리고 일반적으로는
혁명의 시대들을 냉담하고 초연하게 대하고 있다는 생각이 드는 것은
그리 놀라운 일이 아니다. 그는 헌법 제정을 둘러싼 동시대의 논쟁에
대한 의견 제시를 '조국에 대한 사랑이 인류에 대한 사랑에서 기인하
는 것 같지는 않다'(TMS VI.ii.2.4)라는, 혁명의 이상주의와 다소 상충
하는 주제 문장으로 시작한다. 그는 애국심이라는 스토아 철학적 주
제를 다루면서 정치계와 정치 조직에 대해 오랫동안 갖고 있었던 견
해들을 표명할 기회로 삼았던 것 같다. 동시에 스미스는 프랑스의 입
헌 논쟁들과 관련해 이의를 드러내는데, 그가 헌법에 대해 다음과 같
이 정의하고 있기 때문이다.

　어떤 나라의 이른바 헌법은 그 나라가 그 나라를 구성하는 서로 다
른 계층과 집단들로 어떤 식으로 나뉘어 있는지, 그리고 그들 각각의
권력, 특권, 혜택이 구체적으로 어떻게 분배되어왔는지에 달려 있다.

(*TMS* vi.ii.2.8)

이런 표현은 몽테스키외의 『법의 정신』의 관점을 반영하는 것이자, 아리스토텔레스의 『정치학』으로 거슬러 올라가는 전통을 보여주는 것이다(Baker, 1990: 255). 헌법의 안정성은 여러 계층과 집단이 서로를 침해하지 않도록 서로에게 적응하는 것에 달려 있다고 스미스는 주장한다. 가장 중요한 고려 사항은 계층과 집단들이 속해 있는 국가의 보존과 번영이므로, 이를 위해서 이 권력과 특권들을 제한하는 것이 필요할 수 있다. 이는 물론 자기 계층에 치우쳐 있는 사람들의 저항을 야기할 가능성이 크다. 본질적으로 이런 편파성은 유용성을 띠는데, 그것이 '혁신 정신을 점검'하고 계층과 집단들 간의 균형을 유지하기 때문이다. 게다가 편파성은 '그 시대의 풍조를 따르는 것일 수도 있고 그 시대에 일반적인 것일 수도 있는' 정부 변화들에는 반대하지만, 그렇게 함으로써 체제 전체가 안정적으로 유지되도록 돕는다. 분명 이것은 예컨대 스스로의 '권력과 특혜'에 대해 확실히 편파적인 귀족들의 특권에 대한 보수주의적인 주장이다. 이에 상응해, 스미스는 이 계층이 전쟁 시기에나 평화 시기에나 계속 지도자를 배출해 국가를 위험으로부터 보호하고 번영을 증진하기를 기대했다(*TMS* VI.ii.2.9~10).

그래서 스미스는 애국심이라는 주제로 돌아오는데, 우리는 이 주제를 미국과 프랑스의 혁명 담론에서 줄곧 애국심을 호소하는 것과 연결 지을 수 있을 것이다. 그는 여기에는 두 가지 원칙이 관련되어 있다고 믿는다. 제정된 헌법에 대한 존중, 그리고 동료 시민들의 복지를 증진하고픈 욕구다. 첫 번째 원칙은 법 존중과 민간 치안판사에 대한 복종을 시민의 자질로 정의한다. 두 번째 원칙은 사회를 안전하고 번영하게 만들려 노력하는 것을 좋은 시민의 자질로 정의한다. 평화로운 시기에는 이 두 원칙이 함께 작용하지만, 대중의 불안과 한 국가 내 집단들의 극심한 반목으로 질서가 붕괴되는 위기 상황에서는 이 원칙들이 충돌한다. 심지어 현명한 사람조차 '현 실태로 미루어 명백히 대중의 평안을 유지할 수 없어 보이는 헌법 또는 정부 형태'를 바꾸는 혁명에 동의할 수 있다고 스미스는 인정한다. 그것이 바로 사회 불안과 폭력으로 얼룩진 1788~1789년 프랑스의 상황이었다.

무니에와 랄리-톨랑달은 한편으로는 영국계 미국인들의 헌법 모델에, 다른 한편으로는 루소에게 영감 받은 살과 그레구아르 같은 사람들에게, 심지어 루소의 견해와 『국부론』의 스미스의 견해를 자신의 정치 이론에 결합한 그 탁월한 인물 시에예스에게까지 기반을 두고 있었는데, 프랑스의 삼부회 의원들이 1789년 여름 이 두 사람의 연설을 듣던 때에 직면해 있었던 그런 종류의 상황을 스미스는 다음과 같이 정확히 인식하고 있었던 것 같다.

> 진정한 애국자가 구체제의 권위를 다시 세우는 것을 지지하고 이를 위해 애써야 하는 때가 언제인지, 그리고 더 대담하지만 보통은 위험한 것인 혁신의 정신을 따라야 하는 때가 언제인지를 결정하는 것은 보통 고도의 정치적 지혜를 요하는 일이다. (*TMS* VI.ii.2.11~12)

스미스가 대외 전쟁과 국내 분쟁—또는 그의 표현을 따르자면 민간의 내분—중의 지도력을 평가하는 부분에서 이 점을 다시 살펴보면 스미스가 영국의 맥락을 넘어서 있다는 것을 알 수 있다. 전쟁으로 획득한 영광이 내분으로 획득한 것보다 '순수하고 훌륭'하지만, 성공한 분파 지도자는 만약 그가 혁명의 폭력을 완화할 수 있다면 외국을 상대로 한 승리보다 조국을 위해서 훨씬 더 많은 일을 할 수 있을 것이다. 헌법을 재정립하고, 또한 의심스러운 분파 지도자(애국자들)에서 동료 시민들의 평안을 확보해주는 항구적 제도들의 보증인으로 변모해 결국 자기 나라의 건국자가 되는 그런 인물에 대한 스미스의 추상적 묘사에 걸맞은 예로 미국의 워싱턴을 들 수 있다. 워싱턴은 스미스 시대의 어떤 스코틀랜드인들, 예컨대 미국의 장군이나 대통령으로서의 워싱턴과 계속 편지를 주고받았고 늘 그의 생일을 축하해주었던 버컨 경(Cant, 1981: 9)과 자기 국민의 자유를 위한 워싱턴의 투쟁을 높이 평가한 번스(Burns, 1968, ii.732~734)에게 이런 식으로 인식되었다.

『도덕감정론』 신판 이 부분의 이면에는 공화주의적 감정의 역사가 있고, 어쩌면 1789년의 프랑스 국민의 대표자들에 대한 공감도 있을 것이다. 정의, 평등, 자유가 효과적으로 유지되고 국가의 행복과 번영을 위한 실현 가능한 기회들을 가져올 미래로 자국이 어떻게 나아갈 것인지를 결정하기 위해 모였던 대표자들 말이다. 그들과 스미스의 기억 속에는 부르봉 왕가에 대한 고등법원의 오랜 투쟁, 그리고 다른 모든 계급이 비하되는 그런 주권 소재지에 대한 모욕적인 왕의 선언이 남아 있었다. 루이 15세가 1766년의 '채찍질 회기séance de la flagellation'에 질베르 부아쟁이 왕을 위해 쓴 연설을 하는 가운데 그런 선언을 했다. 스미스가 파리에 있던 시기에 나온 선언이었다.

> 어떤 사람은 주권이 오직 내게 있다는 것을 잊을 수 있기라도 한 것
> 같다. (…) 공공질서 전체가 내게서 나온다는 것을, 일부 사람이 감
> 히 군주와 별개의 기관으로 간주하는 국가의 권리와 이익이 나의 권
> 리와 이익과 필히 일치하며, 오직 내 손 안에 있다는 것을. (Schama,
> 1989: 104; Baker, 1990: 225~228)

분명 스미스는 이런 오만이 나라에 대항하는 폭력을 야기한다고
보았다. 그는 또한 그런 폭력의 결과를 다루기 위해서는 '고도의 정치
적 지혜'가 필요하다고 생각했다. 그가 『도덕감정론』 개정판의 '정말
마지막 문장'을 끝냈을 때 프랑스의 상황은 갈피를 잡기가 매우 어려
웠다.

1789년 11월 18일에 스미스는 카델에게 '마지막 문장'을 썼다고
알렸고, 또한 관세위원회 동료인 데이비드 리드가 자신의 책을 런던
으로 가져가 교정쇄를 수정할 것이므로 자신은 '런던 여행의 비용과
피로'에서 벗어날 수 있다고 말했다. 그러고 나서 스미스는 에든버러
의 출판업자 윌리엄 크리치에게 이 책의 출판에 참여할 것을 제안하
는 일로 카델을 질책한다.

> 당신이 이런 제안을 할 권리가 있는지 모르겠습니다. 저는 추가 내용
> 을 다른 어떤 사람도 아니고 오직 스트레이핸과 당신에게 선물로 드
> 린 것입니다. 이 책을 에든버러에서 인쇄하기로 되어 있다면, 내일이

라도 바로 인쇄에 들어갈 수 있을 겁니다. 그러나 저는 전적으로 이에 대해 반대합니다. 심지어 저는, 이 책이 런던에서 최소한 100부쯤 배포되기 전에는 단 한 권도 에든버러에 들어오지 말아야 한다는 것을 조건으로서 요구해야 합니다. 장담하는데, 지금과 같은 이곳의 문필 파벌 상태로 미루어 이 조건은 당신이 알 만한 정도보다 더 당신의 이익과 저의 평온 둘 다에 중요할지 모릅니다. (Klemme, 1991: 279~280)

여기서 자연스럽게 의문을 갖게 된다. 스미스가 에든버러의 '문필 파벌 상태'를 내세워 자신의 책을 거기서 출판하는 것에 그토록 반대한 이유는 무엇이었을까? 카델의 '이익'과 스미스 자신의 '평온'이 이에 답하는 데 실마리가 되어줄 수 있다. 이 단어들은 앞서 이야기한, 1776년에 흄의 『자연종교에 관한 대화』의 출판에 관여하고 싶지 않은 마음을 드러냈던 편지 초안에도 나온다. 이 글에서 그는 흄의 짤막한 자서전 『나의 삶』을 죽음을 앞둔 흄의 태도에 대해 쓴, 표면적으로는 1776년 11월 9일로 되어 있는 스미스의 편지와 함께 묶어 흄의 『자연종교에 관한 대화』와 별도로 출판하겠다는 윌리엄 스트레이핸의 결정에(Corr. No. 178) 대해 감사를 표했다. '저는 이런 조정이 저의 평온뿐 아니라 당신의 이익에도 기여할 것이라고 자부합니다'(Corr. No. 177A). 이 같은 초안은 스미스가 『자연종교에 관한 대화』의 출판으로 야기될 '소란'을 두려워했음을 암시한다. 정작 『자연종교에 관한 대화』는 흄의 회의론과 무신론을 우려한 기독교도들에게서 큰 논란을 일으키지는 않았다.

그렇다면 『도덕감정론』 신판—영혼 불멸의 교리에 대한 동의라는 점에서 어떤 부분들에서는 부족하다고 이미 간주되었고, 이젠 신의 보상과 벌이 따르는 내세의 성격에 대한 논조에서 훨씬 더 흄을 연상시키는—때문에 에든버러에서 스미스를 욕할 만한 문필 파벌은 어떤 사람들이었을까? 그들은 분명 스코틀랜드교회의 고교회파와 결부된 저자들이었을 것이다. 그들은 이미 1778~1779년에 로버트슨 학장의 가톨릭 구제 입장 때문에 그를 신랄하게 공격한 바 있었다. 이는 1780년대에 스코틀랜드교회 내 온건파의 힘이 기울고 그와 함께 스코틀랜드 성직자 집단 내 스미스 협력자들의 힘도 기울면서 로버트슨이 포기할 것을 강요받은 입장이었다. 또한 스미스는 '자연종교의 원칙'을 오염시키는 '일부 가치 없는 파벌의 선동적이고 당파적인 열의'에 대한 기존의 비판에다가 『도덕감정론』의 새로운 내용이 더해진 것을 의식하고 있었을 것이다(TMS *III.5.13*; cf. 새로운 대목, III.3.43). 아마도 그는 자신의 개정판이 런던에서 성공을 거두어, 그것으로 인해 에든버러 언론이 자신에게 쏟아낼 모든 것의 힘이 무뎌질 수 있기를 기대했을 것이다(Sher, 1985: 289~297; Donovan, 1987; 1990; Fry, 1992a: 71~76). 고교회파 사람들도 글을 출판했으니 '문필 파벌'로 간주될 것이다. 그들은 아메리카 식민지 위기 때 혁명적 애국지사들의 편을 드는 경향이 있었고, 또한 프랑스 혁명가들의 편을 들 것으로 예상될 수 있었다(D. D. 래피얼의 언급). 스미스가 『도덕감정론』 제6판의 출판에 크리치가 참여하는 데 반대한 것은 정치 문제 때문은 아니었을 것이다. 크리치는 보수적이라는 평판을 받았고, 개정판에서 헌법과 혁명적 변화에 대한 스미스의 접근도 그런 편이었기 때문이다(Sher

2002: 17에는 어긋나지만). 분명 스미스는 언론의 주목을 바라지 않았다. 1785년 7월 4일 빈디슈-그레츠에게 '저는 막을 수만 있다면 제 이름이 신문에 실리도록 절대 놔두지 않지만, 슬프게도 항상 막을 수는 없습니다'(MS copy, Aldourie Castle, Inverness)라고 분명히 밝혔듯이 말이다.

스미스의 삶이 온통 책을 쓰는 고된 일, 책들의 수용에 대한 격정, 복잡한 생각에 매달리는 것으로부터의 도피처가 된 관세위원회의 끝없는 일상적 업무로만 이루어져 있었다고는 생각지 말아야 한다. 그는 특히 다른 나라에서 에든버러를 찾아온 손님들을 응대하는 것을 통해 활기찬 사회 생활을 즐겼다. 그런 손님들 중에는 앞서 언급했듯이 지질학자 생퐁도 있었다. 생퐁은 화산암에 열띤 관심을 갖고 있었고, 스코틀랜드의 하일랜드와 섬들에, 또 어느 정도는 그 지역의 게일 문화권에도 화산암이 나타나는 것에 관심이 많았다. 스미스는 이 손님이 음악을 좋아한다는 사실을 알아냈고, 1784년 10월 19일 화요일에 그가 '생각도 못 해봤을 만한 어떤 음악을 들으러' 그를 데려가겠다고 약속했다. 그리고 이것이 어떤 인상을 주는지 알게 되면 그가 큰 기쁨을 느낄 것이라고 말했다. 스미스는 몰랐지만, 생퐁은 스미스가 가리키고 있던 그 백파이프 음악을 이미 들은 적이 있었다. 그는 지난 9월에 하일랜드를 여행한 터였고, 자신이 오번에 머무는 동안 한 백파이프 연주자가 매일 저녁 자신의 여인숙 창문 아래 자리를 잡고서 '내게 새로운, 하지만 내 귀에 아주 거슬리는 음악'을 연주해, 지질학 탐사 후 자신이 절실히 필요로 한 휴식을 방해했다고 기록한다(Saint Fond, 1907: i. 319). 생퐁은 그 백파이프 연주자를 보내버릴 수 없었는데, 그 연주자가 자신이 외국인에게 특별한 영광을 베풀고 있다고 생각했기 때문이다.

아마도 예의상 생퐁은 이 사실을 스미스에게 말하지 않았을 것이고, 스미스는 약속된 시간인 아침 9시에 맞출 수 있도록 그를 데리러 와서 에든버러 의사당으로 데려갔다. 그곳은 수많은 남녀 청중으로 가득 차 있었다. 홀 가운데에 공간이 있었고, 게일 문화권에서 온 남성 몇 명이 그 공간을 차지하고 있었다. 스미스는 그들을 '옛' 백파이프 음악 연례 경연의 '자연적 심사위원들'이라고 소개했다. 각자 선택한 곡을 가지고 최고의 연주를 선보인 참가자에게 상이 주어졌고, 그런 다음 각 연주자가 동일한 곡을 연주했다. 홀 안쪽에서 접이문이 열렸을 때, 생퐁은 완전히 하일랜드 의상을 갖춘 한 남자가 나타나 이리저리 걸으면서 '귀를 찢는 악기로 더할 수 없이 시끄럽고 거슬리는 소리로 불어대는' 것을 보고 놀랐다.

스미스는 생퐁에게, 주의를 기울여 음악을 들어보고, 나중에 그 음악에서 어떤 인상을 받았는지 묘사해달라고 요청했다. 스미스는 1782년 모방 예술에 관한 논문(『철학적 주제들에 관한 소론』)을 쓰고 있었고, 런던 방문 중에 '모방'에 대한 자신의 미학적 이론에 대해서, 아마도 그림과 관련해, 조슈아 레이놀즈와 토론하기도 했다. 그로부터 2년이 지난 이 시점에 스미스는 기악곡의 미학에 대한 자신의 논문을 위해 어떤 실험을 하고 있었던 것 같다. 그는 기악곡이 어떤 외적 대상이나 내적 상태를 정말로 '모방'하지는 않고 오히려 어떤 감정적 인상을 만들어낸다고 여겼다('Imitative Arts', ii.31~32). 처음에 생퐁은 음악의 '선율도 구상도' 알아듣지 못했고, 단지 첫 번째 참가자의 군인 같은 모습, 또한 '몸과 손가락을 모두 사용해 악기의 여러 리드를 한꺼번에 활동하게' 만들면서 '참을 수 없는 소음'이 되는 소리를 내뿜는 그 '놀라운 노력'에 깜짝 놀랐을 뿐이다. 생퐁은 연주된 그 선율을 '세 부분으로 나뉜 일종의 소나타'라고 묘사했다. 여덟 사람의 연주를 연달아 들은 후 생퐁은 그 '소나타'의 첫 번째 부분은 '전시 행군이나 군대 기동 연습'과 관련된 것이고, 두 번째 부분은 연주자가 연주의 소음과 빠름으로 표현하고자 한 치열한 전쟁과 관련된 것이 아닐까 생각하게 되었다. 그러고 나서 연주자는 아무런 전조도 없이 '일종의 안단테로' 넘어가더니, '슬퍼졌고, 슬픔에 휩싸였다. 그의 악기가 내는 소리는 구슬프고 약한 것이, 마치 전장으로부터 옮겨지고 있는 전사자를 애도하는 것 같았다. 바로 이 부분에서 아름다운 스코틀랜드 여인들이 눈물을 흘렸다'.

생퐁은 중부와 남부 하일랜드 지역 최고의 백파이프 연주자들의 연주를 듣고 있었고, 그들은 백파이프로 연주하는 웅장한 곡인 '피브라크', 즉 백파이프의 '큰 음악'—행진곡, 느린 춤곡, 빠른 춤곡, 느린 곡조, 지그, 혼파이프 같은 '작은 음악'과 구별되는—을 연주하는 것으로 서로 경쟁하고 있었다. 그러나 그는 자신이 이 음악의 '위협적인 음량, 거친 음색, 불협화음'으로 여긴 점 때문에 당혹감과 반감을 느꼈고(Donaldson, 2008b: 80), 그 백파이프 연주자들 중 누구도 훌륭하게 여길 수 없다고 고백했다. '내 생각에 그들의 숙련도는 모두 비슷했다. 바꾸어 말하면, 이 사람이나 저 사람이나 다들 형편없었다'(Saint Fond, 1907: 246~251). 완전히 생소한 전통 음악을 묘사해야 하는 난처한 상황에 처한 그는 그 음악에서 자신에게 익숙한 형태를 찾는 것에 매달렸고, 그것이 바로 3부로 이루어진 소나타였다. 생퐁이 피브라크 곡들에서 포착된다고 여긴 요소를 모두 갖추고 있는 예를 하나 찾을 수 있다. 바로 「전투」(1673)라는 소나타인데, 보헤미아계 오스트리아인 작곡가이자 바이올린 연주자인 하인리히 이그나스 프란츠 폰 비버가 세 개의 바이올린, 네 개의 비올라, 두 개의 비올로네, 하나의 콘티누오를 위해 작곡한 것이다. '콘첸투스 무지쿠스 빈' 악단에 의한 이 소나타 연주(1968, 1969, 1971/2005)의 안내 책자는 이 곡의 특징을 다음과 같이 묘사한다. '머스킷 총병들의 무절제한 흥청거림, 행군, 전투, 부상자들의 비탄이 1673년 H. 비버에 의해 선율로 모방되어 바쿠스에게 헌정되다.' 생퐁은 비버의 소나타를 직접적으로는 몰랐을 수 있지만, 그 소나타에서 영감이나 영향을 받은 스코틀랜드 바이올린 곡들에 대해 들어봤을 수 있다. 제임스 오즈월드의 『칼레도니아 포켓 컴패니언』(1747~1769년경)에 실려 있는 「하일랜드 전투」와 「하일랜드 애가」가 그런 곡들로, 피브라크 곡의 형식적인 특징을 보여준다(Donaldson, 2000: 80; Oswald, 2006: iii.26, ii.19). 게다가 「하일랜드 전투」라는 곡은 '전투의 시작' '후퇴 준비' '대장을 위한 애가'라는 암시적 제목이 붙은 부분들을 두고 있다(악보와 해설: David Johnson, 1997: 138~142). 이 애가는 비버의 소나타 「전투」의 '비탄'에서 끌어낸 것으로 보이는 모티프로 시작한다.

경합에서 연주되는 곡들에 집중하지 못한 채, 그 곡들을 바로크 소나타나 그것을 반영하는 바이올린 음악과 연결 지으려 한 생퐁의 시도는 도움이 되지 않는다. 피브라크 곡은 론도를 기본 형식으로 가지고 있으며, 주제(혹은 기초)에 뒤이어 보통 '엄지 변주'를 포함하는 변주들, 즉 게일어로 suibhal ordaig, 그다음에 leumluath, taorluath, crunluath가 나온다(Donaldson, 2005: 28). 그리하여 18세기 작가들이 자신들이 원시적 또는 '낭만적'이라고 여긴 음악에서 발견한 야생적이고 계획되지 않은 선율의 개념과 완전히 다른, 규칙적이고 규칙이 정해져 있는 형식이 만들어진다. 생퐁은 이 음악이 '아름다운 스코틀랜드 여인들'에게 영향을 미치는 이유에 대해 이론을 제시했다. 그는 자신이 이 음악에서 받은 인상이 다른 청중의 인상과 너무 다르며, 자신은 주변 사람들의 생생한 감정이 곡조들 그 자체에서 비롯된 것이 아니라, 그 곡조들을 그들의 기억에 강력히 떠오른 역사적 사건들과 연결시키는 관념 연합에서 비롯되었다고 상상할 수밖에 없다고 썼다(Saint Fond, 1907: ii.250~251).

이 경연에서 생퐁과 스미스가 들은 음악이 어떤 것이었는지에 대해 말하자면, 1784년 10월의 『스카츠 매거진』(Scots Magazine 46: 552~553)에 참가 연주자들의 이름과 그들이 연주한 곡의 목록이 소개되었다. 일등상은 퍼스셔의 포팅걸에서 온 존 맥그리거 시니어에게 돌아갔고, 그는 「그레이트브리지의 끝」을 연주했다(Donaldson, ed., 2008a). 믿기 어려운 이야기지만, 헤브리디스제도의 도널드 발로크 맥도널드가 영국 군대를 물리친 1431년의 인벌로키 전투 때 스카이섬의 매크리먼이라는 유명한 백파이프 연주자 집안 사람에 의해 작곡되었다는 곡이다(Donald MacDonald, 1822: 111~115). 잘 짜여 있는 그 곡은 사람들의 목숨이 위태로운 어떤 상황을 반영하는 장엄한 주제로 시작해, 점점 활기를 더하는 변주들로 나아가면서 백병전의 격렬함을 환기하고, 마지막에는 전쟁으로 시험받는 삶의 의미에 대한 성찰을 암시하는 주제를 다시 표현하는 것으로 돌아온다. 경연에서 연주된 또 다른 곡은 가슴 저미는 장송곡인 「하나뿐인 아들을 위한 애가」였다(Donaldson, ed., 2007). 이 곡은 18세기에 역시 매크리먼 집안 사람이 어떤 개인의 죽음을 기리기 위해 작곡한 것이라고 주장되는데, 이는 매우 설득력 있다. 백파이프 음악이 감상되는 곳 어디서나 이 곡이 인간의 슬픔과 상실의 보편적 표현으로 받아들여져왔기 때문이다.

하일랜드와 그곳의 독특한 문화의 다른 요소들은 생퐁의 열광을 자아냈다. 그래서 그는 여행에서 오시안과 지질학에 대한 관심을 추구했고, 가끔은 핑걸의 동굴을 보려고 스태퍼섬을 방문했을 때처럼(Saint Fond, 1907: ii. ch. iv) 이 두 가지를 결합하기도 했다. 핑걸의 동굴은 육각형으로 접합된 현무암 기둥들을 보여주는 경이로운 장소로, 북아일랜드 앤트림에 있는 자이언츠 코즈웨이 같은 용암류와 유사하고, 그런 용암류의 일환이며, 18세기 후반의 관광 명소였다. 그는 백파이프 연주 경연 제도가 얼마나 오래됐는지 알지 못한다고 밝히면서, 스코틀랜드 메리 여왕의 시대에 에든버러에 들어왔을지도 모른다고 추측했다. 이것이 런던 하일랜드협회(1778년 설립) 후원하에 1781년 폴커크에서 시작되었고, 스코틀랜드 하일랜드협회(1784년 설립)에 의해 1784년 에든버러에 유입되었다는 것을 알면 그는 놀랐을 것이다. 백파이프 연주 경연, 음유 시인 덩컨 밴 매킨타이어에 의한 수상자를 위한 시 「게일어와 위대한 백파이프에 바치는 송가」 낭송, 하일랜드 춤 곡목, 킬트와 격자 무늬 어깨 천 착용, 백파이프를 화려하게 장식해 과시하기, 이런 것들은 게일어 사용자들을 거지 같은 악당과 재커바이트 반란자로 묘사하는, 1745~1746년 시기까지 통용된 오래된 그림을 어떤 새로운 신화로 대체하기 위해 후원자들이 의도한 특징들이었다. 칼레도니아의 정수를 대표하는, 스미스의 경제학이 상품 생산과 시장 경쟁으로 묘사한 현실 세계에 점점 더 갇혀가고 있는, 하일랜드 사람과 저지대 사람들을 망라한 스코틀랜드인들의 꿈이라 할 만한 것을 대표하는 어떤 고귀한 전사 종족을 주인공으로 하는 새로운 신화(Cheape, 2008: 131~132) 말이다.

생퐁이 떠나고 4년 후인 1788년에 스미스는 스페인 신사 몇 명을 손님으로 맞았다. 바야돌리드대학 총장과 두 명의 동행이었다. 그들은 아마도 카를로스 3세가 보인 계몽주의에 대한 관심에 영향받아 '배움과 진보'를 위한 여행을 하는 중이었다. 스미스는 이들은 백파이프 경연에 데려가지 않았고, 자신이 '우리 중 단연코 최고의 외국어 능통자로 여기는' 모임의 누군가에게 이들을 보냈다(*Corr.* No .282). 그 사람은 아마도 『카를 5세 시대의 역사』(1769)와 『미국사』(1777)를 쓰기 위해서 스페인어를 공부한 로버트슨 학장이었을 것이다.

스미스의 생애 마지막 해에 있었던 그의 대화와 여가 활동에 대해 자세히 알려준 에든버러 방문자가 있었으니, 바로 젊은 잉글랜드 시인 새뮤얼 로저스였다. 로저스는 앞서 언급했듯이 스미스가 마음에 들어하지 않은 인물인 프라이스와 『영국의 전기』의 박식한 편집자 키피스의 권고로 에든버러에 온 것이었다. 그들은 유니테리언 단체들 내에서 로저스 아버지의 친구들이었고, 그들의 말은 로저스의 첫 출판물인 『미신에 부치는 송가와 기타 시들』(1786)이라는 얇은 책으로 주어진 명성에 어떻게든 무게를 더했을 것이다. 스미스는 1789년 7월

15일 수요일 아침 식사 때, 자신이 좋아하는 음식이라고 밝힌 바 있는 딸기를 먹고 있던 차에 로저스를 맞았다. 그는 에든버러를 그곳 궁정들의 세입에 의존하는 도시로 폄하했고, 그런 곳의 '하층 계급' 사람들은 '상업과 제조업 중심 도시들'의 '근면하고 건실하며 번영하는' 하층 계급 사람들과 달리 '게으르고 무절제하고 가난하다'는 이론을 유지하고 있었다(*WN* ii.iii.12).

바스티유 함락 소식은 물론 아직 도달하지 않은 상태였고, 로저스가 떠난 7월 21일 이후에야 전해졌다. 그러나 스미스는 프랑스에서 벌어지는 일들에 계속 신경을 쓰고 있었고, 하루 동안 에든버러를 먹여 살릴 정도도 되지 않는 보잘것없는 양의 곡물을 그 나라에 보내기를 거절한 영국 정부를 비판했다. 스미스는 파리처럼 에든버러에서도 올드타운의 토지에 집들이 위로 겹겹이 쌓여올라가 있다고 말했다. 하지만 그는 에든버러의 이 부분이 불결함 때문에 이 도시에 오명을 안겨준다고 일찍이 말한 바 있으며, 앞서 언급했듯이 그는 새로 조성된 조지스퀘어로 이사 가고 싶어했다.

로저스가 스미스에게 존슨 박사의 친구인, 당시 에든버러에 있던 피오치 부인을 아는지 묻자 그는 모른다고 답했지만, 그녀가 '이상한 사람들과 어울려 못쓰게' 되었겠거니 여겼다. 그들 중 가장 이상한 사람은 존슨 박사 자신이었을 것이다. 1786년에 처음 출간된 보즈웰의 『헤브리디스 여행기』 3개 판을 통해 일반 독자들에게 드러난, 그리고 스미스에게는 언쟁을 통해 직접 알려진 존슨의 면모를 고려한다면 말이다.

그는, 하려고만 들면, 웅변 학교에서 무기를 휘둘러본 사람들 중 최고의 궤변론자가 될 수 있었지만, 오직 대화에서만 이것에 빠져들었다. 왜냐하면 때로는 이기기 위해서 말한다고 그 자신이 인정했기 때문이다. 그는 너무 세심해서, 의도적으로 틀린 것을 글로 씀으로써 틀린 것을 영구적이고 치명적인 것으로 만들 수 없었다. 그는 자신의 우월함을 의식하고 있었다. (…) 그의 머리는, 그리고 때로는 그의 몸도, 마비의 결과인 듯한 어떤 움직임으로 흔들렸다. 그는 시드넘무도병이라 불리는 질병의 특징인 경련이나 경련성 수축에 자주 시달리는 것 같았다. (BLJ v.18)

7월 17일 금요일에 스미스는 오이스터 클럽에서의 식사에 로저스를 초대했다. 참석자 중에는 블랙과, 연대학에 대한 해박한 저작의 저자이자 에든버러 왕립학회의 지식인들에게 최근 천문학에 대한 정보를 제공해준 인물인 수학자 존 플레이페어(Mizuta)도 있었다. 하지만 이날은 과거에 서인도의 상인이었던 달도위의 로버트 보글이 이야기를 독점했는데, 그는 경제 문제에 대해 상당한 정보를 갖고 있으나 따분하게 설교를 늘어놓는 데 몰두하는 사람이었다.

7월 19일 일요일에 로저스는 로버트슨과 함께 아침을 먹었고, 오전 늦게 올드그레이프라이어스 교회에서 그의 설교를 들었다. 그리고 오후에는 세인트자일스의 교회에서 블레어의 설교를 들은 다음 피오치 부인과 커피를 마셨다. 그는 오후 예배 직전, 교회 종이 울리고 있을 때 스미스를 보러 갔지만, 마침 스미스는 팬뮤어하우스의 문간에서 가마를 타고 막 바람을 쐬러 나서던 참이었다. 스미스는 그에게 자기 집에서의 일요일 저녁 식사를 위해 다시 오라고 초대했고, 또한 헨리 매켄지를 만날 겸 다음 날의 식사 모임에도 다시 오라고 초대했다. 참석자는 보글이 빠진 것 말고는 오이스터 클럽 식사 때와 거의 같았고, 『주니어스 편지』(1769~1772년에 신문에 실린 정치적 비판문)의 필자가 누구인지가 화제가 되었다. 스미스는 기번에게 들은 이야기를 전했는데, '싱글 스피치Single Speech 해밀턴', 즉 하원의원 윌리엄 제라드 해밀턴이 한번은 리치먼드 공작에게 주니어스의 '지독히 예리한 편지' 하나가 그날의 『퍼블릭 애드버타이저』에 실렸다고 알려주었는데, 그때 이 비밀이 밝혀졌다는 것이다. 공작이 그 신문을 봤을 때, 그가 발견한 것은 그 편지가 실리지 않은 것에 대한 사과뿐이었다. 그래서 해밀턴의 이름이 『주니어스 편지』와 관련해 거론되었고, 그 편지들은 더 이상 신문에 실리지 않았다. 현대의 연구는 훗날 워런 헤이스팅스의 적이 되어 버크와 함께 그의 탄핵을 지지한 인물인 필립 프랜시스를 『주니어스 편지』의 가장 유력한 필자로 보고 있다(HP ii.467~468).

그다음에 대화는 프랑스 저자들, 특히 볼테르와 튀르고에 대한 내용으로 바뀌었다. 이때 로저스가 어떤 '똑똑하지만 깊이 없는 작가'를 '또 한 명의 볼테르'라고 부르자 스미스가 가만있지 않았다. 스미스는 테이블을 쾅 내려치더니, '볼테르는 오직 한 명뿐입니다'라고 기운차게 말했다. 스미스는 튀르고에 대해서는 뛰어나고 정말로 정직하며 선의를 가진 사람, 이기심, 어리석음, 편견이 가득한 인간 본성과는 거리가 먼 사람으로 로저스에게 묘사했다. 스미스는 '옳은 것은 무엇이든 행해져야 한다'라는 튀르고의 격언을 흄을 통해 알게 되었다고 언급했다.

다음 날인 7월 20일 월요일에 로저스는 헨리 매켄지가 주빈으로 와 있던 팬뮤어하우스에 다시 갔다. 다른 손님들로는 괴팅겐—앞서 언급했듯이 스미스의 사상에 대한 관심이 컸던 곳—에서 왔다고 서술된 뮤어 씨, 유물 연구가이자 박물학자, 퍼시 주교의 친구이자 편지 상대였던 인장 사무원 존 맥가원이 있었다. 활기 넘치는 매켄지가 하일랜드의 천리안에 관한 대화를 이끌었는데, 이것은 존슨 박사가 1773년에 스카이섬을 방문하게 만든 주제였다(*BLJ* v.159~160). 매켄지는 소작인을 제대로 관리하기 위해서 천리안이라는 천부적 능력을 요구한 케이스네스의 괴짜 지주에 관해 이야기했다.

그런 다음 대화는 여성 작가들에게로 옮겨갔다. 주목할 만한 한 명은 샬럿 스미스였다. 그녀는 『에멀라인』(1788)과 『에설린드』(1789)라는 두 권의 책으로 소설가로서의 성공적인 경력을 시작해, 성城과 삼림 지대의 감상적인 여성을 많이 만들어냈지만, 사실적 소설이라는 맥락에서 앤 래드클리프에게 뒤졌다(Roper, 1978: 125~127). 두 번째로 거론된 작가는 해나 모어였다. 그녀에 대해 존슨은 '그녀 앞에서 시에 대해 한마디라도 이야기하는 것은 위험하다. 그것은 한니발 앞에서 전쟁 기술을 이야기하는 것과 같다'라고 주장했다(*BLJ* iv.149 n. 3). 그녀는 개릭 부부와 친했고, 비극 작품을 썼지만, 데이비드 개릭이 죽자 1779년에 무대를 등졌다. 이는 '국가의 즐거움을 빼앗아간' 일이었다고 존슨은 말했다(*BLJ* i.82). 후에 그녀는 복음주의적 대의에 힘쓰는 것으로 전향했고, 노동자 계층이 프랑스 혁명에 물들지 않게 하려 애썼다(Roberts, 1834; Thompson, 1968: 60~61; Gaul, 1988: 47~49). 또한 스미스의 외과 의사 존 헌터의 아내이기도 한 시인 앤 홈의 작품에 대해서도 대화가 이루어졌다.

매켄지는 아마도 작가와 설교자로서의 자신의 관심과 관련해 이 화제를 정기간행물 『라운저』와 『미러』에 끌어들였겠지만, 스미스는 이에 반응하게 된다. 윤리학자로서 그는 일반적으로 자제와 신중함이 라는 남성적 덕목들을 강조했지만, 나중에는 '모성애'와 '가정적 애정' 에서 드러나는, 이타심이라는 좀더 여성적인 덕목을 인정하는 경향 이 있었다. 그는 여성 작가들이 두드러지게 공헌한 분야인 감성 문학 의 상상력에 큰 인상을 받은 것처럼 보이는데, 앞서 언급한 『도덕감정 론』 제6판의 추가 내용에서 이 점이 드러난다. 거기서 그는 스토아 철 학의 옹호자보다 더 나은 선생이라 할 수 있는 작가들을 거론하고, 이 런 맥락에서 리코보니 부인을 리처드슨과, 그리고 마리보 같은 프랑 스 소설가들과 결부시킨다(*TMS* III.3.14).

이 모임에서 스미스가 블레어를 평가하는 어떤 말을 꺼내자 로 저스는 자신이 들었던 '남의 일에 대한 호기심'과 관련된 설교의 한 구절을 들어 감탄을 표했다. 스미스가 생각하기에 블레어는 '너무 자 만'했지만, 스미스는 자기 친구 블레어가 설교와 문학 비평으로 얻은 과도한 인기에 영향받지 않았다면 더 인간적이거나 덜 인간적이었을 거라고 인정하는 것으로 이러한 자신의 발언을 완화했다.

로저스는 스미스의 친절함에 깊은 인상을 받았다. '그는 아주 다 정하고 상냥한 사람이고, 그의 초대를 다 받아들였다면 나는 매일 그와 식사를 해야 했을 것이다.' 그는 자신과 당시 스물세 살이던 그 젊은 시인 간의 나이 차이를 그다지 의식하지 못하는 듯 보였고, 자 신이 아는 것과 자신의 생각을 서슴없이 이야기했다. 로저스는 스미스의 태도에 대해 '아주 허물없다'고 묘사했다. 예컨대 그는 '우린 누구와 저녁을 먹어야 할까요?'라고 묻곤 했다. 로저스는 여느 사람들이 강조했던 것과 달리 그가 혼자 멍하게 딴생각에 빠져 있는 것을 보지 못했다. 로저스에게 스미스는 로버트슨에 비하면 세상 물정에 훨씬 더 밝은 사람으로 보였다(*BL* Add. MSS 32,566; Dyce, 1856: 45; Clayden, 1887: 90, 96).

25장

위대한 변화

·

하지만 저는 더 많은 것을 하려고 했습니다.

삶의 마지막까지 스미스는 젊은이들에게 관심을 가졌다. 아마도 젊은이들은 영원을 보여주는 그의 창이었을 것이다. 그는 젊은 사촌인 리디아 마리아나 더글러스를 맞아들여 친절을 보였다. 그녀는 열아홉 살 때인 1788년 11월 10일에 옥스퍼드 뉴칼리지의 펠로인 성직자 리처드 빙엄과 아버지의 허락 없이 결혼했다. 그녀의 아버지는 카 준남작 1세인 찰스 더글러스 제독이었다. 찰스 더글러스는 뛰어난 해군 장교로서, 1776년 5월 아메리카 사람들에게 포위되었던 퀘벡을 해방시켰고, 1782년에는 도미니카 인근에서 프랑스 전선을 무너뜨리고 영국의 승리를 가져왔다. 리디아는 아버지가 총사령관으로서 멀리 핼리팩스 주둔지에 나가 있을 때, 자신이 양어머니이자 아버지의 세 번째 아내인 제인 베일리 또는 그루와 함께 비참한 삶을 살았다고 주장했다. 그녀의 이야기는 스미스의 동정심을 샀을 수 있지만, 찰스 경은 그녀를 유언장에서 뺐고, 조정이 이루어지기 전에 1789년 3월 뇌졸중으로 사망했다. 그녀는 유언장에 대해 최고민사법원에 이의를 제기했고, 1792년에 그것을 뒤집는 판결을 받아냈지만, 이 판결은 1796년 상원에의 호소를 통해 취소되었다. 이때 취소 결정문을 쓴 사람은 이제 러프버러의 대법관이 되어 있던 스미스의 친구 알렉산더 웨더번이었다(*Corr.* No. 284, 285; Scott, 1937: 307, n. 1; 스코틀랜드의 항소 사건들, 1796년 3월 15일; 커닝엄, 스트래센드리 가계의 제7대 더글러스).

또한 스미스는 제자인 헨리 허버트—이제는 포체스터 경—의 아들이 글래스고대학에 다닐 때 또 다른 제자인 조지 자딘 교수의 집에 그를 거주시키는 것을 지원해주었다. 스미스는 허버트의 아들이 에든버러의 자기 집을 방문하는 것을 환영한다는 뜻을 밝혔다(*Corr.* app. E, r). 1788년 9월 23일 포체스터 경에게 쓴 이런 주제의 또 다른 편지에서 스미스는 오랜 세월 동안 집안 살림을 맡아준 사촌 재닛 더글러스의 임박한 죽음을 다음과 같이 애처롭게 이야기했다.

불쌍한 더글러스 양은 아마도 며칠 안에, 몇 주 안에는 분명, 죽음을 맞이할 것입니다. 그녀가 아마도 수년간 숨겼을 장의 어떤 알 수 없는 병 때문에 그녀는 점점 기력을 잃고 허깨비처럼 말랐고, 지난 몇 주 동안에는 침대를 벗어날 수도 없고 침대에서 스스로 몸을 돌리기도 어려운 상태가 되었습니다. 그렇지만 그녀는 여전히 집안일들에 대해 여느 때처럼 야무지고 주의 깊게 지시를 내리고 있고, 그녀 자신도 임박했음을 아는 위대한 변화를 어떤 초조함과 두려움, 큰 후회도 없이 기다리고 있습니다. 그녀의 유머와 농담은 평상시와 다를 바 없습니다. 그녀는 저를 스코틀랜드에서 가장 궁핍하고 무력한 사람들 중 한 명으로 남겨두게 될 것입니다.

죽음에 직면한 스미스 자신의 행동은 스토아학파와 유사했는데, 이런 것이 집안 내력이었을지도 모른다. 죽음을 '위대한 변화'라 일컫는 것은 스토아적 관념이며, 스미스가 내세를 믿었다는 확실한 증거는 없다. 『도덕감정론』 제6판에 추가된 칼라스 사건에 대한 논의에서 스미스는 이 세상에서 정의의 심각한 붕괴로 고통받는 사람들에게는 '다른 세상, 즉 현재보다 더 공평하고 인간적이고 정의로운 세상, 마침내 그들의 순수가 드러나고 결국 그들의 선함이 보상받는 세상'을 이야기하는 '종교만이 효과적인 위안을 줄 수 있다'고 암시한다(TMS III.2.12). 그러나 추가된 다른 구절에서 스미스는 왜 '종교'가 그런 그림을 보여주는지를 설명한다. 이는 흄의 『종교의 자연사』의 언어로 표현되는데, 슈베디아우어가 벤담에게 쓴 1784년 9월 14일의 편지에서 스미스는 '고 데이비드 흄의 친한 친구고, 같은 신념을 갖고 있다'고 지적했음을 염두에 두어야 한다(Bentham, Corr., 1971: iii.306).

만년의 스미스의 주장은, 현세의 불평등을 바로잡는 미래의 보상과 징벌이 있어야 한다는 것이 '신의 정의'가 요구하는 바라고 우리가 생각한다는 것이었다(TMS II.ii.3.12). 나아가 스미스의 추가 내용 중에는, 신도들이 '수사들을 위한' 혹은 '품행과 대화'에서 그들과 유사한 사람들을 위한 '천국'을 이야기하고, '인간의 삶에 (…) 기여하는 기술들로 창조하고 진보하고 탁월함을 보인 모든 사람'을 위한 지옥을 이야기하는 것에 대한 기술도 있다. 그 결과로 스미스는 내세와 내세에서의 보상 및 징벌이라는 '훌륭한 교리'는 '멸시와 조롱'을 받을 수 있다고 냉정하게 결론 내린다(*TMS* III.2.35).

스미스는 재닛 더글러스가 죽으면 자신이 결핍감을 겪을 것으로 예상하는데, 이는 그가 강한 애착을 느낀 존재인 어머니의 죽음으로 그의 삶에 생겨난 틈을 그녀가 일부 채워주었음을 시사한다. 그의 삶 속의 다른 여성들에 대해 말하자면, 스미스는 젊었을 때 아름답고 교양 있는 어떤 여성과 사랑에 빠졌지만, 알려지지 않은 어떤 상황 때문에 결혼하지 못했으며, 두 사람 다 이후 결혼하지 않기로 결심한 것 같다고 더걸드 스튜어트가 알려준다(*EPS* Stewart, n. K). 어떤 일화에 따르면, 만년에 스미스가 사람들 속에 있는 그녀에게 웃어 보였는데, 사촌 재닛 더글러스가 '이 사람이 너의 지니라는 걸 모르겠어, 애덤?'이라고 말했다고 한다. 그러나 그 웃음은 특별한 호감보다는 일반적인 친절의 표현이었고, 이 재회 이후 아무 일도 없었다(Mackay, 1896: 209). 우리가 아는 한 프랑스에서 스미스가 니콜 부인이라는 한 영국 여성을 헛되이 사모하기도 했고, 또한 한 프랑스 후작부인이 헛되이 스미스에게 빠져 있기도 했지만, 그는 독신 생활에 전적으로 만족했던 것처럼 보인다.

그는 좋은 건강을 누려보지 못했고, 앞서 언급했듯이 그가 '건강염려증'으로 가장 잘 설명될 어떤 심인성 장애를 갖고 있었다는 암시들이 있으며, 이러한 장애는 그가 연구와 저작에 집중하던 시기에도 동반되었다. 에든버러에서 보낸 생애 마지막 12년 동안 병이 더 자주 나타났으며, 그는 주로 위장 쪽에 고통을 느꼈던 것 같다(*Corr.* No. 214, 238, 290). 1790년 1월 21일에 그는 상속자 데이비드 더글러스에게 글씨를 잘 못 쓸 정도로 '심해진 손 떨림'에 대해 썼다(*Corr.* No.

291). 그리고 2월 6일에는 하인 제임스 베어드와 인장 사무원 데이비드 어스킨의 서기인 제임스 던다스가 입회한 가운데 유언장을 작성했다(SRO Warrants of register of deeds: RD13/130 Box 465, 19748/2). 유언장의 내용은 나중에 다소 놀라움을 자아냈다.

2월 9일에 스미스는 로버트 컬런에게 그의 아버지 윌리엄 컬런의 장례식에 참석하지 못한 것을 사과했다. 로버트 컬런은 스미스의 주치의이자 40년 이상 된 친구였다. 그는 다음과 같이 썼다. '위장 병으로 나는 피로를 전혀 감당할 수 없을 만큼 너무나 쇠약해졌습니다. 심지어 우리 집에서 세관까지 걸어가는 정도도 감당하기 힘듭니다(Corr. No. 292). 그러나 그는 컬런의 딸들을 위한 연금을 헨리 던다스에게서 확보해달라고 버클루 공작에게 탄원할 수 있을 만큼은 건강했다. 공작은 이 문제를 즉시 처리했고, 2월 24일 스미스에게 피트와 던다스가 이 문제에 신경 쓰고 있음을 알리는 편지를 썼다. 그는 또한 스미스를 댈키스하우스로 초대하면서 거기서는 '시골의 공기와 가벼운 운동'이 그에게 도움이 되리라 확신한다고 말했고, 다음과 같이 다정한 염려의 말을 덧붙였다(Corr. No. 293).

당신과 관련된 것에 제가 얼마나 관심이 많은지는 말씀드릴 필요도 없습니다. 당신의 행복과 건강에 대해서 제가 이런 마음가짐을 갖지 않는다면 저는 감사를 모르는 인간일 것입니다. 우리는 오랫동안 친구였고, 그 우정은 우리가 처음 알게 된 이래 단 한순간도 중단된 적이 없습니다. 당신에게서 곧 소식을 들었으면 좋겠습니다.

버컨 경은 2월에 스미스를 방문했고, 자신은 이듬해 2월에 다시 에든버러에 올 계획이며 그때는 스미스를 더 자주 보게 되기를 바란다고 말했다. 스미스는 그때 자신이 살아 있을 수도 있겠지만, 지금과 같은 건강 상태는 아닐 것이라고 답했다. '저는 이 몸이 허물어지고 있다는 것을 압니다. 그러니 저는 미라나 다름없을 것입니다.' 버컨은 스미스가 최후의 병중에 있을 때 간절히 그를 방문하고 싶어했고, 결국 '그러나 바로 앞에서 미라가 나를 응시하자 나는 겁이 났다'라는 고백을 하게 되었다(*The Bee*, 1791: 3: 166).

봄 날씨가 시작되었고, 4월 9일 금요일에 이르러 스미스는 관세 위원회 회의를 주재할 만큼 꽤 원기를 회복했다. 회의에서 그와 존 헨리 코크런은 총수납기관장 대리의 임명을 스코틀랜드 재무부의 위원들에게 맡겼다. 또한 그들은 관세·물품세·인지세 실수입에 대한 보고서와 1788년 4월 5일부터 1790년 4월 5일까지의 사건들에 대한 보고서를 준비하도록 감사장에게 지시했다. 그리고 보네스의 소금세 세무관을 해임하는 4월 8일의 회의록을 무효화했다. 그런 다음 그들은 재무부에 전달될 관세와 소금세 세무관들의 편제를 검토하고 서명했다. 그리고 러윅 항구와 스토너웨이 항구에서 작성된, 석탄 보증서, 외국 상품 증명서, 환세 증명서 관련 세관 서류들과 맨섬의 물자들 관련 세관 서류들을 하원으로 보내고, 재무장관 조지 로즈에게 갈 사본도 첨부하라고 지시했다(SRO CE1/23: p. 284~285). 이런 일들이 관세 위원으로서의 스미스의 마지막 공무 수행이었다. 그가 더 이상은 위원회 회의에 참석하지 않은 것으로 보이기 때문이다.

5월 16일 카델에게 보낸 편지에서 스미스는 클래펌의 쿠프 씨—

아마도 저자 지망생인—를 대신해서 자신에게 발송된 어떤 문서들에 대해 언급했고, 왕립학회 회보 최신 호도 보내달라고 부탁했다. 또한 그는 『도덕감정론』 '신판의 반응이 좋든 나쁘든' 그에 대한 소식을 알려달라고 부탁하면서 이렇게 덧붙였다. '마음 놓고 제게 진실을 말해 주세요. 이제 저는 칭찬에도 비난에도 거의 완전히 무관심해졌으니까 요'(Corr. No. 294). 그는 5월 25일에 카델의 편지를 받았고, 그것을 '아주 만족스럽게 읽었다'. 아마 그의 책에 대한 좋은 반응을 전해주는 편지였을 것이다. 그의 책 열두 부는 이미 도착해 있었고, 그중 한 권은 파본이었다.

놀랍게도 그가 런던 방문을 계획했음이 드러난다.

저는 지금쯤 런던으로 여행을 떠날 생각이었습니다. 그러나 건강 회복이 너무 느리게 진행되고 너무 자주 심각한 악화에 가로막히니, 제가 과연 이 여행을 실행할 수 있을지 매일매일 의심스러워집니다. (Corr. No. 295)

슬프게도 친구들은 그가 곧 누구도 돌아올 수 없는 여행을 떠나리라는 것을 깨달았다. 헨리 매켄지는 6월 21일에 하원의원이자 그랜트 씨족의 우두머리인 자신의 처남 제임스 그랜트 경에게 보낸 편지에서, 에든버러가 그 도시 최고의 아름다운 여성인 먼보도 경의 딸 일라이자 버넷을 막 잃었으며, 아마 몇 주 후에는 그 도시 최고의 위대한 남성인 애덤 스미스를 잃을 것이라고 썼다. '이제 그는 약 3주 전에 우리가 자신했던 회복에 대하여 모든 희망을 버렸습니다'(Rae, 1965:

432에서 인용됨). 출판업자 윌리엄 스멜리는 당시 런던에 있던 패트릭 클레이슨에게 보낸 6월 27일자 편지에서 이를 확인해주었다.

> 불쌍한 스미스! 우리는 곧 그를 잃을 것이고, 그가 떠나는 순간 수많은 사람이 마음 깊이 비통해할 것입니다. 스미스 씨의 의식은 변함이 없는데, 저는 그가 때때로 친구들을 기쁘게 하려 애쓰는 것이 그에게 이롭지 않은 영향을 미칠까봐 두렵습니다. 그의 지적 능력과 감각 능력은 분명하고 또렷합니다. 그는 씩씩하고 싶어하지만, 자연은 전능합니다. 그의 몸은 극도로 야위었습니다. 그의 위장이 충분한 음식물을 받아들이지 못하기 때문입니다. 그러나 그는 남자답게 정말 참을성 있고 담담합니다. (Kerr, 1811: i.295)

스미스의 죽음이 임박했음을 인식한 애덤 퍼거슨은 스미스와 자기 사이의 불화에 대해—무슨 일 때문이었건 간에—눈감았고, 자신들의 옛 우정을 회복하기 위해 그를 보러 갔다. 이는 그가 1780년에 겪은 뇌졸중의 후유증으로 허약해져 있던 시기의 일인데, 그는 존 맥퍼슨 경에게 보낸 1790년 7월 31일의 편지에서 이 일에 대해 언급했다. 존 맥퍼슨은 '오시안' 맥퍼슨의 친척으로, 인도에서의 파란만장한 이력을 거친 후 왕세자의 친구가 된 인물이다. 퍼거슨은 다음과 같이 썼다.

> 당신의 오랜 친구 스미스는 이제 없습니다. 우리는 몇 달 동안 그가 죽어간다는 것을 알고 있었고, 당신도 알다시피 그가 건강하던 때에

약간 불편한 일들이 있긴 했지만, 저는 그렇게 그 모습을 향해 고개를 돌렸고, 더 생각할 것도 없이 그에게 갔으며, 끝까지 관심을 기울였습니다. (EUL MS; Rae, 1965: 433)

여름임에도 모피 망토와 펠트 모자로 따뜻하게 차려입어 '라플란드에서 온 철학자' 같은 모습을 한 퍼거슨은 팬뮤어클로즈로 갈 때 대단히 눈에 띄었을 것이다(Cockburn, 1856: 49).

종말이 가까워오자 스미스는 자신이 써놓은 저술 문서들을 걱정하기 시작했고, 그것들을 직접 파기할 힘이 없어서 블랙과 허턴에게 그 일을 몇 번이나 부탁했다. 이들은 스미스의 유언장에서 그 문서들의 관리자로 지정되었다. 리들이라는 이름의 또 다른 친구는 스미스가 그 문서들에 대한 부탁을 하는 자리에 한번 함께했는데, 스미스가 자신이 해놓은 것이 너무 적다고 애석해하면서 다음과 같이 덧붙였다고 전했다. '하지만 저는 더 많은 것을 하려 했고, 제 문서들 안에 있는 재료들을 가지고 많은 것을 만들어낼 수 있었을 겁니다. 그러나 이젠 불가능한 일이지요'(Stewart, 1854~1860: x.74). 스미스의 간청은 1787년의 마지막 런던 방문 전부터 시작되었지만 블랙과 허턴은 이를 받아들여주지 않았다. 자신들이 스미스의 바람을 들어주면 스미스가 그것에 너무 의존할 수 있다고 믿어서였다. 7월 11일 일요일, 그런 응답 때문에 문서들에 대한 스미스의 근심은 가시지 않고 있었고, 그는 이 친구들 중 한 명에게 자신의 여러 원고 묶음을 즉각 폐기하고, '일부 따로 빼놓은 문서들'만 출판 가능성을 위해 보관해달라고 간청했다. 소각된 원고 더미의 내용에 대해서는 블랙과 허턴도, 또는 스미스의 다른 가까운 친구들도 알지 못했다. 그러나 스튜어트는 그것들이 에든버러에서의 『수사학과 문학에 대한 강의』, 그리고 글래스고에서의 도덕철학 강의의 일부였던 자연신학에 대한 강의와 『법학 강의』의 내용이었을 것이라고 추측한다(Stewart V.8 and n.).

소각을 면한 '따로 빼놓은 문서들'은 '천문학의 역사'와 함께 『철학적 주제들에 관한 소론』의 내용을 구성했다. 아마도 '천문학의 역사'는 '얇은 2절판 종이 묶음'에 담겨 있었을 텐데, 1773년 4월 16일에 스미스가 흄을 자신의 유저 관리자로 지정하는 편지를 쓰면서 그렇게 기술한 바 있다. 이 편지에서 그는 런던에 가져간 것들을 포함한 자신의 '저술 문서' 전부에 대한 일종의 목록을 제시했다. 『국부론』 필사본, 『철학적 주제들에 관한 소론』에 수록된 것으로 추정되는, 그의 책상 안에 있는 '묶이지 않은 문서들' '천문학의 역사', 그의 침실 '책상의 유리 접이문' 뒤에 있는 '약 18개의 얇은 2절판 종이 묶음들'이 그것이다(Corr. No. 137). 그는 마지막에 언급한 이 묶음들의 내용이 무엇인지는 설명하지 않았고, 자신이 죽으면 '검토할 것도 없이' 그것들을 불태우라고 흄에게 부탁했다. 1790년에 이르러서는 18개가 넘는 원고 묶음이 있었으리라 추정할 수 있다.

그것들의 내용에 대해 말하자면, 스미스가 라로슈푸코에게 자신의 진행 중인 연구 과제들에 대해 이야기한 1785년 11월 1일의 편지를 다시 살펴봄으로써 스튜어트의 추측을 넘어설 수 있다. 이 정보에 비추어, 아마도 일부 원고 묶음은 『수사학과 문학에 대한 강의』에 들어가는 '문학, 철학, 시, 웅변이라는 다양한 분야를 망라한 철학사'와 그 철학사에 대한 강의들에 바쳐졌을 것이다. 다른 문서 묶음들은 '법과 정부의 이론과 역사'를 담당하게 되었을 텐데, 『법학 강의』에 포함된 이 글은 『도덕감정론』의 결론에서 이야기되고 『도덕감정론』 제6판에 대한 광고에서도 다시 이야기된 그런 '담론'에 대한 약속을 이행하기 위한 것이었다. 스미스는 라로슈푸코에게 이 '대작들'을 위한 재료가 '엄청나게 많이 수집'되었으며, 둘 중 일부는 '꽤 잘 정리되었다'고 언급했다(*Corr.* No. 248).

그렇다면 왜 그는 흄을, 그리고 나중에는 블랙과 허턴을 자신의 유저 관리자로 지정하며 이 문서들을 파기해줄 것을 그토록 집요하게 부탁했던 것일까? 이것은 『국부론』 집필과 『도덕감정론』 최종 개정의 역사에서 분명히 파악되듯이, 스미스는 정말 느린 작업자였고, 자신이 말하고자 하는 바를 자신이 만족하는 방식으로 진술하는 데 심혈을 기울였기 때문이다. 그가 계획한 '대작들'은 여전히 '준비 중'이었고, 따라서 '빛을 보기에 적절치 않은' 상태였다. 흄의 사후에 그의 서신들을 출간하려는 스트레이핸의 계획에 관해 스미스가 그렇게 밝혔던 것처럼 말이다(*Corr.* No. 181). 여기서는 스미스의 신중함과 저술가로서의 자신의 명성에 대한 근심이 작용하고 있다고 생각된다. 스튜어트가 제시한 다른 의견도 주목받을 만한데, '더 높은 동기', 즉 도덕과 정치에 대한 중요한 주장은 완성도가 떨어지는 저작에서는 힘을 갖지 못할 것이고, 따라서 인류에게 큰 의의가 있는 진실이 분명히 전달되기보다는 애매모호해질 것이라는 우려가 스미스에게 영향을 미쳤다는 것이다(Stewart v.8). 일반적인 차원의 언급이었지만, 여기서 스튜어트의 견해는 프랑스 혁명기와 특별한 관련이 있었을 수도 있다. 앞서 언급했듯이 그 시기에 스튜어트의 자유주의적 가르침은 의심의 대상이었다. 스튜어트는 스미스가 혁명의 시대를 살았기에 그처럼 신중하고자 했다고 믿었을 수도 있다. 억압적인 시기의 생존과 관련된 스튜어트의 우려와 대조되는 성격의, 사후의 자신의 명성에 대한 스미스의 우려는 최근의 해석자들에 의해 주의 깊게 기록되었다 (Rothschild, 1992, 2002: 66~68; Winch, 1996: 36~30).

어쨌든 그 오래전 7월의 일요일에 팬뮤어하우스에서 문서들이 소각되어 자기 명성의 보호나 도덕적·정치적 진리의 보호에 만족할 수 있게 된 스미스는 저녁에 평소처럼 평온하게 친구들을 맞을 만큼 상태가 좋았다. 그날 대단히 많은 친구가 그와 함께하려고 왔지만, 그는 저녁 식사 동안 그들과 함께 앉아 있을 힘이 없어서 식사 전에 침실로 물러났다. 헨리 매켄지는 그의 작별의 말을 다음과 같이 기록했다. '친구들이여, 당신들과 함께하고 싶지만, 이제 당신들을 떠나 다른 세계로 가야 할 것 같군요'(Clayden, 1887: 168). 허턴은 스튜어트에게 이 말을 조금 다르게 전했다. '이제 우리는 이 모임을 다른 곳으로 옮겨야 할 것 같군요'(Stewart V.8 n., p. 328). 매켄지 버전은 문학적인 멋을 부린 것이지만, 허턴 버전이 좀더 그럴듯해 보인다. 스미스가 정통 기독교적으로 내세에 대한 생각을 받아들였다는 것은 의심스러운 일이며, 이 시기에 예컨대 로버트슨이나 블레어 같은 그의 성직자 친구들도 분명 그에게 종교적 조언을 하고 있지 않았다. 그는 곧 친구를 잃을 자기 친구들의 생생한 충격과 고통을 덜어주기 위해서 동정적이고 재치 있는 방식으로 '다른 곳'으로 옮기자는 말을 했을 것이다. 결국 '오래 끌어온 고통스러운' 병, 스튜어트가 '만성적 장폐색'이라고 기술하고 스미스가 스토아 철학적 의연함으로 마주했던 그 병에 의한 종말이 7월 17일 토요일 자정 무렵에 찾아왔다(SRO CE 1/23: p. 369). 둘 다 의사이면서 가까운 친구이자 스미스의 유저 관리자였던 조지프 블랙과 제임스 허턴은 스미스가 숨을 거둘 때 그의 곁에 있었다 (Stewart V.7, 19).

스미스는 7월 22일 목요일 정오에 캐넌게이트 교회 묘지에 묻혔고, 제임스 해밀턴이 장례를 주관했다(SRO Canongate Kirk Session Records, CH2/122/62, 119748). 그에 대한 애도의 표시로, 관세위원회 동료들은 그의 부고를 접한 지난 월요일부터 매장 때까지 회의를 중단했다. 나흘 뒤 스미스의 '매우 좋은 친구'이자 파이프에서 10년 남짓 스미스의 이웃이었던 로버트 빗슨은 『먼슬리 리뷰』의 편집자 랠프 그리피스에게 다음과 같이 썼다.

우리의 좋은 친구 스미스 박사가 이제는 없다는 것을 알려드리게 되어 한없이 슬픕니다. 그는 토요일 저녁까지 버티다가, 완전히 기력을 소진하여 숨을 거두었습니다. 마지막까지 의식이 있었지만, 마지막 이틀간은 너무 쇠약해서 발음을 제대로 할 수가 없었습니다. 죽기 며칠 전 그가 아홉 개, 열 개쯤 되는 자기 원고 묶음을 태워버렸다니, 이 세상 사람들에게는 애석한 일입니다. 그는 그 원고들이 세상에 내놓을 만큼 충분히 완성되지 않았다고 생각했습니다. 그리고 조지 포크너가 가엾은 스위프트에게 한 대접[스위프트 사후에 그가 중판한 스위프트의 책들에서] 때문에 많은 저자가 그런 운명을 두려워하게 되었습니다. 두세 묶음이 남았는데, 그것들이 어떻게 될지는 모르겠습니다. 걱정스럽게도 그의 유언장은 많은 사람에게 비난을 받을 것입니다. 그는 400파운드만 빼고 모든 것을 어머니의 종손 중 한 명인 한 젊은이에게 남겼습니다. 그 젊은이는 그에게 큰 도움이 되어준 사람으로, 법률 공부를 하고 있고, 다년간 스미스에게 개인 수업을 받습니다. 400파운드는 가난한 한 친척에게 주어집니다. 그의 충직한 하인은 얻는 것이 너무 적습니다. 그 하인은 스미스의 관세 위원 동료들이 부양하기에는 너무 늙었습니다. (Oxford, Bodleian MS Add. c 890)

에든버러 '의회와 최고민사법원의 기록부'에 1790년 7월 22일 데이비드 더글러스에게 넘겨진 것으로 기록된 1790년 2월 6일의 유언장은 간결한 문서다. 스미스는 자신의 상속인에게 전 재산을, 가치 있는 장서를 포함해 '상속 가능한 것이나 이동 가능한 것, 부동산이나 동산' 전부를 넘겼다(Hiroshi Mizuta, *Catalogue*, 2000의 서문에 기술됨). 하지만 유언장에서 하나의 개별 항목으로 언급되어 있지 않다(SRO Durie vol. 251/1, fo. 195). 장례 비용, 모든 합법적 부채, 그리고 스미스가 설정해놓은 상속분까지 모두 데이비드 더글러스가 처리해야 했다. 유산과 관련된 주된 의무는 '아주 가까운 친척' 레이철 맥길과 그녀의 남편인 세인트앤드루스대학 시민사 교수 휴 클레그헌에게 400파운드를 상속해주는 것이었다. 아마도 이 유산은 클레그헌의 여러 차례의 유럽 여행 경비로 충당되었을 텐데, 이 여행은 영국 비밀 요원이 되고, 나아가 실론을 대영제국의 점령지로 만드는 주역이 되는 그의 훗날 이력의 전주곡과도 같은 것이었다(*Corr.* No. 283 n. 1). 남아 있는 원고와 글들은 스미스가 한 '말이나 글로 이루어진 지시에 따라', 블랙과 허턴의 조언을 받아서 데이비드 더글러스가 처분하게 되어 있었다. 에든버러 왕립학회의 펠로이자 스코틀랜드 소설 『가이 매너링』(1815)에 나오는 폴 플레델의 모델인 변호사 애덤 롤런드가 이 유언장을 위한 스미스의 대리인이었다.

데이비드 더글러스를 유일한 집행자로 하여 법적 절차가 마무리되고 유언장이 1791년 1월 21일 에든버러 유언장 등록부에 등재되었을 때, 윌리엄 포브스 경의 은행인 '제임스 헌터 & Co.'에서 발행한 650파운드 약속 어음에 대한 언급이 총 재산 목록에 추가되어 있었다(SRO CC8/128/2, 19748/3). 유언장에는 스미스의 하인이었던 제임스 베어드에게 유산을 남긴다는 어떤 형태의 언급도 없다.

스미스가 사람들에게 잘 베풀긴 했지만 워낙 수수하게 살았기 때문에 친구들은 유산이 그리 많지 않음에 의아해했다. 하지만 빗슨의 염려와 달리 이 유언장에 대해 비난하는 사람은 없었다. 어쩌면 스미스는 자기 하인이 적절히 보살핌을 받을 수 있도록 상속인에게 따로 지시를 남겼을지도 모르고, 자기 수입에서 꽤 넉넉한 금액을 남몰래 하인에게 지급하고 있었을지도 모르며, 그래서 마지막에 그에게 남은 자산이 그리 많지 않았던 것인지도 모른다. 앞서 언급한 것처럼, 스미스는 1783년 '웨일스의 조카'가 자신의 장교 지위를 팔아야 하는 상황에 처했을 때 그를 구제하기 위해 200파운드를 대준 적이 있다(*Corr.* No. 231). 스튜어트는 스미스가 생색내는 일 없이 매우 너그러웠다는 믿음을 강화해주는 정보를 직접 입수했다.

스미스 씨가 자신의 선행을 완전히 숨기는 게 불가능함을 알게 된 경우들이 있었는데, 그때 드러난 그의 매우 감동적인 몇몇 자선의 사례를 그의 가까운 친척이자 그의 가장 허물없는 친구 중 한 명인 로스 양—이너니시의 유지였던 고故 패트릭 로스의 딸—이 내게 알려주었다. 그 사례들은 그의 재산에 기대할 수 있을 만한 수준을 훨씬 더 넘어서는 규모였고, 그의 여린 감정과 관대한 마음에 존경을 표할 만한 상황을 보여주었다. (Stewart V.4 n., p. 326)

스미스의 죽음에 대한 더 많은 다양한 이야기는 당시의 편지들에서 얻을 수 있다. 훗날 올덜리의 스탠리 경이 되는 J. T. 스탠리는 8월 20일에 에든버러의 스콧 박사에게 다음과 같이 썼다.

저는 당신의 편지를 받기 며칠 전에 애덤 스미스의 부음을 들었습니다. 그의 최후는 선한 사람의 최후였고, 그는 마지막까지 자신이 가르쳤던 철학을 실천했습니다. 스미스 씨처럼 친구들에게 그토록 존경받는 사람은 거의 없습니다. 에든버러에서 금요일 저녁마다 제가 열심히 참석한 모임, 기억하시는지 모르겠지만 스미스 씨의 클럽이라 불렸던 그 모임에서 저는 예의 바르고 겸손하게 그의 말에 귀 기울였고, 그는 어떤 진지한 주제에 대해 생각을 밝힐 때마다 크나큰 존경과 존중으로 경청되었습니다. 그는 정말 언쟁을 하는 법이 없었습니다. 저는 그 모임에서 어떤 이론적 주제를 놓고 언쟁이 벌어지는 것을 들은 적이 없습니다. 거기엔 오직 토론만 있었습니다. 스미스 씨는 말하기보다는 듣는 편이었습니다. 참여할 때의 그의 침착하고 차분한 태도는 허턴 박사의 쾌활함, 플레이페어의 수줍음, 매켄지의 명랑한 재치와 아주 대조적이었습니다. (개인 소유자: David Christie, Europäische Schule,

Kirchberg, Luxemburg)

당시 법률 개혁에 관심 있는 젊은 법정 변호사였던 새뮤얼 로밀리는 셸번 경을 중심으로 한 휘그당 자유주의자 그룹에 포함되어 있었고, 스미스의 진보적 견해를 높이 평가했는데, 『도덕감정론』 최종판한 부를 부탁한 한 프랑스 여인에게 보낸 같은 날의 답장에서 다음과같이 썼다.

저는 여기서 [스미스의] 죽음이 거의 영향을 미치지 않은 것을 보고놀랐고, 조금 화가 났습니다. 스미스의 죽음은 거의 주목받지 않았습니다. 이에 반해 존슨 박사의 죽음[1784] 후에는 1년이 넘도록 내내그를 칭찬하는 말―전기, 편지, 일화―외에는 아무것도 들리지 않았으며, 심지어 지금도 그의 전기가 두 편이나 더 탄생하려 하고 있습니다[아마도 보즈웰이 쓴 것(1791)과 아서 머피가 쓴 것(1792)]. 사실 대중이 애덤 스미스의 저작들을 제대로 평가하지 못하는 것에 너무 놀랄 필요가 없습니다. 그 자신도 제대로 평가하지 못했으니까요. 그가늘 『도덕감정론』을 『국부론』보다 훨씬 더 뛰어난 저작으로 여긴 것 말고는요. (Romilly, 1840: i.403)

리처드 프라이스는 '프랑스 혁명의 친구들'과 함께 바스티유 함락 1주년을 축하한 1790년 7월 14일 이후, 그리고 1689년의 영국 혁명을 기념하는 계획을 세운 11월 4일 이전의 어느 시점에 자신이 '으뜸가는 재능을 가진 저자로 우러러본' 스미스의 죽음으로 자신이 얼마나 상심했는지를 이름을 알 수 없는 한 친구에게 이야기했다. 생전에 스미스는 프라이스에게 『도덕감정론』 제6판을 보내주었고, 프라이스는 광고에서 '법과 정부의 일반 원칙들'에 대한 논문을 출간하겠다는 약속과 스미스의 '고령' 탓에 그가 만족할 만한 수준으로 이 약속이 실현될 가망이 거의 없다는 알림을 보았다.

그러고 나서 곧 죽음이 그의 모든 수고를 끝냈습니다. 그리고 이는 우리 모두에게도 곧 일어날 일입니다. 삶의 끝에서, 그가 그랬듯이 자신이 인류를 계몽하고 평화와 자유와 덕이라는 고마운 것들을 널리 퍼뜨리는 데 기여하면서 가치 있는 목적을 위해 살았다고 생각할 수 있는 사람들은 행복합니다. 정녕 그는 최고의 저자들 중 한 명이었고, 그의 인성은 제가 알거나 들은 바로는 흠잡을 데 없었습니다. 우리는 도덕적인 선과 악에 대해 우리가 가지고 있는 관념의 기원이라는 주제에서 생각을 달리했지만, 그런 차이는 추론하는 사람들 사이에 항상 존재하는 법이고, 그런 차이 덕분에 중요한 문제들에 대한 더 철저한 탐구가 이루어지며 결국에는 더 명확한 진실이 드러나지요. 스미스 박사는 죽기 1년도 더 전부터 점차 쇠약해졌습니다. 그리고 저는 그가 앓은 병이 어떤 특정 병명을 가진 것인지 모릅니다. 그가 출간한 것은 도덕에 대한 논문과 국가의 부에 대한 논문뿐이었습니다. 그리고 제가 듣기로, 그는 아마도 몇 편의 논문을 빼고는 유작을 기대할 여지를 세상에 남겨놓지 않았습니다. 그는 사후에 출판될 가능성을 없애려고 불태워버렸습니다. 에든버러대학 도덕철학 교수인 더걸드 스튜어트가 에든버러 철학회보에 그의 삶에 대한 어떤 이야기를 쓸 것이고, 그러면서 그의 도덕에 대한 책과 국부에 대한 책에 관해서도 언급할 것입니다. (Philadelphia, American Philosophical Soc. MS)

스미스의 죽음에 대한 대중의 미미한 반응을 본 로밀리의 분노는 신문과 정기간행물에 실린 관련 기사들을 보고 더 커졌을 것이다. 에든버러의 『머큐리』와 『애드버타이저』는 짧은 두 개의 문단으로 이루어진 부고를 실었는데, 이 기사는 스미스가 아이였을 때 집시들에게 유괴되었던 일화를 중요하게 다루고 있었다(Rae, 1965: 436). 『타임스』는 7월 24일에 그의 사망을 알렸고, 8월 6일에 일화와 신랄한 언급이 뒤섞인 11개 문단짜리 후속 기사를 냈다. 젊은 시절의 그는 외모가 불쾌감을 주고 말투가 어색할 정도로 몸과 정신이 양호하지 않은, '열심인 학생'으로 묘사된다. 교회 내 이력에 대한 그의 반감은 '종교에 관해 볼테르 신봉자'가 된 탓으로 깎아내려진다. 그가 스코틀랜드에서 교육받은 사람들보다 영어 발음과 구사력에서, 고전 학문에서 뛰어났다는 점은 그가 옥스퍼드에서 교육받은 덕분으로 간주된다. 그의 지적 형성은 프랑스 백과전서파를 공부하면서 이루어진 것으로 설명된다. 그는 흄을 세계 최고의 철학자로 평가하고 존슨 박사를 상식이 부족한 사람으로 간주하는 식으로 편견을 드러냈고, 이런 편견과 그의 장점이 합쳐져 그가 '매우 인기 있는 교수'가 된 것이라고 이야기된다. 파벌로 분열된 글래스고대학에서 그는 부유한 상인들 중 평판 좋은 사람들 편에 섰다. 그는 그들과의 대화에서, 특히 존 글래스퍼드와의 대화에서 '자신의 강의를 향상시키는 데 필요한' 사실들을 얻었다. 상업 도시에서 학생들을 가르치면서 그는 '도덕철학 교수에서 무역과 재정에 대한 교수로 전향'했다. 이런 큰 변화는 그가 '독창적이지만 공상적인 도덕감정론'을 출간한 후에 일어났다. 『국부론』에 대해서는, 처음에는 인기가 없었지만, 폭스가 하원에서 이 책에 대해 진부한 언급을 하면서, 그리고 '우리의 전쟁, 채무, 세금 등 국가의 상황이 이런 것들—불행히도 유럽 대부분의 나라에서 너무 대중적인 주제들이 되어버린—을 다루는 책에 대한 관심을 유발'하면서 이 책의 판매가 증가했다고 이야기된다. 스미스의 정치경제 체계는 스미스가 분명 소장하고 있었던 『정치경제 고찰』(1771) 두 권의(Mizuta) 저자인 피에트로 베리 백작의 것과 같고, 또한 조사이아 터커의 것, 흄의 것과 같다고 이야기된다. 설명 자료의 출처는 주로 『백과전서』라고 이야기된다. 그런데도 '정리'하고, 원칙들을 더 상세히 풀어내고 더 설득력 있게 논증한 것 때문에 오직 스미스에게만 명성이 주어진다. 따라서 그는 '국가의 부를 국가의 번영과 혼동하는 경향이 있는 체계를 전파한 것에 대해 주로 칭찬받거나 주로 비난받을' 만하다(Fay, 1956: 33~35에서 인용됨). 이 기사는 7월 31일 토요일에 『세인트제임스 크로니클』에 실렸고, 8월 9일에는 『오라클』과 『퍼블릭 애드버타이저』에 다시 실렸으며, 또한 1790년 8월호 『젠틀맨스 매거진』에도 실렸다.

헨리 콕번은 이 무렵 나이 든 사람들이 프랑스 혁명에 정신이 팔려 있었다면 젊은 세대는 라부아지에의 '새로운 화학'과 '국가에 아주 어울리는 애덤 스미스의 경제 이론'을 논하기 시작했다고 쓴다. 이어서 그는 다음과 같이 쓴다.

중년층은 그가 최근에 관세 위원이 되었고 실용적인 책을 썼다는 것 말고는 이 학문의 시조[이런 학문을 처음으로 주장한]에 대해 아는 게 거의 없는 것처럼 보였다. 젊은이들, 다시 말해서 에든버러의 진보적인 젊은이들은 그에게 매달렸다. 흄, 로버트슨, 밀러, 몽테스키외, 퍼거슨, 드 롤므와 함께 그는 그들의 마음의 양식 대부분의 제공자였다. (Cockburn, 1856: 45~46)

한편 스미스의 동아리는 그를 위한 그들 나름의 기념물을 만들고, 그의 바람대로 불길을 피한 원고들을 출판하는 일에 착수했다. 죽은 친구에 대한 스튜어트의 '이야기'와 관련된 첫 소식은 존 밀러가 데이비드 더글러스에게 보낸 8월 19일의 편지에 나온다. 여기서 밀러는 그 유작 논문들을 출판한다는 계획을 환영하면서 이렇게 말했다. '스미스 씨의 전문적 재능에 대해서, 혹은 당신이 말하는, 그가 글래스고에 있던 때의 다른 일들에 대해서 스튜어트 씨에게 알려주는 것은 제게 더할 나위 없는 큰 즐거움이 될 것입니다'(GUL MS Gen. 1035/178). 약속대로 밀러는 12월에 '스미스 박사에 대한 몇 가지 이야기'를 스튜어트에게 보냈고, 1792년 8월 17일에는 스튜어트가 카델에게 다음과 같이 밝혔다. '스미스 씨의 삶에 관한 이야기와 함께 그의 논문은 다음 겨울 초입이면 인쇄에 들어갈 수 있을 것입니다'(NLS MS 5319, fo. 34). 12월 21일에 카델은 『철학적 주제들에 관한 소론』의 출판에 대해 조언하는 '자문 기관'의 일원인 헨리 매켄지에게 이 책을 위한 조건들을 다음과 같이 제시했다.

초판은 4절판으로 1000부를 찍을 것입니다. 이에 대해 우리는

300파운드를 지급할 것이며, 중쇄를 찍을 경우 200파운드를 추가로 지급하는 데 동의합니다. [『국부론』에 대한] 스미스 씨와 우리의 계약을 돌아보자면, 우리는 그 4절판 책의 이윤을 저자와 나누었고, 책이 출간되었을 때 14년간의 소유권을 위해 300파운드를 지급했으며, 당신도 알다시피 저자가 생존하여 두 번째로 14년의 기간을 설정하게 되면서 다시 300파운드를 지급했습니다. (…) 당신만 괜찮다면 우리는 런던에서 인쇄했으면 합니다.

카델은 추신에서 스미스의 초상화를 요청하면서 '저는 우리의 리스트에 정말 그를 넣고 싶습니다'(GUL MS Gen. 1035/177)라고 썼는데, 어떤 것도 구할 수 없었다.

스튜어트는 자신이 쓴 '애덤 스미스에 대한 이야기'를 에든버러 왕립학회의 1793년 1월 21일 모임과 3월 18일 모임에서 낭독했다. 그는 거의 끝부분에서 카델의 초상화 요청에 간접적으로 답하는데, 스미스는 초상화를 그린 적이 없지만, 제임스 태시가 만든 두 가지 모습의 원형 양각陽刻이 존재한다는 것이었다. 하나는 당대의 의상을 갖춘 모습을, 또 하나는 고대인과 같은 모습을 담은 이 양각은 '그의 옆모습과 일반적 표정을 정확히 떠오르게 한다'고 그는 밝혔다(Stewart V.17).¹ 이 두 번의 모임 사이인 3월 13일에 스튜어트는 카델에게 편지를 보내, 자신의 '이야기'가 '바로' 인쇄에 들어갈 수 있게 준비되었다고 알렸다. 그리고 에든버러 왕립학회 회보나 『철학적 주제들에 관한 소론』은 '이번 계절'에는 나올 수 있을 것 같지 않다면서, 따로 출판하는 것을 고려해볼 수 있을지 물었다. '무엇보다, 제 글의 양이 너무 늘어나서, 회보에는 요약된 형태로 실어야 할 것 같기 때문입니다'(NLS MS 5319, fos. 35~36).

이 '이야기'는 1794년 에든버러 왕립학회 회보 제3권에 요약되지 않고 온전하게 실렸으며,『철학적 주제들에 관한 소론』이 1795년 카델 & 데이비스 회사에 의해 런던에서 마침내 출간되었을 때 이 책의 첫 번째 글로서 약간 수정된 채 다시 실렸다. 스튜어트가 언젠가 '나는 전기를 싫어한다'고 말하긴 했지만, 분명 그는 자신이 에든버러 왕립학회를 위해 쓴 이런 성격의 글 세 편 중에서 윌리엄 로버트슨에 대한 것과 토머스 리드에 대한 것보다는 애덤 스미스에 대한 것을 더 좋아했던 것 같다(Stewart, 1854~1860: vol. x, p. lxxv n. 1).

사실 스미스 동아리의 일원이자 스미스와 같은 스코틀랜드 도덕철학 교수로서 같은 지적 전통을 물려받고 물려준 스튜어트는 스미스에 대한 회고록의 저자가 되기에 딱 알맞은 사람이었고, 자기가 맡은 이 일을 어느 정도 좋아했음에 틀림없다. 그는 스미스의 삶과 배경에 대한 유용한 사실들을 수집했으며, 하마터면 구할 수 없었을 만한 자료들, 예컨대 에든버러 강의 시절부터 형성되어『국부론』을 예고한 핵심 사상을 보여주는 1755년도 문서의 초록을 보관하고 있었다. 그는『국부론』에 대한, 또한『도덕감정론』에 날카로운 해설을 제시해, 당대 사람들이 이 저서들을 어떻게 읽었는지를 보여준다. 대단히 유용하게도, 그는 이 저서들의 통일성을 포착한다. '천문학의 역사'에 대한 논문과 '언어의 최초 형성'에 대한 논문이 더 좋은 예가 되는 그런 '특별한 종류의 탐구'를 그 저서들에서 알아보고 있는 것이다. 앞서 이야기한 바와 같이 스튜어트는 이것을 '이론적 또는 추측적 역사'라고 부르면서, 그것을 흄이 종교에 대해 제공했던 것과 같은 그런 '자연사'와 동일시한다. 스튜어트의 논평은 스미스의 지적 접근, 즉 '자신이 설명하는 견해와 제도의 기원을 인간 본성에 대한 이론이나 사회 상황에 대한 이론을 통해서 추적하는 것'을(Stewart II. 52) 수반하는 스미스의 지적 접근을 제대로 간파하고 있다. 정치경제라는 주제와 관련해, 그리고 그것에 기여한 사람으로서 스미스가 받아야 할 영예와 관련해, 스튜어트는 정치경제 문헌에 대한 광범위한 지식을 드러내면서 독창성과 개념적·분석적 힘을 평가한다.

스미스에 대한 그의 묘사는 현대의 취향에 부합하기에는 너무 고상하고 너무 사람 냄새가 부족하지만, 다정하고 균형 있다. 스튜어트의 주요 후배 전기 작가들 중 존 레이(Rae, 1895; Guide 1965)는 한 인간이자 저자로서의 스미스에 대해 훨씬 더 상세한 이야기를 제공했다는 점에서 칭찬받아야 한다. 그런가 하면 W. R. 스콧(Scott, 1937)은 필수적인 세부 사항 및 그의 이력과 관련된 문서들을 찾아내는 데 성공적으로 힘을 쏟음으로써 스미스에 대한 우리 지식을 크게 확충해주었다. 로이 캠벨과 앤드루 스키너(Campbell and Skinner, 1982)는 스미스의 이력에 대한 정확한 개관을 제공하면서, 시간대를 배경으로 하여 그의 주요 사상에 대한 간결한 설명을 곁들였다. 좀더 최근에는, 제임스 버컨이 스코틀랜드 계몽주의를 다룬 책 『천재로 가득 차다』(2004)로 에든버러의 지식인들을 집중 조명한 데 이어 애덤 스미스에 대한 전기적이고 논쟁적인 책인 『진정한 애덤 스미스: 그의 삶과 사상』(2006)을 내놓았다.

『철학적 주제들에 관한 소론』은 당연히 스미스 친구들의 큰 관심사였는데, 그의 명성에 관한 우려 때문이기도 했고, 자신들이 이해하기에 그 글들의 본질이라 할 수 있는 것이 과연 어떤 운명을 맞을지에 대한 궁금증 때문이기도 했다. 존 밀러는 불태워진 내용을 담은 글들로 스미스의 '비범함'이 전달될 수 있었을 것이라고 생각했지만, 한편으로는 그 글들이 '집필 수준의 편차'를 보여주었을 수도 있다고 생각했다. 그는 1790년 8월 10일의 편지에서 데이비드 더글러스에게 그 점에 대해 쓰면서, 모방 예술에 관한 논문 두 편이 글래스고 문학협회에서 낭독된 바 있지만(윌리엄 리처드슨이 새뮤얼 로즈에게 쓴 편지를 통해 이것이 1787년 12월의 일임을 알 수 있다) 당시 세 번째 논문은 완성되지 않은 상태였으며, 이제 완성본을 볼 수 있기를 바란다고 말했다. 그리고 이어서 다음과 같이 썼다. '스미스의 모든 저작 중 저는 당신이 언급한 그 형이상학적인 글이 가장 궁금합니다. 저는 그의 설명 능력이 진정한 옛 흄 철학에 적용되는 것을 보고 싶습니다'(GUL MS Gen. 1035/178).

문학협회에서 낭독된 글에 대해 말하자면, 「모방 예술이라 불리는 것에서 일어나는 모방의 성격에 대하여」라는 논문 1부와 2부의 초기본을 가리키는 것으로 추측된다. 춤을 다루는 3부는 아주 짧은데, 밀러는 완성본을 바랐을 수도 있다. 「음악, 춤, 시의 관련성에 대하여」라는 또 다른 짧은 논문은 아무 표시가 없는 문서들 속에 포함돼 있다가 블랙과 허턴에게 발견되었는데, '모방 예술' 계열과 관련된 것으로 보여 그들은 이것을 그 글들 뒤에 넣어 인쇄했다(*EPS* 209). 스튜어트는 스미스가 1764~1766년 프랑스에 있는 동안 모방 예술에 대한 자신의 생각을 설명하는 데 사용할 자료들을 모았다고 생각했으며, 또한 스미스가 이와 관련해 연극을 공부했고 자신의 결과물을 출판하려 했다고 생각했다(Stewart III.13~15). 우리는 스미스가 1777~1785년에 미학 이론에 대한 작업을 했으리라고 추측한다. 스미스는 1782년에 이미 '모방'에 대한 논문의 출판을 고려하고 있었고(Corr. No. 208), 1784년 10월에는 한 프랑스 지질학자에게 백파이프 음악을 들려주는 실험을 꾀해 그 음악의 모방적 특성에 대한 그의 반응을 관찰할 수 있었다(24장). 또한 1785년 11월에 그는 젊은 라로슈푸코에게(Corr. No. 248) 자신이 두 편의 '대작'을 잘 준비하고 있다고 밝혔는데, 이 중 하나가 '인문학과 우아한 예술'의 '철학사'였다(『철학적 주제들에 관한 소론』의 광고, 1795). 알렉산더 웨더번(러프버러 경)은 모방 예술에 대한 스미스의 글을 보고 스미스가 그것을 수정했음을 알아본 사람 중 한 명이었다(GUL MS Gen. 1035/179). 영어와 이탈리아어 운문에 대한 글은 1780년 이전에는 없었던 것으로 알려진 워터마크가 있는 종이에 쓰인 어떤 원고의 단편적 초안으로 남아 있다. 스미스는 1783년 3월 17일에 버클루 공작의 여동생 프랜시스 스콧에게 보낸 편지에서 이탈리아어와 영어 운문에 대한 자신의 논문을 돌려준 것에 감사를 표했는데, 이로 미루어 그가 이 시기에 그 글에 관심을 기울이고 있었음을 알 수 있다(GUL MS Gen. 1035/226; Corr. No. 225; EPS 217, n. 1). 이런 글들은 모두 스미스가 미학적 문제와 비판 이론에 대한 당대의 논의에 익숙하다는 것을 보여준다. 스튜어트는 스미스가 문학, 특히 연극에 대한 역설적인 결론에 이르렀다고 보았는데, '모방의 어려움'이라고 불리는 것을 예술에서 느끼는 즐거움을 설명해주는 '근본 원칙'으로 간주하는 과도한 시각을 드러냈기 때문이다(Stewart III.14~15).

　'진정한 옛 흄 철학'에 대해 말하자면, 버클리의 『새로운 시각 이론에 대한 시론』(1709: S.60)에 빚지고 있고 관념 철학의 논의를 담고 있는, 외부 감각에 대한 논문에서는 발견되지 않는데, 존 와이트먼이 지적했듯이(글래스고 판 『철학적 주제들에 관한 소론』, p. 133) 스미스는 이 글을 썼을 때 버클리의 『인간 지식의 원리에 대하여』(1710)의 중요성을 알아보거나 이해하지 못한 상태였다. 스미스의 논문 「외부 감각에 대하여」는 어느 정도 흄에 반하는 것일 수 있다(Kevin L. Brown, 1992: 335). 남아 있는 세 편의 논문, 즉 '천문학' '고대 물리학' '고대 논리학과 형이상학'에 대한 논문은 우리가 에든버러에서의—나중에는 글래스고에서도 이루어진—철학사 관련 강의들과 결부시킨 것으로, 여기에는 흄의 영향이 존재한다. 특히 천문학에 대한 논문은 외부 세계라는 상식적 개념을 구축함에 있어서의 상상력의 역할에 초점을 맞추어, '철학적 탐구를 이끌고 지배하는 원리들'을 보여준다(Raphael, 1977). 이러한 맥락에서 그 논문들은 구성 단계의 흄이 수립하고자 애썼던 '인간 본성에 대한 과학'에 기여하는 것들이다. 흄의 자연주의의 이면인 회의주의는 철학을 '본성의 다양한 외관을 통합하는 숨겨진 연관성을 밝히려는 과학'으로 정의하는 데서 드러난다('Astronomy' iii.3). 데이비드 더글러스는 학생 때 밀러의 집에서 기거한 데다가 스미스에게 받은 초기 교육 이후 밀러에게 배웠고, 밀러는 글래스고에서 스미스의 학생이었기에, 스미스의 '형이상학적인 글'과 흄을 연결지은 이러한 인식은 그의 지적 관련성에 대한, 그리고 그의 영감의 한 출처에 대한 중요한 증거다.

스미스의 강좌들에 대한 밀러의 서술은 그의 사고의 경향에 대한 우리의 이해를 심화해주며, 밀러는 스미스가 쓰려고 했던 또 하나의 글에 대해서도 약간의 정보를 제공한다. 그것은 스미스가 1785년 라로슈푸코에게 언급한 두 번째 '대작'인 '법과 정부의 이론과 역사'의 한 부분으로 의도되었을 수도 있다. 스미스가 계획한 이 글은 '그리스와 로마 공화국에 대한 논문'이었다. 퍼거슨의 『로마 공화국의 발전과 종말의 역사』(1783)와 기번이 『로마제국 쇠망사』에서 공화국에 기울인 관심에도 불구하고 밀러는 스미스의 계획에 대해 다음과 같이 언급한다.

> 그 주제에 대해 출판된 모든 것에도 불구하고, 스미스 씨의 관찰은 그 나라들의 내부적·국내적 상황들에 대한 새롭고 중요한 많은 견해를 제시했을 것이며, 그 견해들은 그 나라들의 몇몇 정책 체계를 지금까지 보였던 것보다 훨씬 덜 인위적인 것으로 보여주었을 것이라고 나는 확신한다. (Stewart II.53)

아마도 밀러는 스미스가 그 고대 공화국들의 '자연사'를, 즉 그 공화국들의 부흥과 쇠락을 기술하고, 도덕철학과 상업 사회뿐만 아니라 천문학의 체계를 설명하는 데도 사용되는 '인간 본성의 원리들'의 작동을 반영하는 그런 자연사를 제공해주기를 기대했을 것이다.

그렇지만 후세는 『철학적 주제들에 관한 소론』에서 '인문학과 우아한 예술이 관련된 역사'의 자취들에 만족해야 했다. 런던에서 출간된 초판에 이어 같은 해인 1795년에 더블린 판이 나왔다. 이것은 잉글랜드에서 판매되지 않는 한 합법적인 것으로 간주되었다. 또 다른 판본은 제임스 데커가 1799년에 바젤에서 '영국 클래식 컬렉션' 시리즈의 한 권으로 찍어낸 것이다. 이 책은 원 편집자인 블랙과 허턴을 밝히고 있지 않지만, 이 책에 함께 실려 있는 스튜어트의 「스미스에 대한 이야기」에서 이 정보를 찾을 수 있다. 1797년에는 공화정 파리에서 피에르 프레보에 의한 프랑스어 번역본이 나왔다. 그는 에든버러 왕립학회와 서신으로 교류하는 제네바의 철학 교수였다. 그는 『에든버러 리뷰』에 실렸던 스미스의 편지도 함께 번역해 실었는데, 이 편지는 1796년에 더걸드 스튜어트가 보내준 것이었다. 또한 그는 특히 미학적 문제들에 대한 논문들과 관련해 꽤 가치 있는 주석을 제공했다(EPS 28~29, 218). 스미스의 초상화를 구하려는 카델의 바람은 이 판본에 의해 실현되었는데, 여기에는 당대의 복장을 한 스미스가 표현된 태시의 양각에 기초해 브누아 루이 프레보가 제작한, 매력적이고 어쩌면 실물보다 더 나은 판화가 들어가 있었기 때문이다.

태시가 만든 두 개의 양각 흉상은 머리끝에서 가슴까지 3인치이며, 각각의 날짜가 1787년으로 되어 있다. 스미스가 그해 런던에 있을 때 레스터스퀘어 20번지에서 잠시 모델이 되어주었을 수도 있고, 아니면 태시가 에든버러를 방문해 그를 모델로 하여 작업했을 수도 있다(Holloway, 1986: 6~8). 가발bagwig을 쓴 스미스의 모습이 새겨진 양각을 통해서 그의 일상적인 옆모습과 얼굴을 가장 잘 그려볼 수 있다. 또 다른 양각에 표현된 '고대인풍의' 스미스는 그의 어머니, 적어도 1778년에 그려진 초상화에 표현된 그의 어머니를 닮았다. 또한 우리는 태시가 스미스를 18세기의 도서관들에 흉상으로 전시된 세네카, 마르쿠스 아우렐리우스, 키케로 같은 '고대 위인들'의 일원으로 만들어놓고 있음을 알 수 있다(Haskell and Penny, 1982: 50~51). 이런 식의 묘사는 정확하게 스미스의 특징을 집어내고 있는데, 스미스는 처음부터 끝까지 로마 스토아 철학을 마음에 새긴 윤리학자였지만, 11장에서 이야기했듯이, 자신의 '체계'에 자기 시대의 요소들을 받아들였다는 것이다.

태시가 본 애덤 스미스는 단호함과 결단력을 발산했다. 그는 도덕적 판단을 낳는 인간의 감정에 대한 설명을 계획하고 완성한 사람이며, 이어서 부의 성격과 당대의 상업 사회들이 어떻게 부를 획득했는지를 연구한 사람이다. 그는 다른 '대작들'을 추진하기 위해 '분투'했지만, 고령과 병으로 좌절했다. 그의 완성된 책들은 착수했을 때의 각오에 걸맞게 성공적이었다(Ch. 17, n. 10). 카델은 헨리 매켄지에게 1000부를 찍는 것으로 『철학적 주제들에 관한 소론』의 계약을 제안했고, 이는 『국부론』의 계약에 준하는 계약이었다. 스미스의 책들은 독일어, 프랑스어, 덴마크어, 스페인어, 이탈리아어로 번역되어 더욱 폭넓은 독자를 만났다(Ross, 1998; Tribe and Mizuta, 2002). 스미스는 이런 굉장한 성공을 의식하고도 흔들림 없이 겸손하고 스스로를 낮추는 자세를 유지했던 것 같다.

그렇지만 스미스에게는 태시가 그린 단호한 사상가와는 다른 면모도 있었다. 일화가 곧잘 알려주는 것은 스미스가 심지어 '많은 사람'과 함께 있을 때도 혼자 멍하게 딴생각에 빠져 있었다는 점인데, '주피터' 칼라일은 흄이 스미스에게 '나태함과 고독에 대한 애정'을 애석해하며 나무랐다고 썼다. 또한 그의 편지는 신체 질환들에 대해 불평한 많은 사례, 비관적으로 죽음을 예감한 몇몇 에피소드, 자신이 '우울과 해악을 예감하는 마음'(*Corr.* No. 286)을 가졌다는 고백, 그리고 전반적으로 탄탄하게 유지된 '따뜻한' 기질의 몇몇 표출 사례를 기록하고 있다. 앞서 이야기된 심인성 장애들에 대한 한 가지 설명은, 스미스가 건강염려증을 갖고 있었고, 강도 높은 연구와 계속되는 추상적 사고에의 집중에 따른 심리적 대가들이라 할 수 있는 만성적 기분 저하, 건강에 대한 불안, 나른함에 시달렸다는 것이다. 평생 그는 자신의 상태를 완화할 수 있는 다양한 치료법을 시도했다. 옥스퍼드에서의 타르 수용액, 커콜디에서의 해수욕과 식물 연구, 그리고 컬런 박사의 권고에 따른 1760년의 승마 같은 것이었다. 말년에는 그는 관세 위원으로서의 모범적인 근무, 그리고 프라이데이 클럽과 팬뮤어하우스에서의 일요일 저녁 식사에서 사람들과 어울리는 것에 의지했다.

스미스는 표현 수단에 있어서 선천적으로 그리 유리한 조건에 있지 않았던 것 같다. 우리는 거의 더듬거리는 말투와 강의하는 것에 가까운 대화 스타일에 더하여 그의 거친 목소리에 대해 읽은 바가 있기 때문이다(Carlyle, 1973: 141). 그의 친구들은 이를 이해했고, 그의 성향을 그대로 받아주었다. 스튜어트에 따르면 그들은 '그가 분명 관심을 가질 만한 토론에 그를 끌어들이기 위해서 작은 계획들을 짜곤 했다'. 사교 시간에 스미스가 자신에게 비교적 익숙하지 않은 주제들에 대해 특유의 방식으로 자세히 말하거나 비교적 가벼운 분야에 대해 극단적인 입장이나 판단을 내놓은 뒤, 대항적 의견이 제기되는 순간 선뜻 그것을 철회할 때면 그들은 아주 즐거워했다. 낯선 이들과 있을 때의 그의 태도는 종종 당황스러운 것이었을 텐데, 그가 넋 놓고 있기 일쑤인 자신의 습성을 의식하고 경계했기 때문이기도 했고, 그가 예의범절에 대한 대단히 높은 수준의 관념을 갖고 있었지만 그것을 실행하는 능력은 부족했기 때문이기도 했다. 그의 성품과 특징, 특히 젊은 사람들과의 관계에서 드러난 그의 성격과 특징에 대한 모든 이야기에서 눈에 띄는 점은 그가 기본적으로 친절한 사람이었다는 것이다. 윌리엄 로즈는 1759년 『먼슬리 리뷰』에 『도덕감정론』에 대한 논평을 썼을 때부터 스미스의 오랜 친구였는데, 아버지 윌리엄의 죽음으로 슬퍼하던 아들 새뮤얼 로즈는 한 친척에게 보낸 편지에서 관세 위원 스미스가 자신을 대단히 다정하게 대해주었다고 썼다(GUL MS Accession No. 4467, 1786년 7월 19일 에드워드 포스에게 쓴 편지). 비슷한 맥락에서 스튜어트는 스미스에 대해서 '자기가 좋아하는 사람들의 모임에서 그의 얼굴은 말할 수 없이 온화한 웃음으로 환해지곤 했다'고 썼다(Stewart V.12~17).

애덤 스미스의 성격상의 특이한 점이나 그가 대체로 극복한 것으로 보이는 건강염려증의 고통을 제쳐놓으면 그는 좋은 사람이었고, 적어도 제대로 판단할 줄 아는 당대인들에게 그렇게 인식되었다고 우리는 단언할 수 있다. 죽어가던 흄이 『자연종교에 관한 대화』의 출판을 맡아달라고 스미스에게 부탁했던 일과 관련해서는, 스미스가 신중함 때문에, 그리고 마음의 평안을 누리고픈 바람 때문에 흄에 대한 친절을 희생시키는 잘못을 범했다고 생각할 수 있다.

스미스의 지성에 대해 묻는 또 다른 질문을 던져볼 수 있다. 그가 후세에 남긴 지적·도덕적 유산은 무엇인가? 『도덕감정론』은 다른 사람들에 대한 도덕적 판단을 형성함에 있어서 공감의 효능에 대한 중요한 진실을 제공한다고 간주되고, 공정한 관찰자라는 개념을 통해서, 우리 자신에 관한 우리 판단을 이해하고 명확하게 하는 데 이용할 수 있는 독창적이지만 최근까지 지나치게 간과되었던 개념을 만들어냈다고 간주되지만, 그 분야의 획기적인 저작으로 여겨지지는 않았다. 하지만 도덕에 대한 이 책의 가르침이 현대의 철학자들로부터 진지한 관심을 받고 있다는 징후가 짙어지고 있다. D. D. 래피얼은 1976년 알렉 맥파이와 함께 『도덕감정론』의 믿을 만한 판본을 만들어낸(수정판, 1991) 기초 작업에 더하여, 도덕적 판단에 대한 스미스의 가르침의 핵심 사상을 잘 조명해주는 두 권의 최근 연구서 『정의의 개념』(2001)과 『공정한 관찰자』(2007)를 출판했다. 최근 몇 년 내에 스미스의 작품에 대한 우리의 이해를 뚜렷이 증진시킨 또 다른 윤리학자는 찰스 그리즈월드(Griswold, 1996, 1999, 2006, 2009), 스티븐 다월(Darwall, 1999), 새뮤얼 플레이섀커(Fleischacker, 1999, 2003 (WN), 2007), 라이언 핸리(Hanley, 2009)다. 또 프리케와 쉬트가 편집한 책 『도덕철학자 애덤 스미스』(2005)에 수록된 논문들의 해설도 참고할 수 있다. 맥파이와 래피얼은―래피얼보다 맥파이가 더―스미스 도덕철학의 스토아 철학적 경향을 강조하지만(GUL 스페셜 컬렉션 내 서신이 그렇게 암시한다: 네븐 레디가 제공한 정보), 스코틀랜드 계몽주의를 다루는 학자들 사이에서는 그가 에피쿠로스 사상을 어느 정도 수용했는지가 현재 논의되고 있다.[2]

　　『국부론』은 확실히 그 분야의 불후의 고전임을 입증해왔다. 현재까지 전 세계 모든 종류의 경제학자들이(Cheng-chung Lai, 2000; Carpenter, 2002; eds. Tribe and Mizuta, 2002) 『국부론』을 자신들의 학문 토대가 되는 문헌으로 거론했으며, 그들은 종종 왜곡도 해가면서 흔히 매우 선별적으로 이 책을 인용했지만, 이 책에서 시장 사회의 작동에 대한 이론과 실용적 설명의 엄청난 광맥을 발견했다. 그러나 오래지 않아 그 책의 교리에 대한 비판이 나왔다는 것을 언급해야 한다. 『국부론』이 출간된 지 30년이 채 안 되었을 때 박애주의적이고 결국 파산한 은행가인 헨리 손턴은 『영국의 신용 증권의 성격과 영향 연구』(1802)를 출판했는데, 이 책은 세 가지 주요 문제를 중심으로 스미스의 통화 이론을 호되게 공격하는 것이었다. 즉, 그는 통화 공급의 개념에 대한 스미스의 이해 부족, 환어음 체제를 설명하기 위한 그의 '실어음' 원리의 결함, 통화 유통 속도 문제의 간과를 들어 스미스의 이론을 공격했다(Murphy, 2009: 197~201). 그럼에도 불구하고 맬서스와 리카도의 저작과 함께 『국부론』의 분석적인 부분은 19세기에 제번스와 마셜의 수정이 이루어질 때까지 대체로 '고전 경제학'의 범위를 정의했다.[3] 정책의 측면에서 말하자면, 관세와 세금 개혁, 자유 무역, 대중 교육을 향해 이어진 움직임은 입법자들이 스미스 책의 조언에 귀 기울였다는 점에서 스미스의 책에 자극받은 것이다(Robbins, 1952; Coats, 1971; 1992: i.119~138). 또 생물학이라는 전혀 다른 영역에서 19세기 핵심 사상가인 찰스 다윈과 그의 추종자들은 스미스의 '보이지 않는 손' 이론과 자연 선택 이론 사이의 관계에 관심이 많았다(Shermer, 2007; Carey, 2009). 물론 스미스가 이기심 또는 자기애를 경제적 거래의 유일한 동인으로서 강조한 것, 혹은 강조한 것처럼 보인 것에 대한 논란이 거셌다. 역사적으로 자유 기업에 대한 지지로 해석되어온, 경제 영역에서의 '천부적 자유의 분명하고 단순한 체제', 곧 자본주의 체제에 대한 스미스의 옹호와 관련해서도 어느 정도 어려움이 있었다. 그래서 스미스의 '보이지 않는 손' 주장의 패러디 버전들이 19세기 실업가들의 적극적이고 어느 정도 부도덕한 욕심을 용인하는 형태로 나타났다. 예컨대 1877년 미국 대통령 선거에서 근소한 차이로 패배한 어떤 후보는 일단의 백만장자 식사 손님들에게 다음과 같은 말을 했다.

> 분명 여러분은 자신이 스스로를 위해 일한다는 착각에 빠져 있을 테지만, 저는 여러분이 공공을 위해 일하고 있는 것이라고 주장하게 되어 기쁩니다. [박수.] 여러분이 스스로의 이기적인 목적을 위해 일을 도모할 때 여러분이 하는 일 대부분이 사람들의 이익에 반드시 도움이 되게끔 하는 강력하고 지혜로운 섭리가 있습니다. 엄청난 자산가는 사실이 아니더라도 사실상 공공의 재산 관리인입니다.

결국 새뮤얼 J. 틸든은 러더퍼드 B. 헤이스와 겨룬 대통령 선거에서 패했다(Lux, 1990: 78~79에서 인용됨). 1929년의 주식 시장 붕괴와 뒤이은 대공황은 그런 관점을 의심에 빠뜨렸다. 또한 케인스의 경제학 재체계화는 그의 복지 국가 사상이나 진정 과학적인 것으로서의 계량경제학에의 기여와 함께 경제학에 대한 애덤 스미스의 철학을 밀쳐 내는 것처럼 보였다.

물론 스미스가 완전히 어둠 속으로 사라지는 일은 일어나지 않았다. 일본 학자들 덕분에 1860년대부터 스미스를 서구 사상에 기여한 주요 인물 중 한 명으로 이해하는 것에 대한 관심이 지속되었음을 언급해야 할 것이다. 그 결과, 스미스의 모든 저작을—일본에서는 상호 보완적인 것으로 간주되는—망라한 번역서(1884년 이래 9종)와 해설서들이 줄줄이 나왔고, 스미스의 저작들에 담긴, 평화적·상업적·민주적 사회를 촉진하기 위해 옹호되는 도덕·경제 사상의 기본 원칙들이 20세기의 군사 제국주의와 혁명적 마르크시즘의 주장에 맞서는 것으로 규정되었다(Mizuta, 2002: 198~208, in (eds.) Tribe and Mizuta).

서구에서 오스트리아학파의 일부 경제학자(루트비히 폰 미제스, F. A. 폰 하이에크: Cubeddu, 1996; Caldwell, 2003)와 시카고대학의 일부 경제학자(제이컵 바이너, 밀턴 프리드먼, 조지 스티글러: Reder, 1982)는 경쟁 시장, 기업가 정신, 자유 무역의 중대한 역할과 관련한 스미스의 경제 이론에 대해 비판적 인식을 유지했지만, 출처에 대한 충실도는 다양했다. 또한 (1960년대부터 1980년대까지 버지니아의 대학들에서 동료였던) 제임스 뷰캐넌과 고든 털록은 공공 선택 이론을 주창하고 지대 추구 정부를 폭로함에 있어서 오스트리아학파의 사상뿐 아니라 스미스의 경제학에서도 영감을 얻었다. 스코틀랜드에서는 1930년대부터 경제학 선생들(W. R. 스콧, 알렉산더 그레이, A. L. 맥파이, 로널드 미크, 앤드루 스키너)이 스미스의 이론뿐 아니라 스미스라는 사람에 대해서도 계속 관심을 유지했다. 1960년대에 스코틀랜드 경제학회는 『국부론』 출판 200주년을 기념하는 차원에서 스미스의 모든 저작을 출판할 것을 주장했고(Raphael, 2007; Skinner, 2008), 이 계획은 1983년에 글래스고판 스미스 전집으로 결실을 맺었다(2001년 색인 추가). 또 다른 측면에서, 스코틀랜드 계몽주의의 성취에 대한 관심이 커지면서 스미스의 포용력을 끌어들였던 바로 그 분야에서 스미스가 공헌한 바가 부각되지 않을 수 없었다. 연 1회 발행되는 『18세기 스코틀랜드 연구협회 뉴스레터』는 1985년부터 스미스에 관한 대단히 폭넓은 책들의 서평을 제공해왔는데, 그 책들 대부분이 그의 계몽주의 배경을 인정하고 있다. 나아가 스스로 '시민적 휴머니즘'이라 규정한 정치 담론 전통에 대한 존 포콕의 연구들은 스미스의 저작에 대해, 그리고 스미스와 그 전통 간의 논쟁의 여지가 있는 관계에 대해 주목하지 않을 수 없게 만들었다. 이로 인해 스미스에게서는 '시민적 휴머니즘'과는 차별화되는 것인 자연법 학설이 상대적으로 중요하다는 점과 관련된 논란이 촉진되었다(Hont and Ignatieff, 1983: p. vii; Haakonssen, 1995). 이 논란의 한 가지 결과는 도덕철학과 정치경제에 대한 스미스 자신의 개념, 그리고 뒷사람들에게 전해진 그의 유산을 더 정확히 규정하게 되었다는 것이다(Griswold, Broadie, and Rothschild and Sen in Haakonssen (ed.), 2006).

스미스가 서술한 그 경제 성장의 자유 기업 이론에 대한 비판—때로는 스미스 자신에게서 시작되는—을 통해서 스미스는 더 많은 생명을 얻었다. 로널드 미크는 경제학을 공부하는 자기 학생들에게, 마르크스가 기만적인 무역업자와 제조업자, 나태한 지주들에게 착취당하고 억압받던 노동자들 쪽으로 주의를 돌리게 한 『국부론』의 그런 구절들을 곱씹다가 1840년대에 공산주의자가 된 것이라고 이야기하곤 했다(cf. I.viii.13; I.xi p.10; I.xi. p.8). 미크의 주장은 1844년의 마르크스의 경제·철학 원고에 반영된 스미스에 대한 해석이 『자본론』 (1867~1894)에 기술된 자유 시장 체제에 대한 맹렬한 비난을 부추겼음을 시사한다(Meek, 1977: 8~9). 마르크스는 자신과 자신이 중요시한 스미스 경제 사상 간의 문제적 관계를, 그 자신의 체계와 관련 있는 '심오한'(깊이 있는) 요소들과 예컨대 부르주아의 입장에서 경쟁을 묘사하는 '통속적인'(피상적인) 요소들을 스미스의 사상 안에서 포착하는 것으로 해결했다(Thal, 1990).

에마 로스차일드(Rothschild, 2002)는 마르크스를 돌아보다가 스미스에게서, 그리고 콩디야크를 비롯한 스미스 시대의 다른 정치경제학자들에게서 왼쪽으로 기운 접근을, 즉 특권을 지닌 소수에게 억압받고 착취당하는 가난한 사람들의 결핍에 대해 강력히 이야기하고, 사회 전체가 대체로 가난한 사람들의 기술, 노역, 창의력을 토대로 성취된 경제 성장을 맛볼 때 가난한 사람들도 어느 정도 이득을 얻기를 요구하는 것을 발견했다. 새뮤얼 플레이새커(Fleischaker, 2005)와 이언 매클레인(McLean, 2006) 역시 스미스의 평등주의 성격과 범위에 대한 자신들의 고찰에서 좌파의 스미스라는 주제를 다루었다.

또 다른 접근은 경제 영역에서의 이기심이 공공 복지를 낳는다는 스미스의 주장의 역사를 살펴보는 것이었다. 에드윈 캐넌은 이것을 개인의 악덕이 공공의 선이라는 마키아벨리의 심술궂은 주장의 재언명으로 보았다(*WN*, ed. Cannan, 1950: vol. i, p. xlvi). 조앤 로빈슨은 이런 해석에 기반해, 그런 주장은 '도덕의 문제를 없애버렸기 때문에, 모든 이데올로기를 종식시키는 이데올로기를' 낳았으며, '개개인이 모두의 선을 획득하기 위해 각자 이기적으로 행동하는 것이 필요할 뿐'이라고 말했다(Robinson, 1964: 53). 케네스 럭스(Lux, 1990)는 로빈슨의 주장을 다듬어, 스미스가 이기심(혹은 자기애)이 경제 거래의 유일한 동기라고 주장하는 근본적인 오류를 범하여, 이타심에의 호소를 완전히 배제했다고 주장했다. 이런 비판을 옹호하면서, 럭스는 로빈슨과 마찬가지로 '정육점 주인, 양조업자, 제빵사의 이타심'에 우리의 식사를 기대하지 않는다는, '우리는 그들의 인간애가 아니라 그들의 이기심에 말을 걸고, 그들에게 우리의 궁핍이 아니라 그들의 이익에 대해 말한다'는 유명한 구절을 인용했다(WN I.ii.2). 럭스에 의하면 스미스는 마지막 지적 노력을 『도덕감정론』의 개정과 증보에 바침으로써 다시 오류를 범했다. 그는 오히려 『국부론』을 파고들어 자기애의 역할을 수정했어야 하며, 이 감정이 소비자와 생산자들의 세계에서 불러일으켜졌을 때 이 감정에 수반되는 탐욕과 파괴성을 완화하려 애썼어야 한다.

악을 선으로 바꾸고 이기심을 부득이한 경제 활동으로 바꾼 것처럼 보이는 그 서구의 현자는, 필연적이지만 불가피한 결과인 공해 피해, 환경 파괴, 약자 약탈의 상황을 두고 지금 어디에 있는가? 로빈슨은 맨더빌이 스미스를 자극했다고 주장했는데, 럭스는 이러한 견해를 지지해, 스미스의 부인에도 불구하고 맨더빌이 이 세상에 일으킨 '소란'에 스미스가 너무 큰 인상을 받았다고(TMS vii.ii.4.13~14) 주장하며, 인간이 본질적으로 이기적이라는 이론을 기본적으로 받아들인다. 럭스는 스미스에 대해, 좋은 의도를 가진 사람이었지만 '냉소와 순진함'이 혼합된 성격으로 인해 자신의 가르침에서 멀리 벗어나 버렸다고 평가한다(Lux, 1990: 86~92, 94~95, 104~107; 비슷한 맥락의 McCloskey, 1990: 143). 아마도 럭스는 영국과 미국에서 자유 기업 경제학의 부활이 『국부론』의 가르침과 결부되었던 시기인 1980년대 말

에 애덤 스미스의 결점을 드러내고자 했던 것 같다.[4] 럭스가 글을 쓴
이후, 1990년대와 이후 10년 동안 스미스의 이름이 전 세계적으로 오
르내렸는데, 이는 주로 시장 개혁에 대한 특별한 관심하에 '실패한 국
가들'을 건전한 경제 기반 위에 올려놓으려 한 유엔의 시도들과 관련
해서였다.[5]

　　이제 애덤 스미스의 전기를 마무리하며 갖게 되는 부담은 그와
그의 가르침에 대한 어떤 환원주의적 견해도 그저 허울만 그럴듯하다
는 것이다. 허친슨을 잘 따른 제자이자 흄의 좋은 친구로서 그는 인간
의 본성에 대한 지칠 줄 모르는 탐구자였고, 그중에서도 특히 감정 영
역에 대한 탐구자였으며, 나아가 인간의 본성을 드러내주는 것으로
서의 과학적 노력들, 인간 본성의 집대성인 사회·경제·정치 제도들에
대한 탐구자였고, 때로는 선견지명이 빛났지만 때로는 그렇지 못했던
것처럼 보이기도 하는 탐구자였다. 탄탄한 지성을 갖고 있었고, 또한
사회 진보에 대한 계몽주의의 낙관을 누그러뜨리는 것인 '우울과 해악
을 예감하는 마음' 같은 것도 가지고 있었던 그는 상업과 제조업 중
심 사회의 비교적 초기 단계에서 사람들이 어떻게 자신과 남들에게
정의가 이루어지는 것을 볼 수 있을지를 설명하기 위해 인간의 상상
력에 주의를 기울였다. 그의 탐구가 겨냥한 것은 어떻게 사람들이 이
정의라는 틀 안에서 이익을 추구해, 기본적 필요의 충족과 재화—물
질적인 것에 한정되지 않는—의 타산적 축적을 이룰 수 있을지를 설
명하는 것이었다. 그는 인간으로서 우리가 일반적으로 '자신의 상태
를 더 낫게 만드는 것'을 추구한다고 보았으며, 필요한 거래에서 이기
심이 중심적으로 관여한다고 생각했지만, 거만한 자기애를 교묘한 속

임수를 동원해 칭찬할 만한 동기로 바꾸지는 않았다.

그의 탐구의 전제는 다음과 같다.

아무리 사람이 이기적이라고 전제되더라도, 분명 사람의 본성 안에는 타인의 운명에 관심을 갖게 하고 타인의 행복을 필요로 하게 하는—타인의 행복을 보는 즐거움 말고는 거기서 얻는 것이 아무것도 없더라도—어떤 원칙들이 있다.

스미스가 가르친 것을 하나의 논리적 견해로 완성해내려면 이 『도덕감정론』의 첫 문장을 『국부론』에 나오는 어떤 구절과 연결해야 한다. 이 구절에서 그는 정부의 그릇된 시장 개입에 반대하며 다음과 같이 주장한다.

모든 사람은 정의의 법을 침해하지 않는 한 완전히 자유롭게 자신의 방식으로 자신의 이윤을 추구할 수 있고, 자신의 산업과 자본을 다른 사람의 그것, 혹은 다른 계층의 그것과 경쟁시킬 수 있다. (*WN* IV.ix.51)

요컨대 스미스는 우리에게는 다른 사람들의 행복이 필요하며, 다른 종류의 자유와 마찬가지로 우리의 경제적 자유도 다른 사람들에 대한 정의에 주의를 기울이며 행사되어야 한다고 말하고 있다. 정의를 존중하는 것과 함께 경제적 자유의 핵심 부분은 경쟁에 참여하는 것이다. 스미스는 경쟁이 독점을 막아주고, 최선의 자원 배분을 가능하게 해주며, 가격 메커니즘을 통해 시장의 공급과 수요를 최선으로 조정해준다고 믿었다. 경제적 자유의 행사에 대해 말하자면, 스미스는 대중의 편견과 사적 이익이 경제적 자유의 행사를 항상 불완전하게 만들 것이라고 인식했다. '사실 영국에서 무역의 자유가 완전히 회복되리라 기대하는 것은 영국에 오세아니아나 유토피아가 들어서리라 기대하는 것만큼이나 터무니없다'(WN IV.ii.43). 이것은 분명 상식의 목소리이지 교조적 옹호가 아니다.

스미스 시대 이후의 서구 자본주의의 발전을 생각하면서, 스미스의 경제적 자유의 원칙과 관련해 그가 좁은 시각을 보여주었다고 비난해야 할까? 왜 그는 마르크스가 '축적에의 열정과 충족 욕구 사이의 파우스트적 갈등'이라고 묘사하는 것을 내다보지 못하고서, 시장의 변동에 대응하는 데 필요한 실업자 또는 불완전 노동자 계층인 '산업 예비군'을 만들 것을 자본가에게 강요했을까? 마르크스의 다음과 같은 비판은 분명 『국부론』에 나오는 부자들에 대한 긍정적 메시지에 대한 영원한 도전이었다. '한쪽 극에서의 부의 축적은 동시에 다른 쪽 극, 즉 자본의 형태로 자신의 생산물을 생산하는 계층을 펀드는 쪽에서의 비참, 노역의 고통, 예속, 무지, 야만성, 정신적 타락의 축적이다'(Marx, 1954: i.645).

그러나 스미스는 상업과 제조업 중심 사회를 마르크스보다 더 깊이 꿰뚫어보고 있었던 것 같다. 그는 분업으로 노동자들에게 가해진 정신적 불구를 분명 인식하고 있었고, 이를 비판하면서, 사람들을 교육하는 일을 공적으로 떠맡는 것이 하나의 답이라고 주장했다(WN V.i.f.50, 61). 마르크스는 이 해법이 '동종요법 처방'으로 투여되는 것이라며 이러한 생각을 비웃었다(Marx, 1954: i.362). 하지만 마르크스 혁명이 전반적으로 실패한 데 반해, 자유 시장 요소들을 띤 사회에서의 교육은 삶을 육체적으로나 정신적으로나 꽤 괜찮은 것으로 만들어주면서 작게나마 승리를 거둔다.

스미스는 (자유 시장 사회에서의) 국제 카르텔의 비양심적인 조작 행동, 가격 조작 트러스트, 자금 부족 지주 회사, 불안정한 헤지 펀드, 비우량 주택담보대출의 교묘한 삭감과 거절, 신용 부도 스와프, 의심스러운 자산담보부기업어음 파생 상품, 폰지 사기('버나드 매도프 사건'처럼; Kurland, 2008년 12월 18일), 증권 거래소에서의 내부자 거래 같은 것을 예측하지 못했지만, 그가 상인과 제조업자들의 교묘한 책략뿐 아니라 '소란과 궤변'에 대해 똑똑히 경고한 것 또한 사실이다. 그는 거대 권력과 지배 계층 내의 억압적 경향 또한 억제되어야 하는 것으로서 강력히 비판했다. '우리에게는 모든 것이, 다른 사람들에게는 아무것도. 바로 이것이 예나 지금이나 줄곧 지배자들의 천박한 격언이었던 것 같다'(WN III.iv.10). 또한 그는 어리석음, 사기, 억압이 존재하는 세상을 직시하며 자기희생이 아니라 자제를 조언한다. 이 모든 것을 통해 그는 편견 없는 독자에게 냉소적인 것이 아니라 현실적이라는 인상을 준다. 그가 말년을 도덕철학에 바치기로 결정한 것은 고지식함과는 완전히 다른 성격을 보여주는 일이었다. 그가 새로 개진한 주요 주제 하나는 부자와 지위가 높은 사람을 선망하고 가난한 사람과 지위가 낮은 사람을 경시하거나 무시하는 인간의 성향으로 야기되는 도덕 감정의 타락이었다(TMS 1790: I.iii.3). 의심할 바 없이 이것은 서구 세계에서의 새로운 부의 창출과 확산을 고려할 때 선견지명이 있는 우려였다. 새로운 부의 창출과 확산 과정은 스미스 시대에 가속화되었고, 우리 시대에는 세계화의 결과로 더욱더 가속화되었으며(Yergin and Stanislaw, 2002: 381~383), 공적 영역에서 활동하는 소위 큰 인물들—유력 정치인, 전문직 종사자와 사업가, 사회·군대·종교의 지도자들, 사실상 겉으로는 당당하지만 내적으로는 부패했을 수 있는 모든 사람—에게 관심이 쏠리는 것을 동반한다. 이렇듯 부적절한 선망에 동조하는 것은 부도덕하게도 우리가 가난, 불행과 씨름하는 사람들을 간과하는 것이라고 스미스는 생각했다. 그가 시사하는 바는, 적절성, 신중함, 이타심을 가지고 사람들을 대하고, 무엇보다 정의를 위해 행동하려고 노력함으로써 우리가 이런 타락에 저항할 수 있다는 것이다. 그러나 스미스가 자기애에 비하면 자비심은 '미약한 불꽃'에 불과하다고 본 것이 사실이며, 스미스는 덕 있는 행동은 공정한 관찰자 또는 '이성, 원칙, 양심'에 의해서 가장 잘 촉진된다고 주장했다(TMS III.3.4). 우리 감정에 대한 이해와 논리와 세심함을 통해 스미스는 우리가 부보다는 덕을 추구하도록, 그리하여 진정한 시민사회의 일원으로서 모두를 위해 평등, 자유, 정의를 지키는 데 힘쓰게 되도록 도울 수 있을 것이며, 이러한 그의 접근에서 현실주의뿐 아니라 너그러운 마음까지 알아보아야만 스미스를 올바르게 대우하는 일일 것이다.

감사의 말

먼저 나의 스승이었던 텍사스대학의 어니스트 캠벨 모스너 교수에게 감사한다. 그는 글래스고대학 애덤스미스위원회의 요청을 받아 애덤 스미스의 서간집 편찬을 준비하면서 1964년 내게 도움을 청했다. 그러나 눈에 문제가 생긴 것을 비롯해 전반적으로 건강이 나빠지면서 그는 1970년대 초에 이 일을 포기할 수밖에 없었고, 그의 제안에 따라 위원회는 서간집 편찬 마무리와 스미스 평전 집필을 내게 부탁했다. 모스너 교수는 1986년 작고할 때까지 이 일에 적극적으로 관심을 가졌고, 자신의 주석과 참고 자료를 모두 내게 넘겨주며 이 평전의 집필을 도왔다. 그의 아내 캐럴린도 스미스 프로젝트에 대한 전폭적인 지지와 격려를 보냈다. 결코 잊을 수 없는 이분들에게 이 책을 바친다.

이 책을 쓰면서 나는 스미스의 인성과 사상을 이해하는 데 힘을 보태준 제자들, 각계각층의 친구들을 비롯해 수많은 사람의 도움에 의지했다. 각종 질문에 답해주고 자료 요청에 응해준 에든버러대학 도서관의 고 찰스 핀레이슨, 스코틀랜드 국립도서관의 고 이언 레이에게도 깊은 애정과 고마움을 전한다. 이 두 도서관의 후임자들과 애버딘대학 도서관, 필라델피아 미국철학협회 도서관, 스트래스클라이드대학 앤더소니언 도서관, 몽펠리에의 에로 기록보관소, 툴루즈 기록보관소, 옥스퍼드 베일리얼 칼리지 도서관과 보들리언 도서관, 파리 국립도서관과 카르나발레 박물관, 제네바대학 도서관, 보즈웰 사무국과 예일대학 도서관, 영국 도서관, 런던 윌리엄스 박사 도서관, 에든버러대학 도서관, 글래스고대학 도서관, 웨스트민스터 상원기록사무국, 패서디나 헌팅턴 도서관, 켄트 카운티 기록보관소, 커콜디 구의회 행정사무국과 커콜디 박물관 및 미술관, 영국 큐 공문서보관소, 에든버러 스코틀랜드문서보관소, 체코공화국 클라토비 지역공공고문서관, 브리티시컬럼비아대학 도서관의 직원들도 큰 도움을 주었다. 관련 자료를 참고하거나 인용하는 것을 허락해준 이 모든 곳의 사서와 직원들에게 고마움을 전하고 싶다. 스코틀랜드공문서보관소 문서들의 인용은 그곳의 허락이 있었기에 가능했다. 또한 소장 자료들을 인용하도록 허락해준 인버네스 알두리성城의 A. E. 캐머런 대령, 킨로스의 키스 애덤과 블레어 애덤에게도 감사를 표한다.

나는 다음과 같은 친절한 도움들도 기록하고 싶다. 베릴 스키너와 베스 뷰캐넌은 각 장의 수기 원고를 문서화하고 출력하는 데 큰 도움을 주었다. 번티스랜드의 메이 브라운은 스미스 시대의 커콜디에 대한 자료들을 찾아주었고, '랭타운'의 세관원들은 파이프의 밀수업자들에 대한 이야기를 들려주었다. 앤드루 스키너는 글래스고 대성당에서부터 트론게이트 거리와 그 너머까지 글래스고의 옛 지역들을 나와 함께 걸어다니며 스미스의 글래스고대학 학생 시절이나 교수 시절과 관련된 장소들을 둘러보았다. 거의 30년 동안 그는 스미스의 사상 전반에 대해, 그리고 무엇보다 경제사상사에서의 스미스의 공헌에 대해 꾸준히 조언해주었다. 빈센트 퀸은 베일리얼 칼리지 기록보관소의 자료를 볼 수 있게 해주었다. 니콜 발레는 파리에서 나를 안내해, 스미스가 케네와 튀르고를 만났던 곳들, '계몽사상가들'의 단골 장소들을 돌아보게 해주었다. 버나드 게이니빈은 제네바에서 스미스의 교제를 다루는 자료들에 관해 조언해주었다. 페터 탈과 노르베르트 바스체크는 스미스가 일찍이 독일 사상가들에게 미친 영향에 대해 중요한 정보를 제공해주었다.

1993년 조사차 독일을 방문했을 때, 헤르만 레알과 울리히 호르슈트만은 뮌스터대학과 기센대학의 자기 학생들에게 스미스의 수사학과 비평 관련 이론을 소개해달라고 나를 초청했다. 한스 G. 모니센과 뤼디거 아렌스는 뷔르츠부르크대학으로 나를 초청해, 스미스의 언어와 경제학 관련 사상에 대한 강의를 부탁했다. 이들은 또한 반츠 수도원 교육센터에서 애덤 스미스에 대한 세미나를 열어, 스미스에 대한 나의 전기적 접근에 대해 경제학과와 영문학과의 학생 및 교수들과 이야기를 나누는 자리를 마련해주었다. 이 세미나는 한스 마르틴 슐라이어 재단의 지원을 받아 이루어졌다.

다년간 히로시 미즈타는 스미스의 장서에 관련한 많은 질문에 지체 없이 답해주었으며, 일본의 스미스 자료와 스미스 연구에 대해 해박한 친절하고도 협조적인 동료들인 요시아키 수도, 도시히로 다나카, 히토시 하시모토, 히사시 시노하라에게 나를 소개해주었다.

1985년과 1990년 일본 방문 때 나는 일본의 교수, 학생들과 스미스의 사상에 대해 토론하고 일본에서 높이 평가받는 스미스 관련 도서들과 자료들을 검토하는 흥미진진한 기회를 가질 수 있었다.

존 드와이어는 내가 스미스의 저작들과 관련한 사회사에 눈뜨게 해주었으며, 마이클 바풋은 스미스의 병력에 대한 식견을 들려주었다. 리처드 셔는 에든버러 지식인들에 대한 중요한 정보를 알려주었고, 로저 에머슨은 내가 스코틀랜드 계몽주의에 대해 도움을 구하자 주저 없이 응해주었다.

이 책에 담긴 많은 새로운 사실은 흄과 그의 동아리에 대한 데이비드 레이너의 지칠 줄 모르는 조사 덕분이다. 고마운 일이다. 그는 자신이 얻어낸 성과들에 대해 내게 이야기해주고 해석하는 과정에서 이상적인 학자의 면모를 보여주었다. 이 평전의 집필에 변함없이 관심을 보여준 D. D. 래피얼에게도 빚진 게 많다. 오랜 집필 기간 동안 그는 온갖 문제와 내가 제안한 해결 시도에 대해 마음을 나누며 현명하게 비판해주었다.

또한 나는 1977~1978년, 1979년, 1981년, 1987~1988년, 1989~1992년에 연구비를 지원해준 캐나다위원회, 브리티시컬럼비아대학, 킬럼재단에 감사한다. 그러한 지원 덕분에 특정 측면들에서의 스미스 연구와 이 책의 어떤 부분들에 대한 집필이 가능했다. 1983~1986년에 여름마다 브리티시컬럼비아 정부로부터 받은 나의 학생 조교들을 위한 보조금 덕분에 테드 올던, 앨파 템척, 엘리자베스 해넌, 데이비드 랜섬의 쾌활하고 능률적인 도움을 받을 수 있었던 것도 고마운 일이다. 1992년에 존 매리엇은 또 다른 보조금을 확보함으로써 나의 참고

감사의 말

문헌 목록 작업을 도울 수 있었다. 또한 앨리슨 슈웜은 내 연구 조교로 일하던 1978년 큐 공문서보관소에서 내가 하던 일을 도와 스미스와 관련된 중요한 세관 문서들을 찾아주었다.

1978년 1월과 2월에는 T. D. 캠벨이 영국 아카데미의 지원금을 받아 밴쿠버로 와서 전기적으로 조명된 스미스 도덕철학의 여러 측면에 대해 나와 함께 연구했는데, 돌아보면 지금도 흐뭇하다. 또한 나는, 1976~1983년 클래런던 출판사에서 나온 총 6권의 스미스 저작들을 편찬하기 위해 구성된 일단의 탁월한 학자들, 즉 J. C. 브라이스, R. H. 캠벨, A. L. 맥파이, R. L. 믹, D. D. 래피얼, A. S. 스키너, P. G. 스테인, W. B. 토드, W. P. D. 와이트먼으로부터 도움과 격려를 받은 것에 대해 감사를 표하고 싶다.

가족들은 이 책을 쓰는 내내 든든한 버팀목이 되어주었다. 형 앵거스, 아이들 일라, 베티나, 앤드루, 데이비드, 매리언에게 감사한다. 그리고 그 누구보다 사랑하는 아내 잉그리드에게 감사한다. 그녀는 나의 저술을 출판 가능한 형태로 만드는 데 크나큰 도움을 주었다. 압박감 속에서도 그녀는 평정심을 잃지 않았고, 늘 나를 챙기며 행복한 동반자 관계를 지탱해주었다.

이 책의 많은 부분은 브리티시컬럼비아 갬비어섬의 바드스크로프트에서 우리 고양이 퍼거스가 함께하는 가운데 집필되었다. 낮 동안 자극이 필요할 때면 나는 언제나 서재 창문을 통해 너울거리는 바다와 북서 태평양 해안의 청록색 산들을 볼 수 있었다. 커콜디와 포스만海에서 아주 멀리 떨어져 있지만, 두 세기 전에 그 먼 곳의 파도와 해안 근처에서 성장한 파이프의 천재 소년 애덤 스미스를 떠올려보기에 아주 좋은 곳이었다.

이언 심프슨 로스

브리티시컬럼비아 갬비어섬에서

1994년 12월 31일

추기

대단히 감사하게도 버클루 공작 10세는 현재 스코틀랜드 국립 기록 보관소에 보관돼 있는 자기 집안의 문서들을 이 책에 인용하도록 허락해주었다. 또한 나는 일본 주오대학의 미치히로 오토나시 교수, 에든버러대학 도서관의 트리샤 보이드, 글래스고대학 도서관의 특수 컬렉션 관리자 데이비드 웨스턴, 글래스고 미첼 도서관 특수 컬렉션 담당 수석 사서 엔다 라이언, 그리고 케임브리지 트리니티 칼리지 부사서실의 J. 마레이스 덕분에 새로운 자료들도 추가로 인용할 수 있었음에 감사한다. 2009년 5월에 H.M. 종합등기소 역사 열람실의 수석 문서 보관 담당자 린 조블링은 스코틀랜드 국립 기록보관소의 새로운 배치와 절차를 내게 친절히 설명해주었다. 사서 키스 버넬은 브리티시컬럼비아대학 도서관에 새로 들일 책들을 제안함으로써 최근 몇 년간 내 연구에 큰 도움을 주었으며, 그곳에서의 작업은 언제나 큰 즐거움이었다. 에든버러대학 비즈니스스쿨의 경제학 명예교수 개빈 케네

디는 스미스의 '보이지 않는 손' 개념에 대한 자신의 독창적인 연구와
스미스의 저작에서 나타나는 종교적 경향에 대해 내게 알려주었다.
또한 그는 스미스가 마지막에 살았던 집인 팬뮤어하우스를 최근에
에든버러대학 비즈니스스쿨이 매입한 것에 대해 정보를 제공해주었
으며, 건물을 둘러보고, 레이철 사이먼의 지원을 받아 에드 켈리의 감
독하에 EK:JN건축회사가 진행하는 애덤스미스연구센터로의 재건과
개조에 대한 창의적인 계획을 살펴볼 수 있게 해주었다.

이언 심프슨 로스

브리티시컬럼비아 밴쿠버에서

2009년 11월 4일

1장_ 커콜디

1. 시볼드는 교화적 지주, 의학자, 자연과학자, 역사가, 지리학자였고, 무엇보다 '덕 있고 철학적인 삶'을 살고 싶어한 인물이었으며, 스코틀랜드 계몽주의 초기 단계를 대표하는 인물이었다(Emerson, 1988).

2. 1790년에 나온 『도덕감정론』제6판의 추가 내용(III.2.35)에서 '수도원의 쓸데없는 고행'을 '전쟁의 고결한 고난과 위험'에 대비시킨 것을 보라. 하지만 흄과 달리 스미스는 군사 작전에 참여한 적은 없었다.

3. 스미스는 글에서 프랑스 저자들을 많이 언급했고, 많은 프랑스어 책을 소장하고 있었다(Mizuta). 몰리에르의 책(1749, 1773)과 페늘롱의 『텔레마크의 모험』(1778)도 있었는데, 이것들은 그의 아버지 사망 후에 나온 판들이다.

4. *LJ*(A) ii.92, *LJ*(B) 182, 335~336; *TMS* II.ii.3.11과 이 판의 389~395쪽 참조.

5. *LJ*(B) 295와 *WN* III.iv.3(상인); *WN* IV.ii.21(농민과 젠트리); *LJ*(A) vi.62(전문직 종사자) 참조.

2장_ 소년기

1. GUL MS Gen. 1035/63, 1723년 2월 20일, 제임스 오즈월드가 휴 스미스의 일을 관리하는 토지관리인으로 임명됨. SRO Service of Heirs, C22/60, 1724년 3월 29일, 아들 애덤 스미스가 아버지의 상속인으로 돌아옴. GUL MS Gen. 1035/71, 1735년 5월 13일(런던으로부터), 법정외 변호사 애덤 스미스의 유언 집행자들에게 사우스시South Sea 컴퍼니의 주식을 포함하는 윌리엄 스미스의 장부가 제출됨. Scott(1937: 21~22, 134).

2. Gifford(1988: 412~413)는 1824년에 윌리엄 번이 재건축한 성과 저택에 대해 자세히 알려준다. 파이프의 레슬리에 있는 트리니티 패리시 교회의 고든 심프슨 목사는 1993년 8월 18일에 내게 편지를 보내, 17세기 말에 지어진 한 저택에 관련된 지역 전통에 대해 알려주었다. 1993년 11월의 방문 때 나는 그 성과 저택의 거주자들에게 애덤 스미스가 납치되었던 곳이 어디라고 짐작하는지 가르쳐달라고 부탁했다.

3. 월터 스콧은 편지에서 자신이 '스코틀랜드의 오래된 체계인 가정 훈육으로 좀 스토아주의적'이라고(OED sub Stoic A sb 2를 보라. …끈덕진 인내 등등 감정의 억압을 실천하는) 썼으며, 이 점은 스미스의 집에서도 마찬가지였을 것이다. 스미스는 자신이 받은 교육을 통해 스토아 철학을, 특히 열정의 체계를 배웠다. Sandbach(1975: 59~68)와 Long and Sedley(1988: 410~423)를 보라. 또한 스미스는 에픽테토스와 로마의 스토아 철학자들인 키케로, 마르쿠스 아우렐리우스(스미스는 그를 안토니누스라 불렀다), 세네카의 철학 체계에 깊이 호응했지만 무비판적이지는 않았다. Waszek(1984)를 보라. 또한 Macfie(1967)를 보라. 스미스와 스토아 철학에 대한 맥파이의 생각은 글래스고 판『도덕감정론』서문 5~10쪽에 나타나 있다. 스미스가 글래스고 학생이었을 때 접한 스승들과 그 스승의 스승들의 지적 세계에 대한 최근의 탐구는『도덕감정론』에서 발견되는 복합적인 절충주의를 설명하는 데 어느 정도 도움이 된다. 관련 문헌의 검토를 위해서는

Robertson, 2006 reprint, 137~146을 보라. 흄과 달리, 청소년기의 스미스가 스토아 철학의 계율에 따라 행동하려고 노력하다가 실패했다는 암시는 없다. 흄의 이런 점에 대해서는 *Letter to a Physician*, March/April 1734: HL i.14에서 볼 수 있고 M. A. Stewart(2005: 29)를 참고할 수 있다.

4. 데스크퍼드 경은 1761년에 제임스 애덤에게 다음과 같이 썼다. '저는 이제 막 영국에서 미감과 건축의 시대가 열릴 것으로 기대하고 있습니다. 당신이 그 누구보다 뛰어난 인물이 되는 것을 보는 일은 제게 큰 기쁨이 될 것입니다. 제 오랜 친구 밥을 능가할 수는 없겠지만 말입니다(Fleming, 1962: 279).

3장_ 글래스고

1. *Corr.* No. 42; 1759년 10월 29일 스미스는 에든버러 방문 때 자신의 제자인 토머스 페티 피츠모리스를 '데려가기에 부적절한 장소에서 종종 식사 또는 만찬을 해야 했다'고 썼으며, '그가 매우 방탕한 도시에서 자신이 어떤 방문객인지를 확실히 하기 위해, [스미스는] 숙소에 작은 여흥을 주문했다'고 썼다. cf. *LJ*(B) 204: '글래스고에서는 몇 년이 지나도 [중죄가] 발생하지 않지만, 에든버러에서는 매년 일어난다'. 스미스는 이런 상황을 에든버러에 있는 하인들의 횡행 탓으로 돌린다. *LJ*(A) vi.1~6; *WN* ii.iii.12.

2. 웹사이트 www.theglasgowstory.com/index.php에서 'The Rising Burgh: 1560 to 1770s'를 보라. 여기서는 스미스가 학생이나 교수로 있던 때의 글래스고에 대한 다양한 글과 이미지를 접할 수 있다. 이 사이트의 참고 자료는 기고자들이 이용한 책과 글, 그리고 이미지 자료다.

3. '구파' 신학과 '신파' 신학에 대한 충성으로 나뉜 스미스 세대의 스코틀랜드교회 구성원들은 계몽주의의 지적 발전에 대한 관심에서는 하나였다. Clark(1963), Voges(1985), McIntosh(1989), Landsman(1990, 1991) 참고. Sher(1995)도 참고.

4. 정치적 임명권 행사에 의한 기관들의 재구성을 통해 추구된 이 시기 스코틀랜드의 경제적 발전에 초점을 맞춘 연구로는 다음을 보라. Murdoch(1980: 30~32); Shaw(1983: ch. 5, 6); Emerson(1992: 45~46); Devine, Lee, and Peden eds.(2005).

5. 학생들의 수사는 고전 공화주의 담론(예컨대 키케로), 스튜어트 왕가의 신성한 권리에 기반한 군주정에 대한 저항(로크), 월폴에 대한 반대(「카토의 편지」, 1720년부터), 그리고 잉글랜드의 식민 통치에 대한 당대 아일랜드 내에서의 갈등(몰즈워스)에 다양하게 뿌리를 두고 있었다. 다음을 보라. Robbins(1959); Pocock(1965; 1986: ch. ii), in Hont and Ignatieff(1983); Moore(1990: 45~47); M. A. Stewart(1992: 5).

6. 1743년에 아가일 공작 3세가 된 일레이 경의 임용권에 대한 스미스의 관심은 *Corr*. No. 10, 304에 드러나 있다. 일레이의 계몽주의 프로젝트를 다룬 자료로는 다음을 보라. Taylor(1966: 25, 130); Lindsay and Cosh(1973: 35~185), Berkeley and Berkeley(1974: 108~112), Emerson(1992: 104~105), Murdoch(*ODNB*, 2006b).

4장_ 잊지 못할 허치슨 선생님

1. M. A. 스튜어트 교수는 내게 보낸 2006년 4월 16일자 사적인 편지에서, 1727년의 위원회에 의해 도덕철학 교수에게 배정된 것인 스미스 시대의 허치슨의 과목들에 대해서, 그리고 그의 전임자이자 그의 스승이었던 거숌 카마이클이 그의 과목들을 어떻게 구성했었는지에 대해서 알려주었다. '공개' 수업 커리큘럼의 기학 부문과 관련해서는 논리학과 형이상학 교수(라우든)가 2학년의 '인간의 정신 부분', 즉 이해에 대한 데카르트-로크의 철학을 가르쳤고, 허치슨은 3학년의 '기학의 그 밖의 부분들인 신학과 도덕철학'을 가르쳤다. 별도로 허치슨은 아마 '비공개' 수업으로 자연신학을 가르쳤을 것이다. 도덕철학에서의 '공개' 수업은 '덕의 본질을 가르치는' 윤

리학의 첫 번째 갈래와 '자연법 지식'을 가르치는 두 번째 갈래를 다루었다 (허치슨의 『도덕철학에 대한 짧은 소개』, 1747). 스튜어트 교수는 학생들이 그 윤리학 강의들을 먼저 들어야 그다음의 나머지 강의들을 이해할 수 있을 것이고, 또한 그 강의들이 '두 개의 다른 강좌가 아니라 한 강좌의 연속적인 부분들'이었을 것이며, '적어도 그 강의들이 같은 학년의 연이은 두 학기의 내용을 이루었다'고 보고 있다.

2. Maclaurin(1748/1968: 32~33, 43~45)은 피타고라스 체계의 복원자로서의 코페르니쿠스를 논한다. 허치슨이 『도덕철학에 대한 짧은 소개』(1747)의 권두 제사로 사용한 것은 피타고라스의 금언이다. 그리고 스미스는 '자연의 연결 원리들에 대한 연구'('Astronomy' iii.9)라는 말로 피타고라스 과학에 대한 칭송을 드러낸다.

3. GUL MS Murray 49, 제임스 크레이그가 필기한 라우든의 논리학 수업 (1699) 노트; GUL MS Gen. 406, 논리학 개요서 필기 및 학급 명부, 1712; GUL MS Gen. 71, 로버트 셰딘이 라우든의 수업(1714~1715)에서 필기한 논리학 개요서; GUL MS Murray 210, 라우든의 수업(1729)에서 나온 존 해밀턴의 논리학 노트 개요. Shepherd(1975)와 Moore(1990: 43~44)를 보라. 또한 Hutcheson, ed. Moore, and trans. Silverthorne, 2006: x~xi을 보라.

4. GUL Special Collections, Bf 73.-e. 34. 이것은 *Patrick Erskine: Theses Philosophicae···Joanne Lowdoun Praeside*(Glasgow: Robert Saunders, 1708)에 들어가 있다. 32명의 후보자가 명단에 올라 있으며, '토리첼리의 튜브'와 '보일의 기계'에 대한 언급, 그리고 '푸아레투스', 즉 피에르 푸아레에 대한 언급이 있다. 피에르 푸아레는 데카르트를 반박한 인물이다. De Eruditione Triplici(Amsterdam, 1707).

5. Stewart-Robertson(1983: 35 n. 30, 31)에 설명된 애버딘에서의 알렉산더 제라드 교수의 성령론 수업을 참고하라.

6. 교수와 학생이 어떻게 서로를 지적으로 자극했는지 보여주는, 정리와 부정명제를 다루는 사이먼-스튜어트 간 편지들(1741~1752)이 있다. GUL MS Gen. 146/1-30, *Proceedings of the Edinburgh Mathematical Society*, vol. xxi, 1902~1903에 수록됨.

7. R. B. 셔 교수(Sher, 2006: 64)의 말에 따르면, 더걸드 스튜어트는 허치슨이 '심오하고 웅장한' 강연자라는 스미스의 과도한 칭찬을 언급했지만, 강의에서 받은 특별한 감명을 진술함에 있어서 스미스가 허치슨의 다른 학생들이나 마찬가지였다는 내용의 노트 B를 추가했다. 허치슨의 도덕철학 체계의 불완전함을 생각하면서, 스튜어트는 그의 '대중 연사로서의 (…) 재능은 그가 저자로서 보여준 것보다는 훨씬 수준이 높았음에 틀림없다'고 결론지었지만('Account of Smith'[1980]: 271, 333~334), 또한 초기 저작들인 『미와 덕의 관념의 기원에 대한 연구』(edns. 1725~1738)와 『도덕 감각을 예증하는, 열정과 애정의 본질과 행동에 관한 시론』(edns. 1728~1742)은 도덕철학에 인상 깊은 기여를 했다고 보았다. 하지만 스튜어트에 따르면 허치슨의 계속된 명성은 그의 강의 전통에서 비롯된 것으로, 그의 강의는 '분석적 토론에 대한 감각과, 18세기의 가장 가치 있는 산물 일부를 세상에 안겨준 자유로운 탐구 정신을 스코틀랜드에 확산시키는 데 매우 큰 공헌을 한 것으로' 보였다(*EPS*[1980]: 271, 333~334).

8. 절충주의에 대한 허치슨의 지지는 그의 『논리학 개요』를 소개하는 짤막한 '철학사'에서 발견된다. *Praefixa est Dissertatio de Philosophiae Origine, Ejusque Inventoribus aut Excultoribus*, Glasgow, 1756(중판 1759, 1764, 1772, 1778, 1787). 제임스 무어(Hutcheson, 2006: xxii, xxix, Introduction)는 『논리학 개요』의 필사본이 1746년과 1749년 사이에 글래스고대학의 한 학생에 의해 만들어졌다고 보고 있으며, 그 '철학사'에서 허치슨은 1740년대에 출판된 책을 자신의 용도에 맞게 사용한 것으로 이야기되고 있음을 암시한다. 절충주의에 대한 허치슨의 설명의 출

처는 Johann Jakob Brucker, *Historia Critica Philosophiae*, 6 vols. Leipzig, 1742~1746이다. 여기에는 이 그룹에 속하는 고대와 당대의 철학자들이 포함되어 있다(Hutcheson, 2006: 7~8, n.16). 브루커를 따라 허치슨은 과학에서 베이컨과 뉴턴을, 윤리학에서 흐로티위스, 컴벌랜드, 푸펜도르프를, 논리학과 형이상학에서 로크를 언급하면서, '새로운 길을 가리키거나 새로운 길에 들어선' 철학자들을 현대의 절충주의자로 나열했다(Hutcheson, 2006: 7~8). 그것의 '철학사'를 담은 『논리학 개요』는 스미스가 글래스고를 떠나 옥스퍼드로 간 뒤에 출간되었지만, 허치슨이 스미스가 들었던 강의에서 여러 철학 분과를 조화시키는 주제를 다루었다고 가정하는 것이 합리적이다. 많은 다른 점에서 그랬듯이 이런 점에서도 허치슨에게 영감받은 스미스가 스토아학파는 물론이고 다른 학파들까지 아우르는 이전의 철학자들로부터 최고의 요소들을 받아들여 자신의 도덕철학을 발전시키고자 했다고 가정하는 것 또한 합리적이다.

5장_ 옥스퍼드

1. 또 다른 경로는 베릭 근처의 동쪽 국경 지역을 통과해 뉴캐슬까지 간 다음, 내륙으로 방향을 틀어 셰필드와 버밍엄으로 가는 것이었다. 스미스의 동년배이자 친구인 인버레스크의 알렉산더 칼라일이 이용했던 두 가지 대안 경로도 있었다. 칼라일은 1746년 옥스퍼드에서 돌아올 때 워릭, 리치필드를 경유해 그레트나에서 에스크강을 건넜다. 그리고 동행한 사람이 모펏을 경유해 에든버러로 간 데 반해 칼라일은 아난과 덤프리스로 가서 친척을 방문했다. 또한 1758년 5월에 칼라일은 시인 존 홈, 역사가 윌리엄 로버트슨, 건축가 제임스 애덤과 함께 옥스퍼드에서 돌아오는 여정에 올랐는데, 이때 우드스톡, 워릭, 버밍엄, 유명한 정원이 딸린 윌리엄 셴스턴과 라이틀턴의 집, 채츠워스, 셰필드, 웬트워스 우드하우스, 리즈, 뉴캐슬을 경유한 뒤, 콘힐온트위드를 통해 스코틀랜드의 집으로 갔다. 버밍엄에서 그

들은 '노동을 줄여주는 압인기의 발명'으로 번영을 누리고 이제는 프리스 턴팬스에서 로벅 박사와 동업으로 황산을 다루는 일을 하고 있던 전직 놋 쇠공 새뮤얼 가벳이 만든 제품들과 배스커빌 인쇄기를 보았다. 채츠워스 에서는 데번셔 공작의 대저택을 보았다. 웬트워스 우드하우스는 로킹엄 후작이 과학적 농업으로 큰 성공을 거둔 곳이었고, 저택 가까이에서 석탄 이 채굴되었다. 리즈, 뉴캐슬을 경유한 뒤 트위드의 콘힐을 통해 스코틀랜 드의 집으로 갔다(Carlyle, 1973: 102, 184~192).

2. Handley(1953: 181), Kitchin and Passmore(1949: 6~13), Camp-bell(1966: 48)은 스미스가 스코틀랜드의 식단을 '현대의 영양 기준이 아 니라 동시대의 사회적 관습'에 따라 판단했다고 주장한다. Gibson and Smout(1989), Mathias(1983: 175), Wilson(1971: 243~245), Dodg-shon and Butlin(1978: 162~163, 243~246), Rule(1992: 10~13, 47~48, 69~71), Gibson and Smout(1995).

3. 『철학적 주제들에 관한 소론』 글래스고 판에 대한 와이트먼의 주들은 고 대 천문학에 대한 그리스어 자료들과 현대 천문학에 대한 라틴어 자료들 에 관한 스미스의 독서의 범위와 미비함을 보여준다. 스미스의 소장 도 서 목록에는(Mizuta passim) 플라톤의 주요 출판물(『티마이오스』를 포함 해)이 포함되어 있다. Froeben printing-office, Basel(1546); Heinrich Petri, Basel(1556), and Henri Étienne II, Paris(1578). 아리스토텔레스 (『형이상학』을 포함해)도 포함되어 있다. edited by Guillaume Duval, Paris(1629). 또한 코페르니쿠스와 뉴턴도 포함되어 있다. Copernicus: *De revolutionibus*, Iohannes Petreius, Nürnberg(1543); Newton, *Philosophiae nturalis principia mathematica*, Guillielmus & Johannes Innys, London(1726).

4. 영어로 번역된 더보길라의 학칙이 Jones(2005a: Appendix A: 318~320)에 수록되어 있다. 그녀의 바람은 '어머니 같은 마음으로 옥스퍼드에 머무는

아들과 학자들을 부양하는' 것이었다.

5. 후원자들은 로체스터 주교 존 워너(1666년 사망)와 에어셔의 한 대장장이의 아들 존 스넬(1679년 사망)이었다. 존 스넬은 1642~1644년에 글래스고 대학에서 스테어의 제임스 댈림플 아래서 공부했다. 댈림플은 당시 일반 교양 과목 연구 지도교수였는데, 나중에는 최고민사법원장이 되었고, 『스코틀랜드의 법 제도』(1681, 1693)라는 책을 썼다. 내전 때 왕당파 편에서 싸운 후 스넬은 잉글랜드에서 생활고에 시달렸지만, 1653년경 한 스코틀랜드 과부의 회계를 관리하는 일에 고용되었다. 그런 다음 그는 왕에게도 잘 알려진 유명한 변호사 올란도 브리지먼에게 고용되었다. 브리지먼은 왕정 복고 직후 민사법원의 수석 재판관에 올랐다. 스넬은 부동산 양도법을 잘 알아 후원자 브리지먼에게 유용했으며, 법정 정리延吏와 인장 담당자 같은 수익을 낼 수 있는 자리에 임명되는 것으로 보상받았다. 그는 봉사료와 부수입으로 재산을 모아, 1661년에 글래스고대학에 비싼 책을 기부하는 것으로 자선활동을 시작했다. 이때 기부한 책은 브라이언 월턴의 여러 언어로 된 새로운 성경책(1657) 여섯 권이었다. 그는 20년 이상 브리지먼을 위해 일했으며, 글래스고에 더 많은 돈을 들여 책을 보냈고, 큰 재산을 이루었다. 1670년부터 그는 스코틀랜드 학생들을 옥스퍼드로 보내는 데 관심을 가졌던 것으로 보이는데, 아마 그들이 나중에 스코틀랜드로 돌아와 영국 성공회 강화에 기여할 수 있도록 그들에게 종교적 교육을 확보해줄 요량이었을 것이다. 찰스 2세가 브리지먼을 면직하고 섀프츠베리를 재무장관으로 선택했을 때 스넬은 그의 인장 담당자가 되었다. 섀프츠베리는 총애를 잃게 되었을 때 스넬이 왕의 사생아인 몬머스의 수행단에서 중요한 자리를 맡도록 손써 주었다. 왕의 총애를 받거나 받지 못하는 사람이 누구이건 간에 1679년 죽을 때까지 스넬은 꾸준히 부를 축적했다. 1677년 12월 29일에 작성되고 그의 사망일인 1679년 8월 6일에 확정된 유언장에서 스넬은 워릭셔의 어프턴 저택을 신탁 관리자에게 맡겨, '글래스고 칼리

지'를 최소한 1년간 다닌 최소한 다섯 명의 스코틀랜드 학생에게 옥스퍼드에 머무르며 공부하게 해주도록 의무를 부과했다. 수혜자들은 성직 임명을 받고 스코틀랜드로 돌아와 스코틀랜드교회에서 봉직해야 했고 당시 스코틀랜드교회는 성공회 교회였다. 만약 그들이 성직자가 되지 못하거나 스코틀랜드 밖에 정착하게 된다면 옥스퍼드 칼리지에 500파운드의 벌금을 내야 했다. 처음에는 그 부동산에 대한 저당권이 계획의 실행을 가로막았다. 그다음에는, 윌리엄과 메리가 영국 통치를 시작하면서 혁명이 정착된 데 따른 결과로서 1690년에 기존 스코틀랜드교회가 법에 따라 장로회 교회가 되었다. 스넬의 딸은 아버지의 바람이 좌절되었으니 그 부동산이 자신에게 귀속되어야 한다는 결정을 받아내기 위해 형평법 법원으로 갔다. 1693년 6월에 키퍼 서머스 경은 그녀의 신청을 기각하고, 스코틀랜드 학생들을 옥스퍼드에서 교육받게 하려는 스넬의 바람이 이루어지도록 그의 재산을 베일리얼 칼리지에 양도했지만, 학생들의 진로에 대한 단서는 주어지지 않았다. 그런 결정의 이유는 밝혀지지 않았지만, 세 명의 신탁 관리자 중 한 명이 베일리얼 관계자였고, 어쩌면 칼리지의 재정 상태가 너무 좋지 않아서 장학생들에게 그들의 몫을 주고 남은 자금이 칼리지 측에 정말 필요하다고 그가 주장했을지도 모른다(Rae, 1895: 18~19; Lee-Warner, 1901; Stones, 1984: 148~220).

6. 포터의 인용(Porter, 1990: 178). 또한 포터는 '많은 진보적인 가정은 체벌, 천박함, 남색, 술이 있는 공립 학교와 대학을 불신'해 아들을 위한 가정교사를 고용했고, 아들을 그랜드 투어에 보냈다고 언급했다. 전문 교육이 필요한 이들은 네덜란드나 스코틀랜드의 대학으로 갔다. 비국교도 젊은이들은 비국교도 교육 기관들로 갔는데(예를 들면 킵워스, 톤턴, 대번트리, 켄들, 워링턴, 마일엔드에 있는), 그곳의 선생 중 몇몇은 명성이 높았고, 스코틀랜드 교수들과 관계를 유지했다(Uglow, 2002: 71~72).

7. 1740년 베일리얼 칼리지 입학 기록: 'Termino Trinitatis Iul. 4. Adamus

Smith Filius unicus [sic] Adami Smith Generosi de Kirkaldie in Regno Scotiae admissus est Commensalis.' 찰스 서티는 7월 10일 자비생自費生으로 입학 허가를 받았다. 스미스는 7월 7일 옥스퍼드대학에 입학했다. 'Adamus Smith e Coll. Ball., Gen. Fil. Jul. 7mo 1740.' 소럴드 로저스 교수가 발췌한 내용을 Rae, 1965: 19에서 인용했다.

8. *Corr.* No. 1: 브루턴스트리트 27번지, 아가일 공작 런던 저택으로 법정 외 변호사 윌리엄 스미스에게 보낸 편지. 그곳에서 그는 그 집안의 일들을 관리했을 것이고, 스미스가 옥스퍼드에서 왔을 때 그를 맞아주었을 것이다. 아가일 공작은 윌리엄을 자기 수하의 병기 총사령관(1725~1740, 1742)과 왕의 포도주 저장고 근위병으로 만들었다. 공작이 죽고 나서 윌리엄은 1743년에 애더베리를 상속받은 공작부인 제인 워버턴(1767년 사망)을 모셨다. 그녀는 버클루 공작 2세 프랜시스(1750년 사망)의 상속인 댈키스 백작과 결혼한 장녀 캐럴라인에게 애더베리를 물려주었다. 윌리엄 스미스는 1753년 10월 23일 애더베리에서 사망했다(*Glasgow Courant: Scott*, 396 n. 8). 그의 편지 가운데 스미스의 아버지에게 보낸 것을 포함해 일부가 글래스고대학 도서관에 보관되어 있다. MS gen. 1035/13, 29, 30, 34, 36, 39, 45, 46, 58, 60, 64, 126.

6장_ 많은 수강생

1. 페늘롱은 영국에서 윌리엄 스티븐슨의 번역판 *Dialogues concerning Eloquence*(1722)로 잘 알려진 저작을 통해, '아리스토텔레스, 키케로, 퀸틸리아누스, 루키아노스, 롱기누스 및 다른 유명한 저자들의 정교한 가르침'에 기초한 프랑스의 새로운 수사학 운동을 이끌었다. 애덤 스미스의 새로운 수사학은 하월이 소개했다(Howell, 1971: 536~576). 동시대 영국의 비국교도 교육 기관들에서 새로운 수사학과 순수 문학을 가르치는 운동이 있었다. 필립 도드리지가 1730~1751년에 노샘프턴에서 강의하면서

'간명한 말하기'와 '간명하고 재미있는 역사'를 강조했지만, 1765년에 앤드루 키피스 박사가 강좌 하나를 열기 전까지는 순수 문학을 다루는 별도의 강좌가 없었던 것 같다. Peter Jones(1), 'The Polite Academy and the Presbyterians, 1720~1770', in Dwyer et al.(1982: 159~171).

2. 1748년에 새프츠베리의 문체에 대한 비판은 새로운 것이 아니었다. 흄은 「플라톤주의자」(『도덕·정치 논고』, 1742)에서 새프츠베리의 문체를 패러디하는 것으로 이에 참여했다. 하지만 새프츠베리에 대한 스미스의 공격은 Alciphron, Third Dialogue. XIII(1732: 190~194)에 기초한 것이었다. 여기서 버클리는 이 영주를 크라틸로스, 즉 다음과 같은 사람으로 풍자한다.

기독교에 대해 편견을 갖고 있는, 미친 듯한, 대부분의 남성의 야망보다 높은 지위에 있고 자기 지위에 걸맞은 재산을 갖고 있는, 관능적인 악덕에 대한 수용력이나 부정직한 악덕에 이끌리는 경향이 거의 없는 사람. 크라틸로스는 덕의 아름다움에 대한 스토아 철학의 열정을 스스로에게 주입했거나 주입한 것으로 여겨지는데, 그는 인간을 영웅적으로 덕 있게 만든답시고, 그들을 이성적·인간적으로 덕 있게 만드는 방법들을 파괴하려 했다.

스미스가 추가한 공격은 새프츠베리가 과학을 무시하고 추상적인 사고를 하지 못한다는 것이었다. 스미스는 이 점이 사상가로서의 새프츠베리를 손상시킨다고 생각했을 것이며, 이로써 그는 과학에 대한 지식이 철학자의 지적 도구에 포함되어야 한다고 암시하고 있는 셈이다. 버클리의 크라틸로스는 자유 사상가이고, 정통 영국 성공회교도의 관점에서 비판받는 존재다(Walmsley, 1990: 109~110). 스미스는 종교에 대한 새프츠베리의 관점을 다루면서 이런 점을 설득력 없이 반복한다(*LRBL*[1983] i.138, 141).

3. 스미스는 새프츠베리의 화려한 문체를 비판하면서 이를 모방한 것으로 보

이는 다른 스코틀랜드 사람들도 공격했다. 예컨대 조지 턴불, 데이비드 포다이스, 애버딘의 '아들' 토머스 블랙웰, 에든버러의 윌리엄 위샤트 같은 사람들이었고, 심지어 허치슨도 포함되어 있었는데, 스미스가 감히 스승을 비판했다며 제임스 우드로가 분개한 것은 아마 이 때문이었을 것이다(9장 이하). Stewart(1987a)와 Wood(1990) 참고.

4. 롤랭의 전통을 따랐지만 1749~1750년경 커콜디의 밀러의 학생들이 영어로 작성한 것인 '연설문들'이 남아 있다. Maruzen 1990 Bicentenary Catalogue, Adam Smith: No. 1, illus. p. 3. 스미스는 퀸틸리아누스의 『웅변교수론』의 롤랭 판을 가지고 있었다(Mizuta).

7장_ 철학(과학)과 법의 역사에 대한 강의

1. Arthur, *Discourses*(1803: 409~410. Richardson, William, 1803을 보라). 또 다른 자료에는 스미스의 '천문학의 역사'가 아서의 'College exercises' 중 하나에서 언급되었다고 나온다. anon., 'Life of Smith', prefacing *TMS* edn. 12(Glasgow: R. Chapman, 1809): p. xxi. 또한 John Anderson's notebook(Strathclyde Univ., Anderson Lib., Anderson MSS No. 2: p. 1~32)에 들어가 있는 Arthur's 'Essay on the Inducements to the Study of Natural Philosophy'(1770년 5월)를 보라.

2. 『도덕감정론』 ii.ii.3 'Of the Utility of this Constitution of Nature' 참고. 또한 『도덕감정론』과 『국부론』의 '보이지 않는 손' 부분, 시장에서의 '자연스러운 자유'를 방해하는 '특별한 장려'와 '제한'에 대한 부분 참고. *TMS* iv.i.i.10; *WN* iv.ii.9, iv.ix.49, 50; Campbell(1971: 217~220); Campbell and Ross(1981: 73~76); Haakonssen(1981: 135~136); Teichgraeber(1986: 176~177).

3. EUL La II. 451/2; Raphael and Sakamoto(1990: 274~277); Raphael(1992a: 93~103)의 일화.

8장_ 글래스고대학의 부름

1. 18세기에 스코틀랜드에서 볼테르와 루소는 물론 몽테스키외도 널리 관심을 받았다는 사실은 많은 출판물과 번역으로 알 수 있다. Howard(1959)를 보라.

2. 스미스의 학생 아치볼드 앨리슨이 부주교 존 싱클레어에게 들려주고 싱클레어가 기록한 일화(Sinclair, 1875: 9).

9장_ 교수

1. Henry Tronchin(1906: 290ff); Voltaire(1950a, b); 의사 테오도르 트롱생이 아들 프랑수아 루이 트롱생(1743년 2월 3일 출생)에게 보낸, 그리고 이 아들이 누이 '베티'(? 마리 안)에게 보낸 미출간 편지(Bibliothèque Publique et Universitaire, Geneva). 애덤 스미스와 관련 있는 편지들은 2006년에 옥스퍼드 맥덜린 칼리지의 네븐 레디 씨가 조사하고 필사했는데, 이는 스미스가 스코틀랜드 계몽주의에 기여한 바를 프랑스의(그리고 프랑스-스위스의) 맥락에서 살펴보는 그의 철학박사 논문을 위한, 또한 옥스퍼드의 볼테르재단이 추진하는 '전자 계몽주의Electronic Enlightenment' 사이트 프로젝트에 스미스의 편지글을 포함하기 위한 조사 작업의 일환이었다. 친절하게도 레디 씨는 1762~1764년에 의사 트롱생이 아들에게 보낸 편지 41통과 1763~1764년에 이 아들이 누이에게 보낸 편지 6통을 이용하게 해주었다. 그는 이 편지들을 모두 출판할 계획이므로, 여기서는 그의 허락하에 몇몇 부분만 간접적으로 인용한다.

2. 스미스와 밀러의 진보적 가르침을 흡수한 데스니츠키와 트레차코프의 러시아 귀국은 농노 해방에 대한 어떤 논문에 상을 주기로 한 상트페테르부르크 경제농업협회의 결단과 시기적으로 일치했다. 이 상은 J. J. L. 그라슬랭이 받았는데(1768), 그의 논문은 러시아어로 출판된 최초의 순수 경제학 책이라고 이야기되며, 분업이 경제 성장을 촉진한다는 스미스의 이론과

일치하는 내용을 담고 있다. 윌리엄 페티, 맨더빌, 제임스 해리스, 튀르고가 먼저 이 이론을 탐구한 바 있다(*WN* 13~14, n. 1).

10장_ 저술가, 행정가

1. 1793년 1월 21일과 3월 18일에 에든버러 왕립학회에서 낭독된 스튜어트 의 「스미스에 대한… 이야기」(1794년 에든버러 왕립학회 회보, vol. iii에, 그리고 1795년 『철학적 주제들에 관한 소론』에 수록)는 스미스가 『에든버러 리뷰』에 존슨 박사의 『영어 사전』에 대한 서평과 「편집자들에게 보내는 편지」를 익명으로 기고했음을 밝혔다('Account' I.24). 이 글들은 스미스 전집 *Works*, 1811~1812, v: 553~584에 수록되어 있으며, 여기에는 '최근 몇몇 훌륭한 출판물에서 거듭 언급'되었고 '스미스 씨가 쓴 것으로 잘 알려져 있다'(p. 553)라는 소개 글이 달려 있다. Tytler, *Memoirs of Kames*, 1807: i.169에서 『에든버러 리뷰』의 주요 기고자들로 스미스, 블레어, 로버트슨이 언급되고 있으며, 존슨의 『영어 사전』에 대한 스미스의 서평이 169~171쪽 의 주석에서 이야기된다. 1814년에 나온 Tytler(이제는 Woodhouselee) 제 2판에서는 주석이 추가되어(i.235~236), 크레이그 경(스미스의 제자 윌리엄 크레이그)이 제공한 추가 정보를 알려준다. 이 정보에 따르면 윌리엄 로버트슨은 Alexander Gordon of Auchintoul, *History of Peter the Great*(Aberdeen, 1755)와 Walter Anderson, *History of Croesus, King of Lydia*에 대한 서평을 썼다. 휴 블레어는 Dodsley, *Collection of Poems* 4th volume(1755)과 Hutcheson, *System of Moral Philosophy*(1755)에 대한 서평을 썼다. 존 자딘은 Ebenezer Erskine, *Sermons*(edited by his son, David Erskine, 1755)와 Johnson, 'Sermon on Unity'에 대한 서평을 썼다. 훗날 에든버러 자연철학 교수가 되는 외과의 제임스 러셀은 아마 물리학, 의학, 해부학 관련 글들에 대한 서평을 썼을 것이다. 제임스 매킨토시 경은 자신이 편집한 1816년 리프린트 『에든버러 리뷰』의 서문(Mackintosh,

Works, Boston, 1856: 242~245)에서 에든버러에서 전해지는 확실해 보이는 이야기에 근거해 이렇게 글과 필자를 연결시켰고, 몇몇 서평에 대해 논평했다. 과학 출판물은 계몽주의 의제에 중요한 부분이었고(Sher in ed. Wood, 2000; Wood in ed. Brodie, 2003), 러셀의 서평과 함께 『에든버러 리뷰』에서 과학 출판물에 대한 비평이 시작되었다. 또한 Charles Alston, *Second Dissertation on Quick-lime and Lime-water*에 대한 서평 (2, Art. v)과 Albrecht von Haller, *Dissertation on the Sensible and Irritable Parts of Animals*(1755)에 대한 서평(2, Art. xiii)을 보라. 전자는 또 다른 에든버러 의학 교수인 로버트 와잇과의 논쟁의 일부인데, 서평자는 이 논쟁이 블랙 박사의 실험에 대한 출판물에 의해 해결될 것으로 보고 있다. 후자는 괴팅겐대학 교수인 할러의 저작에 대한 서평인데, 마음과 몸의 관계에 대한 할러의 데카르트적 관점은 와잇 박사의 반박을 받았다. 『에든버러 리뷰』에서는 다루어지지 않았지만 1755~1756년에 출간된 과학서로는 다음과 같은 것들이 있다. Donald Monro, *An Essay on the Dropsy*, 1755; Robert Whytt, *Physiological Essays*, 1755; James Ferguson, *Astronomy Explain'd upon Sir Isaac Newton's Principles*, 1756; Francis Home, *The Principles of Agriculture and Vegetation*, 1756; Francis Home, *Experiments on Bleaching*, 1756; Robert Simson, *The Elements of Euclid*, 1756.

2. 흄이 여백에 적어놓은 글(현재 도쿄의 주오대학 도서관 소장)에 대해서는 1987년 12월 15일의 소더비 카탈로그 '영국 문학과 역사'에 언급되어 있고, 스튜어트에 의해 이야기된다(Stewart, 1990c: 5~8). 1990년 4월 26일 나고야 마루젠 백화점 서점의 허락을 받아 나는 그것을 살펴볼 수 있었다. Maruzen, Bicentenary Smith Catalogue, No. 9, 1990을 보라. 2007년 2월, 주오대학 경제학과의 미치히로 오토나시 교수는 친절하게도 흄이 여백에 적어놓은 글이 포함된 스미스의 '편지' 복사본을 더 자세한 검토를

위해 내게 보내주었고, 이 책에서 그 자료를 인용하도록 허락해주었다. 데이비드 레이너 교수는 영국에서는 영국국립도서관에 원고 자료의 복사본이 보관되어 있는 경우에만 그 원고 자료의 외부 대출이 가능하다고 내게 알려주었다(2009년 7월 25일자 개인 이메일). 흄이 여백에 적어놓은 글이 포함된, 『에든버러 리뷰』 2에 실린 스미스의 '편지' 열아홉 장의 복사본은 영국국립도서관 'Manuscript Reading Room'에 소장되어 있으며, RP.5286 항목으로 분류되어 있다.

3. 과학과 기술에 대한 와트의 관심과 그의 대학 작업장에서의 활동들의 고무적인 결과에 관한 설명은 와트가 관련된 어떤 특허 건을 위해 스미스의 한 학생이 제공했다. 'Professor Robison's Narrative of Mr Watt's Invention of the improved Engine', in Robinson and Musson(1969: 23~26). 스미스는 1780년에 특허받은 와트의 복사기의 후원자였다(*Corr.* No. 207).

4. 공작 지위는 찰스 2세의 사생아인 몬머스의 공작 제임스 스콧(1649년 출생)을 위해 만들어졌고(Tim Harris, *ODNB-O*, 2007), 이후 1663년 결혼한 그는 부유한 신부 버클루 백작부인 애나 스콧(1651년 출생)의 성을 취득했다(Nicholson, *ODNB-O*, 2004). 몬머스는 왕족인 아버지 덕에 많은 것을 누렸고, 한량이자 군인으로 살다가 당시 휘그당의 지도력에 끌렸으며, 몬머스를 영국 왕위에 올려 프로테스탄트의 승계를 확보하려 한 반란이 실패로 돌아간 후 가톨릭교도인 제임스 2세에 의해 1685년에 참수되었다. 찰스 톤젠드는 조국의 역사를 공부하는 의붓아들에게 관심이 많았다. 그리고 헨리는 어머니 쪽 조상인 아가일 백작 9세 아치볼드가 몬머스의 운명과 비슷한 피비린내 나는 운명을 겪었음을 알고 있었을 수 있다. 아가일은 스코틀랜드에서 비슷한 반란에 연루되었다. 몬머스의 손자 프랜시스 스콧(1695~1751)은 1732년 할머니 애나 백작부인이 사망하자 그녀의 재산과 작위를 물려받아 버클루 공작 2세가 되었다. 그는 지적 능력을 갖추었

고, 1724년 프리메이슨단 단장을 맡았으며, 같은 해에 왕립학회의 펠로가 되었다. 1734~1741년에는 상원의 스코틀랜드 귀족 대표 의원이었다. 그는 퀸즈베리 공작 2세의 딸인 제인 더글러스와 결혼했고, 그녀는 그에게 상속 자를 낳아주었다. 이 상속자가 바로 버클루 공작 3세의 아버지였다. 프랜 시스 스콧은 찰스 2세와 몬머스처럼 호색적 성향을 보였다. 루이즈 더글러 스의 말에 따르면, 첫째 아내의 죽음 후 '그는 그런 저급한 정사에 빠져 살 았고, 최고로 저급한 무리와 어울려 지낸 탓에 그의 존재는 그와 같은 지 위의 사람들에게 거의 알려지지 않았으며, 그의 인품은 완전히 멸시의 대 상이 되었다'(Cockayne et al. eds. 2000: ii.368).

5. 오타와대학 철학과의 데이비드 레이너 박사는 『은행과 스코틀랜드 지폐에 대한 생각』의 필자가 누구인지 알아냈으며, 이 주제에 관한 글을 준비 중 이라고 내게 알려주었다(2008년 1월 27일의 사적인 편지).

6. Tytler(1807: i.194~195 n.). 그러나 윌리엄 리치먼은 스미스가 '학생들에 게서 받은 수업료를 모두 돌려주었다'고 1764년 11월 19일에 루어트에게 써 보냈다. 스코틀랜드문서보관소 Hope of Raehills-Johnstone Papers, Bundle 897. 또한 스미스는 학생들에게 수업료를 돌려주었음을 1764년 1월 10일의 대학 회의에서 보고했다. 그의 마지막 수업은 1월 4일과 9일 사이에 있었고 그가 참석한 마지막 회의는 1월 10일에 있었으니, 그는 이 후 곧 글래스고를 떠났을 것이다(*IJ* 2).

11장_『도덕감정론』의 탄생

1. 흄은 스트레이핸을 초기 인쇄업의 학구적 거장인 알두스, 로이힐린, 로베 르 에스티엔과 비교했으며(*HL* ii.259), 스트레이핸은 1771년에 200종 이 상의 책의 판권을 보유할 정도로 인쇄 사업을 키웠다. 그가 출판한 저자 들로는 흄과 스미스 외에 존슨, 필딩, 톰슨, 기번, 로버트슨, 케임스, 리드, 스몰렛이 있었다. 영국국립도서관에 보관되어 있는 그의 인쇄 대장(Add.

MSS 48800–1)을 보면 그가 출판한 책들의 인쇄 부수를 알 수 있다. 필딩의 『톰 존스』는 총 4판에 1만 부를 찍었고, 톰슨의 『사계』는 총 7판에 1만 3240부를 찍었으며, 더 놀라운 것은 『새로운 만물 사전』이었는데, 1775년에 총 3판에 13만 4000부를 찍었다. 버크는 1790년에 잉글랜드의 독자 수를 8만 명으로 추정했다(Brack, 1968). Sher(2006: 372)는 인쇄업자 스트레이핸과 1769년부터 그의 동업자가 된 토머스 카델—스코틀랜드 집안 사람이지만 영국에서 출생한—이 영국에서뿐 아니라 세계적으로도 출판업에서 출중했다고 주장한다. 그들은 분명 스미스를 포함한 스코틀랜드 계몽주의 저술가들을 극진히 대우했다. 『도덕감정론』의 인쇄 부수는 다음과 같았다(Sher, 2002: 13~19).

제1판, 1759년 4월[8v: 1 vol: 550 pp.]: 1000부, 각 권 6실링, 장정본

제2판, [ptd. 1760년 9월], 1761년 1월 21일 출판: 750

제3판, 1767년 5월 5일: 750[「언어의 기원에 대한 논문」과 함께 인쇄됨]

제4판, 1774년 10월: 500[확장된 제목, '처음에는 이웃의, 나중에는 스스로의 행동과 성향에 관한 사람들의 자연스러운 판단의 원리의 분석에 대한 시론']

제5판, 1781년 9월: 750

제6판, [1790년 4월 9일 등록], 4월 말 출판: [2 vols.: 4to]: 1000, 판지 표지본 12실링 또는 장정본 14실링.

윌리엄 스트레이핸과 1785년에 그의 뒤를 이은 아들 앤드루는 스미스 생전에 제6판까지 나온 『도덕감정론』을 8절판으로 4750부 찍었는데, 처음에 한 권짜리로 3750부를 찍었고 두 권짜리로 1000부를 찍었다. 또한 그들은 1790년 스미스가 사망한 후 대략 10년 동안 세 개의 판본으로 두 권짜리 3000부를 찍기도 했다. 이로써 법정 저작권의 보호 아래 인쇄된 부수는 총 7750부가 되었다. 1759년부터 꾸준히 팔리던 『도덕감정론』은 스미스의 사망(1790)에 즈음해 더 주목받는 책이 되어 훨씬 많이 팔렸다

(Sher, 2002: 19). 스미스가 『도덕감정론』 제1판(1759)으로 어느 정도의 저작권료를 받았는지는 알려져 있지 않지만, 50~80파운드 정도로 예상된다. 애버딘의 교수들이 첫 철학 저서로 받은 금액이 대략 이 정도였다. 알렉산더 제러드는 1759년에 『취향에 대하여』로 80파운드를 받았고, 토머스 리드는 1764년에 『상식의 원리에 기초한 인간 정신 연구』로 50파운드를 받았다. 스미스는 1776년 11월 13일에 윌리엄 스트레이핸에게 『국부론』 제1판에 대한 '원고료 300파운드'를 받았다고 알렸고, 제2판(1778)에서는 출판업자들이 인쇄 비용을 대고 이윤을 양측이 나눌 것을 제안했으며, 스트레이핸은 이를 받아들였다(Corr. No. 179, 180). 이로써 스미스는 저작권을 전매하는 것보다 훨씬 많은 돈을 벌어들였다. 헨리 매켄지는 『철학적 주제들에 관한 소론』의 판권으로 300파운드를 받고 중판을 찍을 경우 200파운드를 받기로 계약했지만(Scott, 1937: 314), 출판업자들은 이 거래에서 손해를 봤다(Sher, 2002: 22~24). 흄은 허치슨 이후 스코틀랜드 계몽주의 출판 시장을 넓혔지만, 시작은 희망적이지 못했다. 1738년에 『인성론』의 첫 두 권을 50파운드에 1000부 인쇄하는 것으로 존 눈과 '성급한 합의'를 보았던 흄은 앤드루 밀러를 설득해 자신의 주된 런던 출판업자로 삼았고, 『도덕·정치 논고』(1742)부터 그를 통해 출판했다. 이 책의 경우 그는 밀러에게 150~200파운드를 받았고, 1500부를 찍었다. 나중에는 『영국사』(1757) 제2권 1750부에 대해 1756년에 750파운드를 받았다(Mossner, 1980: 114~115, 146, 314; Ross, 2007c). 리처드 셔 교수는 스코틀랜드 계몽주의 저자들의 책에 대한 세심한 연구 조사 결과를 책으로 냈고, 또한 스미스의 책들에 대한 나의 질문에 빠르고 정확한 답신을 해주었다. 그에게 감사한다.

2. 텍스트 인용 출처로서 앞에 제시된 것은 『도덕감정론』 제1판 복사판(Verlag Wirtschaft und Finanzen GmbH, Dusseldorf/Frankfurt, 1986, eds. Wofram Engels et al.)의 페이지 번호이고, 뒤에 제시된 것은 제6판(D. D.

래퍼얼과 A. L. 맥파이가 편집한 글래스고 판 스미스 전집의 1976년도 책)의 part, section, chapter, paragraph의 번호다. 이는 스미스가 1759년에 보여준 것과 1790년에 계속 유지한 것을 독자들이 추적해볼 수 있게 해준다.

3. 1965~1989년에 52권에 달하는 루소의 서간을 엮어낸 끈질긴 편집자 랠프 리는(이 프로젝트를 마무리한 사람은 로버트 워클러) 「루소와 스코틀랜드 계몽주의」(Leigh, 1986)에서 지식인들 사이에서 루소에 대한 공명이 얼마나 만연했는지를 서술했다. 심지어 케임스의 『영국 유물에 대한 몇몇 주제의 시론』(1747)에서 『인간 불평등 기원론』의 사상, 예컨대 사회에 대한 인간의 원초적 반감 같은 사상이 섬뜩하게 예고되었다고(p. 6) 서술했다(Kames, 1797: 76). 스미스는 『인간 불평등 기원론』의 또 다른 주요 견해들, 예컨대 자기 개선과 같은 견해(1755/1963: 170)에 대해 반응하거나 생각했다(Wokler, 2001). pt. I, para. 17. '[인간과 짐승을] 구별해주는, 논란의 여지가 없는 또 다른 매우 특별한 점이 있다. 그것은 바로 자기 개선의 능력으로, 이 능력은 환경의 도움을 받아 우리의 모든 남은 능력을 점점 발전시키며, 개개인에게 내재하는 것처럼 종에도 내재한다.' 스미스에게서 공명한 또 다른 주제는 『에밀』(1762/1963: 173), bk. iv, para. 10에서 확인되는 자기애라는 주제다. '우리의 열정의 근원, 다른 모든 것의 뿌리이자 원천, 사람과 함께 태어나고 사람이 살아 있는 한 결코 그를 떠나지 않는 유일한 것, 그것이 바로 자기애다.' 스미스의 자기애 관련 부분과 비교하라. *LJ*(A) vi.46, *LJ*(B) 219, *ED* 2.23, *WN* i.ii.2(우리의 저녁 식사가 정육점 주인, 양조업자, 제빵사의 자기애 덕분이라는 유명한 문장). 또한 '우리의 상황을 나아지게 하는, 태중에서부터 우리와 함께하고 우리가 무덤에 들 때까지 결코 우리를 떠나지 않는…욕망'(*WN* ii.iii.28 etc.)에 대한 대목들. 글래스고 편집자들은 맨더빌의 『꿀벌 우화』에 나오는 비슷한 대목들을 인용하지만(*WN* 341~342 n. 29, 30), 스미스는 인간의 '이기심'을 강조한 데서 루소를 맨더빌과 연관 지으면서도 루소가 맨더빌의 견해를 '완화했다'고 주장했다

(*Edinburgh Review* 'Letter' 11, 14). France(1990)는 루소와 스미스가 보여준 이기심에 대한 매우 유사한 분석을 논한다. 인간의 본성과 관련된 맨더빌과 루소의 주장에 대한 스미스의 반응을 다룬 최근의 논평과 관련 문헌에 대한 안내는 Hurtado-Prieto(2006)와 Eric Schliesser(2006)를 보라. 또한 Force(2003)와 이 책에 대한 Schliesser의 서평, 그리고 이 서평에 대한 Force의 답변인 *Adam Smith Review*, vol. 3(2007: 203~211)을 보라. 스미스와 루소에 대한 최근의 다른 관련 논평은 Hanley(2006, 2008, 2009)와 Rasmussen(2008)에서 볼 수 있다. 2009년 1월에 베일리얼 칼리지의 스미스 컨퍼런스에서 있었던 찰스 그리즈월드의 강연 '자아에 관한 이야기: '루소…이야기'에 대한 애덤 스미스의 반응'과 스미스와 루소에 대한 또 다른 논문들은 *Adam Smith Review*, No. 5(2009년 가을)에 수록될 예정이다. 이슈트반 혼트는 2009년 3월에 옥스퍼드대학에서 일련의 칼라일 강의를 했는데, 주제는 루소와 '스미스의…에 대한 전망'에 대한 비교를 통해 상업 사회에서의 정치학을 전망해보는 것이었다. 그는 '스미스의 공감을 통한 도덕 규칙 개진이 자기애의 자연사自然史의 또 다른 버전'이라고 주장했다(참석자인 일본 오사카대학의 류 수사토 씨로부터 2009년 3월에 받은 이메일 보고서).

4. 이것은 영국 성공회교도의 독실함을 반영하고 있는 리처드 앨러스트리의 『인간의 모든 의무』(1658, 수차례 중판이 이루어짐)로 추정되는데, 1690년에 장로교도들이 반대한 '미신적이고 잘못된 책들' 중 한 권이었다(M. A. Sewart, 2005: 18~19). 흄의 손에 이 책을 쥐어준 이는 영국 성공회 신앙을 가지고 있었거나, 혹은 그쪽으로 기울어 있음을 인지하지 못하고 있었을 것이다.

5. 조지프 버틀러와 관련해서는 『롤스 채플 설교 15편』(1726) 중 '반성 혹은 양심의 원칙'에 대한 두 번째와 세 번째 설교를 보라. 그리고 '양심, 도덕적 이유, 도덕 감각, 신성한 이유 등 그 무엇으로 불리든' 간에 '도덕적 인정과

불인정의 능력'(버틀러의 말처럼 에픽테토스식 표현)에 대한 논의를 위해서는 『종교의 유비』(1736)에 들어가 있는 '덕의 본질에 대한 논문'이라는 제목의 부록을 보라. 케임스와 관련해서는 『도덕성과 자연종교의 원리에 대한 시론』(1751)을 보라. 이 책은 양심의 '권위 있는 표지들'이라는 버틀러의 개념을 언급하고 있으며, 그 표지들이 '우리의 가장 엄격한 복종을 요구하는 우리 안의 신의 목소리'로서의 '도덕 감각'에 결부된다고 주장한다(p. 61~64; *TMS* 164, n. 1). 케임스는 1737년에 버틀러를 만나 도덕철학에 대해 토론했고, 그와 서신을 주고받았으며, 흄은 『인성론』 출간 전에 이 책에 대한 버틀러의 반응을 알아보는 것을 케임스와 상의했다(Ross, 1972: 35~36, 78; 2004: 141). 버틀러는 흄의 『도덕·정치 논고』를 읽었고, 다른 이들에게 이 책을 추천한 것으로 미루어 이 책을 높이 평가했을 것이다(NHL, 1954, 10). 흄과 스미스는 관찰과 경험에 사상의 기반을 둠으로써 도덕철학을 새로운 기초 위에 세운 영국 작가들의 목록에 버틀러를 포함시켰다(*Treatise*, Introduction, 5, n. 1; *EPS*, 250, *ER* 'Letter', para. 10). 버틀러(1752년 사망)는 『도덕감정론』에서 '고인이 된 독창적이고 미묘한 철학자'(*TMS* I.iii.1.1)로 나오지만, 글래스고 편집자들은 그의 『롤스 채플 설교 15편』에 대한 스미스의 기억이 모두 정확하다고는 생각하지 않는다. *TMS*: 44, n. 1.

6. 개빈 케네디(Kennedy, 2005: 48~49)는 타인이 우리를 보는 것처럼 우리 자신을 보는 것은 우리가 공정한 관찰자의 관점을 내면화하는 데 도움을 주어 우리의 행동을 객관적으로 판단하게 해준다고 스미스가 낙관적으로 생각한 반면, 번스는 자신의 시에서 머리에 이가 있는 숙녀는 자기 인식이 없다는 비관적인 생각을 드러냈다는 적절한 논평을 한다. 물론 케네디가 지적하듯이 번스는 시를 통해 지각 없는 허영을 풍자하고 있는 것이고, 스미스는 윤리학자로서 자기기만에 잘 빠지는 우리의 성향을 책망하고 있는(*TMS* III.4.6) 것이지만 말이다.

7. 24장에서 이야기되는 것처럼, 스미스는 『도덕감정론』 제6판에서 스토아 철

학에 대한 논의를 확장했고, 최고의 '영웅적 관대함'과 '폭넓은 이타심'의 행위를 추종자들에게 부추기는 스토아 철학의 '일반적 경향'을 높이 평가하면서도 스토아 철학을 제한적으로 지지했던 제1판의 입장을 수정했다. *TMS* VII.iii.1.46~47.

8. 『도덕감정론』제1판의 이 분명한 진술은 제6판에서도 그대로 반복되며, 그만큼 스미스가 에피쿠로스 철학을 자신의 절충주의적 도덕철학 공식과 '전혀 일치하지 않는' 체계로 보고 있음을 분명히 해주는 것으로 보인다. 분명, 신중함에 대한 그의 견해와 그가 『도덕감정론』에서 묘사한 신중한 사람의 성격(*TMS* VI.i.3~15. 이 제6부는 1790년에 새로 추가되었다) 및 그것의 자화상적 요소들을 주의 깊게 읽을 때 에피쿠로스 철학의 '저급한 신중함'에 관한 그의 냉정한 평가, 그리고 플라톤이나 아리스토텔레스 같은 현자의 성격과 '아주 딱' 맞고 도덕적 행위로 달성 가능한 이상을 보여주는 '고급한 신중함'에 관한 그의 높은 평가를 이끌어낼 수 있다. 하지만 스미스는 스토아 철학 현자의 요건인 인간의 정념에 대한 완전한 초탈을 통해서 '완벽한 덕과 행복'을 성취할 수 있다는 것에 대해서는 결국 더 많은 의심을 가진 것처럼 보일 것이다(*TMS* 1759: 136 참고. '인간의 본성의 범위를 완전히 넘어서는 어떤 완벽성을 지향할 것을 우리에게 가르치는 그 고결한 계율 말고는 대부분의 계율에 어떤 다른 반대도 있을 수 없는 철학.' 그리고 1790년에 추가된 부분인 VII.ii.1.21). 이런 의심을 고려해 『도덕감정론』의 글래스고 편집자들은 (서문 9~10에서) 1790년에 스미스가 스토아 철학의 비판자임을 드러냈고, 또한 자신들이 생각한 것보다 더 절충주의적 사상가였다고 지적해야 했을 것이다. 마찬가지로 그것은, 스미스가 스토아 철학의 요소와 에피쿠로스 철학의 요소를 자신의 절충주의에 끌어들였고, 그의 성향에 대한 글래스고 편집자들의 견해를 전면적으로 거부하는 것보다 훨씬 더 많은 내용을 품은 도덕철학자였다는 평가로 보인다. 스토아 철학의 요소들의 스미스적 채택에 대한 지금까지의 가장 충실한 설명

은 Leonidas Montes(2008), 'Adam Smith as an Eclectic Stoic', *Adam Smith Review*, Vol. 4, 30~56에서 볼 수 있다.

9. 글래스고대학 도서관에 소장된 호로티위스의 『전쟁과 평화의 법』에서는 다른 사람들의 이름 가운데서 스미스의 이름이 발견되며, 이 책의 오래된 장서표에는 '윤리학 수업'이라고 기재되어 있다. 스미스는 1735년에 암스테르담에서 Barbeyrac가 엮어 출판한 『전쟁과 평화의 법』과 호로티위스의 역사서들을 갖고 있었고, 1745년에 글래스고에서 Le Clerc가 엮어 출판한 『기독교의 진실성』도 갖고 있었다(자세한 내용은 Mizuta를 보라). 『기독교의 진실성』은 허치슨이 일요일마다 6시에 강의했던 그 책이다(Carlyle, 1973: 36~37).

12장_『도덕감정론』에 대한 비판

1. 법률가 교육을 받은 칼뱅은 스미스가 제기한 문제, 즉 죄인은 신의 온당한 비난과 분노를 어떻게 피할 수 있는가 하는 문제를 형법 용어로 표현했다. 답은, 신의 아들이 스스로 인간을 대신해 압도적인 신의 분노의 무게와 그에 수반되는 비난을 감당했다는 것이다. 예수는(『기독교 강요』, 1559, trans. Beveridge, 1845, 1989 reprint: II.16.1에 따르면) '죄인들의 대리인과 보증인이 되었고, 심지어 죄인으로서 굴복해, 죄인에게 가해졌을 벌을 받으며 고통을 당했다'.

2. 이 '개요' 작성자의 또 다른 후보인 스몰렛은 수전 부르주아의 *Nervous Juyces and the Feeling Heart: The Growth of Sensibility in the Novels of Tobias Smollett*(1986)에서 거론되었다. 부르주아 박사는 흄이 필자라는 것에 대한 데이비드 칼란더의 진술에 대해서 모르고 있었던 것 같으며, 또한 텍스트를 자세히 읽는 것에서 비롯되었지만 칼란더의 진술에 의해 입증되는 레이너 박사의 글에 대해서도 모르고 있었던 것 같다. 하지만 스몰렛을 개요 작성자로 보는 생각은 로버트 크로퍼드의 *The*

Scottish Invention of English Literature(1998), *Devolving English Literature*(2nd ed., 2000), *Scotland's Books*(2007)에서 스코틀랜드 사람들의 문학적 감수성 숭배를 촉진하는 것에 대한 논의의 한 부분으로 다루어졌다. 작성자가 누구인가의 문제는 차치하고, 평자가 『도덕감정론』을 정통 종교의 대의에 호응하는 것으로 제시함으로써 스코틀랜드 계몽주의 운동에 대한 공격의 힘을 둔화시키고 있다는 것은 설득력이 있다. 이런 관점에서 『도덕감정론』에 대한 이 비평을 받아들인 『크리티컬 리뷰』 편집자로서의 스몰렛의 결정은 스코틀랜드의 문학과 사상을 스코틀랜드교회의 지배로부터 자유롭게 하려는 전략적 움직임이었다. 게다가 제프 파커는 2005년 10월 에든버러대학 인문학발전연구소에서 한 '애덤 스미스의 『에든버러 리뷰』(1755~1756)와 스몰렛의 『크리티컬 리뷰』(1756~1763)의 편집 정책과 비평 관례'라는 제목의 강연에서, 비평에 대한 철학적 태도—스미스의 1756년 '편집자들에게 보내는 편지'의 주된 특성이었던—에 있어서 두 간행물 사이에 연속성이 있었다고 주장했다. 파커 박사는 스코틀랜드의 비평이 『에든버러 리뷰』의 시도에 대한 스코틀랜드교회 내의 반대로 1756년에 좌절된 것이 아니라, 스코틀랜드 여러 대학의 졸업자들을 많이 고용함으로써 크게 번창하던 『크리티컬 리뷰』에서 출구를 찾은 것이었다고 말했다.

3. 마이클 바풋 박사가 1990년 9월에 열린 밴쿠버 스미스 심포지엄에서 알려준 바에 따르면, 그는 스미스가 소장했던(Mizuta), 그리고 현재는 에든버러대학 도서관에 보관돼 있는 컬런의 논문 *First Lines of the Practice of Physic*(1784)을 살펴봤으며, 건강염려증에 대한 치료법으로서 운동이 이야기되는 부분인 3권 272쪽에 오래전 빛바랜 분홍색 실크 서표가 놓였음을 발견했다. 아마도 이는 스미스가 사망하기 6년 전에도 여전히 자신의 병에 대한 컬런의 치료법에 관심을 갖고 있었다는 증거일 것이다.

4. 언급된 책들은 다음과 같다. Lord George Lyttelton, *History of the*

Life of Henry II(1767~1771); Sir James Steuart(훗날의 Steuart-Denham), *Inquiry into the Principles of Political Oeconomy*(1767); William Robertson, *History of Charles V*(1769); Adam Ferguson, *Institutes of Moral Philosophy*(1769) 또는 가능성은 더 낮지만 *An Essay on the History of Civil Society*(1767). 이 모든 책은 인쇄되기 몇 년 전부터 출간 예정임이 알려져 있었다. 흄은 1763년에 엘리엇과 밀러에게 보낸 편지에서 『1688년 혁명 이후의 영국사』를 계속 집필해 윌리엄 3세 치세를 다루는 것에 대해 썼다(HL i.382~383).

5. 잭 와인스타인(Weinstein, 2009: 92~95)은 퍼거슨의 미출간 '담화'인 「도덕 평가의 원리에 관하여」에 대해 언급하는데, 대화자 클러크는 가공 인물이며, 클러크의 견해는 스미스의 공감 이론에 대한 퍼거슨의 비판을 꼭 반복하는 것은 아니지만, 그 비판의 중요한 요소들을 포함하고 있다고 말한다. 첫째, 공감이 규범적 힘을 갖고 있지 않다는 것이다. 둘째, 스미스가 '공감'이라는 단어를 사용한 것은 새롭지만, 그것이 대신한 '도덕 감정'이라는 말보다는 덜 정확하다는 것이다. 셋째, 흄의 말을 반향하는 것으로, 스미스는 공감에 대해, 항상 즐거운 인정의 감정이라고 생각하지만, 이는 불쾌한 공감의 여지가 있는 그의 체계와는 모순된다는 것이다. 물론 스미스는 『도덕감정론』 제2판에서 이러한 반박에 대해 응답했다(*Corr.* No, 40, Note p. 51). 넷째, 공감의 도덕적 역할과 공정한 관찰자에 대한 스미스의 이론은 양심의 이론의 다른 표현이라는 것이다. 와인스타인은 첫 번째 비판과 네 번째 비판은 서로 모순된다고 말한다. 첫 번째 비판은 스미스가 비목적적 이론을 제시했다는 이유로 그를 비판하는데 네 번째 비판은 그 이론이 목적적이라고 주장하고 있다는 것이다. 여기서 의문이 제기된다. 퍼거슨은 정말로 스미스의 이론이 난센스라고 생각한 것일까? 와인스타인은 아니라고 말하고, 그 '담화'는 문학적 연습이며, 여기서 퍼거슨이 동의하지 않았다기보다는 동의했다고 볼 수 있는 스미스의 공감 이론의 여러 측면을 탐구하

는 데 '클러크'가 이용되고 있는 것이라고 결론 내린다.

6. 월터 스콧은 *BLJ*를 위한 1831년의 노트에서 '개자식' 일화를 존 밀러에게 들었다고 주장했다(*BLJ* v.369, n. 5). Middendorf(1961) 참고. 흄과 스미스에 대한 데이비드 칼란더의 노트에는 [흄은] 에든버러에 있는 존슨 박사를 보지 않을 것이고, 애덤 스미스 박사도 마찬가지일 것이다'라고 씌어 있는데, 이는 분명 존슨의 북부 여행 중에 스코틀랜드 지식인들에게 존슨을 만나게 해주려 한 보즈웰의 시도와 관련된 언급일 것이다(EUL Laing MSS, La. II 451/2, fos. 429~434).

7. AUL, Birkwood Collection, MS 2131/3/I/28: p. 6, 오른쪽 여백에 세로로 쓰인 메모. Norton and Stewart-Robertson(1980; 1984: 317~318) 참고. 또한 Birkwood Collection 2131/3/III/i.26~28 & VII.v.7 참고. 스미스에 대한 리드의 더 많은 비판적 지적은 Reid, *Practical Ethics*, ed. Haakonssen(1990)에 자세히 나와 있는데, 예컨대 이 책 376~377쪽 n. 30에서는 자연법학을 정의에, 그리고 정의를 교환의 정의에 한정시키는 스미스에게 반대한다. 리드의 도덕적 (그리고 인식론적) 현실주의 같은 것이 서브로토 로이(Roy, 1991)에 의해 주장되지만, 이러한 시각의 진전된 계보는 로이의 케임브리지 지도교수인 랜퍼드 밤브로, 비트겐슈타인, G. E. 무어 이상은 추적되지 않는다. 리드와 무어의 연관성은 Keith Lehrer(1991: 6, 163)에서 언급되었다. 로이가 내세운 목적은 경제학자들을 도덕적 회의주의에 빠뜨리는 '흄의 저주'를 깨는 것이지만, 적어도 리드만큼 그 역시, 흄과 스미스가 도덕적 가치를 확인하는 비독단적인 방법을 제공하는 회의적인 윤리학자로서 어느 정도 평가받아야 한다는 점을 기꺼이 검토하고 있다.

8. 파리8대학 독일어과의 노르베르트 바스체크 교수가 제공해준 정보와 텍스트.

9. Kant, *Gesammelte Schriften*(1900~), xv.592—Reflexion 1355(마르부

르크 필리프스대학의 하이너 F. 클렘 씨가 제공한 참고 자료.

10. 장-루이 블라베 신부는 자신이 번역한 『국부론』의 1800년 판 서문(1: vii)에서 이 인용문을 제시하면서 'Lett. xxi.1.71. Edit.de Beaumarchais'를 출처로 인용했다. 2006년에 일본 간세이가쿠인대학 경제학과의 히사시 시노하라 교수는 Beaumarchais-Kehl판 볼테르의 책과 서신(전72권, 1784~1789)에서 그 인용문을 찾을 수 없었다는 사실을 내게 알려주었고, 나 역시 Moland판과 Bestermann판 볼테르의 서신에 대한 조사에서 소득을 얻지 못했다. 옥스퍼드 맥덜린 칼리지의 네븐 레디 씨 또한 '전자 계몽주의' 사이트의 관련 파일(볼테르재단)에서 이 인용문을 찾는 데 실패했다. 나의 브리티시컬럼비아대학 동료인 L. L. 본지 교수는 2006년 4월 10일자 이메일에서, 사람들은 곧잘 어떤 말들을 볼테르와 연결시키고 싶어하는데, 이를 뒷받침할 증거는 없다고 밝혔다. 그는 이 건과 관련해서는, "문체가 맞고, 볼테르는 예컨대 흄을 칭찬하며 뒤데팡 부인과 주고받은 서신에서 그랬던 것처럼 곧잘 자신의 '평범한' 동포들을 폄하하는 동시에 '영국' 저자들을 칭찬하곤 했다"고 덧붙였다. 그 인용문에 대한 블라베의 출처가 거짓이므로, 블라베(혹은 출판업을 하는 누군가)가 『국부론』의 번역본을 부풀려 광고하고자 했고, 볼테르의 스미스 지지가 이런 목적에 잘 맞을 거라고 생각했던 것 같다.

13장_ 여행하는 가정교사

1. Haut-Garonne: Archives civiles, serie C, MS C.2407(Registre): Procès-verbaux des États de Languedoc, 1497~1789(Toulouse), ii.645 ~649; Bibliothèque municipale de Montpellier 25561.39; Segoudy, 1969, drawing on Dutil, 1911, and Appolis, 1937.

2. 『에든버러 리뷰』 편집자들에게 보낸 '편지'(1756)에서 스미스는 볼테르의 '만능의 천재성'에 경의를 표하며 그의 역사적 저작을 언급했다(*EPS* 254).

아마 이 주제는 페르네에서의 대화에 등장했을 것이고, 이는 1761~1763년에 제네바에서 출간된 8권짜리 출판물 『샤를마뉴부터 우리 시대까지의 일반 역사』(『제 민족의 풍속과 정신에 대한 시론』으로도 알려져 있다)로 어느 정도 완성 단계에 이른 대작업에 대한 대화였을 것이다. 이 저작은 해당 시기의 화폐의 역사와 같이 스미스를 매료시킨 주제들도 아우르면서 해당 시기의 유럽 시민사를 포함하고 있으며(Laurent-Hubert, 1987), 상업과 자유는 서로에게 영향을 미쳐서 하나가 번성하면 다른 것도 그렇게 되는 경향이 있다는 주장을 보여준다. 이는 『국부론』에 시민사를 포함하려는 스미스의 최종 구상과 관련 있는 자료였다.

3. 튀르고의 『부의 형성과 분배에 대한 고찰』은 스미스가 『국부론』 작업의 최종 단계에 이르기 전에 완성된, 가장 영향력 있는 18세기 프랑스의 경제학 텍스트다. 이 저작의 시초에 대한 튀르고의 설명은 그가 1766년 12월 9일 친구 피에르 사뮈엘 뒤퐁(프랑스 혁명 시대에 뒤퐁이라는 성에 '드 느무르'가 첨가되었다)에게 보낸 편지에서 주어진다. 1760년대에 튀르고는 예수회 선교사들의 지원으로 파리에 유학 온 고와 양이라는 두 명의 젊은 중국인을 만났다. 이 학생들에게 경제를 가르치기 위해서 그는 '사회의 일과 부의 분배에 대한 일종의 분석적 스케치'를 제공했다. '나는 대수학을 넣지 않았고, 형이상학적인 부분을 제외하고는 경제표도 없다. 어쩌면 이로써 이 작업의 완성도를 높이는 데 꼭 필요한 논제들을 제쳐놓은 것일 수도 있겠지만, 나는 자본의 형성과 자본 시장, 화폐의 중요성 등등을 깊이 파고들었다. 이것은 일종의 개요다'(Murphy, 2009: 143에서 인용됨). 『부의 형성과 분배에 대한 고찰』 초판은 1769년 12월 2일에 뒤퐁에게 보냈던 텍스트에 기초해 작성된 것으로 보인다. 이것은 (승인받지 않은 변경을 포함한 채) 1769년(No. 11, 11월; No. 12, 12월)과 1770년(No. 1, 1월)의 『시민 책력』에 발표되었다. 아마도 최초의 전문 경제학 저널일 이 간행물의 편집권은 1768년에 창간자인 보도 신부에 의해서 뒤퐁에게 이양되었다(Meek, 1973:

36~39). '1781년 애덤 스미스의 소장 도서 목록'이라는 원고(일본 복사판; Mizuta No. 572를 보라) 36쪽에는 1767년, 1768년, 1769년의 특정 날짜에 발행된 『시민 책력』의 목록(모두 42개 호)이 나와 있다. 이 책들은 에든버러 대학 도서관의 특별 컬렉션으로 보관되어 있다. 따라서 스미스가 소장한 이 간행물의 호들이 연속된 것이었다면 스미스는 『부의 형성과 분배에 대한 고찰』 전체를 접할 수 있었을 것이며, 연속된 것이 아니었다 해도 최소한 3분의 2는 접했을 것이다. 스미스가 죽은 뒤에 1793년의 『부의 형성과 분배에 대한 고찰』 영어 번역본이 스미스의 장서표가 붙어 있는 책 『무역의 신구 원칙』(1788)과 함께 엮였다. 이 두 책은 스미스의 또 다른 장서들과 함께 현재 존스홉킨스대학 도서관에 있다. 이 '무역' 서적은 누출된 스미스 장서 중에 포함되어 있었을 것이다. 스미스를 1793년의 『부의 형성과 분배에 대한 고찰』 영어 번역본과 연결할 만한 증거는 없다(Viner, 1965: 128~132; Groenewegen, 1969: 217~287). 1801년에 제임스 데커와 배질에 의해 이루어진 『국부론』 제4판(1786)의 중판은 『국부론』 본문 앞에 『부의 형성과 분배에 대한 고찰』의 1793년 영어 번역본을 배치하고 있다. 주석은 다음과 같이 밝히고 있다. '다음의 『부의 형성과 분배에 대한 고찰』은 프랑스 정기간행물 『경제 책력Ephémérides Économiques』에 처음 발표되었다. [튀르고의] 전기 작가 콩도르세 후작은 이를 통해 애덤 스미스가 국부에 대한 훌륭한 논문을 쓰게 되었다고 단언했다. 관심 있는 독자는 여기서 영어로 된 그 글을 만나게 되는 것이 싫지 않을 것이다'(ed. Tribe and Mizuta, 2002: 241).

4. 이런 만남들에 대한 더 많은 이야기는 스미스가 프랑스에서 썼다고 이야기되는 일기를 통해 알 수 있다. 그 일기가 1920년대에 에든버러 조지스트리트에 자리한 오어 씨의 서점에서 판매되었다는 기록이 있지만(Scott, 1940: 273), 지금까지 이것의 자취는 전혀 밝혀지지 않았다.

1. 최근 퍼거슨에 대한 관심이 부활하면서 다음과 같은 유용한 출판물들이 나왔다. 그의 『시민 사회의 역사』(ed. Forbes, 1966, ed. Oz-Salzburger, 1995); 『미출간 논문』(ed. Philip, 1986); 『서신』(ed. Merolle, 전기적 서문 포함, 1995); 『원고』(ed. Merolle et al., 2005); 흄과 스미스의 생각과 견주어 사회에 대한 그의 생각을 재검토한 글(Jogland, 1969; Waszec, 1985; 1988; eds. Heath and Merolle, 2007, also 2009); 국민군을 양성하는 것과 같은 사안들에 대한 그의 견해를 재검토한 글(Raynor, 2009); 스코틀랜드 계몽주의 운동에서의 그의 위치와 공헌에 관한 간결하고 균형 잡힌 평가 (David Allan, 2006).

2. 루소의 말에 의하면 흄은 애인의 초상화를 원하듯이 루소의 초상화를 열렬히 원했다. 루소는 자신의 초상화와 짝을 이루는 흄의 초상화에서 흄이 잘생기고 관대한 모습의 고상한 이미지로 표현된 것과 대조적으로 자신의 초상화는 그리스인들이 창조한 최고로 잔인한 괴물인 '무시무시한 키클롭스'의 얼굴을 묘사했고 자신을 비하하려 했다고 깊이 의심했다(Rousseau, 1959: 779~781). 루소의 초상화의 색감은 어둡고 흐릿하며, 그가 쓰고 있는 아르메니아 모자와 그가 걸치고 있는 겉옷의 가장자리에서 눈에 띄는 검은색의 북슬북슬한 모피는 어쩌면 초상화 주인공과 동물의 유사성을 암시하는 것인지도 모른다. 예민한 철학자에게 어울리게 루소는 오른손으로 자신의 심장을 가리키고 있다. 흄의 초상화는 이와는 완전히 달라서, 금장식이 붙은 주황색 코트 차림의, 파리 주재 영국 대사 비서관을 보여주고 있다. 입술에서는 쾌활한 웃음기가 보이지만, 빤히 쳐다보며 루소를 괴롭힌 그의 차분한 시선은 그가 감정을 절제하는 인물임을 암시한다. 흄의 왼팔과 왼손은 무심한 듯 두 권의 4절판 책 위에 올려져 있는데, 그중 한 권에는 타키투스라는 이름이 적혀 있다. 이는 흄의 『영국사』(1762년 완성)가 흄을 그 로마 역사가와 동급의 동시대인으로 만들어주었다는 인식이

존재함을 암시한다. 램지는 자신이 그린 '루소'와 '흄'을 통해 『인간 불평등 기원론』(1755)에 서술된, 그리고 스미스에 의해 『에든버러 리뷰』 편집자들에게 보내는 '편지'(1756)에 번역·삽입된(*EPS* 253~254) '야만인'과 '문명인'의 성향을 표현한 것인지도 모른다. 램지의 '루소'는 『인간 불평등 기원론』이 주장하는 것처럼 오직 '자유와 휴식'만을 누리고 오직 '느긋하게 살아가기'만을 바라는 것과는 거리가 멀어 보인다. 그는 목에만 환한 빛을 받고 있을 뿐 그늘에 휩싸인 채 경계하는 사람의 모습을 하고 있으며, 그 시대의 통상적인 인간 사회에서 상처받기 쉬운 그의 성향을 보여주는 듯하다. 마찬가지로 램지의 '흄'은 '더욱더 힘든 일자리를 얻기 위해 끊임없이 애쓰고 분발하고 스스로를 못살게 구는' 혹은 '영원을 얻기 위한 삶을 포기하는' 사람이 아니며, '덕 없는 명예, 지혜 없는 이성, 행복 없는 쾌락'으로 이루어진 삶을 사는 사람이 아니다. 아마도 램지는 표현된 루소의 모든 재능으로 미루어 진짜로 루소가 때때로 그릇된 양심과 배은망덕이라는 자기 내면의 악마에게 사로잡힌 사람이라고 보았을 것이고, 반면에 흄은 평온한 마음과 진정한 선의를 지닌 사람, 성실함으로 유명한 사람이라고 보았을 것이다. 이들의 초상화는 에든버러의 스코틀랜드 국립미술관에 전시되어 있다. 더글러스 포덤은 2006년 9월의 *Arts Bulletin*에 게재한 글 'Allan Ramsay's Enlightenment: or, Hume and the patronizing portrait'(온라인으로 볼 수 있음)에서 이 그림들과 루소의 반응에 대한 매우 억지스러운 분석을 했다.

15장_ 국부 연구자

1. 리드가 스미스에게 보낸 1785년의 편지 대부분은 그가 동반자와 함께 퀘벡에서 구입했던 범선을 떠나 지난해 12월 샬리르만(號)의 파보에서 시작한 500마일의 엄청난 여정에 관해 이야기한다. 그는 눈신을 신고 핼리팩스로 가서 업무를 처리했고, 핼리팩스 해군 기지의 총사령관이던 스미스의 친

척 찰스 더글러스 제독을 방문했다. 리드는 제독과 그의 가족과 함께 아침 식사를 했고, 그에게서 1784년 5월 23일에 스미스의 어머니가 사망했다는 소식을 들었다. 여행 초반에 그는 미크마크족으로 추정되는 그 지역 토착 '미개인' 세 명을 만나 친구가 되었고, 이들은 그에게 원형 천막 만드는 법과 크게 불을 지펴 온기도 얻고 야생 동물도 쫓는 법과 같은 생존 기술을 가르쳐주었다. 그 뒤 그는 미크마크족과 함께 카누를 타고 널리 여행했으며, 그들의 '관습과 태도'에 크게 매료되었다. 리드는 스미스의 상황을 잘 알고 있어서, 예컨대 버클루 가문과 스미스의 관계도 잘 알고 있었고, 기회가 된다면 버클루 공작의 상속자인 댈키스 경 찰스 몬터규-스콧—1812년 1월에 버클루 공작 4세가 된다—을 위한 선물로 카누를 보내겠다고 말한다. 뉴브런즈윅에서의 리드의 활동은 신문에 난 사망 기사들과 그 지역 정보 제공자들이 남긴 기록들, 그리고 프레더릭턴 지방기록보관소의 문서들로 대략 파악된다(Willis D. Hamilton, *A Dictionary of Miramichi Biography*, 1997: 319).

2. 당시 인버레스크의 칼라일은 런던에 있었고, 그날 상원에서 있었던 더글러스 소송 관련 논쟁에 대해 들었다. 전에 그는 버클루 공작에게 이 사건이 어떻게 될지 물은 적이 있었고, '법관의원들의 생각이 다르다면 어떻게 될지 알 수 없습니다. 상원의원들이 아무리 판단할 준비가 덜 되어 있어도 그들은 자신들이 가장 존경하는 판사를 따를 것이기 때문입니다. 하지만 만약 법관의원들의 생각이 일치한다면, 모든 소송 사건에서 법관의원들을 지지하는 것이 상원의 관례인 만큼, 그 사건은 그들의 견해에 따라 결정될 것입니다'라는 답을 들었다. 심리는 오전 11시부터 오후 9시까지 계속되었고, 상원에서 열렸던 가장 흥미진진한 심리로 여겨졌다. 미래의 휘그당 대표인 찰스 제임스 폭스는 해밀턴 가문을 지지하는 알렉산더 웨더번의 개시 발언이 자신이 들어본 것 중 최고라고 생각했다. 웨더번과 마찬가지로 미래의 대법관인 에드워드 설로는 뇌성과도 같은 톤으로 원고 더글러스

가문을 위한 변호를 시작했고, 사실을 다루는 능력과 설득력 있는 추론으로 모든 사람의 마음을 움직였다. 상원에 출석하기에 앞서 설로는 법적 다툼에서의 그의 거친 수법에 기분이 상한 앤드루 스튜어트에게 하이드파크에서의 결투를 신청받았다. 칼라일에 의하면 다섯 명의 상원의원이 해밀턴을 지지했는데, 그중 한 명은 냉소적인 샌드위치 백작이었다. 그는 산부인과 증거를 최대한 활용해 주교들을 당황시켰다. 그러나 법관의원들인 대법관 캠던과 수석 재판관 맨스필드—아치볼드 더글러스의 어머니의 옛 구혼자—가 강력하게 더글러스의 편을 들었다. 그들의 주도 이후 의회는 분열되었고, 결국 항소인이 더글러스 가문의 상속자로 결정되었다. 칼라일은 『일화와 인물들』에서 '나는 그쪽을 지지했으므로 그 결정에 매우 만족했다'고 밝혔고, '[애덤] 퍼거슨 교수와 나는 우리 중 더글러스의 편에 선 단 두 명이었고, 그 지지의 근간이 된 견해는 만약 그의 친자 관계 증명이 지지받지 못한다면 (…) 승계에 대한 끝없는 분쟁의 문이 열리게 되리라는 것이었다'라고 썼다(Carlyle, 1973: 262~263).

3. 일부 학자는 스미스의 연구 모델이 뉴턴 역학이라기보다는 뉴턴의 용어라고 주장하는데, 린드그렌(Lindgren, 1969: 897~915)도 이 점을 받아들인다. 래피얼(Raphael, 1988: 45)은 스미스가 '가공의 기계'로서의 과학적 체계를 생각한 것이지, 경제 질서가 '유사 중력'에 의해 유지된다고 주장한 것은 아니라고 말한다.

4. 당대 비평가들의 스튜어트와 스미스 수용에 대한 판단은 Rashid(1982: 70~79; 1990: 1~24; 1992: 129~152)를 보라. 스미스의 스튜어트 반박에 대해서는 Anderson and Tollison(1984: 464~467)을 보라. 스튜어트의 이른바 '중상주의'의 균형 잡힌 견해에 대해서는 Skinner(1981: 20~42; 1988: 117~144)를 보라. 경제학자로서의 스튜어트와 스미스의 비교 및 대조는 스튜어트의 『정치경제학의 원칙에 대한 연구』를 체계적으로 분석한 Nobaru Kobayashi를 비롯한 일본 학자들의 관심을 끌었다. 또한 Kunohiro

Watanabe and Shigeshi Wada in Tanaka(1990)를 보라. 스튜어트를 포함하는 스미스의 선배들에 대한 역사적 개관은 Hutchison(1988)을 보라. 스튜어트의 경제학 및 그것과 스미스 경제학의 관계에 대한 최근의 견해는 *The Economics of Sir James Steuart*, ed. Ramon Tortajada, 1999에 나타나 있다.

16장_ 아메리카 사태와 『국부론』

1. 세인트앤드루스대학은 1721년에 기금을 확보해 의학·해부학의 챈도스좌 교수직을 마련했지만, 그 대학과 그 도시는 18세기에 너무 규모가 작아서 의학 교육을 지탱할 수가 없었다. 그러나 이 교수 자리는 의학 학위를 파는 데 악용되었다. 로버트 와이트와 앤드루 덩컨과 존 브라운(에든버러 의과대학의 지도자들), 에드워드 제너(백신 접종의 선구자), 1775년의 장-폴 마라(프랑스 혁명가) 같은 탁월한 사람들에게 판 경우도 있었지만 말이다. Cant(1992: 105, n. 2).

2. *HP* i.73~78, 334; ii.148~150, 457. 그러나 아메리카 사태가 많은 유권자들에게 관심사가 되지 못했다는 네이미어의 주장에 대한 유보는 콜리(Colley, 1989: 80~81)를 보라. 콜리는 뉴캐슬을 예로 드는데, 이곳에서는 지역 문제가 아메리카 식민지 사람에 맞서는 정부 계획과 관련되어 있었다.

17장_ 와, 훌륭해요, 스미스 씨!

1. 『국부론』의 인쇄 부수는 다음과 같다. 제1판(4절판 전2권), 1776년 3월, ?500부, 판지 표지본 1파운드 16실링, 장정본 2파운드 2실링/ 제2판, 1777년 11월, 500부/ 제3판(8절판 전3권), 1784년 10월, 1000부, 판지 표지본 18실링, 장정본 21실링/ 제2판에 대한 추가 내용과 수정 내용, 1784년 10월, 500부/ 제4판, 1786년 10월, 1250부/ 제5판, 1789년 2월, 1500부/

제6판, 1791년 10월, 2000부.

2. 다루어지는 책의 분량에 좌우된 18세기의 일반적 관행을 따라 서평들은 발췌문들을 섞고 평가적 논평이라 할 만한 것은 거의 첨가하지 않은 채—현대의 학자들에게는 실망스럽게도—『국부론』의 개요를 제공한다. 버크는 스미스의 서문과 작품 구성으로 주로 이루어진 『애뉴얼 리지스터』 평론 (1776: 241~243)의 담당자라고 이야기된다(Rae, 1965: 286에 의하면). 윌리엄 엔필드는 『먼슬리 리뷰』에 연재된 발췌문들(1776년 1월~6월: 299~308, 455~465; 7월: 16~27, 81~93)의 선택과 짜 맞추기의 담당자였다. 마찬가지로 『크리티컬 리뷰』를 보라(1776년 3월: 193~200; 4월: 258~264; 5월: 361~369; 6월: 425~433). 또한 같은 시기의 『런던 매거진』 『스카츠 매거진』 『에든버러 위클리 매거진』 『하이버니언 매거진』 참조. 이런 서평들에 대한 더 자세한 내용과 분석은 Rashid(1982: 64~85)와 Teichgraeber(1987: 337~366)에서 찾을 수 있다. 타이히그레버 박사는 친절하게도 타자기로 작성된 「『국부론』과 전통: 맬서스 이전의 애덤 스미스」(1988)라는 논문을 내가 볼 수 있게 해주었는데, 이것은 스미스 시대의 출판 문화의 맥락에서 『국부론』에 대한 비평을 다룬 것이다.

3. 스미스의 경제 모델의 뉴턴식 구성은 1776년의 포널 총독의 편지에서 다음과 같이 인식되고 있다.

당신은 우선 자연이 움직이는 원칙들을, 그다음엔 개인으로서의 인간과 공동체 내의 인간의 움직임이 일어나는 원칙들을 분석적으로 연구하기 위해서 노력해왔습니다. 그러고 나서는 이러한 원칙들을 사실, 경험, 인간의 제도에 적용함으로써, 가장 정확하고 알맞은 예시의 단계들을 통해, 당신의 아주 과학적이고 해박한 책이 경제계에 제공하는 그 중요한 실용적 교리들을 종합적으로 추론하려고 노력했습니다(Corr. app. A: p. 337).

『국부론』에서 '체계'에 대한 뉴턴식 사상에 더해 Catherine Packham (2002)은 당대 에든버러 의학대학의 생리학 수업에서 소개된, 그리고 스미스의 내과의 로버트 컬런에 의해 이론과 실제에서 옹호된 것과 유사한 일종의 '생기론'을 발견한다. 따라서 스미스는 중상주의 경제 정책을 난폭하고 부자연스럽다고 비난했으며, 1760년 스미스가 심하게 병을 앓을 때 그의 주치의가 약 복용을 권하지 않고 운동과 신선한 공기를 통해 몸에 내재한 자생력을 일깨울 것을 권했듯이, 정치체의 병을 저지하기 위해 내재적이고 치유력이 있는 '자연의 힘'을 신뢰할 것을 권했다(*Corr*. No. 161).

4. 이 [곡물] 상인들과 중개 상인들이 큰 이윤을 싫어한다거나 자신의 수고의 대가로 취할 수 있는 것을 취하지 않을 것이라고 가정해서는 안 된다. 그러나 그들이 담합해 적정 가격에 판매하기를 거부함으로써 사람들을 압박하기에는 그들의 수가 너무 많아 보인다. 왜냐하면, 그들이 취급하는 상품이 쉽게 썩는 것인 만큼, 그들이 그런 생각을 하고 있다면, 계략으로 목적을 달성하기도 전에 곡물 상태가 점점 더 나빠짐에 따라 그들은 돈을 벌기보다는 오히려 돈을 잃을 수도 있기 때문이다. (⋯) 이런 종류의 시도들이 때때로 특정 장소들에서 나타날 수 있지만, 교역소가 상시 운영되고 곡물 무역이 자유롭게 계속되기에 그들은 일반적으로 그런 음모자들을 상실하게 된다. 이윤은 절대 잠들지 않고, 가격 인상은 즉각 모든 상인에게 알려지며, 이윤을 얻는 데 참여하려는 욕망이 곧 시장을 공급 과잉 상태로 만들게 되기 때문이다(찰스 스미스, 『곡물 무역과 곡물법에 대한 짧은 시론』, 1766: 17).

5. 스미스는 자신이 튀르고에게 '우정'과 '존경'을 받고 있다고 썼지만, 그들은 튀르고가 스미스에게 자신의 『1776년 의사록Procès-verbal of 1776』 사본을 보내준 것(*Corr*. 248) 말고는 서신을 주고받지 않았다. 스미스가 튀르고의 『부의 형성과 분배에 대한 고찰』을 접한 것에 대해서는 13장 주 3 참고. 흄은 1766년 9월에 튀르고에게 보낸 편지에서 '자신의 비축물로 상거래를

하는, 상인들, 상점 주인들, 장수들로 이루어진 '아주 부유한 무리'에 대해 썼다(HL ii.94). 따라서 자본 형성에 대한 암시를 주는 구절은 흄에게서 튀르고에게, 그리고 다시 스미스에게 전달되었거나, 혹은 흄에게서 스미스에게 곧바로 전달되었을 수 있다. 튀르고의 경제 사상과 흄에게 받은 자극에 대해서는 Perrot(1992: 238~255)을 보라.

6. Hutchison(1976: 517; 1988: 362~375). 스미스의 경제 사상에 대한 방대하고 계속 늘어나는 2차 문헌이 존재하는데, 이 중 다음의 자료들이 이 평전을 쓰는 데 특히 도움이 되었다. O'Brien(1975: 29~37). Teichgraeber(1986: ch. 4). Hollander(1973)에서 볼 수 있는 유용하지만 좀 더 전문적인 논평. Skinner and Wilson(1975: pt. ii), 특히 Adolph Lowe, 'Adam Smith's System of Equilibrium Growth'(pp. 415~454)와 Nathan Rosenberg, 'Adam Smith on Profits: Paradox Lost and Regained'(pp. 377~389)를 보라. 또한 Rosenberg의 뛰어난 두 논문, 'Some Institutional Aspects of WN'(1960: 557~570)과 'Adam Smith and the Stock of Moral Capital'(1990: 1~17)도 보라. John Cunningham Wood(1983~1984: ii, iii)에는 중요한 논문이 많이 수록되어 있다. Muller(1993). Skinner(1996, Parts II~V). Rothschild(2002, 특히 Ch. 2), 그리고 Adam Smith Review No. 1, 2004에 수록된 이 책에 대한 좌담도 보라. Fleischacker(2004), 그리고 Adam Smith Review No. 2, 2006에 수록된 좌담도 보라. Evensky(2005), 그리고 Adam Smith Review No. 3, 2007에 수록된 Fleischacker의 서평도 보라. Brewer(2007).

7. 20세기에 시장의 '보이지 않는 손' 비유를 처음 적용한 것은 폴란드의 사회경제학자인 오스카르 랑게(1904~1965)의 영향력 있는 논문에서 발견된다. Oskar Lange, 'The Scope and Method of Economics, Review of Economic Studies', 13:1(1946), 19~32. 여기서 그는 경제적 결정의 단위

들이 조정되는 두 가지 주요 방식이 있다고 주장했다. 하나는 계획, 즉 이 단위들의 결정에 영향을 미치는 힘을 지닌 중앙 권력에 의한 조정을 말한다. 다른 하나는 단위들이 만나 '자신들의 호가와 지정가를, 자신들의 공급과 수요를 자기들끼리 조화시키는' 곳인 시장이다. 그는 가격을 돈과 물자가 교환되는 비율로 정의했고, 경제 행위자들은 자신들의 결정이 제대로 작동하게 될 때까지 자신들이 제공하는 양과 요구받는 양, 자신들의 가격을 조정하고 또 조정한다고 주장했다. 시장에서의 각 단위들의 상호 작용은 경제의 균형 상태를 낳는다. 이는 각 단위가 '소비, 금전적 이익, 공공 서비스' 같은 각각의 목표를 추구한 데 따른 의도치 않은 결과다. 랑게에 의하면, 자동적으로 시장은 계획에 상당하는 결과를 만들어낸다. 또한 그는 시장의 작용이 '많은 개개 단위의 자율적 결정들 간 조정을 만들어내는 어떤 보이지 않는 손의 작용에 (애덤 스미스를 비롯한 여러 사람에 의해) 비교되어 왔다'고 언급한다(p. 26). 랑게는 자유시장 경제학과 계획을 특징으로 하는 사회주의적 경제학을 통합하려 했다. 그는 훗날 폴란드 공산주의 정부에 혼합 경제 운용에 대해 조언하는 자리에 앉게 되었지만, 그 결과는 그리 고무적이지 못했다. 경제학자들의 관점에서의 『국부론』의 '보이지 않는 손' 개념에 대한 논평은 Macfie(1967: ch. 6), Viner(1972), Cropsey(1979: 165~176), Friedman and Friedman(1980), Friedman(1981), McMahon(1981), Ingrao and Israel(1990), Macleod(1990), Perrot(1992: 333~341), Muller(1993: 86~92), Grampp(2000)를 보라. Grampp(2000)는 다소 어리둥절한 언급으로 끝을 맺고 있긴 하지만 가장 철저하다. 스미스가 「천문학의 역사」, 『도덕감정론』, 『국부론』에서 '보이지 않는 손'이라는 비유적 표현을 역설적으로 사용하고 있다는 에마 로스차일드의 의견은 독창적이지만 설득력이 없다(Rothschild, 2002, ch. 5). 그렇지만 동시에 그녀는 스미스의 사상에 존재하는 스토아 철학의 요소들에 대해, 그리고 이 요소들이 에피쿠로스 철학의 요소들과 섞이는 지점이 어디인지에 대해 현명한 판단을 하고 있다. 131~133쪽과 딸린 주석들을 보라. 케네디(Kennedy, 2005: 165)는 '보이지 않는 손' 개념이 '현재 시장경제를 위한 스미스의 패러다임으로 잘못 간주되고 있으며, 단발적 은유에서 스미스 경제학의 정수로 완전히 과장되게 승급했다'고 날카롭게 논평한다. 그는 스미스의 저작에서 이것이 딱 세 번 나온다고 지적한다. 두 군데에서는 이것이 인간의 복지를 증진하는(TMS IV.1.10), 그리고 인간의 복지를 가져다주는(WN IV.ii.9) 의도치 않은 이유들에 적용되며, 이 경우 경제적 함의를 띠고 있다. 다른 한 군데(EPS III.2)에서는 이것이 '주피터의 보이지 않는 손'이라는, 불이 태우고 물이 소생시키는 것 등의 원시적 가설과 관련되어 있다. 최근(2007, 2008) 개빈 케네디는 경제사상사학회에서 '애덤 스미스와 보이지 않는 손: 비유에 대해서'라는 주제로 동료들에게 두 차례 강연했다. 여기서 그는 인터넷 검색 엔진을 통해 '보이지 않는 손' 은유의 인용 사례들을 샅샅이 조사한 결과를 언급하고, 그 은유에 대한 해석들, 스미스의 저작에 그 은유가 등장했다는 점에서 특히 경제학자들에 의해 이루어진 해석들을 분석한다. 그는 지난 60년 동안 각양각색의 주석자들이 그것에 부여한 중요성을 스미스는 부여하지 않았다는, 자신의 최근 책(Kennedy, 2005)에서 채택한 입장을 고수한다.

8. 워싱턴은 프로이센 작전 참모를 지낸 감찰관 폰 슈토이벤 남작이 훈련에 강력한 영향을 미치는 데 힘입어 아메리카 대륙군이 유럽의 전문적 모델을 따라야 한다고 주장했다. 이 군대는 비록 8년의 전쟁 동안 심하게 압박받았지만 결코 완패를 받아들이지 않았고, 1779년에 중대한 새러토가 전투에서 자력으로 승리했으며, 캐나다에서 영국의 침략을 물리쳤고, 그다음에는 영국 해군이 제해권을 상실한 1781년 10월 요크타운에서 프랑스의 도움으로 영국의 항복을 받아냈다. 워싱턴은 지원군인 애국 민병대의 기강 부족과 소심함을 불만스러워했지만, 이 민병대의 존재와 성장은 결국 영국의 힘과 사기를 떨어뜨리는 데 도움이 되었고, 반면에 영국 민병

대는 오래도록 실효가 없었다. Shy in Kurtz and Hutson(1973: 141~142, 148~153). 아메리카에서 전쟁을 수행하는 군대가 어떤 유형인지에 대한 정확한 정보 없이 스미스는 민병대가 상당 기간 전투 태세를 갖추고 있다 보면 정규군을 상대하는 전쟁에서 승리할 수 있다고 제대로 인식했다.

18장_ 죽어가는 사람과의 대화

1. 이 일화는 애디슨의 죽음에 대한 토머스 티켈의 애가에서 암시된다. 이 애가는 그가 편집한 애디슨 작품집의 첫머리에 놓인 짤막한 전기의 일부이고, 스미스는 이 작품집 1761년 판을 가지고 있었다(Mizuta).

19장_ 에든버러 정착

1. 최근 몇 년간 팬뮤어하우스는 소유주인 에든버러 시의회에 의해 문제 청소년들을 위한 센터로 사용되어왔다. 2008년 시의회는 이 집과 두 개의 다른 큰 건물을 매각해 시가 보유한 부동산 중 그 청소년들을 위해 할당된 공간을 강화하는 일에 착수했다. 가족·아동부의 서비스 제공 향상을 위해 다른 건물들을 보수하는 데 드는 비용을 마련할 목적에서 이 부동산들의 매각으로 160만 파운드를 마련하려 한 것이다. 스코틀랜드의 법에 따라 그 부동산은 밀봉 입찰 경매에 의해 매각되어야 한다. 시의회는 2008년 4월 4일 금요일 정오까지 시한을 정하고, 레티사Rettie & Co.(1 India Street, Edinburgh EH3 6HA)에 내놓은 팬뮤어하우스에 대해 최저 70만 파운드의 호가를 제시했다. 레티사는 팬뮤어하우스를 17세기 'A' 등급 건물(보존 상태가 최고인 등급)로 광고했고, 이 건물의 유형을 개발지, 상업용지, 양로원, 보육원, 기숙사로 설명했고, 현재는 비주거용으로 분류되어 있지만, 다른 용도들에도 적합할 수 있다고 언급했다. 그러나 법에 따르면, 역사적 중요성이나 다른 어떤 중요성을 띤 건물인 경우에는 판매인이 '최고 입찰가든 어떤 입찰가든' 받아들여서는 안 되며, 그 중요성은 판매인이 입

찰을 검토할 때 고려될 수 있다. 입찰 마감일에 앞서 에든버러에 기반을 둔 어떤 단체가 시의회에 편지를 보내, 팬뮤어하우스가 유산 가치를 인정받는 용도로 사용되지 않고 상업용 개발을 위해 매각되는 것에 대해 우려를 표했다. 스스로를 '팬뮤어하우스 프로젝트'라 칭하는 이 단체는 주로—완전히는 아니고—경제학자들로 이루어져 있었다. 이 단체는 스코틀랜드 안팎에서 135명의 서명을 받아 4월 7일 시의회에 편지를 배달하는 일을 기획했고, 건물의 유산 가치와 공익이라는 기준이 매각 협상에서 전적으로 고려되도록 하는 데 관심을 가졌다. 에든버러 시의회 재정위원회의 위원장인 고든 매켄지는 4월 2일 이 단체에 답신을 보냈다. 그는 시의회가 매각을 통해 '공익의 확대'를 포함해 '최고의 가치'를 성취할 책임이 있다고 확언했다. 또한 그는 경제학을 전공한 사람으로서 자신이 팬뮤어하우스의 중요성을 알고 있다고 밝혔고, 매각을 담당하는 시의회 공무원들이 이 건물의 유산 가치를 잘 인식하고 있고 응찰 건들에 대해 '최고의 가치'라는 기준을 어떻게 적용할지를 알고 있다고 말했다. 동시에 그는 만약 더 낮은 입찰가가 받아들여진다면 의회가 '정해져 있는 금전적 이익'의 관점에서 그 건물의 '기회 비용'을 고려해야만 한다고 말했다. 팬뮤어하우스는 홀리루드 궁전과 재개발이 예정된 캐넌게이트 지역의 신축 스코틀랜드 의사당 근처에 위치해 있다. 이 건물의 매각을 걱정하는 사람 중 다수를 차지하는 경제학자들은 매각 원칙을 정함에 있어서 의견 일치를 보지 못했고, 애덤 스미스라면 어떻게 조언했을지에 대해서도 견해를 달리했다. 헤리엇와트대학의 경제학 명예교수인 게빈 케네디는 다음과 같은 견해를 취했다. "만약 최저 70만 파운드라는 절대 호가 이상을 제시하고, 'A' 리스트의 제한 조건을 전적으로 받아들이고, 그에 더해 팬뮤어하우스를 복구해 그곳을 교육을 위해, 특히 애덤 스미스와 스코틀랜드 계몽주의에 대한 교육을 위해 사용하는 '공적 의무'에 힘쓰고, 학교에서 대학원에 이르는 모든 수준의 교육기관에 정치경제학을 현대적으로 적용하는 것을 계획하고, 충실히 복구된 애덤 스미스의 마지막 집을 스코틀랜드 사람들과 에든버러를 찾은 수많은 사람이 방문할 수 있는 곳으로 남겨둘 것을 계획하는 그런 개인 또는 기관이 입찰에 참여한다면, 그들의 입찰은 더 높은 입찰가를 제시하거나 조건들을 '회피'하거나 '사용 허가 변경'을 계획할 수 있는 입찰, 순전히 투기적이며 우선되는 입찰 의도들을 공유하지 않는 그런 입찰보다 우선적으로 고려되어야 할 것이다." 헤리엇와트대학/에든버러 비즈니스스쿨은 팬뮤어하우스를 매입하기 위해 마감일까지 레티사에 80만 파운드의 입찰가를 제시했다. 에든버러 시의회는 이를 받아들였고, 내부를 애덤 스미스 센터로 만들려는 변경안이 도시계획부 및 모든 문화 유산 건물을 관리하는 스코틀랜드 정부 기관인 '스카티시 헤리티지'에 즉각 제출되었다.

2. 이 초상화는 1790년에 애덤 스미스의 상속자인 데이비드 더글러스가 물려받았고, 1819년에 그가 사망하면서 그의 둘째 딸 서실리아가 물려받았다. 그녀의 남편은 목사인 W. B. 커닝엄이었고, 이후 초상화는 커닝엄 집안에서 전해 내려왔다. 그녀의 직계 후손인 데이비드 커닝엄은 이 그림의 중요성을 인식해, 1994년에 이것을 커콜디 뮤지엄 앤드 아트 갤러리에 대여했다. 데이비드가 죽은 후, 자신의 가계가 더글러스 집안과도 닿아 있음을 잘 알고 있던 그의 아들 로리 커닝엄은 2005년에 커콜디로 와서 이 초상화를 보았고, 초상화의 복원 작업이 필요하다고 판단했다. 샐리 체인에 의한 전문적 보수 작업과 수전 헤이스에 의한 프레임 복구 작업을 거친 후 이 초상화는 다시 커콜디 아트 갤러리에 대여되어, 2007년 3월에 이곳에서 진열되었다. 이때 로리 커닝엄은 다음과 같이 말했다. "보수 작업으로 초상화의 세부가 많이 드러났다. 이제 초상화에 정말 생기가 돈다. 커콜디 갤러리에 계속 초상화를 대여해, 그곳에서 많은 사람이 마침내 그것을 볼 수 있게 되어 정말 기쁘다."

3. 관련 데이터를 이용한 관세위원회 기능에 대한 유용한 통계적·개념적 분석은 Anderson et al.(1985: 740~759)을 보라. 그렇지만 여기서 저자들은

스코틀랜드의 시스템과 잉글랜드의 시스템에 차이가 있다는 것을 이해하지 못했다. 그들은 큐 공문서보관소의 관련 세관 문서를 조사하지 않았다. 그리고 그들이 그린, 위원회에서 중상주의 시스템의 '단호한 감독자'와 '집행자'로서의 스미스의 그림은 불완전하다.

20장_ 경제 이론가이자 관세 위원

1. 흄은 「돈에 관하여Of Money」(『정치론』, 1752)라는 글의 중요한 한 대목에서 임금률과 관련된 국가들의 상업적 성공에 주기성의 관념을 끌어들였다. "인간사에는 행복하게도 원인들의 어떤 병존이 존재해 무역과 부의 증가를 조절하고 그것들이 전적으로 한 사람에게 국한되는 것을 막아주는 것 같다. 당연히 처음에는 기존 무역의 이점들을 염려할 수 있겠지만 말이다. 무역에서 한 나라가 다른 나라의 기선을 제압한 경우, 후자가 잃어버린 기반을 되찾는 것은 매우 어렵다. 전자의 우월한 산업과 기술, 그리고 더 많은 비축품 때문이며, 이런 것들은 훨씬 적은 이윤으로 무역을 하게 해준다. 그러나 이런 장점은 상업이 광범위하지 않고 금과 은이 풍부하지 않은 모든 국가의 낮은 노동 가격에 의해 어느 정도 상쇄된다. 그러므로 제조업은 장소를 옮겨 다니게 되는데, 자기가 부유하게 만든 나라와 지역을 떠나 싼 가격의 식량과 노동이 유혹하는 다른 곳으로 가며, 그곳 또한 부유하게 만들 때까지, 그리고 같은 이유로 다시 떠날 때까지 그곳에 자리 잡는다. 일반적으로, 많은 돈으로 인해 모든 것이 비싸다는 것이 단점이라고 볼 수 있다. 이런 단점은 기존 무역에 수반되며, 또한 모든 외국 시장에서 가난한 나라들이 부유한 나라들보다 싸게 팔게 해줌으로써 모든 나라에서 기존 무역을 제한한다"(Hume, ed. Miller, 1987). 유진 로트윈(Hume, ed. Rotwein, 1955: 194n, 189n)은 흄이 서로 교대되는 것으로 설명한 상업 상태들을 규정하는 데 부유한 나라와 가난한 나라라는 용어를 적용했다. 조지 데이비(Davie, 1967a: 195~196)는 이 교대를 '부유한 국가-가난한

국가 문제'라고 설명했고, 또한 '잉글랜드-스코틀랜드 연합에 의해 주어진 자유 무역 환경에서, 낙후된 스코틀랜드가 잉글랜드라는 우세한 파트너의 엄청난 우월성을 따라잡을 수 있을까 하는 흄의 의문'에 대해 썼다(Davie, 1967b: 33). '부유한 국가와 가난한 국가' 경제 관계에 대한 흄의 통찰에 기초해, 혼트(Hont, 1983; 중판 2005, 2008)는 1707년 연합 때의 가난한 스코틀랜드와 부유한 잉글랜드의 경제 상황에 대해, 그리고 1779년의 아일랜드 자유 무역 운동과 아일랜드 사람들을 영국 사람들과 같은 경제 기반에 놓이게 해준 1801년의 아일랜드-영국 연합 사이의 기간의 가난한 아일랜드와 부유한 영국의 경제 상황에 대해 설득력 있게 설명한다.

2. 아일랜드 자유 무역에 대한 웨스트민스터 논쟁은 Journals of the British House of Commons, 37: 532에 기록되어 있다. 아일랜드 쪽 입장에 대해서는 O'Connell(1965: 129~167)을 보라. 던다스의 역할에 대해서는 Hont(2008)에 의해 인정받은 Fry(1992a: 63~64)를 보라.

3. 제임스 밀(동인도회사), 제임스 디컨 흄(세관과 무역위원회), 존 맥그레거(무역위원회)를 언급하는 Mathias(1983: 91, 269). 1849년의 항해법 폐지에 대한 설명(p. 275). Rule(1992: 316).

4. 유명한 담배 상인으로, 1760년대에 버지니아에서 5년을 보냈고, 1776년에는 아메리카로 군대를 수송하기로 계약된 선박에 군수 식량을 공급하는 중개상이었다. 또한 글래스고 상공회의소 설립자였고, 나중에는 개혁가이자 런던의 즉결 심판소 판사가 되었다. Devine(1975: 132, 179).

21장_ 직장 밖의 활동

1. 제임스 앤더슨은 두 번 결혼했고, 13명의 아이가 있는 가정을 부양했으며, 로디언과 애버딘셔에서 성공적으로 농사를 지었고, 과학 농업과 굴뚝이나 태양열 같은 다른 주제에 대해 많은 글을 썼고, 정기간행물들을(『비The Bee』를 포함해) 편집 및 발행했고, 빈민세 부과에 반대했다. 그

는 아메리카 사태에 관심이 많았고, 워싱턴과 편지를 주고받기도 했다 (Anderson, 1863: i.26~29).

22장_ 고통의 시간

1. 피트의 동료 그렌빌 경은 1800년 10월 24일 총리에게 보낸 편지에서 자신과 피트가 『국부론』을 함께 읽었고 '정치경제에 관한 이 책의 주장에 똑같이 설득되었다'고 썼다. 큐 공문서보관소의 W. D. Adams MSS, 30/58/3/85에 기초한 Jupp(1985: 47~48).

2. 여기서 경쟁이라는 말에 'competition' 대신 'concurrence'를 사용한 것은 스미스가 이 주제를 다룸에 있어서 참고한 어떤 자료를 암시하는데, 그것은 튀르고가 『백과전서』에 쓴 '시장' 항목의 글이었을 것이다(t. vii, 1757년 11월: 스미스가 1758~1760년에 글래스고대학 도서관을 위해 구입: Scott, 179).

3. 1784년 판 『국부론』에서 정치경제학자이자 윤리학자인 애덤 스미스는 영국령 인도에 대해 경고의 말을 했다. 이런 경고에 대한, 혹은 그와 유사한 목소리에 대한 관심은 '아들 피트'의 첫 번째 행정부에서 통과된 1784년의 인도법에서 알아볼 수 있다. 이 법은 동인도회사의 영토를 일종의 이원 정부하에 두었고, 중역 회의가 임용권을 보유하게 했으며, 인도 문제들의 행정적 지휘를 통제위원회라는 새로운 기구에 맡겼다. 이 기구의 위원장은 내각의 일원이었고, 의회에 나와 답변해야 했다. 스미스의 친구 헨리 던다스가 이 위원회에 임명되었고(1793~1801년 위원장 역임), 영국령 인도에서 무역 자유화를 어느 정도 끌어내는 진전을 이루었다고 평가받는다. 헤이스팅스는 1784년에 사임했고, 그는 1788년부터 1795년까지 의회에서 버크를 주요 고소인으로 하는 탄핵 재판을 받았다. 헤이스팅스는 결국 무죄 선고를 받았지만, 더 많은 정보를 알고 있던 영국 대중은 인도 독립에서 정의의 더 높은 기준들이 지켜져야 한다고 주장하기 시작했다. 새로운

총독 콘월리스(1786~1793년 재임)는 스미스의 견해에 따라 동인도회사의 경제 부문과 정치 부문을 분리했고, 전문적인 인도 공무원 조직의 기초를 놓았다. 1805년부터 동인도회사의 관리들은 헤일리버리에 세워진 동인도회사대학에서 교육받았다. 토머스 맬서스는 1805년부터 이 대학의 정치경제학 교수였고, 『국부론』을 교재로 사용했다. 또한, 세포이의 항쟁에 뒤이어 영국 왕이 영국령 인도를 넘겨받은 뒤 『국부론』은 인도 공무원 임용 시험을 위한 필독서가 되었다. 그렇지만 『국부론』에 대한 지배적인 해석은 줄곧, 영국 관료들에게 영향을 미쳐 인도가 독립할 때까지 그들이 심지어 대기근 시기에도 곡물이나 다른 식량 시장에 개입하기를 거부하게 만든(S. Ambirajan, 1978), 따라서 농민들을 '높은 세금, 착취적 금리, 고통스러운 부채와 농지 매각'에 휘둘리게 만든(Eric Stokes, 1982: 50~55; J. S. Narayan Rao, 1993: 264~265) 스미스의 이른바 자유방임 원칙을 강조하는 교조적 이론으로 치부하는 것이었다. 그럼에도 불구하고 인도 지식인들의 서구화 과정에는 스미스 경제 이론의 폭넓은 수용이 포함되었다(A. K. Dasgupta, 1981). 그러나 독립 후 인도인들은 스미스의 자유 시장 가르침에서 멀어졌고, 인도의 수많은 가난한 사람을 웬만한 생활 수준으로 끌어올리기 위해 다양한 형태의 보호주의 경제(간디: A. S. and J. S. Mathur, 1962)나 계획 경제 혹은 혼합 경제(네루: M. L. Dantwala, 1969)를 받아들였다. 다른 나라들에서 그랬듯이 이런 노력은 제한적 성공에 그쳤으며, 스미스가 예상한 것과 같이, 어떻게든 자유화된 시장들이 인도인들에 의해 만들어져왔고, 그리하여 점점 더 많은 사람에게 경제적 기회를 가져다주었다. 인도 통치 시대의 영국 관료주의는 아마도 인간의 행복에 기여하는 자유, 정의, 평등에 대한 스미스의 열정을 억압하거나 저지했겠지만, 이런 가치들은 파르타 다스굽타(Partha Dasgupta, *Human Well-being and the Natural Environment*, revised edition 2004)와 아마르티아 센(Amartya Sen, *Inequality Reexamined*, 2004) 같은 인도의 주요 경제학자들에게 확고한 지지를 받은 것 같다. 이들은 가난하고 불우한 사람들의 이익이 무시되는 것에 대한 스미스의 격한 분노의 감정을 공유했으며, 이기심이 보편적 동기라는 스미스의 생각을 꼭 공유한 것은 아니지만, 책임 있는 경제 발전의 성격과 이유를 드러내는 스미스의 작업을 이어가고 있다.

23장_ 입법자를 위한 유산

1. Faccarello(1989)는 Jérôme de Lalande, 'Notice historique sur la vie et les ouvrages de Condorcet', *Mercure français*, 20 Jan. 1796, p. 156에 의거해, 콩도르세가 『인류 공공의 도서관』에 실린 『국부론』 요약본과 관련해서 르 샤플리에와 드 페소넬이 자신의 이름을 사용하도록 허락했을 수도 있지만, 사용된 언어는 루셰의 것이었다고 말한다. Lluch(1989)는 카를로스 마르티네스 데 이루하에 의한 이른바 콩도르세 요약본의 번역(trans. Carlos Martinez de Iruja, *Compendio de la obra intitulada Riqueza de las Naciones, hecho por el Marqués de Condorcet*, 1792, 1803, 1814)에 대해 이야기하는데, 아마도 1791년에 『국부론』이 스페인의 신성재판소에 고발되고 다음 해에는 금지된 탓에 그 번역본에 스미스의 이름이 들어가지 않은 반면, 후작으로서의 콩도르세의 이름은 그의 정치 성향에도 불구하고 받아들여질 수 있었다고 지적한다. 이 스페인어 번역자는 영어판 『국부론』을 알고 있었고, 공급과 수요를 조정해주는 이윤이라는 동기에 의해 움직이는 시장 메커니즘은 없으므로, 스페인에서 보이지 않는 손은 '정부의 손'이 되어야만 한다고 자기 마음대로 조언했다. 스페인어 요약본은 불완전한 전권 번역본보다는 스미스의 견해를 소개하는 데 좀더 성공적이었다. 전권 번역본은 1794년에 바야돌리드에서 알론소 오르티스가 출판한 것으로, 가톨릭교회를 공격하는 내용은 빼놓았기 때문이다. Lasarte(1976: 17~127)를 보라. 스페인과 라틴 아메리카에서의 『국부론』에 대한 좀더 자세한 내용은 Smith(1957)를 보라. 이탈리아에서는 스미스

의 경제 사상이 처음에는 저널들(예컨대 빈첸차의 *Giornale enciclopedico*)
과 학술원 논쟁들을 통해 알려졌고, 그런 다음 블라베의 프랑스어 판 『국
부론』을 저본으로 한 1790년의 이탈리아어 번역본을 통해 알려졌지만, 그
프랑스어 번역본 자체가 가장 널리 유통되었다. Gioli(1993: 225~249)를 보
라. 이 주제에 대한 전반적인 내용은 Palyi(1928/1966: 180~233)를 보라. 사
이먼 샤마는 네덜란드에서의 스미스의 경제 정책적 견해의 초기 수용과
선택적 사용을, 특히 '대大연금수령자Grand Pensionary'라는 고위직 관료였
던 뤼트허르 얀 시멜페닝크와 재무장관 이사크 얀 알렉산더르 호헐을 중
심으로 추적한다(Schama, 1992: 258~261, 385~387, 500~503).

2. Hegel(1942; 1991). 어떤 이는 『법철학』을 슈타인의 프로이센에 대한 찬양
으로 간주하지만, 이 책에서 헤겔은 가족과 정치적 공동체에서의, 또한 그
가 노동자들의 억압으로 귀결되는 상업 차원의 경쟁과 노동 구성을 발견
하게 되는 곳인 시민 사회에서의 자유의 현실을 탐구한다(paras. 243~248,
분업의 폐해에 대한 퍼거슨과 스미스의 설명과 같은 맥락). 헤겔은 또한 '자연스
러운' 인간의 행동들에서 비롯된 의도치 않은 결과들과 자연 발생적 질서
에 대한 스미스와 퍼거슨의 논의로부터 자신의 '이성의 간계' 개념을 가져
온다. 마르크스는 1843년에 헤겔 철학을 비판하는 것으로 그 굉장한 사
회사상 프로그램을 시작했다. 포이어바흐의 영향을 받아 그는 스코틀랜
드 계몽주의로 촉진된 개념인, 법률 관계와 국가 형태를 설명해주는 것으
로서의 '인간 정신의 전반적 발전'이라는 개념을 거부하고, "헤겔이 18세
기 영국인들과 프랑스인들을 본보기 삼아 '시민 사회'라는 이름 아래 결
합하는 삶의 물질적 조건"에 초점을 맞추고자 했다. 다음으로 그는 어째
서 자신이 애덤 스미스를 공부해야 했는지, 그리고 자신의 소외 논의가 어
째서 헤겔뿐 아니라 스미스도 함축하고 있는지를 다음과 같이 밝힌다. '시
민 사회의 해부는 정치경제학에서 시도되어야 한다'(『정치경제학 비판』 서
문, 1859), McLellan(1972: 140)에서 인용됨. 또한, 특히 1844년의 파리 초

고 중 스미스에 대한 언급과 소외라는 주제를 포함하고 있는 209~265쪽도 보라. 이 부분에서 마르크스는 스미스가 '경제학의 루터'라는 엥겔스의 경구를 동의하며 인용하기도 한다.

24장_ 혼들리는 생

1. 데이비드 래피얼(Raphael, 2007a: 7)은 자신과 동료 알렉 맥파이가 제6판을 『도덕감정론』 기본 판으로 삼은 주된 이유를 다음과 같이 기록했다. "이 저작의 제6판은 이전 판들과 매우 달라서, 거의 새로운 책이다. 어떻게 초판의 주제 체계로 시작해서 제6판의 주제 체계로 전환할 수 있겠는가?" 『도덕감정론』을 '새로운 책'과 다름없게 만든 주요 추가 내용은 다음과 같이 정리할 수 있다.

Part I, Section iii

Ch. III—부자와 유명인들을 선망하고, 가난하고 초라한 처지의 사람들을 경시하고 무시하는 이런 경향에서 야기되는 우리의 도덕 감정의 타락에 대하여

Part III

Ch. I—자기만족과 자기 경시의 원칙에 대하여

Ch. II—칭찬에 대한 애호와 칭찬받을 만한 것에 대한 애호에 대하여; 그리고 비난에 대한 두려움과 비난받을 만한 것에 대한 두려움에 대하여

Ch. III—양심의 영향과 권위에 대하여

Part VI

덕의 성격에 대하여

Part VII, 도덕철학의 체계에 대하여

Section ii

Ch. I—덕이 적절성에 있는 것으로 만드는 그런 체계들에 대하여—subsection iii.15~50:

(스토아 철학의 확장된 설명)

2. 몬티스와 함께 젊은 학자들의 논문을 모아 엮은 책(ed. Schliesser and Montes, *New Voices on Adam Smith*, 2006)의 공동 편집자인 에릭 슐리서는 Raphael(2007a)과 Montes(2004)에 대한 비평(*Ethics*, 2008년 4월: 569~575)에서, 래피얼과 맥파이에 의해 진척된 스미스에 대한 '스토아 철학적' 해석을 지지하는 주장들을(글래스고 판 『도덕감정론』, 1976) 몬티스가 뒤집었음을 증명하고자 한다. 최근까지 지배적인 해석으로 일컬어지는 이 스토아 철학적 해석은 슐리서에 의하면 세 가지 논지를 편다. (a) 스미스의 윤리학과 자연신학은 대체로 스토아 철학적이다. (b) 스미스가 이기심을 신중함의 한 형태로서 도덕적으로 옹호한 점이 『도덕감정론』과 『국부론』을 연결해주기 때문에 이 저작들은 본질적으로 하나이며, 또한 신중함이라는 도덕적 자질은 자제라는 스토아 철학적 덕과의 관련에 달려 있다. (c) 공감이 도덕적 판단에 대한 스미스의 설명의 핵심인 반면, 도덕적 행동의 동기 부여는 전혀 다른 문제이고, 『도덕감정론』에서 전면에 내세워지는, 자기애를 포함한 다양한 동기들을 포함한다. 슐리서가 보기에 Montes(2004)는 래피얼, 맥파이와는 다르게 다음과 같이 주장한다. (a) 자제는 전적으로 스토아 철학과 연결되는 것은 아니다. 스미스의 자제 개념은 크세노폰의 『소크라테스 회상록Memorabilia』(『도덕감정론』에서 인용됨)에서, 그리고 플라톤과 아리스토텔레스가 규정한 중요 덕목으로서의 절제에 대한 분석에서 눈에 띄는, 소크라테스의 절제의 덕에 기초한 것이기 때문이다. (b) 스미스가 '고급한' 신중함과 '저급한' 신중함을 구분했다면, 래피얼과 맥파이는 신중함이 『도덕감정론』과 『국부론』을 연결한다고 주장할때, 스미스가 에피쿠로스 철학과 연결시킨 저급한 신중함을 언급하고 있는 것이 틀림없다. (c) 일단 상호 공감(스미스에 따르면 항상 즐거운 것인)이 행동의 동기가 될 수 있다는 것이 부인되면, 스미스가 하나의 윤리학을 제공하고 있다고 보기가 더 어려워진다. 윤리학에서는 동기들이 도덕적 행동

주

에 대한 평가에서 중요한 역할을 하기 때문이다. 이런 반론의 결과는 스미스가 절충주의적 도덕철학 사상가라는 생각을 강화해주는 것이다. 스미스가 이 주제의 역사를 이전에 이해되었던 수준보다 더 충실히 이해한 사상가임에도 말이다. 그러나 사실 래퍼얼과 맥파이는 『도덕감정론』과 『국부론』이 하나라고 주장하는 것이 아니라, 도덕의 영역과 경제의 영역에서의 행동의 동기들에 대해 유사하게 설명하고 결과로서 초래된 행동들에 대해 아주 다르게 강조하는, 서로 연계된 책이라고 주장하는 것이며, 몬티스–슐리서가 바로 이 점을 제대로 알아보지 못하고 있다는 것이 보다 중요하다. 또한, 래퍼얼–맥파이의 도덕에 대한 설명에서 공감은 도덕적으로(혹은 비도덕적으로) 행동하려는 충동을 일으키는 역할을 하는 심리적 메커니즘으로 작용한다.

3. Schama(1989: 149~162)는 주로 루소의 『에밀』과 『신엘로이즈』의 문화적 중요성을 논하면서, '강렬한 감정에 대한 직관적 능력'으로서의 감성의 의미, 그리고 '도덕성의 전제 조건'으로서의 '분별 있는 마음'의 소유를 설명한다. 또한 그 시기의 저작뿐 아니라 연극, 음악, 미술에서도 감성을 탐구한 Emmet Kennedy(1989: 105~139)를 보라.

4. 미국독립전쟁 때 그랬던 것처럼, 1789년 프랑스에서 벌어진 놀라운 일들에 대한 보도는 스코틀랜드 언론을 통해 접하는 뉴스를 갈구하게 만들었다. 스코틀랜드 언론은 주로 『런던 가제트』에서 받은 기사 전체를 발행했다. 『스카츠 매거진』(vol. 51, 1789: 295)은 6월 22일 베르사유에서 삼부회가 배척되고, 평민 대표들이 테니스 코트에 모여 헌법을 새로 제정하기로 맹세한 일을 전했다. 또한 바스티유 함락과 수비대장의 참수가 이 매체의 7월호(p. 351)에서 다루어졌고, 9월호(p. 603)에는 국민의회가 상설 기구임을 알리는 선언문이 실렸다. 7월 25일 『에든버러 이브닝 커런트』는 "예속 상태에의 절대적 굴복에 어울리는 프랑스인들이…… 순식간에 최고로 대담한 자유의 정신과 애국의 정신으로 약동했다"고 영국인들에게 느껴진

그 경이로운 일에 대해 논평했다. 9월 17일 『캘리도니언 머큐리』는 『쿠리에 드 롱드르』에 대한 광고를 실어, 그 매체의 독자들은 '당대의 중대 사건들을 통해 얻게 되는 중요한 지성을 갖추어왔다'고 자랑했다. 1790년 1월 23일 『캘리도니언 머큐리』는, '이웃 나라의 혁명과 정치'를 가능한 한도 내에서 '자세하게' 설명해왔으며, 독자들에게 미라보라는 사람과 네케르라는 사람의 올바른 이성과 멋진 열변을 제공해왔다'고 주장했다. 영어와 외국어로 된 이런 신문들 및 다른 인쇄 매체들은 개인 구독이나 단체 구독을 통해 입수할 수 있었고, 순회 도서관의 멤버십이나 커피숍과 서점 방문을 통해서도 접할 수 있었다(Meikle, 1912: 43). 스미스에게 프랑스 혁명 초기의 일들에 대해 자세히 알 기회가 부족했던 것은 아니지만, 그가 정체와 정치 지도자들을 철학적으로 일반화한 것은 정치에 대한 전형적인 그의 신중한 접근 방식이었다. 『변호사회 도서관 큐레이터 회의록』에 기록된 바에 따르면, 1789년 3월 11일에 사서는 '도서관을 위해 당면한 현 문제[프랑스 혁명]의 양면에 대한 프랑스에서 가장 높이 평가되는 저술들을 구해달라'고 보프 씨에게 편지를 쓸 것을 지시받았고, '보프 씨는 그런 소책자가 8~10파운드를 초과하지 않으며, 더 많은 것을 수집할 필요가 있다면 알려달라고 했다. (…) 1789년 12월 24일 (…) 보프 씨는 프랑스 국민의회의 의사록을 제공해달라는 요청을 받았다'(*Minute Book of the Faculty of Advocates*, 1783~1798, (eds.) Angus Stewart, QC, and Dr David Parratt, Advocate, Edinburgh: The Stair Society, 2008: 88~89, n. 136). 당시 스코틀랜드에서 프랑스 혁명에 대한 여론을 형성함에 있어서 급진적 신문과 왕당파 신문이 했던 역할은 Bob Harris, 2008: ch. 2('Newspapers, Revolution and War')에서 이야기된다.

5. 『스카츠 매거진』(vol. 49: 351)은 1787년 7월에 오스트리아령 네덜란드에서 일어난 '큰 소요'를 보도했다. p. 352—'안트베르펜에서의 2만 명의 격앙된 집회'. vol. 50, 1788년 8월: p. 406—'황제의 가혹한 처사의 결과인, 브

라반트에서의 폭동'. 또한, 같은 달에 브뤼셀의 학교 폐쇄에 저항하기 위해 모인 브뤼셀 군중은 격분했고, 다음과 같은 신문 사설을 이끌어냈다. '너무나 비열하고 무자비한 조치들은 남아 있는 소수 왕당파의 애정을 멀어지게 할 수 있을 뿐이다.'

6. 오스트리아령 네덜란드의 혁명에 관한 이 글의 필자들은 벨기에인과 네덜란드인이고, 그들은 아마도 요제프 2세의 개혁에 대해 국가적 편향을 반영하고 있을 것이다. 보다 긍정적이고 균형 잡힌 설명은 Beales(2009)에서 볼 수 있는데, 여기서는 이 황제의 정치적 능력이 현재의 15개 주의 일부에 해당하는 그의 영토 전역에 크게 영향을 미쳤다고 주장된다.

7. Paine(1984: 157, *Rights of Man*, pt. i). 1796년에 출판업자 조어슨A. Joersson 은 『국부론의 저자 애덤 스미스와 잉글랜드 재정 시스템의 쇠망의 저자 토머스 페인Adam Smith Author of an Inquiry into the Wealth of Nations and Thomas Paine Author of the Decline and Fall of the English System of Finance』이라는 책을 발행했는데, 독일에서 발행했다고 전해지지만 프랑스에서 발행했을 가능성이 더 높다. 이 책은 스미스의 이론들이 페인의 저작들에서 변질된 형태로 발견된다는 논지를 보여준다. 아마 이 책이 『국부론』에 대한 최초의 확대 비평일 것이다.

25장_ 위대한 변화

1. 스코틀랜드 국립초상화갤러리에는 1800년경에 그려진 것으로 추정되는 어느 익명 화가의 유화(뮤어-로마네스 초상화)가 있다. 그리고 스코틀랜드 고미술박물관에는 같은 시기에 나온, 'Ty.[=Tyron] Collopy'라고 서명된 유화가 있는데, 아마 태시의 원형 양각에 기초했을 것이다. Fay(1956: 162~165, 맥파이의 부록). 맥파이는 뮤어 초상화(페이의 책 맨 앞에 나오는 그림)가 스미스의 '중요 특징인 강함과 부드러움'을 보여준다고 보았고, 이런 특징은 '딱딱하고 다소 멋을 부린 나이 든 신사'를 '유머 감각 없이 표현

한' 콜로피 초상화에서는 드러나지 않는다고 보았다. 뮤어-로마네스 초상화에 대한 맥파이의 평가는 설득력이 있어서, 이 책의 1995년 판 표지에 그 초상화가 사용되었고, 이 책을 장식하는 데는 더 나은 버전이 선택되었다. 앞에 언급한 부록에서 맥파이는 빅토리아 여왕이 칭송한 조각가 카를로 마로체티의 인상적인 스미스 흉상(1851)에 대한 정보를 제공한다. 커콜디의 타운홀에는 이것의 대리석 버전이 있으며, 옥스퍼드의 베일리얼 칼리지 휴게실에는 보다 작은 청동 버전이 있다. 스털링 다리를 내려다보는 인상적인 기념물의 꼭대기에 있는 윌리엄 월리스의 청동상으로 유명한 데이비드 왓슨 스티븐슨이 그 타운홀 실내에 스미스의 대리석 흉상(1888)을 기증했다. 글래스고대학 헌테리언 박물관에는 스미스의 실물보다 큰 대리석상(1867년경)이 있는데, 그의 학생들에게 그렇게 비쳤을 만한 이상화된 모습이다. 이것은 유럽의 수많은 왕실 인물과 성인들의 조각상을, 그리고 빈대학을 위해 헤로도토스와 아리스타르코스의 흉상을 제작한 오스트리아 조각가 요제프 가서의 작품이다. 2008년 7월 4일 스코틀랜드의 일류 조각가 알렉산더 스토더트가 스스로 '영웅-사실주의 스타일'이라고 칭한 10피트 높이의 애덤 스미스 청동상이 에든버러에서 노벨상 수상자인 버넌 스미스에 의해 제막되었다. 이 조각상은 18세기 의상 위에 교수 가운을 걸치고 가발을 쓴, 좀더 나이 든 스미스를 보여주며, 다소 심각한 표정으로 세인트자일스 교회 인근에 있는 옛 머캣크로스 근처의 큰 사암 주추 위에 서서 캐넌게이트를 내려다보고 있다. 로열마일 건너편에는 현재의 시청이 있는데, 그중 일부는 과거에 세관이었고, 스미스는 바로 이곳에서 생애의 마지막 12년 동안 관세 위원으로서 업무를 보았다. 하이스트리트의 다른 쪽에는 스토더트의 또 다른 청동상이 서 있는데, 바로 스미스의 중요한 친구이자 지적 동료였던 데이비드 흄의 조각상이다(1997년 제막). 흄은 토가를 걸친, 앉아 있는 고대 철학자의 모습으로 재현되어 있다. 스코틀랜드 주민들이나 방문자들은 1996년 클라이즈데일 은행에서 발행된 녹색의 50파운드짜리 지폐에 들어가 있는 스미스의 이미지에 익숙할 것이다. 이것은 앞에서 언급한 뮤어-로마네스 초상화에 기초한 것이다. 지폐 뒷면에는 커콜디 항구를 배경으로 18세기의 공학 기계와 농업 기계가 묘사되어 있다. 잉글랜드은행이 1694년에 스코틀랜드인 윌리엄 패터슨 경에 의해 설립되었음을 고려하면, 이 은행에서 발행된 지폐에 스코틀랜드 출신의 인물을 넣게 되기까지는 아주 오랜 시간이 걸렸다. 2007년 3월 13일 출납국장 앤드루 베일리가 가장 많이 사용되는 지폐인 20파운드짜리 지폐의 새로운 디자인을 도입하면서 이 점이 수정되었다. 이 지폐의 뒷면에는 1787년의 태시의 양각에 기초한 애덤 스미스의 모습이 들어가 있고, 이와 함께 달랑베르의 『백과전서』iv(1764)에서 가져온 핀 제작 그림이 들어가 있으며, '핀 제작의 분업(결과적으로 제작량의 엄청난 증가)'이라는 설명이 붙어 있다(I.i.3, 5). 앞면에는 스미스 생애의 거의 절반에 걸쳐 통치했고, 스미스의 업적을 잘 알았던 군주 조지 3세의 직계 후손이자 현재의 군주인 엘리자베스 여왕의 모습이 들어가 있다. 여왕 옆에는 런던 스레드니들스트리트 EC3에 자리한 잉글랜드은행이 그려져 있다.

2. '볼테르와 18세기'라는 시리즈 중 한 권인 『계몽주의의 에피쿠로스Epicurus in the Enlightenment』(네븐 레디와 애비 리프시츠 엮음, 2009년 출간)는 2006년 옥스퍼드에서 열린 한 심포지엄에서 소개되었던 논문들을 담고 있다. '계몽주의 전략에서의 에피쿠로스 철학의 존재(그리고 부재)'를 탐구하는 논문들이다. 여기에는 '스코틀랜드와 프랑스에서의 에피쿠로스적 계몽주의에 대한 비판자로서의 스미스'라는 레디의 스미스 해석이 포함되어 있는데, 이는 스미스가 자신의 체계에 에피쿠로스적 요소를 배치하는 것을 놓고 고심했음을 암시한다. 또 레디는 2007년 10월 12일에 '스코틀랜드 계몽주의 도덕철학에서의 에피쿠로스 철학'이라는 주제로 열린 세인트앤드루스의 워크숍에서 '에피쿠로스에게 기댄 스미스와 에피쿠로스학파로서의 스미스'에 대한 논문을 발표했으며, '스미스와 그의 원천들'에 대한 논문집인

『애덤 스미스 리뷰』 4권(2008)에 '18세기 프랑스 소설의 맥락에서의 스미스의 도덕철학'에 대한 논문(pp. 158~180)을 발표했다.

3. Keynes(1963)의 제번스와 마셜에 대한 설명을 보라. 또한 Winch(1971; 1978; 1993; 1996; 2006)와 Blaug(1992)의 스미스에 대한 평가도 보라.

4. (a) 1970년대에 영국과 미국은 스태그플레이션, 즉 경기 침체와 인플레이션이 동시에 발생하는 현상을 겪었고, 존 메이너드 케인스의 영향을 받아 수요 관리에 초점을 맞춘 일반 경제 사상으로는 이를 해결할 수 없을 듯 보였다. 행정부 수반으로 당선된 영국의 마거릿 대처(1979)와 미국의 로널드 레이건(1980)은 선거 공약을 통해서, 자신들이 스미스의 사상이라고 이해한 바로 어느 정도 돌아가 시장, 생산자, 소비자에게 자유를 줌으로써 경기 하락을 역전시킬 것임을 선언했다. 그들은 다양한 협회, 교육 프로그램, '싱크탱크'가 내놓은 아이디어들을 이용했으며, 그 단체들에서는 정책 마련과 관련해 스미스의 견해가 논의되었다. 다음과 같은 단체들이 이에 관여했다. Foundation for Economic Education(미국, 캐나다), Heritage Foundation(미국), Institute of Economic Affairs(영국), Adam Smith Institute(영국—1994년에 여기서 나온 '보수주의자 스미스'에 관한 글은 I. McLean, 2006: 135~138을 보라), Centre for Policy Studies(영국: 키스 조지프 경이 설립), Mont Pelerin Society(다국적: 프리드리히 폰 하이에크가 설립), Hillsdale College National Leadership Seminars(미국). 영국과 미국의 정상들은 협력을 맺어 자유롭게 생각을 교환했으며, 통화주의자였지만 스미스 이론의 지지자였던 밀턴 프리드먼 같은 사람을 공히 멘토로 삼았다. 경제 정책 개발을 위한 양국 정부 간 협력 또한 확대되어, 1981년에는 백악관에서 미국과 영국 내각의 합동 회의가 열리기도 했다.

(b) 정책 목표 달성을 위해 레이건은, 주드 와니스키(Wanniski, 1975)라는 저널리스트가 애덤 스미스를 선구자로 내세우며 '공급 중시' 경제학

이라고 표현했던 것을 추진했다(Thomas Karier, 1997). 이것의 이면에는 세의 법칙으로 표현되는 고전 경제학, 즉 '상품은 생산되자마자 즉각 그 자체의 가치를 최대한 발휘해 다른 상품들을 위한 시장을 제공한다'고 보는 고전 경제학으로 돌아가려는 생각이 자리 잡고 있었다(A. L. Malabre, 1994). 레이건의 정책들로는 석유 산업에 대한 규제를 철폐한 것, 연방준비위원회 의장 폴 볼커(1979년 지미 카터에 의해 임명되고 1983년 레이건에 의해 재신임됨)를 통해 금리를 인상함으로써 통화 공급량의 증가 속도를 늦추고 인플레이션을 억제한 것, 수입을 소비와 투자로 연결시키기 위해 한계 세금을 낮추어 결국 더 많은 공급을 장려한 것을 들 수 있다. 행정부의 슬로건은 '밀물이 모든 배를 들어 올린다'였고, 미국이 1980년대 초의 불황과 높은 실업률을 겪은 후 1983년부터 1990년까지 '7년의 호황'을 누렸다는 것에 평자들은 대체로 동의한다. 그렇지만 동시에 레이건은 미국에 대한 소비에트 러시아의 감지된 위협에 대처하느라 사상 초유의 한도까지 국방 예산을 확대했고, 세금에 의해서가 아니라 차관에 의한 재정 적자에 기초해 그에 대한 재원을 마련했다. 어떤 분석자들은 소비에트 체제가 미국의 군사력을 따라잡으려는 부담을 감당하지 못해 붕괴했다고 이야기하고, 또 어떤 분석자들은 공산주의 체제는 어떻게든 결국은 무너졌을 것이라고 주장하지만, 이 경우 레이거노믹스는 애덤 스미스와는 동떨어진 신용 정책을 통해 미국의 자녀와 손자녀들의 미래를 저당 잡혔다(J. Chait, 2007). 레이건이 1987년에 연방준비위원회 의장으로 임명한 사람은 앨런 그린스펀으로(아버지 부시 대통령, 클린턴 대통령, 아들 부시 대통령에 의해 2005년까지 재신임됨), 그는 '시장의 유연성과 공개 경쟁'의 공공연한 옹호자였고(경제학자들의 포럼, *Financial Times*, 2008년 3월 17일), '[그의 시대에 부상하고 있던] 시장경제의 작동 방식에 대한 세계적 견해'를 형성하는 일을 스미스가 먼저 했음을 밝혔다(애덤 스미스 강연, 커콜디, 2005년 2월 6일). 그렇지만 그가 『국부론』이나 『도덕감정론』을 주의 깊게 연구했는지는 의심스럽다. 2007~2008년에 발생한 주택 시장 거품을 생각해보면, 그가 2004년에 주택 시장의 소비자들을 향해 연방기금 금리가 1퍼센트일 때 변동금리 담보 대출을 받을 것을 고려해야 한다고 권유해놓고서 2년 이내에 연방기금 금리를 5.25퍼센트까지 상승시켜버린 것은 스미스가 그 위대한 두 저작에서 극찬한 덕목인 신중함과는 분명 거리가 멀어 보인다. 주택 시장 거품이 다가오고 있다는 것은 2004년 여름에 이미 예견되었다('Is a Housing Bubble About to Burst?, *Business Week*, 7월 19일). 그러나 그린스펀은 회고록 『격동의 시대: 새로운 세계에서의 모험The Age of Turbulence: Adventures in a New World』(2007)에서 조지 부시 대통령과 체니 부통령, 그리고 공화당 우위의 의회가 적자와 정부 지출에 대한 자기 당의 원칙을 배반했다고 비판했다. 그는 개발도상국들의 붕괴에 대한 분석가인 누리엘 루비니만큼 멀리 나가지는 않는데, 루비니는 개발도상국들의 역사에서 공통점은 차관으로 야기된 엄청난 경상 수지 적자의 감내였다고 주장하며, 미국이 이런 운명에 처할 다음 나라가 될지도 모른다고 의심한다(Roubini, 2004, 2006). 그 후 파리드 자카리아(Zakaria, 2009)는, 미국을 뒤쫓고 있지만 여전히 미국과 격차가 벌어져 있는 신흥 경제 강국들, 예컨대 중국, 인도, 브라질 같은 나라들과 비교되는 위치에 놓여야 할 만큼 미국이 무너지고 있는 것은 아니라고 주장했다(pp. 43~44). 그는 미국이 갖고 있는 현재의 엄청난 힘을 세계경제포럼을 따라 다음과 같이 언급한다. 미국은 '세계에서 가장 경쟁력 있는 경제 주체'로, '혁신에서 1위, 기술력에서 9위, 기업의 연구·개발비 지출에서 2위, 연구 기관의 우수성에서 2위'를 차지하고 있다. 중국은 이 기준 가운데 어떤 것에서도 30위 안에 들지 않으며, 인도는 '시장 규모'라는 한 가지 기준에서만 10위 안에 든다(p. 41).

(c) 영국의 대처 총리는 정책을 추진함에 있어서 주요 조언자인 키스 조지프 경의 생각에 주로 영향을 받았는데, 그는 1979년에 산업장관이 된 애덤 스미스 신봉자였다. 그가 장관 취임 후 처음 취한 행동 중 하나는 고위 공무원들에게 『도덕감정론』과 『국부론』이 포함된 독서 목록을 나누어 주는 것이었다. 어쩌면 그는 자신의 생각을 역설하기 위해 친숙한 은유를 끌어들이는 수법을 스미스에게서 빌려왔는지도 모른다. 1976년 4월에 있었던 그의 스톡턴 강연이 좋은 예다. 이 강연에서 그는 경제의 민간 부문을 말로, 공공 부문을 승마자로 표현하면서, 경제에서 공공 부문이라는 짐을 이고 가느라 민간 부문에 가해지는 압박을 극적으로 강조했다. 그의 주장에 따르면, 1950년대에 GNP의 5분의 3이 부를 창출하는 부문에서 나온 반면 국가와 국가 보조적 부문은 GNP의 5분의 2를 차지했다. 1970년대에 이르러서는 후자가 GNP의 3분의 2를 차지했고, 민간 부문은 3분의 1을 차지했다. 조지프 키스가 문제시했듯이, '이제 승마자가 말보다 두 배 무겁다'(Joseph, 1976: 9~10). 레이건에 필적하는 대처의 경제 개혁은 마찬가지로 인플레이션을 둔화시켰고 통화 공급량을 제한했다. 직접세 삭감은 투자와 사업 현대화를 위해 경제 분야로 유입되는 돈이 더 많아짐을 의미했다. 정부는 공공시설과 국영 산업을 매각하며 시장에서 철수했고, 교육과 의료보험을 포함한 복지 서비스에 대한 재정 지원을 바짝 제한했다. 자유 기업을 위한 더 많은 기회와 함께 경제는 더 튼튼해졌지만, 증가한 간접세가 일부 원인이 되어 제조업 생산은 감소했다. 또한 병원과 대학의 사기 저하나 1982년 360만 명에 달할 정도의 급격한 실업자 증가 등 사회적으로 치러야 하는 대가가 현저히 증가했다(Anthony Seldon and Daniel Collings, 1999; John Campbell, 2000, 2003). 노동조합들은 파업을 통해 저항하고자 했지만, 대처는 그들의 힘과 영향력을 줄이는 법을 도입하는 데 성공했다. 다른 측면에서, 화학자로서의 교육 이력

에 힘입어 그녀는 온실가스 증가, 오존층 파괴, 산성비로 인한 환경 문제에 대해 대중의 관심을 끌어냈다(왕립학회 연설, 1988년 9월 27일). 그러나 1989~1990년에 그녀의 정책들에 대한 반대가 커졌는데, 그녀가 지방세를 인두세로 대체하려 했기 때문이다(애덤스미스학회 대표자들이 제안한 정책). 이는 광범위한 저항을, 심지어 폭동을 야기했다('Violence flares in poll tax demonstration', *BBC News Archive*, 1990년 3월 31일). 1990년에 그녀는 내각 동료들의 반발에 직면해 실각했는데, 그들이 반발한 것은 유럽과의 경제 통합에 반대하는 그녀의 입장을 받아들일 수 없기 때문이었고, 또한 그녀의 인기가 너무 떨어져 다음 선거에서 그녀가 질 것으로 예상했기 때문이었다. 대처의 자유 기업 옹호는 때때로 스미스의 이론과 연결되곤 하는데, 1988년에 그녀는 '내가 생각해 내기 한참 전에 스코틀랜드 사람들이 대처리즘을 만들어냈다'고 주장하기도 했다(McLean, 2006: 98, n. 4에서 인용됨). '보이지 않는 손'의 활동에 대한 그녀의 설명은 스미스 버전의 이 은유에 내재된 그 무엇보다 그녀의 투쟁적 성향을 더 잘 드러내줄지도 모른다.

[그것은] 갑작스러운 교란 행동도 불사하지 않는다. 그것이 시작된 후 자본주의가 불황과 침체, 거품을 맞이했다. 아직 아무도 그 경기 사이클을 파괴하지 못했고, 앞으로도 그럴 것이다. 그리고 널리 알려져 있다시피 슘페터가 '창조적 파괴의 강풍'이라고 부른 것이 여전히 때때로 강하게 몰아친다. 이러한 일들을 한탄하는 것은 궁극적으로 자유 자체의 상쾌한 바람을 한탄하는 것이다(Thatcher, 2002: 462).

그녀가 환경에 대해 보인 신중함은 분명 스미스가 지지했을 만한 대단한 것임에 틀림없지만, 부자를 더 부자로 만들고 강한 자들을 더 강하게 만들면서 가난한 사람들에게 고통을 안겨준다고 여겨질 만한 개혁을 추진하려는 그녀의 의지는 도덕 감정의 타락을 암시한다(Subroto Roy, 2006). 대처 총리와 그녀의 '아들들'인 존 메이저, 토니 블레어, 고든 브라운 총리들의 재임기에 영국의 경제적 자유와 기타 자유들이 손실되었다는 주장이 Gamble(1994)과 Jenkins(2007)에서 논의되지만, 브라운은 '사회민주주의적 스미스'의 지지자로 주장되어왔다(McLean, 2006: 138~148). 그러나 영국에서 사회민주주의를 발전시키는 것에 대해 브라운이 품었을 수도 있는 희망들은 세계 신용 시스템을 심각하게 훼손하고 얼어붙게 만든 2007~2008년 미국의 '서브프라임 모기지' 사태와 금융 위기로 인해 전 세계가 재정적 어려움에 봉착하면서 좌절되었다. 브라운 정부는 2008년에 금융 시스템의 중요 부문들을 국유화함으로써 금융 시스템을 구제해야만 했다. 그리하여 2월에는 노던록을(Reinhart and Rogoff, 2009b: xl), 9월에는 브래드퍼드와 빙리를, 10월에는 스코틀랜드 로열 뱅크 그룹을 국유화했다. 물론 현재 이 복합 기업은 애덤 스미스가 생전에 알았던, 1727년에 설립된 그 은행과는 전적으로 다른 기관이 되어 있다. 브라운 정부는 2008~2009년의 신용 위기의 여파로 대중의 지지를 잃었다. 2010년 5월 6일의 총선에서 노동당은 데이비드 캐머런의 보수당에 패했지만, 보수당이 하원에서 절대 다수를 차지하지는 못했다. 보수당은 닉 클레그의 자유민주당과 연합 정부를 구성했다. 브라운은 5월 11일에 총리직에서 사임했고, 취임한 캐머런과 클레그는 긴축과 증세를 통해 영국 재정을 복구할 것을 약속했다. 브라운의 재정 개혁과 영국과 해외의 빈곤 계층에 대한 관심은 주로 정치적 변화의 압박 속에서 대부분 잊혔지만, 그러한 일들은 정부에 대한 스미스의 원칙을 따르는 것이었다.

(d) 미국의 위기를 부르는 요소들은 규제가 철폐된 시장, 비현실적 이윤과 임금을 위한 저리 자금의 이용 가능성, 그리고 사치스러운 가구들과 최신 가전제품들과 최상의 주변 환경을 갖춘 집을 소유하려는 미

국인들의 꿈이다. 레버리지 금융, 즉 채무에 의존하는 금융이 주택 구입을 위해 증가했다. 주택저당증권이 급증했고, 자산 관리 보험이 위험 관리를 위한 술책으로 계획되었으며, 무모한 부채를 매입해 속기 쉬운 투기자들에게 떠넘기는 방책으로서 헤지펀드가 급증했다. 신용 평가 기관들은 '유독 폐기물', 즉 수요 없는 자산을 포함하고 있는 채권에 최상위 등급을 매겼다. 부채의 탑이 실물 자산이라는 가장 부실한 토대 위에서 흔들렸다(Charles R. Morris, 2008; Stephen Fay, 2010, *Times Literary Supp.*, 4월 23일, 7~8). 주택 담보 대출 거대 기업들인 Fannie Mae와 Freddy Mac에서 나타난 조짐들, 즉 재정적 의무를 이행할 수 없다는 조짐들과 함께 2008년 가을에 붕괴가 시작되었다. 미국 정부는 개입 말고는 다른 선택지가 없다고 결정했다. 2008년 9월 7일, 주택 담보 대출 거대 기업들인 Fannie Mae와 Freddy Mac이 관리하에 놓이게 될 것임을 재무장관 헨리 폴슨이 발표했고, 연방준비위원회의 그린스펀 후임자인 벤 버냉키(2006년 임명)가 동의했다. 이 조치는 납세자들에게 2000억 달러의 부담을 지운다(경제 리포트, *Globe and Mail*, 2008년 9월 8일: B1, B4, B7). 하지만 그다음에 일어난 일은 부시 행정부가 시장 개입에서 갑자기 손을 떼버린 것이었다. 9월 15일 월요일에 폴슨은, 서브프라임 모기지 시장의 주요 참가자였고, 헤지펀드에, '상식의 심각한 실패'라고 조롱받은 방식에 깊이 연루되어 있었던 월가의 투자금융회사 리먼브러더스가 적절한 준비 없이 파산 신청을 하는 것을 막으려는 조치를 전혀 취하지 않았다(McDonald and Robinson, 2009). 그 결과, 조지 소로스가 서술했듯이(Soros, 2008~2009: 157), 세계 경제는 1930년대 '대공황 때의 금융 시스템 붕괴에 버금가는' 상황으로 고통받았다. 폴슨은 9월 18일에 급조된 3쪽짜리 구제 대책을 가지고 의회로 갔다. 이 구제책의 내용은 긴급경제안정화 법안에 받아들여져, 재무장관이 부실 자산(특히 주택저당증권)을 사들이고 은행들에 자본을 투입하고 신용 시장에 대한 신뢰를 회복하는 데 7000억 달러까지 쓸 수 있게 했다. 상원은 이를 따랐지만, 하원이 이 법안을 통과시키기까지는 두 번의 시도가 필요했다. 이 법안은 결국 10월 3일에 서명되어 법으로 제정되었고, 부실자산구제 프로그램Troubled Assets Relief Program(TARP)을 낳았다. 리먼브러더스의 파산으로 크게 위태로워져 채무 불이행에 직면하게 된 거대 보험회사 American International Group(AIG)에 400억 달러가 즉시 제공되었다. AIG는 이후 1125억 달러라는 더 큰 규모의 구제 금융을 더 쉽게 이끌어냈다. 리먼브러더스가 발행한 기업 어음이 쓸모없는 것이 되자, 이를 보유한 독립적인 머니마켓펀드는 액면가로 자금을 회수하는 것을 중단해야 했다. 예금자들은 겁에 질렸고, 9월 18일에 이르러서는 머니마켓펀드에 대한 지급 청구가 쇄도했다. 그런 다음 주식 시장이 혼란에 빠졌고, 연방준비위원회는 모든 머니마켓펀드를 지원해야 했고, 주식 공매도, 즉 가치가 하락할 것으로 예측되는 주식을 매도함으로써 이익을 내는 방식이 정지되었다. 이런 조치들은 주식 시장을 어느 정도 안심시킬 수 있었지만, 이는 일시적인 데 불과했다. 2008년 10월에 의회는 미국의 은행들을 구제하는 것에 대해 논의했고, 시스템을 구제하는 데 필요한 것은 은행들의 불량 자산을 덜어주는 것보다는 시스템에 자본금을 투입하기 위해 돈을 쓰는 것이라는 주장이 제기되었다. 그러나 이 정책을 채택하는 것이 지체되었고, 연방준비위원회가 단편적으로 문제에 접근하면서 금융 시스템의 상황은 더욱 악화되었다.

(e) 이런 가운데 10월 11일 워싱턴에서 국제통화기금 회의가 열렸고, 유럽 정상들은 다음 날 파리에서 만났다. 그곳에서 그들은 유럽의 어떤 주요 금융 기관도 파산하게 두지 않을 것임을 약속하는 데 동의했지만, 각국은 이를 이행할 방법을 독자적으로 마련해야 했다. 미국 정부는 2008년 11월 19일자로 1조 3000억 달러에 이르는 구제 금융을 통해

미국의 주요 금융 기관들을 위한 그 같은 약속을 이행했다. 11월 18일, 한 의회 위원회의 위원들은 폴슨에게, 지금까지 은행들에 지급된 약 1600억 달러가 얼어붙은 신용 대출 시장을 녹이는 데 거의 도움이 되지 않았다는 증거를 제시했다. 자금은 신규 대출에 사용된 것이 아니라 인수 합병이나 경영진과 투자자들에 대한 보상에 사용된 것으로 보였다. 그 시점에 서유럽의 구제 금융 투입 금액은 (영국의 5000억 달러를 포함해) 2조 8000억 달러에 달했지만, 유럽 정부들은 주주들의 배당금을 더욱 엄격하게 제한했다. 경영진에 대한 보상과 관련해서는 모호하게 규정되어 있었지만 말이다(수치들과 논평은 Anderson, Cavanagh, Redman, 'How the Bailouts Dwarf Other Global Crisis Spending', Institute for Policy Studies, 2008년 11월 24일: 2~6을 따랐다). 위험 부담이 따르는 거래에서 잘못된 판단을 내린 경영진과 그러한 거래로 이득을 취하고자 한 투자자들의 손실을 보상하기 위해 납세자들의 돈을 사용하는 방식은 애덤 스미스라면 절대 반대했을 것이다. 유럽에서는 아이슬란드 같은 국가들이 자국 금융 기관들을 위한 약속을 이행하지 못해 극도의 금융 압박을 겪었고, 동유럽 국가들의 통화와 국채 시장에 큰 혼란이 있었다. 그런 다음, 경제력에서 미국과 경합하기 시작한 강국으로 인식된 중국과 인도에서도 국제적 금융 위기의 연쇄 효과가 나타났다. 10월, 11월, 12월의 통계가 나와 분석되었고, 전 세계가 악화되는 경기 침체, 어쩌면 공황에 직면해 있다는 공포가 자라났다.

(f) 이 모든 것이 애덤 스미스와는 무슨 관련이 있는가? 전 세계의 부를 창출하는 한 방법으로서의 시장 규제 철폐의 유효성에 대해 유혹적인 말을 하는 시카고학파의 기만적인 목소리에 정부와 영향력 있는 금융 관리자들이 귀 기울여왔다는 주장이 있다. 이런 조언의 원조는 자본주의의 '아버지'인 애덤 스미스라고 공공연히 이야기되었다. 물론 스미스의 메시지에 대한 이런 주장은 틀렸는데, 무엇보다 그의 이론의 도덕적 측

면을 완전히 무시하고 있기 때문이다. 무책임한 규제 철폐는 그가 혐오한 '낭비자들과 기획자들'의 조언이다. 재무부 조폐기의 끊임없는 움직임이 미국인들을 어려움에서 구해줄 것이라는 견지에서 1987년부터 2006년까지 연방준비위원회가 밀어붙인 '저리 자금' 방책도 유사한 맥락이었고, 똑같이 도덕적 결함이 있었다. 더욱이 애덤 스미스가 옹호한 자본 창출 및 유지의 방식들인 생산성, 저축, 투자를 자국민에 의해 장려하는 것과 거리가 먼 미국은 막대한 무역 적자를 보았고, 만족할 줄 모르는 미국 소비자들의 수요를 충족시키는 데 필요한 상품들에 대금을 지불하기 위해 중국과 기타 동아시아 국가들로부터 받은 대출에 이자를 지불하느라 경상 수지를 더욱 심각한 적자로 몰고 갔다(Charles R. Morris, 2008). 게다가 2003년부터는 외국에서 빌린—주로 중국—돈으로 이라크 전쟁 비용을 마련하게 되면서 미국 정부의 부채 부담이 더욱 커졌다. 미국과 전 세계에 다행스럽게도 2008년 11월의 대선에서 버락 오바마가 대통령에 당선되어 이듬해 2월에 취임하면서, 절약과 근면을 통해 생활 수준을 높여야 한다는 것을 국민에게 일깨우려 하고 미국의 이라크 철수를 포함한 평화 정책에 힘쓰는 지도자가 권력을 잡았다. 한 동료가 단언하는바, 오바마가 2008년에 『뉴욕 타임스』를 위해 제시한 읽을 가치가 있는 중요한 책들의 목록에 『도덕감정론』과 『국부론』를 포함시킨 것을 알고 많은 사람이 기뻐했을 것이다. 대통령직을 수행하면서 오바마는 국내의 시끄러운 비방자와 신랄한 반대자들을 맞닥뜨렸다. 그들은 그가 국민에게 희망을 안겨준 것이 아니라 근거 없는 희망에 매달리게 하는 일종의 아편을 제공했으며, 건전한 재정 정책과 기타 정책들을 개발하고 그 정책들의 시행을 위해 효과적인 행동을 취하는 것보다 긍정적인 정치적 변화를 꿈꾸는 것을 부추겼다고 주장했다. 동시에, 그의 행정부가 경제 회복의 필수 전제 조건인 금융 시스템의 안정화를 가져왔다는 주장도 있었다(*The Economist*, Online edition, 2009년 11월 4일). 더욱이 의료보험 확대에 대한 시급한 사회적 필요가 국회의 입법을 통해 해결되었다. 분명 입법자와 유권자들은 필요한 과세를 감내해야 할 것이다. 만약 노벨 평화상이 어떤 지표라면, 세계 여론의 권위 있는 한 부분이 오바마를 세계에 평화를 가져오기 위해 구체적으로 노력한 지도자로 보고 있는 셈이다. 투투 대주교는 이런 인식에 대해 이야기하면서, 아랍 세계를 적대하는 시대를 끝내고 그 세계의 시민들에게 다가가고자 한 오바마 대통령의 노력을 지적했다. 또한 국제원자력기구의 사무총장 모하메드 엘바라데이는 오바마가 핵무기 확산 방지를 위한 캠페인에서 뛰어난 리더십을 발휘했으며, '분쟁을 해결하는 최고의 방법으로서의 외교, 상호 존중, 대화에 대한 확고한 헌신을 보여주었다'고 언급했다(Karl Ritter and Matt Moore, *Yahoo! News*, 2009년 10월 9일, Online). 2009년의 의료보험 제도에 대한 격렬한 반대를 타개한 오바마의 다음 문제는 아프가니스탄에서의 전쟁 확대에 더해, 2010년 봄과 여름에 멕시코만의 엄청난 원유 유출 사고로 야기된 자국민과 환경에 대한 막대한 피해에 대처하는 것이었다. 스미스 시대의 정치가든 우리 시대의 정치가든 그런 역경에 직면해본 적이 없었지만, 스미스적 신중함과 절제가 오바마의 심사숙고와 결정 속에 자리 잡고 있었음에 틀림없다.

5. (a) 스미스의 경제학은 1989년의 소비에트 러시아의 붕괴와 그에 따른 소비에트 러시아와 미국 및 미국 동맹국들 간의 냉전 종식에 뒤이은 시대에 국제적 이슈가 되었다. 그 강대국들에 의존하는 국가들은 더 이상 그 국가들로부터 원조와 지원을 받지 않았고, 세계은행과 국제통화기금 같은 세계 경제 정책 기구들과 함께 국제연합기구가 내란 중에 있거나 내란을 겪은 국가들에 평화를 구축하는 일을 떠맡게 되었다. 법과 질서와 자립 경제의 합동 붕괴를 고려할 때 그들은 '실패'한 것으로 간주되었다(World Bank, 1998). 최근의 한 연구(Roland Paris, 2006

rpt.)는 1989년과 1999년 사이에 시도된 이런 종류의 열네 가지 임무를 밝혔다. 그것은 나미비아(1989), 니카라과(1989), 앙골라(1991), 캄보디아(1991), 엘살바도르(1991), 모잠비크(1992), 라이베리아(1993), 르완다(1993), 보스니아(1995), 크로아티아(1995), 과테말라(1997), 동티모르(1999), 코소보(1999), 시에라리온(1999)과 관련된 임무들이었다. 21세기 초에 이런 종류의 임무가 유엔의 원조하에 두 가지 더 시도되었다. 코트디부아르(2003)와 라이베리아(2003)에서였다. 또 외세 침입에 뒤이은 추가 임무들도 있었는데, 미국-나토 연합 통제하의 아프가니스탄(2002)과 미국과 동맹국연합 통제하의 이라크(2003) 사례였다.

(b) 이런 임무들의 전제는 신속한 '자유화'가 다음과 같은 두 가지로 이루어진 프로그램을 통해 지속적 평화의 상황을 만들게 되리라는 것이었다. 정치의 측면에서 민주화—책임 정부의 정기 선거, 헌법을 통한 정부 권력 행사의 제한, 근본적인 시민적 자유들에 대한 존중—가 이루어져야 했다. 경제의 측면에서 시장경제로의 이동이 이루어져야 했다. 그것은 스미스의 이론과 곧잘 어울리는 경제 유형으로, 정부의 최소 개입, 각자의 이익을 추구하는 투자자·생산자·소비자 개개인의 최대 자유를 수반한다. 이런 이원적 프로그램은 미국의 우드로 윌슨 대통령에게 옹호되고 애덤 스미스(자유 시장 경제), 톰 페인(민주 정부), 제러미 벤담(군비 축소) 같은 계몽주의 사상가들에게 영향 받은 정책들, 제1차 세계대전의 여파 속에서 세계 평화 실현을 목표로 했던 그 정책들에 어느 정도 자극받은 것이다. 제2차 세계대전 이후의 시기에는 서독과 일본의 군사 정부와 그에 뒤이은 국가주의 정부에 의한 본보기도 있었다. 우선, 1948년 6월 서독에서 효율적인 통화 개혁이 일어나, 신용을 잃은 라이히스마르크화를 건전한 도이치마르크화가 대체했는데, 이것은 미-영 공동 통치 지구의 정부가 주도한 일이었다. 며칠 후 이 정부의 경제 고문인 루트비히 에르하르트(Mierzejewski, 2004)

가 독단적으로 행동해, 나치스로부터 인계받은 할당 통제와 가격 통제를 폐지했다. 암시장이 사라졌고, 가게들은 판매를 위해 다시 상품들을 진열했다. 연합국은 1949년 5월 독일연방공화국의 수립을 승인했고, 충실한 민주주의 지지자였던 콘라트 아데나워가 초대 총리가 되었다. 그는 루트비히 에르하르트를 재무장관으로 선택했는데, 에르하르트는 애덤 스미스의 원칙 일부를 지지하는 집단인 질서자유주의자들에게 공감하는 사람이었다. 그들은 '강력한 사회적·경제적·도덕적 틀로 유지되는 경쟁과…… 자유로운 유동적 가격 메커니즘'을 특징으로 하는 것인 '사회적 시장경제' 제도를 요구했다(Wilhelm Röpke. Yergin and Stanislaw, 2002: 16에서 인용됨). 에르하르트는 이런 생각에 이끌렸고, 서독 국민은 그의 리더십에 부응해 1960대에 기적 같은 경제적 성공을 이루어냈다. 또한 경제 통제에 반대하는 에르하르트의 입장은 전후 유럽의 자본 시장과 생산 시장을 자유화하는 데 기여했다. 독일 국민처럼 일본 국민도 강도 높은 통제 속에 전쟁 피해의 결과들과 씨름했고, 미군 중심의 점령군 정부는 일본의 무장 해제와 민주화에 도움이 되리라는 생각에서 이 나라의 경제 발전에 힘썼다. 1950~1953년의 한국 전쟁 과정에서 국가의 주권이 회복되자, 일본인들은 독일인들과는 다르게 통상산업부 주도로 엄격히 통제되는 경제 방식을 선택했다. 이 기관의 강력한 장관 하야토 이케다는 1960년에 총리가 되었다. 그는 '2배 소득' 프로그램을 추진하고 수송 인프라와 통신 부문에 대한 투자를 확대했으며, 이는 괄목할 만한 경제 성장을 가져왔다. 혁신과 경쟁을 저해하는 보호무역주의는 불리한 면이었다. 이를 거스르며 무역 자유화로 나아가려는 이케다 정부의 시도는 강한 반발에 부딪혔고, 문제는 지속된다. 25장에서 논했듯이 일본의 사회사상 분야 학자들은 스미스의 경제 이론과 도덕 이론에 줄곧 관심이 많았다. 그들은 스미스의 그런 이론을, 경쟁을 혁신에 대한 자극으로 간주하고 사회 정의를 중시하는 그런 시민 사회의 수립을 위한 지침으로 여긴다.

(c) 지난 20년간 수행된 '실패 국가' 임무들에 대한 보고는 가지각색이다. 특히, 자유 시장이라는 목표의 추구는 예기치 못한 결과를 가져와, 정치적 자유화라는 목표에 불리하게 작용했다. 스미스가 설명했듯이 시장은 공정한 경쟁이라는 기반 위에서 효율적으로 돌아가지만, 이는 계약을 집행하고, 거래의 규칙을 정하고, 승자를 위한 보증과 패자를 위한 만회의 기회를 제공함으로써 경제 주체들의 평화를 보장하는 그런 제도들의 틀 안에서 유지되어야 한다. 이런 제도들이 부실하거나 빠져 있는 경우, 경제적 경쟁의 결과들이 사회 내의 폭력적 경향을 악화시킬 수 있다. 게다가, 시장 주도 경제 성장에 동의하고 힘을 쏟기 위해 세계은행과 국제통화기금의 융자를 받는 한 조건으로서 그 수혜국은 국영 산업의 민영화, 보조금 삭감 또는 폐지, 자유 무역과 투자를 가로막는, 그리고 노동의 자유를 가로막는 장벽의 해체, 정부 지출 축소—흔히 정부에 고용된 인력의 감축을 의미하는—를 통해 구조 개혁을 수행해야만 한다. 이런 개혁의 시행은 해당 국가에서 경제적 불안정을 고조시키곤 하는데, 두 가지 예가 르완다, 그리고 공산주의 국가 유고슬라비아가 종말을 맞으면서 생겨난 국가들이다. 위기에 처한 국가들의 카테고리에 속하는 크로아티아와 나미비아는 각 나라에서 호전적인 집단이 철수하고 나머지 구성원들이 서로 협력할 수 있었기에 정치적으로나 경제적으로나 성공적으로 재건되었다. 두 번째 카테고리에 속하는 캄보디아와 라이베리아의 경우, 선동가들에 의해 민주화가 전복되는 일을 겪었다. 이 선동가들은 권력을 가로챘고, 독재로 평화를 유지했다. 똑같이 무자비한 반대 집단이 어떤 식으로 대응할지는 예측 가능하다. 세 번째 카테고리에 속하는 앙골라, 르완다, 보스니아에서는 정치 자유화의 과정이 폭력 재발이라는 결과로 귀착되었는데, 투표 승리를 통해 가장 공격적인 집단의 권력이 강화되었고, 그러한 집단이 폭력을 통

해 경쟁자에게 자기 뜻을 강요하려 했기 때문이다. 네 번째 카테고리에 속하는 니카라과, 엘살바도르, 과테말라, 모잠비크에서는 성공적 시장 개혁이 소수의 사람들만의 부의 창출로 귀결되었고, 혜택을 받지 못한 사람들은 결과적으로 경제적 이득의 일부를 빼앗으려는 전복적이고 강탈적인 행위에 의존했다.

(d) 이 모든 것에서 많은 교훈을 얻을 수 있지만, 그중 하나는 분명 『국부론』 제5편이 전해주는 교훈이자 국제연합기구와 기타 자문 기구들, 또한 이들을 훈련시키는 대학 경제학과와 비즈니스 스쿨이 깊이 새기고 있는 교훈으로, 경제적 성공과 정치적 안정은 국가를 지켜주는 튼튼한 제도들을 수립해내는 것을 통해 하나가 된다는 것이다. 이런 제도에 해당되는 것은 바로, 시민의 안전을 지켜주고 국가가 질서 있게 기능하도록 해주는 방위 군사력, 정당하고 성실한 과정과 법치를 보장하는 사법 제도, 다음 세대에게 사회의 최고 가치관을 가르치고 사회의 번영과 발전을 위한 방법들을 가르치는 교육 제도, 현대 사회가 요구하는, 민간 기업은 제공할 수 없는 재화와 서비스(건강 포함—스미스는 질병 관리 기능을 생각했다. *WN* V.i.f.60—Kennedy, 2005: 228)를 제공하는 공공사업 및 공공 서비스 제도, 그리고 이런 제도들과 국가의 주요 서비스에 재원을 마련해주는 공정하고 균형 잡힌, 시기 적절하고 합리적이고 확실하게 관리되는 과세 제도다.

(e) 실패한 것으로 간주되는 나라에 대한 상기의 내용 및 그 나라들의 구제와 관련해 덧붙이자면, 미국과 유럽 국가들이 자국의 얼어붙은 신용 거래를 녹이는 데 쓰려고 준비해둔 4조 1000억 달러와 이런 부자 나라들이 가난한 나라의 개발 원조를 위해 약속한(어느 정도 어길 수도 있는) 906억 7000달러—가난한 나라들에서 가장 심각하게 체감되는 지구 온난화의 영향을 완화하기 위해 약속한 131억 달러 추가—사이에 엄청난 불균형이 존재한다(Anderson, Cavanagh, and Redman, 2008년

11월 24일: 7~11에 제시된 수치). 개발 원조와 관련해, 세계은행의 '시행 계획'은 신용 경색의 영향을 상쇄하기 위한 조달 자금 증액을 포함하고 있으며, 그 자금은 이자가 붙는 전액 상환 가능한 대출로 이루어진다. 개발도상국들은 더 많은 부채가 필요하지 않지만, 부채 탕감을 가난한 나라들의 부정부패 척결 노력의 증거와 연결 짓는 것이 현명할 것이다. 실제로 G8 국가들은 2005년 7월 8일에 부채가 가장 많은 18개국의 채무 부담을 경감해주기로 약속했지만, 이러한 득을 보기 위해서 그 국가들은 공공사업 민영화와 경제 자유화를 약속해야만 했다. 앞에서 말한 것처럼, 이는 많은 점에서 채무 부담보다 더 해로운 조치였다(BBC 보도). 2002~2004년의 기간에 남반구의 개발도상국들은 선진국의 은행과 금융 기관들에 연간 평균 4560억 달러를 이자로 지급했으며, 연간 1300억 달러 이상이 북반구의 모회사들에 이윤으로 돌아갔다. 이 돈의 일부는 자본 창출을 위한 저축과 투자라는 애덤 스미스식 처방을 따라 개발도상국이 보유해야 했을 것이다. 기후 재정에 대해 말하자면, 2008년 7월 일본에서 열린 마지막 G8+ 정상회담에 앞서 130개국이 넘는 개발도상국은 이것이 세계은행보다 유엔 기후변화협약에 의해 다루어질 것을 요구하는 성명서에 서명했다. 세계은행이 이용 가능한 '녹색 연료'를 만드는 데 초점을 맞춘 프로젝트를 위해서가 아니라 환경에 대단히 심각한 위험을 가하는 석유, 가스, 석탄의 추출을 위해서 상당한 대출을 제공한 기록을 가지고 있다면, 그에 비해 유엔 기후변화협약은 개발도상국들의 요구와 바람을 더 잘 알고, 더 책임 있게 대하고, 더 잘 따라주는 기구로 인식된다는 점에서였다. 애덤 스미스는 여러 나라의 국부 증대 방법들을 분석하고자 했고, 그의 가르침이 성공했음에도 불구하고 우리가 동류 인간들 중 가장 가난한 이들의 운명을 성공적으로 완화하는 데 도움이 되는 방법들을 발견할 수 없는 것은 불명예스럽게도 가장 부유한 국가들에서다. 제네바에 기반을 둔 세계무역기구는 인권을 침해하고, 세계의 부에서 자국의 몫을 키우려는 가난한 국가들의 정당한 노력에 반해 부유한 국가들을 보호하는 정책을 추구해 때때로 세계은행처럼 평판이 손상되기도 한다. 그러나 지적 재산권 보호 및 경쟁 보호와 관련된 세계무역기구의 목표와 조치들에 대한 강력한 옹호는 그런 비난들이 잘못된 것임을 주장해왔으며, 세계무역기구가 시장에 진출할 자유와 전제적인 정부 방식에 저항할 자유에 대한 시민권을 옹호한다고 주장한다(Anderson and Wager, 2006). 담비사 모요의 책 『죽은 원조』(2009)에 담긴 개발 원조에 대한 생각에 기여한 바가 이 책의 개정판 서문에서 언급되었다. 그런 현금 지원을 중단하라는, 그리고 아프리카 국가들이 세계 채권 시장에서 경제 성장 촉진을 위한 투자금을 구하다가 가라앉든 헤엄쳐 나오든 내버려두라는 그녀의 급진적 제안이 5년간의 경고로 채택될 것 같지는 않다. 그렇지만 외화 유입은 개발도상국들의 문제에 대한 해답이 아니며 그들의 문제를 더 악화시킬 수 있다는 인식이 점차 확대되리라는 희망이 있다. 게다가 평화 유지와 안보에 대한 국제적 도움을 위한 재정 지원은 많은 지역에서 기본적으로 필요한 것이며, 농업과 산업 기술 및 공정한 무역 절차와 신뢰할 만한 관리에 대한 기초 훈련을 위해서도 재정 지원이 필요하다. 끝으로, 개발 원조 프로젝트에 관련된 경제학자들은 경제학에 대한 애덤 스미스의 다음과 같은 현명한 말을 기억해야할 것이다. '[그것은] 두 가지 목적을 제시한다. 하나는 사람들에게 넉넉한 소득 또는 생활비를 제공하는 것, 혹은, 더 적절히 말해서, 사람들이 스스로에게 소득 또는 생활비를 제공할 수 있게 하는 것이고, 두 번째는 국가 또는 연방에 공공사업을 위한 충분한 세입을 제공하는 것이다'(*WN* Book IV, Introduction).

참고문헌

I. 원고

A. 영국

1. 애버딘

AUL, Birkwood Papers(Thomas Reid), 2131.3(III) (9), (10), (19), (20), (21), (25); 3.I.28—comments on *TMS*; 2131.4.II—inaugural lecture, Glasgow, 10 Oct. 1764; 2131.4.III—moral philosophy lecture.

City Archives: Burgh Register of Sasines, B1/1/62, AS's sale of tenement of foreland, Castlegate.

2. 도레스, 인버네스

Aldourie Castle(Col. A. E. Cameron), Count Windisch-Grätz to AS, 10 May, 12 July 1785; 2 July, 30 Oct. 1787.

3. 케임브리지

Trinity College Libr., MS, Piero Sraffa Collection: B3/1: Adam Ferguson to AS, 14 Oct. 1754; B5/1, As to William Strahan, 23 Jan. 1778.

4. 에든버러

a. City Chambers

Town Council Minutes, 6 June 1770: AS made burgess.

b. Edinburgh Univ. Library

Corr. of Allan Maconochie, Lord Meadowbanks, A–C, Letter from Patrick Clason, 29 Mar. 1772.

MS Gen. 874/IV/29–30. Letter from 9th Earl of Dundonald to Dr Joseph Black, 17 February.

1786(recto), Black's draft reply, incorporating Smith's views, 22 Feb. (verso)

Customs Board printed letter, 2 Sept. 1784, co-signed AS.

MS Gen. 874/IV/29–30.

MS letter Adam Ferguson/Sir John Macpherson, 31 July 1790.

MS Dc.1.42, Nos. 5, 25, dialogues by Adam Ferguson.

MS Dc.5.126, Membership of Poker Club.

MS Dc.5.126*, Poker Club Attendance.

MS Dc.6.III, Dugald Stewart's memorial about a jaunt with Burke and AS, 1784.

MS La.II.997, Alexander Ross/Robert Simson, 5 Feb. 1745.

La.II.419, No. 2, John Logan/Alexander Carlyle, 25 Jan. 1780.

c. HM Register House:

i. National Archives of Scotland

NAS0203 GD110/963/7: James Oswald of Dunnikier/Sir Hugh Dalrymple, 15 Aug. 1747.

NAS 0203 GD224/47/2, Mr Townshend's History of the Funds, AS's calculations.

NAS 0203 GD224/522/3/90: comment of 3rd Duke of Buccleuch regarding indusrial improvement, 1809.

NAS02023 GD224/296/1: Charles Townsend/3rd Duke of Buccleuch—10 Apr. 1764(London), 22 Apr. 1765(London), 10 June 1765(Adderbury), 23 July 1765(Adderbury), 30 Dec. 1765(London), 13 May 1766, 10 June 1766(London), 16 October 1766(London).

NAS02023 GD224/1040/62/8–10: three receipts in the hand of and signed by Adam Smith at Toulouse(22 May1764), Toulouse(13 November 1764), and Paris(3 March 1766), recording payments by the Duke of Buccleuch to him of £125, being each one quarter of his allowance or pension of £500 per annum, during the time of his attendance upon His Grace in foreign countries.

NAS02023 GD224/1040/62/3/00002: 'Le Gr[and] Vic[aire] Ecossais/ 3rd Duke of Buccleuch, including a part addressed to Adam Smith, [endorsed in Smith's hand]' Received Sep[tember] 25th 1766.

NAS0203 GD/446—Strathendry Papers.

NAS02023 GD446-46-8-00001: Discharge by Adam Smith to Major Robt. Douglas for his mother's tocher, 22 December 1750.

Burn-Callander Papers, Preston Hall, Lothian: Corr. of John Callander, 7 July 1773 on.

Clerk of Penicuik MSS, John Clerk of Eldin's life of Robert Adam.

Hope of Raehills-Johnstone Papers, Bundle 269, Robert Dundas/ Lord Hopetoun, 13 Feb. 1759; Hopetoun/Lord Findlater, 17 May 1759; William Ruat/Hopetoun, ?25, 26 May 1759; Bundle 897, William Leechman/Ruat, 19 Nov. 1764.

Service of Heirs, C22/60, AS retoured heir of father, 29 Mar. 1724; Register of Deeds, DUR vol. 251/1, of. 195, registered disposition by AS in favour of cousin, David Douglas, 11 July 1790; Canongate Kirk Session Records, CH2/122/62, burial of AS, 22 July 1790; Edinburgh Register of Testaments, CC8/128/2, registered testament of AS.

ii . *National Register of Archives for Scotland*

1454, Blair Adam Papers(Mr Keith Adam), Section 4/Bundle 3, William Adam/ brother John, 23 Jan. 1775; 4/3/20, William Adam/?, 1775.

(S) 631, Bute(Loudon Papers), Bundle A/1319, letter from father AS, 6 Sept. 1720.

d. West Register House

Board of Customs:

Minute Books 1778–1791, CE1/15–23.

Letter Books, CE56/2/5A-F(Dunbar outport), CE53/2/1–2(Montrose), CE62/2/1–2(Inverness), CE62/2/3–63/4/1(Kirkcaldy).

e. *National Library of Scotland*

MS 646, fos. 1–11, Letter(copy) from? Henry Mackenzie to Mr Carmichael, 1781.

MS 1005, fos. 14–16, John Home/Col. James Edmonstoune, 18 Feb. 1772.

MS 2537, Henry Mackenzie's Book of Anecdotes.

MS Acc. 4811, Minute Book of Kirkcaldy Kirk session, 1736–1747.

MS 5319, of. 34, Dugald Stewart/Thomas Cadell, 17 Aug. 1792; fos. 35–6, 13 Mar. 1793.

MS 11,009, 9 letters Gilbert Elliot of Minto/David Hume, from c.1761 to 11 July 1768.

MS 14,835, fos. 68 ff., Marsilio Landriani/Giacomo Melzi, 16 Aug. 1788, and Aug. 1788 to Marchese Longo.

MS 16,577, of. 221, Alexander Dunlop/Charles Mackie, 15 Feb. 1739.

MS 16,696:74, John Home(the poet)/Lord Milton, Aug. 1756.

Hume MSS(old nos.) iii.35, Isaac Barré/DH, 4 Sept. 1765 iv.34–7, from Abbé Colbert du Seignelay de Castlehill: 4 Mar., 22 Apr. 1764; 26 Feb., 10 Apr. 1765.

vi.36, Andrew Millar/DH, 22 Nov. 1766; 38, John Millar/DH, [1776].

vii.67, William Strahan/DH, 12 Apr. 1776.

Saltoun MSS, Andrew Fletcher/Lord Milton, 9 Jan. 1752.

5. 글래스고

GUA:

26640, 26642, 26643, 26645, 26649, 26650, 26757, 26687: Minutes of University Meetings, 1751–1764, 1787, and related documents.

GUL:

MS Bf. 73.-e.34, Theses Philosophicae···Joanne Lowdoun Praeside,

Glasguae: Robert Saunders, 1708.

Buchan MSS, Isabella, Lady Buchan/Lord Buchan, 8 Mar. 1763.

Cullen MSS III:3, William Cullen's address on Dr John Clerk, Edinburgh Royal Infirmary, 24 June 1752.

Cullen MSS 242: AS to Willian Cullen, 31 August 1773.

MS Murray 49, 210, 225: John Loudon's dictates on Logic, 1690s.

MS Gen. 71, 406, Compends of Logic from Loudon's teaching, 1710s.

MS Gen. 146/1–30, Corr. Robert Simson/Matthew Stewart.

MS Gen. 451, AS's burgess ticket, Glasgow, 3 May 1762, signed by Provost Andrew Cochrane.

MS Gen. 520/6, William Richardson/Samuel Rose, 6 May 1788.

MS Gen. 1018/5, 12, Letters from Francis Hutcheson to Thomas Drennan.

MS Gen. 1035/2, Father AS's journal of voyage from Leith to Bordeaux.

MS Gen. 1035/21, 22, 31, Corr. of father AS, 1710s.

MS Gen. 1035/23, William Smith/father AS, 4 Apr. 1712.

MS Gen. 1035/33, father AS/Lilias Drummond Smith, 11 Apr. 1713.

MS Gen. 1035/43, 47, Dispositions, father AS to son, Hugh Smith, 30 Aug. 1718, 13 Nov. 1722.

MS Gen. 1035/44, 48, 50, 124, 125, father AS's accounts, 1713–1722.

MS Gen. 1035/51, Marriage contract, father AS/Lilias Drummond, 13 Nov. 1710.

MS Gen. 1035/55, 56, Dr John Clerk/James Oswald, 24, 28 Jan. 1723.

MS Gen. 1035/61, 62, Inventories of father AS's books, and furniture, 20 Feb. 1723.

MS Gen. 1035/63, 69, 70, Corr. anent Hugh Smith, 1724.

MS Gen. 1035/71, Account: executors of father AS, 13 May 1735.

MS Gen. 1035/115, 119, 120(sentinel), 123, Papers anent courts martial in Scotland, 1704–1716.

MS Gen. 1035/152(y), Walter S. Laurie, Camp on Charles Town Heights, 23 June 1775, and Characters of the Boston Patriots.

MS Gen. 1035/177, Thomas Cadell/Henry Mackenzie, 21 Dec. 1792.

MS Gen. 1035/178, John Millar/David Douglas, 10 Aug. 1790.

MS Gen. 1035/179, Alexander Wedderburn, Lord Loughborough/David Douglas, 14 Aug. 1790.

MS Gen. 1035/218, AS's deed of sale of Aberdeen property.

MS Gen. 1035/219, AS's Quaestor's accounts for books bought for GUL, 1758 –1760.

MS Gen. 1035/221, État des habit linge et effet appartenant à Monsieur Smith.

MS Gen. 1035/222, AS's burgess ticket, Musselburgh, 26 Sept. 1767.

MS Gen. 1035/228, Prices of corn, cattle, etc. in Scotland from the earliest accounts to the death of James V.

MS Gen. 1035/231, Observations sur les Revenues et les dépences de la Républiques de Gênes[Genoa].

MS Gen. 1097/11, Funeral expenses of father AS.

MS Access. 4467, Samuel Rose/Edward Foss, 17 July 1786.

Mitchell Library:

Buchan MSS, Baillie 32225, fos. 47 –51, James Wodrow/Lord Buchan, June 1808; fos. 53r–54v, James Wodrow/Lord Buchan, 28 May 1808; fos. 55r –6v, Samuel Kenrick/ Wodrow, 27 Apr. 1808(copy); fos. 57r–58v, James Wodrow/ Lord Buchan, 5 May 1808; fos. 59r–60v, James Wodrow/Lord Buchan, 4 May 1808.

Strathclyde University, Anderson Library:

Anderson MSS, John Anderson/ Gilbert Lang, 27 Dec. 1750.

MS 35.1, pp. 368 –292, John Anderson's Commonplace Book, extracts from student's notes of early version of *IJ*.

Anderson MSS No. 2, pp. 1 –32, Archibald Arthur, Essay on the Inducements to the Study of Natural Philosophy, May 1770.

6. 커콜디

Town House, Kirkcaldy Council Records, 1/1/3, 1718 –1746; Town Council Minutes, 1/1/7, 1769 –1793; Burgh Court Book, 1/6/14, 1725 –45; 1/6/17, 1766 –1792.

7. 런던

BL:

Add. MSS 32,566, anecdotal material about Samuel Rogers.

32,567, about Lord Maitland.

32,574, Notebooks of Revd John Mitford, Vo. XVI, report of the finding of AS's fragment on justice.

48800; 48802A, B; 48803; 48806; 48809; 48810; 48815: William Strahan's Printing Ledgers, 1738–1791.

Bentham MSS, Corr., George Wilson/Bentham, 4 Dec. 1789.

Egerton MS 2181, of. 6, John Douglas's 'Remembrance' of his Balliol tutor, George Drake.

Mrs O. J. Fortescue MSS, Lord Grenville's 'Commentaries' on WN, ch. 3, pp. 13–30.

Dr Williams's Library:

MS 24.157, Corr. Samuel Kenrick/James Wodrow, Nos. 14(20 Dec. 1751), 16(21 Jan. 1752), 60(16 Mar. 1778), 92(22 Feb. 1785).

James Wodrow/Samuel Kenrick, MS 24.157(16)a(16 Jan. 1752).

HLRO, Journals of the House of Lords:

xxxi.535b(23 Mar. 1767), Act to enable the Duke of Buccleuch as minor to make a marriage settlement.

xxxv.445b(4 Apr. 1778) tax on servants.

xxxv.767b(1 June 1779) tax on houses given up.

xxxvi.23–25(21–23 Dec. 1779) Irish Trade Bill.

xxxvii.156–170(13–19 Aug. 1784) Act for the more effective prevention of Smuggling.

London University:

Goldsmiths' Library of Economic Literature, MS, État actuel des finances, with AS's bookplate.

Royal College of Surgeons:

Hunter Baillie Papers, vol. i, of. 40, Gibbon/William Hunter.

PRO:

Chatham Papers, 30/48, vol. 31, of. 11, Alexander Dalrymple/Lord

Shelburne, 24 Nov. 1760.

Treasury, T1/589, CAPS 29555, Report on memorial anent warehousing, co-signed by AS, 18 June 1783.

Treasury, T1/589, xiv/0173, Report from Commissioners of Excise concerning smuggling, 4 Dec. 1783.

Treasury, T1/619, CAPS 29555, Letter from Scottish Board of Customs concerning smuggling, co-signed by AS, 7 Apr. 1785.

W. D. Adams MSS 30/58/3/84, Lord Grenville/Pitt, 24 Oct. 1800, recollecting they read WN together c.1784.

8. 맨체스터

John Rylands Library, Benson Coll., William Leechman/George Benson, 9 Mar. 1743/4.

9. 옥스퍼드

Balliol College:

Admissions: 4 July 1740, AS admitted as Commoner.

Battel Books, 1740–1746.

Caution Money Book, 1640–1750: entry in Smith's hand, acknowledging the return of his friend John Douglas's deposit, 28 May 1744.

Graduation records, 5 May 1744: Com. Smith admissus est Jurista [student of law].

Latin Register 1682–1781: MS Certificate of AS's nomination as Snell Exhibitioner, 11 Mar. 1740. Consent to admission, 4 July 1740. Warner Exhibition presentation by Warner Trustees: 2 November 1742. Snell Exhibition resignation, written from Edinburgh, 4 February 1749[he went out of residence at Balliol in August 1746].

MSS, College Lists, College Minutes, 1739–1768.

Bodleian Library:

MS Add. c890, Robert Beatson/Ralph Griffiths, 26 July 1790.

Vet. AS d.430, *Ad Lectorem*, London, 1785—concerning Windisch-Grätz's competition for a universally applicable and foolproof property transfer deed.

Queen's College MSS 442(1), 475, fos. 93 ff.: questions for completion of Oxford degrees compiled by Provost Joseph Smith.

University Matriculation Records: AS matriculated 7 July 1740.

University Archives: SP 70, 18 January 1743/4: Adam Smith e Collegio Ball' Commensalis addmissus fuit in facultate Juris Civilis, Licentia sub Chirographo Praefecti Collegii sui prius significata.

B. 체코

Klatovy, Statni oblastni archiv, Familienarchiv Windisch-Grätz, Karton 245, Nos. 1, 2: Alexander Fraser Tytler/W-G, 20 Feb. 1788, 11 Aug. 1788.

C. 프랑스

Montpellier:

Archives départmentales de l'Hérault, Archives Civiles: Série D. 199, Articles C4,668 – C6,890.

Bibliothèque Municipale, MS 25561.39: Jean Segoudy, 'Histoire de Montpellier'(typescript 1969).

Paris:

Bibliothèque Nationale, Fond Français MS 6680, S. P. Hardy(libraire parisien), 'Mes loisirs, ou Journal des évènements tels qu'ils parviennent à ma connaissance[1764 – 1789]'.

Toulouse:

Archives départementales, Haut-Garonne, Archives Civiles, Série C, MS C.2407(Registre): *Procès-verbaux des États de Languedoc, 1497–1789*(Toulouse) ii,645 – 649, 1764 – 1765.

Bibliothèque Municipale, Annales des Capitoules.

D. 룩셈부르크

Kirchberg, Europäische Schule(Mr David Christie), J. T. Stanley, later Lord Stanley/Dr Scott of Edinburgh, 20 August 1790.

E. 스위스

Berne, Bürgerbibliothek MSS, Letters from Lord Kames to Daniel Fellenberg: 1 Feb. 1763, 20 Apr. 1773.

Coppet, Château de, Necker Papers.

Geneva, Bibliothèque Publique et Universitaire.

MSS of Charles Bonnet(1720–1793).

Charles Bonnet/H. B. Merian, 2 Sept. 1785—AS's relationship with Hume.

Patrick Clason/Bonnet, 9 July 1787–account of AS in London, successfully cut for haemorrhoids *à un point effrayant* by John Hunter. Pitt the Younger is seeing AS often and Clason suspects he will keep AS in London to be his mentor.

Corr. of Dr Théodore Tronchin(1709–1781)

Corr. of François Louis Tronchin to sister Bette and to/from father Dr Tronchin, 1762–1764.

F. 미국

Ann Arbor, University of Michigan, William L. Clements Library, Buccleuch MSS, GD224/296/1, 11 letters Charles Townshend/3rd Duke of Buccleuch, 1761–1767.

New Haven, Yale University Library, Boswell Papers, Lord Hailes/Boswell, 13 Feb. 1763.

New York, Pierpont Library, Pulteney Corr. v. 6, Adam Ferguson/William Pulteney.

San Marino, Calif., Huntington Library:

Loudon Papers, LO 8612, Margaret Douglas [Smith] to Lord Loudon, 29 June 1730;9409–12, 9407–12, Corr. of father AS.

Montagu Corr., MO 480, 489: James Beattie/Elizabeth Montagu, 23 Apr. 1776, Hugh Blair/Montagu, 8 June 1776.

Pulteney Papers, PU 1806, David Hume, Advertisement, as preface for Charles Smith, *A Short Essay on the Corn Trade and Corn Laws*(Edinburgh 1758 rpt.).

Philadelphia, American Philosophical Society, Benjamin Vaughan/Lord

Shelburne, 23 Jan. 1781; B P93, Richard Price/?, 1790.

G. 일본

Tokyo: Chuo Univ. Library.

Annotated Edinburgh Review 1756, No. 2: David Hume's marginalia copy of 19 pp. in British Libr. Reading Room: RP.5286.

II. 온라인 자료

(Free access or through university or college subscriptions)

Burney Collection of 17th and 18th Century English, Scottish, and Irish Newspapers.

COPAC—access to catalogues of some of largest research libraries in the UK, including the British Library, National Library of Scotland, Aberdeen University Library, Edinburgh University Library, Glasgow University Library, St Andrews University Library.

Eighteenth Century Collections Online—titles printed in Great Britain, also important works from the Americas.

Electronic Enlightenment—web of correspondence between thinkers and writers of the eighteenth century(includes expanded corpus of letters from and to Adam Smith).

National Archives of Scotland electronic catalogue.

Open Library beta—goal of displaying a page on the web for every book ever published.

Oxford Dictionary of National Biography—covers latest biographical information about Smith and his contemporaries. Cited in the text by authors of entries: *ODNB*-Online(2004–2009) can be consulted by entering the names of subjects in the search box of your web site.

Oxford Scholarship Online covers recent OUP books on Smith.

Wikipedia—free Online encyclopedia founded in January 2001—information has to be checked against current scholarly sources.

III. 18세기 신문 및 정기 간행물

Allgemeine Literatur-Zeitung.

L'Année littéraire.

Annual Register.

The Bee.

Bibliothek der schönen Wissenschaften und der freyen Künste.

Bibliothèque de l'homme public.

Bibliothèque des sciences et des beaux arts.

Caledonian Mercury.

Critical Review.

Edinburgh Advertiser.

Edinburgh Courant.

Edinburgh Mercury.

Edinburgh Review.

Edinburgh Weekly Magazine.

English Review.

Éphémérides du citoyen.

European Magazine and London Review.

L'Europe savante.

Frankfurter Gelehrte Anzeigen.

Gazetteer and New Daily Advertiser.

Gentleman's Magazine.

Giornale enciclopedico.

Glasgow Courier.

Glasgow Journal.

Glasgow Mercury.

Göttingische Anzeigen von gelehrten Sachen.

Hibernian Magazine.

Journal de l'agriculture.

Journal encyclopédique.

Journal littéraire.

Journal de Paris.

Journal des Savants.

L'Europe savante.

London Chronicle.

London Magazine.

London Oracle and Public Advertiser.

The Lounger.

Mémoires de l'Academie des Belles Lettres.

Mercure Français.

The Mirror.

Monthly Review.

Morning Herald.

Münchner Gelehrte Anzeigen.

New Evening Post.

Philological Miscellany.

St James's Chronicle.

Scots Magazine.

Teutsche Merkur.

The Times.

Whitehall Evening Post.

IV. 애덤 스미스의 글

a. Corr.(found after 2nd edn. published, 1987)

Adam Ferguson/AS, 14 Cct. 1754: Trinity Coll., Cambridge, Piero Sraffa Coll. B3/1.

AS/William Cullen, Aug. 1773: GUL Cullen MS 242.

AS/Thomas Cadell, 27 June 1776, 18 Nov. 1789: Staatsbibliothek, Preussischer Kulturbesitz, Berlin, Sig. Sammlung Darmstädter 2g 1776(1).

AS/Lord Stanhope, 15 Apr. 1777: Far Eastern Books, Tokyo(28 Feb. 1995).

AS/William Strahan, 23 Jan. 1778: Trinity Coll., Cambridge, Piero Sraffa Coll., B5/1.

AS/Count Windisch-Grätz, 27 May 1785, 17 Jan. 1786, 26 Jan. 1788: Klatovy, Czech Republic, Statni oblastni archiv—Familienarchiv Windisch-Grätz, Karton 246.

AS/Count Windisch-Grätz, 4 July 1785: Aldourie Castle, Dores, Inverness(Col. A. E. Cameron).

AS/Henry Beaufoy, 14 Nov. 1786, 29 Jan. 1787: Piero Sraffa *Collection* B5/3, 4, Trinity College, Cambridge.

b. Documents

Smith's Thoughts on the State of the Contest with America, Feb., 1778: Ann Arbor, Mich., William L. Clements Library, Rosslyn MSS.

Report to the Lords of Treasury on uniform table of Customs fees, etc., 24 May 1782: PRO, Kew, Treasury T1/570 CAPS 29552.

Will, 6 Feb. 1790: SRO, Warrants of Register of Deeds: RD13/130 Box 464.

c. Texts

Fragment of lecture on justice(pre-1759): GUL MS Gen. 1035/227.

ED of *WN*(pre-April 1763): SRO, Duke of Buccleuch's Muniments, GD224/33/4.

Fragments(FA, FB) of *WN*(1760s): GUL MS Gen. 1035/229.

LJ(A), 1762–1763: GUL MS Gen. 94/1–6.

LRBL, 1762–1763: GUL MS Gen. 95/1, 2.

LJ(B), 1763–1764/1766: GUL MS Gen. 109.

'Of the Affinity between certain English and Italian Verses', 1783: GUL MS Gen. 1035/226.

d. Missing

Paper enumerating Smith's leading principles, both political and literary, 1755: Stewart, IV.25.

Diary kept by Adam Smith in France, 1764–1766: sold by Mr Orr, Bookseller, George St., Edinburgh, c. 1920–1925(Scott, 1940: p. 273).

e. Doubtful

Thoughts Concerning Banks, and the Paper Currency of Scotland (Edinburgh, Nov. 1763); *Scots Magazine*(Dec. 1763)(Gherity, 1993).

V. 출간된 책과 기사

1748, 2 Dec. 'Preface to Poems on Several Occasions', by William Hamilton. Glasgow: Robert and Andrew Foulis; (repr. 1758), with a dedication by Smith to 'Mr. William Craufurd, Merchant in Glasgow'.

1755, 1 Jan.–July. Review, 'A Dictionary of the English Language by Samuel Johnson', Edinburgh Review No. 1.

1755, July –1756, Jan. 'A Letter to the Authors of the Edinburgh Review', No. 2.

1759. *The Theory of Moral Sentiments*. London: A. Millar; Edinburgh: A. Kincaid; and J. Bell.

1759/1986. *TMS*. Facsim edn.(eds. Wolfram Engels et al.) Düsseldorf/Frankfort: Verlag Wirtschaft und Finanzen GambH.

1761. 2nd edn., rev.

1761. *The Philogical Miscellany*, vol. I[contains Smith's First Formation of Languages, pp. 440 –479]. London: T. Beckett and P.A. DeHondt.

1767. 3rd edn., enlarged as *TMS*. To which is added 'A Dissertation on the Origin of Languages'.

1774. 4th edn., retitled *TMS*; or, 'An Essay towards an Analysis of the Principles by which Men naturally judge concerning the conduct and Character, first of their Neighbours, and afterwards of themselves'.

1781. 5th edn.

1791. 6th edn., considerably enlarged and corrected, 2 vols.

1809. 12th edn., *TMS Enriched with a Portrait and Life of the Author*. Glasgow: R. Chapman.

2002. *TMS*[based on 6th edn.], ed. Knud Haakonssen, Cambridge, MA: Cambridge Univ. Press.

2010. *TMS*, ed. Ryan Patrick Hanley, intro. Amartya Sen. Penguin Classics edn. Copy text Smith's 6th edn. of 1790.

1761. *Considerations concerning the first formation of Languages, and the different genius of original and compounded Languages, in Philological Miscellany.* London: printed for the Editor [William Rose] and sold by T. Beckett & P. A. Dehondt. i,440–479.

1776. *An Inquiry into the Nature and Causes of the Wealth of Nations*, 2 vols. London: W. Strahan & T. Cadell.

1778. 2nd edn. rev.

1784. 3rd edn. with 'Additions and Corrections' and index, 3 vols.

1786. 4th edn.

1789. 5th edn.

1791. 6th edn.

1805. *An Inquiry…Nations*, 3 vols.: 1st post-copyright edn. of *WN*, includes a 'Life of Adam Smith'[some facts additional to Stewart's Account], and 'Garnier's View of the Doctrine of Smith, compared with that of the French Economists', trans. of 1st 2 parts of Garnier's 1802 *Préface*. Edinburgh: J. & J. Scrymgeour, Edinburgh Press, and Mundell & Son, & Arch. Constable & Co.

1795. *Essays on Philosophical Subjects…To Which is prefixed An Account of the Life and Writings of the Author*, by Dugald Stewart, ed. Joseph Black and James Hutton. London: T. Cadell Jun. & W. Davies; Edinburgh: W. Creech.

1896. *Lectures on Justice, Police, Revenue and Arms, Delivered in the University of Glasgow by Adam Smith, Reported by a Student in 1763*, ed. Edwin Cannan. Oxford: Clarendon Press.

1950. *The Wealth of Nations*, ed. Edwin Cannan, 6th edn., 2 vols. 1904. London: Methuen, pb.

1963. *Lectures on Rhetoric and Belles Letters delivered in the University of Glasgow by Adam Smith, Reported by a Student in 1762–1763*, ed. John M. Lothian. London: Nelson.

작품들

1811–1812. *The Works of Adam Smith. With an Account of his Life and Writings by Dugald Stewart.* 5 vols. London: T. Cadell & W. Davies; Edinburgh: W. Creech.

1976–1987. *The Glasgow Edition of the Works and Correspondence of Adam Smith.* Oxford: Clarendon Press. (Citations from this edition are given in the biography according to the scheme in the Abbreviations, prelims above); also *Index*, compiled by K. Haakonssen and A.S. Skinner, 2001.

번역

ⅰ. *French*

TMS(see in Tribe and Mizuta, 2002: Faccarello and Steiner, 61, 64; also eds., 321–334).

1764. *Métaphysique de l'âme: ou théorie des sentiments moraux. Traduite de l'angloise de M. Adam Smith···par M.*[Marc-Antoine Eidous] 2 t. Paris: Briasson.

1774–1777. *Théorie des sentiments moraux; traduction nouvelle de l'anglois de M. Smith, ancien professeur de philosophie à Glasgow; avec une table raisonnée des matières contenues dans l'ouvrage,* par M. l'abbé Blavet. Paris: Valade.

1798. *Théorie des sentiments moraux;* traduite de l'édition 7ième[1792] par Sophie de Grouchy, Marquise de Condorcet, avec Considérations sur la première formation des langues, et un appendice, '[Huit] Lettres à Cabanis sur la sympathie'. Paris: F. Buisson.

WN(see Carpenter 1995: 8–11, and 2002; in Tribe and Mizuta 2002: Faccarello and Steiner, 62, 66; also eds., 334–354).

1778–1779. *Recherches sur la nature et les causes de la richesse de nation.* Anonymous translator[identified on the title-page as 'M***']. 4 t. A La Haye[Reissued, Amsterdam, 1789].

1779 Jan.–1780 Dec. Recherches···nations [printed in] *Journal de l'agriculture, du commerce, des arts et des finances,* Paris: Anon.[translation by 'l'abbé J.-L. Blavet] Paris.

1781. *Recherches···nations.* Anon.[Blavet] 20 copies of 3 t. Paris[set from Journal de l'agriculture issue].

1781. *Recherches···nations.* Anon.[Blavet] 6 t. Yverdon.

1786. *Recherches···nations.* Anon.[Blavet] 6 t. London and Paris:

Poinçot[sheets of Yverdon edn. reissued].

1788. *Recherches···nations.* Anon.[Blavet] 2 t. London and Paris: Duplain[pirated edn. covered by a 'permission simple'].

1790–1791. *Recherches···nations*, traduites de l'anglois de M. Smith, sur la quatrième édition[1786], par M. Roucher; et suivies d'un volume de notes [which never appeared] par M. le marquis de Condorcet, de l'Académie Françoise, et secrétaire perpétuel de l'Académie des Sciences. 4 t. Paris: Buisson. [Further issues: 1791, 4. t, Avignon: Niel; 1792, 5 t., Neuchatel: Fauche-Borel; 1794, 5 t. revsd. by Roucher, in part, Paris: Buisson; 1806, 5 t., Paris: Bertrand].

1800–1801. *Recherches···nations*[revsd., Citoyen Blavet named as translator]. 4 t., Paris: Buisson.

1802. *Recherches···nations.* Traduction nouvelle, avec Préface du traducteur et des notes et observations, par G. Garnier. 5 t. Paris: Agasse. Avec portrait en buste[1810, 5 t. corrected, Paris: Agasse; 1822, 6 t.: t. 5 & t. 6—notes, Paris: Agasse].

1843. *Recherches sur la nature et les causes de la richesse des nations.* French translation by the Comte Germain Garnier, completely revised and corrected and prefixed with a biographical notice by Blanqui. With commentaries by Buchanan, G. Garnier, McCulloch, Malthus, J. Mill, Ricardo, Sismondi; to which is added notes by Jean- Baptiste Say and historical explanations by Blanqui. 2 vols. Paris.

1995. *Enquête···nations*, 4t. trans. Paulette Taieb[from 1776 edn.], Paris: Presses universitaires de France.

2000–2002. *Recherches···nations*, éd. Philippe Judel et Jean Michel Servet[in progress, 2 vols. so far, Books I–IV], Paris: Economica.

EPS(see in Tribe and Mizuta, 2002: Faccerello and Steiner, 63, 64; eds., 355).

1797. *Essais philosophiques, par Adam Smith, Docteur en droit, de la Société Royale de Londres, de celle d'Edimbourg, etc. etc. Précédes d'un précis de sa vie et de ses écrits*; par Dugald Stewart, de la Société Royale d'Edimbourg. Traduits de l'anglais par P. Prevost, professeur de philosophie; Genève de l'Académie de Berlin, de la Société des Curieux de la Nature, et de la Société d'Edimbourg. Première partie. Paris: Agasse(Avec portrait en buste, B.L. Prevost, sculp.).

Languages

1796. *Considérations sur la première formation des langues, et le différent génie des langues originales et composées. Traduit par A. M. H. B[oulard]. Paris.*

ⅱ. *German*(see Tribe and Mizuta 2002: 379−381)

TMS

1770. *Theorie der moralischen Empfindungen*, nach der 3. Aufl.[1767] über. von Christian Günther Rautenberg. Braunschweig: Meyerische Buchhandlung.

1791. *Theorie der sittlichen Gefühle*, übers. von Ludwig Theobul Kosegarten. 2 Bde.[2nd vol. contains the additions to edn. 6, 1790, and an account of Kant's moral philosophy], Leipzig.

1926. *Theorie der ethischen Gefühle*, übers. von Walther Eckstein[from ed. 6 but including variants in earlier edns.]. 2 Bde., Leipzig[reissues: Hamburg 1977, 1985, 1994].

WN

1776−1778. *Untersuchungen der Natur und Ursachen von Nationalreichthümern.* Aus dem Englischen, übers. von J. F. Schiller u. C. A. Wichmann. 2 vols., Leipzig: Weidmanns Erben u. Reich[a 3rd vol. was published in 1792, with corrections and additions from WN ed. 3, 1784].

1794−1796. *Untersuchung über die Natur und die Ursachen des Nationalreichthums.* Aus dem Engl. d. 4. Aufl.[from 4th edn. 1786], neu übers. von Christian Garve, 4 in 2 vols. Breslau: W. G. Korn.[1796−1799, 4 vols. Frankfurt and Leipzig; 1799 and 1810, 3 vols. ed. by A. Dörrien, Breslau and Leipzig: Korn; 1814, new edn. of Garve translation, 3 vols., ed. by A. Dörrien, Vienna: B.P. Bauer].

1963−1983. *Eine Untersuchung über das Wesen und die Ursachen des Reichtums der Nationen.* Übers. und eingeleitet von Peter Thal, 3 Bde.; Band 2: 1975, Band 3: 1983, Berlin(Ost).

1974. *Der Wohlstand der Nationen. Eine Untersuchung seiner Natur und* seiner Ursachen. Nach der 5 Auflage(lezter Hand), London, 1789, übers. und hg. von Horst Claus Recktenwald, München: C. H. Beck; ab 1978 revidierte Taschenbuch-Ausgabe bei Deutscher Taschenbuch Verlag.

1999-2000. *Eine Untersuchung über Wesen und Ursachen des Reichtums der Völker.* Übers. nach der Glasgow-Edition(Vol. 2, revsd. edn. 1979) von Monika Streissler und hg. von Erich W. Streissler, 2 Bde., Düsseldorf: Verlag Wirtschaft und Finanzen.

VI. 2차 자료

Aarsleff, Hans(1982). *From Locke to Saussure: Essays on the Study of Language and Intellectual History.* London: Athlone Press.

Adam, William(1980). *Vitruvius Scoticus*, 1812, fac. edn., intro. James Simpson. London: Paul Harris.

Addison, W. Innes(1901). *The Snell Exhibitions from the University of Glasgow to Balliol College, Oxford.* Glasgow: J. Maclehose.

—— (1913). *The Matriculation Albums of the University of Glasgow, 1728–1858.* Glasgow: J. Maclehose.

Aldrich, Henry(1691, many rpts. to 1841). *Artis Logicae Compendium.* Oxford: Oxford Univ. Press.

Alekseyev, Mikhail P.(1937). 'Adam Smith and His Russian Admirers of the Eighteenth Century', in Scott(1937: app. vii).

Alexander, Gregory S., and Skąpska, Graz'yna(eds.)(1994). *A Fourth Way? Privatization, Property, and the Emergence of New Market Economies.* New York: Routledge.

Allais, Maurice(1992). 'The General Theory of Surpluses as a Formalization of the Underlying Theoretical Thought of Adam Smith, His Predecessors and His Contemporaries', in Michael Fry(ed.), *Adam Smith's Legacy.* London: Routledge.

Allan, David(2000). 'A Reader Writes: Negotiating the Wealth of Nations in an Eighteenth-Century English Commonplace Book', *Philological Quarterly*, vol. 81.

—— (2003). 'The Scottish Enlightenment and the Politics of Provincial Culture: The Perth Literary and Abtiquarian Society, ca. 1784–1790', *Eighteenth-Century Life*, vol. 27, no. 3: 1–30. Project Muse—http://muse.jhu.edu.

—— (2006). *Adam Ferguson*. Aberdeen: AHRC Centre for Irish and Scottish Studies, University of Aberdeen.

Allen, Revd Dr(1750). *An Account of the Behaviour of Mr James Maclaine, from the Time of his Condemnation to the Day of Execution, October 3, 1750*. London: J. Noon & A. Millar. Allestree, Richard(1704). *The Whole Duty of Man*. London: Printed by W. Norton for E. and R. Pawlet.

Allgemeine Deutsche Biographie(1875–1912). 56 vols.

Alvey, James E.(2004). 'Context and Its Relevance for Adam Smith's Theological and Teleological Views, the Foundation of His Thought'. Discussion Paper No. 04.01. Dept. of Applied and International Economics, Massey Univ. New Zealand.

Ambirajan, S.(1978). *Classical Political Economy*.

Amdisen, Asser(2002). *Til nytte og fornøjelse Johann Friedrich Struensee(1737–1772)*. Københaven: Academisk Forlag.

Amos, Aida(2007). 'Economy, Empire, and Identity: Rethinking the Origins of Political Economy in Sir James Steuart's Principles of Political Economy'. PhD Dissertation. Univ. of Notre Dame, IA, USA: Graduate Program in Economic. http://etd.nd.edu/ETD-db/theses/available/etd-04192007-193027/unrestricted/RamosA042007.pdf.

Anderson, Gary M.(1988). 'Mr Smith and the Preachers: The Economics of Religion in *WN*', *Journal of Political Economy*, 96: 1066–1088.

—— Shughart, William F., II, and Tollison, Robert D.(1985). 'Adam Smith in the Customhouse', *Journal of Political Economy*, 93: 740–759.

—— and Tollison, Robert D.(1982). 'Adam Smith's Analysis of Joint Stock Companies', *Journal of Political Economy*, 90: 1237–1255.

—— and —— (1984). 'Sir James Steuart as the Apotheosis of Mercantilism and His Relation to Adam Smith', *Southern Economic Journal*, 51: 464–467.

Anderson, R. G. W.(1986). 'Joseph Black', in Daiches et al.(1986: 93–114).

Anderson, Robert D., and Khosla, S. Dev(1994). *Competition Policy as a*

Dimension of Economic Policy: A Comparative Perspective. Ottawa: Bureau of Competition Policy, Industry Canada.

—— and Hannu Wager(2006), 'Human Rights, Development, and the WTO: The Cases of Intellectual Property and Competition Policy', *Journal of International Economic Law.* Published Online, 12 Aug.: doi:1093/jiel/jg1022.

Anderson, Sarah, Cavanagh, John, and Redman, Janet(24 Nov. 2008). 'How the Bailouts Dwarf Other Global Crisis Spending'. Washington, DC: Institute for Policy Studies.

Anderson, William(1863). *The Scottish Nation.* 2 vols. Edinburgh: Fullarton.

Ando, Takaho(1993). 'The Introduction of Adam Smith's Moral Philosophy to French Thought', in Mizuta and Sugiyama(1993: 207–209).

Andrew, Brad(2004). 'All Trade Is Not Created Equal: The Dynamic Effects of the Eighteenth-century Tobacco Trade Between Glasgow and the Chesapeake'. http://www.usc.es/estaticos/congresos/histec05/b2_andew.pdf.

Anikin, Andrei(1988). *Russian Thinkers: Essays on Socio-Economic Thought in the 18th and 19th Centuries,* trans. Cynthia Carlile. Moscow: Progress Publishers.

—— (1990). *Der Weise aus Schottland: Adam Smith,* trans. Günther Wermusch. Berlin: Verlag der Wirtschaft.

Antonini, Annibale(1735). *Dictionnaire italien, latin, et françois···À Paris, chez Jacques Vincent.*[Mizuta]

—— (1743). *Dictionnaire···Seconde partie.* À Paris, chez Prault, fils.

—— (1758). *Grammaire italienne, practique et raisonnée.* Nouvelle edn., revue et corrigée par M. Conti. À Paris, chez Prault, fils.

Anon.(1658). *The Whole Duty of Man.*

Anon.(1809). *Life of Smith,* prefacing *TMS* 12th edn. Glasgow: R. Chapman.

Appleby, Joyce Oldham(1980). *Economic Thought and Ideology in Seventeenth-Century England.* Princeton, NJ: Princeton Univ. Press.

Appolis, Émile(1937). *Les États de Languedoc au XVIIIe siècle.*

Aristotle(1962). *Nicomachean Ethics,* trans. and intro. Martin Ostwald, Library of Liberal Arts. New York: Macmillan; London: Collier Macmillan.

Arnot, Hugh(1788). *The History of Edinburgh,* 2nd edn. Edinburgh.

Arthur, Revd Archibald(1803). *Discourses on Theological and Literary Subjects, and Account of His Life by William Richardson*. Glasgow: University Press.

Aston, Nigel(2004a). 'George Horne, Bishop of Norwich'. *ODNB-O*.

—— 'Robert Spearman', *ODNB-O*.

—— (2005). 'William Parker', *ODNB-O*.

Austen, Jane(2000). *Juvenalia. The Cambridge Edition of the Works of Jane Austen*, (ed.) Peter Sabor. Cambridge: Cambridge Univ. Press.

Bacon, Matthew(1739–1759, 1766). *New Abridgment of the law of England*. London: H.M. Law-Printers.

Bagehot, Walter(1899). 'Adam Smith as a Person', in Richard Holt Hutton(ed.), *Biographical Studies*. London: Longmans, Green.

Bailyn, Bernard(1973). 'The Central Themes of the American Revolution: An Interpretation', in Kurtz and Hutson(1973: 9–13).

—— (1992). *The Ideological Origins of the American Revolution*. Cambridge, MA: Harvard Univ. Press.

Baker, Keith(1975). *Condorcet: From Natural Philosophy to Social Mathematics*. Chicago, IL: Univ. of Chicago Press.

—— (1989). 'L'Unité de la pensée de Condorcet', in Crépel et al.(1989: 515–524).

Baker, Keith(1990). *Inventing the French Revolution: Essays on French Political Culture in the Eighteenth Century*. Cambridge: Cambridge Univ. Press.

Bakhtin, Mikhail Mikhailovich(1975/1981). *The Dialogic Imagination: Four Essays*, ed. Michael Holquist, trans. Caryl Emerson and Michael Holquist. Austin, TX: Univ. of Texas Press.

Balguy, John(1728–1729/1976). *The Foundation of Moral Goodness*, 2 vols. London: John Pemberton. Facsim edn. New York/London: Garland.

Banke, Niels(1955). 'Om Adam Smiths Forbindelse med Norge og Danmark', *Nationalvkonomisk Tidsskrift*, 93: 170–178(trans. Mogens Kay-Larsen, 1967).

Barfoot, Michael(1990). 'Hume and the Culture of Science in the Early Eighteenth Century', in Stewart(1990c: 151–190).

—— (1991). 'Dr William Cullen and Mr Adam Smith: A Case of Hypochondriasis?', *Proceedings of the Royal College of Physicians of Edinburgh*, 21: 204–214.

Barker, Emma(2005). *Greuze and the Painting of Sentiment*. Cambridge: Cambridge Univ. Press.

Barker, G .F. R., rev. Marianna Birkeland(2005). 'Hugh Campbell, 3rd earl of Loudon'. *ODNB-O*.

Barker-Benfield, G. J.(1992). *The Culture of Sensibility: Sex and Society in Eighteenth- Century Britain*. Chicago, IL: Univ. of Chicago Press.

Barrington, Daines(1766). *Observations on the Statutes chiefly from the Magna Carta to the twenty-first of James the First*, chap, XXVII, 3rd edn. London: W. Bowyer and J. Nichols.

Barton, J. L.(1986). 'Legal Studies', in Sutherland and Mitchell(1986: 593–605).

Bazerman, Charles(1993). 'Money Talks: The Rhetorical Project of the *Wealth of Nations*', in Henderson et al.(1993: 173–199).

BBC(1990). 'On This Day' Archive, 31 March: 'Violence Flares in Poll Tax Demonstration'.

Beaglehole, J. C.(1968). *The Exploration of the Pacific*, 3rd edn. Stanford, CA: Stanford Univ. Press.

—— (1974). *The Life of James Cook*. Stanford, CA: Stanford Univ. Press.

Beales, Derek(2009). *Joseph II, vol.2: Against the World, 1780–1790*. Cambridge: Cambridge Univ. Press.

Beard, Geoffrey(1981). *Robert Adam's Country Houses*. Edinburgh: John Bartholemew.

Beattie, James(1770). 'An Essay on the Nature and Immutability of Truth', in *Opposition to Sophistry and Skepticism*. Edinburgh: A. Kincaid & J. Bell.

—— (1771, 1774). *The Minstrel*. London. E. & C. Dilly.

Becker, Carl L.(1964). 'Benjamin Franklin', in *The American Plutarch*, ed. Edward T. James, intro. Howard Mumford Jones. New York: Scribner's.

Bejaoui, René(1994). *Voltaire avocat: Calas, Sirven et autres affaires*. Paris: Tallandier. Bentham, Jeremy(1968–1989). *Correspondence*, ed. Timothy L. S. Sprigge et al. 9 vols. London: Athlone Press; Oxford: Clarendon Press.

Berkeley, Edmund, and Berkeley, Dorothea S.(1974). *Dr John Mitchell*. Durham,

NC: Univ. of N. Carolina Press.

Berkeley, George(1901). *Works*, ed. Alexander Campbell Fraser. 4 vols. Oxford: Clarendon Press.

Berry, Christopher J.(2006). 'Smith and Science', in (ed.) Haakonssen(2006), 112–135.

Biber, Heinrich Ignaz Franz von(2005). CD 1: *Sonatae*. Battalia. Concentus Musicus. Wien.

Bien, David(1962). *The Calas Affair: Persecution, Toleration, and Heresy in Eighteenth-Century Toulouse*. Princeton, NJ: Princeton Univ. Press.

Bisgaard, Lars et al.(2004). *Danmarks Konger ag Dronniger*. Copenhagen.

Bisset, Robert(1800). *Life of Burke*, 2nd edn. London: George Cawthorn.

Black, R. D. Collison(ed.)(1986). 'Ideas in Economics', *Proceedings of Section F(Economics) of the British Association for the Advancement of Science*, Strathclyde, 1985. London: Macmillan.

Blackstone, Sir William(1765–1769/2002). *Commentaries on the Laws of England*. Facsim. edn. Chicago, IL: Univ. of Chicago Press.

Blaicher, Günther, and Glaser, Brigitte(eds.)(1994). *Anglistentag 1993 Eichstätt*. Tübingen: Niemeyer.

Blair, Hugh(1765). *A Critical Dissertation on the Poems of Ossian, the Son of Fingal*, 2nd edn. London: T. Beckett & P. A. de Hondt.

—— (1781–1794). *Sermons*. 4 vols. London: W. Strahan.

—— (1812). *Lectures on Rhetoric and Belles Letters*, 12th edn. 2 vols. London: T. Cadell et al.

Blaug, Mark(ed.)(1991). *François Quesnay*(Pioneers in Economics, 1.). Cheltenham: Edward Elgar.

—— (1992). *The Methodology of Economics, or How Economists Explain*, 2nd edn. Cambridge: Cambridge Univ. Press.

Blum, Carol(1986). *Jean-Jacques Rousseau and the Republic of Virtue*. Ithaca, NY: Cornell Univ. Press.

Bobbitt, Philip(2008). *Terror and Consent: Wars of the Twenty-first Century*. London: Knopf/Penguin.

Bolgar, R. R.(1977). *The Classical Heritage and Its Beneficiaries*. Cambridge:

Cambridge Univ. Press.

Bonar, James(1932). *A Catalogue of the Library of Adam Smith*, 2nd edn. London: Macmillan.

Bond, R. C.(1984). 'Scottish Agricultural Improvement Societies, 1723–1835', *Review of Scottish Culture*, 1: 70–90.

Bongie, L. L.(1958). 'David Hume and the Official Censorship of the "Ancien Régime"', *French Studies*, 12: 234–246.

—— (1965). *David Hume: Prophet of Counter-Revolution*. Oxford: Clarendon Press.

Bonnefous, Raymonde et al.(eds.)(1964). *Guide littéraire de la France*. Paris: Hachette.

Bonnyman, Brian(2009). 'Interest and Improvement: Political Economy, Agrarian Patriotism and the Improvement of the Buccleuch Estates'. Paper read at the Eighteenth-Century Scottish Studies Conference, Univ. of St Andrews. July.

Book of the Old Edinburgh Club(priv. ptd. 1924).

Boswell, James(1950–). Yale Editions of the Private Papers and Correspondence:

(a) *Trade Edition of Journals*, ed. F. A. Pottle et al.: (1950) *London Journal, 1762–1763*. (1952) *Boswell in Holland, 1763–1764*. (1952) *Portraits*, by Sir Joshua Reynolds. (1953) *Boswell on the Grand Tour: Germany and Switzerland, 1764*. (1955) *Boswell on the Grand Tour: Italy, Corsica, and France, 1765–1766*. (1957) *Boswell in Search of a Wife, 1766–1769*. (1960) *Boswell for the Defence, 1769–1774*. (1961) *Boswell's Journal of a Tour to the Hebrides with Samuel Johnson, LL.D.* (1963) *Boswell: The Ominous Years, 1774–1776*. (1970) *Boswell in Extremes, 1776–1782*. (1977) *Boswell, Laird of Auchinleck, 1778–1782*. (1981) *Boswell: The Applause of the Jury, 1782–1785*. (1986) *Boswell: The English Experiment, 1785–1789*. (1989) *Boswell: The Great Biographer, 1789–1795*. New York: McGraw-Hill; London: Heinemann(some different dates).

(b) *Research Edition of Boswell's Corr.*: (1966) *Corr. of JB and John Johnson of Grange*, ed. R. S. Walker. (1969) *Corr. and Other Papers Relating to the*

Making of the 'Life of Johnson', ed. Marshall Waingrow. (1976) *Corr. of JB with Certain Members of the Club*, ed. C. N. Fifer. (1986) *Corr. of JB with David Garrick, Edmund Burke, and Edmond Malone*, ed. P. S. Baker et al. New York: McGraw-Hill. General Editor: Claude Rawson: (1993) *General Corr. of JB 1766–1769*, ed. R. C. Cole et al. (forthcoming) *Boswell's Estate Corr. 1762–1795*, ed. N. P. Hankins and John Strawthorn. (forthcoming) Corr. between JB and William Johnson Temple, ed. Thomas Crawford.

(c) *Research Edition of Papers*: (forthcoming) *An Edition of the Original Manuscript of Boswell's 'Life of Johnson'*, ed. Marshall Waingrow. Edinburgh: Edinburgh Univ. Press/New Haven, Conn.: Yale Univ. Press.

—— (1992). *The Journals of JB 1762–1795*, sel. and intro. John Wain. London: Mandarin.

Bouguer, Pierre(1749). *La Figure de la terre determinée par les observations de MM. Bouguer et de la Condamine, avec une relation abrégée de ce voyage par P. Bouguer.* Paris: Jombert.

Bourgeois, Susan(1986). *Nervous Juyces and the Feeling Heart: The Growth of Sensibility in the Novels of Tobias Smollett.* New York: Peter Lang.

Bouwsma, William J.(1988). *John Calvin: A Sixteenth-Century Portrait.* New York: Oxford Univ. Press.

Boyle, Nicholas(1992). *Goethe: The Poet and the Age, i: The Poetry of Desire: 1749–1790.* Oxford: Oxford Univ. Press.

Brack, Jr., O. M.(1968). 'The Ledgers of William Strahan,' in *Editing Eighteenth Century Texts*, ed. D. I. B. Smith. Toronto: Univ. of Toronto Press: 59–77.

—— (ed.)(2004). 'The Macaroni Parson and the Concentrated Mind: Samuel Johnson's Writings for the Reverend William Dodd', *Twenty-First Annual Dinner of the Samuel Johnson Soc. of Southen California.* Priv. ptd. Tucson, Arizona: Chax Press.

—— (2007), (ed.) *Tobias Smollett, Scotland's First Novelist: New Essays in Memory of PaulGabriel Boucé.* Newark: Univ. of Delaware Press.

Braudel, Fernand(1982). *The Wheels of Commerce*, trans. Siân Reynolds. London: Fontana.

—— (1988). *The Identity of France, i: History and Environment*, trans. Siân

Reynolds. New York: Harper & Row.

—— (1991). *The Identity of France, ii: People and Production*, trans. Siân Reynolds. London: Fontana.

Bregnsbo, Michael(2007). *Caroline Mathilde—Magt 09. Skoebne*. Denmark. Aschehoug dansk Forlag.

Brertendt, Stephen D., and Graham, Eric J.(2003). 'African Merchants, Notables and the Slave Trade of Old Calabar: Evidence from the national Archives of Scotland', *History in Africa*, Oct.: 30.

Brewer, John, and Porter, Roy(eds.)(1993). Consumption and the World of Goods. London: Routledge.

Broadie, Alexander(ed.)(2003). *The Cambridge Companion to the Scottish Enlightenment*. Cambridge: Cambridge Univ. Press.

—— (2006). 'Sympathy and the Impartial Spectator', in Haakonssen(2006: 158–188).

Brock, C. H.(ed.)(1983). *William Hunter, 1718–1783: A Memoir by Samuel Foart Simmons and John Hunter*. Glasgow: Glasgow Univ. Press.

Brock, William R.(1982). *Scotus Americanus: A Survey of the Sources for Links between Scotland and America in the 18th Century*. Edinburgh: Edinburgh Univ. Press.

Brown, A. H.(1974). 'S. E. Desnitsky, Adam Smith, and the Nakaz of Catherine II', *Oxford Slavonic Papers*, n.s., 7: 42–59.

—— (1975). 'Adam Smith's First Russian Followers', in Skinner and Wilson(1975: 247–273).

Brown, A. L. and Michael Moss(1996). *The University of Glasgow, 1451–1996*. Edinburgh: Edinburgh University Press.

Brown, Iain Gordon(1987). 'Modern Rome and Ancient Caledonia: The Union and the Politics of Scottish Culture', in Hook(1987).

—— (1989). Building for Books: *The Architectural Evolution of the Advocates' Library, 1689–1925*. Aberdeen: Aberdeen Univ. Press.

Brown, Kevin L.(1992). 'Dating Adam Smith's Essay "Of the External Senses"', *Journal of the History of Ideas*, 53: 333–337.

Brown, Maurice(1988). *Adam Smith's Economics: Its Place in the Development of Economic Thought.* London: Croom Helm.

Brown, Richard Maxwell(1973). 'Violence and the American Revolution', in Kurtz and Hutson(1973: 81–120).

Brown, Stephen(1995). *A Database, Descriptive Bibliography, an Annotated Index to the MSS of William Smellie.* Edinburgh: National Museums of Scotland.

Brown, Vivienne(1993). 'Decanonizing Discourses: Textual Analysis and the History of Economic Thought', in Henderson et al.(1993: 64–84).

—— (1994). *Adam Smith's Discourse: Canonicity, Commerce, and Conscience.* London: Routledge.

Brucker, Johann Jakob(1742–1746). *Historia Critica Philosophiae,* 6 v. Leipzig.

Brühlmeier, Daniel(1988). *Die Rechts- und Staatslehre von Adam Smith und die Interessentheorie der Verfassung.* Berlin: Duncker & Humblot.

Brunton, George and Haig, David(1836). *An Historical Account of the Senators of the College of Justice from Its Institution MDXXXII.* Edinburgh: Edinburgh Printing Co. Bryant, Christopher G. A.(1993). 'Social Self-Organisation, Civility and Sociology: A Comment on Kumar's "Civil Society"'[1993], *British Journal of Sociology,* 44: 397–401.

Buchan, 11th Earl of, David Steuart Erskine(1812). *The Anonymous and Fugitive Essays,*

vol. I. Edinburgh: J.Ruthven & Co. et al.

Buchan, James(2004). *Crowded with Genius: The Scottish Enlightenment—Edinburgh's Moment of the Mind.* New York: Perennial ppk. HarperCollins.

—— (2006). *The Authentic Adam Smith: His Life and Ideas.* New York: Enterprise/Norton.

Buchanan, David(1975). *The Treasure of Auchinleck.* London: Heinemann.

Buffon, Georges-Louis Leclerc de(2007). *Œuvres,* ed. Stéphane Schmitt and Cédric Crémière. Paris: Gallimard.

Burke, Edmund(1757/1958). *A Philosophical Enquiry into the Origin of our Ideas of the Sublime and Beautiful,* ed. J. T. Bolton. New York: Columbia Univ. Press.

—— (1958–1970). *Correspondence,* ed. Thomas W. Copeland et al. 9 vols.

Cambridge: Cambridge Univ. Press; Chicago, IL: Univ. of Chicago Press.

Burns, Robert(1931). *Letters*, ed. J. De Lancey Ferguson. 2 vols. Oxford: Clarendon Press.

—— (1968). *The Poems and Songs of Robert Burns*, ed. James Kinsley. Oxford: Carendon Press.

Business Week(Summer, 2004). 'Is a Housing Crisis about to Burst?' 19 July.

Burt, Edward(1815). *Letters from a Gentleman in the North of Scotland[c.1730]*. 2 vols. London: Gale, Curtis, & Fenner. Repr. Edinburgh: Donald, 1974.

Burton, John Hill(ed.)(1849). *Letters of Eminent Persons Addressed to David Hume*. Edinburgh & London: William Blackwood.

Butler, Joseph(1726). *Fifteen Sermons Preached at the Rolls Chapel*. London: J. & J. Knapton.

—— (1736). *Analogy of Religion*. London: J. & P. Knapton.

Cadell, Patrick, and Matheson, Ann(1989). *For the Encouragement of Learning: Scotland's National Library, 1689–1989*. Edinburgh: HMSO.

Cairns, John W.(1992). 'The Influence of Smith's Jurisprudence on Legal Education in Scotland', in Jones and Skinner(1992: 168–189).

Caldwell, Bruce(2003). *Hayek's Challenge: An Intellectual Biography of F. A. Hayek*. Chicago, IL: Univ. of Chicago Press.

Calvin, John(1559/1989). *Institutes of the Christian Religion*, trans. Henry Beveridge. Rpt. Grand Rapids, MI: Eardmans.

Campbell, John(1868). *Lives of the Lord Chancellors of England*. 10 vols. London: John Murray.

—— (2000, 2003). *Margaret Thatcher*, vol. 1: *The Grocer's Daughter*, 2000; vol. 2: *The Iron Lady*, 2003. London: Jonathan Cape.

Campbell, R. H.(1961). *Carron Company*. Edinburgh: Oliver & Boyd.

—— (1966). 'Diet in Scotland: An Example of Regional Variation', in T. C. Barker et al.(eds.), *Our Changing Fare*. London: MacGibbon & Kee.

—— (1990). 'Scotland's Neglected Enlightenment', *History Today*, 40: 22–28.

—— (1992). *Scotland since 1707: The Rise of an Industrial Society*. Edinburgh: Donald.

—— and Skinner, Andrew S.(eds.)(1982a). *The Origins and Nature of the*

Scottish Enlightenment. Edinburgh: Donald.

—— and —— (1982b). *Adam Smith*. London: Croom Helm.

Campbell, T. D.(1971). A*dam Smith's Science of Morals*. London: Allen & Unwin.

—— and Ross, I. S.(1981). 'The Utilitarianism of Adam Smith's Policy Advice', *Journal of the History of Ideas*, 42: 73–92.

—— and —— (1982). 'The Theory and Practice of the Wise and Virtuous Man: Reflections on Adam Smith's Response to Hume's Deathbed Wish', *Studies in Eighteenth-Century Culture*, 11: 65–75.

Cannon, John Ashton(1969). *The Fox–North Coalition: Crisis of the Constitution, 1782–1784*. Cambridge: Cambridge Univ. Press.

Cant, Ronald Gordon(1981). 'David Stewart Erskine, 11th Earl of Buchan: Founder of the Society of Antiquaries of Scotland', *The Scottish Antiquarian Tradition*, ed. A. S. Bell. Edinburgh: John Donald, pp. 1–30.

—— (2002). *The University of St Andrews: A Short History*, 4th edn. St Andrews: Strathmartin Trust.

Carey, Toni Vogel(2009). 'Accounting for Moral as for Natural Things', Conference on the Philosophy of Adam Smith, Balliol College, Oxford. January.

Carlyle of Inveresk, Alexander(1760). *The Question Relating to a Scots Militia Considered*. Edinburgh: G. Hamilton & J. Balfour. Repr. in Mizuta(1977: 28–54).

—— (1910). *The Autobiography of Dr Alexander Carlyle of Inveresk*, ed. John Hill Burton. London: T. N. Foulis.

—— (1973). *Anecdotes and Characters of the Times*, ed. James Kinsley. London: Oxford Univ. Press.

Carlyle, Thomas(1881). *Reminiscences*, ed. J. A. Froude. 2 vols. London: Longmans.

Carpenter, Kenneth E.(1995). 'Recherches sur la nature et les causes de la richesse des nations d'Adam Smith et politique culturelle en France,' *Économies et Sociétés, Œconomia, Histoire de la pensée économique*, Série P.E. no. 24, 10: 5–30.

—— (2002). *The Dissemination of the Wealth of Nations in French and in*

France. New York: Bibliographical Society of America.

Chait, Jonathan(2007). *The Big Con: How Washington Got Hoodwinked and Hijacked by Crakpot Economists*. Boston, MA: Houghton Mifflin.

Chalmers, George(1782). *An Estimate of the Comparative Strength of Britain⋯ To which is added an essay on population, by the Lord Chief Justice Hale*. London: C. Dilly et al.

Chamberlayne, John(1737/1741). *Magnae Britanniae Notitia*; or, *The Present State of Great Britain*. London: D. Midwinter et al.

Chambers, Ephraim(1741). *Cyclopedia: or, a universal dictionary of arts and sciences*, 4th edn., corrected and emended. 2 vols. London: D. Midwnters et al.

Chambers, Robert(1827). *Picture of Scotland*. Edinburgh: William Tait.

—— (1912/1967). *Traditions of Edinburgh*. Edinburgh: Chambers.

Charlevoix, Pierre-François Xavier de(1744). *Histoire et description générale de la nouvelle France*. Paris: Rollin.

Charvat, William(1936/1961). *The Origins of American Critical Thought 1810–1835*. New York: Barnes.

Cheape, Hugh(2008). *Bagpipes: A National Collection of a National Instrument. National Museums Scotland*. Edinburgh: NMS Enterprises Ltd.

Checkland, S. G.(1975). 'Adam Smith and the Bankers', in Skinner and Wilson(1975: 504–523).

Cheng-chung Lai(2000). *Adam Smith Across Nations: Translations and Receptions of the Wealth of Nations*. Oxford: Oxford Univ. Press.

Chernow, Ron(2008). 'The Lost Tycoons', *New York Times*, Opinion NYTimes. com. 27 Sept., 1–2.

Cheselden, William(1727–1728). 'Case of a Blind Boy', *Royal Society of London, Philosophical Transactions*, 35: 447–452.

Chitnis, A. C.(1982). 'Provost Drummond and the Origins of Edinburgh Medicine', in Campbell and Skinner(1982a: 86–97).

Choix des Mémoires de l'Academie Royale des Inscriptions et Belles-Lettres(MDCCLXXVII). Tome Second. À Londres: Chez T. Becket et P. Elmsly.

Christian Observer(1831). Letter to the Editor: 'On the Death-bed of Hume the

Historian'.

Christie, John R. R.(1987). 'Adam Smith's Metaphysics of Language', in A. E. Benjamin, G. N. Cantor, and J. R. R. Christie(eds.), T*he Figural and the Literal*. Manchester: Manchester Univ. Press.

Clark, Colin, and Kenrick, Donald(1999). *Moving On: the Gypsies and Travellers of Britain*. Univ. of Hertfordshire Press.

Clark, Ian D. L.(1963). 'Moderates and the Moderate Party in the Church of Scotland 1752–1805'. PhD thesis, Univ. of Cambridge.

Clark, Jeremy C. D.(1994). *Language of Liberty 1660–1832: Political Discourse and Social Dynamics in the Anglo-American World*. Cambridge: Cambridge Univ. Press.

Clarkson, Thomas(1808). *History of the Abolition of the Slave Trade*. 2 vols. London: Longman.

Clayden, P. W.(1887). *Early Life of Samuel Rogers*. London: Smith, Elder.

Coase, R. H.(1988). *The Firm, the Market and the Law*. Chicago, IL: Univ. of Chicago Press.

Coats, A. W. Bob(ed.)(1971). *The Classical Economists and Economic Policy*. London: Methuen.

—— (1992). *On the History of Economic Thought; i: British and American Economic Essays*; ii: *Sociology and Professionalization of Economics; iii: Historiography and Methodology of Economics. London*: Routledge.

Cobb, Mathew(2007). 'Buffon, the Enlightenment Sensation', *TLS*, 19 Dec. *Times* Online.

Cobban, Alfred(1973). *Aspects of the French Revolution*. St Albans: Paladin.

Cobbett, William(ed.)(1806–1812) and Hansard, T. C.(ed.)(1812–1820). *The Parliamentary History of England, 1066–1803*. London.

Cochrane, J. A.(1964). *Dr Johnson's Printer: The Life of William Strahan*. London: Routledge & Kegan Paul.

Cockayne, Edward Sheppard et al.(2000). *The Complete Peerage of England, Scotland, and Ireland, etc.* Gloucester: Alan Sutton Publishing rpt. 2nd edn. 6 v. v. 14 of original as appendix.

Cockburn, Henry, Lord(1842). *Life of Lord Jeffrey*. 2 vols. Edinburgh: Adam &

Charles Black.

—— (1856). *Memorials of His Time*. Edinburgh: Adam & Charles Black.

Coe, Richard N.(1972). *Lives of Haydn, Mozart and Metastasio by Stendhal*. London: Calder & Boyars.

Coke, Lady Mary(1889–1896). *The Letters and Journals*. 4 vols. Edinburgh[priv. ptd].

Colden, Cadwallader(1972). *The History of the Five Indian Nations*[facsim. edn.]. Toronto: Coles.

Coleman, D. C.(1988). 'Adam Smith, Businessmen, and the Mercantile System in England', *History of European Ideas*, 9: 161–170.

Colley, Linda(1989). *Lewis Namier*. London: Weidenfeld & Nicolson.

—— (1992). *Britons: Forging the Nation 1707–1837*. New Haven, CT: Yale Univ. Press.

Collier, Paul(30 Jan. 2009). 'Review of Dambisa Moyo, Dead Aid', *The Independent*. Accessed online: 27 May 2009.

Collini, Stefan, et al.(eds.)(1983). *That Noble Science of Politics: A Study in Nineteenth-Century Intellectual History*. Cambridge: Cambridge Univ. Press.

Condorcet, Marquis de(1989). *Cinq mémoires sur l'instruction publique[1791]*, intro. and notes by C. Coutel and C. Kintzler. Paris: Edilig.

Cone, Carl B.(1968). *The English Jacobins: Reformers in Late 18th Century England*. New York: Scribner's.

Confession of Faith, and the Larger and Shorter Catechism, First agreed upon by the Assembly of Divines at Westminster(1671). Edinburgh.

Corbett, Edward P. J.(1965). *Classical Rhetoric for the Modern Student*. New York: Oxford Univ. Press.

Coseriu, Eugenio(1970). 'Adam Smith und die Anfänge der Sprachtypologie', *Tübinger Beiträge zur Linguistik*, 3: 15–25.

Coutts, James(1909). *A History of the University of Glasgow from Its Foundation in 1451 to 1909*. Glasgow: James Maclehose.

Cowen, D. L.(1969). 'Liberty, Laissez-faire and Licensure in Nineteenth-century Britain', *Bulletin of the History of Medicine*, 43: 30–40.

Craig, John(1806). 'Account of the Life and Writings of the Author', prefixed to John Millar, *The Origin of the Distinction of Ranks*, 4th edn. Edinburgh: Blackwood; London: Longmans.

Craig, Sir Thomas of Riccarton(1934). *The Jus feudale, with the Book of the feus*. 2 vols. trans. Lord Clyde. Edinburgh: W. Hodge & Co.

Craveri, Benedetta(1987). *Mme Du Deffand et son monde*. Paris: Seuil.

—— (2005). *The Age of Conversation*, trans. Teresa Waugh. New York: New York Review of Books.

Crawford, Robert(1992). *Devolving English Literature*. Oxford: Clarendon Press. Cregeen, Eric(1970). 'The Changing Role of the House of Argyll in the Scottish Highlands', in N. T. Phillipson and Rosalind Mitchison(eds.), *Scotland in the Age of Improvement*. *Edinburgh*: Edinburgh Univ. Press.

Crépel, Pierre et al.(eds.)(1989). *Condorcet: mathématicien, économiste, philosophe, homme politique*. Paris: Minerve.

Crocker, Lester G.(1967). 'Charles Bonnet,' *Encyclopedia of Philosophy*, ed. Paul Edwards et al. New York: Macmillan/Free press, i. 345–346.

Cropsey, Joseph(1957). *Polity and Economy: An Interpretation of the Principles of Adam Smith*. The Hague: Martinus Nijhoff.

—— (1979). 'The Invisible Hand: Moral and Political Consideration', in Gerald P. O'Driscoll, Jr.(ed.), *Adam Smith and Modern Political Economy*. Iowa City, IA: Iowa State Univ. Press.

Cross, A. G.(1980). *Russians in Eighteenth-Century Britain*. Newtonville, MA: Oriental Research Partners.

Crowley, John E.(1990). 'Neo-Mercantilism and WN: British Commercial Policy after the American Revolution', *Historical Journal*, 33: 339–360.

Cubeddu, Raimondo(1993). *The Philosophy of the Austrian School*, trans. Rachel Costa(née Barritt). New York/London: Routledge.

Cullen, William(1784). *First Lines of the Practice of Physic*, 4th edn. 4 vols. Edinburgh: Elliot & Cadell.

Culpeper, Nicholas(1671). *A Directory for Midwives; or, A Guide for Women in their Conception, Bearing, and Suckling their Children*. London: George Sawbridge.

Cunningham, Rory(2005). T/S 'Descent of Douglasses of Strathendry and

Related Families', based on NAS, General Register House, NAS, GD/446: Strathendry Papers.

Currie, J. D.(1932). *History of Scottish Medicine*, 2nd edn. London: Bailliere, Tindale & Cox.

Currie, James(1831). *Memoir*. 2 vols. London: Longman.

Daiches, David(1964). *The Paradox of Scottish Culture: The Eighteenth-Century Experience*. London: Oxford Univ. Press.

——— (1969). *Scotch Whisky: Its Past and Present*. London: André Deutsch.

——— (1986). *A Hotbed of Genius: The Scottish Enlightenment*, ed. David Daiches, Peter Jones, and Jean Jones. Edinburgh: Institute for Advanced Studies in the Humanities, Edinburgh Univ. Press.

Dalrymple, William(2006). *The Last Mughal: The Fall of a Dynasty, 1857*. London/New York/Berlin: Bloomsbury.

Dalzel, Andrew(1794). 'Account of John Drysdale', *RSE Transactions*, 3, app. ii, pp. 37–53.

——— (1862). *History of the University of Edinburgh*. 2 vols. Edinburgh: Edmonston & Douglas.

Dantwala, M. L.(1969). 'The Economic Ideology of Nehru', in Ashok V. Bhuleshkar(ed.), *Indian Economic Thought and Development*. Bombay: Poupular Prakashan, 11–16.

Darnton, Robert(1979). *The Business of the Enlightenment: A Publishing History of the Encyclopédie, 1775–1800*. Cambridge, MA: Bellnap Press.

Darwall, Stephen(1999). 'Sympathetic Liberalism: Recent Work on Adam Smith', *Philosophy and Public Affairs*, 28.2: 139–164.

Dascal, Marcello(2006). 'Adam Smith's Theory of Language', in Haakonssen(2006: 79–111).

Dasgupta, A. K.(1981). 'How One May View the Development of Economic Theory'. *The Indian Economic Journal*, 28.3 (Jan.–Mar. 1981): 1–15.

——— (2004 revsd.). Human Well-being and the Natural Environment. Oxford: Oxford University Press.

Daston, Lorraine(1988). *Classical Probability in the Enlightenment*. Princeton, NJ: Princeton Univ. Press.

Davie, George Elder(1961). *The Democratic Intellect: Scotland and Her Universities in the Nineteenth Century.* Edinburgh: Edinburgh Univ. Press.

—— (1965). 'Berkeley's Impact on Scottish Philosophers', *Philosophy*, 40: 222–234.

—— (1967a). 'Anglophobe and Anglophile', *Scottish Journal of Political Economy*, 14: 295–296.

—— (1967b). 'Hume, Reid and the Passion for Ideas', in George Bruce(ed.), *Edinburgh in the Age of Reason.* Edinburgh: Edinburgh Univ. Press, 23–39.

Davis, H. W.(1963). *A History of Balliol College*, rev. R. H. C. Davis and Richard Hunt, supplemented by Harold Hartley et al. Oxford: Blackwell.

Dawson, Deidre(1991). 'Is Sympathy so Surprising? Adam Smith and French Fictions of Sympathy', *Eighteenth-Century Life*, 15: 147–162.

—— (1991–1992). 'Teaching Sensibility: Adam Smith, Rousseau, and the Formation of the Moral Spectator', *Études Écossaises Colloquium Proc. T/S.* Grenoble.

Defoe, Daniel(1927). *A Tour Thro' the Whole Island of Great Britain (1724–1727)*, ed. G. D. H. Cole. 2 vols. London: Peter Davies.

De Maria, Robert D.(ed. and intro.)(2005). 'Adam Smith Reviews Samuel Johnson's Dictionary of the English Language(1755)', Fifty-Ninth Annual Dinner of The Johnsonians, Twenty-Second Annual Dinner of The Samuel Johnson Soc. of Southern Californa[Priv. ptd].

Descartes, René(1641/1990). *Meditationes de Prima Philosophia. Meditations on First Philosophy*, ed. George Hefferman. Bilingual edn. Notre Dame, IN: Notre Dame IN Univ. Press.

Devine, T. M.(1975). *The Tobacco Lords: A Study of the Tobacco Merchants of Glasgow and Their Trading Activities c. 1740–1790.* Edinburgh: Donald.

—— (ed.)(1978). *Lairds and Improvement in the Scotland of the Enlightenment.* Glasgow: Dept. of Scottish History, Glasgow Univ.

Devine, T. M.(1985). 'The Union of 1707 and Scottish Development', *Scottish Economic and Social History*, 5: 23–40.

—— (ed.)(1989). *Improvement and Enlightenment.* Edinburgh: Donald.

—— (1994a). *The Transformation of Rural Scotland: Social Change and the*

Agrarian Economy, 1660–1815. Edinburgh: Edinburgh Univ. Press.

—— (1994b). *Clanship to Crofters' War: The Social Transformation of the Scottish Highland.* Manchester: Manchester Univ. Press.

—— (1995). *Exploring the Scottish Past: Themes in the History of Scottish Society.* East Linton: Tuckwell Press.

—— (1999). *The Scottish Nation 1700–2000.* London: Penguin.

—— (2003). *Scotland's Empire 1600–1815.* London: Penguin.

—— and R. Mitchison(eds.)(1988). *People and Society in Scotland, vol. i, Economic and Social History of Scotland, 1760–1830.* Edinburgh: John Donald.

—— and G. Jackson(eds.)(1995). *Glasgow,* vol. i, *Beginnings to 1830.* Manchester: Manchester Univ. Press.

—— and J. R. Young(eds.)(1999). *Eighteenth-Century Scotland: New Perspectives.* East Linton: Tuckwell Press.

—— C. H. Lee, and G. C. Peden(eds.)(2005). *The Transformation of Scotland: The Economy Since 1700.* Edinburgh: Edinburgh Univ. Press.

Devlin-Thorp, Sheila(ed.)(1981). *Scotland's Cultural Heritage, ii: The Royal Society of Edinburgh: Literary Fellows Elected 1783–1812.* Edinburgh: Univ. of Edinburgh, History of Science and Medicine Unit.

Diderot, Dennis and Alembert, Jean le Rond d'(eds.)(1751–1772). *Encyclopédie ou Diction- naire raisonné des sciences, des arts et des metiers:* 17 vols. of text and 11 of plates. Paris/ Neuchâtel: Chez Briasson et al.(Online(2008) under the PhiloLogic3 search engine, ARTL project, Electronic Text Services, Univ. of Chicago).

Di Folco, John(1978). 'The Hopes of Craighall and Land Investment in the Seventeenth Century', in Devine(1978: 1–10).

Diatkine, Daniel(1993). 'A French Reading of WN in 1790', in Mizuta and Sugiyama(1993: 213–223).

Dickinson, P. C. M.(1967). *The Financial Revolution in England: A Study in the Development of Public Credit.* London: Macmillan.

Dodgshon, R. A.(1980). 'The Origins of the Traditional Field Systems', in M. A. Parry and T. R. Slater(eds.), *The Making of the Scottish Countryside.* London:

Croom Helm; Montreal: McGill-Queen's Univ. Press.

Dodgshon, R. A. and Butlin, R. A.(eds.)(1978). *An Historical Geography of England and Wales*. London: Academic Press.

Doig, Andrew(1982). 'Dr Black, a Remarkable Physician', in A. D. C. Simpson(ed.), *Joseph Black: A Commemorative Symposium*. Edinburgh: Royal Scottish Museum.

Donaldson, William(2005). *Pipers: A Guide to the Players and Music of the Highland Bagpipe*. Edinburgh: Birlinn.

——(2007). *Only Son, Lament for the*. Accessed online: www.pipesdrums.com 2007 Set Tunes.

—— (2008a). *The End of the Great Bridge*. Accessed online: www.pipesdrums. com 2008 Set Tunes.

—— (2008b) *The Highland Pipe and Scottish Society 1750–1950: Transmission, Change and the Concept of Transition*. Edinburgh: John Donald/Birlinn.

Donovan, A. L.(1975). *Philosophical Chemistry in the Scottish Enlightenment*. Edinburgh: Edinburgh Univ. Press.

Donovan, Robert Kent(1987). *No Popery and Radicalism: Opposition to Roman Catholic Relief in Scotland 1778–1782*. New York: Garland.

—— (1990). 'The Church of Scotland and the American Revolution', in Sher and Smitten(1990: 81–99).

Dorward, David(1979). *Scotland's Place Names*. Edinburgh: Blackwood.

Dougall, J.(1937). 'James Stirling', *Journal of the Glasgow Mathematical Association*, 1.

Douglas, Sir Robert(1813). *The Peerage of Scotland*, rev. J. P. Wood, 2nd edn. Edinburgh: G. Ramsay.

Drescher, Horst W.(1971). *Themen und Formen des periodischen Essays in späten 18. Jahr- hundert: Untersuchungen zu den schottischen Wochenschriften The Mirror und The Lounger*. Frankfurt am Main: Athenäum.

Duclos, R.(1802). *Dictionnaire Bibliographique, historique et critique des livres rares*. 3 vols. Paris: Delalain; Gênes: Fantin, Gravier.

Dull, Jonathan R.(1985). *A Diplomatic History of the American Revolution*. New Haven, CT: Yale Univ. Press.

Duncan, Douglas(1965). *Thomas Ruddiman: A Study in Scottish Scholarship in the Early Eighteenth Century*. Edinburgh: Oliver & Boyd.

Duncan, W. J.(1831). *Notes and Documents Illustrative of the Literary History of Glasgow. Glasgow*: Maitland Club.

Du Pont de Nemours, Pierre-Samuel(1782). *Mémoires sur la vie et les ouvrages de M. Turgot, Ministre d'État*. [Paris:] Philadelphia.

—— (1787) *Œuvres posthumes de M. Turgot, ou Mémoires de M. Turgot sur les administrations provinciales, mis en parallèle avec celui de M. Necker, suivi d'une lettre sur ce plan[par Dupont de Nemours], et des observations d'un républicain···[par J.-P. Brissot]*. Lausanne.

—— (1788). *Lettre à la Chambre de Commerce de Normandie; sur la Mémoire qu'elle a publié relativement au Traité de Commerce avec Angleterre*. Rouen/ Paris: Moutard.

Durie, A. J.(1978). 'Lairds, Improvement, Banking and Industry in Eighteenth-Century Scotland: Capital and Development in a Backward Country—A Case Study', in Devine(1978: 21–30).

—— (2004). 'Andrew Cochrane', *ODNB*.

Durkan, John and Kirk, James(1977). *The University of Glasgow 1451–1577*. Glasgow: Univ. of Glasgow Press.

Dutil, Leon(1911). 'L'État économique de Languedoc à la fin de l'ancien régime(1750–1789)' Thèse de doctorat-ès-lettres. Paris.

Dutt, A. K. and Jameson, K. P.(eds.)(2001). *Crossing the Mainstream: Ethical and Meth- odological Issues in Economics*. Notre Dame: Univ. of Notre Dame Press.

Dwyer, John(1987). *Virtuous Discourse: Sensibility and Community in Late Eighteenth-Century Scotland*. Edinburgh: Donald.

—— et al.(eds.)(1982). *New Perspectives on the Politics and Culture of Early Modern Scotland*. Edinburgh: Donald.

—— and Sher, Richard B.(eds.)(1991). 'Sociability and Society in Eighteenth-

Century Scotland', *Eighteenth Century Life*, 15: 194–209.

Dybikowski, James(1993). *On Burning Ground: An Examination of the Ideas, Projects and Life of David Williams*. Oxford: Voltaire Foundation.

Dyce, Alexander(ed.)(1856). *Recollections of the Table-Talk of Samuel Rogers*. New York: Appleton.

Economist, The(2009). Lexington. 'One year of The One', 29 Oct./4 Nov. Accessed online; (2010a): 17–23 Apr.: 76—'Shumpeter, The Catchphrase that Conquered the World[Emerging Markets]'; (2010b): 86—'Economics Focus: George Soros Tries to Set Economics Free'; 22–26 May. 60—'The New Scorekeeper'—reforming fiscal forecasts.

Edmonds, David and Eidenow, John(2006). *Rousseau's Dog: Two Great Thinkers at War in the Age of Enlightenment*. London: Faber and Faber.

Egret, Jean(1975). *Necker: Ministre de Louis XVI*. Paris: Champion.

Ehrman, John(1969). *The Younger Pitt*. 2 vols. London: Constable.

Emerson, Roger L.(1973). 'The Social Composition of Enlightened Scotland: The Select Society of Edinburgh, 1754–1764', *Studies on Voltaire and the Eighteenth Century*, 114: 291–321.

—— (1979a). 'The Philosophical Society of Edinburgh, 1737–1747', *British Journal for the History of Science*, 12: 154–191.

—— (1979b). 'American Indians, Frenchmen, and Scots Philosophers', *Studies in Eighteenth-Century Culture*, 9: 211–236.

—— (1981). 'The Philosophical Society of Edinburgh, 1748–1768', *British Journal for the History of Science*, 14: 133–176.

—— (1984). 'Conjectural History and Scottish Philosophers', *Historical Papers/ Commu- nications Historiques*, 63–90.

—— (1986). 'Natural Philosophy and the Problem of the Scottish Enlightenment', *Studies on Voltaire and the Eighteenth Century*, 242: 243–291.

Emerson, Roger L.(1988). 'Sir Robert Sibbald, Kt., the Royal Society of Scotland and the Origins of the Scottish Enlightenment', *Annals of Science*, 45: 41–72.

—— (1990). 'Science and Moral Philosophy in the Scottish Enlightenment', in Stewart(1990c: 11–36).

Emerson, Roger L.(1992). *Professors, Patronage and Politics: The Aberdeen*

University in the Eighteenth Century. Aberdeen: Aberdeen Univ. Press.

—— (1994).'The "Affair" at Edinburgh and the "Project" at Glasgow: The Politics of Hume's Attempt to Become a Professor', in M. A. Stewart and John P. Wright(eds.), *Hume and Hume's Connexions*. Edinburgh: Edinburgh Univ. Press, 1–22.

—— (2007). 'Archibald Campbell, 3rd Duke of Argyll(1682–1761): The Great Patron of the Scottish Enlightenment', *2000: The European Journal*, viii, no. 2(Dec. 2007): 1–2.

—— (2008). *Academic Patronage in the Scottish Enlightenment*. Edinburgh: Edinburgh Univ. Press.

Endres, A. M.(1991). 'Adam Smith's Rhetoric of Economics: An Illustration Using "Smithian" Compositional Rules', *Scottish Journal of Political Economy*, 38: 76–95.

Erskine, Patrick(1708). *Theses Philosophicae···Joanne Lowdoun Praeside.* Glasgow: Robert Saunders.

Etzioni, Amitai(1994). *The Spirit of Community: Thoughts, Responsibilities, and the Communitarian Agenda*. New York: Crown.

—— (2001). *Next: The Road to the Good Society.* New York: Basic Books.

Evans, H., and Evans, M.(1973). *John Kay of Edinburgh: Barber, Miniaturist and Social Commentator, 1742–1826*. Aberdeen: Aberdeen Univ. Press.

Eyre-Todd, George(1934). *History of Glasgow, iii: From the Revolution to the Passing of the Reform Acts 1832–1833*. Glasgow: Jackson, Wylie.

Faber, Eva(2005). 'The [Count Karl von] Zinzendorf Papers: The Diary and Other Sources'. Paper read at the Eighteenth-Century Scottish Studies Society and Hungarian Society for Eighteenth-Cenury Studies Joint Conference—Empire, Philosophy and Religion—Central European University, BudapestFabian, Bernhard(1994). Selecta Anglicana: buchgeschichtliche Studien zur Aufnahme der englischen Literatur in Deutschland im achtzehnten Jahrhundert. Wiesbaden: Harrassowitz Verlag.

—— (in progress, 2009) ed. with E. Fattinger and G. Klingenstein. *Diary of Count Karl von Zinzendorf.*

Faccarello, Gilbert(1989). 'Présentation, économie', in Crépel et al.(1989: 121–

149).

—— and Steiner, Philip(2002). 'The Diffusion of the Work of Adam Smith in the French Language,' in Tribe and Mizuta(2002: 61–119).

Falconer, William(1789). *A Universal Dictionary of the Marine*. London: T. Cadell.

Fallows, James(1994). *Looking at the Sun: The Rise of the New East Asian Economic and Political Systems*. New York: Pantheon.

Farge, Arlette(1994). *Fragile Lives: Violence, Power and Solidarity in Eighteenth-Century Paris*, trans. Carol Shelton. Oxford: Polity.

Fattinger, Elisabeth(2005). 'Count Karl von Zinzendorf and His British Travel Acquaintances'. Paper read at ECSSS and HECSS Joint Conference(see Faber 2005).

Fay, C. R.(1956). *Adam Smith and the Scotland of His Day*. Cambridge: Cambridge Univ. Press.

—— (2010). *Times Literary Supplement*, 23 Apr., 7–8: revs. of books on the credit crunch—. John Cassidy, *How Markets Fall: The Logic of Economic Calamities*, London: Allan Lane; Scott Patterson, *The Quants: How a New Breed of Math Whizzes Conquered Wall Street and Nearly Destroyed It*, New York: Random House; Hank Paulson, *On the Brink: Inside the Race to Stop the Collapse of the Global Financial System*, New York: Business Plus; Andrew Ross Sorkin, *Too Big to Fail: Inside the Battle to Save Wall Street*, London: Allan Lane; Gillian Tett, *Fool's Gold: How Unrestrained Greed Corrupted a Dream, Shattered Global Markets and Unleashed a Catastrophe*, New York: Little, Brown, pprbk.

Fechner, Roger J.(1993). 'Adam Smith and American Academic Moral Philosophers in the Age of Enlightenment and Revolutions', in Mizuta and Sugiyama(1993: 181–197).

Fénelon, François(1722). *Dialogues concerning Eloquence*, trans. William Stevenson. London.

Ferguson, Adam(1756). *Reflections Previous to the Establishment of a Militia*. London: R. & J. Dodsley. Rpt. in Mizuta(1977: 1–27).

—— (1767/1966). *An Essay on the History of Civil Society*, ed. and intro. Duncan

Forbes. Edinburgh: Edinburgh Univ. Press.

—— (1773). *Institutes of Moral Philosophy*, 2nd rev. edn. London: W. Strahan.

—— (1776). *Remarks on a Pamphlet Lately Published by Dr Price...in a Letter from a Gentleman in the Country[Adam Ferguson]*. London: T. Cadell.

—— (1783). *The History of the Progress and Termination of the Roman Republic*. 3 vols. London: W. Strahan & T. Cadell; Edinburgh: W. Creech.

—— (1792). *Principles of Moral and Political Science*. 2 vols. London: A. Strahan &
T. Cadell; Edinburgh: W. Creech.

—— (1986). *The Unpublished Essays of Adam Ferguson*, ed. W. M. Philip. 2 vols. London: Weeks and Son.

—— (1995). *Correspondence*, ed. Vicenzo Merolle, intro. Jane B. Fagg. 2 v. London: Pickering and Chatto.

—— (2005). *The Manuscripts of Adam Ferguson*, ed. Vincenzo Merolle; Robin Dix and Eugene Heath(contrib. eds.). London: Pickering & Chatto.

—— (2007). *Adam Ferguson: History, Progress and Human Nature*, ed. Eugene Heath and Vincenzo Merolle. London: Pickering & Chatto.

—— (2009). *Adam Ferguson: Philosophy, Politics and Society*, ed. Eugene Heath and Vincenzo Merolle. London: Pickering & Chatto.

Ferguson, William(1968). *Scotland 1689 to the Present*. Edinburgh London: Oliver & Boyd.

Ferreras, Juan de(1751). *Histoire générale d'Espagne: enrichi de notes historiques et critiques*, trans. Vaquette d'Hermilly, Zacharias Chatelain, Anne-Marguerite-Gabrielle de Beauvau-Craon[duchesse de Lévis-Mirepoix], Jean-Baptiste Charvin. À Paris et se vend à Amsterdam: chez Z. Chatelain.

Fetter, Frank W.,(ed.)(1957). *The Economic Writings of Francis Horner in the Edinburgh Review*. London: London School of Economics and Political Science.

Fieser, James(2004). 'David Hume(1711–1776): Life and Writings', *The Internet Encyclo- pedia of Philosophy*, 6–7. Accessed online: 30 Nov. 2008.

Financial Times(17 March 2008). Economists' Forum.

Findlay, J. T.(1928). *Wolfe in Scotland*. London: Longmans.

Fleischacker, Samuel(1991). 'Philosophy in Moral Practice: Kant and Adam Smith', *Kant-Studien*, 82: 249–269.

—— (1999). *A Third Concept of Liberty: Judgment and Freedom of Thought in Kant and Adam Smith*. Princeton: Princeton Univ. Press.

—— (2003). *On Adam Smith's Wealth of Nations: A Philosophical Companion*. Princeton: Princeton Univ. Press.

—— (2007). *A Short History of Distributive Justice*. Cambridge, MA: Harvard Univ. Press.

Fleming, John(1962). *Robert Adam and His Circle in Edinburgh and Rome*. London: John Murray.

—— and Honour, Hugh(1977). *The Penguin Dictionary of the Decorative Arts*. London: Penguin.

Fleming, Revd Thomas(1791). 'Parish of Kirkcaldy', *[Old] Statistical Account of Scotland*, ed. Sir John Sinclair. Edinburgh.

Fletcher of Saltoun, Andrew(1749). *The Political Works*. Glasgow: Printed by Robert Urie for G. Hamilton & J. Balfour, Edinburgh.

Flinn, Michael(ed.)(1977). *Scottish Population History from the 17th Century to the 1930s*. Cambridge: Cambridge Univ. Press.

Fontana, Biancamaria(1985). *Rethinking the Politics of Commercial Society: The Edinburgh Review 1802–1832*. Cambridge: Cambridge Univ. Press.

Fontenelle, Bernard Le Bovyer de(1728). *A Week's Conversation on the Plurality of Worlds*, trans. William Gardiner, 2nd edn. London: A. Bettesworth.

Forbes, Duncan(1982). 'Natural Law and the Scottish Enlightenment', in Campbell and Skinner(1982a: 186–204).

Force, Pierre(2003). *Self-Interest before Adam Smith: A Genealogy of Economic Science*. Cambridge: Cambridge Univ. Press(review by Eric Schliesser and reply by Force, Adam Smith Rev., vol. 3(2007), 203–211).

Fordham, Douglas(2006). 'Allan Ramsay's Enlightenment; or, Hume and the patronizing portrait', *The Art Bulletin*, Sept. Accessed online.

Fox-Genovese, Elizabeth(1976). *The Origins of Physiocracy: Economic*

Revolution and Social Order in Eighteenth-Century France. Ithaca, NY: Cornell Univ. Press.

France, Peter(1990). 'The Commerce of the Self', *Comparative Criticism: A Yearbook*, 12: 39–56.

Fraser, Antonia(1970). *Mary Queen of Scots*. London: Panther.

Fraser, Sir William(1878). *The Scotts of Buccleuch*. vols. 1(1200–1810), 2(1100–1811). Edinburgh(available as eBook & CD-ROM: TannerRitchie Publishing).

Frêche, Georges(1974). *Toulouse et la région Midi-Pyrénées au siècle des lumières (vers 1670–1789)*. Paris: Cujas.

Freeholder of Ayrshire, A(1760). *The Question relating to a Scotch Militia considered, in a Letter to the Lords and Gentlemen who have concerted the form of law for that establishment*. Edinburgh London: J. Tower.

Fricke, C. and Schütt, H.-P.(eds.)(2005). *Adam Smith als Moralphilosoph*. Berlin: de Gruyter.

Friedman, Milton(1974). 'Schools at Chicago', *University of Chicago Magazine*. Chicago: Chicago Univ. Press.

—— (1981). *The Invisible Hand in Economics and Politics*. Singapore: Institute of Southeast Asian Studies.

—— (1982). *Capitalism and Freedom*. Chicago: Chicago Univ. Press.

—— and Friedman, Rose(1980). *Free to Choose*. New York: Harcourt Brace Jovanovich.

Fry, Howard T.(1970). *Alexander Dalrymple(1737–1808) and the Expansion of British Trade*. Toronto: Univ. of Toronto Press.

Fry, Michael(1992a). *The Dundas Despotism*. Edinburgh: Edinburgh Univ. Press.

—— (ed.)(1992b). *Adam Smith's Legacy: His Place in the Development of Modern Economics*. London: Routledge.

Fulbrook, Mary(1990). *A Concise History of Germany*. Cambridge: Cambridge Univ. Press.

Gamble, Andrew(1994). *The Free Economy and the Strong State*. New York: New York Univ. Press.

Garrioch, David(1986). *Neighbourhood and Community in Paris 1740–1790*.

Cambridge: Cambridge Univ. Press.

Garrison, James W.(1987). 'Mathematics and Natural Philosophy', JHI 48: 609–627.

Gaskell, Philip(1964). *A Bibliography of the Foulis Press*. London: Hart-Davis.

Gaskill, Howard(ed.)(1991). *Ossian Revisited*. Edinburgh: Edinburgh Univ. Press.

Gaul, Marilyn(1988). *English Romanticism: The Human Context*. New York: Norton.

Gellner, Ernst(1996). *Conditions of Liberty: Civil Society and Its Rivals*. London: Penguin.

George III(1927). *Correspondence···from 1760 to 1783*, ed. Sir John Fortescue, ii. London: Macmillan.

Gherity, James A.(1992). 'Adam Smith and the Glasgow Merchants', *History of Political Economy*, 24: 357ff.

―― (1993). 'An Early Publication by Adam Smith', *History of Political Economy*, 25: 241–282.

―― (1994). 'The Evolution of Adam Smith's Theory of Banking', *History of Political Economy*, 26: 423–441.

Giannone, Pietro(1729–1731). *The Civil Historyof the Kingdom of Naples*. 2 vols., trans. Capt. James Ogilvie. London: W. Innys, A. Millar et al.

Gibbon, Edward(1994). *The History of the Decline and Fall of the Roman Empire*. 3 vols. London: Allen Lane–The Penguin Press.

―― (1950). *Autobiography*. Oxford: Oxford Univ. Press.

―― (1956). *Letters*, ed. J. E. Norton. 3 vols. London: Cassell.

Gibson, A., and Smout, T. C.(1989). 'Scottish Food and Scottish History', in R. A. Houston and I. D. Whyte(eds.), *Scottish Society 1500–1800*. Cambridge: Cambridge Univ. Press.

Gibson, John(1777). *The History of Glasgow*. Glasgow: R. Chapman & A. Duncan.

Gifford, John(1988). *Fife: The Buildings of Scotland*. Harmondsworth: Penguin.

―― (1989). *William Adam 1689–1748*. Edinburgh: Mainstream.

—— McWilliam, Colin, Walker, David, and Wilson, Christopher(1988 rpt.). Edinburgh: *The Buildings of Scotland*. Harmondsworth: Penguin.

Gillespie, Stuart and Hardie, Philip(eds.)(2008). *The Cambridge Companion to Lucretius*. Cambridge: Cambridge Univ. Press.

Gioli, Gabriella(1993). 'The Diffusion of the Economic Thought of Adam Smith in Italy, 1776-1876', in Mizuta and Sugiyama(1993: 225-249). [Glasgow: *The Rising Burgh: 1560 to 1770s*. http://theglasgowstory.com/index.php.

Globe and Mail(2008a). 'Conservatorship of Fanny Mae and Freddy Mac announced by Henry Paulson, US Treasury Secretary'. 7 Sept.

—— (2008b). 'Report on Business: Cost of Fanny Mae and Freddy Mac'. 8 Sept.: pp. B1, B4, B7.

Godechot, J., and Tollon, B.(1974). 'Ombres et lumières sur Toulouse(1715-1789)', in Philippe Wolff(ed.), *Histoire de Toulouse*. Toulouse: Édouard Privat.

Godley, A. D.(1908). *Oxford in the Eighteenth Century*. London: Methuen.

Goethe, J. W. von(1774/1962 pk.). *The Sorrows of Young Werther*, trans. Catherine Hutter. New York: Signet.

Gomes, A. W.(1993). 'De Jesu Christo Sevatore: Faustus Socinus on the Satisfaction of Christ', *The Westminster Theological Journal*, 55. 2: 209-231.

Graham, Eric J.(2003, Sept./Oct.). 'The Slaving Voyage of the Hannover of Port Glasgow 1719-1720', *History Scotland*, 3(5).

Graham and Brehrendt(2003). see Brehrendt and Graham(2003, Oct.).

Graham, Henry Gray(1899). *Social Life of Scotland in the Eighteenth Century*. 2 vols. London: Adam & Charles Black.

Graham, Henry Gray(1908). *Scottish Men of Letters in the Eighteenth Century*. London: Adam & Charles Black.

Grampp, William D.(2000). 'What Did Smith Mean by the Hidden Hand', *Journal of Political Economy*, 108.31: 441-465.

Grant, James(1876). *History of the Burgh Schools of Scotland*. London: Collins.

Gray, John M.(ed.)(1892). 'Memoirs of the Life of Sir John Clerk of Penicuik··· From His Own Journals, 1676-1755', in John M. Gray(ed.), *Publications of the Scottish History Society*, xiii. Edinburgh: Constable.

Greenspan, Alan(2005). Remarks by Chairman Alan Greenspan. Adam Smith Memorial Lecture. Kirkcaldy, Scotland.

—— (2007). *The Age of Turbulence: Adventures a New World*. New York: The Penguin Press.

Griswold, Charles L.(1991). 'Rhetoric and Ethics: Adam Smith on Theorizing about Moral Sentiments', *Philosophy and Rhetoric*, 24: 213-237.

—— (1996). 'Adam Smith on Stoicism, Aesthetic Reconciliation, and Imagination', *Man and World*, 29.2: 187-213.

—— (1999). *Adam Smith and the Virtues of Enlightenment*. Cambridge: Cambridge Univ. Press.

—— (2006). 'Imagination: Morals, Science, and Arts', in Haakonssen(2006: 22-56).

—— (2009). 'Tales of the Self: Adam Smith's Response to Rousseau', T/S paper delivered at Philosophy of Adam Smith Conference, Balliol College, Oxford.

Groenewegen, P. D.(1969). 'Turgot and Adam Smith', *Scottish Journal of Political Economy*, 16: 271-287.

—— (2002). *Eighteenth-Cenury Economics: Smith, Turgot, Quesnay. Routledge Studies in the History of Economics*. New York: Taylor & Francis, Inc.

Grotius, Hugo(1670). *De jure belli ac pacis*. Amsterdam: J. Blau.

—— (1735). *De jure belli ac pacis*, ed. J. Barbeyrac. Amsterdam: Jansson-Waesberg.

—— (1738/2005). *The Rights of War and Peace*, Prolegomena to 1st edn. 1625, 3 v., ed. and intro. Richard Tuck. Indianapolis: Liberty Fund.

—— (1745). *De veritate religionis Christianae*, ed. J. Le Clerc. Glasgow: R. Ure.

—— (2012 expected). *The Truth of the Christian Religion*, ed. Maria Rosa Antognazza. Indianapolis: Liberty Fund.

Guicciardini, Niccolò(2005). 'The Auctoris Praefatio to Newton's Principia: Geometry and Mechanics in the Newtonian Mathematical School', in Emilio Mazzi and Emanuele Ronchetti.(2005: 115-125).

Guignes, Joseph de(1756-1758). *Histoire générale des Huns, Turcs, Mongols et des autres Tartares occidentaux*. 4 v. in 5. Paris: Desaint & Saillant.

Gurses, Derya(2005). 'Academic Hutchinsonians and Their Quest for

Relevance', *History of European Ideas*, 31.3: 408-427.

Gutting, Gary(1991). *Michel Foucault's Archaeology of Scientific Reason*. Cambridge: Cambridge Univ. Press.

Guttmacher, M. S.(1930). 'The Views of Adam Smith on Medical Education', *Johns Hopkins Hospital Bulletin*, 47: 164-175.

Haakonssen, Knud(1981). *The Science of a Legislator: The Natural Jurisprudence of David Hume and Adam Smith*. Cambridge: Cambridge Univ. Press.

—— (ed.)(1988). *Traditions of Liberalism*. Sydney: Centre for Independent Studies.

—— (1990). 'Natural Law and Moral Realism: The Scottish Synthesis', in Stewart(1990c: 61-85).

—— (1996). *Natural Law and Moral Philosophy: From Grotius to the Scottish Enlightenment*. Cambridge: Cambridge Univ. Press.

—— (ed.)(2006). 'Intro.: The Coherence of Smith's Thought', and with Donald Winch, 'The Legacy of Adam Smith', *The Cambridge Companion to Adam Smith*. Cambridge: Cambridge Univ. Press, 1-21, 336-394.

Hailes, Sir David Dalrymple, Lord(1776). *Annals of Scotland*. 2 vols. in 1. Edinburgh.

Haldane, A. R. B.(1952). *The Drove Roads of Scotland*. Edinburgh: Nelson.

—— (1970). 'The Society of Writers to Her Majesty's Signet', *Journal of the Law Society of Scotland*, 15.

Halévy, Elie(1955). *The Growth of Philosophical Radicalism*, trans. Mary Morris. Boston, MA: Beacon Press.

Halkett, Samuel and Laing, John(1971). *Dictionary of Anonymous and Pseudonymous Publications*, ed. J. Kennedy et al. 8 vols. New York: Haskell House.

Hall, A. Rupert(1980). *Philosophers at War: The Quarrel Between Newton and Leibniz*. Cambridge: Cambridge Univ. Press.

—— and Trilling, L.(1976). *The Correspondence of Isaac Newton*. Cambridge: Cambridge Univ. Press.

Hamilton, Henry(1963). *An Economic History of Scotland in the Eighteenth*

Century. Oxford: Clarendon Press.

Hamilton of Bangour, William(1850). *Poems and Songs*, ed. James Paterson. Edinburgh: Thomas George Stevenson, Bookseller.

Hamilton, Sir William(1853). *Discussions on Philosophy and Literature, Education and University Reform*(chiefly from the Edinburgh Review), 2nd edn. London: Longman.

Hamilton, Willis D.(1997). *Dictionary of Miramichi Biography*. Saint John, NB, Canada: Privately published.

Hampson, Norman(1978). *Danton*. London: Duckworth.

Hancock, David(1996). *Citizens of the World: London Merchants and the Integration of the British Atlantic Community*. Cambridge: Cambridge Univ. Press.

Handley, James E.(1953). *Scottish Farming in the Eighteenth Century*. London: Faber & Faber.

Hanley, Ryan Patrick(2006). 'From Geneva to Glasgow: Rousseau and Adam Smith on the Theater and Commercial Society', *Studies in Eighteenth-Century Culture*, 35: 177–202.

—— (2008). 'Commerce and Corruption. Rousseau's Diagnosis and Smith's Cure', *European Journal of Political Theory*, 7: 137–158.

—— (2009). *Adam Smith and the Character of Virtue*. Cambridge: Cambridge Univ. Press.

Hann, C. M.(ed.)(1990). *Market Economy and Civil Society in Hungary*. London: Taylor & Francis.

Harmin, Claire(2008). 'Partiality and Prejudice: The Young Jane Austen's "Hatred of All Those People Whose Parties or Principles Do Not Suit With Mine"', *Times Literary Supplement*, 1 Feb.: 14–15.

Harris, Bob(2008). *The Scottish People and the French Revolution*. London: Pickering & Chatto Publishers.

Harris, James A.(2008). 'Editing Hume's Treatise', *Modern Intellectual History*, 5.3: 633–641.

Harris, Joseph(1757–1758). *An Essay on Money and Coins*. Parts I and II. London: G. Hawkins.

Harris, R. D.(1979). *Necker, Reform Statesman of the Old Regime*. Berkeley, CA: Univ. of California Press.

Harris, Tim(2007). 'James Scott, Duke of Monmouth and First Duke of Buccleuch', *ODNB*-O.

Haskell, Francis, and Penny, Nicholas(1982). *Taste and the Antique: The Lure of Classical Sculpture 1500–1900*. New Haven, CT: Yale Univ. Press.

Haskell, Thomas L., and Teichgraeber, Richard F., III(eds.)(1993). *The Culture of the Market: Historical Essays*. Cambridge: Cambridge Univ. Press.

Hatch, Gary Layne(1994). 'Adam Smith's Accusation of Plagiarism Against Hugh Blair', *Eighteenth-Century Scotland*, 8: 7–10.

Hay, Douglas et al.(eds.)(1977). *Albion's Fatal Tree: Crime and Society in Eighteenth-Century England*. Harmondsworth: Penguin.

Haym, Niccola Francesco(1803). *Biblioteca italiana: ossia notizia de libri rari italiani*. 2 vols. Milan: Giovanni Silvestri.

Hazen, Allen T.(1969). *A Catalogue of Horace Walpole's Library, with Horace Walpole's Library by W. S. Lewis*. 4 vols. Oxford: Oxford Univ. Press.

Heath, Sir Thomas L.(1955). *Introduction to Euclid's Elements*, ed. Isaac Todhunter. London: Dent.

Hegel, Georg Wilhelm Friedrich(1942). *Philosophy of Right*, trans. with notes T. M. Knox. Oxford: Clarendon Press.

—— (1991). *Elements of the Philosophy of Right*, ed. Allen W. Wood, trans. H. B. Nisbet. Cambridge: Cambridge Univ. Press.

Heirwegh, Jean-Jacques and Mortier, Roland(1983). 'Les duchés de Luxembourg et de Bouillon', in Hervé Hasquin(ed.), *La Vie culturelle dans nos provinces(Pays-Bas autrichiens, principauté de Liège et duché de Bouillon) au XVIIIe siècle*. Brussels: Crédit Communal de Belgique.

Henderson, Willie et al.(eds.)(1993). *Economics and Language*. London: Routledge.

Henry, John(2004). 'John Keill', *ODNB*-O.

Herbener, Jeffrey M.(ed.)(1993). *The Meaning of Ludwig von Mises: Contributions in Economics, Sociology, Epistemology, and Political Philosophy*. Auburn, AL: Ludwig von Mises Institute.

Henderson, Willie, Dudley-Evans, Tony, and Backhouse, Roger(eds.)(1993). *Economics and Language*. London: Routledge.

Hetherington, Sir Hector et al.(1985). *The University of Glasgow Through Five Centuries, 1951*. Glasgow: Glasgow Univ. Press.

Hill, John(1807). *An Account of the Life and Writings of Hugh Blair*. London: T. Cadell & W. Davie; Edinburgh: J. Balfour.

Himmelfarb, Gertrude(1984). *The Idea of Poverty: England in the Early Industrial Age*. New York: Knopf.

Hirschman, Albert O.(1977). *The Passions and the Interests: Political Arguments for Capitalism Before Its Triumph*. Princeton, NJ: Princeton Univ. Press.

Hirshfeld, Alan (2001). *Parallax: The Race to Measure the Cosmos*. New York: Henry Holt.

Holcombe, Kathleen(1995). 'Thomas Reid in the Glasgow Literary Society', in Hook and Sher(1995: 95-110).

Holdsworth, Sir William(1966). *A History of English Law, xii: The Eighteenth Century: The Professional Development of the Law*. London: Methuen/Sweet & Maxwell.

Hollander, Samuel(1973). *The Economics of Adam Smith*. Toronto: Univ. of Toronto Press.

Holloway, James(1986). *James Tassie 1735–1799*. Edinburgh: National Galleries of Scotland Trustees.

Home, John(1822). *Works. With an Account of His Life and Writings by Henry Mackenzie*. 3 vols. London: Hurst, Robinson; Edinburgh: A. Constable.

Hont, Istvan(2005). *Jealousy of Trade: International Competition and the National State in Historical Perspective*. Cambridge, MA: Bellknap Press of Harvard Univ. Press.

—— (2008). 'The "Rich Country—Poor Country" Debate Revisted: The Irish Origins and French Reception of the Hume paradox', in Carl Wennerlind and Margaret Schabas(2008).

—— and Ignatieff, Michael(eds.)(1983). *Wealth and Virtue: The Shaping of Political Economy in the Scottish Enlightenment*. Cambridge: Cambridge

Univ. Press.

Hook, Andrew(ed.)(1987). *The History of Scottish Literature, ii: 1660–1800*. Aberdeen: Aberdeen Univ. Press.

——(2008). *Scotland and America: A Study of Cultural Relations, 1750–1835*. Glasgow: Zeticula/Humming Earth.

—— and Sher, Richard B.(eds.)(1995). *The Glasgow Enlightenment*. Edinburgh: Canongate Academic.

Hope, Vincent(1989). *Virtue by Consensus: The Moral Philosophy of Hutcheson, Hume, and Adam Smith*. Oxford: Clarendon Press.

Horn, D. B.(1967). *A Short History of the University of Edinburgh, 1556–1889*. Edinburgh Univ. Press.

Horne, Revd George(1777). *A Letter to Adam Smith, LLD. on the Life, Death, and Philosophy of his Friend David Hume, Esq. By One of the People Called Christians*. Oxford.

Horner, Francis(1957). *Economic Writing*, ed. Frank W. Fetter. London: London School of Economics and Political Science.

House, Jack(1965). *The Heart of Glasgow*. London: Hutchinson.

—— (1975). *The Lang Toun*. Kirkcaldy: Kirkcaldy Town Council.

Houston, R. A.(1985). *Scottish Literacy and the Scottish Identity*. Cambridge: Cambridge Univ. Press.

—— (1989). 'Scottish Education and Literacy, 1600–1800: An International Perspective', in Devine(1989: 43–61).

—— (1994). *Social Change in the Age of the Enlightenment: Edinburgh, 1660–1760*. Oxford; Clarendon Press.

Howard, Alison K.(1959). 'Montesquieu, Voltaire and Rousseau in Eighteenth Century Scotland: A Check List of Editions and Translations of Their Works Published in Scotland before 1801', *The Bibliotheck*, 2: 40–63.

Howarth, W. D.(1989). 'The Danton/Robespierre Theme in European Drama', in Mason and Doyle(1989: 21–34).

Howell, William Samuel(1971). *Eighteenth-Century British Logic and Rhetoric*. Princeton, NJ: Princeton Univ. Press.

Hudson, Nicholas(1988). *Samuel Johnson and Eighteenth-Century Thought*.

Oxford: Clarendon Press.

—— (1992). 'Dialogue and the Origins of Language: Linguistic and Social Evolution in Maudeville, Condillac, and Rousseau', in Kevin Cope(ed.), *Compendious Conversations*. Frankfurt am Main: Peter Lang.

Hume, David(1739–40/2000). *A Treatise of Human Nature*, and Abstract, ed. David Fate Norton and Mary J. Norton, intro. David Fate Norton. Oxford Philosophical Texts. Oxford. Oxford Univ. Press.

—— (1741). *Essays, Moral and Political* Vol. 1. Edinburgh: R. Fleming and A. Alison for A. Kincaid, bookseller[Mizuta].

Hume, David(1942). *Essays, Moral and Political*, Vol. 2. Edinburgh: printed for A. Kincaid by R. Fleming and A. Alison.

—— (1748). *A True Account of the Behaviour and Conduct of Archibald Stewart, Esq; late Lord Provost of Edinburgh. In a Letter to a Friend*. London: M. Cooper.

—— (1748/2000). *Philosophical Essays concerning Human Understanding*[Mizuta][from 1758, *An Enquiry concerning Human Understanding*], ed. Tom L. Beauchamp. *Clarendon Edn. of the Works of David Hume*. Oxford: Clarendon Press.

Hume, David(1751/1998). *An Enquiry concerning the Principles of Morals*, ed. Tom

L. Beauchamp, Clarendon edn. Oxford: Clarendon Press.

—— (1752). *Political Discourses*. Edinburgh: Printed by R. Fleming for A. Kincaid and A. Donaldson.

Hume, David(1757). *Four Dissertations. I. The Natural History of Religion. II. Of the Passions. III. Of Tragedy. IV. Of the Standard of Taste*. London: A. Millar[Mizuta]. Original from Oxford Univ. Digitized 4 Oct. 2007. Accessed online.

—— (1766). *Exposé succinct de la contestation...entre M. Hume et M. Rousseau, avec piéces justicatives*, trans. J.-B. A. Suard, ed. Jean Le Rond d'Alembert. Paris.

—— (1778/1983). *The History of England*. 6 vols., Foreword by William B. Todd. Indianapolis: Liberty Fund.

—— (2000). *The History of England*. Variorum edn., ed. Frits L. van Holthoon. Intelex Corp., Virginia. Accessed online: http://www.nlx.com/titles/titlhumh. htm, incorporating changes, 1750s to 1778.

—— (1783). *Essays on Suicide and The Immortality of the Soul, ascribed to the late David Hume, Esq···to which is added Two Letters on Suicide, from Rousseau's Eloisa*. London: M. Smith.

—— (2007). Marginalia.

Hundert, Edward G.(1994). *The Enlightenment's Fable: Bernard Mandeville and the Discovery of the Society*. Cambridge: Cambridge Univ. Press.

Hurtado-Prieto, Jimena(2006). 'The Mercantilist Foundation of Dr Mandeville's Licentious System', in Montes and Schliesser(2006: 221-446).

Hutcheson, Francis(1730/1993). 'De naturali hominum socialitate', ed. and trans. T. Mautner, in *Two Texts on Human Nature*. Cambridge: Cambridge Univ. Press.

—— (1742/1745—2007). *Philosophia moralis institutio compendiaria, with A Short Introduction to Moral Philosophy*, ed. Luigi Turco. Indianapolis: Liberty Fund.

—— (1969). *Collected Works*, fac. ed. and Bernhard Fabian. Hildesheim: Georg Olms.

—— (2003). *An Essay on the Nature and Conduct of the Passions and Affections, with Illustrations on the Moral Sense*, ed. and intro. Aaron Garrett. Indianapolis: Liberty Classics.

—— (1725 1st edn., 2004; 2nd edn., 2008). *An Inquiry into the Original of Our Ideas of Beauty and Virtue*, ed. intro. Wolfgang Leidhold. Indianapolis: Liberty Fund.

—— (2006). *Logic, Metaphysics, and the Natural Sociability of Mankind*, ed. James Moore and Michael Silverthorne, texts trans. from Latin by Michael Silverthorne, intro. James Moore. Indianapolis: Liberty Fund.

—— (2011 expected). *A System of Moral Philosoph*, ed. Knud Haakonssen. Indianapolis: Liberty Fund.

—— (2011 expected). *The Correspondence and Occasional Writings of Francis Hutcheson*, ed. James Moore and M. A. Stewart. Indianaplis: Liberty Fund.

Hutchison, Terence(1976). 'Adam Smith and *WN*', *Journal of Law and Economics*, 19: 507–528.

—— (1988). *Before Adam Smith: The Emergence of Political Economy, 1662–1776*. Oxford: Blackwell.

Hyslop, Beatrice(1936). *Guide to the General Cahiers of 1789*. New York: Columbia Univ. Press.

Ignatieff, Michael(1986). 'Smith, Rousseau and the Republic of Needs', in T. C. Smout(ed.), *Scotland and Europe 1200–1850*. Edinburgh: Donald.

—— and Hont(1983), in Hont and Ignatieff(1983).

Index Librorum prohibitorum⋯Pii septimi (1757/1819). Ed. by Alex. Angelicus Bardani, [preface by] Benedictus XIV. Romae: ex typographia Camerae Apostolicae.

Ingrao, Bruno and Israel, Giorgio(1990). *The Invisible Hand*, trans. Ian McGilvray. Cambridge, MA: MIT Press.

Innes, Cosmo(1862). 'Memoir of Dalzel', in Dalzel(1862).

—— (1872). *Lectures on Scotch Legal Antiquities*. Edinburgh: Edmonston & Douglas.

Iser, Wolfgang(1972/1974). *The Implied Reader*, trans. David Henry Wilson. Baltimore: Johns Hopkins Univ. Press.

Jacob, Margaret C.(1991). *Living the Enlightenment: Freemasonry and Politics in Eighteenth-Century Europe*. New York: Oxford Univ. Press.

Jacobs, Jane(1984). *Cities and the Wealth of Nations: Principles of Economic Life*. Harmondsworth: Penguin.

James, Lawrence(1997). *Raj: The Making & Unmaking of British India*. London: Abacaus. Jammes, Paul(1976). Dix-huitième siècle, Catalogue 227. Paris: Librairie Paul Jammes.

Jardine, George(1825). *Outlines of Philosophical Education, Illustrated by the Method of Teaching the Logic in the University of Glasgow*, 2nd edn. Edinburgh: Oliver & Boyd.

Jardine, Nicholas(1987). 'Scepticism in Renaissance Astronomy: A Preliminary Study', in R. H. Popkins and Charles B. Schmitt(eds.), *Scepticism from the Renaissance to the Enlightenment*. Wiesbaden: Otto Harrosswitz.

Jenkins, Simon(2007). *Thatcher and Sons: A Revolution in Three Acts*. London: Penguin Books.

Joersson, S. A.(1796). *Adam Smith Author of an Inquiry into the Wealth of Nations and Thomas Paine Author of the Decline and Fall of the English System of Finance*. *Germany*, 2nd edn. London: repr. for D. I. Eaton.

Jogland, Herta H.(1959). *Ursprünge und Grundlagen der Soziologie bei Adam Ferguson*. Berlin: Duncker & Humblot.

Johnson, David(1997). *Scottish Fiddle Music in the 18th Century: a Musical Collection and Historical Study*, 2nd edn. Edinburgh: Mercat Press.

Johnson, Samuel(1775/1985). *A Journey to the Western Islands of Scotland*, ed. with intro. and notes J. D. Fleeman. Oxford: Oxford Univ. Press.

—— (1810–1811). *Works. New edn. with an Essay on his Life and Genius by Arthur Murphy*. 14 vols. London: J. Nichols et al.

Jones, Jean(1986). 'James Hutton', in Daiches et al.(1986: 116–136).

—— (1990). *Morals, Motives & Markets: Adam Smith 1723–1790: A Bicentenary Exhibition Catalogue*. Edinburgh: Royal Museum of Scotland/ Adam Smith Bicentenary Committee.

Jones, John(1988). *Balliol College: A History 1263–1939*. Oxford: Oxford Univ. Press.

—— (2005a). *Balliol College: A History*, 2nd edn. rvsd. Oxford: Oxford Univ. Press.

—— (2005b). 'Charles Godwin', *ODNB-O*.

—— (2005c). 'Joseph Sandford', *ODNB-O*.

—— and Sander, Anne(January, 2009). 'Catalogue of an Exhibition arranged for a Conference of the International Adam Smith Society'.

Jones, Peter, 1(1982). 'The Polite Academy and the Presbyterians, 1720–1770', in Dwyer et al.(1982: 156–178).

Jones, Peter, 2(1985). *Lord Grenville: 1759–1834*. Oxford: Clarendon Press.

Jones, Peter, 3, and Jones, Jean(eds.)(1986). *A Hotbed of Genius: The Scottish Enlightenment 1730–1790*. Edinburgh: Edinburgh Univ. Press.

Jones, Peter(ed.)(1988). *Philosophy and Science in the Scottish Enlightenment*. Edinburgh: Donald.

—— (ed.)(1989). *The 'Science of Man' in the Scottish Enlightenment: Hume, Reid and Their Contemporaries*. Edinburgh: Edinburgh Univ. Press.

—— (1992a). 'The Aesthetics of Adam Smith', in Jones and Skinner(1992b: 56-78).

—— and Skinner, Andrew S.(eds.)(1992b). *Adam Smith Reviewed*. Edinburgh: Edinburgh Univ. Press.

Joseph, Sir Keith(April, 1976). *Monetarism Is Not Enough: Stockton Lecture*. London: Centre for Policy Studies.

Jupp, Peter(1985). *Lord Grenville: 1759-1834*. Oxford: Clarendon Press.

Justinus(1996). *Epitome of the Philippic History of Pompeius Trogus*. vol. 1, books 11-12, trans. John Yardley. Oxford: Clarendon Press.

Kames, Lord Henry Home(1747). *Essays upon Several Subjects concerning British Antiquities*. Edinburgh: A. Kincaid; (1797) Edinburgh: Printed by T. MacCliesh & Co.

—— (1751). *Essays on the Principles of Morality and Natural Religion*. Edinburgh: A. Kincaid & A. Donaldson (1758) 2nd. edn.; (1779) 3rd edn. London: J. Murray; Edin- burgh: J. Bell.

—— (1758). *Historical Law-Tracts*. London: A. Millar; Edinburgh: A. Kincaid & J. Bell; (2011 expected) ed. Mary Catherine Moran. Indianapolis: Liberty Fund.

—— (1760). *Principles of Equity*. London: A. Millar; Edinburgh: A. Kincaid & J. Bell; (2011 expected) ed. Michael Lobban. Indianapolis: Liberty Fund.

—— (1762). *Elements of Criticism*. 2 vols. Edinburgh: A. Kincaid & J. Bell; (2005) ed. Peter Jones. Indianapolis: Liberty Fund.

—— (1774). *Sketches of the History of Man*. 2 vols. London: W. Strahan & T. Cadell; Edinburgh: W. Creech; (2007) ed. James A. Harris, 3 vols. Indianapolis: Liberty Fund.

—— (1776). *The Gentleman Farmer*. Edinburgh: W. Creech.

—— (1993). *Collected Works*. London: Routledge/Thoemmes.

—— (2005). ed. with intro. Mary Catherine Moran. *Several Essays Addded Concening the Proof of a Deity*. Indianapolis: Liberty Fund. Accessed online: http://oll.libertyfund.org/title/1352/66282 22 Oct. 2008.

Kant, Immanuel(1900-). *Gesammelte Schriften*, edn. Königlich

Preußischen[later Deutschen] Akademie der Wissenschaften. Berlin: Georg
Reimer[later Walter de Gruyter].

—— (1967). *Philosophical Correspondence*, ed. and trans. A. Zweig. Chicago,
IL: Chicago Univ. Press.

Karier, Thomas(1997). *Great Experiments in American Economic Policy:
From Kennedy to Reaga*n. Westport, CT: Praeger.

Kay, John(1842). *A Series of Original Portraits and Character Etchings*. 2 vols.
Edinburgh: Hugh Paton.

Keane, John(ed.)(1988). *Civil Society and the State: New European Perspectives*.
London: Verso.

Keill, John(1705). *Introductio ad veram physicam*, 2nd edn. Oxford: Bennet.

—— (1718). *Introductio ad veram astronomiam*. Oxoniae/Londini: E Theatro
Sheldoniano, Imprensis Hen. Clements.

Kemp, Peter(ed.)(1979). *Oxford Companion to Ships and the Sea*. London:
Oxford Univ. Press.

Kennedy, Emmet(1989). *A Cultural History of the French Revolution*. New
Haven, CT: Yale Univ. Press.

Kennedy, Gavin(2005). *Adam Smith's Lost legacy*. Houndmills, Basingstoke,
Hants./NY: Palgrave Macmillan.

—— (2008). *Adam Smith as a Moral Philosopher and His Political Economy*.
Houndsmill, Basingstoke, Hants. NY: Palgrave Macmillan.

—— (2009). 'Adam Smith and the Invisible Hand: From Metaphor to Myth',
Economic Journal Watch, 6. 2: 174–196.

Kenyon, J. P.(ed. and intro.)(1969). *Halifax: The Complete Works*.
Harmondsworth: Penguin.

Kerr, Robert(1811). *Memoirs of the Life, Writing, and Correspondence of
William Smellie*. 2 vols. Edinburgh: John Anderson.

Keynes, John Maynard(1963). *Essays in Biography*. New York: Norton.

Kidd, Colin(1993). *Subverting Scotland's Past*. Cambridge: Cambridge Univ.
Press.

'Kirkcaldy Links Market—a History'(2008a). Accessed online.

'Kirkcaldy Links Market'(2008b). National Fairground Archive. Univ. of

Sheffield. Accessed online.

Kitchin, A. H. and Passmore, R.(1949). *The Scotsman's Food: An Historical Introduction to Modern Food Administration*. Edinburgh: Livingstone.

Klein, Lawrence E.(1994). *Shaftesbury and the Culture of Politeness: Moral Discourse and Cultural Politics in Early Eighteenth-Century England*. Cambridge: Cambridge Univ. Press.

Klemme, Heiner F.(1991). 'Adam Smith an Thomas Cadell: Zwei neue Briefe', *Archiv für Geschichte der Philosophie*, 73: 277–280.

—— (2003). 'Scepticism and Common Sense', in Broadie(2003: 117–135).

Knapp, Lewis Mansfield(1949). *Tobias Smollett: Doctor of Men and Manner*. Princeton, NJ: Princeton Univ. Press.

Kobayashi, Noburu(1967). 'James Stewart, Adam Smith and Friedrich List', Science Council of Japan, Division of Economics, Commerce and Business Administration, Economics Series No. 40.

Krammick, Isaac(1990). *Republicanism and Bourgeois Radicalism*. Ithaca, NY: Cornell Univ. Press.

Kuhn, Thomas(1970). *The Structure of Scientific Revolutions*, 2nd edn. Chicago, IL: Univ. of Chicago Press.

Kumar, Krishnan(1993). 'Civil Society: An Inquiry into the Usefulness of an Historical Term', *British Journal of Sociology*, 44: 375–395.

Kurland, Gabriel(16 Dec. 2008). 'The Madoff Affair: Greed's Victory Over Common Sense'. Accessed online.

Kurtz, Stephen G., and Hutson, James H.(eds.)(1973). *Essays on the American Revolution*. New York: Norton.

Lafitau, Joseph-François(1977). *Customs of the American Indians Compared with the Customs of Primitive Times*, ed. and trans. William N. Fenton and Elizabeth L. Moore. Toronto: Champlain Society.

Lagrave, Jean-Paul de(1989). 'L'Influence de Sophie de Grouchy sur la pensée de Condorcet', in Crépel et al.(1989: 434–442).

Lakatos, Imre(1970). 'Falsification and the Methodology of Scientific Research Programmes', in I. Lakatos and A. Musgrove(eds.), *Criticism and the Growth of Knowledge*. Cambridge: Cambridge Univ. Press.

Lamb, J. C.(1963). 'David Stuart Erskine, 11th Earl of Buchan: A Study of His Life and Correspondence'. University of St Andrews PhD thesis.

Landsman, Ned C.(1990). 'Witherspoon and the Problem of Provincial Identity in Scottish Enlightenment Culture', in Sher and Smitten(1990: 29 –45).

—— (1991). 'Presbyterians and Provincial Society: The Evangelical Enlightenment in the West of Scotland, 1740 –1775', in Dwyer and Sher(1991: 194 –209).

Lane, Robert E.(1991). *The Market Experience*. Cambridge: Cambridge Univ. Press.

Lange, Oskar(1946). 'The Scope and Method of Economics', *Review of Economic Studies*, 13(1): 19 –32.

La Rochefoucauld, François VI, duc de(1665). *Réflexions ou sentences et maximes morales*. À Paris: Chez Claude Barsin.

Lasarte, Javier(1976). *Economica y hacienda al final del antiquo regimen: dos estudios*. Madrid.

Latsis, S. J.(1976). 'A Research Programme in Economics', in Latsis(ed.), *Method and Appraisal in Economics*. Cambridge: Cambridge Univ. Press.

Laugier, Lucien(1979). *Turgot ou le mythe des réformes*. Paris: Albatros.

Laurent-Hubert, M.(1987). 'L'essai sur les moeurs et l'esprit des nations; une histoire de la monnaie'[par Voltaire], dans *Le Siècle de Voltaire. Hommage à René Pomeau*, éd. C. Mervaud. Oxford. 2 vols. ii. 577 –591.

Law, Alexander(1965). *Education in Edinburgh in the Eighteenth Century*. London: Athlone Press.

—— (1984). 'Scottish Schoolbooks of the Eighteenth and Nineteenth Centuries', pt. ii, *Studies in Scottish Literature*, 19: 56 –71.

Leddy, Nevin B.(2008). 'Adam Smith's Moral Philosophy in the Context of Eighteenth-Century French Fiction', *Adam Smith Review*, 4: 158 –180.

—— (2009a). 'Adam Smith's Moral Philosophy in the Context of Eighteenth-Century Fiction: Epicurus, Sympathy, and the Roman D'analyse'. DPhil thesis, Dept. of History, Univ. of Oxford.

—— (2009b). 'Adam Smith's Critique of the French Enlightenment: Rousseau, Diderot and the Encyclopedia Project', in (eds.) Leddy and Lifschitz(2009).

—— and Lifschitz, Avi(eds.)(2009). 'Epicurus in the Enlightenment: Mode d'emploi'. SVEC.

Lee, Stephen M.(2008). 'William Eden, First Baron Auckland', *ODNB*-O.

Lee-Warner, E.(1901). *The Life of John Warner, Bishop of Rochester 1637–1666*. London: Mitchell & Hughes.

Leechman, William(1755). *Preface to Francis Hutcheson, A System of Moral Philosophy*. Repr. in *Works*(1969).

Lehrer, Keith(1991). *Thomas Reid*. London: Routledge.

Leigh, Ralph A.(1986). 'Rousseau and the Scottish Enlightenment,' *Political Economy*, 5: 1–21.

Lenman, Bruce(1977). *An Economic History of Modern Scotland 1660–1976*. London: Batsford.

—— (1980). *The Jacobite Risings in Britain: 1689–1746*. London: Eyre Methuen.

Lenman, Leah(2000). 'Defamation in Scotland, 1750–1800', *Continuity and Change*, 15: 209–234.

Lescure, A.-M. de(1869–1871). *Nouveaux mémoires du maréchal duc de Richelieu 1696–1788*. 4 vols. Paris: Dentu.

Leslie, Charles Robert and Taylor, Tom(1865). *Life and Times of Sir Joshua Reynolds*. London: John Murray.

Leslie, Sir Robert(1797). 'Review of *EPS*', *Monthly Review*: v. 22: 57–68; v. 23: 18–33, 152–166.

Lieberman, David(2006). 'Adam Smith on Justice, Rights, and Law', in Haakonssen (2006: 214–245).

Lindgren, J. R.(1969). 'Adam Smith's Theory of Inquiry', *Journal of Political Economy*, 77: 897–915.

Lindsay, Ian G., and Cosh, Mary(1973). *Inveraray and the Dukes of Argyll*. Edinburgh: Edinburgh Univ. Press.

Lluch, Ernest(1989). 'Condorcet et la diffusion de la Richesse des nations en Espagne', in Crépel et al.(1989: 188–195).

Lobel, Mary D., and Crossley, Alan(1969). *A History of the County of Oxford, ix: Bloxham Hundred.(The Victoria History of the Countries of England.)*

Oxford: Oxford Univ. Press for the Institute of Historical Research. Accessed online: on http://www.british-history.ac.uk/report.aspx?compid=1019012 17 Jan. 2009.

Lochhead, Marion(1948). *The Scots Household in the Eighteenth Century.* Edinburgh: Moray Press.

Lock, F. P.(1999). *Edmund Burke*, v. i: 1730 –1784; (2006). v. ii: 1784 –1797. Oxford: Clarendon Press.

—— (2007). 'Adam Smith and the 'Man of System': Interpreting *TMS* VI.ii.2.12-18', *Adam Smith Review*, 3: 37 –48.

Locke, John(1690/1700, 4th edn./1988 rpt.). E*ssay concerning Human Understanding*, ed. and intro. Peter H. Nidditch. Oxford: Clarendon Press.

—— (1991). *Locke on Money.* The Clarendon Edn. of the Works of John Locke, vol. 1, ed. Patrick Hyde Kelly. Oxford: Clarendon Press.

Lockhart of Carnwarth, George(1995). *'Scotland's Ruine': Memoirs of the Union*, ed. Daniel Szechi. Aberdeen: Assoc. for Scottish Literary Studies.

Lomonaco, Jeffrey(2002). 'Adam Smith's "Letter to the Authors of the *Edinburgh Review*"', *JHI*, 63(4), Oct.: 659 –676.

Long, A. A.(2002). *Epictetus: A Stoic and Socratic Guide to Life.* Oxford: Oxford Univ. Press; Rev. Stephens(2002).

—— and Sedley, D. N.(1988). *The Hellenistic Philosophers, i: Translation of Principal Sources with Philosophical Commentary.* Cambridge: Cambridge Univ. Press.

Long, Douglas G.(1977). *Bentham on Liberty.* Toronto: Univ. of Toronto Press.

—— (2006). 'Adam Smith's Politics', in Haakonssen(2006: 288 –318).

Lowe, Adolph(1975). 'Adam Smith's System of Equilibrium Growth', in Skinner and Wilson(1975: 415 –454).

Lubasz, Heinz(1995). 'Adam Smith and the "Free Market"', in Stephen Copley and Kathryn Sutherland(eds.), *Smith's Wealth of Nations: New Interdisciplinary Essays.* Manchester: Manchester Univ. Press.

Lucretius Carus, Titus(1975). *De rerum natura*, trans. W. H. D. Rouse, revsd. Martin Ferguson-Smith. Loeb Classical Libr. No. 181. Cambridge, MA: Harvard Univ. Press.

—— (2008). The Nature of Things, trans. A. E. Stallings, intro. Richard Jenkyns. London: Penguin Paperback.

Lux, Kenneth(1990). *Adam Smith's Mistake: How a Moral Philosopher Invented Economics and Ended Morality*. Boston, MA: Shambala.

Lynch, Michael(1994). *Scotland: A New History*. London: Pimlico.

McCloskey, Donald N.(1990). *If You're So Smart: The Narrative of Economic Expertise*. Chicago, IL: Univ. of Chicago Press.

—— (1993). *Knowledge and Persuasion in Economics*. New York: Cambridge Univ. Press. MacAlpine, Ida and Hunter, Richard(1969). *George III and the Mad Business*. London. Allen Lane.

McCulloch, J. R.(1855). *Sketch of Life and Writings of Adam Smith, LL.D.* Edinburgh: privately printed by Murray & Gibb.

McDonald, A. H.(1978). 'Eutropius', *The Oxford Classical Dictionary*, 2nd edn. Oxford: Oxford Univ. Press.

MacDonald, Alexander(1751). *Ais-eiridh na sean chanoin Albannaich[The Resurrection of the Ancient Scottish Tongue]*. Edinburgh.

MacDonald, Donald(1822). *The Ancient Martial Music of Caledonia, called Piobaireachd*. Edinburgh: Alexander Robertson. Available on CD from Ceol Sean, 432 Maggie Dr., Springfield, Ill., USA IL 62711.

McDonald, Laurence G. and Robinson, Patrick(2009). *A Colossal Failure of Common Sense: The Inside Story of the Collapse of Lehman Brothers*. New York: Crown Publishing Group/Random House, Inc.

Macfie, A. L.(1961). 'Review of C. R. Fay, The World of Adam Smith(1960)', *Economic Journal*, 61: 151.

—— (1967). *The Individual in Society: Papers on Adam Smith*. London: Allen & Unwin.

—— (1971). 'The Invisible Hand of Jupiter', *JHI*, 32: 595–599.

McIntosh, J. R.(1989). 'The Popular Party in the Church of Scotland'. PhD thesis, Univ. of Glasgow.

Mackay, A. J. G.(1896). *A History of Fife and Kinross*. Edinburgh: Blackwood.

McKean, Charles, and Walker, David(1982). *Edinburgh: An Illustrated Architectural Guide*. Edinburgh: RIAS Publications.

MacKechnie, Hector(ed.)(1936). *An Introductory Survey of the Sources and Literature of Scots Law*. Edinburgh: Stair Society.

Mackenzie, Henry(ed.)(1805). *Report of the Committee of the Highland Society of Scotland, appointed to Inquire into the Nature and Authenticity of the Poems of Ossian, with a Copious Appendix, containing some of the principal Documents on which the Report is founded*. Edinburgh: Constable; London: Hurst, Ress and Orme.

—— (1808). 'A Review of the Principal Proceedings of the Parliament of 1784', in *Works*, vii. Edinburgh: Archibald Constable & Co./William Creech et al.

—— (1927). *Anecdotes and Egotisms, 1745–1831*, ed. Harold W. Thompson. London: Oxford Univ. Press.

Mackie, J. D.(1948). 'The Professors and Their Critics', *Proceedings of the Royal Philosophical Society of Glasgow*, 72: 37–58.

—— (1954). *The University of Glasgow 1451 to 1951*. Glasgow: Jackson.

McKindrick, Neil, Brewer, John, and Plumb, J. H.(eds.)(1982). *The Birth of a Consumer Society: The Commercialization of Eighteenth-Century England*. Bloomington, IN: Univ. of Indiana Press.

Maclaurin, Colin(1968). *An Account of Sir Isaac Newton's Philosophical Discoveries(1748)*, 1st edn. fac. and intro. by L. L. Laudan. New York: Johnson Reprint.

McLean, Iain(2006). *Adam Smith, Radical and Egalitarian*. Edinburgh: Edinburgh Univ. Press.

McLellan, David(1972). *Marx before Marxism*. Harmondsworth: Pelican.

Macleod, Alistair M.(1990). 'The Invisible Hand: Milton Friedman and Adam Smith'. TS, Vancouver Smith Symposium.

Macleod, E. V.(2006). 'David Steuart Erskine, 11th Earl of Buchan', *ODNB*.

McLynn, Frank(1991). *Charles Edward Stuart: A Tragedy in Many Acts*. Oxford: Oxford Univ. Press.

McMahon, Christopher(1981). 'Morality and the Invisible Hand', *Philosophy and Public Affairs*, 10: 247–277.

Macmillan, Duncan(1986). *Painting in Scotland: The Golden Age, 1707–1843*. London: Phaidon.

McNeill, Carol(2004). *Kirkcaldy Links Market*. Fife Council: Community Services.

Macpherson, James(1760). [Ossian]. *Fragments of Ancient Poetry, collected in the Highlands of Scotland and translated from the Galic or Erse language by James Macpherson*. Edinburgh: G. Hamilton and J. Balfour.

—— (1762). *Fingal, an ancient epic poem . . . composed by Ossian, the son of Fingal. Translated···by Macpherson*. London: T. Becket and P.A. De Hondt.

—— (1763). *Temora, an ancient epic poem···composed by Ossian. Translated···by Macpherson*. London: T. Becket and P.A. De Hondt[Mizuta].

—— (1765). *The Works of Ossian*. 2 vols, trans. Macpherson. London: T. Becket and P.A. De Hondt.

—— (1996). *The Poems of Ossian and Related Works*, ed. Howard Gaskill. Edinburgh Univ. Press.

Macpherson, John(ed.)(1980). *The Minute Book of the Faculty of Advocates*, ii: 1713-1750. Edinburgh: The Stair Society.

M'Ure, John(1736). *A View of the City of Glasgow*. Glasgow.

McWilliam, Colin(1978). *Lothian except Edinburgh: The Buildings of Scotland*. Harmondsworth: Penguin.

Mack, Mary P.(1962). *Jeremy Bentham: An Odyssey of Ideas 1748-1792*. London: Heinemann Educational.

Maitland, James, 8th Earl of Lauderdale(1804). *Inquiry into the Nature and Origin of Public Wealt*h. Edinburgh: Constable.

Malabre, Alfred L., Jnr.(1994). *Lost Prophets: An Insider's History of the Modern Economists*. Boston, MA: Harvard Business School Press.

Mandelbrote, Scott(2004). 'John Hutcheson', *ODNB-O*.

Mandeville, Bernard(1924/1988 photo. repro.). *Fable of the Bees, or Private Vices, Public Benefits*. 2 vols., with commentary and notes by F. B. Kaye. Indianapolis: Liberty Classics.

Manning, Susan(2007). 'Henry Mackenzie's Report on Ossian: Cultural Authority in Transition', *Modern Language Quarterly*, 68: 517-539.

Manuel, Frank E.(1965 pk.). *The Prophets of Paris: Turgot, Condorcet, Saint-Simon, Fourier, Comte*. New York: Harper.

Marchak, M. Patricia(1991). *The Integrated Circus: The New Right and the Global Economy.* Montreal/Kingston: McGill-Queen's University Press.

Marcus Aurelius Antoninus(2008). *The Meditations of the Emperor Marcus Aurelius,* trans. and ed. Francis Hutcheson and James Moor, intro. James Moore and Michael Silverthorne. Indianapolis: Liberty Fund. Accessed online: http://oll.libertyfund.org/title/2133/193222 17 Oct. 2008.

Marivaux, Pierre Carlet de Chamblain de(1781). *Œuvres complètes.* 12 vols. Paris: Vve Duchesne.

Marquet, Louis(1989). 'Condorcet et la création du système métrique décimal', in Crépel et al.(1989: 52–62).

Marshall, David(1984). 'Adam Smith and the Theatricality of Moral Sentiments', *Critical Inquiry,* 10: 592–613.

Marshall, Gordon(1980). *Presbyteries and Profits: Calvinism and the Development of Capitalism in Scotland, 1560–1707.* Oxford: Clarendon Press.

Marshall, P. J.(ed.)(1981). *The Writings and Speeches of Edmund Burke, v: India, Madras and Bengal 1774–1785.* Oxford: Clarendon Press.

Marshall, P. J.(ed.)(1988). *Bengal: The British Bridgehead.* Cambridge: Cambridge Univ. Press.

Marshall, Rosalind Kay(1973). *The Days of Duchess Anne.* London: Collins.

—— (2004). 'Caroline Townshend, [née Campbell], suo jure Baroness Greenwich, countess of Dalkeith', *ODNB-O.*

Martinez de Iruja, Carlos, Marques de Casa(1792/1803/1814). *Compendio de la obra intitulada Riqueza de las Naciones, hecho por el Marqués de Condorcet.* Madrid: Imprim. Real.

Maruzen(1990). *Bicentenary Adam Smith Catalogue.* Tokyo: Maruzen.

Marx, Jacques(1976). *Charles Bonnet contre les lumières, 1738–1850.* 2 vols. Oxford: Oxford Univ. Press.

Marx, Karl(1859). 'Preface to Critique of Political Economy', in Marx and F. Engels (eds.), *Selected Works.* Moscow: Foreign Languages Publishing House, 1935.

Marx, Karl(1954). *Capital: A Critical Analysis of Capitalist Production,* trans.

from 3rd German edn. by Samuel Moore and Edward Aveling, ed. Frederick Engels. 2 vols. Moscow: Foreign Languages Publishing House.

Mason, Amelia Gere(2002). 'The Women of the French Salons. Project Gutenberg Text'. Accessed online.

Mason, H. T. and Doyle, W.(eds.)(1989). *The Impact of the French Revolution on European Consciousness*. Gloucester, UK/Wolfeboro, NH: Allan Sutton.

Mathias, Peter(1983). *The First Industrial Nation: An Economic History of Britain 1700–1914*, 2nd edn. London: Methuen.

Mathur, J. S. and Mathur, A. S.(1962). *Economic Thought of Mahatma Ghandhi*. Allahabad: Chaitnya Publishing House.

Matthew, W. M.(1966). 'The Origin and Occupations of Glasgow Students, 1740 –1839', *Past and Present*, 33: 74 –94.

Maupertuis, M.(1738). *The Figure of the Earth, Determined from Observations Made by Order of the French King, at the Polar Circle*. London: T. Cox, A. Millar et al.

May, Henry E.(1978). *The Enlightenment in America*. New York: Oxford Univ. Press.

Mazza, Emilio, and Ronchetti, Emanuele(eds.)(2005). *Instruction and Amusement: La ragioni dell'Illuminismo*. Padova: Il Poligrafo.

Meek, Donald E.(1990). 'The Gaelic Ballads of Scotland: Creativity and Adaptation', in Howard Gaskill(ed.), *Ossian Revisited*. Edinburgh: Edinburgh Univ. Press.

Meek, Ronald L.(1962). *The Economics of Physiocracy*. London: Allen & Unwin.

—— (ed.)(1973a). *Turgot on Progress, Sociology and Economics*. Cambridge: Cambridge Univ. Press.

—— (ed.)(1973b). *Precursors of Adam Smith*. London: Dent.

—— (1976). *Social Science and the Ignoble Savage*. Cambridge: Cambridge Univ. Press.

—— (1977). Smith, Marx, and After: Ten Essays in the Development of Economic Thought. London: Chapman & Hall.

—— and Kuczynski, Marguerite(eds.)(1972). *Quesnay's Tableau économique*.

London: Macmillan.

—— and Skinner, Andrew S.(1973a). 'The Development of Adam Smith's Ideas on the Division of Labour', *Economic Journal*, 83: 1094–1116.

Meikle, Henry W.(1912). *Scotland and the French Revolution*. Glasgow: Maclehose. *Mémoire et consultation sur une question du droit des gens*(1763). Paris: P. Simon.

Mickie, A. J. (1779/2000). 'A Candid examination of the reasons for depriving the East India Company of its charter, contained in "The history and management of the⋯Company, from its commencement to the present time". Together with strictures onsome of the self-contradictions and historical errors of Dr Adam Smith in his reasons for the abolition of the said Company', in *Adam Smith: Critical Assessments*, ed. Hiroshi Mizuta.

Middendorf, John(1961). 'Dr Johnson and Adam Smith', *Philological Quarterly*, 40: 281–296.

Mierzejewski, Alfred C.(2004). *Ludwig Erhard: A Biography*. Chapel Hill: Univ. of North Carolina Press.

Millar, John(1779). *Origin of the Distinction of Ranks*, 3rd edn. London: J. Murray.

—— (2006). *Origin of the Distinction of Ranks*, ed. and intro. Aaron Garrett. Indianapolis: Liberty Fund.

—— (1796). *Letters of Crito*. Edinburgh. Serially published in *Scots Chronicle*, May–Sept.

—— (1803). *An Historical View of the English Government: From the Settlement of the Saxons in Britain to the Revolution in 1688*; to which are Subjoined some Dissertations Connected with the History of Government from the Revolution to the Present Time, ed. John Craig and James Mylne, 3rd edn. 4 vols. London: Mawman.

—— (2006). *Historical View of the English Government*, ed. Mark Salber Phillips and Dale R. Smith and intro. Mark Salber Smith. Indianapolis: Liberty Fund.

Minowitz, Peter(1994). *Profits, Priests, and Princes: Adam Smith's Emancipation of Economics from Politics and Religion*. Cambridge:

Cambridge Univ. Press.

Minto, Countess of(1868). *A Memoir of the Rt. Hon. Hugh Elliot*. Edinburgh: Edmonston & Douglas.

Mitchell, Harvey(1987). 'The "Mysterious Veil of Self-Delusion" in Adam Smith's *TMS*', *Eighteenth-Century Studies*, 20: 405 –421.

Mitchell, L. G.(1992). *Charles James Fox*. Oxford: Oxford Univ. Press.

Mitford, Nancy(1958/1960 rpt.) *Madame de Pompadour*. Harmondsworth, Middlesex: Penguin.

—— (1960). *Voltaire in Love*. Harmondsworth, Middlesex: Penguin.

Mizuta, Hiroshi(ed.)(1977). 'Scottish Militia Tracts', with Intro., *Nagoya Reprints of the Scottish Enlightenment*, No. 3.

—— ed. (1998). *Adam Smith: Early German Responses*. X vols. Bristol: Thoemmes Press.

—— ed. (2000). *Adam Smith: Critical Responses*. 6 vols. London: Routledge, Taylor & Francis Group.

—— (2002a). *Adam Smith's Library: A Catalogue*. Oxford: Clarendon Press.

—— (2002b). 'Translations of Adam Smith's Works in Japan', in Tribe and Mizuta (2002b: 198 –208).

—— and Sugiyama, Chuhei(eds.)(1993). *Adam Smith: International Perspectives*. London: Macmillan.

—— and Tribe(eds.)(2002b). *A Critical Bibliography of Adam Smith*. London: Pickering and Chatto.

Momigliano, Arnaldo(1990). *The Classical Foundations of Modern Historiography*. Berkeley, CA: Univ. of California Press.

Monboddo, James Burnett(1774–1792). *Of the Origin and Progress of Language*. 6 vols. Edinburgh: A. Kincaid & W. Creech.

—— (1779–1799). *Antient Metaphysics*. 6 vols. Edinburgh: J. Balfour.

[Monro, Alexander and Hume, David(eds.)](1754). *Essays and Observations, Physical and Literary*. Edinburgh: G. Hamilton & J. Balfour.

Montes, Leonidas(2004). *Adam Smith in Context: A Critical Reassessment of Some Central Components of His Thought*. Houndsmills: Palgrave Macmilan.

Montes, Leonidas(2008). 'Adam Smith as an Eclectic Stoic', *Adam Smith*

Review, 4: 30−56.

——— (2006). *New Voices on Adam Smith*. London/New York: Routledge.

Montesquieu, Charles-Louis de Secondat, baron de la Brède et de(1724/1968). *Considérations sur les causes de la grandeur des Romains et de leur décadence*, chronologie et préface Jean Ehrard. Paris: Garnier-Flammarion.

——— (1748). *De l'esprit des lois*, 2 t. Geneva: Barillot(1989)., trans. and ed. Anne M. Cohler, Basia Carolyn Miller, and Harold Samuel Stone. Cambridge: Cambridge Univ. Press.

——— (1758). *Œuvres*, 3 t. Nouvelle édn., révue, corrigé, et augmenté par l'auteur. Amsterdam Leipsick: Arkstée et Merkus.

Moore, James(1990). 'The Two Systems of Francis Hutcheson: On the Origins of the Scottish Enlightenment', in Stewart(1990c: 37−59).

——— (2008). 'Francis Hutcheson', *ODNB*.

Moore, James and Silverthorne, Michael(1983). 'Gershom Carmichael and the Natural Jurisprudence Tradition in Eighteenth-Century Scotland', in Hont and Ignatieff(1983: 73−87).

——— and ——— (eds.)(2002). *Natural Rights on the Threshold of the Scottish Enlightenment: The Writings of Gershom Carmichael*. Indianapolis: Liberty Fund.

Morellet, Abbé A.(1821). *Mémoires*, ed. Pierre-Édouard Lémontey. 2 vols. Paris: Ladvocat.

Morrell, Jack(2004). 'Sir John Leslie', *ODNB*.

Morison, Samuel Eliot(1964). *John Paul Jones: A Sailor's Biography*. New York: Time.

Morris, Charles R.(2008). *The Trillion Dollar Meltdown: Easy Money, High Rollers, and the Great Credit Crash*. New York: Public Affairs Lrd./Perseus Books Group.

Moss, Michael S.(1996). See A. L. Brown and M. S. Moss.

Mossner, Ernest Campbell(1960). '"Of the Principle of Moral Estimation: A Discourse between David Hume, Robert Clerk, and Adam Smith": An Unpublished MS by Adam Ferguson', *JHI*, 21: 222−232.

——— (1963). 'Adam Ferguson's "Dialogue on a Highland Jaunt" with Robert

Adam, William Clerghorn, David Hume, and William Wilkie', in Carroll Camden(ed.), *Restoration and Eighteenth-Century Literature: Essays in Honour of Alan D. McKillop*. Chicago, IL: Univ. of Chicago Press.

—— (1965). 'Review of John M. Lothian(ed.), Adam Smith, *LRBL*(1963)', *Studies in Scottish Literature*, 2: 203 –204.

—— (1969). *Adam Smith: The Biographical Approach*. David Murray Lecture Series. Glasgow: Univ. of Glasgow.

—— (1977). 'Hume and the Legacy of the Dialogues', in G. P. Morice(ed.), *David Hume: Bicentenary Papers*. Edinburgh: Edinburgh Univ. Press.

—— (1978). 'The Religion of David Hume', *JHI*, 39: 653 –664.

—— (1980). *The Life of David Hume*, 2nd edn. Oxford: Clarendon Press.

Moyo, Dambisa(2009). *Dead Aid*. London: Penguin / Allan Lane.

Mullan, John(1987). 'The Language of Sentiment: Hume, Smith, and Henry Mackenzie', *History of Scottish Literature*, 2: 273 –289.

—— (1990). *Sentiment and Society: The Language of Feeling in the Eighteenth Century*. Oxford: Clarendon Press.

Muller, Jerry Z.(1993). *Adam Smith in His Time and Ours: Designing the Decent Society*. New York: Free Press/Macmillan.

—— (2003). *The Mind and the Market: Capitalism in Western Thought*. New York: Anchor Books.

Murdoch, Alexander(1980). *'The People Above': Politics and Administration in Mid-Eighteenth-Century Scotland*. Edinburgh: Donald.

—— (2004). 'Henry Scott, 3rd duke of Buccleuch', *ODNB-O*.

—— (2006a). 'John Campbell, 2nd duke of Argull', *ODNB-O*.

—— (2006b). 'Archibald Campbell, 3rd duke of Argyll', *ODNB-O*.

Mure, William(ed.)(1883). *Selections from the Mure Family Papers Preserved at Caldwell*, 2/i. Glasgow: Maitland Club.

Murphy, Antoin E.(1986). *Richard Cantillon: Entrepreneur and Economist*. Oxford: Oxford Univ. Press.

—— (1997). *John Law: Economic Theorist and Policy-Maker*. Oxford: Clarendon Press.

—— (ed.)(2000). *Du Tot: Histoire du Système de John Law*(1716 –1720). Paris:

INED/PUF.

──── (2009). *The Genesis of Macroeconomics: New Ideas from Sir William Petty to Henry Thornton*. Oxford: Oxford Univ. Press.

Murison, David(1982). *The Scottish Year*. Edinburgh: Mercat Press.

Murray, David(1924). *Early Burgh Organization in Scotland*. Glasgow: Maclehose, Jackson.

──── (1927). *Memories of the Old College of Glasgow*. Glasgow: Jackson, Wylie.

Myers, M. L.(1976). 'Adam Smith's Concept of Equilibrium', *Journal of Economic Issues*, 10: 560–575.

Nadel, George H.(1967). 'Pouilly's Plagiarism', *Journal of the Warburg and Courtauld Institutes*, 30: 438–444.

Namier, Sir Lewis and Brooke, John(1964). *Charles Townshend*. London: Macmillan. Nangle, Bernard(1934). *The Monthly Review, First Series 1749– 1789: Indexes of Contributors and Articles*. Oxford: Clarendon Press.

──── (1955). *The Monthly Review, Second Series 1790–1815*. Oxford: Clarendon Press.

New Statistical Account of Scotland(1845). Edinburgh. Blackwood.

Nicholls, James C.(ed.)(1976). 'Mme Riccoboni's Letters to David Hume, David Garrick, and Sir Robert Liston, 1764–1783', *SVEC* 149.

Nicolaisen, W. F. H.(1976). *Scottish Place-Names: Their Study and Significance*. London: Batsford.

Nicholson, Eirwen E. C.(2004). 'Anna Scott, duchess of Monmouth and suo jure duchess of Buccleuch', *ODNB-O*.

Nightingale, Andrea Wilson(2006). *Spectacles of Truth in Classical Greek Philosophy*. Cambridge: Cambridge Univ. Press.

Nissen, Walter(1989). *Kulturelle Beziehungen zwischen den Universitätsstäden Halle/ Wittenberg und Göttingen im Zeitalter der Aufklärung*. Göttingen: Sparkasse Göttingen.

Norton, David Fate(1992). 'Salus populi suprema lex', in Smyth(1992: 14–17).

Norton, David Fate(1976). 'Francis Hutcheson in America', *Studies on Voltaire and the Eighteenth Century*, 154: 1547–1568.

──── and Stewart-Robertson, J. C.(1980; 1984). 'Thomas Reid on Adam Smith's

참고문헌

Theory of Morals', *JHI*, 41: 381–398; 45: 309–321.

O'Brian, D. P.(1975). *The Classical Economists*. Oxford: Clarendon Press.

—— (1976). 'The Longevity of Adam Smith's Vision: Paradigms, Research Programmes and Falsifiability in the History of Economic Thought', *Scottish Journal of Political Economy*, 23: 133–151.

O'Brian, Patrick(1988). *Joseph Banks: A Life*. London: Collins Harvills.

O'Connell, Maurice R.(1965). *Irish Politics and Social Conflict in the Age of the American Revolution*. Philadelphia: Univ. of Pennsylvania Press.

O'Connor, J. J. and Robertson, E. F.(1998). 'James Stirling'. Accessed online: http://www-history.mcs.st-andrews.ac.uk/Biographies/Stirling.html.

O'Connor, J. J. and Robertson, E. F.(2000). 'Edmond Halley'. Accessed online: http://www.-history.mcs.st-andrews.ac.uk/Biographies/Halley.html.

O'Rourke, Kevin H., Prados de la Escurso, Leandro, and Daudin, Guilluame(May 2008). 'Trade and Empire, 1700–1800'. Working Papers in Economic History, Universisad Carlos III de Madrid. Accessed online: http://e-archivo.uc3m.es/dspace/bitstream/10016/2617/1/wp%2008-09.pdf.

Oncken, August(1897). 'The Consistency of Adam Smith', *Economic Journal*, 7: 443–450.

Oswald, James(2006–2007). *The Caledonian Pocket Companion*, ed. J. Purser and N. Parkes, c.1747–1769, Books 1–12. CD-ROM. 2 vols., facsim. and modern edns. East Drayton: Fiddle Tunes.

Packer, J. L.(2002). 'What did the Cross Achieve—The Logic of Penal Substitution', *Celebrating the Saving Work of God*. London: Paternoster. Accessed online: http://www.thehighway.com/cross_Packer.html.

Packham, Catherine(2002). 'Vitalism and Smith's *Wealth of Nations'* *JHI*, 63. 3: 465–481. Pagden, Anthony(ed.)(1990) *The Languages of Political Theory in Early Modern Europe*. Cambridge: Cambridge Univ. Press.

Paine, Tom(1984) *Common Sense, The Rights of Man, and Other Essential Writings*, intro. Sidney Hook. New York: Meridian.

Palyi, M.(1928/1966). 'The Introduction of Adam Smith on the Continent', in John M. Clarke et al.(eds.), *Adam Smith, 1776–1926*. New York: Kelley.

Paris, Roland(2006 rpt.). *At War's End: Building Peace After Civil Conflict*.

Cambridge: Cambridge Univ. Press.

Parker, Geoff(2005). 'Editorial Policy and the Institution of Criticism in Smith's *Edinburgh Review*(1755–1756) and Smollett's *Critical Review*(1756–1763)'. Edinburgh Univ. Institute for Advanced Studies.

Patey, Douglas Lane(1984). *Probability and English Literary Form: Philosophic Theory and Literary Practice in the Augustan Age*. Cambridge: Cambridge Univ. Press.

Paton, Thomas S. (1853). *Reports of Cases Discussed in the House of Lords, Upon Appeal from Scotland, from 1753 to 1813*. London: III. 448–462.

Patrick, Millar(1927). *The Story of the Church's Song*. Edinburgh: Scottish Churches Joint Committee on Youth.

Paul, Sir James Balfour(ed.)(1922). *Diary of George Ridpath, Minister of Stichel, 1755–1761*. Edinburgh: Scottish History Society.

Penchko, N. A.(ed.)(1962). *Dokumenty i materialy po istorii Moskovskogo Universiteta vtoroy poloviny*[Documents and Materials for the History of Moscow University], XVIII veka, ii. 1765–1766.

Perrot, Jean–Claude(1992). *Une histoire intellectuelle de l'économie politique XVIIe–XVIIIe siècles*. Paris: Édition de l'École des Hautes Études en Sciences Sociales.

Persky, Joseph(1989). 'Adam Smith's Invisible Hands', *Journal of Economic Perspectives*, 3: 195–201.

Petter, Helen Mary(1974). *The Oxford Almanacks*. Oxford: Clarendon Press.

Phillips, Mark Salber(1993). 'Adam Smith and the Narrative of Private Life', Hume Society/Eighteenth–Century Scottish Studies Society Conference paper, T/S. Ottawa.

—— (2006). 'Adam Smith, Belletrist', in Haakonssen(2006: 57–78).

Phillipson, Nicolas(2008). 'Sir John Dalrymple of Cousland', *ODNB*-O.

—— (forthcoming). *Adam Smith: An Enlightened Life*. London: Allen Lane.

Pitt, William(the Younger)(1817). *Speeches···in the House of Commons*, ed. W. S. Hathaway, 3rd edn. 3 vols. London: Longman, Hurst, Rees, Orme, & Brown.

Plank, Frans(1987). 'The Smith–Schlegel Connection in Linguistic Typology: Forgotten Fact or Fiction?', *Zeitschrift für Phonetik, Sprachwissenschaft und*

Kommunikationsforschung, 40: 198–216.

——— (1992). 'Adam Smith: Grammatical Economist', in Jones and Skinner(1992: 23–38).

Plato (1871/1937). *The Dialogues*, 2 vols. ed. and trans. Benjamin Jowett. New York: Random House.

Pocock, J. G. A.(1965). 'Machiavelli, Harrington, and English Political Ideologies in the Eighteenth Century', *William and Mary Quarterly*, 3rd ser., 22: 549–583.

——— (1986). 'The Varieties of Whiggism from Exclusion to Reform', *Virtue, Commerce, and History*. Cambridge: Cambridge Univ. Press.

——— (1989). 'Edmund Burke and the Redefinition of Enthusiasm', *The French Revolution and the Creation of Modern Political Culture, iii: The Transformation of Political Culture*, ed. François Furet and Mona Ozouf. Oxford: Pergamon Press.

——— (1999). *Barbarism and Religion*, v. ii., *Narratives of Civil Government*— review of contribution of Giannone, Hume, Smith, and Robertson to the tradition of philosophical or civil history.

Poiret, Pierre(1707). *De Eruditione Triplici*. Amsterdam: Westen.

Polanyi, Karl(1957). *The Great Transformation*. Boston, MA: Beacon Press.

Porquerol, Élisabeth(ed.)(1954). *Véritable vie privée du maréchal de Richelieu, contenant ses amours et intrigues*. Paris: Le Club de Meilleur Livre.

Porter, Michael(1990). *The Comparative Advantage of Nations*. New York: Free Press.

Porter, Roy(1990). *English Society in the Eighteenth Century*, rev. edn. Harmondsworth: Penguin.

Pottle, F. A.(1965). 'Boswell's University Education', *Johnson, Boswell and Their Circle: Essays Presented to L. F. Powell*. Oxford: Oxford Univ. Press.

——— (1966). *James Boswell: The Earlier Years 1740–1769*. New York: McGraw-Hill.

——— (1981). *Pride and Negligence*. New York: McGraw-Hill.

Pouilly, Lévesque de(1747). *Théorie des sentimens agréables, où, après avoir indiqué les règles que la nature suit dans la distribution du plaisir, on établit les principes de la théol- ogie naturelle et ceux de la philosophie morale*, 2ième édn. Genève: Barillot et fils.

—— (1971). *Théorie des sentimens agréables*, préface de Jean Jacob Vernet. Genève/Paris: Slatkine rpt.

—— (1995). 'Théorie des sentimens agréables'. Numérisation électronique BNF: collection Données textualles.

—— (1749). *The Theory of Agreeable Sensations*. London: W. Owen.

Pownall, Thomas(1776/1987). 'A Letter from Governor Pownall to Adam Simth', in *Smith's Correspondence*, ed. Mossner and Ross, Appendix A; 337−376.

Pratt, Samuel Jackson(1777). *Supplement to the Life of David Hume, Esq.* London: J. Bew.

Prebble, John(1977). *Mutiny: Highland Regiments in Revolt 1743–1804*. Harmondsworth: Penguin.

Preble, G. H., Lt. USN(1859). 'Gen. Robert Melville', *Notes and Queries*, 1st ser., 11: 247−248. *Precipitation and Fall of Messrs Douglas, Heron and Company, late Bankers in Air with the Causes of their Distress and Ruin investigated and considered by a Committee of Inquiry appointed by the Proprietors*(1778). Edinburgh.

Prevost, Pierre(1805). *Notice de la vie et des écrits de George-Louis Le Sage de Genève. Geneva*: J. J. Paschoud.

Priestley, Joseph(1762). *A Course of Lectures on the Theory of Language and Universal Grammar.* Warrington: W. Eyres.

Priestley, Joseph(1769). *Rudiments of Grammar*, new edn. London.

—— (1774). *Examination of Dr Reid's Inquiry into the Human Mind on the Principles of Common Sense, Dr Beattie's Essay on the Nature and Immutability of Truth, and Dr Oswald's Appeal to Common Sense in behalf of Religion*. London: J. Johnson.

Prior, Sir James(1853). *Life of Burke*, 5th edn. London: Bohn.

Pufendorf, Samuel(1724). *De Officio Hominis⋯supplemented by G. Carmichael.* Edinburgh.

—— (2002). *The Whole Duty of Man, According to the Law of Nature*, trans. Andrew Tooke et al.(1735), ed. and intro. Ian Hunter and David Saunders; *Two*

Discourses and a Commentary by Jean Barbeyrac, trans. David Saunders. Indianapolis: Liberty Fund.

—— (2011 expected). *Of the Law of Nature and Nations*, ed. Knud Haakonssen. Indianapolis: Liberty Fund.

Pugliese, S.(1924). 'I viaggi di Marsilio Landriani', *Archivio storico lombardo*, ser. 6, 1: 145 –185.

Quarrie, P.(1986). 'The Christ Church Collection Books', in Sutherland and Mitchell(1986: 493 –506).

Quintilianus(1720). *M. Fabii Quinctiliani de institutione oratoria libri duodecim, cum notis···virorum doctorum, summa cura recogniti et emendati per Petrum Burmannum. Lugduni Batavorum apud Joannum de Vivie.*

Rae, John(1895/1965). *Life of Adam Smith.* London: Macmillan. Repr. New York: Augustus M. Kelley with Jacob Viner's *Introductory Guide.*

Ramsay of Ochtertyre, John(1888). *Scotland and Scotsmen in the Eighteenth Century*, ed. A. Allardyce. 2 vols. Edinburgh and London: William Blackwood.

Ramos, Aida(2007). 'Economy, Empire, and Identity: Biograpthy of Sir James Steuart-Denham', PhD thesis, Notre Dame Univ. Accessed online.

Rankin, R. A.(1995). 'Robert Simson'. http://www-history.mcs.st-andrews. ac.uk/Biographies/Simson.html.

Rao, J. S. Narayan(1993). 'Adam Smith in India', in Mizuta and Sugiyami(1993: 261 –278).

Raphael, D. D.(1972 –1973). 'Hume and Adam Smith on Justice and Utility', *Proceedings of the Aristotelian Society.* London: Aristotelian Society.

—— (1975). 'The Impartial Spectator', in A. S. Skinner and T. Wilson(eds.), *Essays on Adam Smith.* Oxford: Clarendon Press.

—— (1976). 'Adam Smith as a Professor'. TS paper, Edinburgh IPSA Congress.

—— (1977). '"The True Old Humean Philosophy" and Its Influence on Adam Smith', in G. P. Morice(ed.), *David Hume Bicentenary Papers.* Edinburgh: Edinburgh Univ. Press.

—— (1980). *Justice and Liberty.* 2 vols. London: Athlone Press.

—— (1985). *Adam Smith.* Oxford: Oxford Univ. Press.

―― (1988). 'Newton and Adam Smith', *Queen's Quarterly*, 95: 36−49.

―― (1990). 'Adam Smith's Moral Philosophy'. Nagoya Smith Symposium 1990, lecture TS.

―― (1992a). 'Adam Smith 1790: The Man Recalled; The Philosopher Revived', in Peter Jones and A. S. Skinner(eds.), *Adam Smith Reviewed*. Edinburgh: Edinburgh Univ. Press.

―― (1992b). 'A New Light', in Smyth(1992: 2−3).

―― (1994). 'Adam Ferguson's Tutorship of Lord Chesterfield', *SVEC* 323: 209−223.

―― (2001), *Concepts of Justice*. Oxford: Clarendon Press.

―― (2007a). *The Impartial Spectator: Adam Smith's Moral Philosophy*. Oxford: Clarendon Press.

―― (2007b). 'The Theory of Moral Sentiments: The Glasgow Edition 1976', Interview by Vivienne Brown, *Adam Smith Review*, vol. 3: 1−11.

―― Raynor, D. R., and Ross, I. S.(1990a). '"This Very Awkward Affair": An Entanglement of Scottish Professors with English Lords', *SVEC* 278: 419−463.

―― and Sakamoto, Tatsuya(1990b). 'Anonymous Writings of David Hume', *Journal of the History of Philosophy*, 28: 271−281.

Rapin-Thoyras, Paul de(1743−1747). *The History of England*, trans. into English, with additional notes, by N. Tindal, 3rd edn., vols. 1−2(1743). London: John and Paul Knapton; vols. 3, 1744, and 4, 1747, missing from Smith's book in EUL: Mizuta.

Rashid, Salim(1982). 'Adam Smith's Rise to Fame: A Reexamination of the Evidence', *The Eighteenth Century: Theory and Interpretation*, 23: 70−79.

―― (1990). 'Adam Smith's Acknowledgements, Neo-Plagiarism and WN', *Journal of Libertarian Studies*, 9: 1−24.

―― (1992a). 'Adam Smith and the Market Mechanism', *History of Political Economy*, 21: 129−152.

―― (1992b). 'Charles James Fox and the Wealth of Nations', *History of Political Economy*, 24: 493−497.

Rasmussen, Dennis C.(2008). *The Problems and Promise of Commercial Society*. University Park, PA: Penn State Press.

Raynal, Jean(1759). *Histoire de la ville de Toulouse*.

Raynor, David R.(1982a). 'Hume's Critique of Helvétius' De l'esprit', *Studies on Voltaire and the Eighteenth Century*, 215: 223–229.

—— (ed.)(1982b). *Sister Peg: A Pamphlet Hitherto Unknown by David Hume*. Cambridge: Cambridge Univ. Press.

—— (1984). 'Hume's Abstract of Adam Smith's *TMS*', *Journal of the History of Philosophy*, 22: 51–79.

—— (1987a). 'Hume and Robertson's History of Scotland', *British Journal for Eighteenth- Century Studies*, 10: 59–63.

—— (1987b). 'Hutcheson's Defence Against a Charge of Plagiarism', *Eighteenth-Century Ireland*, 2: 177–181.

—— (1996). 'Adam Smith: Two Letters to Henry Beaufoy, MP', *Scottish Journal of Political Economy*, 41(5): 179–189.

—— (2007). 'Ferguson's Reflections Previous to the Establishment of a Militia', in Edinburgh Edn. of Thomas Reid. Edinburgh: Edinburgh Univ. Press. *Adam Ferguson. History, Progress and Human Nature*. London: Pickering and Chatto.

—— (2009). 'Why Did David Hume Dislike Ferguson's Essay on the History of Civil Society', in Eugene Heath and Vincenzo Merolle(eds.), *Adam Ferguson: Philosophy, Politics and Society*. London: Pickering and Chatto, 45–72 and 179–188.

—— and Skinner, Andrew S.(1994). 'Sir James Steuart: Nine Letters on the American Conflict, 1775–1778', *William and Mary Quarterly*, 3rd ser., 51: 755–776.

—— and Ross, I. S.(1998). 'Adam Smith and Count Windisch-Grätz: New Letters', *SVEC* 358: 171–187.

Réaumur, René-Antoine Ferchault de(1734–1742). *Mémoires pour servir à l'Histoire des Insectes*. 6 vols., 267 plates. Paris: Imprimérie Royale.

Recktenwald, Horst Claus(1976). *Adam Smith: Sein Leben und sein Werk*. Munich: C. H. Beck.

Reder, Melvin(1982). 'Chicago Economics: Permanence and Change', *Journal of Economic Literature*, 20: 1–38.

Reid, John(1683). *The Scots Gard'ner*. Edinburgh.

Reid, Thomas(1967). *Philosophical Works*. 2 vols. Hildesheim: Georg Olms.

—— (1990). *Practical Ethics, Being Lectures and Papers on Natural Religion, Self-Government, Natural Jurisprudence, and the Law of Nations*, ed. and intro. Knud Haakonssen. Princeton Univ. Press. Also(2005), vol. 7, Edinburgh Edn. of Thomas Reid. Edinburgh: Edinburgh Univ. Press.

—— (1995). *Thomas Reid on the Animate Creation: Papers Relating to the Life Sciences*, ed. Paul Wood, vol. 1, Edinburgh Edn. of Thomas Reid. Edinburgh: Edinburgh Univ. Press.

—— (1997). *An Inquiry into the Human Mind on the Principles of Common Sense*, ed. Derek Brookes. Vol. 2. Edinburgh Edn. of Thomas Reid. Edinburgh: Edinburgh Univ. Press.

—— (2002a). *Essays on the Intellectual Powers of Man*, ed. Derek Brookes and Knud Haakonssen. Vol. 3. Edinburgh Edn. of Thomas Reid. Edinburgh: Edinburgh Univ. Press.

Reid, Thomas(2002b). *Correspondence*, ed. Paul Wood. Vol. 4. Edinburgh Edn. of Thomas Reid. Edinburgh: Edinburgh Univ. Press.

—— (2005). *Thomas Reid on Logic, Rhetoric and the Fine Arts*, ed. Alexander Brodie. Vol. 4. Edinburgh Edn. of Thomas Reid. Edinburgh: Edinburgh Univ. Press.

Reilly, Robin(1978). *Pitt the Younger 1759–1806*. London: Cassell.

Reinhart, Carmen M. and Rogoff, Kenneth S.(2009a). The Aftermath of Financial Crises', *American Economic Review*, American Economic Association, 92.2: 466–472.

—— —— (2009b). *This Time Is Different; Eight Centuries of Financial Folly*. Princeton and Oxford: Princeton Univ. Press.

Report on Business(8 Sept. 2008). 'Cost of Fanny Mae and Freddy Mac Bailout', *Globe and Mail*, pp. B1, B4, B7.

Ricardo, David(1821/1929). *The Principles of Political Economy and Taxation*, 3rd edn. London: Dent.

Riccoboni(née Laboras de Mezières), Mari Jeanne(1818). *Œuvres*, 6 t., Paris;

also(1826), 9 t., Paris.

Richardson, J. S. and Beveridge, James(1973). *Linlithgow Palace*, 2nd edn. Edinburgh: HMSO.

Richardson, Samuel(1747–1748/1985). *Clarissa, or The History of a Young Lady*, ed. and intro. Angus Ross. Harmondsworth, Middlesex: Penguin Books.

Ridpath, George(1922). *Diary*, ed. and intro. Sir James Balfour Paul. Edinburgh: Constable.

Rigg, J. M. rev. Alter, J.-M.(2005). 'James Oswald of Dunnikier', *ODNB-O*.

Riley, P. W. J.(1964). *The English Ministers and Scotland 1707–1727*. London: Athlone Press.

Ritter, Karl and Moore, Matt(2009). 'Gasps as Obama Awarded Nobel Peace Prize', 9 Oct. *Yahoo! News*. Accessed online.

Robbins, Caroline(1959). *The Eighteenth-Century Commonwealthman*. Cambridge, MA: Harvard Univ. Press.

Robbins, Lionel(1952). *The Theory of Economic Policy in English Classical Political Economy*. London: Macmillan.

Roberts, William(1834). *Memoirs of⋯Mrs Hanna More*, 2nd edn. 4 vols. London: Thomas Ditton.

Robertson, John(1983). 'The Scottish Enlightenment at the Limits of Civic Tradition', in Hont and Ignatieff(1983: 141–151).

—— (1985). *The Scottish Enlightenment and the Militia Issue*. Edinburgh: John Donald.

—— (1990). 'The Legacy of Adam Smith: Government and Economic Development in *WN*', in Richard Bellamy(ed.), *Victorian Liberalism: Nineteenth-Century Political Thought and Practice*. London: Routledge.

—— (2006 rpt.), *The Case for the Enlightenment: Scotland and Naples 1680–1760*. Cambridge: Cambridge Univ. Press.

Robertson, William(1818). *Works. With an Account of his Life and Writings by the Revd. Alex Stewart*. 12 vols. Edinburgh: Peter Hill et al.

Robinson, Joan(1964). *Economic Philosophy*. Harmondsworth: Pelican.

Robison, John(1969). 'Narrative(1796) of Mr Watt's Invention of the improved Engine', in Eric Robinson and A. E. Musson(eds.), *James Watt and the Steam*

Revolution: A Documentary History. London: Adams & Dart.

Roche, Daniel(1978). *Le Siècle des lumières en province: académies et académiciens provinçiaux 1680–1789*. Paris: Mouton.

Roethlisberger, Marcel(1974). 'The Tronchin Collection at Geneva', *The Burlington Magazine*, 116,858, Sept.: 552–554.

Roegiers, J. and van Sas, N. C. H.(2006). 'The South, 1780—1841', in J. C. H. Blom and E. Lamberts(eds.), *History of the Low Countries*. Oxford/New York: Berghahn Books, paperback, 288–295.

Rollin, Charles(1759). *The Method of Teaching and Studying the Belles Lettres*. 4 vols. Edinburgh: A. Kincaid et al.

Romilly, Sir Samuel(1840). *Memoirs*. 2 vols. London: Murray.

Roper, Derek(1978). *Reviewing before the Edinburgh, 1788–1802*. London: Methuen.

Rorty, Richard(1984). 'The Historiography of Philosophy: Four Genres', in R. Rorty, J. B. Schneewind, and Q. Skinner(eds.), *Philosophy in History*. Cambridge: Cambridge Univ. Press.

[Rose, William](1784). 'Hume Essays on Suicide[1783 rpt.]', *Monthly Review*, 70: 427–428.

Rosenberg, Nathan(1960). 'Some Institutional Aspects of *WN*', *Journal of Political Economy*, 18: 557–570.

—— (1975). 'Adam Smith on Profits: Paradox Lost and Regained', in A. S. Skinner and Thomas Wilson(1975: 377–389).

—— (1990). 'Adam Smith and the Stock of Moral Capital', *History of Political Economy*, 22: 1–17.

—— (1994). *Exploring the Black Box: Technology, Economics, and History*. *Cambridge*: Cambridge Univ. Press.

Rosie, Alison(2004). 'Francis Dougls[née Scott], Lady Douglas', *ODNB*-O.

Ross, I. S.(1964). 'Hutcheson on Hume's Treatise: An Unnoticed Letter', *Journal of the History of Philosophy*, 4: 69–72.

—— (1965). 'A Bluestocking Over the Border: Mrs Elizabeth Montagu's Aesthetic Adventures in Scotland, 1766', *Huntington Library Quarterly*, 28: 213–233.

—— (1972). *Lord Kames and the Scotland of His Day*. Oxford: Clarendon Press.

—— (1974). 'Educating an Eighteenth-Century Duke', in G. W. S. Barrow(ed.), *The Scottish Tradition: Essays in Honour of R. G. Cant*. Edinburgh: Scottish Academic Press, 178–197.

—— (1984a). 'The Physiocrats and Adam Smith', *British Journal of Eighteenth-Century Studies*, 7: 177–189.

—— (1984b). 'Adam Smith as Rhetorician', *Man and Nature: Proceedings of the Canadian Society for Eighteenth-Century Studies*, 2: 61–73.

—— (1984c). 'Adam Smith and Education', *Studies in Eighteenth-Century Culture*, 13: 173–187.

Ross, I. S.(1987). 'Aesthetic Philosophy: Hutcheson and Hume to Alison', in Andrew Hook(ed.), *The History of Scottish Literature, ii: 1660–1800*. Aberdeen: Aberdeen Univ. Press, 248–251.

—— (1992). 'Adam Smith and the "Noblest Prospect"', *Literaure in Context: Festschrift for Horst W. Drescher*. Frankfurt: Peter Lang, 39–51.

—— (1995). *The Life of Adam Smith*, 1st edn. Oxford: Clarendon Press.

—— (ed.)(1998). *On the Wealth of Nations: Contemporary Responses to Adam Smith*. Bristol: Thoemmes Press.

—— (2000). 'The Natural Theology of Lord Kames', in Paul Wood(ed.), *The Scottish Enlightenment: Essays in Interpretation*. Rochester: Univ. of Rochester Press/Boydell & Brewer, Inc., 335–350.

Ross, I. S.(2003). '"Great Works on the Anvil" in 1785: Adam Smith's Projected Corpus of Philosophy', *Adam Smith Review*, 1: 40–59.

—— (2004). SS. 30. 'Rechtsphilosophie: 1. James Dalrymple, 1st Viscount Stair; 2. Henry Home, Lord Kames'. SS.31. 'James Burnett, Lord Monboddo', *Grundriss der Geschichte der Philosophie, Die Philosophie des 18 Jahrhunderts, Band 1, Gross Britannien und Nordamerika, herausgegeben von H. Holzhey u. V. Mudroch*. Basel: Schwabe Verlag, 526–626.

—— (2005a). 'Aspects of Hume's Treatment of the Problem of Evil,' in Rudolf Freiburg and Susanne Gruss(eds.), *'But Vindicate the Ways of God to Man': Literature and Theodicy*. Tübingen: Stauffenburg Verlag, 141–152.

—— (2005b). 'Italian Background to Smith's Wealth of Nations: Historiography and Political Economy', in Mazza and Ronchetti(2005: 267-287).

—— (2005c). 'The Adventures of Pickle the Spy: Echoes in History and Literature', in S. Soupel, K. Cope, and A. Pettit(eds.), *Adventure: Essays on the Daring and Bold as a Pre-Modern Idiom*: Actes du colloque de décembre 1998. Paris: Centre du Monde Anglophon, Université Paris III.

—— (2005d). 'Adam Ferguson', 'John Ramsay McCulloch', im Dietmar Herz u. Veronika Weinberger(Hrsg.), *Lexikon ökonomischer Werke*. Stuttgart: Verlag Wirtschaft u. Finanzen im Schäffer-Poeschel Verlag, 131-133, 313-316.

—— (2007a). 'Dr Johnson in the Gaeltacht, 1773', in G. Ross Roy(ed.), Lucie Roy(assoc. ed.), *Studies in Scottish Literature*, vols. xxxv-xxxvi. Columbia, SC: Dept. of English, Univ. of South Carolina, Columbia, 108-130.

—— (2007b). 'The Intellectual Friendship of David Hume and Adam Smith', in Mazza and Ronchetti(2007: 345-363).

—— (2007c). "'More Dull, But By No Means so Dangerous as that of Mr Hume": Smollett's "Continuation" of le bon David's History of England', in Brack, Jr.(2007: 217-239).

—— (2008). 'The Emergence of David Hume as a Political Economist: A Biographical Sketch', in Carl Wennerlind and Margaret Schabas(eds.), *David Hume's Political Economy*. London and New York: Routledge, 31-48.

—— (2010). 'Adam Smith's Smile: His Years at Balliol College, 1740-1746, in Retrospect', *Adam Smith Review*, 5: 250-259.

—— (forthcoming). *Adam Smith Review*.

—— and Webster, A. M.(1981a). 'Adam Smith: Two Letters', *Scottish Journal of Political Economy*, 28: 206-209.

—— and T. D. Campbell(1981b). 'The Utilitarianism of Adam Smith's Policy Advice', *Journal of the History of Ideas*, 42: 73-92.

—— and —— (1981c). 'Reflections on Adam Smith's Response to Hume's Deathbed Wish', *Studies in Eighteenth-Century Culture*, 11: 173-187.

—— (intro.) and Cunningham, Rory G.(ed.)(2006). "'Two Essays on Self-Deceit & Good Humour", 1738: An Unpublished Text by Henry Home, Lord Kames', *Eighteenth-Century Scotland: Newsletter of the Eighteenth-Century Scottish*

Studies Society, No. 20, Spring: 12-16.

Ross, W. D.(1959). *Aristotle: A Complete Exposition of His Work and Thought*. New York: Meridian.

Rothbard, Murray N.(1988). *Ludwig von Mises: Scholar, Creator, Hero*. Auburn, AL: Ludwig von Mises Institute.

—— (1993). 'Mises and the Role of the Economist in Public Policy', in Herbener(1993: 193-208).

Rothschild, Emma(1992). 'Adam Smith and Conservative Economics', *Economic History Review*, xlv: 74-96.

—— (2002). *Economic Sentiments: Adam Smith, Condorcet, and the Enlightenment*. Cambridge, MA: Harvard Univ. Press.

—— and Sen, Amartya(2006). 'Adam Smith's Economics', in Haakonssen(2006: 319-365).

Roubini, Nouriel and Setser, Brad(2004). *Bailouts or Bail-Ins: Responding to Financial Crises in Emerging Economies*. Washington, DC: Institute for International Economics.

—— and Uzan, Marc(2006). *New International Financial Architecture*. 2 vols. Cheltenham, Gloucester: Elgar Mini.

Roughead, William(ed.)(1909). *Trial of Captain Porteous*. Glasgow: William Hodge.

Rousseau, Jean-Jacques(1959). *Œuvres complètes, i: Les Confessions; Rousseau juge de Jean-Jacques; et autres textes autobiographiques*, ed. Bernard Gagnebin, Marcel Raymond, and Robert Osmont. Paris: Gallimard.

—— (1963). *Émile[1762]*, trans. Barbara Foxley. London: Dent.

—— (1963). *Julie ou La nouvelle Héloïse*, ed. and Intro. René Pomeau. Paris: Garnier.

—— (1965-1989). *Correspondence complète*, ed. R. A. Leigh(completed Robert Wokler), 52 v. Oxford: Voltaire Foundation.

—— (2002). *The Social Contract[1762] and The First[1750] and Second[1755] Discourses*, ed. and intro. Dunn, Susan; Essays by Gita May, Robet N. Bellah, David Bromwich, and Conor Cruise O'Brien. New Haven: Yale Univ. Press.

Rowse, A. L.(1975). *Oxford in the History of England*. New York: Putnam's.

Roy, Subroto(1991). *Philosophy of Economics: On the Scope of Reason in Economic Inquiry.* London: Routledge.

—— (ed.) and Clarke, John(2006). *Margaret Thatcher's Revolution: How It Happened and What It Meant.* London & New York: Continuum.

Royal Commission on Historical Monuments in England(1939). *An Inventory of the Historical Monuments in the City of Oxford.* London: HMSO.

Royal Society of Edinburgh(1787, 1788). *Transactions,* i, ii.

Rule, John(1992). *The Vital Century: England's Developing Economy 1714– 1815.* London: Longman.

Russell, Iain F.(2008). 'John Glassford', *ODNB-O.*

Ruwet, Joseph et al.(eds.)(1976). *Lettres de Turgot à la duchesse d'Enville(1764–1775 et 1777–1780).* Louvain: Bibliothèque de l'Université.

Rzesnitzek, Friedrich, and Thal, Peter(1967). 'Die Begründung der bürgerlichen Nationalökonomie und Finanzwissenschaft an der Universität Halle-Wittenberg durch Heinrich von Jakob', in Hans Hübner and Burchard Thaler(eds.), *Martin-Luther Universität Halle-Wittenberg 1817–1967: Festschrift anlässlich des 150. Jahrestages der Vereinigung der Unversitäten Wittenberg und Halle.* Halle(Saale): Universität Halle-Wittenberg, 139 –159.

Sacke, G.(1938). 'Die Moskauer Nachschrift der Vorlesungen von Adam Smith', *Zeitschrift für Nationalökonomie,* 9: 351 –356.

Saint Fond, Benjamin Faujas de(1907). *A Journey Through England and Scotland to the Hebrides in 1784.* Revsd. edn. of the English edn.(1799) with *Notes and a Memoir of the Author by Sir Archibald Geikie.* 2 v. Glasgow: Hugh Hopkins.

Sakamoto, Tatsuya and Tanaka, Hideo(eds.)(2003). *The Rise of Political Economy in the Scottish Enlightenment.* London: Routledge.

Samuels, Warren J.(ed.)(1976). *The Chicago School of Political Economy.* East Lansing: Michigan State Univ. Graduate School of Business Administration.

Sandbach, F. H.(1975). *The Stoics.* London: Chatto & Windus.

Saunders, Margaret H. B.(1992). *Robert Adam and Scotland.* Edinburgh: HMSO.

Sauvy, Alfred et al.(eds.)(1958). *François Quesnay et la physiocratie.* 2 vols.

Paris: Institut National d'Études Démographiques.

Savile, Sir George(1762). *Argument Concerning the Militia*. London.

Say, Jean-Baptiste(1840). *Cours complet d'économie politique pratique*, 2nd edn. 2 vols. Paris: Guillaumin.

Schabas, Margaret(2006). *The Natural Origins of Economics*. Chicago, IL: Univ. of Chicago Press.

Schama, Simon(1989). *Citizens: A Chronicle of the French Revolution*. Toronto: Vintage Books.

—— (1992). *Patriots and Liberators: Revolution in the Netherlands 1780–1813*, 2nd edn. London: Fontana.

Schliesser, Eric(2006). 'Adam Smith's Benevolent and Self-interested Conception of Philosophy', in Montes and Schliesser(2006: 328–357).

—— (2008a). 'Review of Raphael(2007) and Montes (2004)', *Ethics*, April: 569–575.

—— (2008b). 'Hume's Newtonianism and Anti-Newtoninism', *The Stanford Encyclopedia of Philosophy*, Winter edn., Edward N. Zalta(ed.). http://plato.stanford.edu/archives/win2008/entries/hume-newton/.

Schreyer, Rüdiger(1989). 'Pray What Language Did Your Wild Couple Speak, When They First Met?' in Peter Jones(ed.), *The Science of Man in the Scottish Enlightenment: Hume, Reid, and Their Contemporaries*. Edinburgh: Edinburgh Univ. Press.

Schroeder, Paul W.(1994). *The Transformation of European Politics 1763–1848*. Oxford: Clarendon Press.

Schumpeter, Joseph(1954). *History of Economic Analysis*. New York: Oxford Univ. Press.

Schwartz, Richard B.(1983). *Daily Life in Johnson's London*. Madison, WI: Univ. of Wisconsin Press.

Scotland, James(1969). *The History of Scottish Education*. 2 vols. London: Athlone Press.

Scott, P. H.(ed.)(1979). *1707: The Union of Scotland and England*. Edinburgh: Chambers.

Scott, Sir Walter(1818). *Heart of Midlothian*. London.

—— (n.d.). 'Review[1824] of The Works of John Home', in *Essays on Chivalry, Romance and the Drama*. London: Frederick Warne.

Scott, W. R.(1900). *Francis Hutcheson: His Life, Teaching and Position in the History of Philosophy*. Cambridge: Cambridge Univ. Press.

—— (1935–1936). 'Adam Smith at Downing Street, 1766–1767', *Economic History Review*, 6: 79–89.

—— (1937). *Adam Smith as Student and Professor*. Glasgow: Jackson.

—— (1940). 'Studies Relating to Adam Smith during the Last Fifty Years', ed. A. L. Macfie, *Proceedings of the British Academy*.

Seddon, Keith(2005). *Epictetus' Handbook and the Tablet of Cebes. Guides to Stoic Living*. London/New York: Routledge.

Segoudy, Jean(1969). 'Histoire de Montpellier'. TS, pt. iii: 'Montpellier ville royale, sous la dynastie des Bourbons.'

Seldon, Anthony, and Collings, Daniel(1999). *Britain Under Thatcher*. London: Longmans.

Semmel, Bernard(1970). *The Rise of Free Trade Imperialism*. Cambridge: Cambridge Univ. Press.

Sen, Amartya(2004). *Inequality Reexamined*. Cambridge, MA: Harvard Univ. Press.

Seward, William(1797). *Anecdotes of Some Distinguished Persons*. London: T. Cadell & W. Davies.

Shackleton, Robert(1972). 'The Greatest Happiness of the Greatest Number: The History of Bentham's Phrase', *Studies on Voltaire and the Eighteenth Century*, 90: 1461–1482.

Shaftesbury, Anthony, 3rd Earl of Shaftesbury(1732/2001). *Characteristics of Men, Manners, Opinions, Times*. 3 vols. Foreword by Douglas Den Uyl. Indianapolis: Indianapolis' Liberty Fund. [Vol. 2 contains An Inquiry concerning Virtue and Merit].

Shapin, Steven(1974). 'Property, Patronage, and the Politics of Science: The Founding of the Royal Society of Edinburgh', *British Journal for the History of Science*, vii: 1–36.

Sharp, L. W.(1962). 'Charles Mackie: The First Professor of History at Edinburgh

University', *Scottish Historical Review*, 41: 23 –45.

Shaw, John Stuart(1983). *The Management of Scottish Society 1707–1764: Power, Nobles, Lawyers*, Edinburgh Agents and English Influences. Edinburgh: Donald.

Sheldon, R. D.(2007a). 'Charles Smith', *ODNB*-O.

—— (2007b). 'Practical Economics in Eighteenth-Century England: Charles Smith on the Grain Trade and the Corn Laws, 1756 –1772', *Historical Research*. Accessed online: OnlineEarly Articles.

Shelton, George(1981). *Dean Tucker and Eighteenth-Century Economic and Political Thought*. London: Macmillan.

Shepherd, Christine M.(1975). 'Philosophy and Science in the Arts Curriculum of the Scottish Universities'. PhD, Univ. of Edinburgh.

—— (1990). 'The Arts Curriculum at Glasgow University, 1680 –1725'. Eighteenth-Century Scottish Studies Conference paper, Univ. of Strathclyde.

Sher, Richard B.(1982). 'Moderates, Managers and Popular Politics in Mid-Eighteenth-Century Edinburgh: The Drysdale "Bustle" of the 1760s', in Dwyer et al. (1982: 179 –209).

—— (1985). *Church and University in the Scottish Enlightenment: The Moderate Literati of Edinburgh*. Princeton, NJ: Princeton Univ. Press.

—— (1989). 'Adam Ferguson, Adam Smith, and the Problem of National Defence', *Journal of Modern History*, 61: 240 –268.

—— (1990a). 'Professors of Virtue: The Social History of the Edinburgh Moral Philosophy Chair', in Stewart(1990: 87 –126).

—— (1990b). '1688 and 1788: William Robertson on Revolution in Britain and France', in Paul Dukes and John Dunkley(eds.), *Culture and Revolution*. London: Pinter, 98 –109.

—— (1995). 'Commerce, Religion in the Enlightenment in Eighteenth-Century Glasgow', in Devine and Marshall(1995: 312 –359).

—— (2000). 'Science and Medicine in the Scottish Enlightenment: The Lessons of Book History', in Paul Wood(2000).

—— (2002). 'Early Editions of Adam Smith's Books in Britain and Ireland, 1759 –1804', in Tribe and Mizuta(2002: 13 –26).

——— (2003). 'New Light on the Publication and Reception of the Wealth of Nations', *Adam Smith Review*, 1: 3–29.

Sher, Richard B.(2004). 'George Muirhead', *ODNB-O*.

——— (2006). *The Enlightenment and the Book: Scottish Authors and Their Publishers in Eighteenth-Century Britain, Ireland, and America*. Chicago, IL/London: Univ. of Chicago Press.

——— (2009). 'Poker Club', *ODNB-0*.

——— and Sher, Doris B.(eds.)(1979). 'William Robertson's Sermon Commemorating the Glorious Revolution, 1788', T/S, in app. B: R. B. Sher, *'Church, University, Enlightenment: The Moderate Literati of Edinburgh, 1720–1793'*. PhD diss., University of Chicago.

Sher, Richard B. and Smitten, Jeffrey R.(eds.)(1990). *Scotland and America in the Age of Enlightenment*. Princeton, NJ: Princeton Univ. Press.

Sherbo, Arthur(1992). 'Some Early Readers in the British Museum', *Transactions of the Cambridge Bibliographical Society*, 6.

Shermer, Michael(2007). *Why Darwin Matters*. New York: Henry Holt & Co.

Sherwood, Jennifer, and Pevsner, Nikolaus(2002). *The Buildings of England: Oxfordshire*. New Haven/London: Yale Univ. Press.

Shreyer, Rüdiger(1989). '"Pray what language did your wild Couple speak, when they first met"—Language and the Science of Man in the Scottish Enlightenment', in Jones(1989: 149–177).

——— (1996). *'Adam Smith'*, *Lexikon Grammaticorum*. Tübingen: Niemeyer,

Shy, John(1973). 'The American Revolution: The Military Conflict Considered as a Revolutionary War', in Kurtz and Hutson(1973: 121–156).

Sibbald, Sir Robert(1710/1803). *The History···of Fife and Kinross*, ed. R. Tullis. Cupar: Tullis.

Simpson, John(1990). 'Some Eighteenth-Century Intellectual Contacts between Scotland and Scandinavia', in Grant G. Simpson(ed.), *Scotland and Scandinavia*. Edinburgh: Donald.

Simpson, M. C. T.(1979). 'Books Belonging to Adam Smith in EUL', *The Bibliotheck*, 9: 187–199.

Sinclair, Archdeacon John(1875). *Sketches of Old Times and Distant Places*.

London: John Murray.

Sinclair, Sir John(1831). *Correspondence*. 2 vols. London: H. Colburn & R. Bentley.

Skinner, Andrew S.(1979). A *System of Social Science: Papers Relating to Adam Smith*. Oxford: Clarendon Press(2nd edn.(1996) revsd., updated, and 4 new chs added on Smith's essays on the exercise of human understanding, and his relationship with Hutcheson, Hume, & Steuart-Denham).

―― (1981). 'Sir James Steuart: Author of a System', *Scottish Journal of Political Economy*, 28: 20 – 42.

―― (1983). 'Adam Smith: Rhetoric and the Communication of Ideas', in A. W. Coats(ed.), *Methodological Controversy in Economics: Historical Essays in Honour of T. W. Hutchison*. London: JAI Press Inc.

―― (1986). 'Adam Smith: Then and Now', in Black(1986: 16 – 42).

―― (1988). 'Sir James Steuart: Economic Theory and Policy', in Peter Jones(ed.), *Philosophy and Science in the Scottish Enlightenment*. Edinburgh: Donald.

―― (1990a). 'The Shaping of Political Economy in the Enlightenment', *Scottish Journal of Political Economy*, 37: 145 – 165.

―― (1990b). 'Adam Smith and America: The Political Economy of Conflict', in Sher and Smitten(1990: 148 – 162).

―― (1992a). 'Smith and Physiocracy: The Development of a System'. TS revision of ch. 4, 'A System of Social Science'(1979).

―― (1992b). 'Adam Smith: Ethics and Self-Love', in Jones and Skinner(1992: 142 – 167).

―― (1993). 'The Shaping of Political Economy in the Enlightenment', in Mizuta and Sugiyama(1993: 113 – 139).

―― (1995). 'Pufendorf, Hutcheson and Adam Smith: Some Principles of Political Economy', *Scottish Journal of Political Economy*, 42: 165ff.

―― (2003). 'Economic theory', in Broadie(ed.), *The Cambridge Companion to the Scottish Enlightenment*. Cambridge: Cambridge Univ. Press, 178 – 204.

―― (2008). 'An Inquiry into the Nature and Vauses of the Wealth of Nations: The Glasgow Edition 1976', Interview by Vivienne Brown. *Adam Smith*

Review, 4: 209 –214.

—— and Wilson, Thomas(eds.)(1975). *Essays on Adam Smith*. Oxford: Clarendon Press.

Skinner, Quentin(1981). *Machiavelli*. Oxford: Oxford Univ. Press.

—— (1976). see Wilson and Skinner(1976).

—— (1988). 'A Reply to My Critics', in James Tully(ed.), *Meaning and Context: Quentin Skinner and his Critics*. Cambridge, MA: Polity Press.

Skoczylas, Anne(2001). *'Mr Simson's Knotty Case': Divinity, Politics, and Due Process in Early Eighteenth-Century Scotland*. Montreal/Kingston: McGill-Queen's Univ. Press.

Smart, Alastair(1992). *Allan Ramsay: Painter, Essayist and Man of the Enlightenment*. New Haven, CT: Yale Univ. Press.

Smellie, William(1771). 'Language', Encyclopedia Britannica, vol. ii. Edinburgh: Andrew Bell and Colin Macfarquhar.

—— (1782, Part I; Part II, 1784). 'An Historical Account of the Society of Antiquaries of Scotland', *Transactions of the Royal Society of Antiquaries*. Edinburgh.

—— (ed.) (1792). *Transactions of the Society of Antiquaries of Scotland, Archaeologica Scotica*. vol. I. Accessed online.

—— (1800). *Literary and Characteristical Lives of J. Gregory, Home of Kames, Hume and Smith*. Edinburgh.

Smelser, Neil J., and Swedberg, Richard(eds.)(1994). *The Handbook of Economic Sociology*. Princeton, NJ: Princeton Univ. Press.

Smith, Charles(1758). *A Short Essay on the Corn Trade and Corn Laws*. Edinburgh rpt.

Smith, Charlotte(2005 –2007). *Works*, 14 vols. in 3 Parts. London: Pickering & Chatto.

[Smith, John] Anon.(1722). *A Short Account of the Late Treatment of the Students of the University of Glasgow*. Dublin.

Smith, R. S.(1957). '*WN* in Spain and Hispanic America, 1780 –1830', *Journal of Political Economy*, 65: 104 –125.

Smitten, Jeffery R.(1990). 'Moderation and History: William Robertson's

참고문헌

Unfinished History of British America', in Sher and Smitten(1990: 163-179).

Smout, T. C.(ed.)(1978). 'Journal of Kalmeter's Travels in Scotland 1719-1720', in R. H. Campbell(ed.), *Scottish Industrial History: A Miscellany*. Edinburgh: Scottish History Society.

—— (1983). 'Where Had the Scottish Economy Got to by the Third Quarter of the Eighteenth Century?' in Hont and Ignatieff(1983: 45-72).

—— and Fenton, A.(1965). 'Scottish Agriculture before the Improvers: An Exploration', *Agricultural History Review*, 13: 73-95.

Smyth, Damian(ed.)(1992). 'Francis Hutcheson', *Fortnight*, 308, supplement.

Snyder, F. B.(1932). *The Life of Robert Burns*. New York: Macmillan.

Socinus, Faustus(1594). *De Jesu Christo Servatore*. Kraków. Rptd. Bibliotheca Fratrum Polonorum, ed. Andreas Wiszowaty, vol. 2 Irenopolis(Amsterdam).

Somerville, Thomas(1861). *My Own Life and Times, 1741–1814*, ed. W. L. Edinburgh: Edmonston & Black.

Sonenscher, Michael(1989). *Work and Wages: Natural Law, Politics, and the Eighteenth-Century Trades*. Cambridge: Cambridge Univ. Press.

Soros, George (2008-2009). *The Crash of 2008 and What It Means. The New Paradigm for Financial Markets*. New York: Public Affairs/Perseus Books Group.

Sotheby's Catalogue(15 Dec. 1987). *English Literature and History*. London: Sotheby.

Speeches Delivered at the Official Meetings of the Imperial Moscow University by the Russian Professors thereof, Containing Their Short Curriculum Vitae(1819). Moscow: Association of the Lovers of Russian Letters.

Spengler, J. J.(1978).'Smith versus Hobbes: Economy versus Polity', in F. R. Glahe(ed.), *Adam Smith and WN: 1776–1976 Bicentennial Essays*. Boulder: Colorado Associated Univ. Press.

Spink, J. S.(1982). 'Lévesque de Pouilly et David Hume', *Revue de littérature comparée*, 56: 157-175.

Spinoza, Baruch(1985). *The Collected Works of Spinoza*, vol. 1, ed. E. Curley. Princeton, NJ: Princeton Univ. Press.

Sprat, Thomas(1667/1958). *History of the Royal Society*, ed. Jackson I. Cope and

Harold W. Jones. St Louis: Washington Univ.

Stair, James Dalrymple, Viscount of(1759). *The Institutions of the Law of Scotland*, 3rd edn. corrected, enlarged, with notes. Edinburgh.

Staum, Martin S.(1980). *Cabanis: Enlightenment and Medical Philosophy in the French Revolution*. Princeton, NJ: Princeton Univ. Press.

Stephens, William O.(2002). Rev. Long(2002). *Bryn Mawr Classical Review*. Accessed online: http://ccat.sas.upenn.edu/bmcr/2002/2002-11-03.html.

Sterne, Laurence(1760-1767/1940). *The Life and Opinions of Tristram Shandy, Gentleman*, ed. and intro. James Aiken Wark. New York: The Odyssey Press.

Sterne, Laurence(1768/1968). *A Sentimental Journey Through France and Italy by Mr Yorick*, ed. and intro. Ian Jack. Oxford English novels. Oxford: Oxford Univ. Press.

Steuart, Sir James(1767/1966). *An Inquiry into the Principles of Political Œconomy: Being an Essay on the Science of Domestic Policy in Free Nations*, ed. and intro. Andrew S. Skinner. 2 vols. Edinburgh: Oliver & Boyd.

—— (1805/1967). *The Works: Political, Metaphysical and Chronological*, ed. Sir James Steuart, Bart. 6 vols. London: T. Cadell and W. Davies. Repr. New York: Augustus M. Kelley.

Stevenson, David(1988). *The Origins of Freemasonry: Scotland's Century, 1590–1710*. Cambridge: Cambridge Univ. Press.

Stevenson, J. B.(1985). *The Clyde Estuary and Central Region*. Edinburgh: HMSO.

Stewart, Dugald(1854-1860). *Collected Works*, ed. Sir William Hamilton. 11 vols. Edinburgh: Blackwood.

Stewart, Joan Hinde(1976). *The Novels of Mme Riccoboni. North Carolina Studies in Languages and Literatures*. Chapel Hill, NC: Univ. of North Carolina Press.

Stewart, M. A.(1985). 'Berkeley and the Rankenian Club', Hermathena, 139: 25-45.

—— (1987a). 'George Turnbull and Educational Reform', in Jennifer Carter and Joan Pittock(eds.), *Aberdeen and the Enlightenment*. Aberdeen: Aberdeen Univ. Press.

—— (1987b). 'John Smith and the Molesworth Circle', *Eighteenth-Century Ireland*, 2: 89 –102.

—— (1990a). 'James Moor and the Classical Revival'. TS, Eighteenth-Century Scottish Studies Society Conference, Univ. of Strathclyde.

—— (1990b). 'The Origins of the Scottish Greek Chairs', in E. M. Craik(ed.), *'Owls to Athens': Essays···Presented to Sir Kenneth Dover*. Oxford: Clarendon Press.

—— (ed.)(1990c). *Studies in the Philosophy of the Scottish Enlightenment*. Oxford: Clarendon Press.

—— (1991). 'The Stoic Legacy in the Early Scottish Enlightenment', in M. J. Osler(ed.), *Atoms, Pneuma, and Tranquility*. Cambridge: Cambridge Univ. Press.

—— (1992). 'Abating Bigotry and Hot Zeal', in Smyth (1992: 4 –6).

—— (1995). 'The Kirk and the Infidel' An inaugural lecture delivered in 1994 at Lancaster University. Lancaster.

—— (2002). 'Two Species of Philosophy: The Historical Significance of the First Enquiry', in Peter Miilican(ed.), *Reading Hume on Human Undestanding*. Oxford: Oxford Univ. Press.

—— (2005). 'Hume's Intellectual Development', in M. Frasca-Spada and P. J. E. Kail(eds.), *Impressions of Hume*. Oxford: Clarendon Press, 11 –58.

—— and Wright, John P.(eds.)(1995). *Hume and Hume's Connexions*. Edinburgh: Edinburgh Univ. Press.

Stewart, Mary Margaret(1970). 'Adam Smith and the Comtesse de Boufflers', *Studies in Scottish Literature*, 7: 184 –187.

Stewart-Robertson, J. C.(1983). 'Cicero Among the Shadows: Scottish Prelections of Virtue and Duty', *Rivista critica di storia della filosofia*, 1: 25 –49.

Stigler, George J.(1975), 'Smith's Travels on the Ship of State', in Skinner and Wilson(1975).

—— (1977). 'The Successes and Failures of Professor Smith', in M. J. Artis and A. R. Nobay(eds.), *Studies in Modern Economic Analysis*. Oxford: Blackwell.

Stimson, Shannon C.(1989). 'Republicanism and the Recovery of the Political in Adam Smith', in Murray Milgate and Cheryl B. Welch(eds.), *Critical Issues in*

Social Thought. London: Academic Press.

Stokes, Eric(1982). 'The Agrarian Relations: Northern and Central India', in Dharma Kumar(ed.), *The Cambridge Economic History of India, v. 2, 1957–1970*. Hyderabad: Orient Longman, 36–86.

Stones, L.(1984). 'The Life and Career of John Snell(c.1629–1679)', *Stair Society Miscellany*, 2: 148–185.

Strang, John(1857). *Glasgow and Its Clubs*, 2nd edn. London Glasgow: R. Griffin.

Streminger, Gerhard(1989). *Adam Smith*. Reinbek bei Hamburg: Rowohlt.

——— (1994). *David Hume: sein Leben und sein Werk*. Paderborn: Ferdinand Schöningh.

Stuart, Lady Louisa(1985). *Memoire of Frances, Lady Douglas(1985)*, ed. Jill Rubenstein. Edinburgh: Scottish Academic Press.

Sudo, Yoshiaki(1995). 'An Unpublished Lecture of Hugh Blair on the Poems of Ossian'. *Hiyoshi Review of English Studies*. Yokohama: Keio Univ., 160–194.

Sutherland, L. S.(1952). *The East India Company in Eighteenth-Century Politics*. Oxford Univ. Press.

——— and Mitchell, L. G.(eds.)(1986). *The History of the University of Oxford: The Eighteenth Century*. Oxford: Clarendon Press.

Swedberg, Richard(1994). 'Markets as Social Structures', in Smelser and Swedberg(1994: 255–282).

Szenberg, Michael(ed.)(1993). *Eminent Economists: Their Life Philosophies*. Cambridge: Cambridge Univ. Press.

Tait, James, rev. Lloyd, Campbell F.(2008). 'George Jardine', *ODNB*-O.

Tanaka, Hideo(1993). 'Lord Kames as Economist: Hume–Tucker Controversy and the Economic Thought of Kames', *Kyoto University Economic Review*, 63: 33–50.

Tanaka, Hideo(2003). See Sakamoto and Tanaka(2003).

Tanaka, Shoji(2005). 'Theology and Moral Philosophy: A Key to Solving a New Adam Smith Problem', *The Bulletin of Yokahoma City Univ.*, 56–53: 331–352.

Tanaka, Toshihiro(ed.)(1989). *The Scottish Enlightenment and Economic Thought in the Making: Studies of Classical Political Economy*, i[in Japanese].

Tokyo: Nihon Keizai Hyoronsha.

Tanaka, Toshihiro(ed.)(1990). *The Formation and Development of Classical Political Economy: Studies of Political Economy*, iii[in Japanese]. Tokyo: Nihon Keizai Hyoronsha.

—— (1992). *David Hume and the Scottish Enlightenment: A Study in the History of Eighteenth Century British Economic Thought* [in Japanese]. Kyoto: Koyoh Shobo.

Taylor, Charles(1989). *Sources of the Self: The Making of Modern Identity*. Cambridge, MA: Harvard Univ. Press.

Taylor, Eva G. R.(1966). *Mathematical Practitioners of Hanoverian England*. Cambridge: Cambridge Univ. Press.

Taylor, John(1832). *Records of My Life*. 2 vols. London: Bull.

Taylor, Norman W.(1967). 'Adam Smith's First Russian Disciple', *Slavonic Review*, 45: 425–438.

Teichgraeber, R. F., III(1986). *'Free Trade' and Moral Philosophy*. Durham, NC: Duke Univ. Press.

—— (1987). '"Less Abused than I Had Reason to Expect": The Reception of *WN* in Britain, 1776–1790', *Historical Journal*, 30: 337–366.

—— (1988). '*WN* and Tradition: Adam Smith before Malthus'. TS, ASECS Meeting, Knoxville, TN.

Terry, Charles Sanford(ed.)(1922). *The Forty-Five: A Narrative of the Last Jacobite Rising by Several Contemporary Hands*. Cambridge: Cambridge Univ. Press.

Thal, Peter(1979). 'Bürgerliche Elemente in Denken deutscher Ökonomen des 17. und 18. Jahrhunderts', *Jb. F. Wirtschaftsgeschichte*, iii. 165–183.

—— (1990). 'Esoteric and Exoteric Elements in Adam Smith's Economic Thinking: Consequences for the Reception of His Theories Today', Vancouver Smith Symposium 1990, lecture TS.

Thal, Peter and Rzesnitzek(1967). See Rzesnitzek and Thal(1967).

Thatcher, Margaret(27 Sept. 1988). Speech to the Royal Society. Public Statement on Chemical Threat to Environment, Speech Archive, Margaret Thatcher Foundation.

—— (2002). *Statecraft*. London: Harper and Collins.

Theophrastus(2004). *Characters*, ed. and trans. James Diggle. Cambridge: Cambridge Univ. Press.

Thirkell, Alison(n.d.). *Auld Anster*. Anstruther: Buckie House Gallery.

Thom, William(1764). *Motives which have determined the University of Glasgow to desert the Blackfriars Church and betake themselves to a Chapel.* Glasgow.

Thomas, Peter D. G.(2004). 'Charles Townshend', *ODNB-O*.

Thompson, E. P.(1968). *The Making of the English Working Class.* Harmondsworth: Pelican.

—— (1993). *Customs in Common: Studies in Traditional Popular Culture.* New York: The New Press.

Thompson, Harold W.(1931). *A Scottish Man of Feeling: Some Account of Henry Mackenzie···and of the Golden Age of Burns and Scott.* Oxford: Oxford Univ. Press.

Thomson, Derick S.(1952). *The Gaelic Sources of Macpherson's Ossian.* Edinburgh: Oliver & Boyd.

—— (1963). '"Ossian", Macpherson and the Gaelic World of the Eighteenth Century', *Aberdeen University Review*, 40.

—— (1974). *An Introduction to Gaelic Poetry.* London: Gollancz.

—— (1979). Foreword to repr. of *Macpherson's Fragments*, 2nd edn. Dundee.

—— (1983). *The Companion to Gaelic Culture.* Oxford: Blackwell.

Thomson, John(1832). *Life, Lectures and Writings of William Cullen.* 2 vols. Edinburgh: Blackwood.

Tillyard, Stella(2007). *A Royal Affair: George III and his Troublesome Siblings.* London: Vintage Books.

Todd, William B.(1974). 'David Hume: A Preliminary Bibliography', in Todd(ed.), *Hume and the Enlightenment: Essays Presented to Ernest Campbell Mossner.* Edinburgh: Edinburgh Univ. Press; Austin: Univ. of Texas Humanities Research Center.

Todhunter, Isaac(ed.)(1955). *Euclid's Elements*, intro. Sir T. L. Heath. London: J. M. Dent.

Tomasson, Katherine(1958). *The Jacobite General*. Edinburgh: Blackwood.

Tortajada, Ramón(1995). *The Economics of James Steuart*. London/NY: Routledge.

Trapp, Michael(2006), Rev. of Seddon(2005) in *Bryn Mawr Classical Review*, 7/11 November. Accessed online.

Trenchard, John and Thomas Gordon(1720-1723/1995). *Cato's Letters, of Essays on Liberty, Civil and Religious, and Other Important Topics*. 2v. ed. Ronald Hamowy. Indianapolis, IN: Liberty Fund.

Trentmann, Frank(2008). *Free Trade Nation: Commerce, Consumption and Civil Society in Modern Britain*. Oxford: Oxford Univ. Press.

Trevor-Roper, Hugh(2008, posthumous). *The Invention of Scotland: Myth and History*, ed. Jeremy Cater. New Haven/London:Yale Univ. Press.

Tribe, Keith(1988). *Governing Economy: The Reformation of German Economic Discourse 1750–1840*. Cambridge: Cambridge Univ. Press.

—— and H. Mizuta(eds.)(2002). *A Critical Bibliography of Adam Smith*. London: Pickering & Chatto.

Tronchin, Henry(1906). *Théodore Tronchin(1709–1781): un médecin au XVIIIe siècle* d'après des documents inédits. Paris: Plon.

Trotter, John Bernard(1806). *Circumstantial details of the long illness of⋯ the Right Hon. C. J. Fox: togther with strictures on his public and private life*. London: Jordan and Maxwell.

Tucker, Thomas(1656/1881). 'Report upon the Settlement of the Revenues of Excise and Customs in Scotland', in J. D. Marwick(ed.), *Miscellany of the Scottish Burgh Records Society*. Edinburgh.

Tully, James(1991). Intro. to Samuel Pufendorf, *On the Duty of Man and Citizen*. Cambridge: Cambridge Univ. Press.

Turco, Luigi(2003). 'Moral sense and the foundation of morals', in Broadie(2003: 136-156).

Turgot, A. R. J.(1844). *Œuvres*, ed. Eugène Daire. 2 vols. Paris: Guillaumin. Accessed online—vol. 1: http://gallica.bnf.fr./scripts/ConsultationTout. exe?E=o&O=N005728 vol 2: as for vol. 1, but ending N005729.

Turnbull, Gordon(1994). 'Boswell in Glasgow: Adam Smith, Moral Sentiments and the Sympathy of Biography', in Hook and Sher(1995).

Turner, G. L. E.(1986). 'The Physical Sciences', in Sutherland and Mitchell(1986: 672 ff.).

Turnock, David(1982). *The Historical Geography of Scotland Since 1707.* Cambridge: Cambridge Univ. Press.

Tweddle, Ian(2003). *James Stirling's Methodus Differentialis: Annotated Translation of [the] Text.* London/New York: Springer Verlag.

Tweedie, C.(1922). *James Stirling.* Oxford: Clarendon Press.

Tytler, A. F., Lord Woodhouselee(1807). *Memoirs of the Life and Writings of the Honourable Henry Home of Kames,* 1st edn. Edinburgh: William Creech. (See also Supp. 1809 and 2nd edn., 3 v., 1814.)

Uglow, Jenny(2003). *The Lunar Men: The Friends Who Made the Future.* London: Faber and Faber prbk.

Van den Heuval, Jacques(1975). *Voltaire: L'Affaire Calas et la Traité sur la Tolérance, avec autres affaires: édition présentée, établie et annotée.* Paris: Gallimard.

Veitch, John(1869). *Memoir of Sir William Hamilton, Bart.* Edinburgh and London: Blackwood.

Vickers, Brian(1971). 'Review of Howell(1971)', *TLS,* 5 Aug.

—— (1985). 'The Royal Society and English Prose Style: A Reassessment', in B. Vickers(ed.), *Rhetoric and the Pursuit of Truth: Language Change in the Seventeenth and Eighteenth Centuries.* Los Angeles: Univ. of California, William Andrews Clark Memorial Library.

Vickers, Douglas(1976). *Adam Smith and the Status of the Theory of Money,* in Andrew S. Skinner and Thomas Wilson(1976: 482–503).

Viner, Jacob(1958). *The Long View and the Short.* Glencoe, IL: Free Press.

—— (1960). 'The Intellectual History of Laissez Faire', *Journal of Law and Economics,* 3: 45–69.

—— (1965). 'Introductory Guide', in Rae(1965).

—— (1966). 'Adam Smith and Laissez Faire', in *Adam Smith, 1776–1926,* fac. of 1928 edn. New York: Augustus M. Kelley.

—— (1972) *The Role of Providence in the Social Order: An Essay in*

Intellectual History. Princeton, NJ: Princeton Univ. Press.

Vivenza, Gloria(1984). *Adam Smith e la cultura classica*. Pisa: Pensiero Economico Moderno.

—— (2001). *Adam Smith and the Classics: The Classical Heritage in Adam Smith's Thought*, trans. Clive Cheesman and Nicola Gelder. Oxford: Oxford University Press.

—— (2007). 'Adam Smith as a Teacher on Classical Subjects', *Adam Smith Review*, 3: 96–118.

Viroli, Maurizio(1990). 'The Concept of Ordre and the Language of Classical Republicanism in Jean-Jacques Rousseau', in Pagden(1990: 159–178).

Voges, Friedhelm(1985). 'Moderate and Evangelical Theology in the Later Eighteenth Century: Differences and Shared Attitudes', *Records of the Scottish Church History Society*, 32: 141–157.

Voltaire(1755). *Histoire de la dernière guerre*. Amsterdam: Prieur[piracy].

—— (1756). *L'Orphelin de la Chine, tragédie*. London: Jean Nourse.

—— (1784–89). *Œuvres complètes*. 72 t. éd. Beaumarchais. Paris: Kehl.

—— (1877–85). *Œuvres complètes*. 52 t. éd. Louis Moland. Paris: chez Garnier[Online: Voltaire électronique—PhiloLogic].

—— (1957). Œuvres Historiques, 2 t., ed. René Pomeau. Paris: Gallimard.

—— (1975). L'Affaire Calas, Traité sur la Tolérance, et autres affaires. Édition de Jacques Van den Henvel. Pairs: Gallimard.

—— (1990). *Essai sur les mœrs et l'esprit des nations*. 2 t. éd. Intro. René Pomeau. Paris: Bordas; (1759) trans. Thomas Nugent, 4 v. London: printed for Jean Nourse.

—— (2007). *Correspondence and related documents*, ed. Theodore Besterman et al. 51 vols. Oxford: Voltaire Foundation. Accessed online: Electronic Enlightenment.

Walker, Bruce, and Ritchie, Graham(1989). *Exploring Scotland's Heritage: Fife and Tayside*. Edinburgh: HMSO.

Wallis, Helen et al.(1975). *The American War of Independence 1775–1783: A Commemora- tive Exhibition*. London: British Museum Publications.

Walmsley, Peter(1990). *The Rhetoric of Berkeley's Philosophy*. Cambridge:

Cambridge Univ. Press.

Walpole, Horace(1937–1983). *Correspondence*, ed. W. S. Lewis et al. 48 vols. New Haven, CT: Yale Univ. Press.

Wanniski, Jude(1975). *The Way the World Works*. New York: Basic Books.

Warren, Martin(2004). 'Medical Mysteries: George III: Mad or Misunderstood'. BBC One, 14 July. Accessed online.

—— (2005). 'George III's Madeness Fuelled by Arsenic'. *New Scientist* Print Edition, 30 July. Accessed online.

Waszek, Norbert(1984). 'Two Concepts of Morality: Adam Smith's Ethics and its Stoic Origin', *Journal of the History of Ideas*, 45: 591–606.

—— (1985). 'Bibliography of the Scottish Enlightenment in German', *SVEC* 230: 283–303.

—— (1988). *The Scottish Enlightenment and Hegel's Account of Civil Society*. Dordrecht: Kluwer Academic.

—— (1993). 'Adam Smith in Germany, 1776–1832', in Mizuta and Sugiyama(1993:163–180).

Watanabe, Kunihiro(1990). 'Steuart's Response to the Current Forth–Clyde Canal Problem', in Tanaka(1990).

Watson, J. Steven(1960). *The Reign of George III, 1760–1815*. Oxford: Clarendon Press.

Watson, Mark(1990). *Jute and Flax Mills in Dundee*. Tayport: Hutton Press.

Webster, Alison(1988). 'Adam Smith's Students', *Scotia: American-Canadian Journal of Scottish Studies*, 12: 13–26.

Weinbrot, Howard D.(1993). *Britannia's Issue: The Rise of British Literature from Dryden to Ossian*. Cambridge: Cambridge Univ. Press.

Weinstein, Jack(2009). 'The Two Adams: Ferguson and Smith on Sympathy and Sentiment', in *Adam Fergusson: A Reassessment: Philosophy, Politics and Society*, ed. Eugene Heath and Vincenzo Merolle.

Werhane, Patricia H.(1991). *Adam Smith and His Legacy for Modern Capitalism*. New York: Oxford Univ. Press.

West, E. G.(1976). *Adam Smith: The Man and His Works*. Indianapolis: Liberty Press.

Weulersse, G.(1910/1968). *Le Mouvement physiocratique en France de 1756 à 1770*. New York: Johnson Reprint.

Whatley, C. A.(1984). *'That Important and Necessary Article': The Salt Industry and Its Trade in Fife and Tayside c.1570–1850*. Dundee: Abertay Historical Society.

—— (1986). 'Sales of Scottish Marine Salt', *Scottish Economic and Social History*, 6: 4–17.

Whitrow, G. J.(1988). *Time in History: The Evolution of Our General Awareness of Time and Temporal Perspective*. Oxford: Oxford Univ. Press.

Whittington, G. and Whyte, Ian D.(eds.)(1983). *A Historical Geography of Scotland*. London: Academic Press.

Whyte, Ian and Whyte, Kathleen(1991). *The Changing Scottish Landscape 1500–1800*. London: Routledge.

Whyte, Ian D.(1979). *Agriculture and Society in Seventeenth Century Scotland*. Edinburgh: Donald.

Wilberforce, Robert Isaac and Wilberforce, Samuel(eds.)(1840). *The Correspondence of William Wilberforce*. London: John Murray.

Wilkinson, J.(1988). 'The Last Illness of David Hume', *Proceedings of the Royal College of Physicians of Edinburgh*, 18: 72–79.

Williams, David(1980). *Incidents in My Own Life*, ed. with an account of his published writings by Peter France. Falmer: Univ. of Sussex Library.

Williams, Mari E. W.(2004). 'James Bradley', *ODNB-O*.

Williams, Neville(1959). *Contraband Cargoes: Seven Centuries of Smuggling*. London: Longmans, Green.

Williamson, Elizabeth, Riches, Anne, and Higgs, Malcolm(1990). *Glasgow: The Buildings of Scotland*. London: Penguin.

Willis, Kirk(1979). 'The Role in Parliament of the Economic Ideas of Adam Smith, 1776–1860', *History of Political Economy*, 11: 505–544.

Wilson, Charles(1971). *England's Apprenticeship 1603–1763*. London: Longman.

Wilson, Thomas and Andrew S. Skinner(eds.)(1976). *The Market and the State: Essays in Honour of Adam Smith*. Oxford: Clarendon Press.

Winch, Donald(1969). *Economics and Policy: A Historical Study*. London: Hodder and Stoughton.

—— (1971). *The Emergence of Economics as a Science*. London: Collins.

—— (1978). *Adam Smith's Politics*. Cambridge: Cambridge Univ. Press.

—— (1983). 'The System of the North: Dugald Stewart and His Pupils', in Collini et al.(1983: 25–61).

—— (1988). 'Adam Smith and the Liberal Tradition', in Haakonssen(1988: 83–104).

—— (1993). 'Adam Smith: Scottish Moral Philosopher as Political Economist', in Mizuta and Sugiyama(1993: 85–112).

—— (1996). *Riches and Poverty: An Intellectual History of Political Economy in Britain, 1750–1834*. Cambridge: Cambridge Univ. Press.

Windham, William(1866). *Diary*, ed. Mrs H. Baring. London.

Winkel, Harald(1988). 'Zur Entwicklung der Nationalökonomie an der Universität Königsberg', in Norbert Waszek(ed.), *Die Institutionalisierung der Nationalökonomie an deutschen Universitäten*. St Katharinen: Scripta Mercaturae.

Winslow, Carl(1977). 'Sussex Smugglers', in Hay et al. (1977: 119–166).

Withers, Charles W. J.(2006). 'Sir Robert Sibbald', *ODNB*.

Wodrow, Robert(1843). *Analecta, or Materials for a History of Remarkable Providences, 1701–1731*, ed. M. Leischman. 4 vols. Edinburgh: Maitland Club.

Wokler, Robert(2001). *Rousseau: A Very Short Introduction*. Oxford: Oxford Univ. Press.

Wood, John Cunningham(ed.)(1983–1984). *Adam Smith: Critical Accounts*. 4 vols. London: Croom Helm.

Wood, Paul B.(1984). 'Thomas Reid, Natural Philosopher: A Study of Science and Philosophy in the Scottish Enlightenment'. PhD diss., Univ. of Leeds.

—— (1990). 'Science and the Pursuit of Virtue in the Aberdeen Enlightenment', in Stewart(1990c: 127–149).

—— (1993). *The Aberdeen Enlightenment: The Arts Curriculum in the Eighteenth Century*. Aberdeen: Aberdeen Univ. Press.

Wood, Paul(ed.)(2000). *The Scottish Enlightenment: Essays in Reinterpretation*. Rochester: Univ. of Rochester Press.

Woolley, A. R.(1972). *The Clarendon Guide to Oxford*, 2nd edn. Oxford: Oxford Univ. Press.

Wootton, David(1990). 'Hume's "Of Miracles"': Probability and Irreligion', in M. A. Stewart(1990c: 191–229).

World Bank(1998). *Post-Conflict Reconstruction: The Role of the World Bank*. Washington, DC: World Bank.

Wraxall, Sir N. William(1904). *Historical Memoirs of My Own Time*. London: Kegan Paul, Trench, Trubner.

Wright-St Clair, Rex E.(1964). *Doctors Monro: A Medical Saga*. London: Wellcome Historical Medical Library.

Yaffe, Gideon, and Nichols, Ryan(2009) 'Thomas Reid', *Stanford Encyclopedia of Philosophy*, Spring edn. ed. Edward N. Zalta. http://plato.stanford.edu/archives/spr2009/entries/reid/.

Yergin, Daniel and Stanislaw, Joseph(2002). *The Commanding Heights: The Battle for the World Economy*. New York: Free Press.

Yolton, John(1986). 'Schoolmen, Logic and Philosophy', in Sutherland and Mitchell(1986: 565–591).

Youngson, A. J.(1966). *The Making of Classical Edinburgh*. Edinburgh: Edinburgh Univ. Press.

—— (1973). *After the Forty-Five: The Economic Impact on the Scottish Highlands*. Edinburgh: Edinburgh Univ. Press.

Zachs, William(1992). *Without Regard to Good Manners: A Biography of Gilbet Stuart, 1743–1787*. Edinburgh: Edinburgh Univ. Press.

Zakaria, Fareed(2009). *The Post-American World*. London: Penguin Books.

Zaretsky, Robert, and Scott, John T.(2009). *The Philosophers' Quarrel: Rousseau, Hume, and the Limits of Human Understanding*. New Haven: Yale Univ. Press.

Zinzendorf, Ludwig Graf von(1879). *Ludwig und Karl grafen und herren von Zinzendorf, (heraus.) Eduard Karl Gaston grafen von Pettenegg*. Wien: Braumüller.

인명

던다스, 로런스Dundas, Sir Laurence 332, 584~585, 678

던다스, 로버트(아미스턴)Dundas, Robert, of Armiston 219, 273, 354, 392, 584

던다스, 제임스Dundas, James 960

던다스, 헨리Dundas, Henry 678, 737, 754, 766~767, 769, 772, 783, 808, 818, 827~828, 836, 890~892, 894~896, 903, 925, 1053

던도널드 백작 9세Dundonald(아치볼드 코크런) 754, 787~788

던롭, 알렉산더Dunlop, Alexander 139~142, 169, 171, 189

던롭, 윌리엄Dunlop, Principal William 141

던스, 스코터스Duns Scotus 177

데스니츠키, 세몬 에피모비치Semyon Efimovich Desnitsky 335~336, 1021

데스크퍼드, 제임스Deskford, Lord James 1010

데이비드슨, 존Davidson, John 843, 903, 905

데카르트, 르네Descartes, René 145, 180, 190, 256, 258~259, 261, 365, 487, 1011~1012, 1023

데커, 제임스Decker, James 984, 1038

뎀프스터, 조지(더니천)Dempster, George, of Dunnichen 619~621

도리엔, 아우구스트Dorrien, August 871

도방통, 루이-장-마리Daubenton, Louis-Jean-Marie 363~364

도스, 윌리엄Dawes, William 647

도슨, 디드러Dawson, Deidre 525

도즐리, 로버트Dodsley, Robert 321

돌바크, 폴-앙리 티리d'Holbach, Baron Paul-Henri Thiry 42, 58, 341, 498, 504, 509, 524, 527, 539, 713

돌벤, 존Dolben, John 185

뒤 발, 기욤Du Val, Guillaume 301

뒤아멜, 장 바티스트Du Hamel, Jean Baptiste 84

뒤탕, 루이Dutens, Louis 619

뒤퐁 드 느무르 51, 534~535, 867, 920~921, 923, 932, 1037

뒤프레 드 생-모르 588, 590

뒤플렉스, 조제프 프랑수아Dupleix, Joseph François 853

드 기뉴, 조제프de Guignes, Joseph 377

드 페소넬, 샤를de Peyssonel, Charles 864, 1056

래피얼Raphael, D. D. 22, 237, 260, 465, 468~469, 915, 941, 988, 1003~1004, 1027~1028

램지, 마이클Ramsay, Michael 618~619

램지, 앨런Ramsay, Allan(시인) 796

램지, 앨런Ramsay, Allan(화가) 294, 352, 571, 733, 1040

램지, 존Ramsay, John 299, 802, 844

랭, 길버트Lang, Gilbert 282, 817

랭턴, 베닛Langton, Bennet 615

러디먼, 토머스Ruddiman, Thomas 888

럭스, 케네스Lux, Kenneth 993~995

레날, 장Raynal, Jean 506

레디, 네븐Leddy, Nevin B. 22, 525, 988, 1021, 1036, 1064

레스피나스, 쥘리 드Lespinasse, Julie de 865

레슬리, 존Leslie, John 203, 746

레싱, 고트홀트 에프라임Lessing, Gotthold Ephraim 490

레오뮈르, 르네 앙투안 페르쇼 드Réaumur, René Antoine Ferchault de 364, 496, 521

레이, 존Rae, John 31, 92, 466, 979

레이너, 데이비드Raynor, David R. 22~23, 354, 456~457, 473, 1003, 1024~1025, 1032

레이놀즈, 조슈아Reynolds, Joshua 333, 614~615, 828~829, 943

로, 존Law, John 275, 351, 538

로건, 데이비드Loggan, David 181

로건, 존Logan, John 810~812

로디언, 존 M.Lothian, John M. 293, 311, 320, 1053

로리, 월터 S.Laurie, Walter S. 647~648

로메니 드 브리엔Loménie de Brienne 505, 916, 921

로모나코, 제프리Lomonaco, Jeffrey 361

로밀리, 새뮤얼Romilly, Sir Samuel 974

로버트 더 브루스Robert the Bruce(로버트 1세) 75, 131

로버트슨, 메리Robertson, Mary 110

로버트슨, 윌리엄Robertson, William 57, 108, 110, 221, 255, 269~273, 334, 337, 451, 453, 455~456, 462, 475, 604, 616~617, 655, 657, 695~696, 705, 713, 743, 806,

810, 812, 857, 881~884, 889, 892, 908, 932~933, 941, 948, 976, 978, 1022, 1025

로버트슨, 토머스Robertson, Thomas 835, 950, 954, 967

로벅, 존Roebuck, Dr John 645~647, 1015

로빈슨, 조앤Robinson, Joan 993

로빈슨, 존Robinson, John 149

로빈슨, 패트릭Robinson, Patrick 889

로스, 알렉산더Ross, Colonel Alexander 891

로스, 앤드루Rosse, Andrew 132

로스, 조지Rosse, George 189, 337

로스, 패트릭Ross, Colonel Patrick 891, 971

로스차일드, 에마Rothschild, Emma 993, 1047

로저스, 새뮤얼Rogers, Samuel 744, 748, 885, 948~951, 953~954

로즈, 새뮤얼Rose, Samuel 904, 980, 987

로즈, 윌리엄Rose, William 459, 472~473, 546, 797, 834, 915, 987

로즈, 조지Rose, George 961

로크, 존Locke, John 33, 131, 143, 145, 154, 190, 195, 231, 234, 237, 265, 267~268, 323, 365, 487, 591, 695, 886, 889, 1011, 1014

로킹엄 후작 2세Rockingham(찰스 왓슨-웬트위스) 631, 827, 831, 840~841, 896, 924, 1015

로헤베인, 야코프Roggeveen, Jacob 555

록스버러 공작Roxburghe(존 커John Kerr) 130, 291

롤라드파Lollards 183

롤랭, 샤를Rollin, Charles 95~96, 246~247, 1020

롤런드, 애덤Rolland, Adam 970

루셰, 앙투안Roucher, Antoine 863~864, 1056

루소, 장-자크Rousseau, Jean-Jacques 23, 39, 57, 322, 329, 331, 335, 338, 346, 363, 366~370, 408~409, 415, 420, 475, 496, 522, 525~529, 546, 548, 565, 569, 570~571, 606, 733~734, 807, 809, 899, 915, 920, 928, 933, 937, 1021, 1028~1029, 1039~1040, 1060

루소, 피에르Rousseau, Pierre 502~503

루아예-콜라르Royer-Collard 490

루어트, 윌리엄Ruat, William 284, 392, 623, 1025

무어, 제임스Moor, James(그리스어 교수) 380~381, 383

무어, 제임스Moore, James 162, 1013, 1035

뮤어, 윌리엄(콜드웰)Mure, Baron William, of Caldwell 291, 328, 393, 690, 695, 952

뮤어헤드, 조지Muirhead, George 336

미들턴, 코니어스Middleton, Conyers 181

미라보, 빅토르 드 리케티Mirabeau, Victor de Riqueti 681, 1061

미제스, 루트비히 폰Mises, Ludwig von 991

미즈타, 히로시Mizuta, Hiroshi 1002

미첼, 로버트Mitchell, Robert 620

미크, 로널드 L.Meek, Ronald L. 306, 538, 593, 670, 991~992

미클, 윌리엄 줄리어스Mickle, William Julius 730

미키, M. J.Mickie, M. J. 851

미트퍼드, 존Mitford, John 301

밀, 제임스Mill, James 867, 1053

밀러, 데이비드Miller, David 77, 93~94, 96~97, 106, 246

밀러, 앤드루Millar, Andrew 158, 377, 392, 403~405, 452, 459, 469, 542, 546~549, 561~562, 655, 1027

밀러, 존Millar, John 37, 115, 228, 230, 237, 285~286, 297, 300, 303~304, 308, 310, 315~316, 326, 335~337, 343, 345, 382~383, 396, 431, 486, 624, 657, 704~706, 744, 842, 889, 904~905, 976, 980, 1020~1021, 1034~1035

밀러, 토머스Miller, Thomas, of Glenlee 379, 498

밀러, 헨리Miller, Henry 59, 77, 650, 982~983

밀턴, 존Milton, John 338, 371, 794~795, 951

바레, 아이작Barré, Isaac 513~514, 828

바스체크, 노르베르트Waszek, Norbert 1035

바이너, 제이컵Viner, Jacob 991

바이런Byron 555

바쟁강, 아보 드Bazinghen, Abot de 691

바풋, 마이클Barfoot, Michael 202, 1003, 1033

배너먼, 헬렌Bannerman, Mrs Helen 672

배링턴, 데인스Barrington, Daines 580, 614

밸가이, 존Balguy, John 366

보글, 로버트(달도위의)Bogle, Robert, of Daldowie 124, 349, 950~951

보네, 샤를Bonnet, Charles 329, 521, 643~644

보도, 니콜라Baudeau, Nicolas 538, 684~685, 1037

보드리그, 프랑수아-레몽 다비드 드Beaudrigue, François-Raimond David de 515

보셤프, 톰 L.Beauchamp, Tom L. 499

보스턴, 토머스Boston, Thomas, the Younger 373

보이드 목사, 재커리Boyd, Revd Zachary 128

보이아르도, 마테오 마리아Boiardo, Matteo Maria 597

보일, 로버트Boyle, Robert 177, 261, 361

보즈웰, 제임스Boswell, James 60, 177, 337~338, 360, 419, 431~432, 477~478, 483~484, 554, 585~586, 615~616, 712, 718, 726, 749, 754, 793, 795, 829, 840, 949, 972, 1035

보클러크, 토펌Beauclerk, Topham 615

보포이, 헨리Beaufoy, Henry 898~899

본, 벤저민Vaughan, Benjamin 786

볼링브로크Bolingbroke, 1st Viscount 181, 366, 473~474, 703

볼테르, 프랑수아 마리 아루에Voltaire, Francois Marie Arouet 43, 57, 240, 260, 366, 370~371, 493, 496, 503, 505~506, 519, 613, 683, 794, 795, 863, 917, 920, 928~930, 951, 974, 1021, 1036, 1064

볼프, 크리스티안Wolff, Christian 57, 296

부갱빌, 루이-앙투안 드Bougainville, Louis-Antoine de 555

부르하버, 헤르만Boerhaave, Herman 81~82

부스비, 브룩Boothby, Brook 570~571

부플레 백작부인Boufflers, Comtesse de(마리-샤를로트 이폴리트Marie-Charlotte Hippolyte) 43, 504, 529~532, 597, 733~734

불레, 요한 고틀리프Buhle, Johann Gottlieb 872

뷔퐁, 콩트 드Buffon, Comte de(조르주-루이 르클레르크Georges-Louis Leclerc) 363~364, 496, 613

뷔피에, 클로드Buffier, Claude 427

뷰캐넌, 제임스Buchanan, James 754, 781, 991

뷰트 백작 3세Bute, 3rd Earl of(존 스튜어트John Stuart) 403, 619, 703, 843, 884

브라운, 존Brown, John 1043

461, 483~484, 615, 629, 644, 703, 712, 726, 791~793, 795, 829, 949, 952, 972, 974, 1022, 1025, 1035

서명

『혜성 천문학 개요Astronomiae Cometicae Synopsis』(1705) 259

『훈족, 튀르크족, 몽골족, 서양 타타르족의 일반 역사Histoire générale des Huns, Turcs, Mongols et autres Tartares occidentaux』(1756~1758) 377

옮긴이 **조재희**

경북대 중어중문학과, 영어영문학과를 졸업했다. 동 대학원에서 「셰익스피어 극에 나타난 모성 환상과 여성 억압」으로 박사학위를 받았다. 경북대 등에서 영문학을 강의하며 연구교수로 활동해오고 있다. 지은 책으로 『셰익스피어와 정신분석』 『삶과 앎』(공저)이 있고, 옮긴 책으로 『거대한 단절』 『갑골문자』(공역) 등이 있으며, 「『말피 공작부인』에 재현된 포스트-휴머니즘」을 포함한 다수의 논문을 썼다.

애덤 스미스 평전

초판인쇄　2024년 7월 12일
초판발행　2024년 7월 19일

지은이　이언 심프슨 로스
옮긴이　조재희
펴낸이　강성민
편집장　이은혜
기획　노만수
책임편집　한선예
마케팅　정민호 박치우 한민아 이민경 박진희 정유선 황승현
브랜딩　함유지 함근아 고보미 박민재 김희숙 박다솔 조다현 정승민 배진성
제작　강신은 김동욱 이순호

펴낸곳　(주)글항아리 ｜ **출판등록**　2009년 1월 19일 제406-2009-000002호

주소　경기도 파주시 심학산로 10 3층
전자우편　bookpot@hanmail.net
전화번호　031-955-2689(마케팅) 031-941-5161(편집부)

ISBN　979-11-6909-260-9 93300

잘못된 책은 구입하신 서점에서 교환해드립니다.
기타 교환 문의 031-955-2661, 3580

www.geulhangari.com